HANS-CHRISTIAN SMOLIK / STEFAN ETZEL

DAS GROSSE FAHRRADLEXIKON

SMOLIK
ETZEL

DAS GROSSE FAHRRADLEXIKON

TECHNIK
PRAXIS
MATERIAL VON A BIS Z

Impressum

Das große Fahrradlexikon
1. Auflage 1997

BVA Bielefelder Verlagsanstalt GmbH & Co. KG

Idee und Konzeption: Ralph Plum, Bielefeld
Fachredaktion: Michael Bollschweiler, Bielefeld
Layout: Rainer Schotte, Bielefeld
Satz und Litho: Kröger, Minard und Lünstroth, Versmold
Druck und Verarbeitung: Klingenberg Buchkunst Leipzig

Mitglied des Fördervereins
gedruckt in leipzig

CIP-Aufnahme der Deutschen Bibliothek
Smolik, Hans-Christian:
Das große Fahrradlexikon : Technik - Material - Praxis von A-Z / Hans-Christian Smolik ; Stefan Etzel. - 1. Aufl. - Bielefeld : BVA, Bielefelder Verl.-Anst., 1997

ISBN 3-87073-127-3

Abb.	*Abbildung*
Abk. f./Abkz. f.	*Abkürzung für*
Abs.	*Absatz*
ad	*lat. zu*
allgem.	*allgemein*
Allgemeinbez. f.	*Allgemeinbezeichnung für*
amerik./amerikan.	*amerikanisch*
bes.	*besonders*
Bez.	*Bezeichnung*
brit.	*britisch*
bzw.	*beziehungsweise*
ca.	*circa*
chem.	*chemisch*
d.h.	*das heißt*
d.i.	*das/dies ist*
d.s.	*das sind*
dt.	*deutsch*
Einzelh.	*Einzelheit*
elektr.	*elektrisch*
engl.	*englisch*
etc.	*et cetera*
evtl.	*eventuell*
Fa.	*Firma*
f.d.	*für den/die/das*
frz./franz.	*französisch*
ggf.	*gegebenenfalls*
ges.	*gesamt*
gr.	*griechisch*
i.A./i. Allgem.	*im Allgemeinen*
i.a.R.	*in aller Regel*
i.d.R.	*in der Regel*
i.G.(z.)	*im Gegensatz zu*
inkl.	*inklusive*
i.S. (v.)	*im Sinne (von)*
insbes.	*insbesondere*
ital./it.	*italienisch*
i.U.(z.)	*im Unterschied*
jap.	*japanisch*
klass.	*klassisch*
Kurzbez. f.	*Kurzbezeichnung für*
lat.	*lateinisch*
lt.	*laut*
m.a.W.	*mit anderen Worten*
max.	*maximal*
mind.	*mindestens*
niederländ.	*niederländisch*
o.a.	*oben angegeben*
o.ä.	*oder ähnliches*
o.g.	*oben genannt*
physikal.	*physikalisch*
resp.	*respektive*
s.	*siehe*
s.a.	*siehe auch*
s.a.d.	*siehe auch dort/dazu*
s.d.	*siehe dort*
seitl.	*seitlich*
s.i.E.	*siehe im Einzelnen*
s. insbes.	*siehe insbesondere*
s.o.	*siehe oben*
sog.	*sogenannte*
spez.	*speziell*
s.u.	*siehe unten*
s.v.a.	*siehe vor allem*
Tab.	*Tabelle*
techn.	*technisch*
u.a.	*unter anderem*
u.ä.	*und ähnliches*
u.g.	*unten genannt*
umgangssprachl.	*umgangssprachlich*
urspr.	*ursprünglich*
u.U.	*unter Umständen*
usf.	*und so fort*
usw.	*und so weiter*
u.v.a.	*und vor allem*
u.v.m.	*und vieles mehr*
v.a.	*vor allem*
vgl.	*vergleiche*
Vollbez. f.	*Vollbezeichnung für*
vs.	*versus (gegenüber; im Gegensatz zu)*
wg.	*wegen*
z.B.	*zum Beispiel*
z.T.	*zum Teil*
z.Zt.	*zur Zeit*
zw.	*zwischen*

"Was Sie schon immer übers Fahrrad wissen wollten, sich aber nie zu fragen trauten" - diese Abwandlung eines bekannten Filmtitels von Woody Allen drängt sich geradezu auf als Motto dieses Werkes. "Das Große Fahrradlexikon" soll auf jede Frage zum Fahrrad Antwort geben, die sich interessierte Laien, Radlerstammtische, Bastler, Konstrukteure, Forscher, Fachhändler, Ausbilder, Studenten, Hochschullehrer und überhaupt alle stellen, die mit dem Fahrrad zu tun haben.

Denn die Materie ist komplexer, als viele glauben. Obwohl die Fahrradtechnik gerade im Vergleich zum Auto häufig als überschaubar charakterisiert wird, kommt man bei eingehender Beschäftigung mit dem Thema zu der Erkenntnis, daß man teilweise doch in die Tiefe gehen muß.
Das betrifft im Grunde alle drei Aspekte, die der Untertitel des Großen Fahrradlexikons nennt: Technik, Material, Praxis. In der Tat sind Aspekte der Materialkunde in diesem Werk so eingehend behandelt, daß sie auch Fachleuten aus dem Maschinenbau und der Physik als Orientierungshilfe dienen; werden doch nicht nur die Eigenschaften der einzelnen Grundstoffe und Legierungen, sondern auch die Verfahren ihrer Verarbeitung in der Fertigung ausführlich gewürdigt.

Andererseits wird gerade das, was den interessierten Laien beim Einstieg in die Materie am meisten interessiert, nämlich die Praxis, nicht weniger eingehend vermittelt. Ob es die Gesetze der Fahrphysik sind, die Wechselwirkungen zwischen Fahrradkonstruktion und Fahrpraxis oder die Aspekte der Sicherheit am Fahrrad - stets erhält der Leser oder die Leserin umfassende Informationen zum Stichwort.

Trotz des Fachwissens der Autoren war dieses über 600 Seiten starke neue Standardwerk der Fahrradtechnik nicht ohne außerordentliche Anstrengungen zu bewältigen. Schließlich sind es über fünf Jahre Vorarbeit mit sehr vielen Korrekturdurchläufen geworden, bis das endgültige Werk in der vorliegenden Form schließlich "stand": Das gesammelte Wissen rund ums Fahrrad ist alphabetisch nach Stichworten gegliedert. Damit wird es überhaupt erst als Nachschlagewerk nutzbar und erhebt sich in den Rang eines "Brockhaus für Fahrräder".

So galt es, für dieses Lexikon eine Systematik zu entwickeln, die die Anwendung für jedermann leicht machen soll. Die Entscheidung fiel für ein Gliederungsprinzip, das auch in der optischen Gestaltung gleich deutlich wird: Die Dreiteilung in Marginalienspalte, Textspalte und Bildspalte. In der Marginalienspalte finden Sie, in ein Raster gestellt, das Stichwort. Dieses Stichwort wird bei Bedarf gegliedert durch eine Marginalie (Unterstichwort in Fettschrift) und eine Submarginalie (Unterstichwort in Normalschrift). Diese Marginalien erlauben es Ihnen, auch bei längeren Stichworten bestimmte Einzelaspekte schnell zu finden. In der nebenstehenden Textspalte befinden sich die Erläuterungen, die in der Bildspalte gegebenenfalls zusätzlich illustriert werden - durch ein Foto oder eine Skizze. Sie stoßen auf über 1400 Illustrationen, die zum besseren Verständnis des Gesagten erheblich beitragen.

Vor allem aber finden Sie in diesem Lexikon eines: Verweise. Die mit dem Zeichen ▷ gekennzeichneten Worte verweisen auf Stichworte an entsprechender Stelle im Alphabet, unter denen Sie zu dem genannten Begriff nähere Informationen finden.

Verlag und Autoren sind sich sicher, daß dieses umfassende Standardwerk bislang ohne Parallele ist. Das Buch wird sich rasch einen Platz erobern in den Bücherregalen von Experten wie von Hobbyradlern. Es wird Arbeitsmittel sein ebenso wie unentbehrliches Nachschlagewerk.

Eine Bitte haben wir noch: Trotz aller Sorgfalt, mit der mögliche Fehler ausgemerzt wurden, dürfte es angesichts der riesigen Fülle des verarbeiteten Materials nicht ausgeblieben sein, daß immer noch einige Fehler oder Unstimmigkeiten zurückgeblieben sind. Zögern Sie bitte nicht, solche Fehler und auch Ihrer Ansicht nach fehlende Stichworte oder nicht abgehandelte Aspekte zu nennen. Wir sind Ihnen für jeden Hinweis dankbar.

Bielefeld im September 1997

0/90-Grad-Lagen

Faserverlauf bei Bauteilen aus ▷ Carbon längs und quer zur Bauteilachse (Abb. 1).
0/90-Grad-Lagen vermitteln einem so hergestellten ▷ Carbonrohr eine gute ▷ Biegesteifigkeit sowie radiale Belastbarkeit, zeigt jedoch Schwächen bei ▷ Torsionsbelastungen.
Häufig werden 0/90-Grad-Lagen v.a. aus optischen Gründen als Decklagen auf Carbonrohre aufgebracht (Abb. 2).
Anwendung: Rohr von Carbon-Sattelstützen, s. ▷ Carbonteile.

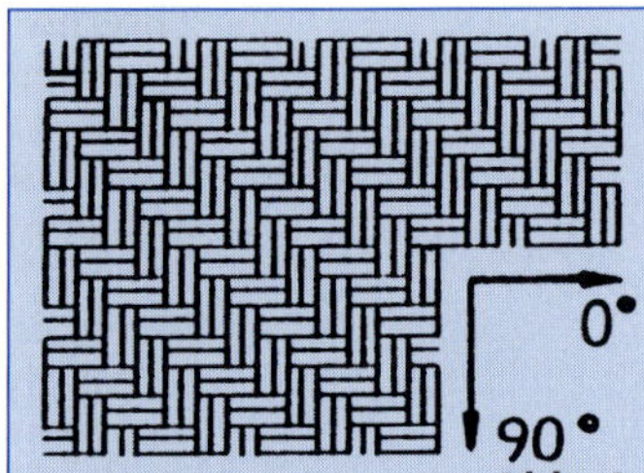

Abb. 1

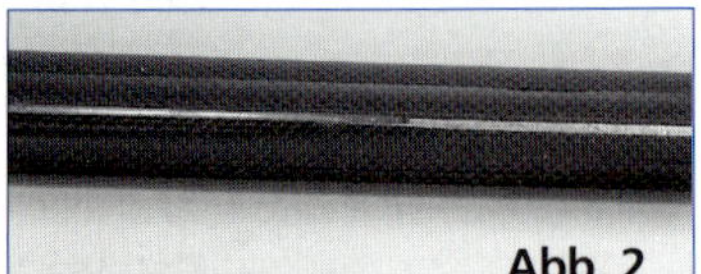
Abb. 2

Abdeckkappe

Abdeckung von Öffnungen an manchen Fahrradbauteilen zum Zwecke des Staubschutzes.
Beispiele am Fahrrad: Abdeckkappen an ▷ Pedalen (Abb. 3) und ▷ Naben, fürs ▷ Abzugsgewinde der ▷ Tretkurbel (Abb. 4) oder an einigen gekapselten ▷ Schalthebeln.

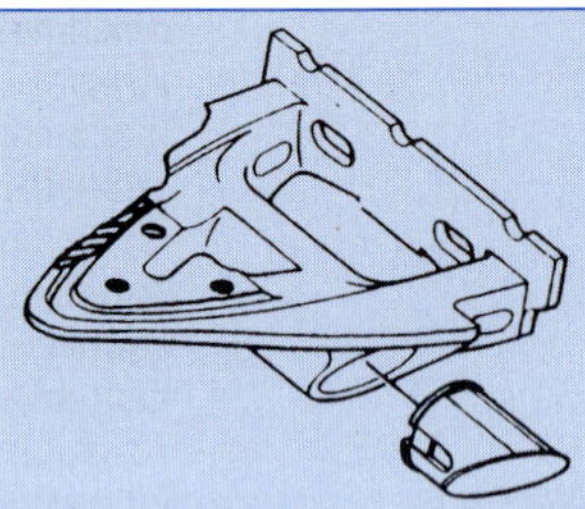
Abb. 3

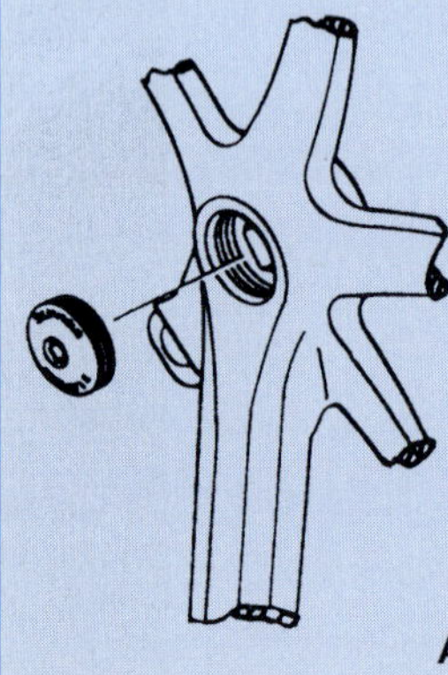
Abb. 4

Abdichtung

s. ▷ Dichtung

Abdrückdorn

Teil des ▷ Kurbelabziehers, einem Werkzeug zum Abdrücken der ▷ Tretkurbeln von der ▷ Tretlagerachse. Einzelheiten und Abb. s. ▷ Abzieher.

Abriebfestigkeit

Widerstand aufeinander gleitender oder rollender Körper gegenüber ▷ Verschleiß. Am Fahrrad von Bedeutung v.a. bei ▷ Lagerungen und ▷ Reifen, aber auch ▷ Bremsgummis.
Die Abriebfestigkeit wird in erster Linie von der ▷ Oberflächengüte (Rauhigkeit, Härte) der kontaktierenden Körper bestimmt. Weitere Einflußgrößen sind die jeweils vorliegende ▷ Flächenpressung und Werkstoffpaarung.
So kann beispielsweise eine weiche Lagerbuchse eines ▷ Schaltungsrädchens (Bronze oder Messing) gepaart mit einer harten Gleitbuchse (gehärteter Stahl) weniger verschleißanfällig sein als zwei "knallharte" Lagerungspartner.
Bei ▷ Reifen wird eine gute Abriebfestigkeit durch einen Kompromiß zwischen ▷ Gummihärte und -zähigkeit erreicht.
Für die Abriebfestigkeit von ▷ Bremsgummis sind ▷ Gummimischung und beigemengte Füllstoffe bestimmend, außerdem die Größe der Kontaktfläche auf der Felge: Große Fläche = geringere Flächenpressung = geringerer Abrieb und umgekehrt, Einzelheiten s. ▷ Bremsgummis.

ABS

Abk. f. **A**nti-**B**lockier-**S**ystem: Mechanische Einrichtung, die ein Blockieren der Räder beim Bremsen verhindert. Beim PKW bereits Standard, beim Fahrrad noch im Experimentierstadium.
Gerade an gleichgewichtslabilen, einspurigen Fahrzeugen wie dem Fahrrad wäre ein ABS ein wichtiges Sicherheitsplus, da ein blockiertes Hinterrad eine ruckartige ▷ Spurversetzung bewirkt, ein blockiertes Vorderrad sogar zum Überschlag führen kann.
Erste Lösungsansätze koppeln Vorder- und Hinterradbremse miteinander und vermeiden so das Blockieren des Vorderrades:
Beispielsweise läßt sich der ▷ Bremsausleger einer ▷ Rücktrittbremse (Abb. 5) zur Betätigung einer Vorderradbremse (Abb. 6) nutzen, wenn die Befestigungsschelle entfernt, ein ▷ Bowdenzug an dem Ausleger befestigt und zur Vorderradbremse verlegt wird.

Prinzip

Beim Bremsen schwenkt der Auslegerarm nach unten und zieht damit die über den Seilzug mit ihm verbundene Vorderradbremse. Durch die Lastveränderung beim Bremsen (s. ▷ Bremsvorgang) läßt die

▷ Bremswirkung der Hinterradbremse kurzfristig nach. Der Bremsausleger wird weniger kräftig ausgelenkt und damit auch die Kraft, mit der die Vorderradbremse betätigt wird. Daraufhin nimmt die Bremswirkung der Hinterradbremse wieder zu usw. Ergebnis: Eine Art "Stotterbremsung", die zuverlässig das Blockieren des Vorderrades verhindert. Interessanterweise berücksichtigt eine solche Verkopplung auch die Fahrbahngriffigkeit: Bei matschigem Untergrund (bzw. Schnee oder Eis) rutscht das Hinterrad früher durch, die Auslenkkräfte des Bremsauslegers fallen kleiner aus und damit auch die Betätigungskräfte für die Vorderradbremse.

Die erste Realisierung dieses ABS-Vorläufers zeigte die Fa. Biria auf der ▷ IFMA 1994. Die erste serienmäßige Ausführung einer Anti-Vorderradblockier-Bremse hingegen entwickelte Josef Jahn von den Thüringer Zweiradwerken in Nordhausen bereits 1992, indem er zwei ▷ Cantileverbremsen über eine um die Hinterradachse pendelnde Schwinge verkoppelte (Abb. 7). Im Zuge der Elektronisierung sind neben diesen mechanischen Teillösungen auch elektronisch geregelte "echte" ABS-Systeme denkbar.

Anmerkung: Größtenteils verhindert werden kann das Blockieren der Laufräder bereits von der sog. ▷ Bremskraftbegrenzung, Einzelheiten s.d.

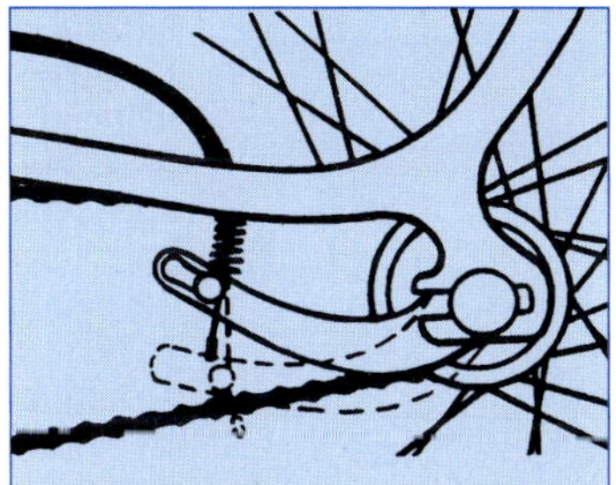

Abb. 5

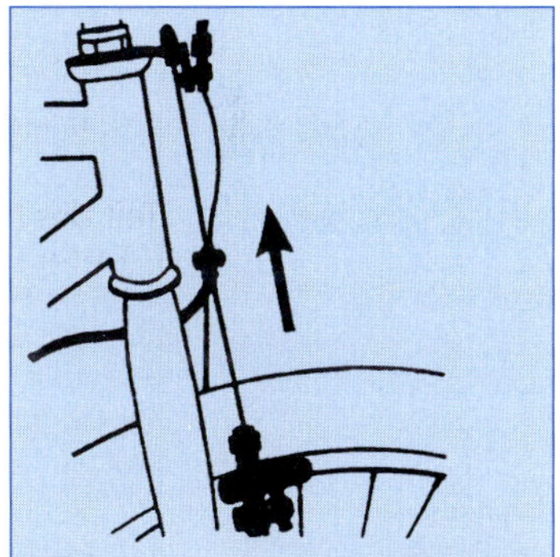

Abb. 6

Abstandhalter

Am Gepäckträger montiertes, signalkellenähnliches Sicherheitszubehör. Es soll andere Verkehrsteilnehmer an die Einhaltung eines angemessenen Sicherheitsabstandes erinnern - ersetzt jedoch keinesfalls die eigene defensive Fahrweise.

Abb. 7

Abwicklung Andere Bez. f. ▷ Entfaltung.

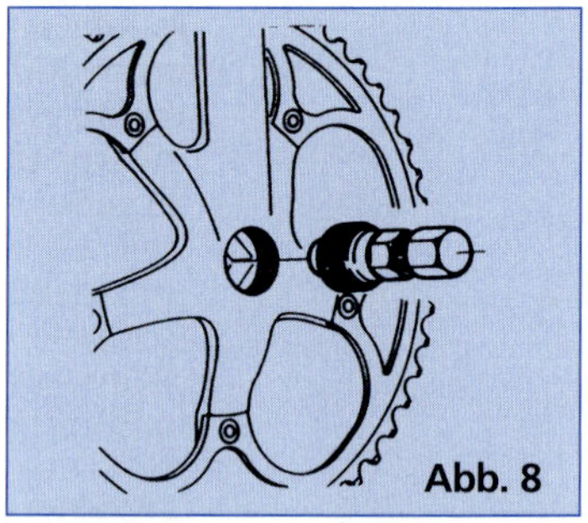
Abb. 8

Abzieher Spezialwerkzeuge zum Lösen ("Abziehen") kraft- und formschlüssig miteinander verbundener Bauteile (▷ Kraftschlußverbindungen; ▷ Formschlußverbindungen) .
Gerade der Fahrradantrieb soll ja mit möglichst wenig Kraftverlusten arbeiten, weswegen schlackernde oder schlupfende (▷ Schlupf) Verbindungen unerwünscht sind.
Im Zuge der Fahrradentwicklung haben sich *Schraubverbindungen* (▷ Schraubkranz) sowie *Formschlußverbindungen* (▷ Tretkurbel) als optimale Lösung dieses Problemkreises herauskristallisiert, hinzu kommen noch die ▷ Lagerschalen, die eingeschraubt, eingepreßt oder verklebt werden, um jedwedes ▷ Spiel auszuschließen. All diese Antriebselemente müssen "bombenfest" sitzen, weswegen entsprechende Brachialkräfte nötig sind, um sie wieder zu lösen. Hilfsmittel sind die jeweiligen *Abzieher,* die z.T. hersteller- und typenspezifisch sehr unterschiedlich sein können. Da ihr Einsatz jedoch vergleichsweise selten notwendig wird, kann der Freizeitradler auf die Anschaffung verzichten und sich im Fall des Falles der Werkstatt anvertrauen. Hobby-"Schrauber" und Reiseradler sind allerdings mit der Anschaffung von Kurbel- und Zahnkranzabzieher gut beraten, um zuhause oder unterwegs Wartungs- oder Austauscharbeiten vornehmen zu können.

Abb. 9

Kurbelabzieher Am sinnvollsten als bifunktionales Werkzeug ausgeführt, wobei eine Seite (▷ Steckschlüssel) zum Lösen und Festziehen der ▷ Kurbelbefestigungsschraube dient, während die andere Seite der eigentliche Abzieher ist:

Anwendung: Das äußere Gewindeteil wird fest ins ▷ Abzugsgewinde der Tretkurbel verschraubt (Abb. 8), dann wird sein als Innenschraube ausgeführter Abdrückdorn fest gegen die ▷ Tretlagerachse drückend geschraubt, wodurch die Kurbel von dieser "abgezogen" (gedrückt) wird.
Interessant sind die integrierten Kurbelabzieher einiger Hersteller, bei denen die Abdeckkappe stabil ausgeführt wird und beim Abziehen durch Rausdrehen der Kurbelbefestigungsschraube als Gegenhalter dient (Abb. 9).

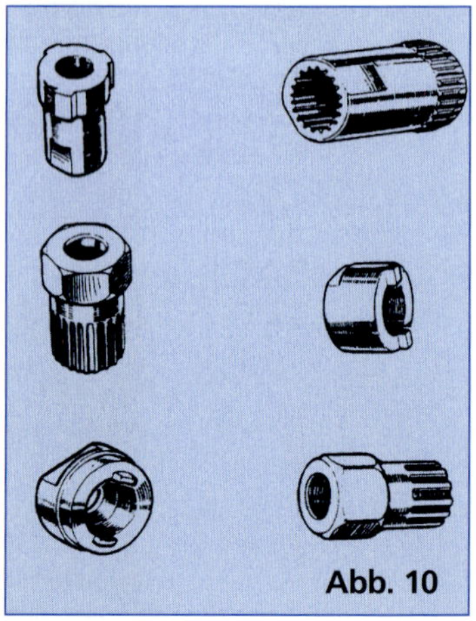
Abb. 10

Zahnkranzabzieher Werkzeuge zur Demontage von ▷ Zahnkränzen. Die Ausführungen richten sich nach den jeweiligen Bauarten der ▷ Schraubkränze bzw. den Systemen der ▷ Kassettennaben (Abb. 10).

für Schraubkränze Die Abzieher werden als eine Art ▷ Steckschlüssel formschlüssig von außen in den Grundkörper gesteckt und mittels passendem Schraubenschlüssel oder per Schraubstock gelöst (Rechtsgewinde, ▷ Daumenregel) oder festgezogen.

Achtung: Da die Schraubkränze mit voller Tretkraft auf die Nabe gedreht wurden, lassen sie sich nur sehr schwer lösen und es besteht akute Abrutschgefahr (Zerstörung der Verzahnungen von Schraubkranz und/oder Abzieher; Verbiegung der Achse). Daher sollte der Abzieher auf jeden Fall mit einem ▷ Schnellspanner gegen Abrutschen gesichert werden.
In der Vergangenheit wurde bei den Abzieherausführungen eine große Vielfalt "zelebriert"; exotische, ältere Systeme daher am besten beim gut sortierten Radhändler abziehen lassen.

In letzter Zeit geht der Trend zum ▷ Vielzahnabzieher (Abb. 10 unten rechts) und damit zur Vereinheitlichung. Er kann nämlich bei den alten ▷ Schraubkränzen von Shimano, Sachs und z.T. Regina eingesetzt werden, aber auch bei fast allen modernen Kassettensystemen:

für Kassetten-Systeme

Mit dem Vielzahnabzieher lassen sich die ▷ Ritzelpakete vom Kassettenkörper bei ▷ Kassettennaben jüngeren Baujahrs lösen (ab 1989 bei ▷ Hyperglide für ▷ MTB; seit 1992 für alle Kassettennaben von ▷ Shimano, außerdem ▷ Sachs und ▷ Campagnolo). Hierzu wird mit einer ▷ Kettenpeitsche gegengehalten (Abb. 11) und mit dem Abzieher die Abschlußmutter gegen den Uhrzeigersinn (Rechtsgewinde, ▷ Daumenregel) losgedreht.
Bei älteren Modellen und bei Kassettennaben von ▷ Suntour und ▷ Mavic wird das aufgesteckte Ritzelpaket durch ein abschließendes ▷ Schraubritzel fixiert. Als Abzieher für dieses fungiert eine zweite Kettenpeitsche oder Spezialwerkzeuge, z.B. Ritzelzange.

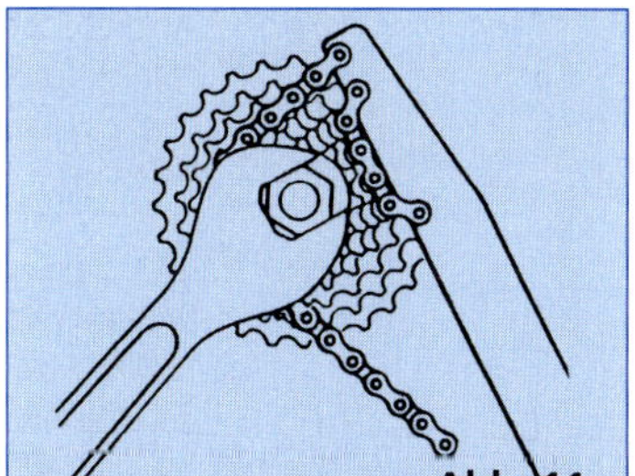
Abb. 11

Tip

Um eine Kettenpeitsche einzusparen, kann man das Lösen des Schraubritzels auch bei eingebautem Hinterrad vornehmen: Hierbei wird die Kette über das größte Ritzel geführt, das Gegenhalten erfolgt mit dem Fuß auf einer Pedale, die Kettenpeitsche löst das Schraubritzel.
In gleicher Art lassen sich auch die einzelnen Ritzel von Schraubkränzen demontieren.

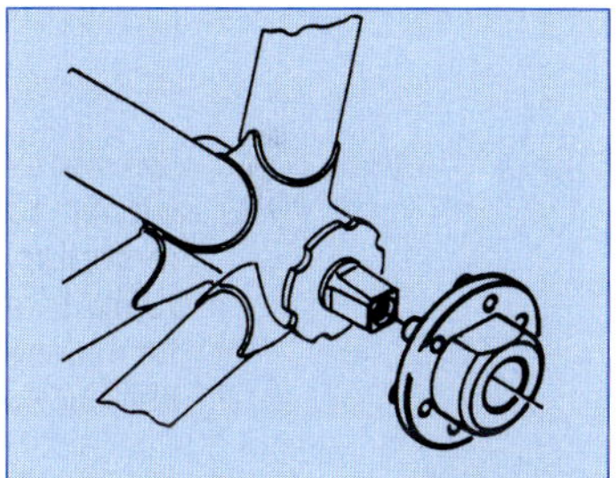
Abb. 12

Weniger häufig gebrauchte Spezialabzieher:

Kassettenkörperabzieher

Werkzeug zum Lösen des ▷ Kassettenkörpers von der Nabe.

Lagerschalenabzieher

Werkzeug zum Herauslösen der ▷ Lagerschalen (Abb. 12).

Patronenlagerabzieher

Systemabhängig ausgeformt sind die Werkzeuge zum Herausschrauben von ▷ Patronenlagerungen, wie sie z.B. bei ▷ Tret- oder ▷ Pedallagerungen benötigt werden (Abb. 13), teilweise aber auch schon Nabenpatronen (s. ▷ Composite Wheel von Mavic).

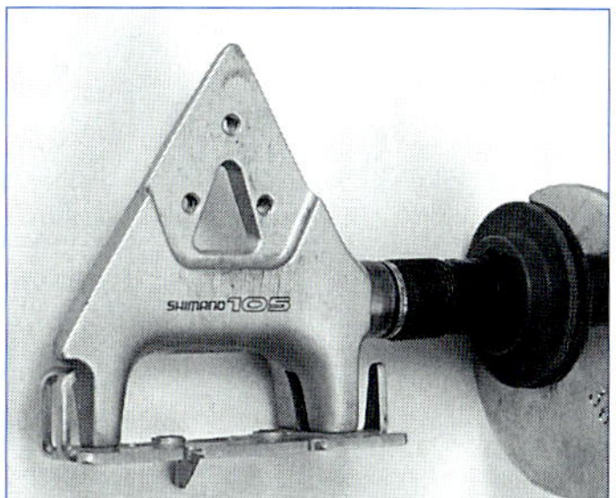

Abb. 13

Abzugsgewinde

Gewinde im Befestigungsauge von ▷ Tretkurbeln zur Aufnahme des ▷ Kurbelabziehers. Es wird mittels einer ▷ Abdeckkappe vor Verschmutzung geschützt.
Gewindemaße: 22 x 1 mm, bei Tretkurbeln der Fa. Stronglight z.T. 23 x 1 mm.

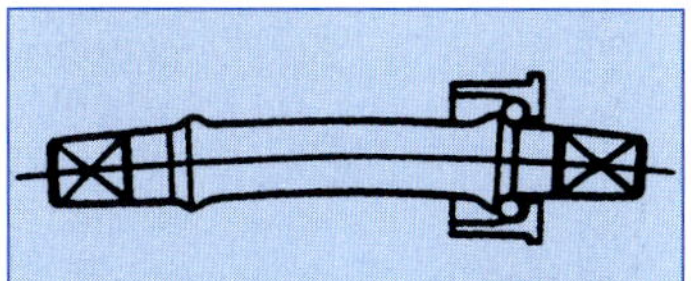
Abb. 14

Achsbiegung

Zurückfedernde, also ▷ elastische Verformung belasteter ▷ Achsen.

Am Fahrrad wären dies v.a. die ▷ Tretlagerachse (Abb. 14), die ▷ Nabenachse (Abb. 15) und die ▷ Pedalachse. Sie biegen sich bereits unter normaler Belastung geringfügig, kehren aber nach Entlastung wieder in ihre Ausgangslage zurück. Es handelt sich also i.G.z. ▷ Achsverbiegung (▷ plastische Verformung) um nichtbleibende Verformungen.

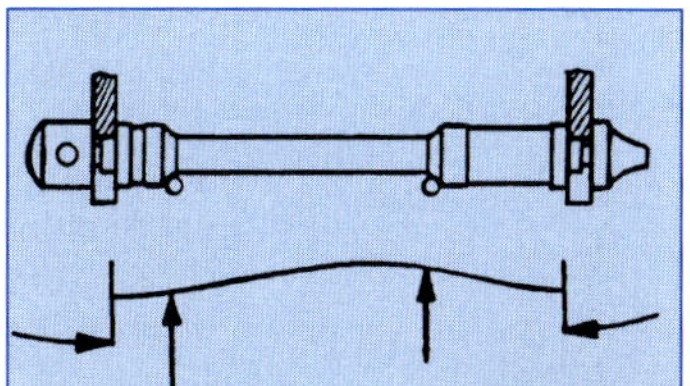
Abb. 15

Auswirkungen

Die kurzfristigen elastischen Verformungen von Achsen sind i.d.R. nicht akut bruchgefährdend, können aber zu Funktionsminderungen und auf Dauer zu Lagerschäden oder Ausfallendbrüchen führen:

schleifende Kette

Da das ▷ Kettenblatt wie ein Verlängerungszeiger der Tretlagerachse wirkt, weicht sie bei deren elastischer Biegung einige Millimeter aus ihrer Mittellage. Folge: Die Kette schleift an der ▷ Umwerfergabel, die Schaltfunktion kann leiden.

Lagerschäden

Bereits durch geringe elastische Achsbiegungen geraten die einzelnen Lagerelemente aus ihrer ▷ Flucht. Dadurch kommt es zu punktuellen ▷ Lastspitzen, die auf Dauer zur frühzeitigen Schädigung von ▷ Lagerkugeln oder ▷ Kugellaufbahnen führen können.

Bruch des Ausfallendes

Bei der elastischen Biegung von ▷ Nabenachsen, insbesondere von ▷ Schraubkranznaben werden die ▷ Ausfallenden "mitgenommen". Da das Rohr i.d.R. seitensteifer als die Ausfallenden ist, kommt es v.a. bei sehr filigranen Ausführungen bisweilen zum Bruch eines Ausfallendes (s. ▷ Ausfallende: Bruch des Ausfallendes).

Zur Achsbelastung s. die einzelnen Einträge bei ▷ Achsen.

Abb. 16

Achsbruch

Bruch von ▷ Achsen infolge Materialfehler, konstruktiver Schwächen oder extremer Belastungsspitzen wie Stürzen, ▷ Pedalaufsetzern, Schlagloch-"Rumplern" (Abb. 16).

Materialfehler

Die heutige Massenfertigung ermöglicht zwar gleichbleibende Qualität, schließt aber Materialfehler wie Härterisse, partielle Verunreinigungen oder Überstreckungen nicht gänzlich aus. Befinden sich solche Stellen unglücklicherweise an bes. gefährdeten Querschnitten, so können Dauerbelastungen oder ▷ Lastspitzen zum Bruch führen.

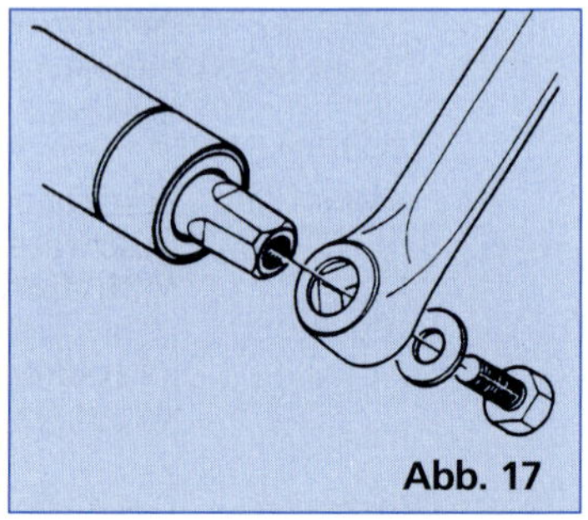
Abb. 17

konstruktive Mängel

Konstruktiv stellt insbes. der ▷ Kurbelvierkant der ▷ Tretlagerachse eine unglückliche Lösung dar (Abb. 17): Hier kommt es zu Spannungsspitzen infolge ungünstigen ▷ Kraftflusses, es besteht ▷ Kerbwirkung durch in die Achse geschnittenes Gewinde und eine zusätzliche Spannungsspitze wird noch durch die ▷ Kurbelbefestigungsschraube erzeugt. Hinzu kommt, daß der Vierkant um ca. 35% weniger ▷ Torsionsbelastung aushält als ein runder Querschnitt gleicher Fläche (außerdem: bei Sturz besonders exponierte Stelle). Einzelheiten s. ▷ Kurbelvierkant.

Bruch-Keime

Durch unkalkulierbar hohe Krafteinwirkung bei Sturz o.ä. treten neben bleibenden - also plastischen - Verformungen (▷ Achsverbiegung) auch kleine Anrisse oder Bruchkerben im Material auf.
Solche *Bruch-"Keime"* arbeiten sich in der Folgezeit selbst unter Normalbelastung tiefer und tiefer ins Material hinein - ohne daß im Fahrbetrieb Funktionsmängel zu bemerken sind.
Der Durchbruch solch einer "Zeitbombe" erfolgt dann i.d.R. erst sehr viel später und dann meist *völlig überraschend.*
Es besteht akute Sturzgefahr, daher Austausch der geschädigten Teile bei nächster Gelegenheit. Siehe hierzu ▷ Sturzfolgen: Vorbeugung. Zur Gesamtproblematik s. ▷ Bruch.

Achsen

Eine Achse ist ein zentrales, *feststehendes* Teil, um welches andere, auf ihr gelagerte (▷ Lagerung) Teile rotieren.

Darüberhinaus werden auch *gedachte Linien* als "Achsen" bezeichnet wie z.B. Längsachse, Hochachse, ▷ Lenkachse usw.
Am Fahrrad sind dies v.a. die Achsen der ▷ Laufräder (Nabenachsen; Abb. 18) und der ▷ Pedale (Abb. 19).

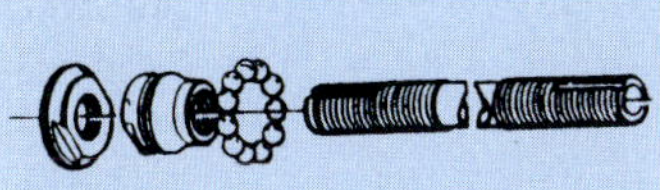
Abb. 18

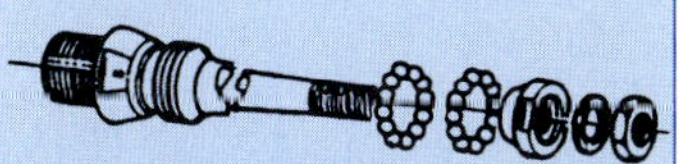
Abb. 19

Da die ▷ Welle der ▷ Tretlagerung im allgem. Sprachgebrauch auch als Achse bezeichnet wird (Tretlagerachse; (Abb. 20), obwohl sie nicht feststeht, sondern mit den Kurbeln rotiert und das ▷ Antriebsdrehmoment überträgt, wird sie hier ebenfalls aufgeführt.
Achsen werden lediglich auf ▷ Biegung (s. ▷ Achsbiegung, Vorseite) beansprucht (Ausnahme: Achsen von ▷ Nabenschaltungen), Wellen dagegen auch auf Verdrehung (s. ▷ Torsionsbelastung). Zur Bruchproblematik s. ▷ Achsbruch (Vorseite).

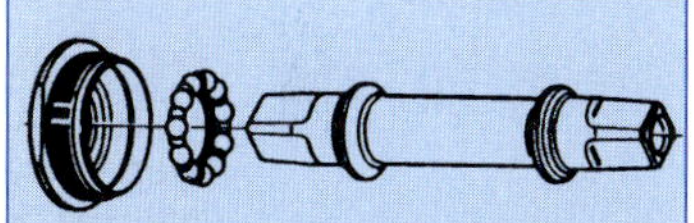
Abb. 20

Nabenachse

In den ▷ Ausfallenden eingespanntes Zentralteil der ▷ Nabe, um welches der Nabenkörper und damit das ▷ Laufrad rotiert.
Ausführungen als *Voll- oder Hohlachse,* neuerdings auch mit einseitiger Aufhängung (▷ Einschwingenrahmen), Einzelheiten s. ▷ Nabenachsen.

Tretlagerachse

Gebräuchliche Bez. für die beide ▷ Tretkurbeln verbindende ▷ Welle der ▷ Tretlagerung.
Die Tretlagerachse wird i.d.R. aus ▷ Stahl gefertigt und besitzt an beiden Enden einen konischen ▷ Vierkant zur Aufnahme der beiden Tretkurbeln.
Einzelheiten zu den vielfältigen Ausführungen, Materialien, Belastung und zur Definition s. ▷ Tretlagerachse.

Pedalachse

Feststehendes Teil der ▷ Pedallagerung, das in den ▷ Kurbelarm geschraubt wird und i.G.z. den meisten anderen Achsen nur einseitig fixiert ist. Einzelheiten s. ▷ Pedalachse.

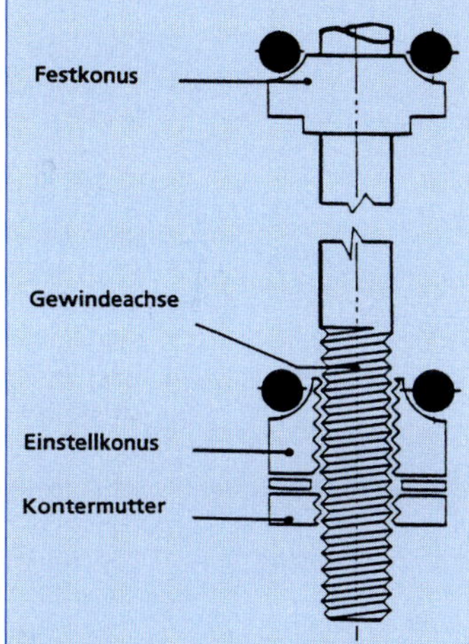

Abb. 21

Achskonus

Kegelförmiges Lagerelement, das beim ▷ Konuskugellager die ▷ innere Kugellaufbahn bildet.

Der Konus wird meist auf der ▷ Achse verschraubt und gekontert, bei ▷ Pedal- und ▷ Tretlagerachse ist er z.T. Bestandteil der Achse selbst, was Herstellungskosten senkt und die ▷ Biegesteifigkeit der Achsen erhöht.

Achslagerung

▷ Lagerung der die ▷ Achse umlaufenden Bauteile auf dieser. Sie erfolgt beim Fahrrad meist mittels Kugeln, in selteneren Fällen auf Nadeln. Ausführliche Informationen über die verschiedenen Lagerungstypen s. ▷ Lagerung (Abb. 21).

Achsmutter

▷ Mutter zum Befestigen von ▷ Nabenachsen in den ▷ Ausfallenden.

Achsschenkel

Radlager und Vorderrad einseitig tragender Schenkel von mehrspurigen Fahrzeugen, der schwenkbar angeordnet ist. Bei Sonderfahrrädern (sowohl mehr- als auch einspurig) findet gelegentlich die ▷ Achsschenkellenkung Anwendung.

Achsschenkel-lenkung

Standardkonstruktion der ▷ Lenkung bei mehrspurigen Fahrzeugen (Auto). Vereinzelt als Sonderkonstruktion bei einspurigen Fahrzeugen (Abb. 22) (Motorräder; Fahrräder), üblich auf dem Fahrradsektor hingegen bei Dreirad-Liegerädern, s. ▷ HPV-Fahrrad.
Bei der Achsschenkellenkung wird der eigentliche ▷ Achsschenkel schwenkbar gelagert und ermöglicht so die Lenkung des Vorderrades, dessen einseitige Aufhängung hierbei charakteristisch ist.

Vorteil: Es ist keine ▷ Gabel und ihre Lagerung nötig, der Rahmen kann in Nabenhöhe "durchgezogen" werden (i.G.z. überhöhten Bauweise bei der klassischen, gegabelten Fahrradlenkung). Allerdings muß dem Vorderrad genügend Schwenkraum eingeräumt werden.

Abb. 22

Achsverbiegung

Bleibende, also ▷ plastische Verformung von ▷ Achsen (i.G.z. ▷ elastischen Verformung, s. ▷ Achsbiegung).

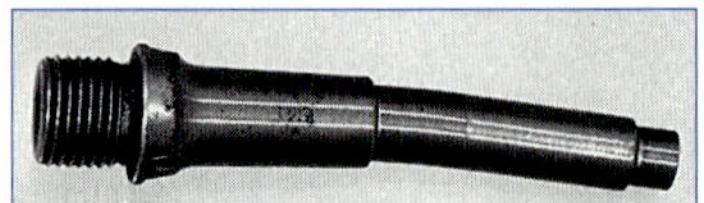
Abb. 23

Gefahr?

Zu solchen Verformungen sind außergewöhnliche Kräfte notwendig, wie sie nur bei Sturz oder Überlastung (z.B. hohe Gepäckzuladung; unebene Fahrbahn; rüde Fahrweise) auftreten (Abb. 23).

I.d.R. besteht keine unmittelbare Bruchgefahr, man kann also vorsichtig weiterfahren. Längerfristig sind aber Lagerschäden und Brüche nicht auszuschließen, s.a. ▷ Achsbruch.

Eine verbogene Achse darf auf keinen Fall zurückgebogen werden, denn dann besteht akute Bruchgefahr durch Anrisse bei dieser nunmehr 2. plastischen Verformung.
Vorsicht ist bei verbogenen Tretlager- bzw. Pedalachsen aber auch insofern geboten, als man sich an den "eirigen" Tritt gewöhnen und dann auf Dauer orthopädische Schäden zuziehen kann. Zur Achsbelastung s. die einzelnen Einträge bei ▷ Achsen.

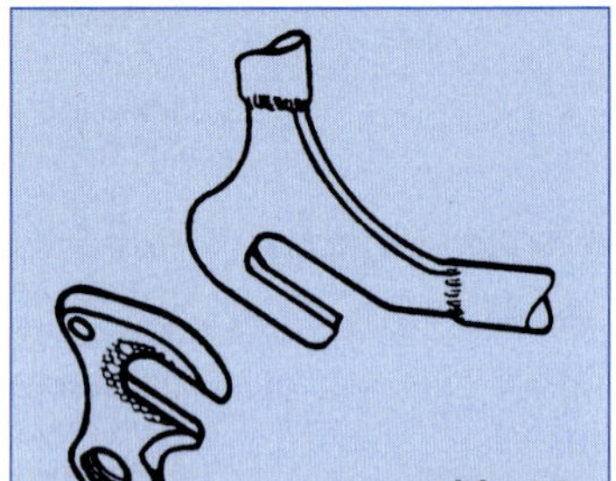
Abb. 24

Achsvierkant

Andere Bez. f. ▷ Kurbelvierkant.

Achter

Landläufige Bez. f. ▷ Seitenschlag.

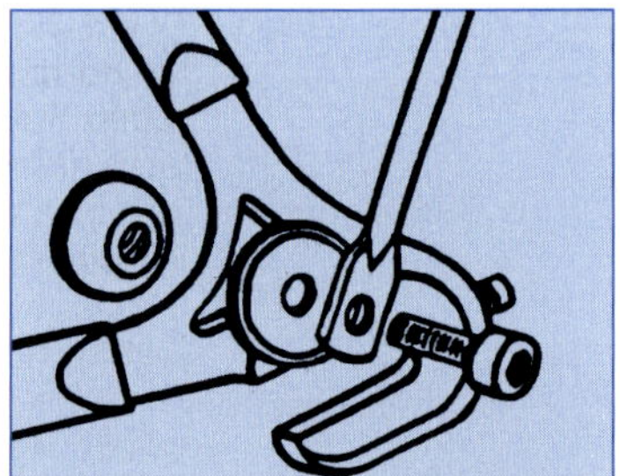
Abb. 25

Adapter

Spezielles Verbindungsstück zur Anpassung ("adaptieren") ursprünglich nicht füreinander vorgesehener Bauteile oder zur Funktionserweiterung von Bauteilen. Am Fahrrad dienen Adapter i.d.R. der nachträglichen Montage von Zusatzteilen (z.B. ▷ Lenkeradapter (Hörnchen); ▷ Kettenblattadapter (Mountain Tamer Quad); ▷ Doppelbremszugadapter; ▷ Kurbelkürzungsadapter), sie können aber auch konstruktiv vorgesehen sein wie der ▷ Schaltungsadapter (bei Ausfallenden ohne ▷ Schaltungsauge; Abb. 24) oder der ▷ Gepäckträgeradapter (Abb. 25).

Adaption

1. Befestigung von ▷ Komponenten oder Komponententeilen am Fahrrad mittels ▷ Adapter;
2. Anpassung von Bauteilen (z.B. der Länge des ▷ Bowdenzugs an den jeweiligen Rahmen);
3. Einstellen von Sattel, ▷ Sattelstütze und Lenker auf den jeweiligen Fahrer.

ADFC

"Allgemeiner Deutscher Fahrradclub e.V.", 1979 als Interessenvertretung der Alltags- und Freizeitradler gegründet (i.G.z. ▷ BDR). Die Mitglieder sind haftpflicht- und rechtsschutzversichert (Abb. 26).

Hauptanliegen ist es, das Radfahren für breitere Kreise attraktiver und sicherer zu machen. Hierzu werden Radverkehrskonzepte entwickelt und versucht, in Zusammenarbeit mit den zuständigen Behörden die Verkehrssituation für Radfahrer real zu verbessern (Anlage von Radwegen und Radverkehrsnetzen usw.).
Darüberhinaus setzt sich der ADFC für ein besseres Angebot bei der kombinierten Nutzung von Fahrrad und öffentlichen Personennahverkehrsmitteln ein sowie die problemlose Fahrradmitnahme auch in Fernzügen.
Um die Entwicklung zum technisch sicheren und sinnvollen Fahrrad zu fördern, kürt der ADFC in zweijährigem Rhythmus ein "Fahrrad des Jahres".

ADFC Allgemeiner Deutscher Fahrrad-Club
Abb. 26

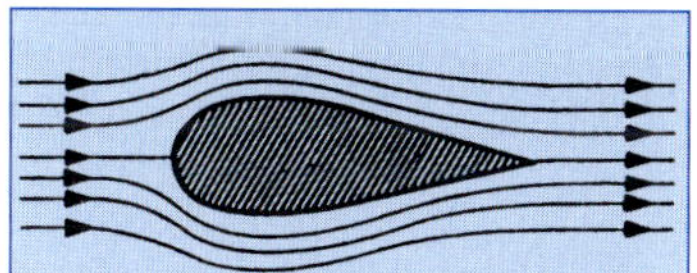
Abb. 27

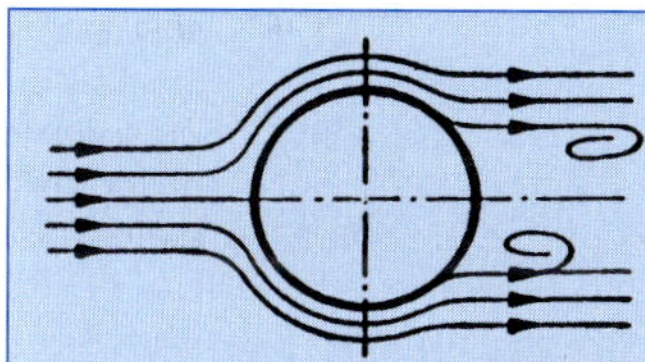
Abb. 28

Abb. 29

Weitere Aktivitäten des ADFC: Herausgabe von Karten und Fahrradliteratur. Die örtlichen Gliederungen bieten außerdem geführte Touren in der näheren und weiteren Umgebung an, halten Reparaturkurse ab und bieten dem Einzelnen die Möglichkeit, sich aktiv an der Einflußnahme auf die lokale Verkehrsplanung zu beteiligen.
Mitgliederzahl: ca. 90.000
Adresse: ADFC Bundesverband e.V.;
Postfach 107744, 28077 Bremen;
Tel. 0421/346290; Fax 0421/3462950

Aerodynamik

Lehre von der Bewegung von Körpern in Gasen und den dabei auftretenden Wirkungen und Kräften.
Mit zunehmender Geschwindigkeit nimmt der Luftwiderstand quadratisch zu und übersteigt ab ca. 20 km/h alle anderen ▷ Fahrwiderstände zusammen (Rollwiderstand, mechanische Reibungsverluste). Bei einem strömungsgünstig verkleideten ▷ HPV-Fahrrad allerdings (z.B. ▷ Vector) ist dies erst ab etwa 100 km/h der Fall!

Luftwiderstand

Er entsteht durch den sog. "Staudruck" (die Luftsäule, die der Radler horizontal vor sich herschiebt) sowie durch die ▷ Reibung zwischen Fahrzeugoberfläche und der sie umströmenden Luft. Der Luftwiderstand ist bei tropfenförmigen Körpern minimal (Abb. 27). Bereits beim Umströmen von Kugeln (Abb. 28) oder runden Körpern entstehen energiezehrende Luftwirbel (Abb. 28), die beim Radfahrer besonders ausgeprägt sind (Abb. 29).

Der Luftwiderstand errechnet sich nach der Formel:

$$F_{Luft} = \frac{cw \times A \times \varrho \times v^2}{2}$$

Hierbei ist:
- F_{Luft} = Luftwiderstand, in ▷ Newton;
- cw = Luftwiderstandsbeiwert (s.u.), ohne Einheit;
- A = ▷ Stirnfläche des Körpers, in m^2
- ϱ = Luftdichte, in kg/m^3;
- v = Geschwindigkeit, in m/s.

cw-Wert: dimensionsloser (ohne physikalische Einheit) Kennwert, der die Windschnittigkeit von Körpern beschreibt (c = Konstante, w = Widerstand).

Der cw-Wert hängt stark von der Körperform ab. Eine Auswahl verschiedener Körper und deren cw-Wert zeigt (Abb. 30): Auf den Radler bezogen (unter Einbeziehung des Fahrrad-Luftwiderstandes) beträgt der cw-Wert bei der aufrechten Fahrweise auf dem ▷ Hollandrad z.B. 1,2. Bei sportlichen Fahrpositionen ist Kopf- und Körperhaltung entscheidend für den cw-Wert. Unter optimalen Bedingungen lassen sich folgende Werte erreichen:

Rennfahrer in	▷ Zeitfahrposition 0,85	(Abb. 31)
	▷ American Position 0,82	(Abb. 32)
	▷ Obree-Haltung 0,80	(Abb. 33)
	▷ Hochauflieger 0,78	(Abb. 34)

Noch günstigere cw-Werte bis 0,6 sind mit weit zurückgelehnter Fahrposition mit ▷ Liegerädern zu erreichen. Den Rekord hält momentan der von Christian Smolik überarbeitete ▷ Vector mit 0,07.

Stirnfläche: Bez. f.d. größte Querschnittsfläche eines durch die Luft bewegten Körpers.
Mit zunehmender Stirnfläche wächst der Luftwiderstand linear an. Daher versucht jeder Radfahrer bei Gegenwind sich möglichst flach auf das Fahrrad zu ducken - seine Stirnfläche also möglichst klein zu halten. So kann sie gegenüber der aufrechten Haltung des Hollandrad-Fahrers ($A = 0{,}6\ m^2$) durch Einnahme der ▷ American Position oder ▷ Obree-Haltung annähernd halbiert werden ($A = 0{,}39$ resp. $0{,}38\ m^2$).

Anmerkung: In Windkanalversuchen werden häufig der cw-Wert und die Stirnfläche des Körpers zum sog. cwA-Wert zusammengefaßt. Damit lassen sich Versuchsobjekte einfacher miteinander vergleichen.

Luftdichte: Die Luftdichte geht linear in die Berechnung des Luftwiderstandes ein und ist selbst abhängig vom jeweils herrschenden Luftdruck, von der Luftfeuchtigkeit und von der Höhe über Meeresspiegel.
Für Normalbedingungen von 20°C, Meereshöhe sowie 60% Luftfeuchte wird die Luftdichte mit $1{,}199\ kg/m^3$ gerechnet. Mit zunehmender Höhe nimmt die Luftdichte ab und beträgt beispielsweise in 2000 m Höhe bei gleicher Temperatur und Luftfeuchtigkeit $0{,}94\ kg/m^3$. Darauf beruhen ▷ Stundenweltrekorde in entsprechender Höhe, z.B. Francesco Moser 1984 in Mexico City.

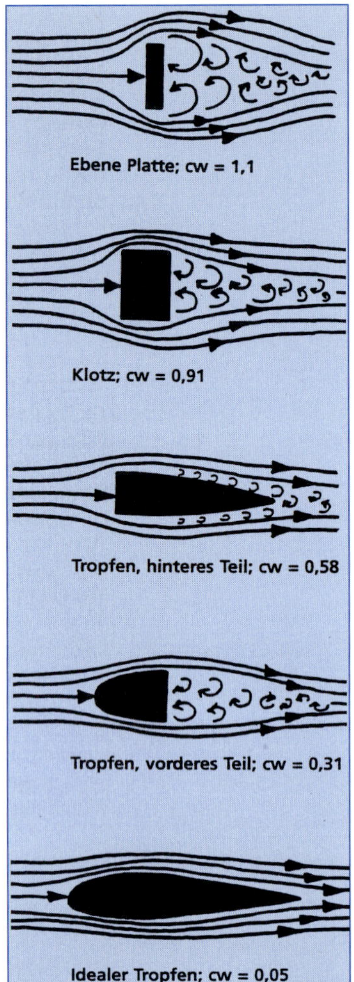

Abb. 30

Beispiele

1. Normalradler
aufrecht fahrend bei 15 km/h, wobei:

cw	= 1,2;
A	$= 0{,}6\ m^2$;
ϱ	$= 1{,}2\ kg/m^3$;
v	= 4,17 m/s.,

damit beträgt der Luftwiderstand:

$$P_{Luft\ 15} = \frac{1{,}2 \times 0{,}6 \times 1{,}2 \times 4{,}17 \times 4{,}17}{2} = 7{,}5\ N$$

Abb. 31

Abb. 32

2. Normalradler
aufrecht fahrend bei 30 km/h, wobei:

cw = 1,2;
A = 0,6 m²;
ϱ = 1,2 kg/m³;
v = 8,33 m/s.,

damit beträgt der Luftwiderstand:

$$P_{Luft\ 30} = \frac{1{,}2 \times 0{,}6 \times 1{,}2 \times 8{,}33 \times 8{,}33}{2} = 29{,}98\ \text{N}$$

Abb. 33

Abb. 34

Damit muß der Radfahrer also bei doppelter Geschwindigkeit den vierfachen Luftwiderstand überwinden. Der Übersicht halber ist in der folgenden Tabelle der Luftwiderstand von vier verschiedenen Sitzpositionen jeweils für 15 km/h, 30 km/h und 45 km/h nach o.g. Formel errechnet:

Fazit: Bei gleicher Geschwindigkeit muß der ▷ Normalradler allein aufgrund seiner strömungsungünstigen Sitzposition die doppelte Leistung zur Überwindung des Luftwiderstands aufwenden wie der Rennfahrer in seiner aerodynamisch optimierten Haltung! Dies gilt selbst beim Langsamfahren, auch wenn es hier nicht so ins Gewicht fällt.

Werte & Dimensionen	1. Normalradler aufrecht (Hollandrad)	2. Rennfahrer in ▷ Zeitfahrposition	3. Triathlet in ▷ American Position	4. ▷ Hochauflieger
cw	1,2	0,85	0,82	0,78
A (m^2)	0,6	0,42	0,39	0,38
ϱ (kg/m^3)	1,2	1,2	1,2	1,2
v (m/s.)*	4,17/8,33/12,5	4,17/8,33/12,5	4,17/8,33/12,5	4,17/8,33/12,5
F_{Luft} (N)	7,5/30,0/67,5	3,72/14,9/33,5	3,3/13,3/30,0	3,17/12,7/28,5

* 15/30/45 km/h entsprechen 4,17/8,33/12,5 m/sec.

Verringerung des Luftwiderstandes

Maßnahmen, mit denen der Radler den Luftwiderstand senkt sind v.a.: geduckte Haltung, eng anliegende Kleidung und stromlinienförmiger Helm. Darüberhinaus läßt sich auch das Fahrrad aerodynamisch optimieren:

▷ Scheibenräder bzw. ▷ Composite Wheels (Abb. 35), ▷ Tropfenfelge, ▷ Säbelspeichen sind hier die wirksamsten Maßnahmen. Weitere Feinheiten lassen sich durch einen windschlüpfigen Rahmen (▷ Aero-Rad) sowie optimierte Schuh- und Pedalformen erreichen. Bes. bei Einzelwettbewerben und beim ▷ Triathlon kommen diese Maßnahmen vermehrt zum Einsatz. I.G. dazu ist beim klassischen Radrennen der Einsatz aerodynamisch optimierten Materials von weit geringerer Bedeutung, da hier - außer bei "Ausreißversuchen" - nahezu ausschließlich im ▷ Windschatten des Feldes gefahren werden kann, in dem der/die Führende/n die Hauptarbeit leisten.

Abb. 35

Leistung

Da der Radfahrer den Luftwiderstand nicht im Stand, sondern bei seiner jeweiligen Geschwindigkeit überwindet, erfordert das von ihm ▷ Leistung. Diese ist als "Kraft mal Weg pro Zeit" definiert, wodurch - gegenüber dem Luftwiderstand, s.o. - die Geschwindigkeit (Weg pro Zeit) noch einmal in die Rechnung eingeht.

Es wird also

$$P_{Luft} = F_{Luft} \times v$$

oder

$$P_{Luft} = \frac{cw \times A \times \varrho \times v^3}{2}$$

hierbei ist:

P_{Luft} = zur Überwindung des Luftwiderstandes erforderliche Leistung in ▷ Watt;
F_{Luft} = Luftwiderstand, in ▷ Newton;
cw = Luftwiderstandsbeiwert (s.u.), dimensionslos;
A = ▷ Stirnfläche des Körpers, in m^2
ϱ = Luftdichte, in kg/m^3;
v = Geschwindigkeit, in m/s.

Beispiele

1. Normalradler
aufrecht fahrend bei 15 km/h, wobei:

cw = 1,2;
A = 0,6 m^2;
ϱ = 1,2 kg/m^3;
v = 4,17 m/s.

damit beträgt die erforderliche Leistung:

$$P_{\text{Luft 15}} = \frac{1{,}2 \times 0{,}6 \times 1{,}2 \times 4{,}17 \times 4{,}17 \times 4{,}17}{2} = 31{,}33\ \text{W}$$

2. Normalradler
aufrecht fahrend bei 30 km/h, wobei:

cw = 1,2;
A = 0,6 m^2
♀ = 1,2 kg/m^3;
v = 8,33 m/s.

damit beträgt der Luftwiderstand:

$$P_{\text{Luft 30}} = \frac{1{,}2 \times 0{,}6 \times 1{,}2 \times 8{,}33 \times 8{,}33 \times 8{,}33}{2} = 249{,}7\ \text{W}$$

Zur Überwindung des Luftwiderstandes muß der Radfahrer also bei doppelter Geschwindigkeit die achtfache Leistung erbringen (vgl. auch Abb. 36). Bei Verdreifachung der Geschwindigkeit (im Beispiel also 45 km/h) muß er seine Leistung sogar versiebenundzwanzigfachen (845,8 W), weswegen der Normalradler dieses Tempo höchstens bergab erreicht.

Vgl. auch die anderen mit Aero- beginnenden Stichwörter.

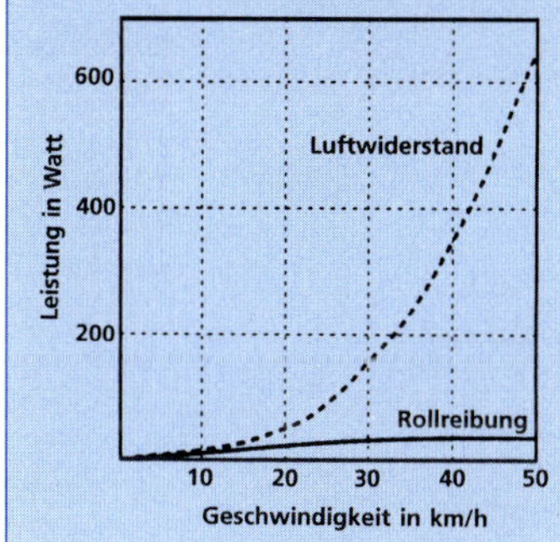

Abb. 36

Aero-Felge Andere Bez. f. ▷ Tropfenfelge (Abb. 37).

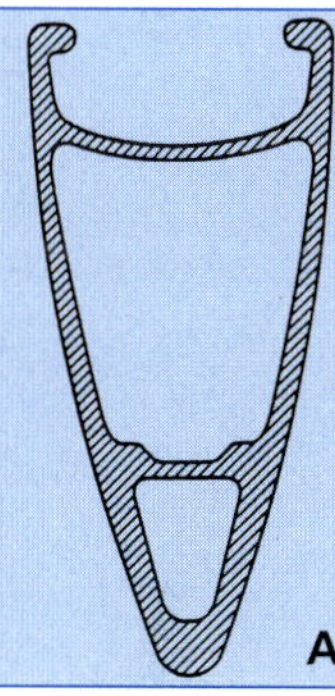
Abb. 37

Aero-Gabelkopf ▷ Gabelkopf in besonders schlanker Ausführung (daher aerodynamisch günstig) mit ▷ Innenmuffen zur Aufnahme der ▷ Gabelbeine.

Aero-Lenker Andere Bez. f. ▷ Tria-Lenker; wird manchmal aber auch für Lenker mit tropfenförmigem Rohrquerschnitt verwendet. Im ersten Fall wird der Bezug zur ▷ Aerodynamik durch die vom Lenker ermöglichte Fahrhaltung hergestellt, im zweiten durch seine Rohrform (Abb. 38).

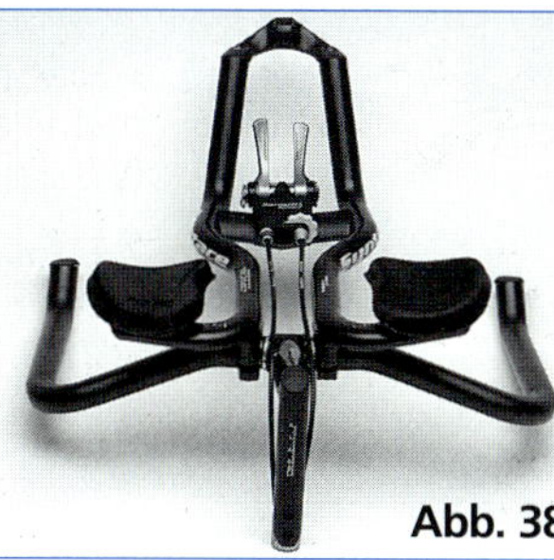
Abb. 38

Aero-Rahmen ▷ Rahmen für ▷ Rennräder oder ▷ Zeitfahrräder, die unter Berücksichtigung der ▷ Aerodynamik konzipiert sind (Abb. 39).
Dazu gehört eine möglichst klein gehaltene ▷ Stirnfläche durch ▷ längsovale Rohre oder tropfenförmige Rohrquerschnitte, die den Rahmen allerdings anfällig für ▷ Rahmenflattern machen und den ▷ Fahrkomfort mindern.
Darüberhinaus kann der Rahmen durch Spoiler (s. ▷ Spoiler-Rahmen) oder tropfenförmige Rohrübergänge in seiner Windschnittigkeit weiter verbessert werden.

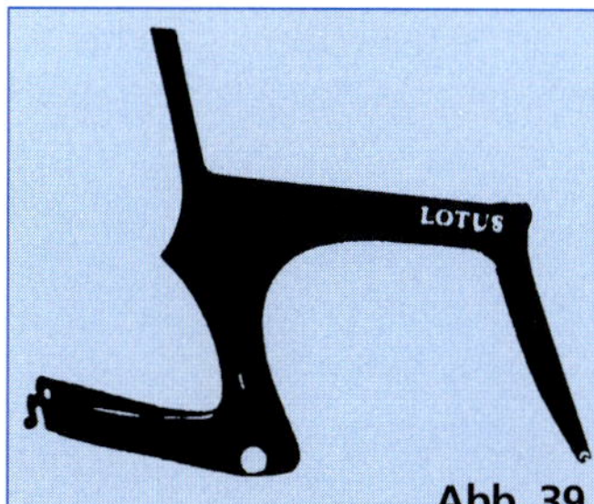

Abb. 39

Aerospeiche Andere Bez. f. ▷ Säbelspeiche.

Aero-Spokes Andere Bez. f. ▷ Composite Wheel, also ▷ Laufräder mit nur 3 - 5 Kompaktspeichen mit tropfenförmigem Querschnitt, die mit der Felge zusammen eine Einheit bilden.

Äußere Kugellaufbahn

Schalenartig ausgeformte ▷ Kugellaufbahn (Abb. 40).

Bei ▷ Konuskugellagern: ▷ Lagerschale;
bei ▷ Industriekugellagern: "Außenring".

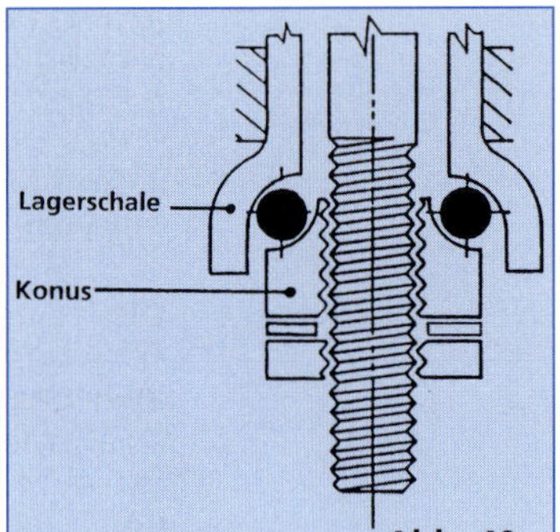

Abb. 40

Ahead-Set

Sonderbauweise des ▷ Steuersatzes in Verbindung mit dem "Aheadset"-Vorbau:
Hierbei wird ein schaftloser ▷ Vorbau auf einen gewindelosen ▷ Gabelschaft geklemmt. Das Pendant zur oberen ▷ Gewindeschale wird von einer geschlitzten Kegelhülse geklemmt. Einzelheiten s. ▷ Steuersatz und ▷ Vorbau (Abb. 41).

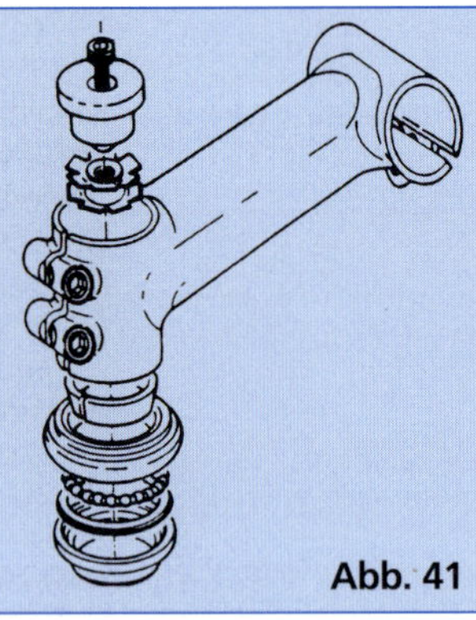
Abb. 41

Akku

Kurzbezeichnung für Akkumulator, also einen wieder aufladbaren *Stromspeicher.*

Am Fahrrad werden Akkus vorwiegend bei der ▷ Beleuchtung: Batterieleuchten verwendet. Sie sind aufgrund ihrer Wiederaufladbarkeit auf Dauer preisgünstiger und weniger umweltbelastend als herkömmliche Einwegbatterien, ein Grund dafür, daß sich Akkus immer mehr durchsetzen.

Arten

Außer den Standard-Akkus auf *Nickel-Cadmium*-Basis sind noch die voluminöseren *Blei*-Akkus sowie die brandneuen *Alkali-Mangan*-Akkus im Handel.
In etwa doppelte Speicherkapazität besitzen sog. Lithium-Akkus, die jedoch noch sehr teuer sind, sich aber in den kommenden Jahren mehr und mehr durchsetzen dürften.
Anmerkung: Während *Blei*-Akkus eine völlige Entladung mit Verkürzung der Lebensdauer quittieren, ist sie bei *Nickel-Cadmium*-Akkus geradezu erforderlich, um die möglichen 1.000 Entladezyklen ohne nennenswerten Kapazitätsverlust zu erreichen.

aktive Federung

s. ▷ aktive Federungssysteme

aktive Federungssysteme

▷ Fahrradfederungen (Einzelheiten s.d.), bei denen Fahrbahnstöße durch Ausweichbewegungen der ▷ Laufräder mittels Federgabeln (Abb. 42) oder -schwingen (Abb. 43) gemildert werden. Im Gegensatz hierzu s. ▷ passive Federung, bei der nur der Fahrer abgefedert wird.
Mittels günstiger ▷ Einfederungsrichtung, ausreichendem ▷ Einfederungsweg und auf das System abgestimmter ▷ Dämpfung können Fahrradfederungen optimiert werden.

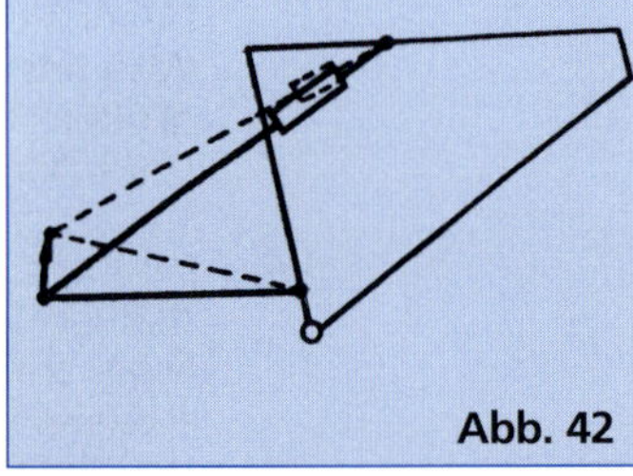
Abb. 42

Alarmanlage

Steigende Diebstahlzahlen haben die Entwicklung akustischer Alarmanlagen inspiriert, die durch einen schrillen Heulton den Langfinger vertreiben sollen, bevor er mit dem Objekt seiner Begierde das Weite sucht.

Zwei Systeme stehen zur Auswahl, die beide eine fest am Rad installierte Alarmbox zur Grundlage haben, die entweder durch

* leichte Erschütterungen oder
* das Durchtrennen des Sicherungskabels

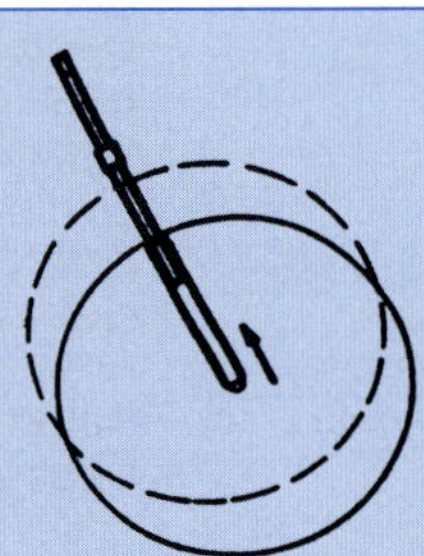
Abb. 43

aktiviert werden. Hauptproblem ist in beiden Fällen, daß ein technisch versierter Dieb das System austricksen kann oder einfach unverfroren mit dem "Heuler" davonfährt. Die Erfahrung hat überdies gezeigt, daß Passanten den Alarm nicht beachten. Das auf Basis eines Bewegungssensors funktionierende System lädt darüber hinaus Kinder und andere Spaßvögel zum Schabernack ein.

▷ Diebstahlsicherung ist im Übrigen ein komplexes Problem, Einzelheiten s.d.

Allsop-Schwinge

Als ▷ Sattelschwinge ausgebildetes *passives Federungssystem,* bei dem nur der Fahrer, nicht aber das Rad abgefedert wird, (Abb. 44) vgl. ▷ Fahrradfederungen: passive Federung. Der Sattel ist hierbei auf einer Art "Schwebebalken" montiert, der durch eine Silikon-Zwischenlage leichte Dämpfungseigenschaften besitzt. Einzelheiten und andere Systeme s. ▷ Sattelschwinge.

Abb. 44

Alltagsrad

Unscharfer Begriff, der in vorliegendem Lexikon meist synonym mit ▷ Gebrauchsrad verwendet wird (Abb. 45).
Gemeint ist hierbei ein Fahrrad, das nicht für die hohen Belastungen von Renn-, Reise- oder Geländeeinsätzen konzipiert ist, sondern für die i.d.R. alltäglichen kürzeren Wege und für kleinere Touren. Daher Schutzbleche und solider Gepäckträger, möglichst aber auch ▷ Kettenschutz und ▷ Ständer.
Das gehobene Alltagsrad ist heute durchaus mit einer Gangschaltung ausgestattet, wobei viele Anwender (Gelegenheits-Alltagsradler) der ▷ Nabenschaltung wegen ihrer Wartungsarmut und Wetterbeständigkeit nach wie vor den Vorzug vor der ▷ Kettenschaltung geben.
Diese findet heute aufgrund weitgreifender Verbesserungen (▷ Index-Schaltung, Schalten unter Last möglich) vermehrt den Weg ans Alltagsrad, v.a. bei echten Alltagsradlern, die weitmöglichst aufs Auto verzichten und auch größere Wege inkl. veritabler Steigungen rund ums Jahr mit dem Rad machen.
Derartige Alltagsräder sind mit einfachen Gebrauchsrädern nur teilverwandt und ähneln eher Renn-, Trekking- oder Mountainbikes mit modifizierter Bereifung, Schutzblechen, Gepäckträger u.ä. und sind mit hochwertigen ▷ Komponenten aufgebaut. Das macht sie besonders defektunanfällig und dadurch eigentlich erst zu wirklichen Alltagsrädern "par excellence".
Ergänzt wird die Sparte der Alltagsräder heute noch durch die ▷ Citybikes, die nahezu allen o.g. Anforderungen entsprechen.

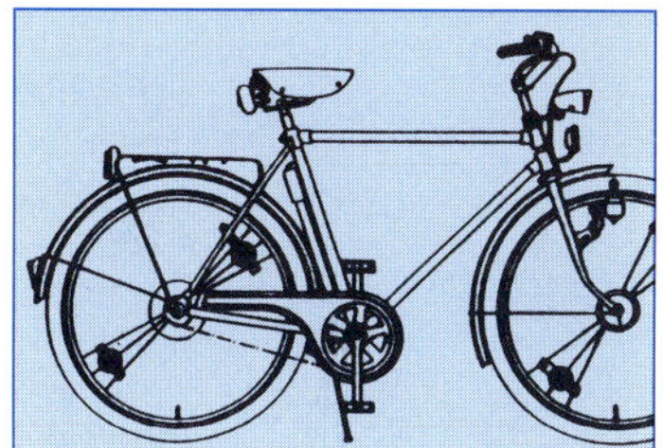
Abb. 45

All Terrainbike (ATB)

Andere, die Allroundeigenschaften ansprechende Bezeichnung fürs ▷ Mountainbike, die - mangels Mountains - in Holland entstand (Abb. 46) (im gleichen Sinne s. die frz. Bez. ▷ VTT).

Da andererseits seit ca. 1990 speziell das ▷ Trekkingrad vielfach auch als ATB bezeichnet wird, stiftet der Begriff heute allerdings eher Verwirrung.

Allzweckrad

Fahrrad, das möglichst vielseitig eingesetzt werden kann.
Gegenläufig zum momentanen Trend zum Spezialrad (z.B. ▷ Mountainbike für alltagssportlichen Gebrauch, Wettkampf, ▷ Downhill und mit gemäßigter Geometrie für Radreisen) laufen

Abb. 46

z.Zt. Bemühungen an, ein Fahrrad für Vielfachnutzung zu konzipieren (Abb. 47).
Beispiel "One for Three" von Centurion: Durch Wechsel von ▷ Laufrad und ▷ Lenker ist das Fahrrad als Mountainbike, ▷ Trekkingrad, ▷ Rennrad und sogar als ▷ Triathlon-Rad zu nutzen.
Andere Möglichkeiten bestehen in ▷ Fahrradfederungen, wodurch kleine Laufräder "geländegängiger" gemacht werden können: Das Fahrrad wird kompakter und damit transportfähiger.
Gut durchkonzipiert müßte ein Allzweckrad folgende Vorgaben erfüllen:

Abb. 47

* *Sitzposition:* Durch in weiten Bereichen einstellbare Lenker/Vorbau- und Sattel/Sattelstützen-Einheiten sollte die ▷ Sitzposition des Fahrers in weiten Bereichen einstellbar sein, damit sowohl sportlich als auch bequem gefahren werden kann, bzw. das Fahrrad durch schnellen Umbau auf einen anderen Fahrer angepaßt werden kann (Abb. 48);
* *Transporteinsatz:* Mittels Schnellverschlüssen sollte die Möglichkeit zur schnellen Adaption von ▷ Kindersitzen oder ▷ Gepäckträgern gegeben sein;
* *Mitnahme:* Zerlege- oder Klappmechanismen sollten die Mitnahme in öffentlichen Verkehrsmitteln oder Auto erleichtern;
* *Terrainanpassung:* Es sollte eine ▷ Felgenbremse und -größe gewählt werden, auf die schmale und breite Reifen aufgezogen werden können, für die es jeweils sowohl glatte wie stollige ▷ Reifen gibt;
* *Geländegängigkeit:* Zur Erzielung einer gewissen Geländegängigkeit muß das Fahrrad zum einen eine entsprechende ▷ Rahmengeometrie aufweisen sowie entweder ausreichend große oder gefederte kleine Laufräder besitzen. Außerdem sollte die ▷ Schaltanlage über einen ausreichenden ▷ Übersetzungsbereich verfügen, um den verschiedensten Geländeformationen gerecht werden zu können.

Abb. 48

Altenburger-Schaltung

Legendäres ▷ Schaltwerk von Anfang der 50er Jahre mit bereits hervoragenden Schalteigenschaften. Die Altenburger Schaltung wurde wie die heutige ▷ S1 an der ▷ Kettenstrebe befestigt und besaß als erste Kettenschaltung eine ▷ Schaltschwinge mit zwei ▷ Kettenrädchen. Die Schaltbewegung wurde bereits mit einem ▷ Parallelogramm ausgeführt (Abb. 49).

Kompliziert gestaltete sich allerdings der Radausbau, wahrscheinlich der Grund dafür, daß diese Schaltung durch die ebenfalls mit Parallelogramm und Schaltschwinge ausgestatteten Schaltungen von Campagnolo und Simplex Konkurrenz bekam, die am ▷ Ausfallende befestigt waren und einen leichten Radausbau erlaubten.

Abb. 49

Alu-

Abk. f. ▷ Aluminium; alle mit der Abkürzung bezeichneten Begriffe wie Alu-Felgen u.a. finden Sie unter der Vollbezeichnung, also ▷ Aluminium-Felgen, ▷ Aluminium-Rahmen usw.

Aluminium

Silberglänzendes, leichtes Metall mit guter Wärme- und elektrischer Leitfähigkeit.

Das im Reinzustand sehr weiche und leicht verformbare Leichtmetall (▷ Bruchdehnung bis 80 %) läßt sich erst durch das Zulegieren anderer Metalle (▷ Legierungen) konstruktiv im Fahrradbereich verwenden. Hier kommen neben einigen ▷ Gußlegierungen v.a. ▷ Knetlegierungen zum Einsatz.
Der Anteil von Aluminium am Gesamtgewicht eines Fahrrades liegt heute um und über 30 % und kann bei Rädern mit ▷ Aluminium-Rahmen sogar 50 % überschreiten.
Sowohl ▷ Dichte (spezifisches Gewicht) als auch ▷ Elastizitätsmodul von Aluminium liegen bei nur ca. 1/3 der Werte von ▷ Stahl. Ersteres macht Aluminium interessant hinsichtlich der Leichtbaubestrebungen im Fahrradbau, letzteres zehrt den Vorteil z.T. wieder auf (vgl. ▷ Aluminium-Rahmen) und muß konstruktiv ausgeglichen werden (große Rohrquerschnitte).

Konstruktiv ebenfalls berücksichtigt werden muß die erhöhte Kerbempfindlichkeit von Aluminium (vgl. ▷ Kerbwirkung), die v.a. bei den ausgehärteten Knetlegierungen auftritt.

Historisches

Aluminium wurde 1827 erstmals als Flitter hergestellt und war Mitte letzten Jahrhunderts noch teurer als Gold (2.400 Goldmark/kg bei nur 20 kg Weltproduktion). Bis zur Jahrhundertwende fiel der Preis durch großtechnische Herstellung (Elektrolyse, 1884) auf rund 1% o.g. Wertes (1896: 2,60 Goldmark/kg bei knapp 2 Millionen Kilogramm Weltproduktion).
Der erste Fahrradrahmen aus Aluminium wurde bereits 1895 von dem Pariser Ingenieur G. Rupalley gefertigt. Angeblich konnte er damit das Gewicht eines Fahrrades von den damals üblichen 30 kg der Stahlrohrkonstruktionen auf 10 kg senken.
Die erste Serie von Alu-Rädern (200 Stück) wurde Anfang der 30er Jahre von der Fa. Diamant (Chemnitz) gefertigt.

Die physikalischen Eigenschaften von Aluminium richten sich nach Legierung und Verarbeitungsverfahren und werden daher nachfolgend teilweise als Bereich angegeben:
- ▷ *Dichte:* 2,7 kg/dm³;
- ▷ *Schmelzpunkt:* 660° C;
- ▷ *Zugfestigkeit:* 40-650 N/mm² (je nach Herstellung u. Legierung)
- ▷ *Bruchdehnung:* 4-80% (je nach Herstellung und Legierung)
- ▷ *Elastizitätsmodul:* 67.500 - 76.000 N/mm².

Herstellung

Aus Bauxit (Erz mit ca. 60% Anteil von Aluminium-Oxyd) wird zunächst mittels Natronlauge das Metalloxyd gelöst und bei 900°C im schmelzflüssigen Zustand per ▷ Elektrolyse in reines Aluminium überführt (Abb. 50). Je nach den gewünschten Eigenschaften von Aluminium erfolgt noch die Zugabe der entsprechenden Legierungspartner.
Für den Aluminium-Guß wird das Leichtmetall zunächst in Barren abgegossen, für die Knetlegierungen erfolgt das Abgießen zu zylindrischen Stangen oder dickwandigen Rohren im sog. Strangguß-Verfahren (Abb. 51).
Zur Herstellung einer Tonne Aluminium sind übrigens ca. 18.000 kWh erforderlich (zum Vergleich ▷ Stahl: ca. 1.000 kWh), ein Grund daß sich besonders Länder mit billigem Strom aus Wasserkraft auf die Herstellung von Aluminium spezialisiert haben. Zum Schmelzen des Leichtmetalles werden nur rund 6 % der Ersterzeugungsenergie verbraucht, weshalb das ▷ Recycling von Aluminium einen beständig ansteigenden Stellenwert besitzt.

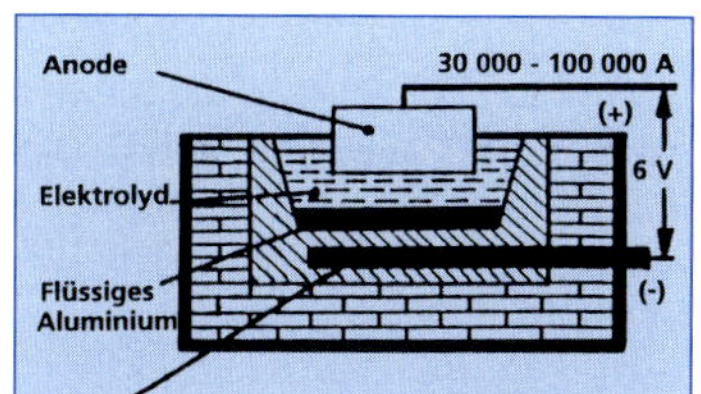

Abb. 50

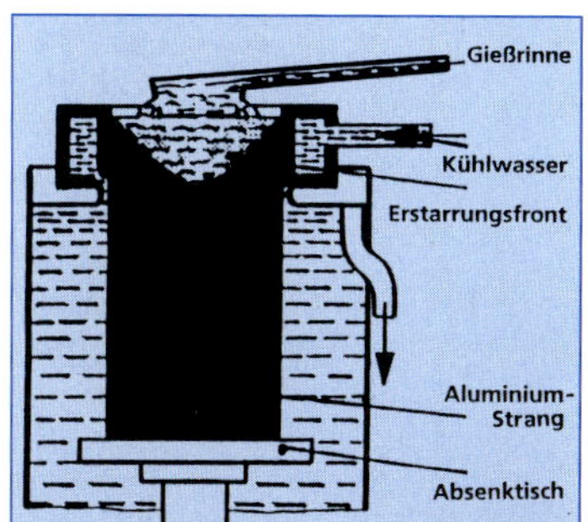

Abb. 51

Weiterverarbeitung

Die Weiterverarbeitung erfolgt je nach Verfahren durch Gießen, bei Knetlegierungen durch ▷ Schmieden (Abb. 52: ▷ Ausfallende), ▷ Strangpressen, Walzen oder Ziehen. Zur Fertigstellung von Fahrradbauteilen schließen sich daran unter Umständen noch spanabhebende Arbeitsprozesse an.

Während Schmieden, Walzen und Ziehen allgemeinübliche Verfahren zur Weiterverarbeitung von Metallen sind, gibt es für Aluminium zusätzlich zwei weitere Spezialverfahren:

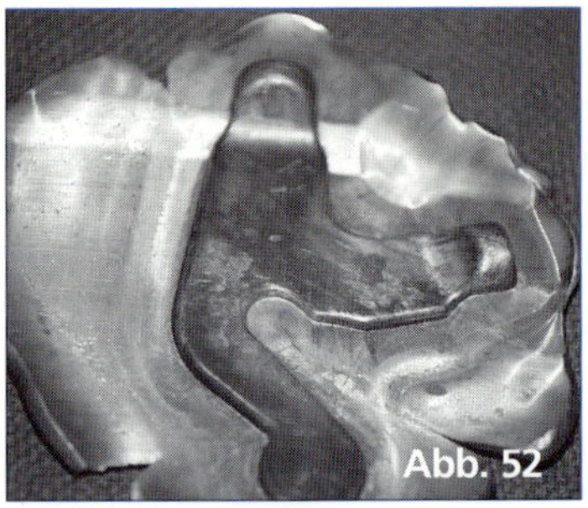

Abb. 52

Druckguß

In speziellen Gießereien werden die Aluminium-Barren samt Legierungszusätzen wieder aufgeschmolzen und zu den späteren Fahrradbauteilen abgegossen.
Rationellstes Gießverfahren ist hierbei der sog. ▷ Druckguß (Abb. 53). Dabei besteht die Gußform i.d.R. aus Stahl, das flüssige Aluminium wird unter sehr hohem Druck (1000 bar und mehr) eingespritzt. Dieses Verfahren gestattet bei gekühlten Formen bis zu 100 Füllungen pro Form und Stunde.
Durch den hohen Einspritzdruck wird eine hohe Maßgenauigkeit und Oberflächengüte erreicht, die spätere Nachbearbeitung größtenteils erübrigt - sogar Bohrungen und Gewinde können gleich in das Bauteil mit eingegossen werden.
Die so hergestellten Bauteile sind kurzfristig hoch belastbar, es mangelt ihnen jedoch an ▷ Dauerschwingfestigkeit: Bei Einspritzen des flüssigen Metalls bilden sich auf den Aluminiumtropfen hauchdünne Oxidfilme, die sich als sog. Flitterteilchen gleichmäßig in der Schmelze verteilen.
Wird das so hergestellte Bauteil ▷ Dauerschwingbelastungen ausgesetzt, so avancieren die Oxidflitter zu Bruchkeimen, von denen erste Mikrorisse ausgehen, die zum späteren Bruch führen können. Abhilfemaßnahmen hierzu: Bauteile überdimensionieren, auf guten ▷ Kraftfluß achten.

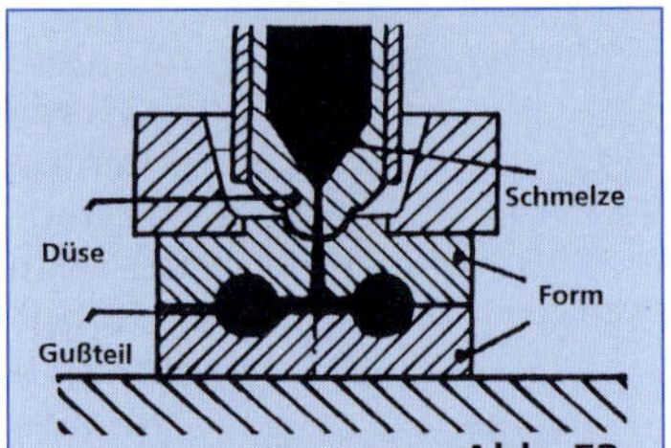

Abb. 53

Strangpressen

Rohre sowie Stangen mit komplizierten Querschnitten wie z.B. Felgenprofile werden durch ▷ Strangpressen hergestellt (Abb. 54). Hierbei wird der gegossene Aluminiumblock auf ▷ Lösungstemperatur erwärmt und unter hohem Druck auf eine Stahlscheibe gepreßt, in die der gewünschte Querschnitt eingearbeitet wurde. Der bei dieser Temperatur weniger feste Werkstoff "fließt" durch die Scheibenöffnung und bildet dabei gleich den erwünschten Querschnitt. Die Stangenlängen werden dabei je nach Verwendung und Transportmittel um 4 - 10 m gehalten.

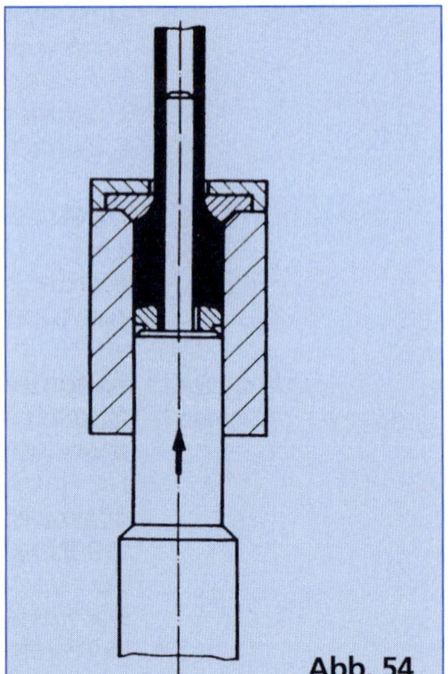

Abb. 54

Knetlegierungen

Bevor die gegossenen Aluminiumblöcke per Schmieden, Walzen und Ziehen weiterverarbeitet werden können, ist zunächst eine spezielle Vorbehandlung erforderlich:
Beim Abkühlen des geschmolzenen Aluminiums bilden sich gleichmäßig in der Schmelze verteilt kleine Kristalle, die mit zunehmender Erstarrung des Werkstoffes wachsen, bis sie auf ihre jeweiligen Nachbarkristalle stoßen. An den Stoßstellen scheiden sich bevorzugt die zulegierten Metalle sowie Verunreinigungen ab, die auf diese Weise ein hartes, sprödes Gerüst von sog. ▷ Korngrenzen bilden. Da eine nachfolgende ▷ Kaltverformung unweigerlich zu Rissen im Metallgefüge führen würde, muß zunächst ein "Aufbrechen" der spröden Bereiche erfolgen. Das geschieht durch Erwärmung bis kurz unter den Schmelzpunkt und nachfolgendes Schmieden, Walzen oder ▷ Strangpressen. Durch dieses "Kneten" (daher der Name "Knetlegierung") des Werkstoffes erreicht man eine Streckung des Metallgefüges, bei dem sich die Bruchstücke der alten Korngrenzen gleichmäßig im Metallgefüge verteilen.
Das ursprüngliche Gußgefüge wird mit diesem Verfahren zu einem Zeilengefüge umgewandelt, wird zäher und gestattet erst jetzt eine weitere Verarbeitung durch Kaltverformung.

Legierungen

Geringfügige Zusätze anderer Metalle erhöhen die ▷ Zugfestigkeit von Aluminium erheblich. Neben sog. intermetallischen Verbindungen, die Aluminium beispielsweise mit Kupfer, Magnesium oder Mangan eingeht (Al2Cu, Al3Mg2, Al6Mn), bewirkt v.a. die ▷ Aushärtung eine drastische Festigkeitssteigerung.

Aushärten

Ein bei einigen Aluminium-Legierungen möglicher Prozeß, bei dem die innere Metallstruktur von Aluminium "verspannt" wird und die sog. Gitter- und Gleitebenen blockiert werden. Das Verfahren hierzu beginnt mit dem Lösungsglühen.

Lösungsglühen

Die Legierung wird zunächst auf Lösungstemperatur erwarmt, wobei sich das Atomgitter von Aluminium aufweitet. Die Fremdatome gehen "in Lösung", verteilen sich statistisch regelmäßig im Grundmetall (sog. Mischkristall-Bildung). Abb. 55: links Fremdatom auf Gitterplatz, rechts auf Zwischengitterplatz.

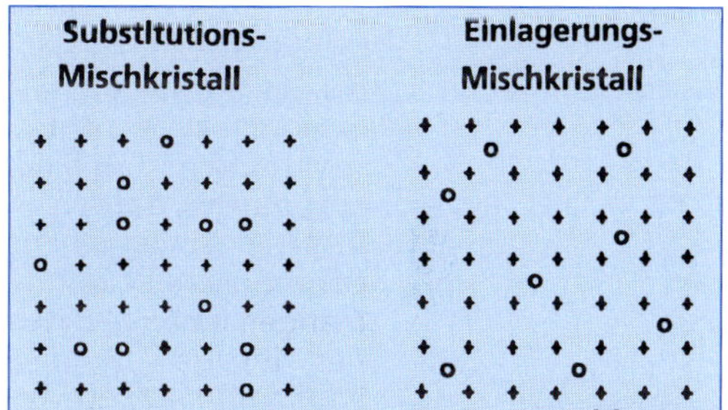

Abb. 55

Abschreckung

Durch anschließende Abschreckung (Volumenreduktion) geraten die Fremdatome unter Diffusionsdruck, der sie nach und nach an die Gitter- und Gleitebenen sowie die ▷ Korngrenzen des ▷ Gefüges herausdrängt. Das bewirkt einerseits die oben benannte Verspannung der Metallstruktur, andererseits verhindern die an den Korngrenzen diffundierten Fremdatome dort das Abgleiten/Verschieben der einzelnen Kristalle gegeneinander - Blockieren der Gitter- und Gleitebenen. Die Zunahme der Festigkeit geht mit einer Abnahme der Bruchdehnung einher (Abb. 56).

Dieser Diffusionsprozeß verläuft beim kalt aushärtbaren Aluminium bereits bei Raumtemperatur selbstständig ab und benötigt etwa 4-7 Tage. Bei den warm aushärtbaren Legierungen muß mit einer Auslagerungstemperatur von 120 - 180°C "nachgeholfen" werden, der Diffusionsvorgang ist dann jedoch bereits nach einigen Stunden bis 2 Tagen abgeschlossen.

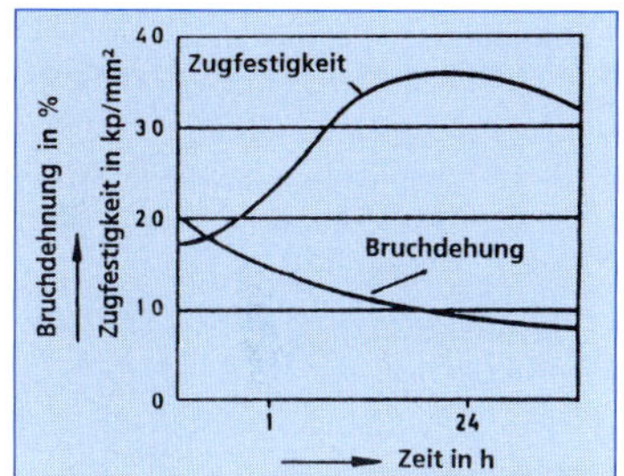

Abb. 56

Einfluß der Legierungspartner

Aufgrund moderner metallurgischer Erkenntnisse läßt sich der Werkstoff Aluminium in einem weiten Bereich durch Zulegieren anderer Metalle oder Elemente exakt auf seine spätere Verwendung hin abstimmen. Im folgenden sind die wirksamsten Legierungspartner aufgeführt:

Silizium

Macht die Aluminiumschmelze dünnflüssiger und senkt die Schmelztemperatur. Bewirkt bereits bei 0,3 % Anteil die Aushärtbarkeit von AlMg-Legierungen (Legierungscode s.u.).

Kupfer

Bewirkt die Aushärtbarkeit von Aluminium-Legierungen, geht mit Aluminium die intermetallische Verbindung Al2Cu ein, macht die Aluminium-Legierungen aber korrosionsanfälliger.

Magnesium

Beschleunigt die Aushärtprozesse durch Aufweiten des Al-Gitters, unterdrückt den diffusionsblockierenden Einfluß von Eisenverunreinigungen, erhöht die Korrosionsbeständigkeit.

Mangan

Erhöht bei nicht aushärtbaren Legierungen die Zugfestigkeit, geht mit Aluminium die intermetalische Verbindung Al6Mn ein.

Zink

Macht die AlMg-Legierung aushärtbar, geht innerhalb der Aluminium-Legierung mit Magnesium eine intermetallische Verbindung ein ($MgZn^2$). Wird in hohem Anteil den hochfesten Legierungen beigemischt (▷ Titanal: 7,2 %).

Titan/Zirkon

Bewirken bereits in geringen Mengen weit unter 0,1% eine deutliche Kornverfeinerung und damit höhere Bruchdehnung der Aluminium-Legierungen.

Legierungscode

Verschiedene Hersteller lassen sich Aluminium-Legierungen durch einen Markennamen schützen. Beispiele hierfür sind "Duraluminium", "Ergal", "Titanal".

Für einige Legierungen existieren daher mehrere Bezeichnungen. Zur Vermeidung von Mißverständnissen ist es daher sinnvoll, die Legierungen entweder durch DIN-Kurzzeichen oder per Werkstoffnummer anzugeben.

DIN-Kurzzeichen

Nichteisen-Metallegierungen werden als DIN-Kurzzeichen angegeben. Dabei ist das chemische Symbol des Grundmateriales vorangestellt. Ohne Zwischenraum folgen die Legierungspartner, z.T. gleich mit ihrem in Gewichtsprozent angegebenen Anteil. Beispiele: AlMg3Si, AlZnMgCu1,5.
Davor und mittels Bindestrich getrennt können noch Kennbuchstaben für Verwendung und Herstellung gestellt werden. Beispiel: GD-AlSi6Cu3 für Druckguß.
Durch einen Zwischenraum getrennt können ferner noch besondere Eigenschaften der Legierung gekennzeichnet werden. Beispiele: AlMgSi1 a F 32. "a" steht für ausgehärtet, "F 32" für eine Mindest-Zugfestigkeit von 320 N/mm^2.

Werkstoffnummern

Werkstoffnummern beschreiben weder Eigenschaften noch Zusammensetzung der Legierung und sind von Land zu Land unterschiedlich. Durch werbende Maßnahmen der Hersteller sind allerdings die in den USA, Großbritannien und Frankreich üblichen Werkstoffnummern für Knetlegierungen z.T. bekannter als die DIN-Kurzbezeichnungen. Beispiele: 5005 A für AlMg1; 6061 für AlMg1SiCu; 7075 für AlZnMgCu1,5.

Die wichtigsten im Fahrradbau verwendeten Aluminium-Legierungen sind in den nachfolgenden Tabellen aufgeführt:

Gußlegierungen

DIN-Kurzbz.	Leg.partner in % Si	Mg	Mn	Cu	Zugfestigkeit in N/mm^2	Bruchdehg. in %	Bemerkung
G-AlSi12	11-13	-	<0,5	-	170-280	1-8	gut gieß-, schweiß- und zerspanbar
G-AlSi6Cu3	5-8	-	0,2-0,6	2-4	170-280	1-3	sehr gut gieß-, schw.- u. zerspanbar, korrosionsanf.
G-AlSi5Mg	5-6	,5-,8	<0,5	-	240-300	1-4	sehr gut gieß-, schw.- u.zerspb.; korrosionsbst., aushärtbar
G-AlCu4Ti	-	-	-	4-5	280-330	3-4	mäßig gieß- u. schweißb. korrosionsanfg. ,aushärtbar (0,2% Ti)

Korrosion

Aluminium rostet nicht, unterliegt jedoch Korrosionseinflüssen. Auf der Oberfläche von reinem Aluminium bildet sich an der Luft schnell eine Oxidschicht (Abb. 57), die das Metall vor weiteren Korrosionseinflüssen recht gut schützt. Gleiches gilt für Aluminium-Legierungen mit Magnesium- und Manganzusätzen.

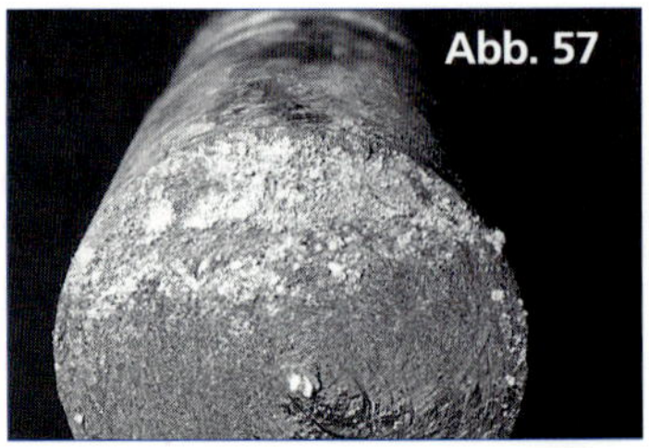
Abb. 57

Bei Legierungen mit Kupfer und Zinkanteilen kommt es durch elektrochemische Reaktionen (näheres s. ▷ Korrosion) v.a. bei Vorhandensein von Wasser und Salz (Straßensalz; Schweiß) zu tiefer

reichenden Korrosionserscheinungen, die sogar zum ▷ Bruch von Bauteilen führen können.
Als Korrosionschutz haben sich bei Aluminium-Bauteilen v.a. das ▷ Eloxieren und ▷ Lackieren bewährt. Bereits eine Hochglanzpolitur mit regelmäßiger Wachspflege (▷ Sprühwachs) schützt hinlänglich gegen die zerstörerischen Einflüsse.
Weitere Informationen s. bei den anderen Aluminium-Stichwörtern.

Knetlegierungen

DIN-Kurzbz.	Werkst. Nr.	Leg.partner in % Si	Mg	Mn	Cu	Zn	Zugfestigkeit in N/mm²	Bruchdehg. in %	Bemerkung
AlMg1	5005	-	0,6-1,2	<0,3	-	-	90-190	3-20	gut kalt verformbar, schweißbar, korrosionsbeständig
AlMg5	5056	-	4-5,5	<,6	-	-	240-310	3-16	gut schweiß- und zerspanbar, korrosionsbeständig
AlMgSi0,5	6060	0,3-0,8	0,3-0,7	<0,8	-	-	180-270	12-16	kalt- u. warm aushärtbar, schweißb., korrosionsbestg.
AlMgSi1	6082	0,6-1,6	0,6-1,4	<1	-	-	200-330	9-12	wie 6060
AlCuMg2	2024	-	1-2	0,3-1	4-5	-	450-500	7-9	kalt aushärtbar, korrosionsanfällig, kaum schweißb.
AlZn4,5Mg1	7020	-	0,5-1,5	<0,6	-	4-5	420-490	9-16	warm aushärtb., korrosionsbest. gut schweißb., (Schweißnaht härtet selbst.)
AlZnMgCu1,5	7075	<0,5	2-2,5	<0,3	1-2	5-6	500-550	7-9	warm aushärtbar, korrosionsanfällig, nicht schweißbar
AlZnMgCu		-	2,7	-	1,7	7,2	650	14	wie 7075 (geringer Zusatz v. (Titanal) Titan und Zirkon)

Aluminium-Felgen

Sie setzten sich seit etwa Anfang der 70er Jahre gegenüber den vorher üblichen ▷ Stahlfelgen auf breiter Basis durch und sind heute mit Abstand häufigster Felgentyp (Abb. 58).

Alu-Felgen sind leichter und - wenn als ▷ Hohlkammer-Felgen ausgebildet - entschieden verwindungssteifer als Stahlfelgen - womit sich übrigens auch das Risiko des ▷ Speichenbruchs signifikant reduzierte.
Darüberhinaus weisen Alufelgen bei ▷ Naßbremsung deutliche Vorteile auf. Weitere Informationen s. ▷ Felgen.

Abb. 58

Aluminium-Gabeln

Gabeln, deren ▷ Gabelbeine und ▷ Gabelkopf aus ▷ Aluminium gefertigt sind. Die Fügung der Rohre erfolgt per ▷ Klebetechnik oder ▷ Alu-Schweißen. Aluminiumgabeln haben sich hinsichtlich ihrer Stabilität bewährt und besitzen i.d.R. einen hervorragenden ▷ Fahrkomfort (Abb. 59).

Im Gegensatz hierzu sind ▷ Gabelschaftrohre aus Aluminium bedenklich, da sie weniger dauerhaltbar sind. Aus Gründen der ▷ Dauerschwingbelastung sollten Gabelschaftrohre aus ▷ Stahl gefertigt sein. Einzelheiten s. ▷ Gabeln: Materialien; ▷ Gabelbruch.

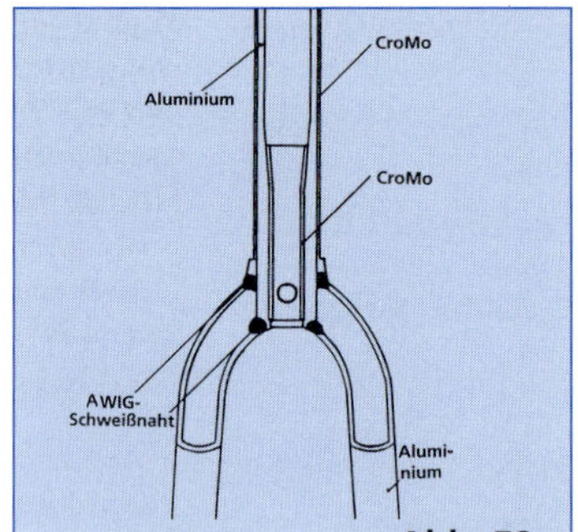

Abb. 59

Aluminium / Keramik-Rohr

▷ Verbundwerkstoff aus ▷ Aluminium und untergemischten Keramikflittern oder -fasern; Näheres s. ▷ MMC.

Aluminium-Muffen

▷ Muffen aus ▷ Aluminium für geklebte ▷ Aluminium-Rahmen und ▷ Carbon-Rahmen (Rundrohr), vgl. ▷ Klebetechniken.
Alu-Muffen sind entweder aus Druckguß oder kaltgeschmiedet hergestellt, wobei letztere dauerhaltbarer sind (Abb. 60).

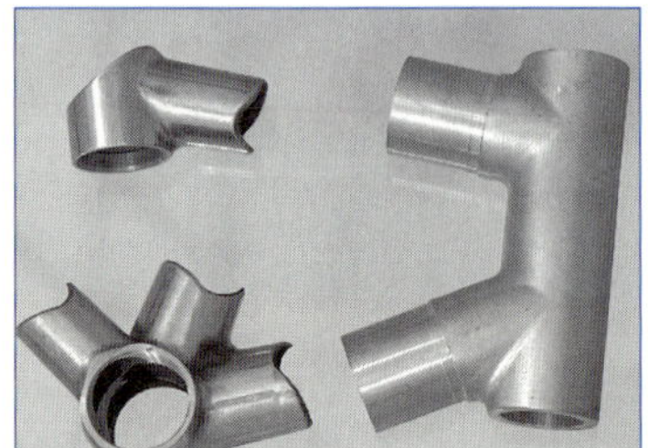
Abb. 60

Aluminium-Rahmen

Fahrradrahmen, die aus ▷ Aluminiumrohren per ▷ Muffen oder ▷ Schweißen gefügt werden (Abb. 61).
▷ Aluminium ist als Rahmenwerkstoff insbesondere wegen seiner geringen ▷ Dichte (spezifisches Gewicht) interessant, die nur rund 1/3 des Wertes von ▷ Stahl besitzt.
Wegen des ebenfalls dreifach geringeren ▷ Elastizitätsmoduls muß jedoch durch vergrößerte Rohrquerschnitte oder dickere Wandstärken eine höhere ▷ Biegesteifigkeit angestrebt werden, um einen flatterfreien Rahmen (s. ▷ Rahmenflattern) herstellen zu können.

dickere Wandstärke

Mit dicker werdender Wandstärke erhöht sich die Biegesteifigkeit von Rohren nahezu linear. Daher bringt diese Lösung keinen Gewichtsvorteil gegenüber Stahlrohren, weil die Wandstärke eines gleichsteifen Alu-Rohres aufgrund des dreimal geringeren Elastizitätsmoduls dreimal dicker sein muß, um die gleiche Biegesteifigkeit zu erzielen.
Wegen der hohen Materialfestigkeit ihrer Rohre führen die Firmen Alan und Vitus die Wandstärken nur doppelt so dick aus wie bei entsprechenden Stahlrohren. Ergebnis: Sehr komfortable, hochbelastbare und dabei leichte Rahmen, die aber ab einer ▷ Rahmenhöhe von 55 cm flatteranfällig sind.

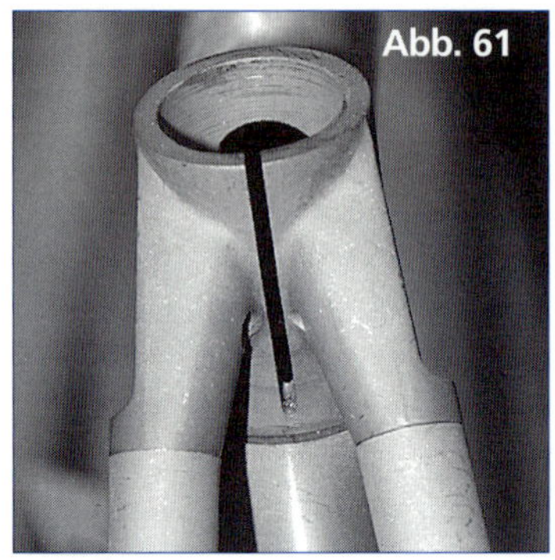
Abb. 61

größerer Rohrdurchmesser

Vergrößerte Rohrdurchmesser (s. ▷ Oversize) bei geringfügig erhöhter Wandstärke ergeben leichtere und dabei steifere Aluminiumrahmen. (Beispiel Cannondale: ▷ Unterrohr 50,8 mm Durchmesser gegenüber 28,6 mm beim normalen Rennrad, bzw. 31,6 beim Mountainbike).
Grund für den Steifigkeitsgewinn ist der exponentielle Zusammenhang zwischen Rohrdurchmessererhöhung und Rohrsteifigkeit, der sich in der 3. Potenz auswirkt: Doppelter Rohrdurchmesser vervierfacht also die ▷ Biegesteifigkeit des Rohres (vgl. Abb. 62).
Nachteil ist die größere vertikale Härte der aus solchen "aufgeblasenen" Rohren gefertigten Rahmen. Der ▷ Fahrkomfort verringert sich also, allerdings erhöht sich die ▷ Seitensteifigkeit des Rahmens.

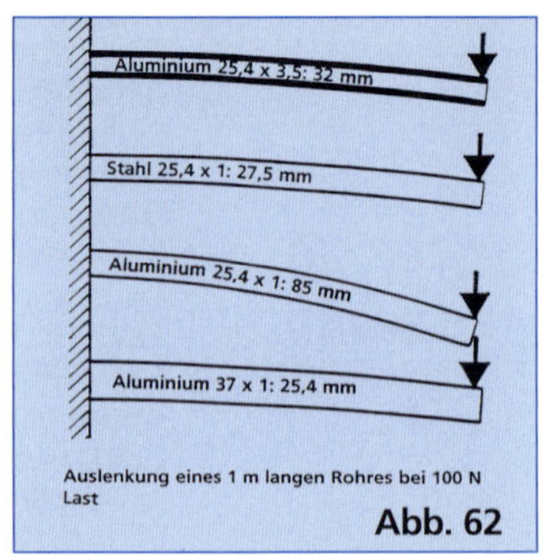

Auslenkung eines 1 m langen Rohres bei 100 N Last
Abb. 62

Kompromiß

Sinnvoll erscheint daher ein Kompromiß, wie er von der Fa. Müsing und z.T. auch von Principia realisiert wird: Man erhöht sowohl die Wandstärke als auch den Rohrdurchmesser um 30-50% und erreicht einen sowohl hinlänglich komfortablen als auch leichten und dabei steifen Rahmen.

Fügemethoden

Das Zusammenfügen von Alurohren zum Rahmen erfolgte ursprünglich (Alan; Vitus) durch ▷ Klebetechniken (Abb. 63), wurde seit ca. 1987 aber durch ▷ Schweißen (s.a. ▷ Aluminium-Schweißen) verdrängt.
Heute erlebt das Kleben eine Renaissance bei den Rahmen aus ▷ Titanal (Abb. 64).
Dabei sind bislang die ▷ Muffen aus geschmiedetem Aluminium, denkbar wären auch solche aus ▷ Carbon. Weitere Einzelheiten zu Rahmen s. ▷ Rahmenbau

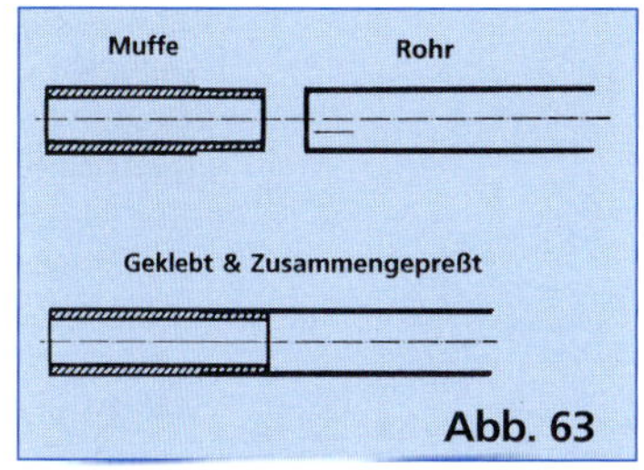

Abb. 63

Aluminium-Rohre

Im Fahrradbau verwendete Rohre aus ▷ Aluminium, die zu ▷ Rahmen, ▷ Lenkern, ▷ Sattelstützen, ▷ Vorbauten und ▷ Gepäckträgern verbaut werden (Abb. 65).
Für gehobene Ansprüche haben sich Rohre aus den Aluminiumlegierungen AlMg4,5Mn, AlMgSi0,5, AlZn4,5Mg1 sowie AlZnMgCu1,5 und ▷ Titanal bewährt, vgl. hierzu im Einzelnen ▷ Aluminium: Legierungen; s.a. Anhang Tab. "Rahmenrohre"; s. ▷ Rahmenbau (Abb. 66).
Für den Aluminium-Rahmenbau kommen noch zwei technische Highlights zum Einsatz:

1. der Verbundwerkstoff ▷ MMC;
2. eine Aluminium-Lithium-Legierung, bei der die ▷ Dichte der Aluminiumlegierung um 10% gesenkt, das ▷ Elastizitätsmodul aber angeblich (Herstellerangabe) um 10% erhöht wird. Bei dem Elastizitätsmodul von Lithium (11.700 N/mm≈) ist diese Aussage sehr fraglich.

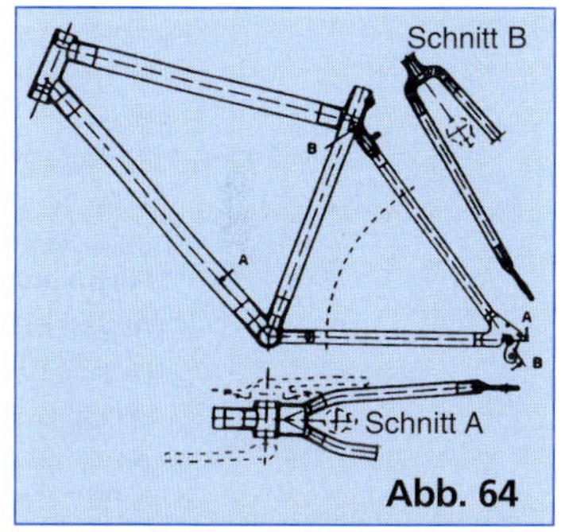

Abb. 64

Abb. 65

Aluminium-Schweißen

Verbinden von Aluminium-Bauteilen mittels ▷ Schweißen, i.d.R. ▷ WIG-Schweißen (Abb. 67).

Beim Verschweißen von Bauteilen aus Aluminium muß eine Besonderheit dieses Leichtmetalls berücksichtigt werden: An der Luft verbindet sich die blanke Metalloberfläche augenblicklich mit dem Luftsauerstoff zu Aluminiumoxid.

Diese Schicht ist ausgesprochen hart (als Korund in Schmirgelmitteln bekannt) und schmilzt erst bei 2.050 °C. Während das darunterliegende Aluminium bereits flüssig ist, deckt die noch unbeschadete Oxidschicht das Metall ab und vermeidet somit das Ineinanderschmelzen der Bauteile an der Schweißnaht.
Die Oxidschicht läßt sich jedoch durch sog. Wechselstromschweißen "aufbrechen" (Abb. 68). Der Lichtbogen baut sich dabei abwechselnd einmal von der Schweißelektrode zum Werkstück auf und umgekehrt. Letzteres Ereignis bewirkt das gewünschte "Aufbrechen" der Oxidschicht.

Probleme kann die Oxidschicht der späteren sog. Schweißwurzel - der unteren, vom Schweißer abgekehrten Seite - bereiten. Wird hier nicht ausreichend gründlich entgratet, kann das Metall an der Unterseite nicht zusammenschmelzen: Die Wechselwirkung des Lichtbogens reicht nicht bis in die Tiefe der Schweißnaht, die Oxidschicht liegt als Kerbe in der Mitte der Wurzel und senkt die Dauerbelastbarkeit der Schweißnaht.

Abb. 66

Weitere Besonderheiten: Die Schweißkanten dürfen nicht poliert sein, da sonst ein erheblicher Teil der Lichtbogenenergie wie von einem Spiegel reflektiert werden würde. Der Lichtbogen "greift" nicht richtig und irrt unruhig über die Werkstoffoberfläche. Folge: Der Werkstoff schmilzt nicht zielgenau auf. Optimal hingegen sind feingeschmirgelte oder mit einer feinen Drahtbürste behandelte Oberflächen.

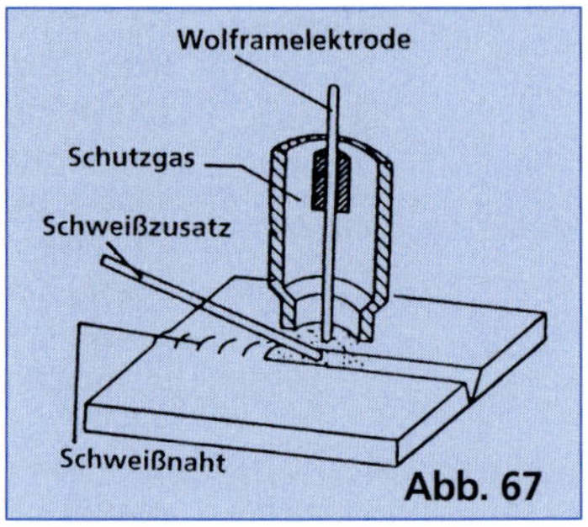

Abb. 67

Angesichts seiner im Vergleich zum Stahl doppelt so großen Wärmeausdehnung neigt Aluminium stark zum Schweißverzug. Vorläufiges Heften der zu verbindenden Teile an einigen diagonal voneinander angeordneten Stellen sowie ein Vorwärmen (Abb. 69/70) der zu verschweißenden Teile verringert den Schweißverzug.

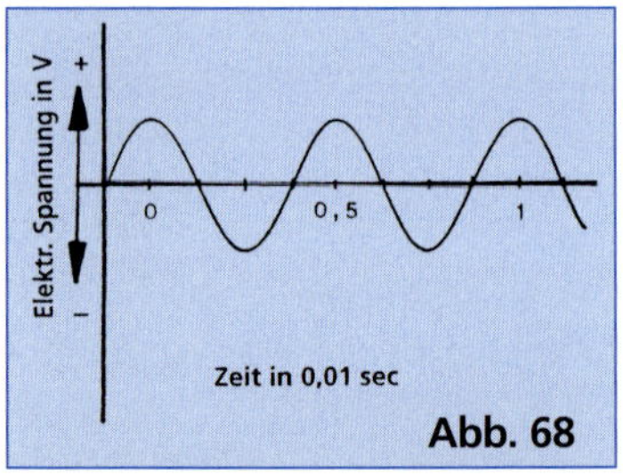

Abb. 68

Weitere Feinheiten:

* Die Schweißnaht sollte möglichst schmal gehalten werden, um den Verzug und Spannung bringenden Wärmeeinfluß zu minimieren. Das wiederum verlangt dünnere Schweißstäbe und manuelle Fertigkeit vom Schweißer, denn der Draht schmilzt schneller ab und muß rascher nachgeführt werden;
* knappe Überstände wie an der Verbindung Oberrohr/Steuerrohr können die beim Schweißen entstehende Wärme nicht in dem erforderlichen Maße ableiten und schmelzen mitunter stellenweise ganz weg. Großzügig bemessene Überstände vermeiden solches Ungemach und werden z.T. nach dem Schweißen maschinell wieder abgetragen;
* beim Schweißen wird die vom ▷ Strangpressen oder Ziehen der Rohre herrührende, festigkeitssteigernde Ausrichtung der einzelnen Kristalle im Aluminiumgefüge aufgeschmolzen und in ein weniger belastbares Gußgefüge umgewandelt. Diese Schwächung kann durch sog. ▷ Auflegieren der Schweißnaht (der ▷ Schweißzusatz besteht aus höherwertiger Legierung) ausgeglichen werden;
* während die thermische Belastung bei den meisten schweißbaren ▷ Legierungen durch nachfolgendes ▷ Lösungsglühen mit anschließender ▷ Aushärtung wettgemacht werden muß, härtet die Legierung AlZn4,5Mg1 von selbst wieder aus. Bei dieser Legierung wird der Rahmen interessanterweise sofort nach dem Schweißen gerichtet, bei anderen Legierungen erfolgt dies erst nach dem Lösungsglühen.

Abb. 69

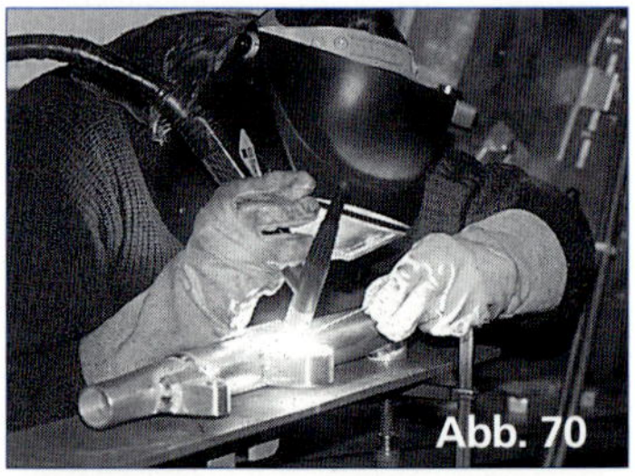
Abb. 70

American Position

Sitzposition auf dem Fahrrad analog der Abfahrtshaltung eines Skiläufers. Sie ist aerodynamisch etwas günstiger als die ▷ Zeitfahrposition mit dem klassischen ▷ Rennlenker, wird aber von der ▷ Obree-Haltung und neuerdings der ▷ Hochauflieger-Haltung übertroffen (Abb. 71).

Die American Position wird durch die Verwendung eines speziellen Lenkeraufsatzes erzielt, der auf ein Patent der Fa. ▷ Scott zurückgeht, Einzelheiten s. ▷ Tria-Lenker, vgl. auch ▷ Aerodynamik.

Abb. 71

Anhänger

s. ▷ Fahrradanhänger

Anhänger-kupplung

An das Fahrrad montierte Kupplung, die das Anhängen von ▷ Fahrradanhängern ermöglicht, weitere Einzelheiten s.d. (Abb. 72).

Abb. 72

Anhalteweg

"Gesamtbremsweg", der sich aus dem eigentlichen ▷ Bremsweg plus dem ▷ Verlustweg ergibt. Unter letzterem versteht man den Weg, der vom Erkennen eines Hindernisses oder Störsignals bis zum Ansprechen der Bremsen zurückgelegt wird (Reaktionszeit + Ansprechzeit der Bremsen). Rechenbeispiel s. ▷ Bremsweg: Anhalteweg (Abb. 73).

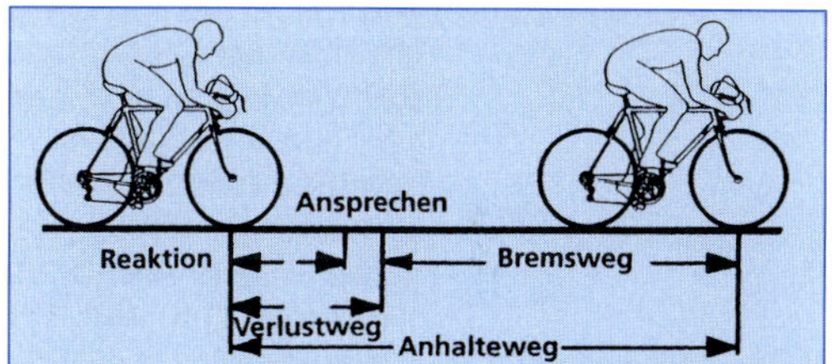

Abb. 73

Ankerplatte

Andere Bez. für ▷ Halteplatte (Abb. 74).

Anlassen

Thermischer Prozeß, bei dem sich durch gezielte Erwärmung (Einfluß von Temperatur und Zeit) das verspannte Metallgefüge von gehärteten Stahlbauteilen entspannt, wodurch der Werkstoff an ▷ Zähigkeit gewinnt; s.a. ▷ Härten; ▷ Vergüten und ▷ Anlaßsprödigkeit (Abb. 75).

Anlaß-sprödigkeit

Starker Abfall der ▷ Kerbschlagzähigkeit nach dem ▷ Anlassen bei einigen Stahlsorten. Sie kann durch eine schnellere Abkühlung beim ▷ Vergüten vermieden werden.

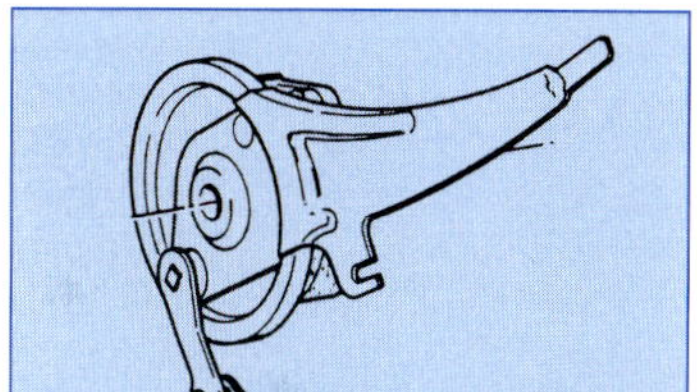
Abb. 74

Anlötösen

Kleine, an Rahmen oder Bauteilen angelötete Gewindeöse zur Befestigung von Zubehörteilen.

Anlötsockel

▷ Anlötteil (Abb. 76) zur Befestigung bestimmter Bremsen (▷ Cantilever, ▷ U-Brake, z.T. ▷ Mittelzugbremsen) und ▷ Schalthebel.

Anlötteil

Direkt auf dem Rahmen durch ▷ Löten angebrachte Befestigungshalterungen oder Gewindeösen zum Anbringen von ▷ Komponenten und ▷ Zubehör.

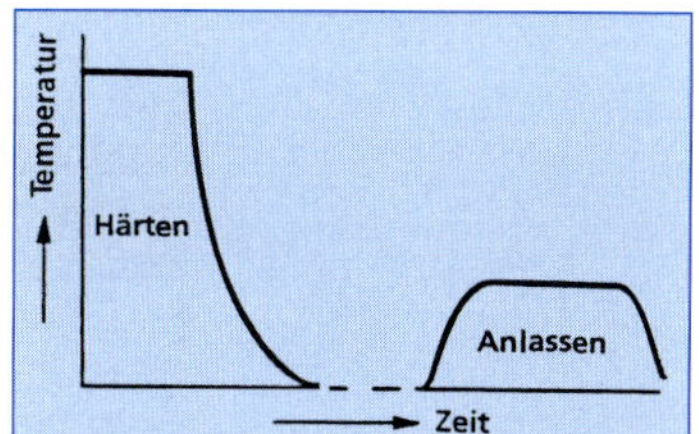

Abb. 75

Wurden früher am preiswerten Fahrrad diese Aufgaben durch ▷ Schellen ausgeübt, so setzen sich Anlötteile heute selbst am ▷ Gebrauchsrad zunehmend durch, da sie eine einfachere, schnellere und sicherere Montage der betreffenden Teile ermöglichen. Sie sparen also am immer teurer werdenden Kostenfaktor Arbeit (kein Gegenhalten oder Mitdrehen von Gewindemuttern bei Schellenmontage), zumal das "Anlöten" durch automatisiertes Stumpf- und Punktschweißen (Sonderform des "Widerstandsschweißens", s. ▷ Schweißverfahren) bei Stahlrahmen ersetzt wird. Kleinere Anlötteile wie Gewindeösen werden heute per Klebung oder Popnieten vorwiegend in Aluminium- und Carbonrahmen eingebracht.

Weitere Vorteile von Anlötteilen: Keine Lackschäden und dadurch entstehende ▷ Korrosion oder gar Rohreinbeulungen durch unsachgemäße Montage (Abb. 77).

Standardrad mit Anlötteilen:

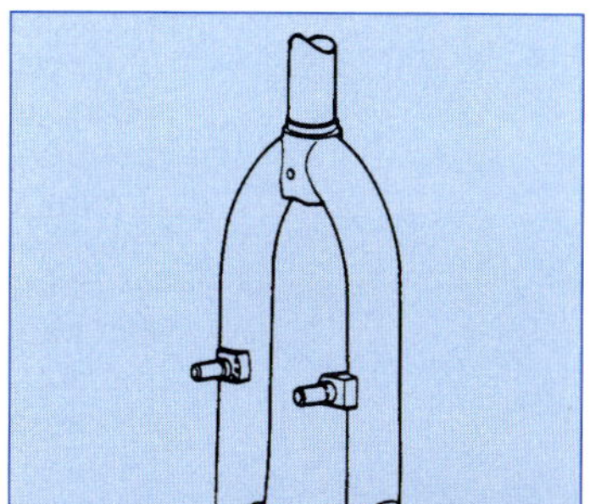
Abb. 76

Anlötsockel: Canti / U-Brake / Schalthebel am Unterrohr;
Befestigungsaugen f. Gepäckträger + Anschraubösen; Schaltwerk
Gegenhalterungen für Brems- und Schaltzüge
Gewindeösen für Flaschenhalterung
Luftpumpenhalterung
Haltewinkel für Dynamo
Verstärkungsteile usw.

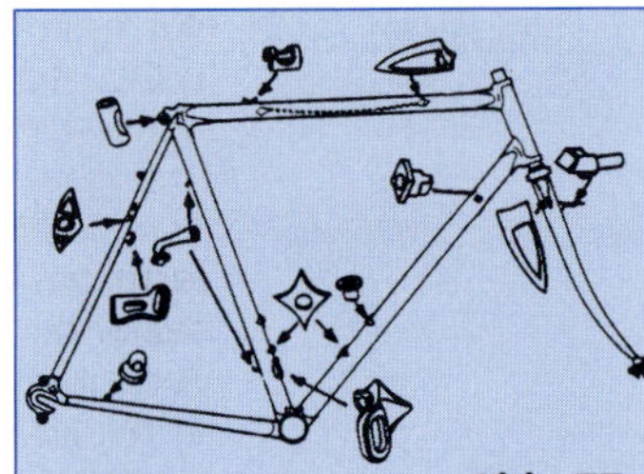
Abb. 77

Anodisieren

Anderer Begriff für ▷ Eloxieren, der v.a. in der Werbung verwendet wird, da er für das Aufbringen einer besonders harten und dicken Schutzschicht aus ▷ Eloxal steht (Abb. 78).
Diese begriffliche Differenzierung hebt z.B. auch anodisierte ▷ Felgen (s.a.d.) deutlicher von eloxierten Felgen ab, da die dickere Schicht auch verschleißresistenter ist; s.a. ▷ Hartanodisieren.
Die Bezeichnung bezieht sich auf den Umstand, daß bei diesem galvanischen Verfahren (s. ▷ Galvanisieren) die *Anode* (Pluspol) der Stromquelle an dem Werkstück angebracht wird.

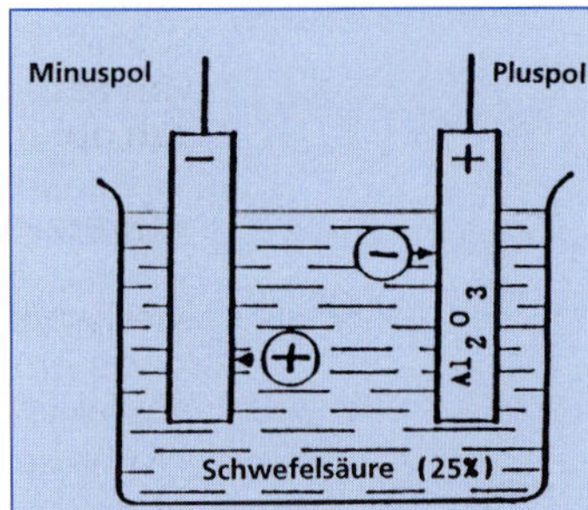

Abb. 78

Anpreßdruck

Kraft, mit der Kontaktflächen aufeinander gepreßt werden. Beim Fahrrad:

1. Anpreßdruck von ▷ Bremsgummis oder ▷ Bremsbacken auf die ▷ Bremsflächen, woraus sich unter Einrechnung des ▷ Reibungskoeffizienten die ▷ Bremskraft ergibt.
2. Anpreßdruck der ▷ Reifen auf die Fahrbahn, wodurch sich - ebenfalls über den Reibungskoeffizienten - die ▷ Bodenhaftung (▷ Traktion) ergibt. Daneben spielt aber auch die "Verkrallung" des Reifengummis in die Fahrbahn eine Rolle.

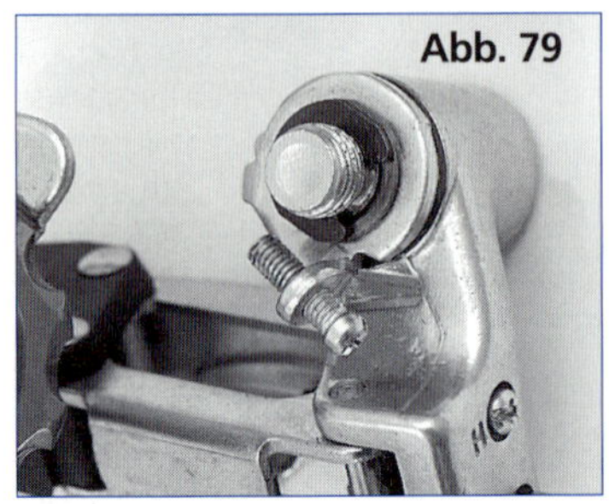
Abb. 79

Anschlagplatte

Kleines Bauteil der ▷ Kettenschaltung, das als Schwenkbegrenzung des ▷ Schaltwerks in Richtung ▷ Kettenstrebe dient (im Bild links) (Abb. 79).
Mit einer in die Anschlagplatte integrierten Einstellschraube kann die Federspannung und damit die Stellung des Schaltwerks justiert werden.

Anmerkung: Bei modernen ▷ Index-Schaltungen wird mit zwei gegeneinander arbeitenden Federn die Schaltschwinge in fast konstantem Abstand zu den Ritzeln gehalten. Eine dieser Federn ist im ▷ Befestigungsauge des Schaltwerks untergebracht und in der Anschlagplatte gehalten. Diese wiederum liegt zwischen ▷ Befestigungsauge und ▷ Ausfallende und ermöglicht zum Radausbau die Schwenkung des Schaltwerks nach hinten, begrenzt aber den Schwenkbereich zur Kettenstrebe hin.

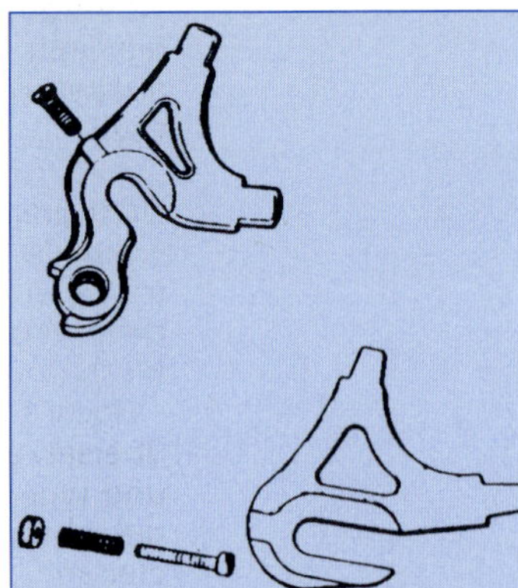
Abb. 80

Anschlag-schraube

Schraube im hinteren ▷ Ausfallende höherwertiger Fahrräder zur Vereinfachung der exakten Radausrichtung (Abb. 80).
Man kann mit ihr - v.a. bei horizontalen Ausfallenden - auch den ▷ Radstand (▷ Hinterbaulänge) variieren und so Einfluß aufs ▷ Fahrverhalten nehmen.

Anschraubösen

Andere Bez. f. ▷ Gewindeöse.

ANSI-Norm

Norm des "**A**merican **N**ational **S**tandard **I**nstitute", vergleichbar unserer ▷ DIN.
In Deutschland hat die ANSI-Norm v.a. Bedeutung als Prüfnorm für ▷ Helme. Ein Aufkleber des Herstellers erklärt Übereinstimmung mit der ANSI-Norm Z 90.4, was aber nicht nachgeprüft wird, i.U. zur strengeren ▷ Snell-Norm.

Ansprechverhalten

Terminus der Federungstechnik, der sich auf die zum Aktivieren der Federung benötigten Kräfte bezieht.
Von einem "weichen" Ansprechverhalten spricht man, wenn die Federung bereits kleinste Fahrbahnstöße absorbiert, von einem "harten" Ansprechverhalten hingegen, wenn die Federung zunächst blockiert bleibt und erst bei harten Fahrbahnschlägen ihre Arbeit aufnimmt.
Maßgeblich für das Ansprechverhalten der Federungen ist die ▷ Federhärte sowie die Höhe der ▷ Reibung, die in den ▷ Drehgelenken und Führungen vorliegt.
Speziell für das Fahrrad kann es sinnvoll sein, das Ansprechverhalten der Federung durch Verstellung von Federhärte und/oder Reibung vom Lenker aus während der Fahrt zu verändern zu können, um sich optimal an die gegebenen Fahrbahnverhältnisse oder Fahrgeschwindigkeiten anzupassen.

Weitere Informationen s. ▷ Fahrradfederungen.

Antrieb

Mechanik zur Übertragung der muskulären Kraft des Radlers aufs ▷ Antriebsrad (s.a. ▷ Antriebsdrehmoment).
Vgl. aber auch die Begriffsverwendung bei Freilaufausführungen: ▷ Konus-, ▷ Sperrklinken, ▷ Walzenantrieb.

Abb. 81

Kurbelantrieb

Antriebsart, bei der eine ▷ Tretkurbel die pleuelartige Bewegung des Unterschenkels unmittelbar in eine Rotationsbewegung umsetzt.

Anmerkung: Auch die weiter unten beschriebenen Linearantriebe bedienen sich häufig einer Kurbel, die jedoch nicht die Krafteinleitstelle ist, sondern als zwischengeschaltetes Element die Pendel- oder Ruderbewegungen der Krafteinleitung per Pleuelstange und Kurbel in Rotationsbewegung umsetzen.
Die unmittelbare Umsetzung der Antriebsenergie durch die Tretkurbeln hat sich als ökonomischste Antriebsart des muskelkraftbetriebenen Zweirades erwiesen. Unter ergonomischen Gesichtspunkten ist es hierbei unwesentlich, ob die Antriebsenergie direkt (▷ Hochrad) oder per Kette, Riemen bzw. Kardanwelle auf das Antriebsrad übertragen wird. Grund: Optimaler Bewegungsfluß der Beine, da keine Bewegungsunterbrechnungen im Trittablauf auftreten (wie bei Linearantrieben, s.u.). Zur Historie s. ▷ Kurbelantrieb.

Abb. 82

Vorderradantrieb

Ursprüngliche, direkte Antriebsvorrichtung für Fahrräder (s. ▷ Direktantrieb; ▷ Kurbelfahrrad; ▷ Michauline) (Abb. 81), wobei mit einer ▷ Tretkurbel das gesamte Vorderrad gedreht wurde. Problem: Pro Kurbelumdrehung war der zurückgelegte Weg zu klein, weshalb die Übersetzungsproblematik in die Sackgasse des ▷ Hochrades führte (s.a.d.). Versuche mit mechanischer Antriebsübersetzung blieben unbefriedigend ("Kangaroo" 1884, Abb. 82) und wurden durch das gleichzeitige Aufkommen des ▷ Niederrades obsolet, dessen Hinterradantrieb das Übersetzungsproblem elegant und endgültig löste (Abb. 83: frühes "Safety" von Lawson).

Abb. 83

Zur Vermeidung übergroßer ▷ Kettenlängen wird heute übrigens bei ▷ Liegerädern hin und wieder auf Vorderradantrieb zurückgegriffen, unter Verwendung moderner Schaltanlagen freilich.

Hinterradantrieb

Mit der Verbindung eines an der Tretkurbel befestigten großen ▷ Kettenblattes und eines kleineren an der Hinterradnabe applizierten ▷ Ritzels löste das Niederrad das Übersetzungsproblem und konnte mit zwei gleichgroßen ▷ Laufrädern gebaut werden.
Vorteile: Es gelangen keine Antriebskräfte in die Lenkung wie beim Hochrad z.B., außerdem ist die ▷ Traktion günstiger (höherer ▷ Anpreßdruck auf dem Antriebsrad). Entscheidend ist jedoch die problemlose mechanische ▷ Übersetzung der ▷ Pedalkraft mittels unterschiedlich großer Kettenräder an Tretkurbel (groß) und Hinterradnabe (klein).
Dieses nach wie vor optimale Antriebsprinzip fürs Fahrrad setzte sich mit dem Siegeszug des Niederrades gegenüber dem vorderradbetriebenen Hochrad durch und wird heute bis auf wenige Ausnahmen bei sämtlichen Fahrradtypen angewandt.

Triebmittel

Für den Antrieb muß die Distanz zwischen ▷ Tretlager und Hinterradnabe überbrückt werden. Dazu wurden anfänglich Zahnradaneinanderreihungen benutzt, später haben sich v.a. Kette, Zahnriemen und Kardanwelle bewährt:
Kettenantrieb: Das Antriebselement Kette beherrscht nahezu monopolistisch den Fahrradmarkt (Abb. 84 + 85) moderner Kettenantrieb mit ▷ Umwerfer und ▷ Schaltwerk). Dies spiegelt die Vorteile des Kettenantriebs wider:

* Hoher ▷ Wirkungsgrad von 98-99%;
* hohe Kraftübertragung;
* geringes Gewicht;
* ermöglicht die effizienteste Schaltanlage (▷ Kettenschaltung).

Ein modernes Ketten-"Getriebe" wiegt mit allen seinen Bestandteilen - Tretlager, Kurbeln, Kette, Ritzel, Schaltung - nur rund 1 kg und überträgt dennoch enorme ▷ Antriebsmomente (bis zu 500 Nm).
Die Vorzüge des Kettenantriebs gegenüber den anderen Übertragungsarten werden zwar mit einem vergleichsweise hohen Wartungsaufwand erkauft (verschmutzt leicht; Kettenwechsel ca. alle 2000 km empfehlenswert), wiegen diesen Nachteil jedoch speziell für sportlich orientierte Radler bei weitem auf.
Weitere Einzelheiten s. ▷ Kettenantrieb.

Zahnriemenantrieb: Statt der Kette verbindet hier ein mit Nocken versehener Keilriemen eine vordere und eine hintere Riemenscheibe (analog ▷ Kettenblatt und ▷ Ritzel), Abb. 86 + 87.
Dieser Alternativantrieb kommt mit einem ▷ Wirkungsgrad von ca. 98 % dem Kettenantrieb am nächsten. Er läuft geräuschloser als dieser, verschmutzt weniger (keine Ölschmierung) und ist am Gebrauchsrad wartungsärmer.

Abb. 84

Abb. 85

Da er jedoch keine so hohen ▷ Antriebsmomente übertragen kann, ist er von vornherein für den Rennbetrieb ungeeignet, ganz abgesehen davon, daß sich der Zahnriemen nur mit einer ▷ Nabenschaltung kombinieren läßt. Außerdem: teurer und schwerer, da er einen speziellen ▷ Hinterbau erfordert sowie eine Spannrolle, damit der Riemen nicht durchrutscht.

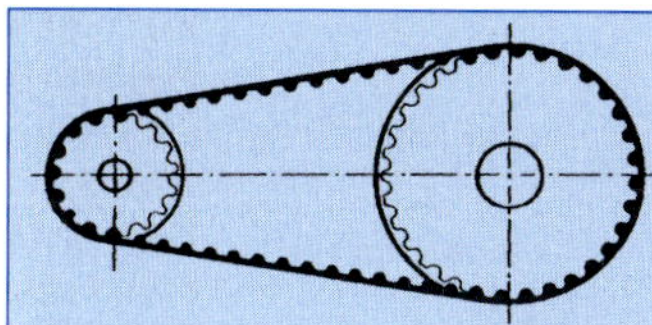

Abb. 86

Weitere Einzelheiten s. ▷ Zahnriemenantrieb.

Kardanantrieb: Landläufige Bezeichnung eines Antriebs mittels zweier Kegelradpaare und einer diese verbindenden ▷ Welle, weswegen er korrekterweise "Wellenantrieb" genannt werden müßte (Abb. 88).
Der Vorteil dieser beim Auto üblichen Antriebsart (Kardanwelle) liegt in ihrer Wartungsarmut und der Unempfindlichkeit gegen Verschmutzung dank gekapselter Bauweise, wobei sie übrigens vergleichbar hohe Antriebsmomente wie der Kettenantrieb übertragen kann.

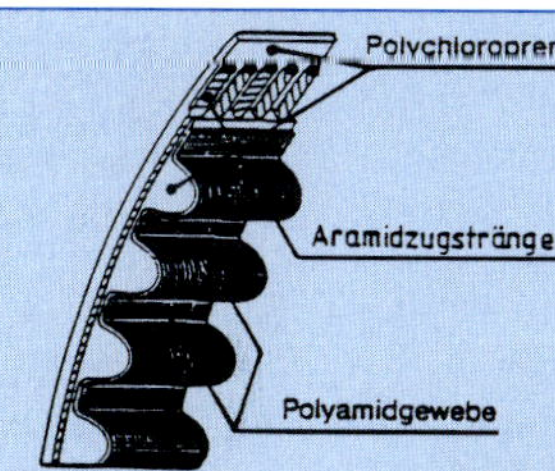

Abb. 87

Die Nachteile liegen im etwa doppelt so hohen Gewicht gegenüber dem Kettenantrieb und im geringen ▷ Wirkungsgrad von ca. 90% (hohe Flankenreibung und Axial-Lagerbelastung der Kegelzahnräder). Diese Nachteile wiegen beim muskelbetriebenen Fahrzeug so schwer, daß sie o.g. Vorteile nicht aufwiegen können, zumal keine handelsübliche ▷ Schaltanlage möglich ist. Außerdem gestaltet sich der Aus- und Einbau des Hinterrades recht schwierig. Kein Wunder also, daß der Kardanantrieb am Fahrrad (erstmals 1882) keine große Verbreitung fand, obwohl er in geringem Umfang immer noch eingesetzt wird. Heutiger dt. Hersteller ist die Fa. Fendt.

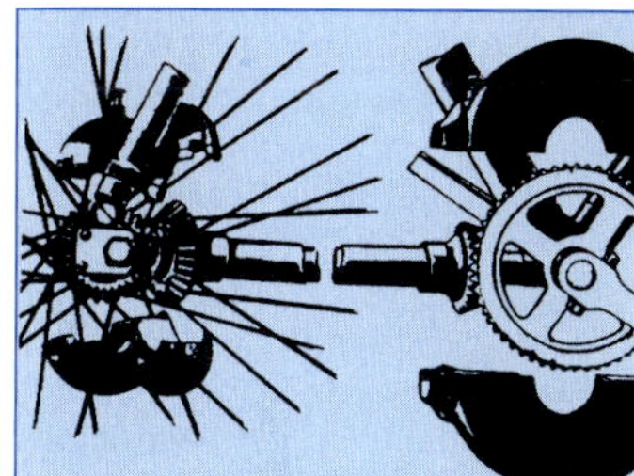

Abb. 88

Linearantriebe

Gegenüber dem Kurbelantrieb wurden auch Antriebsmechaniken entwickelt, die durch exakt oder annähernd linear verlaufende Pendel- oder Ruderbewegungen der Beine und/oder der Arme die Antriebsenergie umsetzen (Abb. 89 + 90). Daher auch die Bezeichnungen Pendel- bzw. Ruderantrieb.
Linearantriebe erreichen nicht die Effizienz von Kurbelantrieben, weil der "doppelte ▷ Totpunkt" (Abstoppen und Umkehrung der Antriebsbewegung) den Bewegungsfluß ständig unterbricht. Hinzu kommt neben höherem Gewicht generell höherer mechanischer Aufwand durch Ratschen (Abb. 91), Seile, Seilrollen usw.
Aller physikalischen und praktischen Erfahrung zum Trotz wurden immer wieder Versuche mit Linearantrieben unternommen, die aber auf dem Markt stets chancenlos blieben.

Abb. 89

Anmerkung: Obwohl beim Ruderantrieb Bein-, Bauch-, Arm- und Rückenmuskulatur zur Fortbewegung eingesetzt wird, ist man damit interessanterweise auf Dauer nicht schneller als mit einem herkömmlichen Fahrrad. Ursache: Die menschliche Dauerleistungsfähigkeit wird von seiner Kreislaufkapazität (Organkraft) und nicht von der eingesetzten Muskelmasse begrenzt. Für kurzfristige Leistungen allerdings hat der Ruderantrieb genauso wie der Zusatz-Handantrieb (s.u.) Vorteile - bis die Muskulatur übersäuert.
Weitere Informationen s. ▷ Linearantrieb.

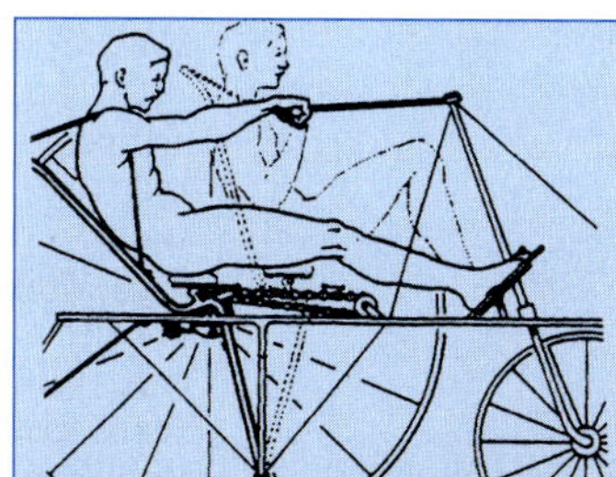

Abb. 90

Sonderantriebe Aus der schier unbegrenzten Fülle der Möglichkeiten, Körperbewegungen zum Antrieb eines Fahrrades zu nutzen, seien hier noch folgende "Sonderlinge" genannt:

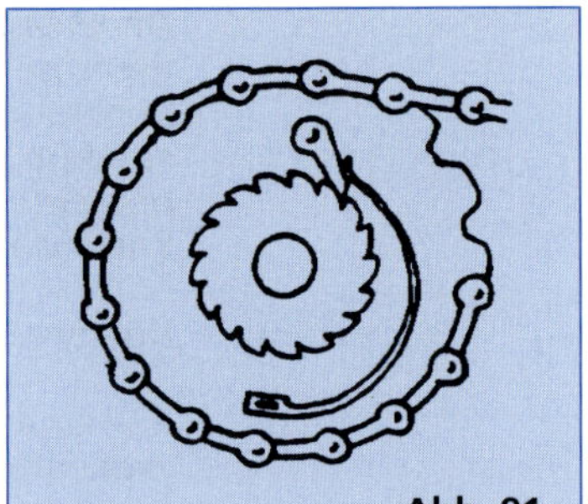

Abb. 91

Reitantrieb Das Hinterrad wird durch Vielgelenkbögen und Exzenter angetrieben. Da sich hierbei (Winkelbewegung der Gelenkbögen) die Fahrerhaltung ständig verändert, entsteht ein reitähnlicher Bewegungsfluß.
Die vom Erfinder erhoffte Effizienz konnte nicht erreicht werden, mit Reitantrieb ausgestattete Fahrräder werden aber gelegentlich als "Funbike" genutzt (z.B. in Freizeitparks) und sind eher als Ganzkörpergymnastikgerät denn als Fortbewegungsmittel einzustufen.

"Omnimobil" Von einem chinesischen Studenten auf der ▷ IFMA '92 vorgestelltes ▷ Sesselrad, das mit einer Vielzahl von Antriebsarten ausgestattet ist, die gleichzeitig oder unabhängig voneinander genutzt werden können. Das Fahrrad kann sowohl durch Vorwärts- wie Rückwärtstreten, durch Pendelbewegung und Handantrieb angetrieben werden.
Beim Omnimobil ist weniger die erreichbare Geschwindigkeit das Ziel, sondern die ganzheitliche Bewegungsmultiplizität.

Handantrieb Von Armkraft betätigter Kurbel- oder Linearantrieb, um Behinderten (Lähmung des Gehapparats) Mobilität zu verleihen. Hierbei ist er alleiniger Antrieb, wird aber auch als Zusatzantrieb bei manchen ▷ HPV-Rädern oder "Funbikes" eingesetzt (Abb. 92).

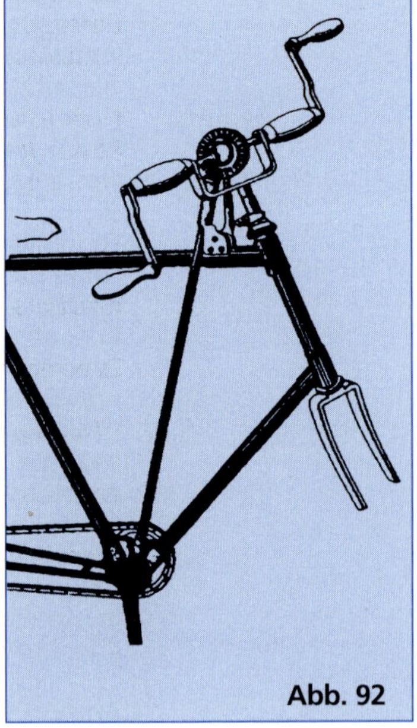

Abb. 92

Allradantrieb Obwohl bei hohen Antrittsmomenten das Vorderrad beim Fahrrad ohnehin zum Abheben neigt, sind auch hier schon Versuche mit Allradantrieben gemacht worden, die die Geländegängigkeit des ▷ MTB erhöhen sollten.

Antriebsdrehmoment ▷ Drehmoment, das der Radler über die ▷ Tretkurbeln mit seiner Beinkraft einbringt und der Fortbewegung dienstbar macht. Es errechnet sich nach der Formel:

$M_a = F_p \times l_k$ Hierbei sind: M_a = Antriebsdrehmoment in Nm (s. ▷ physikalische Einheiten);
F_p = Pedalkraft in ▷ Newton;
l_k = Kurbellänge in Metern.

Beispiele *Normalradler:*
Bei 100 N Pedalkraft und 170 mm langen Kurbeln:

M_a = 100 N x 0,17 m = 17 Nm

Sprinter:
Mit 3000 N Pedalkraft und gleichlanger Kurbel:

M_a = 3000 N x 0,17 m = 510 Nm

Durch die ▷ Übersetzung wird dieses Antriebsdrehmoment "gewandelt", d.h. es reduziert sich im Verhältnis der Zähnezahlen von ▷ Kettenblatt zu ▷ Ritzel (die Drehzahl des kleinen Ritzels ist höher als die der Kurbelrotation).

Anders herum bei der ▷ Untersetzung (Berggang ▷ Mountainbike): Hierbei erhöht sich das Antriebsdrehmoment: das kleine Ritzel und damit auch das Hinterrad drehen sich langsamer als die Kurbeln.

Antriebskraft

Für den Fahrradbereich: ▷ Kraft, die den ▷ Vortrieb des Fahrrades bewirkt. Bei üblichen Fahrrädern ist sie identisch mit der ▷ Pedalkraft (Abb. 93).

Abb. 93

Antriebsmoment

Kurzbez. f. ▷ Antriebsdrehmoment.

Antriebsrad

1. ▷ Laufrad (i.a.R. das Hinterrad), auf welches das ▷ Antriebsdrehmoment des Radlers mittels der Antriebsmechanik übertragen und dadurch das Fahrrad in Bewegung versetzt wird; s.a. ▷ Antrieb.
2. Andere Bez. f. die ▷ Reibrolle von ▷ Dynamos.

Anzugsdrehmoment

▷ Drehmoment, mit dem die Anzugsstärke von Schrauben und Muttern angegeben wird, Maßeinheit: Nm (s. ▷ physikalische Einheiten).

Zur Verdeutlichung: Soll z.B. eine ▷ Kurbelbefestigungsschraube mit einem Drehmoment von 35 Nm angezogen werden, so heißt das, daß die Anzugskraft bei einem 1 m langen Hebelarm 35 N betragen muß (bei dem 20 cm langem Hebelarm eines Normalschlüssels wären es dementsprechend 175 N).

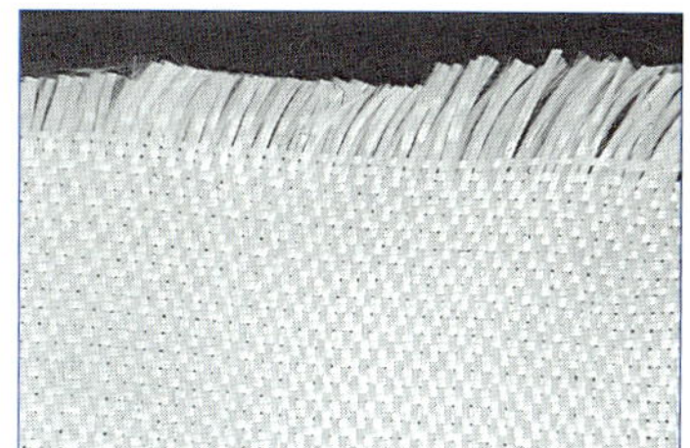

Abb. 94

Aramid

Hochfester, honiggelber Kunststoff der Fa. Dupont, aus dem die Faser ▷ Kevlar hergestellt wird, die bes. bei der ▷ Faserverbundbauweise Anwendung findet, (Abb. 94) ein Fasergewebe aus ▷ Kevlar.

Arbeit

Physikalischer Begriff für das Produkt aus

Kraft mal Weg.

Es errechnet sich nach der Formel

$W = F \times s$

und wird in Nm (s. ▷ physikalische Einheiten) angegeben (Abb. 95).

Abb. 95

Hierbei sind: W = geleistete Arbeit in Nm oder J (s. ▷ physikalische Einheiten);
F = einwirkende ▷ Kraft in N;
s = Wegstrecke, in deren Verlauf die Kraft wirksam ist.

Hebt ein Radfahrer z.B. sein Fahrad (15 kg) auf die 80 cm hohe Gepäckwagenplattform, so ist hierzu folgende Arbeit nötig:

$W = 150^* \text{ N} \times 0{,}8 \text{ m} = 120 \text{ Nm}$

* Um eine ▷ Masse von 15 kg anzuheben, benötigt man eine Kraft von 150 N.

Anmerkung: Auch die ▷ Energie und das ▷ Drehmoment werden in gleicher physikalischer Einheit angegeben, also in Nm, da hier ebenfalls der Zusammenhang von Kraft und Weg besteht. Die Verknüpfungen hierzu sind unter ▷ Energie abgehandelt.

Die Arbeit darf nicht mit der ▷ Leistung verwechselt werden, die als Arbeit pro Zeiteinheit definiert ist, also als Kraft mal Weg pro Zeit. So benötigt man bei o.g. Beispiel eine doppelt so hohe Leistung, wenn man das Rad in 1 Sekunde statt in 2 Sekunden in den Gepäckwagen hievt.

Arbeitsbereich

Bereich derjenigen ▷ Übersetzungen, mit denen überwiegend auf ebener Strecke geradelt wird. Je nach Fahrradtyp und Leistungsfähigkeit des Radlers entspricht der Arbeitsbereich i.d.R. ▷ Entfaltungen zwischen 5 m und 7 m.

Die ▷ Gangsprünge sollten hier möglichst fein abgestuft sein, da unter Normalbedingungen hauptsächlich mit diesen ▷ Übersetzungen gefahren wird. Zu Einzelheiten der Abstimmung s. ▷ Ritzeln.

Arbeitstemperatur

Niedrigste Löttemperatur, die zur Verbindung zweier Bauteile mittels ▷ Löten erreicht werden muß. Erst mit Erreichen der Arbeitstemperatur kann das ▷ Lot die Bauteiloberflächen benetzen und sich ▷ einlegieren.

Die Arbeitstemperatur liegt immer oberhalb des Lotschmelzpunktes, wobei aber u.U. noch feste Legierungsbestandteile im Lot sein können; s.a. ▷ Löttemperatur.

Weitere Angaben zu den verschiedenen Loten siehe Tabelle ▷ Lot.

Argon

Edelgas, das vorwiegend zum ▷ Schweißen verwendet wird, um den Zutritt der Luft in das erhitzte Schweißgut zu verhindern, vgl. ▷ WIG-Schweißen.

asymmetrische Felge

Für das Hinterrad ausgelegte Felgen, bei denen die ▷ Speichenlöcher nicht in der Felgenmitte, sondern von ihr zur Zahnkranzgegenseite hin versetzt sind (Abb. 96 rechts).

Dadurch läßt sich die ▷ Speichenschräge der auf der Zahnkranzseite relativ steil stehenden Speichen vergrößern, wodurch die ▷ Seitensteifigkeit des Hinterrades spürbar zunimmt.

Dieser von dem Schweizer Krampera patentierte Felgentyp arbeitet mit einem Versatz von 4 mm aus der Felgenmitte, wodurch beispielsweise die Seitensteifigkeit eines mit 8-fach-Ritzel bestückten Hinterrades um ca. 35% zunimmt.

Darüberhinaus ermöglicht eine asymmetrisch ausgelegte Felge eine ▷ Hydraulikbremse, bei der nur ein Hydraulikzylinder von unten gegen die Felge drückt (Abb. 96 links).

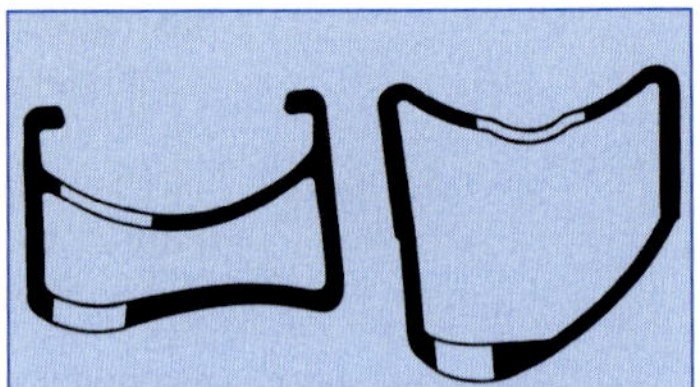

Abb. 96

ATB

Abkz. f. ▷ All Terrainbike, eine andere Bez. f. ▷ Mountainbike, wird z.T. auch fürs ▷ Trekkingrad verwendet.

Auflegieren

Durch das Einschmelzen von ▷ Schweißzusatz mit höheren Legierungsanteilen als im Grundwerkstoff erhöht sich deren Anteil in der Schweißzone. Folge: Die ▷ Zugfestigkeit in der Schweißzone wird erhöht, was die durch den Schweißprozeß bedingte Schwächung (thermische Einflüsse und ▷ Gußgefüge) mehr oder weniger ausgleicht.

Aufsetzer

Landläufige Bezeichnung für einen Bodenkontakt des Pedals bei Schräglage bzw. Kollision mit Bordsteinkante o.ä., Einzelheiten s. ▷ Pedalaufsetzer (Abb. 97).

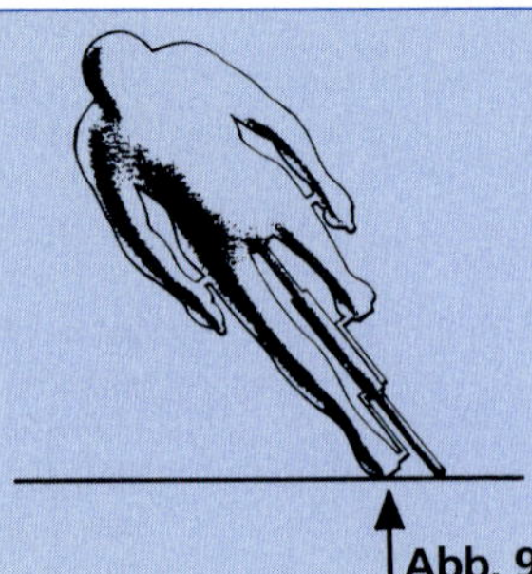

Abb. 97

Ausfallende

Einseitig offenes Langloch zur Fixierung der ▷ Laufräder an Rahmen bzw. Gabel.

Bei einfachen Rädern wird hierzu das Rohr der ▷ Unterstreben (hinten) bzw. ▷ Gabelbeine (vorne) einfach an den Enden zusammengedrückt und ein Langloch eingestanzt. Eine vorher eingebrachte, innenliegende Blechverstärkung stabilisiert diese simple Bauart (Abb. 98).

Diese Konstruktionsweise erscheint zweifelhaft, ist jedoch ausreichend haltbar, da die Kräfte von den Laufrädern her in den Rahmen geleitet werden. Mit zunehmendem Abstand von den Ausfallenden in Richung ▷ Gabelkopf bzw. ▷ Sitzrohr nehmen die Kräfte mit dem länger werdenden ▷ Hebelarm verformungsträchtige Werte an.

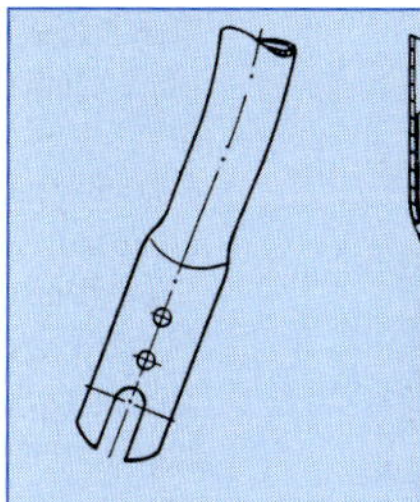

Abb. 98

Daß die Ausfallenden bei höherwertigen Rädern gestanzt (Abb. 99) oder sogar geschmiedet sind und als separate Teile an den Rahmen gefügt werden, hat nicht primär Stabilitätsgründe. Der Vorteil liegt vielmehr darin, daß sich bei wiederholtem Radaus- und -einbau die Achs- und Kontermuttern weniger stark eindrücken. Auch die Gefahr, daß sich die Langlöcher durch geringe Auflagefläche der Klemmmuttern auseinander drücken, ist bei den gestanzten und geschmiedeten Ausfallenden geringer.

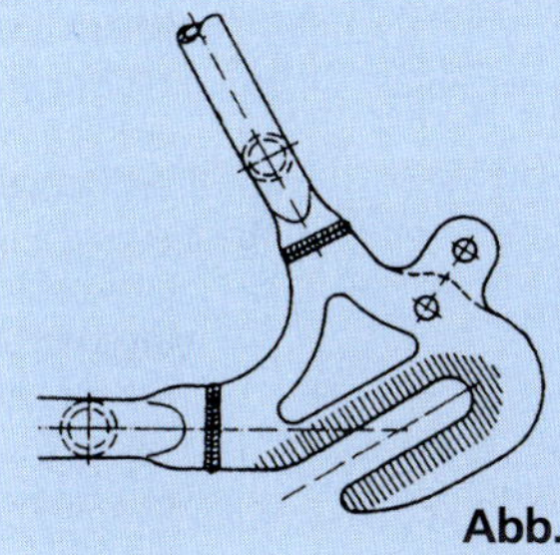

Abb. 99

hintere Ausfallenden

Während die vorderen Ausfallenden sich in ihrer Ausrichtung und Ausführung mehr oder weniger gleichen, gibt es bei den hinteren Radachsfixierstellen grundsätzliche Unterschiede.

Früher waren sie generell horizontal ausgerichtet (Abb. 100), seit einigen Jahren finden auch senkrecht orientierte Formen Verwendung.

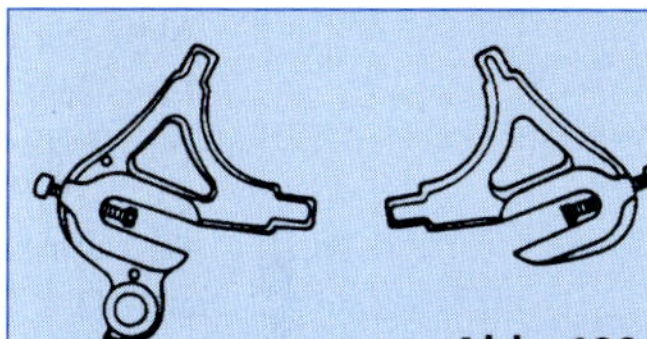

Abb. 100

horizontale Ausfallenden

Sie unterscheiden sich danach, ob sie nach hinten oder aber nach vorne offen sind: Nach hinten offen sind v.a. die eingangs beschriebene Billigversionen hinterer Ausfallenden. Sie ermöglichen mit sog. ▷ Kettenspannern die Straffung der Kette und die Ausrichtung des Laufrades (Abb. 101).

hinten offen

Der Radausbau hingegen gestaltet sich umständlich, weil zunächst die Kettenspanner gelöst, das Hinterrad nach vorne geschoben und die Kette vom ▷ Ritzel gehoben werden müssen, bevor das Hinterrad nach hinten herausnehmbar ist.
In geschmiedeter Ausführung findet das nach hinten offene Ausfallende am ▷ Bahnrad Anwendung, um hier einen Längenausgleich bei Übersetzungswechseln vornehmen zu können.

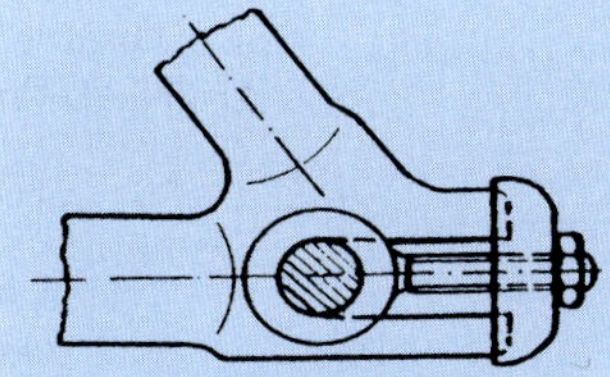

Abb. 101

Weitere Anwendung: ▷ Saalsportrad.

vorne offen

Höherwertige horizontale Ausfallenden - gestanzt oder sogar geschmiedet - sind dagegen nach vorne offen, so daß das gelöste Laufrad problemloser aus seiner Halterung "fallen" kann. Außerdem ist dann die Verwendung von ▷ Anschlagschrauben zur exakten Ausrichtung des Hinterrades beim Einbau möglich. Bei preiswerten, gestanzten Versionen erfolgt sie nach Augenmaß.

Anmerkung: Bei einigen preiswerten Gebrauchsrädern kommt eine Sonderversion der nach vorne offenen Ausfallenden zur Anwendung (Abb. 102): Das Rohr wird wie eingangs geschildert mit innenliegender Blechverstärkung zusammengedrückt, das Langloch wird schräg nach vorn-unten weisend eingestanzt. Hierbei kommen keine Kettenspanner zum Einsatz, der Ausbau des Hinterrades wird erleichtert.

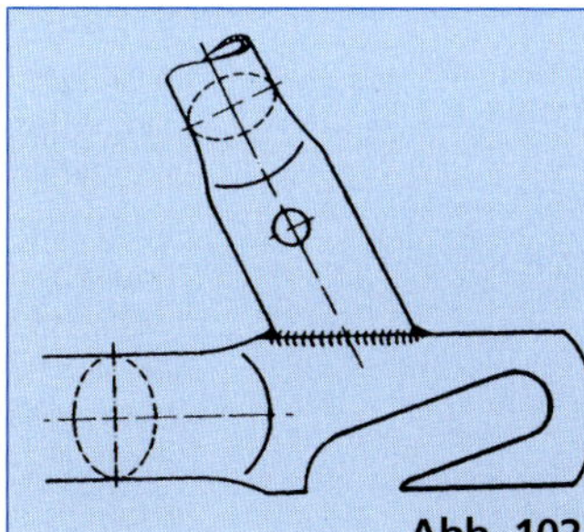

Abb. 102

Nachteil horizontaler Ausfallenden: Bei ungenügender Klemmung des Hinterrades können kräftige Antritte dieses schräg stellen.

Für *Reiseradler* ist ein horizontales Ausfallende sinnvoll, weil man bei Schaltungsdefekten unterwegs noch im 1-Gang-Betrieb weiter kommt: Man kürzt einfach die Kette, führt sie - unter Umgehung des Schaltwerks! - in Fluchtlinie direkt über eines der Ritzel und Kettenblätter. Durch Zurücksetzen des Hinterrades besteht dann eine einfache Kettenspann-Möglichkeit (s. ▷ kurze Kette). Diese Kettenregulierung ist bei senkrechtem Ausfallende (s.u.) nur in Grenzen durch Probieren gegeben (Auflegen der Kette über verschiedene Ritzel/Kettenblatt-Kombinationen). Die ▷ Kettenflucht kann hierbei allerdings nicht immer gewahrt werden, es kommt vermehrt zum Abspringen der Kette.

Anmerkung: Mit dem horizontalen Ausfallende läßt sich auch das Hinterrad horizontal verschieben, womit das ▷ Fahrverhalten des Fahrrades beeinflußt werden kann. Darüberhinaus läßt sich durch die gleiche Maßnahme die Stellung des ▷ Schaltwerks zu den Ritzeln variieren, was ggf. eine Hilfe bei ▷ Schaltproblemen bedeuten kann.

senkrechte Ausfallenden

Senkrechte Ausfallenden kamen Ende der 70er Jahre auf. Das Langloch steht freilich i.d.R. nicht exakt nach unten, sondern weist einen Winkel von ca. 30° nach vorne auf. Dadurch kann das Hinterrad nicht nur zu den Unterstreben, sondern auch zu den ▷ Sattelstreben hin ausgerichtet werden, falls das Ausfallende ▷ Anschlagschrauben hat. Ansonsten richtet sich das Hinterrad durch das Langlochende selbst aus, was aber eine sehr präzise Rahmenfertigung erfordert.
Vorteil: Das Hinterrad kann auch bei kräftigen Antritten und ungenügender Klemmung nicht "umschlagen" (sich schräg stellen), außerdem gestaltet sich der Radausbau noch leichter.
Nachteil: Das ▷ Schaltungsauge "rutscht" nach hinten, was zu eventuellen ▷ Schaltproblemen führen kann.

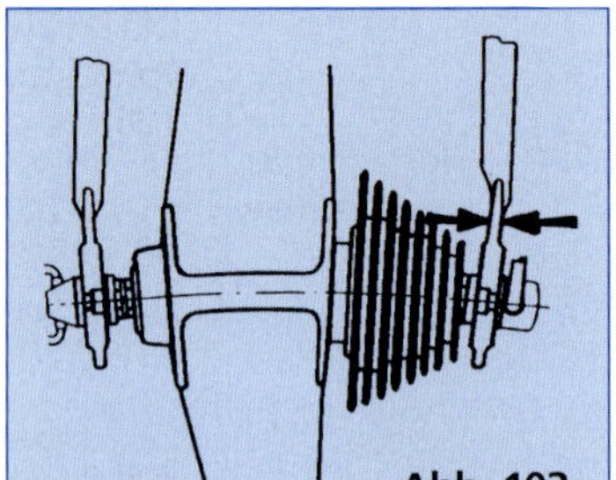

Abb. 103

Bruch des Ausfallendes

Mit den im Zuge des technischen Fortschritts immer breiter werdenden ▷ Zahnkränzen erfahren die Hinterradachsen - außer bei einigen ▷ Kassettennaben - bei hartem Kettenzug oder auch schlechter Fahrbahn stärkere elastische Biegungen als bei kürzeren Achsen (s. ▷ Achsbiegung). Das Rahmenrohr ist i.d.R. ausreichend verwindungssteif, filigrane Ausfallenden machen diese Schwenkbewegung mit, was auf Dauer zum Bruch führen kann (Abb. 103).
Bei üblichen Naben/Freilauf-Kombinationen (▷ Schraubkranz) sollten v.a. schwergewichtige Radler daher beim Radkauf auf Ausfallenden in massiver Ausführung achten (mit weniger Aussparungen, daher biegesteifer). Ansonsten sicherheitshalber auf Kassettennaben umrüsten.

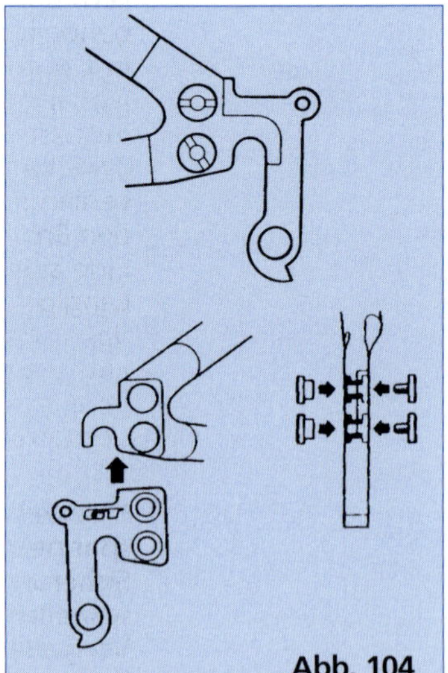

Abb. 104

Eine andere Form des Ausfallendenbruchs trifft bes. häufig den Mountainbiker, wenn sich nämlich ein Stock im ▷ Schaltwerk oder den Speichen verklemmt und das ▷ Schaltungsauge "abhebelt". Bei Straßenrennen passiert bisweilen das Gleiche, wenn sich ein anderer Rennfahrer mit dem Pedal oder dem Vorderradschnellspanner o.ä. im Schaltwerk verhakt.

austauschbare Ausfallenden

Damit ein Bruch des Ausfallendes nicht zur Verschrottung des ganzen Rahmens zwingt, findet man an höherwertigen ▷ Carbon- und ▷ Alu-Rahmen immer häufiger austauschbare Ausfallenden (Abb. 104). Bei ▷ Stahlrahmen wurden sie bislang nicht eingesetzt, weil hier immer noch die Möglichkeit eines Austauschs per Lötung gibt.

Man könnte mit austauschbaren Ausfallenden auch die Radgeometrie verändern, was z.Zt. aber noch nicht genutzt wird.

Sonderformen

Die Entwicklung der ▷ Kettenschaltungen hat zu größeren Ritzelzahlen auf den ▷ Zahnkränzen geführt. Deren zunehmende Breite schiebt die Hinterradnabe nach links, wodurch die Speichen der rechten Hinterradseite erheblich steiler als die der Gegenseite stehen.
Folge: Das Hinterrad ist weniger seitensteif.

gekröpfte Ausfallenden

Schon um 1950 versuchten findige Bastler, mittels gekröpftem linkem hinteren Ausfallende Nabe und Ritzel einfach so weit nach rechts zu rücken, daß die Speichen wieder - wie beim Vorderrad - symmetrisch stehen.

Das gekröpfte Ausfallende erhöht die Seitensteifigkeit des Hinterrades (und lindert damit eindeutig die Speichenbruchanfälligkeit). Es benötigt aber - das Ritzel ist ja nach rechts versetzt - eine breitere ▷ Tretlagerachse, damit auch das ▷ Kettenblatt weiter rechts sitzen kann (▷ Kettenlinie!). Das aber bringt neue Probleme mit sich, nämlich höheren Lagerverschleiß sowie Schleifen der Kette am ▷ Umwerfer bei harten ▷ Wiegetritten.
Bei uns wurde diese Konstruktion durch das "Mittendorf"-Ausfallende bekannt (Abb. 105), das vom Erfinder bis heute an den von ihm hergestellten Fahrrädern verbaut wird.

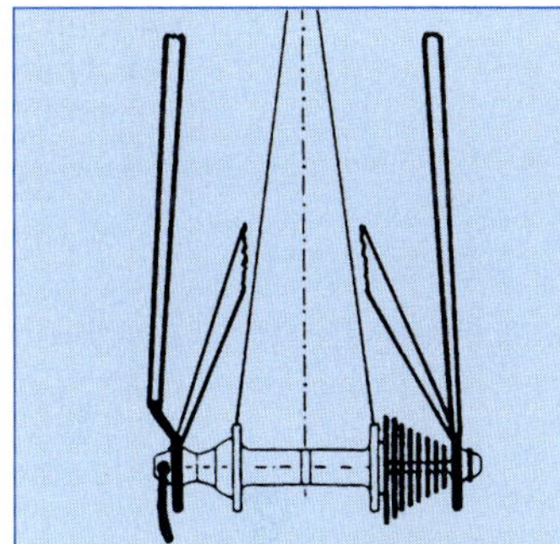
Abb. 105

Cinetica-Ausfallende

Gleich vier Anliegen auf einmal verfolgte das Cinetica-Ausfallende von Cinelli, welches jedoch keine Marktbedeutung erlangte (Abb. 106):

* günstigere Schaltzugverlegung durchs Ausfallende;
* schwenkbarer Sattelstrebenansatz;
* Zapfen/Innenmuffen erleichtern den Rahmenbau;
* Haken für Kettenaufhängung bei Radtransport ohne Hinterrad.

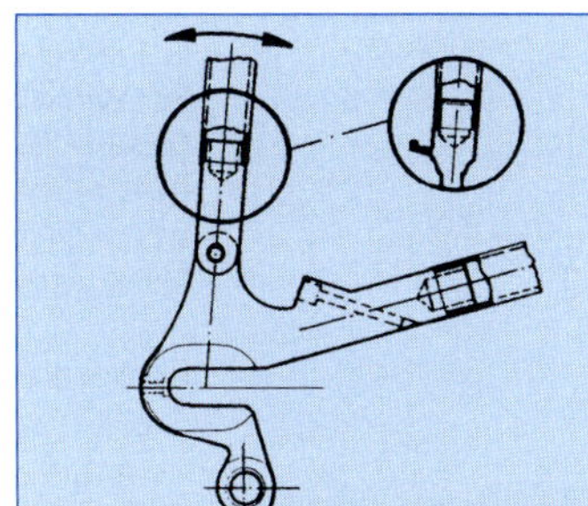
Abb. 106

Ausfallendensicherung

Soll ein unabsichtliches Herausfallen des Vorderrades vermeiden.
Um diese - freilich nur höchst selten eintretende - Katastrophe zu verhindern, sind in die einschlägigen Sicherheitsvorschriften folgende technische Lösungen eingeflossen:
In das Ausfallende wird ein scharfkantiger Durchbruch gestanzt (Gefahr der Rißbildung), in den der Haken einer über die Achse gestülpten Sicherungsscheibe formschlüssig eingreift (Abb. 107).
Zwar kann man das Vorderrad jetzt nicht mehr während der Fahrt verlieren, doch offenbarte die Praxis eine erhöhte Anfälligkeit für den Bruch des so geschwächten Ausfallendes.
Eine sinnvollere Lösung stellt demgegenüber eine am Ende des Langlochs eingearbeitete kreisförmige Erweiterung dar, wodurch das Vorderrad per Blechbuchse fixiert wird.
Eine weitere Sicherungsversion besitzt am unteren Ende des Ausfallendes vorstehende "Nasen", die ebenfalls das Herausfallen des Vorderrades verhindern (Abb. 108).

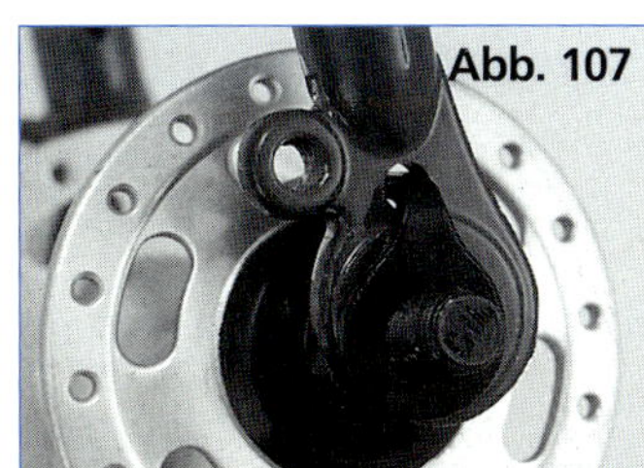
Abb. 107

Nachteil aller Sicherungssysteme: Die Achsmuttern oder ▷ Schnellspanner müssen weit aufgedreht werden, um den jeweiligen Sicherungsmechanismus zu "enthakeln". Das führt zumindest den schnellen Radaus- und -einbau per Schnellspanner ad absurdum.
Vorgeschrieben ist die erstgenannte Sicherungsscheibe übrigens bei ▷ BMX-Rennen.

Ausfaller Andere Bez. f. ▷ Ausfallende

Aushärtung Teil einer Wärmebehandlung, mit der v.a. bei Aluminium die Materialfestigkeit gesteigert wird. Einzelheiten s. ▷ Aluminium: Verfahrenstechniken.

Ausklinkhärte Landläufige Bez. für die ▷ Torsionskraft, die notwendig ist, um die feste Schuh/Pedal-Verbindung beim ▷ System-Pedal zu lösen.
Die Ausklinkhärte ist i.d.R. einstellbar, die Auslösung erfolgt meist durch nach außen gerichtete Drehung des Fußes, bei einigen Systemen ist sie auch nach innen möglich (Abb. 109).

Ausknickung Terminus der technischen Mechanik, der das Verhalten langer, schlanker Stäbe oder Rohre beschreibt, die sich bei entsprechend hoher ▷ Druckbelastung seitlich nach Art eines Flitzebogens verformen. Die Ausknickung kann bei einer ▷ Speiche bereits bei einer mit dem Finger aufzubringenden Kraft von 20 N demonstriert werden. Zum Zerreißen der Speiche (▷ Zugbelastung) sind hingegen Kräfte von 2.000 N und mehr erforderlich. Ausknickungen kommen übrigens am Fahrradrahmen gelegentlich bei Stürzen oder Unfällen vor (Abb. 110).

Auslegerarm s. ▷ Bremsausleger

Auslegerform Carbonspezifische Rahmenkonzeption (Monocoque), bei der das "Oberrohr" freisteht, also einen Ausleger bildet. Zeichnet sich durch besonders guten Fahrkomfort aus. Einzelheiten s. Carbon-Rahmenformen (Abb. 111).

Auslenkung Durch Krafteinwirkung erzeugte, meist geringfügige Verformung eines Körpers oder Bauteiles aus seiner Ruhelage, in die er nach Wegfall der auslenkenden Kraft wieder zurückkehrt (Abb. 112).

Testkriterium Je weiter man das Bauteil auslenkt oder je steifer es ausgeführt ist, desto mehr Kraft benötigt man zur Verformung. Dieser Sachverhalt kann als Testkriterium eingesetzt werden, um die ▷ Steifigkeit von Körpern zu vergleichen, z.B. von ▷ Rahmen, ▷ Laufrädern, ▷ Sattelstützen, ▷ Vorbauten u.ä. (s.a. ▷ Fahrradtests).

Außenbackenbremse Andere Bez. f. ▷ Bandbremse, i.G.z. Innenbackenbremse (▷ Trommelbremse); Einzelheiten s. ▷ Bremsen: Nabenbremsen.

Außenhülle Biegsame, aus einem oder mehreren Drähten gewendelte Umhüllung des Innenzugs beim ▷ Bowdenzug, Einzelheiten s.d.

Außenlasche Teile der Kette, die paarweise durch die ▷ Kettenbolzen (Preßpassung + Vernietung) auf Abstand gehalten werden und so ein Außenlaschenglied bilden. Zwischen ihnen schwenken die ▷ Innenlaschen der ▷ Kette, weitere Informationen s.d. (Abb. 113).

Außenlaschenglied Durch Kettenbolzen verbundenes Pärchen von ▷ Außenlaschen, welche die seitliche Begrenzung für die ▷ Innenlaschenglieder bilden. Weitere Informationen s. ▷ Kette.

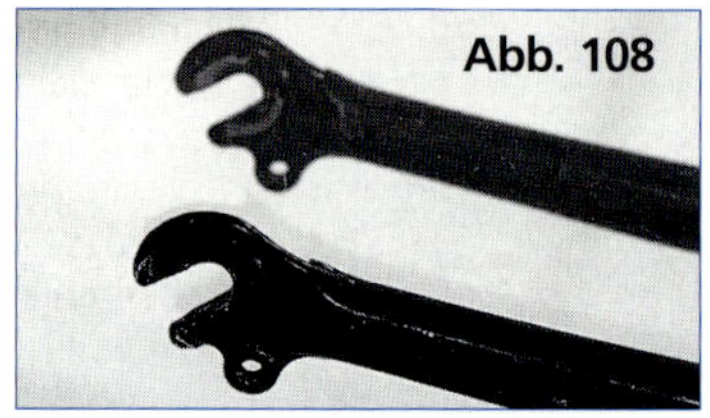
Abb. 108

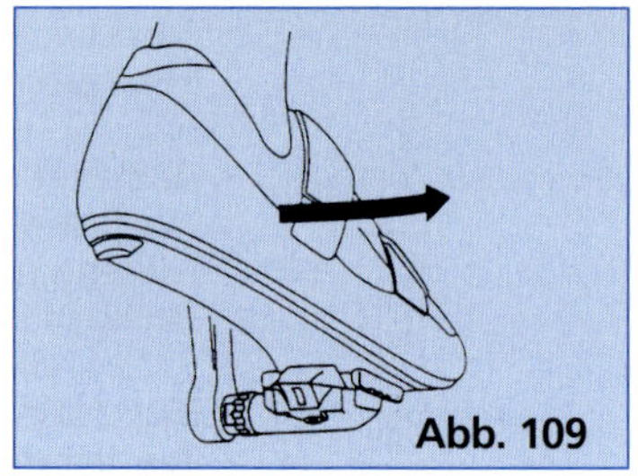
Abb. 109

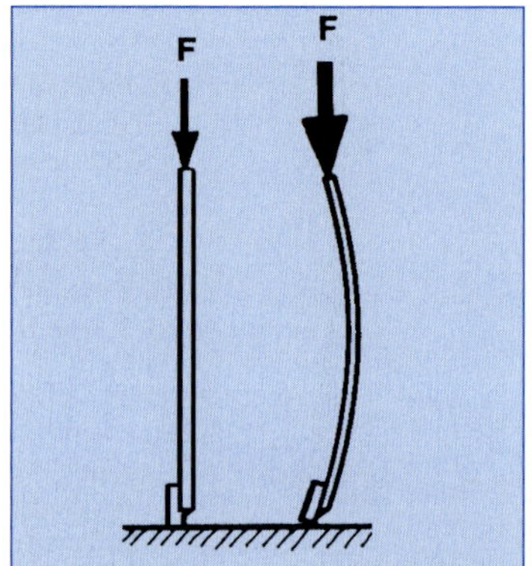

Abb. 110

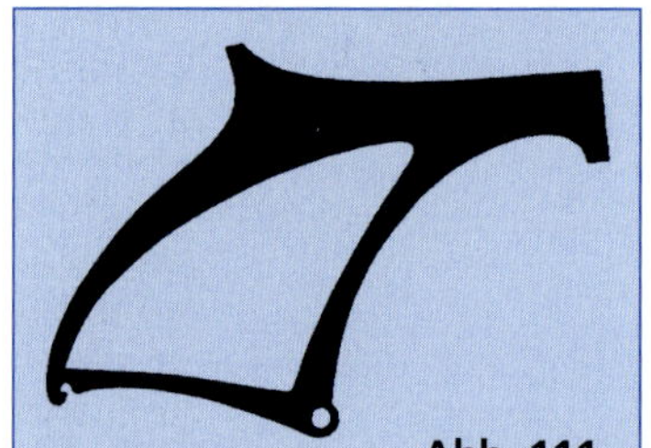
Abb. 111

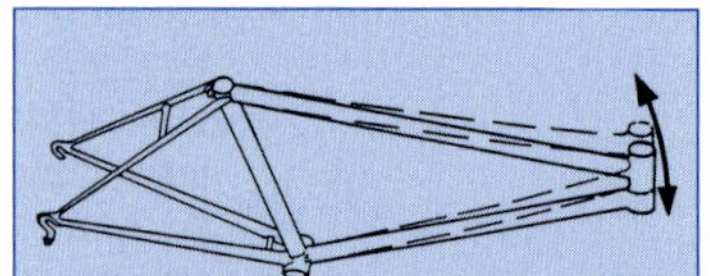
Abb. 112

Außenmuffen Meistverbreitete Ausführung von ▷ Muffen, die das anzuschließende Rohr von außen umfassen, i.G.z. ▷ Innenmuffen oder ▷ Klebestutzen (Abb. 114).

Außenschlag Unrundheit des Laufrades zum Radzentrum (Nabe) hin (i.G.z. ▷ Seitenschlag od. "Achter"), je nach Richtung als ▷ Höhenschlag oder ▷ Tiefenschlag ausgebildet; s.a. ▷ Zentrieren.

Außenzug Üblicherweise "Außenhülle" genannte, biegsame, aus einem oder mehreren Drähten gewendelte Umhüllung des Innenzugs beim ▷ Bowdenzug, Einzelheiten s.d.

Automatik-Pedal Andere Bez. f. ▷ System-Pedal, etwas unglücklich, da die Verriegelung und Freigabe des ▷ Schuhadapters nur nach vorher eingebrachtem, willentlichem Impuls des Radlers "automatisch" erfolgt (Abb. 115).

Auto-Ventil Bez. f. einen auch am Fahrrad (bes. ▷ Mountainbike) verwendeten Typ des "Rückschlagventils", der üblicherweise am Auto verwendet wird. Einzelheiten s. ▷ Ventil (Abb. 116).

Axial-Kräfte In Längsrichtung von Achsen und auf ▷ Lagerungen einwirkende Kräfte, die bei hohen Belastungswerten von speziellen ▷ Axiallagern aufgenommen werden (Abb. 117).

Übrigens können geringere Axialkräfte, wie sie im ▷ Wiegetritt in die ▷ Tretlagerung einwirken (Pfeil Abb. 117), auch von normalen ▷ Industriekugellagern (▷ Rillenkugellager) aufgenommen werden. Hier gilt der Richtwert, daß die Axiallast 25% der Radiallast nicht übersteigen soll.

Axiallager Lagerungselemente, die speziell zur Aufnahme von ▷ Axialkräften ausgelegt sind. Neben den ▷ Axialkugellagern sind noch Axialnadel- und -gleitlager gebräuchlich, finden aber am Fahrrad nur bei Sonderkonstruktionen Anwendung.

Axialkugellager ▷ Kugellager, welches speziell auf in *Längsrichtung der Achse* (daher auch "Längslager") wirkende Kräfte ausgelegt ist (kann aber auch geringfügige ▷ radiale Kräfte aufnehmen) (Abb. 118). Statt ▷ Innen- und ▷ Außenring (wie beim ▷ Industriekugellager) besteht das Axiallager aus zwei nebeneinander angeordneten Scheiben mit einer vertieften Kugellaufbahn, in der die Kugeln geführt werden.

Am Fahrrad findet eine Variante der Axialkugelllager Anwendung, bei der die Kugeln in Käfige gefaßt sind und die Scheiben keine vertiefte Kugellaufbahn aufweisen. Einsatzbereich: Bei allen hochwertigen Seitenzugbremsen und der Hydraulik-Rennbremse von Magura (s. ▷ Bremsen: Felgenbremsen). Faustwert: Anstelle der ▷ Gleitscheiben zwischen zwei Bremsarmen angebracht, erhöht das Axialkugellager (verminderte ▷ Reibung) die Bremswirkung um 5-6 %. Außerdem: Das dem Bremsflattern förderliche Axialspiel kann ausgeschaltet werden.

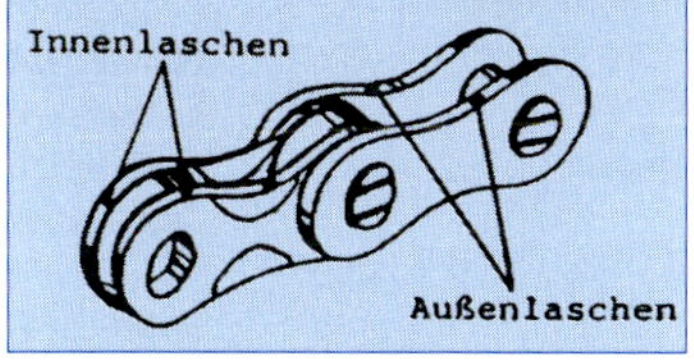

Abb. 113

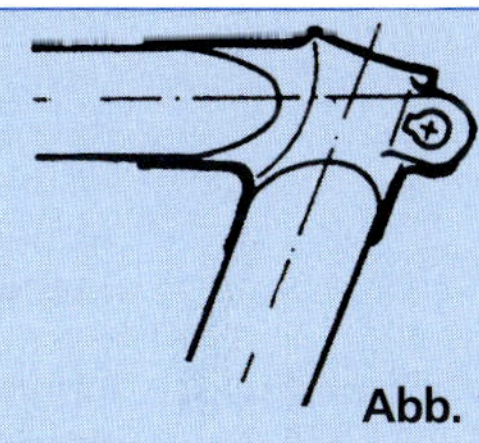
Abb. 114

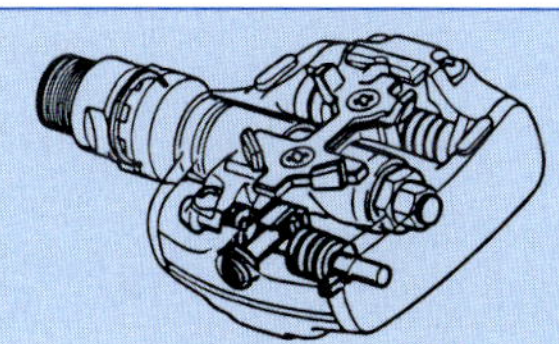
Abb. 115

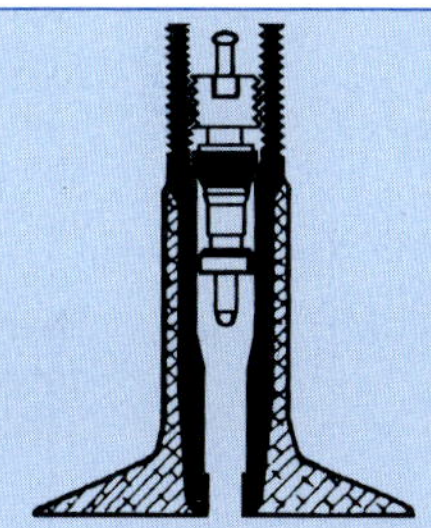
Abb. 116

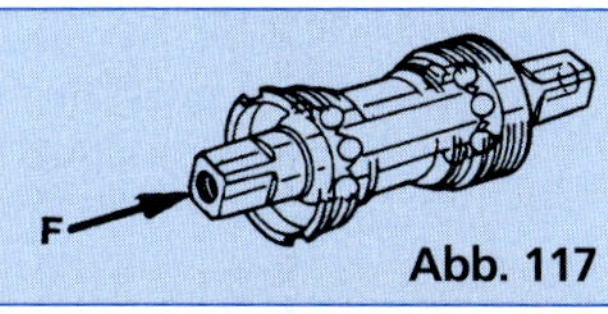

Abb. 117

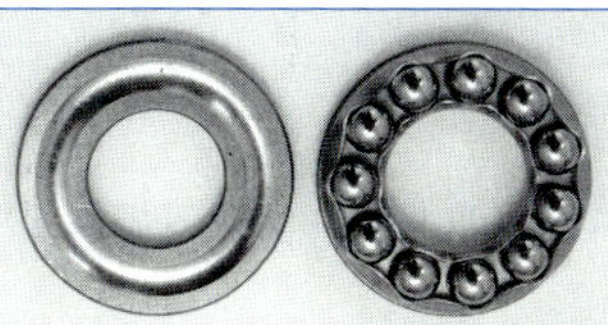
Abb. 118

Bäckerrad ▷ Lastenfahrrad mit einem stabilen, über dem Vorderrad befestigten, kastenartigen Gepäckträger; ursprünglich zum Brötchenausfahren, daher der Name (Abb. 1).

Abb. 1

Bärentatzen-Pedal Bes. voluminös ausgebildetes Pedal mit massiven Metallzacken als Abrutschsicherung.

Diese aus den Anfängen des ▷ Mountainbikes stammende Pedalform hat sich in der Praxis nicht bewährt, da die Zacken Verletzungsgefahren bergen und dennoch das Abrutschen des Schuhs nicht zuverlässig verhindert wurde. Dies wurde - in Analogie zum Rennrad - erst durch Einführung von ▷ Pedalhaken und -riemen bzw. ▷ System-Pedalen erreicht, was auch die Fußführung verbesserte. Außerdem konnte der Pedalkörper kürzer gehalten werden, was die Neigung zu ▷ Pedalaufsetzern minderte (Abb.2).

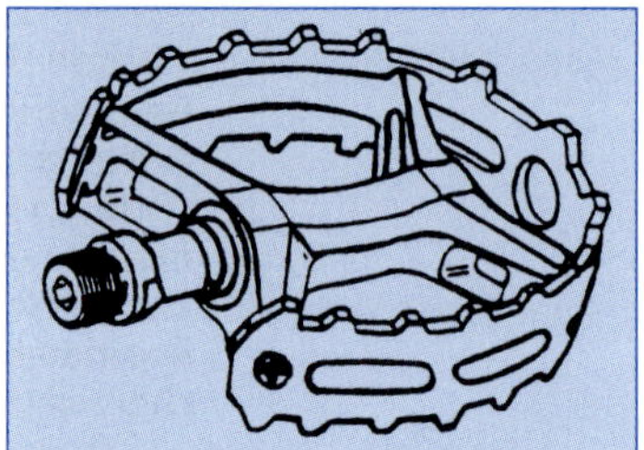

Abb. 2

Bahnbelag Oberfläche einer ▷ Radrennbahn (Einzelheiten s.d.) aus Holzplanken, Asphalt, Beton oder Kunststoff.

Bahnen s. ▷ Radrennbahn

Bahnrad Spezialrad für ▷ Bahnwettbewerbe, das in Geometrie, Antrieb und Ausstattung speziell für den Bahn-Radsport konzipiert ist und ohne Schaltung und Bremsen auskommt.

Geometrie Das klassische Bahnrad (Abb. 3) ist durch kurzen ▷ Radstand und steilen ▷ Steuerwinkel auf Wendigkeit und Agilität getrimmt, damit die Fahrer v.a. beim ▷ Sprint oder beim ▷ Punktefahren reaktionsschnell auf engem Raum agieren können.

Abb. 3

Da die Bahnfahrer häufig in mehreren Disziplinen starten, weisen auch die Räder für Einzelwettbewerbe wie Zeitfahren oder Verfolgung diese Geometrie auf (keine Umgewöhnung nötig). Für diese Disziplinen könnten allerdings Bahnräder mit besseren Geradeausfahreigenschaften vorteilhaft sein (s. ▷ Fahrverhalten), da jeder Schlenker und jede unnötige Lenkbewegung Kraft und Weg "kostet".

Ein *Sonderfall* ist das ▷ Steherrad (Abb. 4) mit kleinem Vorderrad und zurückgebogener Gabel (s.u.).

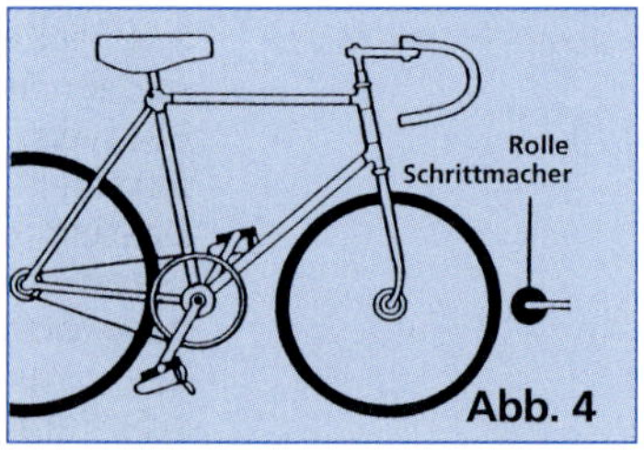

Abb. 4

Ausstattung Während beispielsweise ▷ Mountainbikes mit ▷ Komponenten und ▷ Zubehör regelrecht protzen, glänzt das Bahnrad mit nachgerade spartanischer Strenge und verzichtet auf alles, was nicht schnellstmöglicher Fortbewegung auf ebener Strecke dient:

ohne Schaltung & Bremsen Es fehlt daher nicht nur die Schaltung, sondern sogar die Bremse! Geschwindigkeitsverzögerung ist dank des ▷ starren Gangs (s.u.) durch Gegentreten möglich, was i.d.R. aber ohnehin erst hinter dem Zielstrich erwünscht ist.

Laufräder Aus Gründen der ▷ Aerodynamik geht heute der Trend vermehrt zur extremen ▷ Tropfenfelge, ▷ Säbelspeichen, ▷ Composite Wheels und vereinzelt zu ▷ Scheibenrädern.

Im Übrigen sind Bahnlaufräder zur Minimierung des ▷ Luftwiderstandes mit möglichst wenig Speichen ausgestattet (früher 24 statt der üblichen 36 Speichen, heute durch Verwendung extremer Tropfenfelgen 14 und sogar weniger).

Typisch für Bahnlaufräder sind die Verlötungen der Speichen an den Kreuzungsstellen: Damit vermeidet man zuverlässig Speichenbrüche durch Resonanzschwingungen der Speichen und sichert im Falle eines Speichenbruchs die Lage der Speichen.

Als Reifen werden nahezu ausschließlich ▷ Schlauchreifen gefahren. Sie sind besonders leichtlaufend und dennoch griffig, ihr ▷ Protektor ist für die Kurvenfahrten weiter um den Reifen herumgezogen als bei Straßenreifen. Bahnreifen müssen besonders fest auf der Felge sitzen, weshalb sie mit Schellack oder ▷ Kontaktkleber statt dem ansonsten üblichen ▷ Reifenkitt auf der Felge fixiert werden (Abb. 5), Einzelheiten s. ▷ Bahnreifen.

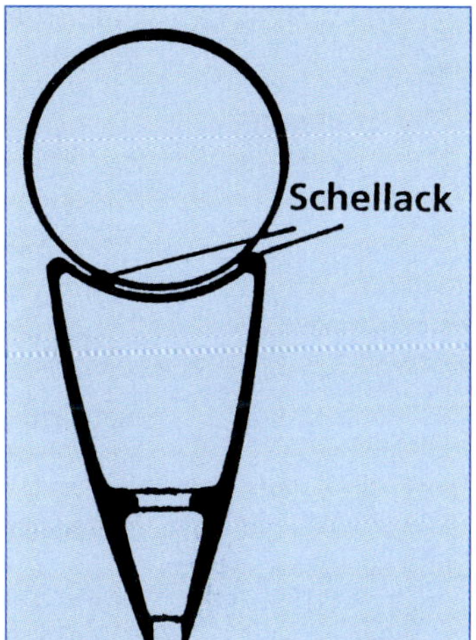

Abb. 5

Lenker

Normalerweise wird ein dem herkömmlichen ▷ Rennlenker ähnlicher, aber tiefer ausgestellter Bahnlenker (Typ "Pista"; Abb. 6) gefahren. Bei Einzelwettbewerben sieht man jedoch zunehmend den ▷ Tria-Lenker, der die aerodynamisch günstige ▷ American Position (Abb. 7) ermöglicht, wegen seines schlechteren Steuerverhaltens aber nur in Einzelwettbewerben erlaubt ist. Der ▷ Obree-Lenker ist von der ▷ UCI nicht zugelassen.

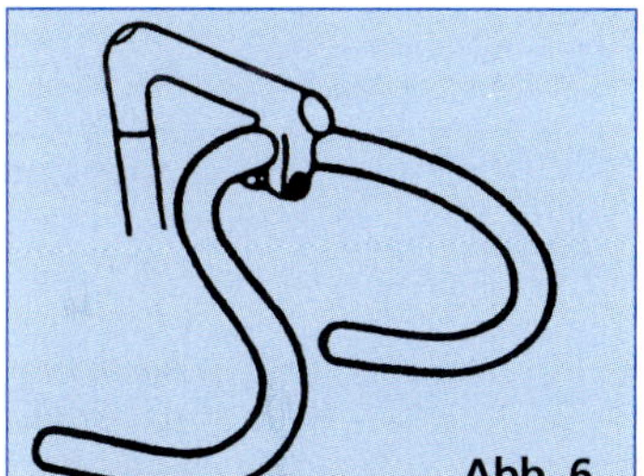
Abb. 6

Abb. 7

Antrieb
starrer Gang

Der ▷ Antrieb erfolgt wie in Velo-Urzeiten mit ▷ starrem Gang (Abb. 8), d.h. ohne ▷ Freilauf und Schaltung. Es muß also ständig mitgetreten werden.

Vorteil: Keine zusätzlichen Reibungsverluste durch ▷ Schaltungsrädchen oder Kettenschräglauf. Außerdem erleichtert der starre Gang dem Sprinter seine Stehversuche (gestattet minimales Vor- und Zurückfahren).

breitere Kette

▷ Kette, ▷ Ritzel und ▷ Kettenblatt des Bahnrades sind i.d.R. breiter ausgeführt (1/2" x 1/8") als die des mit ▷ Kettenschaltung ausgerüsteten Straßenrennrades (1/2" x 3/32"), was eine stabilere Bauweise dieser Antriebseinheit mit besseren Führungseigenschaften ermöglicht und den Antritt direkter (geringere Elastizität) gestaltet. Aufgrund der heute entschieden hochwertigeren schmalen Rennketten, kommen diese vermehrt auch am Bahnrad zum Einsatz (höhere Bruchlast, höhere Verschleißfestigkeit), die dann entsprechend schmalere Ritzel und Kettenblätter erforderlich machen.

Übersetzungswechsel

Unterschiedliche ▷ Übersetzungen können am Bahnrad nur durch Austausch von ▷ Kettenblatt und/oder ▷ Ritzel realisiert werden. Daher ist das hintere ▷ Ausfallende nach hinten offen: So kann durch Zurücksetzen des Hinterrades der veränderte Achsabstand ausgeglichen und die Kette ohne weitere Hilfsmittel problemlos gespannt werden.

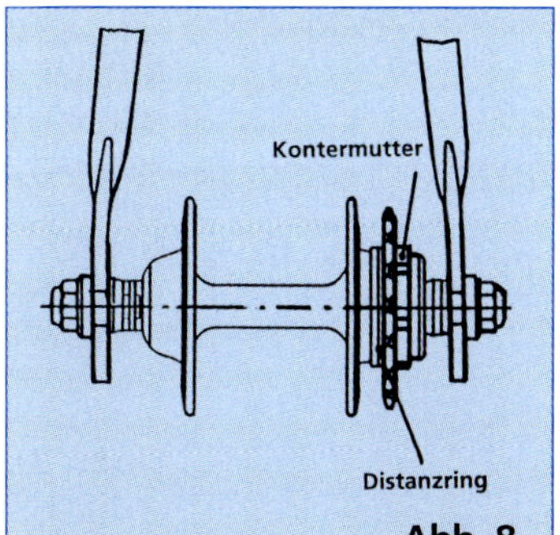

Abb. 8

In Einzelwettbewerben sind übrigens seit 1992 Schaltungen erlaubt, werden bisher aber nur selten eingesetzt. Sinnvoll wären sie, um die Beschleunigungsphase ökonomischer zu gestalten.

Bahnübersetzungen

Da Bahnwettbewerbe im Grenzbereich menschlicher Leistungsfähigkeit absolviert werden, müssen die Übersetzungen exakt auf den Fahrer zugeschnitten werden. Wem beispielsweise die ▷ Übersetzung von 48/14 zu "dick" ist, der tritt mit 48/15 nahezu ins Leere. Mit den Übersetzungen 46/14 oder 50/15 kann er jedoch einen "Zwischengang" auflegen.

Für die Realisierung von Bahnübersetzungen stehen folgende Kettenblätter und Ritzel zur Verfügung:

Kettenblätter: 42 - 56 Zähne;
Ritzel: 12 - 17 Zähne;

Beispiele gefahrener Übersetzungen:

Stundenweltrekord: 56/14 (Moser);
: 60/14 (Rominger)
Steher: 68/15;
Sechstagerennen: 48/14.

Zu von der gängigen Norm abweichenden Bahnradtypen s. ▷ Steherrad; ▷ FES; ▷ Lotus; vgl. außerdem ▷ Zeitfahrrad.

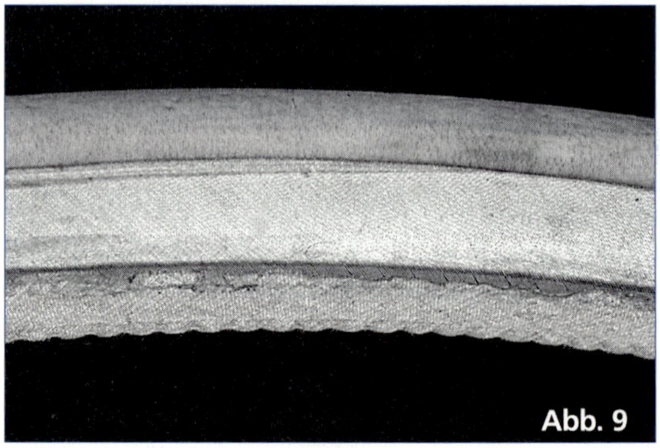
Abb. 9

Bahnreifen

Besonders leicht laufende ▷ Schlauchreifen für ▷ Bahnwettbewerbe. Sie zeichnen sich durch sehr leichte ▷ Karkassen aus Nylon- oder Seidenfäden und eine sehr dünne Gummiauflage aus. Diese ist an den Flanken weit heruntergezogen, um Stehversuche der ▷ Sprinter auf der schrägen Bahn zu ermöglichen. Aus gleichem Grunde ist die Gummimischung sehr griffig gehalten (s. ▷ Reibungskoeffizient: Reifen) (Abb. 9). Gute Bahnreifen sind Leichtgewichte mit nur 100-130 gr. und werden zwecks Minimierung der ▷ Rollreibung mit einem Luftdruck von 11-14 bar gefahren, da die Bahn i.d.R. eine extrem ebene Oberfläche aufweist. Zum Vergleich: Straßen-Schlauchreifen wiegen etwa 200 - 350 Gramm und werden aufgrund der größeren Fahrbahnunebenheiten nur mit 7-9 bar aufgepumpt. Der klassische Bahnreifen ist entweder profillos oder besitzt eine dünne Diamantierung (s. ▷ Reifenprofile) bzw. Fischgrätenmuster. Einige Bahnreifen (z.B. "Olympic" von ▷ Conti) werden wegen ihrer idealen Rolleigenschaften plus dichten und damit pannensicheren ▷ Karkassen bei sehr guten Straßenverhältnissen auch fürs ▷ Zeitfahren auf der Straße eingesetzt.

Befestigung auf der Felge

Gerade bei Bahnwettbewerben ist wegen der starken ▷ Seitenkräfte in Kurven ein absolut fester Reifensitz wichtig. Normale Bahnreifen werden in einer aufwendigen Prozedur mit Schellack aufgeklebt, s. ▷ Reifenaufkleben.
Heute werden auch alternativ zu diesem klassischen Verfahren mit modernen Klebern (▷ Kontaktkleber, z.B. Pattex) ausreichend feste Reifen/Felgen-Verbindungen hergestellt.
Bei Steherreifen (▷ Bahnwettbewerbe: Steher) wird es noch komplizierter, der Reifen muß bandagiert werden: Der noch protektorlose Reifen (Schlauch plus Karkasse) wird zunächst mit Baumwollbinden an die Felge gebunden, dann erst wird der ▷ Protektor aufgeklebt. Dieses aufwendige Verfahren wird angewandt, weil bei Steherrennen im Windschatten eines Motorradschrittmachers Geschwindigkeiten bis kurzzeitig über 100 km/h gefahren werden und jeder Sturz tödlich ausgehen kann.

Durch den Einsatz von Scheibenrädern bei Steherrennen ist das herkömmliche Bandagieren nicht mehr möglich - so wurde auch das früher zwingend vorgeschriebene Bandagieren der Reifen durch technischen Fortschritt "aufgeweicht" (▷ UCI-Bestimmungen).

Bahnrennen

s. ▷ Bahnwettbewerbe

Bahnwett-bewerbe

Bahnrennen waren früher sehr beliebt, gehen heute aber in der Angebotsfülle von sportlichen Wettbewerben etwas unter. Die Wettbewerbe werden auf der ▷ Radrennbahn ausgetragen, gefahren wird stets entgegen dem Uhrzeigersinn. Im Laufe der Zeit hat sich eine bestimmte Palette offizieller Bahnwettbewerbe herauskristallisiert, die auf nationalen Meisterschaften, Olympischen Spielen, Weltmeisterschaften usw. ausgetragen werden. Hinzu kommen offizielle Weltrekordlisten der ▷ UCI, in die auch Weltrekorde von Disziplinen eingehen, die nur selten gefahren werden.

Als "Standarddisziplinen im Bahnrennsport" nennt der ▷ BDR in seinen Wettkampfbestimmungen:

Einzelwett-bewerbe
Sprint

Kurzstreckenrennen über je nach Bahnlänge 2-4 Runden (ca. 1000 m) mit betont endkampforientiertem Charakter, bei dem die Zeitnahme nur für die letzten 200 m erfolgt. Der Reiz von Sprinterrennen liegt in der Taktik (Abb. 10) und den hohen Endgeschwindigkeiten.

Abb. 10

I.d.R. treten zwei Fahrer in zwei Läufen gegeneinander an, wobei jeder einmal für die erste Runde die Führung übernehmen muß. Bis auf die entscheidenden letzten 200 m ist das Tempo egal, erst auf diesen muß voll gefahren werden. Gewinnt jeder Fahrer einen Lauf, wird ein Entscheidungslauf ausgetragen, für den die Führungsrolle ausgelost wird.

Weitere Einzelheiten zu dieser Paradedisziplin des Bahnrennsports s. ▷ Sprint.

Einer-verfolgung

Rennen über 4.000 m (Männer; Frauen: 3.000 m), bei dem die beiden Kontrahenten von entgegengesetzten Punkten der Bahn starten. Sieger ist der Fahrer mit der schnellsten Zeit oder derjenige, der seinen Gegner noch vor Ende der Distanz eingeholt hat; s.a. unten "Vierer-Mannschaftsverfolgung".

Zeitfahren

Alleinfahrt "gegen die Uhr". Die Fahrer starten i.d.R. nacheinander, Sieger ist der Fahrer mit der besten Zeit. Am bedeutendsten ist der Wettbewerb über 1000 m, traditionell die erste Bahnentscheidung bei

Olympischen Spielen und Weltmeisterschaften. Auch Rekordversuche einzelner Fahrer über bestimmte Strecken oder Zeiträume sind Zeitfahrten, bekannteste Bestzeit ist der ▷ Stundenweltrekord.

Punktefahren

Wettbewerb mit Massenstart über 40 km (Männer; Frauen 25 km) im Endlauf (Vorläufe 25/15 km), in dem bei Überrundungen oder Zwischenspurts Punkte gewonnen werden (Abb. 11). Die Wertungsspurts werden im Abstand von etwa 2 km ausgetragen, wobei für die Plätze 1-4 jeweils 5/3/2/1 Punkte vergeben werden. In der ▷ Bundesliga werden 10 km mit 10 Wertungen gefahren.

Abb. 11

Ausscheidungsfahren

Rennen mit Massenstart, bei dem in vorher bestimmten Intervallen der jeweils letzte die Ziellinie passierende Fahrer ausscheidet. Der Wettbewerb wird dann von den letzten beiden im Rennen verbliebenen Fahrern im Spurt entschieden.

Tandemrennen

Rennen auf zweisitzigen ▷ Tandems, die in allen geeigneten Disziplinen ausgetragen werden können, üblicherweise aber im Sprint (Abb.12).

Vorgaberennen

Wettbewerb, bei welchem stärkere Fahrer den schwächeren Vorgabe gewähren, i.d.R. 5-10 m.

Steherrennen

Radrennen hinter einem Motorrad-Schrittmacher, der dem Radler ▷ Windschatten bietet, so daß die Geschwindigkeiten wesentlich höher liegen als bei Rennen ohne diese Minderung des Hauptfahrwiderstandes. Steherrennen werden über Strecken bis 100 km bzw. über eine Stunde ausgetragen. Zur Wahrung der Chancengleichheit sind Motorräder und Bekleidung gleich, die Maschinen werden vor dem Rennen ausgelost. Der Rennfahrer hält möglichst ständigen Kontakt zum Schrittmacher über eine am Motorrad angebrachte Rolle, die einen Sicherheitsabstand gewährt (daher auch die zurückgebogene Gabel des ▷ Steherrades). Läßt der Fahrer "abreißen", ist er "von der Rolle". Tödliche Unfälle und hohe Geschwindigkeiten von bis zu 120 km/h führten dazu, daß die Motorradleistung heutzutage gedrosselt ist, so daß die Geschwindigkeit normalerweise um 80 km/h liegt. s.a. ▷ Steher/-rennen; vgl. auch im Folgenden "Derny-Rennen" (Abb. 13).

Abb. 12

Abb. 13

Derny-Rennen Variante des Steher-Rennens (s.o.) hinter Leichtmotorrädern mit max. 100 ccm mit zusätzlichem Pedalantrieb zur Geschwindigkeitsregulierung (benannt nach dem frz. Motorradkonstrukteur J.Derny). Es wird nicht an der Rolle gefahren, sondern lediglich im Windschatten des Schrittmachers. Der Austragungsmodus folgt im Wesentlichen dem von Steherrennen, Unterschied: fliegender Massenstart. Distanz 40 km im Finale.

Keirin Sprintwettbewerb (s.o. Sprint), bei dem die Geschwindigkeit auf den ersten Runden durch einen die Führung übernehmenden Schrittmacher bestimmt wird, i.d.R. ein Derny. Gesamtstrecke: 2000 m. Während der ersten 3-4 Runden werden hinter dem Schrittmacher Positionskämpfe ausgetragen, um dann - während der Schrittmacher die Bahn verläßt - zum Endspurt anzusetzen. Während der Startphase soll die Geschwindigkeit des Schrittmachers ungefähr 25 km/h betragen, wenn die Fahrer Anschluß an ihn gefunden haben, wird sie allmählich auf etwa 45 km/h gesteigert. Ungefähr 600-700 m vor dem Ziel verläßt der Schrittmacher die Bahn und gibt das Rennen für den Sprint frei.

Diese aus Fernost stammende Disziplin ist ein Zuschauermagnet, wurde in Europa aber eigentlich erst nach 1980 richtig bekannt. Keirin entstand in Japan als eine Art "Hunderennen für Radfahrer" (Schrittmacher ist "Hase", den es nach dem Startschuß zu jagen gilt), als man nach dem 2. Weltkrieg Radrennen mit Wetten veranstaltete, deren Erlöse für den Wiederaufbau verwendet wurden. Heute gibt es in Japan fast 5000 Profis, für die jährlich über 100 Rennen ausgetragen werden. Die Tatsache, daß nur ein einziger Japaner seit 1980 Profiweltmeister wurde, mag daran liegen, daß nach den Bestimmungen der UCI außerhalb Japans nicht die ruppige Fahrweise wie in Nippon üblich mit Körperkontakt und Behinderungen erlaubt ist, wo Kopf- und Ellbogenstöße zum guten Ton gehören und Stürze bei Spitzengeschwindigkeiten um 70 km/h keine Seltenheit sind. Keirin ist mittlerweile auch Einlage bei ▷ Sechstagerennen.

Omnium Mehrkampf aus verschiedenen Disziplinen, deren Palette sich je nach Ausschreibung unterscheiden kann.

Mannschafts-wettbewerbe Verfolgungsrennen (s.o.) über 4 km (Männer; Frauen 3 km) für Mannschaften aus vier Fahrern ("Bahnvierer"), die sich in der Führung ablösen und von denen der dritte Fahrer gewertet wird. Der letzte Fahrer kann sich zurückfallen lassen, bzw. es ist auch ein Start mit nur drei Fahrern möglich.

Vierer-Mannschaftsverfolgung

Sieger ist die Mannschaft, deren dritter Fahrer die Distanz in der kürzesten Zeit zurückgelegt hat oder die die gegnerische Mannschaft vor Ablauf der Distanz eingeholt hat (3. Fahrer auf Höhe 3. Fahrer).

Zweierwettbewerbsrennen

Auch "Américaine" bzw. urspr. "Madison" (nach dem Madison Square Garden, NY) genanntes Rennen für zwei Fahrer, die eine Mannschaft bilden und sich beliebig oft ablösen können. Einer der Fahrer muß sich stets im Rennen befinden, während der andere bis zur nächsten Ablösung neutralisiert ist und langsam auf der Bahn weiterfährt. Sieger ist die Mannschaft, die eine bestimmte Distanz am schnellsten (bei Amateuren max. 100 km) oder in einem bestimmten Zeitabschnitt (bei Amateuren max. 3 Stunden) die größte Distanz zurückgelegt hat. Es können Wertungs- und Prämiensprints eingebaut werden, wobei die Bestimmungen für das Punktefahren (s.o.) gelten. Américaine-Rennen bilden einen wesentlichen Bestandteil von ▷ Sechstagerennen.

Olympischer Sprint (Ital. Jagdrennen)

Verfolgungsrennen (s.o.) über drei Runden für Dreier-Mannschaften, wobei jeder Fahrer eine Runde zu führen und danach das Rennen zu beenden hat. Als Italienisches Jagdrennen kann der Wettbewerb auch für eine beliebig größere Anzahl von Fahrern durchgeführt werden, die vor ihrem Ausscheiden eine beliebig große Anzahl von Runden (je nach Ausschreibung) zu führen haben.

Ein rein kommerzieller Bahnwettbewerb, der nicht auf Meisterschaften ausgetragen wird, ist das ▷ Sechstagerennen.

Ballonreifen

Heute kaum noch gebräuchliche Bez. f. voluminöse Reifen von um die 50 mm Breite. Ihr Vorteil liegt in einem günstigeren Federungsverhalten, was den ▷ Fahrkomfort verbessert.
Ballonreifen waren in früheren Zeiten wegen der schlechten Straßenverhältnisse sehr beliebt, gerieten im Zuge der generellen Asphaltierung in Vergessenheit und wurden durchs ▷ Mountainbike wieder belebt. Zu diesen modernen Ballonreifen s. ▷ MTB-Reifen.

Bananensattel

Langer Sattel mit einer mehr oder weniger hochgezogenen Sattellehne. Der Bananensattel kam als Modeerscheinung mit den ▷ High-Risern für Kinder seit Mitte der 60er Jahre auf den Markt. Der Markterfolg war begrenzt, die Verwendung des Sattels bei anderen Fahrradtypen erfolgte nicht (Abb. 14).

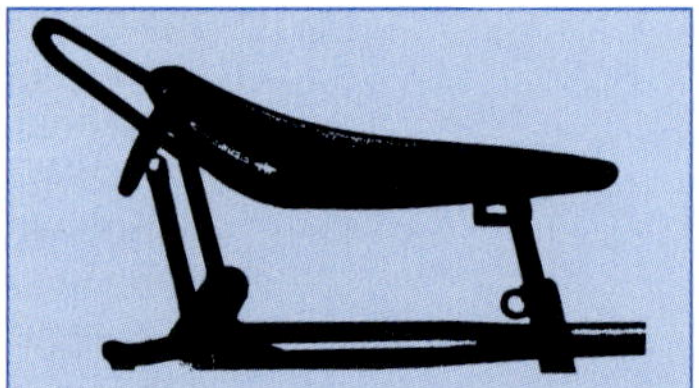

Abb. 14

Bandbremse

Seltene, auch "Außenbackenbremse" genannte Bremsart; Einzelheiten s. ▷ Bremsen: Nabenbremsen.

Bar Ends

Hörnchenförmige ▷ Lenkeradapter, die auf die Enden von ▷ Lenkern (engl. "bar") von ▷ Mountainbikes geklemmt werden.
Vorteil: Ergonomisch günstigere Hand- und ▷ Fahrhaltung (weniger Handverdrehung, weitere Vorlage), Griffmöglichkeitserweiterung, günstigere Kraftentfaltung beim ▷ Wiegetritt (bessere Gegenhaltmöglichkeit) (Abb. 15).

Abb. 15

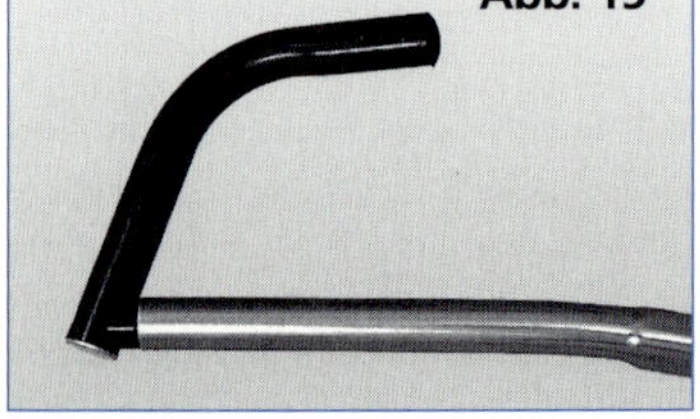

Batterie

Stromquelle, bei der es über ein sog. Elektrolyt zwischen Elementen mit verschiedenem elektrischen Potential zum Stromfluß kommt (s. Skizze).

Da es bei den klassischen Trockenbatterien (Graphitstift in Zinkbecher) zum Auslaufen der Batterien kommen konnte, sind heutige Batterien anders herum aufgebaut: Der Becher besteht aus einem mit Graphit ausgekleideten Edelstahlmantel, in den ein Zinkstift eingebracht ist. Durch den Stromfluß entwickelt sich übrigens Wasserstoff, den man durch eine Braunsteinschicht zu Wasser "oxidiert". Die Spannungshöhe solcher "Zellen" liegt zwischen 1,5 und 1,6 V.
Am Fahrrad Verwendung bei ▷ Beleuchtung; ▷ Computer; ▷ elektrischen Schaltsystemen; s.a. ▷ Akku (Abb. 16).

Batterieleuchten

s. ▷ Beleuchtung: Batterieanlagen

BDR

"Bund Deutscher Radfahrer"; Verband der Radsport-Amateure (i.G.z. "Berufs-Radsportverband" BRV der Profis). Er ging 1919 aus der Vereinigung des 1884 gegründeten "Deutschen Radfahrer-Bundes" mit der "Allgemeinen Radfahrer Union" hervor. Zu den rund 2.500 Vereinen mit über 150.000 Mitgliedern gehört seit 1991 auch der organisierte Radsport der ehemaligen DDR.

Der BDR veranstaltet nicht nur offizielle ▷ Radrennen (Straße, Bahn, Gelände) und ▷ Saalsport-Wettbewerbe für alle Alters- und Leistungsgruppen, sondern ist auch Dachverband für Veranstaltungen des ▷ Breitensports wie ▷ Volksradfahren, ▷ RTF (Radtourenfahren), ▷ Radwandern (Abb.17).

Mitglieder, die sich an den vom BDR ausgerichteten Rennen beteiligen, müssen jährlich eine Lizenz lösen. Sie gewährleistet eine Unfall- und Haftpflichtversicherung (für Rennen und Training) und berechtigt zu Trainingsfahrten ohne Lichtanlage im öffentlichen Straßenverkehr, wenn das Rennrad weniger als 11 kg wiegt (s. ▷ StVZO: Paragraph 67 Abs. 11). *Adresse:* Otto-Fleck-Schneise 4, 60528 Frankfurt; Tel. 069/96780-00.

Befestigungsauge

Meist größeres, in die betreffenden Bauteile integriertes Innengewinde (i.G.z. ▷ Gewindeöse) zum Anschrauben von ▷ Komponenten; am Fahrrad insbes. ▷ Schaltungsauge (Abb. 18) und ▷ Pedalauge (Abb. 19).

Befestigungsteile

▷ Schellen, ▷ Anlötteile und ▷ Adapter zum Befestigen von ▷ Fahrradkomponenten und ▷ Accessoires.

Behindertenfahrräder

Fahrräder, die speziell auf die Bedürfnisse von Behinderten zugeschnitten sind. Da viele Behinderungen mit Gleichgewichtsstörungen einhergehen, finden hier meist ▷ Dreiräder Verwendung (Abb. 20). Z.T. werden die Behindertenfahrräder auch mit Fixierriemen versehen, um Füße und/oder Hände vor dem Abrutschen zu sichern. Für Blinde ohne weitere körperliche Beeinträchtigung hat sich das ▷ Tandem sehr gut bewährt, mit dem Blinde als Hintermann sogar an sportlichen Veranstaltungen teilnehmen und sogar Rekorde aufgestellt haben.

Um den Aktionsradius von Behinderten zu vergrößern (Rollstuhlfahrer), sind ähnlich den "Vorderladern" (s. ▷ Lastenräder) auch Fahrräder entwickelt worden (Abb. 21), bei denen ein rollstuhlähnlicher Sitz zwischen den beiden Vorderrädern eingebracht ist. In einigen Versionen ist der Rollstuhl vom restlichen Fahrrad abzukoppeln.

Belastung

Allgemeinbez. für die Beaufschlagung von Bauteilen mit Kräften. Aufs Fahrrad bezogen: Die auf den ▷ Rahmen (Abb. 22) oder Teile seiner Ausstattung einwirkenden statischen/dynamischen Belastungen kann man nach Richtung und Lage, in welche die Kräfte wirken, einteilen. Siehe im einzelnen:

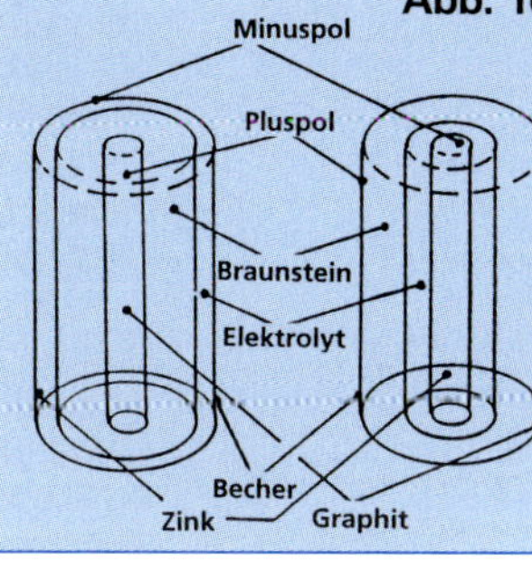

Abb. 16

Abb. 17

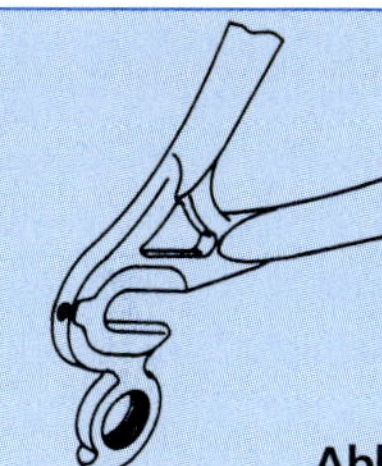

Abb. 18

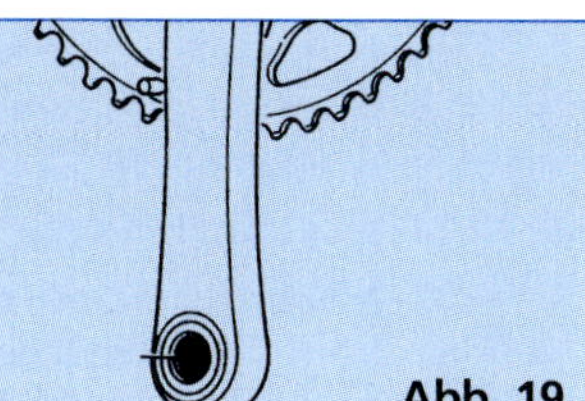

Abb. 19

Abb. 20

▷ Zugbelastung;
▷ Biegebelastung;
▷ Druckbelastung;
▷ Torsions- oder Verdrehbelastung (Abb. 23);
▷ zusammengesetzte Belastung;
▷ Dauerschwingbelastung;
s.a. ▷ Lastspitzen.

Die Auswirkungen dieser Parameter sind bei der Fahrradkonstruktion zu berücksichtigen, da sie nicht nur das ▷ Fahrverhalten (▷ Seitensteifigkeit, ▷ Fahrdynamik) beeinflussen, sondern auch Auswirkungen auf die Haltbarkeit des Fahrrades und seiner Teile besitzen (s.a. ▷ Garantie, ▷ Produkthaftung).

In der Fahrradsicherheitsnorm ▷ DIN 79 100 sind in definierten Tests Belastungsart und -höhe für Teile und Rahmen von Fahrrädern vorgeschrieben. Fahrräder, die sportlich genutzt werden, müssen höheren Belastungen standhalten, wofür es aber z.Zt. noch keine Normierung gibt.

Abb. 21

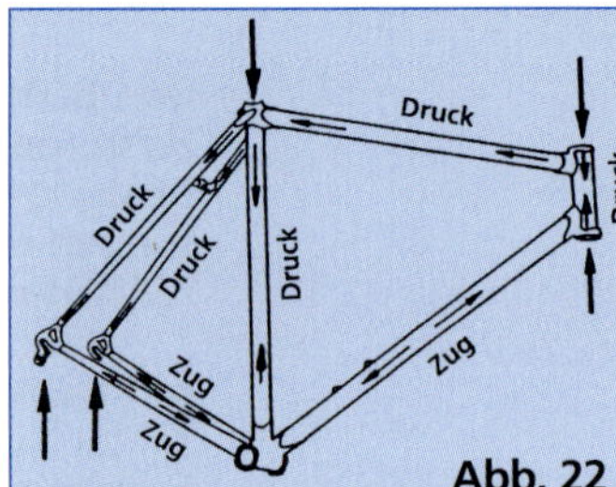

Abb. 22

Belastungsspitzen

s. ▷ Lastspitzen

Beleuchtung

Ausstattung des Fahrrades mit selbstleuchtenden, aber auch reflektierenden optischen Signalelementen. Der Trend der letzten Jahre geht von der herkömmlichen Dynamolichtanlage (Abb. 24) zur praktischeren Batterielichtanlage (Abb. 25).

Zu den umfangreichen gesetzlichen Vorschriften s. ▷ StVZO: Paragraph 67. Technisch am bedeutsamsten ist dessen Absatz 1: Fahrräder müssen für den Betrieb des Scheinwerfers und der Schlußleuchte mit einer Lichtmaschine ausgerüstet sein, deren Nennleistung mindestens 3 W und deren Nennspannung 6 V beträgt. Für den Betrieb von Scheinwerfer und Schlußleuchte darf auch eine Batterie mit einer Nennspannung von 6 V verwendet werden (Batterie-Dauerbeleuchtung). Die beiden Betriebsarten dürfen sich gegenseitig nicht beeinflussen.

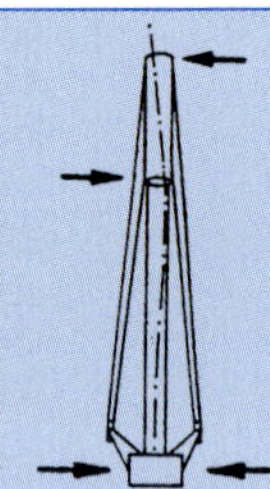

Abb. 23

Dynamos

Der Fahrraddynamo ist ein Kleingenerator ("Lichtmaschine"), der mechanische in elektrische Energie umwandelt und mit dieser die ▷ Glühbirnen von Scheinwerfer und Rücklicht zum Leuchten bringt. Funktionsprinzip s. ▷ Dynamo.
Je nach "Arbeitsplatz" bzw. Bauart lassen sich die Fahrraddynamos in 4 Grundtypen einteilen:

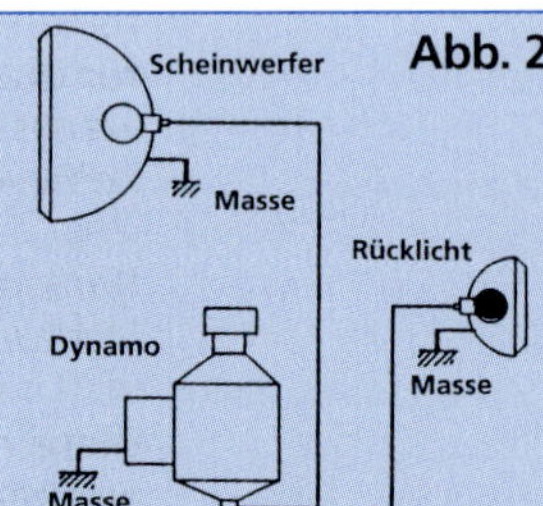

Abb. 24

Seitendynamos

Prinzip: Achse rotiert;
Wirkungsgrad: 8-15%

Bei dieser bekanntesten Fahrradstromquelle (Abb. 26 + 27) ist der Dynamo seitlich an ▷ Gabel oder ▷ Hinterbaustrebe angebracht und läuft mit einem kleinen Antriebsrad auf der Seitenflanke eines Reifens. Diese ist bei speziell für Dynamobetrieb konzipierten Reifen mit einer Riffelung versehen, um ein Durchrutschen bei Nässe zu verhindern.

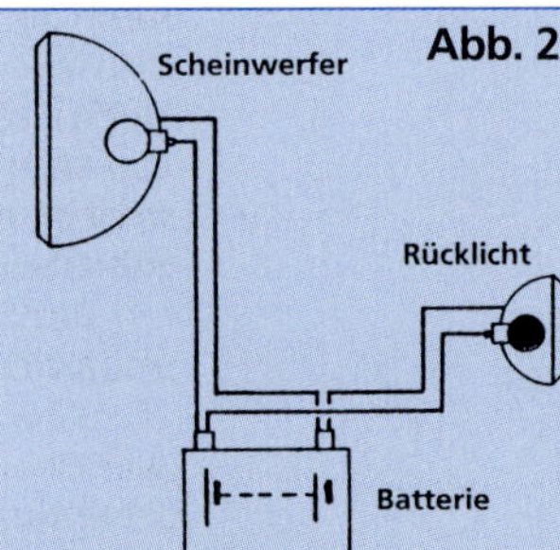

Abb. 25

Einen besseren Durchrutschschutz erzielt man mit Gummiringen auf dem Antriebsrad (Fa. Nordlicht), wobei neben der verbesserten Griffigkeit auch der größere Durchmesser des Gummirings wirksam wird.

Nachteile: Hohe mechanische ▷ Reibungsverluste wegen ▷ Schlupf infolge hoher Drehzahl aufgrund des geringen Antriebsraddurchmessers. Daher der geringe Wirkungsgrad. Außerdem Durchrutschgefahr bei Nässe und Schnee.

Daruberhinaus besteht die Gefahr, bei Dauereinsatz den Reifen zu zerstören, v.a., wenn der Seitendynamo nicht korrekt ausgerichtet ist. An empfindlichen Rennreifen oder ▷ Skinwall-Drahtreifen verbietet sich deshalb der Einsatz dieses Dynamotyps (es sei denn, er wird höher montiert und läuft auf der Flanke des ▷ Protektors).

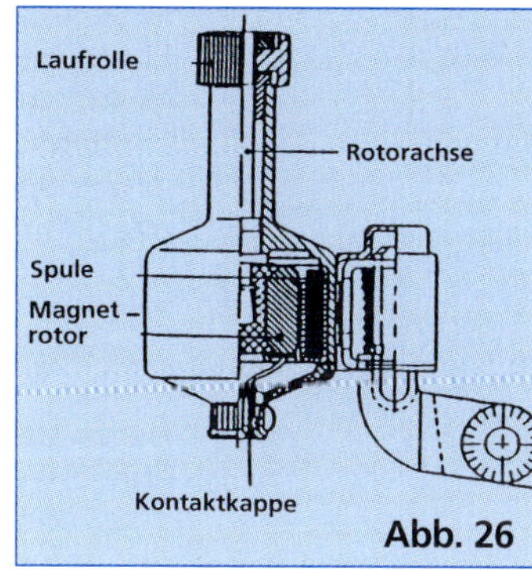

Abb. 26

Montage: am Vorderrad: Zur Sicherheit sollte der Seitendynamo immer *vor der Gabel* laufen, um bei evtl. Abrutschen in die Speichen von den fortlaufenden Speichen nach außen "geschnickst" zu werden. Bei Montage hinter der Gabel würde er hingegen "mitgenommen" und vor das Gabelbein gedrückt werden - Radblockade und Sturz wären die Folge.

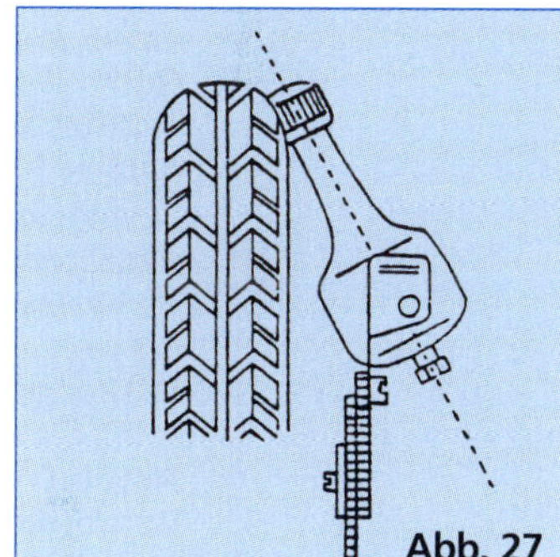
Abb. 27

am Hinterrad: Beim Hinterrad besteht prinzipiell das gleiche Blockierproblem, es besteht aber geringere Sturzgefahr. Aus diesem Grunde kann der Seitendynamo auch hinter der ▷ Sattelstrebe laufen, da er dann gegen die Laufrichtung des Reifens arbeitet, was den Anpressdruck erhöht und dadurch die Durchrutschgefahr mindert.

Generell gilt für die Montage von Seitendynamos: 1) für dauerhaft festen Sitz sorgen (Sicherungsscheiben oder Schraubenkleber); 2) für guten elektrischen Kontakt sorgen (Steckkontakte mit ▷ Sprühwachs behandeln; bei Schraubkontakten Kabelende mit Lötkolben verzinnen); 3) für sicheren ▷ Massekontakt sorgen.

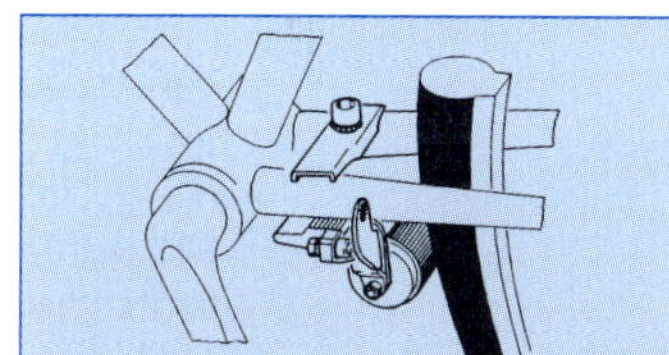
Abb. 28

Rollendynamo

Prinzip: Rolle (Außenmantel) rotiert;
Wirkungsgrad: 20-35%

Diese auch als "Walzendynamo" bezeichnete Lichtmaschine rollt auf der Lauffläche von Reifen und wurde zunächst für Rennreifen entwickelt, da deren empfindliche Flanken von Seitendynamos rasch zerstört würden (Abb. 28 + 29).

Abb. 29
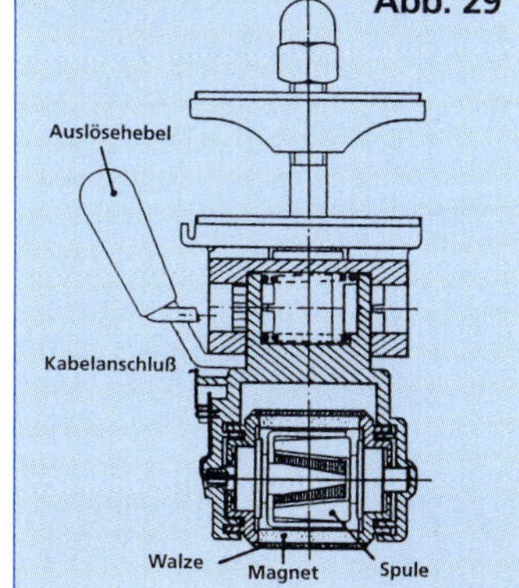

Neben seinem besseren Wirkungsgrad (größerer Durchmesser des Antriebsrades, weniger ▷ Schlupf) hat er sich auch als durchrutschsicher erwiesen. Außerdem besteht keine Blockiergefahr (Abrutschen in die Speichen) sowie keine Kollisionsmöglichkeit mit Radtaschen, weswegen er auch am höherwertigen ▷ Reiserad überwiegend eingesetzt wird.

Nicht einsetzbar ist der Rollendynamo bei stark profilierten ▷ MTB-Reifen (außer, sie haben einen etwas vorstehenden Mittelsteg).

Montage: Der übliche Montageort hinter dem Tretlager ist verschmutzungsgefährdet. Besser: Montage vor der Gabel oder zwischen Sattelstreben und Sattelrohr (Abb. 30), die jedoch einen speziellen Halter benötigt (Selbstbau oder im Handel).

Abb. 30

Felgendynamo

Prinzip: Rolle (Außenmantel) rotiert; Wirkungsgrad: 20-35%

Dieser besonders fürs ▷ MTB geeignete Dynamo ähnelt äußerlich dem Seitendynamo, in seiner Bauweise aber dem Rollendynamo (feststehende Befestigungsachse, Antrieb über Außenmantel); Abb. 31. Seine Besonderheit ist, daß eine auf dem Außenmantel befestigte Gummilippe auf der Felgenbremsfläche abrollt. Vorteil gegenüber Antrieb auf Reifenflanke (Seitendynamo): besonders ruhiger und geräuscharmer Lauf, geringere Verschmutzungsgefahr. Zudem besteht die Möglichkeit, die Felge bei Nässe oder Schnee zwischenzeitlich trocken bzw. sauber zu bremsen!

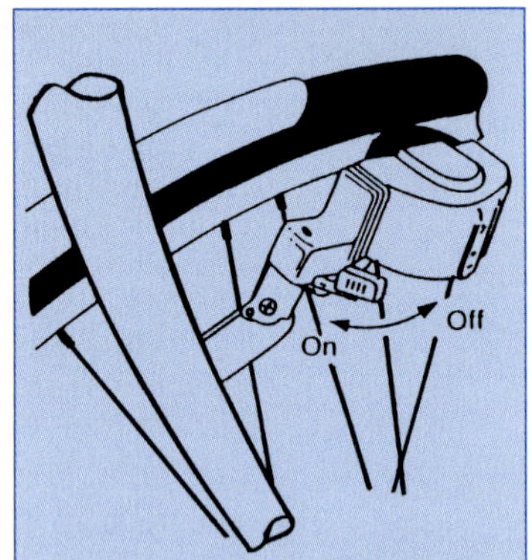

Abb. 31

Nabendynamo

Prinzip: Achse steht, Außenmantel rotiert; Wirkungsgrad: 20-60%

Absolut durchrutschsicherer Dynamotyp, der in einer Spezial-Vorderradnabe integriert ist.
Abb. 32: alter Nabendynamo von Sturmey Archer
Abb. 33: "Wing"-Nabendynamo von Union.

Den besten Wirkungsgrad erreicht ein Nabendynamo, wenn er ohne Drehzahlerhöhung (mittels Getriebe; Beispiel "DT Swiss") durch Mehrpoligkeit und enge Polabstände arbeitet (Beispiel: Union "Wing I"). Er ist dann zwar nicht abschaltbar, aber bei Leerlaufstrom reduziert sich sein Energieverbrauch auf etwa 1 Watt.

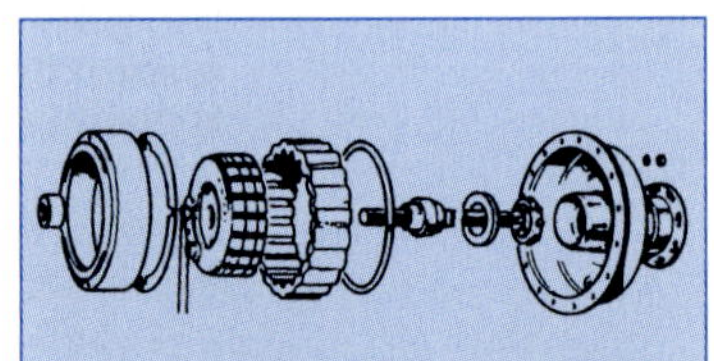

Abb. 32

Bisheriger Nachteil ist neben dem hohen Anschaffungspreis das vergleichsweise hohe Gewicht solcher Dynamos (unter Abrechnung des Nabengewichts verbleibt ein Mehrgewicht von 300-400 Gramm gegenüber anderen Dynamos).

Montage: Die Erstmontage bedingt das Neueinspeichen eines Laufrades; darüberhinaus gestaltet sich der Laufradwechsel normal, es muß allerdings das/die Kabel an- und abgeklemmt werden.

Anmerkung: Neben den echten Nabendynamos gibt es auch nachrüstbare Ausführungen, die an der Gabel befestigt werden. Die Laufraddrehzahl wird an Nabe oder Speichen "abgezapft" und mittels Getriebe für den Betrieb des Dynamos übersetzt. Ausführungsbeispiel: "GS-2000" (Abb. 34).

Nabendynamos sind übrigens - bis auf eine ältere Version von Sturmey Archer ausnahmslos in der Vorderradnabe untergebracht.

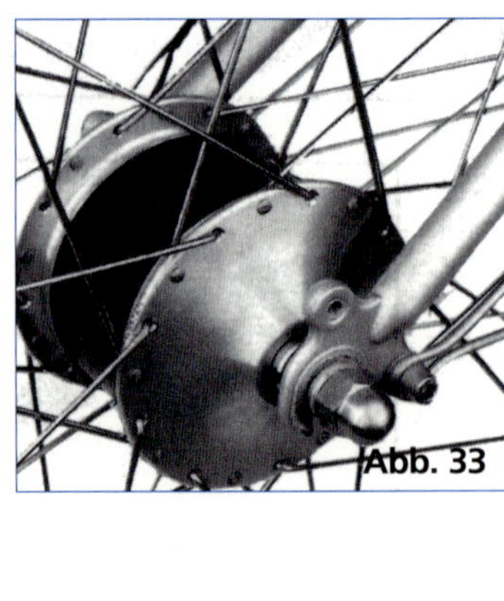

Abb. 33

Akkudynamos

Zukunftsweisend für Dynamos könnte das "Jenymo"-Konzept der Firma Jenny Electronic aus Beromünster (Schweiz) sein: Im Dynamo ist ein kleiner Akku integriert, der aus der Überschußleistung des Dynamos geladen wird und für mehrere Minuten ein komplettes ▷ Standlicht für Scheinwerfer und Rücklicht speist. Äußerlich ist der Jenymo kaum von einem Seitendynamo zu unterscheiden, zukünftige Lösungen mit anderen Dynamotypen sind aber denkbar.

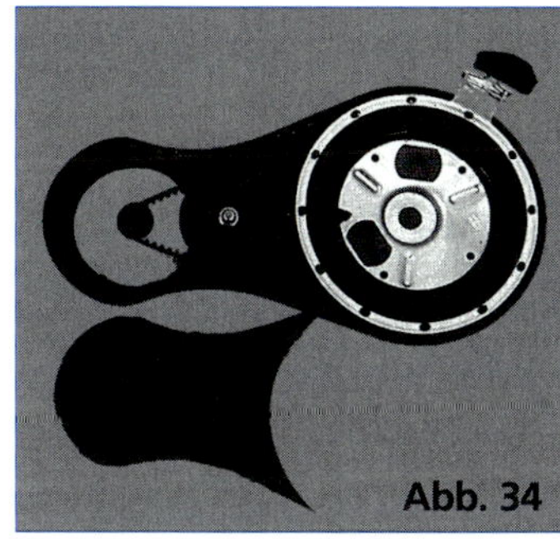
Abb. 34

Scheinwerfer

Bez. f. das *Frontlicht* (Abb. 35): Bei ihm wird das Licht einer 2,4-Watt-Glühbirne von einem Reflektor gebündelt und über eine ▷ Streuscheibe eine zusätzliche Umfelderhellung erzielt. Letzteres ist ein Sicherheitsplus, damit der Fahrer auch von seitlich herannahenden Fahrzeugen gesehen wird. Ein weiteres Sicherheitsplus ist die Scheinwerferausrüstung mit den wirksameren ▷ Halogenbirnchen (Abb. 36). Als praktisch (nur ein Montageteil) haben sich darüberhinaus Scheinwerfer mit integriertem Frontreflektor erwiesen (Abb. 37).

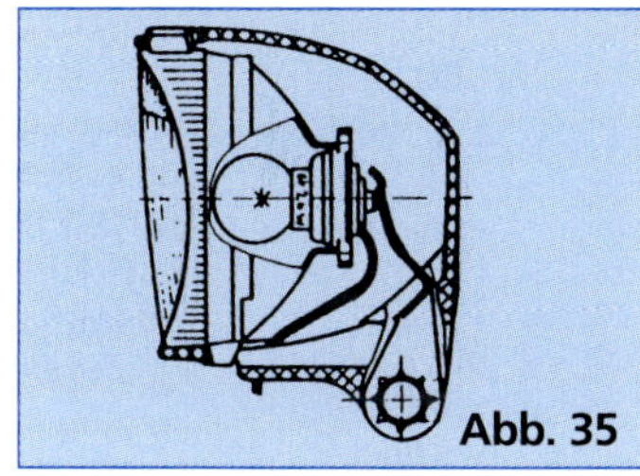
Abb. 35

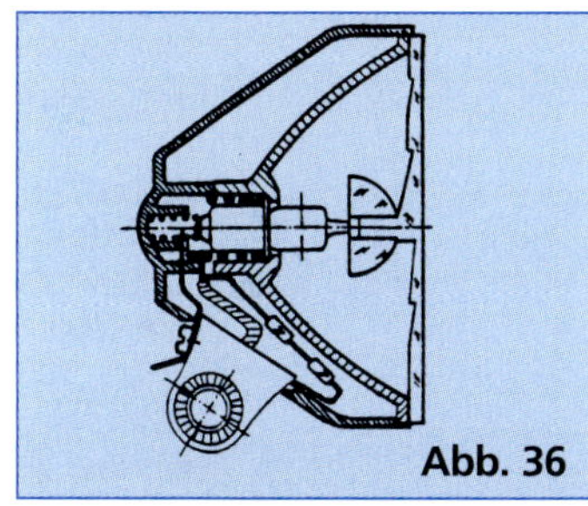
Abb. 36

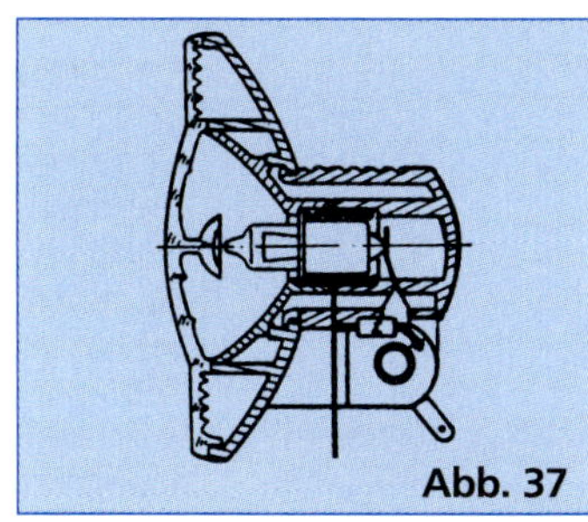
Abb. 37

Die früher üblichen Abblendschirme der Scheinwerfer fielen modernem Design zum Opfer: Der Radler muß heute daher durch seinen selbst erzeugten Lichtschleier hindurch sehen, blendet sich also quasi selbst. Daher ist die Montage der Scheinwerfer möglichst weit vorne und tief (an Schutzblech oder ▷ Gabelbein) sinnvoll.

Der Scheinwerfer sollte so ausgerichtet werden, daß ein etwa 2 m breiter und 8 m langer Lichtkegel 10-15 m vor dem Fahrrad die Fahrbahn beleuchtet.

▷ StVZO: Paragraph 67, Abs. 3: Die Mitte des Lichtkegels darf in 5 m Entfernung vor dem Scheinwerfer nur halb so hoch liegen wie bei seinem Austritt (d.i. Montagehöhe über Boden); Abb. 38. Darüberhinaus: In 10 m Entfernung muß noch eine Lichtstärke von 7 ▷ Candela gewährleistet sein; Abb. 39 (Normallichtverteilung nach StVZO). Außerdem: Die Scheinwerfer müssen eine Zulassung besitzen (kenntlich an der Wellenlinie); eine dauerhafte Fixierung ist sicherzustellen.

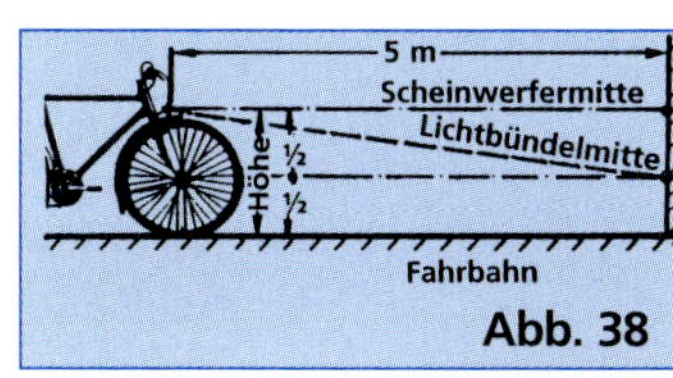

Abb. 38

Birnchen (Glühlampenbestückung)

Die vom Gesetzgeber für Fahrräder vorgesehenen Glühlampen sind aus Abb. 40 zu ersehen. Aus Sicherheitsgründen ist es empfehlenswert, die Scheinwerferanlage mit ▷ Halogenbirnchen (Abb. 40 Mitte) auszurüsten, wodurch sich sowohl der ▷ Lichtstrom als auch die ▷ Beleuchtungsstärke annähernd verdoppelt.

Tip für Bastler: Die meisten mit herkömmlichen Birnchen ausgestatteten Scheinwerferanlagen lassen sich auch durch Halogen-Schraubbirnchen umrüsten (evtl. Brennweitenkorrektur mit Unterlegscheiben durchführen); in Abb. 41 rechts das Halogenbirnchen mit Schraubfassung.

Rücklicht

Vom Gesetzgeber sind Rücklichter mit 0,6-W-Birne und sog. Spiegeloptik vorgeschrieben, die das Licht bündelt (Abb. 42). Der niedrigste Punkt der leuchtenden Fläche darf nicht niedriger als 25 cm über der Fahrbahn sein. Einzelheiten der ges. Vorschriften s. ▷ StVZO: Paragraph 67 Abs. 4f.

Rücklichter, die hinten unter den Gepäckträger oder an der ▷ Sattelstütze montiert werden können, sind aus Sicherheitsgründen der konventionellen Montage am Schutzblech vorzuziehen (einfachere Kabelverlegung, geringere Beschädigungsgefahr). Alternative: Schutzbügel über Schutzblech-Rücklicht anbringen.

Diodenleuchten

Diese batteriebetriebenen Signalgeber haben in den letzten Jahren das "Rücklichtwesen" revolutioniert, weil sie praktisch und betriebssicher sind (Abb. 43).
Extrem hell leuchtende rote ▷ Dioden erreichen oder überbieten bereits die Lichtstärke einer konventionellen 0,6-Watt-Rücklichtbirne - verbrauchen aber entschieden weniger Strom. Der Batteriebetrieb ist problemlos, z.T. werden mit Knopfzellen über 100 Std. Leuchtdauer erreicht.

Da Leuchtdioden auch über eine extrem lange Lebensdauer verfügen (über 100.000 Betriebsstunden, was für rund 1,5 Mio. km Nachtfahrten reicht), stellen sie sogar einen Sicherheitsfaktor dar: Andere Defektursachen des konventionellen Rücklichtes (Durchbrennen, Kontaktprobleme, Kurzschluß) entfallen. Schließlich erspart man sich auch die aufwendige und immer defektanfällige Verkabelung.

Das Weglassen des konventionellen Rücklichts ist allerdings nach der StVZO bisher noch nicht zulässig. Ausnahme: zugelassene (auf Wellenlinie achten) Diodenrücklichter, die vom Dynamo betrieben werden - was aber eigentlich der Diodenleuchtenidee widerspricht.

Sicherheitsbewußte Radler gehen dem "Paragraphendschungel" aus dem Wege und montieren sich zur Dynamoanlage noch ein batteriebetriebenes Diodenrücklicht, um bei Ausfall des defektanfälligen Normalrücklichts gerüstet zu sein.

Anmerkung 1: Blinkende Diodenleuchten sind nicht zulässig, erhöhen aber die Sichtbarkeit des Radlers. Dies ist ein Grund dafür, weshalb viele Hersteller ihre Diodenleuchten umschaltbar gestalten.

Anmerkung 2: Leider besitzen bislang nur die roten Leuchtdioden eine hohe Lichtausbeute, weiße Dioden (für Scheinwerfer) gibt es nicht und die gelben haben nicht die notwendige Helligkeit. Gleiches gilt für die meist in Blinkversion angebotenen Diodenfrontlichter mit grün-gelbem Licht, die nur als "Positionslichter" zu betrachten sind, da ihre Helligkeit keinesfalls ausreicht, die Fahrbahn auszuleuchten.

Batterie-Lichtanlagen

Fahrräder unter 11 kg Gesamtgewicht dürfen laut ▷ StVZO: Paragraph 67 mit Batterieleuchten als einziger Beleuchtungsanlage ausgerüstet werden, die es separat als Front- und Rücklicht gibt (Abb. 44). Als Stromquelle dienen ▷ Batterien bzw. ▷ Akkus. Bei allen anderen Fahrrädern sind Batterieanlagen nur als Zusatzeinrichtung erlaubt.

Die Vorteile liegen in der schnellen Montierbarkeit (Aufstecken an Lenker und Sattelstütze), in der Zusatzfunktion als ▷ Standlicht und in der höheren Betriebssicherheit (Wegfall defektanfälliger

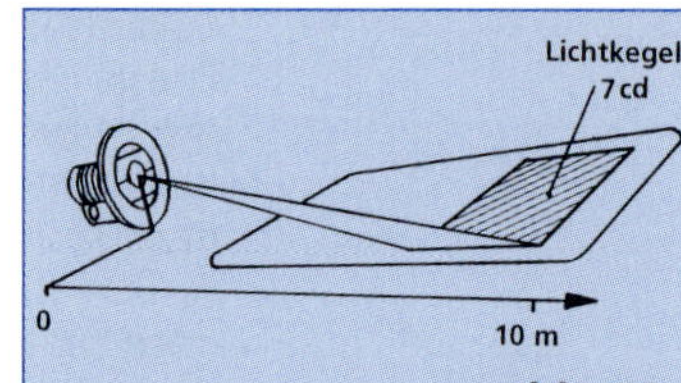

Abb. 39

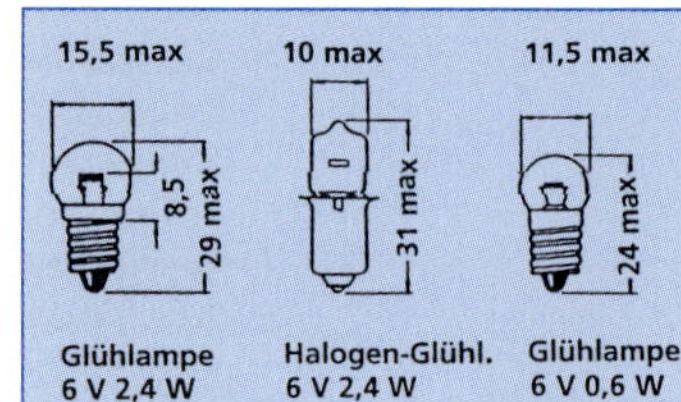

Abb. 40

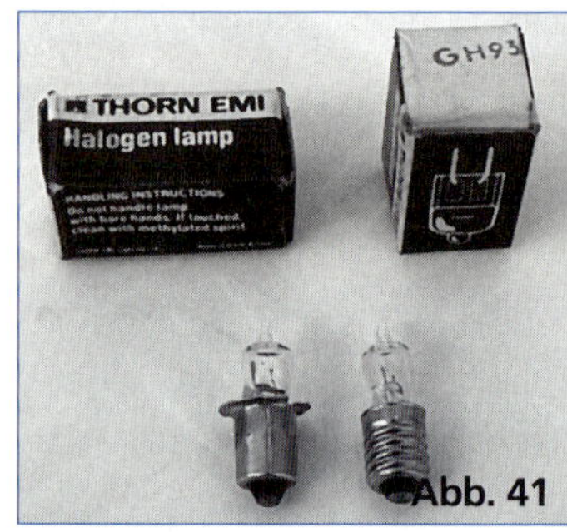

Abb. 41

Abb. 42

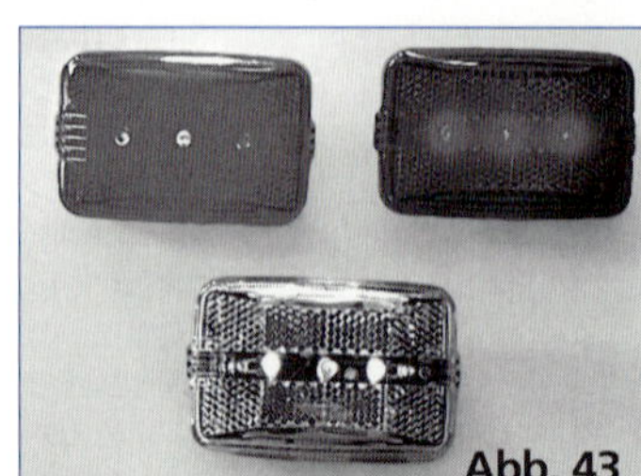
Abb. 43

Verkabelung). Nachteilig wirkt sich die begrenzte Stromkapazität von Batterien und Akkus aus. Daher: Stets Reserve-"Speicher" mitführen und regelmäßig Austausch bzw. Aufladen der Betriebsstromquellen vornehmen.

Scheinwerfer

Problematisch ist besonders der Scheinwerfer, da er wegen des höheren Stromverbrauchs (2,4 W gegenüber 0,6 W für Rücklicht) bereits nach ca. 2 Stunden Betriebszeit (mit z.B. 2 Babyzellen) "am Ende" ist. Batteriebeleuchtung ist daher weniger für lange Nachtfahrten sinnvoll (die ohnehin von den meisten Radlern vermieden werden), sondern v.a., wenn es darum geht, sich bei einbrechender Dunkelheit noch nach Hause zu retten.

Abb. 44

Rücklicht

Weniger kritisch sieht es diesbezüglich beim Rücklicht aus. Da es im Vergleich mit dem Scheinwerfer nur ein Viertel des Stroms verbraucht, hat es die vierfache Leuchtdauer. Um ein vielfaches höher ist die Betriebsdauer bei den o.g. Diodenleuchten.

Stirnlampe: Als Zusatzbeleuchtung hat sich v.a. für Mountainbiker und Reiseradler die Stirnlampe bewährt. Ihr Vorteil: Unabhängig von der Fahrtrichtung läßt sich das Umfeld ausleuchten, was z.B. hilfreich bei der Orientierung nach Wanderwegmarkierungen ist. Sehr praktisch ist die Stirnlampe auch bei nächtlichen Reparaturen.

Akkus

Normale Batterieanlagen lassen sich mit ▷ Akkus statt der üblichen Alkalibatterien betreiben: Das ist nicht nur ein Beitrag zum Umweltschutz, sondern auf Dauer gesehen auch entschieden preiswerter.

Als *Akkupacks* bezeichnet man größere Akkus (meist Bleiakkus), die im ▷ Flaschenhalter fixiert werden und große Kapazitäten besitzen (bis 6 Std. bei Normalbeleuchtungsanlagen). Noch größere Akkupacks lassen sich in Lenker- oder Satteltaschen unterbringen.

Standlicht

Kombinationen von Dynamo- und Akku-Anlage, um auch bei Stillstand des Rades noch Scheinwerfer und Rücklicht zu betreiben, beginnen, Standard zu werden. Dies ist ein begrüßenswerter Sicherheitsaspekt, ist doch der Radler im Stand an der Ampel, beim Lesen eines Verkehrsschildes, beim nächtlichen Reifenflicken usw. noch zu sehen.

Hierbei schaltet eine Elektronik (Abb. 45) automatisch auf Akku-Betrieb um. Gleiches geschieht auch, sobald die erzeugte Strommenge unter einen bestimmten Wert absinkt, also bei niedriger Fahrgeschwindigkeit oder beim Durchrutschen des Dynamos infolge Nässe o.ä. Andererseits wird Überkapazität dazu genutzt, den Akku kontinuierlich wieder aufzuladen.

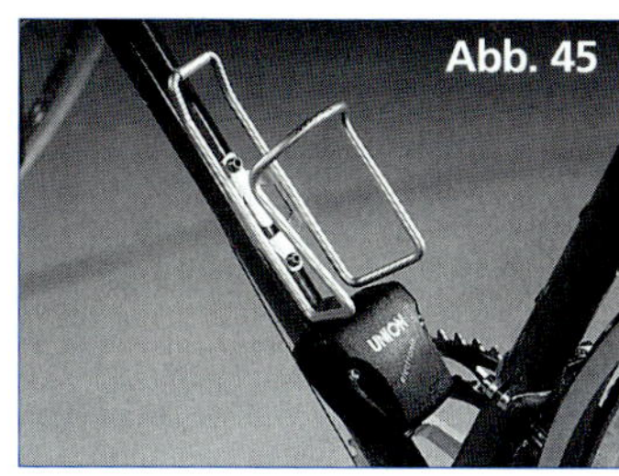

Abb. 45

Interessant ist in diesem Zusammenhang auch der o.g. "Jenymo" (Abb. 46). Ein Kurzzeitstandlicht bietet das Rücklicht von Busch & Müller, bei dem ein aufgeladener Kondensator bei Stand eine Leuchtdiode noch gut eine Minute nachleuchten läßt. Batterielichtanlagen haben "von Natur aus" eine Standlichtfunktion.

Reflektoren

Neben den aktiven Beleuchtungseinrichtungen schreibt die StVZO auch passive vor. Sie reflektieren das Licht anderer Verkehrsteilnehmer, wobei sich zwei Systeme nebeneinander etabliert haben:

Prismenreflektor: Er wirft das Licht über 2-(3-)fache Totalreflexion in die Ausgangsrichtung zurück (Abb. 47). Anwendung: Rück-, Pedal-, Speichenstrahler (Abb. 48).

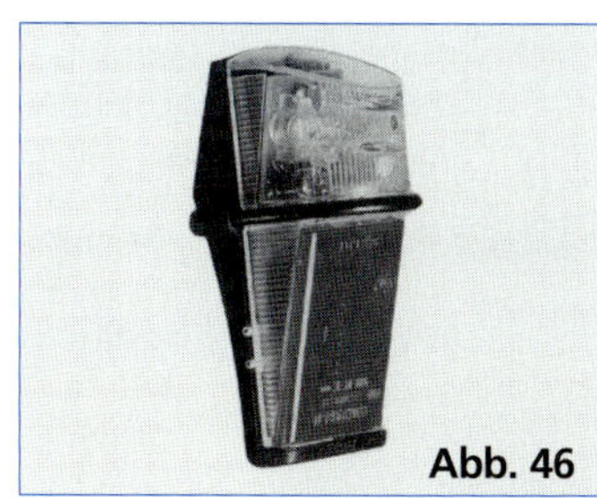

Abb. 46

Kugelreflektor (Katzenauge): Eine Vollkugel fokussiert das Licht in dem verspiegelten Kugelhintergrund und wirft es ebenfalls in die Einfallsrichtung zurück (Abb. 49).

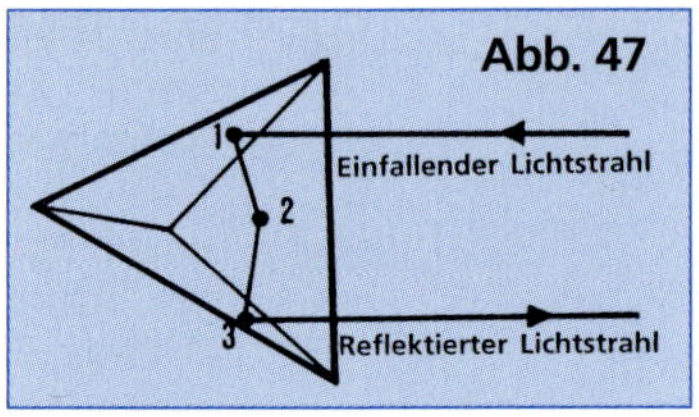

Abb. 47

Das eigentliche "Katzenauge" - früher als Rückstrahler genutzt - wird ob seiner Größe heute nicht mehr genutzt. In stark verkleinerter Form finden Kugelreflektoren jedoch in Reflexfolien (Bekleidung, Schuhe, Mütze, Helm, Sicherheitsarmbänder u.ä.) und in reflektierenden Farben (▷ Leuchtstreifenreifen) Verwendung.

Vorschriften

Reflektoren sind vom Gesetzgeber (▷ StVZO: Paragraph 64) für alle Fahrräder vorgeschrieben, ausgenommen sind lediglich Fahrräder, die an offiziellen Radsportveranstaltungen teilnehmen.

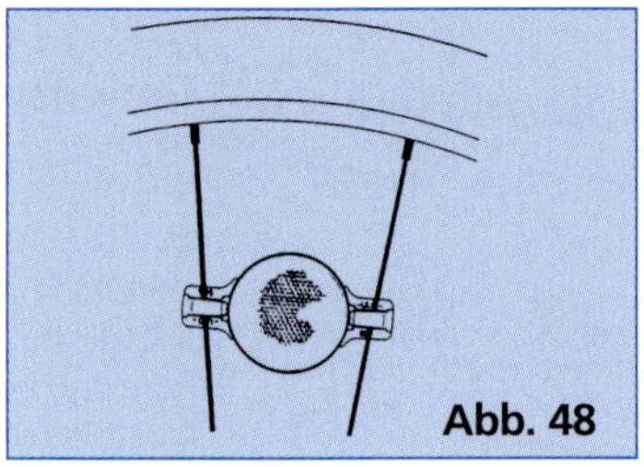
Abb. 48

Vorgeschriebene Reflektoren: Frontreflektor (weiß), Rückreflektor (rot) sowie Pedal- und Speichenreflektoren. Letztere können durch Reifen mit Leuchtstreifen auf den Flanken ersetzt werden. Deren Sichtbarkeit ist jedoch stark vom Verschmutzungsgrad der Reifen abhängig. Bereits bei Regen reduziert sich die reflektierte Lichtstärke deutlich.

Zu den physikalischen Rahmenbedingungen der Beleuchtung s. ▷ Lichtstärke; ▷ Lichtstrom; ▷ Beleuchtungsstärke.

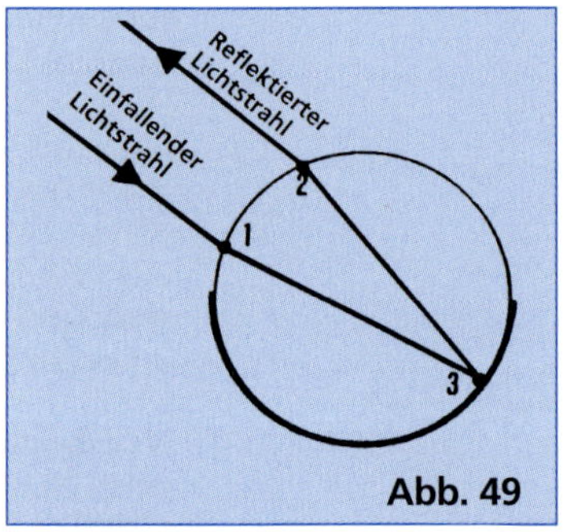

Abb. 49

Beleuchtungsstärke

Sie ist das Verhältnis eines senkrecht auftreffenden ▷ Lichtstromes zu seiner Auftrefffläche. Angabe in ▷ Lux oder Lm/m≈ (Lm = ▷ Lumen).

Die Beleuchtungsstärke errechnet sich nach
$E = \Phi/A$

Hierbei sind: E = Beleuchtungsstärke in ▷ Lux bzw. Lm/m^2;
Φ = Lichtstrom in Lm;
A = vom Lichtstrom getroffene Fläche in m^2.

Die Beleuchtungsstärke ist von Bedeutung bei der Beurteilung der von Scheinwerfern ausgeleuchteten Fläche.

Belgischer Kreisel

Ablöseform beim Fahren in der Gruppe zum wechselseitigen Ausnutzen des ▷ Windschattens (Abb. 50).

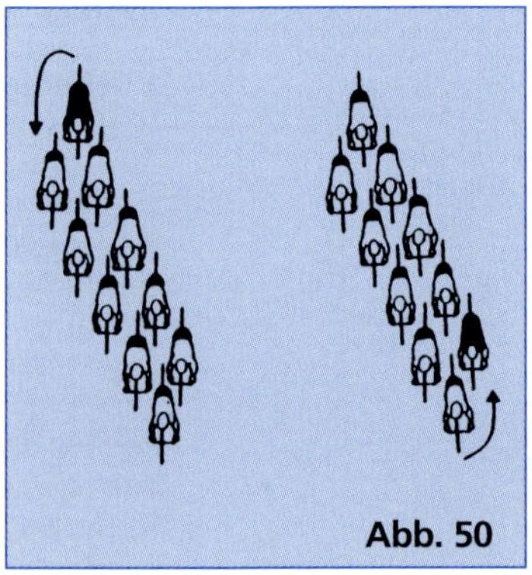
Abb. 50

Berggang

Landläufige Bez. f. den "leichtesten", z.T. sogar untersetzten ▷ Gang eines Schaltungsgetriebes. Bei 21- oder 24-Gang-Schaltungen fungieren die 2-3 leichtesten Gänge als Berggänge.
Dazu läuft bei einer ▷ Kettenschaltung die Kette hinten über das größte/die größten ▷ Ritzel, vorne über das kleinste ▷ Kettenblatt; s.a. ▷ Ritzeln; ▷ Übersetzung; ▷ Entfaltung.

Bergzeitfahren

▷ Zeitfahren, das auf überwiegend stark ansteigender Strecke durchgeführt wird, die möglichst länger als 5 km sein soll.
Traditionell ist dies eine Disziplin des Straßenradsports (▷ Straßenwettbewerbe), in jüngerer Zeit kam aber noch der "Hill Climb" als eine der drei Hauptdisziplinen bei ▷ MTB-Rennen hinzu.

Beruhigung

Eigenschaft bestimmter Legierungspartner bei der Herstellung von ▷ Stahl, die verhindert, daß es vor dem Erstarren der Stahlschmelze zur Bildung von Gasblasen kommt (Abb. 51).

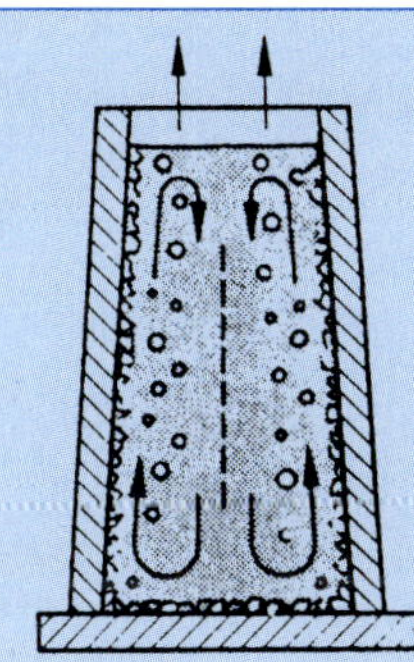

Abb. 51

Beryllium

Hochinteressantes, allerdings giftiges Leichtmetall, das in ▷ Legierungen (Berylliumbronze) Anwendung findet. Trotz seines "Federgewichtes" (nur rund 1/5 von Stahl) erreicht es die ▷ Festigkeiten von ▷ Stahl.

Dichte: 1,85 kg/dm^3 (s.a. ▷ spezifisches Gewicht);
Schmelzpunkt: 1285°C;
Zugfestigkeit: 400-850 N/mm^2 je nach Kaltverfestigung oder Legierung

Berylliumpulver oder -staub ist hochexplosiv (höchste bekannte chemische Energiedichte beim Verbrennen). Wegen seiner Giftigkeit muß überdies Abrieb tunlichst vermieden werden.
Trotz dieser gefährlichen Aspekte laufen bereits Versuche, Beryllium im Fahrradbereich einzusetzen (sowohl ▷ Rahmen wie ▷ Komponenten).
Da Beryllium in gegossenem Zustand nicht weiterverarbeitet werden kann (zu hart und spröde), werden Berylliumhalbzeuge pulvermetallurgisch (in Formen verpreßte und gesinterte Berylliumpulverpartikel) hergestellt und dann weiterverarbeitet.
Aus den hohen Kosten, der Seltenheit dieser Metallverarbeitung sowie seiner Giftigkeit erklärt sich die nur sporadische Anwendung von Beryllium im Fahrradbau, es wären damit allerdings Rahmengewichte von weit unter 1 kg denkbar.

Beschleunigung

Änderung der Geschwindigkeit innerhalb einer Zeiteinheit, wodurch stets Massenkräfte (▷ Beschleunigungskräfte) auftreten. Beschleunigung tritt also sowohl bei Erhöhung wie Verminderung (Bremsen) der Geschwindigkeit auf. In letzterem Fall spricht man auch von negativer Beschleunigung (Abb. 52).

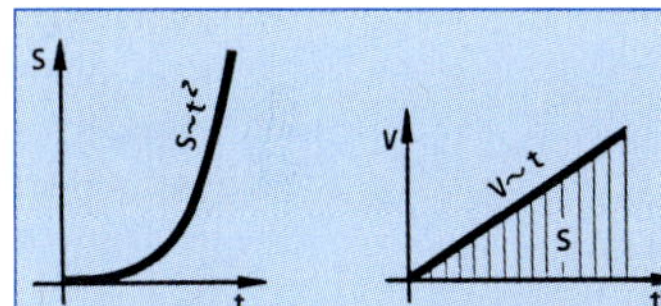

Abb. 52

Die Beschleunigung errechnet sich nach der Formel

$a = \frac{\triangle v}{\triangle t}$ Hierbei ist: a = Beschleunigung in m/sec^2
$\triangle v$ = Geschwindigkeitsänderung in m/sec
$\triangle t$ = Zeit, innerhalb der die Geschwindigkeitsänderung erfolgt, in sec.

Beispiel: Ein Radsportler steigert seine Geschwindigkeit innerhalb von 3 Sekunden von 18 auf 36 km/h: Damit wäre $\triangle v$ = 18 km/h ≙ 5 m/sec. t = 3 sec.; damit wäre

$$a = \frac{5m/sec}{3\ sec} = 1{,}666\ m/sec^2$$

Von Bedeutung ist die Beschleunigung bei der Errechnung von Massenkräften (s. ▷ Beschleunigungskräfte, ▷ Bremsvorgang; ▷ Fahrdynamik).

Beschleunigungsarbeit

Physikalischer Begriff für die ▷ Arbeit, die an Körpern geleistet wird, wenn diese auf eine höhere Geschwindigkeit beschleunigt werden. Sie entspricht dem physikalischen Sachverhalt der ▷ kinetischen Energie, läßt sich auch mathematisch dahin überführen und errechnet sich nach (vgl. auch ▷ Energie):

$W_b = m \times a \times s$ Hierbei ist: W_b = Beschleunigungsarbeit in Nm (s. ▷ physikal. Einheiten);
m = Masse in kg;
a = Beschleunigung in m/sec^2
s = Beschleunigungsweg in m.

Beschleunigungskräfte

▷ Massenkräfte, die infolge von Geschwindigkeitsänderungen (▷ Beschleunigung) auftreten.

Sie errechnen sich nach der Formel:

$F_b = m \times a$ Hierbei ist: F_b = Beschleunigungskraft in N (s. ▷ physikal. Einheiten);
m = Masse in kg;
a = Beschleunigung in m/sec²

Beispiel: Welche Beschleunigungskraft muß der Radler aufwenden (Masse von Rad plus Fahrer mit 80 kg angenommen), wenn er eine ▷ Beschleunigung von 1,66 m/sec² bewirken will?

$F_b = 80 \text{ kg} \times 1{,}66 \text{ m/sec}^2 = \mathit{132{,}80\ N}$

Hierzu muß der Radfahrer also zu seinem ▷ Fahrwiderstand eine zusätzliche Kraft von 132,80 N überwinden. Im unter ▷ Beschleunigung aufgeführten Beispiel reicht diese Kraft aus, um innerhalb von 3 Sekunden von 18 km/h auf 36 km/h zu beschleunigen (auch hier wurde der Fahrwiderstand nicht berücksichtigt).
Außer beim Anfahren oder Beschleunigen treten Beschleunigungskräfte auch beim Abbremsen auf (s. ▷ Bremsvorgang) sowie beim Überfahren von Bodenunebenheiten (s. ▷ Fahrdynamik; ▷ Fahrradfederungen).
Besonders hierbei können die Beschleunigungskräfte so hoch werden, daß Bauteile verbiegen oder sogar brechen.
Mit elastischen Bauteilen (z.B. vertikal nachgiebiger Rahmen und Gabel), einer ausfedernden ▷ Fahrhaltung oder mit ▷ Fahrradfederungen können diese Beschleunigungskräfte weitgehend aufgefangen werden.

Beulenbildung

s. ▷ Einbeulen (Abb. 53)

Bewegungsgewinde

Grob oder mehrgängig ausgeführtes ▷ Gewinde, um beim Verdrehen zwischen Bolzen und Muttergewinde gezielte axiale Bewegungen zu erreichen. Hierzu sind die Gewindeflanken i.d.R. rechteckig oder trapezförmig ausgebildet (Abb. 54).
Ausführungsbeispiele am Fahrrad: ▷ Konusantrieb; ▷ Spindelbremse.

Biegebelastung

▷ Belastung, bei der ▷ Biegekräfte danach trachten, einen Körper nach Art eines Flitzebogens zu verformen. Einzelheiten s. jeweils dort.

Biegebelastungen wirken vorwiegend in den Randzonen von Körpern, Einzelheiten hierzu s. ▷ Biegesteifigkeit (Abb. 55).

Biegekräfte

Krafteinwirkung auf einen Körper, die danach trachtet, ihn nach Art eines Flitzebogens zu verformen. Die Krafteinwirkung erfolgt also quer zur Längsachse der Körper (Abb. 56).

Beim Fahrrad ist dies bes. bei allen ▷ Achsen sowie ▷ Sattelstütze, ▷ Lenker und ▷ Tretkurbel der Fall, aber auch der ▷ Rahmen unterliegt seitlichen Biegekräften. Vgl. aber auch ▷ Torsionskräfte und ▷ zusammengesetzte Belastung.

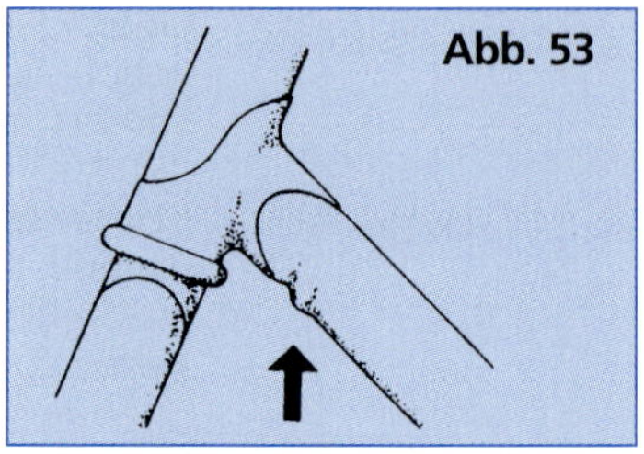
Abb. 53

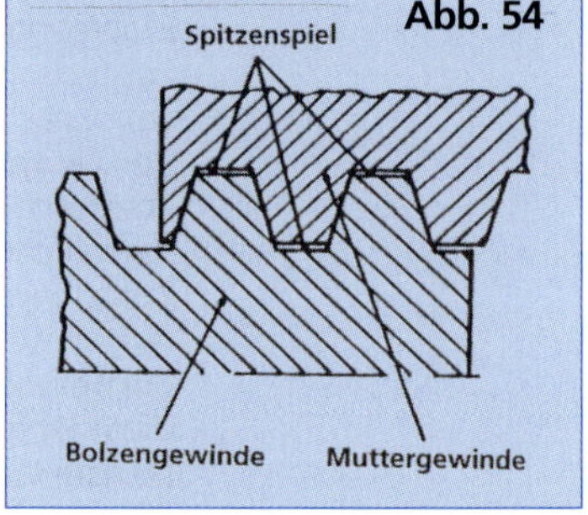

Abb. 54

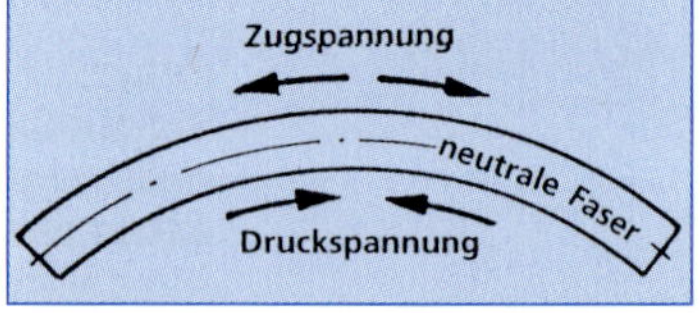

Abb. 55

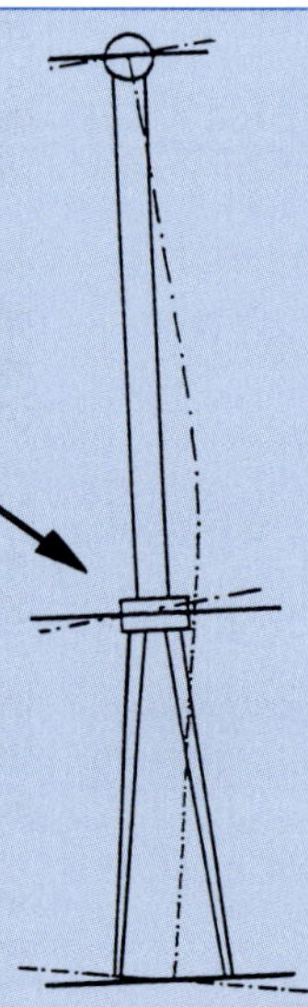
Abb. 56

Biegelinie

Charakteristische Ausbildung von Verformungen infolge ▷ Biegebelastung, die abhängig von der Einspannart der belasteten Teile ist (z.B. Stäbe, Rohre) (Abb. 57).
Bei der in den Skizzen angegebenen Einspannart unterliegen folgende Bauteile des Fahrrades der dort jeweils eingezeichneten Biegelinie:

Aufliegender Träger: ▷ Ober- und ▷ Unterrohr bei seitlicher ▷ Rahmenbelastung.
Beidseitig eingespannter Träger: In ▷ Ausfallende eingespannte ▷ Nabenachse.
Einseitig eingespannter Träger: ▷ Sattelstütze, ▷ Pedalachse.

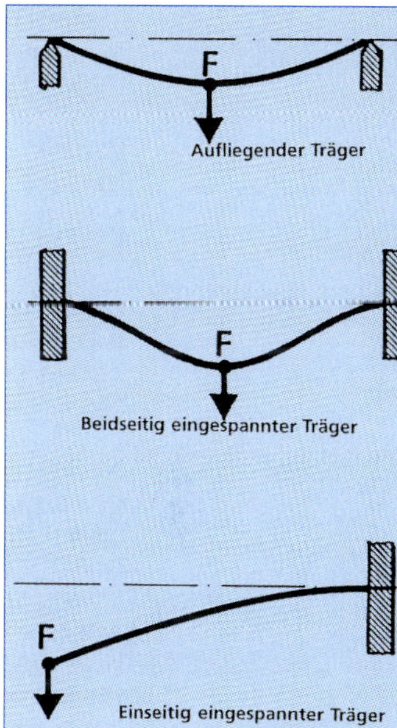

Abb. 57

Verformungsgrad

Der Grad der jeweiligen Verformung ist abhängig von der Höhe der angreifenden Kraft, ihrem Abstand von den jeweiligen Einspannungen/Auflagen, den geometrischen Abmessungen der Bauteile (Querschnitt, Länge, ▷ Widerstandsmoment) sowie dem ▷ Elastizitätsmodul des Werkstoffes.

Biegespannung

Von einer ▷ Biegebelastung hervorgerufene innere Spannungen (Kräfte) in Bauteilen, die bes. deren oberflächennahe Randzonen belasten. Hierbei wird der äußere Teil des Bogens auf Zug, der innere Teil auf Druck belastet. Die Höhe der jeweiligen Biegespannung ist von der Einspannart (s. ▷ Biegelinie) sowie den geometrischen Abmessungen der Bauteile abhängig.

Bes. interessant in diesem Zusammenhang ist der ▷ Träger gleicher Biegespannung, dessen Querschnitt zur Einspannstelle hin kontinuierlich zunimmt, so daß seine inneren Spannungen über die gesamte Länge nahezu konstant bleiben (Abb. 58).

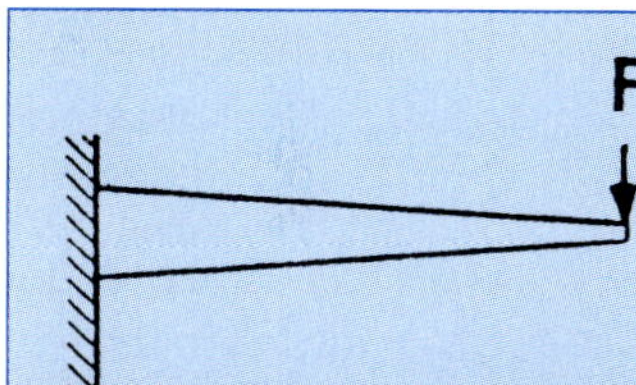

Abb. 58

Biegesteifigkeit

Mit zunehmender Querschnittsfläche erhöht sich der Widerstand von Gegenständen gegen Verbiegung und reduziert sich entsprechend die in ihnen herrschende ▷ Biegespannung. So ist z.B. ein Rohr mit doppeltem Durchmesser bei gleicher Wandstärke achtmal so biegesteif (3. Potenz). Mit zunehmender Wandstärke erhöht sich die ▷ Biegesteifigkeit hingegen nur linear, verdoppelt sich also bei doppelter Wandstärke. Bei der mathematischen Berechnung gehen in die Biegesteifigkeit v.a. das ▷ Widerstandsmoment und das materialspezifische ▷ Elastizitätsmodul ein (Abb. 59).

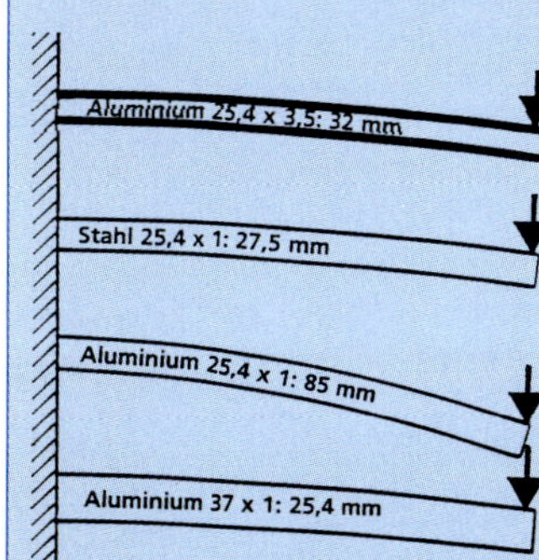

Auslenkung eines 1 m langen Rohres bei 100 N Last

Abb. 59

Biegung

▷ Plastische oder ▷ elastische Verformung, bei der bes. langgestreckte Bauteile flitzebogenartig verformt werden. Hierbei wird die Außenseite des sich einstellenden Biegeradius' gedehnt, die Innenseite gestaucht. Entsprechend ist in diesen Bereichen die innere Spannung sehr hoch, wohingegen die Mitte zwischen den beiden Randzonen nahezu unbelastet ist. Daher spricht man hier auch von der neutralen Faser oder Zone.

Aus dem gleichen Sachverhalt läßt sich übrigens auch ableiten, warum Rohre im Gewichtsvergleich mit Vollstäben so hohe ▷ Biegesteifigkeit besitzen (Abb. 60).

Big Fork

Besonders steif (voluminös) ausgeführte ▷ Gabelbeine für ▷ Mountainbikes, die v.a. das ▷ Stuckern der Gabel verhindern sollen (Abb. 61).

Vorteil: bes. hohe Belastbarkeit,
Nachteil: keinerlei ▷ Fahrkomfort.

S.a. ▷ Gabel: MTB-Gabel.

Bike

Engl. Abkürzung für bicycle "Fahrrad"; in der dt. Wortverwendung ist die Bezeichnung mehr oder weniger stark aufs ▷ Mountainbike eingeengt. Bisweilen auch umgangssprachlich für "Motorrad".

Bike Alarm

Akustische ▷ Diebstahlsicherung (Einzelheiten s.d.), die bei Erschütterung des Fahrrades oder Durchtrennen des Sicherheitskabels oder -bügels ein akustisches Signal in Form eines Heultones gibt.

Binden

s. ▷ Verlötung

Biopace

Unrunde Form von ▷ Kettenblättern, die eine effizientere Krafteinleitung der Beinbewegung in den Antrieb bewirken soll.

Die Wortschöpfung leitet sich aus "Bio-" und engl. pace "Schritt, Gangart u.ä." ab, und soll die vorgebliche Natürlichkeit des Trittablaufs bei diesen Kettenblättern suggerieren.

"Biopace" wurde Mitte der 80er Jahre von ▷ Shimano eingeführt, erlebte seinen Boom gegen Ende des Jahrzehnts am ▷ Mountainbike, als alle bedeutenden Hersteller ähnlich geformte Kettenblätter anboten, erwies sich aber doch als Modeerscheinung, die Anfang der 90er Jahre wieder sang- und klanglos vom Markt verschwand.

Sinn u. Funktion

Entgegen dem Ideal des ▷ runden Tritts, der ökonomischsten Kurbelbewegung, kommt es insbes. bei weniger geübten Radlern zu Druckspitzen, wenn die Kurbel waagerecht steht. "Roß samt Reiter" werden durch diese "Zusatzkraft" beschleunigt, was letztlich mehr Energie kostet als eine kontinuierliche Fortbewegung aufgrund flüssiger, runder Trittbewegung.

Diese Belastungsspitze zu "glätten" ist Hauptzweck der Biopace-Kettenblätter. Erreichen soll dies eine obere Abflachung der Kettenblätter, wenn die Kurbel waagrecht steht (Abb. 62 oben). Hierdurch verringert sich der Abstand der Kette zur ▷ Tretlagerachse - verringerter Kettenblattradius bei waagrecht stehendem Pedal -, was für den stampfenden Radler wie ein kleineres Kettenblatt wirkt. Folge: Der Radfahrer überwindet diesen kritischen Bereich flüssig und vermeidet so den o.g. Beschleunigungseffekt. Umgekehrt bei senkrecht stehender Kurbel (Abb. 62 unten), dort hilft ein großer Kettenblattradius dem Radler, schnell über die Totpunkte hinwegzukommen. Mit anderen Worten: Biopace simuliert gewissermaßen einen ständigen Wechsel zwischen zwei unterschiedlich großen Kettenblättern.

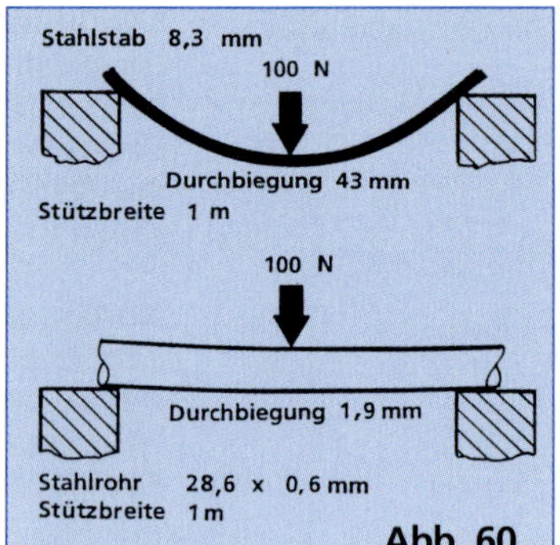

Abb. 60

Abb. 61

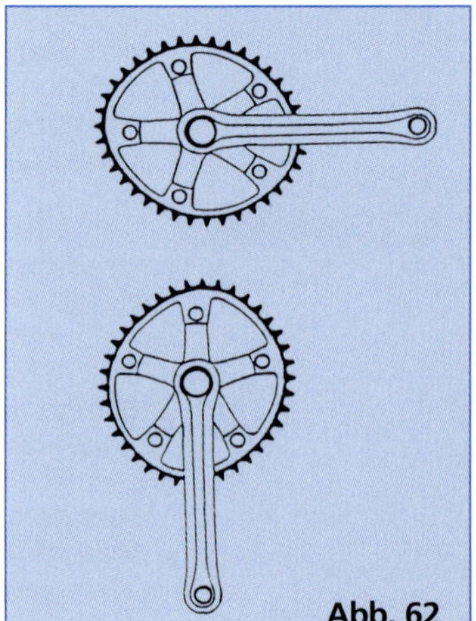
Abb. 62

Da die Kettenblattabflachung beiden Kurbeln Rechnung tragen muß - damit der "Bio"-Effekt sowohl beim rechts- als auch linksseitigen Runtertreten auftritt - erhält das Kettenblatt die Form von zwei ineinander verschachtelten Eiern (Shimano: "punktsymmetrische Eikurve"); Abb. 63.

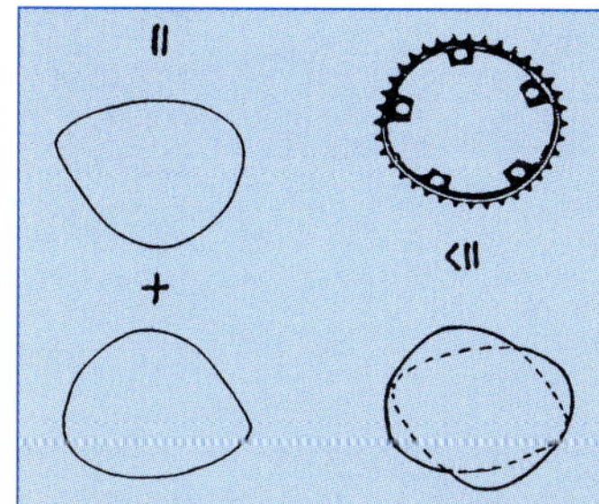

Abb. 63

Die Abweichung vom runden Kettenblatt wurde von Shimano übrigens unterschiedlich stark ausgeprägt, wobei das kleinere Kettenblatt am unrundesten ist. Es ist für die langsameren Trittfrequenzen beim Bergauffahren gedacht. Das mittlere Kettenblatt ist schon weniger unrund und das größte (für die höheren Pedalierfrequenzen bei schnellstem Fahrtempo) ist schon fast rund.

Fazit: Biopace hat sich für geübte Radler nicht bewährt, da sie den ▷ runden Tritt mehr oder weniger beherrschen.

Bewährt hat es sich für manche Umsteiger aus anderen Sportarten, außerdem empfinden Radler mit Kniebeschwerden Biopace häufig als belastungsmindernd. Wegen des unterm Strich geringen Nutzens wurde die Produktion von Biopace-Kettenblättern allerdings 1992 eingestellt.

Biopace verfolgt genau das gegenteilige Konzept wie andere unrunde Kettenblattformen, die bei waagrecht stehendem Pedalarm den Kettenblattradius erhöhen (s. ▷ Puch-Ei; außerdem die ähnlichen Kettenblätter der Castorama-Profimannschaft in der Saison 1995/96), da an dieser Stelle in sitzender Fahrweise die größte Krafteinwirkung aufs Pedal möglich ist.

Die Praxis zeigt aber, daß Radfahrer mit der Zeit - egal wie das Kettenblatt geformt ist - einen entsprechenden Bewegungsablauf einkoordinieren, um Belastungsspitzen zu vermeiden, also trotz unrundem Kettenblatt immer versuchen, rund zu treten.

Blatt

Kurzbezeichnung für ▷ Kettenblatt.

Blattfeder

Bauteil mit dünnem, rechteckigem Querschnitt (daher der Name) aus ▷ Stahl oder ▷ Faserverbundwerkstoff, das unter ▷ Biegebelastung ausfedern kann. Anwendung beim Fahrrad: ▷ Sling Shot; frühe Sattelabfederungen (1869) (Abb. 64).

Abb. 64

Blech

Aus ▷ Stahl oder anderen Metallen hergestellte Platten, Streifen oder Bänder.

Unterhalb einer Blechdicke von 3 mm spricht man von Feinblechen, ab 6 mm von Grobblechen.

Aus Blech hergestellte Fahrradteile: ▷ Rahmen (▷ Kreuzrahmen von NSU), ▷ Muffen, ▷ Ausfallenden bei Billigrädern, diverse Teile von ▷ Komponenten, ▷ Schutzblech, ▷ Kettenschutz, s.a. ▷ Verstärkungsbleche und ▷ Stehbleche.

Blei

Silberglänzendes, weiches und duktiles (▷ Duktilität) Schwermetall, das sich an Luft mit einer stumpfen, blaugrauen Oxidschicht überzieht.

Dichte: 11,34 kg/dm^3 (s.a. ▷ spezifisches Gewicht);
Schmelzpunkt: 327°C;
Elastizitätsmodul: 17.000 N/mm^2

Blei findet Anwendung als Legierungspartner (▷ Legierung) beim Weichlöten (s. ▷ Löten) und wird zwecks besserer Zerspanbarkeit in einigen Stahl- und Aluminiumlegierungen eingesetzt. Hier bewirkt es einen kurzen, krümeligen Span, was sich bes. bei der Verarbeitung mit spanabhebenden Automaten oder CNC-Maschinen (computerized numerical control) bewährt, weswegen diese Legierungen häufig auch als Automatenstahl oder -aluminium bezeichnet werden.

Wegen seiner ▷ Notlaufeigenschaften wird Blei auch in Legierungen für ▷ Gleitlager eingesetzt und findet außerdem als elektrochemischer Speicher in Bleiakkus (▷ Akku) Verwendung.

Blinkleuchte

In Deutschland (noch) nicht zugelassenes ▷ Rücklicht, bei dem eine ▷ Diodenleuchte "flackert". Der Aufmerksamkeitseffekt erhöht die Sicherheit des Radlers, manche Hersteller bieten ihre Diodenleuchten schon umschaltbar an (Dauer- vs. Blinklicht). Daß die holländische Polizei ihre Dienstfahrräder mit diesem Sicherheitsplus ausstattet, läßt erwarten, daß Blinkleuchten auch in Deutschland zugelassen werden.

Blitzventil

▷ Ventileinsatz des Fahrradventils nach dem Prinzip eines Rückschlagventils, in welches sich die Luft leichter als ins normale Dunlop-Ventil pumpen läßt. Einzelheiten s. ▷ Ventil (Abb. 65).

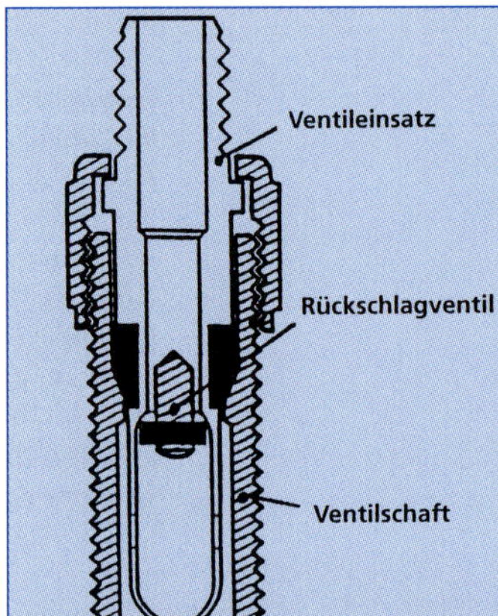

Abb. 65

Blockkette

Rollenloser, ursprünglicher Fahrradkettentyp, bei dem die ▷ Innenlaschen zu einem Block zusammengefaßt wurden. Einzelheiten s. ▷ Kette (Abb. 66).

Abb. 66

BMX-Rad

Ursprünglich für ▷ BMX-Rennen konzipiertes Fahrrad, das dank seiner Robustheit und Eignung für Geschicklichkeitsfahren und Springen (s. ▷ Freestyle als artistische Disziplin) rasch zum beliebten, defektunanfälligen und sicheren Kinderrad avancierte. BMX-Räder sind daher auch in straßenverkehrstauglicher Version gemäß ▷ StVZO mit Schutzblechen, Beleuchtung, Reflektoren erhältlich. Für die sicherheitstechnischen Anforderungen ist in Deutschland die Bauvorschrift ▷ DIN 79 105 maßgeblich.

Folgende Bauartmerkmale charakterisieren das typische BMX-Rad (Abb. 67):

* niedriger, sehr stabiler, geschweißter Rahmen, meist mit Blechverstärkungen insbes. im Bereich des ▷ Steuerrohrs;
* 20-Zoll-Laufräder mit voluminösen Stollenprofil-Reifen (2.125 vorne, 1.75 hinten);
* hochgezogener Lenker mit Stabilisierungssteg zwischen den Holmen;
* i.d.R. ohne Schaltung (bei Wettkämpfen verboten);
* wuchtige ▷ Unicrown-Gabel mit geraden Beinen, an die vorne spezielle (von Motorrad-Geländemaschinen abgeleitete) ▷ Ausfallenden angeschweißt sind;
* nach hinten offene hintere Ausfallenden, häufig mit ▷ Kettenspanner, der allerdings in Wettkämpfen verboten ist (Verletzungsgefahr bei Auffahrunfällen);
* Polster für Lenker-Stabilisierungssteg, ▷ Vorbau und ▷ Oberrohr.

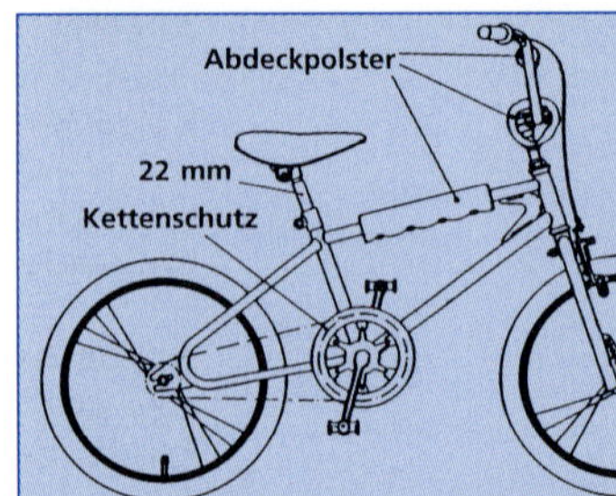

Abb. 67

Weitere Merkmale bzw. Vorschriften:
Meist werden ▷ Seitenzug-Felgenbremsen montiert, die jedoch wegen der großvolumigen Bereifung ein großes ▷ Bremsmaß aufweisen und daher von ▷ Bremshebeln mit hoher Hebelübersetzung betätigt werden müssen; auch ▷ Trommel- oder

▷ Rücktrittbremsen werden verbaut. Letztere sind allerdings an Rädern für BMX-Rennen verboten); Typisch ist auch der ansonsten in Deutschland seltene ▷ Fauber-Antrieb (▷ Tretkurbeln und ▷ Tretlagerachse zu einem Stück verschmiedet); wird dagegen ▷ BSA- oder ▷ Thompson-Tretlagerung benutzt, so ist ▷ Keilbefestigung bei Wettkämpfen verboten. Übrigens ist bei den Rennen auch eine ▷ Ausfallsicherung des Vorderrades Vorschrift. Gängige ▷ Übersetzungen (Zähnezahlen vorne/hinten), je nach Trittstärke der Fahrer: 40/16; 40/17; 44/16; 44/18; dies entspricht einer ▷ Entfaltung zwischen ca. 3,70 m und 4,30 m.

Eine Eigenart der BMX-Räder ist die extrem niedrige Sattelposition, die diese Räder ungeeignet für längere Touren macht. Sie resultiert daraus, daß ▷ BMX-Rennen im Stehen gefahren werden (Kurzstrecken von rund 300 m Länge) und der Sattel bloß die Funktion hat, bei dem hohen Tretlager einen sicheren Stand beim Start zu gewährleisten. Selbst das gilt aber nur für Anfänger, Cracks starten mit beiden Füßen auf den Pedalen balancierend. Eine echte Funktion hat der Sattel eigentlich nur beim ▷ Freestyle, wo er bei gewissen Figuren zum Sitzen, Knien, Stehen und Festhalten dient.

Zum Erlernen des Radfahrens ist das BMX-Rad nicht gut geeignet: Die - verglichen mit ▷ Kinderrädern - unverhältnismäßig langen ▷ Tretkurbeln (170 mm und mehr) erschweren den Trittablauf bei kurzen Kinderbeinen. Das hoch liegende ▷ Tretlager bringt überdies Balance-Probleme und erschwert das Abstützen mit dem Fuß beim Anhalten und Anfahren.
S.a. ▷ BMX-Rennen; ▷ Freestyle.

BMX-Rennen

BMX ist die Abkürzung für "**B**icycle **M**oto Cross" (das **X** ist ideographisches Kürzel für Cross "Kreuz"), einen Fahrrad-Sport, der ursprünglich zur Heranführung von Kindern und Jugendlichen an den Moto-Cross-Sport gedacht war. Gefahren wird mit einem speziellen ▷ BMX-Rad (Abb. 68). Seit Ende der 60er Jahre werden BMX-Rennen in den USA veranstaltet, in Europa seit 1977; die erste vom ▷ BDR organisierte Deutsche Meisterschaft fand 1982 statt.

Abb. 68

BMX-Rennen werden auf eigens dafür angelegten, unasphaltierten Hindernisbahnen von 200-350 m Länge in mehreren Ausscheidungsläufen gefahren. Hindernisse sind insbesondere Sprunghügel, Bodenwellen und überhöhte Kurven, gefahren wird im Stehen. Vorentscheidend ist die Startphase, weil derjenige, der die Hindernisse als erster in Angriff nimmt, seine Ideallinie frei wählen kann, während sich die nachfolgenden Fahrer gegenseitig behindern.
Der BMX-Sport hat einen eigenen, englischsprachigen Slang kreiert mit Insider-Bezeichnungen sowohl für Hindernisformationen (z.B. Table top, Canyon, Speed-Jump, Step-Jump usw.) als auch für die Kunstfahrfiguren im ▷ Freestyle.

Bodenhaftung

Auch als ▷ Grip oder ▷ Traktion bezeichneter, rutschfester Bodenkontakt der Reifen. Er verhindert das Durchrutschen der ▷ Laufräder beim Bremsen oder kräftigen Antritt und stellt sicher, daß das Fahrrad in Kurven nicht aus der Spur bricht (▷ Spurtreue).

Die Bodenhaftung hängt insbes. von der Fahrbahnbeschaffenheit ab, aber auch von der Gummimischung der Reifen und vom ▷ Reifenprofil. Zur Berechnung s. ▷ Bremsvorgang: Blockieren der Laufräder.

bolzenlose Kette

Sonderbauform einer Kettenschaltungskette der Fa. Regina, bei der sich die Innenlaschen gleich auf den die Außenlaschen verbindenden Hülsen drehen. Einzelheiten s. ▷ Kette. (Abb. 69)

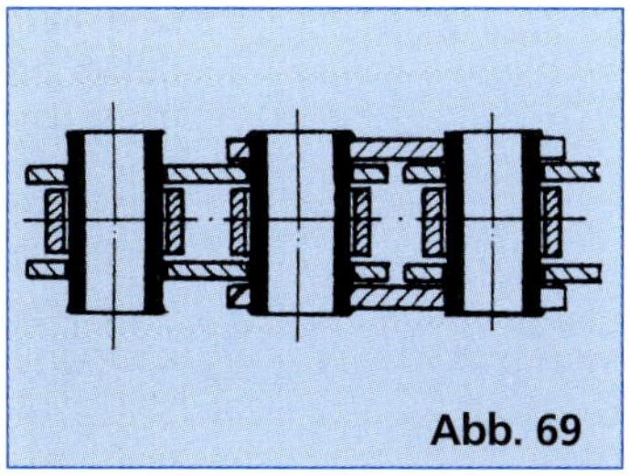
Abb. 69

Boralyn

Aus der Weltraumtechnologie kommender ▷ MMC-Werkstoff (Aluminium/Keramik-Verbund). Rohre aus Boralyn erhöhen die ▷ Zugfestigkeit des Grundmetalls ▷ Aluminium um 10-12% und seine ▷ Biegesteifigkeit um bis zu 20%. Rohre aus Boralyn lassen sich wie andere Alurohre kleben, sind aber mit einem Spezialverfahren auch schweißbar. Sie werden von dem US-Hersteller Univega eingesetzt.

Borieren

Aufbringen einer sehr harten Metall-Bor-Verbindung (z.B. Nickel-Chrom-Titanborid) auf die Oberflächen von Bau- und Lagerungsteilen zur Verschleißminderung.
Anwendung am Fahrrad: ▷ Kettenbolzen, ▷ Ritzel.

Bornitritfaser

Weiße, hitzebeständige ▷ Keramikfaser, die überdies sehr korrosionsunempfindlich ist. Bornitrit widersteht Wärmebelastungen bis ca. 3000 Grad und ist unempfindlich gegenüber kochenden Säuren. Bornitritfasern werden als Asbestersatz eingesetzt (z.B. in ▷ Bremsbelägen), finden aber auch Verwendung in ▷ Verbundwerkstoffen (s. ▷ MMC).

Bowdenzug

In einer Außenhülle gleitender Innenzug zur Betätigung mechanischer Bauteile wie Bremsen oder Schaltung, Abb. 70 (s. i.U. ▷ Bremsleitung).

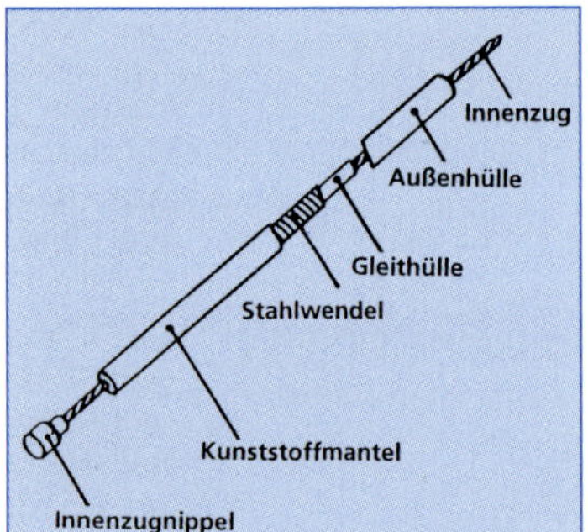

Abb. 70

Funktion

Innenzug und Außenhülle werden an einem Ende (z.B. Bremsgriff) gegeneinander verschoben und ermöglichen so am anderen Ende die Betätigung einer Apparatur, z.B. ▷ Seitenzugbremse (vgl. hierzu Abb. 71 oben und unten).

Bei anderen ▷ Komponenten wiederum muß das Ende der Außenhülle von einem ▷ Kabelstopper festgelegt (gekontert) sein, damit sie bei Zugbelastung nicht durchrutscht.

Außenhülle

Die flexible Außenhülle gestattet die Weiterleitung von Kräften auch um Ecken herum.
Damit erspart man sich komplizierte mechanische Einrichtungen mit Winkelgelenken und Gestängen, wie sie beispielsweise an älteren englischen ▷ Felgenbremsen üblich waren und es heute noch in der 3. Welt vielfach sind. Hierzu muß die Außenhülle in Längsrichtung relativ starr sein, um ▷ Gang (Ziehharmonikaeffekt) zu vermeiden. Man erreicht das mit schraubenförmig aufgewickeltem Draht.

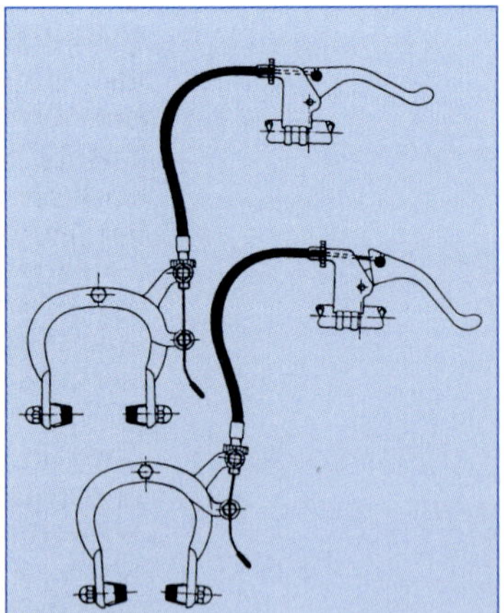
Abb. 71

Speziell für ▷ Index-Schaltungen wurde eine nahezu unnachgiebige Variante der Außenhülle entwickelt ("Gang" würde hier die Schaltschrittweite verfälschen), indem rundum mehrere sehr steil gewickelte Drähte von einer kräftigen Kunststoffhülle fixiert und gestützt werden. Diese Hülle ist nötig, um ein Aufspleißen dieser Züge bei kräftiger Betätigung zu vermeiden, ein Grund übrigens, solche steil gewickelten Hüllen nie bei Bremsen zu verwenden. Eine Außenummantelung ist übrigens auch für die normalen Außenhüllen sinnvoll, da sie diese vor ▷ Korrosion und Verschmutzung bewahren.

Innenzug

Der Innenzug besteht aus 7-49 verdrallten Stahldrähten und erhält so eine hohe Biegsamkeit, ohne in Längsrichtung nennenswert dehnbar zu sein. Der Innenzug unterliegt dem physikal. Prinzip der ▷ Seilreibung: Mit Zunahme der Biegungen (und nicht der Enge der Biegung!) steigt sein ▷ Reibungsverlust exponentiell an. Als Bremskraftverlust deutlich spürbar ist z.B. dieser Reibungsverlust, wenn bei der Verlegung zur Hinterradbremse die Summe aller Biegungen 185° überschreitet; s.a. das Rechenbeispiel bei ▷ Seilreibung.

Durch einen geringen ▷ Reibungskoeffizienten hingegen können die Reibungsverluste gemindert werden, weswegen die Drahtoberflächen teilweise gleitfördernd beschichtet bzw. die Außenhüllen mit gut gleitenden Innenhüllen ausgekleidet werden. Desgleichen wird durch die weiter unten angesprochene Wartung der Züge sichergestellt, daß der Reibungskoeffizient und damit die Reibungsverluste im Betrieb nicht wieder ansteigen.

Einen Sonderfall stellt der Innenzug der ▷ Positron-Schaltung dar, der aus einem steifen Draht besteht und sowohl Zug- als auch Druckkräfte weiterleitet.

Verlegung

Um die Bowdenzugverlegung beim Fahrrad "lacknah" zu halten (keine Schlaufen, kein unabsichtliches Verhakeln usw.), werden bei höherwertigen Fahrrädern die Bowdenzüge von auf den Rahmen gelöteten Führungen gehalten, z.T. sogar durch Rahmenrohre und Lenker verlegt.

Bei sehr langen Bowdenzügen - z.B. zur Hinterradbremse - macht sich deutlich der oben beschriebene "Gang" bemerkbar, der bei der Bremse die Betätigungsweite einschränkt. Aus diesem Grunde werden die Außenhüllen in der Nähe des ▷ Steuerrohrs und am ▷ Sattelrohr von ▷ Anlötteilen gegengehalten und der Innenzug läuft "nackt" weiter.

Bei langen Zügen kann übrigens eine geknickte Außenhülle zum teilweisen oder völligen Funktionsausfall von Komponenten führen. Eine regelmäßige Kontrolle ist daher empfehlenswert.

Wartung

Bowdenzüge benötigen regelmäßige Pflege und Wartung, da in den Spalt zwischen Innen- und Außenzug über den ▷ Kapillareffekt Schmutzwasser eindringen kann, was zu erhöhter Reibung und sogar zum Festrosten der Züge führen kann. Sie sollten deshalb zweimal im Jahr demontiert und frisch gefettet (Kugellagerfett) wieder zusammengefügt werden.

Für den Winterbetrieb bei Temperaturen unter 0°C sollte etwas Glykol zum Schmierstoff der Züge hinzugefügt werden, um deren Einfrieren zu verhindern.

Klemmsysteme

Zur Betätigung der Bauteile muß der Innenzug kraft- oder formschlüssig sowohl mit dem Bauteil (Bremse; Schaltung) wie auch mit dem Betätigungsteil (Bremshebel; Drehgriffschalter) verbunden sein. An diesem erfolgt die Verbindung i.d.R. formschlüssig mittels ▷ Bowdenzugnippel, am Bauteil i.A. durch kraftschlüssiges Verklemmen (s.a. ▷ Kraftschlußverbindung; ▷ Formschlußverbindung).

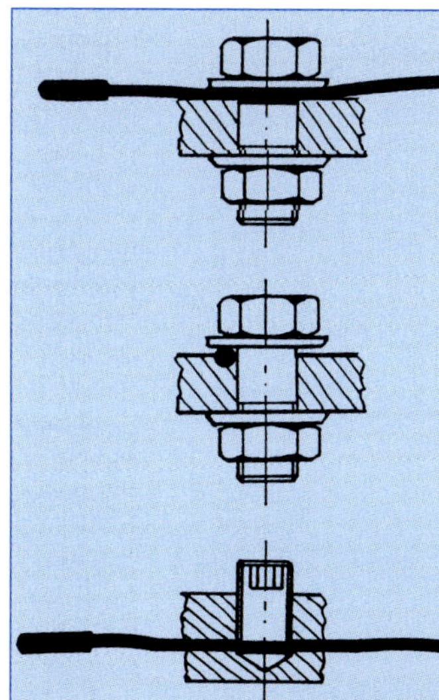

Abb. 72

Als sicherstes Klemmsystem hat sich hierbei die Durchführung des Innenzuges durch eine Querbohrung der Klemmschraube erwiesen (Abb. 72 oben), was aber an der Klemmstelle zu einer bleibenden Verformung, teilweise sogar zu einer Beschädigung des Innenzuges führt. Letzteres erschwert dann bei der Wartung den Aus- und v.a. Wiedereinbau des alten Innenzuges.

Günstiger ist diesbezüglich das an höherwertigen ▷ Komponenten übliche Klemmsystem in einer Klemmrille (Abb. 72 Mitte), da es zuverlässig ein Flachdrücken des Innenzuges verhindert.

Sogar mindernd für die Belastbarkeit des Innenzuges wirkt sich hingegen die Verklemmung quer durch eine Gewindebohrung aus, in die dann eine Schraube hineingedreht wird und den Innenzug verquetscht (Abb. 72 unten). Dabei kann es sogar zum Abquetschen einzelner Innenzugdrähte kommen, was dann nicht nur zur erschwerten Wartung des Bowdenzuges führt, sondern auch die Belastbarkeit des Innenzuges deutlich reduziert.

Anmerkung: Vgl. zur Thematik Bowdenzug auch ▷ Hydraulikbremse; da hydraulisch betätigte Bauteile weniger Wartungsaufwand benötigen und auch keine zusätzlichen Reibungsverluste bei einer Zugführung mit größeren Biegungen besitzen.

Bowdenzug-Nippel

Auf ein Ende von ▷ Innenzügen aufgelöteter oder verquetschter Nippel, der formschlüssig mit dem Betätigungsteil (z.B. Bremshebel; Schalthebel) verbunden wird. Einzelheiten s. ▷ Bremszugnippel; ▷ Schaltzugnippel (Abb. 73).

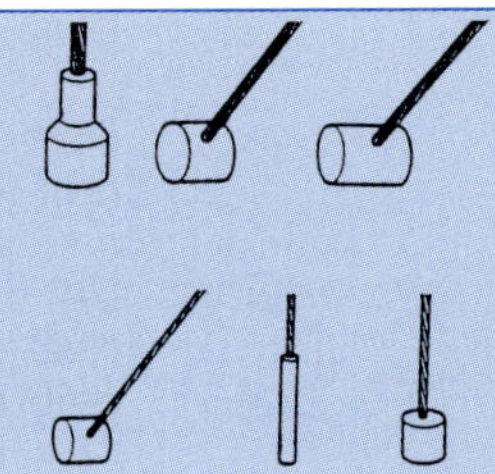
Abb. 73

Bowdenzug-Schere

Besonders stabile Schere, mit der die Innen- und Außenzüge von ▷ Bowdenzügen glatt abgetrennt werden können (Abb. 74).

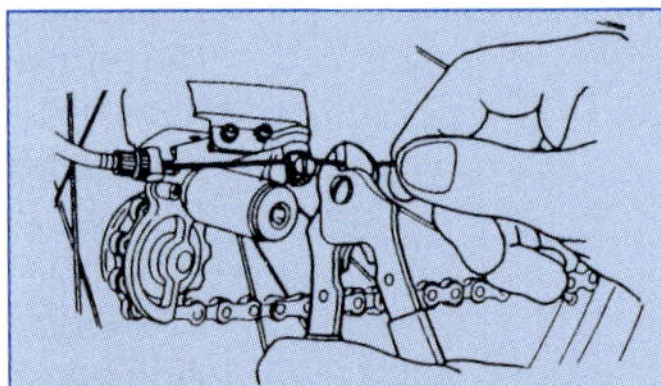
Abb. 74

Brake-Booster

"Bremskraftverstärker"; Versteifungsbügel zwischen den ▷ Anlötsockeln von ▷ Cantilever-Bremsen, um ein elastisches Ausweichen der Sockel zu verhindern (Abb. 75).

Dadurch wirken sich die Booster (s. ▷ Kniehebelprinzip) bremskraftverstärkend aus, vermindern aber die Dosierbarkeit dieser Bremsen, da nun die Wirksamkeit der Bremse weniger über den Weg als fast ausschließlich über die Kraft reguliert wird (kein nachgebender "Druckpunkt" im Bremshebel). Einsteigern wird daher nicht zu diesen Bremskraftverstärkern geraten.

Abb. 75

Breitensport-Veranstaltung

Neben der Veranstaltung von ▷ Radrennen vom ▷ BDR gepflegte Sparte für nicht oder nur mäßig leitstungsorientierte Radfahrer/innen. Hierzu zählen v.a. (Abb. 76):
▷ Radtourenfahren,
▷ Radwandern,
▷ Volksradfahren.

Abb. 76

Bremsarbeit

Entsprechend der physikalischen Definition der ▷ Arbeit (Kraft mal Weg) in Nm (s. ▷ physikalische Definitionen) angegebene Arbeit, die beim Bremsvorgang aufgebracht wird. Sie errechnet sich aus ▷ Bremskraft und ▷ Bremsweg nach der Formel:

$$W_b = F_b \times s_b$$

Hierbei ist: W_b = Bremsarbeit in Nm;
F_b = Bremskraft in N;
s_b = Bremsweg in m.

Bremsarbeit bedeutet negative Beschleunigungsarbeit und Abbau ▷ kinetischer Energie, Zusammenhänge s. ▷ Energie, vgl. aber auch ▷ Bremsleistung.

Bremsarm

Einzelteil (eine Hälfte) der meist zangenartig konzipierten ▷ Felgenbremsen mit Krafteinleitstelle, Lagerdrehpunkt und Aufnahme für den ▷ Bremsklotz. Oben im Bild: Bremsarm einer modernen ▷ Seitenzugbremse, unten einer ▷ Cantilever-Bremse (Abb. 77).

Bremsausleger

Gegenhaltearm bei ▷ Nabenbremsen, um die ▷ Gegenkraft der Bremskraft an ▷ Rahmen oder ▷ Gabel weiterzuleiten.
Durch Anschellen oder Verschrauben des Bremsauslegers an Rahmen oder Gabel wird dessen "Durchschlagen" beim Bremsen verhindert.

Abb. 78 zeigt den Bremsausleger, der ▷ Rücktrittbremse einer 7-Gang-Nabenschaltung, Abb. 79 einen in die Ankerplatte einer ▷ Trommelbremse integrierten Ausleger.

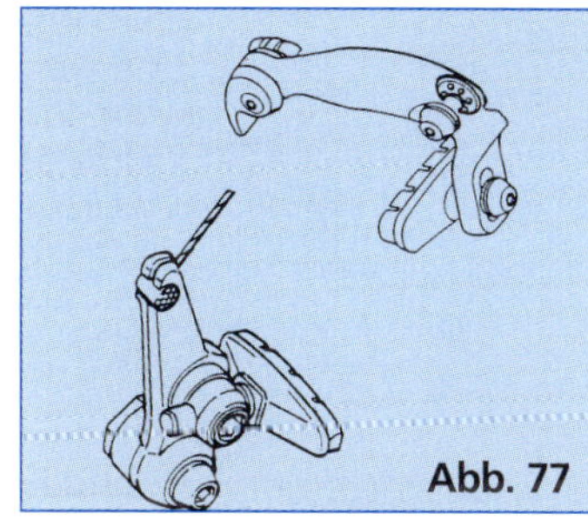

Abb. 77

Bremsbacken

Mit ▷ Bremsbelag versehene Bauteile bestimmter ▷ Nabenbremsen (Trommel- und Scheibenbremsen), die per ▷ Reibung mit ihrem jeweiligen Bremspartner die eigentliche ▷ Bremswirkung erzielen. Hierzu werden sie je nach Bremstyp an die ▷ Bremstrommel bzw. die ▷ Bremsscheibe gedrückt. Um diese möglichst gleichmäßig zu belasten, werden sie i.d.R. paarweise ausgeführt (Abb. 80).

Bremsbelag

Reibungsträchtige und temperaturbeständige Auflage auf ▷ Bremsbacken von ▷ Trommel- bzw. ▷ Scheibenbremsen (Abb. 81).

Abb. 78

Um den hohen mechanischen und thermischen Belastungen standzuhalten, fertigt man die Bremsbeläge aus einem Materialmix: In ein gesintertes Grundmaterial werden hierzu ▷ Bornitritfasern, Metallspäne oder Messingdraht eingebettet. Der Verbund unterschiedlicher Werkstoffe ist außerdem so aufeinander abgestimmt, daß sich auch bei längeren Bremsperioden nur ein minimaler Verschleiß einstellt.

Brems-beschleunigung

Negative ▷ Beschleunigung (Verzögerung), die durch Bremsen bewirkt wird. Sie errechnet sich nach der Formel:

$$a_b = \frac{\triangle v}{\triangle t}$$

Hierbei ist: a_b = Bremsbeschleunigung in m/sec²;
$\triangle v$ = Geschwindigkeitsdifferenz in m/sec;
$\triangle t$ = Zeitdauer des Bremsvorganges in sec.

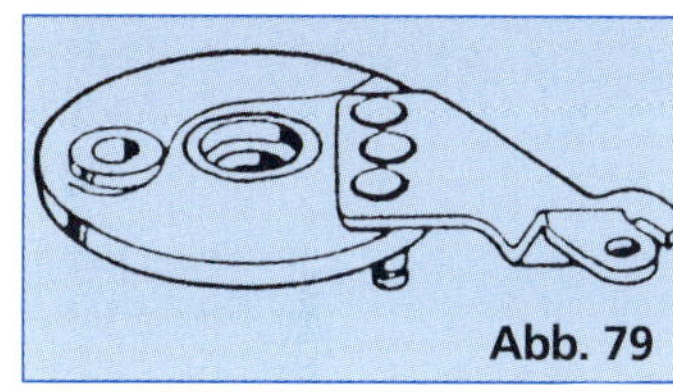

Abb. 79

Rechenbeispiel s. ▷ Bremsvorgang.

Da die Bremsbeschleunigung eine gut meßbare physikalische Größe darstellt, wird sie zur Beurteilung von Fahrradbremsen herangezogen. So schreibt beispielsweise die ▷ DIN 79100 Mindestbremsbeschleunigungswerte für Naß- und Trockenbremsung vor.

Bremsbolzen

Zentraler Bolzen von ▷ Seitenzugbremsen, dessen eine Seite Drehpunkt für die beiden ▷ Bremsarme ist, die andere Seite dient der Fixierung im ▷ Gabelkopf bzw. ▷ Bremssteg des ▷ Hinterbaus (Abb. 82).

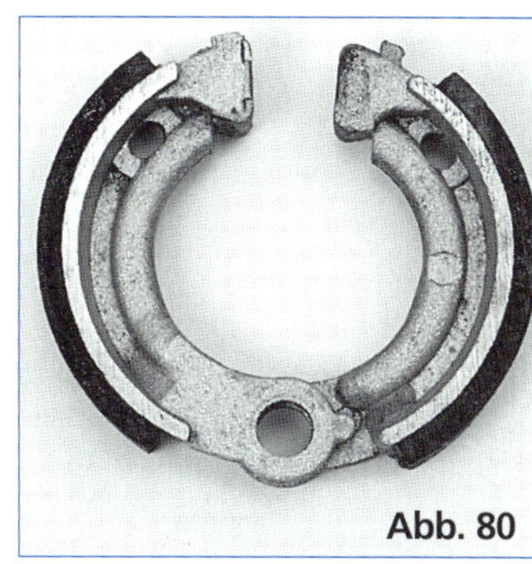

Abb. 80

Brems-einstellschraube

Am ▷ Bremsgriff (Abb. 83), Bremskörper (Abb. 84) oder ▷ Kabelstopper angebrachte, vom ▷ Innenzug durchlaufene ▷ Hohlschraube zur Regulierung seiner Länge und Spannung. Näheres s. ▷ Einstellschrauben.

Bremseinstellung

Justierung der Bremsanlage, um deren Funktionstüchtigkeit zu optimieren. Je nach Bremstyp sind hierbei unterschiedliche Kriterien zu berücksichtigen:

bei Felgenbremsen

* Abstand der ▷ Bremsgummis von der ▷ Felge mind. 1,0 mm, max. 2,5 mm (Abb. 85). Dabei muß berücksichtigt werden, daß die Bremse nach etwa 1/3 des Bremshebelweges bereits ansprechen sollte;
* die Bremsgummis sind mittig zur Felge auszurichten (Abb. 86). Ausnahme: ▷ Cantileverbremse, die mehr in Richtung Felgenober-

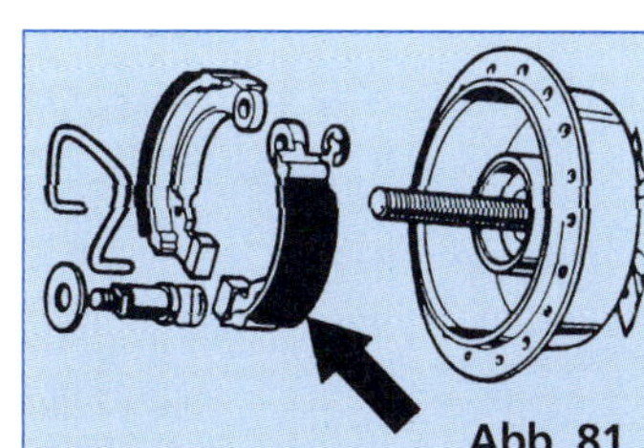

Abb. 81

kanten ausgerichtet wird, um einem Abrutschen von der Felgenflanke vorzubeugen;

* um ▷ Bremsflattern zu vermeiden, ist es ratsam, die Bremsgummis nicht planparallel zur Felge auszurichten, sondern das nach vorn weisende Ende der Gummis um 0,5 bis 1,5 mm näher zur Felge zu justieren (Abb. 87);
* bei modernen Cantileverbremsen kann die ▷ Bremswirkung erhöht werden, wenn das ▷ Seildreieck möglichst flach gehalten wird.

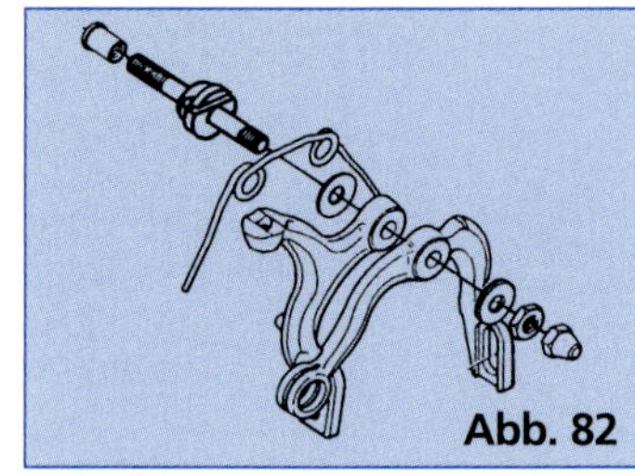

Abb. 82

bei Nabenbremsen

* genügend Abstand zwischen Bremsbacken und -trommel bzw. -scheibe herstellen, damit die ▷ Bremsbacken "freilaufen" können und die Bremse im normalen Bremsbetrieb nicht schleift;
* das Maß hierzu ist der sog. "Druckpunkt" (deutlich spürbares Ansprechen der Bremse). Er sollte bei etwa 1/3 bis max 2/5 des Bremshebelweges liegen (Abb. 88);
* bei ▷ Rücktrittbremsen muß das Ansprechen der Bremse nach max. 1/4 Kurbelumdrehung nach hinten erfolgen.

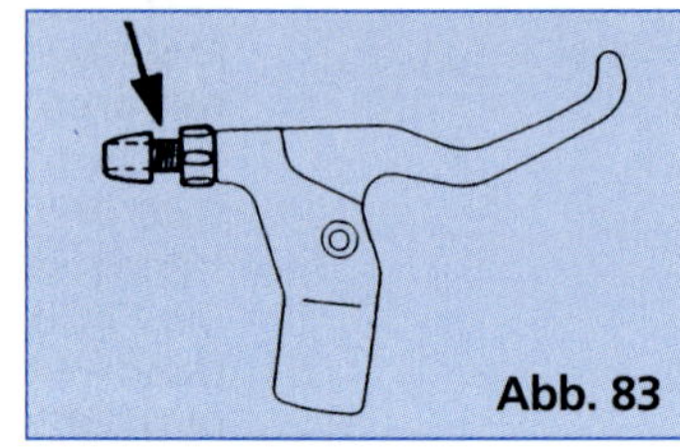

Abb. 83

Damit sich die Bremsjustierung im Fahrbetrieb nicht verstellt, muß bei mit Bowdenzug betätigten Bremsen die ▷ Bremseinstellschraube zuverlässig gekontert werden (s. ▷ Konterung).

Bremsen

1. das Bremsen, s. ▷ Bremsvorgang.
2. die Bremsen (Mehrzahl), also die verschiedenen am Fahrrad zur Anwendung kommenden Verzögerungsmechanismen.

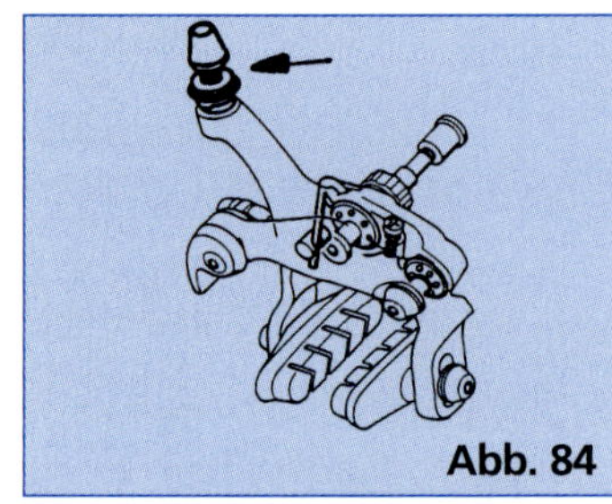

Abb. 84

Um die Geschwindigkeit eines Fahrzeugs zu verzögern, bedient man sich genau dessen, was im normalen Fahrbetrieb höchst unerwünscht ist, der ▷ Reibung. Sie verwandelt - physikalisch gesehen - ▷ kinetische Energie in ▷ Reibungswärme, wodurch der Vorwärtsdrang des Vehikels gewissermaßen "abgefackelt" und dadurch gedrosselt wird.

Abb. 85

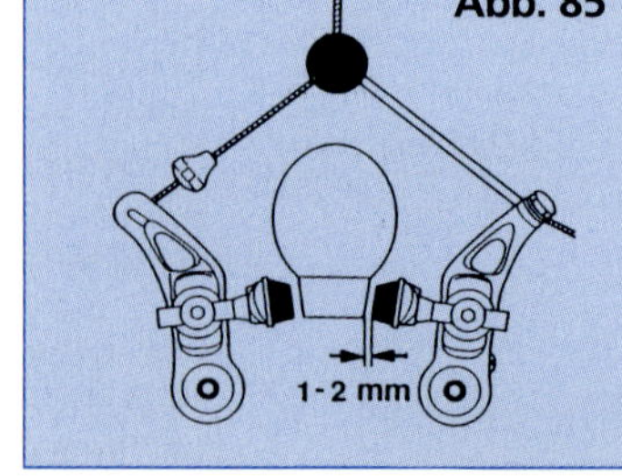

Durchgesetzt als Fahrradbremsen haben sich mechanisch oder - hydraulisch betätigte Apparaturen, deren Reibfläche entweder am Fahrrad bereits vorhanden ist oder aber eigens montiert sein muß:

* Reibung mittels zweier ▷ Bremsgummis an der Felge (häufigste Bremse; Abb. 89).
* Reibung mit ▷ Bremsbelägen in einer Trommel bzw. an einer Scheibe, die in/an der Nabe montiert sind (Abb. 90).
* Reibung per Gummiklotz o.ä. auf dem Reifen (älteste Bremse); Abb. 91.

Die ▷ *StVZO Paragr. 65* schreibt vor: "Fahrräder müssen zwei voneinander unabhängige Bremsen haben."

Abb. 86

Felgenbremsen

Prinzip: Die ▷ Felge wird von zwei ▷ Bremsgummis "in die Zange" genommen.

Die Beliebtheit der Felgenbremse erklärt sich aus ihrer Einfachheit bei gleichzeitig guter Wirksamkeit. Sie kann im Prinzip als eine Art

▷ Scheibenbremse betrachtet werden, wobei die Felgenflanken als Brems-"Scheibe" dienen.
Das große Plus der Felgenbremsen: Sie wirken direkt an der Laufradperipherie. Die Bremskraft muß also nicht wie bei ▷ Nabenbremsen über die Speichen und Felgen auf die Reifen übertragen werden, sondern wirken unmittelbar auf sie.

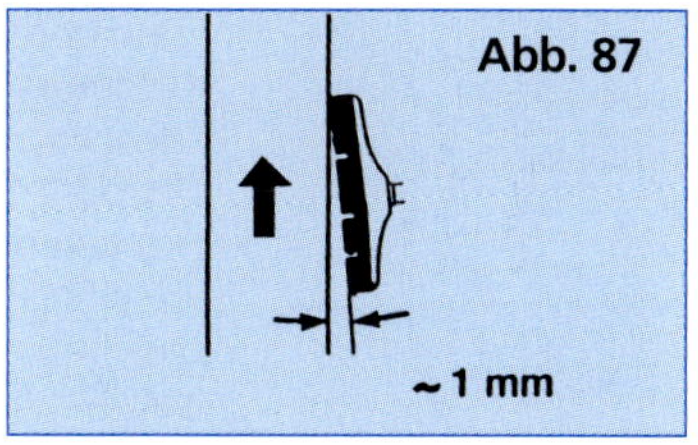

Abb. 87

Probleme gibt es mit Felgenbremsen v.a. bei Nässe, weil sie die Reibung zwischen Bremsgummi und Felge verringert. ▷ Aluminium-Felgen erbringen gegenüber ▷ Stahl-Felgen eine bessere ▷ Bremswirkung bei Nässe. Weitere Verbesserungen lassen sich durch eine angerauhte Felgenoberfläche oder eine ▷ Keramikbeschichtung der Bremsflächen sowie die Verwendung spezieller ▷ Naßbremsgummis erzielen. Weitere Einzelheiten s. ▷ Naßbremsung.

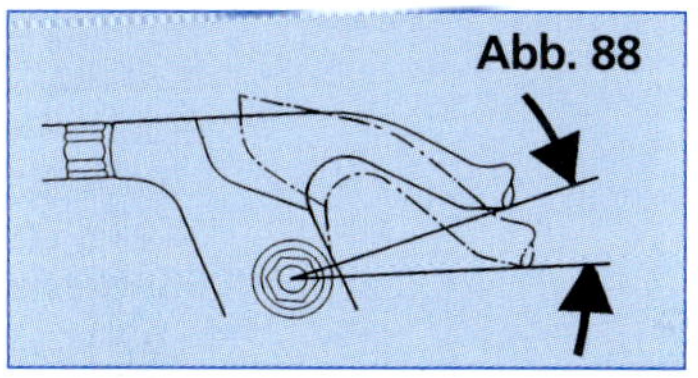
Abb. 88

Ein weiteres Problem bei Felgenbremsen kann durch geringfügige Unterschiede der Felgenbreite (bes. am ▷ Felgenstoß) auftreten: Die Bremswirkung ändert sich rhythmisch mit der Radumdrehung und kann zum ▷ Brems- oder sogar zum ▷ Gabelflattern führen.

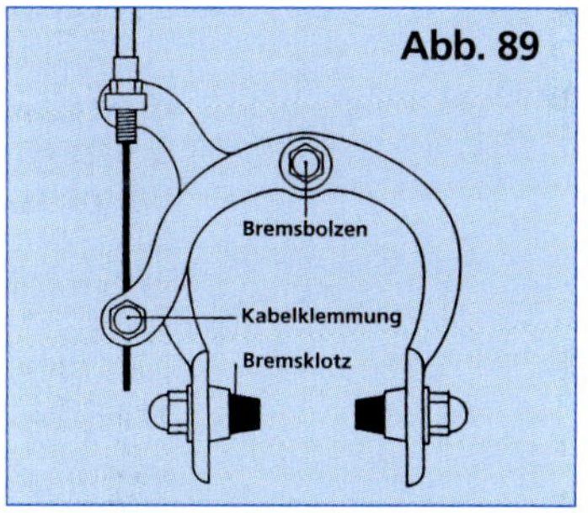

Abb. 89

Seitenzugbremse

Einfachste Bauart von Bremsen nach Art einer Zange (Abb. 92). Die Außenhülle des ▷ Bowdenzugs wird einseitig ohne ▷ Kabelstopper angebracht, daher einfache Zugverlegung und Montage.

Im Rennradbereich ist die Seitenzugbremse der vorherrschende Bremstyp, sie ist sehr wirkungsvoll, wenn das sog. ▷ Bremsmaß klein gehalten ist. Nur dann sind erstens gute Hebelverhältnisse gegeben, zweitens besteht keine Verwindungs-, sprich Flattergefahr für die Bremse.

Faustregel: Seitenzugbremsen nur bis zu einem Bremsmaß von 55 mm einsetzen.

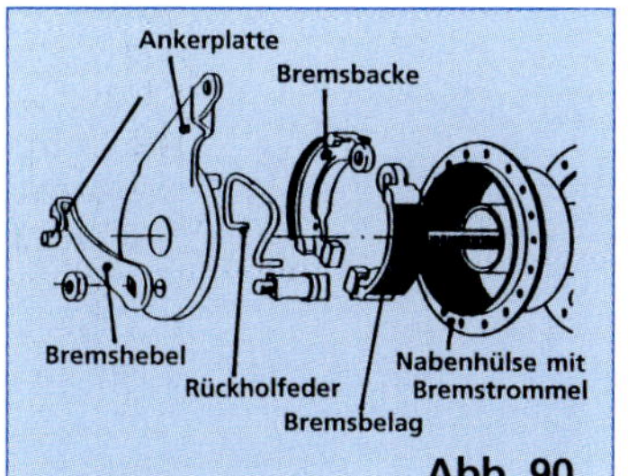

Abb. 90

Die bis in die 80er Jahre gebauten Seitenzugbremsen für Alltagsräder mit Schenkellängen von sogar über 100 mm (schlechte Hebelverhältnisse) zeigten zu geringe Wirkung.
Nicht selten endete der erste herzhafte Bremsversuch sogar mit verbogenen Brems-schenkeln.

Durch ▷ Axialkugellager zwischen den beiden Bremsarmen (Pfeil Abb. 93) wurde die Seitenzugbremse Mitte der 80er Jahre optimiert. Sie konnte nun spiel- und damit flatterfrei eingestellt werden. Außerdem reduzierten sich die Betätigungskräfte um ca. 6%, wodurch 1.) ein gefühlvolles, wohldosiertes Bremsen ermöglicht wurde und 2.) die ▷ Bremskraft ebenso um ca. 6% gesteigert werden konnte.

Abb. 91

SLR-Bremse: Variation der Seitenzugbremse von Shimano: Ein separates Drehgelenk verbessert die Hebelverhältnisse und damit die ▷ Bremskraft zu Lasten des Bremsbetätigungsweges (Schwenkweite der Bremsgummis); (Abb. 94).
Diese doppelt gelagerte Seitenzugbremse wird mittlerweile auch von anderen Herstellern angeboten.

Mittelzugbremse

Häufigste Bauart von Felgenbremsen: Zwei separate ▷ Bremsarme mit jeweils eigener ▷ Lagerung werden über ein mittels ▷ Kabelteiler "gespreiztes" Seil betätigt.
Grundsätzlich können bei dieser symmetrischen Bauweise die Hebelverhältnisse effizienter als bei der Seitenzugbremse ausgelegt werden, da jeder Bremsarm sein eigenes Drehgelenk besitzt. Deren geometrische Anbringung in Form eines ▷ Bremssockels bzw. ▷ Drehbolzens bestimmt die Hebelverhältnisse der Mittelzugbremse.

Umständlicher als bei der Seitenzugbremse ist dagegen die Adaption des ▷ Bowdenzuges: Die Außenhülle muß am Rahmen mit einem ▷ Kabelstopper fixiert, der Innenzug über einen ▷ Kabelteiler zu den Bremsarmen geleitet werden (Abb. 95). Die Mittelzugbremse ist der variantenreichste Bremsentyp und tritt in fünf verschiedenen Formen auf:

Konventionelle Mittelzugbremse: Die Drehgelenke liegen oberhalb der Felge, die ▷ Drehbolzen sind bei der allgemein üblichen Mittelzugbremse auf einem höhenverstellbaren Joch angebracht, das wie die Seitenzugbremse im ▷ Gabelkopf bzw. hinteren ▷ Bremssteg befestigt ist (Abb. 96 + 97). Bei der frz. Bauweise werden separate ▷ Bremssockel auf den Rahmen gelötet.
Die Bremswirkung richtet sich nach den Abständen der Bremsgummis von den Drehgelenken und kann mittelmäßig bis gut ausfallen.

U-Brake: Besonders kräftig ausgelegte Mittelzugbremse mit Drehgelenk oberhalb der Felge (Abb. 98 + 99). Sie benötigt separat angelötete ▷ Anlötsockel von 9 mm Durchmesser, wobei die hintere Bremse ursprünglich unter den ▷ Unterstreben montiert war.

Dieser ursprüngliche Anbringungsort hat sich in der Praxis nicht bewährt, da erstens dort erhöhte Verschmutzungs- und Beschädigungsgefahr bestand und zweitens das Hinterrad bei kräftigem ▷ Wiegetritt genau an dieser Stelle seitlich ausgelenkt wird und dann ungewollte Bremsungen auslöste.
Diese Nachteile, eine umständliche Wartung sowie ihr hohes Gewicht haben die U-Brake wieder weitgehend vom Markt verdrängt.

Roller Brake: Auf U-Brake-Sockel montierbare, mittlerweile ausgestorbene Bremsenspezies (bis um 1990 hergestellt), bei der ein trapezförmiges Blech vom Innenzug nach oben gezogen wurde (Abb. 100 + 101). Mit dieser Bewegung spreizte das Blech zwei separat um die Anlötsockel schwenkbare Bremsarme nach außen, an deren unterem Ende die Bremsgummis vor die Felgen drückten. Zur Reibungsminderung war das Blech auf zwei am oberen Ende der Bremsarme angebrachten Rollen gelagert, daher der Name Roller Brake.

Cantilever-Bremse: Auch ▷ Kipphebelbremse genannter Felgenbremstyp, dessen Name sich von engl. cantilever "freitragend; Kragträger" ableitet (Abb. 102 + 103). Ihre Drehgelenke befinden sich charakteristischerweise unterhalb der Felgenhöhe.

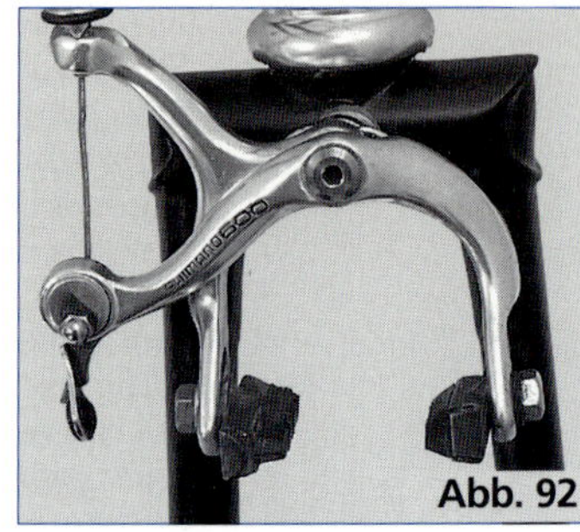
Abb. 92

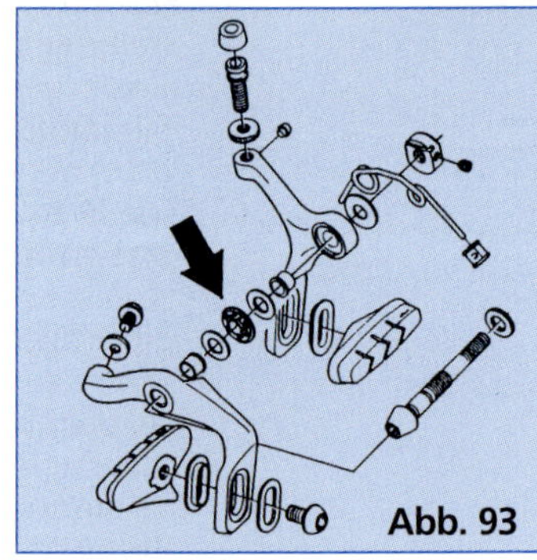
Abb. 93

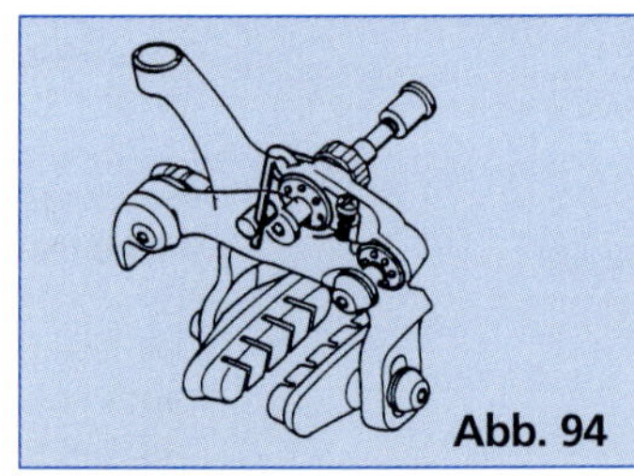
Abb. 94

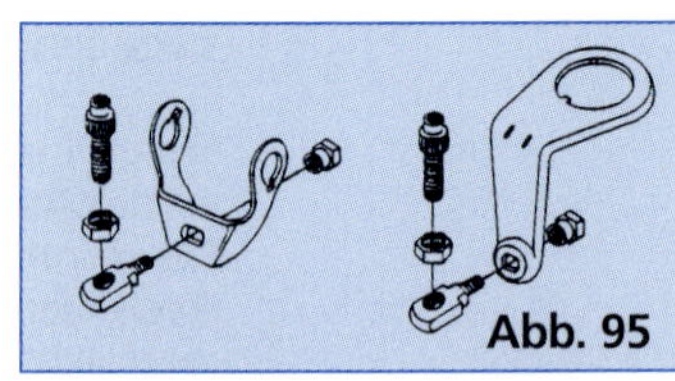
Abb. 95

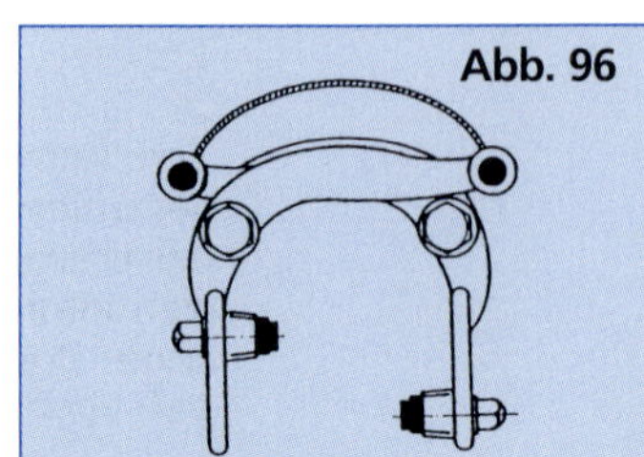
Abb. 96

Wie die konventionelle Mittelzugbremse frz. Bauweise benötigt die Cantilever-Bremse separate, auf den Rahmen gelötete ▷ Anlötsockel (Durchmesser 8 mm).
Dieser Bremstyp wurde früher fast ausschließlich am ▷ Querfeldeinrad benutzt (freier Raddurchlauf schützt vor Blockieren durch Verschlammung). Mit dem Aufkommen des ▷ Mountainbikes entdeckte man diese Bremse wieder, integrierte die ▷ Rückholfeder und dichtete noch die Drehgelenke ab (gekapselte Bauweise). Ferner ist mindestens einer der beiden Bremsarme justierbar, so daß sich die Bremse im Gegensatz zur Ur-Bauweise immer mittig zur Felge ausrichten läßt.

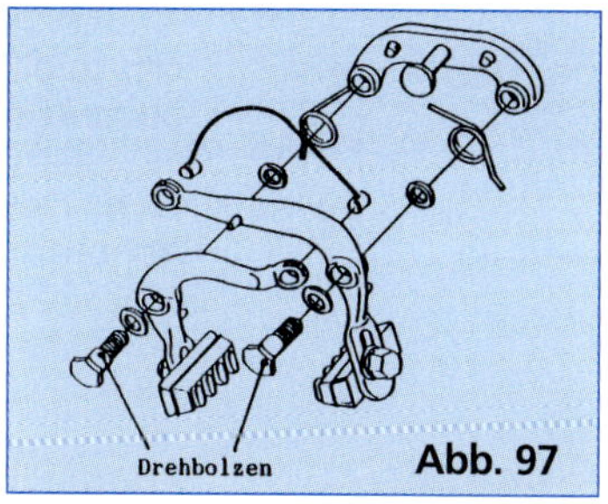

Abb. 97

Seildreieck: Inzwischen wurden auch die Hebelverhältnisse sowie die Stellung des Seildreiecks optimiert, wodurch die Cantileverbremse in ihren modernen Ausführungen letztlich zur wirkungsvollsten Felgenbremse wurde.

Abb. 98

Low Profile: Hier legen sich die Bremsarme fast parallel zum Reifen (stehen also kaum noch ab), so daß bei dieser sog. "Low-Profile-Bremse" keine Verletzungsgefahr bzw. Kontakt mit Radtaschen mehr besteht wie bei den ursprünglichen Modellen.

Bei diesen fast parallel zum Rahmen liegenden Bremsarmen unterliegen die Hebelverhältnisse der Seilbetätigung einer Art ziehendem ▷ Kniehebelprinzip (weitere Informationen s.d.), wodurch sie mit zunehmendem Betätigungsweg ungünstigere Hebelverhältnisse und damit eine geringere Bremswirkung bekommen (vgl. hierzu Abb. 104).

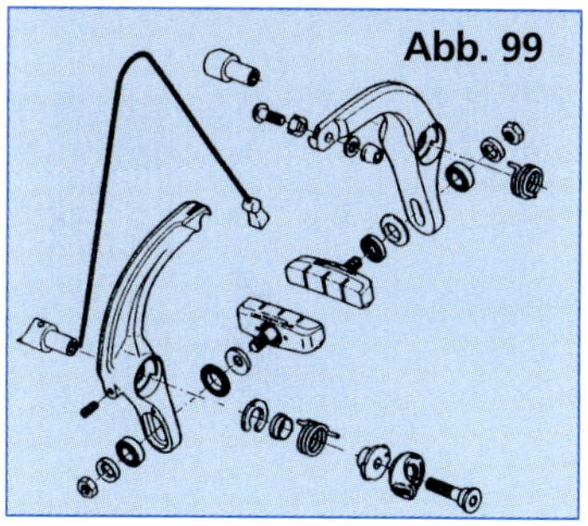
Abb. 99

In ihrer neuesten Entwicklung wurden die Bremsarme noch höher über den Reifen hinaus gezogen und die Betätigung erfolgt durch einfaches Zusammenziehen der beiden Bremsschenkel. Die Gefahr des Abgleitens der Bremsgummis von der Felgenkante wird durch eine Parallelogrammführung der Bremsgummis weitgehend vermieden.

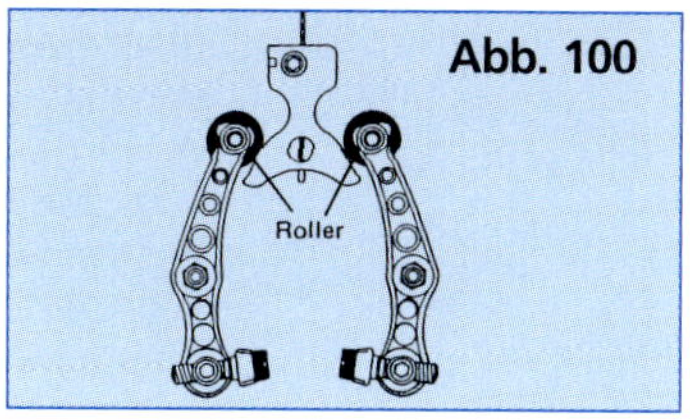

Abb. 100

Delta-Bremse: Mittels ▷ Kniehebelsystem betätigte Sonderform der Mittelzugbremse (Abb. 105). Die Wirkung (Hebelverhältnisse) hängt von der Winkelstellung des Kniegelenks ab, woraus sich eine progressive Bremswirkung ergibt (Zusammenhänge s. ▷ Kniehebelprinzip).
Für die Praxis heißt das: Die Wirkung der Delta-Bremse ist von Felgenbreite und Dicke des Bremsgummis bzw. dessen Verschleißgrad abhängig (je näher die Bremsgummis zusammengehen, desto höher wird die erzielbare Bremskraft).

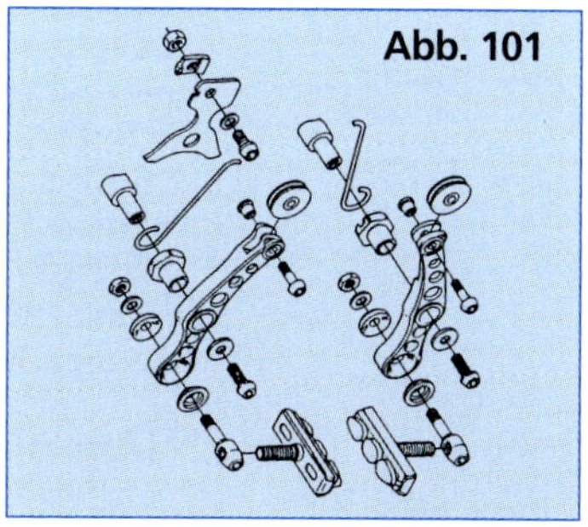
Abb. 101

Die Anpassung an die unterschiedlichen ▷ Bremsmaße der Rennräder wird bei der Delta-Bremse durch Höhenverstellung des gesamten Gehäuses bewirkt - dadurch ändert sich bei Variation des Bremsmaßes nicht die Bremswirkung. Nicht gerade montagefreundlich ist das Befestigen und richtige Ablängen des Innenzuges. Neben hohem Preis und Gewicht sicher ein Grund dafür, daß die Delta-Bremse keine weitere Verbreitung fand.

Sonder-Felgenbremsen

Außer diesen einfachen, bewährten bzw. veralteten Felgenbremsen, gibt es noch solche, die in ihrem Funktionsprinzip hiervon abweichen:

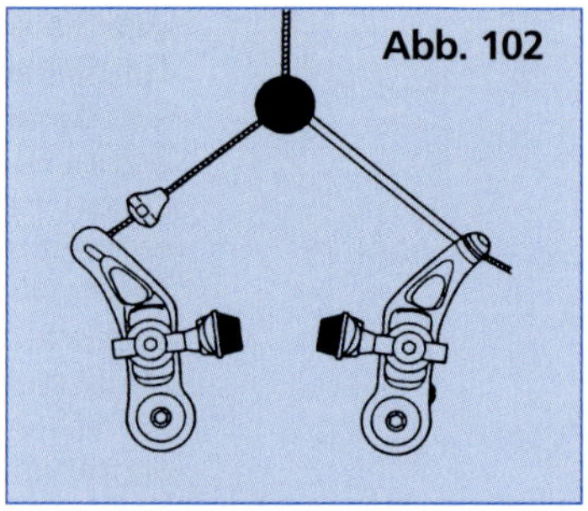

Abb. 102

Hydraulikbremse

Nach dem Prinzip der Autobremsen mit Öldruck arbeitende Felgenbremse (Abb. 106). Sie wurde 1987 von der schwäbischen Fa. Magura mit großem Erfolg zunächst an ▷ Gebrauchsrädern, später an ▷ Mountainbikes eingeführt und 1992 von einer Version fürs ▷ Rennrad ergänzt.

Prinzip: Über einen Hebel wird ein Kolben in den sog. *Geberzylinder* (s.a. ▷ Bremsgriff: Rennlenker) eingedrückt, der ein inkompressibles Medium (Flüssigkeit, meistens Öl) durch eine Leitung zu sog. Nehmerzylindern drückt. Dort kehrt sich das Prinzip um: Die Zylinder werden herausgedrückt und pressen so die Bremsgummis unmittelbar an die Felge oder indirekt über ein Hebelsystem (neue Rennradbremse; die verschiedenen Ausführungen s. Abb. 107).

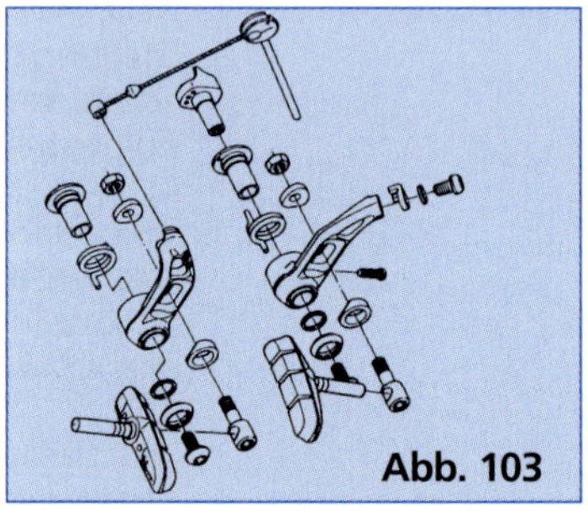

Abb. 103

Rein äußerlich gleicht die Kunststoff-Hydraulikleitung einem ▷ Bowdenzug und kann auch wie dieser am Rahmen entlang oder durch ihn hindurch verlegt werden.

Vorteile: Im Unterschied zum Bowdenzug arbeitet die Hydraulik fast ohne Reibungsverluste, wodurch diese Bremsen sehr gut dosierbar sind. Das Verhältnis der eingesetzten Handkraft zur resultierenden Bremskraft ist darüberhinaus unabhängig von den Biegeradien der Bremsleitungsverlegung.

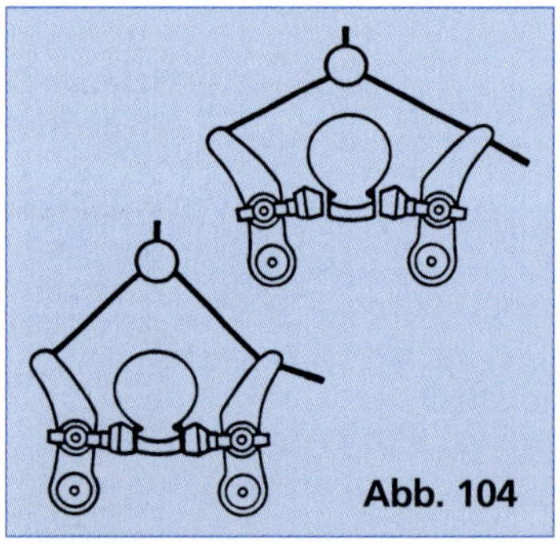

Abb. 104

Der ▷ Wirkungsgrad gegenüber mechanischer Kraftübertragung wird verbessert und bleibt auch nach längerer Betriebszeit fast gleich. Außerdem können Außeneinflüsse keine Verschlechterung verursachen, wie beim Bowdenzug üblich (z.B. Rostansatz nach längeren Regenfahrten).
Leichter Bremsklotzaustausch, indem die alten Klötze einfach aus ihrer Rasterung heraus gezogen und die neuen dort eingeklipst werden (Abb. 108).

Mit Zusatzbestückung bieten sich zwei weitere Vorteile der Hydraulikbremse: Für jede Bremse kann ein zweiter ▷ Bremsgriff montiert werden (s.d.), außerdem läßt sich ein Bremskraftbegrenzungszylinder anschließen, um Laufradblockaden zu vermeiden, s. ▷ Bremskraftbegrenzung.

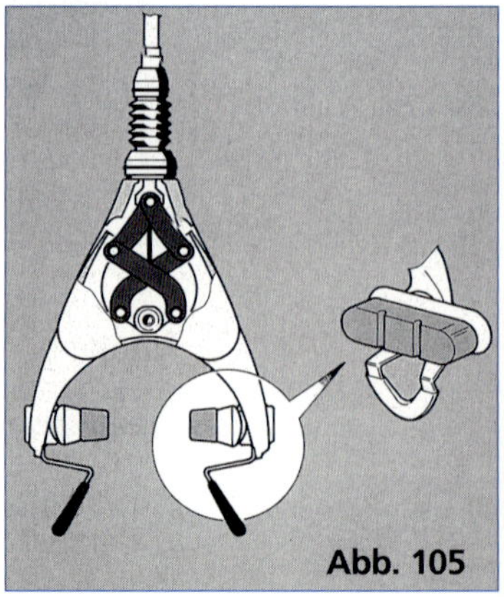

Abb. 105

Beliebt sind Hydraulikbremsen auch aufgrund ihrer weitgehenden *Wartungsfreiheit.* Allerdings kann es durch die erhöhte Schmutzbelastung beim Mountainbike-Einsatz im Laufe der Zeit zu Undichtigkeiten am Nehmerzylinder kommen, der dann ausgetauscht werden muß.
Zerlegen, Entlüften und Öl nachfüllen sind sehr selten vorkommende Wartungsarbeiten und mit einem Service-Set und beiliegender Anleitung leicht durchzuführen.

Heute offerieren mehrere Hersteller Kombinationen von mechanischen und hydraulischen Bremsen. Die Zugbetätigung erfolgt weiterhin per Bowdenzug, die eigentliche Bremsbetätigung hydraulisch. Damit können herkömmliche Bremsgriff /Schalthebel-Kombinationen beibehalten werden, und die Dosierbarkeit der Bremsanlage verbessert sich geringfügig.

Abb. 106

Spindelbremse

Sonderform der Felgenbremse, bei der die Bremsgummis von einer Schraubenspindel (▷ Bewegungsgewinde) an die Felge gedrückt werden (Abb. 109).

Vorteil: hohe Bremswirkung;
Nachteil: schlechte Dosierbarkeit infolge hoher Spindelübersetzung.

Die Marktbedeutung blieb marginal, zumal diese Bremse das Pech hatte, fast gleichzeitig mit der Hydraulikbremse auf den Markt zu kommen, die den Vorteil hoher Bremswirkung ohne den Nachteil schlechter Dosierbarkeit brachte.

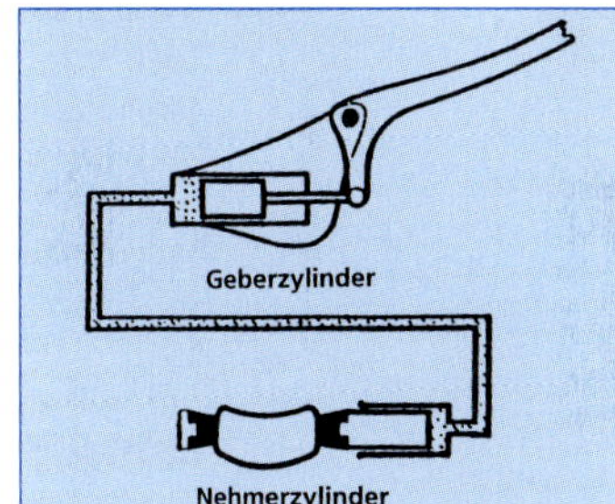

Abb. 107

"Gummibremse"

Die Bremsarme von Felgenbremsen schwenken nur wenige Millimeter um ihr Drehgelenk herum. Sie können daher auch statt der üblichen ▷ Gleitlagerung in Gummielementen schwenken. Entsprechend vorgespannt fungieren diese zusätzlich als ▷ Rückholfedern (Abb. 110).

Diese Konstruktion ist unempfindlich gegen eindringenden Schmutz und weniger wartungsbedürftig als herkömmliche Bremslagerungen. Ein weiterer Vorzug ist das viel weichere Ansprechverhalten der gummigelagerten Bremse, zudem wirkt sie (degressives Bremsverhalten durch Ausweichen der Bremsgelenke) wie eine ▷ Bremskraftbegrenzung und verhindert damit recht zuverlässig die Totalblockade des verzögerten Rades.

Abb. 108

Im Prinzip lassen sich alle Felgenbremsen derartig lagern, zur Ausführung gekommen sind bisher Cantilever und U-Brake von der Firma Point (1992). Die Erfindung geht auf den Reiseradler und Tüftler Jörgen Erichsen (1991) zurück, setzt sich aber auf dem Markt nicht durch.

Nabenbremsen

In die ▷ Nabe integrierte oder an der Nabe befestigte Bremse. Anders als bei den an der Peripherie des Laufrades angreifenden Felgenbremsen (Bremskraft wird unmittelbar an Reifen weitergeleitet), gelangt die Bremskraft bei Nabenbremsen erst über die Speichen und Felgen an die Reifen. Beim Bremsen entsteht hierdurch eine zusätzliche Speichenbelastung. Sie kann durch 4-fach-Kreuzung (s. ▷ Einspeicharten) bei normalen 36-Speichen-Laufrädern am besten aufgenommen werden.

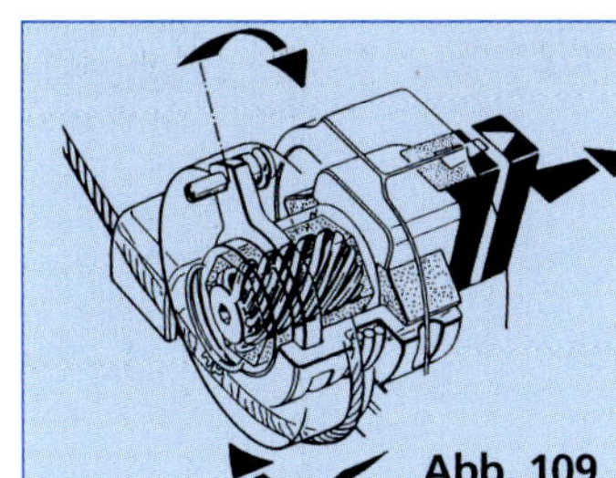

Abb. 109

Nabenbremsen erzeugen durch ihre ▷ Bremsreibung ein ▷ Drehmoment, welches mittels ▷ Bremsausleger an eine ▷ Unter- oder ▷ Sattelstrebe des ▷ Hinterbaus bzw. bei Vorderradnabenbremsen an ein ▷ Gabelbein weitergegeben und so kompensiert wird. Nabenbremsen benötigen daher besonders biegesteife Gabeln bzw. Hinterbaustreben.

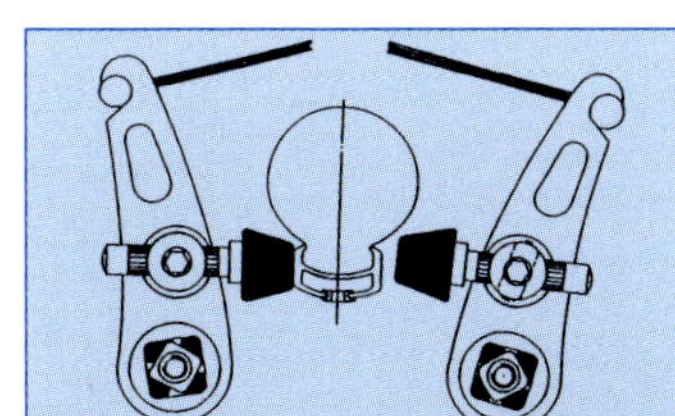

Abb. 110

Früher begnügte man sich damit, für Trommelbremsen geeignete Gabeln mit einem "T" zu kennzeichnen. Das reicht bei der Wirksamkeit der inzwischen entwickelten modernen Scheibenbremsen u.U. nicht mehr aus, zumal eine am Hinterrad montierte Scheibenbremse das Drehmoment auf die weniger biegesteife Sattelstrebe weiterleitet. Aus diesem Grunde gelten heute folgende, von dem Rahmen zu absorbierende Mindestdrehmomente: Gabelbeine 5.000 Nm (s. ▷ physikalische Definitionen), Hinterbaustreben 3.000 Nm.

Als Faustregel für Stahlrohrrahmen kann gelten: Mindestdurchmesser der Gabelbeine am ▷ Ausfallende 18 mm, der Sattelstreben 14 mm.

Wegen ihres höheren Gewichts findet man Nabenbremsen nicht am Rennrad. Sie sind jedoch am ▷ Alltagsrad unter Sicherheitsaspekten v.a. in den kälteren und feuchteren Jahreszeiten durchaus sinnvoll: Schlechtes ▷ Naßbremsverhalten wie bei Felgenbremsen, sowie das Vereisen von Felgen und Bremsgummis ist für Nabenbremsen kein Thema, sie versehen ihren Dienst im wahrsten Sinne des Wortes bei Wind und Wetter.

Nachteilig freilich ist die Überhitzungsanfälligkeit von Nabenbremsen bei langen Bergabfahrten, v.a. mit Gepäck (Ausnahme: Scheibenbremsen, s.u.).

Rücktrittbremse

Sie war die erste serienmäßig hergestellte Nabenbremse (1903 von Ernst Sachs erfunden):

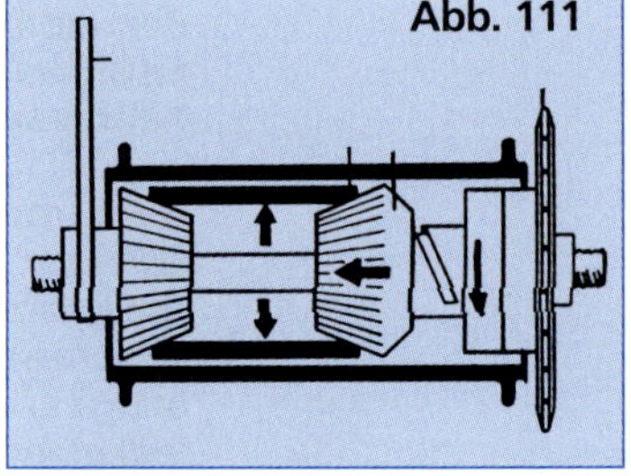

Abb. 111

Funktion: Durch Rückwärtstreten wird über die Kette das Ritzel entgegen der Raddrehrichtung bewegt. Hierdurch wird über Schrägen oder Rollen ein ▷ Bremsmantel von innen gegen den Nabenkörper gedrückt (Abb. 111). An dieser Bauweise (Details sind aus Abb. 112 ersichtlich) hat sich bis heute nichts geändert.

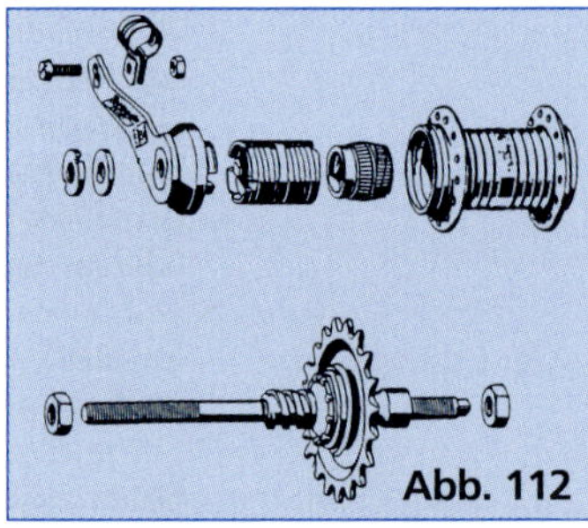

Abb. 112

Eigenheiten:
1. Der Rücktritt gilt als betriebssicherste Bremse: Bei einer Stichprobe der TH Aachen (1983) an ▷ Gebrauchsrädern waren 97% aller Rücktrittbremsen funktionstüchtig - gegenüber nur 40% der mit ▷ Bowdenzug betätigten Felgenbremsen! Vor allem am Kinder- und Jugendrad gibt die Rücktrittbremse daher Eltern das gute Gefühl, ihre Sprößlinge auf der sicheren Seite zu wissen.
Anmerkung: Zu beachten ist, daß sich Kinder mangels Beinkraft häufig einen optimalen Bremspunkt angewöhnt haben und dann in Gefahrensituationen u.U. bis zu einer 3/4 Umdrehung weitertreten müssen, um ihre Brems-Kurbelstellung zu erreichen. Diese Angewohnheit ist leider auch bei manchen Erwachsenen anzutreffen.
2. Die Bremswirkung des Rücktritts kann als mittelmäßig bezeichnet werden, sie erhöht sich allerdings bei Verwendung einer ▷ Nabenschaltung infolge günstigerer Hebelverhältnisse beim Einschalten von Berggängen, reduziert sich aber aus gleichem Grunde in den Schnellgängen. *Tip:* Bei sehr steilen Abfahrten sollte daher aus Sicherheitsgründen in den Berggang geschaltet werden!
3. Bei längeren Bergabfahrten kann es infolge zu starker Erwärmung zum Nachlassen der Bremswirkung kommen. *Tip:* Zur Sicherheit daher im Wechsel mit der Vorderradbremse bremsen.

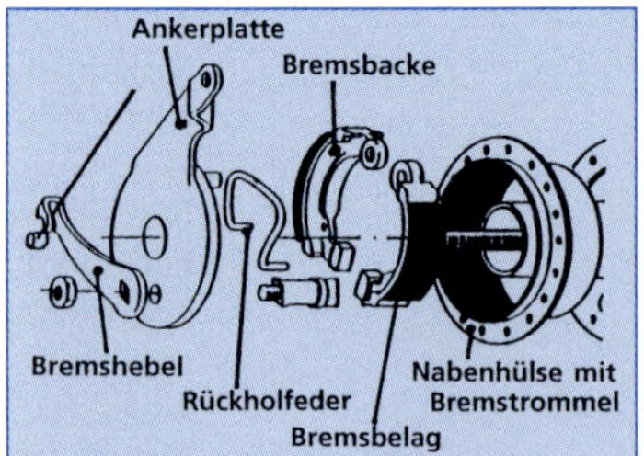

Abb. 113

Trommelbremse

Die aus dem Motorradbereich übernommene Trommelbremse (Abb. 113) - auch "Innenbackenbremse" genannt - wurde bereits vor dem 2. Weltkrieg auch an Fahrrädern montiert, hat sich aber wegen ihres vergleichsweise hohen Preises und Gewichtes nicht auf breiter Front durchsetzen können. Fast schon Standard ist sie allerdings am Tandem als zusätzliche, nicht auf die Felgen wirkende Bremse.

Funktion: Ein stark ovalisierter Zapfen drückt zwei ▷ Bremsbacken auseinander, die hierdurch gegen einen zentrisch darüber liegenden ▷ Bremsmantel gepreßt werden.
Die ▷ Bremswirkung ist mittelmäßig bis gut und hängt vom Durchmesser der ▷ Bremstrommel im Verhältnis zum Laufraddurchmesser sowie von der Anpreßkraft der ▷ Bremsbeläge ab (Hebelübersetzung von ▷ Bremsgriff und Betätigungshebel an der Bremse).

Übrigens bremst die auflaufende Bremsbacke intensiver als die ablaufende, da sich eine Komponente der Reibungskräfte zur Betätigungskraft hinzuaddiert. Mit einem sog. Synchronisiermechanismus (s.u. "aufschraubbare Trommelbremse" von Primus) kann dieser Nachteil jedoch weitgehend ausgeglichen werden (Abb. 114).

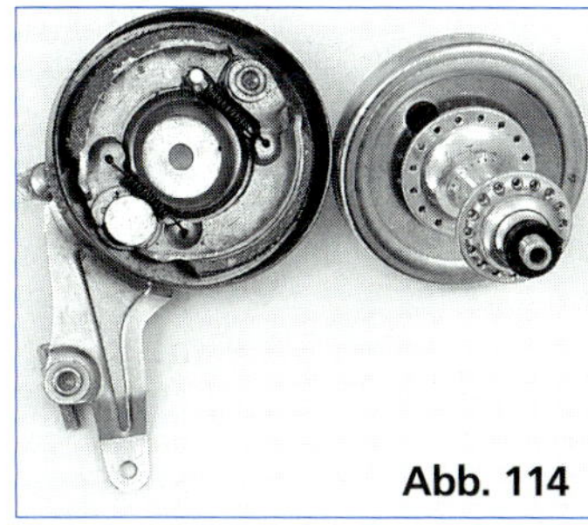
Abb. 114

Bei den früher (z.T. bis in die 70er Jahre) in die Nabe integrierten, "trommelartigen" - daher der Name - Konstruktionen dieser Bremse kam es bei langen Bergabfahrten immer wieder zur Überhitzung (Verlust der Bremswirkung, "Auskochen" des Lagerfetts). Moderne, kelchartige Formen, vergl. Abb. 113, vergrößern die Wärmeabstrahlfläche und mindern so die Überhitzungsgefahr.

Aufschraubbare Trommelbremsen: Eine interessante Variante sind die auf die Nabe aufschraubbaren Primus-Trommelbremsen, bei denen die Bremstrommel auf ein separates Nabengewinde geschraubt wird. Fürs Hinterrad ist dafür eine Sondernabe erforderlich. Fürs Vorderrad Hinterradnabe verwenden (Bremstrommel wird auf Schraubkranzgewinde gedreht). Die Achsbreite muß allerdings gekürzt werden und die Bremse auf die linke Seite montiert werden, um sich nicht vom Gewinde herunterzudrehen.

Diese Bauart besitzt den Vorteil, daß nur über das Aufschraubgewinde ein Wärmefluß zur eigentlichen Nabe besteht, wodurch sich die Überhitzungsgefahr für das Nabenlager (Auskochen des Lagerfetts) deutlich mindert. Weitere technische Feinheit dieser Bremse: Durch einen Synchronisiermechanismus (verschiebbares Gelenk) bremsen beide Bremsbacken in etwa gleich stark.

Scheibenbremse

Eine seitlich an der Nabe angebrachte, dünne ▷ Bremsscheibe wird beidseitig von Bremsbacken "in die Zange" genommen. Diese werden vom ▷ Bremssattel gehalten und hydraulisch oder (Abb. 115) mechanisch betätigt. Einzelheiten der hydraulisch betätigten Sachs-Scheibenbremse sind aus Abb. 116 ersichtlich. Im Zuge des modischen Transfers aus dem Motorradbereich haben sich Scheibenbremsen vor allem bei prestigeträchtigen ▷ Mountainbikes etabliert.

Abb. 115

Scheibenbremsen werden an speziellen ▷ Scheibenbremsnaben angebracht (Übertragung des ▷ Drehmoments auf Nabe und Speichen) und warten daher i.d.R. mit vergrößertem Durchmesser der ▷ Flansche auf, um die Speichen nicht zu hoch zu belasten.

Wie bei der Trommelbremse ist sicherzustellen, daß die entsprechenden Rahmenelemente (Gabelbeine bzw. Hinterbaustreben) den oben angegebenen Mindestdrehmomenten standhalten.

Die Bremswirkung von Scheibenbremsen ist als gut bis sehr gut zu bezeichnen, kann aber durch den Einbau von Leichtscheiben aus unbeschichtetem ▷ Aluminium oder ▷ Carbon u.U. gemindert sein.

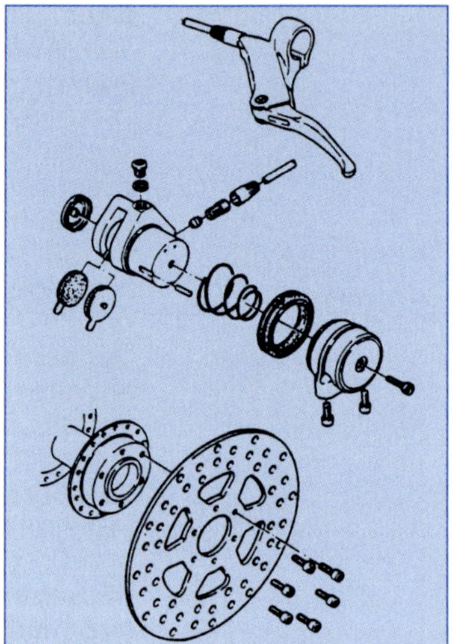

Abb. 116

Die *Wärmebelastbarkeit* der Scheibenbremsen ist deutlich höher als die von Trommelbremsen, ihre Wärmeabstahlung durch die freistehende Bauweise mit großer Oberfläche entschieden günstiger. Trotzdem kann es bei sehr langen Abfahrten zum Nachlassen der Bremswirkung (▷ Fading) kommen.
Dafür hat man den Vorteil, daß sich die Felgen und Reifen nicht erhitzen, das ▷ Reifenwandern also in weitaus geringerem Maße auftritt als bei Felgenbremsen.
Da Bremsscheiben sehr präzise gefertigt werden, ist bei der Scheibenbremse ▷ Brems- oder gar ▷ Gabelflattern nahezu ausgeschlossen. Betätigt werden Scheibenbremsen über ▷ Bowdenzüge, hydraulisch oder mittels Kombinationen von beiden. Darüberhinaus sind Bauweisen realisiert, die eine Nachrüstung auf Scheibenbremsen ohne ▷ Anlötteile ermöglichen und solche, die spezielle Anlötsockel erfordern.

Genau genommen ist auch die Felgenbremse eine Art Scheibenbremse, wobei die "Scheibe" (Felgenflanke) sogar an der effektivsten Stelle liegt, der Peripherie des Laufrades: Daher muß die Bremskraft nicht erst von den Speichen "vermittelnd" übertragen werden, wie bei der echten, im Zentrum des Laufrades agierenden Scheibenbremse.

Rollenbremse

Sonderform der Nabenbremse (Hersteller: ▷ Shimano), die analog dem ▷ Rollenantrieb der ▷ Torpedo-Freilaufnabe funktioniert, aber über Handhebel und ▷ Bowdenzug betätigt wird: Rollen werden über eine Kurvenscheibe nach außen auf einen speziellen ▷ Bremsmantel gepreßt (Abb. 117).

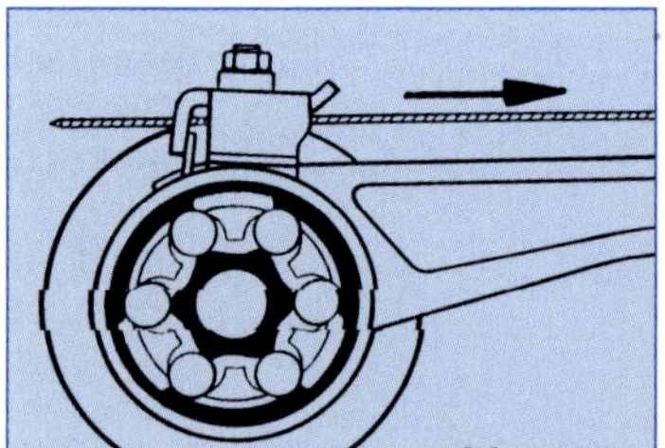

Abb. 117

Wegen ihrer Unempfindlichkeit gegen Nässe und Verschmutzung wird sie manchmal an ▷ Mountainbikes eingesetzt, da sie bei etwa gleicher Bremswirkung ein geringeres Gewicht besitzt als die Trommelbremse. Nachteilig ist wie bei dieser die Überhitzungsanfälligkeit. Allerdings präsentierte Shimano unlängst eine neue Ausführung mit Kühlscheibe. Sie ist vermutlich hitzebeständiger.

Bandbremse

Eine auch "Außenbackenbremse" (i.G.z. Trommelbremse) genannte Sonderform der Nabenbremse ohne Marktbedeutung (Abb. 118).

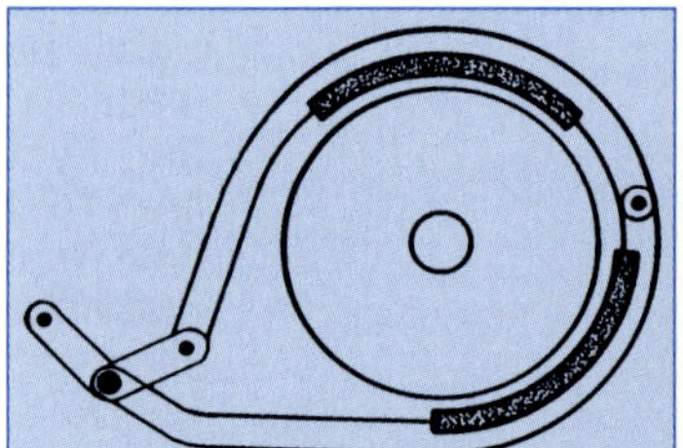

Abb. 118

Bei ihr wird eine oben flächige Scheibe entweder an die Nabe geschraubt (insofern ähnlich der aufschraubbaren Trommelbremse). Der Umfang der Scheibe wird von einer Bandschleife umschlungen, wobei per Bowdenzug der Umschlingungsdurchmesser verengt wird, wodurch eine gute Bremswirkung erzielt wird.

Gestängebremse

Klotz-, Felgen- oder Trommelbremse, bei der die Verbindung zw. ▷ Bremsgriff und ▷ Bremskörper mittels einer Konstruktion aus Stäben und drehbar gelagerten Winkeln - dem Bremsgestänge - hergestellt wird.

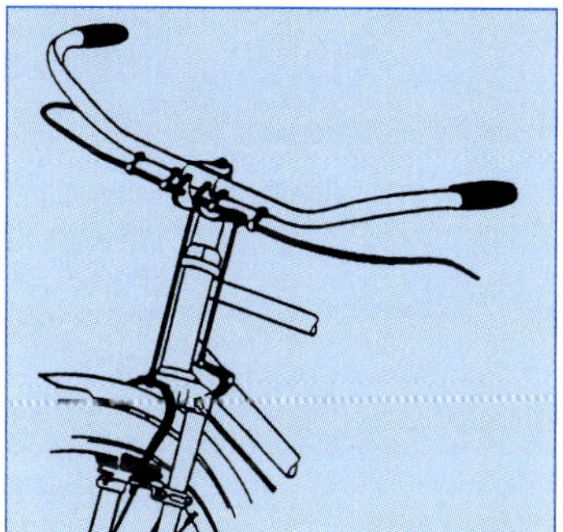

Abb. 119

Diese nun üblicherweise durch den ▷ Bowdenzug ersetzte Konstruktion war früher Standard und ist heute v.a. noch in angelsächsischen und in Entwicklungsländern verbreitet, wobei die Wirkungsweise (Bremsklötze drücken unter die Felge, Abb. 119) ein flatterfreies Bremsen bewirkt - vgl. hierzu auch ▷ Bremsflattern.

Vorteil von Gestängebremsen ist, daß sie wartungsarm, sicher und nahezu reibungsverlustfrei sind, Nachteil ist ihr hohes Gewicht.

Reifen- oder Klotzbremse

Veralteter Bremstyp, bei dem ein Gummiklotz per Gestänge oder (seltener) ▷ Bowdenzug vor der Gabel auf den Vorderradreifen gedrückt (Abb. 120) wird. Die Wirksamkeit dieser Bremse ist unmittelbar vom Reifendruck abhängig; sie sollte selbstverständlich nicht bei stark profilierten Reifen eingesetzt werden (Blockiergefahr).

Abb. 120

In der Gestängeversion sind diese Bremsen wegen ihrer Betriebssicherheit und Wartungsarmut z.T. noch heute bei Posträdern zu finden (kein Einrosten von Bowdenzügen u.ä.). Mit einem ▷ Doppelbremszug können übrigens auch zwei Bremsen mittels eines Bremsgriffs betätigt werden.

Bremsfläche

Teil einer ▷ Bremse, der als Kontaktpartner von ▷ Bremsgummis oder ▷ Bremsbelägen fungiert und per ▷ Reibung die eigentliche ▷ Bremswirkung. Bei ▷ Felgenbremsen fungieren die Felgenflanken als Bremsflächen, bei ▷ Nabenbremsen Trommel, Bremsmantel oder -scheibe.

Bremsflattern

Periodisches, in Fahrtrichtung Vor- und Zurückschwingen der ▷ Bremsgummis bei ▷ Felgenbremsen, das u.U. auch ein ▷ Gabelflattern auslösen kann.

Bremsflattern kann bereits durch geringfügige Unterschiede der Felgenbreite (bes. am ▷ Felgenstoß) auftreten: Die Bremswirkung ändert sich rhythmisch mit der Radumdrehung und führt so zum Flattern (Abb. 121).
Gegenmittel: 1.) maschinell nachgearbeitete Felge ("Sub"-Felgen von ▷ Mavic); 2.) Felgen mit überschliffenen und damit eingeebneten Bremsflächen; 3.) Selbsthilfe für Bastler: Felgentaille durch Aufkleben von Schmirgelleinen auf Bremsgummis und ca. 30 km weitem Fahren mit leicht angezogenen Bremsen plan schmirgeln.

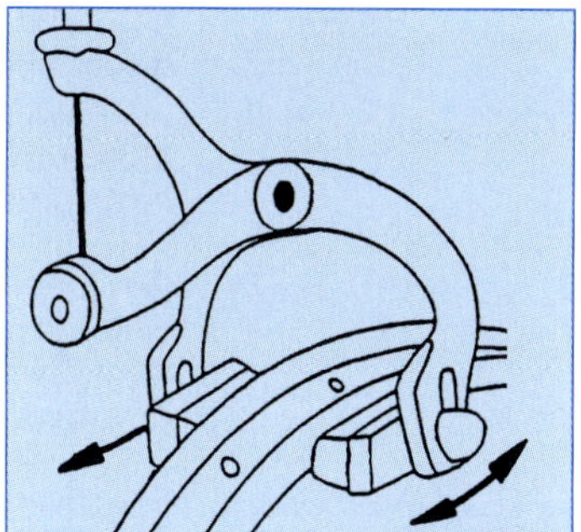

Abb. 121

Bremsgriff

Am Lenker montierte Vorrichtung, die mittels Hebelmechanik die Handkraft des Fahrers verstärkt. Die Weiterleitung zur eigentlichen Bremse erfolgt dann mittels ▷ Bowdenzug, Gestänge oder Hydraulikleitung.

Für die ▷ Bremswirkung ist das ▷ Hebelverhältnis der Bremsgriffe mitentscheidend: Je kleiner der Abstand vom Drehpunkt zur Bowdenzugeinhängung gehalten wird, umso größer ist die Kraft, mit der Bowdenzug oder Hydraulikleitung betätigt werden.

Um den kleineren Handspannen vieler Frauen und von Kindern gerecht zu werden, lassen sich die meisten modernen Bremsgriffe in ihrem Hebelabstand zum Lenker einstellen.

Typen

Bremsgriffe unterscheiden sich hauptsächlich nach der Lenkerart, für die sie vorgesehen sind, aber natürlich auch nach dem "Medium" der Bremsbetätigung (Bowdenzug, Hydraulik, Gestänge). Bei den üblichen Bowdenzugbremsen ist noch der zu dem jeweiligen Bremsgriff passende ▷ Bremszugnippel zu beachten.

f. Rennlenker

Rennbremsgriffe folgen in etwa der vorderen Lenkerkontur und sind für Bowdenzüge mit runden, abgesetzten Nippeln ausgelegt (Abb. 122 oben).

Bei den Hydraulikversionen beinhaltet das Bremsgriffgehäuse den Geberzylinder (s. ▷ Bremsen: Hydraulikbremse). Als Besonderheit steht hier eine Bremsentlüftungsöffnung zur Verfügung, die zum Anschluß eines zweiten Bremshebels (▷ Tria-Lenker) genutzt werden kann.

Eine Sonderbauweise ist der kombinierte ▷ Brems/Schalt-Hebel.

f. MTB-Lenker

Robuste, in ihrer Griffweite einstellbare Bremsgriffe für ▷ Mountainbikes und ▷ Trekkingräder (Abb. 122 unten). Sie besitzen in der Regel einen weiter vom Lenker entfernten Drehpunkt als Normalgriffe. Hiermit wird vermieden, daß beim Zweifingerbremsen noch am Lenker befindliche Finger eingeklemmt werden. Noch besser sind in dieser Hinsicht ▷ Zwei-Finger-Bremshebel (Abb. 123).

Wie die meist einfachen Ausführungen von Griffen für Normallenker sind MTB-Griffe für Quernippel ausgelegt, besitzen aber im Gegensatz zu ihnen eine ▷ Einstellschraube zur Justierung des Bremszuges.

Eine Sonderbauweise ist auch hier der kombinierte ▷ Brems/Schalt-Hebel (Abb. 124), ebenso Hydraulikgriffe.

f. Normallenker

Gewöhnliche Bremsgriffe sind in einfacher oder im Abstand des Hebels zum Lenker einstellbarer Version erhältlich. Sie sind für Bowdenzüge mit Quernippeln ausgelegt (Abb. 125) und auch in Hydraulikversion erhältlich (früher auch für ▷ Gestängebremse).

Bremshebel für Bar Ends

Spezielle Bremsgriffe für Lenker mit ▷ Bar Ends sind am Ende abgewinkelt, damit auch vom Hörnchen aus gebremst werden kann. Ansonsten gleichen sie im Aufbau den Griffen für MTB-Lenker (Abb. 126).

Bremsgummis

An die ▷ Bremsarme von ▷ Felgenbremsen montierte, in einem ▷ Bremsschuh gehaltene Spezialgummis (Abb. 127).
Die Bremsgummis werden mittels der Bremsmechanik gegen die Felgenflanke gedrückt und wandeln so per Reibung ▷ kinetische Energie in Wärme um, wodurch sich die Geschwindigkeit eines Fahrrades vermindert.

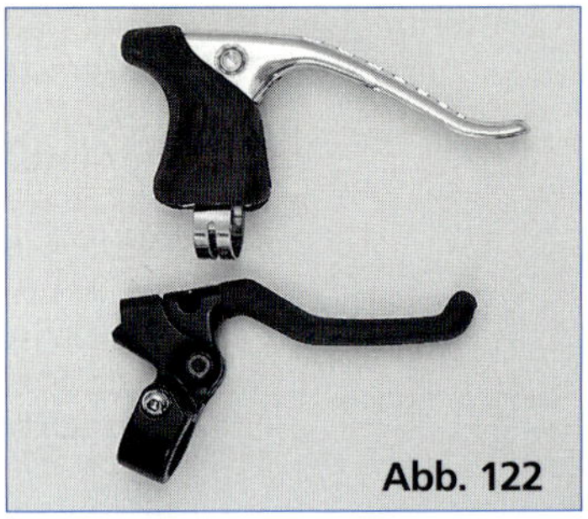
Abb. 122

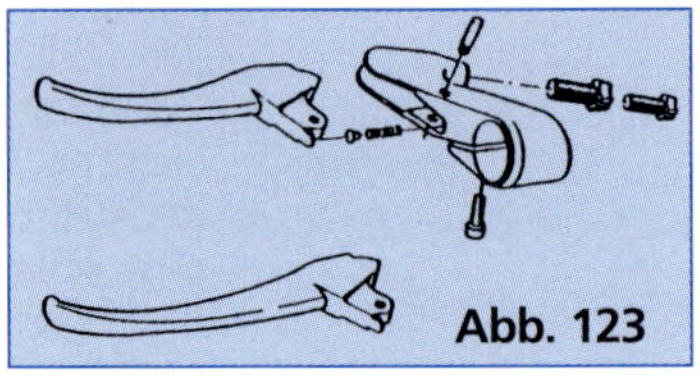
Abb. 123

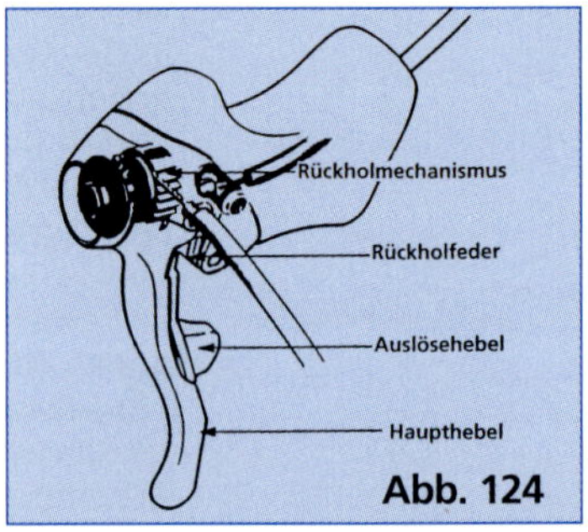

Abb. 124

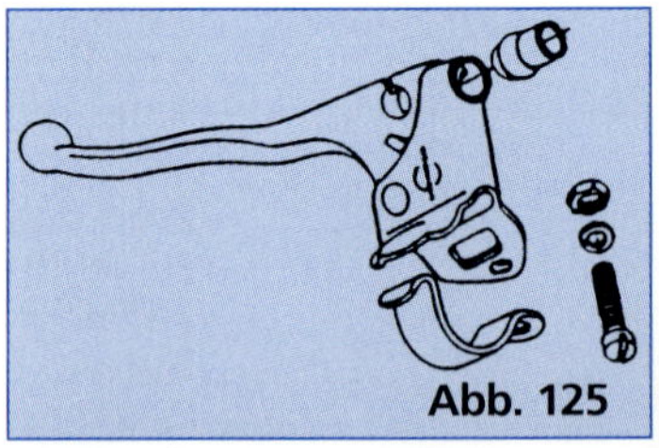
Abb. 125

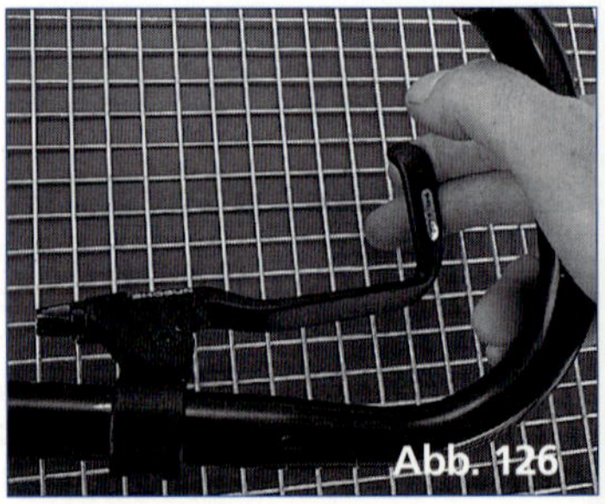
Abb. 126

Mit speziellen Gummimischungen ist man bemüht, sehr griffige und zugleich abriebfeste Bremsgummis zu schaffen. Bei speziellen ▷ Naßbremsgummis mischt man härtere Bestandteile unter, um punktuelle Kontakte zur Felge herzustellen. Die wenig sinnvollen Stahlfelgen benötigen wegen ihrer schlechten Reibwerte besondere Bremsgummis.

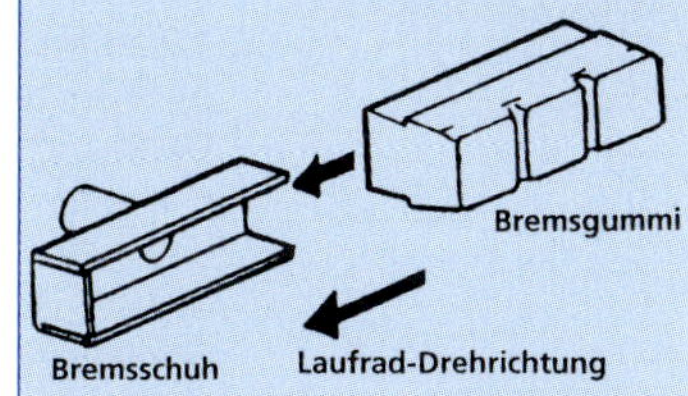

Abb. 127

Physikalisch gesehen ist die ▷ Bremswirkung übrigens unabhängig von der Größe der Bremsgummifläche:

Kleine Bremsgummis haben die gleiche Bremswirkung wie große!

Da die gleiche Bremskraft jedoch auf eine kleinere Fläche wirkt, wird der sog. ▷ Anpreßdruck größer, ein Wasserfilm wird schneller durchbrochen - allerdings nimmt der Bremsabrieb gegenüber größeren Gummis deutlich zu, kleine Bremsgummis verschleißen also schneller.

Profilierungen der Bremsgummis wirken ebenfalls als Verkleinerung der Bremsgummifläche und werden unter modischen Aspekten oder zum Zwecke eines Selbstreinigungseffekts hergestellt. In der Praxis stellt sich aber heraus, daß immer wieder kleine Steinchen oder Felgenabriebspäne in den Profillücken hängen bleiben, was nicht nur die Bremswirkung beeinträchtigt, sondern auch die Felge beschädigt.

Profilierungen geben einen Anhalt für den ▷ Abrieb des Bremsgummis: Ist das Profil weggebremst, muß der Gummi ausgetauscht werden, sonst besteht die Gefahr, daß alsbald der Bremsschuh auf der Felge schleift, diese beschädigt und die Bremswirkung reduziert.

S.a. ▷ Bremsklotz; ▷ Bremsschuh.

Bremsgummi	Reibwerte naß / trocken bei Felgenoberfläche:			
	preßblank	**überschliffen**	**eloxiert**	**Keramik**
Standard	0,20 / 0,70	0,22 / 0,70	0,1 / 0,75	0,35 / 0,65
Naßbrenngummi	0,25 / 0,65	0,25 / 0,65	0,2 / 0,7	0,30 / 0,65
	Reibwerte bei verchromten Stahlfelgen:			
Standard	0,07 / 0,60			
Naßbremsgummi	0,17 / 0,55			

Anmerkung: Die Reibwerte variieren in der Praxis durch die Planparallelität der Felgen/Brems-Flanken zueinander.

Bremshebel

Teil des ▷ Bremsgriffes, der den Handkontakt hat und eine Hebelübersetzung zum Betätigen der Bremse bewirkt (Abb. 128). Bremshebel sind i.d.R. unter anatomischen Gesichtspunkten geformt und sollten an ihrem Ende eine Verdickung besitzen (Schutz vor Abrutschen und Sturzverletzungen).
Für das ▷ Mountainbike sind bes. die ▷ Zwei-Finger-Bremshebel beliebt, mit denen sich nicht nur feinfühliger bremsen läßt, sondern auch eine bessere Lenkerkontrolle während des Bremsens gegeben ist.

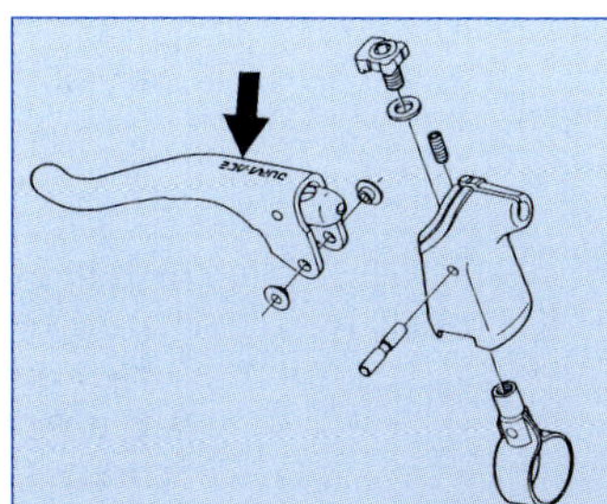
Abb. 128

Bremshörnchen

Sonderkonstruktion eines ▷ Bremsgriffes für ▷ Mountainbikes und ▷ Trekkingräder, bei dem mittels eines drehbar am Lenkerende gelagerten, anatomisch geformten Griffes die Bremsen per Drehung nach vorn betätigt werden (Abb. 129).

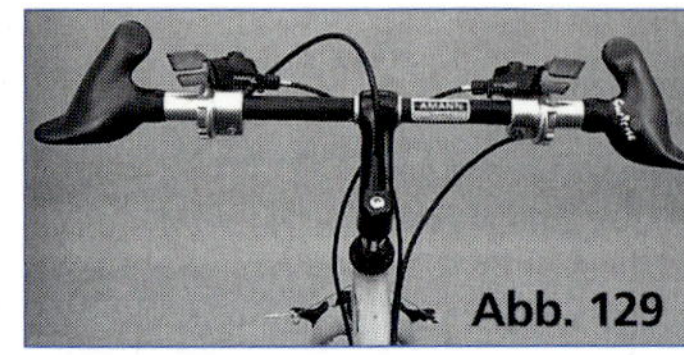

Abb. 129

Sinn: Der Biker hat immer unmittelbaren Zugriff zur Bremse, was insbes. im Stadtverkehr und bei langen Abfahrten Vorteile bringt (weniger verkrampfte Handhaltung beim Dauerbremsen). Nachteil: Keine Montage von ▷ Drehschaltgriffen möglich.

Bremsjoch

Auch "Bremssattel" genanntes, zangenartig auf die ▷ Bremsscheibe einwirkendes Bauteil einer ▷ Scheibenbremse, das die ▷ Bremsbeläge trägt und die ▷ Bremsnormalkraft erzeugt (Abb. 130).

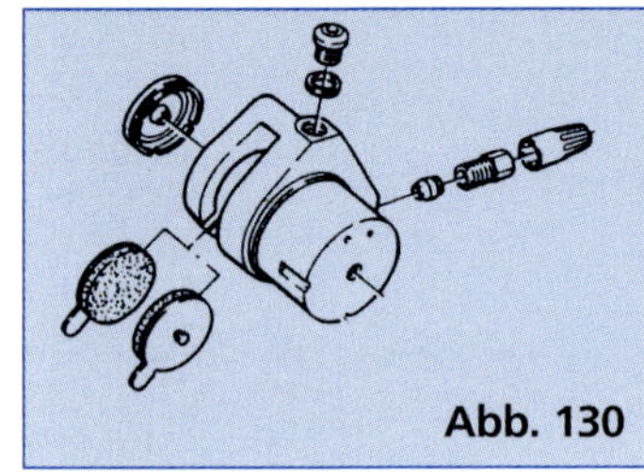

Abb. 130

Gelegentlich auch Bez. f. den Haltebügel, mit dem konventionelle ▷ Mittelzugbremsen an den Rahmen geschraubt werden und dessen ▷ Drehbolzen fixieren.

Bremskabel

Andere Bez. f. ▷ Bremszug.

Bremsklotz

Einheit von ▷ Bremsgummi und seiner Halterung bzw. dem ▷ Bremsschuh.

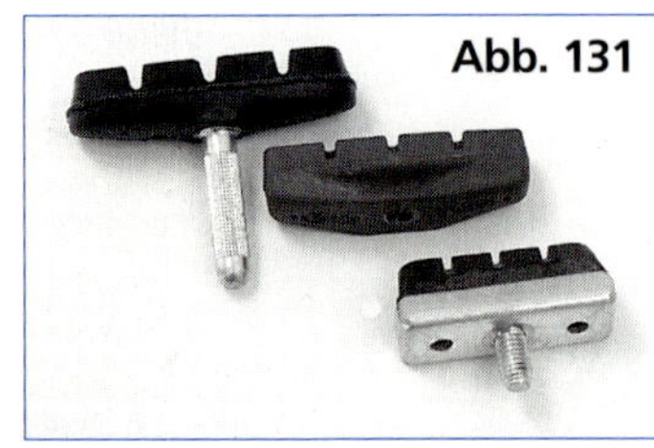

Abb. 131

Standard ist die Ausführung mit Gewinde für Mutter- oder Inbusbefestigung für: ▷ Seitenzugbremse; klass. ▷ Mittelzugbremse; U-Brake (Abb. 131 rechts und Mitte) oder mit Stehbolzen für die Klemmbefestigung von ▷ Cantilever-Bremse (Abb. 131 links).

Gegenüber früherer Bauweise, bei welcher der eigentliche Bremsgummi in einem "Bremsschuh" gehalten wurde, werden heute die Teile in einem Stück hergestellt, indem die Halteelemente gleich mit in den Bremsgummi einvulkanisiert werden.

Bremskörper

"Tragende" Konstruktion von Bremsanlagen. Bei ▷ Felgenbremsen sind dies z.B. die ▷ Bremsarme, bei ▷ Scheibenbremsen der ▷ Bremssattel.

Bremskraft

Durch die Bremsbetätigung hervorgerufene Kraft, welche das Fahrtempo verzögert. Ihre Berechnung unterscheidet sich bei den beiden grundsätzlichen Bremsentypen (außer Acht gelassen seien ▷ Klotzbremse und andere Antiquaria) durch das Verhältnis Reibradius/Laufradradius und errechnet sich nach:

$F_b = Fn \times \mu \times r_b/r_r$

Hierbei ist:
F_b = Bremskraft in N;
Fn = ▷ Bremsnormalkraft in N;
μ = ▷ Reibungskoeffizient (ohne physikal. Einheit);
r_b = Reibradius (halber Duchmesser von Bremstrommel, -mantel oder -scheibe) in mm;
r_r = halber Durchmesser des ▷ Laufrades in mm.

Anhaltspunkte für das Verhältnis r_b/r_r:

Felgenbremse Rennrad:	0,93
Felgenbremse MTB:	0,85
Scheibenbremse:	0,22
Trommelbremse:	0,12
Rücktrittbremse:	0,08

Da Felgenbremsen ja an der Peripherie des ▷ Laufrades angreifen, tritt durch die Bremskraft kein ▷ Drehmoment zwischen Felge und Nabe auf, so daß die Speichen beim Bremsen nicht belastet werden.

Anders liegen die Verhältnisse bei ▷ Trommel- und ▷ Scheibenbremsen: Hier wird in der Nähe der ▷ Naben gebremst und die Bremskraft gelangt erst über die Speichen auf Felge und Reifen. Folge: Entschieden höhere Speichenbelastung durch Bremsen als bei kräftigem Antritt (Risiko von ▷ Speichenbruch).

Zur Veranschaulichung: Jeder Radler kann ohne weiteres innerhalb von 20 m von 36 km/h auf 0 km/h abbremsen, aber kaum ein ▷ Sprinter schafft es, innerhalb dieser Distanz von 0 auf 36 km/h zu beschleunigen. Demnach übersteigt auch die Bremskraft bei Nabenbremsen bei weitem die Antriebskraft. Entsprechend höher ist die Speichenbelastung.

Bremskraftbegrenzung

Durch mechanische Hebelverhältnisse oder Zusatzaggregate begrenzte Wirksamkeit von Bremsen mit dem Ziel, eine Laufradblockade zu verhindern (Abb. 132).

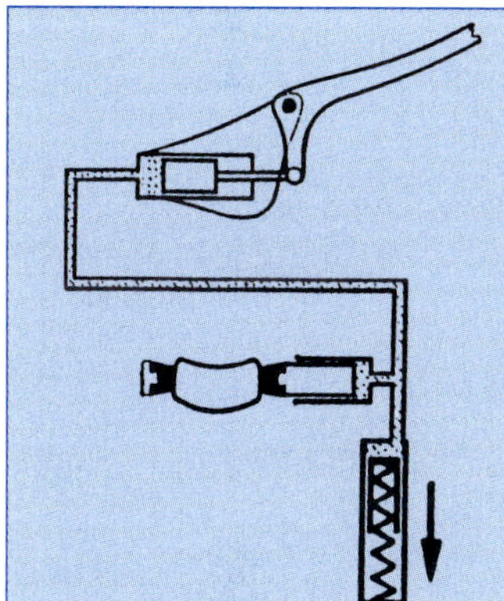

Federbelasteter Ausgleichszylinder

Abb. 132

Bisherige Ausführungen:

* separater, mit Federdruck vorbelasteter Zusatzzylinder bei ▷ Hydraulikbremsen, der sich, sobald die ▷ Bremskraft die Vorbelastung übersteigt, eindrückt und damit deren weiteres Ansteigen vermeidet. Beispiel von Magura: "HBC"-Zylinder (Hydraulic Brake Control).
* gummigelagerte Bremse von Point (s. ▷ Bremsen: Gummibremse), die durch seitliches Ausweichen ihrer "Gummigelenke" die Degressivität der Felgenbremse weiter erhöht und auf diese Weise Radblockaden zuverlässig vermeidet.

Auf griffiger, trockener Fahrbahn vermeiden beide Ausführungen die Radblockade wirksam und können als "quasi-ABS" bezeichnet werden. Auf sandigem, glitschigem oder vereistem Untergrund ist die ▷ Haftreibung zwischen Reifen und Fahrbahn geringer, es kann trotz der Bremskraftbegrenzung zum Blockieren der Räder kommen.

Bremskraftrückgewinnung

Sonderkonstruktion an Fahrrädern mit elektrischem ▷ Hilfmotor oder ▷ HPV-Fahrrädern, bei der zum Bremsen der Antriebsmotor als Generator genutzt wird. Hierzu wird z.T. sogar noch mit einer Sonderübersetzung der Hilfsmotor auf sehr hohe Umdrehungsgeschwindigkeit gebracht und erzeugt dann als Generator während des gesamten Bremsvorgangs elektrischen Strom, der der Batterie zufließt.

Physikalisch gesehen wird die ▷ kinetische Energie nicht in Wärme, sondern in elektrische Energie umgewandelt, die ▷ Bremsarbeit verpufft also nicht, sondern wird genutzt.

Diese an sich gute Idee hat sich bisher nicht auf dem Markt durchsetzen können, da die Effizienz der Rückgewinnung noch relativ gering ist.

Bremskraftverstärkung

Mechanische Einrichtungen, um die zum Bremsen benötigte Handkraft zu reduzieren, die ▷ Bremskraft aber zu verstärken.
Eine Möglichkeit hierzu besteht darin, die beim Bremsen erzeugte Kraftkomponente in Laufraddrehrichtung über eine schiefe Ebene (CLB; Mafag; Abb. 133 oben) oder eine Schraubenspindel (Suntour XC Pro; Pedersen SE; Abb. 133 unten) zur Kraftverstärkung zu nutzen. Damit wird die Bremswirkung aber stark progressiv und kann insbes. am Vorderrad zu Radblockade und Stürzen führen.

Eine andere Art der Bremsverstärkung besteht in einer Übersetzungsänderung des Bowdenzugweges, wie er mit einer ▷ Bremszugumlenkrolle am Ende eines Bremsarmes erreicht werden kann, was die Betätigungskräfte nach dem physikalischen Prinzip der losen Rolle verdoppelt, aber die Dosierbarkeit der Bremse reduziert.

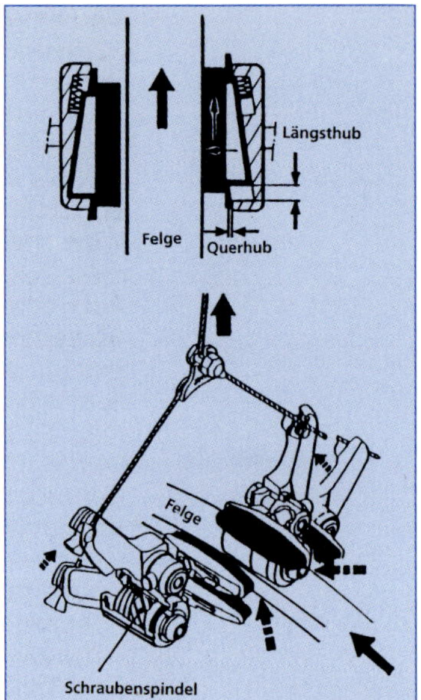

Abb. 133

Bremsleistung

Entsprechend der physikalischen Definition von ▷ Leistung - *Kraft mal Weg pro Zeit* - in ▷ Watt angegebene Leistung einer Bremse, welche diese bei der Verzögerung erbringt. Sie errechnet sich nach der Formel:

$$P_b = \frac{F_b \times sb}{t_s}$$

Hierbei sind: P_b = Bremsleistung in W (s. ▷ physikalische Einheiten);
F_b = Bremskraft in N;
sb = Bremsweg in m;
t_s = Zeit des Bremsvorgangs, innerhalb der der Bremsweg sb zurückgelegt wird, in sec.

Die Bremsleistung ist eine wenig gebräuchliche Größe, die allerdings bisweilen in Zusammenhang mit anderen Leistungsgrößen gebracht wird wie Fahrerleistung und Motorleistung. Man beachte auch den Unterschied zu ▷ Bremskraft und ▷ Bremsarbeit.

Bremsleitung

Bei ▷ Hydraulikbremse: Verbindungsleitung zwischen Geber- und Nehmerzylinder. Äußerlich einem konventionellen ▷ Bowdenzug gleichend (und wie dieser mittels Kabelösen verlegt), besteht sie aus einem Hartkunststoffröhrchen, in welchem die Öl-"Säule" zwischen Geber- und Nehmerzylinder hin- und hergeschoben wird.

Wichtig ist eine absolute Dichtigkeit der Anschlüsse an Bremsgriff und eigentlicher Bremse, die entweder über Quetsch- oder spezielle Steckverbindungen hergestellt wird.

Nach eventuellen Montagearbeiten (z.B. Auswechseln der Leitung) müssen die Bremsleitungen entlüftet werden. Einzelheiten dazu s. ▷ Entlüften.

Bremsmantel

Eigentliche ▷ Bremsfläche bei der ▷ Rücktrittbremse (sowie ▷ Rollenbremse) oder einer ▷ Trommelbremse, Ausführung in vergütetem Stahl (Abb. 134).

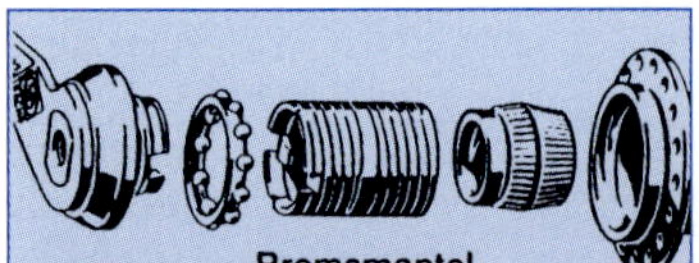

Abb. 134

Bremsmaß

Abstand von der Befestigungsbohrung von ▷ Seitenzugbremse und klassischer ▷ Mittelzugbremse zur Mitte der Felgenflanke (Abb. 135).

Das Bremsmaß ist mit dem Bau eines Fahrrades festgelegt und damit meist auch die Höhe der ▷ Bremswirkung, da es in die Geometrie der Hebelverhältnisse einer Bremse eingeht.

Faustregel:

Bremsmaß bis 42 mm - hohe Bremswirkung;
bis 50 mm - gute Bremswirkung;
bis 55 mm - ausreichende Bremswirkung;
darüber: ungenügende Bremswirkung.

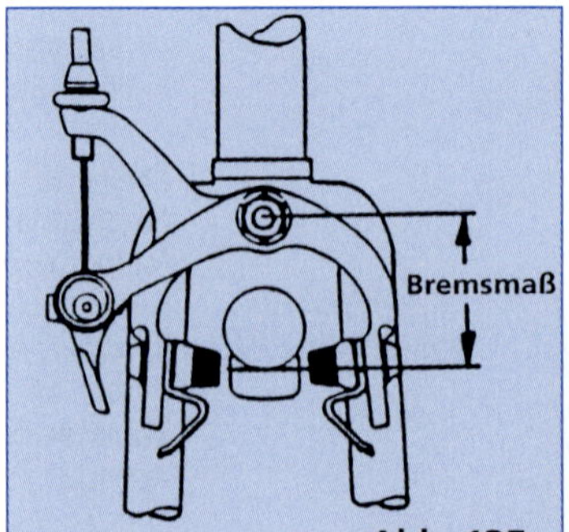

Abb. 135

Anmerkung: Mittels doppelt gelagerter Bremse (Typ "SLR", s. ▷ Bremsen) lassen sich die Hebelverhältnisse "aufbessern".

Bei ▷ Touren- und ▷ Trekkingrädern sowie ▷ Mountainbikes sind wegen der üppigen Reifenmaße plus einem Freiraum zur Verhinderung von Radblockaden bei Verschlammung keine genügend kurzen Bremsmaße und damit auch keine ausreichende Bremswirkungen mehr zu erzielen. Dies ist der Grund dafür, warum diese Räder i.a.R. mit ▷ Cantilever-Bremsen ausgestattet werden. Auch hier wird bisweilen ein Bremsmaß angegeben, welches den Abstand vom ▷ Austallende bis zur Mitte des Cantileversockels angibt (Abb. 136). Für MTB (▷ Felgennennmaß: 559) liegen die Bremsmaße bei 245-265 mm, bei 28"-Fahrrädern (Felgennennmaß: 622) bei 275-290 mm.

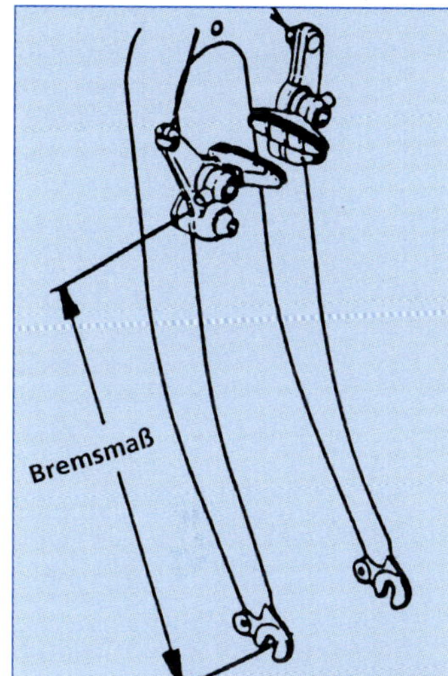

Abb. 136

Die Bremswirkung steigt hierbei mit jeweils zunehmendem Bremsmaß, wobei aber auch noch der Abstand der Cantilever-Sockel voneinander eingeht.

Bremsmoment

▷ Drehmoment, welches beim Bremsen von der Bremse an den Rahmen weitergeleitet wird (Abb. 137).

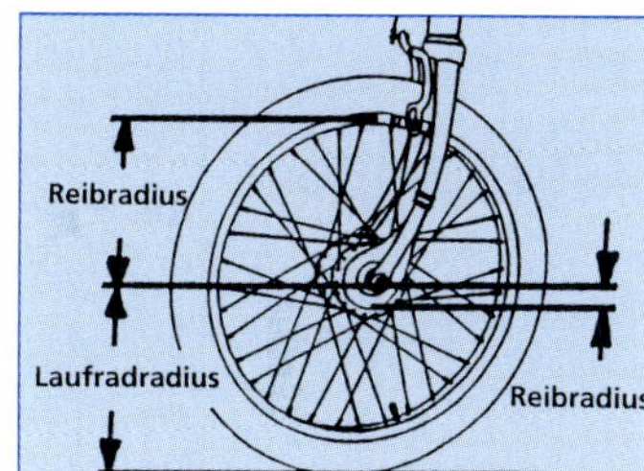

Abb. 137

Es wird bei ▷ Felgenbremsen je nach Ausführung vom ▷ Gabelkopf (▷ Seitenzugbremse) oder dem oberen Bereich der ▷ Gabelbeine aufgenommen (▷ Cantilever-Bremse, ▷ U-Brake) und errechnet sich nach:

$M_{bf} = F_b \times l_b$ Hierbei sind: M_{bf} = Bremsmoment Felgenbremsen in Nm (s. ▷ physikalische Einheiten);
F_b = Bremskraft in N;
l_b = Bremsmaß in mm (Cantileverbremse: l_b = Reibradius – Bremsmaß)

Bei ▷ Nabenbremsen wird das Bremsmoment über den ▷ Bremsausleger in Nabennähe an Rahmen oder Gabel weitergeleitet. Es errechnet sich nach

$M_{bm} = F_b \times r_b$ Hierbei sind: M_{bn} = Bremsmoment Nabenbremsen in Nm;
F_b = Bremskraft in N;
r_b = Reibradius in m (halber Durchmesser von Bremstrommel, -mantel oder Scheibe).

Die Bedeutung des Bremsmomentes ist insbes. für die ▷ Steifigkeit jener Rahmenelemente von Bedeutung, auf welche es weitergeleitet wird. Siehe hierzu auch die Angaben bei ▷ Bremsen: Nabenbremsen.

Brems-Nippel

Kurzbez.f. ▷ Bremszugnippel.

Brems-Norm

Landläufige Bez. f. einen Teil der ▷ DIN 79 100, worin die ▷ Bremswirkung von Fahrradbremsen hinsichtlich der Erfüllung vorgeschriebener Mindestwerte getestet wird. Einzelheiten s. ▷ Bremstest.

Brems-normalkraft

Zur Erzeugung von ▷ Bremswirkung nötiger *Anpreßdruck* von ▷ Bremsgummis oder ▷ Bremsbelägen auf die jeweilige ▷ Bremsfläche (Abb. 138).
Die Bremsnormalkraft geht ein in die Berechnung der ▷ Bremskraft. Entsprechend der physikalischen Definition von "Normalkraft" wirkt diese stets senkrecht auf die Bremsflächen. D.h. beispielsweise, daß bei einer schräg zur Bremsfläche angreifenden Kraft (s. Skizze) nur die senkrecht auf die Bremsflächen wirkende Komponente dieser Betätigungskraft in die Bremskraft eingeht.

Da sich bei fast allen ▷ Felgenbremsen die ▷ Bremsgummis bogenförmig auf die Felgenflanke zubewegen, ist also immer nur eine Teilkomponente der erbrachten Zangenkraft wirksam. I.G. hierzu werden die Bremsgummis bzw. -beläge von ▷ Hydraulik- resp. ▷ Scheibenbremsen stets genau senkrecht auf die Bremsfläche geführt, weswegen dort die Normalkraft gleich der Betätigungskraft ist.

Abb. 138

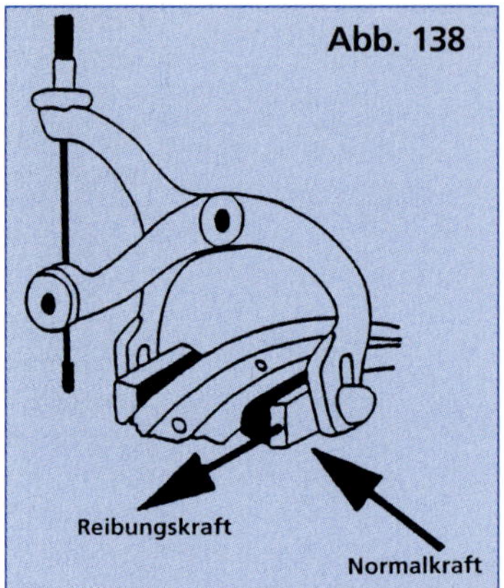

Bremsplatte

Andere Bez. für ▷ Halteplatte (Abb. 139).

Bremsquietschen

Unangenehme akustische Nebenwirkung des ▷ Bremsflattern, einer Resonanzerscheinung, die beim Bremsen auftreten kann. Näheres hierzu ▷ Resonanz.

Bremsreibung

Die ▷ Bremskraft (Berechnung s.d.) erzeugende ▷ Gleitreibung, durch die ▷ kinetische Energie in ▷ Reibungswärme umgewandelt und dadurch "vernichtet" wird, was die Verzögerung bewirkt.

Sonderfall ▷ Bremskraftrückgewinnung: Hier wird die ▷ Bremsarbeit in elektrische Energie umgewandelt und in einen ▷ Akku eingespeist.

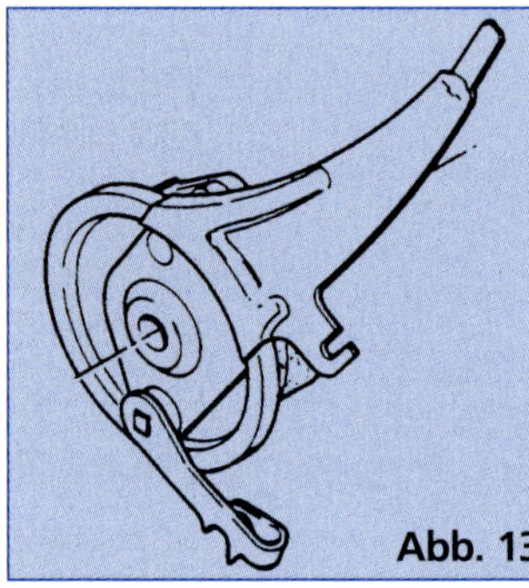

Abb. 139

Bremssattel

Auch "Bremsjoch" genanntes, zangenartig auf die ▷ Bremsscheibe einwirkendes Bauteil einer ▷ Scheibenbremse, das die ▷ Bremsbeläge trägt und die ▷ Bremsnormalkraft erzeugt.

Brems/ Schalt-Hebel

In den ▷ Bremsgriff von ▷ Rennrädern integrierte Betätigungseinrichtung für die ▷ Kettenschaltung mittels sog. ▷ Schrittschaltwerk. Erste Ausführung Smolik 1980, erste Serienfertigung ▷ Shimano 1990 (Dura Ace); 1991/92 ▷ Campagnolo; 1993 Version von ▷ Sachs (Campa-Lizenz) sowie Edco/Magura.
Mit dieser Schaltungsbetätigung kann auch beim Rennrad ohne Veränderung der Handhaltung schnell und sogar im ▷ Wiegetritt geschaltet werden. Außerdem ergibt sich die Möglichkeit, auch in der tiefen Lenkerhaltung (Handhaltung im Lenkerbogen) zu schalten.

Schaltwerk-betätigung

Konstruktiv unterscheiden sich die Brems/Schalt-Hebel zur Betätigung von ▷ Schaltwerk und ▷ Umwerfer in ihrem Seileinholweg sowie ihren Rasterstufen:

Shimano

Bei Shimano ist die gesamte Schrittschaltmechanik *auf* dem Bremsgriff untergebracht. Zum Bremsen betätigt man den ▷ Bremshebel wie gehabt nach unten, und zum Schalten aufs größere ▷ Ritzel oder ▷ Kettenblatt schwenkt man ihn zur Seite nach innen (Richtung Steuerrohr). Mit einem "Schwenk" können dabei bis zu drei Gänge geschaltet werden (Abb. 140).

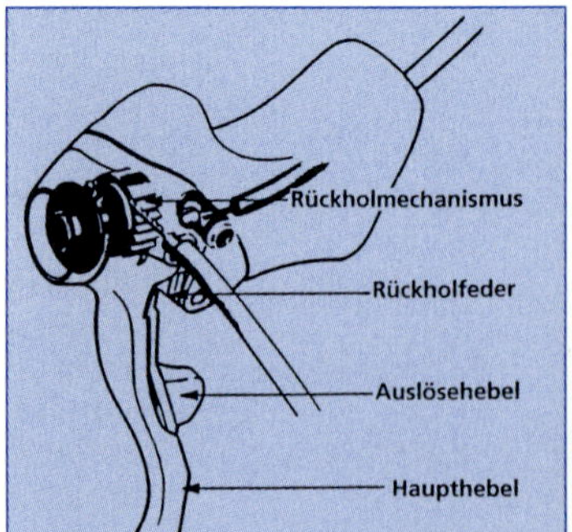

Abb. 140

Zum Herunterschalten dagegen auf kleinere Ritzel bzw. Kettenblätter dient ein unter dem Bremshebel angebrachter kleiner Hebel, mit dem - in die gleiche Richtung geschwenkt - schrittweise Gang um Gang auf die kleineren Zahnräder geschaltet werden kann.

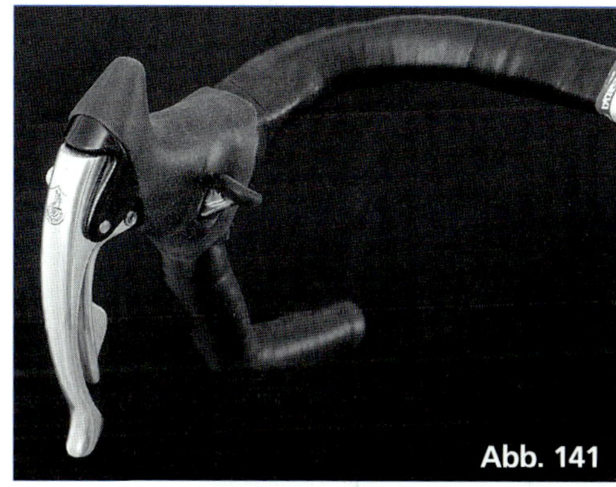
Abb. 141

Campagnolo/Sachs

Bei Campagnolo (und Lizenznehmer Sachs) ist die Schrittschaltmechanik *im* Bremsgriff untergebracht. Auf größere Ritzel/ Kettenblätter wird mit einem separaten, unter dem eigentlichen Bremshebel liegenden zweiten, kleineren Hebel - ebenfalls mit Schwenk nach innen - geschaltet.

Heruntergeschaltet wird hier mit einer Taste, die auf der Innenseite des Bremsgriffes angebracht ist und mit der wahlweise Gang um Gang, aber auch alle Gänge auf einmal runtergeschaltet werden können (Abb. 141).

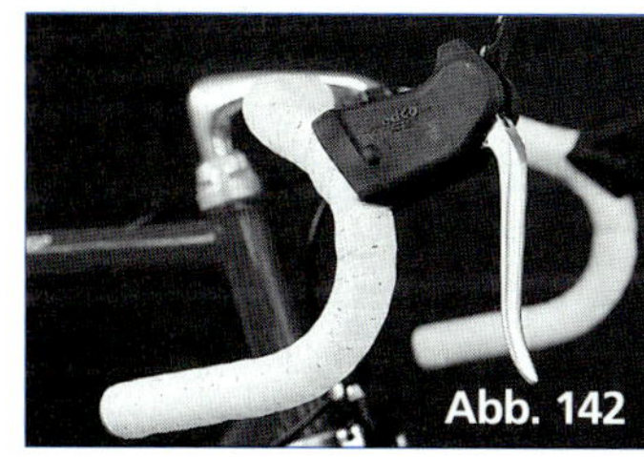
Abb. 142

Edco

Auf einem speziellen Bremsgriffkörper zur Betätigung der Magura-Rennradhydraulikbremse wurde am oberen Griffende ein Rasterschalthebel ohne Schrittschaltmechanik angebracht. Mit diesem lassen sich die einzelnen Gänge kontinuierlich fortschreitend einrastern (Abb. 142).

Vorteil: Angenehme, problemlose und genaue Bedienung bei der Handhaltung auf den Bremsgriffen.

Nachteil: Keine Möglichkeit, den Schalthebel (bei den o.g. Versionen möglich) vom Lenkerbogen aus zu schalten.

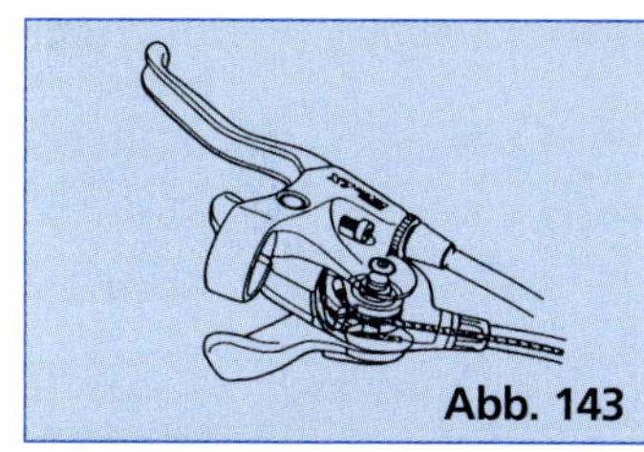
Abb. 143

Umwerferbetätigung

Beim ▷ Umwerfer bietet die Campagnolo- und Sachs-Version 12 Mikro-Schaltschritte und damit eine genaue Positionierung, wobei der Seileinzugsweg ausreicht, um bis zu 3 Kettenblätter zu schalten.

Bei Shimano können je nach Modell 2 oder 3 Blätter geschaltet werden, der Edco/Magura-Hebel reicht aus, um drei Kettenblätter zu schalten.

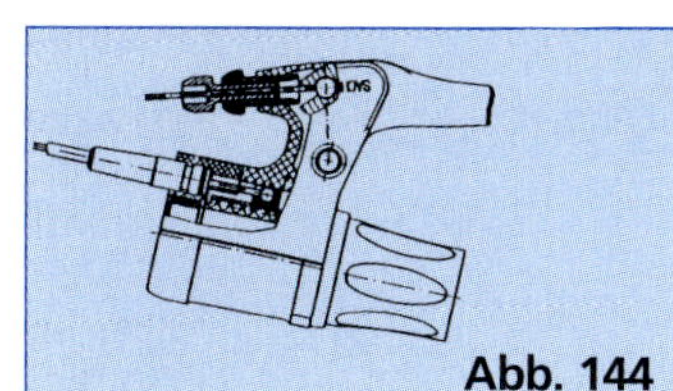
Abb. 144

Sonderbauweise für Mountainbikes

Weniger aus funktionalen als aus optischen oder montagebedingten Gründen heraus integriert Shimano seinen MTB-Schalthebel gleich am Bremsgriff (Abb. 143). Für den individuellen Radler ergeben sich hieraus Probleme, beispielsweise den Schalthebel gegen einen ▷ Drehschaltgriff auszutauschen, den es übrigens bei der 3x7 von Sachs ebenfalls als Kombi gibt (Abb. 144).

Bremsscheibe

An die ▷ Nabe adaptierte dünne Scheibe, die bei ▷ Scheibenbremsen von den ▷ Bremsbelägen "in die Zange genommen" wird.

Bremsscheiben werden aus Gewichtsgründen und zur besseren Wärmeabstrahlung häufig mit Löchern versehen und je nach Zweck, Preis und Gewicht aus ▷ Stahl, ▷ Aluminium, ▷ MMC oder ▷ Carbon gefertigt (Abb. 145).

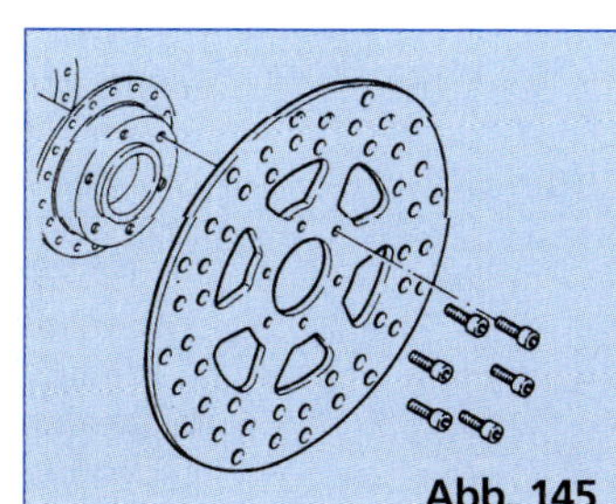
Abb. 145

Bremsseil Andere Bez. f. ▷ Bremszug.

Bremsschenkel Andere Bez. f. ▷ Bremsarme.

Bremsschuh Bez. f.d. Halterung von ▷ Bremsgummis; wurde früher häufig synonym auch für den gesamten ▷ Bremsklotz verwendet.

Bremssockel Andere Bez. f. ▷ Anlötsockel oder ▷ Drehbolzen, der zusammen mit den ▷ Bremsarmen das Drehgelenk von bestimmten ▷ Mittelzug- und insbes. ▷ Cantileverbremsen bildet.

Bremssteg Beide ▷ Sattelrohre verbindender Steg mit einer Befestigungsbohrung für die hintere ▷ Felgenbremse bei ▷ Rennrädern. Bei ▷ Mountainbikes, ▷ Trekking- und ▷ Reiserädern wird der Bremssteg meist mit einer Bohrung zur Schutzblechmontage versehen (Abb. 146). Neben dieser Halterungsfunktion hat der Steg auch noch eine stabilisierende Wirkung auf die ▷ Sattelstreben.

Normalerweise ist der Bremssteg aus rundem Rohr gefertigt, an hochwertigen Rädern findet man zierlichere Ausführungen aus Stahlguß (s. ▷ Mikrofusion).

Abb. 146

Bremstest In der ▷ DIN 79 100 festgelegte Bestimmungen, nach denen die Wirkung von Fahrradbremsen zu testen ist. Neben den Rahmenbedingungen, nach welchen die Tests durchgeführt werden müssen, beinhaltet er die Festlegung der Mindestbremskräfte für Fahrradbremsen, einen ▷ Dauerbremstest und einen ▷ Naßbremstest. Die im Test festgestellten Werte müssen die in der DIN festgelegten Mindestanforderungen erfüllen, um den Herstellern Schutz vor Regreßansprüchen zu gewährleisten.

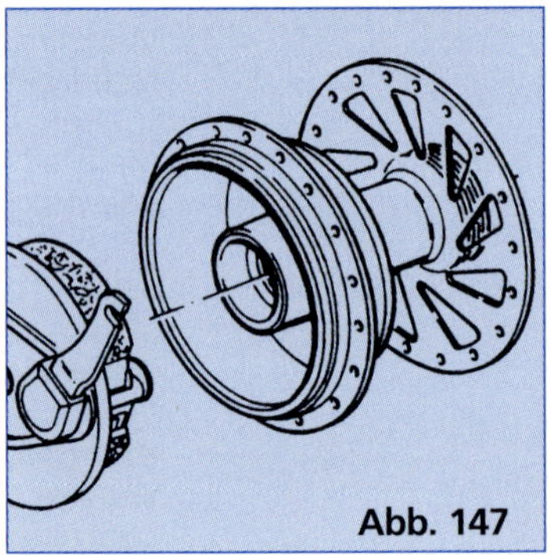
Abb. 147

Bremsträger Andere Bez. für ▷ Halteplatte.

Bremstrommel In oder an die ▷ Nabe angebrachter, trommelförmiger Körper, auf dessen ▷ Bremsfläche die ▷ Bremsbeläge von ▷ Trommelbremsen zur Wirkung kommen (Abb. 147).

Bremsvorgang Verzögerungsvorgang bei Fahrzeugen, der einer Reihe von physikalischen und damit berechenbaren Gesetzmäßigkeiten unterliegt. Von bes. Interesse für Fahrräder sind:

* Bremsbeschleunigung,
* Änderung der Lastverteilung auf die Laufräder,
* Abheben des Hinterrades,
* Blockieren der Laufräder,
* Umwandlung von ▷ kinetischer Energie in Wärme.

Rechenbeispiele Die nachfolgenden Rechenbeispiele verdeutlichen den Sachverhalt. Rotierende Massen (s. ▷ Drehimpuls) und ▷ Fahrwiderstand werden zur Vereinfachung nicht berücksichtigt.

Vorgaben:

Gesamtmasse Rad (10 kg) + Fahrer (70 kg):	80 kg
Fahrgeschwindigkeit:	36 km/h (10 m/sec)
Abbremszeit bis zum Stillstand:	4 sec

Radstand des Fahrrades: 1,0 m
Gesamtschwerpunkt Fahrer+Rad üb. Boden: 1,2 m
Gesamtschwerpunkt Fahrer+Rad
hinter Aufstandspkt. Vorderrad: 0,625 m

Anmerkung 1: Die Vorgaben Gesamtmasse, Radstand und Gesamtschwerpunkt variieren von Fahrer zu Fahrer (und Fahrrad zu Fahrrad) und müssen auf die individuellen Gegebenheiten angeglichen werden.

Anmerkung 2: Einzelheiten zu den Formeln können ggf. unter den entsprechenden Stichworten nachgeschlagen werden.

Brems-beschleunigung

Sie wird auch negative ▷ Beschleunigung oder Verzögerung genannt und wird als gut meßbare Größe i.d.R. zur Beurteilung von Fahrradbremsen herangezogen. Sie errechnet sich nach

$a_b = \frac{\triangle v}{\triangle t}$ mit: a_b = Bremsbeschleunigung in m/sec²;
$\triangle v$ = Geschwindigkeitsänderung durch den Bremsvorgang (36 km/h = 10 m/sec);
$\triangle t$ = Zeitraum des Bremsens (4 sec).

Bei einer Abbremsung von 36 km/h bis zum Stillstand ergibt sich die Bremsbeschleunigung mit

$$a_b = \frac{10 m/sec}{4 sec} = 2{,}5 m/sec^2.$$

In Worten: Wird von 36 km/h innerhalb von 4 Sekunden auf 0 km/h abgebremst, so erfordert dies eine Bremsbeschleunigung von 2,5 m/sec². Zur Veranschaulichung: Ein gutes Viertel der Erdbeschleunigung - der Fahrer wird also mit gut einem Viertel seines Gewichtes in Fahrtrichtung gedrückt.

Bremskraft

Die beim Bremsen wirksame Kraft - auch "Verzögerungskraft" genannt - errechnet sich nach der Formel:

$F_v = m \times a_b$ mit: F_v = Verzögerungskraft in N;
m = Masse von Rad und Fahrer in kg;
a_b = Bremsbeschleunigung in m/sec²;

Unter o.g. Vorgaben ergibt sich bei einer Bremsbeschleunigung von 2,5 m/sec² eine Bremskraft von:

$F_v = 80\ kg \times 2{,}5\ m/sec^2 = 200\ N$ (▷ Newton).

Anmerkung: Der Fahrer muß infolge der Bremsbeschleunigung rund 1/4 seines eigenen Gewichts auf dem Lenker abstützen.

Lastverteilung

Da die Bremskraft im gemeinsamen Schwerpunkt von Rad und Fahrer - 1,2 m über der Fahrbahn - angreift, erzeugt sie ein in Fahrtrichtung wirkendes ▷ Moment (Abb. 148), welches zu einer Entlastung des Hinterrades führt. Berechnung:

$F_l = \frac{F_k \times h_s}{l_r}$ mit: F_l = das Hinterrad entlastende Kraft in N;
F_k = Kippkraft (≙ der Bremskraft) in N;
h_s = Höhe des Körperschwerpunktes über der Aufstandsfläche in m;
l_r = Radstand in m.

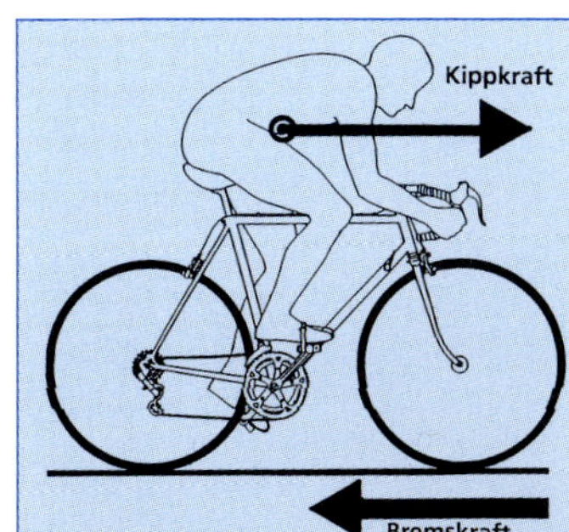

Abb. 148

Unter den Vorgaben errechnet sich die das Hinterrad entlastende Kraft nach

$$F_l = \frac{200\ N \times 1{,}2\ m}{1{,}0\ m} = 240\ N$$

Diese Kraft wird von der auf dem Hinterrad wirkenden Gewichtskraft 50 kg $\hat{=}$ ~ 500 N abgezogen (500 N - 240 N = 260 N) und addiert sich zu der Gewichtskraft auf dem Vorderrad (300 N + 240 N = 540 N).

Es ergibt sich somit eine Brems-Gewichtsverteilung von 54 kg auf das Vorderrad und 26 kg auf das Hinterrad.

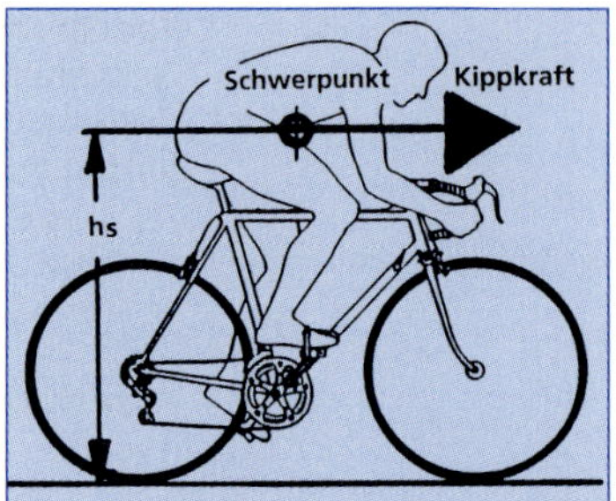

Abb. 149

Abheben des Hinterrades

Das Hinterrad hebt vom Boden ab, wenn das Vorderrad die gesamte Last von Rad und Fahrer trägt (in unserem Beispiel also 800 N). Die dazu erforderliche Kippkraft (Bremskraft) ergibt sich durch Formelumstellung aus dem ▷ Kippmoment (Abb. 149) und ▷ Standmoment (Abb. 150) zu

$$F_k = \frac{G \times l_k}{h_s}$$

mit: F_k = Kippkraft ($\hat{=}$ der Bremskraft) in N;
G = Gewichtskraft von Rad und Fahrer in N;
l_k = horizontaler Abstand Körperschwerpunkt/Aufstandspunkt Vorderrad in m;
h_s = Höhe des Körperschwerpunktes über der Radaufstandsfläche in m.

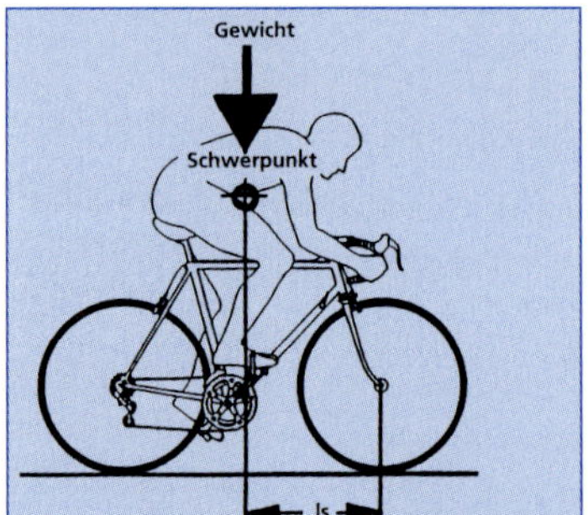

Abb. 150

Unter unseren Vorgaben hebt das Hinterrad ab, wenn die Kippkraft (Bremskraft)

$$F_k = \frac{800\text{ N} \times 0{,}625\text{ m}}{1{,}2\text{ m}} = 417\text{ N}$$

übersteigt.

Anmerkungen:

1. Bei dieser Verzögerungskraft wird eine Betätigung der Hinterradbremse wirkungslos für den Bremsvorgang.

2. Bis es tatsächlich zum Überschlag kommt, muß noch die "Kipparbeit" geleistet werden, das ist die Anhebung des Gesamtschwerpunktes um (bei unseren Vorgaben) 13,5 cm, bis er senkrecht über der Kippkante steht (Abb. 151).

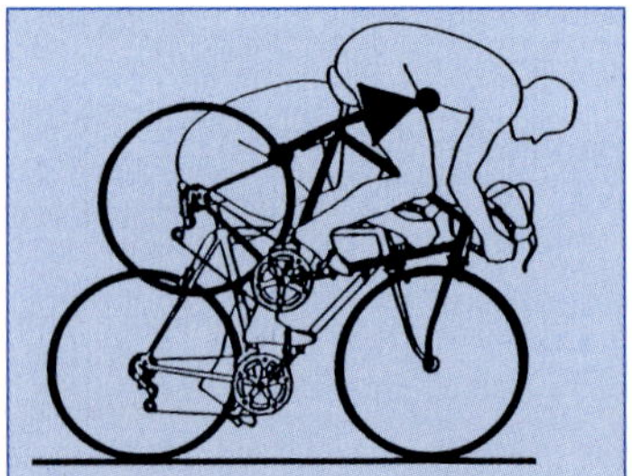
Abb. 151

Überschlagsvermeidung

Um die Überschlagsgefahr zu reduzieren, kann der Fahrer seinen Schwerpunkt weiter nach hinten und nach unten verlagern. Das machen Rennfahrer instinktiv, indem sie beim Bremsen im Sattel nach hinten rutschen, sich bisweilen sogar "hinter den Sattel setzen" (also den Schwerpunkt zusätzlich absenken). Die Wirksamkeit dieser Maßnahme wird im folgenden Beispiel deutlich, wobei ein Fahrer den Gesamtschwerpunkt um 10 cm nach hinten verschiebe und um 10 cm absenke:

h_s wird also 1,1 m,
l_h 0,725 m

Es wird dann zum Abheben des Hinterrades die folgende Kippkraft (Bremskraft) erforderlich:

$$F_k = \frac{800\text{ N} \times 0{,}725\text{ m}}{1{,}1\text{ m}} = 527\text{ N}$$

Die Überschlagsgefahr reduziert sich damit um rund 1/4.

Radblockade Übersteigen die Bremskräfte die ▷ Haftreibung zwischen Reifen und Fahrbahn, so kommt es zur Laufradblockade, was i.d.R. sturzträchtige ▷ Spurversetzungen zur Folge hat.

Durch die Änderung der Lastverteilung beim Bremsen tritt dies unter Normalbedingungen vorwiegend beim Hinterrad auf. Sandige oder glitschige Fahrbahnen können aber auch zum Blockieren des Vorderrades führen, was dann nahezu zwangsweise zum Sturz führt.

Die ▷ Reibungskräfte zwischen Reifen und Fahrbahn (s. ▷ Traktion; ▷ Bodenhaftung) errechnen sich nach der Formel:

$F_r = F_n \times \mu$ mit: F_r = Reibungskraft zw. Reifen und Fahrbahn in N;
F_n = ▷ Normalkraft, hier Laufradbelastung in N;
μ = ▷ Reibungskoeffizient, ohne physikal. Einheit; er liegt bei den Reibpartnern Reifen/Straße im Bereich von 0,8 - 1,0 und kann bei rauhem Asphalt (Verkrallung des Reifengummis in die Fahrbahn rauhigkeiten) sogar 1,1 betragen. Für die folgende Rechnung wird er mit 0,9 angenommen.

Unter unseren Vorgaben (Vorderradbelastung durch Gewichtsverlagerung infolge Bremsens: 540 N) errechnet sich die Bodenhaftung des Vorderrades:

$F_{rV} = 540\ N \times 0{,}9 = 486\ N,$

die des Hinterrades (Hinterradbelastung durch Gewichtsverlagerung infolge Bremsens: 260 N)

$F_{rH} = 260\ N \times 0{,}9 = 234\ N.$

Aus dem Rechenbeispiel wird deutlich:

1. Mit der Vorderradbremse kann eine größere Bremswirkung erzielt werden;
2. Es kommt eher zum Abheben des Hinterrades (wozu ja lediglich eine Kippkraft (Bremskraft) von 417 N nötig war) als zum Blockieren des Vorderrades.

Wärmeentwicklung Sieht man einmal vom Ausreißen kleinster Gummipartikel aus Reifen und Bremsgummi ab (▷ Abrieb), wird bei Abbremsung bis Stillstand die gesamte ▷ kinetische Energie durch Reibung an den Bremsflächen und Reibung der Reifen auf der Fahrbahn in Wärme umgewandelt. Für unser Beispiel mit einem Gesamtgewicht von Rad und Fahrer von 80 kg und einer Geschwindigkeit von 36 km/h ergibt sich nach:

$E_{kin} = 1/2 \times m \times v^2$ mit: E_{kin} = kinetische Energie in Nm;
m = Masse in kg;
v = Geschwindigkeit in m/sec.

eine kinetische Energie von:

$E_{KIN} = 1/2 \times 80\ kg \times 10\ m/sec \times 10\ m/sec$
$= 4000\ Nm$ bzw. x 4000 J (▷ Joule).

Da 1 Joule 1 Gramm Wasser um 0,24°C erwärmt, würde diese Wärmeenergie 1 Liter Wasser um knapp 1 Grad erwärmen.

Bremsweg Weg, den ein Fahrzeug zwischen Bremsbeginn und Stillstand noch zurücklegt (Abb. 152).

In die Länge des Bremsweges geht die gesamte ▷ Masse des Fahrzeuges (Rad plus Fahrer), die Höhe der ▷ Bremskraft und insbesondere die Geschwindigkeit ein. Der Bremsweg errechnet sich nach der Formel:

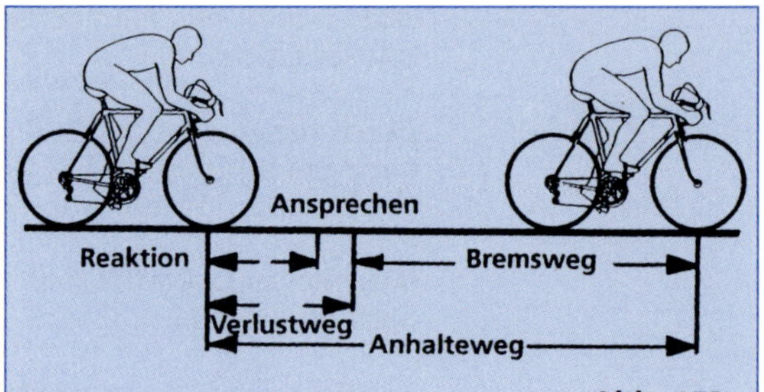

Abb. 152

$$sb = \frac{m \times v^2}{2 \times F_b}$$

Hierbei ist:
sb = Bremsweg in m;
m = Masse von Rad und Fahrer in kg;
v = Geschwindigkeit in m/sec;
F_b = Bremskraft in N (s. ▷ physikalische Einheiten).

Vorgaben: Masse von Rad und Fahrer 80 kg; Geschwindigkeit 36 km/h ≙ 10 m/sec; Bremskraft 200 N.

$$sb = \frac{80 \text{ kg} \times 100 \text{ m/sec}^2}{2 \times 200 \text{ N}} = \mathit{20\ m}$$

Verlustweg

Zum eigentlichen Bremsweg addiert sich noch der ▷ Verlustweg, das ist der Weg, der vom Erkennen eines Hindernisses bis zum Ansprechen der Bremse zurückgelegt wird. Er errechnet sich nach der Formel:

$sv = (t_r + t_a) \times v_o$ mit:
sv = Verlustweg in m;
t_r = Reaktionszeit in sec.;
t_a = Ansprechzeit der Bremsen in sec;
v_o = Fahrgeschwindigkeit vor Bremsbeginn in m/sec.

Vorgaben: Reaktionszeit 0,5 sec; Ansprechzeit der Bremse 0,05 sec; Fahrgeschwindigkeit vor Bremsbeginn 36 km/h ≙ 10 m/sec.

sv = (0,5 sec + 0,05 sec) x 10 m/sec = 5,5m

Anhalteweg

Der Anhalteweg ist die Addition von Bremsweg und Verlustweg, also

sa = sb + sv

In unserem Beispiel errechnet sich der Anhalteweg:

sa= 20 m + 5,5 m = *25,5 m*

Bremswirkung

Landläufige, aber i.G. unscharfe Bez. f.d. Wirksamkeit von ▷ Bremsen, die häufig synonym sowohl für ▷ Bremskraft als auch ▷ Bremsbeschleunigung verwendet wird. Näheres s. jeweils dort.

Bremszug

Landläufige Bezeichnung für den ▷ Innenzug eines ▷ Bowdenzuges bei Bremsen. Er besitzt einen speziell für den jeweilig benutzten ▷ Bremsgriff ausgelegten ▷ Bremszugnippel.

Bremszug-fangarm

Andere Bez. f. ▷ Bremszugfanghaken.

Bremszughaken

Nachträglich montierbare Sicherheitsvorrichtung für ▷ Cantilever-Bremsen, die beim Reißen des zentralen ▷ Bremszuges verhindert, daß sich das ▷ Verbindungskabel in den Reifenstollen verhakt und damit zum Blockieren des jeweiligen ▷ Laufrades führen kann (Sturzgefahr). Gleiches kann übrigens auch durch das "Umschlagen" der Bremsarme in die Speichen erfolgen (Abb. 153).

Abb. 153

Bremszugnippel

Ausformung am Ende von ▷ Bremszügen, die formschlüssig in eine entsprechende Aussparung des ▷ Bremshebels eingelegt wird und je nach Typ des ▷ Bremsgriffs unterschiedlich ausgeformt ist. Einzelne Ausführungen s. Abb. 154. Die Nippel bestehen i.d.R. aus aufgequetschten Stahl- sowie aufgequetschten oder aufgelöteten Messing- oder Zinn/Zink-Hülsen.

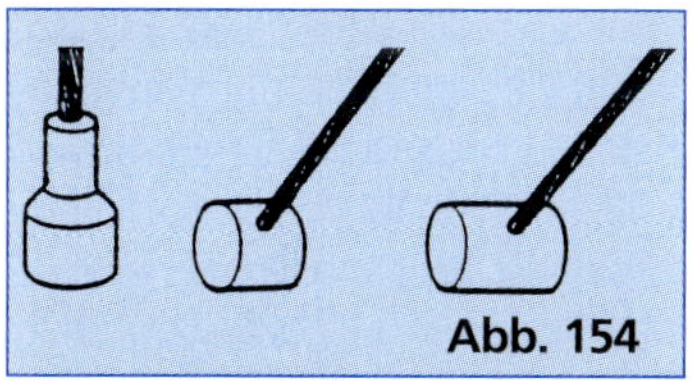
Abb. 154

Bremszug-umlenkrolle

Zur Reibungsminderung oder ▷ Bremskraftverstärkung eingesetzte Rolle, die den ▷ Bowdenzug umlenkt (Abb. 155).
Anwendung: 1.) zur Reibungsminderung bei der Verlegung des ▷ Bremszuges an Damenrädern; 2.) nach dem physikalischen Prinzip der "losen Rolle" zur Bremskraftverstärkung bei ▷ Cantilever-Bremsen (▷ Low Profile); halbiert den Bremsbetätigungsweg, verdoppelt die Bremsbetätigungskraft.

Abb. 155

Bremszugverlauf

Verlauf des ▷ Bowdenzuges von Bremsen zwischen ▷ Bremsgriff und ▷ Bremse.

Vorderradbremse

Für die ▷ Seitenzugbremse wird der Zug in freiem Bogen direkt bis an die Bremse verlegt (Abb. 156).

Bei ▷ Mittelzugbremsen dito bis an den ▷ Kabelstopper (Abb. 157), der sich am ▷ Vorbau zwischen den oberen Schalen des ▷ Steuersatzes, auf dem ▷ Brake Booster oder am ▷ Gabelkopf befindet.

Bei Sonder-Mittelzugbremsen kann die Gegenhalterung auch direkt an einem ▷ Bremsarm erfolgen.

Bei ▷ Trommel- und ▷ Scheibenbremsen verläuft der Bowdenzug durchgehend bis zur Bremse, wird aber mit ▷ Schellen, ▷ Anlötösen oder Kabelbindern ein- oder mehrfach am ▷ Gabelbein festgelegt.

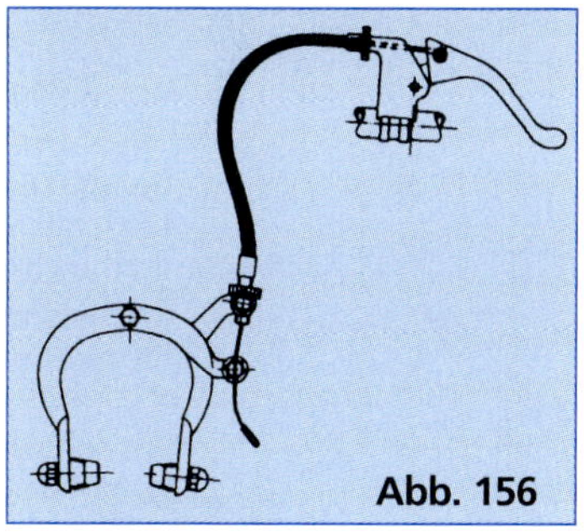
Abb. 156

Hinterradbremse

Der Zug verläuft in freiem Bogen i.d.R. auf die linke Seite des ▷ Oberrohres und von dort an diesem entlang und am Sattel vorbei zur Bremse (Abb. 158). Um unnötigen ▷ Gang (Ziehharmonikaeffekt) zu vermeiden, ist meist ein Kabelstopper in Nähe des ▷ Steuerrohrs ans Oberrohr gelötet, dito in Nähe des ▷ Sattelrohrs.

Für Seitenzugbremsen verläuft der Zug von hier aus ebenfalls durchgehend zur Bremse, bei Mittelzugbremsen ist hinter dem Sattelrohr ein weiterer Kabelstopper angebracht, bzw. analog zur Vorderradbremse bei Sonderbremsen der jeweils spezifische Gegenhalter.

Für Trommel- und Scheibenbremsen wird der Zug entweder vom Sattelrohr ausgehend entlang der linken ▷ Sattelstrebe zur Bremse geführt, z.T. kann aber die gesamte Bremszugverlegung auch entlang des ▷ Unterrohres und der linken ▷ Kettenstrebe erfolgen (Abb. 159). Dito bei der alten ▷ U-Brake: Hier endet die Zugverlegung mit einer Konterhalterung unter dem ▷ Tretlagergehäuse.

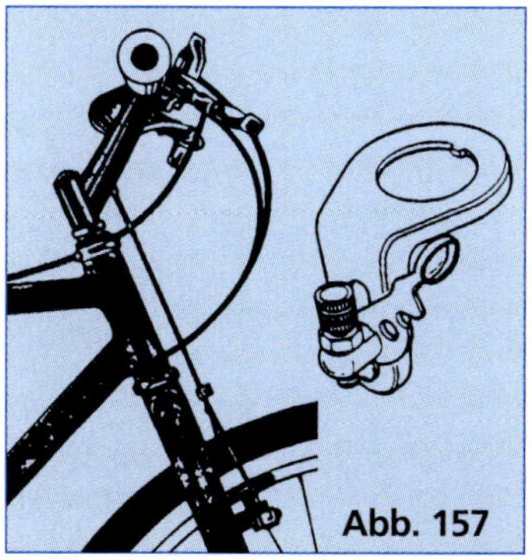
Abb. 157

Bei Hydraulikbremsen erfolgt die Bremsleitungsverlegung analog, statt Kabelstoppern und hülsenförmigen Zugführungen werden hierbei allerdings Führungsclips verwendet.

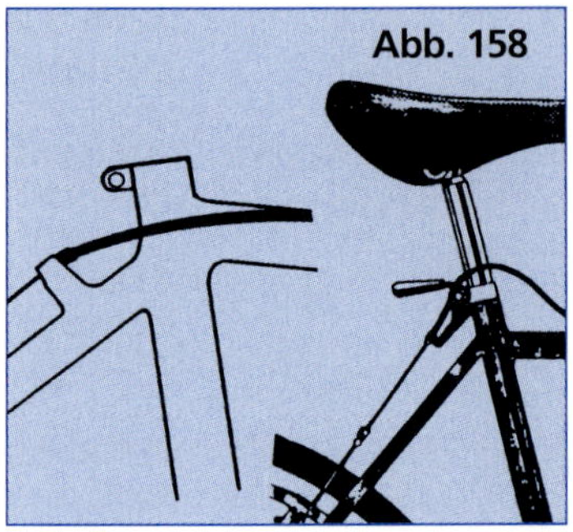

Abb. 158

Bremszug-verlegung

Verlegung des ▷ Bremszuges entlang des ▷ Rahmens, um ▷ Bremsgriff und ▷ Bremse funktionsfähig miteinander zu verbinden.

Die Verlegung erfolgt entlang des ▷ Bremszugverlaufs, wobei folgende Punkte beachtet werden sollten.

1. Unnötige Zugbiegungen vermeiden (vgl. Abb. 160 u. 161), da - s. ▷ Seilreibung - sich die Bremsbetätigung mit zunehmendem Biegewinkel erschwert;

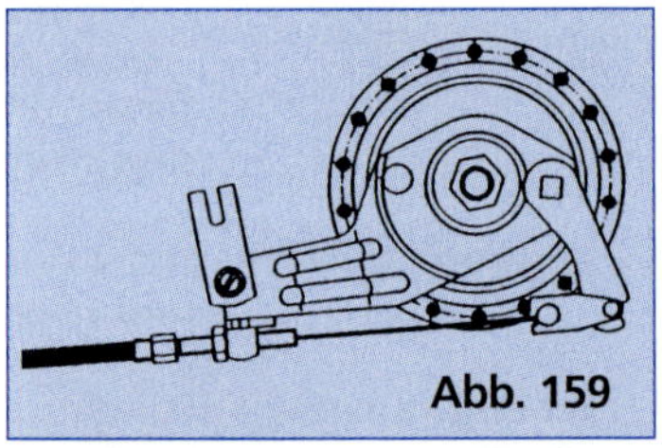

Abb. 159

2. die Bremszüge sind - z.T. entgegen den Herstellerangaben - zumindest an den Ein- und Austrittsstellen der ▷ Außenhülle gut einzufetten, um einen Schutz gegen eindringendes Schmutzwasser (s. ▷ Kapillareffekt) zu erzielen;

3. abschließend sollte der Bremszug nach ca. 4 cm Überstand hinter der Klemmstelle abgezwickt und mit einer ▷ Endkappe gesichert werden.

4. Lackschäden aufgrund von Scheuerstellen zwischen Bremszug und Rahmen können vermieden werden, indem man über die Innenzüge zwischen den ▷ Kabelösen kleine O-Ringe schiebt, um den Bremszug auf Distanz zu halten.

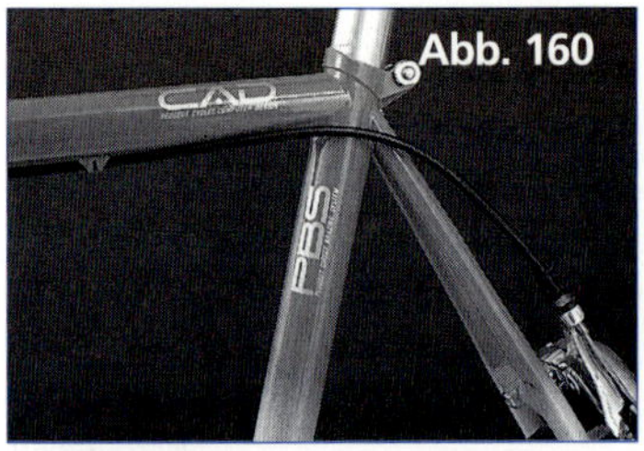

Abb. 160

Brillen

Schutzbrillen für Radfahrer, die vor Zugwind, Blendung, UV-Licht und Fliegen schützen (Abb. 162).

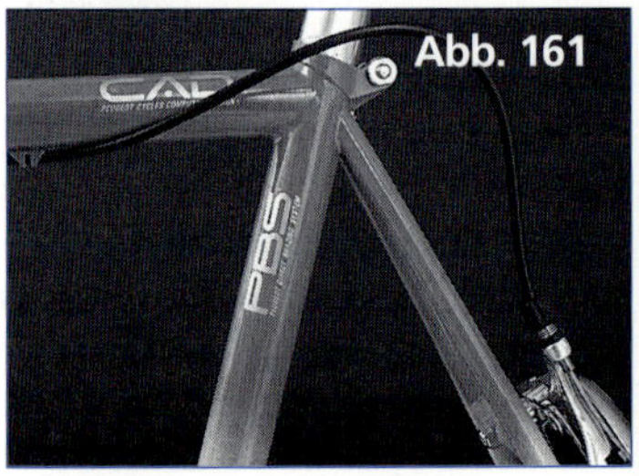

Abb. 161

Moderne Brillen sind aus Gewichts- und Sicherheitsgründen mit Kunststoffgläsern ausgestattet und zum Schutz vor Zugwind seitlich weit nach hinten gezogen. Damit haben die Brillen zugleich auch eine gute aerodynamische Form, Schaumgummi am oberen Quersteg verhindert Schweißfluß in die Augen.

Für das Mountainbike haben sich auch Brillen mit ungetönten Gläsern bewährt, deren vorwiegender Zweck im Schutz der Augen vor aufgewirbeltem Schmutz u.ä. liegt, die aber auch das UV-Licht noch z.T. absorbieren. Bei Kombi-Brillen kann man getönte und ungetönte Gläser austauschen.

Von den vielfältigen Sonderausführungen seien hier die Anti-Beschlagsbrillen erwähnt, deren Gläser i.A. aber nicht sehr kratzfest sind.

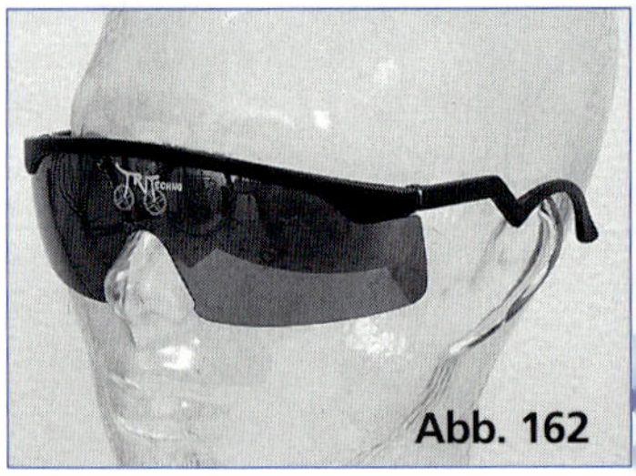

Abb. 162

Um die Sicht bei Verkratzung oder Verschmutzung bereits während der Fahrt wieder klar zu bekommen, gibt es Brillen mit übereinandergeschichteten, bei Bedarf abreißbaren Sichtfolien.

Für Brillenträger sind Modelle für den Einsatz optischer Gläser lieferbar sowie Überbrillen, die einfach über die normale Brille gesetzt werden.

Brinell-Härte

Maßangaben der Härte nach Brinell, die als "HB" in kp/mm^2 angegeben wird. Einzelheiten s. ▷ Härte: Meßverfahren (Abb. 163).

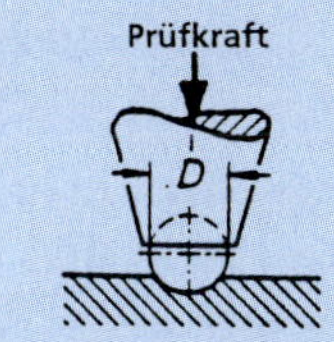

$$\text{Brinellhärte (HB)} = \frac{0{,}102 \times \text{Prüfkraft}}{\text{Eindruckoberfläche}}$$

Abb. 163

Brompton

▷ Klapprad, das auf die Rekordfaltmaße von 565 x 545 x 250 mm zusammengelegt werden kann.

Brooks

Bedeutendster, engl. Hersteller von Kernledersätteln, Einzelheiten s. ▷ Sattel.

Browning System

Elektrisch betätigtes Schaltsystem für ▷ Kettenblätter, bei dem die Kette durch seitliches Schwenken eines Kettenblattsegmentes ähnlich wie bei einer Eisenbahnweiche von einem Kettenblatt aufs andere überlaufen kann. Einzelheiten s. ▷ Elektrische Schaltsysteme (Abb. 164).

Abb. 164

Bruch

Zerstörung von Bauteilen durch gewaltsame und/ oder dauerhaft wiederkehrende Krafteinwirkungen (Abb. 165).

Auf das Fahrrad bezogen, treten besonders bei Stürzen unkalkulierbar hohe Kräfte auf, die auf irgendwelche Radpartien wirken und deren sofortigen oder späteren Bruch zur Folge haben.

Dauerbelastung

Brüche können aber auch durch fortwährende, insbes. auf- und abschwellende Belastung an konstruktiv zu schwach ausgeführten oder fehlerhaft gefertigten Teilen auftreten.

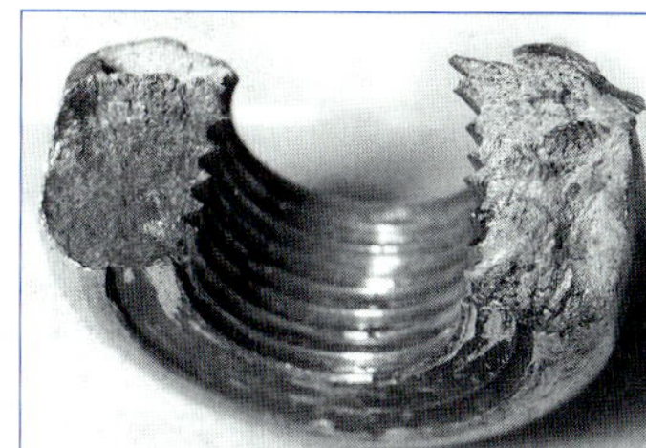

Abb. 165

Beispiele (nach Häufigkeit des Auftretens geordnet): ▷ Speichenbruch, ▷ Achsbruch, ▷ Rahmenbruch, ▷ Gabelbruch, Bruch der ▷ Sattelbefestigungsschraube oder des ▷ Kurbelvierkants.

Einen großen Einfluß auf den Bruch von Bauteilen besitzt die Korrosion. Hiervon ist v.a. der Achs-Vierkant der ▷ Tretlagerachse betroffen sowie generell Aluminium-Bauteile, s. hierzu die ▷ Sattelstütze (Abb. 166); vgl. hierzu auch ▷ Aluminium-Korrosion.

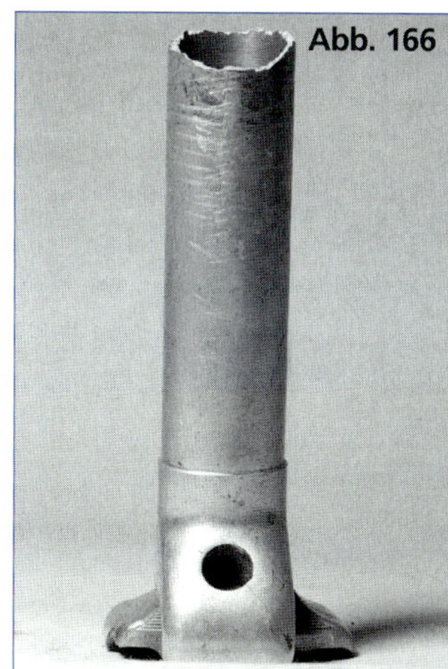

Abb. 166

Zu physikalischen Einzelheiten s.a. ▷ Ermüdungsbruch; ▷ Dauerschwingbelastung; ▷ Bruchdehnung; ▷ Festigkeit; s. aber auch ▷ Sturzfolgen und ▷ Bruchbild.

Speziell ein ▷ Bruch bei ▷ Dauerschwingbelastung ergibt ein charakteristisches "Bruchbild", bei dem auch anhand der fortschreitenden ▷ Korrosion der zeitliche Ablauf des Bruches wiedererkennbar ist (Abb. 167).

Bruchbild

Die Skizze in Abb. 167 zeigt die Bruchfläche einer Achse, die durch eine Nut (z.B. zwecks Fixierung einer ▷ Nasenscheibe) geschwächt wurde (▷ Kerbwirkung). Durch rohe Dauerbelastung kommt es zunächst zu einem oder mehreren Anrissen (A), die sich in nahezu konzentrischen Bögen (Rasterlinien; R) nach und nach weiter ins Material hineinarbeiten, bis schließlich der Gewaltbruch (G) der "Restbruchfläche" im Zentrum der Achse erfolgt.

Diese ist an der körnigen Struktur zu erkennen und beim frischen Bruch i.d.R. silberglänzend. Die konzentrische Fortbildung des

Bruchkeims hingegen zeigt ausgehend vom Gewaltbruch zunehmende Korrosionserscheinungen, die am Anriß am deutlichsten zu erkennen sind.

Bruchdehnung

Maß der ▷ plastischen Verformbarkeit eines Werkstoffs, das angibt, um wieviel Prozent seiner Länge der Werkstoff gestreckt werden kann, bevor er zerreißt (Abb. 168).

Ein 100 cm langer Stab eines Materials mit 10% Bruchdehnung könnte also auf eine Länge von 10 cm gereckt werden, ohne zu zerreißen.

Die Bruchdehnung ist eine für die Technik entscheidende Materialeigenschaft, die Auskunft über die Verformbarkeit eines Werkstoffes gibt. Danach richten sich u.U. auch die Fertigungsverfahren, z.B. spanlose Umformung, ▷ Kaltschmieden, Biegen.

Zum Biegen: Die Bruchdehnung läßt auch eine Dehnung bei der Verbiegung von Bauteilen zu. Hier wird das Material auf der Außenseite des entstehenden Bogens gedehnt, auf der Innenseite gestaucht.

Fahrradbauteile sollten eine genügende Bruchdehnung besitzen, da man beispielsweise nach einem Sturz mit verbogenen Fahrradteilen i.d.R. noch weiterfahren kann, mit gebrochenen aber nicht. Aus diesen Gründen hat sich eine Mindestbruchdehnung von o.g. 10% bei fast allen Fahrradbauteilen einschließlich Rahmenrohren bewährt.

Brückengabeln

Ausführung von ▷ Gabeln nach Vorbild der Motorräder, wobei die ▷ Gabelbeine vorverlegt werden. Dies geschieht mittels sog. "Brücken", die im Bereich des ▷ Steuersatzes mit diesem drehbar gelagert sind (Abb. 169).

Brückengabeln werden auch als ▷ Federgabeln konzipiert, wobei die Gabelbeine entweder als Teleskop arbeiten oder die Brücken als ▷ Vierlenktrieb ausgebildet sind. In letzterem Fall ermöglichen sie den Gabelbeinen eine schräg nach oben gerichtete ▷ Einfederungsrichtung.

S.a. ▷ Fahrradfederungen: Federungstypen.

Brückentasche

Gepäcktaschen, die im oberen Bereich miteinander verbunden sind und dort auf dem Gepäckträger aufliegen. Zum Teil ist dieses Verbindungsstück als dritte Gepäcktasche ausgebildet. Einzelheiten s. ▷ Gepäcktaschen: Hinterradtaschen (Abb. 170).

Brünieren

Optische Oberflächenveredelung und ▷ Korrosionsschutz bei Bauteilen aus ▷ Stahl durch Erwärmung und anschließendes Abschrecken im Ölbad. Je nach Höhe und Anwendungsdauer der Temperatur lassen sich so bräunliche (daher die Bez.), bläuliche oder schwärzliche Stahloberflächen erzielen.

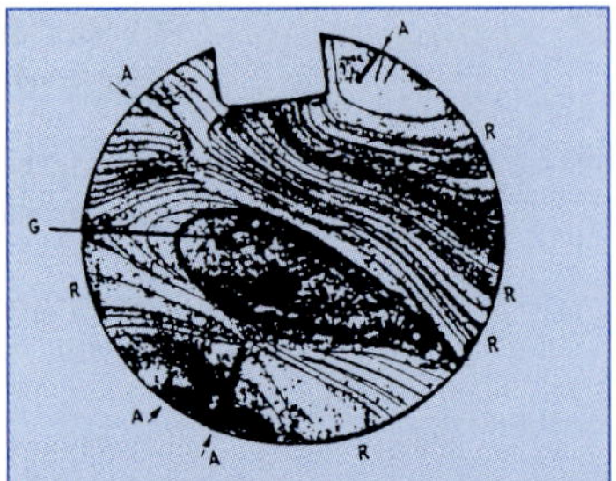

A Stellen des Auftretens der ersten Anrisse
R Rastlinien
G Restbruchfläche

Abb. 167

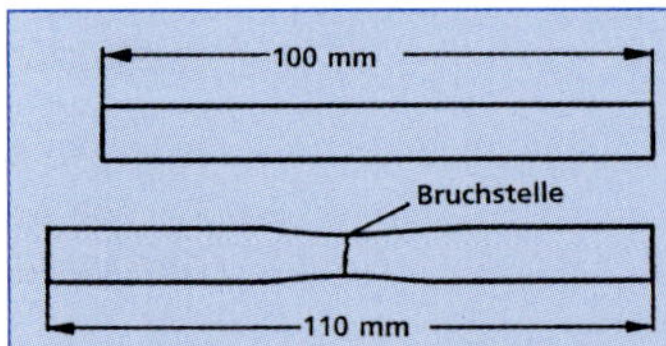

Abb. 168

Abb. 169

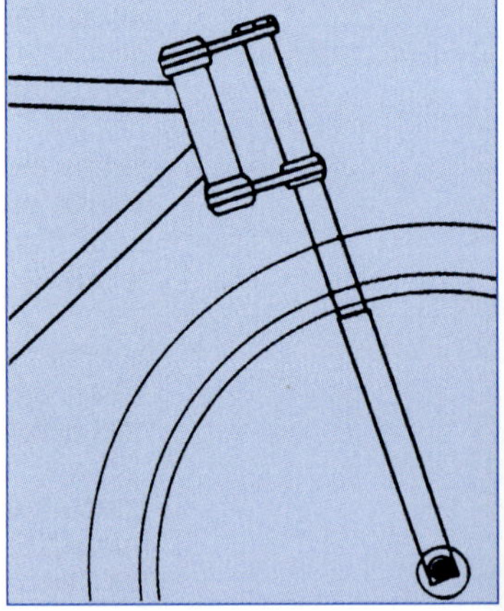

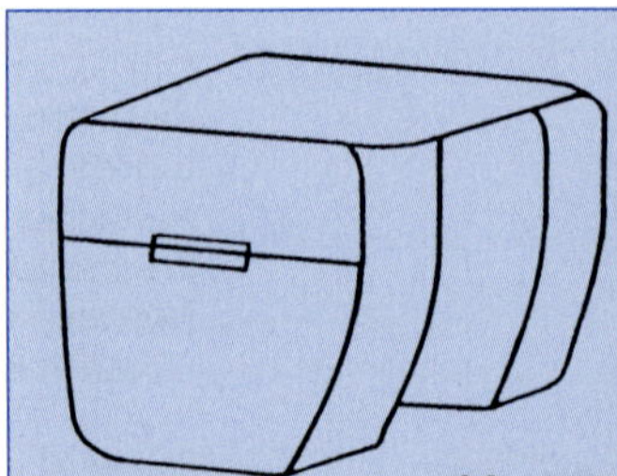

Abb. 170

Anwendung am Fahrrad: Innenliegende Stahlbauteile, die keinen weiteren Korrosionsschutz wie Vernickeln oder Verchromen erhalten, z.B. ▷ Tretlagerachsen.

BSA-Gewinde

Eine ursprünglich aus der britischen Handfeuerwaffenherstellung hervorgegangene Norm (**B**ritish **S**mall **A**rms), die um die Jahrhundertwende die Fahrradgewinde in Zollabmessungen festlegte. Durch den früher starken Einfluß britischer Fahrräder sind auch heute noch BSA-Gewinde üblich, s. ▷ BSA-Lager. S.a. ▷ Fahrradgewinde (Tabelle).

BSA-Lager

▷ Tretlagerung, deren Gewindeschalen als ▷ BSA-Gewinde mit der Abmessung 1,37 Zoll x 24 Gewindegänge pro Zoll ausgebildet sind und bei der i.G.z. italienischen und frz. Tretlagergewinden die rechte Lagerschale zum Schutz gegen ▷ Selbstlösen ▷ Linksgewinde besitzt. Die Tretlagerbreite ist hierbei 68 mm - im MTB-Breich wird gelegentlich bei US-Fertigung die Sonderbreite von 73 mm eingesetzt (Abb. 171).
Die Bauweise ist umgekehrt wie beim ▷ Thompson-Lager: Die ▷ Lagerschalen sitzen außen im ▷ Tretlagergehäuse, die Konen innen.

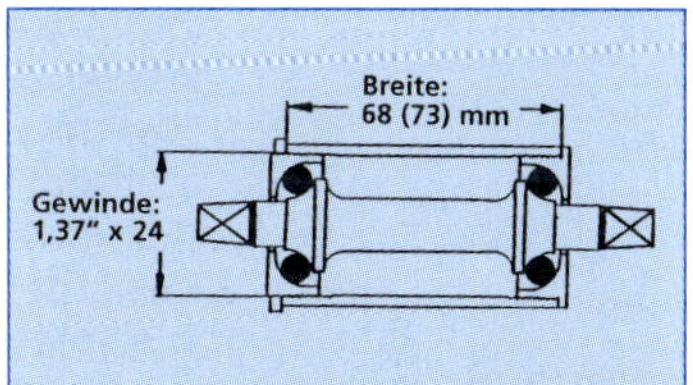

Abb. 171

Das BSA-Lager ist in Deutschland der verbreitetste Lagerungstyp. Seinem Vorteil, daß sich die rechte Lagerschale nicht so schnell selbständig lockert, steht der Nachteil einer geringeren ▷ Stützbreite gegenüber (im Vergleich zur ital. Tretlagerung). Einzelheiten s. ▷ Tretlagerung: Konustretlager, s.a. ▷ Fahrradgewinde (Tabelle).

Büffelhorn

Radlerslang für ▷ Hörnchenlenker.

Büffellenker

s. ▷ Lenker: Lenkerformen

Bügelschloß

Diebstahlsicherstes ▷ Fahrradschloß, Einzelheiten s. ▷ Diebstahlsicherung (Abb. 172).

Abb. 172

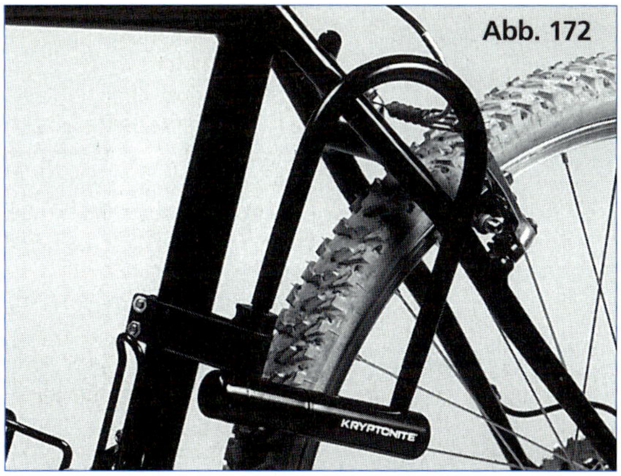

Buna

▷ Kunstkautschuk, der früher vorwiegend in ▷ Reifen als ▷ Protektor Anwendung fand.

Bund Deutscher Radfahrer

s. ▷ BDR

Butadien

1931 von DuPont entwickelter ▷ Kunstgummi, der die bis dahin vorherrschende Gummisorte "Buna" verdrängte und sich durch besonders gute ▷ Abriebfestigkeit auszeichnet. Butadien-Kautschuk läßt sich gut mit ▷ Naturkautschuk mischen und wird heute vorwiegend als Mischungsbestandteil für Reifen verwendet.

butted

Engl. Bezeichnung für ▷ endverstärkt, Einzelheiten s.d.

Butyl

Künstlich hergestellter Gummi (s. ▷ Kunstkautschuk), der insbes. für Fahrradschläuche verwendet wird. Im Gegensatz zum Schlauch aus ▷ Latex (Naturgummi) ist Butyl nahezu luftundurchlässig, aber etwas schwerer rollend, dafür kann er jedoch dünner ausgeführt werden, was Schlauchgewicht spart, s.a. ▷ Reifen (Abb. 173).

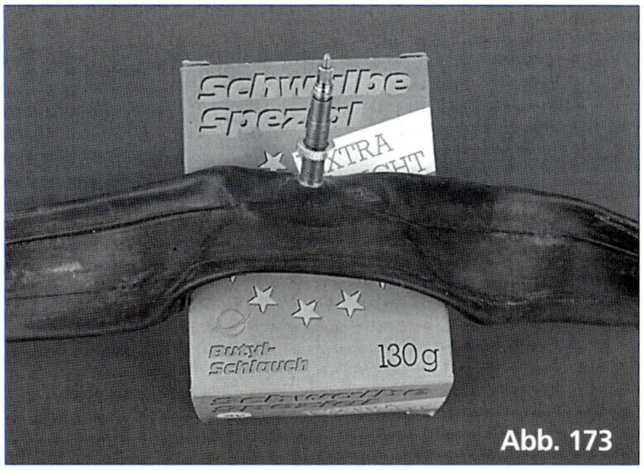

Abb. 173

Campagnolo

Italienischer Hersteller hochwertiger ▷ Komponenten, die im Rennsport jahrzehntelang geradezu Synonym für den Stand der Technik waren (Abb. 1 zeigt die erste von Campagnolo konstruierte Schaltung).

Firmengründer Tullio Campagnolo, selbst aktiver Radprofi, hatte mit genialem Einfallsreichtum und handwerklichem Geschick der Fahrradtechnik bis in die 70er Jahre hinein ständig entscheidende Impulse gegeben. Seine ▷ Schnellspannachse (1927), seine Campa-Stabschaltung (1930; ▷ Umwerfer wird mittels eines Handhebels "umgeworfen"), ▷ Umwerfer und ▷ Schaltwerk mit Parallelogrammbauart sind nur die wichtigsten seiner Erfindungen.
Durch das Aufkommen fernöstlicher Konkurrenz geriet die Firma Mitte der 80er Jahre in eine Existenzkrise, hat aber mittlerweile wieder den Stand der Technik erreicht und zeichnet sich nach wie vor durch die berühmten Campa-Tugenden aus:
* erstklassige Lagerqualität;
* bestes Bauteilmaterial;
* hohe Belastbarkeit,
* edles Oberflächenfinish.

Topgruppen s. Anhang

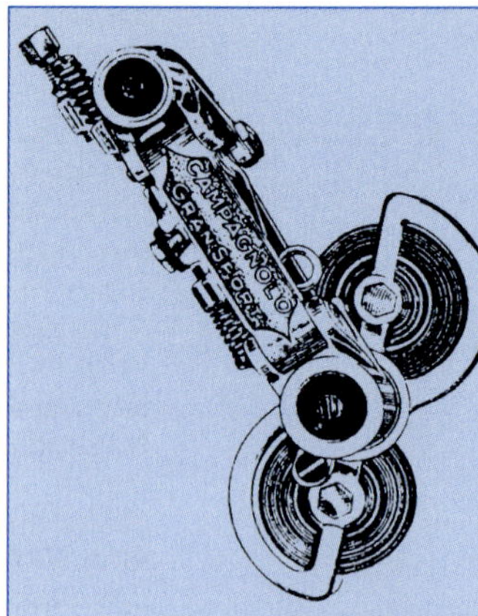

Abb. 1

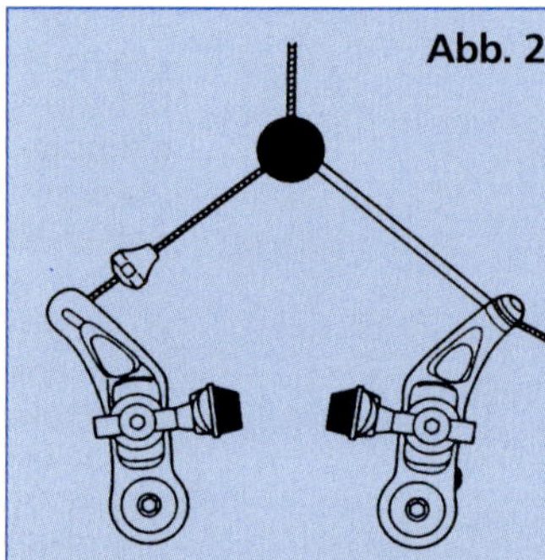
Abb. 2

Candela

Physikalische Einheit der ▷ Lichtstärke (Formelzeichen: cd), Einzelheiten s.d.

Cantilever-Bremse

Sog. ▷ "Kipphebelbremse", deren ▷ Bremsarme um separate ▷ Anlötsockel schwenken (Bez. von engl. cantilever "freitragend; Kragträger") (Abb. 2).
Ursprünglich nur am ▷ Querfeldeinrad eingesetzt, fanden die "Cantis" schließlich universelle Verbreitung am ▷ Mountainbike und Trekkingrad.
Einzelheiten s. ▷ Bremsen: Felgenbremsen: Mittelzugbremsen.

Carbon

Werkstoffbezeichnung für in ▷ Faserverbundbauweise hergestellte Bauteile (Abb. 3), bei denen ▷ Kohlefasern das tragende Skelett bilden.

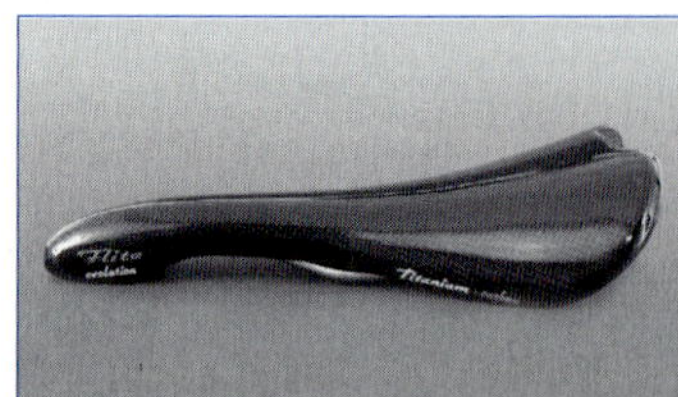
Abb. 3

Kohlefasern

Um sie in Lage und Richtung zu fixieren, werden die Kohlefasern in einer ▷ Matrix aus ▷ Harz oder thermoplastische Kunststoffe (▷ Thermoplaste) eingebettet, was gleichzeitig die Formbeständigkeit der Bauteile bewirkt. Sie werden durch "Verkohlung" (Erhitzung unter Luftabschluß) aus gereckten Kunststoffasern (z.B. Polyacrylnitril, PAN) mit einem Durchmesser von ca. 0,007 mm hergestellt, Einzelheiten s. ▷ Kohlefasern. Die so erzeugten Fasern besitzen nur 1/5 der ▷ Dichte von ▷ Stahl, weisen aber ein rund fünffaches Elastizitätsmodul auf und übertreffen die ▷ Zugfestigkeit von Stahl je nach Herstellungsverfahren um den Faktor 3 bis 6.
Zum Fixieren der Fasern wird heute überwiegend Epoxidharz eingesetzt. Es ist mechanisch belastbarer als das v.a. für Glasfaserverbundwerkstoffe verwendete Polyesterharz und bewirkt daher eine höhere Formbeständigkeit der Carbonbauteile.

Im Bestreben nach rationellen Herstellungsverfahren kommen v.a. für die Rahmenherstellung durch sog. Tiefziehen (s.u.) heute vermehrt Thermoplaste zum Einsatz. Sie besitzen außerdem den Vorteil eines rationellen ▷ Recyclings verbrauchter Carbonteile.

Anmerkung: Carbonbauteile erreichen nicht annähernd die physikalischen Eigenschaften der Kohlefasern, können jedoch je nach Herstellungsverfahren solche von Stahl überbieten.

Grundsätzliches

Im Gegensatz zu den Metallen, deren Kristallstruktur annähernd gleichwertig Belastungen in allen Richtungen widersteht, hängen die Belastbarkeit und das ▷ Elastizitätsmodul von Carbonteilen überwiegend vom ▷ Faseranteil und der Orientierung der Fasern ab (s.a. nebenstehende Tabelle).

Faserlage

Die Auswirkungen der ▷ Faserlage lassen sich anhand der nachfolgend unterschiedlich konzipierten Rohre veranschaulichen:

Radiallagen: Die Fasern für ein Rohr werden *nebeneinander* aufgewickelt wie die Fäden auf einer Garnrolle, man spricht von ▷ Radiallagen (Abb. 4 oben): Das so hergestellte Rohr besitzt eine hohe radiale Belastbarkeit, kann jedoch keine nennenswerten ▷ Biege- oder ▷ Torsionsbelastungen aufnehmen.

Unidirektionallagen: Die Fasern werden ausschließlich in *Längsrichtung* des Rohres verlegt, man spricht von ▷ Unidirektionallagen (Abb. 4, 2. von oben). Dieses Rohr kann hohe Biegebelastungen aufnehmen, jedoch keine nennenswerten Torsions- oder Radialbelastungen.

0/90-Grad-Lagen: Das Rohr wird entweder aus Gewebe hergestellt oder besteht aus aufeinander liegenden Radial- und Unidirektionallagen (Abb. 4, 2. von unten). Ein Teil der Fasern verläuft nebeneinander, der andere Teil längs des Rohres, sog. ▷ 0/90 Gradlagen. Dieses Rohr ist sowohl radial, wie auch auf ▷ Biegung belastbar, zeigt aber noch Schwächen bei Torsionsbelastung. Anwendungsmöglichkeit: Rohr der ▷ Sattelstütze, da es sowohl der radialen Klemmbelastung wie der Biegebelastung durch Fahrbahnstöße widersteht.

Diagonallagen: Die einzelnen Fasern oder Gewebe verlaufen kreuzweise unter ca. 45 Grad um das Rohr herum, sog. ▷ Diagonallagen (Abb. 4 unten). Auch hier ist die Realisierung durch Gewebe möglich, oder s. ▷ Carbon-Rohr mit aufeinanderliegenden, sich kreuzenden 45-Grad-Lagen.
Dieses Rohr ist optimal für Torsionsbelastung ausgelegt, kann aber noch hinlänglich Biege- und Radialbelastungen aufnehmen. Anwendungsmöglichkeit: Rahmenrohr, da es ▷ zusammengesetzten Belastungen unterliegt. Optimiert werden könnte das Rohr hierzu jedoch durch zusätzlich aufgebrachte Unidirektionallagen, um der ebenfalls im Fahrradrahmen herrschenden Biegebelastung besser widerstehen zu können.

Konstruktionsprinzipien

Da die ▷ Dichte von Carbonteilen um 1,45 kg/dm³ liegt, sollten Carbonteile im Vergleich zu Metallteilen voluminöser und etwas dickwandiger ausgeführt werden. Solche carbonspezifische Bauweise kann dann ihre Vorteile hinsichtlich ▷ Biege- und ▷ Torsionsteifigkeit am besten ausspielen, da diese ja mit dem Durchmesser in der dritten bzw. vierten Potenz ansteigen.

Abb. 4

Beim ▷ Rahmenbau beipielsweise ist die klassische ▷ Diamantform für Carbon ungünstig, obwohl ▷ Rundrohrrahmen aus Carbon hier durchaus Vorteile hinsichtlich ▷ Seitensteifigkeit und Gewicht erbringen. Bei carbonspezifischen Rahmenformen (s. ▷ Carbonrahmen-Formen) wären die Vorteile noch gravierender. Darüberhinaus warten solche Rahmen dann nicht mehr mit der vertikalen Härte der Diamantrahmen auf, wären also entschieden komfortabler. Die weichen Übergänge der einzelnen Rahmenpartien gewährleisten übrigens einen geradezu idealen Kraftfluß, was sich wiederum günstig auf Baugewicht und Langlebigkeit solchermaßen gefertigter Teile auswirkt.

Harzanteil Da das Harz nur faserfixierende Aufgaben innerhalb des Verbundes zu erfüllen hat, bemüht man sich, deren Anteil zugunsten eines höheren Faseranteils zu minimieren.

Andererseits müssen die Fasern auf jeden Fall rundum mit Harz benetzt werden, um Formstabilität zu gewährleisten. Aus diesem Grunde erfolgt die Herstellung i.d.R. mit leichtem Harzüberschuß, der dann nachträglich herausgepreßt wird.

Verfahren hierzu:
* Strammes Abbinden mit Gewebeband;
* Herauspressen durch leichtes Übermaß des Carbonrohlings in einer Form;
* Absaugen durch ein angelegtes Vakuum;
* Herauspressen durch einen in den Hohlkörper eingebrachten, unter Luftdruck gesetzten Schlauch;
* Herauspressen durch einen sich bei Wärme ausdehnenden Schaumkern.

Tempern Durch ▷ Tempern läßt sich die Festigkeit von Epoxidharz steigern, was die Carbonteile form- und temperaturbeständiger macht. Hierzu wird während oder nach dem Aushärtvorgang des Harzes die Form samt innenliegendem Carbonteil auf 80 bis 120°C erwärmt.

Besonders wichtig ist diese Prozedur bei Carbonteilen, die hohen Temperaturen ausgesetzt werden (z.B. Bremswärme bei ▷ Scheibenrädern oder ▷ Composite Wheels; Sonneneinstrahlung auf Carbonteile im geschlossenen Autofond).

Allgemeine Eigenschaften Optimal ausgelegte Carbonteile zeichnen sich durch hohe Belastbarkeit bei geringem Baugewicht aus. Faustregel: Bei gleicher Festigkeit und doppelter Steifigkeit läßt sich das Gewicht im Vergleich zu Aluminium-Bauteilen halbieren.

Weiterhin besitzen Carbonteile eine noch bessere ▷ Dauerschwingfestigkeit als Stahlteile und sind ausgesprochen korrosionsbeständig. Ferner weisen aus Gewebematten gefertigte Carbonteile etwas günstigere Dämpfungseigenschaften auf als rein metallische Bauteile.

Nachteile Sehr geringe Bruchdehnung von nur 2 %, weshalb Carbonbauteile häufig mit einzelnen Lagen aus der zäheren ▷ Kevlarfaser oder mittels sog. ▷ Hybridgewebe hergestellt werden.

Die Form Um abmessungsgleiche Bauteile mit hoher Oberflächengüte herzustellen, sind Formen nötig, orginalgetreue Negativabbildungen des späteren Bauteiles, in die der Carbonrohling zum Aushärten hineingelegt oder (s.u.) gleich gefertigt wird.

Für Kleinserien reicht eine Kunststoff-Form. Zu ihrer Herstellung muß zunächst ein orginalgetreues Modell angefertigt werden, welches durch Abgießen oder ▷ Laminieren in eine zwei- oder mehrteilige Form abgeformt wird. Die Kosten einer Kunststoff-Form liegen beispielsweise für einen Fahrradrahmen bei ca. DM 15.000,-.

Für Großserien ist eine Stahl- oder Aluminiumform erforderlich, die aus einem Metallblock herausgefräst wird. Als Maßangabe dient entweder wieder ein orginalgetreues Modell oder aber eine Zeichnung, von der die Maße computergesteuert auf die Fräsmaschine übertragen werden. Das ist wesentlich preiswerter, die Kosten einer Rahmenform liegen aber immer noch bei ca. DM 100.000,-.

Herstellungsverfahren

Die Herstellung von Carbonteilen ist momentan noch mit viel Handarbeit verbunden und daher vergleichsweise teuer. Durch rationellere und v.a. maschinelle Herstellungsverfahren ist man jedoch bemüht, Carbonteile kostengünstiger zu fabrizieren. Heute kommen bereits fünf Herstellungsverfahren zur Anwendung, die übrigens auch das stetige Bestreben nach rationeller Fertigungsweise bekunden:

Laminieren

Bei diesem klassischen Verfahren zur Herstellung von Faserverbundwerkstoffen benutzt man aus Kohlefasern gewebte Matten. Sie werden entsprechend zugeschnitten, von Hand mit Harz eingepinselt (Abb. 5) und Schicht um Schicht in eine zuvor hergestellte Form eingelegt. Daher auch die von lat. "Blatt", "Platte" abgeleitete Bezeichnung "Laminieren".

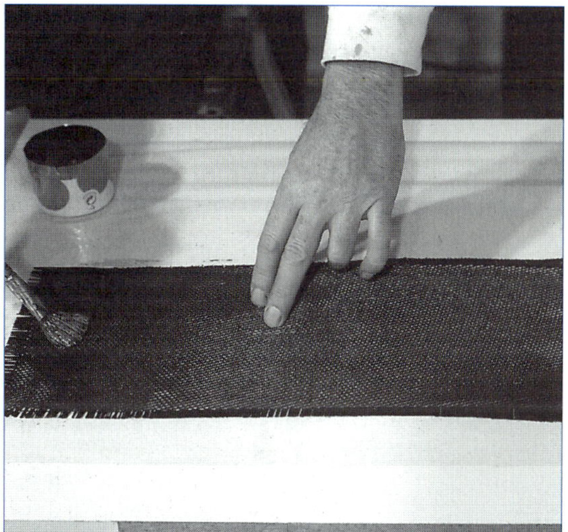

Abb. 5

Die Ausführung erfolgt i.d.R. mehrlagig, wobei man sich bemüht, möglichst viele Fasern in der Belastungsrichtung verlaufen zu lassen. Beispiel: Bei Scheibenrädern läßt man durch Einsetzen von kuchenstückähnlichen 0/90-Grad-Gewebeteilen möglichst viele Fasern radial verlaufen (Abb. 6).

Sandwichbauweise

Speziell beim Laminieren läßt sich relativ einfach die sogenannte ▷ Sandwich-Bauweise (Einzelheiten s.d.) realisieren (Abb. 7). Per eingelegter Zwischenschicht aus leichtem Schaum- oder Wabenmaterial kann hierbei das Bauteilgewicht drastisch abgesenkt, die Steifigkeit dagegen z.T. sogar noch erhöht werden. Erklärung: Die Kräfte verlaufen dann ähnlich wie bei einem dünnwandigen Rohr vorwiegend in den Randbereichen der Bauteile, die Bauteilmitte wird wenig bis gar nicht belastet.

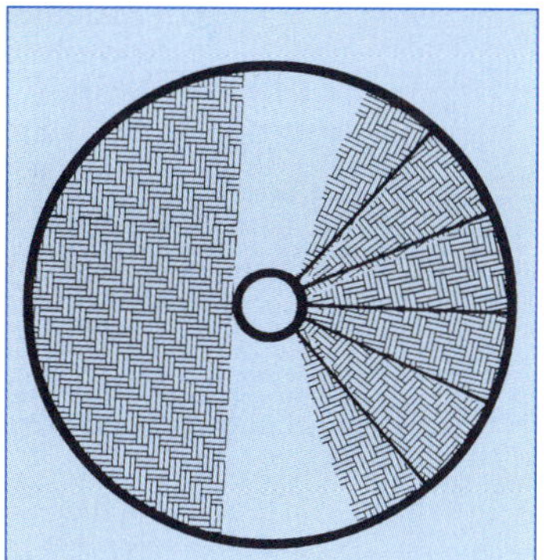

Abb. 6

Die einzelnen Gewebestücke müssen sich beim Laminieren genügend weit überlappen, damit die Kräfte "in den Fasern" bleiben. Faustregel: Die Überlappungen sollten mindestens 30 mm betragen. Kürzere Überlappungen stellen Schwachstellen des Laminats dar, an denen das Harz "gefordert" wird.

Weitere Schwachstellen entstehen, wenn das Laminat nach dem Aushärten der Form entnommen und mit weiteren Laminaten zu einem Bauteil zusammengeklebt wird. Die Klebenaht besitzt dann nur die Festigkeit und das ▷ Elastizitätsmodul des Klebers.

Bei aus zwei Schalen hergestellten Fahrradrahmen kreuzen im späteren Fahrbetrieb die diagonal umlaufenden ▷ Torsionsbelastungen die Klebenaht, was auf Dauer zum Lösen der Klebung führen kann. Aus diesem Grunde ist man bestrebt, Rahmen gleich als fertige Einheit herzustellen, s. ▷ Carbonrahmen: Schalenrahmen.

In Laminatbauweise lassen sich nahezu beliebig komplizierte Körperformen herstellen. Also nicht nur Fahrradrahmen und -komponenten, sondern auch Bootskörper, Flugzeugteile, Windflügel etc.

Wenn sich das Laminieren durch die Verwendung sogenannter ▷ "Pre-Packs" - das sind mit Harz vorgetränkte "trockene" Matten, deren Harz erst bei höheren Temperaturen wieder flüssig wird - vereinfachen läßt, ist es ob seines hohen Handarbeitsanteiles vergleichsweise teuer.

Negativ auf die Steifigkeit laminierter Bauteile wirkt sich zudem der Umstand aus, daß die Fasern durch das Weben zur Matte leicht wellenförmig verlaufen (Abb. 8). Mit Kräften beaufschlagt, wirken die Fasern dann - übertrieben ausgedrückt - durch Streckung wie eine Feder und erreichen damit nicht annähernd die vom Elastizitätsmodul her zu erwartende Steifigkeit. Hinzu kommt, daß sich zwischen den gewellten und sich kreuzenden Fasern mehr "Hohlräume" befinden, der Harzanteil liegt gut über 30 %.

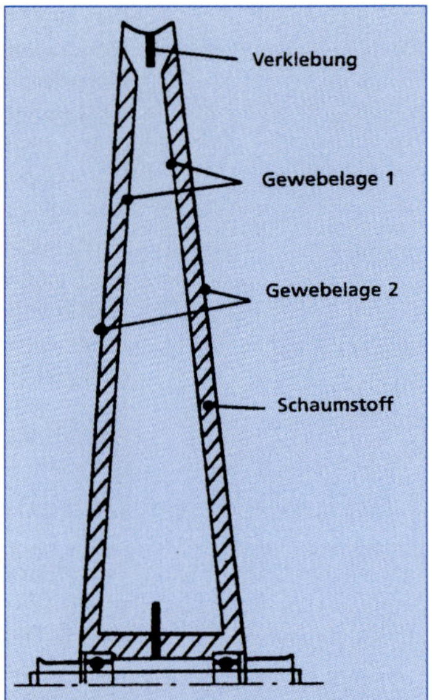

Abb. 7

Abb. 8

Wickeln

Herstellen von Carbonteilen durch Umwickeln eines Kernes mit sog. "Rovings".

Die Rovings (Bündel von 1000 bis 30.000 einzelnen Kohlefasern) werden hierbei zunächst mit Harz getränkt und gezielt entsprechend den später zu erwartenden Belastungen orientiert (Abb. 9).

Der Kern kann nach dem Aushärten entfernt werden oder verbleibt im Bauteil. Für letzteres eignen sich besonders Schaumkerne, die nebenbei die Knickfestigkeit von voluminösen Bauteilen erhöhen, Schwingungs-Resonanzen reduzieren und auch übermäßige Geräuschentwicklung der ansonsten hohlen "Klangkörper" vermeiden. Das Gewicht eines Schaumkernes für einen kompletten Fahrradrahmen wiegt dabei nur etwa 150 bis 200 Gramm.

Symmetrische oder annähernd symmetrische Bauteile lassen sich heute bereits automatisiert durch computergesteuerte Wickelmaschinen herstellen (Abb. 10). Mittels aufwendiger Wickelmaschinen ist es sogar möglich, auch komplizierte Hohlkörper, z.B. einschwingige Fahrradrahmen herzustellen.

In der Regel wird beim Wickeln mit Rovings gearbeitet, die einen Harzbehälter durchlaufen, wobei überschüssiges Harz gleich abgestreift wird. Zum Erzielen von hoher Formtreue und Oberflächengüte werden die gewickelten Teile anschließend ebenfalls in einer Form ausgehärtet und getempert.

Gewickelt werden heute Rundrohre aus Carbon, (s. ▷ Carbonrohre) sowie bei den Fahrradherstellern Trek und Giant ▷ Muffen und ▷ Gabelköpfe.

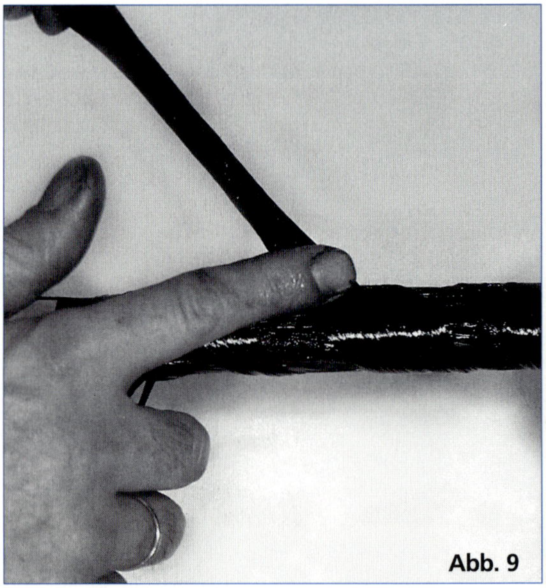

Abb. 9

Der Vorteil der Wickelmethode liegt im geringeren Handarbeitsanteil, sie ist damit relativ kostengünstig. Weiterhin verlaufen die einzelnen Fasern ungewellt, was die Steifheit der Bauteile erhöht und den Harzanteil unter 30 % senkt. Das erreichbare Elastizitätsmodul kann bei gewickelten Carbonteilen das von Stahl um den Faktor 2 übersteigen.

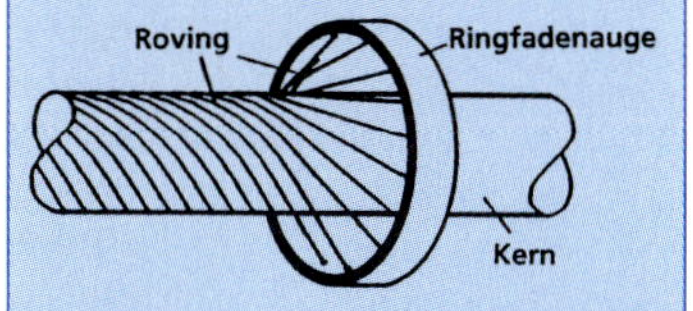

Abb. 10

Wirken

Hierbei werden mit einer speziellen Maschine häkel- oder strickartig ganze Körper derart engmaschig aus Rovings gewirkt, daß bereits eine leichte Formbeständigkeit vorliegt (Abb. 11). Danach erfolgt entweder die obligatorische Tränkung mit Harz oder das Einspritzen eines Thermoplast-Kunststoffes.

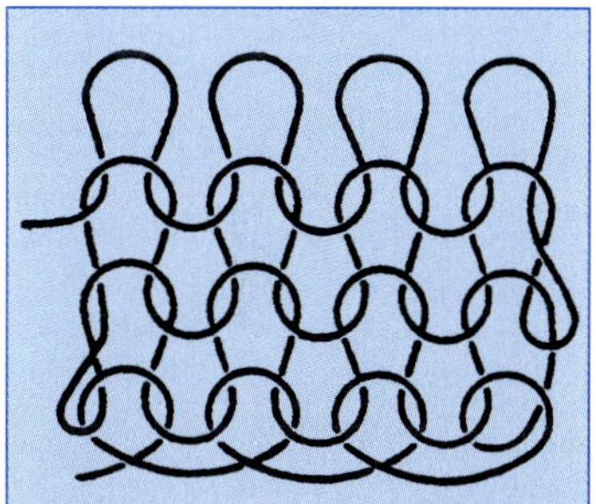

Abb. 11

Auch dieses Verfahren ist durch Automatisierung sehr kostengünstig und benötigt eine Form, um Abmessungen einzuhalten und ein hochwertiges Oberflächenfinish zu erreichen.

Für den Fahrradbereich findet das Wirken noch keine Anwendung, denkbar wären jedoch so hergestellte Kleinteile wie Bremsen, Bremsgriffe, Schaltungskörper etc.
Da beim Wirken ja die Fasern in allen erdenklichen Richtungen verlaufen, erhalten die so hergestellten Bauteile eine den Metallteilen gleichkommende universelle Belastbarkeit. Zwangsläufig sind bei diesem Verfahren aber große "Hohlraumanteile" vorhanden, der Harz- oder Thermoplastanteil liegt auf jeden Fall bei gut 40 %.

Tiefziehen von Organoblechen

Aus Carbonmatten werden mittels Tränkung mit einem thermoplastischen Kunststoff zunächst die sog. "Organobleche" hergestellt. Diese werden anschließend analog zur Herstellung von Blech-Karosserieteilen in großen Pressen tiefgezogen (Abb. 12). Der Anteil des fixierenden Thermoplastes liegt knapp über 30 % und entspricht dem Harzanteil beim Laminieren.

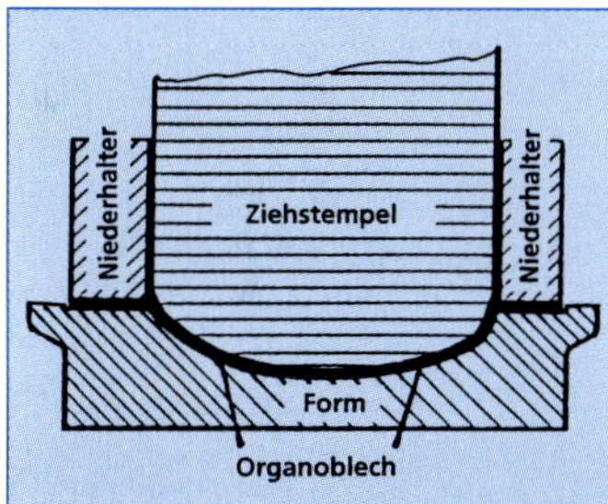

Abb. 12

Allerdings muß hierzu jedoch das Organoblech erwärmt werden, damit der Thermoplast erweicht und den Verformungsvorgang mitmacht. Die hohe Oberflächengüte des Verfahrens macht ein Oberflächenfinish überflüssig.

Durch Tiefziehen lassen sich mit diesem Verfahren kostengünstig Rahmen- oder Laufradhälften herstellen, die anschließend jedoch zu einer Einheit verklebt oder verschweißt werden müssen (s. ▷ Kunststoffschweißen).
Die Haltbarkeit der so hergestellten Bauteile steht und fällt übrigens mit der Ausführung dieser Nahtstelle, die auf jeden Fall zu einer Schwächung der Bauteile führt. Denkbar wäre hier die Verbindung durch eine fast vergessene Verbindungsform, das ▷ Nieten, mit dem früher sogar Brücken und andere Hochbaukonstruktionen verbunden wurden. Futuristische Formen verbunden mit optisch hervorgehobenen Nieten könnten hier reizvolle designerische Akzente setzen.

Hergestellt werden nach diesem Verfahren bereits von der engl. Firma "Carbon Design" der ▷ "Infinity"-Rahmen sowie ▷ Composite Wheels. Die deutschen Firmen "Diamant" und "Biria" stehen in der Vorbereitung von tiefgezogenen Fahrradrahmen und hoffen damit die Herstellungskosten unter 300 DM drücken zu können.

Carbonfaserverstärkter Kunststoffspritzguß

Im ▷ Spritzguß hergestellte Kunststoffteile, wobei dem zu verspritzenden Kunststoff Carbonfasern beigemischt werden (Abb. 13).

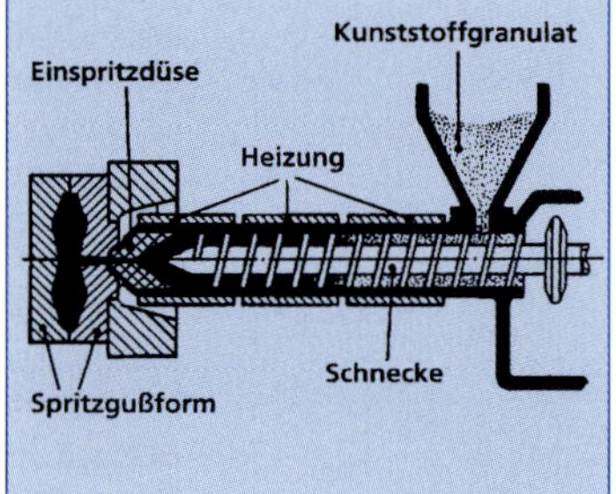

Abb. 13

Damit später auf das Bauteil einwirkende Kräfte weitgehend von den Fasern aufgenommen werden, müssen
* sich die Fasern genügend weit überlappen,
* der Faseranteil möglichst hoch sein,
* die Fasern, soweit es geht, in Belastungsrichtung orientiert sein.

Dementsprechend steigt dann die ▷ Zugfestigkeit, das ▷ Elastizitätsmodul erhöht sich sogar drastisch, s. Tabelle. Weiterhin sei noch die Lage der Fasern erwähnt, die speziell bei Langfasern mit der Einspritzrichtung in die Form beeinflußt werden kann.Hergestellt werden mit diesem Verfahren und Carbonlangfasern von der Firma "GT" bereits ▷ Composite Wheels. Für Fahrradrahmen und Kleinteile bietet sich das Verfahren ebenfalls an.Der Thermoplastanteil liegt beim faserverstärkten Spritzguß je nach Verfahren und Anforderung bei 65 - 8o %.

Eine Übersicht der mit den einzelnen Verfahren zu erzielenenden Zugfestigkeiten und Elastizitätsmodule zeigt die nachstehende Tabelle. Hierbei handelt es sich um Anhaltswerte, da je nach Fertigung, Faserlage und verwendeter Matrix die Werte um den Faktor 2-10 streuen können.

Abb. 14: **Mechanische Werte von Carbon**

Verfahren/ Werkstoff	*Dichte in kg/dm³*	*Zugfestigkeit in N/mm²*	*E-modul in N/mm²*	*Faseranteil in %*
Laminieren	1,6	500	150.000	60 - 65
Wickeln	1,65	1200	400.000	um 70
Wirken	1,5	450	100.000	55 - 60
Tiefziehen	1,5	500	150.000	60 - 65
Kurzfasern 1-2 mm	1,3	150	12.000	20
Kurzfasern 1-2 mm	1,4	250	22.000	30
Langfasern 20-30 mm	1,4	350	100.000	30
Stahl	7,9	1000	210.000	
Aluminium	2,7	450	70.000	
Polyamid	1,2	80	1.000	
Epoxidharz	1,3	120	3.000	

Carbon-Gabeln

Gabeln, deren ▷ Gabelbeine z.T. auch der ▷ Gabelkopf aus ▷ Carbon gefertigt sind.

Diese Gabeln haben sich hinsichtlich Belastbarkeit hervorragend bewährt, besitzen allerdings aufgrund des notwendig hohen Anteils von unidirektional verlaufenden Fasern geringeren ▷ Fahrkomfort als ▷ Stahl- oder ▷ Aluminium-Gabeln.

Der ▷ Gabelschaft wird auch bei Carbongabeln aus ▷ Stahl gefertigt, da dieser Werkstoff auf Dauer einen exakten und festen Sitz des ▷ Gabelkonus gewährleistet und ein haltbares Gewinde für die Muttern des ▷ Steuersatzes bietet. Die ▷ Ausfallenden von Carbongabeln bestehen i.d.R. aus Aluminium, da Carbon bei häufigen Laufradwechseln von den scharfen oder gezahnten ▷ Gegenmuttern beschädigt werden würde. Einzelheiten s. ▷ Gabeln: Materialien.

Carbon-Rahmen

Außer einzelnen Komponenten lassen sich auch komplette Fahrradrahmen aus ▷ Carbon fertigen. Seit den Anfängen des Carbonrahmenbaus Anfang der 80er Jahre haben sich verschiedene Bauweisen und v.a. ▷ Carbon-Rahmenformen entwickelt. Um den Werkstoff Carbon mit einer auf ihn zugeschnittenen Bauweise zu optimieren, hat sich die Form moderner Carbonrahmen deutlich von der herkömmlicher Metallrahmen entfernt.

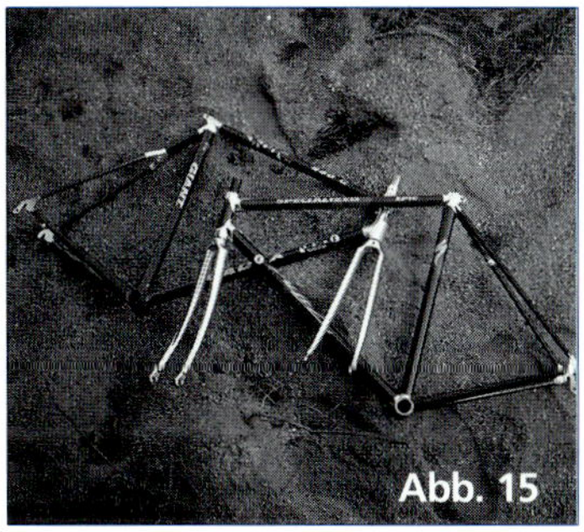

Abb. 15

Zwei grundsätzliche Methoden stehen sich gegenüber:

* Die Bauweise mit runden Carbonrohren (Abb. 15), die konventionell mit ▷ Muffen gefügt werden;
* verschiedene carbonspezifische Bauweisen, bei denen entweder mehrere größere Rahmenteile zusammengefügt werden oder der komplette Rahmen in einem Stück gefertigt wird ("Mono-coque") (Abb. 16).

Abb. 16

Rundrohr-Rahmen

Die ersten Carbonrahmen wurden bereits vor 1980 in den USA gefertigt und vertrieben. Es waren ▷ Rundrohr-Rahmen, die mittels ▷ Alumuffen und ▷ Klebetechnik gefertigt waren. Da die Rohre dieser Rahmen noch aus Gewebematten lanimiert wurden (s. ▷ Laminieren), besaßen die Rahmen eine hervorragende ▷ Elastizität und ▷ Dämpfung, aber ungenügende ▷ Seitensteifigkeit. Diese Schwäche wurde bei der zweiten Generation solcher Rahmen ab 1989 mit zusätzlichen unidirektionalen Faserlagen behoben, welche v.a. die ▷ Biegesteifigkeit erhöhen.

leichter

Verglichen mit Stahlrohr-Rahmen haben die Carbonrohr-Rahmen heute einen Gewichtsvorteil: Inklusive Gabel wiegen Stahlrahmen je nach Rahmengröße, -typ und Rohrwandstärke 2,3 - 3,2 kg, Carbonrahmen dagegen 1,6 - 2,6 kg.

steifer

Darüberhinaus warten optimierte Carbon-Rundrohrrahmen mit 20-30 % höherer ▷ Seitensteifigkeit auf als vergleichbare Stahlrahmen.

nicht carbonspezifisch

Es hat sich jedoch gezeigt, daß das Nachbauen des für dünnere metallische Rundrohre optimalen ▷ Diamantrahmens in Carbon nicht der Weisheit letzter Schluß ist. Das Material ermöglicht bzw. verlangt sogar nach einer voluminöseren Bauweise, um die Vorteile seiner geringen Dichte ausnutzen zu können: Größere Rohrquerschnitte sowie gerundete Rohr-zu-Rohr-Übergänge (Abb. 17) versteifen den Rahmen in vertikaler Richtung, die ▷ Fahrdynamik leidet drastisch: Die Rahmen werden vertikal zu unnachgiebig und neigen zur ▷ Spurversetzung (seitl. Wegspringen) v.a. in Kurven mit unebenem Fahrbahnbelag. Sinnvoller sind weniger vergitterte Rahmenformen, bei denen größere und ovalisierte Querschnitte die Lastanteile der weggelassenen Rohre übernehmen:

Abb. 17

Schalenrahmen

Obwohl ein Rohr strenggenommen auch eine Schale ist, sei der Begriff hier für die carbonspezifische Bauweise in großflächigen Schalen reserviert, zumal der Begriff im Frz. hierfür verwendet wird (s. Monocoque).

zweischalige Rahmen

Als günstiger erwies sich die Mitte der 80er Jahre erstmals aus Schalen hergestellte ▷ Schleifenform der Firmen Bianchi und Colnago, die durch größere Rohrquerschnitte ausreichende Steifigkeit erzielten, um auf das ▷ Sattelrohr verzichten zu können. Bei guter Seitensteifigkeit warten diese Rahmen mit verbessertem Fahrkomfort auf. Bei dieser Bauweise werden die annähernd symmetrischen rechten und linken Hälften des Rahmens getrennt hergestellt und abschließend zusammengeklebt.

FES-Rahmen

Ein weiterer Vertreter dieser Bauweise ist der seit 1987 in der damaligen DDR gebaute ▷ FES-Rahmen, Einzelheiten s.d. (Abb. 18). Er wurde sowohl in Diamant- als auch in Schleifenform gebaut. Der nur von Spitzenathleten gefahrene FES-Rahmen offenbarte exemplarisch die prinzipielle Schwachstelle der zweischaligen Bauweise, nämlich die Klebenaht: Die beiden Rahmenhälften neigten anfangs zum Auseinanderplatzen, weil insbes. die ▷ Torsionsbelastungen über die Klebestelle verlaufen.

Abb. 18

Heißpressen

Durch das Heißpreßverfahren, bei dem thermoplastisch gebundene Carbonplatten (sog. "Organobleche") auf großen Pressen unter Wärmeeinwirkung zu Schalenprofilen verformt werden, hat die Schalenbauweise (▷ "Infinity"-Rahmen) neue Aspekte bekommen. Es bleibt aber das Klebenahtproblem, obgleich per gefalzter Formgebung hier Verbesserungen erzielt wurden, vgl. auch ▷ Schalenbauweise.

Die Lösung des Klebenahtproblems war seine Vermeidung durch einteilige Bauweise.

Abb. 19

Monocoque-Rahmen (einschalig)

1988 brachte ▷ Kestrel den ersten komplett in einem einzigen Stück gefertigten Carbon-Rahmen heraus (Abb. 19), der als Monocoque d.h. "Einschaler" bezeichnet wurde (von frz. coque "Schale") und das Gewicht hochwertiger Stahlrahmen um rund 300 Gramm unterbot. Das Verfahren verlangt mehrteilige und damit sehr komplizierte Formen, in denen der spätere Rahmen als nahtlose Einheit laminiert wird (s. ▷ Carbon: Herstellungsverfahren).

Versuche, komplette einschwinglge Rahmen zu wickeln (▷ Carbon: Herstellungsverfahren), sind noch im Experimentierstadium, würden aber die Herstellungskosten deutlich senken.

mehrteilige Rahmen

Als Zukunftsperspektive bieten sich darüberhinaus mehrteilige Rahmen an, deren dann einfacher und rationeller zu fertigende Einzelteile (v.a. bei Wickeltechnik; Abb. 20) durch Schraub/Klemm- oder Steck/Klebe-Verbindung zum fertigen Rahmen gefügt werden.

Abb. 20

Carbon-Rahmenformen

Der Werkstoff ▷ Carbon verlangt nach speziellen Rahmenformen, um die Vorteile seiner geringen ▷ Dichte ausspielen und den Nachteil der zur Aufnahme von Kräften geforderten orientierten Faseranordnung ausgleichen zu können.

Das bedingt zunächst eine voluminösere Auslegung der tragenden Rahmenteile, die weiterhin im Gegensatz zu den fachwerkartigen ▷ Rahmenformen beim Einsatz von Metallrohren mit gerundeten Rohr-zu-Rohr-Übergängen "organischer" gestaltet werden sollten.

Als Carbon-Rahmenformen haben sich folgende Formen bereits in der Praxis als sinnvoll erwiesen oder könnten zur Anwendung kommen.

Grundsätzlich lassen sich die Carbon-Rahmenformen in zwei Gruppen einteilen:

1. Nach Art eines unvollendeten ▷ Diamantrahmens, wobei das Weglassen eines oder mehrerer Rahmenrohre durch größere Rohrquerschnitte und damit einhergehender erhöhter Steifheit ausgeglichen werden muß. Da der in sich geschlossene Diamantrahmen hierbei an einer Stelle geöffnet wird, besitzen diese Ausführungen einen guten Fahrkomfort.
2. Modifizierte ▷ Kreuzrahmen.

Schleifenform

Bekanntester und erster Vertreter der Bauart unvollendeter Diamantrahmen (Abb. 21 oben). Er wartet mit ovalisierten Carbonrohren und weichen Rohr-zu-Rohr-Übergängen nach Art einer gerundeten Raute auf, wobei auf das Sattelrohr verzichtet wird.

Zur Umwerferbefestigung muß bei der Schleifenform vom ▷ Tretlagerbereich aus ein Ausleger in Form einer Haifischflosse in Richtung Sattel geführt werden. Erste Ausführungen: 1986 Colnago und Bianchi, 1987 ▷ FES.

Holder-Form

Durch Weglassen der ▷ Sattelstreben erzielt der deutsche Carbonbauer Hermann Holder verbesserten Fahrkomfort (Abb. 21 Mitte), kann aber ansonsten die herkömmlichen Komponenten für Diamantrahmen wie Umwerfer und Sattelstütze benutzen.

Zipp-Form

Sie verzichtet auf ▷ Oberohr, ▷ Sattelrohr und ▷ Sattelstreben und bildet lediglich einen bumerangähnlichen Winkel vom Steuerrohr über das Tretlager zu den hinteren ▷ Ausfallenden (Abb. 21 unten).

Der Umwerfer wird direkt auf den im Tretlagerbereich besonders hoch ausgeführten Rahmenwinkel montiert. Die Sattelbefestigung erfolgt auf einer ▷ Zipp-Schwinge, wodurch das Fahrrad zu den Fahrrädern mit ▷ passiver Federung avanciert.

Z-Form

Rahmenform, bei der auf Unterrohr und Sattelstreben verzichtet wird, so daß die verbleibenden Rohre ein "Z" bilden (Abb. 22 oben).

Auf einen Rahmen dieser Form können ebenfalls herkömmliche Sattel und Umwerfer montiert werden. Hierauf absolvierte zwar 1994 Olympiasieger Chris Boardman ein ▷ Zeitfahren bei der Tour de France, der Rahmen gelangte aber anscheinend noch nicht zur Serienreife.

Auslegerform

Unter- und Sattelrohr werden zu einem einzelnen Rohr zusammengefaßt, welches etwa in der Mitte zwischen Sattel und Steuerrohr auf das Oberrohr trifft, welches dann als "Ausleger" zum Steuerrohr weiterläuft (Abb. 22 Mitte).

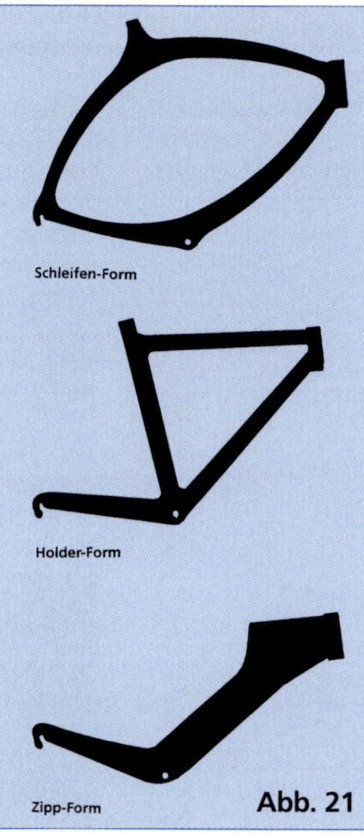

Abb. 21

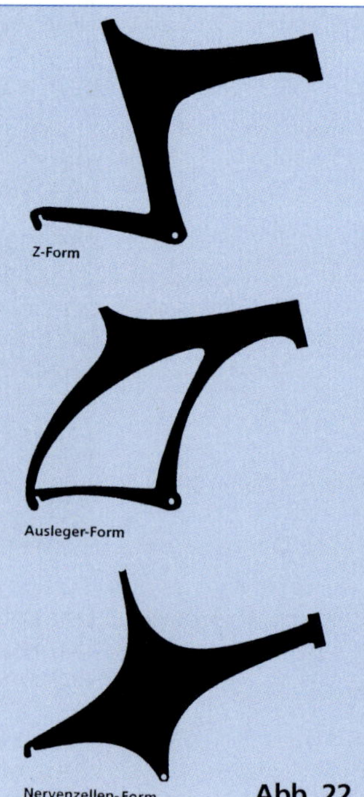

Abb. 22

Der Ausleger sorgt hierbei für den erforderlichen Fahrkomfort, das hintere Rahmenteil für "fachwerkgemäße" Steifigkeit. Auch hierbei wird sowohl der Umwerfer wie der Sattel konventionell befestigt. Vorgestellt wurde diese Rahmenform 1990 von der Fa. Cratoni, gelangte aber bislang nicht zur Serienreife.

Nervenzellenform

Dem Grundprinzip des ▷ Kreuzrahmens folgend, ergibt sich aus dem dick ausgeführten "Knoten" in der Rahmenmitte, sowie den dünn zu Sattel, Steuerrohr, Tretlager und Ausfallenden auslaufenden Rohren eine an eine Nervenzelle erinnernde Rahmenform (Abb. 22 unten).
Bekannt wurde diese Rahmenform ebenfalls durch Chris Boardman, der auf einem solchen von der engl. Fa. Lotus gefertigten Rahmen 1992 Olympiasieger in der 4000-m-Verfolgung (s. ▷ Bahnwettbewerbe) wurde. Als weitere Besonderheit wurden bei diesem Rahmen die Laufräder erstmalig nur einseitig gehalten, siehe hierzu auch ▷ Einschwingenrahmen.

Carbon-Rohre

In ▷ Faserverbundbauweise aus Kohlefasern und Harz (s. ▷ Carbon) gefertigte Rundrohre.
Carbon-Rohre wurden ursprünglich in klassischer Laminiermethode (s. ▷ Carbon: Herstellungsverfahren) aus Kohlefaser-Mattengewebe od. -Strümpfen mit gekreuztem Faserverlauf gefertigt, das um einen Kern gewickelt bzw. über diesen gestülpt wurde. Bei fortschreitender Entwicklung dieser Methode wurde durch Ausrichtung der Faserverläufe den spezifischen Belastungen eines Rahmens stärker Rechnung getragen, und automatisierte Fertigungsverfahren bewirkten weitere Qualitätsverbesserung sowie rationellere Fertigung.

Faserverlauf

Optimiert wurde die Carbon-Rohrherstellung durch das Aufbringen zusätzlicher ▷ Unidirektionallagen. Zudem lassen sich die Rohre auch per Wickelmethode (s. ▷ Carbon: Herstellungsverfahren) herstellen, bei der einzelne Faserstränge (▷ Rovings) maschinell über einen Kern gewickelt werden, wobei durch die Faserverlaufsrichtung das Rohr präzise auf seine spätere Belastungsanforderung hin ausgelegt werden kann (Abb. 23). Anschließend härtet der Carbonrohling in einer Form aus, wobei überschüssiges Harz herausgepreßt sowie eine makellose Oberfläche erzielt wird. Nach dem Aushärten entfernt man den Kern.

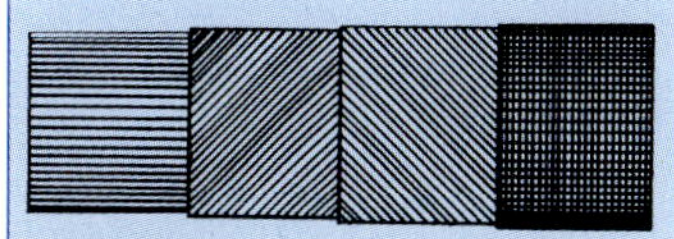

Abb. 23

Rahmen & Gabel

Da für Rahmenrohre und ▷ Gabelbeine im späteren Fahrbetrieb die ▷ Biegebelastungen überwiegen, verläuft der größte Teil der Fasern unidirektional, also in Längsrichtung der Rohre (Unidirektionallagen). So gefertigte Carbonrohre sind biegesteifer als ▷ Stahlrohre gleicher Abmessung. Um die Rohre auch resistent gegen ▷ Torsionsbelastungen zu machen, schließen sich noch einige ▷ Diagonallagen an, die gleichzeitig die Rundheits-Formbeständigkeit der Rohre bewirken.

Sattelstütze

Im Gegensatz dazu muß das Rohr einer Carbonsattelstütze überwiegend mit ▷ Radiallagen und ▷ Unidirektionallagen gebaut werden, um sowohl der Biegebeanspruchung als auch der Klemmkraft der Sattelrohrklemmung gerecht zu werden (Abb. 24).

Abb. 24

Lenkerrohr

Hier überwiegen wieder die Biege- und Torsionsbeanspruchungen, so daß wieder Kreuz- und Unidirektionallagen bevorzugt werden. Im Bereich der Lenkerklemmstelle sind dann aber noch Radiallagen erforderlich (Formbeständigkeit).

Aus optischen Gründen (Musterbildung) ist bei den meisten Carbonrohren die letzte Lage mit gekreuztem Gewebe oder ▷ "Strumpf" belegt, z.T. aber auch in Kreuzlagen gewickelt.

Carbonteile

Auf dem Fahrradsektor finden aus Prestige- (hoher Preis), Gewichts- und Haltbarkeitsgründen zunehmend mehr aus ▷ Carbon gefertigte Bau- und Zubehörteile sowie ▷ Komponenten Anwendung.

Ein echter Vorteil des Werkstoffs ist seine Korrosionsbeständigkeit, bei geschickter Bauweise können darüberhinaus auch Dämpfungs- oder Steifigkeitsvorteile erzielt werden.

Rahmen & Rohre

▷ Carbon-Rahmen und ▷ Carbon-Rohre werden unter eigenem Stichwort abgehandelt, hier folgen ▷ Komponenten, die mittlerweile aus dem Zukunftswerkstoff gefertigt werden:

Laufräder

▷ Scheibenräder (Abb. 25) waren die ersten aus Carbon gefertigten Fahrradteile, Einzelheiten s.d.

Abb. 25

Wegen der hohen Seitenwindanfälligkeit von Scheibenrädern wurden in letzter Zeit besonders im Triathlonbereich vermehrt ▷ Composite Wheels eingesetzt. Diese ebenfalls aus Carbon gefertigten Laufräder warten mit nur drei, vier oder fünf holmartigen ▷ Kompaktspeichen auf und erreichen bei entsprechender Formgebung annähernd die Windschnittigkeit von Scheibenrädern.

Felgen

Die Firma HMS Berlin hat sich als erster Hersteller auf das Gebiet der Carbon-Felgen gewagt (1991). Gegenüber entsprechend dimensionierten Aluminiumfelgen zeigten sich leichte Dämpfungsvorteile. Weitere Einzelheiten s. ▷ Felgen.

Die knapp 400 DM teuren Felgen werden in einer Sonderform der Laminierbauweise (Carbon: Herstellungsverfahren) über einem Schaumkern gefertigt, entsprechend der Belastung vorwiegend aus ▷ 0/90° Lagen plus einem übergezogenen ▷ "Strumpf" (Kreuzgewebe). Da das Felgenunterbett auch die Speichenkräfte verteilen muß, wird dieses sehr dick ausgeführt.

Hinterradfelge

Eine Besonderheit ist die HMS-Hinterradfelge, bei der die Speichen alle auf einer Lochreihe am dem Zahnkranz gegenüberliegenden Felgenrand untergebracht sind. Die so erzielte größere Speichenschräge auf der Zahnkranzseite erhöht die ▷ Seitensteifigkeit des Hinterrades, weshalb mit geringerer Speichenzahl gefahren werden kann (bis 24), eine Konzeption, die auch bei ▷ Kastenfelgen aus Alu denkbar wäre.

Aero-Felge

Neuerdings werden nach dem ▷ Shamal-Prinzip auch ▷ extreme Tropfenfelgen gefertigt (Abb. 26).

Abb. 26

Naben

Bei ▷ Scheibenrädern ist manchmal der komplette Nabenkörper aus Carbon, bei normalen (Speichen-) Naben nur eine die beiden Flansche verbindende Hülse; Einzelheiten s. ▷ Naben: Werkstoffe.

Lenker

In Laminier- und Wickelmethode (s. ▷ Carbon: Herstellungsverfahren) mit abschließend übergezogenem Strumpf über einem Schaumkern oder mit Schläuchen in einer Form hergestellte Lenkertypen (Abb. 27 und 28). Gewichte bei MTB-Lenkern bis hinab zu 100 g möglich, bei Rennlenkern Einzelanfertigungen von Stefan Schmolke in der klassischen Merckx-Form bei 150 g. Einzelheiten s. ▷ Lenker. Die Vorteile dieser Lenker liegen in ihrem geringen Gewicht und erhöhter Elastizität (Dämpfung). Bei exakter Dimensionierung

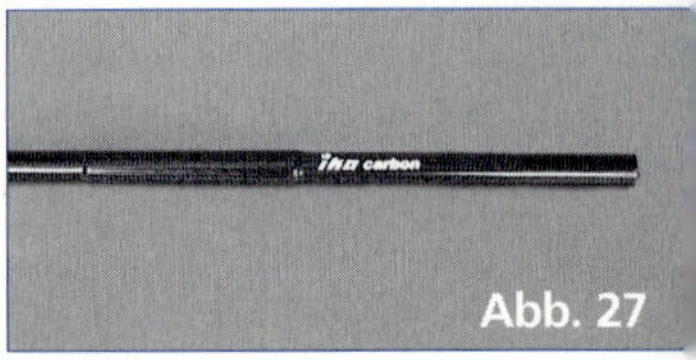
Abb. 27

entsprechend dem Kraftfluß kann z.B. das - weniger als die Klemmstelle belastete - Lenkerende dünner ausgeführt werden, was Elastizitätsvorteile bringt.

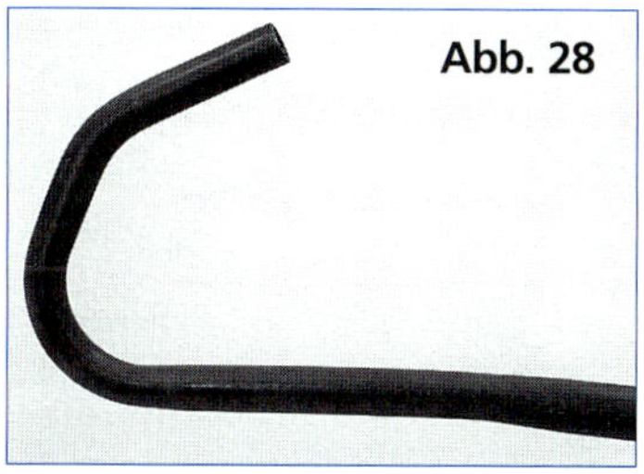

Abb. 28

Sattelstützen

Bei diesen Sattelstützen ist entweder nur das Schaftrohr aus Carbon gefertigt oder aber die komplette Stütze inklusive der Klemmvorrichtung (Corratec).

Üblich ist die Laminierbauweise (vgl. ▷ Carbon: Herstellungsverfahren) mit unter rund 45° verlaufenden Carbonmatten, die der Sattelstütze einen gewissen Federkomfort bei guter Dämpfung gibt. Meist fehlte aber bisher im Klemmbereich die notwendige Anzahl radial verlaufender Fasern (vgl. ▷ Carbon-Rohre: Faserverlauf), weshalb es verschiedentlich schon zu Brüchen der Hi-Tech-Stützen kam. Einzelheiten s. ▷ Sattelstützen: Materialien.

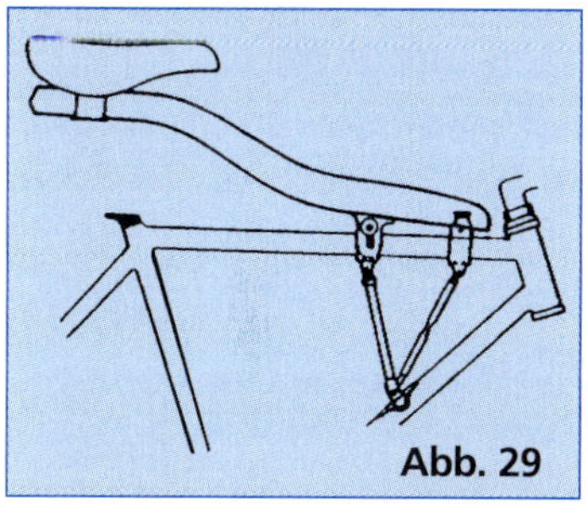

Abb. 29

Sattelschwinge

Beide z.Zt. auf dem Markt agierenden Hersteller von ▷ Sattelschwingen Allsop (Abb. 29) und Zipp (Abb. 30) fertigen ihre Schwingen aus Carbon.

Muffen

Maschinell gewickelte ▷ Muffen aus Carbon wurden ab 1991 von Trek (USA) eingesetzt (Abb. 31), 1994 folgte Giant (USA/Taiwan). Entsprechend den an den Rohrfügestellen jeweils auftretenden Biege- und Torsionsbelastungen sowie der erforderlichen Rundheitsbeständigkeit, verlaufen die Fasern unidirektional, radial und/oder in verschiedenen Kreuzlagen (vgl. ▷ Carbon-Rohre: Faserverlauf).

Abb. 30

Kurbelgarnituren

Bereits 1990 offerierte Corratec ▷ Kurbelgarnituren aus Carbon (Abb. 32). 1994/95 bot auch Bike Tec Carbonkurbeln an. Die Kurbeln beider Anbieter gelten als bruchsicher, konnten aber das Gewicht geschmiedeter Alu-Kurbeln nur unwesentlich unterbieten.

Brake-Booser

Aus schichtweise aufeinander laminierten Carbonplatten herausgesägt, unterbieten sie das Gewicht von ▷ Brake-Boostern aus Aluminium um knapp die Hälfte (Abb. 33).

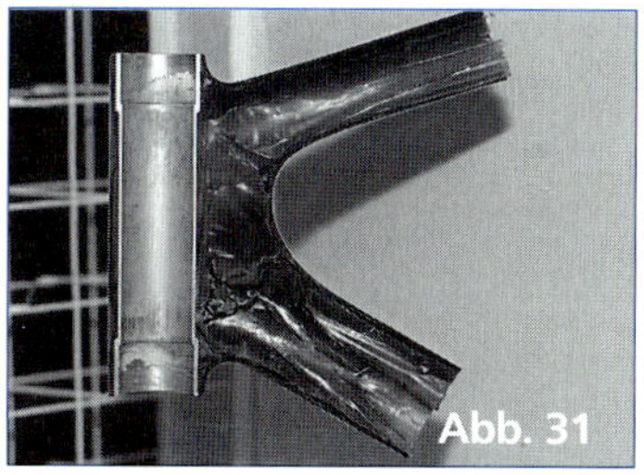

Abb. 31

Center-Muffe

▷ Muffe bei ▷ Damenrädern, mit der das tiefer gelegte ▷ Oberrohr mit dem ▷ Sattelrohr verbunden wird, z.T. auch Bez.f. die Sonderausführungen zur Aufnahme der ▷ Oberstreben beim ▷ Mixte-Rahmen sowie die ▷ Sattelmuffe (Abb. 34).

Chrom

Bläulichweiß und silberhell glänzendes, sehr korrosionsbeständiges Metall (chem. Formelzeichen: Cr), das bei der Veredelung von ▷ Stahl (z.B. Legierungen ▷ Chrom-Molybdän) zur Verbesserung der Materialeigenschaften dient (erhöht die ▷ Zugfestigkeit, verringert geringfügig die ▷ Bruchdehnung und schützt vor ▷ Wasserstoffversprödung).

Dichte: 7,19 kg/dm^3 (s.a. ▷ spezifisches Gewicht);
Schmelzpunkt: 1.875°C;
Zugfestigkeit: um 400 N/mm^2;
Elastizitätsmodul: 198.000 N/mm^2.

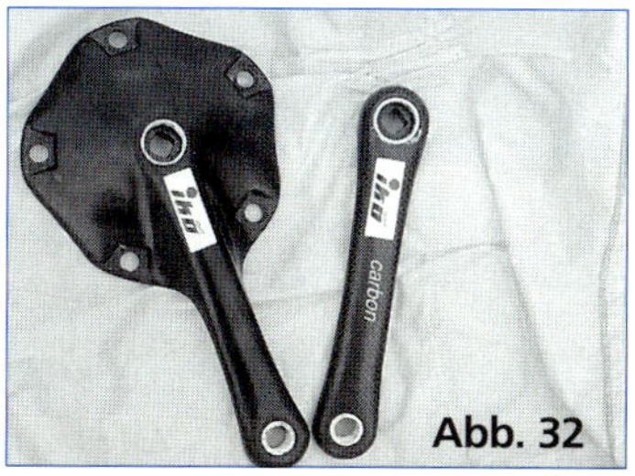

Abb. 32

Eine weitere Anwendung auf dem Fahrradsektor ist die ▷ Verchromung (s.d.), wobei mit einem ▷ galvanischen Verfahren eine dünne Chromschicht als ▷ Korrosionsschutz vorwiegend auf Stahlteile aufgebracht wird (Glanzchrom). Anwendung: ▷ Rahmen; ▷ Ritzel, ▷ Muffen, ▷ Schrauben.

Abb. 33

Dicke Chromüberzüge (s. ▷ Verchromung: Hartverchromung) dienen hauptsächlich der Minderung von ▷ Abrieb und werden z.B. auf Ritzel aufgebracht.

Chrom-Molybdän

Vergütbarer Stahl mit geringen Anteilen ▷ Chrom (0,9-1,2%) und ▷ Molybdän (0,15-0,3%). Durch diese Zusätze steigert sich die ▷ Zugfestigkeit sowie die ▷ Zähigkeit der ▷ Legierung (höhere ▷ Bruchdehnung).
Im Fahrradbereich bevorzugte Vergütungssorten: 25CrMo4 und 34CrMo4, Einzelheiten s. ▷ Stahl: Einfluß anderer Legierungspartner. Anwendung am Fahrrad: Rahmenrohre, Achsen, Vorbauten, Lenker etc.

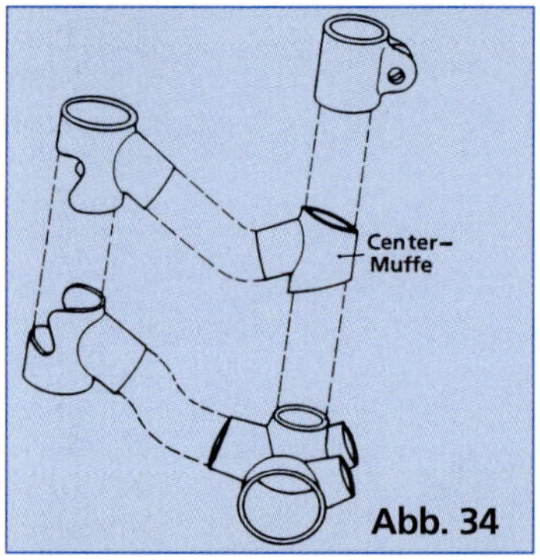

Abb. 34

Citybike

Ursprünglich aus dem ▷ Mountainbike entwickeltes ▷ Stadtrad mit dicken Reifen, Schutzblechen und Gepäckträger. Heute saloppe Bez. f. moderne Fahrräder unterschiedlicher Typen, mit denen vorwiegend in entspannter Sitzhaltung in der Stadt gefahren wird (Abb. 35).

Abb. 35

Click-Box

Typenbezeichnung von ▷ Fichtel & Sachs für einen auf die hintere ▷ Hohlachse aufsteckbaren ▷ Adapter zur Betätigung der 5- und 7-Gang- ▷ Nabenschaltung (Abb.36).
Hinsichtlich Bedienbarkeit, Radausbau und Wartung bietet die Click-Box Vorteile gegenüber der früher üblichen beidseitigen Zuganbringung, auch Justierung und Betätigung der Schaltung vereinfachen sich (Gänge sind fest in Click-Box eingestellt, Nachjustage bei Radwiedereinbau entfällt).

Noch bedienungsfreundlicher ist die ▷ Speedtronic, eine elektronische Ausführung der Click-Box, die zudem einen Bordcomputer enthält.

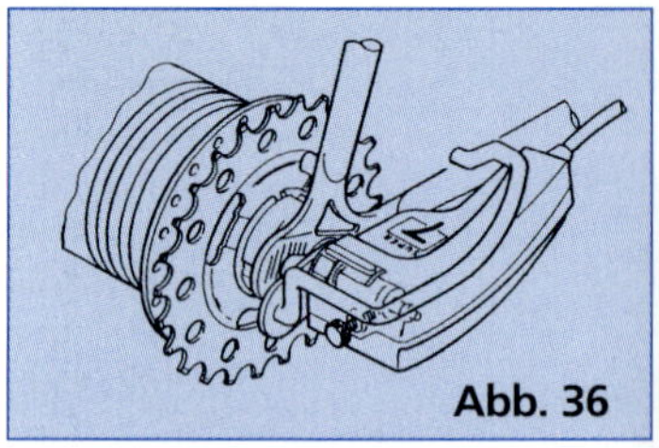
Abb. 36

Click-Pedal

Landläufige Bezeichnung für ▷ System-Pedal, weil dessen Einrasten in den ▷ Schuhadapter mit einem deutlich hörbaren "Click" erfolgt. Einzelheiten s. ▷ Pedal (Abb. 37).

Click-Schaltung

Landläufige Bezeichnung für positionierende Kettenschaltanlage, da deren Einrasten mit deutlich vernehmbarem Click erfolgt; Einzelheiten s. ▷ Schaltung: Kettenschaltung.

Clipless Pedal

Engl. Bezeichnung für ▷ System-Pedal, da ohne ▷ Pedalriemen (engl. clip "Klammer, Schelle, Lasche" + -less "ohne").

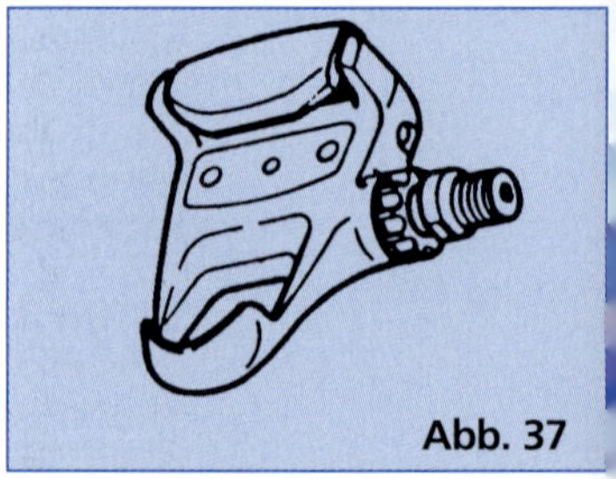
Abb. 37

Clunker

Auf das "ärmliche" Aussehen zielende Bez. für die universal eingesetzten, mit ▷ Ballonreifen ausgestatteten Fahrräder der USA in den dreißiger Jahren, die beispielsweise als "Zeitungsboyräder" genutzt wurden. Auf solchen Fahrrädern wurden in den frühen 70er Jahren die ersten ▷ Downhill-Rennen durchgeführt

Die Hersteller bevorzugten übrigens die Bezeichnung ▷ Cruiser, da sie ihnen weniger abfällig erschien als "Clunker" oder "Beater Bike" u.ä. (Abb. 38).

Abb. 38

CNC-Bauteile

Auf computergesteuerten Werkzeugmaschinen (**c**omputerized **n**umerical **c**ontrol) hergestellte Bauteile.

Dieses Herstellungsverfahren von v.a. Dreh- und Fräs-Bauteilen bietet gegenüber den früher manuell bedienten Werkzeugmaschinen erhebliche Zeiteinsparung und einen deutlichen Zugewinn an Genauigkeit.

Im Fahrradbereich eröffnete die CNC-Fertigung vor allem Kleinanbietern die Möglichkeit, mit sogenannten "Edelparts" (hochpreisigen, pfiffig konzipierten Leichtbauteilen) Marktnischen innerhalb des Komponentenangebotes zu besetzen.

Im Vergleich zu geschmiedeten Bauteilen können CNC-Bauteile jedoch je nach Form und Ausführung Nachteile hinsichtlich der Belastbarkeit aufweisen: Durch Fräsen und Drehen werden nämlich die Gefügezeilen (s. ▷ Gefügeveränderung) teilweise durchtrennt, während sie beim ▷ Schmieden der Bauteilkontur folgt.

Columbus

Ital. *Rohrhersteller,* der sich besonders auf das ▷ Konifizieren und anderweitiges Veredeln von Fahrradrahmenrohren spezialisiert hat. Weitere Einzelheiten s. ▷ Rahmenbau; Tabelle ▷ Rahmenrohre (Abb. 39).

Abb. 39

Composite Wheel

In ▷ Faserverbundstoff-Bauweise gefertigtes ▷ Laufrad als Einheit aus Felge, Nabe und 3 - 5 Massivspeichen mit tropfenförmigem Querschnitt (daher auch "Aero-Spoke").

Die ▷ Windschlüpfigkeit ist dabei ähnlich gut wie bei ▷ Scheibenrädern, Composite Wheels sind aber wegen ihrer durchbrochenen Fläche weniger seitenwindempfindlich als diese und daher besonders beim ▷ Zeitfahren im Freien beliebt.

Composite Wheels werden heute sowohl für ▷ Schlauch- als auch für ▷ Drahtreifen hergestellt und besitzen ein ähnlich hartes Abrollverhalten wie Scheibenräder. Versuche mit gekrümmten Massivspeichen brachten keine nennenswerte Verbesserung.

In ihrer Herstellung sind Composite Wheels noch aufwendiger als Scheibenräder, daher der immer noch hohe Preis von 1.200 - 3.000 DM pro Wheel, weswegen preisbewußte Radler auf die in punkto ▷ Aerodynamik gleich guten, aber ungleich preiswerteren ▷ Shamal-Laufräder ausweichen.

Interessant sind die Composite Wheels von ▷ Mavic, die mit austauschbaren Nabenpatronen (▷ Patronenlager) aufwarten, womit das gleiche Laufrad sowohl als Vorderrad, als auch - mit der entsprechenden Patrone bestückt - als Hinterrad benutzt werden kann (Abb. 40, s. n. Seite).

Computer

Am Fahrrad: *Elektronischer Kilometerzähler,* der i.d.R. mit mehr oder weniger vielen Zusatzfunktionen ausgestattet ist wie: Momentan-, Höchst- und Durchschnittsgeschwindigkeit, Tages-, Gesamtkilometer, Uhrzeit, Stoppuhr.

Abb. 40

Durch Zusatzgeräte erweitert, können viele Fahrradcomputer außerdem z.B. die gefahrenen Höhenmeter angeben, v.a. aber die Tritt- und/oder Herzfrequenz messen. Eine Auswahl der vielfältigen Ausführungen heutiger Computer zeigt Abb. 41.

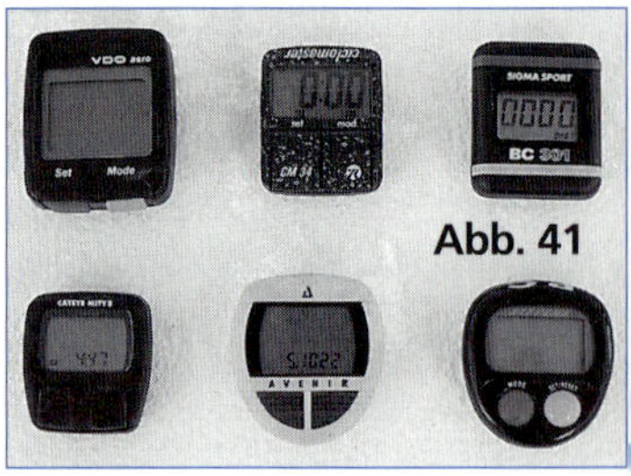

Abb. 41

Die Standard-Ausführung moderner Fahrradcomputer sieht einen ▷ Adapter am Lenker vor, an welchem der Computer gehalten und elektrisch kontaktiert wird. Zur "Tagesauswertung" u.ä. kann der Computer abgezogen werden (Abb. 42).

Im Gegensatz zu den veralteten ▷ Tachometern, bei denen Geschwindigkeit und Entfernung mechanisch gemessen werden, arbeiten Fahrradcomputer elektronisch mit ▷ Geber und ▷ Sensor, um die Radumläufe zu messen.

Tempo u. Entfernung

Der Sensor wird an einer Hinterbaustrebe oder einem Gabelbein (Abb. 42) befestigt, der Geber ihm auf gleicher Höhe gegenüber an der Nabe oder einer Speiche. Bei jedem Radumlauf erhält der Sensor einen magnetischen oder kapazitiven (Kondensator) Impuls von dem Geber, so daß der Computer aus dem einprogrammierten Radumfang und der Impulsfrequenz Geschwindigkeits- und Entfernungswerte errechnen kann.

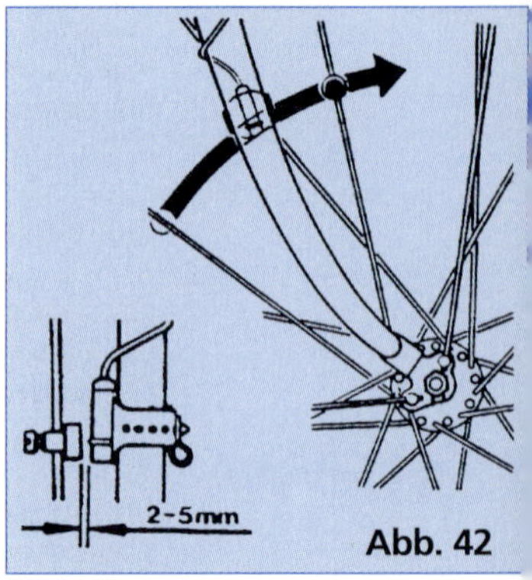

Abb. 42

Statt der früher üblichen Verkabelung setzt sich mittlerweile immer mehr die drahtlose Übertragung per Funk vom Sensor zum

Computer am Lenker durch. Gleiches gilt für die Trittfrequenzmessung.

Trittfrequenz Analog ist das Prinzip beim Zählen der Trittfrequenz: Der Sensor ist in Kurbelnähe am Rahmen befestigt (i.d.R. an der linken Kettenstrebe), der Geber an der linken Tretkurbel und der Computer zählt die bei jeder Kurbelumdrehung abgegebenen Impulse.

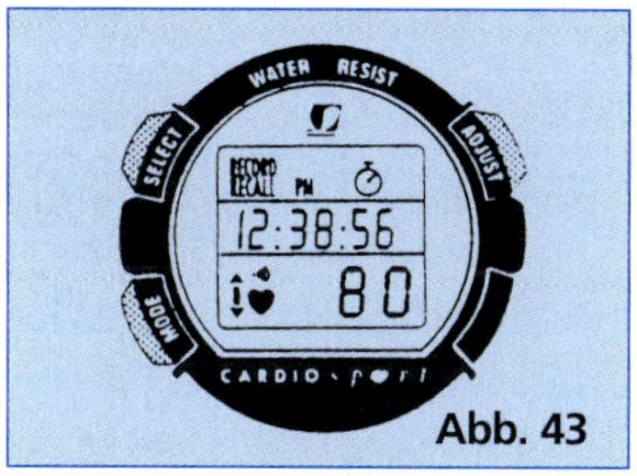

Abb. 43

Herzfrequenz Erste armbanduhrartige Pulsmesser mit Sensor am Handgelenk bzw. auf einer Fingerkuppe haben sich als nicht besonders zuverlässig erwiesen. Heute erfolgt die Herzfrequenzmessung daher i.a.R. über einen Brustgurt als nach wie vor zuverlässigster Methode, wobei sich statt der früher üblichen Verkabelung immer mehr die drahtlose Übertragung zum Computer am Lenker durchsetzt (Abb. 43 u. 44).
Die Verbreitung von drahtlosen Computern ist bei Amateur- wie Profirennfahrern mittlerweile derart angestiegen, daß die Fahrer in großen Pelotons durch das dort herrschende Funkchaos z.T. nicht mehr wissen, ob die eigene oder aber die Pulsfrequenz des Nebenmanns angezeigt wird.

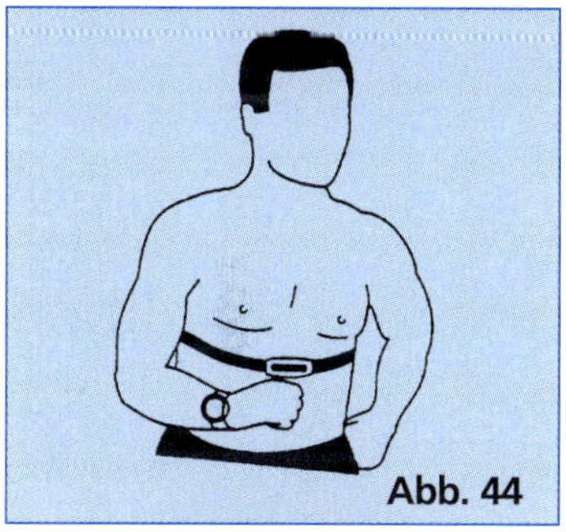

Abb. 44

Höhenmeter Die Messung kann entweder über das physikalische Prinzip der Barometerdose (Abb. 45) oder über spezielle Beschleunigungsaufnehmer erfolgen. In der Praxis haben sich die barometrischen Höhenmesser als etwas zuverlässiger erwiesen, da die nach dem Beschleunigungsprinzip arbeitenden Höhenmesser besonders bei schnellen Abfahrten auf unebenen Pisten störanfällig sind. Allerdings: Bei Wetterumschwüngen verfälschen sich auch bei barometrischer Höhenmessung die Messergebnisse.

Hinweis: Fahrradcomputer sind in aller Regel sehr meßgenau. Für die Geschwindigkeitsmessung muß allerdings der Radumfang bzw. -durchmesser präzise ermittelt und einprogrammiert worden sein. Sowohl das Ausmessen als auch das Einprogrammieren (umständliche Betriebsanleitung) ist nicht jedermanns Sache, im Zweifelsfalle wende man sich daher besser an einen Experten.

Abb. 45

Vorbau-Computer Ein von der Fa. Schauff nahezu standardmäßig in ▷ Gebrauchsrädern verbauter Computer (Abb. 46), der in den ▷ Vorbau integriert ist. An dieser Position ist der Computer nicht nur gut ablesbar (und nebenbei auch diebstahlsicher), der so abgeflachte Vorbau ist auch ein Sicherheitsaspekt bei Auffahrunfällen.

Trainingshilfe Viele Radler möchten Radcomputer inzwischen nicht mehr missen, informieren sie doch z.T. sehr umfassend über die erbrachte Leistung. Geradezu *unentbehrlich* sind Computer mit den Funktionen Tritt- und Herzfrequenz für den *leistungsorientierten Radsportler,* kann er doch damit sein Training effektiv aufbauen und überwachen.

Rehabilitation Ebenso kann damit aber auch z.B. ein Kreislaufpatient ein Rehabilitationsprogramm kontrolliert durchführen oder ein älterer Radler sich vor zu hohem Puls warnen lassen (Piepston bei Überschreiten einer vorher einprogrammierbaren Warnschwelle).

Speedtronic

Interessant dürfte auch der Bordcomputer ▷ Speedtronic von Sachs sein, der nicht nur die Bedienung der Nabenschaltung übernimmt (Abb. 47), sondern auch die üblichen Funktionen der Fahrradcomputer hat.

Country-Tourenfahren

Variante des ▷ Radtourenfahrens per ▷ Mountainbike.

CroMolly

Radlerumgangssprachlich für ▷ Chrom-Molybdän.

Cross-Country

Rundstreckenrennen mit ▷ Mountainbikes, bei dem im Unterschied zu ▷ Downhill und ▷ Hill Climb die verschiedensten Geländeformen zu bewältigen sind: Neben Anstiegen und Abfahrten auch ebene Strecken und knifflige Passagen. Einzelheiten s. ▷ MTB-Rennen: Rundstreckenrennen (Abb. 48).
Das Cross-Country ist nicht zu verwechseln mit "Cross-Rennen", einer anglisierenden Bez. für ▷ Querfeldeinrennen.

Cross-over-Abstufung

Symmetrischer Sprung von ▷ Kettenblatt zu Kettenblatt, z.B. 48/38/28 Zähne. Dies ist die übliche, vom Werk vorgegebene Abstufung. Zu individuellen Abstufungen s. ▷ Ritzeln.

Cross-Rad

Engl. Bez. f. ▷ Querfeldeinrad.

Cross-Rennen

s. ▷ Querfeldeinrennen

Cruiser

"Kreuzer": Ursprüngl. v.a. in Kalifornien verbreitete Bez. f. behäbige "Zeitungsboy-Räder" der Fa. Schwinn mit Ballonreifen (Modell "Excelsior-X", Baujahr 1934-39), zielt also auf das gutmütige Fahrverhalten ab.

Das spurtreue Fahrverhalten war - neben dem stabilen Rahmen - auch der Grund dafür, daß diese Cruiser Anfang der 70er Jahre für die ersten ▷ Downhill-Rennen eingesetzt wurden. Als in den Kellern und Speichern Kaliforniens keine Schwinn-Excelsiors mehr aufzutreiben waren, ging man zum Eigenbau stabiler Rahmen über - die Geburtsstunde des ▷ Mountainbikes.

Heute verwenden einige Firmen den Begriff Cruiser ("Kreuzer") auch als Modellbez. für besonders bequeme, mountainbikeartige Fahrräder mit gutmütigem Fahrverhalten (langer ▷ Radstand; langer ▷ Hinterbau; guter ▷ Geradeauslauf).

Abb. 46

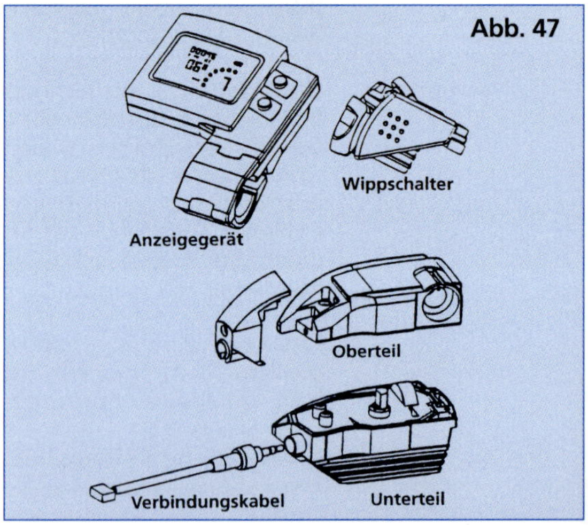

Abb. 47

Abb. 48

CTF

Abkürzung f. ▷ Country-Tourenfahren.

Cuboid tubing

Eine mehr von der Mode als von statischen Überlegungen her kreierte Rohrform mit quadratischem Querschnitt am Ende.
Vorteile der Cuboid-Rohre bei der Rahmenfertigung: Rohr-zu-Rohr-Übergänge verlaufen nicht mehr in Kurven, die ▷ Gehrungen für geschweißte Rahmen sind leichter herzustellen (Abb. 50).

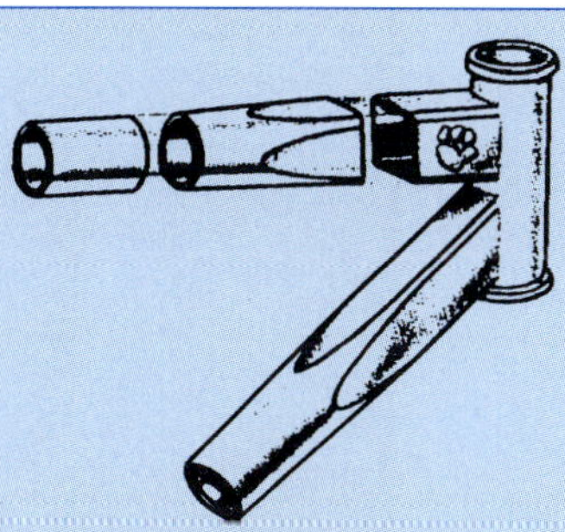

Abb. 50

CwA-Wert

Auch als ▷ effektive Stirnfläche oder "Luftwiderstandsfläche" bezeichneter Wert, der sich aus dem Produkt ▷ Stirnfläche mal ▷ cW-Wert ergibt; vgl. die Formel bei ▷ Aerodynamik: Luftwiderstand.

Im Windkanal wird der Einfachheit halber gleich der cwA-Wert gemessen. Für Meßreihen (Veränderung von Körperformen zur Verbesserung der Aerodynamik) lassen sich bei gleichem Versuchsobjekt dann ohne Rechnungen die Werte bei Veränderungen am Objekt vergleichen.

Cw-Wert

▷ Luftwiderstandsbeiwert, eine dimensionslose physikal. Größe (ohne ▷ physikalische Einheit), welche die ▷ Windschlüpfigkeit von Körpern beschreibt.

Einzelheiten s. ▷ Aerodynamik: Luftwiderstand (Abb. 51).

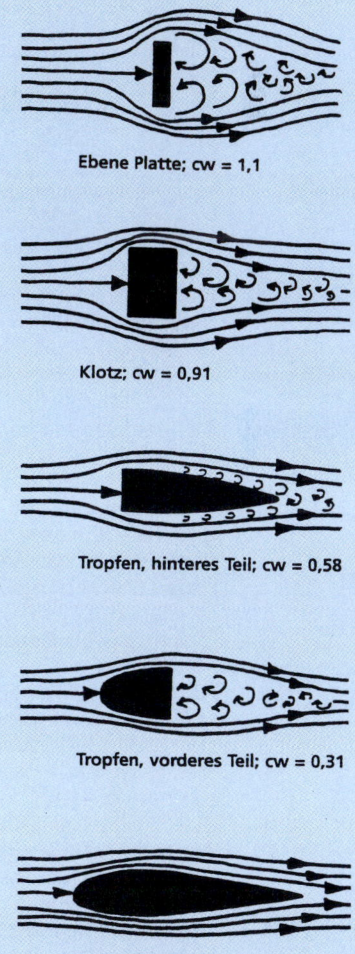

Abb. 51

Abb. 1

Abb. 2

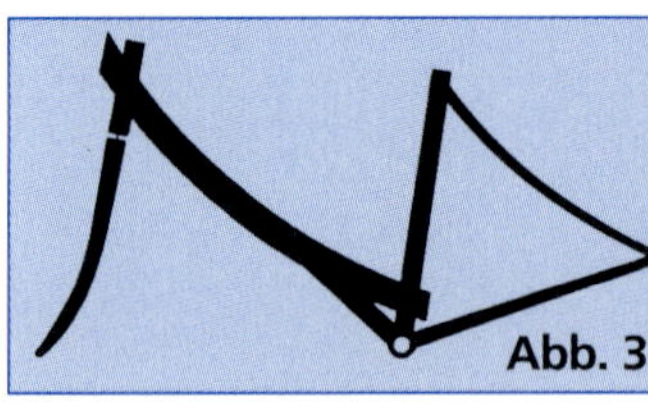
Abb. 3

Dachträger Für den Fahrradtransport auf dem Autodach konzipierter ▷ Fahrradträger (Abb. 1).

Damenrad Auf Basis eines ▷ Damen-Rahmens montiertes Fahrrad (Abb. 2).

Damenrahmen Rahmenform mit tiefem Durchstieg zum Radfahren mit Röcken.

Extremform ist der sog. "Schwanenhals"-Rahmen (▷ Hollandrad). Trotz Mehrgewicht gegenüber vergleichbarem ▷ Herrenrahmen (Diamantrahmen) ist diese Konstruktionsweise statisch äußerst ungünstig, da das tief abgesenkte ▷ Oberrohr kaum noch Widerstand gegen Verdrehungen bietet. Charakteristische Gefahr von Damenrahmen ist daher das ▷ Rahmenflattern bei zunehmender Geschwindigkeit, v.a. bei Gepäckzuladung.

Ausnahme: Dahmenrahmen mit tief heruntergezogenem, sehr voluminös dimensioniertem Zentralrohr, (Abb. 3), das den tiefen Durchstieg zuläßt und trotzdem durch seine ▷ Biege- und ▷ Torsionssteifigkeit die ▷ Seitensteifigkeit des Diamantrahmens (Herrenrahmen) erreicht.

Ansonsten sind die moderneren Formen der Damenrahmen (▷ Meral-, Berceau- und ▷ Mixte-Rahmen, vgl. Abb. 4) statisch günstiger, da bei ihnen der Durchstieg höher gelegt ist. Die durchgelegte Mixteform kann bei entsprechender Dimensionierung der Rohre (mind. 16 mm Durchmesser) sogar die Steifigkeit von ▷ Herrenrahmen übertreffen - und dabei trotzdem mit höherem Fahrkomfort aufwarten. Rennradlerinnen hingegen fahren aus Gründen des ▷ Handlings und Gewichts den gleichen Typ ▷ Rennrad wie die Herren.

Damen-Geometrie Bisweilen werden speziell für Damen Rahmen mit längerem ▷ Vorderbau oder flacherem ▷ Sitzwinkel gefertigt, da Frauen angeblich längere Oberschenkel als Männer besitzen.

Da die Proportionierung der Gliedmaßen bei Männern wie Frauen eine große Bandbreite aufweist, können Generalisierungen in die Irre führen. Ein Ausmessen beim Händler oder Rahmenbauer ist daher sinnvoller als "ideologische" Voreingenommenheiten. Weitere Informationen s. v.a. ▷ Diamantrahmen, sowie ▷ Rahmen, ▷ Rahmenbau.

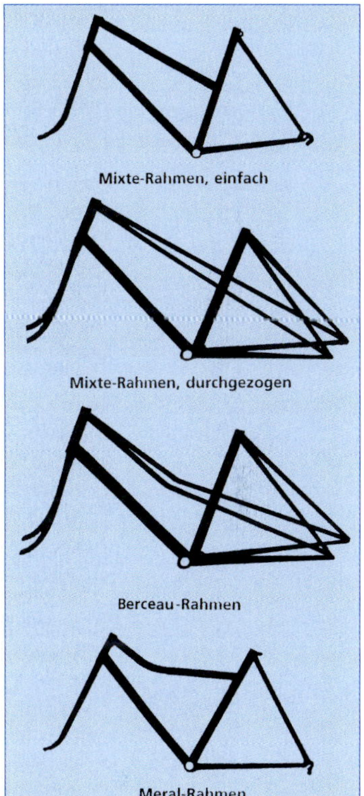

Abb. 4

Dämpfer Komplettes Bauteil, das bei Hinterradfederungen (s. ▷ Fahrradfederung) eingesetzt wird. Hierbei wird über Luft bzw. eine Stahlfeder die Federwirkung erzielt, über Öl die ▷ Dämpfung (Abb. 5).

Dämpfung *Gezielte Reibungsverluste*, die dazu eingesetzt werden, einen schwingenden Gegenstand schneller in seine Ruhelage kommen zu lassen. Beispiel: Der Kompaßnadel setzt Öl als umgebendes Medium mehr Widerstand entgegen als Luft. Daher zittert und pendelt die Nadel weniger und kommt rascher zur Ruhe. Dito ein Pendel, das in Wasser eingetaucht wird (Abb. 6).

Fahrradfederung Bei ▷ Fahrradfederungen wird Dämpfung gezielt eingesetzt, um das Auf-und-Ab-Schwingen der ▷ Laufräder (Nachschwingen) bei Fahrbahnstößen weitestgehend zu vermeiden und sie möglichst schnell wieder in die Ausgangslage zurück zu bringen.
Als nahezu ideal haben sich ölgedämpfte Federungssysteme erwiesen (Abb. 7). Zum Einfedern strömt hierbei das Öl durch größere Kanäle, zum Zurückfedern ventilgesteuert durch enge Kanäle. Damit erfolgt das Einfedern schnell und ohne nennenswerten Widerstand, das Ausfedern hingegen langsamer mit hohem Widerstand: Das Nachschwingen wird zuverlässig vermieden. Elastomer-Federungen besitzen hingegen geringere Dämpfungseigenschaften und neigen stärker zum Nachschwingen. Näheres s. ▷ Fahrradfederungen.

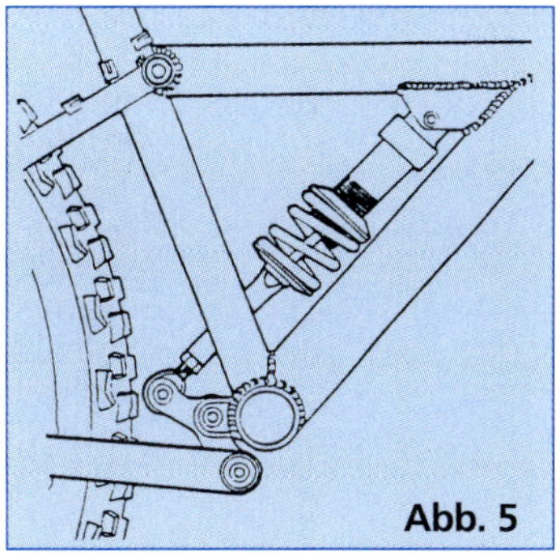
Abb. 5

Reifen Dämpfungseffekte bei Reifen beruhen auf Energieverlusten, die durch die Walkarbeit von Gummi und Reifengewebe entstehen. Sie sind umso höher, je dicker die Materialien ausgeführt sind und je niedriger der Luftdruck im Reifen ist.
Reifendämpfung erhöht den ▷ Fahrkomfort, aber auch die ▷ Rollreibung. Es muß also stets ein Kompromiß zwischen Dämpfung und Leichtlauf gefunden werden, Einzelheiten s. ▷ Reifen.

Helm Dämpfung kann auch mittels Materialverformung erfolgen (= innere Reibungsverluste) wie z.B. in modernen ▷ Helmen: Hier absorbiert im Sturzfall ein in sich dämpfendes Material (z.B. Styropor) die Stoßenergie so weit, daß es nicht mehr zum Nachschlagen auf der Straße wie beim Hartschalenhelm kommt.

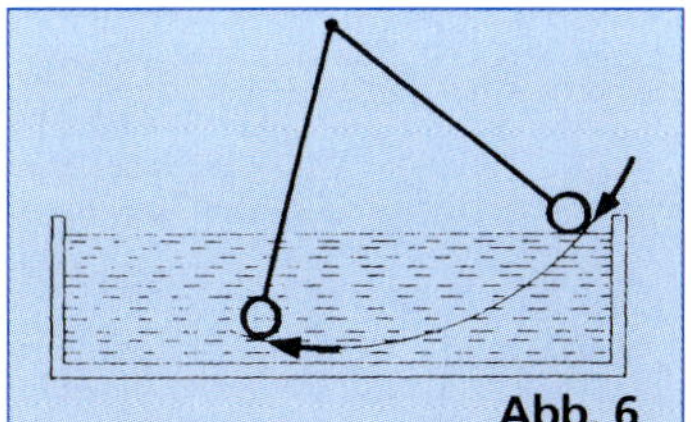
Abb. 6

Carbon Grundsätzlich verfügen aus Gewebematten hergestellte ▷ Faserverbundstoffe über höhere Dämpfungswerte als Metallteile. So besitzen laminierte ▷ Carbon-Rahmen fahrdynamische Vorteile gegenüber gleich nachgiebigen (elastischen) ▷ Stahlrohrrahmen. Im Wickelverfahren hergestellte Rahmen hingegen sind weniger komfortabel, Einzelheiten s. ▷ Carbon: Herstellungsverfahren.

Dauerbelastung Kurzbez. f. ▷ Dauerschwingbelastung.

Dauerbremstest

Testbereich innerhalb des ▷ Bremstestes der ▷ DIN 79 100.

Er soll gewährleisten, daß die ▷ Bremsleistung bei längerem Bremsen nicht abnimmt (▷ Fading) sowie kein übermäßiger Verschleiß an Felge und Bremsgummi zu erkennen ist.

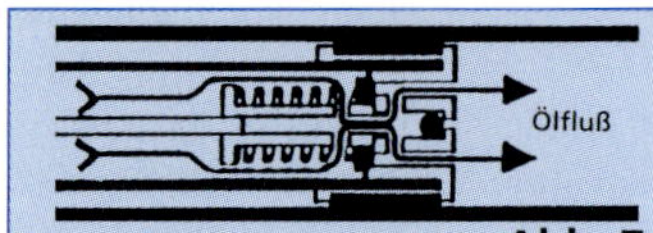

Abb. 7

Dauerbruch

Bruch eines Bauteils, der sich erst nach längerer Betriebszeit durch "Zerrüttung" infolge von ▷ Dauerschwingbelastungen einstellt.
Das ▷ Bruchbild (weitere Einzelheiten s.d.) eines Dauerbruches ist charakteristisch: Es läßt sich sowohl die Anrißstelle erkennen, wie auch bogenförmige Rasterungen, die das Weiterfortschreiten des Rißverlaufes anzeigen. Ferner trägt ein Dauerbruch in seinem Kern die Züge eines Gewaltbruchs (körnige Bruchfläche) (Abb. 8).

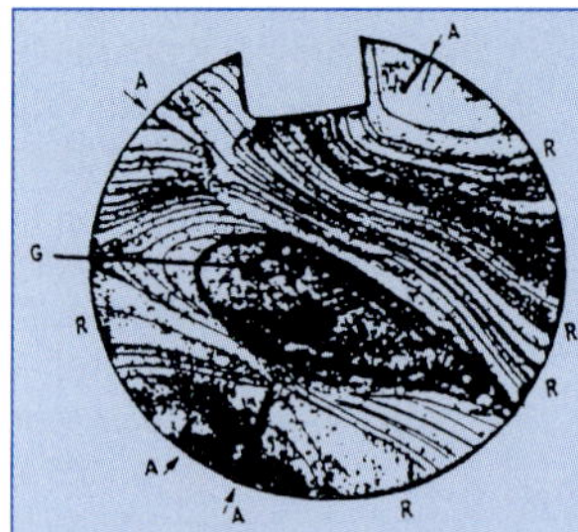

A Stellen des Auftretens der ersten Anrisse
R Rastlinien
G Restbruchfläche
Abb. 8

Dauerschwing-belastung

Bauteilbelastung in Form sich ständig ändernder ▷ Belastungen, die Bauteile zusätzlich zur statischen Belastung (Vorlast) mit einer dynamischen Belastung beaufschlagen.
Hierbei ist bes. die Höhe der Belastungsamplitude entscheidend (Differenz zwischen der sog. Ober- und Unterlast, Abb. 9), daneben noch die Zahl der Lastwechsel sowie die Belastungsart (Biege-, Zug-, Druck-, Torsionsbelastung, s. ▷ zusammengesetzte Belastung).

Als Hilfsmittel zum sicheren Konzipieren von dauerschwingbelasteten Bauteilen hat sich die sog. "Wöhlerkurve" bewährt (Abb. 10). Aus ihr geht hervor, daß ein Stahlbauteil, das bereits 7 Millionen Lastspiele ertragen hat, nach aller Wahrscheinlichkeit nicht mehr bricht. Man spricht dann von einem "Durchläufer". Für andere Metalle gelten andere Werte. So spricht man bei Aluminium erst vom Durchläufer, wenn das Bauteil 1 Milliarde Lastspiele erfahren hat.

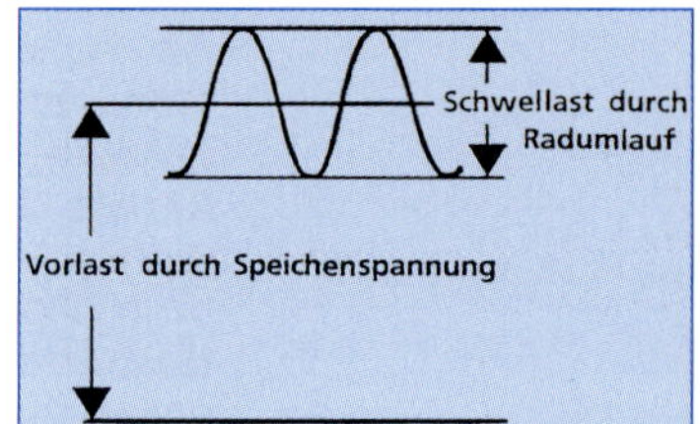

Abb. 9

Dauerschwing-festigkeit

Widerstand von Bauteilen gegenüber ▷ Dauerschwingbelastung, die in dynamischen Werkstoffversuchen ermittelt wird.

Daumenregel

Methode zur Bestimmung der ▷ Drehrichtung von ▷ Schrauben und ▷ Muttern (Abb. 11).

Rechtsgewinde

Da im Fahrradbau die meisten Schraubverbindungen ▷ Rechtsgewinde aufweisen, gilt:

* rechte Hand in "Alles klar"-Haltung bringen;
* mit Daumen in die Richtung deuten, wohin Schraube oder Mutter gedreht werden soll (raus/rein);
* die Finger zeigen nun die Drehrichtung an.

Ausnahmen

Ausgenommen von dieser Regel sind ▷ Linksgewinde, die an folgenden Fahrradteilen vorkommen:

1. linkes ▷ Pedalgewinde;
2. Außenkonus der linken ▷ Pedalachse bei klassischer Bauart (bei ▷ Patronenlagerungen nur teilweise);
3. rechte ▷ Lagerschale bei ▷ BSA-Tretlager
4. linker Achskonus bei ▷ Thompson-Tretlager
5. ▷ Konenring der meisten ▷ Schraubkränze.

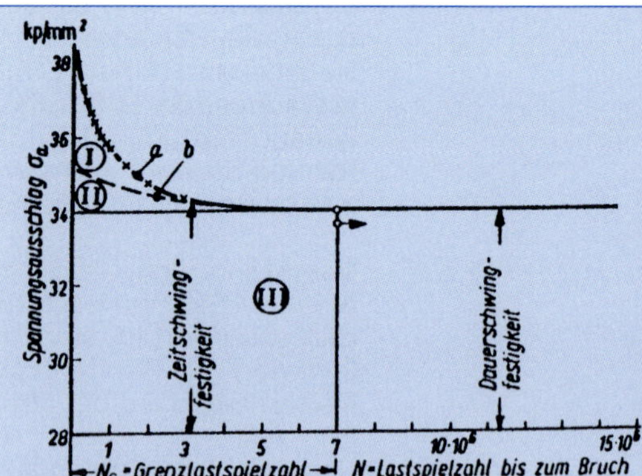

x Probe gebrochen •→ Durchläufer
a Wöhler-Linie b Schadenslinie
(I) Zeitschwingfestigkeit mit bleibender Schädigung
(II) Zeitschwingfestigkeit ohne Schädigung
(III) Dauerschwingfestigkeit
Abb. 10

In diesen Fällen wendet man die Regel mit der linken Hand an.

"Eselsbrücke" bei Pedalen, die z.B. bei Flugzeugtransport abgeschraubt werden müssen: Beide Pedale werden jeweils nach hinten herausgeschraubt (gegen Fahrtrichtung) und nach vorne eingeschraubt (in Fahrtrichtung).

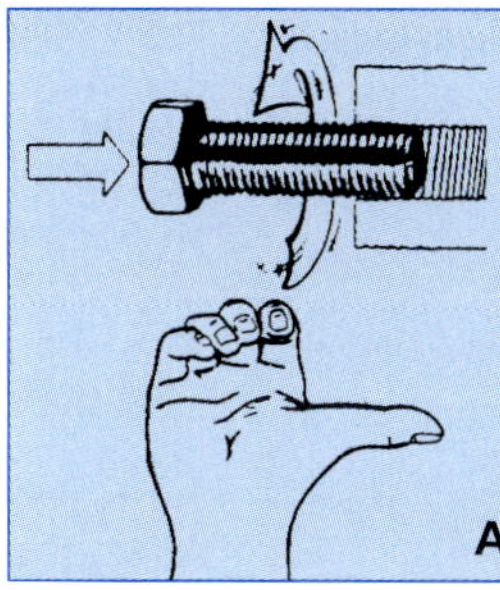

Abb. 11

Daumenschalthebel

▷ Schalthebel zur Betätigung von ▷ Ketten- und ▷ Nabenschaltungen vom Lenker aus. Näheres s. ▷ Schalthebel: Lenkerhebel: Daumenschalter (Abb. 12).

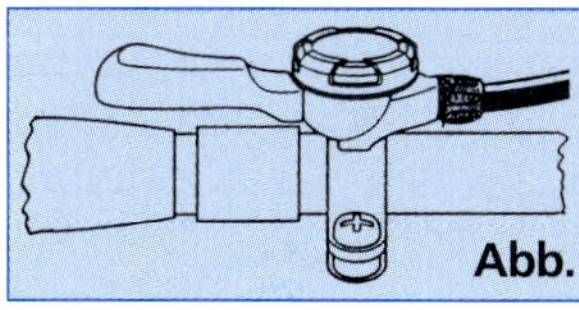

Abb. 12

DD-Speichen

Abkürzung für "**D**oppel-**D**ickend"-Speichen, deren beiden Endbereiche verdickt sind, während das Mittelteil dünner ist. Hieraus ergeben sich nicht nur Gewichtsvorteile, die Speiche wird auch elastischer. Näheres s. ▷ Speichen (Abb. 13).

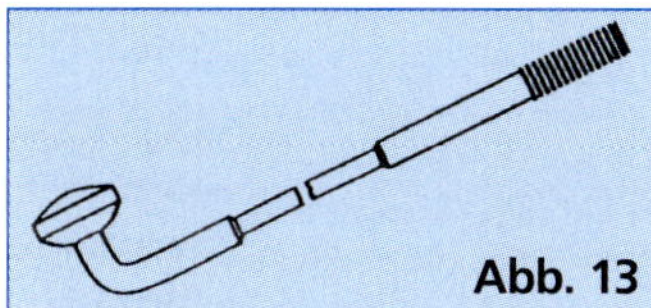

Abb. 13

Decke

Landläufige Bez. für die Einheit von ▷ Karkasse und ▷ Protektor bei ▷ Drahtreifen (auch: "Mantel") i.S. einer schützenden Abdeckung für den Schlauch. Näheres s. ▷ Reifen.

Dehnschraube

Schraube, deren Schaft bis knapp unter den Gewindekerndurchmesser abgedreht wird, womit sich der Schaftquerschnitt um ca. 35-40% reduziert (Abb. 14).
Der Haltbarkeit der Schraube tut dies keinen Abbruch, da ihr "gefährdeter Querschnitt" stets bei den Gewindeeinkerbungen liegt.

Unter ▷ Schwellbelastung kann sich nun die ausgedünnte Schraube entsprechend ihrer Querschnittsreduzierung weiter ausdehnen - zudem wird der Querschnittssprung üblicher Schrauben vom Gewinde zum Schaftteil vermieden -, wodurch sie die Schwell-Last sozusagen "weicher" aufnehmen kann. Das verleiht der Dehnschraube eine höhere Belastbarkeit und längere Lebensdauer unter Schwellbelastung.
Das ist ein klassisches Beispiel aus dem Maschinenbau für sinnvollen Leichtbau, der übrigens noch einen Vorteil besitzt: Diese Schrauben neigen weniger zum ▷ Selbstlösen.

Die Dehnschraube findet im Fahrradbereich bei Leichtteilen Anwendung, das Prinzip ging auch in die ▷ DD-Speiche ein.

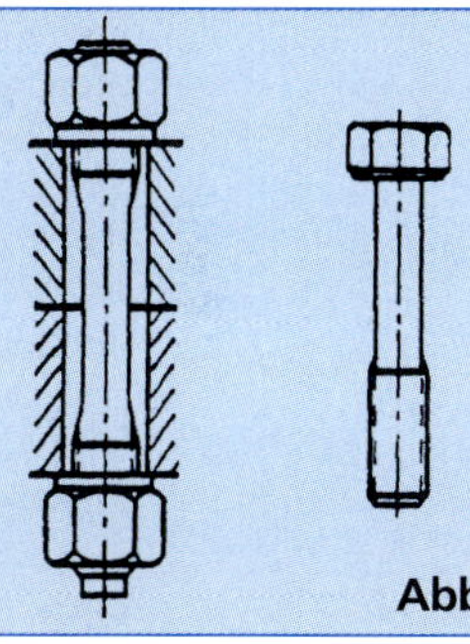

Abb. 14

Delta-Bremse

Von der äußeren Form abgeleitete Bezeichnung für eine Felgenbremse, die nach dem ▷ Kniehebelprinzip arbeitet. Einzelheiten s. ▷ Bremsen: Felgenbremsen: Mittelzugbremsen (Abb. 15).

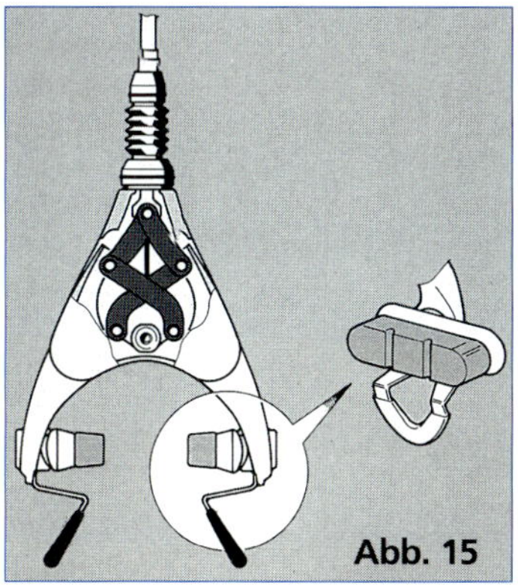

Abb. 15

Deore

▷ Gruppe hochwertiger Komponenten von ▷ Shimano für ▷ Mountainbikes.

Derailleur

Ursprüngliche - aus frz. dérailler "entgleisen" abgeleitete - Bezeichnung für ▷ Kettenschaltungen, die das gewollte Entgleisen der Kette von einem ▷ Ritzel oder ▷ Kettenblatt aufs nächste beschreibt.
Die exakten frz. Bezeichnungen lauten:
Derailleur arrière ("hinter") für ▷ Schaltwerk;
Derailleur avant ("vorder") für ▷ Umwerfer.

Diagonallagen

Faserverlauf unter ca. 45° zur Längsachse von Bauteilen aus ▷ Carbon, die der Aufnahme von ▷ Torsionsbelastungen dienen. Außer durch Wickeln sind Diagonallagen noch durch ▷ Strümpfe oder Gewebematten herzustellen, s.a. ▷ Carbon: Faserlage sowie : Herstellung (Abb. 16).

Abb. 16

Diagonalzug

Bez. für die vom ▷ Kabelteiler schräg ablaufenden Züge des ▷ Seildreiecks.

Diamantrahmen

Nach seiner rautenartigen Form benannter Rahmentyp, der im Alltagssprachgebrauch als "Herrenrahmen" bekannt ist (z.T. auch "Fünfeck-Rahmen" genannt).

Dieser häufigste aller Rahmentypen war in seinen Grundzügen bereits 1885 in England beim ersten patentierten ▷ Niederrad verwirklicht (Abb. 17). Aus dem Engl. stammt auch die Bezeichnung, die in ihrer dt. Übersetzung eher mißverständlich klingt: engl. diamond bedeutet nämlich nicht nur "Diamant", sondern auch "Raute" (und auch die Spielkarte "Karo"), was der Bezeichnung eigentlich zugrunde liegt (Abb. 18).

Die also im Dt. richtiger als "Rautenrahmen" zu bezeichnende Konstruktion stellt bis heute das Optimum der Bauweise von Fahrradrahmen mit schlanken Metallrohren dar, da mit einem Minimum an Materialaufwand ein Maximum an Stabilität erzielt wird.

Abb. 17

Die Nachteile des Diamantrahmens sind seine vertikale Härte (vergleichsweise geringer ▷ Fahrkomfort) sowie seine mangelhafte ▷ Seitensteifigkeit.
Anders sieht es bei ▷ Faserverbundbauweise aus, wo die Rautenform nicht das werkstoffspezifische Optimum darstellt (s. ▷ Carbon-Rahmenformen) und die Nachteile des Diamantrahmens z.T. ausgeglichen werden können. Vgl. auch ▷ Rahmenbau.

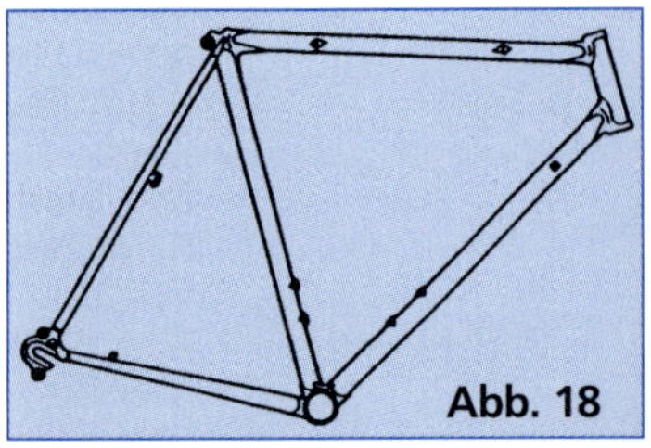

Abb. 18

Dichte

Verhältnis der ▷ Masse eines Körpers zu seinem Rauminhalt. Sie wird in kg/dm³ angegeben (Abb. 19).

Zum Vergleich: Dichte von Wasser (bei 20°C): 1 kg/dm³ (also 1 kg pro Liter); Dichte von Stahl: 7,8 kg/dm³; Aluminium: 2,7 kg/dm³.

Anmerkung: Die Dichte wird häufig auch als ▷ spezifisches Gewicht ("Wichte") bezeichnet, das sich jedoch auf die Gewichtskraft bezieht und nur unter irdischen Bedingungen - sofern in kp/dm³ angegeben - identische Zahlenwerte mit der Dichte hat.

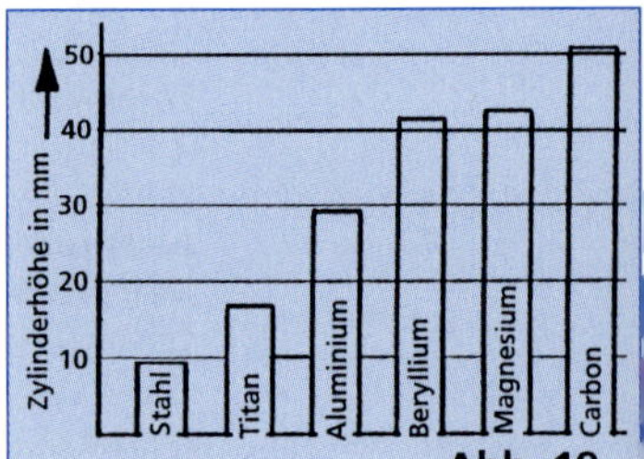

Abb. 19

Dichtung

Schutzvorrichtung, um eindringenden Schmutz von ▷ Lagerungen fern zu halten (Abb. 20).
Im Fahrradbereich kommen berührungslose und schleifende Dichtungen zur Anwendung:

berührungslose Dichtungen

Diese einfachste Form der Dichtung kommt ohne Berührung drehender Teile aus, weswegen immer ein minimaler Spalt offen bleibt. Dafür entstehen keine Reibungsverluste. Ausführungen:

Staubkappe Von außen vor die jeweilige Lagerung geschraubte oder gesteckte Kappe, die Naben-, Pedal- und Tretlagerungen bis auf einen meist um den ▷ Konus herumlaufenden Spalt von 0,5 mm abschottet. Dadurch wird der meiste Schmutz (auch Spritzwasser) ferngehalten, den Rest der Dichtarbeit übernimmt reichlich eingefülltes Lagerfett. Diese früher gängigste Art der Lagerdichtung wird heute vermehrt durch schleifende Dichtungen ersetzt (s.u.).

Abb. 20

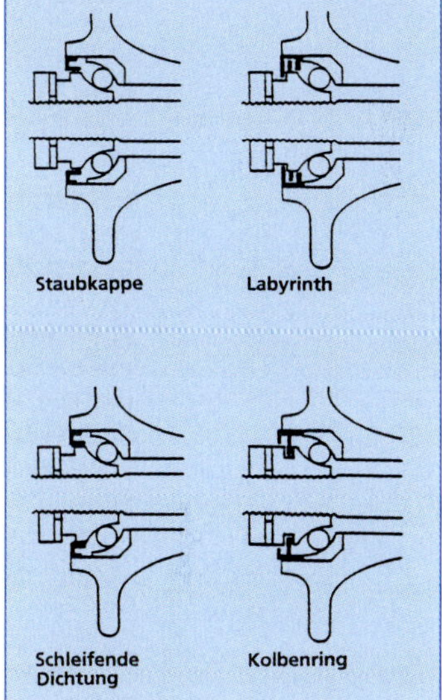

Labyrinthdichtung Zwei oder mehrere hintereinander angeordnete Staubkappen, deren Spalt einmal in Richtung ▷ Welle oder ▷ Achse und einmal in Richtung ▷ Lagerschale angeordnet ist. Daher gute Dichtwirkung, weil eindringendes Spritzwasser oder Schmutz sich erst unter mehrfachen Richtungswechseln durch die labyrinthartig angeordneten Schutzscheiben vorarbeiten müssen, bevor sie ins Lager eindringen. Diese Dichtungsart gewährleistet Leichtlauf und gute Abdichtung, ist in der Herstellung jedoch aufwendig.

schleifende Dichtungen Auf Teilen der Lagerung schleifende Gummilippe oder ▷ O-Ring, dadurch völlige Abdichtung gegen Staub und Spritzwasser - aber: Erhöhte Reibungsverluste, die z.T. sogar höher als die eigentliche Lagerreibung sein können. Im Vergleich zu Rollreibung und Luftwiderstand - den beiden größten Komponenten innerhalb des gesamten ▷ Fahrwiderstandes - sind diese Verluste jedoch sehr gering. Ausführungen:

Lippendichtung Einfachste Form schleifender Dichtungen: Eine auf der Achse, dem Innenring oder dem Konus schleifende Gummilippe. Lippendichtungen sind starkem Verschleiß unterworfen, wenn Schmutzpartikel eingeschliffen werden, was sogar zu Verschleißrillen auf ▷ Innenring oder Achse führen kann. Mit einer vorgesetzten Staubkappe kombiniert, bietet die Lippendichtung die zuverlässigste Dichtwirkung.

Abb. 21

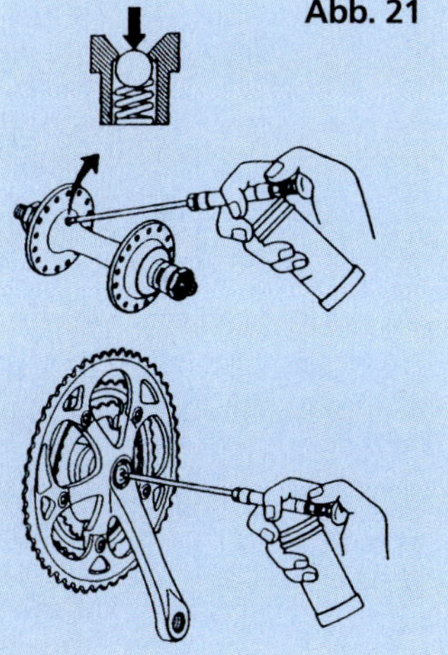

Kolbenring-Dichtung Weniger reibend und daher leichtlaufender sind kolbenringartige Dichtungen, wobei ein geschlitzter Ring in einer Staubkappe anliegt und in einer auf dem Konus eingebrachten Nute mehr oder weniger schleift. Mit zwei solcher Dichtungen ist ein Lager bereits zuverlässig gegen eindringendes Wasser gefeit. Diese Dichtungsart wird v.a. von ▷ Shimano verbaut.

Achtung! Bei der Fahrradreinigung nie mit scharfem Wasserstrahl oder Dampfstrahler auf Lagerungen "zielen": Bei hohem Druck unterwandert Wasser oder Dampf selbst Lippendichtungen.

Bei Fahrradtransporten auf dem Autodach mit Tempo 100 und mehr hat Regen große kinetische Energie, die selbst das voll gedichtete Lager gefährdet. Schutzmaßnahme: Gründliches Abkleben der Lagerungen mit Isolierband o.ä. (Nabenlager, Tretlager, Pedallager, Steuersatz, Freilauflager zw. Nabe und Kranz).

Wartung Aller technischen "Dichtkunst" zum Trotz sollte der Radler seine Lagerungen mindestens einmal pro Jahr warten (lassen), da Kondenswasser und Rost sowie trotz allem eingedrungene Schmutzpartikel erhöhten Lagerverschleiß bewirken. Vgl. auch das ▷ Grease-Guard-System (Abb. 21 und 21a).

Dickendgabelbeine Bezeichnung für ▷ Gabelbeine einer ▷ Unicrown-Gabel, deren beiden Rohre am oberen Ende eine dickere Wandstärke haben. Sinn:

1. Größere Kontaktfläche beim ▷ Schweißen der Beine ans ▷ Gabelschaftrohr;

2. Versteifung des am stärksten auf Biegung beanspruchten Gabelteils zur Vermeidung von ▷ Stuckern oder ▷ Gabelflattern (vgl. ▷ Biegesteifigkeit).

Anwendung finden diese Gabeln v.a. bei ▷ Mountainbikes, da insbes. bei schnellen Abfahrten auf Rüttelpisten härteste Gabelbelastungen auftreten.

Anmerkung: Die über das ▷ Ausfallende auf eine Fahrradgabel einwirkenden Kräfte belasten die Gabelbeine um so mehr, je länger der Hebelarm von der Nabe zum ▷ Gabelkopfschaftrohr wird: Das Belastungsmaximum liegt kurz unterhalb der Verbindung Gabelbeine / Gabelschaftrohr (Abb. 22). S.a. ▷ Gabeln; ▷ Rahmenrohre.

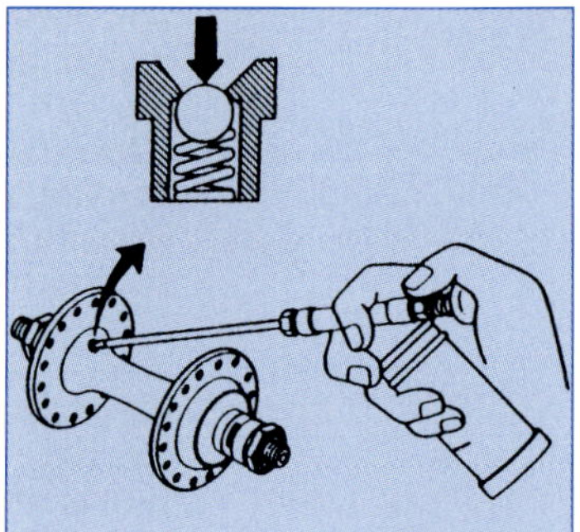

Abb. 21a

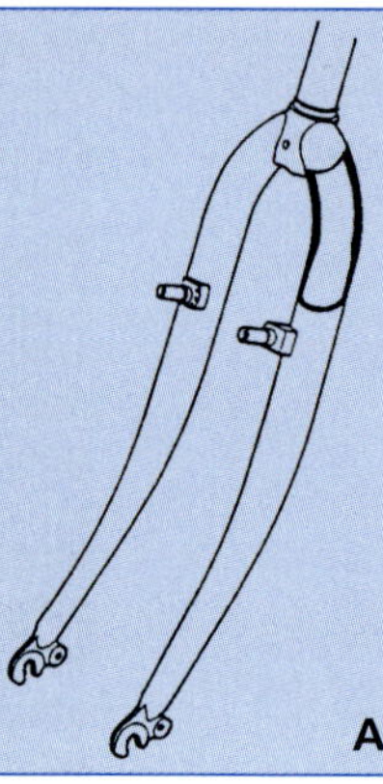

Abb. 22

Dickendgabelscheiden

Andere Bez. f. ▷ Dickendgabelbeine.

Dickendspeichen

Speichen mit verstärktem Bogen, s. ▷ Speichen: Normalspeichen: Sonderformen (Abb. 23).

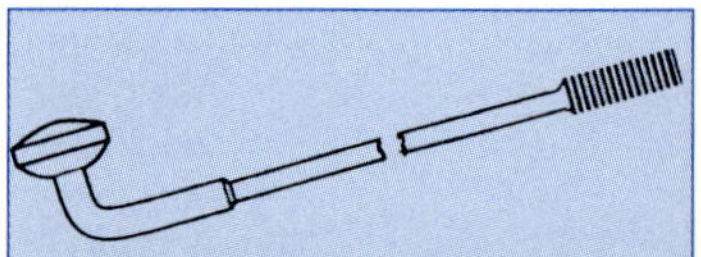

Abb. 23

Diebstahlsicherung

Versuche, Fahrräder mittels technischer Maßnahmen vor Diebstahl zu sichern.
Dies geschieht i.d.R. mittels abschließbarer "Wegrollsperren", seien dies einfache Riegel, die zwischen die Speichen geschoben werden, oder Ketten, Kabel, Stahlbügel, mit denen das Rad auch an eine feste Verankerung geschlossen werden kann, Einzelheiten s. ▷ Schloß.

Bügelschloß

Größte Diebstahlsicherung gewähren Bügelschlösser. Wenngleich Profidiebe mit Trockeneis, Wagenheber und batteriebetriebener Säge dagegen vorgehen, so schreckt doch die längere, zum Knacken benötigte Zeit etwas ab.

Als Zusatzsicherung können akustische Alarmgeber eingebaut werden, die aufheulen, wenn das Rad bewegt oder erschüttert wird (z.B. beim Durchsägen eines Schloßbügels oder Durchtrennen des Befestigungskabels). Einzelheiten s. ▷ Alarmanlagen (Abb. 24).

Abb. 24

vorbeugende Maßnahmen

Über korrektes Anschließen hinaus, wozu auch die Sicherung von mit ▷ Schnellspannern fixierten Fahrradteilen gehört (▷ Laufräder, ▷ Sattelstütze, s. Abb. 25), gibt es auch gewisse Vorsichtsmaßregeln, welche "Mitnahmeeffekte" bereits im Vorfeld minimieren, z.B.:

* Plätze vermeiden, auf denen Massen von Fahrrädern abgestellt sind. Hier fällt der Dieb kaum auf.
* Rad nicht in einsamen Gassen oder Hinterhöfen abstellen. Besser an belebten Straßen, wo Diebe sich beobachtet fühlen.

Abb. 25

* Rad nachts nie draußen stehen lassen, in Kellern zusätzlich durch Bügelschloß sichern.

* Alltagsbesorgungen nicht mit dem "Edelflitzer" erledigen, sondern mit einem älterem Zweitrad.

* Ein Fahrradpaß mit Rahmennummer, -art, Farbe, Größe und Fabrikat hilft bei der Aufklärung.

* Verwandeln Sie Ihr Markenrad durch überkleben der Labels (Markenname, Rohrbezeichnung) in ein scheinbares No-Name-Rad.

Eine zukunftsweisende Schutzmaßnahme ist der Sicherheitscode der ▷ Speedtronic (Element der 7-Gang- ▷ Nabenschaltung von Sachs).

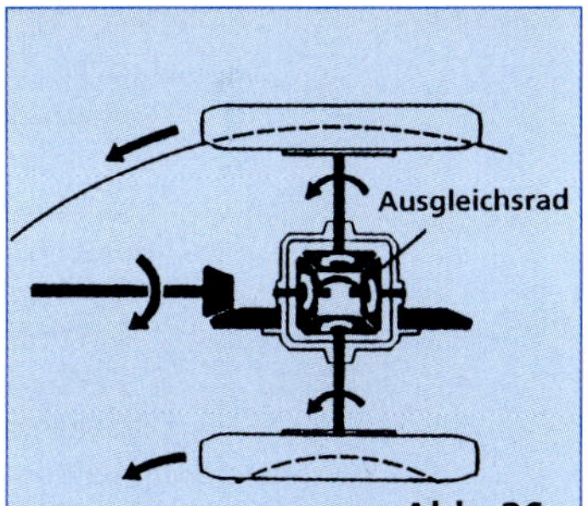

Abb. 26

Differentialgetriebe

(Ursprünglich aus dem Uhrenbau stammendes) *Ausgleichsgetriebe* zwischen den Antriebsrädern von Fahrzeugen mittels zweier Kegelradpärchen.
Bei Fahrzeugen mit zwei in Fahrtrichtung parallel zueinander stehenden Antriebsrädern (▷ Dreirad) gleicht ein Differentialgetriebe bei *Kurvenfahrten* (Abb. 26) den Drehzahlunterschied zwischen kurveninnerem und kurvenäußerem Laufrad aus (kurveninneres Rad macht weniger Umdrehungen). Technische Ausführung s. Abb. 27.

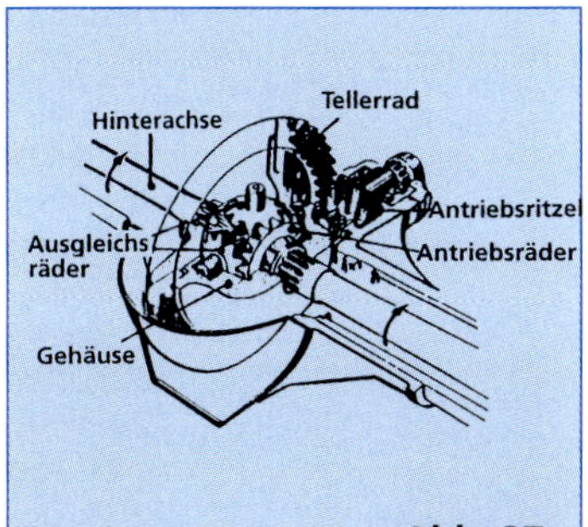

Abb. 27

Diffusion

Selbständige Durchmisschung von Atomen und Molekülen in Feststoffen, Flüssigkeiten und Gasen, die auf Wärmebewegung der Teilchen beruhen. Bedeutung hat die Diffusion u.a. beim Legieren (▷ Legierung) und der Wärmebehandlung von Metallen, s. z.B. ▷ Aluminium: Aushärtung.

DIN

Früher Abkz. f. "**D**eutsche **I**ndustrie **N**orm", seit 1975 für "Deutsches Institut für Normung e.V.", Sitz: Berlin.
Die Normungen vereinheitlichen Abmessungen von Halbzeugen und Werkzeugen, dienen mittlerweile längst aber auch der Qualitätssicherung von Fertigprodukten.

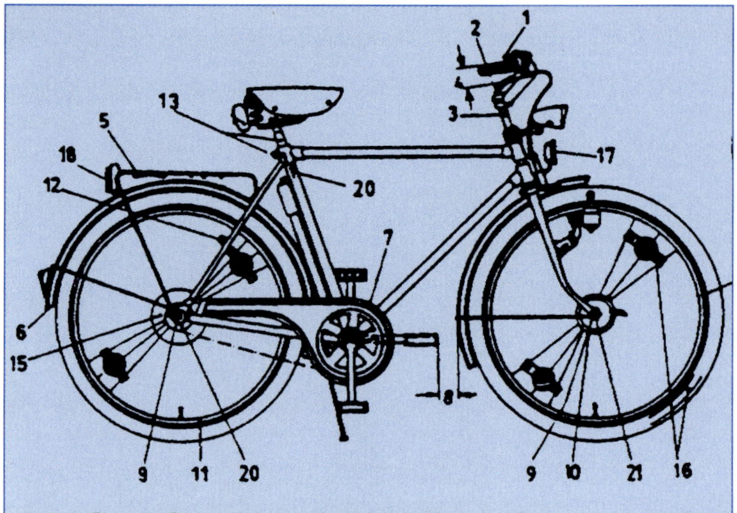

Merkmale eines DIN-Fahrrades Abb. 28

Fahrrad-Normen

Für den Fahrradbereich ist zunächst das sog. "DIN-Fahrrad" von Bedeutung (Abb. 28), das folgende Merkmale und Maße erfüllen muß:

DIN-Fahrrad

1. *Klingel:* Der Bedienungshebel der vorgeschriebenen Klingel muß gerundet, aus Kunststoff oder mit einer Plastikkappe überzogen sein.
2. *Bremshebel:* Der auf das Vorderrad wirkende Handbremshebel muß am Lenker rechts montiert sein. Die Hebelenden sind kugel- oder tropfenförmig.
3. *Lenkervorbau:* Markierung für Mindesteinstecktiefe 65 mm.
4. *Handbremshebel-Abstand:* Der Handbremshebel-Abstand darf 90-100mm bei Kinderstraßenfahrrädern und 77-85 mm bei Kinderfahrrädern nicht überschreiten.
5. *Gepäckträger:* Die Tragfähigkeit (10, 18 oder 25 kg) muß sichtbar eingestempelt sein. Die Federenden müssen entgratet sein.
6. *Schutzblechenden:* Sie müssen entgratet, umgebördelt oder auf andere Art dauerhaft entschärft sein.
7. *Kettenschutz:* Alle umlaufenden Kanten müssen umgebördelt, bei Plastikausführungen gerundet sein.
8. *Pedalabstand:* Der Abstand zwischen Pedalvorderkante und Schutzblech muß mindestens 89 mm betragen, bei BMX 120 mm.
9. *Achsen:* Achsenden, die mehr als 8 mm vorstehen, müssen mit ▷ Hutmuttern oder Kappen abgedeckt sein.
10. *Vorderradhalter:* ▷ Ausfallendensicherung bei ▷ Vollachsen, die verhindert, daß das Vorderrad aus den Gabelenden herausfällt, wenn sich die Achsmuttern lösen.
11. *Felgen:* Die Abmessungen und der verwendete Werkstoff (Alu - alloy, Stahl - steel) müssen sichtbar eingeprägt sein.
12. *Speichenschloß:* Alle Kanten des Sperrriegels müssen entschärft sein.
13. *Sattelklemmschraube:* Wenn das Schraubenende mehr als 8 mm übersteht, muß es mit Hutmutter oder Kappe abgedeckt sein. Die Mindesteinstecktiefe 55 mm, bei BMX 90 mm muß an der Stattelstütze markiert sein.
14. *Seilzug:* Seilende mit Kappe gegen Verletzungsgefahr.
15. *Speichenschutzscheibe* ist bei Kettenschaltung erforderlich.
16. *Seitenstrahler:* 2 Speichen-Rückstrahler pro Laufrad (oder Leuchtstreifen auf den Reifen).
17. *Front-Reflektor* (Front-Rückstrahler): Erforderlich ist ein nach vorn wirkender weißer Rückstrahler Aber auch im Scheinwerfer integrierte Front-Reflektoren sind zulässig.
18. *Rückreflektor* (Rückstrahler): Erforderlich ist zusätzlich zum Rücklicht ein roter Großflächenreflektor (mit Kennzeichen Z).

19. Bremsschuh-Bremsklötze : Der Verwendungsbereich für Alu- oder Stahlfelge muß eingestempelt sein.
20. Rahmennummer muß an einer gut sichtbaren Stelle eingestempelt sein.
21. Vorderradgabel: wird die Prüfung für Nabenbremse bestanden, darf die Gabel am Ausfallende mit "T" (steht für Trommelbremse) gekennzeichnet werden.
Gebrauchsanleitung muß beiliegen. Fahrräder, die diese Normen erfüllen, dürfen mit dem Verbandszeichen versehen werden.

weitere DIN-Vorschriften Weitere genormte Vorschriften beinhalten sicherheitstechnische Anforderungen und die entsprechenden Prüfungen. Für leistungssportlich genutzte Fahrräder wird wegen der höheren Belastung die jeweilige Norm (insbes. DIN 79 100, s.u.) noch überboten.
Im Einzelnen sind für Fahrräder die folgenden DIN-Vorschriften relevant:

DIN 7 800 *Reifennormen* in Anlehnung an ▷ ETRTO.
DIN 7 815 *Felgennorm,* die sich an die ▷ ETRTO anlehnt. Nur ▷ Tiefbettfelgen, keine Schlauchreifenfelgen.
DIN 33 954 Vorschrift für die Sicherheitsausführung von ▷ *Helmen;* s.a. ▷ ANSI; ▷ Snell; ▷ Helme: Prüfmethoden, Dämpfung, Durchschlagschutz, Begurtung.
DIN 75 302 *Fahrradträger:* Ausführungen, Abmessungen, Anforderungen.
DIN 79 012 *Gewinde:* Ausführungen, Abmessungen, Verwendung.
DIN 79 100 Vorschrift für *Belastungs-* und *Funktionstests* von Fahrradteilen, z.B:
fertigmontiertes Fahrrad: Statische und dynamische Prüfung.
Rahmen: Statische Prüfung.
Gabel: Statische und dynamische Prüfung. Für ▷ Gabelschaftrohre wird z.B. eine Mindestzugfestigkeit 420 N/mm^2 gefordert.
Lenkung: Verdreh- und Belastungsprüfung des Lenkervorbaus; Lenkersitz im Vorbau; Lenkerschaftsitz im Gabelschaft.
Laufräder: Reifenprüfung (Felgensitz, Haltbarkeit); Laufrad (Rund- und Planlauf; Speichensitz).
Bremsen: Belastbarkeitsprüfung; Dauerbremsung; Haltbremsung;
Pedale: Rutschprüfung Pedalauflagefläche; statische Prüfung Pedalachse und -rahmen; dynamische Laufprüfung; Auslegung der Rückstrahler.

DIN 79 105 *BMX-Fahrräder:* Ausführungen, Anforderungen, Abmessungen, gesetzliche Bestimmungen.

DIN 79 110 *Kinderfahrräder:* Ausführung, Anfoderungen, Abmessungen, Laufradgrößen, gesetzliche Bestimmungen;

DIN 79 120 *Kindersitze für Fahrräder:* gesetzliche Bestimmungen, Bauarten, Montageort, Prüfvorschriften.

Diode Ursprünglich als Gleichrichter eingesetzte 2-Pol-Röhre, heute Gleichrichter aus Halbleitermaterial. Von bes. Bedeutung ist die Licht- oder Leuchtdiode, die durch Anlegen von elektrischem Strom Licht emittiert. Im Fahrradbereich wird die rote Leuchtdiode zunehmend für Rücklichter eingesetzt, da sie sich als sehr betriebssicher erwiesen hat, s. ▷ Diodenleuchte; s.a. ▷ Z-Diode.

Diodenleuchte Leuchtstarkes, batteriebetriebenes Rücklicht mit sehr geringem Stromverbrauch und langer Lebensdauer. Einzelheiten s. ▷ Beleuchtung: Rücklicht (Abb. 29).
Bislang besitzen nur rote Leuchtdioden diese hohe Lichtausbeute. Im Handel angebotene *Dioden-Frontlichter* strahlen ein grüngelbliches Licht aus, das aber annähernd die Lichtstärke der roten Dioden erreicht, weswegen diese "Scheinwerfer" allenfalls als Positionslichter gelten können.

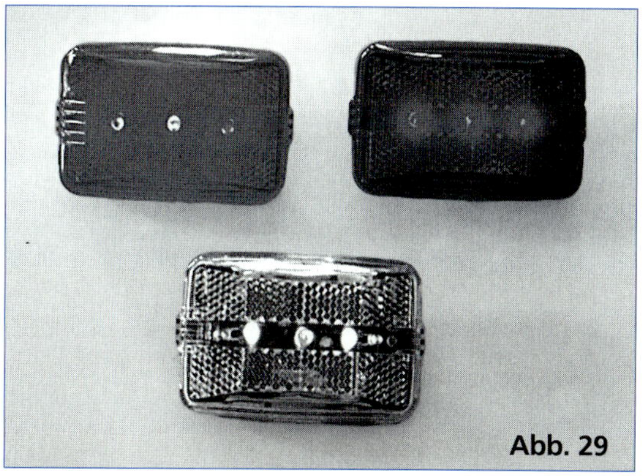

Abb. 29

Direktantrieb

Feste Verbindung der ▷ Tretkurbel mit der Nabe des ▷ Antriebsrades (meist Vorderrad).
Diese ursprüngliche Form des Kurbelantriebs erlebte ihre Glanzzeit mit dem ▷ Hochrad und verschwand rasch mit dem Aufkommen des ▷ Niederrades und seiner einfachen Möglichkeit der ▷ Übersetzung der Antriebsenergie. Heute findet sich Direktantrieb nur noch bei Kinder-Dreirädern und dem ▷ Einrad sowie gelegentlich bei Behindertenfahrzeugen.

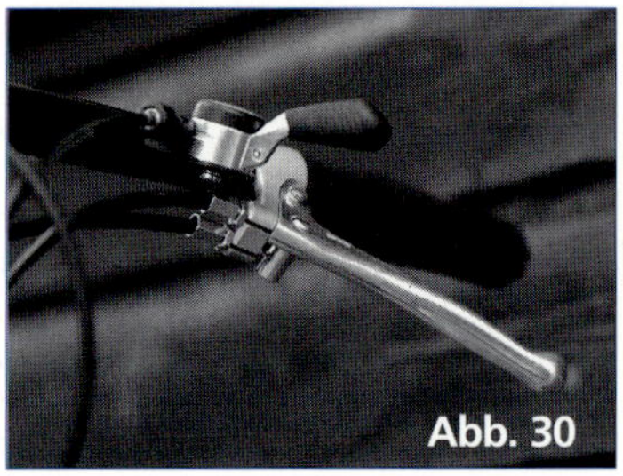

Abb. 30

Doppelbremszug

Vorrichtung, um mit einem Bremshebel zwei Bremsen gleichzeitig zu betätigen (Abb. 30).
Findet Anwendung an ▷ Behindertenfahrrädern (Handschaden), aber auch am ▷ Tandem oder ▷ Mountainbike, um eine dritte oder vierte Bremse (i.d.R. zusätzliche Trommel- oder Scheibenbremse) vom Piloten aus bedienen zu können.
Doppelbremszüge werden entweder mit Spezialbremsgriffen betätigt oder aber per ▷ Doppelbremszugadapter mit Normalbremsgriffen.

Doppelbremszug-Adapter

▷ Adapter z. Bedienung von 2 Bremszügen an einem normalen Bremsgriff; s. ▷ Doppelbremszug. Bezug: Brügelmann (Adresse s. ▷ Fahrradversandhäuser).

Doppeldickendspeichen

Speichen, deren beide Enden (Bogen und Gewindeteil) verstärkt sind, s. ▷ Speichen: Normalspeichen: Sonderformen.

Abb. 31

Double butted

Rahmenrohr, dessen *beiden* Endbereiche eine dickere Wandstärke aufweisen (i.G.z. (single) ▷ butted, wo nur ein Rohrende verstärkt ist) (Abb. 31).
Von ▷ Reynolds 1935 entwickeltes Verfahren, um in den Rohrbereichen hoher Beanspruchung - den Endzonen eben - mehr Festigkeitsreserven zu erhalten. Einzelheiten s. ▷ Rohre: Endverstärkung.

Downhill

Spektakuläre Abfahrtsrennen mit ▷ Mountainbikes auf Naturtrassen, bei denen Geschwindigkeiten von bis über 80 km/h erreicht werden (Abb. 32).

Abb. 32

Aus dieser Anfang der 70er Jahre in Kalifornien geborenen Sportart ging das Mountainbike hervor, Einzelheiten s. ▷ Mountainbike-Boom: Historie. Mittlerweile sind noch ▷ Hill Climb und ▷ Cross Country in die Palette der offiziellen ▷ MTB-Rennen aufgenommen worden, Einzelheiten s.d.

Downhill Bike

▷ Mountainbike, das in Konstruktion und Ausstattung speziell für Hochgeschwindigkeitsabfahrten auf Naturtrassen (▷ Downhill) gebaut bzw. zu diesem Zweck modifiziert wurde. Typische Merkmale:

* langer ▷ Vorderbau,
* großer ▷ Nachlauf,
* schwere ▷ Laufräder,
* großer ▷ Übersetzungsbereich;
* häufig ▷ Fahrradfederungen.

Abb. 33

Rahmen

Der Rahmen ist gegenüber anderen Bikes nicht speziell verstärkt, jedoch ist die ▷ Rahmengeometrie dem Einsatzzweck angepaßt: (Abb. 33).
Der lange Vorderbau (bis 68 cm Abstand zw. Tretlager-Vorderradnabe) gleicht die Schwerpunktverschiebung bei abschüssigen Trassen aus. Der Fahrer kann relativ zum Vorderrad Gewicht weiter nach hinten verlagern, was die Überschlagsgefahr mindert. Zudem verbessert der mit dem Vorderbau zugleich verlängerte ▷ Radstand den ▷ Geradeauslauf des Bikes.
Der große Nachlauf (65-95 mm) erhöht die ▷ Fahrstabilität und garantiert den ▷ Geradeauslauf bei hohen Geschwindigkeiten.

Laufräder

Die Laufräder sind mit schwereren ▷ Felgen und ▷ Reifen ausgestattet als bei Normal-Bikes, um die ▷ Kreiselkräfte der Laufräder zu erhöhen, was die Fahrstabilität nochmals steigert.

Antrieb

Um das Bike bei weniger kniffligen Passagen auch bei hohen Geschwindigkeiten noch beschleunigen zu können, besitzen Downhill-Bikes eine extreme ▷ Übersetzung, die mittels extragroßem ▷ Kettenblatt (bis 69 Zähne!) oder mit der 3 x 7 - Schaltung von ▷ Sachs realisiert wird.

Abb. 34

Federungen

Damit das Bike bei hohen Geschwindigkeiten auf ruppigen Trassen unter Kontrolle gehalten werden kann, müssen die Laufräder Bodenkontakt behalten. Hier brachten Federungssysteme beträchtliche Fortschritte - gerade die Anwendung für Downhill-Bikes forcierte deren Entwicklung - und ermöglichten höhere Fahrgeschwindigkeiten (Abb. 34). Außerdem: Schutz vor ▷ Durchschlägen und Materialdefekten, Einzelheiten s. ▷ Fahrradfederungen.

Drahtreifen

Gebräuchlichste Reifenbauart (auch "Mantel" oder "Decke" genannt, unter den/die der

▷ Schlauch lose eingelegt wird), bei der ein drahtverstärkter Randbereich (s. ▷ Reifendraht) beim aufgepumpten Reifen vom Luftdruck unters ▷ Felgenhorn von ▷ Drahtreifenfelgen gedrückt und so vor dem Abspringen gesichert wird. Im Unterschied hierzu s. ▷ Schlauchreifen, Sonderform: ▷ Faltreifen. Weitere Einzelheiten ▷ Reifen (Abb. 35).

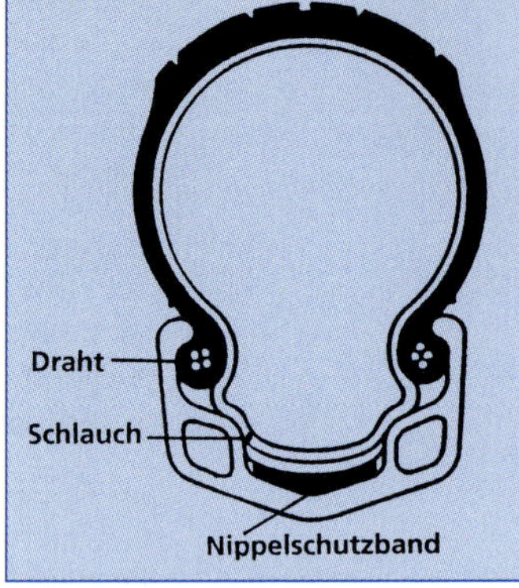

Abb. 35

Drahtreifenfelgen

▷ Felge, die für die Montage von ▷ Drahtreifen konzipiert ist. Zu diesem Zweck sind die Felgenflanken im oberen Bereich als ▷ Felgenhörner ausgebildet, die den Drahtreifen seitlich führen. Weitere Einzelheiten s. ▷ Felgen.

Draisine

Nach seinem Erfinder, dem badischen Forstmeister und späteren Ehrenprofessor der Mechanik Carl Friedrich Freiherr Drais von Sauerbronn (1785-1851) benanntes Zweirad ohne mechanischen Antrieb, das durch Abstoßen der Füße vom Boden vorwärts bewegt wurde (daher auch "Gehrad" oder "Laufrad"). Dieses 1817 konstruierte und im Folgejahr patentierte Vehikel gilt als eigentlicher Urahn des heutigen Fahrrades, mögliche Vorläufer sind umstritten. Die Drais'sche Erfindung dagegen ist nicht nur in einer Patentschrift technisch exakt beschrieben, sondern fand v.a. auch sofort weltweites Interesse und Verbreitung durch zahlreiche Nachahmer (Abb. 36).

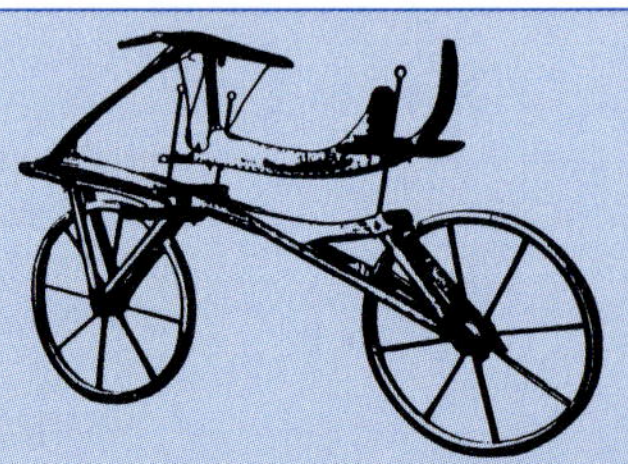
Abb. 36

Übrigens wird noch ein anderes Fahrzeug des ingeniösen Forstmeisters (erfand z.B. Schreibmaschine) "Draisine" genannt, ein muskelkraftbetriebenes Schienenfahrzeug, mit welchem Reparatur- und Kontrolltrupps Eisenbahnstrecken abfahren konnten und das per Kurbel und Schwinghebel angetrieben wurde.

Konstruktion

Holzkonstruktion aus Elementen des zeitgenössischen Wagenbaus: Zwei herkömmliche Wagenräder sind durch einen Balken, auf dem ein gepolsterter Sitz montiert ist, verbunden. Die Lenkung erfolgt nach Art einer Wagendeichsel, nur daß diese nach hinten weist, zum Laufradgeher hin. Das Gewicht lag bei 25 kg (Abb. 37).
Drais brauchte auf Gegner seiner Erfindung nicht lange zu warten. Renommierte Naturwissenschaftler erklärten in einer "gelahrten" Expertise - ohne eine Draisine auch nur gesehen haben -, es sei rein physikalisch unmöglich, auf zwei Rädern einspurig zu rollen, ohne umzufallen. Um die Zweifler zu widerlegen, unternahm von Drais daraufhin Demonstrationsfahrten, die seinem Vehikel zu rascher Bekanntheit verhalfen, zumal er schneller als die Postkutsche vorankam. Plagiatoren traten auf den Plan - das Fahrrad begann seinen Siegeszug um die Welt.

Abb. 37

Drehbolzen

Bolzen, um die sich die ▷ Bremsarme von ▷ Mittelzug- und ▷ Cantileverbremsen drehen (Abb. 38).
Drehbolzen sind entweder fest auf den Rahmen gelötet (▷ Anlötsockel, ▷ Bremssockel) oder im ▷ Bremsjoch fixiert.

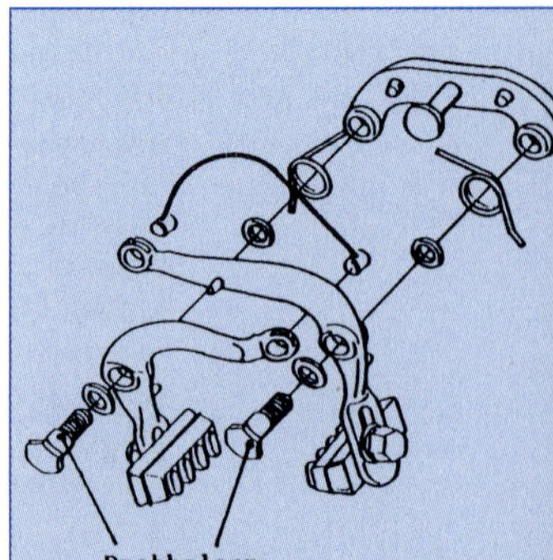

Abb. 38

Drehgelenk

Lagerungsstelle und Drehpunkt für ▷ Schwingenfederungen, die bei ▷ Gabelschwingen und ▷ Hinterradschwingen Anwendung findet (Abb. 39).

Die geometrische Anordnung der Drehgelenke bestimmt die ▷ Einfederungsrichtung der Federung und kann Auswirkungen auf das Verhalten der Federung beim Bremsen und ▷ Wiegetritt haben. Bei Hinterradfederungen kommen noch Reaktionen auf den ▷ Kettenzug sowie das Verhalten beim ▷ Pedalschlag hinzu. Weitere Einzelheiten s. ▷ Fahrradfederungen.

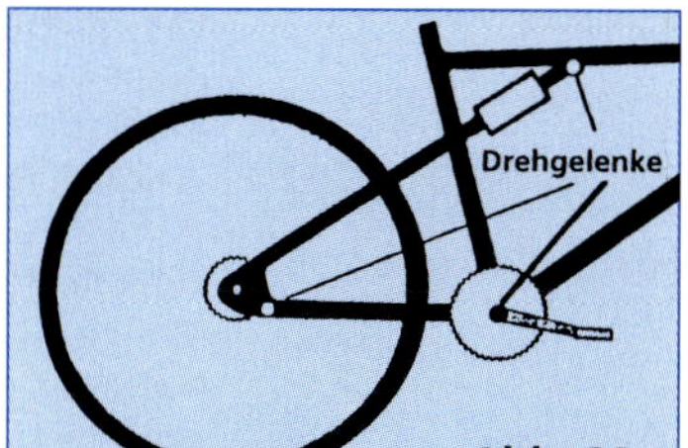

Abb. 39

Drehgriffschalter Andere Bez. f. ▷ Drehschaltgriff.

Drehmoment Physikal. Maßeinheit, die eine unter einem Hebelarm (s. ▷ Hebelgesetz) angreifende, drehende ▷ Kraft beschreibt und daher in Nm angegeben wird (vgl. ▷ physikalische Einheiten), der gleichen Maßeinheit wie bei ▷ Arbeit. Berechnung (Abb. 40):

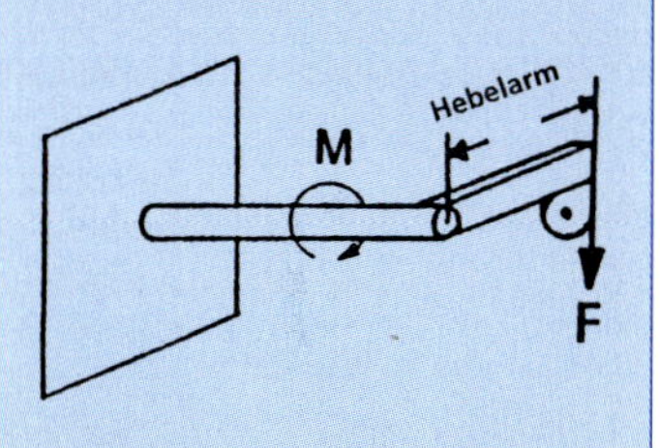

Abb. 40

$M = F \times l$ mit M = Drehmoment in Nm;
F = Kraft in N;
l = Länge Hebelarm in m.

Das Drehmoment dient v.a. den folgenden Angaben:

* ▷ Anzugsdrehmoment von Schrauben;
* ▷ Antriebsdrehmomente:
  1. des Radlers aufs Pedal;
  2. der Kette aufs Hinterrad;
* ▷ Bremsmoment, um die beim Bremsen auf den Rahmen einwirkenden Kräfte ausrechnen zu können;
* bei Materialberechnungen, um die ▷ Torsionsbelastung angeben zu können.

Anmerkung: Auch die ▷ Arbeit und die ▷ Energie werden in der gleichen physikalischen Einheit angegeben, also in Nm, da hier ebenfalls der Zusammenhang von Kraft und Weg besteht.

Drehrichtung Richtung, in welche ▷ Schrauben bzw. ▷ Muttern festgedreht werden (aber auch, in welche ▷ Laufräder umlaufen).

Gewinde Bei üblichem ▷ Rechtsgewinde erfolgt dies im Uhrzeigersinn, bei ▷ Linksgewinde entgegengesetzt. Das Lösen erfolgt jeweils in Gegenrichtung (Eselsbrücke: ▷ Daumenregel).

Laufräder Die Drehrichtung von Laufrädern ist bei Verwendung von V-Profilreifen von Bedeutung (s. ▷ laufrichtungsgebundene Reifen), da diese entweder mit der V-Spitze nach vorn (leichteres Abrollen) oder nach hinten (bessere ▷ Traktion beim Bremsen) montiert werden können.

Drehschaltgriff Betätigung der Fahrradgangschaltung nach Art eines Motorradgasgriffes durch Drehung aus dem Handgelenk (erstmals 1988 "Gripshift"), heute durchweg in fest vorgegebenen Rasterschritten für ▷ Index- und z.T. auch ▷ Nabenschaltungen (Abb. 41). Zwei Typen von Drehschaltgriffen haben sich auf dem Markt etabliert:

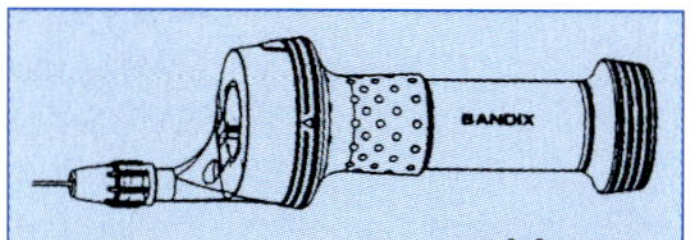

Abb. 41

Ganzgriffschalter Bei diesem Konstruktionsprinzip wird der ganze Griff gedreht; bei Sachs und Jewa arretierbar, um versehentliches Schalten zu vermeiden (*Campagnolo "Bullet", Sachs "Power Grip", Jewa "Power Shift")*.

Teilgriffschalter Bei diesem Konstruktionsprinzip wird nur ein innerer Teilbereich des Griffs beim Schalten gedreht. Hier wird nur mit zwei bis drei Fingern geschaltet, was unbeabsichtigtem Schalten entgegenwirkt (Abb. 42) (*Gripshift; Jewa; Sachs "Kid-Grip" und "Power Grip Extreme")*.

Die Teilgriffschalter eignen sich übrigens auch für ▷ Trialenker, um auch in der liegenden ▷ American Position schalten zu können.

Drehsockel Andere Bez. f. d. ▷ Drehbolzen; s.a. ▷ Anlöt- oder ▷ Bremssockel.

Dreiecksform Vorschrift der ▷ UCI, wonach die ▷ Vorderbauten der Rahmen von Wettbewerbsfahrrädern in einer annähernden Dreiecksform zu halten sind, womit eine Abkehrung vom ▷ Diamantrahmen zu anderen ▷ Rahmenformen erschwert wird.

Dreifachkreuzung Üblichste ▷ Einspeichart (Einzelheiten s.d.), bei der jede Speiche drei gegenläufig abgewinkelte Speichen überkreuzt (Abb. 43).

Dreipunktlagerung Auch "Pantograph" genannte Bauform von ▷ Kettenschaltungen, bei welcher der Drehpunkt der ▷ Schaltschwinge zwischen den beiden ▷ Kettenrädchen angeordnet ist.
Daraus ergibt sich eine leicht vergrößerte ▷ Schaltkapazität, außerdem ("Abtauchen" des ▷ Kettenführungsrades beim Aufliegen der Kette auf größere Ritzel) vergrößert sich die Zähnezahl des größtmöglich zu beschaltenden Ritzels. Vgl. auch ▷ Zweipunktlagerung, ▷ Schaltschwinge und ▷ Schaltung.

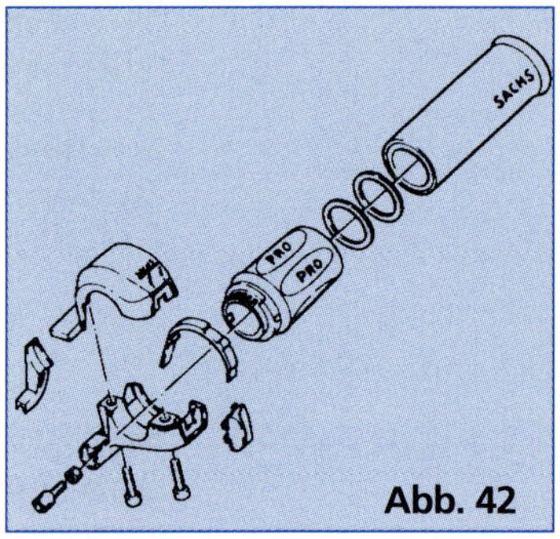

Abb. 42

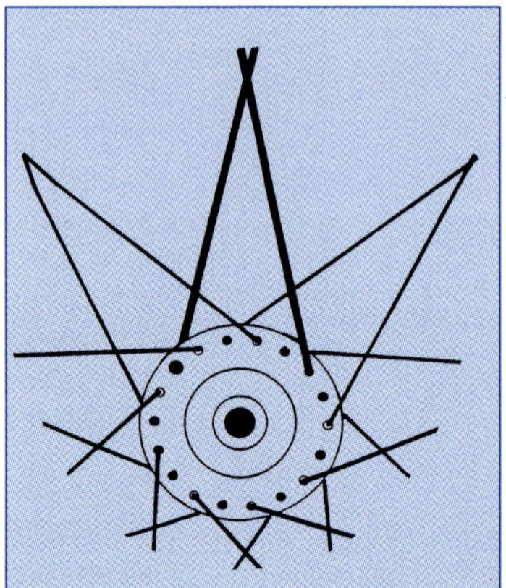
Abb. 43

Dreirad Sonderform des Fahrrades, die wegen ihrer stabilen Gleichgewichtslage gern von Leuten mit Gleichgewichtsproblemen gefahren wird (Behinderte, Senioren).
Neben dem etwas höheren Gewicht ist v.a. das diffizilere Lenkverhalten (s.u.) gewöhnungsbedürftig. Außerdem resultiert aus der Dreispurigkeit eine dreimal so hohe "Schlaglochtrefferwahrscheinlichkeit" als mit einspurigem Normalfahrrad. Darüberhinaus gibt es Probleme mit Wendigkeit, Kurvenfahrt etc., weswegen das Dreirad eher auf Straßen als abseits von ihnen eingesetzt wird.

Dennoch gibt es durchaus Liebhaber dieser ganz besonderen Fahrräder, deren Hochburg England ist (bis heute auch Rennveranstaltungen). Die Ursache für diese regionale Spezialisierung dürfte außer in der sprichwörtlichen Exzentrizität der Briten in den nicht weniger sprichwörtlichen Wetterbedingungen auf ihrer Insel liegen: Wo Sturmböen und Regen alltäglich sind, wünscht man sich wohl mehr als anderswo ein Fahrrad mit "bombensicherer" Straßenlage.
Kein Wunder daher, daß auch die bekanntesten Hersteller hochwertiger Dreiräder aus England kommen (George Longstaff, Ken Rogers u.a.). Ihre "Trikes" besitzen die gleiche Ausstattung wie vergleichbare Spitzenzweiräder und stehen diesen in punkto Leichtlauf kaum nach.

Neben kompletten Dreirädern mit spezifischem Rahmen werden auch Umrüstsätze angeboten. Das sind in Normalrahmen einspannbare, lange Hinterradachsen zur Aufnahme von zwei Laufrädern. Diese Achsen werden mit Streben am Rahmen abgestützt und besitzen ein Differentialgetriebe:
Da in Kurven das kurveninnere Laufrad weniger Umdrehungen macht als das äußere, besitzen höherwertige Dreiräder ein ▷ Differentialgetriebe (bei einfachen Trikes wird demgegenüber nur ein Hinterrad angetrieben).

Typen Dreiräder zeichnen sich durch eine erstaunliche Typenvielfalt aus, deren Bandbreite von der schwerfälligen ▷ Riksch bis zu pfeilschnellen ▷ HPV-Fahrrädern reicht. Wesentliche Unterschiede bestehen darin, ob die zwei parallelen Räder vorne (Abb. 44, 45) oder hinten (Abb. 46, 47) montiert werden.
Das klassische Dreirad hat hinten zwei Räder. Vorteil ist z.B., daß sich das Lenkverhalten bei Zuladung kaum ändert.

Lastenräder

Im Gegensatz dazu muß beim ▷ Bäckerrad (zwei Räder vorne) die Last bei jeder Lenkbewegung mitgeschwenkt werden. Dafür ist diese Dreiradvariante konstruktiv einfacher, da bis auf die Gabelkonstruktion mit Doppelradbestückung ein normales Fahrrad genutzt werden kann.

Weltweit größte Domäne von Dreirädern sind wohl immer noch die ▷ Rikschas, wobei regionale Vorlieben für vordere oder hintere Doppelradbestückung bestehen, s. hierzu ▷ Lastenräder.

Abb. 44

Kinderdreirad

"Spielrad" für Kleinkinder mit ▷ Direktantrieb des Vorderrades.

Abb. 45

Liegeräder

Eine Neubelebung der Dreispurigkeit entwickelte sich durch das ▷ Liegerad, v.a. durch seinen Einsatz im Zuge der ▷ HPV(-Bewegung).
Hier bietet sich die dreirädrige Form an, weil sie das Fahren der "Lieger" ohne die typisch lange Eingewöhnungsphase ermöglicht. Bei karosserierten Ausführungen wird außerdem die Seitenwindanfälligkeit gemindert.

HPV-Räder

Die v.a. aus aerodynamischen Gründen erfolgende Karosserierung von ▷ HPV(-Rädern) führt i.d.R. zu Konstruktionen mit zwei nebeneinander liegenden Vorderrädern, die dann im vorderen Teil des "Tropfens" ihren Platz finden. Mit dieser Art Dreirädern (▷ Vector) sind bereits Geschwindigkeitsrekorde aufgestellt worden.

Abb. 46

mit Hilfsmotor

Eine zukunftsweisende Variante des Dreirades könnte die als ▷ Liegerad mit Hilfsmotor sein, wobei die Bandbreite vom Behindertenrad bis zum Zweitwagen oder Pendelverkehrsmittel reicht. Einzelheiten s. ▷ Hilfsmotor: Liegedreirad.

Fahrverhalten u. Kurventechnik

Das Lastenfahrrad mit zwei Vorderrädern besitzt an sich ein geradezu gutmütiges Fahrverhalten. Ungewohnt sind die großen Lenkkräfte, mit denen beide Vorderräder geschwenkt werden müssen.
HPV-Dreiräder lassen sich durch die ▷ Achsschenkellenkung wie Autos fahren und steuern, die üblichen Dreiradtypen mit zwei Hinterrädern sind gewöhnungsbedürftig:
Der normale ▷ Vorderbau bedingt eine zweiradtypische Gleichgewichtshaltung. Fährt der Dreiradneuling nun z.B. in Bordsteinnähe los, könnte er mit einer Lenkbewegung zur

Abb. 47

Straßenmitte hin losfahren. Er versucht aber, wie mit dem normalen Zweirad mit einer Kurve zum Bordstein hin "Anlauf" für die Gegenlenkbewegung zu nehmen - und kollidiert mit dem Bordstein.

Druckbelastung

▷ Belastung, bei der ▷ Druckkräfte danach trachten, einen Körper zu stauchen, also zusammenzudrücken. Hierbei verformen sich elastische Werkstoffe "tonnenförmig". Bei spröden Werkstoffen erfolgt entweder ▷ Ausknicken oder bei Überschreitung der Belastbarkeit ein diagonal durch das Werkstück verlaufender Bruch (Abb. 48).
Druckbelastungen treten am Fahrradrahmen in ▷ Steuer-, ▷ Ober- und ▷ Sattelrohr sowie den ▷ Sattelstreben auf, bei harten Antritten außerdem in der rechten ▷ Unterstrebe (Kettenstrebe).

Einen Sonderfall bilden Auffahrunfälle, bei denen es neben Verbiegung von ▷ Gabelschaft und ▷ Gabelbein zum Einbeulen von Ober- und Unterrohr im Anschlußbereich an das Steuerrohr infolge extrem hoher Druckbelastung kommen kann.

Abb. 48

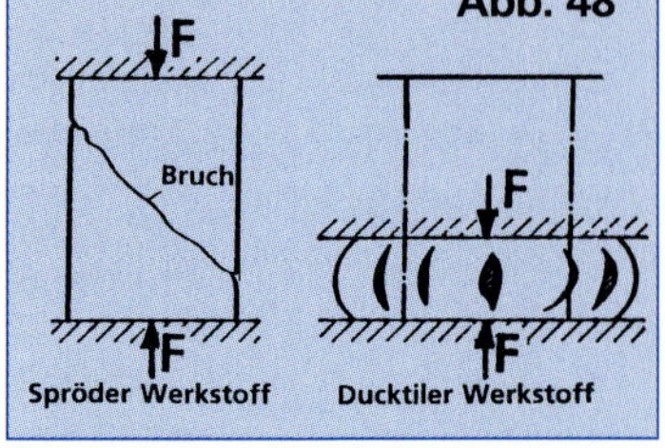

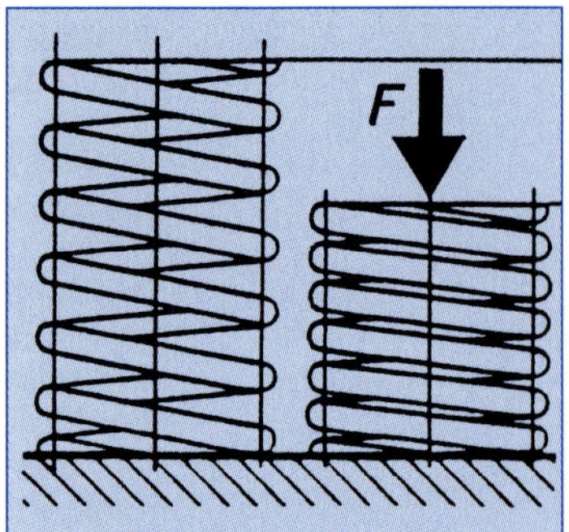

Abb. 49

Druckfeder

Schraubenförmig aufgewickelter Draht mit entsprechendem Freiraum zwischen den einzelnen ▷ "Gängen", die sich bei ▷ Druckkräften zusammendrücken bzw. zusammengedrückt Druckkräfte erzeugen (Abb. 49).

Anwendung am Fahrrad: Sattelfederung, Federelement in ▷ Teleskop-Gabeln, Sicherung gegen Lösen von ▷ Einstellschrauben an Ausfallenden und Schaltung, ▷ Rückholfeder bei der ▷ Deltabremse (Campa) und innerhalb des Hydraulikzylinders bei ▷ Hydraulikbremse (Magura).

Druckguß

Bezeichnung für ein spezielles Gießverfahren, das vor allem bei ▷ Aluminium angewandt wird:
Das flüssige Aluminium wird unter hohem Druck in eine Stahlform gepreßt und kann so zu porenfreien und sehr paßgenauen Gußteilen verarbeitet werden; Einzelheiten s. ▷ Aluminium: Gußtechniken (Abb. 50).

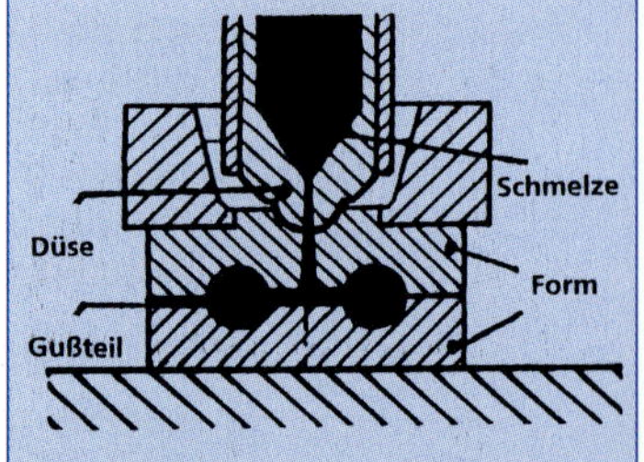

Abb. 50

Druckkräfte

Krafteinwirkung auf einen Körper, die danach trachtet, ihn zu stauchen, also zusammenzudrücken (i.G.z. ▷ Zugkräften).

Metallische Werkstoffe können im Prinzip genauso hohe Druck- wie Zugkräfte aushalten, was aber seine Grenzen in der ▷ Ausknickung z.B. von schlanken Stäben hat. So knickt eine Speiche beispielsweise schon aus, wenn sie mit einer Druckkraft von 20 N belastet wird, hingegen widersteht sie Zugkräften von 2.000 N und mehr.
Aus ähnlichen Gründen sind übrigens auch ▷ Faserverbundwerkstoffe besser in der Lage, Zug- statt Druckkräfte aufzunehmen.

Der Skizze "Fahrradrahmen" (s. ▷ Fahrradbelastungen) läßt sich entnehmen, wo Druck- oder Zugkräfte herrschen. Vgl. aber auch ▷ Torsionskräfte und ▷ zusammengesetzte Belastung.

Duktilität

Eigenschaft von (meist metallischen) Werkstoffen, die angibt, wie gut sie sich in kaltem Zustand plastisch verformen lassen (s. ▷ plast. Verformung).

Dunlop-Ventil

Andere, nach dem Erfinder benannte Bez. f. das normale Fahrradventil. Einzelheiten s. ▷ Ventil (Abb. 51).

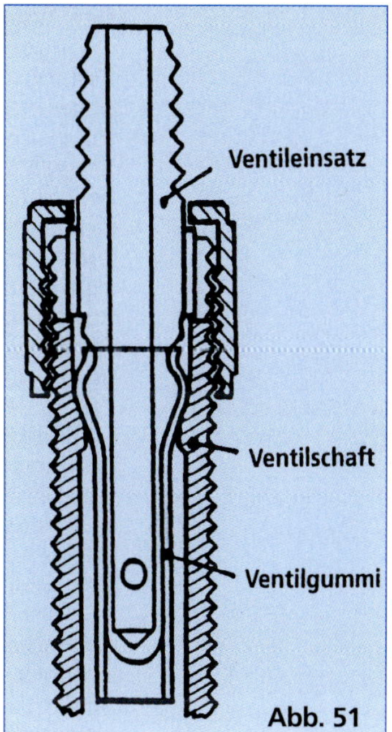

Abb. 51

Dura Ace

▷ Shimanos hochwertigste ▷ Gruppe von ▷ Komponenten fürs ▷ Rennrad.

Duraluminium

Ursprünglich Markenname der ersten (1907) aushärtbaren, hochfesten Aluminiumlegierung, der im Laufe der Zeit v.a. auf die Legierung AlZnMgCu bezogen wurde (s. ▷ Aluminium: Legierungen).

Durchbremsen

Landläufige Bezeichnung für Felgenverschleiß an den Bremsflanken, der soweit gehen kann, daß sich an den betreffenden Stellen Löcher bilden bzw. daß ▷ Felgen für ▷ Drahtreifen durch den Luftdruck im Schlauch "explodieren". Dies ist besonders bei Leichtfelgen häufiger der Fall.
Durchbremsgefahr besteht vor allem bei besonders aggressiven ▷ Naßbremsgummis, speziell in Kombination mit weichen Alufelgen, aber auch wenn sich Sandpartikel in die ▷ Bremsgummis eindrücken und einen erhöhten ▷ Abrieb verursachen.

Durchdrehen

Durchrutschen des ▷ Antriebsrades (i.d.R. Hinterrad) auf i.d.R. unasphaltierter Fahrbahn mangels ▷ Traktion. Dies passiert v.a. bei steiler Bergauffahrt und/oder rutschigem Untergrund. Abhilfe: Gleichmäßige Krafteinleitung auf das Pedal; Gewichtsverlagerung zum Hinterrad hin.

Durchratschen

Radlerjargon für das Überspringen der Kette aufgrund von ▷ Kettenlängung, klemmendem Kettengelenk ("steifes Kettenglied") oder verschlissenen Ritzelzähnen.

Durchrutschen

Landläufige Bezeichnung für drastischen Funktionsabfall von *Bremsen.*

Ursachen:

Bei ▷ Felgenbremsen: Nässe bzw. Schnee oder Eis auf der Felge;
bei ▷ Trommel- und Rücktrittbremsen: a) nach Überhitzung (Auskochen des Lagerfetts) bei langen Bergabfahrten; b) infolge unsachgemäßen Umgangs mit Schmiermittel, das auf die Bremsflächen gelangt ist; beim ▷ Dynamo tritt das Durchrutschen bei verminderter ▷ Reibung zwischen dem ▷ Antriebsrad und dem Reifen auf, was v.a. bei Regen und Schnee vorkommt.

Durchtreten

Landläufige Bez. für das ▷ Durchratschen der Kette über die Ritzelzähne. Kann bei verschlissener Kette oder bei verschlissenem ▷ Ritzel auftreten. Achtung: Sturzgefahr.

Bei den mittlerweile veralteten Ritzelformen mit einer Mittelrille auf den Zahnköpfen kam es auch zum "Einspuren" der Kettenlaschen auf diese Mittelrille, was ebenfalls ein Durchtreten zur Folge hatte (Abb. 52).

Abb. 52

Durchschlag

Radlerjargon für einen *Reifenschaden,* der durch den Aufprall auf ein Hindernis (z.B. Bordsteinkante) entsteht (Abb. 53):

Der Reifen knallt dabei - vorzugsweise bei zu geringem Luftdruck bzw. hoher Geschwindigkeit - so stark auf eine Felgenkante, daß zwei übereinander liegende Löcher im Schlauch (bzw. -reifen) entstehen (daher auch "Schlangenbiß"). Ungünstigenfalls können sogar von beiden Felgenkanten bei einem Durchschlag vier Löcher entstehen.
Die Durchschlaggefahr ist übrigens - wie im Bild zu sehen - beim ▷ Drahtreifen (rechts) aufgrund des ▷ Felgenhorns entschieden höher als beim ▷ Schlauchreifen (links).

Abb. 53

Durchschlagen

Terminus der Federungstechnik, der sich auf das völlige Einfedern bis zum Anschlag bezieht.
▷ Fahrradfederungen (weitere Informationen s.d.) können durchschlagen, wenn entweder die Federung zu weich eingestellt ist (zu geringe ▷ Federhärte) oder mit zu hoher Geschwindigkeit über zu hohe Hindernisse gefahren wird.

Das Durchschlagen der Federungen ist insofern gefährlich, als der Fahrer urplötzlich den Bodenkontakt verliert - die hohen Beschleunigungskräfte heben beim Durchschlagen der Federung das Fahrrad samt Fahrer kurzzeitig an - so daß der Fahrer in dieser Schwebephase keine Lenkmöglichkeiten besitzt.

Konstruktiv läßt sich das Durchschlagen der Federung durch a) größere ▷ Einfederungswege, b) eine größere Federhärte oder c) eine progressivere ▷ Federkennlinie vermeiden.

Abb. 54

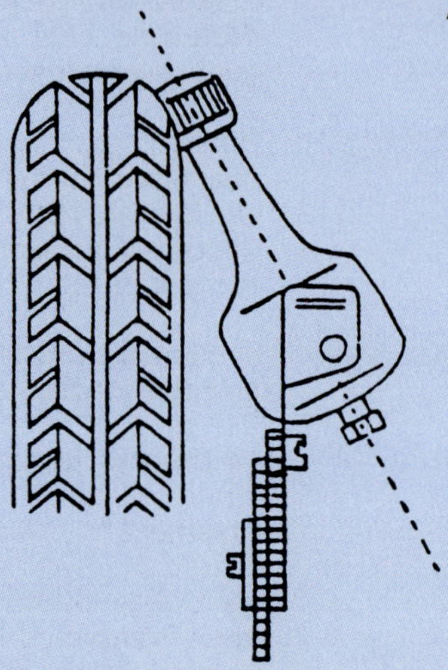

Duroplaste

Oberbegriff für alle härtbaren Kunstharze.
Sie zeichnen sich durch hohe mechanische ▷ Festigkeit und ▷ Härte aus und sind i.G.z. ▷ Thermoplasten nicht durch höhere Temperaturen zu erweichen.

Anwendung am Fahrrad v.a. als Harz bei ▷ Faserverbundbauweise, gelegentlich auch für Kleinteile wie ▷ Staubkappen u.ä.

Dynamik

Lehre von der Bewegung von Körpern und den daraus entstehenden oder erforderlichen ▷ Kräften.
Für den Fahrradbereich von Interesse: ▷ Aerodynamik; ▷ Fahrdynamik.

Dynamo

Kleingenerator ("Lichtmaschine"), der mechanische in elektrische Energie umwandelt und mit dieser die ▷ Glühbirnen von Scheinwerfer und Rücklicht speist.

Abb. 55

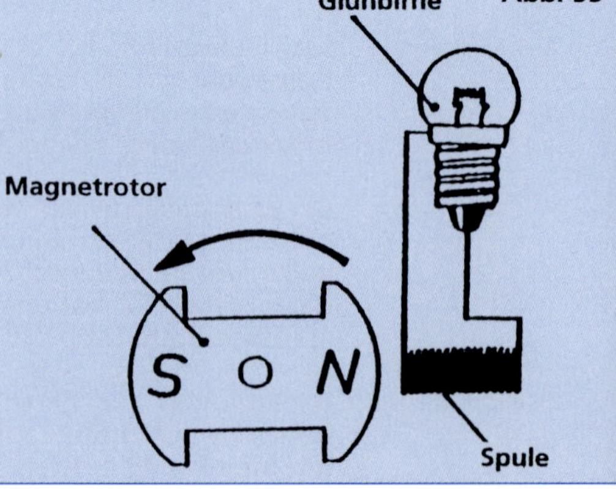

Je nach Montageort bzw. Bauart lassen sich Seiten- (Abb. 54), Rollen-, Felgen-, Speichen- und Nabendynamos unterscheiden, Einzelheiten zu den verschiedenen Typen s. ▷ Beleuchtung: Dynamolichtanlagen.

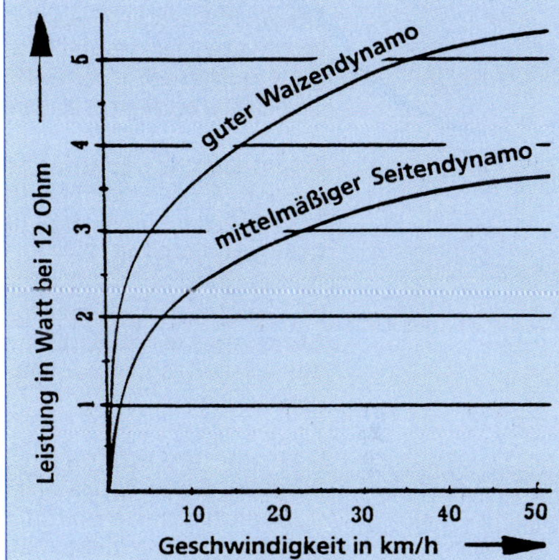

Abb. 56

Prinzip

Die Umwandlung der mechanischen in elektrische Energie erfolgt nach dem Prinzip der elektromagnetischen Induktion (Abb. 55), wobei die Pole eines Permanentmagneten an zu Spulen gewickelten Leiterschleifen vorbei laufen. Dabei wird ein elektrischer Wechselstrom erzeugt.

Vorschriften

Für den Fahrradbetrieb muß der Dynamo laut ▷ StVZO eine elektrische Spannung von 6 Volt erzeugen und eine Leistung von 3 Watt abgeben, wovon für den Scheinwerfer 2,4 W, für das Rücklicht 0,6 W anfallen.

Details der Beleuchtungsvorschriften s. ▷ StVZO: Paragraph 67.

Bei Abschluß der Arbeiten an diesem Lexikon war eine Anhebung der Dynamospannung auf 12 Volt in Vorbereitung.

Kennlinien

Nach StVZO muß ein Fahrraddynamo bei konstantem Ohmschem Widerstand von 12 Ohm folgende Mindestspannungswerte erbringen: 5 km/h mind. 3 V (entsprechend 0,75 Watt); 15 km/h mind. 5,7 V (entsprechend 2,7 Watt); 30 km/h höchstens 7 V (4,1 Watt).
Da die Spannungsabgabe quadratisch in die Leistungsentwicklung eines Dynamos eingeht, ist die leistungsbezogene Kennliniendarstellung (▷ Kennlinie) aussagekräftiger (Abb. 56).

Spannungsbegrenzung

Dynamos geben bei höheren Geschwindigkeiten eine erheblich höhere elektrische Spannung und damit, wie oben angeführt, auch höhere Leistung ab, was zum Durchbrennen der Glühbirnen führen kann. Moderne Dynamos haben daher eine Spannungsbegrenzung eingebaut, bei der durch gezielte Wirbelstromverluste oder Z-Dioden diese Überspannungen laut Vorschrift gedrosselt werden müssen.

Edelstahl

Eigentlich Bez. von ▷ Stahl, der sich durch bes. geringe Phosphor- und Schwefelanteile sowie ein feinkörniges, homogenes Gefüge auszeichnet. Im allgem. Sprachgebrauch hingegen werden nichtrostende Stahlsorten als Edelstahl bezeichnet.
Das im Folgenden Gesagte bezieht sich daher auf die in der DIN 17 440 festgelegten Legierungen der nichtrostenden Stähle. Diese sind durch Zusätze von ▷ Nickel und ▷ Chrom korrosionsfest, weshalb auf die ▷ galvanische Behandlung hieraus gefertigter Teile verzichtet werden kann (umweltbelastend bzw. Notwendigkeit aufwendiger Filter- und Entsorgungsanlagen).

V2 A

Eine klassische "Edelstahlsorte" ist X5CrNi18.9, die 18% Cr und 9 % Ni enthält und auch unter dem Namen "V2A" und "Nirosta" bekannt ist (Wst.Nr 4301). Im reinen Zustand sehr weich und von hoher ▷ Duktilität (▷ Zugfestigkeit: 270 N/mm^2 ; Bruchdehnung: 45-50%) läßt sich dieser Stahl durch Kaltverfestigung (Walzen, Ziehen von Drähten) auf Zugfestigkeiten von 1000 N/mm^2 bringen.
Anwendung am Fahrrad: Schrauben und Halterungsbleche für Gepäckträger und Dynamo, Speichen und -nippel, Felgen etc.; Rahmen s.u.
Höherlegierte "Edelstähle" warten mit hoher ▷ Festigkeit und Temperaturbeständigkeit auf und finden z.T. (z.B. Shimano ▷ Dura Ace Konuskugellager und Steuersatz) Einzug in den hochwertigen Fahrradbereich.

Nirosta-Rahmen

Eine sehr interessante Anwendung von V2A-Stahl als *Rahmenrohre* erfolgte durch die Fa. Poppe & Potthoff: Diese Rohre erreichten die mechanische Festigkeit üblicher hochwertiger Fahrradrahmenstahlrohre und waren mit ▷ Silberlot oder per ▷ WIG-Schweißung fügbar. Diese Rahmen werden inzw. nicht mehr hergestellt.
Die Rostbeständigkeit stellt einen Sicherheitsfaktor dar, da übliche, nur äußerlich lackierte Fahrradrahmen häufig von innen durchrosten (▷ Taupunkt)! Und auch äußerlich kann es durch aggressiven Schweiß oder Lackschäden zur ▷ Korrosion lackierter Stahlrahmen kommen.
Zusätzlicher Vorteil bei der Herstellung: Der Nirosta-Rahmen muß nicht lackiert werden, was eine geringere Umweltbelastung bedeutet. Weitere Einzelheiten s. ▷ Rahmenrohre.
Bei etwa 700°C entspannt (rekristallisiert) V2A nahezu schlagartig - die Zugfestigkeit sinkt wieder auf den o.g. Wert des Reinzustandes (270 N/mm^2). Daher ist eine besonders schonende Lötweise erforderlich, die nur von Hand durchgeführt werden kann, gelegentliche Überhitzungen aber nicht ausschließt.

Durch den Temperatureinfluß kann später auch bei diesem "Edelstahl" oberflächlicher Rost entstehen. Daher ist nach dem Löten die Oberfläche der erwärmten Bereiche per Schmirgeln oder Polieren nachzuarbeiten. Aus diesen Gründen sollten Rahmen aus diesen Rohren daher besser in ▷ Klebetechnik gefügt werden. Darüberhinaus kann auch Kontakt mit anderen Eisenwerkstoffen diese leichte oberflächliche Rostbildung verursachen, s. ▷ Korrosion: Kontaktkorrosion (Abb. 1).

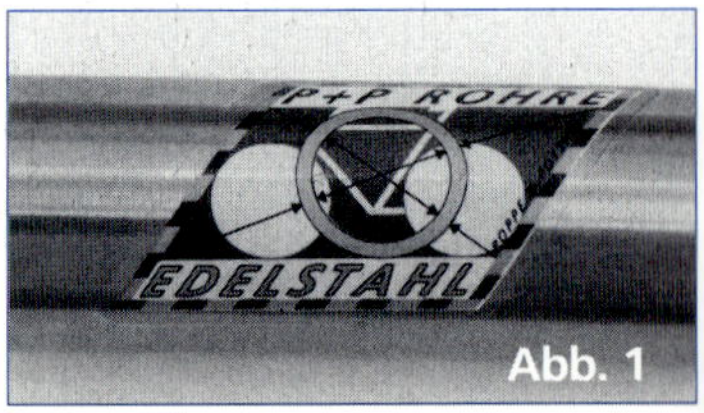

Abb. 1

effektive Stirnfläche

In der ▷ Aerodynamik: Auch als ▷ cwA-Wert bezeichnetes, in m^2 angegebenes Produkt aus der ▷ Stirnfläche und dem cw-Wert eines Körpers.
Für den Fahrradbereich kann in etwa von folgenden cwA-Werten ausgegangen werden:

- *Normalradler:* 0,6-0,7 m^2 je nach Körpergröße und Bekleidung;
- *Rennrad-Fahrer in* ▷ Zeitfahr-Position: 0,34 m^2
- *Triathlet in* ▷ American Position: 0,32 m^2
- *Zeitfahrer in* ▷ Hochauflieger-Position: 0,30 m^2.

Eigenfrequenz

Spezifische Frequenz von Bauteilen und Körpern, wenn sie einwirkenden Kräften unterliegen. Die jeweilige Eigenfrequenz ergibt sich aus den geometrischen Abmessungen, Masseverhältnissen und dem ▷ Elastizitätsmodul. Eigenfrequenzen machen sich v.a. bei Resonanzeffekten störend - z.T. sogar materialzerstörend - bemerkbar, s. ▷ Resonanz .

Beispiel: Eigenfrequenz des Rahmenvorderbaus, die mit zum ▷ Rahmenflattern beiträgt (Erregerfrequenz geht dann meist von einer ▷ Unwucht des Vorderrades aus) (Abb. 2).

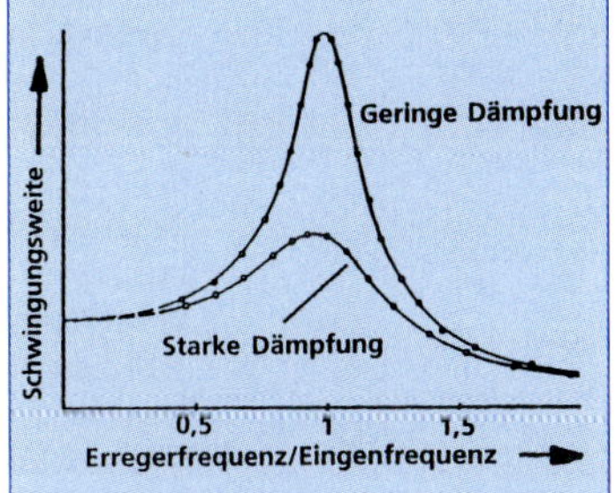

Abb. 2

Einbaumaß

Breite von ▷ Naben, über dem Abstand der ▷ Gegenmuttern auf der Achse gemessen.

Die Einbaumaße müssen auf +/- 2 mm mit den ▷ Klemmweiten der Rahmen übereinstimmen, um eine unproblematische Laufradmontage vornehmen zu können. Bei größeren Abweichungen muß der Rahmen mit speziellem Richtwerkzeug vom Händler oder Rahmenbauer nachgerichtet werden (Abb. 3).

VORDERRAD	
Nabentyp	**Einbaumaß/Klemmweite**
Rennrad/MTB	100 mm
Trommelbremsnaben	100 mm
Sporträder	96 mm
Standardräder	90-92 mm
BMX/Kinderräder*	91-94 mm
* Sonderausführungen 81-82 mm	
HINTERRAD	
Nabentyp	**Einbaumaß/Klemmweite**
Rücktrittnaben**	109-110 mm
Zweigang-Naben	112-114 mm
Dreigang-Naben	116-118 mm
Fünfgang-Naben	122 mm
dito + Trommelbremse	126 mm
Siebengang-Nabe	130 mm
Zwölfgang-Nabe	135 mm
fünffach Ritzel	124 mm
sechs/siebenfach Ritzel	126 mm
achtfach Ritzel	130 mm
dito für Mountainbike	135 mm
Tandem	135-150 mm
** ohne Gangschaltung	

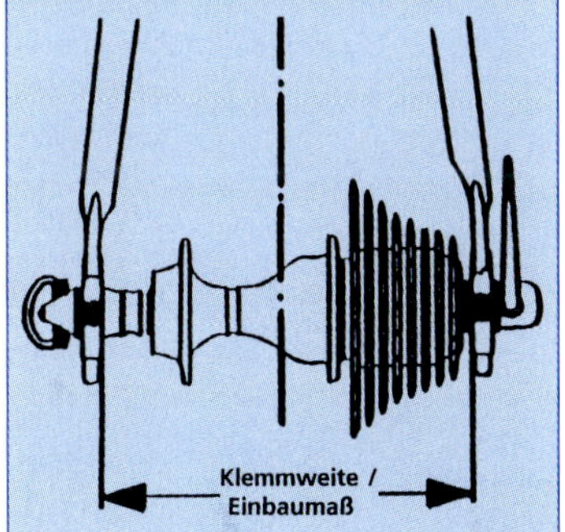

Abb. 3

Einbeulen

Bei dünnwandigen Bauteilen und Rohren können hohe Druck- oder punktuelle Belastungen schnell zur Beulenbildung führen. Gleiches kann auch bei großflächigen Hohlkörpern aus ▷ Carbon vorkommen, was dort zu Knicken und damit zur Rißbildung der ▷ Faserlagen führen kann, s.a. ▷ Einbeulgefahr (Abb. 4).

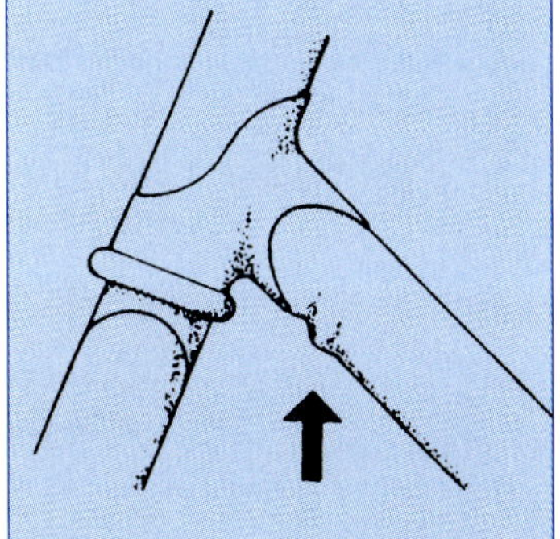

Abb. 4

Einbeulgefahr

Mit zunehmendem Bauteilvolumen oder Rohrdurchmesser sowie abnehmender Materialfestigkeit und Wandstärke vergrößert sich die Gefahr des ▷ Einbeulens:
Während die Einbeulgefahr mit dem Rohrdurchmessser und der Materialfestigkeit in linearer Beziehung steht, hängt sie mit der *Wandstärke* in 3. Potenz zusammen:

Ein 20 mm dickes Rohr mit 1 mm Wandstärke benötigt die doppelte punktuelle Belastung zur Einbeulung wie ein 40-mm-Rohr gleicher Wandstärke und Festigkeit. Verdoppelt man die Festigkeit des 20-mm-Rohres, so wird seine Sicherheit gegen Einbeulung bereits viermal so hoch wie beim 40er Rohr.

Einbrand

S. ▷ Schweißeinbrand (Abb. 5).

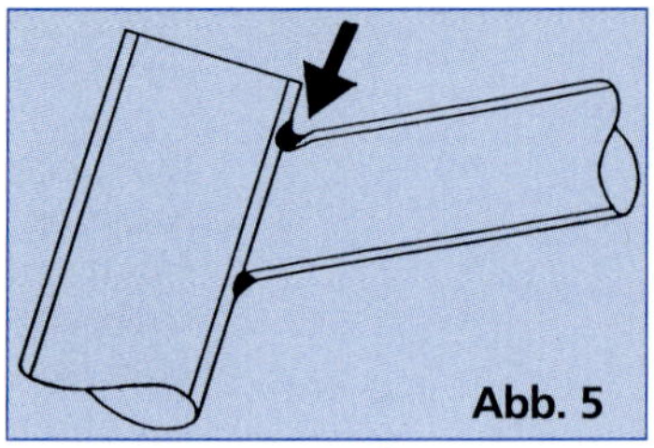
Abb. 5

Einbrennen

Nachbehandlung von lackierten Bauteilen durch gezielte Erwärmung (70-120°C). Hierdurch vernetzen sich die einzelnen Lackschichten untereinander, restliche Lösungsmittel werden ausgetrieben, was den Lack härter macht. Darüber hinaus verbindet sich durch das Einbrennen der Lack intensiver mit dem Untergrund. Durch Einbrennen wird der Lack also sowohl schlag- als auch kratzfester.

Einfederungsrichtung

Richtung, in die sich die Laufräder beim Eintauchen einer ▷ aktiven Federung bewegen. Im Idealfall sollte sie so ausgelegt sein, daß die Laufräder den einwirkenden ▷ Beschleunigungskräften exakt in Stoßrichtung ausweichen können. Diese Richtung weist von der Hinderniskante über Reifen und Felge zur Nabenmitte (Abb. 6).
Da die Beschleunigungskräfte jedoch durch Bodenunebenheiten unterschiedlicher Höhe verursacht werden, kann die Idealisierung nur teilweise erfolgen. In der Praxis haben sich Einfederungswege bewährt, die im Winkel von 60°-70° nach oben/hinten verlaufen. Weitere Einzelheiten s. ▷ Fahrradfederungen.

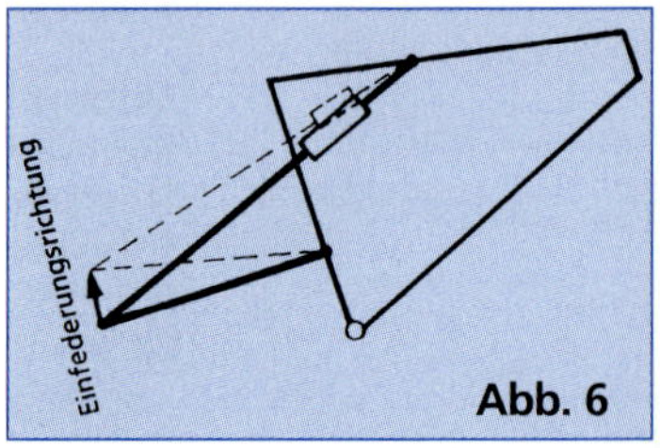

Abb. 6

Einfederungstiefe

Andere Bez.f. ▷ Einfederungsweg.

Einfederungsweg

Weg, um den eine ▷ Fahrradfederung beim Überrollen eines Hindernisses nachgibt (Abb. 7).
Die Wirksamkeit einer Federung steigt natürlich mit zunehmendem Einfederungsweg, was sich auch in der momentanen Entwicklung der Fahrradfederungen zeigt, die statt früher üblichen 4-5 cm nunmehr 7-8 cm Weg bieten.

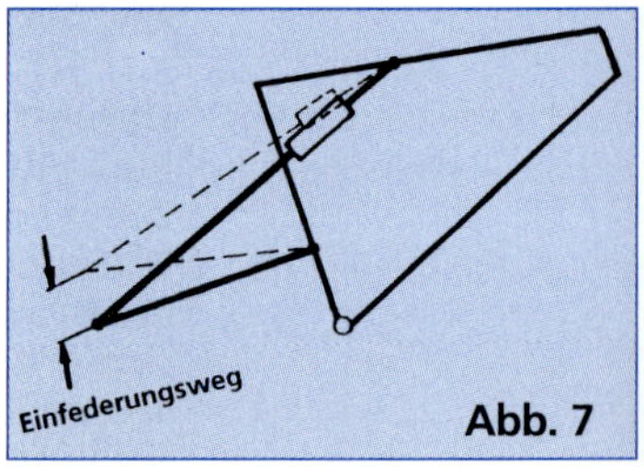

Abb. 7

Probleme der Realisierung: Größere Änderung des ▷ Lenkwinkels beim Einfedern, geometrische Unterbringung der ausreichenden Federwege bes. bei der Hinterradschwinge, Verschlechterung des ▷ Handlings, wenn Tretlagerbereich zu weit vom Boden entfernt ist, Gefahr von ▷ Pedalaufsetzern, wenn er dem Boden zu nahe kommt.

Lösungsansätze: Vom Lenker aus einstellbare und blockierbare Federungen, andere Anstellwinkel der Schwingen. Einzelheiten s. ▷ Fahrradfederungen.

Einkristall

Aus einer Schmelze gezogene oder durch spezielle Rekristallisierungsverfahren hergestellte Kristalle mit hoher ▷ Zugfestigkeit und hohem ▷ Elastizitätsmodul.

Einkristalle sind nahezu fehlerfrei, d.h., ihr Kristallaufbau ist regelmäßig ohne sog. "Vernetzungen", ▷ Korngrenzen und Gleitebenen. Hieraus resultieren ihre außergewöhnlichen mechanischen Eigenschaften. Bei Halbmetallen (z.B. Silizium) wiederum erzeugt der Einkristall die Voraussetzungen für die Verwendung als Basis von integrierten elektronischen Schaltungen.

Relevanz im Fahrradbereich: Kohlefasern zur Herstellung von ▷ Carbon, Keramikfasern zur Herstellung von ▷ MMC, Silizium zur Herstellung integrierter Schaltungen bei Fahrrad-Computern (▷ Computer).

Einlauflängung

Erste Phase der ▷ Kettenlängung (Einzelheiten s.d.), bei der während kaum 10% der Kettenlebensdauer bereits ca. 50% ihrer Längung erfolgt.

Einlegieren

Bez. f. einen Bindungsvorgang beim ▷ Löten, bei dem Lotbestandteile in Oberflächenbereiche der zu verlötenden Bauteile eindiffundieren und dort eine ▷ Legierung eingehen.

Einrad

Sonderform des Fahrrades, die nur aus einem ▷ Laufrad mit ▷ Tretkurbel besteht, das in eine ▷ Gabel mit Fahrersitz eingespannt ist (Abb. 8).
Die ▷ Fliehkraft des Rades verleiht dem Einradfahrer bereits bei geringer Geschwindigkeit seitliche Stabilität, so daß er das Gleichgewicht nur noch in Fahrtrichtung halten muß - durch differenzierten Pedaldruck sowie entsprechende Vor- oder Rücklage. In gleicher Weise wird gebremst und beschleunigt.

Früher ausschließlich als Zirkus- und Kunstfahrgerät verwendet, gewinnt das Einrad heute zunehmende Beliebtheit als Alltagsgag. Der praktische Nutzen ist vor allem durch die fehlende ▷ Übersetzung gering: Je nach Radgröße beträgt die ▷ Entfaltung nur 1,50-2 m, was in etwa den kleinsten Berggängen eines ▷ Mountainbikes entspricht.

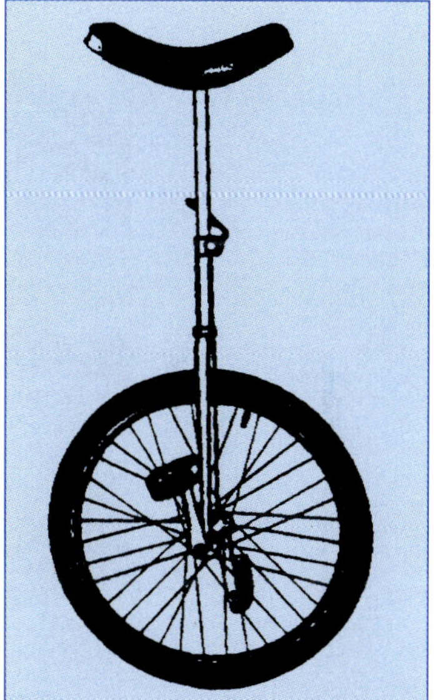

Abb. 8

Einrohrrahmen

▷ Rahmenform, bei der aus Rationalitätsgründen auf den üblichen fachwerkartigen Rahmenaufbau verzichtet wird.
Die Bezeichnung ist etwas irreführend, da man aus einem Rohr natürlich keinen kompletten Rahmen fertigen kann. Dem vorgeblichen Prinzip am nächsten kommen die Rahmen von früheren ▷ Kinder- und ▷ Klapprädern, bei denen ein Zentralrohr vom Steuerrohr zum Tretlager reicht und dann zum Sattelrohr hochgebogen wird (Abb. 9).

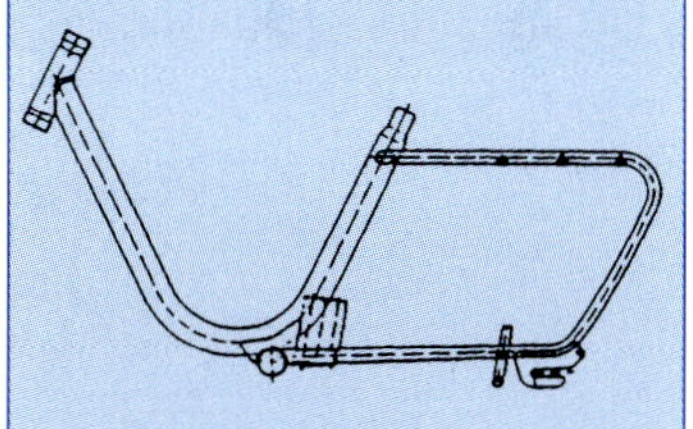

Abb. 9

Bezieht man den Begriff "Ein-Rohr" auf den Vorderbau, so gehört auch der ▷ Kreuzrahmen noch in diese Kategorie.
Solche Einrohrrahmen haben sich in herkömmlicher Bauweise in der Praxis nicht sonderlich bewährt, bei hervorragendem ▷ Fahrkomfort mangelt es ihnen doch erheblich an ▷ Verwindungssteifigkeit, da nicht ausreichend voluminöse und damit torsionssteife Rohre verwendet wurden.

Mit dem momentanen Modetrend zum dicken Rohr beim ▷ Mountainbike (vgl. ▷ Oversize) könnte insbes. der Kreuzrahmen eine Renaissance als Einrohrrahmen erleben (Abb. 10).

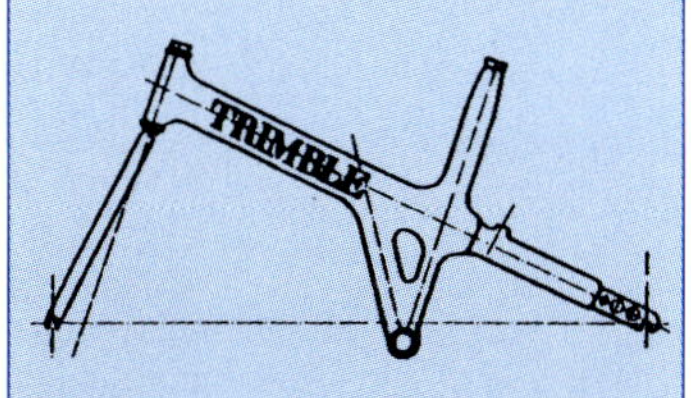

Abb. 10

Einschwingenrahmen

Rahmen, der die ▷ Laufräder nicht in gegabelter Bauweise, sondern einseitig fixiert (Abb. 11).

Vorteile: Leichterer Reifenwechsel, da das Rad nicht demontiert werden muß, Herstellungsvereinfachung, in voluminöser Bauweise aus ▷ Carbon oder ▷ Aluminium auch Gewichtsvorteile.
Herausragendes Beispiel ist der ▷ Lotus-Rahmen, mit dem Chris Boardman 1992 Olympiasieger in der 4000-m-Verfolgung wurde.
Erster serienmäßig gefertigter Einschwingenrahmen: "Infinity" (Fa. Carbon Design, England).

Abb. 11

Einschwingtiefe

Andere Bez.f. ▷ Einfederungsweg.

Einspeich-anleitung

Um Felge und Nabe mit den Speichen zu einem Laufrad mit 36 Speichen zu verbinden, gilt für die allgemein übliche ▷ Einspeichart der ▷ Dreifachkreuzung folgende Anleitung:

Anmerkung: Die zum Einspeichen erforderliche Speichenlänge können Sie nach dem unter ▷ Speichenlänge angegebenen Verfahren ermitteln.

1. Auf einer Nabenseite (beim Hinterrad mit der Zahnkranzseite beginnen) Speichen so in den ▷ Nabenflansch einfädeln, daß einmal der ▷ Speichenkopf, einmal der ▷ Speichenbogen nach außen zeigt.

2. Eine mit dem Bogen nach außen liegende Speiche wird nach links abgewinkelt (als Speiche 1 gekennzeichnet) und nach links hin von der dritten Speiche, deren Kopf nach außen weist, unterkreuzt (Speiche 6), Abb. 12.

3. Dieses erste Speichenpärchen wird links vom Ventilloch (mit einem Freiloch Abstand) in die Felge gefädelt und vernippelt.

4. Nach links orientiert, das zweite Pärchen bilden: Die nächste Speiche mit dem Bogen nach außen (Speiche 3) und die nächste mit dem Kopf nach außen (Speiche 8), Abb. 13.

5. Sie werden ebenfalls nach links orientiert mit je einem Freiloch Abstand in die Felge gefädelt und vernippelt.

Abb. 12

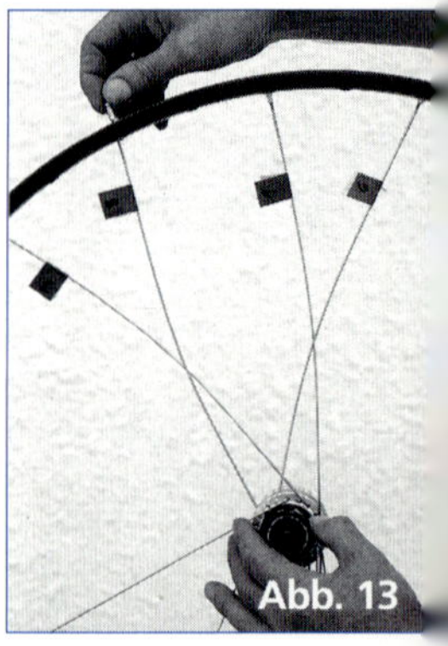

Abb. 13

6. Es folgen nach gleichem Schema die Speichenpärchen 5 und 10, 7 und 12, 9 und 14, 11 und 16, 13 und 18, 15 und 2 sowie 17 und 4 (Abb. 14).
7. Kontrolle: Vergleich mit Einlegeplan.
8. Die erste Speiche der Gegenseite wird genau unter dem Ventilloch von außen durch den Nabenflansch gefädelt. Ihr Kopf weist also nach außen. Diese Speiche ist mit R 2 ("R" für Rückseite) gekennzeichnet und wird der Übersicht halber zunächst in das ▷ Ventilloch eingesteckt.
9. Dann Flansch mit Speichen auffüllen - immer abwechselnd eine Speiche mit dem Bogen nach außen, eine mit dem Kopf nach außen.
10. Die Speichen R1 und R6 (die Nummerierung verläuft wieder links herum) bilden analog zur bereits eingezogenen Speichenseite das erste Speichenpärchen (Abb. 15).
11. Es folgt, wiederum nach links orientiert, das Pärchen R3 und R8, usf. (Abb. 16).
12. Einlegeplan für die zweite Speichenseite (Abb. 17).
13. Mit einem kleinen Schraubenzieher Nippel aufdrehen, bis das Speichengewinde gerade unter den Nippeln verschwindet.
14. Beim Hinterrad die Speichen auf der Zahnkranzseite mit zwei weiteren Nippel-Umdrehungen anziehen, damit das Laufrad annähernd mittig steht.
15. Die Peilung Felgenkante/Gegenmutteraußenkante von beiden Laufradseiten aus zeigt, ob das Laufrad mittig steht (Abb. 18).
16. Nun gleichmäßig die Speichenspannung erhöhen und im ▷ Zentrierständer (notfalls im "auf den Kopf" gestellten Fahrradrahmen) feinzentrieren (Abb. 19).
17. Anschließend Nabenachse auf den Boden legen und Laufrad, Speiche um Speiche vorarbeitend, kräftig nach unten drücken (Abb. 20). Die Speichen der Unterseite sollten sich dabei gerade so entspannen. Dann Laufrad umdrehen und gleiche Prozedur von anderer Seite aus vornehmen. Abschließend nachzentrieren.

Anmerkung: Um ein selbständiges Lockern der Speichennippel zu vermeiden, können die Speichenenden vor dem Einspeichen entweder in Leinöl getaucht oder mit ▷ Sprühwachs behandelt werden. Weitere Möglichkeit: man läßt nach dem Einspeichen je ein Tröpfchen Schraubenkleber zwischen Nippel und Speiche "einziehen".

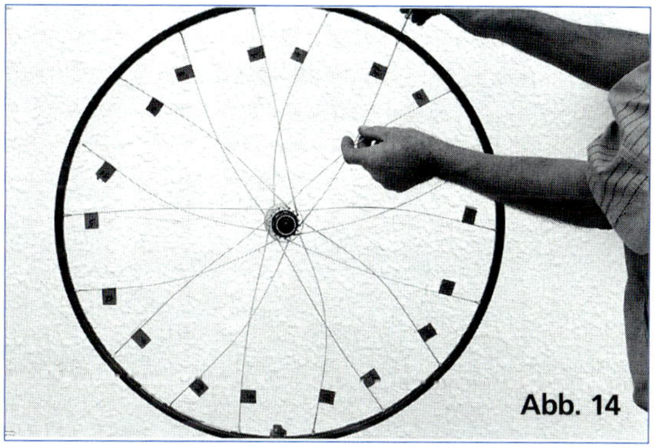
Abb. 14

Abb. 15

Abb. 16

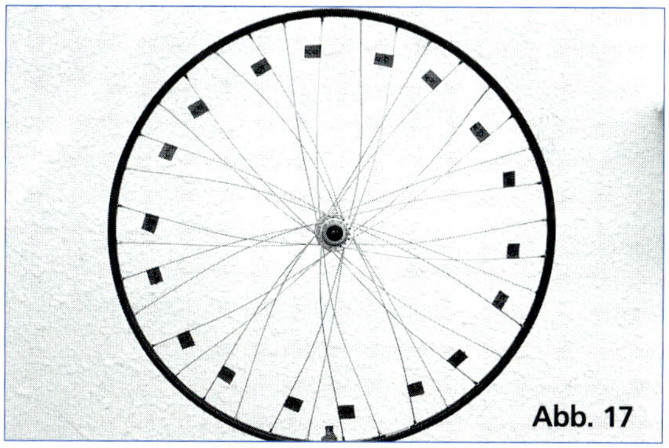
Abb. 17

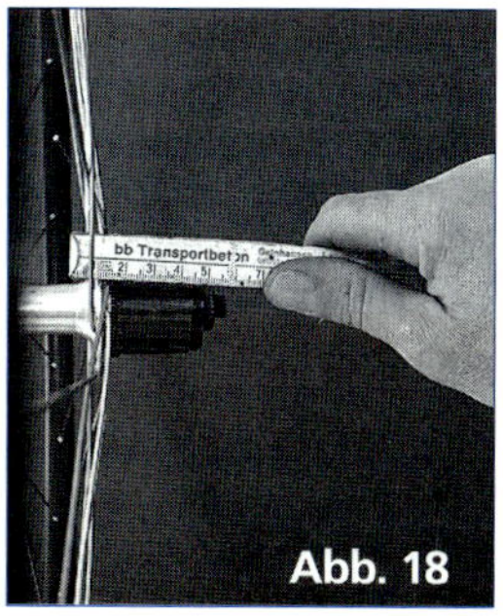
Abb. 18

Abb. 19

Einspeicharten

Verbinden von ▷ Nabe und ▷ Felge durch bestimmte Anordnungen der ▷ Speichen.
Grundsätzlich läßt sich zwischen radialer (ungekreuzter) und tangentialer (gekreuzter) Einspeichung unterscheiden.
Während Radialspeichung für die Fahrradanfänge charakteristisch war (▷ Hochrad) und heute aus aerodynamischen Gründen bei manchen Rennrädern wieder aufgegriffen wird, etablierte sich die gekreuzte, tangentiale Einspeichung mit dem Aufkommen des ▷ Niederrades und ist bis heute die Norm geblieben.

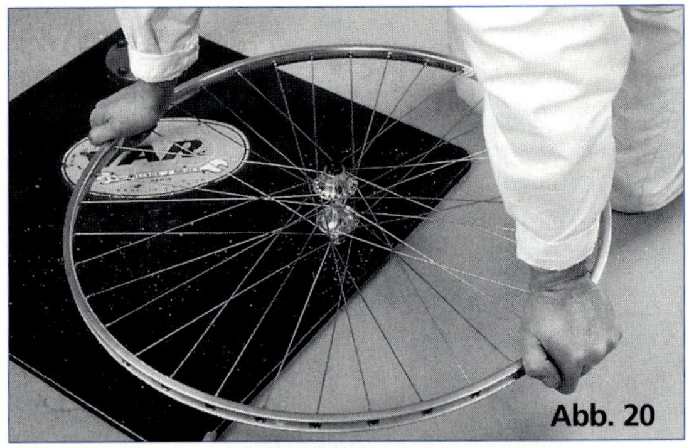
Abb. 20

Tangentialspeichung

Nabe und Felge werden hier durch mehr oder weniger tangential zum ▷ Nabenflansch verlaufende Speichen verbunden (Abb. 21).
Die Bez. bezieht sich auf den mathemat. Ausdruck Tangente (von lat. "berühren"), der eine Gerade bezeichnet, die eine Kurve in einem Punkt berührt. In vorliegendem Fall ist damit der kreisrunde Nabenflansch gemeint.
Dabei überkreuzen sich die wechselweise einmal mit dem ▷ Speichenkopf nach außen und einmal nach innen in den Nabenflansch eingefädelten Speichen. Der Anzahl der Kreuzungsstellen entsprechend unterteilt man die tangentiale Einspeichart, s.u.
Mittels des sich ergebenden Hebelarms (Abb. 22) kann das tangential eingespeichte Laufrad ▷ Antriebs- oder ▷ Bremsmomente ohne wesentliche Verdrehung der Nabe gegenüber der Felge aufnehmen (i.G.z. Radialspeichung, s.u.).
Werden die Speichen am Kreuzungspunkt "unterkreuzt" (Speiche mit Kopf nach außen wird über Speiche mit Kopf nach innen gelegt), so erreicht man a) zusätzliche Elastizitäten im Laufrad, die den ▷ Fahrkomfort verbessern, b) man vermindert Resonanzschwingungen der Speichen, die zum frühzeitigen Speichenbruch führen können.
Werden die Speichen *nicht unterkreuzt* (holländische Methode), wird ein Laufrad ähnlich hart wie bei Radialspeichung.

Abb. 21

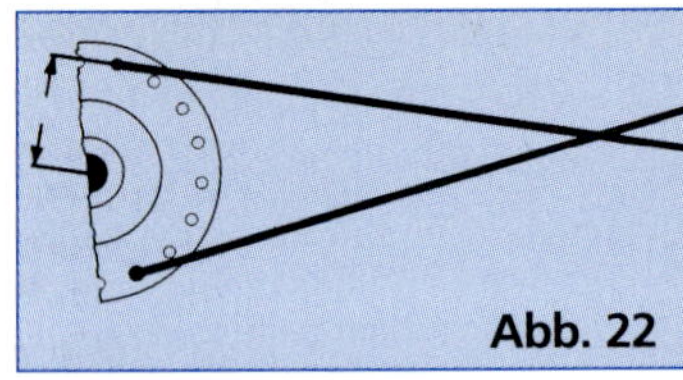
Abb. 22

Kreuzungsarten

Die Anzahl der 1 - 4 Kreuzungsstellen jeder Speiche definiert wie o.g. die Kreuzungsart, wobei 3-fach Kreuzung am häufigsten ist .

1-fach-Kreuzung

Fortlaufend wird eine Speiche (Kopf nach innen) von ihrer Nachbarspeiche (Kopf nach außen) überkreuzt (Abb. 23 oben).

Die 1-fach-Kreuzung entlastet den ▷ Nabenflansch bereits deutlich gegenüber der Radialeinspeichung. Sie wird allerdings nur als Notbehelf eingesetzt, wenn keine längeren Speichen greifbar sind.

2-fach-Kreuzung

Fortlaufend wird eine Speiche mit Kopf nach innen von der jeweils übernächsten mit Kopf nach außen überkreuzt (also der 3. Folgespeiche; Abb. 23 unten).

Sie wird angewandt und notwendig, wenn die Speichenzahl 20 oder weniger beträgt (▷ Zeitfahr-Rad), da ansonsten die Speichenabwinkelung mehr als 90° betrüge, also die Tangente (s.o.) über-

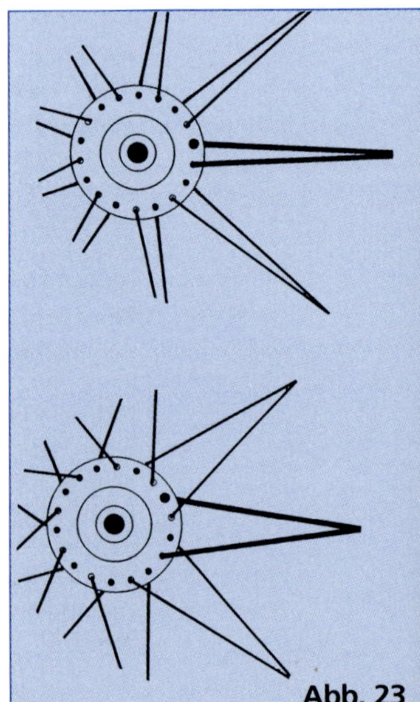
Abb. 23

schritten würde (Speichen kreuzen sich dann auf dem Nabenflansch). Gleiches gilt für großen ▷ Lochkreisdurchmesser (z.B. Naben für ▷ Trommelbremsen).

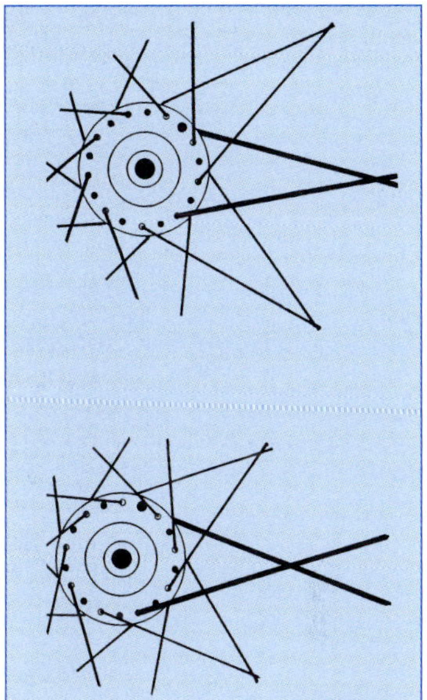

Abb. 24

3-fach-Kreuzung

Fortlaufend wird eine Speiche mit Kopf nach innen von der jeweils dritten Speiche mit Kopf nach außen überkreuzt (also der 5. Folgespeiche; Abb. 24 oben).

Dies ist die häufigste Einspeichart, weil sie dem normalen 36-Speichen-Laufrad eine gute ▷ Elastizität vermittelt und - verglichen mit 4-fach-Kreuzung - beim Hinterrad bereits ca. 90% der Antriebskraft aufnehmen kann.
Bei 24-Speichen-Laufrädern beträgt die Abwinkelung der Speichen genau 90°, erreicht also den gleichen Hebelarm wie die 4-fach-Kreuzung bei 36 Speichen.

4-fach-Kreuzung

Fortlaufend wird eine Speiche mit Kopf nach innen von der jeweils vierten Speiche mit Kopf nach außen überkreuzt (also der 7. Folgespeiche; Abb. 24 unten).

Beim normalen Hinterrad mit 36 Speichen verlaufen die Speichen dann genau tangential von der Nabe zur Felge, sind also um genau 90° abgewinkelt (größtmöglicher Hebelarm, größtmöglich zu übertragendes ▷ Antriebs- resp. ▷ Bremsmoment).
Werden Laufräder mit geringerer Speichenzahl 4-fach gekreuzt, so sind die Speichen mehr als 90° abgewinkelt, der Hebelarm reduziert sich wieder, außerdem liegen die Speichen dann auf dem Nabenflansch übereinander.

Obwohl die jeweils exakte tangentiale Einspeichung - also 3-fach bei 24-Speichen-Laufrädern und 4-fach bei 36-Speichen-Laufrädern - als optimal zu bezeichnen ist, hat sich aus Gründen der einfacheren Einspeichung sowie geringeren Lagerhaltung beim Handel (Speichen verschiedener Längen) die 3-fach-Kreuzung durchgesetzt.

Hinterrad-Einspeichung

Beim Hinterrad nehmen die nach links abgewinkelten Speichen der Zahnkranzseite über 90% des ▷ Antriebsmoments auf. Da sie zusätzlich noch - bes. im ▷ Wiegetritt - mit ▷ Seitenkräften beaufschlagt werden, sollten sie mit dem Speichenbogen nach außen weisen.
Auf diese Weise vergrößert sich a) ihre ▷ Speichenschräge etwas (bessere Aufnahme der zusätzlichen Seitenkräfte), b) ihr Bogen legt sich hierbei inniger an den Nabenflansch und biegt daher weniger schnell auf. Beide Auswirkungen reduzieren das Speichenbruchrisiko.

Abb. 25

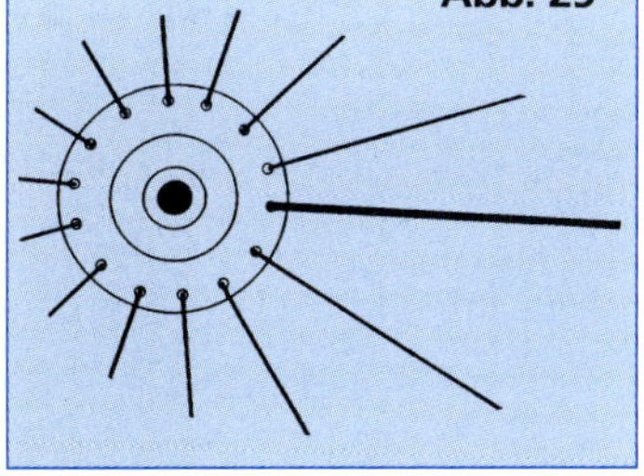

Radialspeichung

Bei dieser ursprünglichen Einspeichart (s. ▷ Hochrad) verbinden die Speichen Nabe und Felge in gerader (radialer) Linie, Abb. 25.
▷ Antriebs- und ▷ Bremsmomente kann ein so eingespeichtes Laufrad nur unter Verdrehung der Nabe aufnehmen (Abb. 26), was jeweils die Speichenspannung und daher das Risiko eines ▷ Speichenbruchs deutlich erhöht.

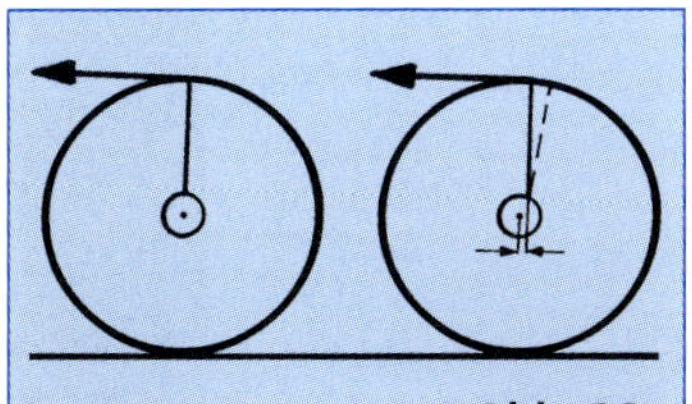

Abb. 26

windschlüpfig

Radialspeichung wird heute aus aerodynamischen Gründen (weniger Verwirbelungen) am ▷ Zeitfahr- oder ▷ Triathlonrad wieder aufgegriffen (v.a. am Vorderrad, z.T. auch an der linken Hinterradseite) oder auch - aus optischen Gründen - am ▷ Rennrad. Bei zwei Laufrädern lassen sich so immerhin - bei Geschwindigkeiten über 40 km/h - ca. 2 Watt ▷ Leistung einsparen.

steif u. hart

Wird mit nach außen liegenden ▷ Speichenbögen radial gespeicht, so erreicht man die höchstmögliche Speichenschräge und damit auch die höchstmögliche ▷ Seitensteifigkeit von Laufrädern. Allerdings benötigt die Radialspeichung eine sehr hohe ▷ Speichenspannung, sonst "klappern" die Speichen bei hartem ▷ Wiegetritt. Dies aber wirkt sich nachteilig auf den ▷ Fahrkomfort aus: Das Laufrad ist sehr hart, außerdem besteht die Gefahr der ▷ Spurversetzung (seitliches Wegspringen) in Kurven mit unebenem Fahrbahnbelag.

Flanschausrisse

Ein weiterer Nachteil ist, daß normale Naben nicht für radiale Einspeichung ausgelegt sind, so daß es - bisweilen erst nach 1-2 Jahren - zu Ausrissen von Teilen des ▷ Nabenflansches kommen kann (Abb. 27).
Eine gewisse Sicherheit gegen solche Defekte kann man erreichen, indem man die Radialspeichung nur mit 24- oder 28-Loch-Naben praktiziert (Grund: größere Lochabstände und damit mehr "Fleisch" zwischen den Speichenlöchern als bei normaler 36-Loch-Nabe.

Weitere Vorbeugemaßnahmen: Nabenflansch mit ▷ Sprühwachs vor ▷ Korrosion schützen; ▷ Wellenspeichen mit etwas geringerer Speichenspannung verwenden.

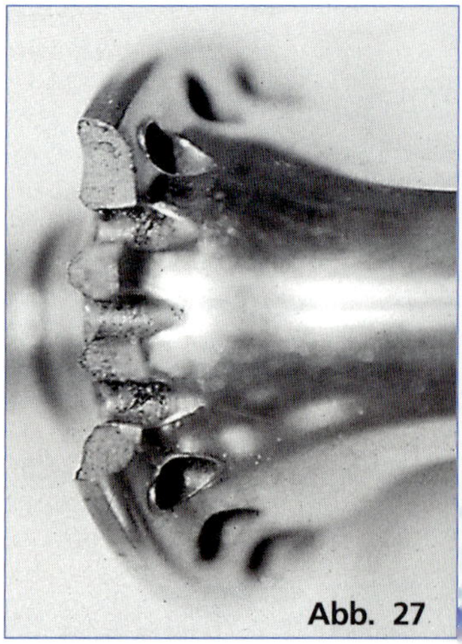

Abb. 27

Radialnaben

Besser geeignet sind speziell für die Radialspeichung konstruierte "Radialnaben" (s. ▷ Naben: Sondernaben), die es sowohl für normale Speichen mit Bogen (Abb. 28), als auch für gerade Speichen gibt (s. ▷ Hammerkopfspeichen).

Abb. 28

Sondereinspeichungen

Außer diesen etablierten Einspeicharten werden gelegentlich noch folgende Sondereinspeichungen eingesetzt:

Kildemoes

Eine Zeit lang von diesem dän. Hersteller "zelebrierte" Einspeichart, bei der die Speichen der Zahnkranzseite radial mit den Speichenbögen nach außen, die der Gegenseite gekreuzt eingelegt werden (Abb. 29). Diese Einspeichart entlastet die besonders bruchgefährdeten Zahnkranzspeichen.

Durch die zunehmende 8-fach-Ritzelbestückung der Hinterräder und der v.a. bei 28- und 27-Zoll-Laufrädern einhergehenden Reduzierung der Seitensteifigkeit dieser Laufräder (s.a. ▷ Speichenschräge) könnte die Kildemoes-Einspeichung erheblich an Bedeutung gewinnen.

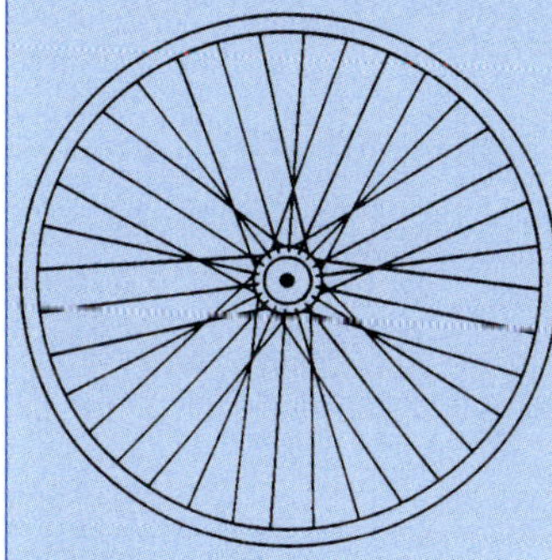

Abb. 29

Erklärung: Die mit den Speichenbögen nach außen radial eingelegten Zahnkranzspeichen bekommen eine größere ▷ Speichenschräge und vermitteln dem Laufrad deswegen die größtmögliche Seitensteifigkeit und werden selbst von Seitenkräften weniger stark belastet. Das ▷ Antriebsmoment übertragen die gekreuzt eingelegten Speichen der linken Laufradseite.

Dort ist die Speichenschräge ohnehin größer, die Speichen werden von Seitenkräften also weniger stark belastet und können die zusätzliche Belastung durch die Antriebskräfte mit geringerem Bruchrisiko ertragen als die Zahnkranzspeichen bei normal eingespeichten Laufrädern.

Möglicher Nachteil: Die Speichen der Zahnkranzseite können nun das ▷ Antriebsmoment nicht mehr aufnehmen, das Moment belastet den ▷ Nabenkörper auf ▷ Torsion und wird erst von den Speichen der linken Seite an die Felge weitergeleitet.
Die Kildemoes-Einspeichung sollte daher nur bei Naben mit dickem Mittelteil eingesetzt werden, da ansonsten die Gefahr einer Verdrehung des Nabenkörpers besteht. Außerdem muß auch der rechte Nabenflansch für die Radialeinspeichung auf dieser Seite ausgelegt sein (Gefahr von Flanschausrissen).

Speichenminimierung bei Normalnaben

Aus Gründen der ▷ Aerodynamik empfiehlt es sich bes. beim ▷ Zeitfahren und ▷ Triathlon, die Speichenanzahl möglichst zu minimieren.

Voraussetzung: Steifere Felge (größerer Querschnitt), sonst besteht ▷ Flattergefahr. Möglich sind bei handelsüblichen ▷ Tropfenfelgen

20 Speichen bei 27/28-Zoll-Laufrad;
18 Speichen bei 26-Zoll-Laufrad;
16 Speichen bei 24-Zoll-Laufrad.

Abb.30: Speichenanzahl I
für 27- und 28-Zoll-Felgen à 400-450 Gramm Gewicht

Fahrergewicht	**Vorderrad**	**Hinterrad**
50 kg	24	28
60 kg	24	28
70 kg	28	32
80 kg	32	32
90 kg	32	36
Bahnrad		
bis 65 kg	24	28
über 65 kg	28	32
Reiserad		
Fernreisen mit mehr als 30 kg Gepäck	36	40
Tandem		
zus. bis 140 kg	36	40
zus. über 140 kg	36	48

Speichenlänge

Die jeweils notwendige Speichenlänge richtet sich nach den Maßen der verwendeten Naben und Felgen, nach der Speichenanzahl sowie der gewählten Einspeichart. Sie kann nach verschiedenen Methoden ermittelt werden, Einzelheiten s. ▷ Speichenlänge.
Weitere Informationen s. ▷ Speichenbruch; ▷ Verlötung.

Einspeichen

Verbinden von Nabe und Felge durch Speichen.
Im Prinzip gibt es zwei Methoden, Radial- und Tangentialspeichung, s.i.E. ▷ Einspeicharten.

Einspeichung

Andere Bez. für ▷ Einspeichart oder auch für ▷ Einspeichen.

Einspuren

Sinkt ein Fahrrad - bes. mit schmalen Reifen - in tiefen Untergrund ein, so laufen Vorder- und Hinterrad schienenartig in einer Spur, und es lassen sich kaum noch ausreichende ▷ Lenkkorrekturen für die Gleichgewichtserhaltung durchführen. Der Fahrer muß nun per Körpergewichtsverlagerung versuchen, das Gleichgewicht zu halten oder er stürzt.
Dicke, breite Reifen mildern den Einspureffekt (größere Sand/Matsch-Verdrängung), können ihn aber nicht immer verhindern.
Weniger gefährlich ist das Fahren in einer Spurrille, bei der ja bereits geringfügige Lenkkorrekturen möglich sind. Tip: 15 m vorausschauen statt direkt vor das Vorderrad, Lenker fester halten (leichtes Anstoßen an den Rand der Spurrille führt in den seltensten Fällen zu Stürzen, kann aber zu unkontrollierten Lenkausschlägen führen). Weitere Einzelheiten s. ▷ Richtungskorrekturen u.v.a. ▷ Lenkung.

Abb. 31

Einsteigerräder

Preiswerte, sportlich nutzbare Fahrräder der Kategorie ▷ Rennrad und ▷ Mountainbike, die größtenteils zwar bereits deren signifikanten Merkmale aufweisen, aber aufgrund gemäßigter ▷ Rahmengeometrie (flacher ▷ Lenkwinkel, weiter ▷ Radstand) noch nicht die Steuerkünste verlangen, die zum Beherrschen der echten Wettkampfräder erforderlich sind (Abb. 31).

Einstell-schrauben

Schrauben, mit denen insbesondere die präzise Funktion von Schaltung und Bremsen justiert und optimiert wird.

Für beide ist die Seilzuglänge und -spannung von Bedeutung, so daß an beiden Komponenten funktional identische Einstellschrauben zu finden sind:

Schaltungs-synchronisier-schraube

Bei ▷ Indexschaltung: Am ▷ Schaltwerk (Abb. 32 unten), ▷ Schalthebel (Abb. 32 oben) oder am ▷ Kabelstopper angebrachte ▷ Hohlschraube, mit der die Außenhülle des ▷ Bowdenzuges gespannt bzw. gelockert werden kann.
Damit werden die Schaltschritte genau mit den Abständen der Ritzel synchronisiert, Einzelheiten s. ▷ Schaltungssynchronisierung.

Abb. 32
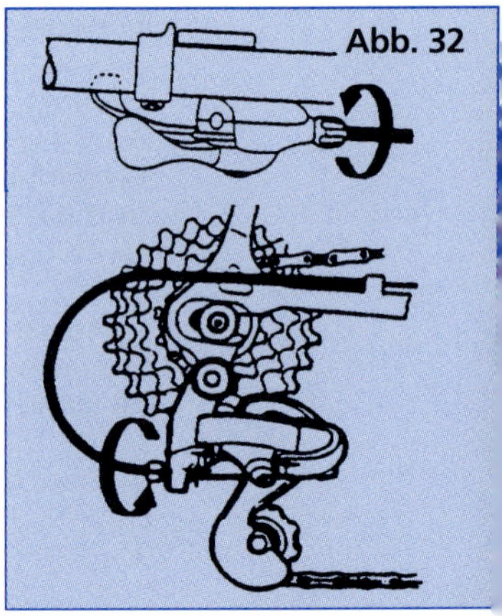

Bremseinstell-schraube

Auch "Feineinstellschraube" genannte, am ▷ Bremsgriff, Bremskörper oder am ▷ Kabelstopper angebrachte ▷ Hohlschraube, mit der die Außenhülle des ▷ Bowdenzuges von Bremsen gespannt bzw. gelockert werden kann.

Hierdurch kann der Abstand der Bremsgummis zur Felge (1,5 - 2,5 mm), bei der ▷ Trommel- und ▷ Scheibenbremse die "Luft" zwischen den Bremsbacken und der Bremstrommel bzw. -scheibe (0,2 - 0,4 mm) justiert werden, Einzelheiten s. ▷ Bremseinstellung.

Schaltweg-begrenzungs-schrauben

Mit H und L (für engl. ***H**igh* "hoch" und ***L**ow* "niedrig") bezeichnete Schrauben an ▷Schaltwerk (Abb. 33) und ▷Umwerfer, welche den Schwenkbereich der beiden Schaltmechanismen begrenzen, um ein Abspringen der Kette über den "Arbeitsbereich" hinaus zu verhindern:
Hierbei begrenzen die H-Schrauben den Schwenkbereich nach außen (d.h.: vorne größtes ▷Kettenblatt, hinten kleinstes ▷Ritzel), die L-Schrauben nach innen (vorne kleinstes Kettenblatt, hinten größtes Ritzel). Einzelheiten s. ▷Schaltungseinstellung.
Die Bezeichnungen "hoch" und "niedrig" beziehen sich also nicht auf die Zahnkranzgröße, sondern auf die Höhe der ▷Übersetzung (beim Kettenblatt sind beide Größen identisch, beim Ritzel verhalten sie sich gerade entgegengesetzt: kleines Ritzel = große Übersetzung).

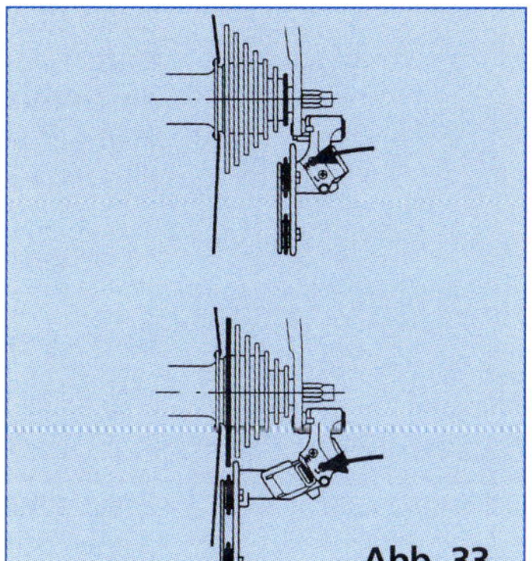
Abb. 33

Federkraft-einstellschraube

Bei ▷Kettenschaltung: Schraube in der ▷Anschlagplatte (Abb. 34), mit der die Neigung des ▷Schaltwerks zur ▷Kettenstrebe justiert werden kann und damit der ▷Umschlingungswinkel der Kette um die ▷Ritzel.
Damit können v.a. bei Schaltungsproblemen oder ungewöhnlichen Ritzelabstufungen Verbesserungen der Schaltvorgänge erreicht werden, Einzelheiten s. ▷Schaltprobleme.

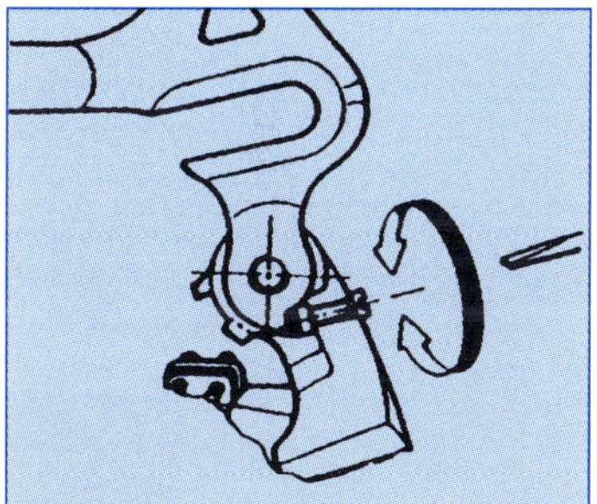
Abb. 34

Zentrierschraube

Kleine ▷Madenschraube, mit der ▷Cantileverbremsen (Abb. 35), ▷U-Brakes und ▷SLR-Bremsen (Abb. 36) mittig zur Felge ausgerichtet werden können.

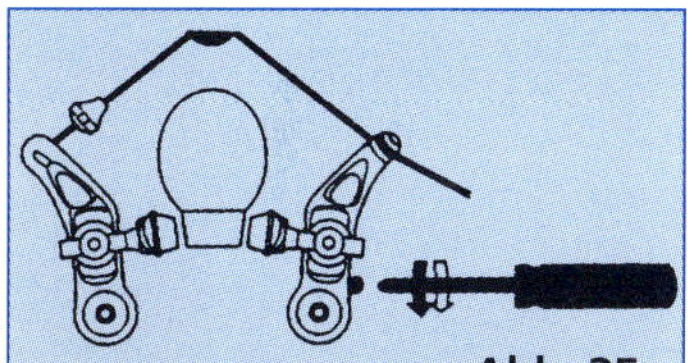
Abb. 35

Bremshebel-anschlagschraube

Schraube, mit der der Öffnungswinkel des Bremshebels (Abstand Lenker/Bremshebel) bei einigen Modellen justiert werden kann (Abb. 37).
Dies ist besonders wichtig für Fahrer mit kleineren Händen (kleine Frauen und Kinder), die so die Bremshebel auf ihr persönliches Maß einstellen können, eine wichtige Voraussetzung für sichere Bremsbetätigung.

Anschlagschraube

Schraube im ▷Ausfallende zur Vereinfachung der exakten Radausrichtung (Abb. 38).
Man kann mit ihr auch den ▷Radstand (▷Hinterbaulänge) variieren und so Einfluß aufs ▷Fahrverhalten nehmen (s.a. ▷Rahmengeometrie).

Sonstige

Der Vollständigkeit halber sei erwähnt, daß auch einige andere Komponenten mit speziellen Einstellschrauben aufwarten, z.B. Neigungseinstellung von Sattelstützen, Spannen von Satteldecken etc.

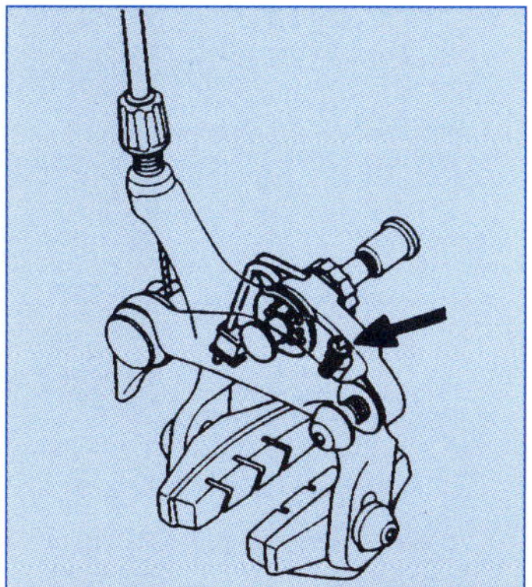
Abb. 36

Eisen

Silbergraues, im Reinzustand weiches Metall mit dem chem. Formelzeichen Fe. Eisen ist magnetisch und Grundelement aller Stahlsorten, s. ▷Stahl.
Dichte: 7,88 kg/dm^3 (s.a. ▷spezifisches Gewicht);
Schmelzpunkt: 1.536° C;
Zugfestigkeit: 180-250 N/mm^2;
Bruchdehnung: ca. 50%
Elastizitätsmodul: 215.000 N/mm^2.

Eisen kann durch Zulegieren von anderen Metallen oder Halbmetallen (v.a. ▷ Kohlenstoff) in seiner Festigkeit nahezu beliebig gesteigert werden. Solche ▷ Legierungen bezeichnet man als ▷ Stahl (Einzelheiten s.d.) und setzt sie wegen ihrer vielfältigen Eigenschaften als das Konstruktionsmaterial schlechthin ein.

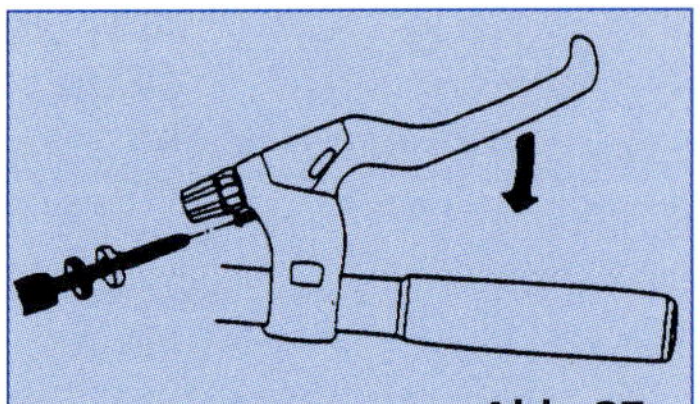

Abb. 37

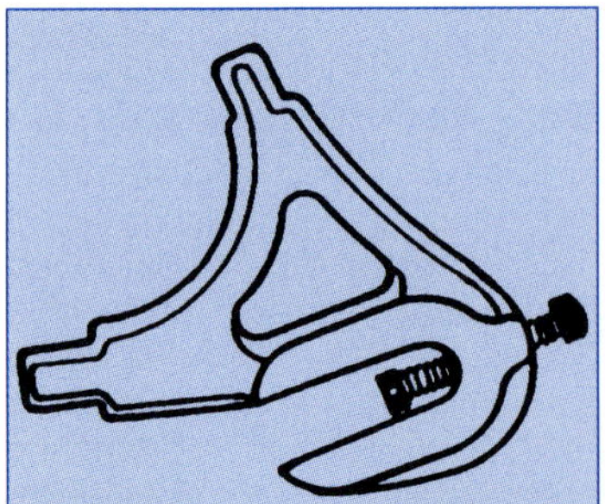

Abb. 38

Elan-Nabenschaltung

▷ Nabenschaltung von ▷ Sachs mit 12 ▷ Gängen (1997) (Abb. 39).

Der ▷ Schaltumfang beträgt 343%, im ▷ Arbeitsbereich betragen die ▷ Gangsprünge 7-8%, bei den ▷ Berggängen steigen sie auf 11%, 13%, 18% und 23%.

Die ▷ Entfaltung beträgt bei der Bestückung mit einem 38-zähnigen ▷ Kettenblatt und 26-zähnigen ▷ Ritzel zwischen 2,14 m (1. Gang; ▷ Übersetzung 1:1) und 7,30 m (12. Gang).

Mehr noch als die 7-Gang-Naben stößt die "Elan" in den Nutzungsbereich von Trekking- und Reiseradlern vor, der bislang den ▷ Kettenschaltungen vorbehalten war.

elastische Biegung

Nichtbleibende Verformung von Körpern in Art eines Flitzebogens. Einzelheiten s. ▷ elastische Verformung und v.a. ▷ Biegebelastung (dort auch Bedeutung am Fahrrad) (Abb. 40).

Abb. 39

elastische Verformung

Vorübergehende Verformung von Körpern durch Einwirken einer Kraft, wobei der Körper nach Wegnahme der Kraft wieder in seine Ausgangslage zurückfedert (i.G.z. bleibenden ▷ plastischen Verformung).

Wie weit ein Körper verformt wird, hängt ab von
* Art und Höhe der angreifenden Kraft;
* den geometrischen Abmessungen d. Körpers;
* dem ▷ Elastizitätsmodul seines Werkstoffs.

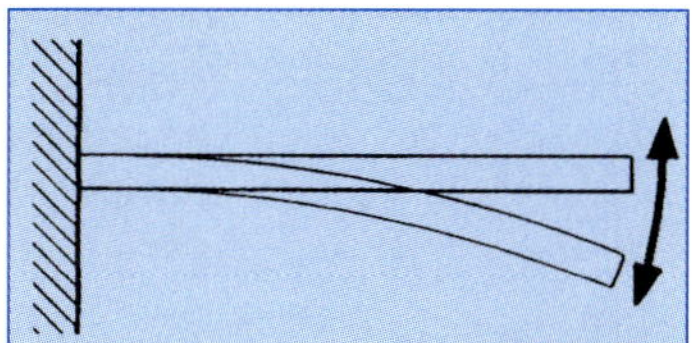

Abb. 40

Diese Verformung kann aufgrund von ▷ Biegebelastung (vgl. auch ▷ elastische Biegung), aber auch ▷ Druck-, ▷ Zug- oder ▷ Torsionsbelastung auftreten.
Bedeutung am Fahrrad: Ausfederung von ▷ Belastungsspitzen durch elastische Verformungen, wodurch die Krafteinwirkungen z.T. drastisch gemildert werden; s. a. ▷ Beschleunigungskräfte; ▷ Achsbiegung.

Elastizität

Eigenschaft der meisten festen Körper, nach einer von Kräften bewirkten Verformung wieder in die Ausgangslage zurückzukehren, wenn die Kräfte nicht mehr wirken.
Vgl. auch: ▷ Elastizitätsmodul; ▷ elastische Biegung; ▷ elastische Verformung.

Elastizitätsmodul

Widerstand, den ein Werkstoff einer ▷ elastischen Verformung entgegensetzt.
Dieser Widerstand ist *werkstoffspezifisch* und beträgt z.B. bei ▷ Stahl 217.000 N/mm² den dreifachen Wert von ▷ Aluminium (70.000 N/mm²), aber nur 1/5 von ▷ Carbon (1.000.000 N/mm²).
Bei ▷ Legierungen ist das Grundmaterial entscheidend, die hinzugefügten Fremdmetallanteile verändern das Modul nur unwesentlich.

elastische Verformung

Das Elastizitätsmodul ist demnach neben den geometrischen Abmessungen maßgeblich für die ▷ elastische Verformung eines Körpers:

So biegt sich z.B. ein Rohr aus ▷ Titan (Elastizitätsmodul: 105.200 N/mm²) unter Last fast doppelt so weit durch wie ein gleich dimensioniertes Stahlrohr - ein Aluminium-Rohr gleicher Abmessung gar dreimal so weit (vgl. hierzu Abb. 41).

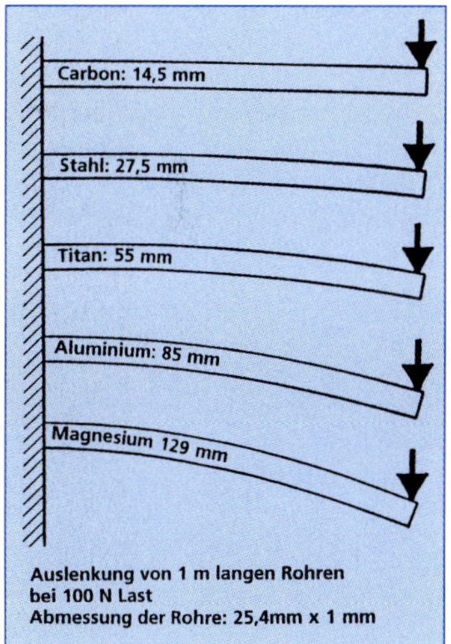

Abb. 41

Zugfestigkeit

Unabhängig vom Elastizitätsmodul ist die ▷ Zugfestigkeit. So wird beispielsweise ein Stahlrohr mit einer Zugfestigkeit von 1000 N/mm² von einer Kraft genauso weit ausgelenkt wie ein gleich dimensioniertes Vergleichsrohr mit nur 500 N/mm². Der Unterschied besteht darin, daß das weniger feste Material bei entsprechender Auslenkung bereits eine ▷ plastische Verformung erfährt (Verbiegung), während das hochwertigere Rohr anschließend wieder in seine Ausgangslage zurückfedert.

Elastizitätsverhalten

Charakteristisches, werkstoffspezifisches oder geometrieabhängiges Federungsverhalten von Bauteilen. Die Auslenkung oder Einfederung kann linear, progressiv oder degressiv erfolgen. Man spricht von entsprechenden ▷ Federkennlinien.

Außerdem ist noch die Steifigkeit wichtig, die einen mehr oder weniger steilen Anstieg der Federkennlinien bewirkt. Darüberhinaus reagieren einige Werkstoffe noch sensibel auf Temperatureinflüsse: So werden z.B. ▷ Elastomere unter Wärmeeinfluß "weicher", ihre Kennlinie flacht ab: Im Winter sind bei ▷ Elastomer-Federungen weichere Elastomere einzusetzen als im Sommer.

Elastomere

Bez. für Materialien, die sich bei Raumtemperatur elastisch auf mindestens ihre doppelte Länge dehnen lassen. Hierzu zählen alle Gummisorten (▷ Gummi) und elastisch abgestimmtes Polyurethan (▷ PU) (Abb. 42).

Anwendung am Fahrrad: einfache ▷ Fahrradfederungen, bei denen aus Gewichtsgründen (geringe ▷ Dichte) v.a. PU-Elastomere eingesetzt werden. Deren Elastizitätsverhalten ist jedoch sehr temperaturabhängig, weitere Einzelheiten s. ▷ Elastomer-Federungen.

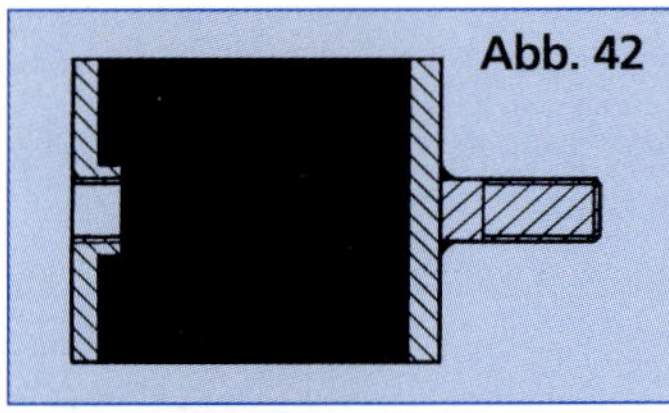

Abb. 42

Elastomer-Federung

Typ von ▷ Fahrradfederungen, bei dem v.a. PU- ▷ Elastomere als Federelement eingesetzt werden. In Abb. 43 die Silentblockfederung des ▷ Moulton-Zerlegerades, in Abb. 44 PU-Elastomerelemente in ▷ Teleskopgabeln.

Abb. 43

Im Vergleich zu den hochwertigeren Öl/Luft-Federungstypen sind die Elastomer-Federungen preiswerter und weniger wartungsintensiv, erreichen aber nicht die hohe ▷ Dämpfung und das weiche Ansprechverhalten der anderen Systeme.

Da das Elastizitätsverhalten der PU-Elastomere (i.G. zu ▷ Gummi-Elastomeren) sehr temperaturabhängig ist, müssen im Winterhalbjahr andere Sorten eingesetzt werden als im Sommer.

Weitere Einzelheiten s. ▷ Fahrradfederungen.

Elektrische Schaltsysteme

▷ Schaltungen, bei denen der Schaltimpuls per Knopfdruck auf elektrischem Wege gegeben und elektromagnetisch ausgelöst wird.

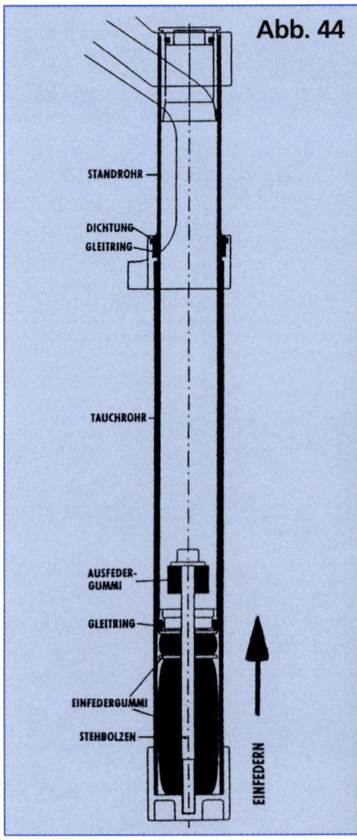

Abb. 44

Erste Realisierung war ein Kettenblattwechsler (analog dem mechanischen ▷ Umwerfer), drei Jahre später folgte ein elektrisches ▷ Schaltwerk.

1. Browning-Umwerfer

Erste serienmäßige Herstellung 1990: elektrischer Kettenblattwechsler für drei ▷ Kettenblätter von ▷ Suntour, Patent: Browning, USA 1979 (daher auch die Bez. BEAST für **B**rowning **E**lectric **A**ccu **S**hift Sys**t**em) (Abb. 45).

Man kann hier insofern nicht mehr vom klassischen ▷ Umwerfer sprechen, weil die Kette nicht mehr zum nächsten Kettenblatt "geworfen" wird, sondern ähnlich wie bei einer Eisenbahnweiche überlaufen kann.

Funktion

Schalten auf größere Kettenblätter:
Ein ca. 90° großes Segment des jeweils größeren Kettenblattes schwenkt mit seinem vorderen Ende so weit nach innen, bis es genau über dem kleineren Kettenblatt steht. Die dort aufliegende Kette läuft über das eingeschwenkte Segment auf das größere Kettenblatt über.

Schalten auf kleinere Kettenblätter:
Das Segment schwenkt nach außen, die Kette fällt vom nun unterbrochenen Kettenblatt zwangsläufig auf das jeweils kleinere Blatt hinunter.

Ausgelöst wird der Schaltvorgang von einem elektrisch betätigten Relais, das eine am ▷ Sattelrohr angebrachte Weiche in die jeweilige Schaltrichtung schwenkt. Eine vom ▷ Kurbelstern nach innen weisende Nase durchläuft die Weiche und schwenkt dabei das Kettenblattsegment in die jeweilige Schaltrichtung.

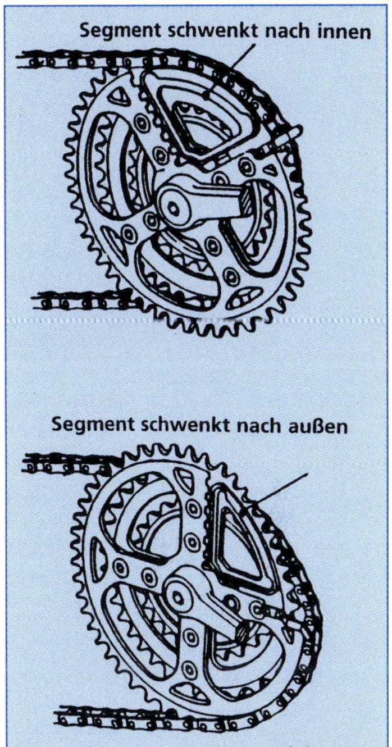

Abb. 45

Elektrisch wird also nur die Weiche gestellt, das Segment-Schwenken erfolgt durch den vom Radler bewegten Kurbelstern, wird also seiner ▷ Pedalkraft abgezweigt.

Damit wird Strom gespart und die Kapazität einer 9-Volt-Batterie reicht aus, um ca. 10 000 Schaltvorgänge auszuführen.

Das reicht auf der Straße - rechnet man im Schnitt mit einem Kettenblattwechsel pro 5 km - für rund 50.000 km, im Gelände (ca. zwei Kettenblattwechsel pro 1 km) für rund 5.000 km.

Die Verbreitung dieses an sich ausgereiften und auch verschmutzungssicheren Schaltsystemes hält sich nach wie vor in Grenzen, wobei nicht nur der Preis (ca. 600 DM), sondern auch Vertriebsprobleme sowie das rund 300 Gramm betragende Mehrgewicht ausschlaggebend sein dürften; z.Zt. nicht mehr im Handel erhältlich.

2. Mavic-Schaltwerk

Auch bei dem 1993 in den Handel gekommenen elektrisch/elektronischen ▷ Schaltwerk von ▷ Mavic erfolgt der eigentliche Schaltwechsel durch die ▷ Pedalkraft des Radlers, indem mit dem oberen ▷ Kettenrädchen (Kettenführungsrad) eine *Pleuelstange* angetrieben wird (Abb. 46):

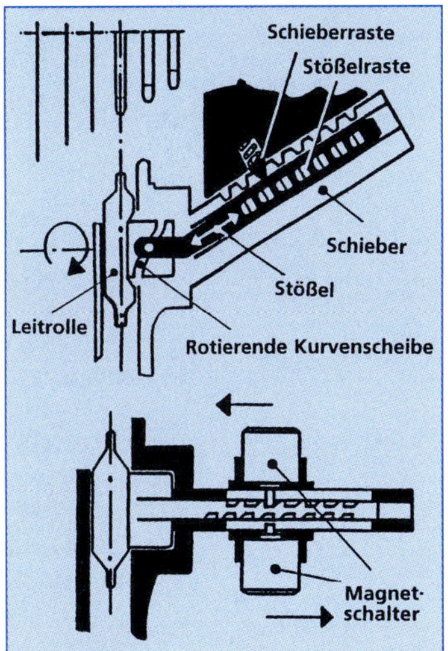

Abb. 46

Diese pendelt je nach gefahrenem Kettenblatt 4-5 mal pro Kurbelumdrehung in einer Führungsschiene hin und her;
der Hubweg ist dabei etwas größer, als er für einen Gangwechsel nötig wäre;
elektronisch wird (mittels Sensoren) der jeweilige Standort der Pleuelstange erfaßt, um sie im geeigneten Augenblick mittels eines Schaltrelais mit der Führungschiene zu verkuppeln;
diese nun wird von einer Rasterstelle auf die nächste für den Schaltvorgang auf ein größeres oder kleineres Ritzel gelenkt.

Die Sensoren sorgen dafür, daß das Schaltrelais nur für Bruchteile einer Sekunde arbeitet, wodurch dieses Schaltsystem mit einer kleinen - im Lenker untergebrachten - Foto-Batterie auskommt und ebenfalls rund 10.000 Schaltvorgänge ausführen kann.

Da als Rennradschaltung für die Straße konzipiert - wo man mit im Schnitt zwei Ritzelwechseln pro 1 km rechnet - reicht die Batteriekapazität für ca. 5.000 km.

Übrigens läßt sich die Schaltung, wenn die Batterie während der Fahrt leer wird, per Hand von Rasterstellung zu Rasterstellung schieben. Man kann so mit einem "Arbeitsgang" durchschnittlicher Übersetzung noch gut nach Hause kommen, bzw. vor einer starken Steigung anhalten und einen Berggang auflegen.
Im Gegensatz zum Kettenblattwechsler verkaufte sich das Elektro-Schaltwerk zwischenzeitlich sehr gut und wird bes. von Zeitfahrern und Triathleten geschätzt, weil Bedienung von mehreren Schaltern aus möglich ist: Diese lassen sich individuell an verschiedenen Stellen des Lenkers so anbringen, daß

jederzeit geschaltet werden kann - egal, welche Griffposition gerade an ▷ Renn- oder ▷ Trialenker eingenommen wird.
Dieses Schaltsystem ist aber vom Hersteller mittlerweile wieder vom Markt genommen worden.

Speedtronic Kombination eines Microprozessors mit einer elektrisch/elektronisch gesteuerten ▷ Clickbox für die Siebengang- ▷ Nabenschaltung von Sachs.
Die Speedtronic gestattet das Schalten per Knopfdruck, der gefahrene Gang wird von dem zum System gehörenden Bordcomputer - der übrigens auch die üblichen Funktionen eines ▷ Fahrradcomputers besitzt - angezeigt. Darüberhinaus besitzt die Speedtronic einen dreistelligen Sicherheitscode als ▷ Diebstahlsicherung (wird er nicht eingegeben, verbleibt die Schaltung im 1. Gang, der Dieb kommt kaum voran) und schaltet beim Anhalten (z.B. Ampelstop) automatisch auf einen vorher wählbaren ▷ Anfahrgang zurück.

elektrochemische Korrosion Form der Oberflächen- und Teil der Kontaktkorrosion (s. ▷ Korrosion), bei der es in feuchter Umgebung zu einem Stromfluß zwischen den unterschiedlichen elektrischen Spannungspotentialen der verschiedenen beteiligten chem. Elemente kommt (Abb. 47).
Elektrochemische Korrosion kann bei aneinandergrenzenden Kontaktflächen auftreten, wenn sich unterschiedliche Metalle berühren (Kontaktkorrosion).

Speziell bei Aluminium tritt dieser Prozeß in Form von Oberflächenkorrosion bereits zwischen dem Grundmaterial und den einlegierten Metallanteilen, bes. bei hohen Kupferanteilen, auf.
Zu Folgen und Abhilfemaßnahmen s. ▷ Korrosion; ▷ Korrosionsschutz.

Abb. 47

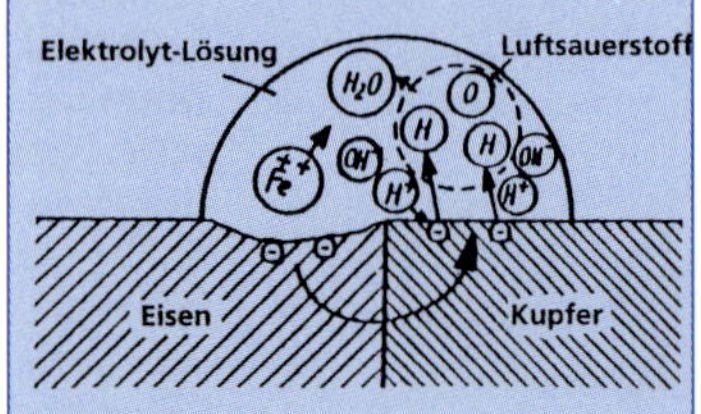

Elektrohilfsmotor Trethilfe durch batteriegespeisten ▷ Hilfsmotor, Einzelheiten s.d.

Elektrolyse Zersetzung von elektrisch leitenden, gelösten oder geschmolzenen chemischen Verbindungen (Elektrolyte) durch elektrischen Strom.

Verchromen Besteht das Elektrolyt aus einem gelösten Metallsalz, so läßt sich das Metall ausscheiden, wie z.B. aus dem gelösten Salz CrO^3 das Metall ▷ Chrom. Bei diesem Vorgang wandern die negativen O_3-Ionen zur Anode (elektrischer Pluspol), die positiven Chrom-Ionen zur Kathode (elektrischer Minuspol). Während der Sauerstoff abgast, bildet sich auf der Kathode ein Chromniederschlag (Abb. 48).

Gesetzmäßigkeit bei diesem Vorgang: Die abgeschiedene Stoffmenge ist stets proportional zu der Strommenge, die das Elektrolyt durchfließt.
Auf diese Weise können Metalle in genau berechneten Schichtdicken auf elektrisch leitende oder leitend gemachte Körper aufgebracht werden. Eine weitere Anwendung der Elektrolyse für den Fahrradbereich besteht im ▷ Eloxieren; s.i.E. ▷ Verchromung, vgl. auch ▷ Galvanisieren.

Abb. 48

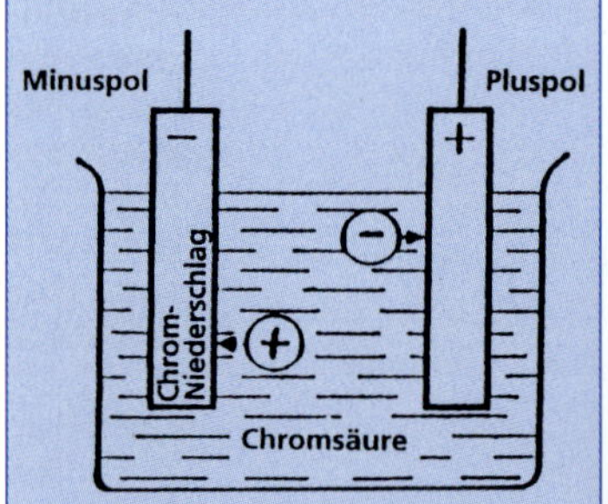

Eloxieren Besteht das Elektrolyt aus Schwefel- oder Oxalsäure, schlägt sich auf der Anode Aluminiumoxid (Al_2O_3) nieder, s. ▷ Eloxieren (Abb. 49).

Abb. 49

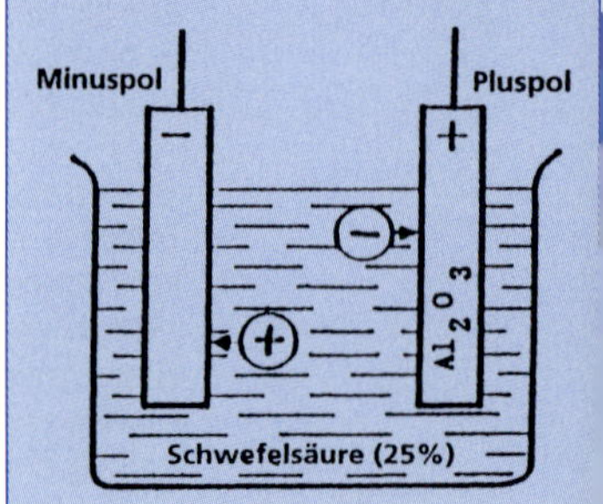

Darüber hinaus setzt man die Elektrolyse auch zum Trennen von chemischen Verbindungen ein, z.B. bei der Gewinnung von Wasserstoff und Sauerstoff aus Wasser, Chlor und Natrium aus Kochsalz oder bei der Metallherstellung, z.B. bei ▷ Aluminium.

Elektronische Schaltung

s. ▷ Elektrische Schaltsysteme

Elektro-Schaltungen

s. ▷ Elektrische Schaltsysteme

Elevated chainstay

Engl. Bezeichnung für Rahmenbauweise mit ▷ hochgezogener Kettenstrebe, Einzelheiten s.d. (Abb. 50).

Abb. 50

Eloxal

Abk. f. *"**El**ektrolytisch **ox**idiertes **Al**uminium"*.

Diese durch ▷ Eloxieren direkt auf Aluminiumoberflächen erzeugte Aluminiumoxidschicht fungiert als sehr harte Schutzschicht - sie entspricht chemisch dem Schleifmittel Korrund -, die Aluminiumteile vor ▷ Korrosion und Verkratzungen schützt.
Durch ein weiteres Verfahren kann die Eloxalschicht noch verdichtet und auch eingefärbt werden.

Beim ▷ Anodisieren ergibt sich übrigens die gleiche Eloxalschicht, die jedoch durch tiefere Badtemperatur und längere Verweilzeit dicker und dichter und damit noch widerstandsfähiger ausgeführt wird.

Verglichen mit einem ▷ Lack ist Eloxal weniger kratzanfällig, hat aber nicht dessen korrosionsschützende Wirkung, da trotz Verdichtung noch Poren im Material verbleiben. Daher sollten eloxierte Aluminiumteile regelmäßig mit ▷ Sprühwachs behandelt werden.

Eloxieren

▷ Galvanisches Verfahren, mit dem per ▷ Elektrolyse auf Aluminiumoberflächen eine harte Schutzschicht aus Aluminiumoxid (▷ Eloxal) erzeugt wird. Im Fahrradbereich wird Eloxieren als ▷ Korrosionsschutz der meisten Aluminiumbauteile (Naben, Felgen, Bremsen, Tretkurbeln etc.) eingesetzt.

Bei einer Stromspannung von 10-20 Volt wird hierbei das Werkstück für 10-45 Minuten in ein Schwefelsäure- oder Oxalsäurebad getaucht, wobei der Pluspol (Anode, daher auch ▷ Anodisieren) am Werkstück angebracht wird, der Minuspol (Kathode) liegt im Bad (vgl. ▷ Elektrolyse). Strombedarf: 1-2 Ampere pro dm^2. Anschließend wird die noch porige Schicht durch 10- bis 30-minütiges Kochen in destilliertem Wasser verdichtet.

Soll die Eloxalschicht eingefärbt werden, so kann dies vor dem Verdichten durch Eintauchen in entsprechende Beizen geschehen: Molybdänhaltige Lösungen oder Permanganatbeizen färben die Schicht braun bis schwarz, Zinkatbeize silbrig, Arsenbeize ergibt Altsilbertöne. Die einzelnen Arbeitsschritte des Eloxierens zeigt Abb. 51.

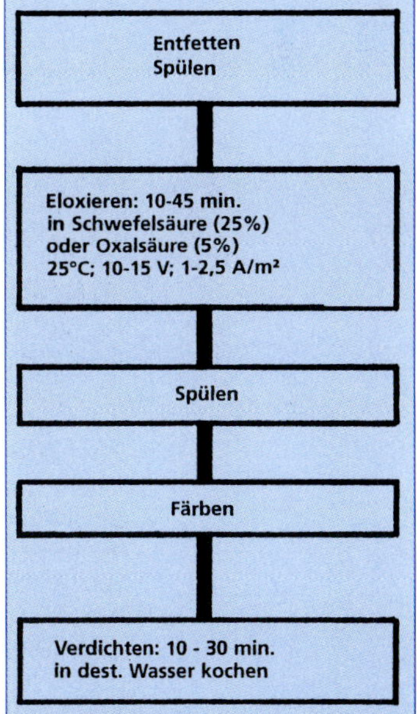

Abb. 51

endverstärkt

Rahmenrohr, bei dem ein oder beide Endbereiche eine dickere Wandstärke aufweisen (Abb. 52).

Das Herstellungsverfahren wurde 1935 von ▷ Reynolds entwickelt. Da die Rohrendbereiche von Rahmen stärker belastet werden als die Rohrmitten, sind auf diese Weise Festigkeitsreserven ohne wesentlichen Gewichtszuwachs zu erzielen; s.a. ▷ Rohre.

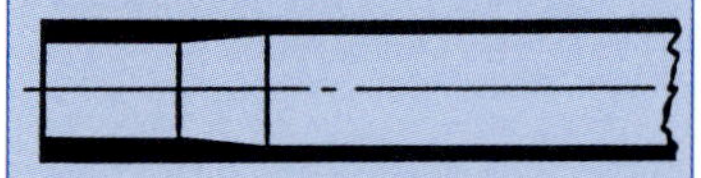

Abb. 52

Endkappe

Auf das Ende des Innenzugs eines ▷ Bowdenzugs (also Schalt- oder Bremszug) geklemmte Aluminiumkappe oder -hülse, die ein Aufspleißen des Zugendes verhindert, an dem man sich sonst verletzen könnte.

Außerdem kann nach Abziehen der Endkappen - die übrigens an Wettkampfrädern vom ▷ BDR vorgeschrieben sind - der Bowdenzug leichter gewartet werden, da ein nicht aufgespleißtes Ende des Innenzuges leichter durch die Außenhülle gleitet (Abb. 53).

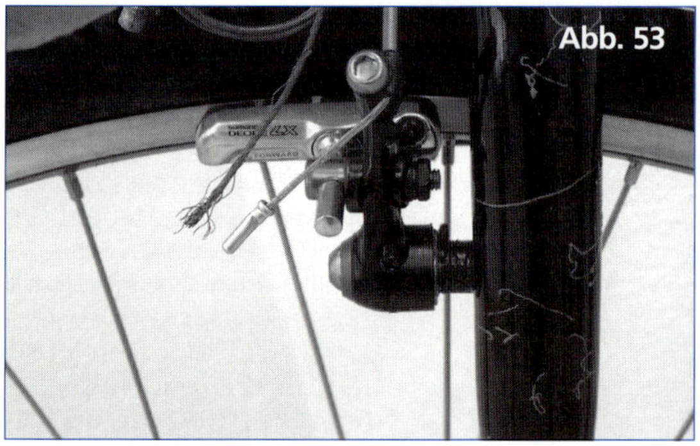

Abb. 53

Energie

Physikalischer Begriff für die Fähigkeit von Körpern und Systemen, ▷ Arbeit zu leisten.

Für den Fahrradbereich sind hierbei die ▷ Massen von Rad und Fahrer interessant, die aufgrund ihrer Lage (▷ potentielle Energie) oder Geschwindigkeit (▷ kinetische Energie) Arbeit verrichten.
Hierbei versetzt die vorher verrichtete Arbeit (bergauf fahren; Beschleunigungsarbeit) die Rad/Fahrer-Einheit ihrerseits in die Lage, Arbeit zu leisten (bergab fahren; ausrollen).

Die Angabe der Energie erfolgt daher auch in Newtonmetern (Nm), der gleichen ▷ physikalischen Einheit wie von ▷ Arbeit (veraltet: kpm für "Kilopondmeter") (Abb. 54).

Für den Fahrradbereich weniger gebräuchlich ist die dimensionsgleiche Angabe in Joule (J) (veraltet ist hierfür die Angabe in Kilokalorien [kcal]).

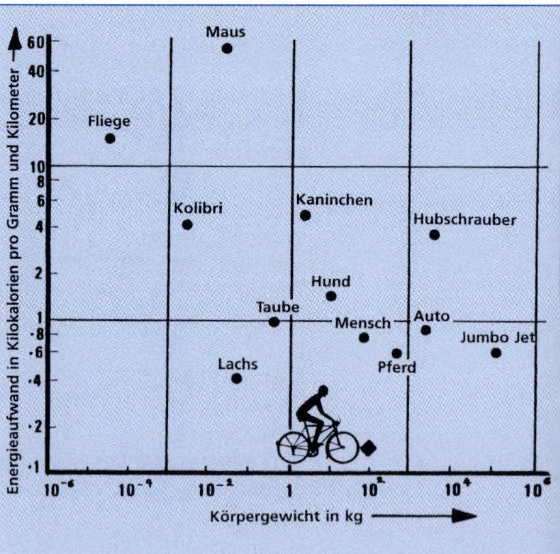

Abb. 54

Ebenfalls in Newtonmetern wird übrigens das ▷ Drehmoment angegeben - eine auf eine Kurbel einwirkende Kraft ist nämlich (per "Kraft mal Weg") ebenfalls in der Lage, Arbeit zu verrichten. Nach dem *Energieerhaltungsgesetz*

"Die Energiesumme ist in einem abgeschlossenen System konstant"

kann Energie nicht verloren gehen. Sie kann aber von einer Energieform in die andere umgewandelt werden. So wird z.B. beim Bremsen die ▷ kinetische Energie in Wärmeenergie, beim Bergabradeln die ▷ potentielle Energie in kinetische Energie umgewandelt; vgl. auch ▷ Fahrdynamik.

Umgangssprachlich wird der Begriff Energie auch im Zusammenhang mit Fitness oder Leistungsfähigkeit gebraucht, obwohl hierbei über das rein Physikalische hinaus noch ein psychologisches Moment hineinspielt.

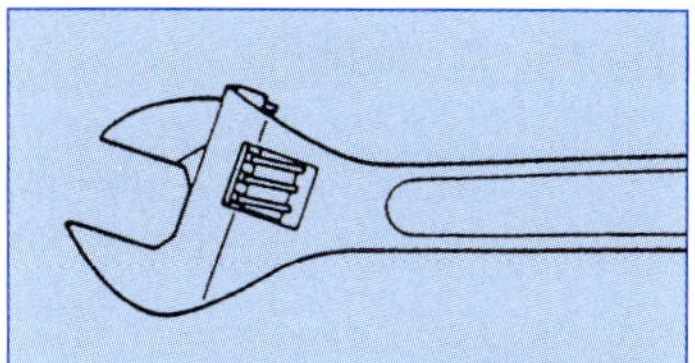

Abb. 55

Engländer

Verstellbarer ▷ Maulschlüssel (Abb. 55).

Sinnvoll v.a. auf längeren Touren, um mit nur einem Werkzeug eine ganze Reihe von Wartungs- und Reparaturarbeiten vornehmen zu können (bes. für ▷ Steuersatz, ▷ Tretlagerschalen, ▷ Schraubkranzabzieher und Radbefestigungsmuttern sinnvoll).

Abb. 56

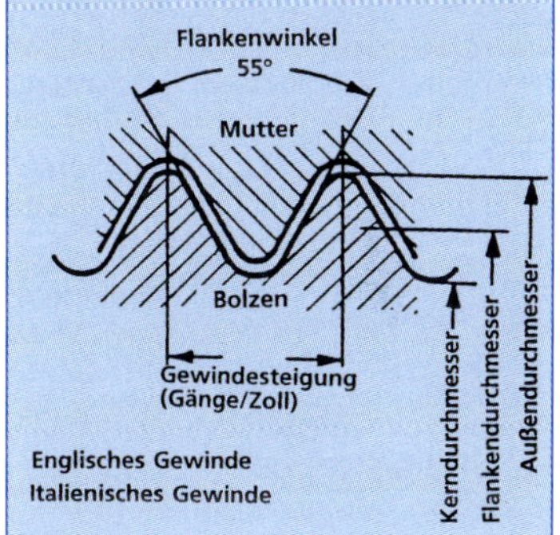

Englische Gewinde

Genormte Gewinde im Einflußbereich der engl. und amerikan. Industrie (exaktere Bez.: Witworth-Gewinde), bei denen die Angabe von Durchmesser und ▷ Gewindesteigung in Zoll erfolgt, der Flankenwinkel der Gewindegänge beträgt 55° (bei ▷ metrischen Gewinden dagegen 60°) (Abb. 56).

Im Fahrradbereich kommt es aus historischen Gründen oft zu einer Vermischung von englischen und metrischen Gewinden, siehe hierzu insbes. ▷ Italienische Gewinde, s.a. ▷ Gewinde: Tabelle "Gewindeabmessungen".

Entfaltung

Angabe des ▷ Übersetzungsverhältnisses in Form des zurückgelegten Weges pro Kurbelumdrehung.
Die Bezeichnung bezieht sich also bildlich gesprochen auf die "Entfaltung der ▷ Pedalkraft ".
Einzelheiten s. ▷ Ritzeln, dort auch Berechnungsmethode.

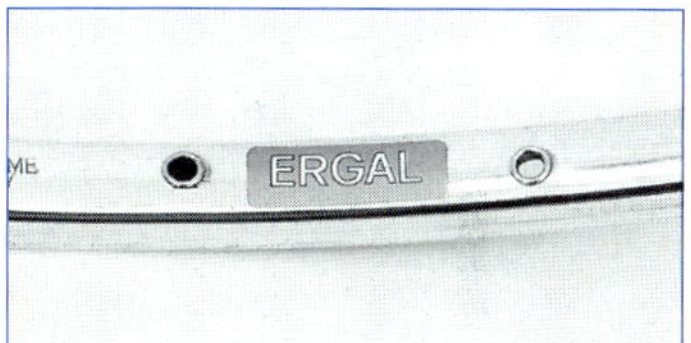

Abb. 57

Entlüftung

Entfernen von Luftbläschen aus der Ölleitung von ▷ Hydraulikbremsen. Hierzu liefern die Hersteller Wartungssets mit entsprechender Anleitung.

Entmischung

Durch die beim ▷ Schweißen entstehenden sehr hohen Temperaturen verdampfen einige Legierungsanteile. Die verschweißten Materialien "entmischen" sich also innerhalb der ▷ Schweißnaht. Die damit verbundene Änderung der Zusammensetzung der ▷ Legierung wirkt sich festigkeitsmindernd aus. Mittels spezieller Schweißstäbe (s. ▷ Schweißzusatz) wird dieser Vorgang durch sog. "Auflegieren" wieder ausgeglichen bzw. der Schweißnahtbereich noch belastbarer als der Grundwerkstoff gemacht.

Abb. 57/1

Epoxidharz

Hohe mechanische Festigkeit und Klebeeigenschaften besitzendes Kunstharz, das aus zwei Komponenten zusammengemischt wird (Basis oder "Binder" und Härter).

Epoxidharze werden u.a. als ▷ Zweikomponentenkleber eingesetzt und finden im Fahrradbereich v.a. als Epoxidlack und in ▷ Carbon Anwendung.

Ergal

In Italien gebräuchliche Bezeichnung für ▷ Duraluminium, das in etwa der DIN-Klassifizierung AlZnMgCu 0,5-1 entspricht (vgl. ▷ Aluminium: Legierungen) (Abb. 57). Gefertigt werden aus Ergal Rahmenrohre, Komponenten, Felgen, Schrauben u.a.

Ermüdungsbruch

Andere Bez. f. ▷ Dauerbruch. Er tritt durch fortwährende ▷ Dauerschwingbelastung von Bauteilen auf, so daß es über lange Zeit hinweg zu einer Zerrüttung des Materialgefüges kommen kann: Das Material "ermüdet" regelrecht und kann dadurch schließlich brechen (Abb. 57/1).

Typische Ermüdungsbruchstellen sind filigran ausgeführte hintere ▷ Ausfallenden, der Ansatz der ▷ Kettenstreben am ▷ Tretlagergehäuse, ▷ Speichen, seltener ▷ Tretlager- und ▷ Pedalachsen.

Gegenmaßnahmen

1) konstruktiv: Einen möglichst günstigen Verlauf des ▷ Kraftflusses bewirken, Material mit höherer ▷ Festigkeit einsetzen;

2) fahrerseits: Die ▷ Belastung durch zurückhaltende Fahrweise reduzieren.

ESGE-Platte

Ein die beiden ▷ Sattel- bzw. ▷ Unterstreben verbindendes, gestanztes Blechteil mit gleicher Funktion wie die ▷ Pletscherplatte.

ETRTO

Abkz. f. *"**E**uropean **T**yre and **R**im **T**echnical **O**rganization"*, was soviel bedeutet wie "Europäische Technische Organisation für Reifen und Felgen". Gründung 1964; Satzung 1977. Sie legt für Felgen und Reifen Normen vergleichbar der ▷ DIN auf europäischer Ebene fest, um die Größenbenennung von Reifen und Felgen zu vereinheitlichen und eine universelle Austauschbarkeit von Reifen, Felgen und Ventilen zumindest innerhalb Europas zu erzielen.
Im Einzelnen:

1. die geometrische Ausbildung der ▷ Felgenprofile (Abb. 58-60);

2. die Zuordnung von ▷ Felgen-Maulweite und ▷ Reifenbreite (s. Tabelle im Anhang);

3. Angaben von ▷ Reifen- und ▷ Felgengrößen nach dem ▷ Felgennenndurchmesser (s. Tabellen im Anhang).

Vgl. hierzu auch ▷ Felgen; ▷ Reifen.

Abb. 58

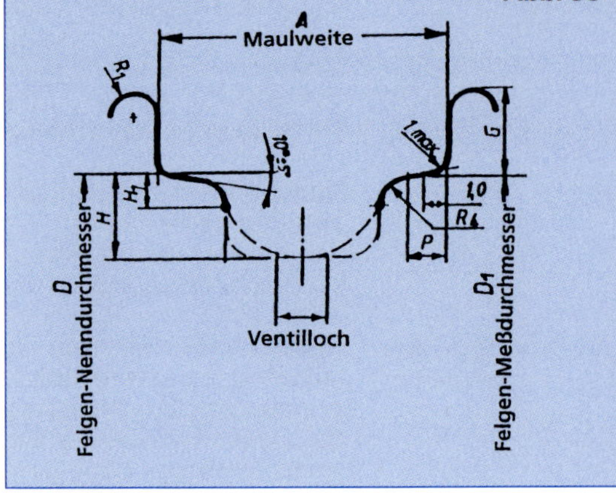

Abb. 59

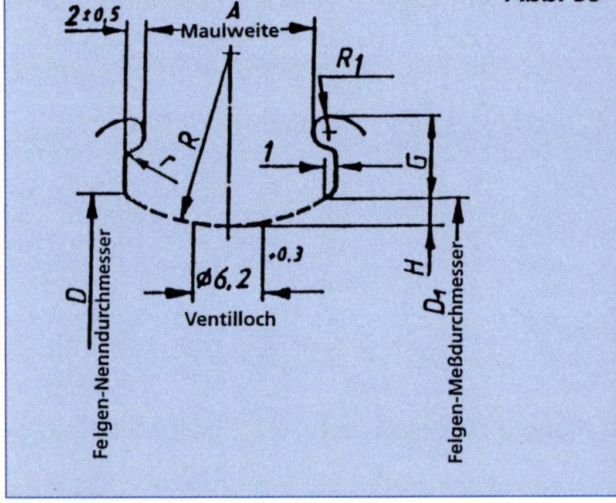

Abb. 60

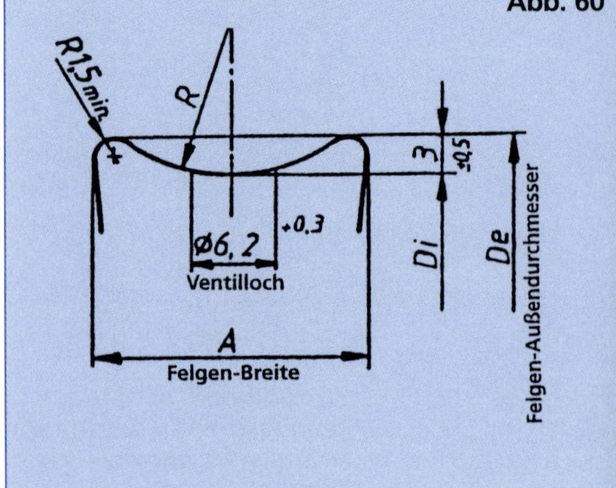

Ersatzgabel

s. ▷ Reparaturgabel

Eurobike

Jährlich im Herbst in Friedrichshafen stattfindende Fahrradmesse, die in Konkurrenz zu ▷ IFMA und ▷ Intercycle in Köln steht.

Extreme Tropfenfelge

Variante der ▷ Tropfenfelge, bei der ein extrem langgezogenes Tropfenprofil den ▷ Luftwiderstand der Laufräder erheblich reduziert. Ursache hierfür ist v.a. die hierdurch verkürzte Speichen länge (Abb. 61). Einzelheiten s. ▷ Felgen: Profile.

Exzenter

Außermittig gelagerte Scheiben oder ▷ Wellen, die bei Drehung einen Hub erzeugen, der zum Bewegen oder zum Festklemmen von Bauteilen genutzt werden kann. Anwendung am Fahrrad: ▷ Exzenterhebel.

Exzenterhebel

Mit einem Hebel versehener ▷ Exzenter, um ohne Schlüssel Fixierungen oder Verstellungen vornehmen zu können.

Anwendung am Fahrrad: ▷ Schnellspanner für ▷ Hohlachsen (Abb. 62); ▷ Sattelstützenklemmung; Öffnen von ▷ Seitenzugbremsen (Abb. 63).

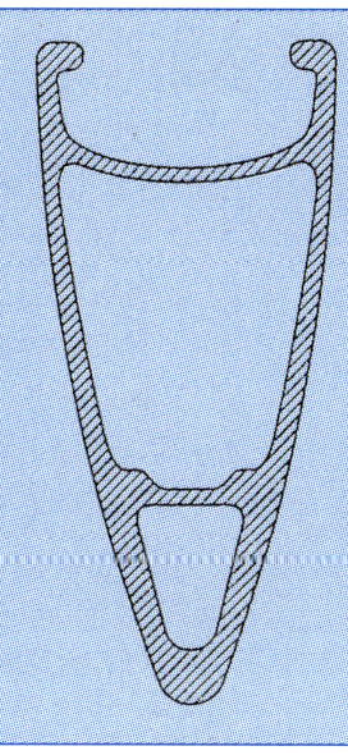

Abb. 61

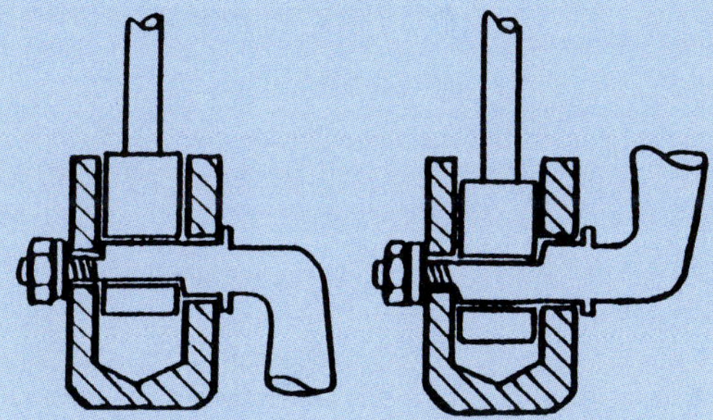

Abb. 62

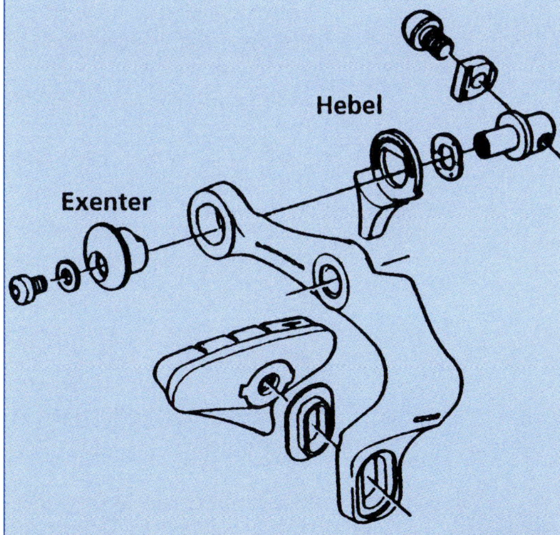

Abb. 63

Fading

Nachlassen der ▷ Bremswirkung infolge Erwärmung von ▷ Bremsflächen und ▷ Bremsbelägen. Fading tritt insbes. bei den hohen Wärmebelastungen von ▷ Nabenbremsen auf.

Fahrdynamik

Auftreten von Kräften bei in Bewegung befindlichen Fahrzeugen und deren Auswirkungen.

In Betracht hierbei kommen v.a.:
* ▷ Beschleunigungs- und ▷ Verzögerungskräfte;
* ▷ kinetische und ▷ potentielle Energie (Bewegungsenergie und Energie der Lage);
* Kräfte an Steigungen und Gefällen;
* ▷ Leistung (Arbeit innerhalb Zeit).

Beschleunigungs- u. Verzögerungskräfte

Um die ▷ Masse von Rad und Fahrer zu beschleunigen (vgl. ▷ Beschleunigung), sind Kräfte vonnöten. Beim ▷ Zeitfahren wird daher i.d.R. von einer Rampe als "Anfahrhilfe" gestartet (Abb. 1). *Horizontal* treten diese beim Anfahren, bei Antritten oder beim ▷ Bremsvorgang auf. *Vertikale* Beschleunigungen wirken beim Überfahren von Bodenunebenheiten auf Rad und Fahrer ein. ▷ Beschleunigungskräfte lassen sich berechnen nach der Formel:

Abb. 1

$F_b = m \cdot a$

F_b = Beschleunigungskraft in N (▷ Newton);
m = Masse von Rad + Fahrer in kg (in allen Rechenbeispielen 80 kg);
a = $\Delta v / \Delta t$ = Beschleunigung in m/sec²
t = Zeit, innerhalb der die Geschwindigkeitsänderung erfolgt.

Der Fahrer spart also Kraft und Energie, wenn er seine Fahrgeschwindigkeit möglichst kontinuierlich gestaltet, da sich Beschleunigungskräfte zum ▷ Fahrwiderstand hinzu addieren, also einen zusätzlichen Energiebedarf erfordern.
Zur Verdeutlichung einige Rechenbeispiele:

Beispiel 1a Beschleunigung

1) Errechnen der Beschleunigung: Der Radler beschleunigt für einen Überholvorgang und steigert beispielsweise seine Geschwindigkeit innerhalb von 4 Sekunden um 10 km/h, sei dies von 0 auf 10 km/h oder von 30 auf 40 km/h. Die Geschwindigkeitsdifferenz, physikal. als Δ v bezeichnet, beträgt also in diesem Falle 10 km/h oder entsprechend 2,78 m/sec.

Damit beträgt seine Beschleunigung dann

$$a = \frac{2{,}78 \text{ m/sec}}{4 \text{ sec}} = 0{,}694 \text{ m/sec}^2 \cdot$$

2) Errechnen der Beschleunigungskraft: Hierzu ist jeweils eine Beschleunigungskraft von

$$F_b = m \cdot a = 80 \text{ kg} \cdot 0{,}694 \text{ m/sec}^2 = 55{,}52 \text{ N}$$

erforderlich.

Anmerkung: Außerdem muß der Radler noch den geschwindigkeitsabhängigen ▷ Fahrwiderstand überwinden.

Beispiel 1b

Der Radler läßt es gemütlicher angehen und steigert seine Geschwindigkeit innerhalb von 10 Sekunden um 10 km/h. Damit reduziert sich seine Beschleunigung auf

$$a = \frac{2{,}78 \text{ m/sec}}{10 \text{ sec}} = 0{,}278 \text{ m/sec}^2,$$

wodurch sich auch seine zur Beschleunigung nötige Kraft auf

$$F_b = m \cdot a = 80 \text{ kg} \cdot 0{,}278 \text{ m/sec}^2 = 22{,}24 \text{ N}$$

verringert.

Beispiel 2
Verzögerung

Der Radler bremst vor einer Kurve innerhalb von 1 Sekunde von 40 km/h auf 30 km/h ab. Dazu ist die ▷ Bremskraft seiner Bremsanlage gefordert. Die ▷ Bremsbeschleunigung hierzu beträgt

$$a = \frac{2{,}78 \text{ m/sec}}{1 \text{ sec}} = 2{,}78 \text{ m/sec}^2$$

Die Bremsen müssen nun eine ▷ Bremskraft von

$$F_b = 80 \text{ kg} \cdot 2{,}78 \text{ m/sec}^2 = 222{,}4 \text{ N}$$

aufbringen, also die zehnfache Kraft wie bei der sanften Beschleunigung (Beispiel 1b).

Boden-unebenheiten

Beim Überfahren von Bodenunebenheiten (Schlagloch oder Kante) erfährt die Masse von Rad und Fahrer zusätzliche energiezehrende *Vertikalbeschleunigungen,* die von der ▷ kinetischen Energie "abgezwackt" werden.

Eine einfache Energiebilanz zeigt die hierzu benötigte Energie: Die Abwärtsbewegung erfolgt immer mit der Erdbeschleunigung (Abb. 2), die Aufwärtsbewegung (Abb. 3) dagegen mit einem mehrfachen davon. Zur Aufwärtsbewegung wird nach F = m · a bei höheren Beschleunigungswerten (größeres a) eine größere Kraft benötigt.

Ein Rechenbeispiel, bei dem ein Radfahrer mit 15 km/h (≙ 4,17 sec) gleichzeitig mit Hinter- und Vorderrad durch je ein 5 cm tiefes Schlagloch fährt, verdeutlicht den Sachverhalt:

Abb. 2

Beispiel 3
in Schlagloch

Freiwerdende Kraft durch die Fallhöhe von 0,05 m:

$F_f = m \cdot a$ — F_f = frei werdende Kraft in N;
m = Masse von Rad und Fahrer = 80 kg;
a = Erdbeschleunigung = 9,81 m/sec²;

$$F_f = 80 \text{ kg} \cdot 9{,}81 \text{ m/sec}^2 = 785 \text{ Nm}$$

Freiwerdende Energie:

$W_f = F_f \cdot h$ — W_f = frei werdende Energie in Nm;
F_f = frei werdende Kraft in N;
h = Fallhöhe = 0,05 m

$$W_f = 785 \text{ N} \cdot 0{,}05 \text{ m} = 39{,}3 \text{ Nm}$$

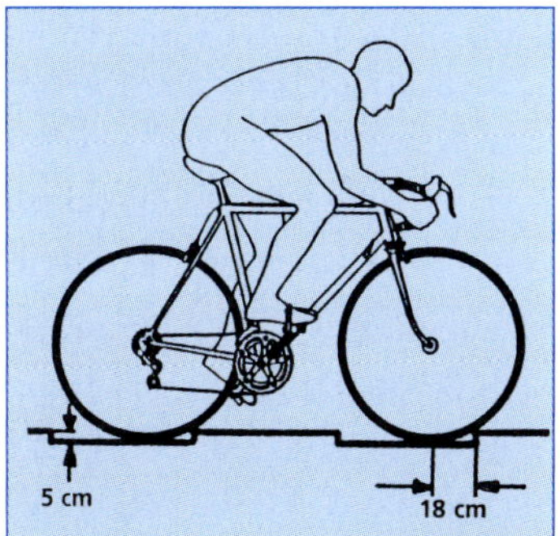

Abb. 3

aus Schlagloch

Benötigte Kraft durch die ▷ Hubarbeit von 0,05 m:

$F_h = m \cdot a$ $\quad F_h$ = Hubkraft in N;
m = Masse von Rad + Fahrer = 80 kg;
a = Beschleunigung in m/sec^2

Anmerkung: Bei der Errechnung der Beschleunigung durch das plötzliche Anheben des Fahrrades plus Fahrer müssen die geometrischen Verhältnisse der Laufräder berücksichtigt werden. Stehen beispielsweise in unserem Fall 28"-Laufräder unmittelbar vor 5 cm hohen Kanten, so ist (s. Abb. 3) ihr Aufstandspunkt noch 18 cm davon entfernt. Erst wenn die Laufräder 18 cm weitergerollt sind, steht der Aufstandspunkt auf den Kanten. Nach $a = v^2/2s$ (s ist der Weg) errechnet sich für unsere Vorgaben dann eine Beschleunigung von a= 4,17 m/sec x 4,17 m/sec / 2 x 0,18 m/sec = 48,3 m/sec^2.

$F_h = 80 \text{ kg} \cdot 48{,}3 \text{ m/sec}^2 = 3.864 \text{ N}$

Benötigte Energie:

$W_h = F_h \cdot h = 3.864 \text{ N} \cdot 0{,}05 \text{ m} = 193{,}2 \text{ Nm}$

Somit beträgt das Energiedefizit

193,2 Nm - 39,3 Nm = 153,9 Nm

Anmerkung: Die Beschleunigungskräfte werden durch Elastizitäten von Reifen, Laufrädern und Rahmen erheblich gemindert. Hinzu kommt, daß der Fahrer nicht starr auf dem Fahrrad hockt, sondern ebenfalls (Knochengerüst, Organmasse) den Beschleunigungskräften nachgibt. Vergleichende Tests haben daher 5 bis 10mal geringere Beschleunigungskräfte ergeben als die Rechnung ohne Elastizitäten.

kinetische Energie

Um ▷ Massen aus dem Stillstand heraus auf eine bestimmte Geschwindigkeit zu beschleunigen, muß eine Beschleunigungsarbeit geleistet werden. Diese Energie steckt nun als kinetische Energie - "Energie der Bewegung" - in dem beschleunigten Körper und ist nun ihrerseits in der Lage, Arbeit zu leisten. Beispiel: Ein Radler nimmt den Schwung seiner Fahrt in der Ebene noch ein Stück auf dem nächsten Anstieg mit.

Mathematisch läßt sich die Beschleunigungsarbeit
$W = m \cdot a \cdot s$ in die Formel der kinetischen
Energie überführen:

$W_k = 1/2\, m \cdot v^2$ $\quad W_k$ = kinetische Energie in Nm;
m = Masse in kg;
v = Geschwindigkeit in m/sec.

Die Bedeutung des quadratischen Eingehens der Geschwindigkeit in die kinetische Energie verdeutlichen die drei folgenden Rechenbeispiele:

Beispiele

Die kinetische Energie eines mit 15 km/h (= 4,17 m/sec) fahrenden Radlers (weiterhin 80 kg Masse) beträgt gemäß dieser Formel

$W_k = 1/2 \cdot 80 \text{ kg} \cdot 4{,}17 \text{ m/sec} \cdot 4{,}17 \text{ m/sec} = 695{,}6 \text{ Nm}$;

bei 30 km/h vervierfacht sich dieser Wert:

$W_k = 1/2 \cdot 80 \text{ kg} \cdot 8{,}33 \text{ m/sec} \cdot 8{,}33 \text{ m/sec} = 2.775{,}6 \text{ Nm}$;

Bei einem verkleideten ▷ HPV-Fahrrad (▷ Gesamtmasse von Rad und Fahrer weiter mit 80 kg angenommen) sind bei 100 km/h (Rekordversuch, Abb. 4) beträchtliche Energien aufzubringen:

Abb. 4

Wk = 1/2 · 80 kg · 27,78 m/sec · 27,78 m/sec = 30.869 Nm.

Der HPV-Rekordfahrer muß also zum Erreichen von 100 km/h eine ca. 44-fach höhere Beschleunigungsarbeit leisten als der Genußradler für seine 15 km/h.

potentielle Energie

Eine der Grundgegebenheiten des Radfahrens ist es, daß der Radler Anstiege im Schweiße seines Angesichtes erarbeiten muß, bergab dafür dann aber eine sausende Talfahrt genießen kann. Physikalisch gesehen handelt es sich hierbei um ein Wechselspiel der ▷ potentiellen Energie, die bergauf erarbeitet und bergab dann freigesetzt wird. Sie errechnet sich nach der Formel:

$W_p = m \cdot g \cdot h$

W_p = potentielle Energie in Nm;
m = Masse in kg;
g = Erdbeschleunigung = 9,81 m/sec²;
h = Anhebung der Masse in m.

Beispiel

Der Radler erklimmt einen Berg mit 100 m Höhenunterschied. Die aufzubringende potentielle Energie beträgt:

W_p = 80 kg · 9,81 m/sec² · 100 m = 78.480 Nm.

Anmerkung: Zum Erklimmen von 100 m Höhenunterschied benötigt der Radler rund 2,5 mal soviel Energie wie zum Beschleunigen des o.g. 100 km/h schnellen HPV-Fahrrades. Verständlich wird nun, warum beim Bergabfahren je nach Gefälle und ▷ Fahrwiderstand durch das Freiwerden der akkumulierten potentiellen Energie sehr hohe Geschwindigkeiten erreicht werden können - bei Profis wurden bergab schon über 130 km/h gemessen!

Kräfte an Steigungen u. Gefällen

Das Bergauffahren kann auch noch differenzierter unter dem Gesichtspunkt der *geneigten Ebene* (auch "schiefe Ebene") betrachtet werden.

Hierbei kommt die sog. ▷ Hangabtriebskraft zur Wirkung, die der Radler bergauf überwinden muß (Abb. 5) - damit er nicht rücklings wieder zu Tal rollt - und die bergab dann sozusagen als "Antrieb" wirkt (Abb. 6).

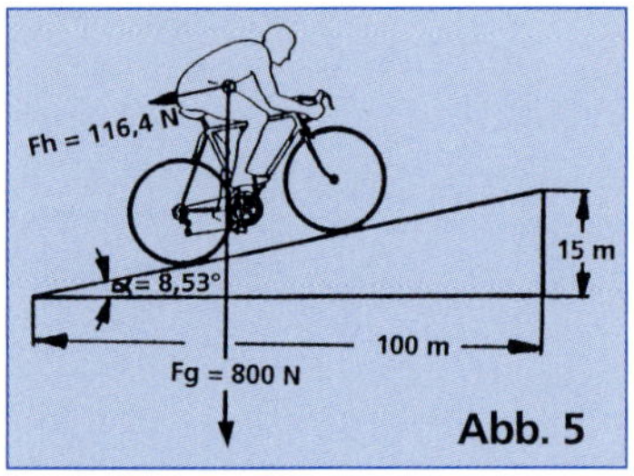

Abb. 5

Die Hangabtriebskraft verläuft parallel zum Hang und wird umso größer, je steiler dieser ist. Wie die Abbildungen verdeutlichen, errechnet sich Hangabtriebskraft wie folgt:

$$F_h = \frac{m \cdot g \cdot h}{l}$$

oder

$$F_h = m \cdot g \cdot \sin_\alpha$$

F_h = Hangabtriebskraft in N;
m = Masse von Rad und Fahrer in kg;
g = Erdbeschleunigung in m/sec^2;
h = Höhe der geneigten Ebene in m;
l = Länge der geneigten Ebene in m;
$\sin_\alpha$ = sin des Neigungswinkels = Verhältnis h:l

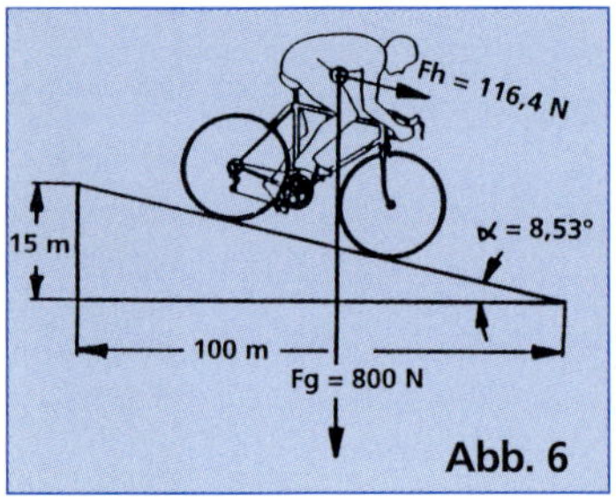

Abb. 6

Beispiel 15% Steigung

Diese Angabe besagt, daß die betreffende Strecke auf 100 m um 15 m ansteigt, wobei die horizontale Basislänge als "b" angegeben wird. Bei 15%iger Steigung beträgt das Verhältnis h/b also 0,15. Zur Errechnung der Hangabtriebskraft benötigen wir nun (s. Abb.) die Länge der geneigten Ebene "l", die sich nach dem Satz des Pythagoras wie folgt aus h und b errechnen läßt:

$$l = \sqrt{b^2 + h^2}$$
$$= \sqrt{100 \cdot 100 + 15 \cdot 15}$$
$$= \sqrt{10.225} = 101{,}12$$

Damit errechnet sich die Hangabtriebskraft nach der erstgenannten Formel wie folgt:

$$F_h = \frac{80\ \text{kg} \cdot 9{,}81\ \text{m/sec}^2 \cdot 15\ \text{m}}{101{,}12\ \text{m}} = 116{,}4\ \text{N}$$

Die Hangabtriebskraft läßt sich auch über die Winkelfunktionen errechnen. Das Problem hierbei ist die Winkelbestimmung, da die Steigung der Straßen im Verhältnis h/b (Höhe der geneigten Ebene zur horizontalen Basislänge) angegeben wird - was dem Tangens dieses Winkels entspricht. Zur Errechnung der Hangabtriebskraft muß aber der Sinus des Winkels herangezogen werden, der wie in der ersten Formel das Verhältnis h/l (Höhe der geneigten Ebene zur Länge der geneigten Ebene) angibt. Daher verfahren Sie am besten wie folgt:

1. Ermittlung des Winkels per tan: Bei 15% Steigung beträgt h/b = 0,15, was dem tan von 8,53° entspricht. Unser gesuchter Winkel beträgt also 8,53°.

2. Der sin von 8,53° ist 0,1483 und geht in die zweite der o.a. Formeln ein:

$$F_h = 80\ \text{kg} \cdot 9{,}81\ \text{m/sec}^2 \cdot \sin_\alpha$$
$$= 80\ \text{kg} \cdot 9{,}81\ \text{m/sec}^2 \cdot 0{,}14834 = 116{,}4\ \text{N}$$

Bei den mit dem Fahrrad noch zu erklimmenden Steigungen (bis ca. 25%, je nach ▷ Übersetzung und Kondition) nimmt die Hangabtriebskraft annähernd linear zu. Das verdeutlichen weitere Rechnungen mit Steigungswerten:

Hier beträgt die Hangabtriebskraft gut 1/3 des vorgenannten Wertes:

5% Steigung	$F_h = 80\ \text{kg} \cdot 9{,}81\ \text{m/sec}^2 \cdot 0{,}049938 = 39{,}2\ \text{N}$
10% Steigung	$F_h = 80\ \text{kg} \cdot 9{,}81\ \text{m/sec}^2 \cdot 0{,}0995 = 78{,}1\ \text{N}$
20% Steigung	$F_h = 80\ \text{kg} \cdot 9{,}81\ \text{m/sec}^2 \cdot 0{,}19612 = 153{,}9\ \text{N}$
25% Steigung	$F_h = 80\ \text{kg} \cdot 9{,}81\ \text{m/sec}^2 \cdot 0{,}24253 = 190{,}3\ \text{N}$

Anmerkung: Außer der Steigung muß der Radfahrer noch den ▷ Fahrwiderstand überwinden.

Fahreigenschaften

s. ▷ Fahrverhalten

Fahrhaltung

Körperhaltung auf dem Fahrrad. Sie wird erzielt durch die Einstellung der Kontaktstellen des Radlers mit seinem Rad, also Sattel, Lenker und Pedalen, wobei die Oberkörperhaltung durch Griffvariationen am Lenker zusätzlich modifizierbar ist. Einzelheiten s. ▷ Sitzposition (Abb. 7).

Abb. 7

Komponente der ▷ Fahrdynamik und des ▷ Fahrverhaltens, die v.a. die vertikale Nachgiebigkeit des Fahrrades betrifft.

Fahrkomfort

Beim ungefederten Fahrrad "puffern" Fahrradteile durch elastisches Nachgeben Fahrbahnstöße aus.

Dies sind in erster Linie Felgen, Reifen und Speichen, daneben wirken auch Vorbau, Lenker, Sattel und Sattelstütze durch ihre Nachgiebigkeit komfortfördernd.
Auch der Rahmen ist nicht starr: Gabel und vorderes Rahmenviereck weichen gemeinsam Fahrbahnstößen in etwa gleichem Maße aus wie Vorbau, Lenker, Sattel und Sattelstütze zusammen. Wirkt auf ein komfortabel ausgelegtes Rennrad ein Fahrbahnstoß in Höhe von 2000 N, so summieren sich die vorgenannten Elastizitäten des an sich ungefederten Fahrrades auf fast 2 cm und mildern dadurch den Stoß erheblich. Weitere Einzelheiten s. ▷ Fahrdynamik und ▷ Fahrverhalten.

Abb. 8

Fahrposition

s. ▷ Sitzposition

Fahrrad

Meist zweirädriges und dabei einspuriges Fahrzeug (Abb. 8), das vom Betreiber aus eigener Kraft, i.a.R. per ▷ Kurbelantrieb fortbewegt wird. Sonderformen: Ein-, drei- oder vierrädrig sowie zwei- und dreispurig.

Kettenantrieb

Charakteristisch fürs Fahrrad ist der ▷ Kettenantrieb, der sich gegenüber anderen Kraftübertragungseinrichtungen (Zahnriemen, Gestänge; Einzelheiten s. ▷ Antrieb) nahezu monopolistisch behauptet. Neben dem exzellenten ▷ Wirkungsgrad der Kette ist hierfür v.a. ihre Fähigkeit ausschlaggebend, hohe ▷ Antriebsmomente bei geringem Eigengewicht übertragen zu können. Auch von Bedeutung ist der Umstand, daß mit ihr die optimale Fahrradschaltanlage realisierbar ist (▷ Kettenschaltung),

Abb. 9

welche bei nur 1 - 1,5 kg Gewicht bis zu 27 Gangabstufungen ermöglicht (Abb. 9).

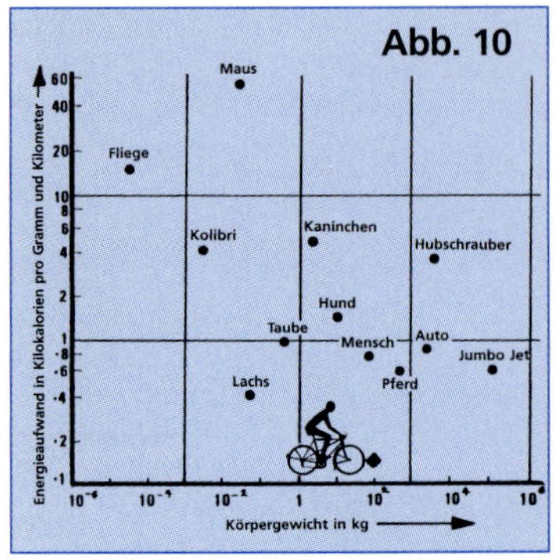

Abb. 10

energie-sparendste Fortbewegung

Keine Fortbewegung zu Lande, zu Wasser oder in der Luft (das Tierreich eingeschlossen!) ist so effizient wie das Radfahren, wenn man das Verhältnis *bewegte Masse / Geschwindigkeit / eingesetzte Kraft* vergleicht. Die wichtigsten Gründe hierfür sind:

* Geringer ▷ Rollwiderstand durch Luftbereifung;
* geringe ▷ mechanische Verluste durch ▷ Kugellagerungen;
* ▷ Übersetzung der Antriebsenergie (Kurbeldrehzahl);
* ▷ Rotationsantrieb;
* geringes Fahrzeuggewicht

(das Diagramm in Abb. 10 zeigt den Energiebedarf unterschiedlicher Fortbewegungsarten; Abb. 11 den Leistungsbedarf und die effektiven ▷ Stirnflächen unterschiedlicher Fahrradtypen).

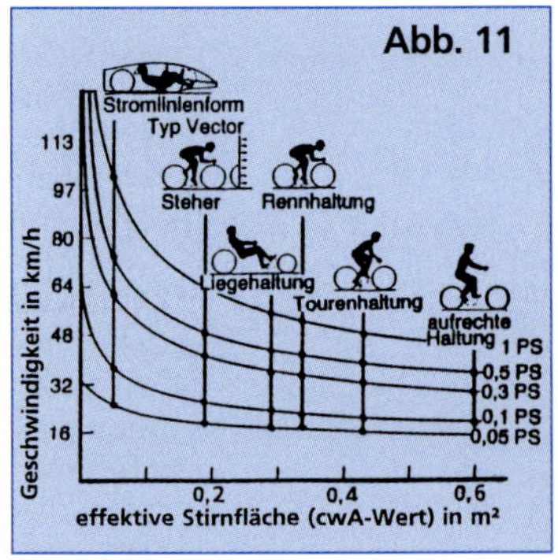

Abb. 11

optimierte Fahrräder

Ein optimiertes Fahrrad beginnt samt Fahrer bereits bei einem Gefälle von 0,5% (auf 100 m nur 50 cm Höhenunterschied!) zu rollen. Zum Vergleich: Ein Schlittschuhläufer benötigt mindestens ein Gefälle von 1,4%, um von allein, also ohne Krafteinleitung gleiten zu können.

Die Optimierung von Fahrrädern ist aber nicht nur eine Frage der Mechanik, sondern auch der ▷ Aerodynamik: Der ▷ Luftwiderstand hat ab ca. 20 km/h höchsten Anteil am ▷ Fahrwiderstand (Abb. 12: strömungsgünstiger ▷ Spoiler-Rahmen).
Aus diesem Grunde wurde bereits 1912 mit aerodynamischen ▷ Verkleidungen experimentiert, was ab ca. 1975 von der ▷ HPV-Bewegung systematisch aufgegriffen und in Gestalt verkleideter ▷ Liegeräder nahezu ausgereizt wurde (s.a. ▷ HPV-Fahrrad; Abb. 13: Liegerad mit ▷ Zzipper; Abb. 14: stromlinienförmig verkleideter ▷ Vektor).
Zu den Spitzenleistungen, die mit dem von Menschenkraft betriebenen Fahrrad erzielbar sind, s.v.a. ▷ Stundenweltrekord.

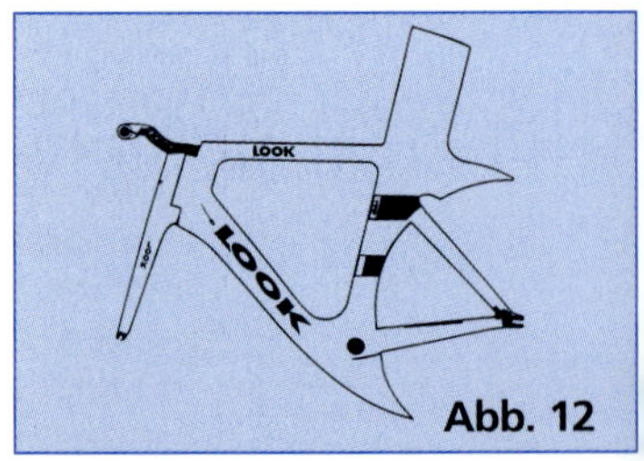

Abb. 12

im Wettkampf verboten!

Pikanterweise sind die schnellsten Fahrräder bei offiziellen Radrennen verboten! Dies hat zwar mit Tradition und dem Wesen des Radsports als Mannschaftsdisziplin zu tun (geringe Wendigkeit von Liegerädern), aber auch bei Einzeldisziplinen und selbst dem offiziellen Stundenweltrekord sind Liegeräder und aerodynamische Hilfen (Verkleidungen) verboten, v.a. aus Gründen der Chancengleichheit.
Bei einem "Wettrüsten" zum optimierten Fahrrad würden technisch schlechter ausgerüstete Radler oder Radsportverbände auf der Strecke bleiben. Damit gehört der Radsport zu den seltenen Sportarten, bei denen das optimale Gerät nicht auch Wettkampfgerät ist!

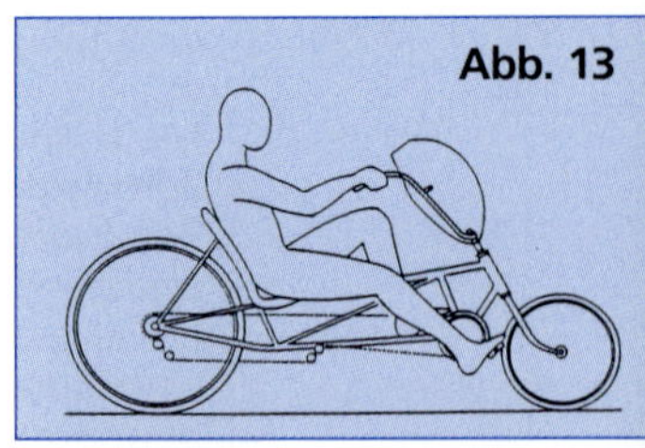
Abb. 13

Das Fahrrad war nicht nur das erste mechanische Massenverkehrsmittel, sondern - von der Nähmaschine einmal abgesehen - der erste größere technische Massenartikel für breitere Kreise.

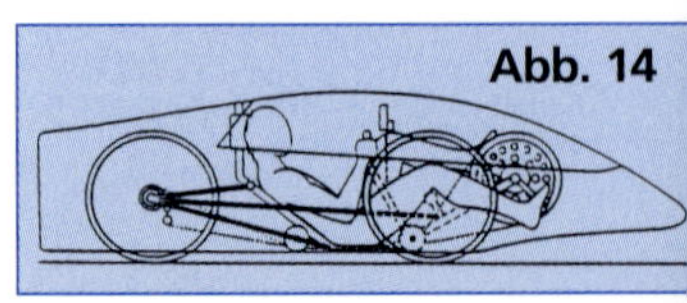
Abb. 14

gesellschaftlicher Rang

War das Veloziped zunächst eher ein Statussymbol für wagemutige Snobs aus gehobenen Kreisen - das ▷ Hochrad war viel zu gefährlich (und auch teuer) fürs breitere Publikum - so schaffte es mit dem Aufkommen des ▷ Niederrades den Durchbruch zur Mobilität für Jedermann. Hierbei spielte nicht nur der Sicherheitsaspekt eine Rolle, ganz entscheidend war die etwa zur gleichen Zeit einsetzende großtechnische Herstellung von Rohren (Patent ▷ Mannesmann 1885), die den Preis eines Fahrrades auf ein auch für die "niederen Stände" erschwingliches Maß senkte.

Abb. 15

Dies führte um die Jahrhundertwende zu einer völligen Umschichtung der Klientel: Während die reichen Snobs vom hohen Stahlroß auf den Fahrersitz des gerade aufkommenden Automobils umstiegen, eroberte das ordinäre Niederrad insbesondere die Arbeiterschaft.

Die Motorisierungswelle nach dem 2. Weltkrieg machte dem Fahrrad zunächst fast den Garaus und drängte es zurück auf einen Artikel für Kinder und Sportskanonen. Niemand hätte um 1970 den Boom vorauszusagen gewagt, der im Zuge der Freizeitwelle der 80er Jahre das Fahrrad zu einem neuen Status- und nachgerade Bewußtseinssymbol machte. Im Zuge dieser Entwicklung veränderte sich auch das Kaufverhalten, wobei der Trend vom Billigrad zum soliden Fahrrad mit hohem Nutzwert ging.

Abb.16

Heute erhält das Fahrrad einen immer höheren Stellenwert als Freizeitgerät, hat aber auch seinen Platz im Alltag (Einkaufen, kurze Wege, keine Parkplatzprobleme u.ä.) wieder gefestigt. Einen wichtigen Beitrag hierzu leistete die Entwicklung des ▷ Mountainbikes (Abb. 15), dessen verbesserte Brems- und Schaltanlagen auch auf die Standardräder Einfluß genommen haben und insgesamt bedeutende Fortschritte hinsichtlich leichter Bedienbarkeit, geringer Defektanfälligkeit und Sicherheit brachte. Diese Komponenten sind mittlerweile auch in heutige ▷ Gebrauchsräder eingeflossen (Abb. 16).

Abb. 17

Fahrradanhänger

Mittels Kupplung ans Fahrrad adaptierbarer Anhänger mit meist zwei nebeneinander laufenden Rädern, auf dem Zusatzlasten transportiert werden können (Abb. 17; 18).
Vor der Motorisierungswelle war der Fahrradanhänger als individuelles Lastentransportmittel verbreitet, starb dann fast aus und findet heute v.a. als ▷ Kinderanhänger (Abb. 19) wieder größeren Zuspruch, Einzelheiten s.d.
Sonderform: Einspuranhänger mit einem oder zwei (hintereinander angeordneten) Laufrädern, der ein günstigeres Spurverhalten des Hängers besitzt. Hierbei ist die Deichsel, um die Kurvenneigung auf den Hänger übertragen zu können, nach Art des ▷ Gabelschaftrohres gelagert.

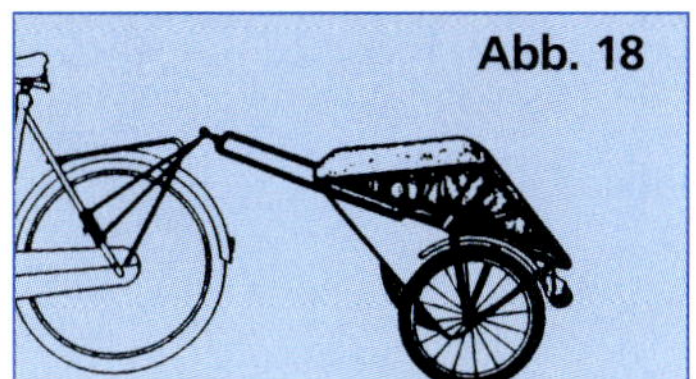
Abb. 18

Fahrradbelastung

1. *Belastungsrichtungen und -intensität,* die auf den Rahmen oder Teile seiner Ausstattung einwirkt (Abb. 20), s. ▷ Belastung.

2. *Herstellerangabe* zum höchstzulässigen Fahrergewicht entsprechend der ▷ DIN 79 100.

Abb. 19

Der kaufmännisch-juristische Hintergrund dieser Angabe (Schutz vor Regreßansprüchen) kann nicht darüber hinwegtäuschen, daß sie wenig sinnvoll ist: Ein leichter Fahrer kann bei entsprechend rüder Fahrweise höhere Belastungen erzeugen als ein ruhig fahrender schwergewichtiger Radler. Zudem "verdauen" Fahrräder sehr hohe ▷ Vertikalkräfte, sind jedoch relativ anfällig gegen ▷ Seitenkräfte, wie sie v.a. der Radsportler im ▷ Wiegetritt aufbringt (Abb. 21).

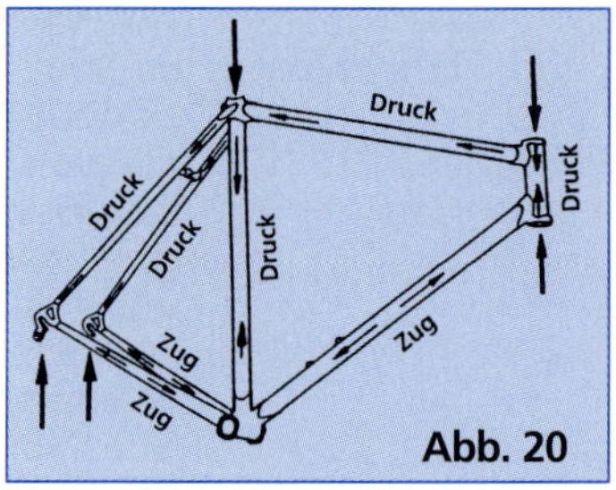

Abb. 20

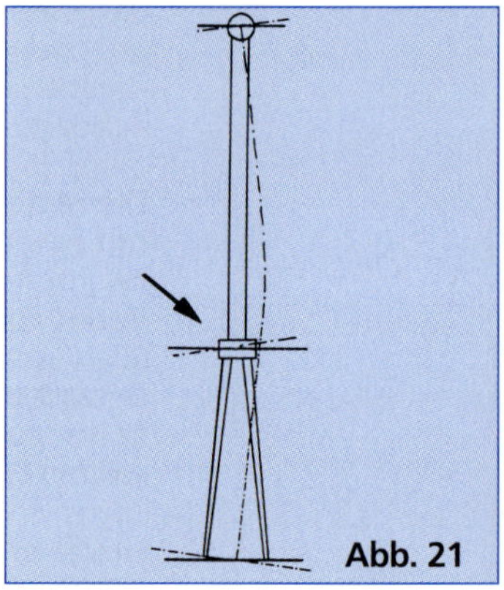
Abb. 21

Fahrrad-computer

s. ▷ Computer

Fahrrad-federungen

Spezielle Konstruktionen am Fahrrad zur Absorbtion von durch Fahrbahnschlägen hervorgerufenen ▷ Beschleunigungskräften (Abb. 22).

Fahrradfederungen sind nahezu so alt wie das Fahrrad selbst. Bereits bei den ▷ Draisinen gab es Versuche, sie mittels federnd aufgehängter Sättel komfortabler zu gestalten. Vor Aufkommen der Luftbereifung wurde auch gerne an der Vordergabel von ▷ Niederrädern eine Spiralfeder als Stoßdämpfer eingebaut. Auch später wurden fortwährend Bemühungen angestellt, Fahrbahnstöße für Rad und Fahrer zu mindern (Abb. 23; 24, s. folg. Seite). Scheiterten die ersten Fahrradfederungen noch an zu hohem Baugewicht und mangelhafter ▷ Spurtreue, so scheinen die gegenwärtigen Bestrebungen durch den Einsatz moderner Techniken und Werkstoffe von Erfolg gekrönt zu sein.

Abb. 22

Entwicklungshelfer Mountainbike: Wiederbelebt wurden Fahrradfederungen in der jüngsten Vergangenheit durchs ▷ Mountainbike. Dessen von Mode und hoher Belastungsintensität geprägte Bauweise ("aufgeblasene" ▷ Oversize-Rahmenrohre, annähernd dreieckiger ▷ Vorderbau) eliminierten praktisch jegliche ▷ Elastizität.

Abb. 23

Einzig mit entsprechend niedrigem Luftdruck gefahrene Reifen nehmen Fahrbahnstößen ein wenig von ihrer Härte, erhöhen jedoch die ▷ Rollreibung und die Defektrate (s. ▷ Durchschlag). Bei hohen Abfahrtsgeschwindigkeiten können Bodenunebenheiten das Bike sogar abheben lassen: Der Akteur verliert die Kontrolle über sein Sportgerät.
Heute hat sich die Fahrradfederung in der MTB-Szene nahezu etabliert, ist gelegentlich an ▷ Trekkingrädern anzutreffen und wird demnächst wohl auch das gehobene ▷ Gebrauchsrad komfortabler gestalten.

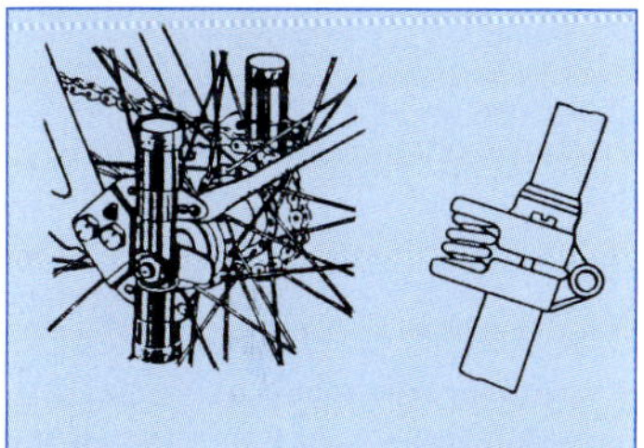

Abb. 24

Zahlen und Fakten

Wie wichtig das Ausfedern von Fahrbahnschlägen besonders bei hohen Geschwindigkeiten (▷ Downhill) ist, verdeutlicht folgendes Rechenbeispiel:

Rollt ein Mountainbiker über ein 5 cm hohes Hindernis, so wird - Abb. 25 - das Laufrad innerhalb von 18 cm auf die Hinderniskante angehoben. Die Beschleunigungskräfte bei solchen Rumplern steigen quadratisch mit der ▷ Geschwindigkeit an. Nehmen wir einmal an, es werde bergauf mit 6 km/h und bergab mit 60 km/h gefahren, so bedeutet dann bergab die zehnfache Geschwindigkeit eine Zunahme der Beschleunigungskräfte um den Faktor 100.

Abb. 25

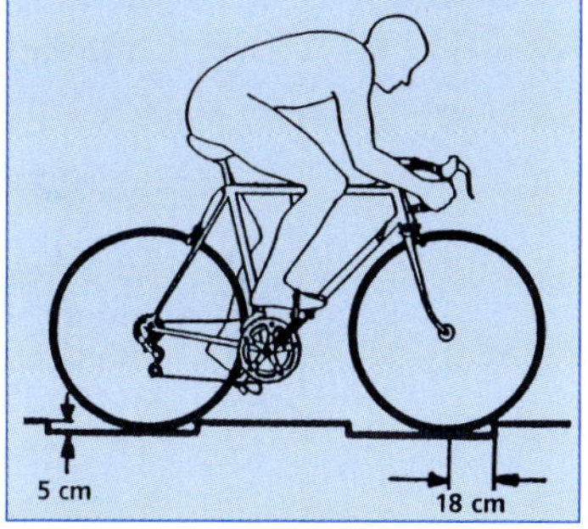

Für den Fall, daß Vorderrad und Hinterrad gleichzeitig über je ein 5 cm hohes Hindernis rollen, ergibt sich folgende Überschlagsrechnung:

$a_h = v^2/2s$ a_h = Beschleunigung durch Hubkräfte in m/sec²
v = Geschwindigkeit in m/sec
(v_1 = 6 km/h = 1,67 m/sec; v_2 = 60 km/h = 16,7 m/sec)
s = Beschleunigungsstrecke, während der die Hubarbeit von 5 cm erfolgt (0,18 m).

$$\text{Bergauf: } a_h = \frac{1{,}67\ \text{m/sec} \cdot 1{,}67\ \text{m/sec}}{2 \cdot 0{,}18\ \text{m}} = 7{,}75\ \text{m/sec}^2$$

$$\text{Bergab: } a_h = \frac{16{,}7\ \text{m/sec} \cdot 16{,}7\ \text{m/sec}}{2 \cdot 0{,}18\ \text{m}} = 775\ \text{m/sec}^2$$

Beschleunigungskräfte

Die zur Beschleunigung einer ▷ Masse benötigte Kraft errechnet sich nach:

$F = m \cdot a$ mit F = Beschleunigungskraft in N
m = 80 kg, Masse von Rad und Fahrer
a = Beschleunigung in m/sec²

Für bergauf (F_h) und bergab (F_r) errechnen sich danach folgende Beschleunigungskräfte:

$F_h = 80\ \text{kg} \cdot 8{,}2\ \text{m/sec}^2 = 620\ \text{N}$
$F_r = 80\ \text{kg} \cdot 820\ \text{m/sec}^2 = 62.000\ \text{N}$

Diese Kräfte würden bergauf bereits zu einer knappen Verdoppelung der ▷ Gewichtskraft führen, bei der rauschenden Talfahrt eine Kraft von über 6 Tonnen erzeugen. Solche ungeheuren Kräfte treten in der Praxis natürlich nicht auf, denn sie würden Rad und Fahrer ernstlich "beschädigen".
Das hat folgende Gründe: Bereits die Nachgiebigkeit von Laufrädern und Rahmen um wenige Millimeter, das Eindrücken des Reifens an der Hinderniskante und Pufferungen des menschlichen Körpers reduzieren die Belastung bis zu einem Faktor 10.
Das sind dann aber immer noch derart hohe Beschleunigungskräfte, daß der Bodenkontakt verlorengeht, d.h., das Rad hebt ab. Der Fahrer hat in solchen Schwebephasen keinerlei Lenkmöglichkeiten (und Kontrolle) mehr über sein Sportgerät.
Durch zusätzliche Elastizitäten lassen sich die Beschleunigungskräfte so weit drosseln, daß der Bodenkontakt annähernd gehalten werden kann.

Aktive Federungssysteme

Am effektivsten lassen sich Fahrbahnstöße mittels ▷ aktiver Federungssysteme absorbieren. Bei ihnen unterliegen lediglich die ▷ Laufräder den durch Bodenunebenheiten verursachten Stößen, während der Rest (Fahrrad plus Fahrer) abgefedert wird.
Weiter unten ist das nicht ganz so effektive, aber einfachere ▷ passive Federungssystem beschrieben, bei dem nur der Fahrer abgefedert wird.

Federkennlinie

Federungen benötigen Kräfte, die gegen das Fahrergewicht und die Beschleunigung wirken und anschließend - nach dem Einfedern - das ganze System wieder auf "Null" stellen, also auf den Ausgangspunkt zurückschieben. Eine lineare Federkennlinie weisen jene Federn auf, die analog zur Höhe der einwirkenden Kraft kontinuierlich tiefer einfedern. Eine progressive Kennlinie haben Federn, die mit zunehmender Einfederungstiefe der einwirkenden Kraft zunehmend mehr Widerstand entgegen setzen (Abb. 26).

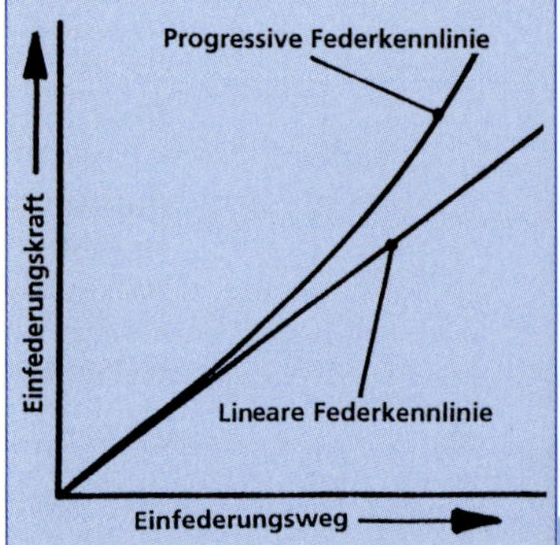

Abb. 26

Eigenschaften verschiedener Federelemente:

1. ▷ Schraubenfedern, sie besitzen eine sog. lineare ▷ Federkennlinie: Eine Verdoppelung des ▷ Einfederungsweges benötigt dabei eine doppelt so große Kraft.
2. ▷ Elastomere; sie besitzen eine leicht progressive Kennlinie, benötigen also zunehmend mehr Kraft, je weiter sie eingedrückt werden.
3. Luft oder andere Gase, von einem Kolben in einem gedichteten Zylinder zusammengepreßt, wirken ebenfalls wie eine Feder und besitzen eine progressive Kennlinie.

Im allgemeinen wünscht man sich bei Federungen eine sehr deutliche Progressivität, um zu verhindern, daß die Federung bis zum Anschlag eintaucht und "durchschlägt" (was bei linearen Federkennlinien früher erfolgt). Durch die Kombination unterschiedlich steifer Schraubenfedern oder verschieden steifer Elastomere kann das ebenso erreicht werden wie mit einer zusätzlichen Feder im gasgefüllten Zylinder.

Nachschwingen

Wie oben angedeutet, können Beschleunigungskräfte schon durch rein elastische Ausweichsbewegungen abgemildert werden. Dabei kann jedoch das sog. ▷ Nachschwingen stören: Elastische Teile des Fahrrades oder des Federungssystemes schwingen noch eine Weile "nach", bis sie in ihrer Ausgangslage stehen bleiben (Abb. 27 oben).

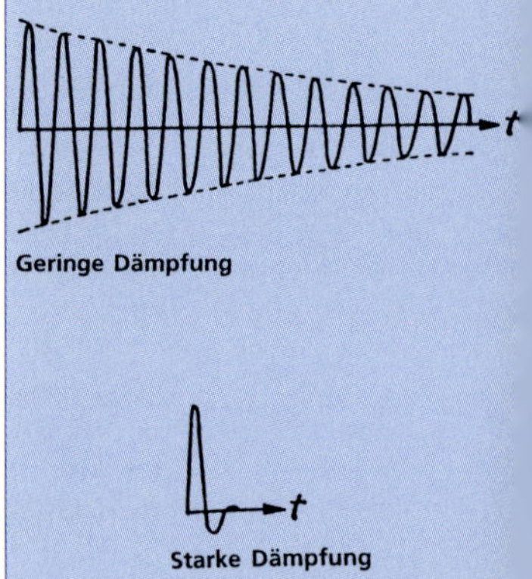

Abb. 27

Bei einem einzelnen Fahrbahnstoß wäre dies im Grunde genommen bedeutungslos, bei kurz aufeinander folgenden Stößen kann es andererseits zu ▷ Resonanzen kommen. Das macht sich durch unangenehme Wipp-Erscheinungen um die Fahrrad-Längsachse (eine Art Schaukelpferd-Effekt) bemerkbar.

Schlimmer wird es, wenn der nächste Stoß genau beim sog. ▷ "Überschwingen" erfolgt. Federung und Fahrbahnstoß bewegen sich dabei aufeinander zu, die dabei auftretenden Beschleunigungskräfte fallen noch höher aus, als bei ungefederten Fahrrädern.

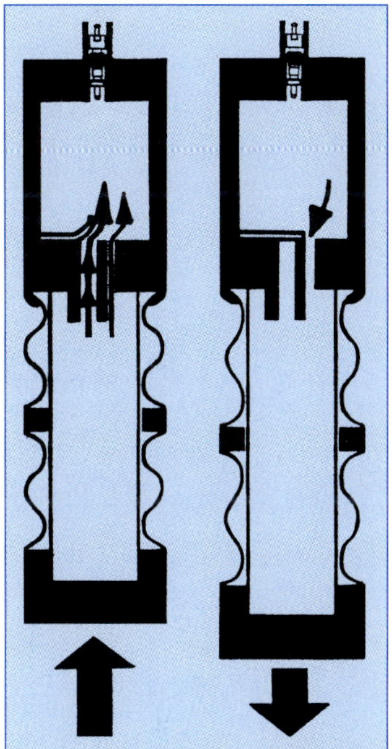

Abb. 28

Dämpfungen

Mit gezielten Reibungsverlusten (s. ▷ Dämpfung) lassen sich Nachschwingen und Überschwingen abschwächen oder nahezu eliminieren (Abb. 27 unten). Die oben angeführten Federelemente Schraubenfeder, Elastomere, Gummi und Luft/Gas besitzen keine oder nur sehr geringe innere Reibung. Möglichkeiten zusätzlicher Reibung und damit Dämpfung:

Reibung in Drehgelenken

Durch die Reibung in den ▷ Drehgelenken der ▷ Schwingenfederung oder in den Führungen der ▷ Federgabeln kann einerseits ebenfalls eine dämpfende Wirkung erzielt werden, andererseits können damit die sog. ▷ Losbrechkräfte (s.u.) vergrößert werden. Nachteilig wirkt sich jedoch aus, daß die dämpfende Reibung auch beim Einfedern auftritt und dieses erschwert.

Öl-Dämpfung

Beim Eintauchen der Federung wird Öl durch Kanäle gepreßt, was eine leicht dämpfende Reibung mit sich bringt, das Einfedern aber nicht wesentlich behindert. Beim Zurückfedern hingegen dirigieren Ventile den Ölfluß durch engere Kanäle, so daß die Ölreibung entschieden höher ausfällt als beim Einfedern - das Rückfedern wird verzögert und erschwert (Abb. 28). Damit fällt nicht bloß das Nachschwingen unter den Tisch, sondern auch ein Überschwingen der Federung.

Zu hohe Dämpfung kann andererseits auch wieder ungünstige Wirkungen mit sich bringen: Die Federung ist möglicherweise noch nicht wieder in ihre Ausgangslage zurückgekehrt, wenn der nächste Stoß einsetzt. Kommen die Stöße kurz hintereinander, würde das Federungssystem tiefer und tiefer eintauchen, bis der Einfederungsweg ausgereizt ist und die Federung auf ihrem Anschlag liegt.

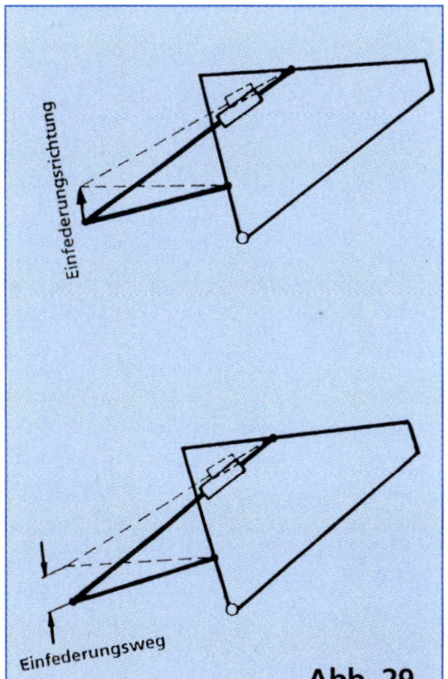

Abb. 29

Einfederungsweg

Ein weiteres Kriterium bei Fahrradfederungen ist der ▷ Einfederungsweg (Abb. 29 unten). Mit zunehmendem Ausweichweg minimieren sich die übrigen, noch auf die restliche Fahrrad- und Fahrermasse einwirkenden Beschleunigungen oder lassen sich größere Bodenunebenheiten überrollen.

Anfänglich begnügten sich die Biker mit einem Einfederungsweg von 4 bis 5 cm. Inzwischen streben sie bzw. die Hersteller 7 bis 10 cm an, um noch schneller abfahren zu können. Dies schraubt natürlich die Anforderungen an die Federelemente sowie die Haltbarkeit der Federungsmechanik in die Höhe. Ab 10 cm Federweg wird es beim Fahrrad erneut problematisch, da ▷ Tretkurbeln und ▷ Kettenblätter nicht auf dem Untergrund aufsetzen dürfen.

Einfederungsrichtung

Ein anderer maßgeblicher Gesichtspunkt bei Fahrradfederungen ist die ▷ Einfederungsrichtung (Abb. 29 oben). Im Idealfall sollten die Einfederungswege so ausgerichtet sein, daß den einwirkenden Beschleunigungskräften exakt in Stoßrichtung ausgewichen wird.

Je nachdem, ob nun eine Kante überfahren, ein Schlagloch durchfahren, auf eine Rampe aufgefahren oder von einem Absatz heruntergesprungen wird, variiert allerdings die Stoßrichtung.

Auch beim Überrollen verschieden hoher Hindernisse ändert sich bereits die Stoßrichtung (Abb. 30). Diese Richtung ist stets die gedachte Linie vom Einwirken der Beschleunigungskräfte auf Reifen und Felge zur Nabenachse, von der aus die Kräfte auf den Rahmen oder die Federung weitergeleitet werden.

Abb. 30

Bei der geometrischen Umsetzung der Einfederungsrichtung müssen demnach Kompromisse eingegangen werden, denn keine Federung kann sämtlichen Stoßrichtungen gerecht werden.

Die Haupteinfederungsrichtung verläuft selbstverständlich vertikal nach oben, wobei es jedoch durchaus sinnvoll ist, wenn die Laufräder dem Hindernis auch zu 20 bis 30% nach hinten ausweichen können. Vermieden werden sollte aber auf jeden Fall, daß die Laufräder sich beim Einfedern auf das entgegenkommende Hindernis zubewegen, was ein bockendes Fahrverhalten zur Folge hätte.

Reaktionsfreiheit

Fahrradfederungen sollten v.a. bei sportlich genutzten Fahrrädern gegenüber den Fahrern und bestimmten Fahrbetriebseinflüssen reaktionsfrei sein.

Bremsnicken

Wie unter ▷ Bremsverhalten erläutert, kommt es beim Abbremsen des Fahrrades zu einer Mehrbelastung des Vorderrades, die zum Eintauchen der Vorderradfederung, dem sog. "Bremsnicken" führen kann. Für den Fahrer wirkt sich dieses Verhalten ungünstig aus, da sich der Gesamtschwerpunkt von Rad und Fahrer dadurch noch mehr nach vorne verschiebt, was sich in brenzligen Fahrsituationen fahrverunsichernd auswirken kann. Zudem nimmt die Überschlagsgefahr zu.
Vermindert werden kann das Bremsnicken durch höhere ▷ Losbrechkräfte oder eine schrägere Anstellung von Teleskopgabeln.
Ganz zu vermeiden ist dieses Federungsverhalten durch konstruktive Maßnahmen wie beispielsweise das ▷ Telelever-Prinzip (s.u.).

Einfedern im Wiegetritt

Taucht bei kräftigen ▷ Wiegetritten die Federung ein, so verpufft ein Teil der Tretkraft in der ungewollten Federungsbetätigung und dient nicht mehr dem Vortrieb. Möglichkeiten zur Vermeidung wären auch hier wieder höhere ▷ Losbrechkräfte bei der Vorderradfederung oder eine entsprechende konstruktive Anordnung des Schwingendrehpunktes bei Hinterradfederungen. Darüber hinaus gibt es die Möglichkeit der manuellen Sperrung der Federung.

Kettenzug

Ähnlich wie das Einfedern im Wiegetritt kann bereits ein kräftiger Antritt im Sitzen die Hinterradfederung zum Eintauchen oder "Aufbäumen" veranlassen. Die Gegenmaßnahmen sind im Großen und Ganzen die gleichen wie gegen Einfedern im Wiegetritt.

Pedalschlag

Je nach Lage des hinteren Schwingendrehpunktes kann sich der Abstand von den Kettenblättern zu den Ritzeln beim Einfedern vergrößern, wodurch sich das Pedal plötzlich ein Stück entgegen der Tretrichtung bewegt und so einen regelrechten Schlag auf den Fuß des Radlers ausübt.
Solche Pedalschläge können v.a. bei hohen Geschwindigkeiten bergab sehr schmerzhaft werden, sie führen mitunter auch zum Abrutschen des Fußes vom Pedal.
Abhilfe bringt auch hier eine entsprechende Plazierung des Schwingendrehpunktes des Hinterrades. Milderung des Pedalschlages kann bereits eine federnd gelagerte Kettenblattkonzeption erreichen.
Die Reaktionsfreiheit wird für sportlich genutzte MTBs momentan sogar etwas überbewertet, so daß wichtige funktionale Federungseigenschaften wie v.a. die Einfederungsrichtung vernachlässigt werden

Federgabeln Bei ▷ Federgabeln sind neben der Einfederungsrichtung und der Reaktionsfreiheit noch ihre ▷ Verwindungssteifigkeit gegenüber ▷ Lenkkorrekturen von Bedeutung.

Abb. 31

Darüberhinaus sind Federgabeln länger als normale Fahrradgabeln und heben - bei nachträglichem Einbau - das ▷ Steuerrohr um einige Zentimeter an. Das hat ein Abflachen des ▷ Lenkwinkels zur Folge (Abb. 31), wodurch sich der ▷ Nachlauf des Fahrrades vergrößert und für Lenkkorrekturen größere ▷ Lenkkräfte erforderlich sind. Außerdem verschlechtert sich das ▷ Fahrverhalten bei niedrigen Geschwindigkeiten.
Neuerdings fertigen die Fahrradhersteller jedoch die ungefederten Gabeln bereits in etwas längerer Ausführung, so daß eine spätere Umstellung auf Federgabeln keine größere Auswirkung auf Nachlauf und Fahreigenschaften hat.

Natürlich ändert sich auch beim Einfedern im Fahrbetrieb der Lenkwinkel, bei einigen Schwingenfederungen sogar der ▷ Radstand. Da das Einfedern jedoch überwiegend beim Geradeauslauf und nicht bei eingeschlagenem Lenker erfolgt, dürfen diese Auswirkungen nicht überbewertet werden.

Teleskopgabel Ihre einfache, leichte Bauweise mit recht guter Einfederungrichtung begründet den Erfolg dieses Gabeltyps (Abb. 32 oben links). Teleskopgabeln werden elastomer- oder Öl/Luft-gefedert, sowie in Kombinationen von beiden angeboten und bieten eine breite Angebotsfülle.

Nachteilig wirkt sich das ungleichmäßige Einfedern der einzelnen ▷ Gabelbeine aus; es erfordert eine spezielle Nabe mit kräftigem Mittelteil und verdickter Achse, um Verbiegungen oder Brüche an Nabenkörper oder Achse zu vermeiden. Darüberhinaus verdrehen sich die Gabelbeine bei kräftigen Lenkausschlägen leicht gegeneinander, was ein leichtes, jedoch schnell koordinierbares ▷ Übersteuern erfordert.

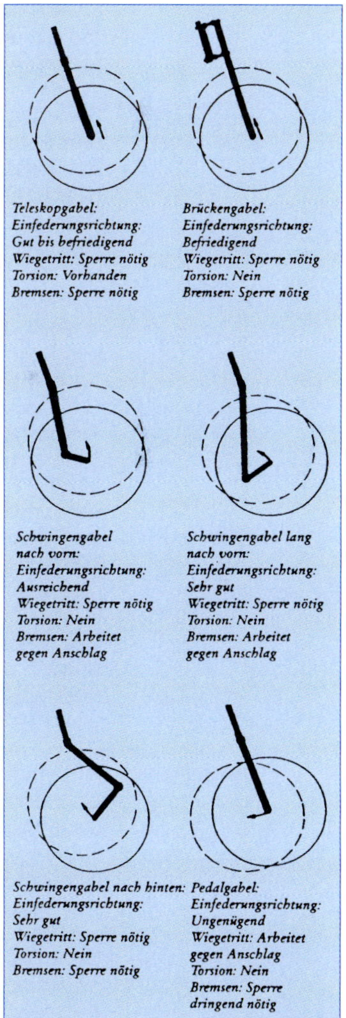

Abb. 32

Brückengabel Teleskopgabel, deren Gabelbeine am ▷ Steuerrohr vorbei laufen und mit diesem per "Brücken" verbunden werden. Mit Brückengabeln lassen sich durch die nach oben verlängerten Gabelbeine größere Einfederungswege erreichen, ansonsten ist ihr Federverhalten ähnlich bis gleich zu den konventionellen Teleskopgabeln (Abb. 32 rechts oben).

Zentral-Federgabel Die Federung erfolgt mittels zentral im ▷ Gabelschaftrohr untergebrachter Elastomer- oder Öl/Luft-Federung. Bei ähnlicher Einfederungsrichtung wie die Teleskopgabel besitzen ▷ Zentralfedergabeln zwar kürzere Einfederungswege, sind aber verdrehsteif und können mit herkömmlichen Naben gefahren werden.

Da bei Zentralfedergabeln das Gabelschaftrohr einen größeren Durchmesser sowie eine dickere Wandstärke besitzt, wird das höchstbelastete Rohr des Fahrradrahmens bruchsicherer - ein wichtiger Sicherheitsaspekt. Allerdings stellt diese Federungsart hohe Fertigungsansprüche (Dichtung, Übertragung des Lenk-Drehmoments) an die Produzenten.

Gabelschwinge

Das Vorderrad wird bei diesem Gabeltyp von einer Schwinge aufgenommen, die einen Kreisbogen um ihr Drehgelenk beschreibt. ▷ Gabelschwingen (Abb. 32 Mitte und unten links) gibt es in verschiedenen Ausführungen, die sich v.a. durch die Lage und des Drehgelenks und seine Länge unterscheiden. Von beiden Faktoren ist wiederum die Einfederungsrichtung abhängig.
Optimale Einfederungsrichtungen besitzen übrigens Gabelschwingen, deren Drehgelenk entweder oberhalb und vor der Vorderradnabe liegt, (Cannondale "V4000") oder die das Gelenk hinter der Vorderradnabe tief abgesenkt haben.

Pendelgabel

Schier katastrophal wirkt sich das Federungsverhalten von ▷ Pendelgabeln bei höheren Fahrgeschwindigkeiten aus. Sie weichen zwar sehr effektiv dem Hindernis aus, stellen dabei aber den Fahrrad-Vorderbau regelrecht auf, wenn die Gabel nach hinten ausfedert (Abb. 32 unten rechts).

Trapez-Gabel (AMP-Gabel)

Gabeltyp mit einem ▷ Viergelenktrieb zwischen den Gabelbeinen und dem Gabelschaftrohr (Abb. 33). Durch entsprechende Anordnung des Viergelenktriebes kann bei genügend langen Parallelogrammarmen ein gutes Federverhalten ohne Neigung zum Bremsnicken erreicht werden. In der im MTB-Bereich zur Ausführung gekommenen AMP-Gabel wird das aber aus Gewichts- und Kompaktheitsgründen nicht realisiert (Abb. 34).
Es bleibt ein gutes Federverhalten bei langsamer Fahrgeschwindigkeit, aber ein leicht bockiges Verhalten bei höheren Fahrgeschwindigkeiten, da sich die Gabel leicht gegen das Hindernis auslenkt.

Telelever-Prinzip

Teleskop-Brückengabel, die per Kugelgelenken oben mit dem ▷ Steuerrohr, unten mit einem sog. "Längslenker" verbunden ist (Abb. 35). Der Längslenker ist horizontal drehbar mit dem ▷ Unterrohr verbunden, woraus sich beim Einfedern ein leichtes Vorschieben des Vorderrades ergibt. Hauptvorteil: "Bremsnicken" wird 100%ig zuverlässig vermieden, es führt aber zu einer Einfederungsrichtung, die geringfügig entgegen der Fahrtrichtung verläuft.
Das Telelever-Prinzip wurde 1993 erstmals von BMW im Motorradbereich eingesetzt, findet allerdings aufgrund der aufwendigen Konzeption nur zögerlich Einzug in den Federbereich bei MTBs, zumal es einen Sonderrahmen benötigt.

Hinterradfederungen

Außer der Einfederungsrichtung und dem Einfederungsweg ist bei ▷ Hinterradfederungen besonders die Reaktionsfreiheit von Bedeutung.
Hinterradfederungen realisiert man i.d.R. mit Federschwingen. Wie bei den Gabelschwingen ist daher die Lage des Schwingendrehpunktes sowie die Schwingenlänge ausschlaggebend.

Drehpunkt unterhalb Kettenblätter

Liegt das Schwingengelenk unterhalb der Kettenblätter (Abb. 36 oben), so federt das Hinterrad nahezu senkrecht nach oben. Vom Kettenzug belastet, taucht das System bei harten Antritten leicht nach unten ein. Da sich beim Einfedern die Kettenlänge nur geringfügig ändert, ist der Pedalschlag belanglos.

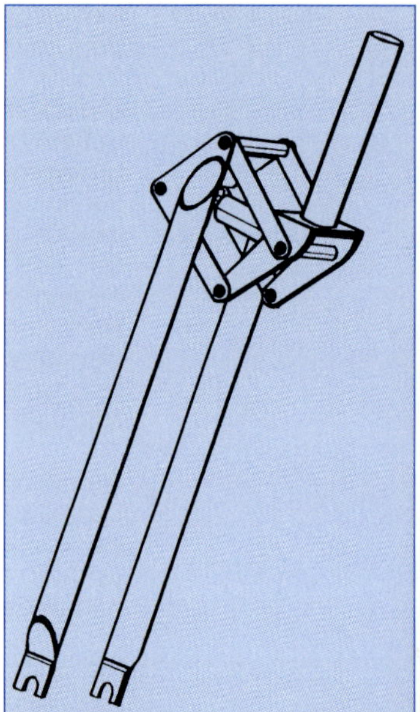

Abb. 33

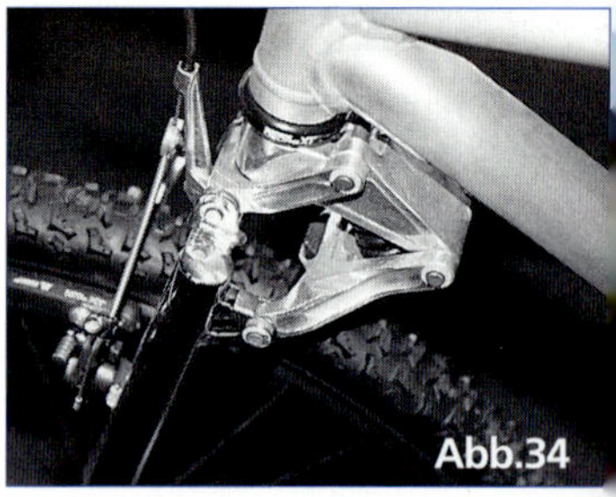

Abb.34

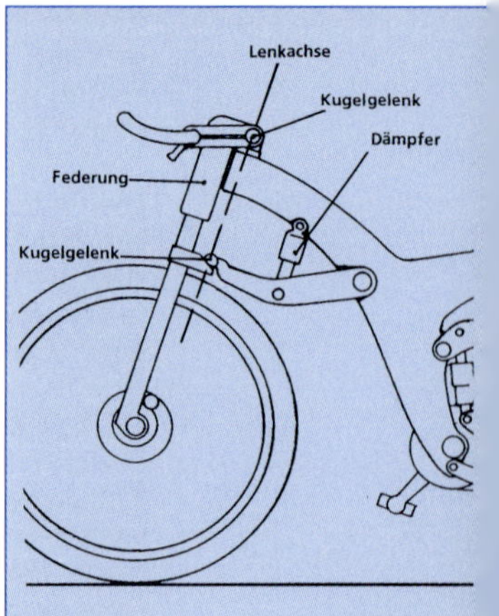

Abb. 35

Drehpunkt auf Höhe der Kettenblätter

Liegt der Schwingendrehpunkt in Höhe der Kettenblätter (Abb. 36, 2. von oben), so bewegt sich das Hinterrad beim Einfedern bereits geringfügig vom Hindernis weg. Der Kettenzug wirkt in etwa zentral auf das Schwingengelenk, so daß er keine Bewegung der Federschwinge auslöst. Auch hierbei ist kaum ein Pedalschlag zu spüren.

Drehpunkt oberhalb der Kettenblätter

Mit ansteigender Höhe der Drehgelenke oberhalb der Kettenblätter wird die Ausweichbewegung, die das Hinterrad beim Einfedern vollzieht, günstiger (Abb. 36 Mitte). Sie ist mehr nach hinten orientiert. Der Kettenzug zieht die Federung auf ihren Anschlag, wodurch sich das Fahrrad nicht aufbäumt.
Allerdings stemmt sich dieser Zug auch gegen das Einfedern, erhöht somit die ▷ Federhärte des Systems. Mit dem Einfedern wird mehr Kettenlänge benötigt, was einen kräftigen Pedalschlag zur Folge hat.
Diesbezüglich günstiger, betreffs Einfederungsrichtung jedoch schlechter, sind längere Schwingen, die nicht im Bereich des ▷ Sattelrohrs, sondern weiter vorn in Richtung ▷ Unterrohr gelagert sind.

Viergelenktriebe

Bei dieser auch als "Parallelogrammschwinge" bezeichneten Hinterradfederung belastet der Kettenzug nur die Drehgelenke (Abb. 36, 2. von unten). Er bleibt also genau wirkungslos wie der Pedalschlag. Die Einfederungsrichtung ist weniger optimal und verläuft vorwiegend nach oben. Das Federungssystem ist außerdem sehr aufwendig und erfordert 8 Drehgelenke.

Kurzschwinge oberhalb der Kettenblätter

Beim "V4000" von Cannondale (Abb. 36 unten) ist das Optimum hinsichtlich Einfederungsrichtung erreicht. Um Pedalschlag und Kettenzug auf ein Minimum abzubauen, muß die Kette allerdings über das Gelenk geführt werden.

Schwinge mit integriertem Tretlager

Das ▷ Tretlagergehäuse wird aus Gründen der Reaktionsfreiheit gegenüber Kettenzug und Pedalschlag mit in die Schwinge gelegt (Abb. 37). Es macht alle Ausweichbewegungen der Schwinge mit, der Abstand zu den Ritzeln bleibt dabei stets gleich.
Um auch das Tretlager mit zu erfassen, muß die Schwinge nach vorne verlängert werden. Dadurch entspricht die Einfederungsrichtung in etwa der vom Drehpunkt unterhalb der Kettenblätter.

Manuell betätigte Sperren

Mit einem am Lenker angebrachten Hebel können einige Federungen bei Bedarf blockiert werden. Ähnliche Wirkung zeigten vom Lenker aus zu betätigende Verstellmöglichkeiten von Federhärte oder Dämpfung. Damit hätte der Radler auch gleichzeitig die Möglichkeit, seine Federung den jeweiligen Fahrbahnverhältnissen anzupassen, also ein Tuning "on the Road" vorzunehmen (Abb. 38).

Federungsmassen

Werden ▷ Massen bewegt oder wird die Bewegungsrichtung von Massen geändert, so benötigt man dazu Kräfte.
Je größer nämlich die zu beschleunigenden Massen einer Federung sind, desto widerwilliger sind sie bereit, sich auf den gewünschten Einfederungsbahnen zu bewegen. Aus diesem

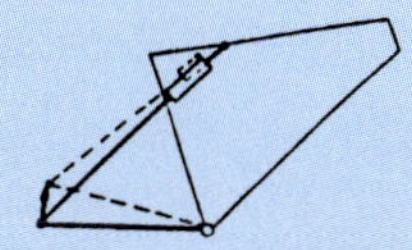

Drehpunkt unterhalb der Kettenblätter:
Einfederungsrichtung: Befriedigend bis ausreichend
Wiegetritt: Sperre nötig
Kettenzug: Taucht ab, "erweicht" die Federung
Pedalschlag: Unbedeutend

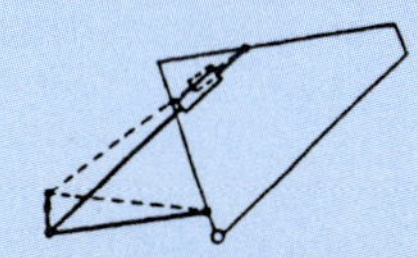

Drehpunkt auf Höhe der Kettenblätter:
Einfederungsrichtung: Befriedigend
Wiegetritt: Sperre nötig
Kettenzug: Keine Wirkung
Pedalschlag: Unbedeutend

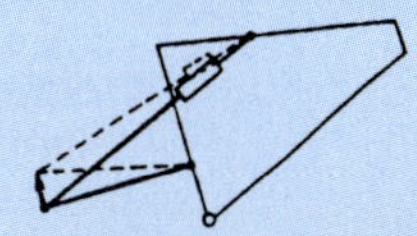

Drehpunkt oberhalb der Kettenblätter:
Einfederungsrichtung: Gut bis sehr gut
Wiegetritt: Teilweise kompensiert durch Kettenzug
Kettenzug: Arbeitet gegen Anschlag
Pedalschlag: Erheblich

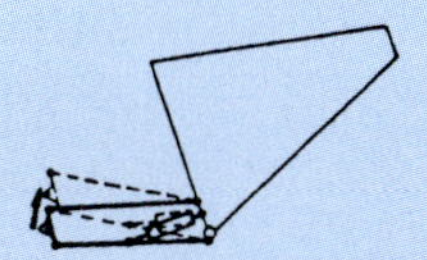

Viergelenktrieb:
Einfederungsrichtung: Ausreichend
Wiegetritt: Sperre nötig
Kettenzug: Keine Wirkung
Pedalschlag: Unbedeutend

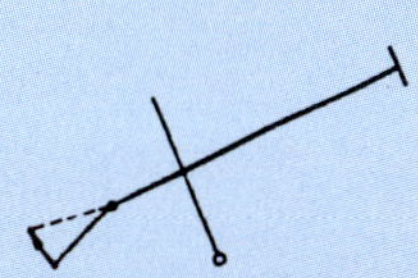

Kurzschwinge mit Kettenumlenkung:
Einfederungsrichtung: Sehr gut
Wiegetritt: Sperre nötig
Kettenzug: Keine Wirkung
Pedalschlag: Unbedeutend

Abb. 36

Grunde ist man bestrebt, sowohl die Laufräder als auch die Federungsmechanik möglichst leicht zu halten.

Abb. 37

Zum Beispiel kann ein Standard-Vorderrad gut 2,5 kg auf die Waage bringen (450 Gramm Nabe plus Schnellspanner, 300 Gramm für 36 Speichen mit 2 mm Durchmesser plus Nippel, 700-Gramm-Felgen, 300-Gramm-Schlauch und 800-Gramm-Reifen). Ein mit Leichtteilen ausstaffiertes Vorderrad kann gut unter der Hälfte dieses Gewichtes bleiben und wird dann den Fahrbahnunebenheiten doppelt so rasch ausweichen: Die restlichen noch auf Fahrzeug und Fahrer einwirkenden Kräfte reduzieren sich.

Trotzdem sind immer noch enorme Kräfte notwendig, um beispielsweise bei einer Downhill-Fahrt ein leichtes Vorderrad samt Federungsmechanik einfedern zu lassen. Bei unserem Rechenbeispiel (mit 60 km/h über eine 5 cm hohe Kante) wären das bei einer Masse von 1,5 kg immerhin noch 1.230 Newton.
Daß dabei in der Praxis kein knallharter "Rumpler" herauskommt, liegt an den luftgefüllten Reifen.

Abb.38

Einfluß der Reifen

Reifen spielen eine entscheidende Rolle bei jeder Fahrzeugfederung, da sie Bodenunregelmäßigkeiten nahezu trägheitslos ausfedern (Abb. 39).
Einzig jener Reifenbereich, der Kontakt mit dem zu überrollenden Hindernis bekommt, verformt sich. Da bei dieser Verformung nur einige Gramm des Reifenmaterials bewegt werden, erfolgt sie spontan, also ohne Verzögerung und das hat zwei Auswirkungen:

1. Die Stoßenergie wird durch diesen zusätzlichen Federweg bereits abgemildert.
2. Die Zeit bis zum Ansprechen der massereicheren Federung samt Laufrad wird überbrückt.

Reifen stellen daher eine Art Zusatzpuffer dar, und zu einer optimalen Abstimmung einer Fahrzeugfederung gehört immer die Wahl eines entsprechenden Luftdrucks sowie die eines ausreichenden Reifenvolumens.

Abb.39

Zusätzliche Elastizitäten

Ähnliche Effekte erzielen minimale elastische Verformungen an Felge und Speichen. Gewellte Speichen, eine reduzierte Speichenspannung und leichte, vertikal nich zu steife Felgen weichen dann als nächstliegende Masse den Beschleunigungskräften geringfügi aus. Auch diese Einflüsse gestalten den Übergang, bis die Federung reagiert, fließender.

Federungstypen

Gegenwärtig sind zwei verschiedene Federungssysteme aktuell: die ▷ Elastomer-Federung (Abb. 4 links) und die ▷ Öl/Luft-Dämpfer (Abb. 40 rechts).

Elastomere-Federungen

Elastomere-Federungen sind einfach, leicht und preiswert. Ihr Nachteil: Sie federn unwilliger (härter ein, besitzen nur eine schwache Dämpfung. Die Federung "flext" deshalb schneller zurück und über schwingt sogar ein wenig. Dadurch ist sie nicht so komfortabel und hält auch den Bodenkontakt nich so gut wie die ölgedämpften Varianten.

Allerdings schätzen manche Biker gerade diese Eigenschaften, da sie mit Elastomer-Federungen ei besseres Gefühl für den Untergrund haben. Die Schläge werden zwar erheblich abgemildert, aber e ist zweifelsfrei zu spüren, ob man über eine 3 bzw. eine 6 cm hohe Wurzel "brettert".

Einige Downhill-Fahrer schätzen diese Eigenschaften, um das schnellere Ausfedern sozusagen als Anlauf zum Überspringen von Hindernissen zu nutzen.

Ölgedämpfte Federungen

Ölgedämpfte Federungen schlucken beinahe klaglos die Bodenunebenheiten. Es macht praktisch keinen Unterschied, ob man über die besagte 3 cm hohe oder eine 6 cm hohe Wurzel saust.

Diese angenehmen Eigenschaften bergen jedoch auch Gefahren in sich: Der Fahrer registriert nicht, wann er in den Grenzbereich der Federungsanlage kommt und fährt u.U. über seinen Verhältnissen. Sind irgendwelche Wurzeln, Steine oder Kanten dann überraschenderweise plötzlich höher als die Einfederungswege, kann es zum Durchschlagen der Federung kommen und der Fahrer hebt ungewollt und urplötzlich ab.
Ölgedämpfte Federungen stellen also unbestritten das momentane Optimum auf dem Gebiet der Fahrradfederungen dar, haben jedoch ihre Grenzen.
Eine stärker progressive Federungskennlinie würde zwar einerseits die Leichtigkeit, mit der Bodenunebenheiten absorbiert werden, etwas schmälern, das Gefühl für den Untergrund aber verbessern: Die gefürchteten Federungsdurchschläge könnten vermieden werden.

Anmerkung: Neuerdings werden Schraubenfedern vielfach als Elastomer-Ersatz eingesetzt bzw. ersetzen den Öl/Luft-Dämpfern das Federelement Luft.

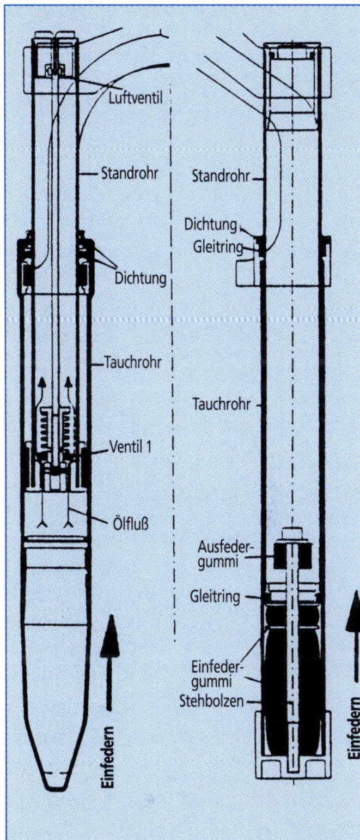

Abb. 40

Passive Federungen

"Passive" Federungen mildern die Auswirkungen der Fahrbahnstöße auf den Fahrer. Sie "packen" die Beschleunigungskräfte also nicht gleich an der Wurzel, sondern lassen das Fahrrad wie bisher durchschütteln.
V.a. weil die Laufräder den Hindernissen nicht durch optimierte Ausweichsbewegungen "entgehen" können, ist die Effektivität dieser Federungsart gegenüber den aktiven Systemen geringer.
Andererseits beträgt das Verhältnis Fahrermasse zur Fahrzeugmasse bei heutigen Fahrrädern etwa 8:1 - die weit größere Masse kann also auch mit passiven Federungen abgefedert werden. Da sie ohne größeren mechanischen Aufwand einen Großteil der Beschleunigungskräfte eliminiert, macht auch diese Federungsart Sinn.

Abb. 41

Das Manko derzeitiger passiver Federungen besteht in ihrer mangelnden Dämpfung sowie den hier nötigen, bislang aber wenig berücksichtigten Einfederungsrichtungen. Genauer betrachtet hebt sich beim Überrollen des Hindernisses nämlich zunächst das Vorderrad (Abb. 41 oben) und dann das Hinterrad (Abb. 41 unten) an. Alle Massepunkte beschreiben dabei einen Kreisbogen um den Aufstandspunkt des jeweils auf dem Boden bleibenden Laufrades, s. die Pfeile in Abb. 41. Entsprechend gegenläufig müßten die Einfederungsrichtungen der passiven Federung verlaufen.

Sattel

Die einfachste Art einer passiven Federung, mit der sich Federungswege von 4 bis 5 cm erreichen lassen, ist der gefederte Sattel (Abb. 42). Die Dämpfung von Sattelfederungen ließe sich durch den Einbau von kleinen Stoßdämpfern noch verbessern, die Einfederungsrichtung noch optimieren.

Sattelstütze

Federnde, u.U. sogar mit Dämpfungselementen bestückte ▷ Sattelstützen lassen den Fahrer angeblich "wie auf Wolken schweben". In der Realität freilich verläuft die vom ▷ Sattelrohr vorgegebene Einfederungsrichtung nicht zufriedenstellend (Abb. 43).

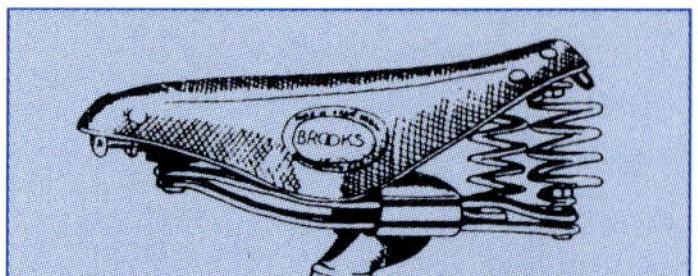
Abb. 42

Sattelschwinge

Der "Schwebebalken" zeigt eine ähnliche, noch bessere Wirkung, obwohl auch hier sich die Einfederungsrichtung noch optimieren ließe (Abb. 44). Mangelhafte Dämpfung äußert sich bei hohen Trittfrequenzen durch starkes Auf-und-Ab-Wippen. Einzelheiten s. ▷ Sattelschwinge.

Abb. 43

Lenkervorbau

Ein Parallelogramm zwischen Lenkerauge und Vorbauschaft mindert Fahrbahnstöße auf den Lenker, da dieser jetzt in etwa vertikal ausweichen kann (Abb. 45). Teils einstellbare Federelemente zwischen den Parallelogramm-Armen beeinflussen die Einfederungshärte und -tiefe. Störend wirkt sich ein Lagerspiel der Parallelogramm-Gelenke aus (schwammiges Lenkgefühl).

Kombinationen

Für den Rennradsport, bei dem viel Wiegetritt gefahren wird, wäre eine Kombination aus einer aktiven und einer passiven Federung (Gabel federt aktiv, Sattelschwinge passiv) denkbar. Die Gewichtszunahme ist unbedeutend, konstruktiv läßt es sich einfach lösen, der Kostenfaktor bewegt sich in angemessenem Rahmen.
Selbstverständlich ist ein derartiger Kompromiß auch für Mountainbikes und Trekkingräder vorstellbar, die nicht für den Leistungssport genutzt werden. Denn er fördert insgesamt den Komfort und die Sicherheit.

Abb. 44

Standortbestimmung und Ausblicke

Fahrradfederungen befinden sich heute noch immer mehr oder weniger im Erprobungsstadium. Da das Federbike nach wie vor das imageträchtige Renommierprodukt der Hersteller ist, fördert die Demonstration technischer Präsenz zwar die Weiterentwicklung, verhindert aber eine dringend notwendige Normierung und Standardisierung der Federungssysteme.

Glaubte man beispielsweise 1994, die Teleskopgabeln hätten sich etabliert, tauchten Schwingengabeln und das Telelever-Prinzip auf, die sozusagen wieder von Null beginnen und in einem langwierigen Entwicklungsprozeß für den Fahrradeinsatz optimiert werden müssen.
Ähnlich sieht es mit den Hinterradfederungen aus. Hier hatte sich die Schwingenlagerung in Höhe der Kettenblätter nahezu durchgesetzt, jetzt wird mit Federungen experimentiert, bei denen das ▷ Tretlagergehäuse mitschwingt.

Für den Leistungssportbereich werden weiterhin Spurtreue, Federungskomfort und die Reaktionfreiheit gegenüber Wiegetritt, Bremsen und Kettenzug mit hohem technischen Aufwand perfektioniert.

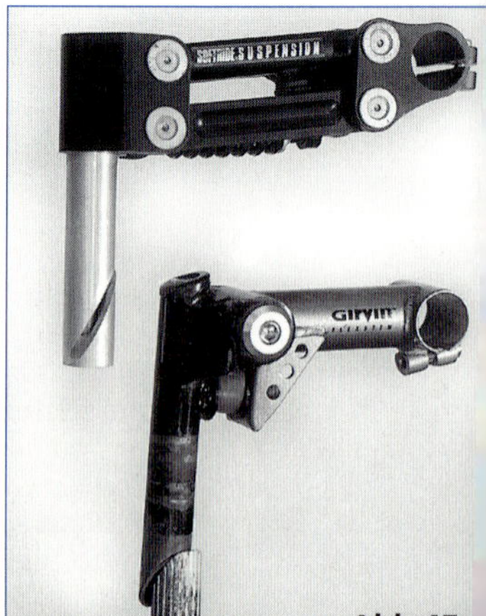
Abb.45

Federung für Gebrauchsräder

Fahrräder für den Freizeitbereich (▷ Trekkingräder; ▷ Gebrauchsräder) können bereits von den Entwicklungen im MTB-Bereich profitieren: Die schlichte Verbesserung des Fahrkomforts,

Betriebssicherheit und die Wartungsfreiheit der Federungssysteme sind hier wichtiger als exakt abstimmbare Dämpfungen.

Unkomplizierte, kostengünstige und dennoch effektive Konzeptionen werden hier das Rennen machen. Mehr Fahrkomfort heißt für diese Fahrräder auch mehr Sicherheit, denn der Fahrbahnkontakt wird besser gehalten und die Defektrate (▷ Durchschlag) gesenkt.

Kletterhilfe für kleine Laufräder

Wie seinerzeit von Sir Alex Moulton (s. ▷ Moulton) vorexerziert, können mittels einer Federung auch kleinen Laufrädern gute Roll- und Klettereigenschaften verpaßt werden.
Für Fahrradfederungen könnte sich auch hier ein neuer Absatzmarkt in Richtung gefederte ▷ Kompakt-, ▷ Klapp- und ▷ Zerlegeräder auftun. Gelungener Auftakt diesbezüglich: Das "Birdy" von Heiko Müller und Markus Riese mit 17-Zoll-Laufrädern (Abb. 46).

Abb. 46

Fahrradgewinde

Gewindetypen, die im Fahrradbereich Anwendung finden und in nachfolgender Tabelle (Abb. 47) aufgeführt sind:

Bezeichnung	Durchm. in mm	Gewindesteigung in mm	Gewindesteigung Gänge/Zoll	Anwendung
2x56		0,454	56	Speichen und Nippel
2,3x56		0,454	56	Speichen und Nippel
2,6x56		0,454	56	Speichen und Nippel
M 3x0,5		0,5	50,8	Schellenbefestigung, Lichtanlage
M 4x0,7		0,7	36,2	Justage Bremse/Schaltung, Schellen
11/64"x32	4,37	0,794	32	Teilweise Befestig. Schalthebel
M 5x0,8		0,8	31,7	Bef. Zubehör/Komponenten, Seilklemmg.
VG 5x36		0,705	32	Ventileinsatz Autoventil
VG 5,2x24		1,058	24	Schaft Dunlop-/Rennventil
M 6x1		1	25,4	Befestig. Zubehör/Komponenten
M 6x0,75		0,75	33,9	Befestig. Kettenrädchen Suntour
VG 6x32		0,794	32	Überwurfmutter Rennventil
M 7x1		1	25,4	Kurbelkeil, Klemmg. Vorbau/Sattel
5/16"x26	7,938	0,977	26	Vollachse Vorderradnabe
VG 8x32		0,794	32	Überwurfmutter Dunl./Auto-Ventil
M 8x0,75		0,75	33,9	Befestigung Kettenblätter
M 8x1		1	25,4	Vordr./Tretlager-Achse, Satt.-Klemmg.
M 8x1,25		1,25	20,3	Klemmung Vorbauschaft/Sattel
M 9x1		1	25,4	Hohlachse Vorderradnabe
9x26		0,977	26	Hohlachse Vorderradnabe/Campagnolo
3/8"x26	9,525	0,977	26	Hinterradachse
10x26		0,977	26	Hohlachse Hinterradnabe/Campagnolo
M 10x1		1	25,4	Hin.-Achse, Befestg. Kurbel/Schaltung
M 10x1,5		1,5	16,9	Seitenständerbef./Pletscherplatte
13/32"x26	10,32	0,977	26	Hinterradachse/Sachs-Nabenschaltung
M 12x1		1	25,4	Kurbelbefest. Tretlagerachse

Bezeichnung	Durchm. in mm	Gewindesteigung in mm	Gewindesteigung Gänge/Zoll	Anwendung
1/2"x20*	12,7	1,27	20	Pedalbefestig. Fauber/USA Gebr.-Rad
M 14x1,25*		1,25	20,3	Pedalbefestigung Frankreich
9/16"x20*	14,3	1,27	20	Pedalbefestigung
18x24**		1,058	24	Tretlagerachse/Thompson
M 22x1		1	25,4	Kurbelabzug
22x24**		1,058	24	Tretlagerachse/Fauber
7/8"x24**	22,23	1,058	24	Tretlagerachse/Fauber
23,2x32		0,794	32	Tretlagerachse/Fauber
15/16"x24**	23,8	1,058	24	Tretlagerachse/Fauber
M 25x1		1	25,4	Gabelschaft Frankreich
1"x24**	25,4	1,058	24	Gabelschaft
M 26x1		1	25,4	Gabelschaft Österreich/Diamant
1 1/8"x24**	28,6	1,058	24	Gabelschaft MTB
1 1/4"x24**	31,75	1,058	24	Gabelschaft MTB
32,8x24**		1,058	24	Konterung starres Ritzel
1,37"x24^	34,8	1,058	24	Tretlagerschalen/BSA, Freilauf
M 35x1^		1	25,4	T-Schalen Frankr./Schweiz, Freil. Frankr.
36x24		1,058	24	Tretlagerschalen Italien
46x24^		1	24	Tretlagerschalen Fauber

* Rechte Seite Rechtsgewinde, linke Seite Linksgewinde
** Linksgewinde
^ Rechte Seite Linksgewinde, linke Seite Rechtsgewinde

Anmerkungen:

1. In einigen Ländern werden die Vollachsen von Naben mit 24 statt 26 Gewindegängen pro Zoll gefertigt.

2. In der DIN 79012 werden die zölligen Gewinde mit FG gekennzeichnet und deren Durchmesser in Millimetern angegeben. Beispiel: FG 7,9 und FG 9,5 für die Gewinde 5/16"x26 und 3/8"x26.

3. Wie unter 2. sind die Ventilgewinde in der DIN 7756 angegeben und werden mit VG gekennzeichnet.

Weitere Einzelheiten s. ▷ Gewinde; ▷ Gewindemaße.

Fahrradhandschuhe

Spezialhandschuhe, die der Radler zum Schutz vor mechanischen Einwirkungen bzw. auch ganz normal gegen Kälte trägt.
Radfahrhandschuhe haben i.d.R. ein Handballenpolster (Dämpfung von Lenkerstößen und Schutz bei Stürzen), das ursprünglich von seiner Verwendung als Bremshandschuh herrührt, da frühere Rennräder keine oder nur wenig wirksame Bremsen hatten: die Fahrer griffen zwecks Verzögerung auf den Vorderreifen.
Daneben sichern die Handschuhe auch den rutschfesten Lenkerzugriff bei Schweißbildung und vermeiden Schwielen- und Blasenbildung.
Zur Kühlung und v.a. zur Ausführung leichterer Reparaturen unterwegs (z.B. Reifenwechsel) sind die Fingerlinge der Sommerhandschuhe abgeschnitten.

Fahrradkarten

Spezielle Landkarten, die den Bedürfnissen von Radlerinnen und Radlern durch ihren Maßstab sowie spezifische, radfahrrelevante Informationen Rechnung tragen. Vgl. hierzu den Kartenausschnitt von Mairs Generalkarte (Abb. 48) mit den Änderungen zur ADFC-Radtourenkarte (Abb. 49).
Je nach Art der Nutzung unterscheidet man *Radtourenkarten*, *Radwanderkarten* und *Radfahrerstadtpläne*.
Radtourenkarten (z.B. die *ADFC-Radtourenkarte 1:150.000*, einziges flächendeckendes Kartenwerk für Deutschland in 27 Einzelblättern, herausgegeben von der BVA und dem ADFC), eignen sich vor allem für Mehrtagestouren. Sie stellen ein großes, überregionales Gebiet dar und heben geeignete Radtouren sowie Radfernwege farbig hervor. Weiterhin sind radtouristisch bedeutsame Einrichtungen (Fahrradwerkstätten, Campingplätze, Jugendherbergern etc.) und Sehenswürdigkeiten aufgeführt.
Radwanderkarten in den Maßstäben 1:50.000 bis 1:75.000 (z.B. die *ADFC-Regionalkarten)* sind für Tages- oder Wochenendtouren gedacht und beschränken sich daher meist auf die Darstellung einer Region oder des Umfeldes einer Stadt. Im Vergleich zu Radtourenkarten weisen sie ein dichteres und detaillierteres Netz an Radtouren und zusätzliche Freizeitmöglichkeiten auf, je nach Kartenart, ergänzt durch ausgearbeitete Tourenvorschläge, textliche Beschreibungen, Illustrationen etc. Eine Sonderform sind die (zur besseren Handhabung) spiralgebundenen Radwanderkarten ("Spiralos").
Radfahrerstadtpläne sind vollwertige Stadtpläne, ergänzt durch Radrouten und fahrradthematischen Ergänzungen (z.B. Fahrradwerkstätten und Abstellanlagen). Sie richten sich vorwiegend an Alltagsradler, werden aber meist auch durch Freizeitangebote ergänzt.

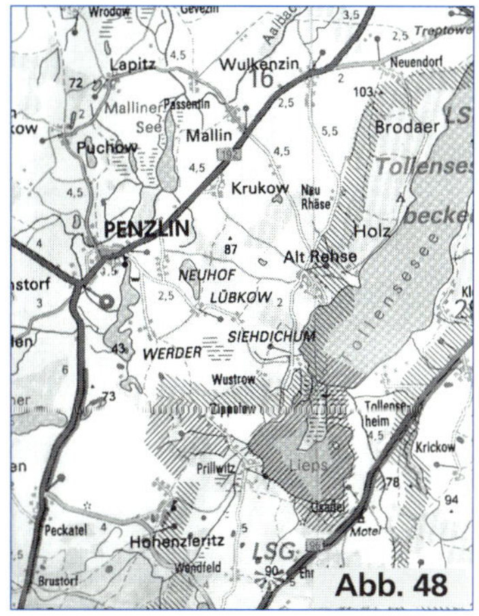

Abb. 48

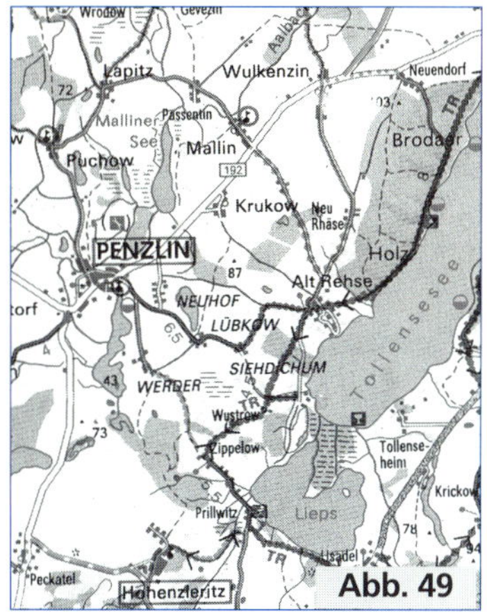

Abb. 49

Fahrradmessen

In Deutschland stattfindende Messen s. ▷ IFMA; ▷ Intercycle; ▷ Eurobike.

Fahrradmuseen

Die folgenden Museen sind im deutschsprachigen Raum dem Fahrrad gewidmet oder enthalten eine Fahrradsammlung:

Deutschland

Berlin: Museum für Verkehr und Technik, Trebbiner Str. 9, 10963 Berlin. – *Dresden:* Verkehrsmuseum Johanneum, Augustusstr. 1, 01067 Dresden. – *Einbeck:* Einbecker Fahrrad-Museum, Papenstr., 37574 Einbeck. – *Feuchtwangen:* Fahrradmuseum Zumhaus, Zumhaus 4, 91555 Feuchtwangen. – *Hannover:* Radfahr-Galerie Walter Euhus, Deisterweg 15b, 30449 Hannover. – *München:* Deutsches Museum, Abtl. Kutschen und Fahrräder, Museumsinsel 4, 80538 München. – *Neckarsulm:* Deutsches Zweiradmuseum, Deutschordensschloß, 74172 Neckarsulm. – *Oldenburg:* Oldenburger Fahrradmuseum, Donnerschweerstr. 45, 26123 Oldenburg

Österreich

Wien: Technisches Museum, Linzerstr., Wien

Schweiz

Basel: Schweizerisches Sportmuseum, Missionsstr. 28, Basel.

Fahrradpflege

I.d.R. vom Radler selbst vorgenommene äußerliche Reinigungs- und Polierarbeiten an der Fahrradoberfläche (i.U. zur ▷ Fahrradwartung). Diese Arbeiten reichen von der Lack- und Politurpflege bis hin zu Rostschutzmaßnahmen und schließen auch die Kette mit ein (s. ▷ Kettenpflege).
Obwohl sich hier jeder Radler seinen eigenen "Stil" erarbeitet, hat sich folgende Vorgehensweise als ebenso rationell wie wirksam erwiesen:

1. Reinigen des Fahrrades mit handwarmem und mit Spülmittel angereichertem Wasser und weicher Bürste für schwer zugängliche Stellen (Abb. 50);
2. Einsprühen der gesamten Oberfläche mit ▷ Sprühwachs (Abb. 51), das einen hauchdünnen Schutzfilm bildet;
3. Polieren der gewachsten Oberfläche.
Anmerkung: Der Einsatz von Sprühwachs (Bezug: Auto- und Fahrradhandel) hat gegenüber den üblicherweise angebotenen Pflegeölen den Vorteil, einen besseren Rostschutz zu gewähren, haftet intensiver auf den Oberflächen und ist staubabstoßend, während Pflegeöle Staub anziehen.
S.a. ▷ Fahrradwartung.

Abb. 50

Abb. 51

Fahrradphysik

Physikalische Gesetzmäßigkeiten, denen das Radfahren unterliegt.
An der vergleichsweise simplen und überschaubaren Mechanik des Fahrrades lassen sich einige physikalische Phänomene besonders gut demonstrieren. Siehe hierzu insbesondere:

▷ Aerodynamik; ▷ Bremsvorgang; ▷ Fahrdynamik; ▷ Fahrwiderstand; ▷ Hangabtriebskraft; ▷ Kreiselkräfte; ▷ Rollreibung; ▷ Wirkungsgrad.

Fahrradschloß

s. ▷ Schloß

Fahrradständer

s. ▷ Ständer

Fahrradstützen

And. Bez. f. ▷ Ständer (Abb. 52).

Fahrradtaschen

1. ▷ Gepäcktaschen;
2. kleinere ▷ Zubehörtaschen, die am Lenker, Sattel oder im Rahmendreieck befestigt werden.
3. ▷ Transporttaschen, in denen das gesamte Fahrrad untergebracht wird.

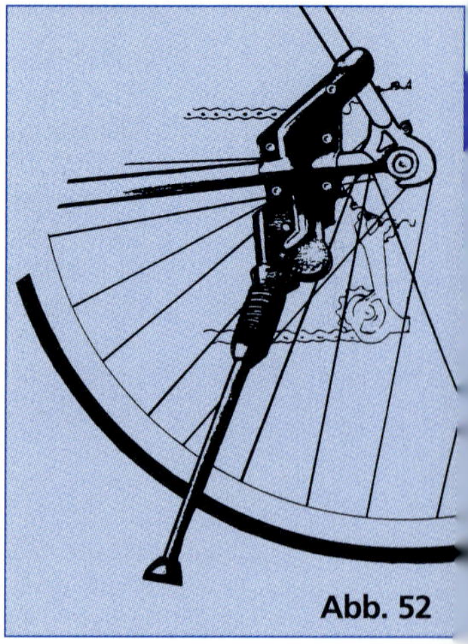
Abb. 52

Fahrradtests

Meß- oder Prüfungsverfahren bzw. Vorschriften, um die Sicherheit und Tauglichkeit von Fahrrädern zu beurteilen, zu vergleichen oder auch zu gewährleisten.
Fahrradtests werden gerne von Fach- und Verbraucherzeitschriften durchgeführt, um dem Endverbraucher eine Hilfe bei der Kaufentscheidung an die Hand zu geben. Die Kriterien liegen hierbei mehr oder weniger im subjektiven Ermessen der jeweiligen Redakteure oder der von ihnen beauftragten Testinstitute.
Die meisten Fahrradhersteller testen ihre Produkte freiwillig nach den entsprechenden DIN-Vorschriften (s. ▷ DIN), um sich gegen evtl. Regreßansprüche abzusichern. Diese Normen stellen allerdings eine Untergrenze dar, die für das Alltagsrad ausreichend sind, jedoch nicht den um ein Vielfaches höheren Belastungen durch sportliche Radfahrer genügen (vgl. die Gegenüberstellung bei ▷ Antriebsdrehmomente). Um diesen standzuhalten, streben die meisten Firmen bereits höhere Belastungswerte an.

Fahrradträger

Für den Autotransport von Fahrrädern konzipierte Halterungen, die entweder auf dem Dach (Abb. 53) oder am Heck (Abb. 54) montiert werden. Letztere können als Quer- oder Längsträger ausgeführt sein, wobei Längsträger in Deutschland allerdings noch nicht zugelassen sind.

Abb. 53

Bei Dachträgern gibt es Komplettsysteme nur fürs Fahrrad sowie Vario-Lösungen, die mit einem "Grundträger" arbeiten und Zusatzteilen fürs Fahrrad, aber auch für Skier, Surfboards usw. Je nach System wird das Rad entweder auf den Rädern stehend fixiert oder aber in "Auf-Kopf"-Position. Für schwächere Personen sind auch Liftsysteme erhältlich, mit denen das Rad aufs Dach geschwenkt wird.

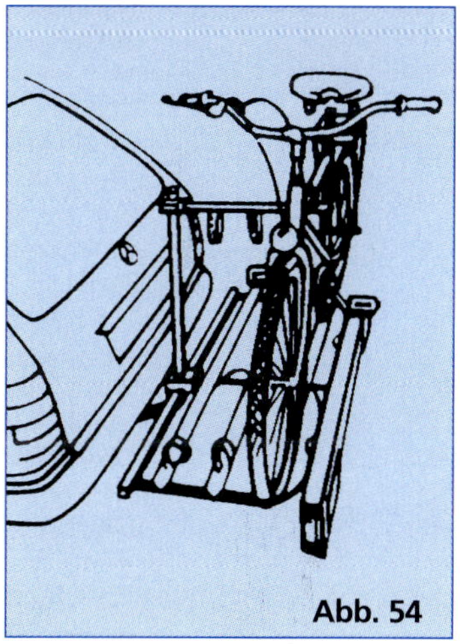

Abb. 54

Anmerkung: Laut Stiftung Warentest erhöht sich der Benzinverbrauch auch ohne Räder allein aufgrund des durch das Trägergestänge erhöhten ▷ Luftwiderstandes deutlich. Daher sollte der Träger demontiert werden, wenn keine Räder mehr zu transportieren sind. Ergo: Auf einfaches, möglichst werkzeugloses Montagesystem achten.

Qualität u. Sicherheit

Um sich vor unsicheren Konstruktionen zu schützen, achten Sie bitte auf die Prüfung nach DIN 75 302 und das "GS"-Zeichen für "Geprüfte Sicherheit", was auf den Trägern durch einen Aufkleber sichtbar gemacht ist.

Tip: Die Autohersteller bieten zu ihren Modellen passende Grundträger an, die zwar etwas teurer sein mögen als "Universalisten", aber genau angepaßt sind und sichere Verbindung zu Dach bzw. Heck garantieren.

Abschließbarkeit

Vor dem schnellen Fahrradklau schützt ein Schloß am Auslegerarm. Bei hochwertigen Dachträgern ist auch die Trägerverschraubung/-klemmung schloßgesichert. Behelf: Räder mit Kabelschloß am Träger sichern.

Fahrradtypen

Im Laufe der Zeit haben sich die Fahrräder mehr und mehr auf ihren Verwendungszweck hin spezialisiert und unterscheiden sich daher z.T. erheblich in Konstruktion und Ausstattung voneinander.

Abb. 55

Sieht man einmal von dem grundsätzlichen Unterschied zwischen ▷ Damen- und ▷ Herrenrad (Abb. 55 und 56) ab sowie von Sonderkonstruktionen wie ▷ Liegerad, ▷ Tandem, ▷ Saalsportrad u.ä., so findet man schon beim ganz "normal" wirkenden Fahrrad charakteristische Typenunterschiede.

In den letzten Jahren hat sich als wichtigster Unterschied der zwischen "Straßen-" und "Geländerad" herauskristallisiert. Bauart, Bereifung, ▷ Übersetzungsbereich usw. sind hier auf die wesentlich unterschiedlichen Rollbahnbedingungen hin ausgelegt, denen die beiden Fahrradtypen begegnen.

Regelrecht spezialisiert sind die sportlich genutzten Fahrräder. So ist das gewöhnliche ▷ Rennrad zum Fahren im Pulk kurz und wendig konzipiert (kurzer ▷ Radstand und ▷ Nachlauf), das ▷ Mountainbike für ▷ Downhill-Wettbewerbe dagegen lang und fahrstabil (großer Nachlauf). Das ▷ Triathlon-Rad ist

bes. nach aerodynamischen Gesichtspunkten durchgestylt (Abb. 57), was bei ▷ HPV-Fahrrädern mittels karosserieartigen ▷ Verkleidungen bis zur Perfektion getrieben wird.
Das klassische ▷ Reiserad (Abb. 58) wiederum wirkt auf den ersten Blick wie ein mit Gepäckträger und Beleuchtung versehenes Rennrad, weist aber bei näherem Hinsehen einen verstärkten Rahmen mit spezieller Geometrie, stärkere Bremsen und einen besonders bergtüchtigen Antrieb aus. Das ▷ Bahnrad wiederum verzichtet selbst auf die Bremsen.

Abb. 56

Immer mehr Beachtung finden "Exoten" unter den Fahrrädern, wobei besonders auf das ▷ Moulton und die Version des ▷ Pedersen-Rades von Kemper (Abb. 59) hingewiesen sei.
Im Einzelnen s. auch: ▷ Einrad; ▷ Hochrad; ▷ HPV-Fahrrad; ▷ Klapp-/Zerlegerad; ▷ Liegerad; ▷ Lotus; ▷ Mountainbike (▷ ATB); ▷ Niederrad; ▷ Radballrad; ▷ Reiserad; ▷ Rennrad; ▷ Saalsportrad; ▷ Sling Shot; ▷ Sonderfahrrad; ▷ Sprinterrad; ▷ Sportrad; ▷ Steherrad; ▷ Tandem; ▷ Trekking-Bike; ▷ Vector; ▷ Zeitfahrrad u.a.

Abb. 57

Fahrradventil

Häufig nur auf den von Dunlop erfundenen Ventiltyp bezogene Bezeichnung (Abb. 60), die aber auch mit dem sog. "Blitzventil" als ▷ Ventileinsatz (Abb. 61 links) bestückt werden kann. Weitere Einzelheiten und über andere bei der Fahrradbereifung verwendete Ventiltypen s. ▷ Ventil.

Abb. 58

Fahrradversandhäuser

Versandgeschäfte, die komplette Fahrräder, aber auch einzelne Fahrradteile per Katalog dem Endverbraucher offerieren und auf Bestellung ausliefern. Der informative Charakter der Kataloge wird bes. gern von Radfahreinsteigern als Orientierungs- und Informationsquelle genutzt. "Radfreaks" bedienen sich ebenfalls gern dieser Kaufmöglichkeit, da die Vertreiber ob der breiten Angebotspalette auch ansonsten schwierig zu beschaffende Teile auf Lager halten. Andernfalls sind solche Teile nur mit zeitaufwendiger Suche zu finden (z.B. ▷ Felgen und ▷ Naben mit unüblichen Speichenlochzahlen; Sondergrößen von ▷ Tretkurbeln und ▷ Kettenblättern usw.).

Um die i.d.R. ortsferne Service- und Garantieleistung für die Kunden akzeptabel zu gestalten, bemühen sich die Versandhäuser um prompte und kulante Erledigung. Allerdings müssen die Räder bei Servicebedarf in jedem Fall versendet oder vorbeigebracht werden. Aus den vielen Kataloganbietern der 70er und 80er Jahre haben sich heute neben einigen Kleinversendern folgende Firmen

Abb. 59

etabliert:
Brügelmann, Oberliederbacher Weg 42, 65843 Sulzbach;
Radsportcenter Rose, Postfach 2547, 46393 Bocholt;
Bicycles, Otto-Brenner-Str. 207, 33604 Bielefeld;
Petermann, Elzstr. 25, 79312 Emmendingen.

Fahrradwartung

I.U.z. ▷ Fahrradpflege funktionserhaltende Arbeiten am Fahrrad, die sich v.a. auf ▷ Justage und Einstellarbeiten sowie Schmierstoff-Nachrüstung beziehen. Dazu gehört auch die jährliche ▷ Wartung von ▷ Konuskugellagerungen. Weiterhin beinhaltet die Wartung auch kleinere Reparaturen oder Auswechslungen wie z.B. den turnusmäßigen Austausch von Brems- und Schaltzügen, aber auch der Kette (Abb. 62).

Fahrstabilität

Bez. f.d. Stabilität der Gleichgewichtslage von zweirädrigen, einspurigen Fahrzeugen. Sie wird bestimmt durch deren

▷ Nachlauf, ▷ Richtkraft, ▷ Radstand, ▷ Laufradgröße, ▷ Schwerpunkt.
Bei stabil gebauten Fahrrädern verbessert sich die Fahrstabilität mit zunehmender Geschwindigkeit infolge größer werdender ▷ Kreiselkräfte. Fahrräder mit zu geringer ▷ Seitensteifigkeit, zu geringem Nachlauf oder hoher Gepäckzuladung bekommen hingegen bei höheren Geschwindigkeiten eine Neigung zum ▷ Rahmenflattern.
Weiteres zu diesem Themenkreis s. ▷ Fahrverhalten und ▷ Lenkvorgang.

Fahrverhalten

Oberbegriff f. ▷ Steuerbarkeit und ▷ Handling von Fahrrädern. Beide Größen sind im wesentlichen von der Rahmenkonstruktion abhängig (vgl. ▷ Rahmengeometrie) und ergeben sich im Einzelnen aus dem Zusammenspiel von ▷ Geradeauslauf, ▷ Wendigkeit, ▷ Nachlauf, ▷ Seitensteifigkeit, ▷ Fahrkomfort sowie Gewicht und Laufradgröße. Darüber hinaus wirkt der Fahrer noch mit seiner ▷ Sitzposition (▷ Schwerpunkt) ein. Im Einzelnen:

Geradeauslauf

Guter Geradeauslauf resultiert aus großem ▷ Radstand (Motto: "Länge läuft") und großem ▷ Nachlauf, wobei letzterer den größeren Einfluß besitzt (klassisch im City-Rad: Abb. 63).

Wendigkeit

Gegensätzlich hierzu die Wendigkeit, die sich durch kürzer werdenden Radstand und steiler werdenden Lenkwinkel verbessert, wobei der steile Lenkwinkel sowohl den Nachlauf verkürzt, als auch die für Lenkkorrekturen benötigten Kräfte verringert (Abb. 64: 26-Zöller).

Nachlauf

Der ▷ Nachlauf besitzt den größten Einfluß aufs Fahrverhalten. Er stellt für die ▷ Kreiselkräfte eine Art Hebelarm dar, mit dem die selbststabilisierenden Einflüsse der Kreiselkräfte in die ▷ Lenkung einwirken. Hinzu kommt durch die ▷ Roll- und ▷ Lagerreibung des Vorderrades noch eine ▷ Richtkraft, die das Vorderrad stets in Radflucht hält. Mit Vergrößerung des Nachlaufs nimmt daher diese Richtkraft zu (Abb. 65). Beide Einflüsse ermöglichen übrigens das Freihändigfahren.

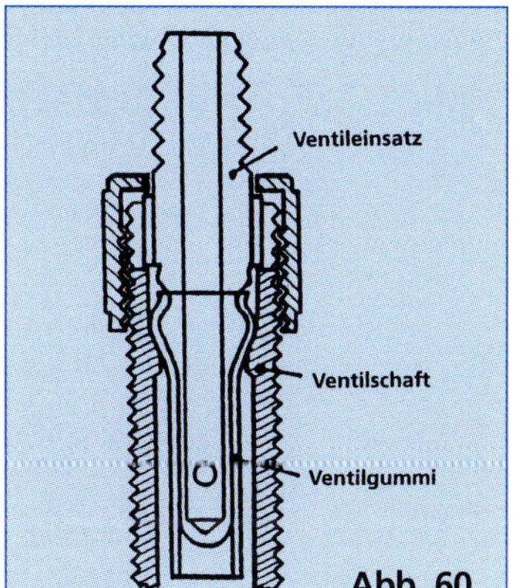

Abb. 60

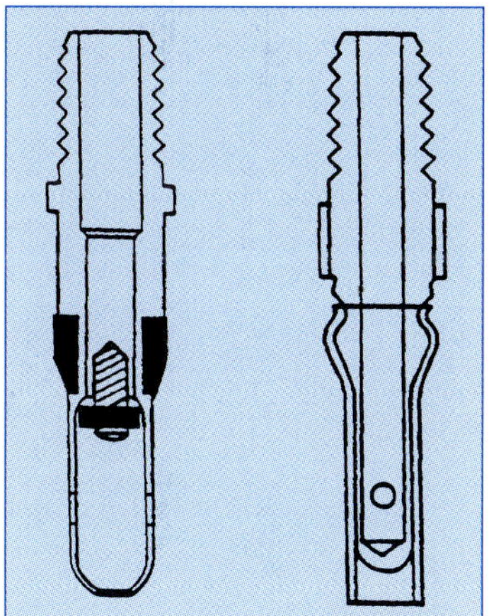
Abb. 61

Abb.62

Abb. 63

Abb.64

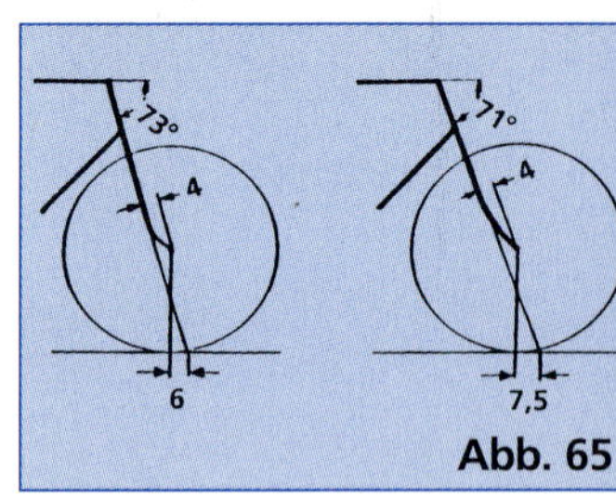

Abb. 65

Der Nachlauf kann einen Ausgleich zwischen den beiden sich widersprechenden Parametern Geradeauslauf und Wendigkeit erzielen: So gewinnt ein kurz gebautes Rad durch langen Nachlauf ein besseres Geradeauslaufverhalten oder umgekehrt, ein lang gebautes Rad wird durch kurzen Nachlauf im Lenkverhalten "spritziger".

Seitensteifigkeit u. Fahrkomfort

▷ Seitensteifigkeit und ▷ Fahrkomfort sind ebenfalls zwei sich widersprechende Eigenschaften des Fahrrades. So kann man beispielsweise durch voluminösere Rahmenrohre die Seitensteifigkeit steigern, mindert dadurch aber automatisch den Fahrkomfort, da der Rahmen ja auch vertikal härter wird. Kompromisse: 1) Ein harter Rahmen kann durch querovale Rohre oder eine "weiche" Aluminiumgabel ohne Seitensteifigkeitsverlust an Fahrkomfort gewinnen; 2) ein "weicher" Rahmen kann durch seitensteife Laufräder an Seitensteifigkeit zulegen.

Laufräder

Durch Größe und Gewicht der Laufräder (vgl. ▷ Laufraddurchmesser; ▷ Laufradgröße) werden die fahrstabilisierenden ▷ Kreiselkräfte bestimmt. Sie nehmen mit höherem Gewicht von Felgen und Reifen zu, sowie auch mit abnehmendem Laufraddurchmesser. Da diese Kräfte bei kleinen Laufrädern mehr in Bodennähe wirken, nimmt der stabilisierende Einflu wieder ab und ergibt ein gewöhnungsbedürftiges Fahrverhalten. Darüber hinaus haben die Verwir dungssteifigkeit der Felge sowie ▷ Speichenspannung und ▷ Speichenschräge Einfluß auf die Seiter steifigkeit des Fahrrades.

Gewicht Das Gewicht eines Rades wirkt sich insbesondere auf sein ▷ Handling aus:
Speziell bei sportlicher Fahrweise, wie insbes. bei ▷ Rennrad und ▷ Mountainbike üblich, wirkt sich bei plötzlichen, energischen Richtungsänderungen (Umfahren von Hindernissen, "Durchzirkeln" einer Spurrille) die ▷ Masse des Fahrrades aus. Natürlich ist auch mit einem 9 kg leichten MTB leichter über ein Hindernis zu springen als mit einem 18 kg schweren "Panzer". Ähnlich sieht es bei ▷ Beschleunigungen aus: Hier ist ein leichtes Fahrrad ebenfalls schneller "auf Touren" zu bringen als ein schweres.

individuelle Faktoren Der Radler beeinflußt mit seiner ▷ Sitzposition und ▷ Körperhaltung den ▷ Schwerpunkt seines Fahrzeugs. Damit wird sowohl das ▷ Bremsverhalten beeinflußt (Kipp- und Standmoment), als auch die ▷ Fahrstabilität:
Bei aufrechter Haltung z.B. oder weit zurückgesetztem Sattel kann das gefürchtete ▷ Rahmenflattern auftreten, Abhilfemaßnahmen s.d.

Fahrwiderstand

Summe aller Reibungsverluste, die der Fortbewegung von Fahrzeugen entgegenwirken. Beim Fahrrad im Einzelnen:

▷ Rollreibung der Reifen,
▷ mechanische Verluste (Lagerreibung von Naben, Pedalen, Tretlager plus Kettenreibung),
▷ Luftwiderstand.

Wie Abb. 66 zeigt, dominiert ab ca. 15 km/h der Luftwiderstand. In Abb. 67 ist zu sehen, daß der Fahrwiderstand auch mit dem Fahrradtyp bzw. der dadurch mehr oder weniger vorgegebenen ▷ Fahrhaltung stark variiert.

Faltenbalg

Wellenförmig ausgebildeter Schlauch aus Gummi oder gummiartigem Kunststoff, der am Fahrrad als Schmutzschutz eingesetzt wird und in Längsrichtung zusammengedrückt werden kann (Abb. 68).

Beispiele: Schutz der Tauchrohre bei ▷ Teleskopfedergabeln, der ▷ Sattelstütze bei Stützenfederungen, der ▷ Tretlagerachse im ▷ Tretlagergehäuse ("Schmutzhülse").

Faltrad

Andere Bez. f. ▷ Klapp-/Zerlegerad.

Faltreifen

Faltbarer ▷ Drahtreifen, bei dem der Draht (würde beim Falten knicken) durch ein Bündel aus Nylon-, Kevlar- oder (selten) Glasfasern ersetzt ist (i.d.R. ▷ Nylon oder ▷ Kevlar) (Abb. 69).

Durch diese Bauart wird der Reifen nicht nur faltbar (und damit z.B. auf längeren Touren leichter als Ersatzreifen mitführbar), sondern auch um 50 - 100 g leichter. Die Hersteller lassen sich diese Vorteile bei nur etwas aufwendigerer Fertigung mit einem 20-30 % höheren Preis bezahlen.

Abb. 66

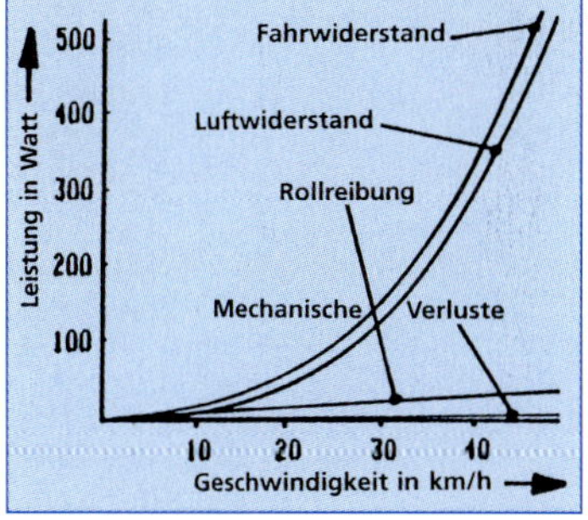

Abb. 67

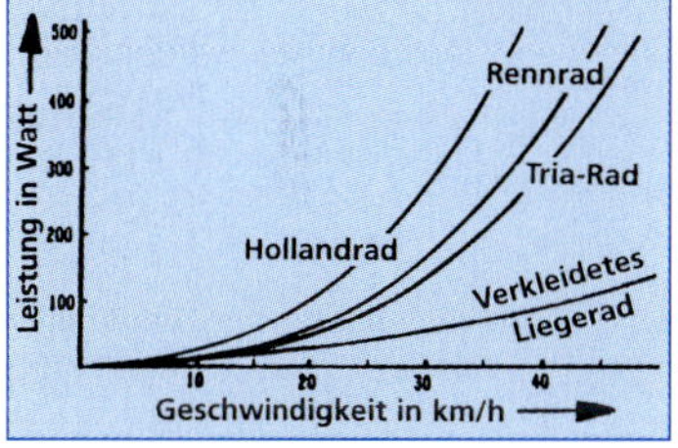

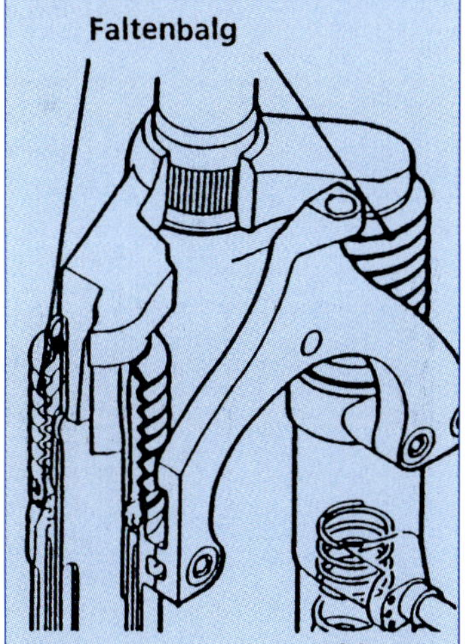

Abb. 68

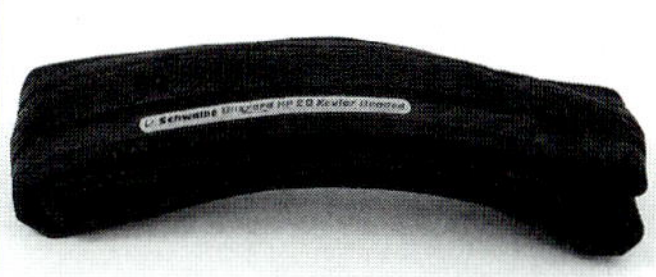

Abb.69

Fanghaken

Nachträglich montierbare Sicherheitsvorrichtung für ▷ Cantilever-Bremsen, die beim Reißen des zentralen ▷ Bremszuges verhindert, daß sich das ▷ Verbindungskabel in den Reifenstollen verhakt und damit zum Blockieren des jeweiligen ▷ Laufrades führen kann (Sturzgefahr). Gleiches kann übrigens auch durch das "Umschlagen" der Bremsarme in die Speichen erfolgen (Abb. 70).

Abb. 70

Faseranteil

Anteil der ▷ Fasern bei ▷ Faserverbundstoffen oder faserverstärktem ▷ Spritzguß, der in Volumenprozent angegeben wird.

Faserlage

Orientierung der ▷ Fasern bei ▷ Faserverbundstoffen. Je nach Lage unterscheidet man ▷ 0/90°-Lagen, ▷ Unidirektionallagen, ▷ Diagonallagen, ▷ Radiallagen (Abb. 71).

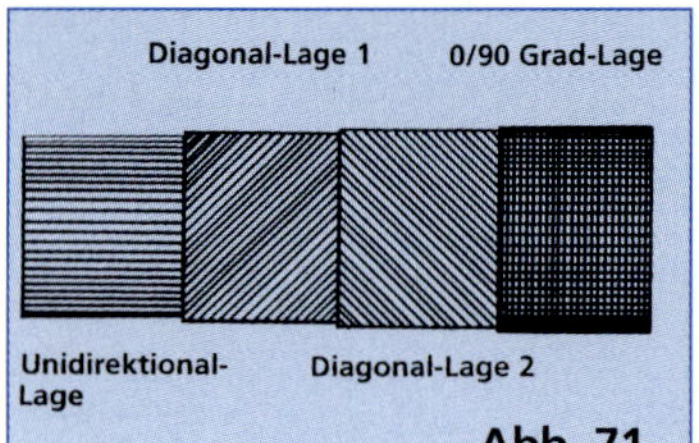

Abb. 71

Fasern

Im Vergleich zu ihrer Länge sehr dünne Gebilde, aus denen i.A. Garne und deren Folgeprodukte hergestellt werden.
Für den Fahrradbereich sind Fasern bes. zur Herstellung von ▷ Faserverbundstoffen von Bedeutung, wobei v.a. ▷ Kohlefasern, ▷ Kevlar, ▷ Glasfasern und ▷ Keramikfasern Verwendung finden. Näheres hierzu s. v.a. ▷ Carbon.

Faserverbundbauweise

Bauweise zur Herstellung von Körpern aller Art mittels ▷ Fasern und einer sie einbettenden ▷ Matrix. Dabei werden Faserstränge oder -matten in einer Form mit ▷ Harz oder thermoplastischen Kunststoffen (▷ Thermoplaste) getränkt.
Nach dem ▷ Aushärten bzw. Erkalten sind die Körper formstabil und können der Form entnommen werden. Einzelheiten zur Herstellung s. ▷ Carbon.

Die Faserverbundbauweise ist sehr aufwendig und damit teuer, ermöglicht aber die Herstellung von extrem leichten, hochbelastbaren und dauerschwingfesten Bauteilen.
Im Fahrradbereich findet diese Bauweise v.a. mit hochbelastbaren und Epoxidharz-gebundenen Kohlefasern Anwendung. Einzelheiten hierzu siehe ▷ Carbon und ▷ Carbonteile.

Faserverbundstoffe

Werkstoffe und Produkte, die in ▷ Faserverbundbauweise hergestellt sind, Einzelheiten s.d. und ▷ Carbon.

Fauber-Antrieb

Im Gegensatz zur üblichen Dreiteiligkeit aus einem Stück gefertigte Einheit aus ▷ Tretkurbeln und ▷ Tretlagerachse (gelagert nach Art der ▷ Thompson-Lagerung).
Der Fauber-Antrieb findet sich *generell bei* ▷ BMX-Rädern sowie in Schweden und USA in Rädern der unteren Mittelklasse.

Diese ebenso rationelle wie stabile Konzeption verlangt einen größeren Durchmesser des ▷ Tretlagergehäuses, damit der Kurbelsatz "hindurchgefädelt" werden kann (Abb. 72).

Lagerung

Die ▷ Lagerung erfolgt über zwei von der linken Kurbel her aufschraubbare ▷ Konen, wobei der rechte Konus als ▷ Festkonus fungiert und das ▷ Rechtsgewinde 15/16" x 24 Gänge besitzt. Er wird über das ▷ Linksgewinde des linken ▷ Stellkonus (7/8" x 24 Gänge) als erstes bei der Tretlagermontage aufgeschraubt.
Mit dem linken Konus wird das Lager eingestellt und mit einer ▷ Kontermutter fixiert.
Der rechte Festkonus drückt übrigens gleichzeitig das ▷ Kettenblatt gegen eine angeschmiedete Achsschulter und sorgt für

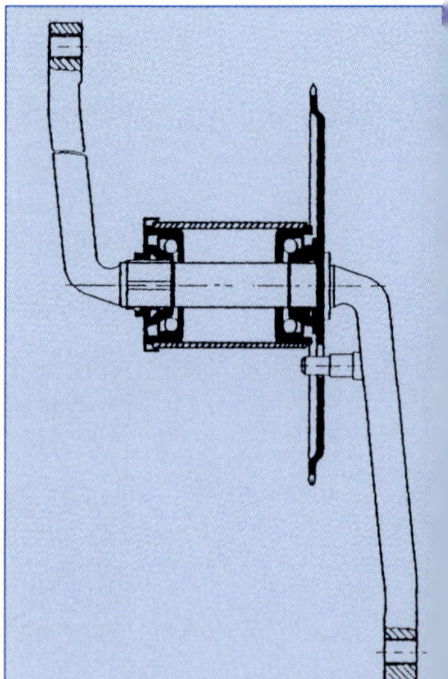

Abb. 72

taumelfreien Lauf (ein von der rechten Kurbel vorstehender Zapfen verhindert eine Verdrehung).

Neben dieser am meisten verbreiteten US-Version gibt es noch ein skandinavisches System, bei dem das rechte Gewinde die Abmessung 23,2 x 32 das linke 22 x 24 besitzt (▷ metrisches Gewinde). Die ▷ Lagerschalen werden eingeschlagen, bei dem skandinavischen System gibt es auch eine Ausführung mit eingeschraubten Lagerschalen.

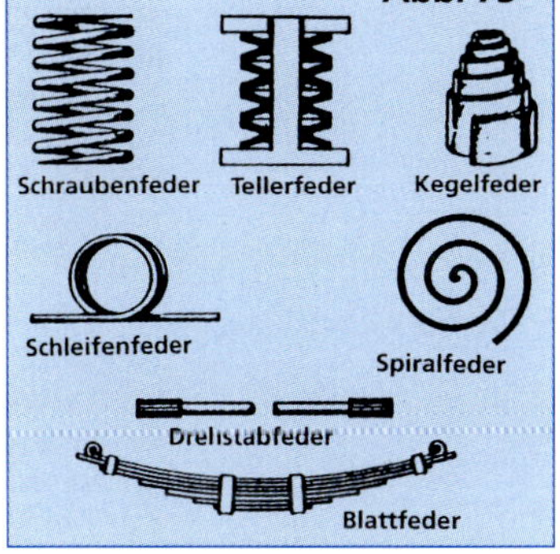

Abb. 73

Feder

Techn. Bauteil, das sich bei Krafteinwirkung gezielt (berechenbar) verformt oder bereits vorverformt (gespannt) - eine Kraftwirkung ausübt (Abb. 73).
Je nach Einsatzzweck unterscheidet man Federn, die auf ▷ Zug-, ▷ Druck- oder ▷ Torsionsbelastung ausgelegt sind bzw. vorgespannt diese Kräfte erzeugen.
Anwendung am Fahrrad finden Federn insbesondere als ▷ Rückholfedern an ▷ Schaltwerk (Abb. 74), ▷ Umwerfer und Bremsen, z.T. auch in Bremsgriffen und ▷ Rasterschalthebeln. Darüber hinaus finden Schraubenfedern bei gefederten Sätteln Anwendung.
Einzelheiten s. ▷ Druckfeder, ▷ Zugfeder, ▷ Torsionsfeder, ▷ Blattfeder.

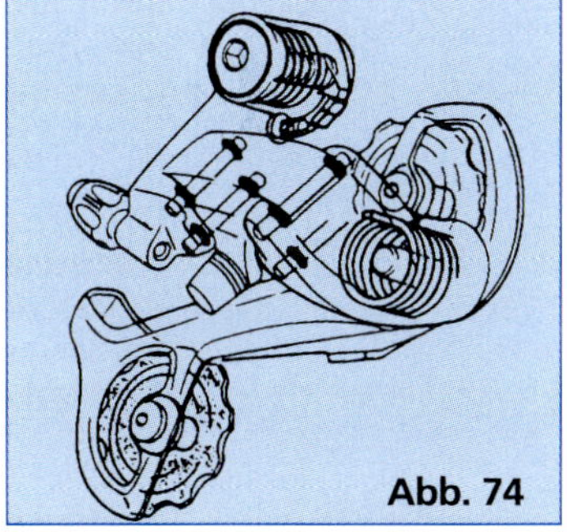
Abb. 74

Federelemente

Bauteile, die speziell auf ▷ elastische Verformung resp. auf Volumenkompression ausgelegt sind:

1. die unterschiedlichsten Ausführungen von ▷ Federn;
2. speziell geformte *Gummiteile* oder gummiartige Körper (s. ▷ Silent-Block, ▷ Elastomere);
3. Luft und Gase, die in einem Zylinder per Kolben verdichtet werden und dann ebenfalls eine federnde Wirkung besitzen.

Anwendung am Fahrrad: Rückstellfedern bei Bremsen und Schaltungen; Einsatz bei ▷ Fahrradfederungen.

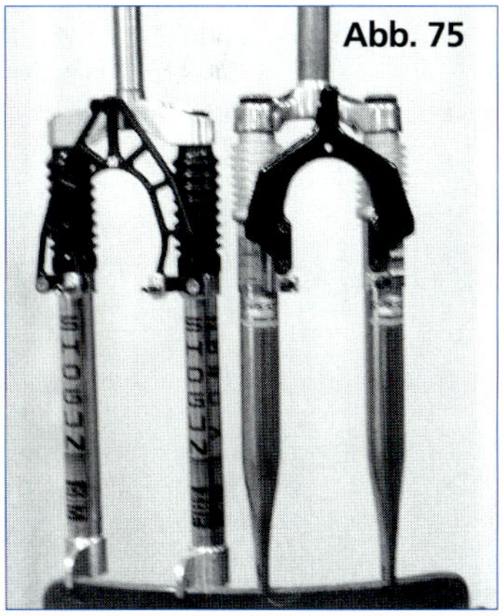
Abb. 75

Federgabeln

Besondere Ausführung von ▷ Gabeln zur Absorbtion von durch Fahrbahnschläge hervorgerufenen ▷ Beschleunigungskräften (Abb. 75).

Federgabeln leiteten ab 1989 die Entwicklung von ▷ Fahrradfederungen beim ▷ Mountainbike ein, wobei sich inbesondere die ▷ Teleskopgabeln durchsetzen konnten. Daneben finden noch ▷ Brückengabeln, ▷ Gabelschwingen und ▷ Pendelgabeln Verwendung, s.a. ▷ Zentral-Federgabel.
Einzelheiten s. ▷ Fahrradfederung: Federgabeln.

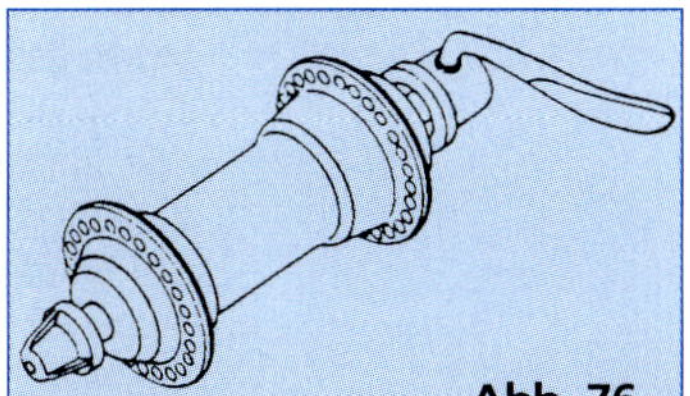
Abb. 76

Federgabel-Naben

▷ Naben mit dickem Mittelteil und verstärkter Achse, die speziell für die Verwendung von ▷ Teleskopgabeln konzipiert sind (Abb. 76).
Bei diesem Gabeltyp kommt es infolge ungleich weit eintauchender ▷ Gabelbeine zu einer Scherbelastung für die Nabe, bei der Achse und Nabenmittelteil unverstärkter Vorderradnaben verbiegen oder auf Dauer sogar brechen können.

Federhärte

Terminus der Federungstechnik, der sich auf die Vorspann-Federkraft der Federungen bezieht.
Mit Erhöhung oder Verminderung der Federhärte kann das ▷ Ansprechverhalten der Federungen angepaßt werden. Bei ▷ Fahrradfederungen (weitere Informationen s.d. sowie ▷ Losbrechkräfte) kann zudem noch Einfluß auf die Auswirkungen von ▷ Wiegetritt und ▷ Kettenzug genommen werden.

Federkennlinie

▷ Kennlinie von federnden Elementen, bei denen der ▷ Einfederungsweg mit der zum Einfedern benötigten Kraft verglichen wird (Abb. 77).
Grundsätzlich unterscheidet man zwischen linearen Federkennlinien, wie sie bei ▷ Schraubenfedern auftreten, und progressiven Kennlinien, die Luft/Gas- oder Gummifederelemente sowie ▷ Elastomere besitzen.
Bei einer linearen Federkennlinie benötigt man zum doppelt so weiten Einfedern auch die doppelte Kraft. Progressive Federkennlinien benötigen bei doppeltem Einfederungsweg mehr als die doppelte Kraft.
Durch Kombinieren von mehreren Federn oder Federelementen läßt sich die Federkennlinie variieren. Um das ▷ Durchschlagen der Federung zu vermeiden, sind progressive Federkennlinien sinnvoll. Anwendung s. ▷ Fahrradfederungen.

Federkraft-einstellschraube

S. ▷ Einstellschrauben: Federkrafteinstellschraube (Abb. 78).

Federschwinge

Andere Bez. f. ▷ Sattelschwinge.

Federung

Einrichtung an Fahrzeugen, um die Auswirkungen der durch Fahrbahnunebenheiten hervorgerufenen ▷ Beschleunigungskräfte möglichst gering zu halten. Einzelheiten s. ▷ Fahrradfederung; ▷ Dämpfung.

Federungs-systeme

Unterschiedliche Konstruktionsprinzipien von ▷ Fahrradfederungen (Einzelheiten s.d.), die grundsätzlich in aktive (Abb. 79) und passive (Abb. 80) Federungen unterschieden werden.

Federungstiefe

Andere Bez. f. ▷ Federweg: 2.

Federweg

1. Arbeitsbereich von ▷ Federelementen.
2. Landläufige Bez. f. d. ▷ Einfederungsweg bei ▷ Fahrradfederungen; bisweilen auch "Federungstiefe" genannt.

Feineinstell-schraube

▷ Hohlschraube zur Feinregulierung der Kabelspannung bei Bremsen. Einzelheiten s. ▷ Einstellschrauben: Bremseinstellschraube (Abb. 81).

Feingewinde

▷ Gewinde mit geringem Abstand von ▷ Gewindegang zu Gewindegang. Hierdurch werden die einzelnen Gewindegänge weniger tief (daher "fein") gehalten, was im Vergleich zum Normalgewinde zu einem dickeren Kerndurchmesser führt und die Belastbakeit erhöht.

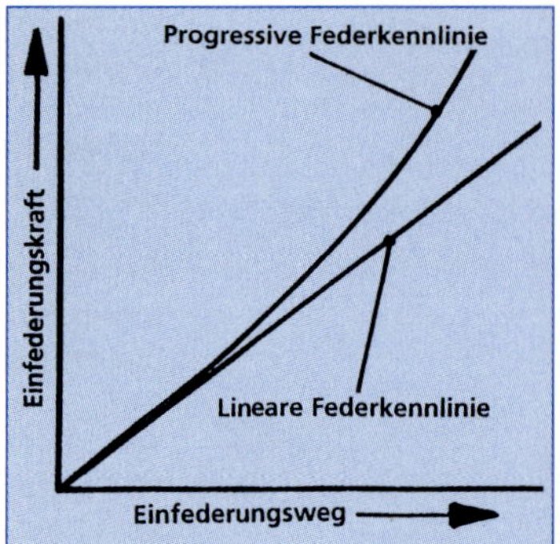

Abb. 77

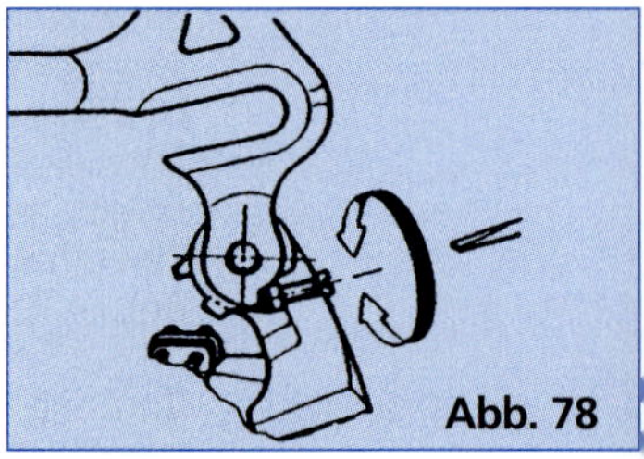
Abb. 78

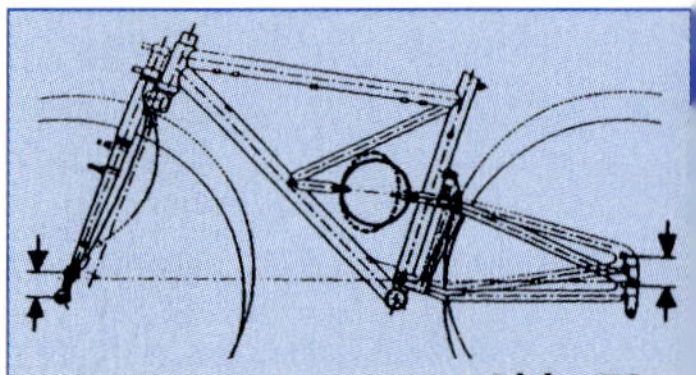
Abb. 79

Abb.80

Da Feingewinde auch eine geringere ▷ Gewindesteigung besitzen, wirken bei gleicher Anzugskraft höhere Druckkräfte auf die zu verbindenden Teile. Weiterhin neigen aufgrund des flacheren Steigungswinkels Feingewinde-Verbindungen weniger stark zum ▷ Selbstlösen.

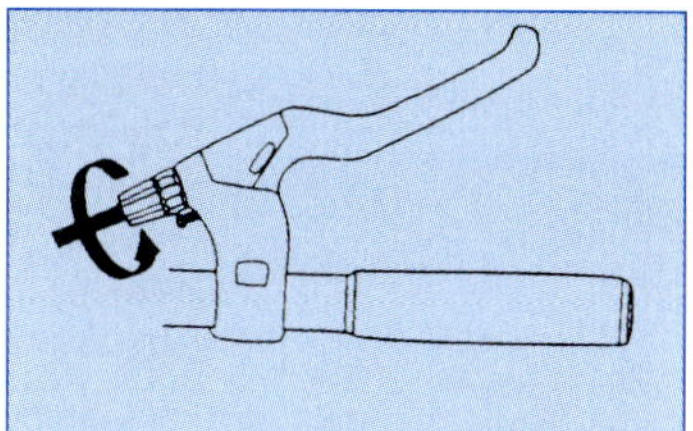

Abb. 81

Anwendung von Feingewinden am Fahrrad: Nabenachsengewinde, Kettenblatt-, Schaltungs- und Sattel-Befestigungsschrauben, Gewinde an ▷ Ventilschaft, ▷ Steuersatz, ▷ Tretlagerung und ▷ Schraubkranz.

Felgen

Den ▷ Reifen tragender Teil des ▷ Laufrades in Form eines geschlossenen Rings aus Stahlblech oder ▷ Aluminium, seltener aus ▷ Titan oder ▷ Carbon (Abb. 82).

Abb. 82

Als tragendes Teil ist die Felge mitbestimmend für die mechanischen Eigenschaften des Laufrades und stellt mit ihren Flanken die ▷ Bremsflächen für ▷ Felgenbremsen zur Verfügung.
Die mechanischen Eigenschaften der Felge hängen vom verwendeten Material, der Felgen-Wandstärke und v.a. vom ▷ Felgenprofil ab.

I.d.R. ist die Felge ein eigenständiges Fahrradbauteil, bei einigen ▷ Scheibenrädern und ▷ Composite Wheels sowie den im ▷ Spritzguß hergestellten ▷ Kunststoff-Laufrädern wird die Felge gleich integriert. Das im Folgenden Gesagte bezieht sich ausschließlich auf die Felge als eingeständiges Bauteil.

Reifenfixierung

Grundsätzlich unterscheiden sich Felgen darin, ob sie für ▷ Draht- oder ▷ Schlauchreifen konzipiert sind, die jeweils eine verschiedene Art der Fixierung verlangen. Die Ausführungen der einzelnen Felgentypen sind in der ▷ ETRTO festgelegt.

Drahtreifen-Felgen

Die beiden Felgenflanken werden jeweils als sog. ▷ Felgenhorn hochgezogen und führen so den Drahtreifen seitlich (Abb. 83). Das innere ▷ Felgenbett sorgt darüber hinaus für den zentrischen Sitz des Reifens.
Die Felgenhörner sind entweder glatt durchgezogen (Abb. 84 oben) oder als Haken ausgebildet (Abb. 84 unten), wobei sich letztere als sicherer gegen das Reifenabspringen erwiesen haben und heute nahezu Standard geworden sind. Näheres hierzu siehe ▷ Felgenhorn.

Mit zunehmender Tiefe des Felgenbettes läßt sich ein Drahtreifen leichter montieren, da die mögliche Exzentrizität, mit der der Reifen über das Felgenhorn gehoben werden kann, zunimmt (Abb. 85).

Schlauchreifen-Felgen

Ausbildung des Felgenbetts nach Art einer flachen Mulde, in welcher der Reifen mittels ▷ Reifenkitt oder ▷ Reifenklebeband fixiert wird (Abb. 86).
Einen sicheren und zentrischen Reifensitz erzielt eine zusätzliche Mittelrille im Felgenbett. Sie zentriert einmal die Reifennaht des Schlauchreifens und stützt auch ohne Auftragen eines sog. Kittbettes die Reifenflanken. Einzelheiten hierzu s. ▷ Reifenmontage: Schlauchreifen.

Anmerkung: Bei gleichem Gewicht bieten Schlauchreifenfelgen mehr ▷ Fahrkomfort und sind verwindungssteifer als Drahtreifenfelgen, da sie a) vertikal flacher sind und b) einen größeren Hohlraum einschließen. Die Felgenhörner der Drahtreifenfelgen machen diese vertikal härter, tragen aber nur minimal zu einer Verbesserung der Verwindungssteifigkeit bei.

Material

Als Felgenmaterial wurde ursprünglich Holz eingesetzt, s. ▷ Holzfelgen.

Stahl

Bereits vor dem zweiten Weltkrieg setzten sich für Drahtreifen Felgen aus Stahlblech durch (▷ Stahlfelgen), die heute noch bei preiswerten Fahrrädern und Kinderrädern verbaut werden. Aufgrund ihres hohen Baugewichts, mangelhafter ▷ Verwindungssteifigkeit sowie schlechten Naßbremsverhaltens wurden sie mittlerweile weitgehend durch Felgen aus Aluminium abgelöst.

Aluminium

Von den ▷ Aluminiumfelgen sind v.a. die ▷ Hohlkammerfelgen sinnvoll: Aufgrund der in ihrem Querschnitt enthaltenen Hohlkammern sind sie leichter und verwindungssteifer als Stahlfelgen. Eine im Vergleich zu Stahlfelgen dickere Wandstärke macht Alufelgen darüber hinaus weniger anfällig gegen Einbeulungen. Weniger vorteilhaft sind hingegen die Tiefbettprofile, s. weiter unten.

Carbon

Auch mit ▷ Carbon als Felgenmaterial wird experimentiert und bereits serienmäßig gefertigt (HMS-Kastenfelge, Abb. 87; ▷ extreme Tropfenfelge von Zipp). Die Vorteile gegenüber Aluminiumfelgen (geringer Gewichtsvorteil/je nach Herstellungsverfahren; leichte Dämfungsvorteile) sind verglichen mit dem Aufpreis gering.

Abb. 83

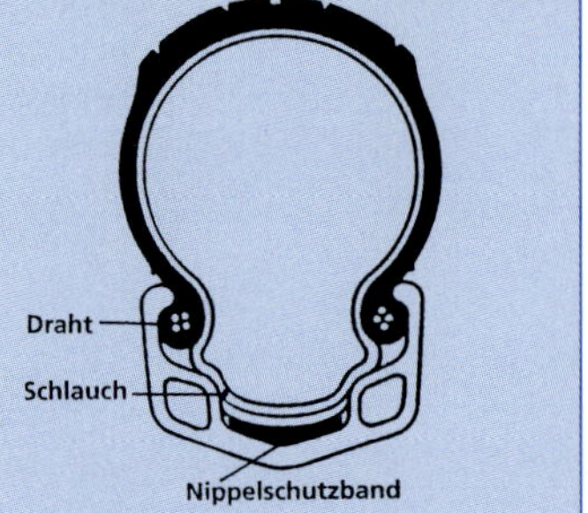

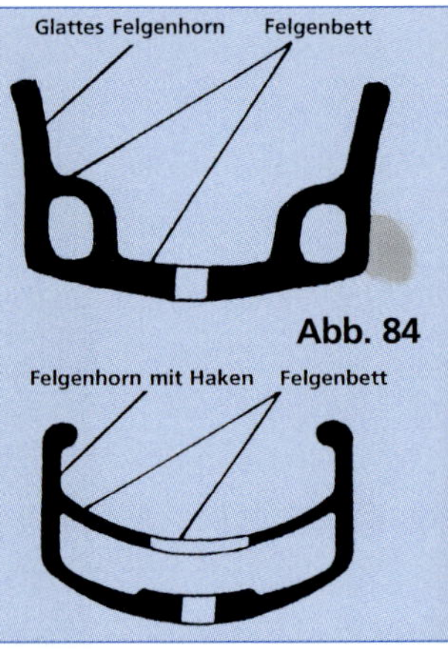

Abb. 84

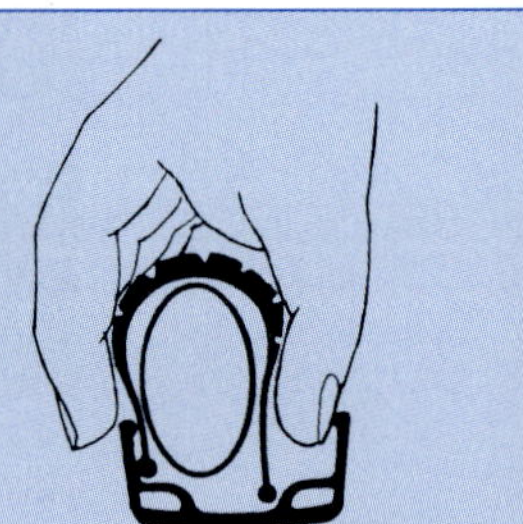

Abb. 85

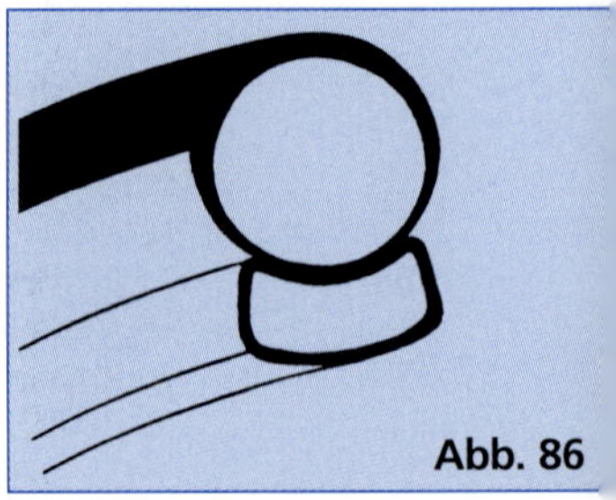

Abb. 86

Titan Felgen aus ▷ Titan werden ohne größere Marktbedeutung als Schlauchreifenfelgen für den Radrennsport hergestellt. Auch bei ihnen führt die im Vergleich zu Aluminium dünnere Wandstärke zu einer erhöhten Einbeulempfindlichkeit.

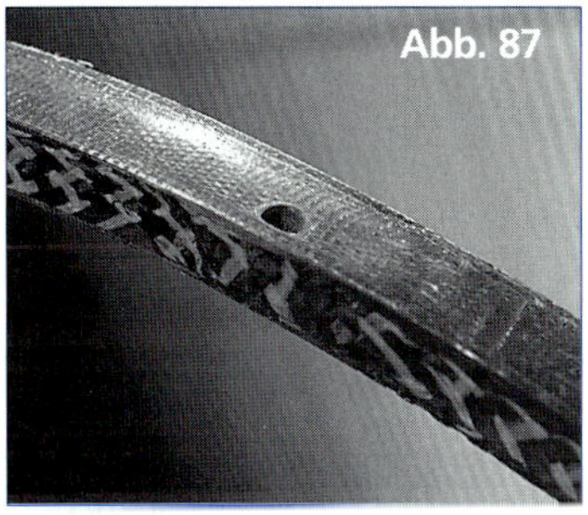

Abb. 87

Profile Das Felgenprofil bestimmt überwiegend die mechanischen Eigenschaften einer Felge und damit auch die der Laufräder.

U-Profile Sind bei Stahlfelgen üblich und erweisen sich als sehr verwindungsanfällig (Abb. 88: von oben nach unten abnehmende Verwindungsanfälligkeit). Hiermit eingespeichte Laufräder müssen häufiger nachzentriert werden, erleiden auch eine höhere Speichenbruchrate, vermitteln aber einen guten Fahrkomfort.

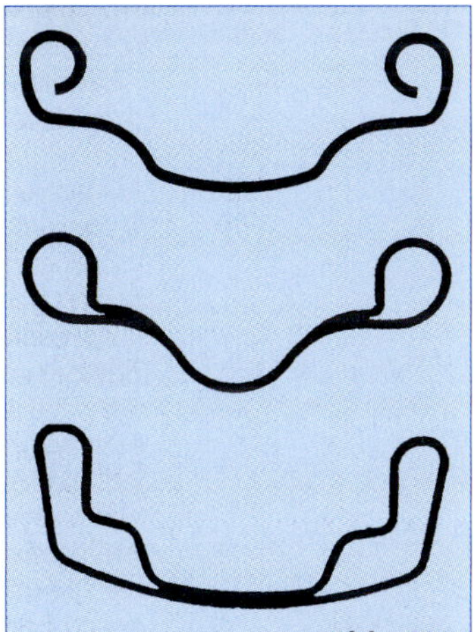

Abb. 88

Tiefbett-profile Sind bei einfachen Aluminiumfelgen üblich und enthalten im Bereich des Felgenbodens auf jeder Seite einen kleinen Hohlraum für die Fügung am ▷ Stoß mittels zweier Stahlstifte (Abb. 89 oben links). Die Steifigkeit liegt im Bereich der U-Profile.

Kastenprofile Felgen mit leicht gerundetem Rechteckprofil (Abb. 89 oben rechts) besitzen aufgrund des eingearbeiteten Hohlraums ("Kasten") bereits eine gute Verwindungssteifigkeit. Hiermit eingespeichte Laufräder erweisen sich als sehr komfortabel, da das Profil in vertikaler Richtung relativ flach gehalten ist.

Tropfenprofile Ein auch V-Profil genannter Felgentyp mit gerundetem Dreiecksprofil (Abb. 89 unten links). Er erweist sich als aerodynamisch günstig und besitzt eine sehr gute Verwindungssteifigkeit. Hiermit eingespeichte Laufräder zeichnen sich durch eine äußerst geringe Speichenbruchrate aus, die aus der vertikalen Härte dieser Felgen resultiert (geringe ▷ Dauerschwingbelastung der Speichen). Bei Tropfenfelgen läßt sich daher die Speichenzahl stärker reduzieren als bei anderen Felgenprofilen.

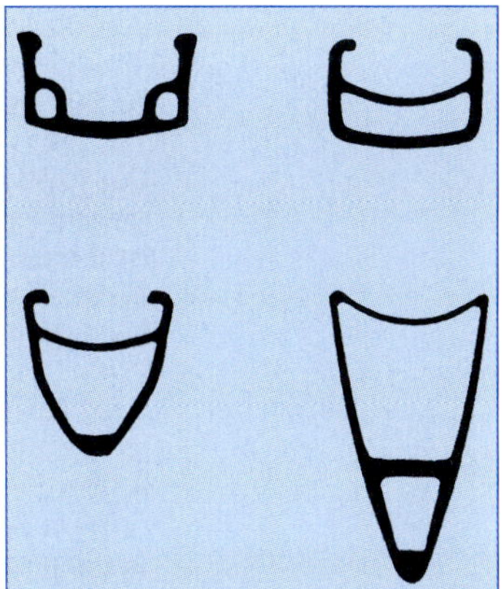

Abb. 89

extreme Tropfenprofile Extrem hohe Ausbildung (über 40 mm) der Tropfenform für Felgen aus Aluminium oder Carbon (Abb. 89 unten rechts) kommen aus dem Lager der Triathleten und machen die damit ausgerüsteten Laufräder ebenso windschnittig wie ▷ Composite-Wheels.

Ursachen: 1. Infolge der riesigen Hohlkammer ist die Felgensteifigkeit so groß, daß die Speichenanzahl drastisch reduziert werden kann (bei Zipp bis herunter zu 12 Speichen beim 26-Zoll-Laufrad als Vorderrad).
2. Da sich der ▷ Luftwiderstand mit zunehmender Geschwindigkeit in der 2. Potenz - der Leistungsbedarf sogar in der 3. Potenz (s. ▷ Aerodynamik) - erhöht, zehren die äußeren 6 cm der Speichen beim normalen Laufrad in etwa genau soviel Energie wie die restliche Speichenlänge. Die Speichen in Felgennähe laufen im Bereich des ▷ Gabelkopfes annähernd in Fahrgeschwindigkeit nach vorne. Ihre effektive Geschwindigkeit ist daher annähernd doppelt so hoch wie die Fahrgeschwindigkeit.
Die extremen Tropfenprofile sparen einen Großteil der Speichenenden durch den langezogenen Felgentropfen ein, in der Felge versenkte Speichennippel reduzieren den Laufwiderstand noch weiter. Ausführungsbeispiel: ▷ Shamal-Laufräder.

asymmetrische Felge

Für das Hinterrad ausgelegte Felgen, bei denen die ▷ Speichenlöcher nicht in der Felgenmitte, sondern von ihr zur Zahnkranzgegenseite hin versetzt sind (Abb. 90).
Dadurch läßt sich die ▷ Speichenschräge der auf der Zahnkranzseite relativ steil stehenden Speichen vergrößern, wodurch die ▷ Seitensteifigkeit des Hinterrades spürbar zunimmt. (Weitere Einzelheiten s. ▷ asymmetrische.)

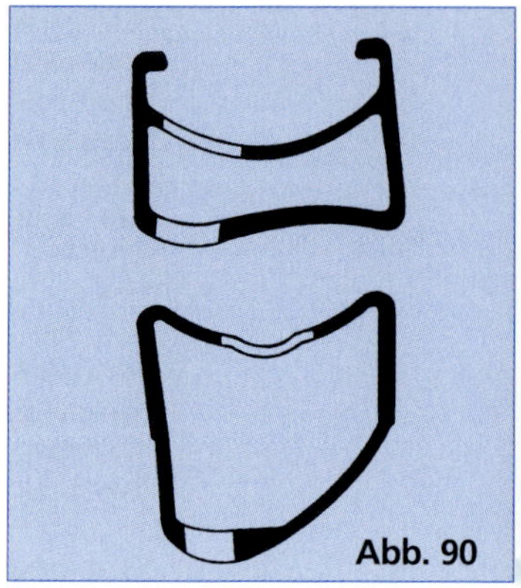

Abb. 90

Bremsflächen

Die Seitenflanken der Felgen bilden gleichzeitig die Bremsflächen für ▷ Felgenbremsen und bilden zusammen mit dem Bremsgummi eine sog. ▷ Reibpaarung.
Wenn sich mit entsprechenden Bremsgummis auch ein gewisser Ausgleich schaffen läßt, so ist die Material- und Oberflächenbeschaffenheit der Bremsflächen doch mitentscheidend für die ▷ Bremswirkung, was sich v.a. bei der ▷ Naßbremsung bemerkbar macht. Näheres siehe dort, hier eine Übersicht:

Ein schlechtes Naßbremsverhalten besitzen eloxierte oder anodisierte Aluminium-Felgen sowie Stahlfelgen. Auch eine Riffelung der Stahlfelgenflanken vermag daran nichts entscheidend zu ändern.
▷ Carbonfelgen haben in etwa ein Bremsverhalten wie Alu-Felgen, neigen aber bei langen Bremspassagen zur Überhitzung, woraus ▷ Seitenschläge entstehen können.
▷ Keramikbeschichtungen der Bremsflächen (Abb. 91) verbessern die Bremswirkung bei Nässe sehr deutlich und vermeiden nahezu völlig ▷ Abrieb von den Bremsflächen.

Der Abrieb von den Bremsflächen ist aber auch beim eloxierten oder anodisierten Aluminium relativ gering. Man kann hierbei für den Normalverbraucher je nach Fahrweise von folgenden Faustwerten ausgehen:
"Durchbremsen" der Eloxalschicht:
1.000 bis 2.000 km.
"Durchbremsen" von Schlauchreifen-Felgen:
20 000 bis 30 000 km.
"Durchbremsen" von Drahtreifen-Felgen:
10 000 bis 40 000 km.

Abb. 91

Die große Streubreite bei den Drahtreifen-Felgen resultiert aus den z.T. sehr unterschiedlich dick aus geführten Wandstärken der Bremsflächen. Bei einigen Leichtfelgen (MTB-Felgen unter 400 Gramm ist die Bremsfläche im Hornbereich bereits im Neuzustand sehr dünn (teilweise unter 0,9 mm) ausge führt. Nach einiger Betriebszeit kann es dann infolge des Reifenluftdruckes zum"Absprengen" de Felgenhörner kommen.

Speichenlöcher

Zum Einführen der Speichen besitzen die Felgen im ▷ Felgenboden Bohrungen. Die Anzahl der Boh rungen muß mit denen der Nabe übereinstimmen. Normal sind hier 36 ▷ Speichenlöcher, für sport lichen Einsatz sind auch solche mit 32, 28 und 24 Speichenlöchern im Handel. Felgen für noch ge ringere Speichenanzahlen sind Sonderanfertigungen und werden i.d.R. nur komplett mit Nabe un Speichen als fertiges Laufrad angeboten (Shamal- und Zipp-Laufräder). Für hohe Belastungen (▷ Re serad; ▷ Tandem) werden auch Felgen mit 40 oder 48 Löchern angeboten.

Die Speichenlöcher wurden früher nahezu ausnahmslos "geöst" (Abb. 92 oben), also mit einer Stah verstärkung versehen. Damit neigt der ▷ Speichennippel beim späteren ▷ Zentrieren weniger schne zum ▷ Fressen, und der vom Nippel auf die Felge übertragene Speichenzug wird auf eine größer Fläche verteilt (Vermeidung des "Ausreißens" des Nippels aus dem Felgenboden).

Rationelle Fertigung und Umweltaspekte führten dazu, daß teilweise bereits auf diese Ösen verzichtet wird. Der Felgenboden wird einfach dicker ausgebildet und kann so auch auf diese Weise verstärkt dem Nippelzug standhalten (Abb. 92 unten). Solche ungeösten Felgen können leichter recycelt werden, da keine Stahlanteile die Aluminiumschmelze verunreinigen.

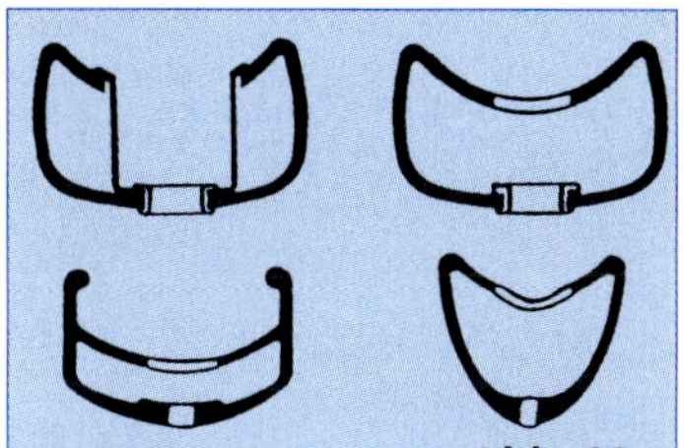
Abb. 92

Tip: Zur Vermeidung des ▷ Fressens die Nippel vor dem Einlegen im Kopfbereich leicht einfetten.

Anmerkung: Die Nippelbohrungen werden abwechselnd 0,5-1,5 mm von der Felgenmitte versetzt ausgeführt. Anbieter ▷ Campagnolo neigt die Achse der Bohrung sogar leicht aus der Mittelsenkrechten (Abb. 93), um a) Biegungen der Speiche im oberen Gewindeteil zu vermeiden und b) Nippelklemmen beim ▷ Zentrieren zu vermeiden.

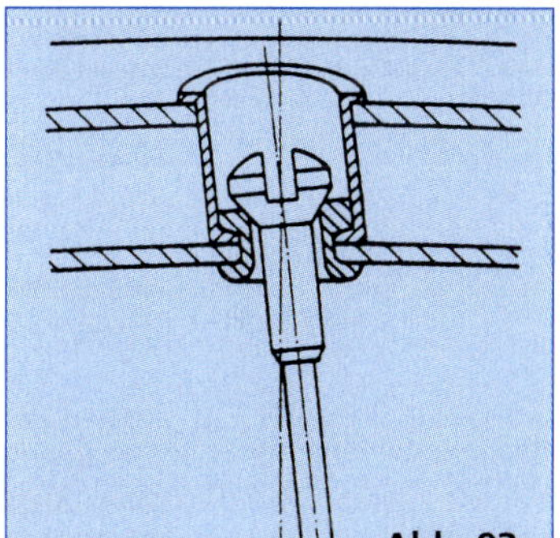
Abb. 93

Nippelbänder

Damit der Schlauch vom Fahrbetrieb nicht durch die Speichennippel oder leicht vorstehende Speichenenden beschädigt wird, müssen diese mit einem ▷ Felgenband abgedeckt werden. Bei U- und Tiefbettprofilen reicht hierzu ein Gummiband.

Bei Felgen mit Kasten- und Tropfenprofilen werden zur Nippeleinführung auch die Felgenbetten durchbohrt. Diese Bohrungen müssen abgedeckt werden, damit sich der unter Luftdruck gesetzte Schlauch nicht in die Nippellöcher drückt und platzt. Hierzu sind spezielle druckbeständige Felgenbänder aus PU oder Textilbänder geeignet. Weitere Informationen hierzu s. ▷ Felgenband.

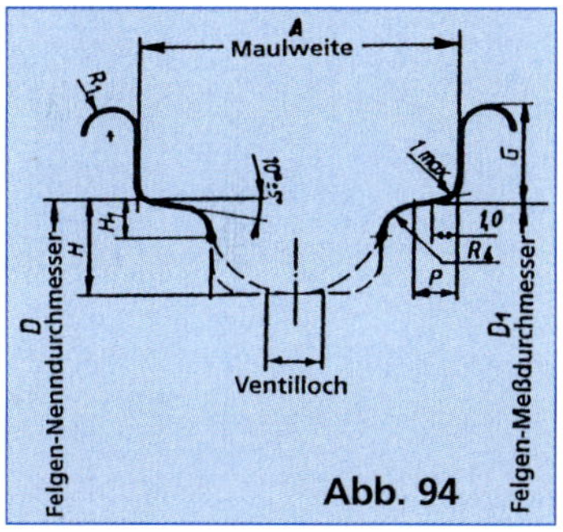

Abb. 94

Abmessungen

Felgenabmessungen und Normungen sind in der ▷ ETRTO festgelegt, um eine eindeutige Zuordnung zu den verwendeten Reifen herzustellen sowie deren sicheren Sitz auf der Felge zu gewährleisten. Abb. 94 zeigt die vorgeschriebenen Abmessungen von Tiefbettfelgen, Abb. 95 die der Hakenfelgen, Abb. 96 die von Schlauchreifenfelgen.

Zur Buchstabenbezeichnung der Skizzen:
A = Felgenmaulweite
D = Felgennenndurchmesser
D1 = Felgenmeßdurchmesser
Di = Felgeninnenmaß
De = Felgenaußendurchmesser
G = Felgenhornhöhe
H = Felgenbetttiefe
R = Radius der Konturübergänge
(Zahlenwertangaben in mm).

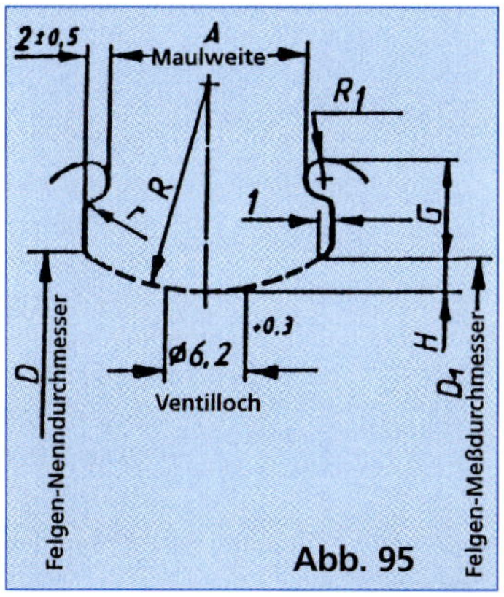

Abb. 95

Weitere Informationen zu den Abmessungen s. ▷ Felgeneckmaß, ▷ Felgenmaulweite, ▷ Felgenmeßdurchmesser, ▷ Felgennenndurchmesser.

Anmerkungen: 1. Beachte auch die bei ▷ ETRTO angegebene Tabelle: Felgen- und Reifengrößen: Allen Bemühungen um eine einheitliche Felgenbenennung zum Trotz hat sich die Angabe der

Felgenabmessung in Zoll erhalten, da sie einen eindeutigen Bezug zur Laufradgröße darstellt. Aus diesem Grund ist in der Tabelle auch die Zollangabe aufgeführt. 2. Für die Berechnung der ▷ Speichenlängen ist noch der ▷ Felgeninnendurchmesser (Abb. 97) von Bedeutung. Einzelheiten s.d.

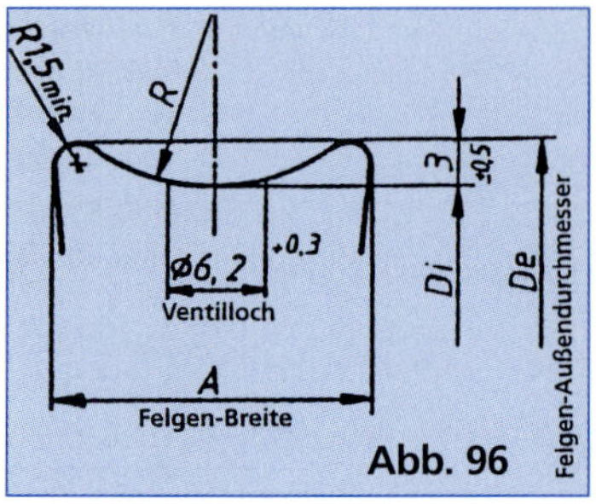

Abb. 96

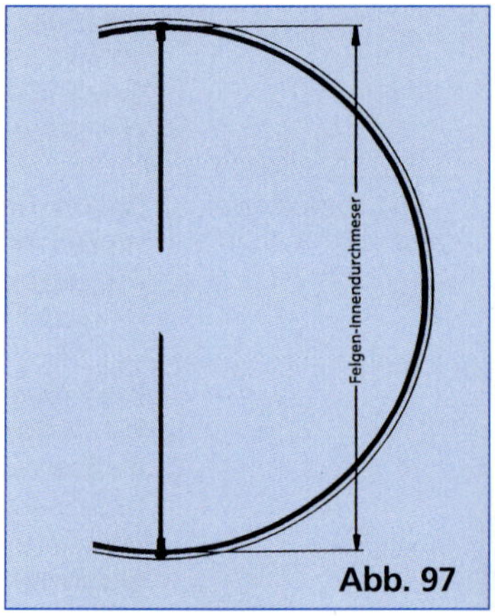

Abb. 97

Abb. 98

Felgenaußendurchmesser

Maß "De" der ▷ ETRTO (s. dort Tabelle "Schlauchreifen-/Felgengrößen"), das über der äußeren Kante von ▷ Schlauchreifenfelgen gemessen wird.

Felgenband

Gummi-, Kunststoff- oder Textilband, das im ▷ Felgenbett für ▷ Drahtreifen über die Speichennippel gelegt wird, um den ▷ Schlauch zu schützen (andere Bez.: Nippelband) (Abb. 98).

Felgenbänder aus Gummi oder gummiartigem Kunststoff schützen nur bei ▷ Tiefbettfelgen sicher vor Reifendefekten. In ▷ Hohlkammerfelgen würden sich diese Bänder vom ▷ Reifendruck durch das Felgenoberbett (oder die Ösen) drücken oder verrutschen. Ein freies Felgenloch kann zum Reifenknaller führen.

Dem Stand der Technik entsprechend sind hier selbstklebende Textilnippelbänder zu verwenden, wie sie zunächst von Velox und Ritchey angeboten wurden. Weiterer Vorteil dieser Bänder: Sie tragen weniger dick auf und erleichtern damit Reifenmontagearbeiten. Ebenso Bänder aus steif abgestimmtem ▷ PU (Fa. Schwalbe), die es in verschiedenen Breiten gibt, damit das Band unverrutschbar das gesamte Felgenbett abdeckt.

Achtung: Steife Kunststoffbänder halten zwar dem Reifendruck stand (drücken sich also nicht in die Nippellöcher), können aber bei tiefen Temperaturen reißen oder brechen und führen dann ebenfalls zu Reifendefekten.

Sicherheitsbewußten Radlern (v.a. Winterradlern) sei dringend eine Umrüstung empfohlen, da ein Vorderradreifendefekt fast immer mit Sturz endet.

Felgenbett

Oberer, vertiefter Bereich einer ▷ Felge, in den der Reifen "eingebettet" wird. Je nach Verwendung von ▷ Draht- oder ▷ Schlauchreifen ist das "Bett" anders ausgeformt:

Schlauchreifen

Für Schlauchreifen ist das Felgenbett nur muldenförmig als Klebfläche ausgebildet, wobei moderne Felgen in der Mitte des Betts eine ▷ Nut zur Führung der ▷ Reifennaht aufweisen (Pfeil in Abb. 99). Mit dieser Mittelrille zentriert sich der Reifen selbst (besserer Rundlauf), und eine einzige Lage ▷ Reifenkitt reicht aus, um den Reifen sicher zu halten.

Bei herkömmlichen Schlauchreifenfelgen sind dagegen 3-4 Kittlagen erforderlich, um den Reifen an seinen Flanken zu stützen, sonst "schaukelt" er auf der Reifennaht und sitzt nicht sicher. Auch die Gefahr des ▷ Reifenwanderns wird durch Kittbett oder Mittelrille reduziert.

Drahtreifen Für Drahtreifen wird das Felgenbett zu beiden Seiten von je einem ▷ Felgenhorn überhöht, um den Reifen seitlich zu führen. Am oberen Ende hakenartig ausgebildete Felgenhörner stützen den Reifendraht und vermeiden ein Abspringen des Reifens infolge hohen Luftdrucks (Abb. 100). Weitere Informationen s. ▷ Felgenhorn.
Die Tiefe des Felgenbettes ist bei Drahtreifen entscheidend für die Montierbarkeit der Drahtreifen; weitere Einzelheiten s. ▷ Reifenmontage.

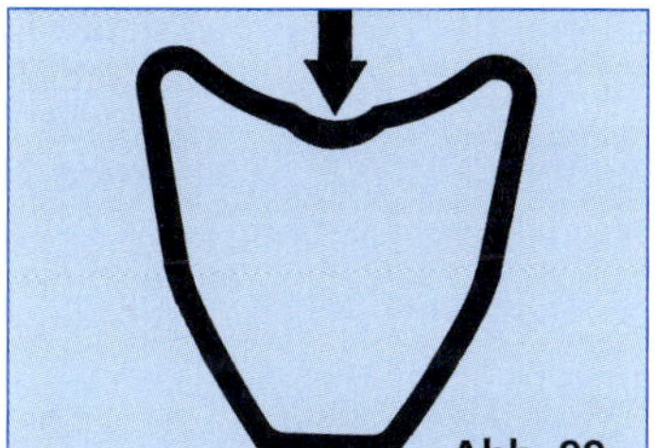
Abb. 99

Felgenboden Untere, der ▷ Nabe zugekehrte Seite der ▷ Felgen.

Felgenbremse Häufigste Form der Fahrradbremse, die sich durch Einfachheit, geringes Gewicht und guten Wirkungsgrad auszeichnet, bei Nässe z.T. jedoch zu geringe ▷ Bremswirkung zeigt. Daß die Felgenbremse in den verschiedensten Varianten auftritt, unterstreicht ihre Praktikabilität. Einzelheiten s. ▷ Bremsen.

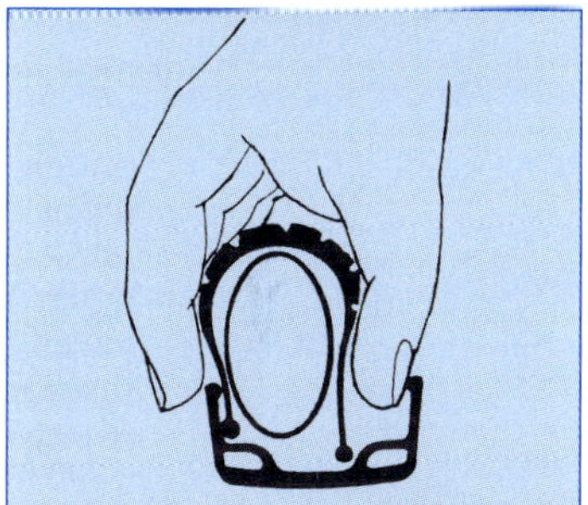
Abb. 100

Felgendynamo Auf der ▷ Felge (Außenflanke) rollender ▷ Dynamo in Bauweise eines ▷ Rollendynamos. Einzelheiten s. ▷ Beleuchtung: Dynamolichtanlagen (Abb. 101).

Felgeneckmaß Durchmesserangabe von ▷ Drahtreifen-Felgen, die sich auf den Übergang vom ▷ Felgenhorn zum ▷ Felgenbett bezieht und in der ▷ ETRTO als "D"angegeben ist. Das Felgeneckmaß ist aufgerundet identisch mit dem ▷ Felgennenndurchmesser.

Felgenformen Unterschiedliche geometrische Ausbildungen des ▷ Felgenprofils, Einzelheiten s.d.

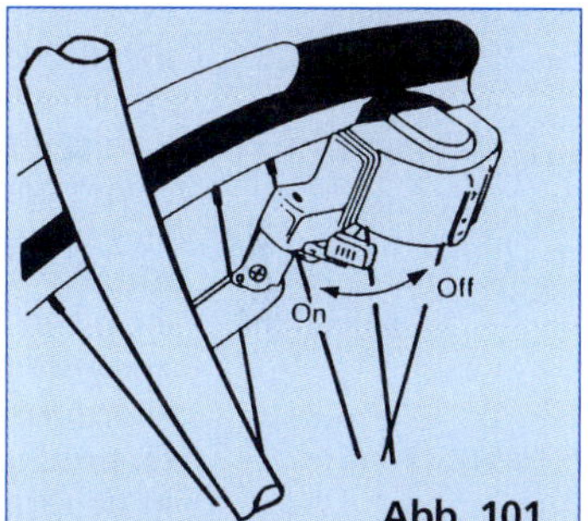

Abb. 101

Felgengrößen Größenangaben von ▷ Felgen, die entweder mit dem Laufradaußendurchmesser angegeben werden oder sich auf den sog. ▷ Felgennenndurchmesser beziehen. Einzelheiten s. dort, vgl. auch ▷ ETRTO sowie ▷ Felgen: Abmessungen.

Felgenhorn Hornartig ausgeformte Felgenflanke zur seitlichen Führung des Reifens bei ▷ Felgen für ▷ Drahtreifen: Abb. 102.

Das "glatte" Horn findet heute kaum noch Verwendung, da sich die Felgen mit Hakenhorn als sicherer gegen das v.a. bei höherem Luftdruck auftretende Abspringen des Reifens erwiesen haben.

Das Felgenhorn wird daher bei modernen Felgen extrem ausgeführt, reizt die Bauarttoleranz der ETRTO zur sicheren Seite hin aus und steht bis zu 2 mm nach innen vor. Sinn: Bei einem Reifendruck von z.B. 8 bar (Rennrad) würde sich ein unabgestützter Reifenstahldraht um 4-6 mm längen. Dadurch kann der Reifen bei schwach oder gar nicht ausgeprägtem Horn die Felgenflanke hochwandern und u.U. abspringen. Ein langes Horn dagegen stützt den Reifendraht zusätzlich ab, der Reifen sitzt absprungsicherer.

Achtung: Bei hakenlosen Felgen oder Felgen älterer Bauart (nur schwach ausgeprägtes Horn) besteht bei einem Luftdruck über 5 bar akute Absprunggefahr.

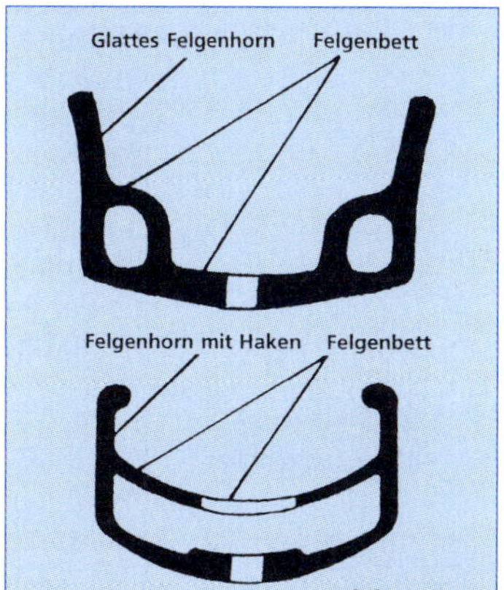

Abb. 102

Da die heutigen Reifen den Reifendraht sicher umhüllen und zusätzlich mit einem Gewebestreifen um den Drahtbereich ausgerüstet sind, besteht keine Beschädigungsgefahr durch markant ausgeprägte Felgenhörner.

Kauf-Tip: Eine oben leicht abgeflachte Hornform mindert die Gefahr eines ▷ Durchschlags.

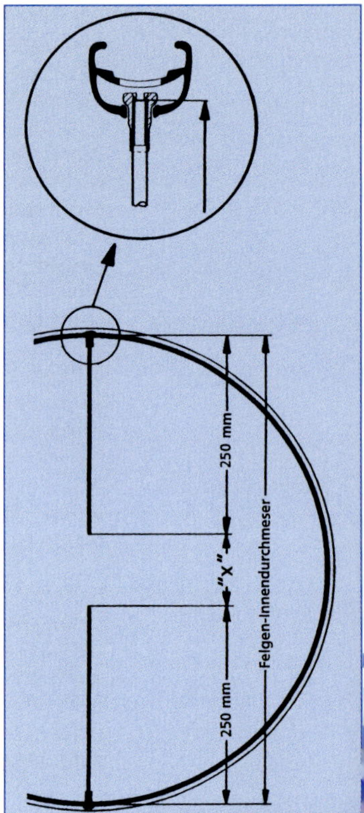

Abb. 103

Felgeninnendurchmesser

Zum Ausrechnen der ▷ Speichenlänge benötigtes Maß, das sich aus dem Nippelsitz der Speichen ergibt und nach der in Abb. 103 gezeigten Methode Rödel errechnet wird.

Vorgehensweise hierbei:
* 2 Speichen durch Kürzen der Kopfseite auf exakt 250 mm ablängen;
* Nippel so weit aufdrehen, bis Speichenende bündig mit Unterkante des Nippelschlitzes abschließt;
* beide Meßspeichen durch zwei gegenüber liegende Felgenlöcher einführen und Abstand "X" zwischen den Speichenenden ausmessen;
* Abstand "X" zu den Längen der Meßspeichen (2 x 250 mm = 500 mm) hinzuzählen, bei kleineren Felgen abziehen.
* Ergebnis ist der Felgeninnendurchmesser.

Felgeninnenmaß

Maß "Di" der ▷ ETRTO, das den im Felgenbett gemessenen Durchmesser von ▷ Schlauchreifenfelgen angibt.

Felgenloch

Bohrungen im ▷ Felgenbett zur Aufnahme der ▷ Speichennippel sowie des ▷ Ventils; s.a. ▷ Punzen.

Felgenmaulweite

Innerer Abstand der ▷ Felgenhörner voneinander (Abb. 104), wobei in der ▷ ETRTO eine Zuordnung der Felgenmaulweite zu der zugehörigen ▷ Reifenbreite vorgeschrieben ist (Abb. 105).
Hierdurch soll verhindert werden, daß z.B. ein breiter Reifen in einer schmalen Felge in Kurvenfahrten seitlich "kippelt".
In der Praxis aber werden von Mountainbikern bewußt breite Reifen auf schmale Felgen gezogen, um den Reifenquerschnitt leicht birnenförmig (zunehmende ▷ Reifenhöhe, abnehmende Reifenbreite) zu gestalten, was einen gewissen Schutz gegen ▷ Durchschläge gewährt. Gegen das Kippeln wappnen sich die Geländesportler mit etwas erhöhtem Luftdruck, was die Durchschlagsgefahr noch weiter mindert.

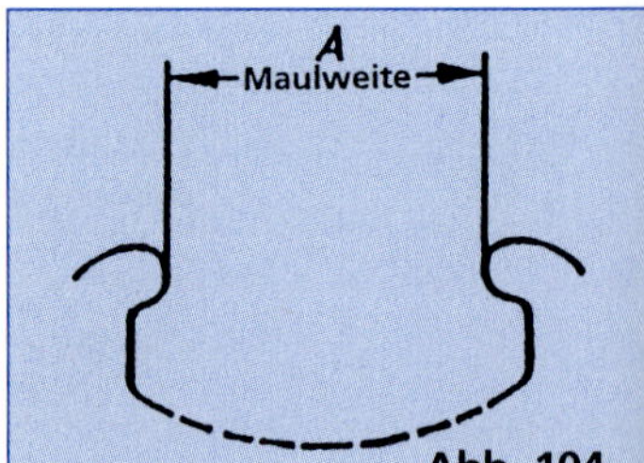

Abb. 104

Felgenmeßdurchmesser

Durchmesserangabe "D1" nach ETRTO, mit der sich mit speziellem Felgenmeßband und einer anschließenden Berechnung der Felgendurchmesser kontrollieren läßt. D1 ist um 0,35-0,45 mm kleiner als der Felgennenndurchmesser D und wird im Felgenbett in 1 mm Abstand zum Felgenhorn gemessen (Abb. 106).

Felgennenndurchmesser

In der ▷ ETRTO angegebene "offizielle" Durchmesserangabe von Felgen für ▷ Drahtreifen (Abb. 107). Das Maß resultiert aus dem aufgerundeten ▷ Felgeneckmaß.

Felgennennmaß

Kurzbezeichnung f. ▷ Felgennenndurchmesser.

Felgennormen

Ausführungen und Abmessungen von ▷ Felgen regelt bindend europaweit die ▷ ETRTO, so daß eine eindeutige Bezeichnung und Zuordnung von Reifen und Felgen - und damit auch ein sicherer Reifensitz - gewährleistet wird.

In den entsprechenden Normen sind Felgen nach Größe und Abmessung beschrieben, wobei insbesondere die Ausführungen von ▷ Felgenbett und ▷ Felgenhorn sowie die ▷ Felgennenndurchmesser engen Toleranzen unterliegen, an die sich auch die entsprechenden DIN-Vorschriften halten (▷ DIN 7815 für Felgen und DIN 7800 für Reifen).
Einzelheiten hierzu s. ▷ Felgen: Abmessungen; ▷ ETRTO.

Felgenprofil

Querschnitt durch eine Felge, dessen Profil ausschlaggebend für die ▷ Elastizität und ▷ Verdrehsteifigkeit einer Felge ist.

Zur Übersicht:

1. U-Profile sind verwindungsanfällig, besitzen aber guten ▷ Fahrkomfort;
2. Tiefbettprofile sind etwas verwindungssteifer bei etwa gleich gutem Fahrkomfort;
3. flache Kastenprofile verbinden Fahrkomfort mit ausreichender Steifigkeit;
4. V-Profile haben die besten Steifigkeitswerte, lassen es aber an Fahrkomfort mangeln.

Einzelheiten s. ▷ Felgen: Profile.

Felgenstoß

Fügestelle, an der die zum Ring gebogenen Felgenenden miteinander verbunden werden (Abb. 108). Das geschieht heute bei Stahlfelgen per Schweißung, ansonsten mit einem verklemmten Verbindungsstück, bei ▷ Tiefbettfelgen mit Stahlstiften.
Zunehmend größere Bedeutung gewinnt neuerdings auch das Verschweißen der Felgenenden bei Aluminiumfelgen, was dann aber eine saubere Nachbearbeitung des Stoßes erfordert, die bes. innen im ▷ Felgenbett von Felgen für ▷ Drahtreifen aufwendig und exakt erfolgen muß, sonst besteht die Gefahr von Schlauchbeschädigungen.

Am Stoß treten v.a. bei "gesteckten" Felgen i.d.R. leichte Versetzungen oder Profilaufweitungen auf, was beim Bremsen, bes. am Vorderrad, zu flattrigem Bremsverhalten führen kann. Gesteckte Felgen werden daher insbes. nach ihrer Stoßqualität beurteilt.

Wegen der Naßbremsvorschrift in der ▷ DIN 79 100 schleifen viele Felgenhersteller die Bremsflanken an (Abb. 109), was nicht nur das Naßbremsverhalten verbessert, sondern den Stoß einebnet und damit auch das ▷ Bremsflattern vermeidet.

FES-Rahmen

Auf dem seit 1988 in der DDR vom renommierten "Institut für **F**orschung und **E**ntwicklung von **S**portgeräten (FES)" gebauten ▷ Carbon-Rahmen fuhren mehrere Olympiasieger und Weltmeister zum Sieg.

Abb. 105

Felgenmaulweite und dazugehörige Reifenbreiten

Felgenmaul-weite in mm	zugeh. Reifen-breite in mm
13	18-25
15	23-32
16*	25-37
17	25-37
18*	28-44
19	28-44
20*	35-47
21	35-47
22*	40-50
23	40-50
24*	44-54
25	44-54
27*	47-57
30,5*	62

* Tiefbettfelgen ohne Hacken

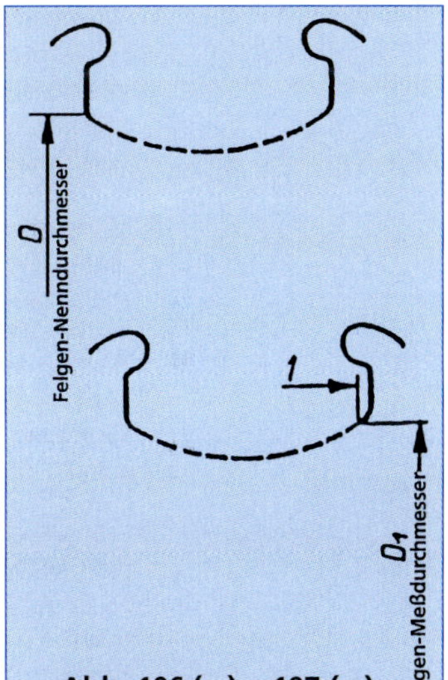

Abb. 106 (o.) + 107 (u.)

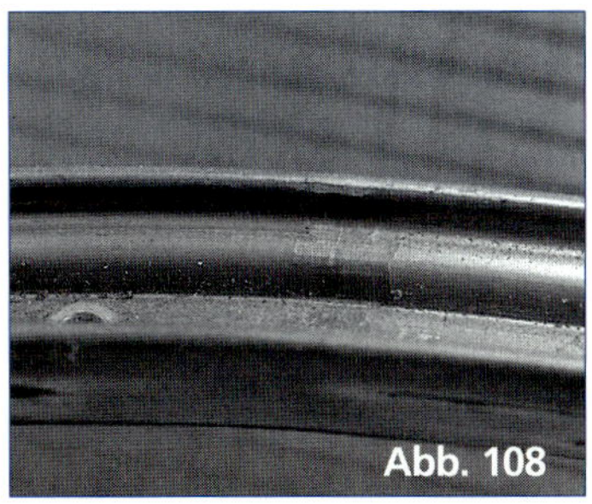
Abb. 108

Der Vorteil dieses seinerzeit revolutionären Rahmenkonzeptes lag in seiner hervorragenden ▷ Aerodynamik (deutlich verbesserter ▷ cw-Wert), was durch extrem ausgeprägte ovale Querschnitte der "Rohre" sowie strömungsgünstige Übergänge erzielt wurde (Abb. 110).

Abb. 109

Nach der Wende wurde die ▷ Rahmengeometrie mancher Versionen auch der windschlüpfigen ▷ American Position angepaßt. Besonders interessant ist die Version für leichte Fahrer und für Damen, die ohne Sattelrohr auskommt (▷ Schleifenform). Beim Grundmodell wurde allerdings am ▷ Diamantrahmen festgehalten, dessen Form freilich nicht das Optimum der Carbon-Bauweise darstellt, s. ▷ Carbon-Rahmenformen.

Abb. 110

ursprüngliche Bauweise

Der FES-Rahmen wurde aus Kohlefasern in Laminierbauweise (s. ▷ Carbon: Herstellungsverfahren) mittels Waben zunächst in Form zweier Halbschalen gebaut, die anschließend zusammengeklebt wurden.

Hier offenbarte sich die anfängliche Schwachstelle des FES-Rahmens: Die beiden Rahmenhälften platzten hin und wieder auseinander, da sich die Klebenaht ungünstig bezüglich ▷ Torsionsbelastung auswirkt.

Verglichen mit anderen, echten ▷ Monocoques war diese ursprüngliche Bauweise auch relativ schwer (bei ▷ Rahmenhöhe 56 cm ca. 2700 g; zum Vergleich ▷ Kestrel: 1300 g). Als Vorteil bleibt die günstige Aerodynamik, die sich insbesondere beim Zeitfahren auf der flachen Strecke (also auch Bahn) auswirkt und den Gewichtsnachteil wettmacht. Mittlerweile wird auch der FES-Rahmen Carbonspezifischer hergestellt.

Festigkeit

Oberbegriff für den Widerstand, den Werkstoffe bzw. daraus gefertigte Bauteile einer gewaltsamen Zerstörung entgegensetzen.

Zugfestigkeit

Für Metalle ist besonders die in N/mm² angegebene ▷ Zugfestigkeit von Bedeutung (auf den Querschnitt von 1 mm² bezogene Zerreißfestigkeit), von der ausgehend auch die anderen Belastungen (▷ Druck-, ▷ Torsions-, ▷ Biegebelastung) abgeleitet werden können.

0,2-Wert

Von besonderem Interesse ist auch der sog. 0,2-Wert, der den früher gerade noch sicher meßbaren kleinsten Verformungsweg darstellt. Dieser Festigkeitswert zeigt den Übergang von der elastischen Materialverformung zum Beginn des sog. ▷ Materialfließens an. Auf die Länge bezogen heißt das 0,2 % bleibende (plastische) Verformung nach Wegnahme der Belastungskraft. Ein 100 mm langer Stab würde also um 0,2 mm bleibend gelängt sein. Der 0,2-Wert zeigt danach an, bei welcher Belastung sich Bauteile "verziehen" würden, also nicht mehr maßhaltig wären.

Festkonus

Gleich in die ▷ Achse (bzw. ▷ Welle) integrierter ▷ Konus bei Tretlager und Pedal (Abb. 111).

Bei den preiswerten ▷ Thompson-Tretlagerungen ist nur ein Konus in die Achse integriert, während die spielfreie Einstellung über den ▷ Stellkonus erfolgt.

Das höherwertige ▷ Konustretlager besitzt zwei Festkonen, die spielfreie Einstellung erfolgt über Gewindelagerschalen.

Sonderfall: ▷ Nabenachse der ▷ Kassettennabe von Campagnolo. Aus Festigkeits- und Rationalisierungsgründen wird der Konus auf der stärker belasteten Zahnkranzseite ebenfalls in die Achse integriert.

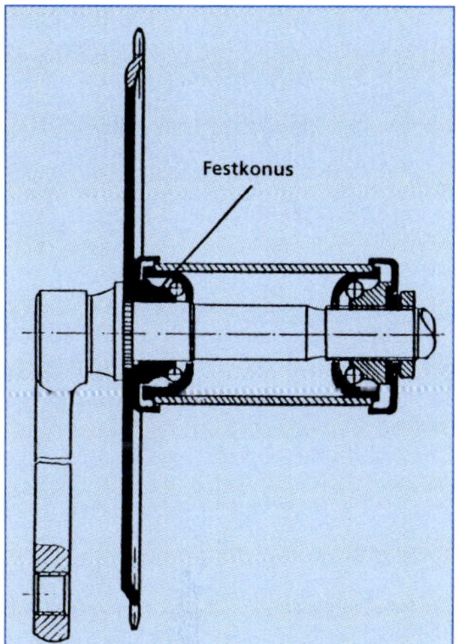

Abb. 111

Festlager

Teil der klassischen Maschinenbaulagerung, die aus Fest- und Loslager besteht (i.G.z. ▷ schwimmenden Lagerung).
Während das ▷ Loslager leichte Längungen infolge von Wärmeeinfluß oder Belastungen ausgleichen kann, ist das Festlager axial beidseitig festgelegt, was eine höhere axiale Belastung der Lagerung zuläßt.
Anwendungsbeispiele im Fahrradbau: Tretlagerungspatrone von KSS (s. auch Abb. 112), alle Lagerungen von ▷ Mavic sowie die ▷ Kassettennaben von ▷ Sachs.

Fette

Schmierstoffe, die als konsistentes Gemisch aus ▷ Ölen und Verdickungsmitteln (sog. "Seifen") hergestellt werden, um die Reibung aufeinander gleitender oder rollender Materialien zu mindern (Abb. 113).
Anforderungen an Schmierfette werden in der ▷ DIN 51 822, 51 823 und 51 825 festgelegt.
Diese Fette finden am Fahrrad speziell in den ▷ Lagerungen Anwendung. Nebeneffekt ist die Dichtwirkung gegen eindringenden Schmutz sowie gegen Kontaktkorrosion, vgl. ▷ Schmierung.

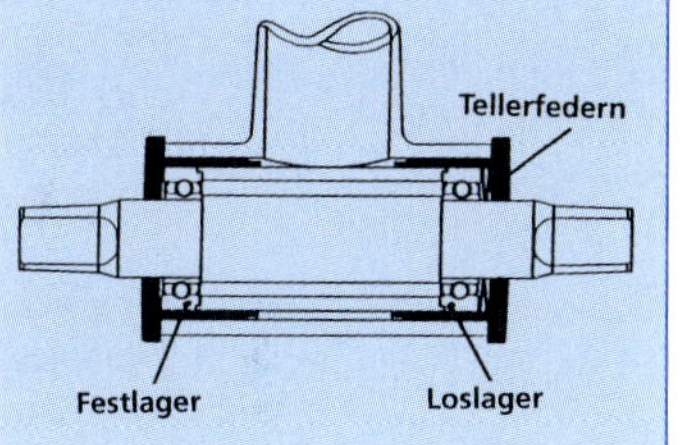

Abb. 112

traditionelle Fette

Diese Fette - u.a. das berühmte weiße Fett von ▷ Campagnolo - haben die Eigenschaft, bei Drehbewegungen "flüssiger" zu werden. Durch ihre organischen Bestandteile (Rapsöl) neigen sie allerdings nach gewisser Zeit zum Ausharzen, wodurch Schmier- und Dichtwirkung nachlassen.

moderne Hochleistungsfette

Mit der Entwicklung moderner, langlebiger Hochleistungsfette auf Lithium/Seifen-Basis hat sich der Stand der Technik weiterentwickelt.

Lithium / Seifen-Fette

Durch spezielle Zusätze (Additive) können sie je nach Anforderung abgestimmt werden.

Beispiele: sog. Longlife- oder Lifetime-Fette für die dauerhafte Schmierung von ▷ Industriekugellagern; besonders druckbeständige Fette für hohe Lagerbelastung; niedrig viskose - also nahezu flüssige - Fette für Lagerungen mit hohen Drehzahlen; ▷ Fließfette mit guten Kriecheigenschaften (Nachfließen, wenn ▷ Schmierfilm - z.B. bei Ketten - wiederholt abreißt).

Abb. 113

Aus der Fülle der Fette verdienen zwei weitere Sorten Erwähnung:

Molybdänsulfit-Fette

Hauchdünne Blättchen von Molybdänsulfit gleichen Oberflächenunebenheiten von Kontaktflächen aus und verhindern dadurch das sog. ▷ "Fressen" von Materialien. Anwendung am Fahrrad z.B. "Einsetzen" der Schalen des ▷ Steuersatzes oder ▷ Kurbelvierkant, da hier stets hohe Flächenpressungen gegeben sind, die den ▷ Schmierfilm normaler Schmiermittel zerreißen.

Bei der Schmierung von Lagerteilen (z.B. Naben) besitzen diese Fette keine verbessernde Wirkung, weisen allerdings geringe ▷ Notschmiereigenschaften auf.

Biologisch abbaubare Fette

Dank moderner Verfahrenstechniken ist man heute auch in der Lage, aus organischen Rohstoffen (meist auf Rapsölbasis) leistungsfähige Schmierfette herzustellen. Durch thermische oder mechanische Vorbehandlung erreicht man, daß diese Bestandteile nicht mehr ausharzen.
Der wesentliche Vorteil organischer Öle besteht darin, daß sie nach ihrer Entsorgung von Bodenbakterien nahezu vollständig abgebaut werden.

Fichtel & Sachs

Traditionsreiche Aktiengesellschaft und heutiges Firmenkonsortium mit Sitz in Schweinfurt, das außer Fahrradteilen (spez. ▷ Naben und ▷ Trommelbremsen) noch Kleinmotoren, Getriebe und Stoßdämpfer herstellt.

Zur Namensverwendung: Häufig wird einfach die Bez. "Sachs" verwendet, unter der die AG neuerdings auch firmiert, ein Usus, welchem sich vorliegendes Lexikon i.d.R. anschließt.

Die Firma nahm ihren Aufschwung mit der Herstellung der ▷ "Torpedo"-Freilaufnabe (Abb. 114), die seit 1907 fast unverändert gebaut wird und jahrzehntelang Standard an fast jedem deutschen Gebrauchsrad war.

Abb. 114

Es folgten ▷ Nabenschaltungen, die bis heute marktbedeutend sind. Nach 2-Gang- und 3-Gang-Naben folgten 1984 die 5-Gang-Nabe (Pentasport) , 1993 die 7-Gang-Nabe ("Super 7") und 1996 die Präsentation der 12-Gang-Nabe "Elan". Die letzten beiden sind besonders für das wartungsarme Freizeitrad konzipiert (▷ Trekkingrad, ▷ Cityrad). Einzelheiten s. ▷ Schaltung: Nabenschaltung.

Für den gleichen Anwenderkreis sind auch die Trommelbremsen von Sachs konzipiert. Vorteile liegen v.a. im Naßbremsverhalten, die Marktbedeutung ist jedoch nur gering. Einzelheiten s. ▷ Bremsen: Trommelbremsen.

Gegen Ende der 80er Jahre fügte Sachs die maroden französischen Teilefabrikanten Sedis, Maillard und Huret in das Konsortium ein und produziert seitdem auch höherwertige Rennsport- und MTB-Komponenten, Abb. 115 (s. die Gruppen "New Success", "Quarz" und "Neos".

Der Marktanteil ist trotz japanischer Dominanz steigend, durch gute Qualität und weitere Innovationen (▷ Scheibenbremse; ▷ Speedtronic) nimmt die Marktbedeutung von Sachs weiter zu.

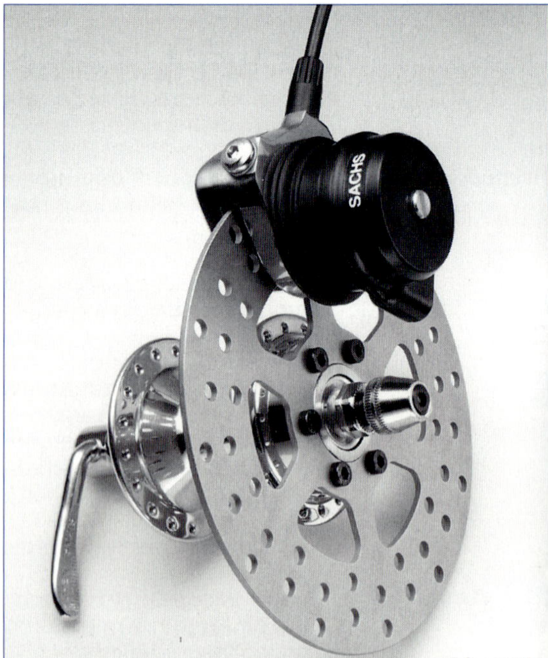

Abb. 115

Fixierhülse

Auf dem Ende des ▷ Schaltzugs von ▷ Nabenschaltungen angebrachte Hülse, die das ▷ Zugkettchen der Nabenschaltung mit einer ratschenähnlichen Vorrichtung fixiert (Abb. 116).

Hierzu wird das geriffelte Ende des Zugkettchen soweit eingeschoben, bis der Schaltzug gerade gestrafft ist.
Zum Lösen der Verbindung wird die Federtaste der Fixierhülse gedrückt, die Ratsche öffnet sich und das Zugkettchen kann herausgezogen werden.

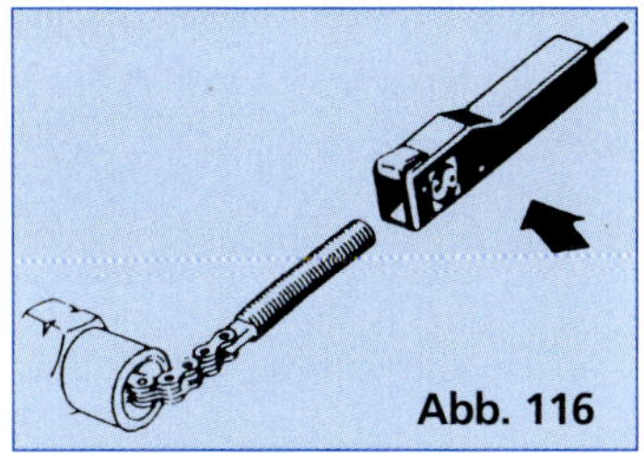

Abb. 116

Flächenpressung

Bez. f.d. Druckbelastung, mit der zwei Flächen aufeinander gepreßt werden. Sie ist am Fahrrad in folgenden Fällen von Interesse:

1. Bei ▷ Lagerungen ist die Flächenpressung neben Oberflächengüte, Lager-Werkstoff-Paarung, Schmierstoffen, Drehzahl und Verschmutzungssicherheit ein Parameter für den Verschleiß.
2. Bei ▷ Kraftschlußverbindungen ist die Höhe der Flächenpressung die Sicherung gegen ungewollten ▷ Schlupf der Verbindung (z.B. ▷ Rollenantrieb).
3. Bei Kontaktklebungen (▷ Reifenflicken) entscheidet die Höhe der Flächenpressung vorrangig über die Güte (Festigkeit) der Klebeverbindung.
4. Bei Bremsen ist die Höhe der Flächenpressung entscheidend für die erzielte ▷ Bremswirkung.

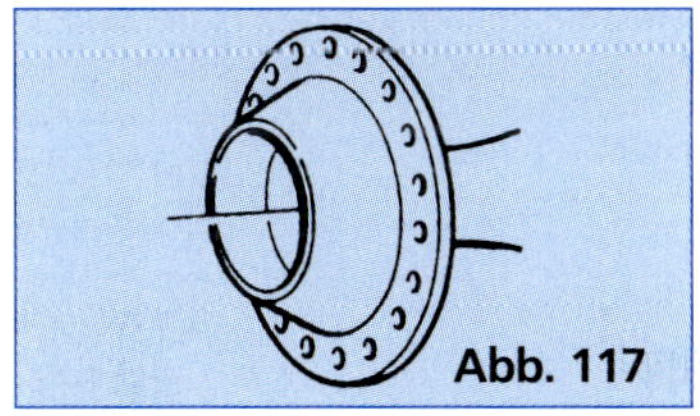

Abb. 117

Flansch

Tellerartige Ausformung eines Rohrendes zwecks Befestigung an anderen Rohren oder Teilen.

Flanschdicke

Aufs Fahrrad bezogen: Entsprechende Ausbildung der Nabenenden mit Bohrungen zur Aufnahme der Speichen (Abb. 117), Einzelheiten s. ▷ Naben: Allgemeines.

Die Breite der ▷ Flansche von Naben ist neben dem Durchmesser der ▷ Flanschlöcher entscheidend für die Haltbarkeit der Speichen: Bei zu schmalen Flanschen (unter 3 mm) oder zu großen Speichenlöchern (über 2,4 mm Durchmesser) hängt die lose eingehängte Speiche unter der Mittelsenkrechten durch. Das bewirkt ein Aufbiegen der Speichenbögen, was i.d.R. zu vorzeitigem ▷ Speichenbruch führt, s.a. dort.
Im Idealfall (Abb. 118) ist eine innige Verbindung (Druckbelastung des Speichenbogens) von Nabenflansch und Speiche gegeben.

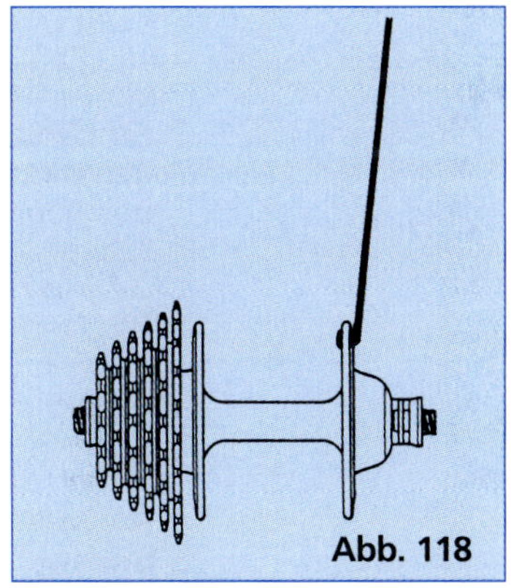

Abb. 118

Flanschlöcher

Bohrungen im ▷ Flansch zur Aufnahme der Speichen, Einzelheiten s. ▷ Naben.

Flaschenhalter

Vorrichtung zur Aufnahme der ▷ Trinkflasche.

Sie ist meist am ▷ Unterrohr angebracht (Abb. 119), z.T. auch (zusätzlich) am ▷ Sattelrohr. Triathleten befestigen sie wieder (wie die frühen Radrennfahrer) "mundgerecht" am Lenker oder - aerodynamisch am günstigsten - hinter dem Sattel, s. Abb. 120 (Befestigung mittels ▷ Schellen oder ▷ Anlötteilen).

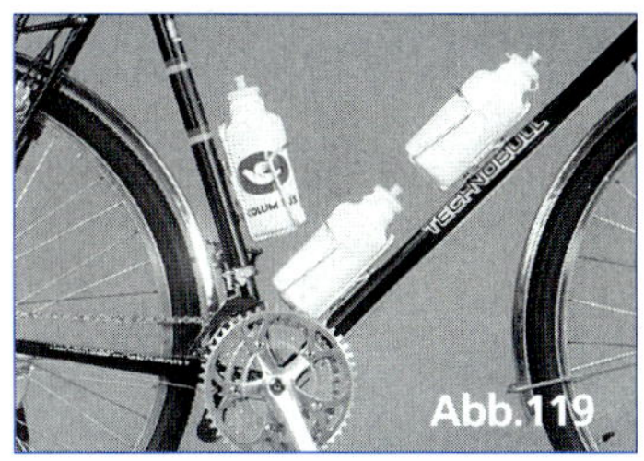

Abb. 119

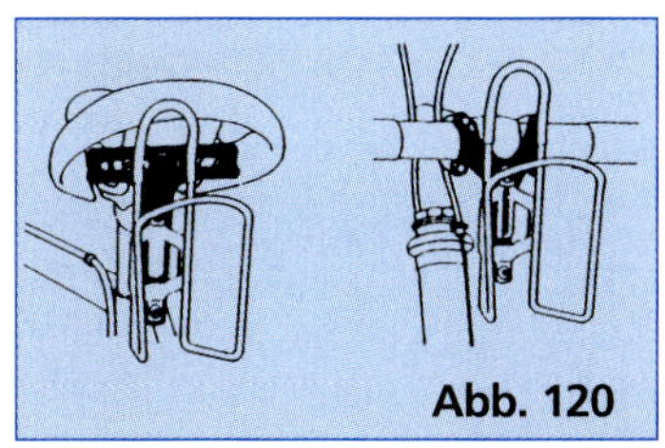

Abb. 120

Flattern

Radlerjargon für periodische Schwingungen von Fahrradteilen, speziell des Rahmens in Fahrtrichtung (▷ Gabelflattern) oder quer dazu (▷ Rahmenflattern) (Abb. 121).

Auch lose ▷ Steuersätze, weich eingespeichte Laufräder oder solche mit minimierter Speichenanzahl können bei zu leichter, nicht genügend starrer Felge ebenfalls zum Flattern neigen.
Jedes Flattern führt zu instabilem Fahrverhalten und kann u.U. sogar zum Sturz führen. Eine ausführliche Behandlung des Problems s. ▷ Rahmenflattern.

Abb. 121

Flatterneigung

Konstruktiv bedingte (dünnwandiges ▷ Oberrohr) oder durch hinterradlastige ▷ Gewichtsverteilung begünstigte Neigung eines Rahmens zum ▷ Rahmenflattern, Einzelheiten s.d.

Fliehkraft

Körper besitzen aufgrund ihrer ▷ Masse das Bestreben, eine einmal eingeschlagene Bewegungsrichtung beizubehalten (Beharrungsvermögen oder Trägheit). Werden sie nun in eine Kurve oder Kreisbahn gezwungen, so versuchen sie, diesem Zwang mittels einer vom Mittelpunkt der Kurve oder Kreisbahn weg radial nach außen gerichteten Kraft zu entfliehen - der Fliehkraft (auch "Zentrifugalkraft" genannt) (Abb. 122).

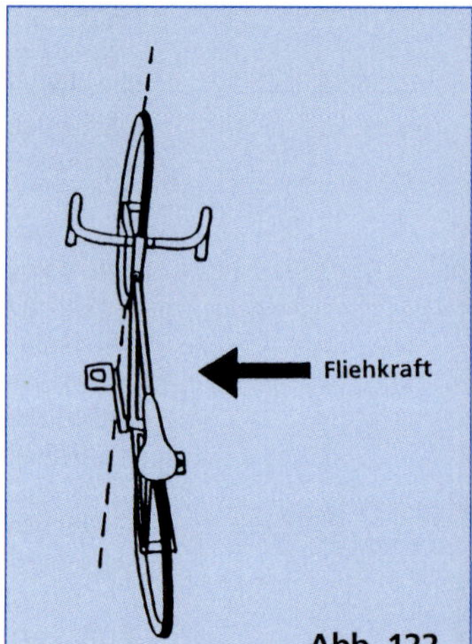

Abb. 122

Beim Durchfahren einer Kurve z.B. zieht die Fliehkraft die Masse von Rad und Fahrer nach außen. Durch entsprechende Schräglage können Fliehkraft und Schwerkraft weiterhin zentral durch die Fahrradlängsachse auf die ▷ Reifenaufstandsfläche gerichtet werden, wodurch ein Wegrutschen der Reifen verhindert wird. Würde der Radler die Kurve dagegen in senkrechter Haltung durchfahren, würde er nach außen gedrückt und die Reifen seitlich wegrutschen, vgl. Skizze.
Das Zusammenspiel von Flieh- und ▷ Kreiselkräften ermöglicht erst das Fahren auf zwei Rädern, bzw. sogar auf nur einem Rad; s.a. ▷ Lenkvorgang, ▷ Gleichgewichtshaltung, ▷ Einrad.

Fließfett

Schmiermittel (Anwendung insbes. bei ▷ Ketten), das in seiner Konsistenz zwischen ▷ Ölen und ▷ Fetten angesiedelt ist und über besonders gute "Nachfließeigenschaften" verfügt, d.i. ein Nachkriechen des ▷ Schmierfilmes, wenn er durch besonders hohe Belastung oder Schmutzpartikel einmal unterbrochen sein sollte; s.a. ▷ Fette und ▷ Kettenpflege.

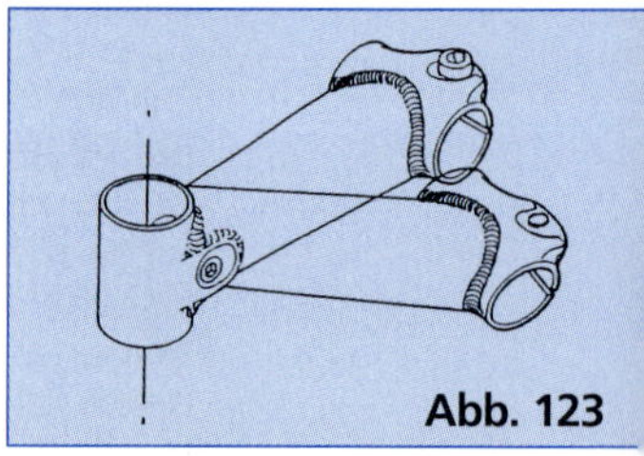

Abb. 123

Flip-Flop-Aheadset

Besondere Form des ▷ Aheadset-Vorbaus, bei der die Bohrung für die Klemmung des ▷ Gabelschafts nicht im rechten Winkel zum Auslegerteil eingebracht ist:
Durch einfaches Umdrehen des Vorbaus kann die Auslegerneigung und damit die Höhe des Lenkers geändert werden (Abb. 123).

Flucht

Techn. Ausdruck für die deckungsgleiche Ausrichtung von ▷ Mittelachsen, die also "in Linie" zueinander liegen sollen (Abb. 124).
Beispiel: Fluchtigkeit von ▷ Steuerrohr und ▷ Sattelrohr oder der beiden ▷ Laufräder. Andere Teile wie ▷ Ausfallenden oder ▷ Tretkurbel sollten parallel zur ▷ Radflucht stehen. Außerdem: Lagerflucht, s. ▷ Achsbiegung.
Bei einem Sturz kommt es infolge hoher ▷ Beschleunigungskräfte häufig zu plastischen Rahmenverformungen. Sie können durch "Fluchtpeilungen" schnell ausgemacht werden, s. ▷ Rahmenrichten.

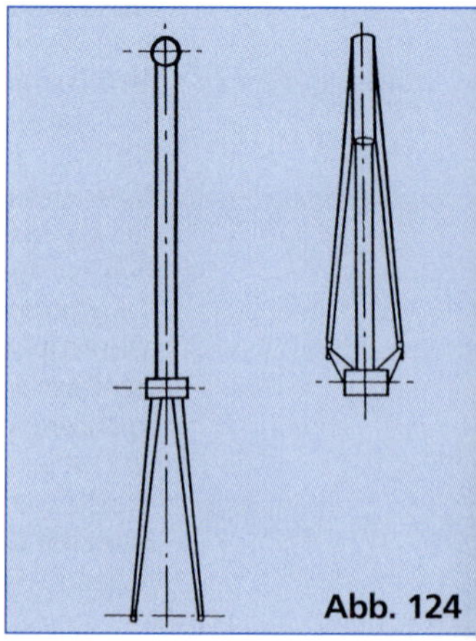

Abb. 124

Gabelvorbiegung

Bogenförmige, auch "Rücksprung" genannte Vorbiegung der unteren Enden der ▷ Gabelbeine zur Steigerung des ▷ Fahrkomforts (Abb. 16).
Sie wird gemessen als Abstand zwischen ▷ Lenkachse und Achsmitte des Vorderrades.
Der Bogen sollte möglichst tief, kurz über den ▷ Ausfallenden angesetzt sein und in einem möglichst engen Radius verlaufen, um die Fahrbahnstöße geometrisch optimiert aufnehmen zu können. In Abb. 16 hat die linke Gabel die günstigsten Federungseigenschaften, während die rechte die ungünstigste Ausführung darstellt.
Die Gabelvorbiegung verkürzt den ▷ Nachlauf und erhöht dadurch die erforderlichen Lenkkräfte, weshalb hier stets ein Kompromiß zwischen gewünschtem ▷ Fahrkomfort und Lenkbarkeit getroffen werden muß.

Abb. 15

Sonderformen

Mit einem speziellen ▷ Gabelkopf lassen sich die Gabelbeine weiter hinten ansetzen (Technobull 1992), um eine größere Gabelvorbiegung zu ermöglichen (Abb. 17 links). Dadurch wird die effektive Vorbiegung geringer gehalten - vgl. mit Abb. 17 Mitte - und so der Nachlauf nur wenig reduziert: ▷ Geradeauslauf und Fahrkomfort sind verbessert, ohne die Lenkbarkeit zu beeinträchtigen.
Noch besser - wenn auch von der Optik her nicht jedermanns Sache - federt die "Wallaby-Gabel", die vom Gabelkopf aus zunächst nach vorn verläuft, um dann am unteren Ende zurückgekrümmt zu werden (Abb. 17 rechts).
Vorteil dieser Konzeption: Beim Überfahren von Hindernissen stellt sich diese Gabel nicht auf, sondern zieht sich ein (wie die Gabel des ▷ Steherrades). Der nun andersherum verlaufende Bogen des Gabelendes weicht Fahrbahnhindernissen leichter aus.

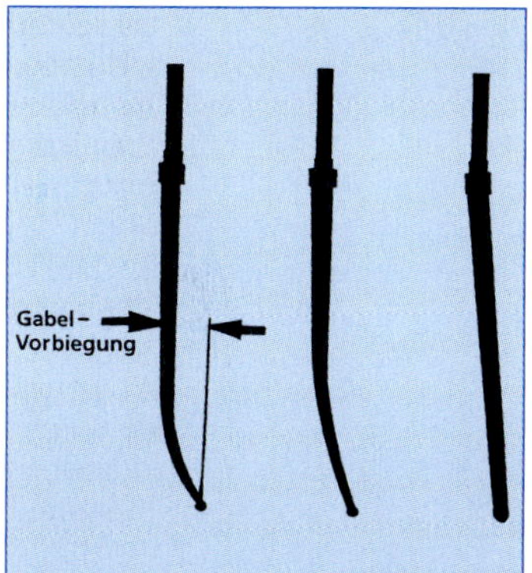

Abb. 16

Galvanisieren

Aufbringen von dünnen Metall- oder Metalloxidschichten mittels ▷ Elektrolyse auf Oberflächen von Bauteilen, die elektrisch leitend sind oder elektrisch leitend gemacht werden, so daß sich der Metallanteil aus gelösten Metallsalzen auf diesen niederschlägt; s.a. ▷ Verchromen; ▷ Eloxieren. Dieses spezielle Elektrolyseverfahren geht auf den ital. Arzt und Naturforscher Luigi Galvani (1737-1798) zurück (Abb. 18).
Anwendung am Fahrrad: Eloxierte oder verchromte Komponenten, Gabeln, Rahmen oder Rahmenteile.

Gang

Der Begriff tritt in der Fahrradtechnik in nicht weniger als vier verschiedenen Bedeutungen auf:

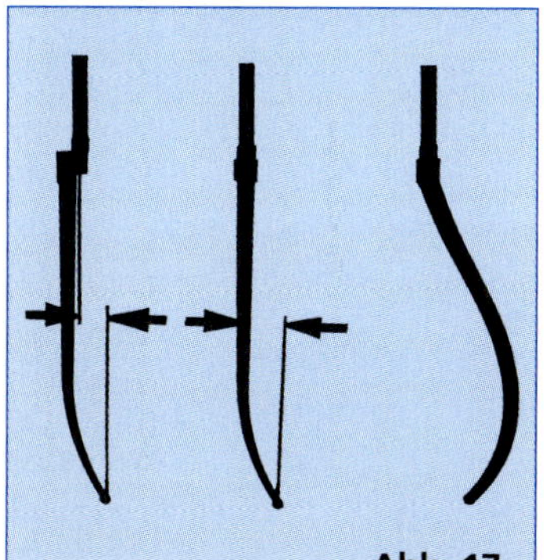

Abb. 17

Schaltung

1. Am bekanntesten ist er als landläufige Bezeichnung für die unterschiedlichen ▷ Übersetzungen einer ▷ Schaltung.
Entsprechend wird je nach Anzahl der möglichen Übersetzungen von 12-Gang-Schaltung, 24-Gang-Schaltung usw. gesprochen.
Anmerkung: Die numerisch-geometrische Reihenfolge 1., 2., 3., usw. der Gänge gilt nur für ▷ Nabenschaltungen sowie ▷ Kettenschaltungen mit nur einem ▷ Kettenblatt; bei der üblichen Kettenschaltung mit 2-3 Kettenblättern wird die Reihenfolge der Gänge nach dem ▷ Übersetzungsverhältnis geordnet, s. hierzu insbes. ▷ Ritzel. Dabei kann eine mit kleinem Kettenblatt und kleinem Rit-

zel realisierte Übersetzung größer ausfallen als eine Groß/groß-Kombination, die lineare Gangfolge überkreuzt sich also.

Der Rennradlerjargon kennt den "dicken Gang", wenn nämlich das große ▷ Kettenblatt und das kleinste ▷ Ritzel gefahren werden (der Antrieb also am schwergängigsten ist).
Trainingshalber sowie generell am ▷ Bahnrad wird auch der ▷ starre Gang gefahren, d.i. ein schaltungsloser Antrieb ohne ▷ Freilauf.

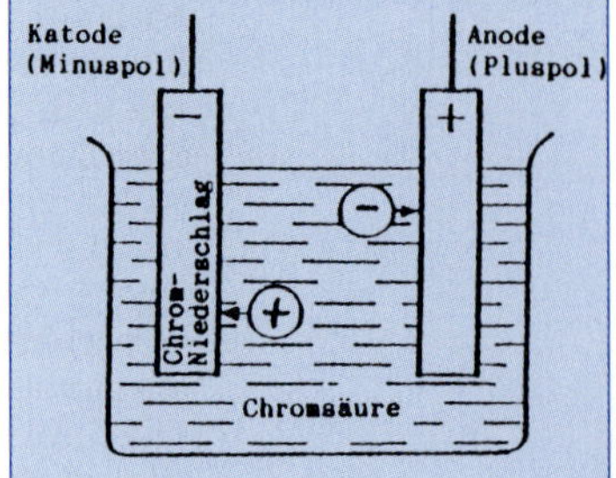

Abb. 18

Bowdenzug

2. Hier ist mit Gang die zwangsläufig auftretende ▷ elastische Verformung durch Stauchen der ▷ Außenhülle und Dehnung des ▷ Innenzuges gemeint, die eine Art "Ziehharmonikaeffekt" ergibt. Dieser wird verstärkt, wenn die Außenhülle Knicke aufweist. Die dann nicht mehr aufeinanderliegenden Wendeln der Hülle legen sich bei Belastung aufeinander und erhöhen so den Gang der Züge.

Durch Gang des Bowdenzuges wird z.B. der Betätigungsweg des Bremshebels länger, besonders bei kräftigem Bremsen. Andererseits verbessert sich die Feinfühligkeit der Bremsbetätigung (Dosierung der Bremse über längeren Weg).

Bei Schaltungen kann der Gang des Bowdenzuges die Funktion mindern (Abb. 19): Mit hoher Spannung der ▷ Rückholfeder (oder verschmutztem Bowdenzug) werden durch den Gang die Schaltschritte kürzer, der Schaltvorgang erfolgt zögerlich oder gar nicht. Abhilfe: Bowdenzug schmieren bzw. geknickte Außenhülle ersetzen; möglichst kurze Bowdenzüge verwenden und unnötige Biegeradien bei der Zugverlegung vermeiden.

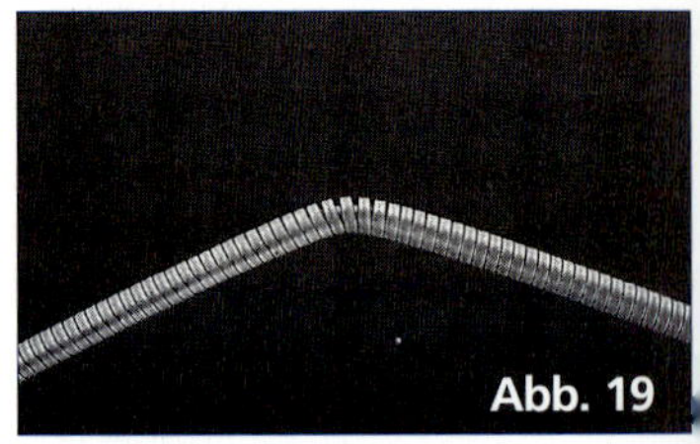
Abb. 19

Lagerungen

3. Bei zu lose eingestelltem Lager spricht man gewöhnlich vom ▷ Lagerspiel, aber auch vom "Gang" des Lagers.

Gewinde

4. Abstand zw. den einzelnen Gewindewendeln (Abb. 20). Wird eine Schraube um eine volle Umdrehung gedreht, so schraubt sie sich um die Distanz eines Gewindegangs weiter. Im Gegensatz hierzu s. ▷ Mehrganggewinde.

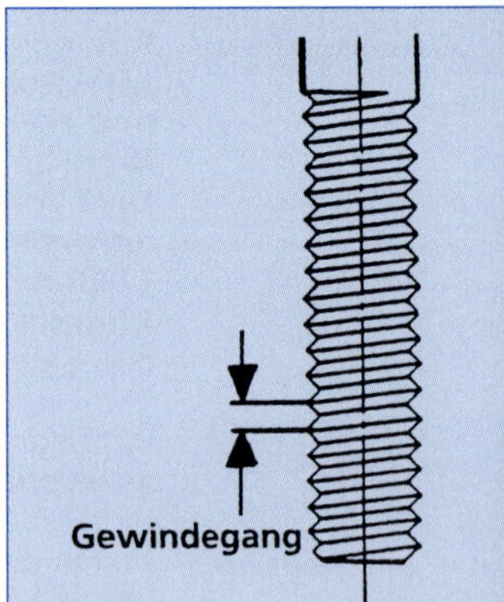

Abb. 20

Gangschaltung

s. ▷ Schaltung

Gangsprung

In Prozent angegebener *Steigerungsfaktor zwischen zwei benachbarten* ▷ Gängen einer ▷ Schaltung. Er errechnet sich nach der Formel:

$$G_s = \frac{100 \cdot (Ü_g - Ü_k)}{Ü_k}$$

Dabei bedeuten:
G_s = Gangsprung in Prozent
$Ü_g$ = Übersetzungsverhältnis des größeren Ganges;
$Ü_k$ = Übersetzungsverhältnis des kleineren Ganges
(vgl. ▷ Übersetzungsverhältnis).

Beispiel: Sprung von 52/15 auf 52/16 (Zähnezahlen Kettenblatt/Ritzel):

$Ü_g$: 52:15 = 3,466 / $Ü_k$: 52:16 = 3,25 also: $G_s = \frac{100 \times (3{,}466 - 3{,}25)}{3{,}25} = 6{,}7\%$

Radsportler Radsportler bevorzugen möglichst kleine Gangsprünge, um immer mit optimaler ▷ Trittfrequenz fahren zu können. Das beschränkt natürlich den ▷ Übersetzungsbereich. Da aber Rennfahrer trittstärker als ▷ Normalradler sind, meistern sie selbst steile Alpenpässe mit 39/23 (entspricht einer ▷ Entfaltung von 3,56 m) als "leichtestem" Gang.

Tourenfahrer Tourenfahrer dagegen bevorzugen größere Gangsprünge, damit sie einen größeren Übersetzungsbereich zur Verfügung haben. Mit etwas Gepäck beladen müssen sie bei dem gleichen Alpenpaß je nach Leistungsstand sogar untersetzen, z.B. 26/30 (Entfaltung: 1,82 m), um das Rad nicht schieben zu müssen. Weitere Informationen, insbes. zur individuellen Auslegung der Gangsprünge s. ▷ Ritzeln.

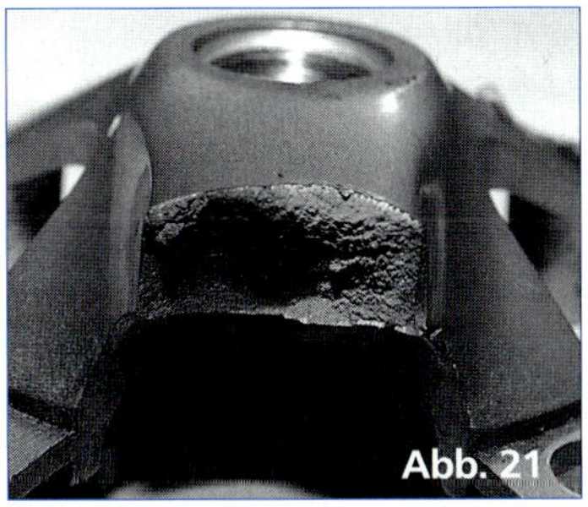

Abb. 21

Garantie

Gewährleistungsversprechen der Hersteller, bei einem schadhaften Produkt Materialersatz zu leisten. Zu unterscheiden ist hiervon die ▷ Produkthaftung, die sich auf Folgeschäden eines Fehlers bezieht. Folgende Garantiedauern sind im Fahrradbereich üblich: 6 Monate auf Teile und ▷ Komponenten, auf Rahmen und Gabel i.d.R. 5 Jahre, aber auch bis zu 20 Jahre oder sogar "lebenslänglich", was immer das heißen mag....

Das Garantieversprechen bezieht sich nur auf "normale Belastung". Sind am Fahrrad nach einem Sturz Spuren von Gewaltanwendung zu finden, so muß der Geschädigte nachweisen, daß ein Rahmenbruch z.B. nicht dadurch, sondern durch Fertigungsfehler verursacht wurde (Abb. 21).

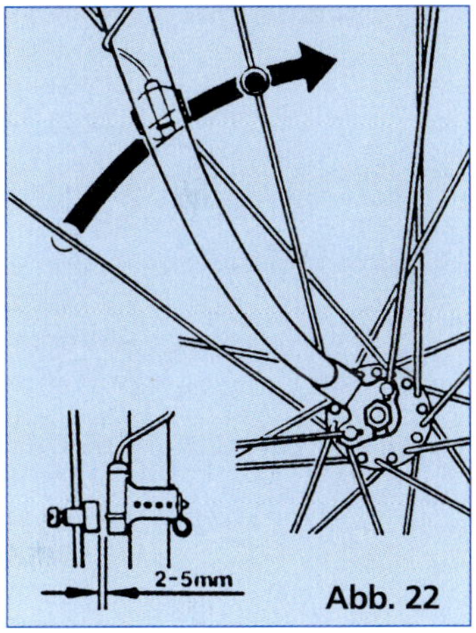

Abb. 22

Geber

Landläufige Bez. f. die ▷ Sensoren der am Fahrrad verwendeten ▷ Computer (Abb. 22).

Gebrauchsrad

Preiswertes ▷ Alltagsrad verschiedener Typen, das nicht für rein sportliche Zwecke oder andere größere Belastungen wie Fahrradfernreisen konzipiert ist (Abb. 23).

Anspruchsvolle Gebrauchsräder warten heutzutage mit defektsicheren ▷ Komponenten auf, wie sie am ▷ Mountainbike üblich sind, v.a. ▷ Schaltung, ▷ Cantilever-Bremse, ▷ Tretlagerachse mit ▷ Vierkantbefestigung der Tretkurbeln. Sie unterscheiden sich von ▷ Trekkingrädern v.a. durch eine gemäßigtere ▷ Rahmengeometrie und die Verwendung weniger hochwertiger Rahmenrohre.

Abb. 23

Gefüge

Bezeichnung für die *innere Struktur eines Metalls,* auch "Körnung" genannt. Erstarrt ein Metall aus der Schmelze, so bilden sich an vielen Stellen Kristalle, die so lange ungestört wachsen, bis sie mit ihren Nachbarkristallen zusammenstoßen. Ergebnis ist eine mikroskopische, mosaikartige "Körnung" des Metallgefüges (Abb. 24).

Während grobe Gefüge recht spröde sind, ergeben feinkörnige Gefüge einen dehnbareren (duktileren, s. ▷ Duktilität) Werkstoff. Dies wird erreicht durch schnelles Abkühlen und gezieltes Eingeben von "Kristallisationskeimen" (z.B. Titan und Zirkon bei der hochfesten Aluminiumsorte "Titanal", vgl. ▷ Aluminium: Legierungen). s.a. ▷ Gefügeveränderungen.

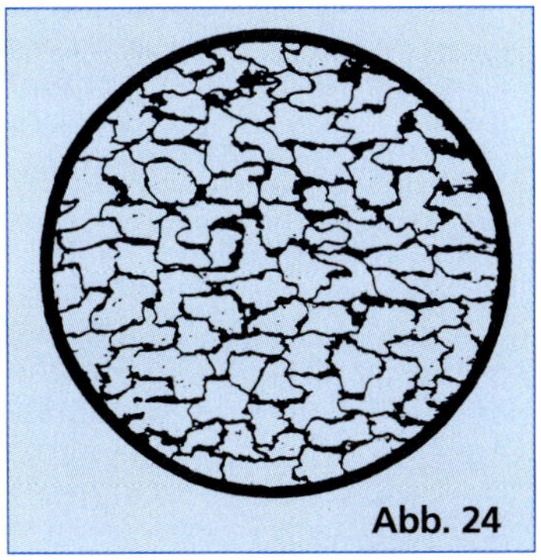

Abb. 24

Gefügeveränderungen

Durch thermische oder mechanische Einwirkung veränderte innere Metallstruktur. Sie wird absichtsvoll herbeigeführt, um die mechanischen Eigenschaften von Metallen bzw. metallischen ▷ Legierungen zu verändern.

thermisch

Bei langzeitiger, hoher Erwärmung vergrößern sich die einzelnen Bestandteile des ▷ Gefüges durch Zusammenwachsen der einzelnen ▷ Kristallite (Abb. 25) infolge von Diffusionsprozessen (▷ Diffusion). Umgekehrt kann mit einer gezielten Erwärmung und anschließender Abschreckung das Gefüge auch "gebrochen" und so verkleinert werden, wodurch es feinkörniger wird, das Metall gewinnt an ▷ Bruchdehnung.

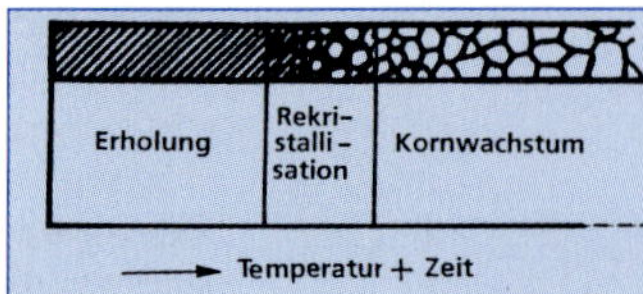

Abb. 25

mechanisch

Durch Walzen oder Ziehen richten sich die einzelnen Gefügebestandteile in Zug- oder Walzrichtung aus und bilden dann ein sog. "Zeilengefüge" (im Gegensatz zum regellosen "Gußgefüge"). In Walzrichtung wird dabei das Metall fester, quer zur Walzrichtung (man spricht auch von "Faser" oder "Zeile") verliert es an ▷ Festigkeit und ▷ Bruchdehnung. Vgl. auch ▷ Kaltverfestigung.

Gegenhalterung

Andere Bez. f. ▷ Kabelstopper.

Gegenmuttern

Außen auf die ▷ Nabenachse geschraubte ▷ Kontermutter für die ▷ Konen der ▷ Nabenlagerung. Die über beide Gegenmuttern gemessene Breite (äußerer axialer Abstand) ergibt das ▷ Einbaumaß von ▷ Naben (Abb. 26).

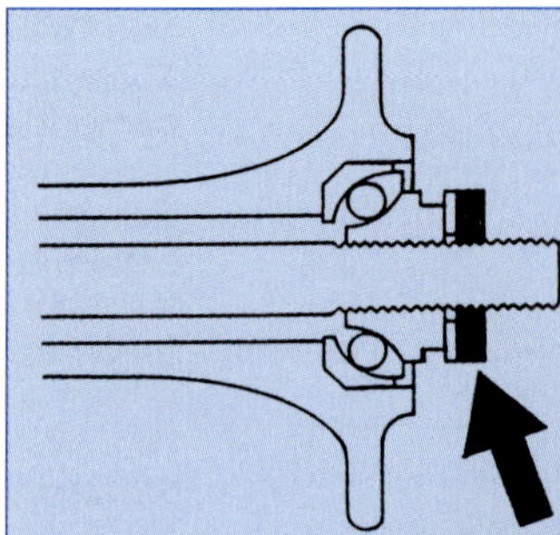
Abb. 26

Gehrad

Andere Bez. f. ▷ Draisine.

Gehrung

Anpassen von Eckverbindungen, wobei entweder ein Bauteil an das andere angepaßt wird (Abb. 27) oder - schwieriger - beide Teile aneinander. Anwendung am Fahrrad: Aneinanderstoßende Rohrverbindungen.

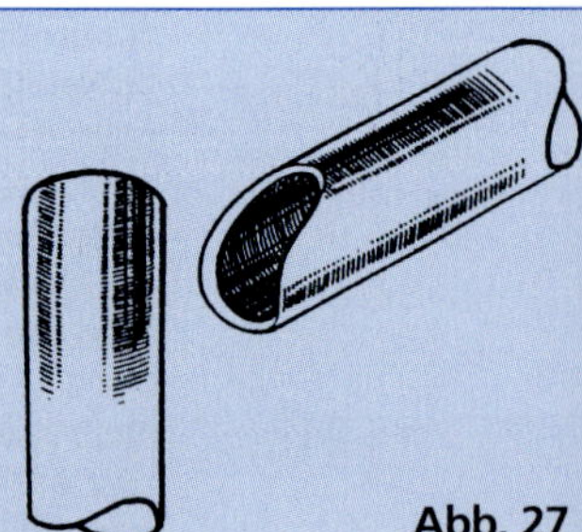
Abb. 27

Geländerad

Fahrrad, das zum Radeln auf unbefestigten Pisten konzipiert ist. Charakteristische Baumerkmale:
* stollige Bereifung,
* robuste Bauweise,
* großer ▷ Raddurchlauf.

Typen: ▷ Mountainbike, ▷ Trekkingrad, ▷ BMX-Rad, ▷ Querfeldeinrad.

Die Bezeichnung ist insofern irreführend, als ein Fahrrad immer irgendeine Art Rollbahn zu seiner optimalen Funktion benötigt, da das Fahren im "Gelände" durch zu großen ▷ Rollwiderstand zu anstrengend ist - ganz zu schweigen davon, daß dies aus ökologischen Gründen ohnehin abzulehnen ist. In der Praxis werden daher Geländeräder auch bei Wettkämpfen überwiegend auf Wegen und Naturstraßen gefahren, vorhandenen Trassen also.

Geländereifen

▷ Reifen, die speziell zum Fahren auf unbefestigten Trassen konzipiert sind (Anwendung v.a. an ▷ Geländerädern). Dazu gehören eine vergrößerte ▷ Reifenbreite (ab 35 mm) und ein ausgeprägtes ▷ Reifenprofil (Abb. 28). Interessant ist der ▷ Schulterstollenreifen (Abb. 29): Durch die glatte Hauptlauffläche besitzt er auf Straßen hervorragende Leichtlaufeigenschaften, greift bei weichem Untergrund aber noch hinlänglich gut mit seinen Schulterstollen.

Abb. 28

Gelände-wettbewerbe

Rennen oder Geschicklichkeitsfahren auf Naturpisten bzw. abgestecktem Parcours mit natürlichen Hindernissen.
Während bis in die 70er Jahre nur ▷ Querfeldeinrennen offiziell in dieser Sparte gefahren wurden, kamen dann Wettbewerbe auf speziell angelegten BMX-Bahnen und in den 80er Jahren die diversen Rennen mit ▷ Mountainbikes auf. Einzelheiten s. ▷ MTB-Rennen; ▷ Querfeldeinrennen; ▷ BMX-Rennen; ▷ Trial.

Abb. 29

Gelenk

Bewegliche Verbindung zweier Bauteile, die eine Schwenkbewegung zuläßt.
Am Fahrrad v.a.: Gelenke von ▷ Kette (Abb. 30), ▷ Viergelenktrieb, ▷ Umwerfergabel, ▷ Schaltschwinge (Abb. 31), Federschwingen bei ▷ Fahrradfederungen sowie Drehpunkte der ▷ Bremsarme bei ▷ Seiten- und ▷ Mittelzugbremsen.

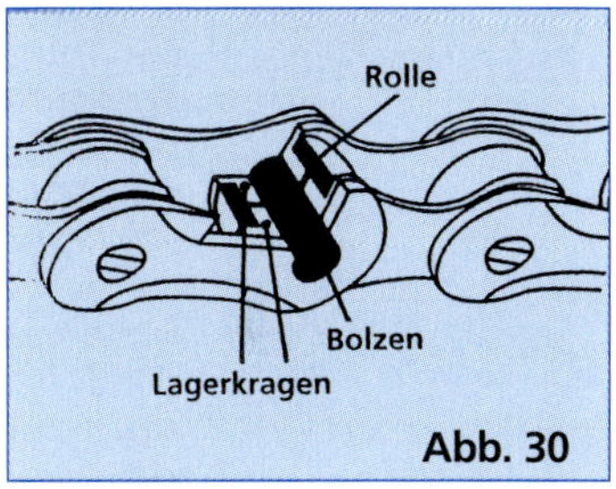

Abb. 30

gemäßigte Rahmengeometrie

Gestaltung der ▷ Rahmengeometrie, die einen harmonischen Kompromiß hinsichtlich ▷ Fahrverhalten, ▷ Steifigkeit und ▷ Fahrkomfort bietet. Die gemäßigte Rahmengeometrie war am klassischen Rennrad der 50er Jahre realisiert, dem heute das sog. "Rennsportrad" (▷ Halbrenner) entspricht.
Als gemäßigte Geometrie bezeichnet man aber auch Ausführungen praktisch aller ▷ Fahrradtypen, die in diese Richtung tendieren.

Geometrie

Auf den Fahrradbereich bezogen v.a. die in Längen und Winkeln angegebenen Abmessungen des Rahmens, Einzelheiten s. ▷ Rahmengeometrie.
Funktionelle Bedeutsamkeit haben die geometrischen Verhältnisse auch bei ▷ Schaltwerken und ▷ Bremsen.

Abb. 31

Geometrische Übersetzung

Bez. f. die geometrischen Verhältnisse der Hebelübersetzungen (s. ▷ Hebelverhältnis) bei ▷ Bremsen.

Gepäcktaschen

An Gepäckträgern bzw. Rahmen, Lenker oder auch Sattel befestigte Taschen für Transportzwecke, insbes. für Radreisen (Abb. 32).
Haupttaschen sind i.a.R. die am hinteren Gepäckträger montierten Großtaschen, die je nach Bedarf durch Vorderradtaschen sowie kleinere Taschen an Lenker, Sattel und Rahmen ergänzt werden. Fürs kleine Ausflugsgepäck genügen i.d.R. auch schon letztgenannte. Welche und wieviele Taschen man montiert, hängt in erster Linie von der beabsichtigten Tour ab. So sind z.B. Vorderradtaschen bei Touren in unseren Breiten nur in seltenen Fällen notwendig, bei Fernreisen aber i.d.R. unabdingbar.

Qualitäten

Radtaschen sollten
* robust,
* möglichst wasserdicht sowie
* sicher und einfach zu befestigen
sein.

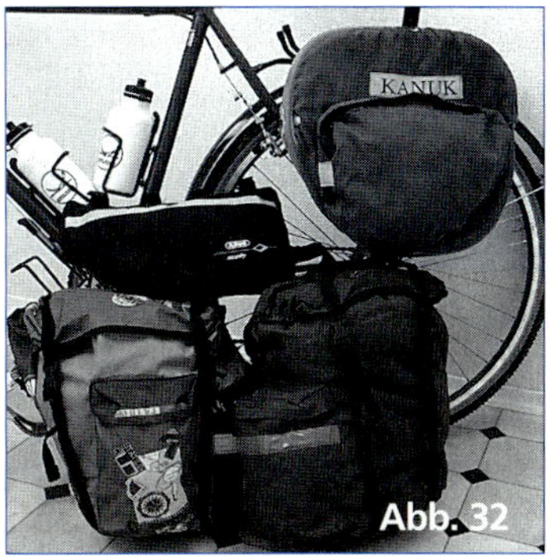

Abb. 32

Darüber hinaus sollte der Stauraum für eine differenzierte Gepäckunterbringung sinnvoll unterteilt sein, was i.d.R. durch Aufsatztaschen, z.T. auch durch Innenfächer geschieht. Deren Nähte bzw. Reißverschlüsse sind freilich Einlaßstellen für Feuchtigkeit, weswegen bei Verwendung nicht 100%ig wasserdichter Taschen deren Inhalt in Plastiktüten verstaut werden sollte. Im Übrigen gibt es wasserdichte Überzüge, die das Problem lösen.

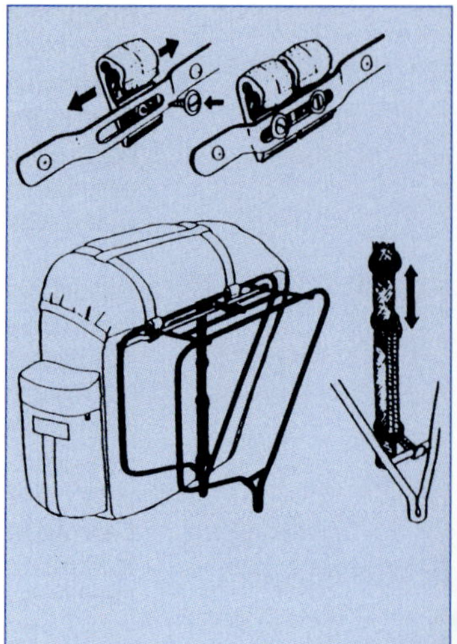

Abb. 33

Befestigung

Bei kleineren Taschen haben sich praktische Klettverschlüsse bewährt, mit denen die Taschen an Lenker, ▷ Vorbau, Sattel/Sattelstütze oder Rahmenrohren befestigt werden. Die großen Haupttaschen werden i.d.R. mittels - z.T. verstellbarer - Haken am Gepäckträger eingehängt und nach unten abgespannt (Abb. 33). Schlaufenbefestigung wie bei 3-fach-Taschen (s.u.) ist unpraktisch.

Absprungsicherheit

Bei Touren auf Asphaltstraßen ist die Absprungsicherheit kein Thema. Anders auf Naturtrassen, wo durch Fahrbahnunebenheiten schlecht gesicherte Taschen (kurze Haken, lasche Abspannung) sehr leicht vom Gepäckträger katapultiert werden können, mit u.U. katastrophalen Folgen.

Off-road-Taschen

Für diesen Einsatzzweck konzipierte Taschen sollten sich daher durch folgende Maßnahmen auszeichnen:
* gesicherte Haken (Karabiner; Klett),
* lange Haken (ohne Sicherung mind. 6 cm),
* extra-starke Abspannung.

Taschen für den ganz harten MTB-Einsatz werden zusätzlich noch gegen seitliches Schlackern an ihrer Rückseite an den Kettenstreben befestigt. Tip: Wer Taschen in Selbsthilfe absprungsicher machen will, kann sich eine einfache Zusatzsicherung mit Klettband herstellen (erhältlich im Nähwarenhandel).

Taschen-Typen

Für fast jedes nicht rotierende Teil des Fahrrades gibt es mittlerweile Radtaschen zu kaufen. Für Großtaschen ist der ▷ Gepäckträger vorgesehen, kleinere Taschen sind v.a. am Lenker sinnvoll, Kleinigkeiten lassen sich in Satteltaschen unterbringen, schmale Taschen unterschiedlichster Größe und Verwendungsmöglichkeit gibt es für die Befestigung im ▷ Rahmendreieck.

Hinterradtaschen

Diese Haupttaschen bei größeren Touren gibt es in den verschiedensten Ausführungen zwischen einfach und robust bis zu ausgeklügelt mit Aufsatz- und Innentaschen. Im Normalfall kommen zwei separate Taschen zum Einsatz, die an je einer Seite des Gepäckträgers befestigt werden. Recht beliebt sind auch zusammenhängende 3-fach-Taschen mit einem Brückenteil über dem Gepäckträger. Sie bieten viel Stauraum, sind aber etwas "fummelig" bei der Montage.

Sehr elegant sind moderne 3-fach-Taschen, die in drei separate Teile aufteilbar sind, wobei das Brückenteil über dem Gepäckträger ein kleiner Koffer ist. Sie sind v.a. bei der immer größer werdenden Zahl von Radtouristen beliebt, die von Hotel zu Hotel radeln.

Eine interessante Variante sind Rucksacktaschen, bei denen zusätzlich zur Gepäckträgerbefestigung einhängbare oder integrierte Tragegurte eine Verwendung als Rucksack ermöglichen (Abb. 34).

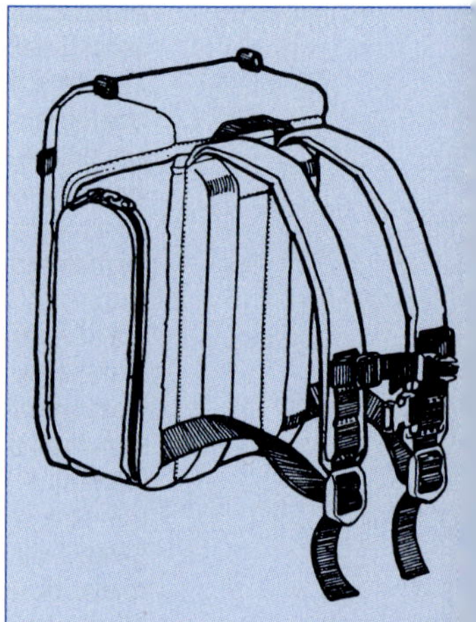

Abb. 34

Vorderradtaschen

Mittels eines zweiten ▷ Gepäckträgers (möglichst ▷ Lowrider) lassen sich zwei weitere, etwas kleinere Gepäcktaschen zu beiden Seiten des Vorderrades befestigen. Sie sind unabdingbar für Globetrotter, die neben Bekleidung für verschiedene Klimazonen, Zelt, Schlafsack, Campingküche sowie Verpflegung für mehrere Tage mitführen müssen.

Bevor man sich bei Touren hierzulande zu dieser Lösung entschließt, sollte man prüfen, ob wirklich so viel Gepäck mitgenommen werden muß, daß diese Zusatztaschen erforderlich sind. Neben dem Mehrgewicht macht sich nämlich nachteilig bemerkbar, daß die Taschen bei jeder Lenkbewegung mitgeschwenkt werden und so das ▷ Handling des Fahrrades beeinträchtigen. Andererseits können sie dem gefürchteten ▷ Rahmenflattern entgegenwirken, da das flatteranfällige Vorderrad stärker belastet wird. Wer abseits der Straßen radeln will, muß außerdem bedenken, daß Vorderradtaschen an Engstellen behindern und bei tiefen Spurrillen aufsetzen können.

Lenkertaschen

Direkt am Lenker oder mittels eines separaten Bügels (Abb. 35) dort (plus Abspannung zu den ▷ Ausfallenden) befestigte Taschen, die häufig noch ein Kartenfach auf dem Deckel aufweisen. Größere Taschen benötigen einen entsprechend hohen Rahmen bzw. hochgestellten ▷ Vorbau, da sie sonst auf dem Vorderrad schleifen. Kleine Taschen werden oben auf dem ▷ Vorbau befestigt, was auch einen Sicherheitseffekt als Prallschutz hat. Empfehlenswert: Das Befestigungssystem von Karrimor, Cannondale, Ortlieb u.a. mittels eines simplen Schnappverschlusses am ▷ Vorbauauge (Abb. 36).

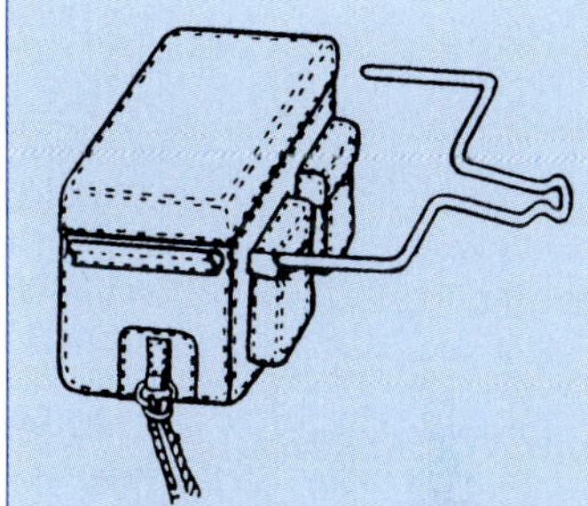

Abb. 35

Rahmentaschen

Sie werden im Hauptdreieck des ▷ Diamantrahmens ("Herrenrahmen") befestigt (Abb. 37), bedingen aber bei zu praller Füllung u.U. eine etwas breitbeinigere Beinführung. Am bekanntesten sind kleinere, im Rohrwinkel unter dem Sattel befestigte Taschen, die auch als schulterpolsternde Traghilfe für Mountainbiker dienen.
Es gibt auch Großtaschen für Wäsche, Zeichenblöcke und andere flache, große Gegenstände, wobei jedoch die Relation von Taschengewicht und "Mitnahmeeffekt" zweifelhaft ist.

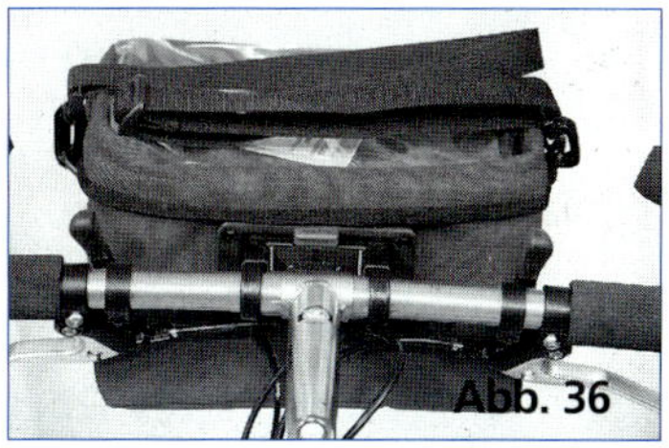

Abb. 36

Satteltaschen

Kleine, am ▷ Sattel oder der ▷ Sattelstütze befestigte Taschen für Werkzeug und Kleinkram. Auch hier gibt es Ausführungen mit dem praktischen Schnappverschluß. Weitere Informationen s. insbes. unter ▷ Gepäckträger, ▷ Gepäckzuladung, ▷ Gewichtsverteilung.

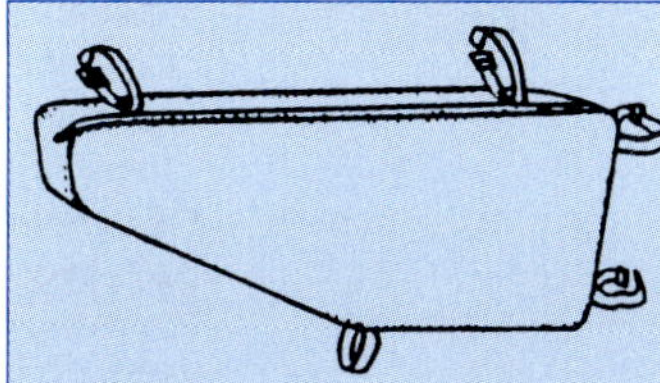

Abb. 37

Gepäckträger

Am Fahrrad befestigte Vorrichtungen zur Mitnahme von Gepäck oder Transportgütern.
Gepäckträger werden aus Stahlrohr- oder Vollaluminium gebaut und meist über dem Hinterrad befestigt. Für großes Gepäckaufkommen sind außerdem Zusatzgepäckträger fürs Vorderrad entwickelt worden.

Hinterradgepäckträger

Hinterradgepäckträger alter Bauart wurden an der oberen ▷ Stegplatte und der Hinterradachse befestigt (Drei-Punkt-Befestigung). Da hierdurch der Radausbau erschwert wurde, erfolgt die untere Befestigung heute mittels Schrauben an den ▷ Ausfallenden. An hochwertigen Fahrrädern wird der Hinterradgepäckträger an separaten ▷ Anlötösen an ▷ Sattelstreben und Ausfallenden fixiert (Vier-Punkt-Befestigung). Diese Befestigungsart hat sich zudem als die statisch günstigste erwiesen (kein seitliches Schaukeln des Trägers). Lackschädigende Befestigung mittels ▷ Schellen ist nicht mehr üblich.
Abb. 38: ein 2-Bein-Gepäckträger mit Mittelbefestigung (Dreipunkt-System);

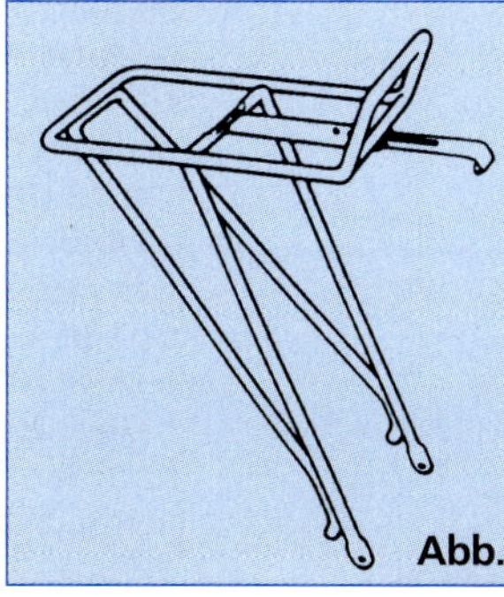

Abb. 38

Abb. 39: 3-Bein-Gepäckträger (Vierpunkt-System).
Für Gepäcktaschen hat sich außerdem eine Kröpfung der hinteren Gepäckträgerstrebe als Schutz gegen schaukelnde Taschen bewährt (Abb. 40).
Als *Schwachpunkt und typische Bruchstelle* hat sich die untere Anbringung von nur einer Strebe erwiesen, obwohl hier 2-3 Streben zusammenlaufen. Ausnahmen: 1) der verstellbare 3-Bein-Adapter von ESGE, 2) Verschweißen der Streben an ein stabiles Anschraubblech.

Abb. 39

Verstellbarkeit

Zwecks Anpassung des Gepäckträgers an unterschiedliche Rahmengrößen und Hinterbautypen (unterschiedliche Schräge der Sattelstreben) muß ein Längen- und Höhenausgleich der oberen, häufig auch der unteren Trägerbefestigung vorgenommen werden. Die Anpassung erfolgt durch verstellbare ▷ Gepäckträgeradapter, Verlängerungslaschen oder Lochbänder.

Abb. 40

Spange vs. Gurte

Zur Befestigung von Lasten auf dem Gepäckträger wurde früher allgemein eine Federspange benutzt. Nachteil dieses Systems: Durch die Federkraft werden die Gepäckstücke durch die Schräge der Spange nach vorne gedrückt und machen sich häufig "aus dem Staub". Moderne Gummizüge (s. ▷ Spanngurte) haben sich als sicherer erwiesen, da sie das Gepäckgut "umfassen" und der Spanndruck variiert werden kann. Heute sind Federspangen daher nur noch am preiswerten ▷ Gebrauchsrad zu finden.

Abb. 41

Vorderrad-Gepäckträger

Fürs ganz große Reisegepäck wird die Montage eines weiteren Gepäckträgers über dem Vorderrad erforderlich.

"umgedrehter" Hinterradträger

Als schlichte Lösung kann man dafür einen normalen, "umgedrehten" Hinterradgepäckträger verwenden, an dem die Taschen jedoch zu hoch und zu weit vorne hängen: Bei jeder Lenkbewegung werden sie sozusagen am langen Hebelarm geschwenkt, was die Lenkung erschwert.

Lowrider

Optimale Lösung ist daher der spezielle Vorderradgepäckträger, der sog. ▷ Lowrider (wichtige Einzelheiten s.d.), bei dem die Taschen tief, in der Ebene der ▷ Lenkachse aufgehängt werden (Abb. 41), so daß sie bei Lenkbewegungen nur geringfügige Schwenkbewegungen ausführen.
Interessant ist der Assel-Lowrider, der durch seine offene Form das Federn der Gabelbeine nicht blockiert (Abb. 42). Hiermit wird die Gefahr eines Lockerns oder gar Abscherens der Befestigungsschrauben vermieden. Die Befestigung der Lowrider erfolgt nahezu ausschließlich an Anlötösen, die am Ausfallende und etwa in der Mitte der ▷ Gabelbeine angebracht sind. Pfiffig ist ein ▷ Bügelschloß, das als Mini-Gepäckträger verwendet werden kann, zu dem auch spezielle Packtaschen erhältlich sind. Weitere Informationen s. ▷ Gepäcktaschen.

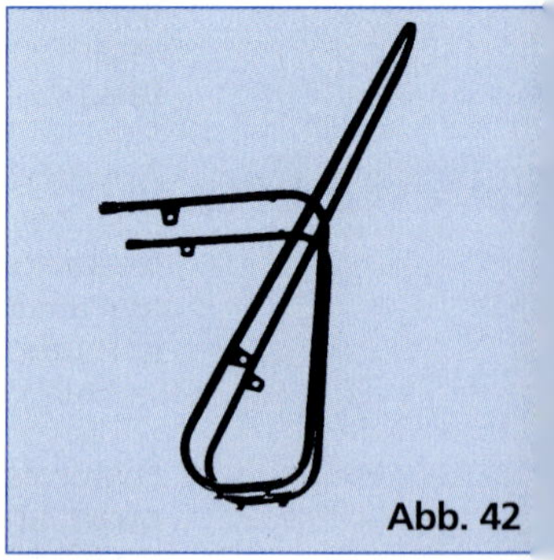
Abb. 42

Gepäckträgeradapter

▷ Adapter zur Anpassung des Gepäckträgers an unterschiedliche Rahmentypen, Rahmengrößen (▷ Hinterbaulänge; unterschiedlicher Winkel der ▷ Sattelstreben). Hierbei sind 4-Punkt- und 3-Punkt-Befestigung zu unterscheiden, s.a. Abb. 43 und 44.

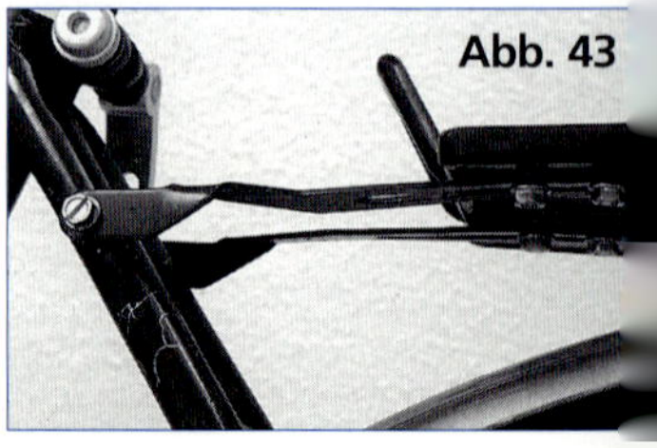
Abb. 43

Abb. 45 zeigt einen Gepäckträgeradapter zur Gepäckträgerbefestigung im Dreieck der ▷ Ausfallenden.
Weniger verbreitet, aber als Notlösung sehr willkommen sind ▷ Schellen, an denen der oder die Gepäckträger angelascht werden können. Um Lackschäden zu vermeiden, sind die hochwertigeren Ausführungen plastifiziert oder schützen per Gummieinlage vor Lackbeschädigungen.

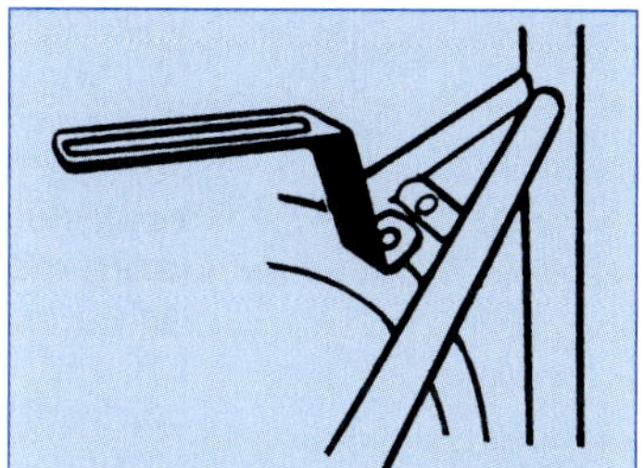

Abb. 44

Gepäcktransport

Bis in die 50er Jahre war der "Drahtesel" auch bei uns noch Lastesel, in vielen Ländern der Dritten Welt ist er es heute noch.

Lastenräder

Spezielle ▷ Lastenräder (Einzelheiten s.d.) gehörten auch hierzulande zum Alltagsbild und scheinen sich mit dem ▷ Long John und dem ▷ Lorri (Abb. 46) erneut zu etablieren.

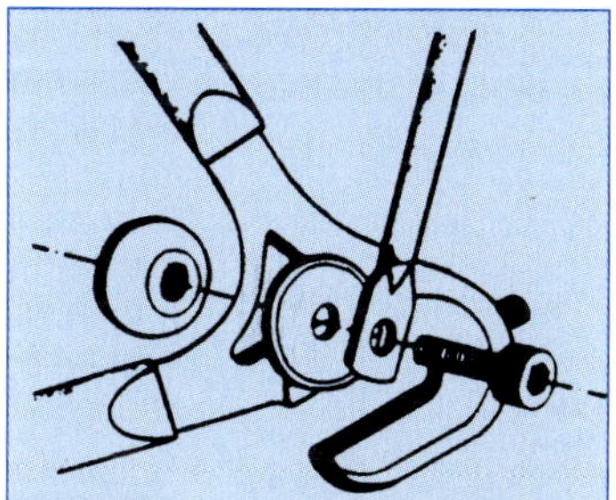

Abb. 45

Anhänger

Eine weitere Möglichkeit des Gütertransports bot und bietet der ▷ Fahrradanhänger, der heute speziell beim Kleinkindertransport eine regelrechte Renaissance erlebt.

Tips für den Alltag

Bei *hohen* Transportgütern: Gepäckstück mit zwei ineinander verhakten Spanngurten sichern oder Spanngurt direkt an Gepäckträgerplattform befestigen (Abb. 47).
Breite Transportgüter kippeln auf dem schmalen Gepäckträger: eine stabile Holz- oder Aluminiumplatte mit Kabelklemmschrauben (erhältlich im Eisenwarenhandel) befestigen (Abb. 48).
Universell einsetzbar und als sehr praktisch haben sich Körbchen erwiesen, deren moderne Form mittels Verriegelungsmechanismus am Gepäckträger fixiert werden kann, während bei den einfachen Klemmausführungen Körbchen samt Inhalt schon mal verloren geht. Abhilfe: Körbchen mit zwei Kabelbindern zusätzlich sichern (Abb. 49). Im übrigen sei auf ▷ Gepäcktaschen verwiesen.

Abb. 46

Gepäckzuladung

Betrachtung des Transportgutes auf Fahrrädern aus physikalischer Sicht als Erhöhung der ▷ Gesamtmasse von Rad plus Fahrer um das Gewicht der Zuladung. Sie erhöht zunächst die ▷ Rollreibung prozentual zum Gesamtgewichtsanteil.
Beispiel: Zu der 80 kg schweren Masse von Rad plus Fahrer kommen noch 20 kg Zuladung hinzu, was die Rollreibung (Errechnung s.d.) um 20% erhöht (Gesamtgewicht = 100 kg).

Abb. 47

Größere Gepäckzuladungen (oberhalb 15 kg) verschieben deutlich den ▷ Gesamtschwerpunkt des Fahrzeuges, was zum ▷ Unter- oder ▷ Übersteuern bzw. zum ▷ Rahmenflattern führen kann (s.a. ▷ Schwerpunkt). Als günstig hat sich zunächst einmal eine Gewichtsverteilung von 60 % des Gesamtgewichtes auf dem Hinterrad (Gepäck + Fahrer) und entsprechend 40% auf dem Vorderrad erwiesen. Weiterhin ist es günstig, die Schwerpunkte der Zuladung möglichst tief anzuordnen: in Abb. 50 oben ungünstig, unten akzeptabel.
Ein weiterer Aspekt ist die ▷ Hangabtriebskraft, die sich beim Bergauf- und Bergabfahren ebenfalls prozentual zum Gesamtgewichtsanteil erhöht. Außerdem beachte man das ▷ Gewichtsparadoxon; vgl. auch ▷ Gewicht und ▷ Gewichtskraft.

Abb. 48

Geradeauslauf

Eigenschaft des Rades, ohne Schlenker möglichst geradeaus zu fahren.
Diese Komponente der ▷ Fahrstabilität und des ▷ Fahrverhaltens ist von der ▷ Rahmengeometrie und dem Fahrerschwerpunkt her beeinflußbar. Hinzu kommt noch der Einfluß der Laufradfliehkraft, die wiederum von Laufradgewicht, Laufradgröße und der gefahrenen Geschwindigkeit abhängig ist.
Laufradfliehkraft: Sie resultiert aus der ▷ Masse der Laufräder, dem Laufradradius und der Umdrehungsgeschwindigkeit der Laufräder, wobei Masse und Laufradradius linear, die Umdrehungsgeschwindigkeit aber quadratisch eingeht.

Abb. 49

geometrische Faktoren

Zwei Hauptgrößen spielen bei der konstruktiven Bestimmung des Geradeauslaufverhaltens eine Rolle: Die Länge des Rades (▷ Radstand) sowie das Lenkverhalten seiner Gabel (Nachlauf):

Radstand

"Länge läuft" sagen die Segler. Gleiches gilt auch fürs Fahrrad: Weiter Radstand - typisches Beispiel ▷ Reiserad (Abb. 51) - bewirkt immer guten Geradeauslauf, geht allerdings auf Kosten der Wendigkeit (Extrembeispiel: ▷ Tandem).
Die Wendigkeit ist allerdings beim ▷ Rennrad gefordert (Abb. 52).

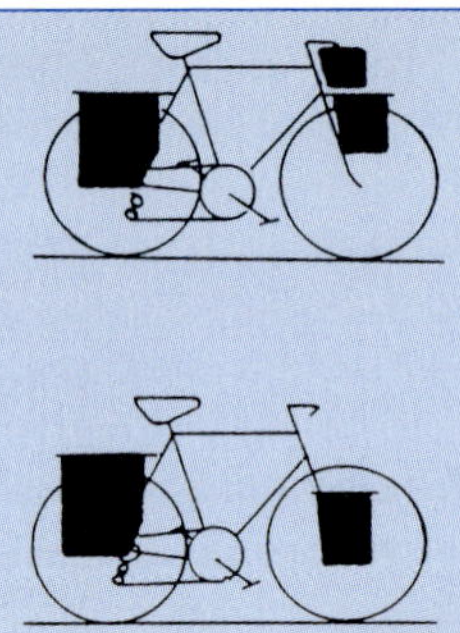
Abb. 50

Nachlauf

Ein langer ▷ Nachlauf (Hebelarm für die ▷ Kreiselkräfte des Vorderrades) bewirkt auch bei kurzem Radstand eine Verbesserung des Geradeauslaufs. Zum Zusammenspiel der Faktoren s. ▷ Fahrverhalten.

Gewichtsverteilung

Die Gewichtsverteilung ist optimal, wenn ca. 40% des Fahrergewichts auf dem Vorderrad und 60% auf dem Hinterrad liegen. Wird dieser Punkt vernachlässigt, leidet u.a. das Geradeauslaufverhalten: So bekommt z.B. eine von den geometrischen Faktoren her gut geradeauslaufende Rennmaschine bei der zu aufrechten und nach hinten orientierten ▷ Sitzposition des gewöhnlichen Freizeitradlers ein "nervöses" Fahrverhalten, u.U. wird sogar das gefürchtete ▷ Rahmenflattern ausgelöst. Einen ähnlichen Effekt hat auch zu hoher Luftdruck, insbesondere auf dem Vorderrad.

Abb. 51

Geradspeichen

▷ Speichen mit ▷ Speichenkopf, aber ohne ▷ Speichenbogen (Abb. 53). Dadurch entfällt das "Um die Ecke leiten" der den Speichenquerschnitt im Bogen asymmetrisch belastenden Speichenkraft (überwiegend verläuft die Spannung auf der Innenseite des Bogens). Anwendung: ▷ Sonnenrad-Nabe, ▷ Roval-Laufräder, ▷ Pulstar-Nabe, ▷ Radialspeichung.

Abb. 52

Gesamtbremsweg

Andere Bez. f. ▷ Anhalteweg (Formel s.d.), die Strecke zwischen Erkennen eines Hindernisses und Stillstand des Fahrzeuges. Sie ergibt sich aus ▷ Verlustweg plus ▷ Bremsweg (Abb. 54).

Gesamtmasse

▷ Masse von Rad plus Fahrer plus (ggf.) Zuladung.
Die Gesamtmasse geht in die Errechnung physikalischer Sachverhalte ein, wie z.B. ▷ Beschleunigung, ▷ kinetische oder ▷ potentielle Energie, s. insbes. ▷ Fahrdynamik.

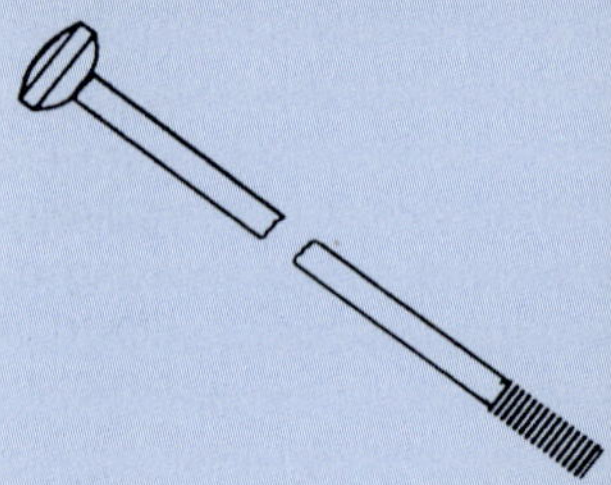
Abb. 53

Gesamtschwerpunkt

Theoretische Annahme, die ▷ Gesamtmasse von Fahrer, Rad und Zuladung sei auf einen Punkt konzentriert. Nähere Informationen s. ▷ Schwerpunkt (Abb. 55).

Gesamtübersetzung

Andere Bez.f. ▷ Übersetzungsbereich.

Geschwindigkeit

Verhältnis der zurückgelegten Wegstrecke zu der hierzu benötigten Zeit. Die Geschwindigkeit errechnet sich nach $V = s/t$ mit: V = Geschwindigkeit in m/sec; s = zurückgelegte Wegstrecke in m; t = benötigte Zeit in sec.

Gestängebremse

▷ Klotz, ▷ Felgen- oder ▷ Trommelbremse, bei welcher die Verbindung zw. ▷ Bremsgriff und ▷ Bremskörper mittels einer Konstruktion aus Stäben und drehbar gelagerten Winkeln - dem Bremsgestänge - hergestellt wird (Abb. 56).
Diese heute üblicherweise durch den ▷ Bowdenzug ersetzte Konstruktion war früher Standard und ist heute v.a. noch in angelsächsischen und in Entwicklungsländern verbreitet (bei uns noch bei einigen Posträdern). Vorteil von Gestängebremsen ist, daß sie wartungsarm, sicher und nahezu reibungsverlustfrei sind, Nachteil ist ihr hohes Gewicht.

Getriebe

Vorrichtung zur Übertragung von ▷ Drehmomenten, die meist mit einer ▷ Übersetzung (in Sonderfällen ▷ Untersetzung) verbunden ist (Abb. 57).
Am Fahrrad wird fast ausschließlich der ▷ Kettenantrieb eingesetzt, der schaltungslos oder mit zusätzlicher ▷ Ketten- oder ▷ Nabenschaltung ausgestattet sein kann. Genaugenommen ist auch die Seilzugbetätigung von Schaltung und Bremse ein Getriebe, nämlich ein Zugmittel-Getriebe. Auch einige Sonderantriebe (s. ▷ Antrieb) arbeiten auf Basis dieses Prinzips. Eine Besonderheit ist das ▷ Differentialgetriebe der meisten ▷ Dreiräder.

Getriebenabe

Hinterradnaben, die ein ▷ Planetengetriebe als Herzstück einer ▷ Nabenschaltung enthalten.

Gewicht

▷ Kraft, die eine ▷ Masse infolge der Erdanziehung auf ihre Unterlage ausübt (Abb. 58).
Sie wird landläufig in Kilogramm angegeben (Maßeinheit von Masse), müßte korrekterweise aber in ▷ Newton angegeben werden, da es sich um eine Kraft handelt (1 kp ≙ 10 N). Andererseits wird diese Kraft zum Ausmessen der Masse genutzt (Waagen). Zur besseren Unterscheidung wird in vorliegendem Lexikon hin und wieder die Bez. ▷ Gewichtskraft benutzt.
Anmerkung: Übrigens deckt sich die Angabe der Masse in kg mit der auf den Waagen gemessenen Kraft, wenn die alte Maßeinheit Kilopond angegeben wird.

Folgen fürs Fahrrad

Mit zunehmendem Gewicht erhöhen sich beim Fahrrad
* die ▷ Rollreibung,
* bergauf die ▷ Hubarbeit,
* bergab die ▷ Hangabtriebskraft,
* die ▷ Beschleunigungskräfte beim Anfahren und Abbremsen.

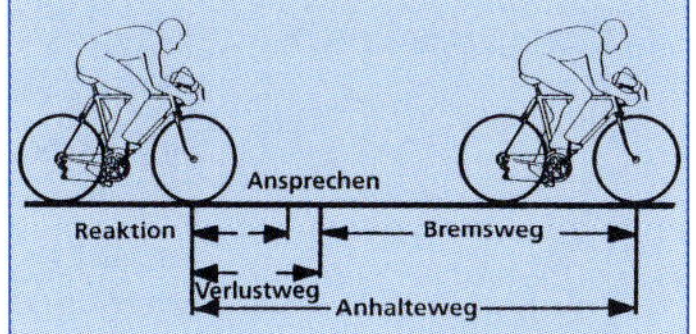

Abb. 54

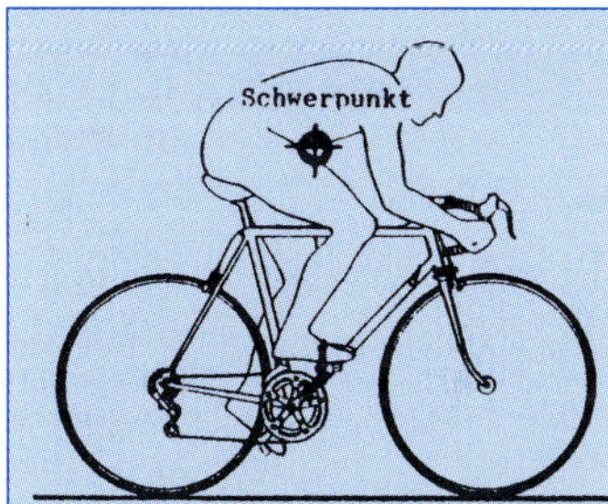

Abb. 55

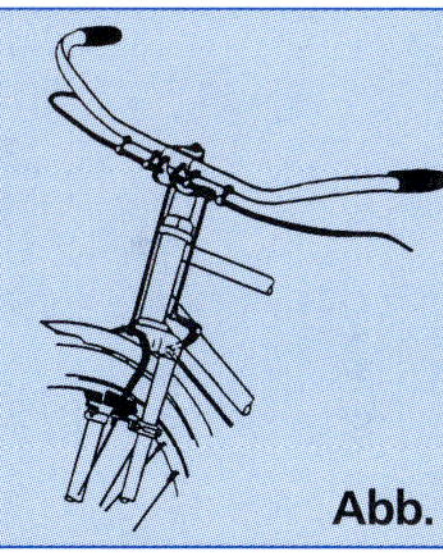
Abb. 56

Abb. 57

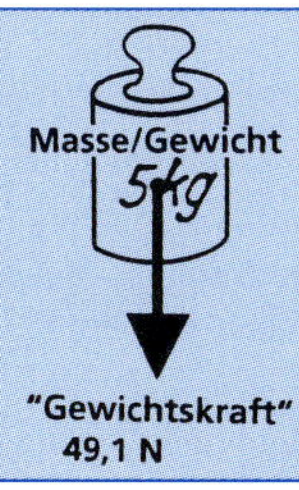

Abb. 58

Kein Wunder also, daß Radler nach geringem Körper- und Fahrzeuggewicht streben; s.a. ▷ Leichtbau.

Gewichtskraft

Eigentlich unkorrekter Begriff, da das ▷ Gewicht an sich bereits als ▷ Kraft definiert ist, die eine ▷ Masse infolge der Erdanziehung auf ihre Unterlage ausübt.
Der Begriff wird jedoch - auch in vorliegendem Lexikon - verwendet, um eine klarere Unterscheidung zwischen ▷ Masse und ▷ Kraft herzustellen; vgl. auch ▷ Gewicht.
Beispiel: 1 l Wasser mit der Masse von 1 kg übt auf der Erde infolge deren Anziehungskraft (Schwerkraft) auf eine Unterlage eine Kraft von 9,81 N aus. Auf dem Mond dagegen bliebe die Masse von 1 kg zwar konstant, das Gewicht aber würde infolge der dort herrschenden geringeren Schwerkraft nur rund ⅙ kg betragen, exakt: 1,635 N oder 166,6 g.

Gewichtsparadoxon

Vordergründige Ungereimtheit, daß beim Bergauffahren mit Gepäck die vom Fahrer geforderte ▷ Leistung überproportional zur Gepäckzuladung ansteigt:
Ein geübter Radler (▷ Gesamtmasse von Rad und Fahrer 80 kg) kann eine 10%ige Steigung kilometerlang mit einer ▷ Übersetzung von 42:20 meistern (ca. 4,5 m ▷ Entfaltung).
Bei einer Gepäckzuladung von 20 kg müßte der Radler mit einer um 20% niedrigeren Übersetzung (42:25 = 3,5 m Entfaltung) bei gleicher ▷ Trittfrequenz und entsprechend reduzierter Fahrgeschwindigkeit bei konstanter Leistung den Berg hinauffahren können. In der Realität ist aber jeder Radler unter diesen Umständen spätestens nach 1 km völlig erschöpft.
Erklärung: Unterteilt man die Gesamtmasse des beladenen Fahrrades in *aktive Masse* (antreibende Beine), *teilaktive Masse* (Zuhilfenahme von Arm-, Bein- und Rumpfmuskulatur beim Treten) und *passive Masse* (nicht am ▷ Vortrieb beteiligte restliche Masse von Fahrer, Rad und Gepäck), so erhöht die Gepäckzuladung den Anteil der passiven Masse gegenüber den aktiven Komponenten überproportional und fordert dem Fahrer entweder eine höhere Leistung oder (bei entsprechender Übersetzungswahl) eine unproportional zum Gewicht resultierende längere Fahrzeit ab.

Gewichtsverlagerung

Vom Fahrer bewußt eingesetzte oder sich aus Fahrsituationen ergebende Verlagerung des ▷ Schwerpunktes der Fahrermasse (Abb. 59).

1. *Aktive Gewichtsverlagerung* wird als Steuer- und Lenkhilfe eingesetzt bei
* drastischen Richtungsänderungen und Sprüngen,
* als Gleichgewichtsausgleichshaltung beim ▷ Einspuren,
* beim Bremsen (Fahrer-Gewichtsverlagerung nach hinten), um Durchrutschen oder Abheben des Hinterradreifens zu vermeiden.

2. *Passive Gewichtsverlagerung* durch vom ▷ Bremsvorgang ausgelöste ▷ Trägheitskräfte oder wenn der Radler über seine Verhältnisse fährt und sein Fahrrad bei hohen Geschwindigkeiten nicht mehr unter Kontrolle hat.

Abb. 59

Gewichtsverteilung

Anteilige Aufteilung des ▷ Gewichtes von Fahrer und ▷ Gepäckzuladung auf Vorder- und Hinterrad.
Die Gewichtsverteilung hat Einfluß auf die ▷ Bremswirkung (s. ▷ Bremsverhalten), die ▷ Traktion des Hinterrades und v.a. auf das ▷ Fahrverhalten des Fahrrades (s.a. ▷ Rahmenflattern). Sie wird überwiegend durch die Fahrerhaltung bestimmt, Einzelheiten, auch zur optimalen Verteilung in Prozent s. ▷ Sitzposition: Position und Fahrverhalten.

Gewinde

Um einen Vollzylinder (Schraubenbolzen; Außengewinde) oder in einem Hohlzylinder (Schraubenmutter; Innengewinde) geschnittene Kerbe in Form einer Schraubenlinie ("Wendel"). Mit der Paarung zweier aufeinander abgestimmter Innen- und Außengewinde lassen sich lösbare Verbindungen herstellen (Abb. 60).

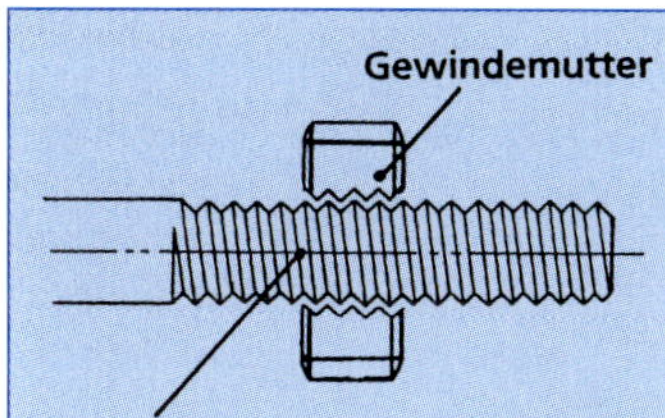

Abb. 60

Das Fahrrad besitzt fast ausschließlich Befestigungsgewinde mit dreieckigem Gangquerschnitt, i.d.R. ▷ Rechtsgewinde, in einigen Fällen aber auch ▷ Linksgewinde als Lösungshemmung.
Interessant zu wissen: Das Gewinde des Bolzens (Außengewinde) ist weniger belastbar als das Muttergewinde (Innengewinde). Erklärung: Die Basis des Gewindeganges (der Fuß des Dreiecks) besitzt einen kleineren Durchmesser als die des Muttergewindes. Konsequenz für den Fahrradbau: Schrauben aus ▷ Stahl oder ▷ Titan können ohne weiteres mit Muttern aus ▷ Aluminium angezogen werden, nicht aber umgekehrt.

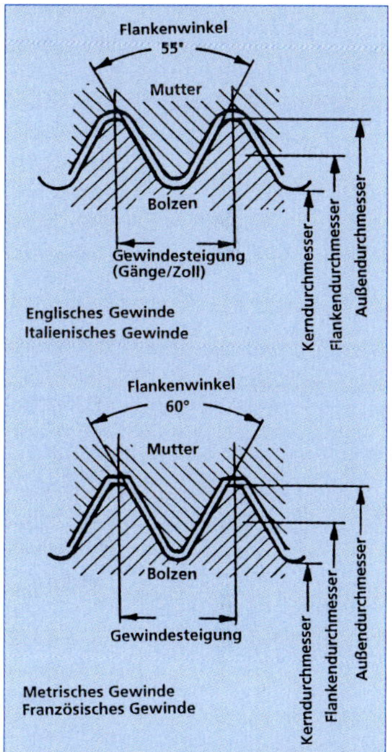

Abb. 61

Sondergewinde: Gewindetypen, die vom üblichen Gewinde abweichen, z.B. ▷ Feingewinde, ▷ Bewegungsgewinde, ▷ mehrgängige Gewinde; Einzelheiten s. jeweils dort.
Für den Fahrradbau ist eine chaotische Vielfalt von Gewindetypen und -maßen charakteristisch, (s. ▷ Gewindemaße sowie Tabelle ▷ Fahrradgewinde), im Einzelnen auch: ▷ Englische Gewinde (Abb. 61 oben) ; ▷ BSA-Gewinde; ▷ Französische Gewinde; ▷ Italienische Gewinde; ▷ Schweizer Gewinde; ▷ Normalgewinde; ▷ Zollgewinde; ▷ metrische Gewinde (Abb. 61 unten); ▷ Bewegungsgewinde; ▷ Mehrganggewinde.

Gewindeauge

Andere Bez. f. ▷ Befestigungsauge.

Gewindegang

Abstand zw. den einzelnen Wendeln eines ▷ Gewindes (Abb. 62). Wird eine ▷ Schraube um eine volle Umdrehung gedreht, so schraubt sie sich um die Distanz eines Gewindegangs weiter.

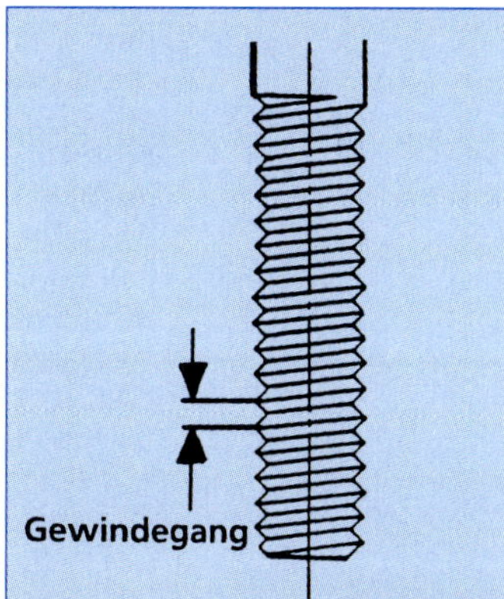

Abb. 62

Gewindemaße

Aus der historischen Entwicklung heraus sind im Fahrradbau unterschiedliche Gewindeabmessungen sozusagen "organisch gewachsen". Normungsversuche waren nicht in der Lage, überholte Gewindeabmessungen zu ersetzen, sondern schufen durch neue Gewindetypen (z.B. ▷ ISO-Gewinde) sogar weitere Verwirrung.
Grob eingeteilt lassen sich unterscheiden: ▷ Englische Gewinde (Zoll), ▷ ISO- und ▷ Französische Gewinde (metrisch), ▷ Italienische Gewinde (Kombination Zoll und metrisch).
In Deutschland sind Fahrradgewinde nach DIN 79 012 genormt und stimmen - bis auf die metrischen Befestigungsschrauben - mit "brit. Standard" überein (engl. Gewinde). Einzelheiten (Auflistung) s. Tabelle ▷ Fahrradgewinde.

Gewindemutter

Bez. f. Bauteile mit ▷ Innengewinde, welches - äußerlich als flacher Sechskantzylinder ausgeführt - mit Ring- oder Maulschlüssel angezogen oder gelöst werden kann (Abb. 63).
Daneben gibt es auch die Ausführung als ▷ Hülsenmutter (Abb. 64), die als länglicher Zylinder mit Tellerkopf ausgeführt und zum Anziehen bzw. Lösen i.d.R. mit Innensechskant (Inbus) ausgestattet ist.

Gewindeöse

Landläufige Bezeichnung für meist kleinere (i.G.z. ▷ Befestigungsauge), eingenietete bzw. -gelötete Innen-Gewindeeinsätze zur Befestigung von ▷ Flaschenhaltern, ▷ Gepäckträgern bzw. anderen ▷ Komponenten und Zubehörteilen.
Praktischer Nutzen: Es muß nur das Bolzengewinde eingedreht werden, ein Gegenhalten - wie bei ▷ Gewindemuttern - ist nicht nötig.

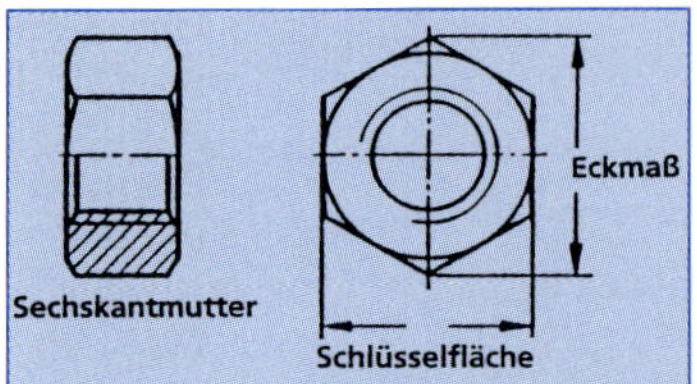

Abb. 63

Gewindering

Konterring der ▷ Tretlagerschale, der auf seinem Umfang mehrere Nuten eingebracht hat (Abb. 65 oben links). Festgezogen und gelöst wird der Gewindering mit einem ▷ Hakenschlüssel, dessen Haken dabei in die Nuten eingreift.

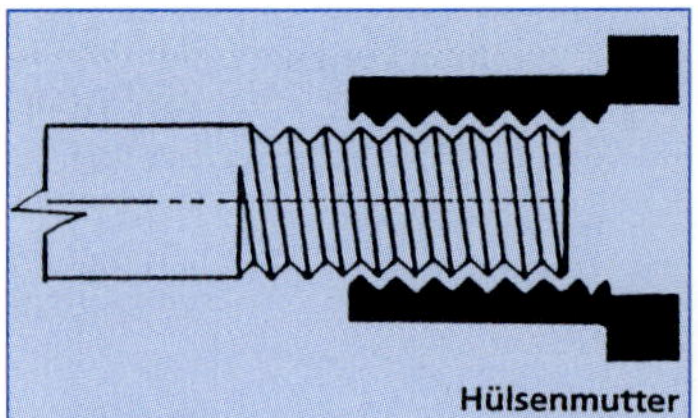

Abb. 64

Gewindeschalen

Einschraubbare ▷ Lagerschalen der ▷ Tretlagerung.
I.d.R. wird die rechte Gewindeschale fest an das ▷ Tretlagergehäuse geschraubt, mit der linken erfolgt die spielfreie ▷ Lagereinstellung (fixiert durch ▷ Konterring), Abb. 65 oben.
Um das gesamte Lager axial verschieben zu können (Variation der ▷ Kettenlinie) werden bei als ▷ Industriekugellager ausgeführten Tretlagerungen häufig beide Gewindeschalen mit Konterringen fixiert. Weitere Einzelheiten und Abmessungen der Gewinde s. ▷ Tretlagerung.

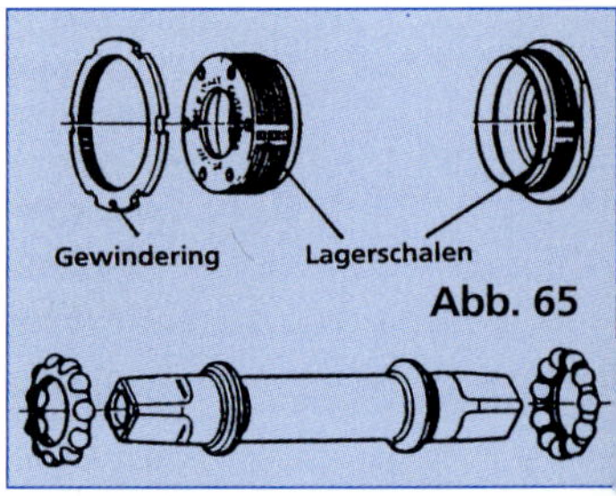

Abb. 65

Gewindeschneider

Werkzeuge, mit denen ▷ Gewinde auf Bolzen (Schneideisen) oder in Bohrungen (Gewindebohrer) eingeschnitten werden (Abb. 66).

Gewindesteigung

Abstand von ▷ Gewindegang zu Gewindegang. Der Begriff resultiert aus der Projizierung eines abgewickelten Gewindeganges als schiefe Ebene. Die Höhe dieser schiefen Ebene entspricht dem o.g. Abstand.

Gitterrahmen

Rahmenform, bei der das vordere Rahmenteil als ein räumliches Gitterwerk aus dünnen Stäben ausgebildet wird. Typischer und bekanntester Vertreter: Der ▷ Moulton-Rahmen (Abb. 67).
Anmerkung: Häufig werden auch ▷ Schleifenrahmen als Gitterrahmen bezeichnet, obwohl hier die charakteristische Querverstrebung fehlt.
Gitterrahmen weisen eine hohe ▷ Seitensteifigkeit auf, vermitteln aber keinerlei ▷ Fahrkomfort und sind darüber hinaus nicht nur relativ schwer, sondern aufgrund des hohen Fertigungsaufwandes auch teuer. Mittels entsprechend dimensionierter ▷ Oversize-Rohre können günstigere Fahreigenschaften erzielt werden - bei rationellerer Fertigung und zugleich geringerem Rahmengewicht.

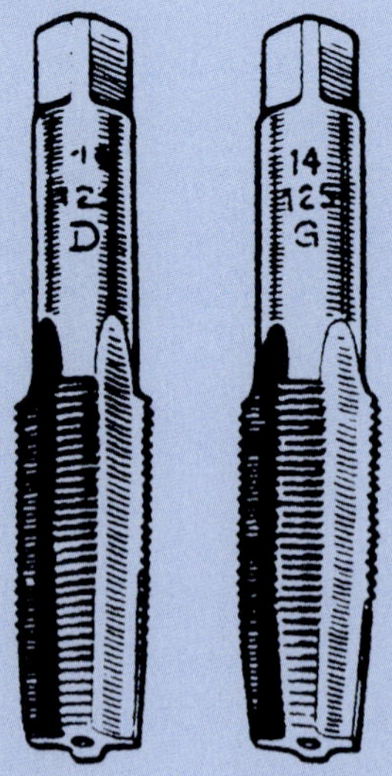
Abb. 66

Glasfaser

Dünne Fasern aus Glas (Durchmesser um 10 µ), die - in Faserbündel gefaßt oder zu Matten verarbeitet - zur Herstellung von ▷ Faserverbundwerkstoffen verwendet werden.
Glasfasern erreichen die ▷ Zugfestigkeit von ▷ Stahl, sind aber relativ spröde. Sie werden teilweise auch bei höherwertigen Bauteilen aus Faserverbundstoffen (z.B. als Zwischenlagen) eingesetzt, um ▷ Carbon zu sparen.

Gleichgewichtshaltung

Balancierakt (beim erfahrenen Radler unbewußt verlaufend), um sich und sein Fahrrad aufrecht zu halten.

Beim einspurigen Fahrzeug wirken die ▷ Kreiselkräfte der ▷ Laufräder - insbesondere des Vorderrades in Verbindung mit dem ▷ Nachlauf - sowie der ▷ Fliehkraft und der ▷ Richtkraft bei ▷ Richtungskorrekturen und Kurvenfahrten fahrzeugstabilisierend: Der Fahrer wirkt über die Lenkbewegung lediglich korrigierend und dämpfend ein. Die Intensität, mit der die Gleichgewichtshaltung vorgenommen werden muß, hängt wesentlich von Geometrie und Auslegung der Lenkorgane ab sowie der Fahrweise, daher siehe Weiteres unter ▷ Lenkvorgang.

Abb. 67

Gleitlager

Älteste Form der ▷ Lagerung zwischen ▷ Achsen, ▷ Wellen oder Zapfen und ▷ Lagerschalen. Der Kontakt zwischen den Lagerteilen erfolgt hierbei gleitend und stets vollflächig, die ▷ Reibung wird mittels ▷ Fett reduziert. Am Fahrrad v.a. ▷ Kettenrädchen (Abb. 68), Brems- und Schaltungsgelenke sowie preiswerte ▷ Pedallagerungen.

Mit Gleitlagern sind Dreh- und Schwenkbewegungen realisierbar. Im Vergleich zu ▷ Wälzlagern können höhere Kräfte übertragen werden, Gleitlager besitzen jedoch größere ▷ Reibungsverluste (vgl. den Unterschied von ▷ Gleitreibung und ▷ Rollreibung). Aus diesem Grunde werden heutzutage ▷ Naben, ▷ Tretlager, ▷ Pedale, ▷ Steuersatz per ▷ Kugellager gelagert, Einzelheiten s. ▷ Lagerung.

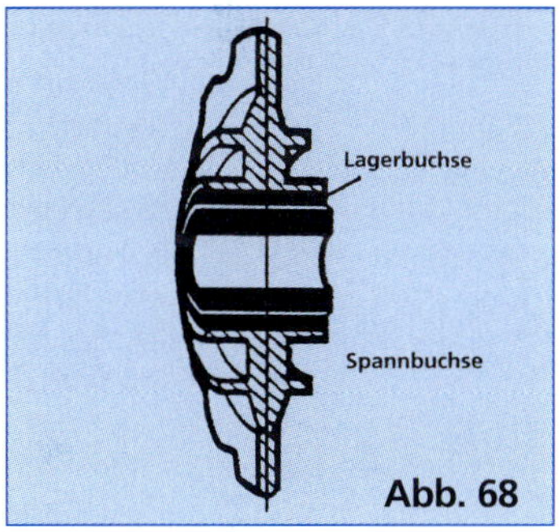

Abb. 68

Gleitreibung

Widerstand, den aufeinander gleitende Teile bewirken. Dieser ist entschieden höher als die ▷ Rollreibung, zu ihrer Berechnung s. ▷ Lagerreibung.

Bevor es zur Gleitreibung kommt, muß zunächst die ▷ Haftreibung überwunden werden. Sie ist stets größer als die Gleitreibung und wird bei ▷ Fahrradfederungen recht anschaulich mit der Bezeichnung ▷ Losbrechkräfte beschrieben. Die Überwindung der größeren Haftreibung vermeidet das Einfedern unter der Schwungwirkung des ▷ Wiegetritts.

Gleitscheibe

Polierte Unterlegscheibe, die zur Verschleißminderung zwischen den beiden ▷ Bremsarmen von ▷ Seitenzugbremsen liegt.

Bei modernen, hochwertigen Bremsen ist statt der Gleitscheibe ein ▷ Axialkugelllager montiert (in Abb. 69 oben), was die Wirksamkeit der Bremsen erhöht und Bremsflattern ausschließt.

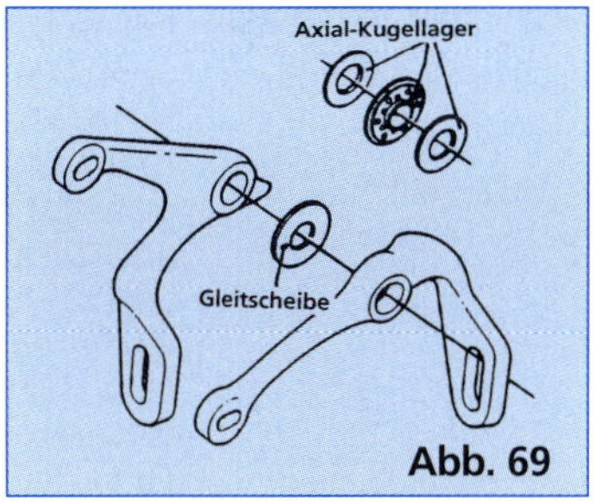

Abb. 69

Glockenlager

Tretlagerung mit glockenförmig anmutenden Lagerschalen, die gewindelos im Tretlagergehäuse verpreßt werden. Die Kugellaufbahn liegt i.U. zum BSA-Lager in Richtung Lagermitte, und die Konen reichen von außen in die Lagerschalen hinein (Abb. 70).

Auf der rechten Achsseite befindet sich der ▷ Festkonus, die Lagereinstellung erfolgt über den ▷ Stellkonus auf der linken Achsseite per Linksgewinde. Beide Konen werden abschließend von übergestülpten, gerundeten ▷ Staubkappen abgedeckt. Charakteristisch für dieses Lager ist die Auswölbung des ▷ Kettenblatts im Bereich der Vernietung mit der Kurbel. Zur Aufnahme der Tretkurbeln besaß diese heute nicht mehr gebaute Tretlagerung bereits einen Vierkant. Abgelöst wurde das Glockenlager von dem nahezu baugleichen, aber leichter herstellbaren ▷ Thompson-Lager (Abb. 71).

Abb. 70

Glühbirne

Kleine Glühlampe, die als Lichtquelle für ▷ Scheinwerfer und ▷ Rücklicht eingesetzt wird. Dabei erhitzt elektrischer Strom einen Wolframfaden auf Temperaturen um 2.000 °C ("Weißglut"), wodurch dieser Lichtteilchen (elektromagnetische Wellen) emittiert (Abb. 72).
Damit der Faden unter dem Einfluß von Luftsauerstoff nicht oxidiert, wird er in einem kleinen Glaskolben untergebracht, der luftleer gepumpt wird (Vakuum).
Die Leuchtintensität einer Glühbirne (ihr Lichtstrom) wird in ▷ Lumen angegeben und beträgt bei der herkömmlichen Fahrrad-Scheinwerferbirne unter der Nennspannung von 6 Volt und der Nennleistung von 2,4 Watt 21 ▷ Lumen, beim ▷ Halogenbirnchen 36 Lumen, und beim Rücklichtbirnchen 5 Lumen.
S.a. ▷ Beleuchtung; ▷ Lichtstärke; ▷ Beleuchtungsstärke.

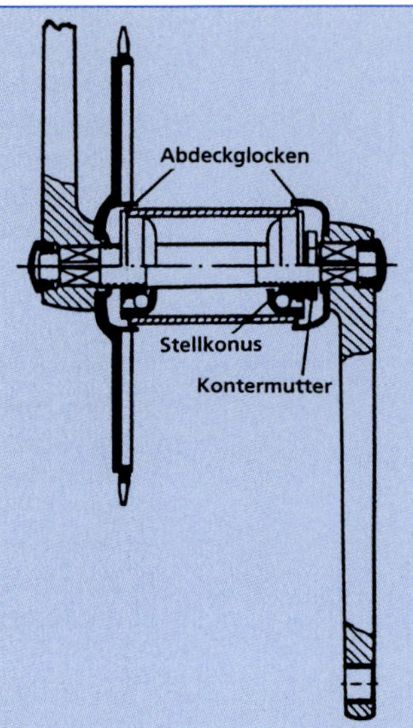

Abb. 71

Gold Rush

▷ HPV-Fahrrad, mit dem 1986 von Freddie Markham der Geschwindigkeitsweltrekord für durch Muskelkraft angetriebene Fahrzeuge (ohne ▷ Schrittmacher) auf 105,386 km/h gesteigert und damit die 100 km/h-"Schallmauer" durchbrochen wurde (gleichzeitig Gewinn des Dupont-Preises aufgrund Überschreitung von 65 Meilen/Std.) .

Im Gegensatz zum vorherigen Rekordhalter, dem amerikanischen ▷ Vector (verkleidetes dreispuriges ▷ Liegerad), ist der Gold Rush ein verkleidetes einspuriges Liegerad. Bei schlechterem ▷ cW-Wert als der Vector besitzt er eine kleinere ▷ Stirnfläche und ist mit 15 kg etwa um die Hälfte leichter.

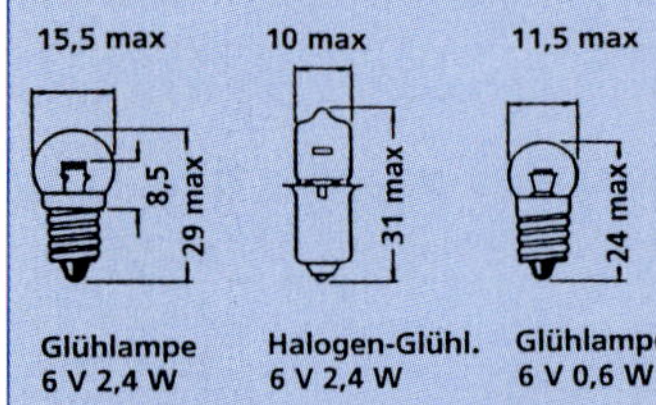

Abb. 72

Grease Guard

Dicht- und Schmiersystem von ▷ Suntour für Tret-, Naben- und Pedallager, bei dem von außen ohne Demontage der ▷ Lagerung frisches ▷ Lagerfett appliziert werden kann. Das System findet heute nur bei der MTB-Gruppe "XC Pro" von Suntour Anwendung (Abb. 73).
Normale Fahrradlagerungen müssen in einem halb- bis ganzjährigen Turnus überholt, sprich: demontiert, gereinigt und frisch eingefettet wieder zusammengebaut werden, da dem Lagerfett auch dichtende Wirkung abverlangt wird, die mit der Zeit nachläßt.
Durch ein spezielles Dicht- und Schmiersystem erleichtert Grease Guard diesen Wartungsgang, indem regelmäßig alle vier bis sechs Wochen nachgeschmiert wird. Dabei drückt das frische Fett das verbrauchte und eventuell bereits verschmutzte Fett aus dem Laufbahnbereich der Kugeln heraus. Damit nicht die gesamten Hohlräume der Lagerungen mit Fett ausgefüllt werden, dichtet Grease Guard auch zur Lagerungsmitte ab. Ähnlich, aber mit Spezial-Ölen nachschmierbar, sind alle Lagerungen der Schweizer Fa. Edco.

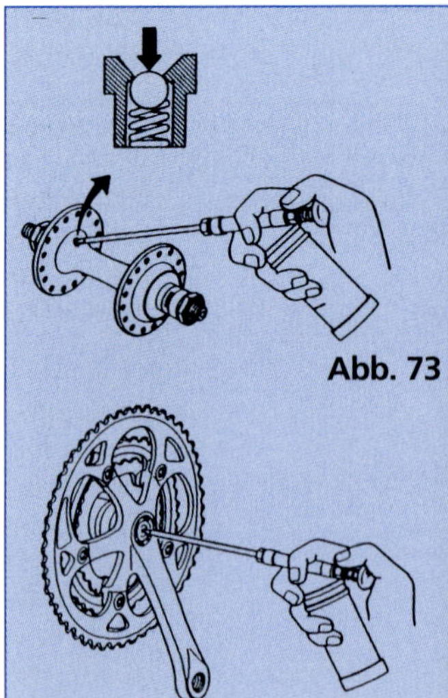
Abb. 73

Griffigkeit

1. Landläufige Bez. f.d. ▷ Haftreibung von ▷ Reifen und ▷ Bremsgummis mit ihren Reibpartnern.
Bei der Gummiherstellung wird die Griffigkeit durch Beimischungen (spezielle Füllstoffe, meist Ruß) gesteuert und bestimmt die Härte von Gummielementen.

Grundsätzlich geht bessere Griffigkeit mit erhöhtem Abrieb und - bei Reifen - erhöhter ▷ Rollreibung einher. Es muß also immer ein Kompromiß zwischen Langlebigkeit und guter Haftung (Griffigkeit) gefunden werden.

Reifen Bei Reifen hängt die Haftfähigkeit des Gummis außer von den Füllstoffen auch noch vom Reifenalter ab: Durch längere Auslagerungszeiten wird der Reifen härter, weil bestimmte flüchtige Gummimischungsbestandteile - sog. Weichmacher - entweichen und sich die Gummikonsistenz durch chemische Prozesse verändern kann. Der Verlust an Griffigkeit geht andererseits mit einem Gewinn an ▷ Abriebfestigkeit und ▷ Pannensicherheit einher, also erhöhter Langlebigkeit.

Bremsgummis / Bremsbeläge Durch Beimischung von Kork (früher Asbest) und neuerdings ▷ Bornitritfasern oder anderen körnigen, harten Beimischungen läßt sich unter anderem auch die Griffigkeit von Bremsgummis/Bremskörpern steigern. Besonders das ▷ Naßbremsverhalten wird von Bremsgummis durch die härteren, faserigen oder körnigen Bestandteile verbessert, da diese bei höherer Anpressung durch den Wasserfilm hindurch Kontakt mit der Felgenflanke aufnehmen, s. ▷ Naßbremsgummis.

Abb. 74

2. Dt. Bez. f.d. ▷ Traktion von ▷ Reifenprofilen.

Grip

Landläufige Bez. f.d. ▷ Griffigkeit von Reifen (Abb. 74).

Gripzange

Weniger bekanntes, in Werkstatt und auf Reisen einsetzbares Universalwerkzeug (Abb. 75).
Über ein ▷ Kniehebelsystem wird selbst bei kleinen Gripzangen eine sehr hohe Zangenkraft realisiert, indem die Handkraft verfünfzehnfacht wird! Mit der Gripzange sind Schraubenköpfe aller am Fahrrad gebräuchlichen Größen (bis 32 mm) "traktierbar" und selbst innen "ausgenudelte" Inbusschrauben lassen sich i.a.R. mit einer Gripzange noch von außen lösen.
Eine integrierte Schneidekante ermöglicht es zudem, Drähte und Schrauben bis 4 mm Durchmesser (Speichen) abzuknipsen. Die Nachstellbarkeit ermöglicht ein Abknipsen in Schritten, außerdem sind durch das Hebelsystem selbst mit kleinen Gripzangen Kneifkräfte bis 4000 N möglich.

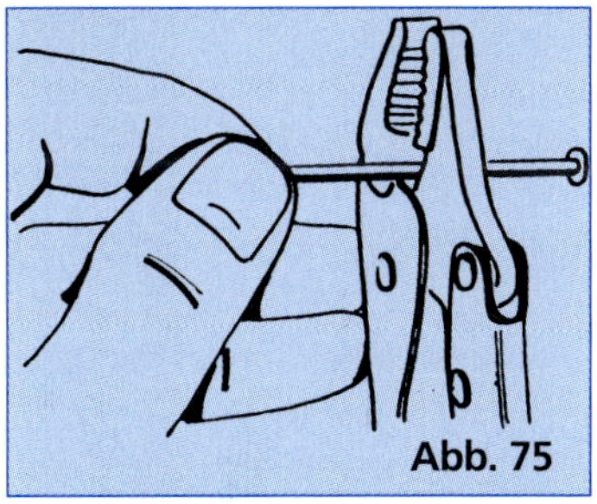

Abb. 75

Grobkornbildung

Bei höheren Temperaturen wachsen die einzelnen Bestandteile eines ▷ Gefüges von Metallen durch Diffusionsvorgänge (▷ Diffusion) zu großen "kristallinen" Körnern zusammen, wodurch das Material spröder und weniger dauerbelastbar wird (vgl. Abb. 76 unten zu oben).
Grobkornbildung entsteht ebenfalls bei Gußteilen aus ▷ Aluminium und ▷ Magnesium beim Erstarren der Schmelze, kann aber durch entsprechende Legierungszusätze vermieden werden; s.a. ▷ Gußlegierungen.

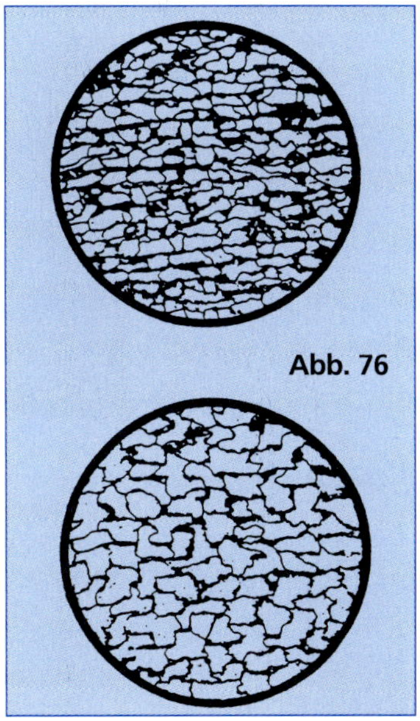

Abb. 76

Grundierung

Spezielle Lackschicht zwischen Bauteil und Decklack, um die Haftung der äußeren Lackschicht mit dem Untergrund zu verbessern. Häufig wird durch Beimischungen zur Grundierung ein zusätzlicher Rostschutz (chemische Erzeugung einer dünnen Phosphatschicht) hergestellt.
Moderne Grundierungen basieren auf Zwei-Komponenten-Harz, die eine sehr hohe klebende Haftung auf der Metalloberfläche

besitzen und weniger umweltschädlich sind als die Phosphatgrundierung bzw. die früher übliche ▷ Phosphatierung. S.a. ▷ Lackaufbau; ▷ Lackierung.

Gruppe

Modellbezeichnung von funktionell aufeinander abgestimmten Fahrradteilen, z.T. mit einheitlicher Designlinie.

Eine Gruppe umfaßt mindestens ▷ Schaltwerk plus ▷ Umwerfer und ▷ Schalthebel, ▷ Naben, ▷ Ritzel, ▷ Bremsen mit ▷ Bremshebeln, z.T. auch ▷ Pedale, ▷ Steuersatz, ▷ Vorbau, ▷ Lenker, ▷ Sattelstütze, ▷ Kette.

Abb. 77: "New Success"-Gruppe von Sachs;

Abb. 78: "Athena"-Gruppe von Campagnolo.

Abb. 77

Abb. 78

Gruppenzwang

Von der Fachpresse geprägter Begriff, der sich auf die zunehmende Inkompatibilität der Fahrradkomponenten bezieht. Einige Hersteller nahmen eine derartige funktionelle Abstimmung der einzelnen ▷ Komponenten von ▷ Gruppen vor, daß diese nicht mehr mit denjenigen anderer Hersteller kompatibel sind.

Der Vorteil dieser Strategie liegt in der einfacheren und schnelleren Erstmontage, zudem kann die Funktionalität vom Hersteller garantiert werden. Aus kaufmännischer Sicht bringt der Gruppenzwang eindeutige Vorteile für den Hersteller:

* durch häufigen Modellwechsel läßt sich der Absatz steigern;
* der Verschleiß eines "alten" Bauteils bedingt den Neukauf gleich mehrerer Neuteile;
* ein Mischen von Komponenten setzt hohe Sachkenntnisse voraus oder verlangt zusätzliche Neuteile;
* bei Modernisierungserneuerungen ist ein Komplettaustausch der einfachere Weg.

Für den Verbraucher ist diese Marktentwicklung ungünstig:

* Ersatzteile sind wegen starker Modellfluktuation noch nicht oder nicht mehr erhältlich (bzw. lange Lieferzeiten);
* Ausweichmöglichkeiten bestehen i.d.R. nur auf höherwertige, teurere Produkte;
* um eine Komponente auszutauschen, ist z.T. ein gleichzeitiger Ersatz mehrerer Komponenten erforderlich, was auch ökologisch bedenklich ist.

Beispiele

1. Ein verschlissenes ▷Ritzel erfordert kompletten Austausch des ganzen ▷Zahnkranzes, da nur en bloc erhältlich;
2. bei Austausch einer älteren ▷Tretlagerung durch eine neue Tretlagerpatrone ergibt sich eine Verschiebung der ▷Kettenlinie. Folge: Es muß zugleich eine neue ▷Kurbelgarnitur montiert werden.

Gürtelreifen

Bei diesem auch "Radialreifen" genannten Reifentyp sind zusätzlich zu den Karkassenfäden in ▷Diagonallage noch solche in ▷Radiallage angeordnet, die den Reifen im Bereich der Lauffläche in Umfangsrichtung wie einen Gürtel umfassen. Dadurch fällt der Wulst, den der Reifen bei seinem Abrollen vor sich herschiebt, kleiner aus, der ▷Rollwiderstand reduziert sich merklich (Abb. 79).
Erste Versuche in dieser Richtung wurden mit Fahrradreifen bereits Ende der 50er Jahre von dem Tüftler Ringkowsky gemacht. Einen neuen Anlauf nahm 1994 Panaracer mit seinem "Magic"-MTB-Reifen. Über der eigentlichen Karkasse besitzt dieser Reifen Gewebe mit unterschiedlich steifen Fäden, wobei die Fäden in Reifenumfangsrichtung die Walkausbildung ebenfalls weitestgehend vermeiden.

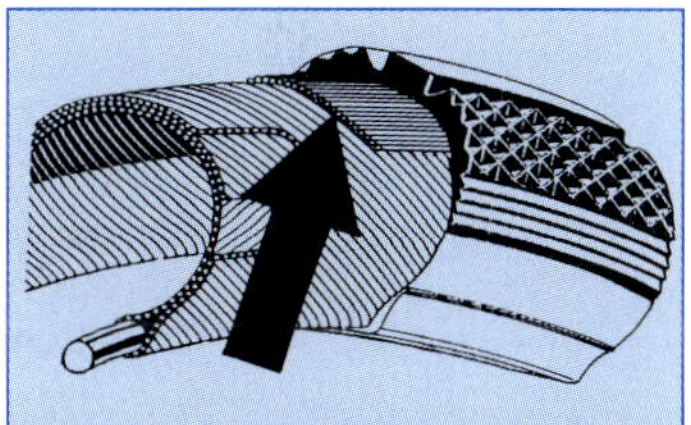

Abb. 79

Übrigens erzielen auch hochwertige Schlauch- und Drahtreifen per ▷Pannenschutzstreifen über der Karkasse ähnliche Effekte, wenn eine Faserrichtung des Gewebes ebenfalls radial verläuft.

Gummi

Durch ▷Vulkanisieren aus dem plastischen in den elastischen Zustand überführter ▷Natur- oder ▷Kunstkautschuk.
Mit Hilfe von Vulkanisiermitteln, ▷Gummifüllstoffen, Weichmachern und Härtemitteln kann die Eigenschaft von Gummi in einem weiten Bereich "eingestellt" werden (▷Zugfestigkeit bis 30 N/mm^2; ▷Bruchdehnung bis 1000%).

Gummi-Sorten

Je nach Verwendungszweck werden unterschiedliche Gummisorten eingesetzt, die jedoch nicht nur durch Füllstoffe, sondern auch untereinander vermischt werden und sich so speziell auf den späteren Verwendungszweck abstimmen lassen. Herstellung siehe Abb. 80. Einige wichtige Gummisorten aus dem Fahrradbereich:

Latex

Bezeichnung für nur in geringem Maße abgestimmten ▷Naturgummi. Latex besitzt hervorragende Dehneigenschaften und wird im Fahrradbereich für Schläuche sowohl in ▷Draht- als auch ▷Schlauchreifen eingesetzt.
Aufgrund ihrer hohen Elastizität führen Verformungen zu keinen nennenswerten ▷Reibungsverlusten, woraus nicht nur die sehr guten ▷Rolleigenschaften von Latexschläuchen resultieren, sondern auch der große Widerstand dieser Schläuche gegen spitze "Eindringlinge" (erhöhte ▷Pannensicherheit).

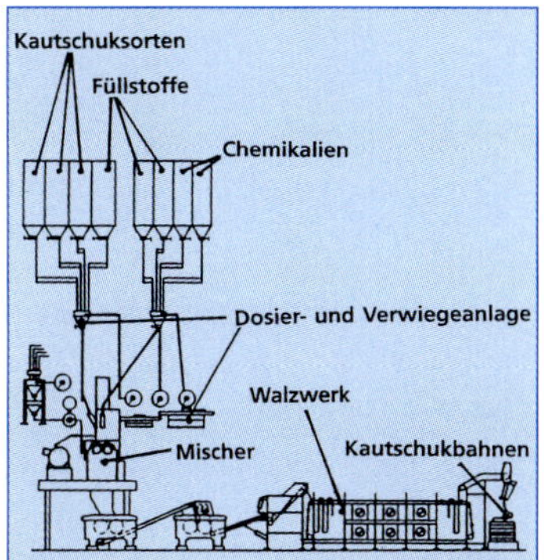

Abb. 80

Verglichen mit Butyl ist die Luftdurchlässigkeit der Latexschläuche allerdings schlechter, im Alltagsgebrauch ist das häufige Nachpumpen (alle zwei bis drei Tage) lästig. Beim Einsatz im Rennsport fällt diese negative Eigenschaft weniger ins Gewicht, da hier nach dem Training oder Rennen ohnehin der Luftdruck reduziert wird.

Butyl Kunstgummi-Sorte (s. ▷ Kunstkautschuk) mit sehr guter Luftdichtigkeit und "Ermüdungsbeständigkeit", die v.a. als Schlauchmaterial eingesetzt wird. Butylschläuche halten die Luft mehrere Monate lang ohne spürbares Nachlassen des Luftdruckes und können daher sehr dünn ausgeführt werden. Das gleicht die verglichen mit Latex etwas schlechteren Rolleigenschaften wieder aus, vermindert allerdings die ohnehin nicht so gute ▷ Pannensicherheit.

Butadien 1931 von DuPont entwickelter Kunstgummi, der die bis dahin vorherrschende Gummisorte "Buna" verdrängte und sich durch besonders gute Abriebfestigkeit auszeichnet. Butadien-Kautschuk läßt sich gut mit ▷ Naturkautschuk mischen und wird heute vorwiegend als Mischungsbestandteil für Reifen verwendet.
Styrol-Butadien (SBR = Styrol-Butadien-Rubber): Butadien mit ca. 23 % Styrolanteil ist mit ca. 70 % Marktanteil die am meisten hergestellte Gummisorte und ist Hauptbestandteil für Reifengummi.

Neopren Porig hergestellter Gummi (Schaumgummi) mit geschlossener Oberfläche, der vor allem bei Materialien für Wasser- und Kälteschutz verwendet wird. Für den Fahrradbereich: Thermogamaschen und Schwimmanzüge für Triathleten (▷ Triathlon).
Anwendung von Gummi am Fahrrad: Neben ▷ Schlauch und ▷ Reifen auch als ▷ Abdichtung, ▷ Ventilsitz, ▷ Schutzüberzüge, ▷ Bremsgummis, ▷ Spanngurte am Gepäckträger; Element bestimmter ▷ Fahrradfederungen. S.a. ▷ Latex.

Gummi arabicum Sammelbegriff für verschiedene erhärtete Pflanzensäfte aus den Rinden afrikanischer, indischer und australischer Akazien, die v.a. in ▷ Kontaktklebern Verwendung finden. Es handelt sich also nicht, wie oft fälschlich angenommen, um Naturgummi. Gummi arabicum wird zu Klebstoffen oder Farben weiterverarbeitet, nicht aber zu ▷ Reifen und ▷ Schläuchen.

Gummifüllstoffe Ursprünglich nur zum Strecken von Kautschuk (s. ▷ Kunst- und ▷ Naturkautschuk) beigegebene Zuschlagstoffe, die heute jedoch zum Verbessern der mechanischen Eigenschaften von Gummi genutzt werden. So wirkt sich z.B. Ruß als aktiver Abriebschutz aus. Als Rußersatzstoffe für bunte Reifen werden Kreide, Quarz, Mehl und Kieselsäure eingesetzt. Bei letzteren ist interessant, daß hiermit die Rolleigenschaften verbessert werden, allerdings erhöht sich der Reifenabrieb, sprich Verschleiß.
Als Gummifüllstoffe werden auch Fasern und körnige Bestandteile bezeichnet, um den Gummi für bestimmte Einsatzzwecke abzustimmen, z.B. als ▷ Bremsgummi; s. hierzu auch ▷ Griffigkeit: Bremsgummis.

Gummihärte Mit Beimischungen oder ▷ Gummifüllstoffen abgestimmte Konsistenz von gummiartigen Werkstoffen. Einzelheiten s. ▷ Griffigkeit (Abb. 81).
Die Gummihärte wird nach dem Eindringhärteprüfverfahren nach Shore ermittelt.

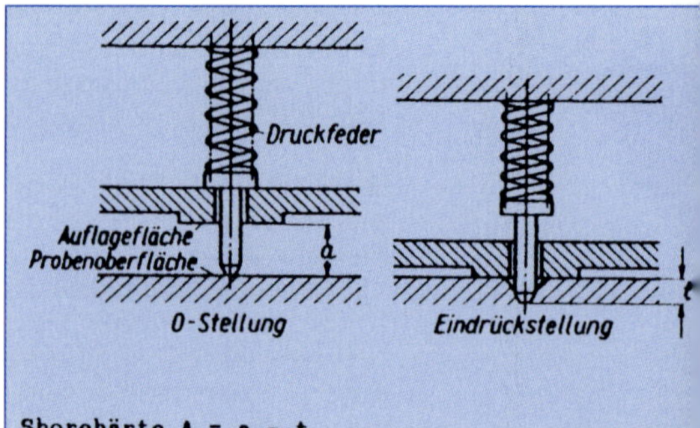

Abb. 81

Gummilösung Klebemasse zum Verkleben von Teilen aus ▷ Gummi.
Die klassische Gummilösung bestand einfach aus in Benzin gelöstem Naturgummi. Moderne Gummilösungen basieren auf dem Lösungsmittel Tetrafluoräthylen. Beide Lösungsmittel sind nicht gerade gesundheitsfördernd und umweltfreundlich, werden aber vom Radfahrer nur in

winzigen Portionen verbraucht: ▷ Schlauchflicken, ▷ Reifenreparaturen.

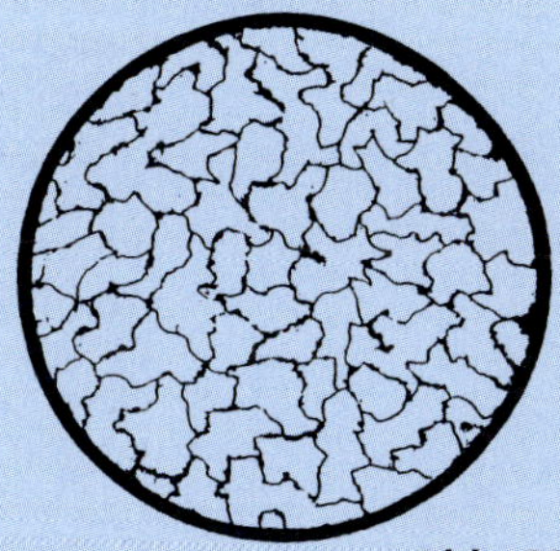

Abb. 82

Gummimischung

"Abstimmen" von ▷ Gummi auf den späteren Verwendungszweck. Hierzu werden nicht nur verschiedene ▷ Gummifüllstoffe eingesetzt, sondern auch unterschiedliche Gummisorten miteinander vermischt.
So können beispielsweise Zumischungen von ▷ Naturgummi die ▷ Rolleigenschaften von Reifengummi verbessern, wie auch der Rußersatzstoff Kieselsäure (s. ▷ Gummifüllstoffe). Zumischungen aus ▷ Kunstgummi verbessern die ▷ Griffigkeit. Zur Optimierung der ▷ Abriebfestigkeit ist nach wie vor Ruß der günstigste Füllstoff.

Gußgefüge

Innere Materialstruktur von gegossenen Metallteilen, bei denen die einzelnen ▷ Kristallite statistisch regellos angeordnet sind. Außer bei gegossenen Fahrradbauteilen und -komponenten kommen Gußgefüge in den ▷ Schweißnähten vor. Das regellose Gefüge steht im Gegensatz zu geschmiedeten oder gewalzten Bauteilen, die durch ▷ Schmieden oder ▷ Walzen eine Ausrichtung der Kristallite bekommen; s. hierzu ▷ Textur; ▷ Kaltverfestigung (Abb. 82).

Gußlegierungen

▷ Legierungen, die spez. für das Vergießen von ▷ Metallen zu Gußwerkstücken und Gußbauteilen ausgelegt sind. Dazu werden in die Grundmetalle v.a. Legierungspartner eingemischt, welche die Schmelze dünnflüssiger machen und ggf. den ▷ Schmelzpunkt absenken - bei ▷ Aluminium ist dies z.B. ▷ Silizium, bei ▷ Stahl ▷ Kohlenstoff.
Weitere Legierungszusätze vermeiden das sog. "Ausgasen" während der Erstarrung der Schmelze. Damit ist eine Blasenbildung gemeint, die zu ▷ Lunkern - einem porigen ▷ Gefüge - führt. Bei Stahl wird das Ausgasen z.B. schon durch Zusätze um 0,1 % von ▷ Mangan, Silizium oder Aluminium (Abb. 83) unterdrückt, man spricht dann vom "beruhigten" Stahl.
Letztlich kann durch weitere Zusätze die Neigung des Gußteils zur ▷ Grobkornbildung vermieden werden. Hierzu neigen v.a. Gußteile der Leichtmetalle Aluminium und ▷ Magnesium. Durch Zusätze von ▷ Titan und Zirkon kann die Grobkornbildung jedoch sehr gut vermieden werden.

Abb. 83

Härte

Widerstand eines Körpers gegen das Eindringen eines anderen.
Zwischen der Härte eines Bauteils und seiner ▷ Zugfestigkeit besteht ein Zusammenhang, der aber a) metallspezifisch ist, b) nur über einen bestimmten Härtebereich proportional verläuft.

Die Härte ist ausschlaggebend für die Eignung von Werkstoffen und Bauteilen als Material für ▷ Lagerungen. Da die Härteprüfung i.G.z. Ermittlung der ▷ Zugfestigkeit zerstörungsfrei erfolgt, kann sie als nachträgliche Prüfung an fertigen Bauteilen vorgenommen werden. Sie gestattet Aussagen über die Belastbarkeit (s. ▷ Belastung) der Bauteile. Die Härte ist auch ein wichtiges Qualitätsmerkmal der Bügel von Bügelschlössern als Widerstand gegen Durchtrennen mittels Bolzenschneider (s. ▷ Diebstahlschutz).

Meßverfahren

Zum Feststellen der Härte werden harte Probekörper stoßfrei in den zu untersuchenden Körper gepreßt. Folgende Verfahren haben sich in der Werkstoffprüfung durchgesetzt:

Brinell-Verfahren

Als Probekörper fungiert eine Stahlkugel (Abb. 1 oben): Brinell-Härte (Bez. "HB", angegeben in kp/mm^2) ist das Verhältnis der zum Eindrücken des Probekörpers erforderlichen Kraft zur Fläche der von ihm erzeugten Eindellung (Kugelkalotte).
Einzelheiten des Meßverfahrens sind in der DIN 50 351 ausgeführt. Bezüglich des Zusammenhangs mit der ▷ Zugfestigkeit besteht bei Stahl die grobe *Faustformel: HB-Wert mal 0,35.*

Vickers-Verfahren

Als Probekörper fungiert eine quadratische Diamantpyramide mit 136° Spitzenwinkel (Abb. 1 Mitte): Die Vickers-Härte (Bez. "HV", angegeben in kp/mm^2) ergibt sich ebenfalls aus dem Verhältnis der Prüflast zur Eindrucksfläche. Bis zu einer Härte von 300 ist HV mit HB annähernd identisch, entsprechend besteht der gleiche Zusammenhang mit der Zugfestigkeit *(Faustformel: Faktor 0,35).* Bei höherer Härte gilt die Faustformel nicht mehr. Einzelheiten des Meßverfahrens sind in der DIN 50 133 ausgeführt.

Rockwell-Verfahren

Als Probekörper fungiert ein Diamantkegel mit 120° Spitzenwinkel und leicht abgerundeter Spitze (Abb. 1 unten): Als Rockwell-Härte (Bez. "HRC") wird die Eindringtiefe gemessen, die übrigens in zwei Stufen (Vorlast + Prüflast) erzeugt wird.
Umrechnung auf Zugfestigkeit ist nur möglich, wenn Vergleichswerte vorliegen. Einzelheiten des Meßverfahrens sind in der DIN 50 103 ausgeführt.

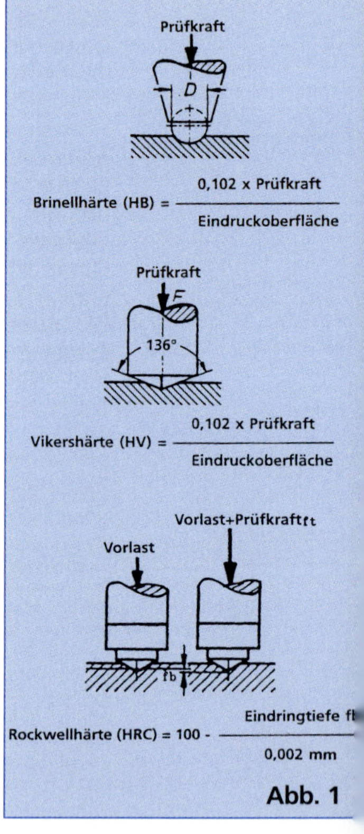

Abb. 1

Vergleiche

Die Umrechnung dieser drei Härtemeßverfahren untereinander sowie die Ableitung der Zugfestigkeit sind in den Härtevergleichstafeln der DIN 50 150 niedergelegt. Faustwert (bis 300 HB): HB = HV = 10 HRC.

weitere Härte-Prüfverfahren:

Für Gummi und weiche Kunststoffe:
Shorehärte nach dem Eindringhärteprüfverfahren nach Shore (Abb. 2), s. ▷ Gummihärte.
Härteskala nach Mohs für mineralische Stoffe. Sie reicht von Gips mit Härte 1 bis Diamant mit Härte 10. Abb. 3 zeigt den Vergleich der unterschiedlichen Härteangaben.

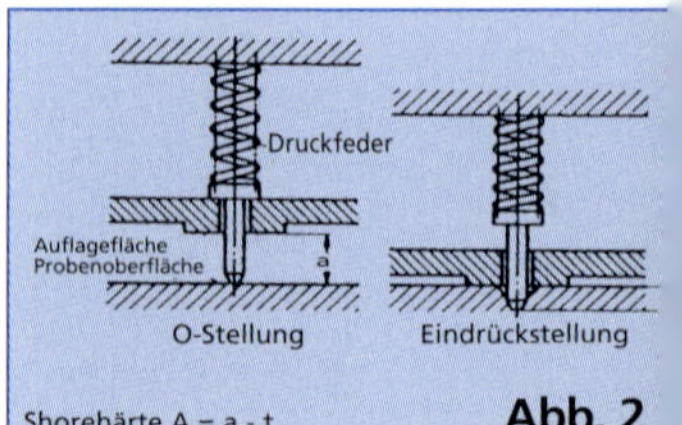

Abb. 2

Härten

Vorgang, durch den die ▷ Härte und damit meist auch die ▷ Zugfestigkeit von Werkstoffen erhöht werden kann.

Stahl Bei ▷Stahl wird dies durch Erwärmung über die sog. Gitterumwandlungstemperatur hinaus (je nach Kohlenstoffanteil 723-911°C) erreicht, wenn das Werkstück nachfolgend abgeschreckt wird. Dabei kann sich die Gitterstruktur von Stahl nicht kontinuierlich vom "dichter gepackten" kubisch-flächenzentrierten Gitter in ein kubisch-raumzentriertes Gitter zurückbilden (Abb. 4 u. 5) und es entsteht eine verzerrte Gitterstruktur mit hohen inneren Spannungen, die Härte und Zugfestigkeit von Stahl erhöhen. Um diese Spannungen nicht zu hoch werden zu lassen (Gefahr von ▷Härterissen) erfolgt die Abschreckung je nach Kohlenstoffanteil und dem Anteil anderer Legierungspartner in Wasser, Öl oder im Luftstrom. Entsprechende Stahllegierungen werden als "Wasser-", "Öl-" oder "Lufthärter" bezeichnet (vgl. auch ▷Anlassen und ▷Vergüten und insbes. ▷Stahl: Härten & Vergüten).

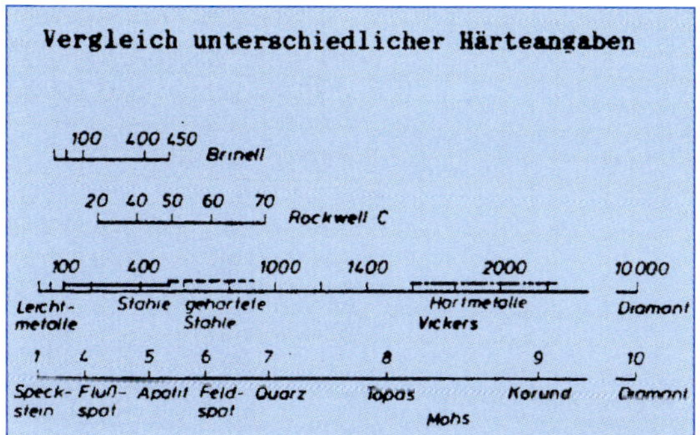

Abb. 3

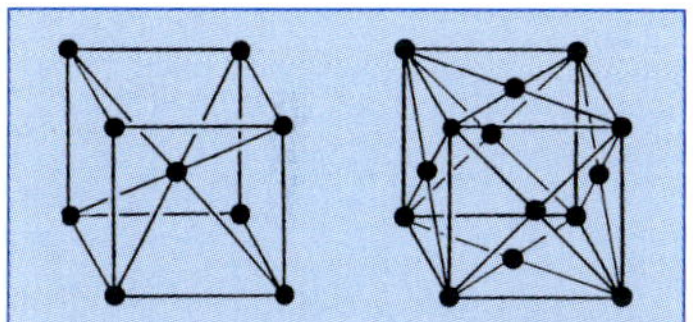
Abb. 4

Aluminium Auch Aluminium kann "ausgehärtet" werden, ein Verfahren, bei dem sowohl die ▷Zugfestigkeit als auch die Härte gesteigert werden kann, was allerdings nur bei bestimmten Alu-Legierungen (s. ▷Aluminium: Legierungen) möglich ist. Hierbei werden die jeweiligen Aluminiumlegierungen zunächst auf Lösungstemperatur (490-540°C) erwärmt und nachfolgend abgeschreckt. Durch die anschließende ▷Warm- oder ▷Kaltauslagerung des Materials erfolgt dann über Diffusionsvorgänge die eigentliche Härtung des Metalls. Durch unterschiedliche Aushärtetemperatur läßt sich die Härte steuern. Weitere Einzelheiten s. ▷Aluminium: Lösungsglühen & Aushärtung).

Auch bei anderen Werkstoffen läßt sich durch bestimmte thermische Behandlungen Härte und Zugfestigkeit steigern. Selbst bei der ▷Faserverbundbauweise läßt sich durch ▷Tempern (Härtungseffekt des Harzes) die Festigkeit und v.a. Formbeständigkeit steigern.
Zu Fehlern beim Härten s. ▷Härterisse.

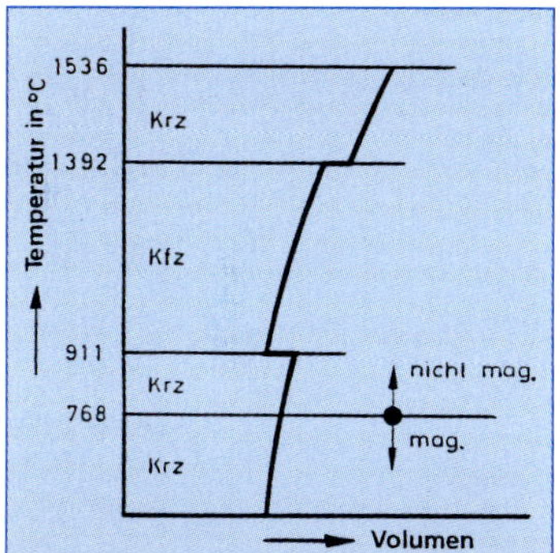

Abb. 5

Härterisse Risse in Bauteilen mit meist ungleichmäßigem Querschnitt, die beim ▷Härten von ▷Stahl entstehen können (Abb. 6): Die Rückbildung der Gitterstruktur von Stahl kann beim ▷Härten nicht kontinuierlich erfolgen. Es entstehen sehr hohe Spannungen innerhalb der Bauteile. An Querschnittsprüngen oder Einkerbungen kommt es dann häufig zu Härterissen. Abhilfe: "Entspannen" der Bauteile durch ▷Anlassen oder ▷Vergüten.

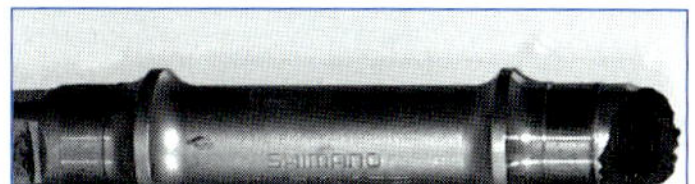
Abb. 6

Haftreibung ▷Reibung, die zu überwinden ist, um einen ruhenden Körper gleitend auf seiner Unterlage zu bewegen. Einmal in Bewegung gesetzt, reduziert sich die Reibung, da nun ▷Gleitreibung vorliegt (Abb. 7). Die Haftreibung ist beim Abrollen der Reifen auf der Rollbahn wichtig für die ▷Griffigkeit der Reifen. Auch hier reduziert sich - einmal ins Rutschen gekommen (Bremsen, seitliches "Wegschmieren") - die Reibung, da nun Gleitreibung vorliegt.
Bei ▷Fahrradfederungen wird die höhere Haftreibung in Drehgelenken und Führungen genutzt, um mit einer größeren ▷Losbrechkraft Einflüssen des ▷Wiegetritts entgegenzuwirken.

Haftung

1. Einstehen für eigene oder fremde Schuld bei Haftungsansprüchen (z.B. ▷ Produkthaftung).
2. Widerstand, den zwei sich berührende Körper gegenüber ▷ Scherkräften (längs der Berührungsrichtung gerichtete Bewegungen) ausüben.
Bei Lacken und Klebungen wird dieser Widerstand aufgrund molekularer Adhäsionskräfte bestimmt, bei Reifen durch Gewichtsbeaufschlagung, ▷ Reifenprofil und ▷ Reibung, siehe ▷ Traktion, ▷ Seitenführung und ▷ Griffigkeit. S.a. ▷ Haftreibung; ▷ Bodenhaftung.

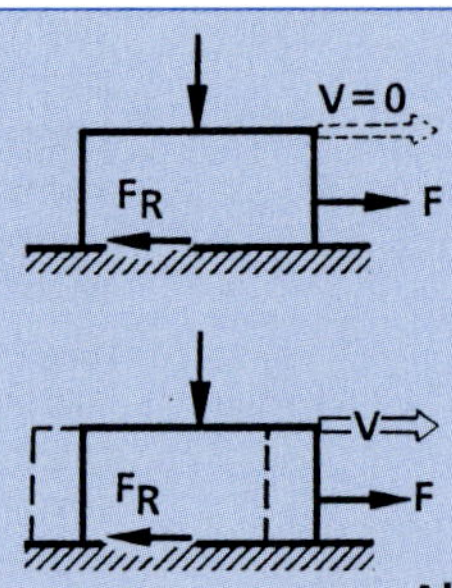

Abb. 7

Haifischflosse

Haifischflossenförmiges Ablenkhorn, das auf der rechten ▷ Unterstrebe (Kettenstrebe) von ▷ Geländerädern befestigt wird (Abb. 8).

Bei ihnen kommt es v.a. bei Abfahrten auf ruppigen Pisten zu heftigem Kettenschlackern mit Lackschäden und Rohrkerben als Folge sowie Verklemmen der Kette zwischen Reifen und Kettenstrebe. Ein dort aufgeklebtes oder -gelötetes Ablenkhorn vermeidet diese Beschädigungen.

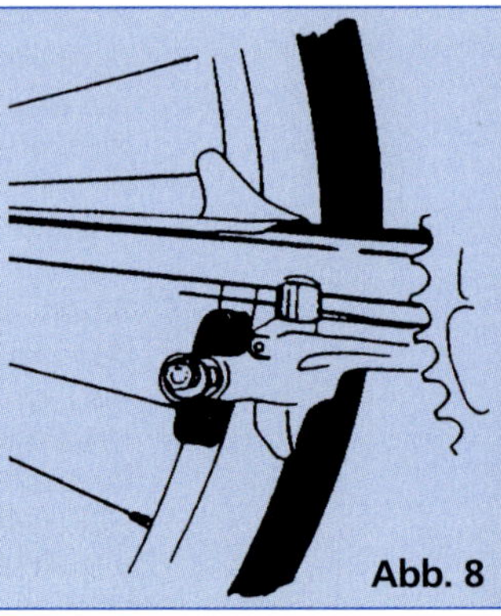
Abb. 8

Haifisch-Zahnform

Spezielle Zahnform bei ▷ Ritzeln zur Erleichterung des Schaltvorgangs. 1980 von ▷ Shimano auf den Markt gebracht, mittlerweile von Weiterentwicklungen abgelöst, Einzelheiten s. ▷ Zahnformen (Abb. 9).

Abb. 9

Hakenlose Felge

▷ Felgen für ▷ Drahtreifen mit geradem, hakenlosem ▷ Felgenhorn (Abb. 10 oben).
Früher waren hakenlose Felgen nahezu Standard, sind heute aber von ▷ Hakenprofilfelgen nahezu völlig abgelöst worden. Grund: Der Haken unterstützt den ▷ Reifendraht und vermeidet bes. bei höherem Luftdruck das Abspringen des Reifens.

Hakenprofilfelge

▷ Felgen für ▷ Drahtreifen mit hakenförmig ausgebildetem ▷ Felgenhorn (Abb. 10 unten).
Der Haken stützt bei höherem Luftdruck den ▷ Reifendraht und vermeidet so das Abspringen des Reifens über die Hornkante. Hakenprofilfelgen sind v.a. für Reifen erforderlich, die mit mehr als 5 bar Luftdruck gefahren werden.

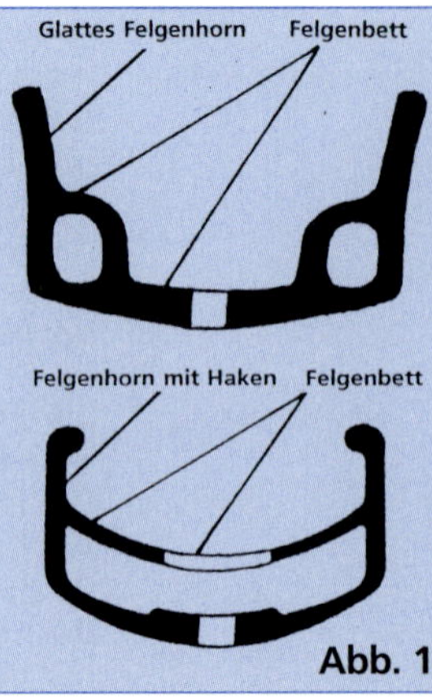

Abb. 10

Hakenschlüssel

Spezielle Form von ▷ Schlüsseln, mit der am Fahrrad die ▷ Konterringe von ▷ Tretlagern angezogen bzw. gelöst werden. Hierbei greift ein Haken (für Aluminiumringe mehrere) des Schlüssels in die entsprechenden ▷ Nuten der Konterringe ein (Abb. 11).

Halbrenner

Auch "Rennsportrad" genannter Fahrradtyp, der mit preiswerten Bauteilen wie ein ▷ Rennrad "gestylt" ist - ▷ Rennlenker und ▷ Kettenschaltung mit 12-14 Gängen -, zwecks Erfüllung der ▷ StVZO jedoch mit Beleuchtung, Klingel und (meist) Schutzblechen und Gepäckträger ausgestattet ist. Die Rahmenrohre sind von geringerer Qualität als beim Rennrad, das Festigkeitsdefizit wird durch dickere Wandstärken ausgeglichen, was sich allerdings im Gewicht niederschlägt (Abb. 12).

Da in der ▷ Rahmengeometrie gemäßigt ausgeführt (flacher ▷ Lenkwinkel, weiter ▷ Radstand), ist der Halbrenner auch zur Kategorie ▷ Einsteigerrad für den Rennsport zu zählen und fungiert tatsächlich auch i.d.R. als erstes "Rennrad" für Heranwachsende.

Abb. 11

Half-Step-Übersetzung

Abstufung der ▷ Übersetzungen bei ▷ Kettenschaltungen mittels kleinem Zahnunterschied der ▷ Kettenblätter (i.U. zur normalen ▷ Cross-over-Abstufung), um einen "Zwischengang" (engl. half step = Halbschritt) zu erhalten. Diese Übersetzungen wurden früher zur besseren Ausnutzung der damals üblichen 5-fach-Ritzel genutzt und vermieden dabei auch doppelte Gänge, s.a. ▷ Ritzeln: Übersetzungsabstufungen (Half Step + Granny).

Abb. 12

Heute wird der Half-Step noch gelegentlich zur Feinstabstufung beim ▷ Zeitfahren angewandt, um hier im Grenzbereich der Leistungsfähigkeit stets mit optimaler Kurbelumdrehung pedalieren zu können. Beispiel: Der ▷ Gangsprung von 52/13 auf 52/14 (Zähnezahlen Kettenblatt/Ritzel) beträgt 7,7%. Mit einem zweiten Kettenblatt von 50 Zähnen (statt 42 wie bei der Standardabstufung) erhält man bei 50/13 einen Zwischengang - der Gangsprung reduziert sich auf 3,8%.

Hallenradsport

Oberbegriff für ▷ Kunstradfahren, ▷ Radball und ▷ Radpolo, Einzelheiten s. jeweils dort.
Für die Ausübung dieser Sportarten ist eine gesonderte Lizenz des ▷ BDR nötig (statt der üblichen Renn-Lizenz).

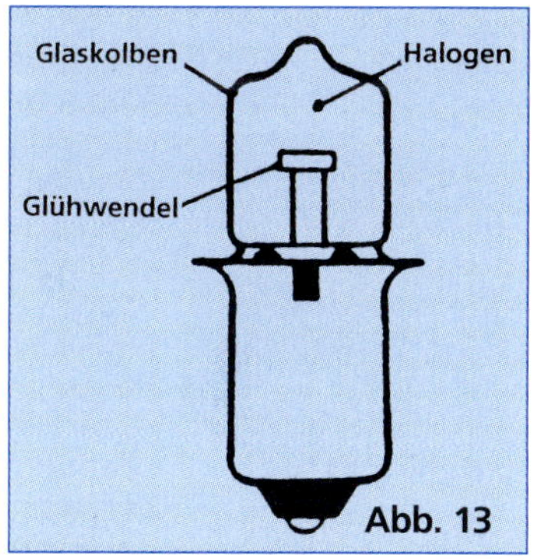

Abb. 13

Halogen-Birnchen

Scheinwerferbirnchen, durch deren Einsatz sich gegenüber normalen ▷ Glühbirnen sowohl der ▷ Lichtstrom als auch die ▷ Beleuchtungsstärke annähernd verdoppelt (Abb. 13). Entsprechend der ▷ StVZO sind auch Halogenbirnchen für eine ▷ Leistung von 2,4 W bei einer Betriebsspannung von 6 V ausgelegt.

Durch das Einfüllen kleiner Mengen von Halogenen (Jod oder Brom) in den Glaskolben der Birne wird die Leuchtintensität erhöht. Dabei findet ein sog. Wolfram-Halogen-Kreisprozeß statt (Wechselverbindung zw. Wolfram und Halogen), der die Lebensdauer des Glühfadens erhöht. Durch den Kreisprozeß wird vermieden, daß Wolfram verdampft und sich innen auf das Birnenglas niederschlägt und es schwärzt. Daher kann die Wendeltemperatur der Halogenbirnen höher gehalten werden, wodurch das Licht weißer wird. Dies ist übrigens auch der Grund dafür, weshalb der Glaskolben nicht mit der Hand angefaßt werden sollte (Verdampfen von Fettresten kann zu Trübung oder zum Platzen des Kolbens führen).

Aus Sicherheitsgründen (besser sehen und gesehen werden) finden Halogenbirnchen verstärkten Einsatz bei der Scheinwerferbestückung von Fahrrädern. Ein Nachrüsten ist schwierig, da die Halogenbirnchen i.d.R. einen Stecksockel haben; mit einiger Beharrlichkeit lassen sich aber auch Ausführungen mit konventionellem Schraubsockel auftreiben - jedoch nicht ganz problemlos einsetzen: der Glühfaden kann aus dem Brennpunkt des Schweinwerferreflektors wandern, woraufhin der das Licht breiter streut. Das führt zu einer geänderten Fahrbahnausleuchtung; s.a. ▷ Scheinwerfer. Des weiteren kann es vorkommen, daß der Glaskolben (längliche, spitze Form) an die Reflektorscheibe stößt.

Halteplatte

Auch "Ankerplatte" genanntes Teil der ▷ Trommelbremsen, auf dem der ▷ Bremsbacken sowie die Betätigungsmechanik untergebracht sind (Abb. 14).

Die Halteplatte wird von der ▷ Nabenachse zentriert, damit die Bremsbacken zentrisch zur ▷ Bremstrommel stehen. Der schlank auslaufende ▷ Auslegerarm der Halteplatte wird bei der Vorderradbremse an einem ▷ Gabelbein, bei der Hinterradbremse an der linken ▷ Unterstrebe angeschraubt. Hierüber wird das von der Trommelbremse erzeugte ▷ Bremsmoment an den Rahmen weitergeleitet und dort absorbiert. Aus diesem Grunde müssen die Gabelbeine von mit vorderer Trommelbremse bestückten Rädern bes. kräftig ausgelegt und mit einer entsprechenden Kennzeichnung versehen sein (in ▷ Ausfallenden eingeprägtes "T").

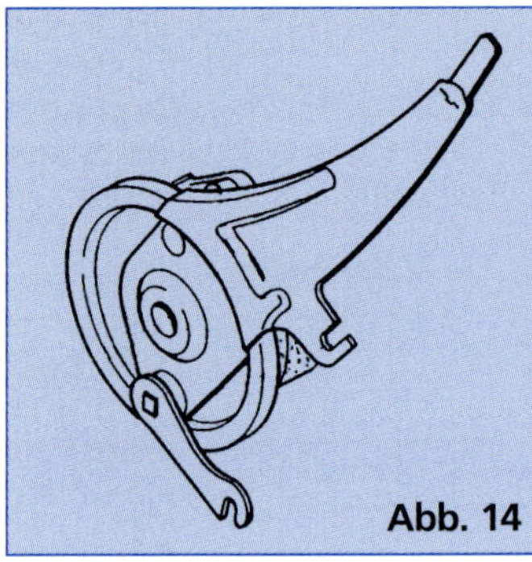

Abb. 14

Halteteil Allgemeinbez. f. die ▷ Konterhalterung (Abb. s.d.), die den ▷ Bowdenzug hinter der ▷ Sattelklemmung oder zwischen dem ▷ Steuersatz abstützt. Dort auch die Befestigung des Halteteils.

Haltung s. ▷ Sitzposition

Haltungsdreieck Landläufige Bezeichnung für die drei Kontaktpunkte, die den Radler mit seinem Rad verbinden, nämlich ▷ Sattel, ▷ Lenker und ▷ Tretkurbel (Abb. 15).

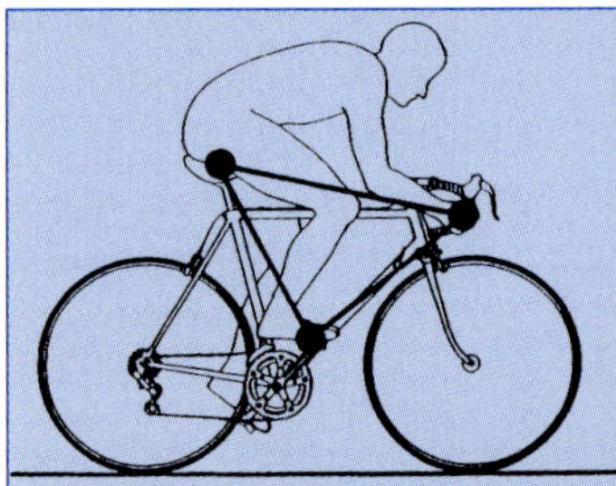

Abb. 15

Durch die Einstellmöglichkeiten von Sattel und Lenker ist das Haltungsdreieck veränderbar, was folgende Auswirkungen hat:
* Änderung des ▷ Schwerpunktes;
* Beeinflussung des Trittflusses, s. ▷ runder Tritt;
* Änderung des ▷ Fahrverhaltens.

Vgl. auch ▷ Sitzposition.

Hammerkopf-Speiche ▷ Speiche ohne Bogen, deren Kopf nach Art eines Hammerkopfes seitlich abgeflacht ist. Anwendung: ▷ Roval-Laufräder.
Häufig werden aber auch Speichen ohne Bogen mit normalem Kopf ebenfalls als Hammerspeichen bezeichnet, wie sie bei den ▷ Sonnenrädern oder den Pulstar-Naben (s. ▷ Naben: Radialnaben) üblich sind.
Bei Hammerkopfspeichen verlaufen die inneren Kräfte symmetrisch, während sie bei gebogenen Speichen zu ▷ Spannungsspitzen an der Bogeninnenseite führen. Aus diesem Grunde sind Hammerkopfspeichen weniger bruchgefährdet als die Normalspeichen.

Abb. 16

Handantrieb Als Handkurbel- oder Handpendelantrieb bei Behindertenfahrzeugen genutzte Krafteinleitung, bei ▷ HPV-Fahrrädern z.T. als Zusatzantrieb (kurzzeitig höhere ▷ Leistungsentfaltung) verwendet (Abb. 16).

Handling Engl. *"Handhabbarkeit"*: Ausdruck für die Leichtigkeit, mit der ein Fahrrad manövriert werden kann.

Neben niedrigem ▷ Gewicht und ▷ Wendigkeit spielt v.a. beim ▷ Mountainbiking (Abb. 17) der Freiraum zum ▷ Oberrohr eine wichtige Rolle, um kritische Fahrsituationen durch gutes Handling meistern zu können.

Abb. 17

Beispiel Ein Radfahrer kommt der rechten Bordsteinkante zu nahe und hat zudem noch eine leichte Schräglage nach rechts. Eine Lenkbewegung nach links würde ihn vollends aus dem Gleichgewicht bringen (▷ Fliehkraft drückte ihn noch weiter nach rechts). Versierte Radler meistern diese Situation, indem sie ihr Fahrrad weit nach links abkippen. Nun wird der Reifenkontakt zur Straße kegelmantelförmig, das Rad rollt im leichten Bogen von der Bordsteinkante fort. Jetzt erst kann der Radler eine Lenkbewegung nach rechts machen, damit über die Fliehkraft sein Gleichgewicht erlangen und sodann nach links aus dem Gefahrenbereich herauslenken.
An dem Beispiel wird deutlich, daß ein leichtes (massearmes) Fahrrad leichter zu kippen ist, ein tief abgesenktes Oberrohr eine stärkere Kipplage und ein kurzer ▷ Radstand ein schnelleres Lenkmanöver erlaubt - alles Faktoren also, die das Handling eines Fahrrades bestimmen.

Handschuhe s. ▷ Fahrradhandschuhe

Hangabtriebskraft Komponente der Gewichtskraft, die parallel zu einer geneigten Ebene wirkt. Sie erlaubt dem Radler bergab rauschende Talfahrten, muß aber bergauf im Schweiße seines Angesichts erst überwunden werden (vgl. auch ▷ potentielle Energie) (Abb. 18).

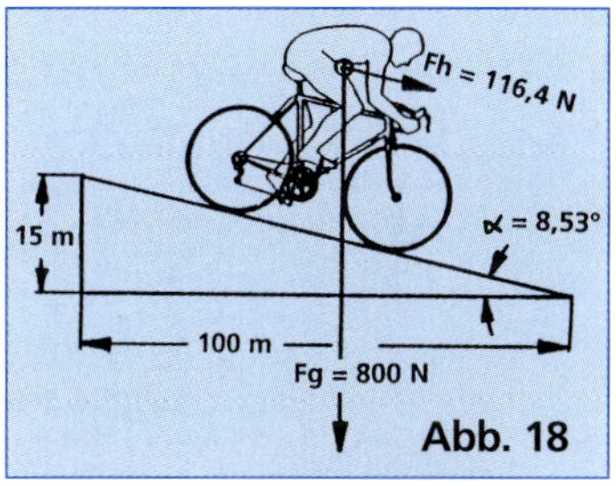

Abb. 18

Die Hangabtriebskraft errechnet sich nach:

$$F_H = \frac{m \cdot g \cdot h}{l}$$

oder

$$F_H = m \cdot g \cdot \sin\alpha$$

F_H = Hangabtriebskraft in N;
m = Masse von Rad und Fahrer in kg;
g = Erdbeschleunigung in m/sec²;
h = Höhe der geneigten Ebene in m;
l = Länge der geneigten Ebene in m;
$\sin\alpha$ = sin des Neigungswinkels
= Verhältnis h:l

Weitere Informationen s. ▷ Fahrdynamik: Kräfte an Steigungen und Gefällen; vgl. auch ▷ Steigung und ▷ Neigung.

Hartanodisieren Andere, v.a. von der Werbung benutzte Bezeichnung für ▷ Harteloxieren, s.a. ▷ Anodisieren.

Harteloxieren Aufbringen einer besonders harten und dicken Schutzschicht aus ▷ Eloxal auf Aluminium-Bauteile, insbes. ▷ Felgen (nicht zu verwechseln mit ▷ Keramikbeschichtung, die noch härter und abriebfester ist) (Abb. 19).

Abb. 19

Das Verfahren ist dem des ▷ Eloxierens ähnlich, wobei allerdings die "Badtemperatur" künstlich niedrig gehalten wird (0-4°C), was bewirkt, daß die Schicht weniger porig wird und dadurch härter und abriebfester.

Hartlöten Fügemethode von Metallen, bei der im Unterschied zum ▷ Weichlöten die ▷ Arbeitstemperatur des ▷ Lotes oberhalb von 450°C liegt. Einzelheiten s. ▷ Löten (Abb. 20).

Abb. 20

Harz Komplizierte Gemische aus organisch-chemischen Stoffen mit festflüssiger bis glasartiger Konsistenz, die zu den ▷ Duroplasten zählen.
Für den Fahrradbereich von besonderem Interesse sind die härtbaren Kunstharze Polyester und Epoxid , die als ▷ Matrix für ▷ Faserverbundstoffe eingesetzt werden.

Durch nachträgliches ▷ Tempern lassen sich die mechanischen Eigenschaften von Epoxidharz weiter steigern, was die mit Epoxidharz gebundenen Faserverbundstoffe formbeständiger macht. Vergleiche hierzu ▷ Carbon. Epoxidharze sind auch die Grundlage für ▷ Zweikomponentenkleber sowie für zähe und schlagfeste ▷ Lacke.

Hebelgesetz

Physikalische Gesetzmäßigkeit (Abb. 21), die sich aus der Gleichheit von Last- und Kraftmoment (Moment = Kraft- mal Hebelarm) nach

$F_k \times l_k = F_1 \times l_1$

ergibt.

F_k = Betätigungskraft: Kraft, mit der der Hebel betätigt wird;
l_k = Kraftarm: senkrechter Abstand zwischen der Wirkungslinie der Betätigungskraft und dem Drehpunkt des Hebels;
F_1 = Lastkraft: Kraft, die mit dem Hebel erzeugt wird;
l_1 = Lastarm: senkrechter Abstand zwischen der Wirkungslinie der Lastkraft und dem Drehpunkt des Hebels.

Ist beispielsweise der Kraftarm doppelt so lang wie der Lastarm, so ergibt sich nach Umstellung der Formel

$$F_1 = \frac{F_k \times 2\,l_k}{l_1} \quad \text{oder:} \quad F_1 = 2 \times F_k$$

Nach der goldenen Regel der Mechanik, "Was an Kraft gespart wird, muß an Weg zugesetzt werden" bringt also eine Verdopplung des Kraftarmes auch eine Verdopplung der durch den Hebel erzeugten Kraft, s.a. das Beispiel "Seitenzugbremse" bei ▷ Hebelverhältnis.

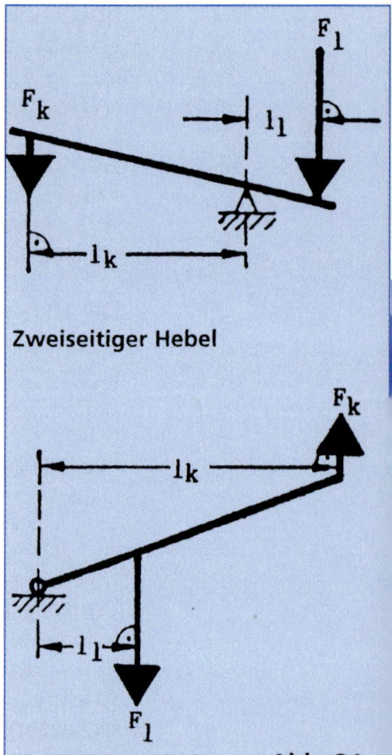

Abb. 21

Hebelverhältnis

Längenverhältnis von Last- und Kraftarm eines Hebels (s. ▷ Hebelgesetz) (Abb. 22).

Am Fahrrad sind Hebelverhältnisse v.a. bei der konstruktiven Auslegung von Bauteilen und ▷ Rahmen (Berechnung) wichtig, aber auch bei ▷ Felgenbremsen und ▷ Kettenkraft von Bedeutung.
Am Beispiel von ▷ Seitenzugbremsen läßt sich das Hebelverhältnis anschaulich zeigen:

Seitenzugbremse

Der *Kraftarm* wird bei Seitenzugbremsen aus der Schere gebildet, die der ▷ Bowdenzug zusammenzieht, der Lastarm auf der anderen Seite des Drehpunktes trägt die Bremsgummis (Abb. 22 oben). Gute Bremsen besitzen im Durchschnitt ein Verhältnis von etwa 1:1,5, d.h. der *Lastarm* ist um 50 % länger als der Kraftarm.

Bremshebel

Auch im ▷ Bremshebel wird die Handkraft des Radlers übersetzt, und zwar im Verhältnis von etwa 1:4 (Abb. 22 unten) . Aus der Multiplikation beider Hebelverhältnisse (1:1,5 x 1:4 = 1:6) ergibt sich dann die Kraft, mit der die Bremsgummis auf die Felge greifen: Sie ist sechsmal so hoch wie die eingebrachte Kraft am Bremsgriff.

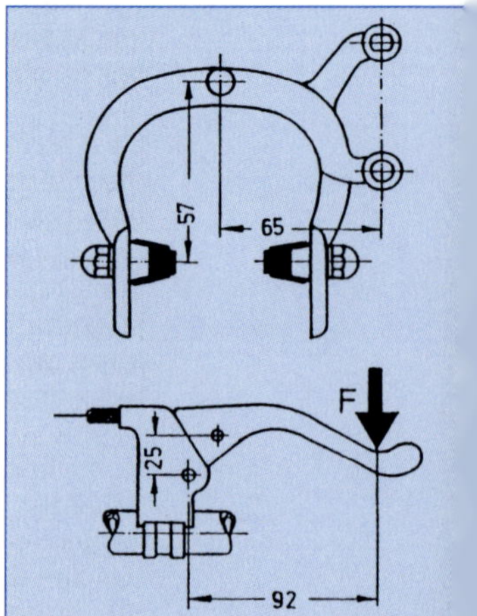

Abb. 22

Heckträger

Für den Fahrradtransport am Autoheck konzipierter ▷ Fahrradträger (Abb. 23).

Heimtrainer

Dt. Bez. f. die häufiger verwendete Bez. ▷ Hometrainer, Informationen s.d.

Helm

Kopfschutz, der den Radfahrer bei Sturz oder Aufprall vor Kopfverletzungen schützen soll (Abb. 24). Die Tatsache, daß rund 80 % aller tödlichen Unfallverletzungen von Radfahrern auf Verletzungen des ungeschützten Kopfes zurückzuführen sind, zeigt die Bedeutung, die dem Fahrradhelm eigentlich zukommen sollte. Leider nimmt die Helmakzeptanz jedoch nur sehr langsam zu.

Anforderungen

Ein guter Fahrradhelm muß folgende Anforderungen erfüllen:

* Durchschlagschutz bei Aufprall auf spitze Gegenstände;
* Dämpfung des Aufpralls;
* gute Belüftung (Abb. 25);
* geringes Gewicht;
* unverrutschbarer und dabei druckfreier Sitz;
* ausreichende Haltbarkeit von Begurtung und Verschluß bei Sturzbelastung;
* Einhandbedienung des Verschlusses.

Anmerkung: Durch die gängigen Helmvorschriften (▷ ANSI, ▷ Snell, ▷ DIN) ist die Dämpfung heutiger Helme sehr gut. Entwicklungsbedürftig sind dagegen noch Durchschlagschutz und Belüftung. Probleme bereiten auch die Verschlüsse, die - zu länglich gestaltet - häufig im Kinnwinkel kneifen. Außerdem mangelt es noch an der Anpassung der Helme an die individuelle Kopfform.

Normen

Beim Kauf sollte man darauf achten, daß der jeweilige Helm zumindest eine der Prüfnormen ▷ DIN, ▷ ANSI oder ▷ Snell erfüllt (kenntlich gemacht durch Aufkleber).
Die Testvorrichtung nach ▷ DIN: Abb. 26.

Helmtypen

Dem geringen Helmangebot bis Ende der 80er Jahre folgte ein regelrechter Helmboom, der in seiner Angebotsfülle heute kaum noch überschaubar ist. Eine Orientierung bietet neben o.g. Anforderungen die folgende Typologie.

Klassiker

Der "klassische" Trott-Helm war der erste serienmäßig hergestellte Fahrradhelm in Deutschland: Einfacher Hartschalenhelm ohne Dämpfungselemente (wie sie heute unerläßlich sind) mit einstellbarer Nylonkopfspinne, wodurch optimale Anpassung an die individuelle Kopfform gegeben war. Außerdem: gute Belüftung, leichtes Gewicht (unter 200 g), aber schwer bedienbarer Verschluß. Heutige Helme zeichnen sich demgegenüber insbesondere durch verbesserte Dämpfungseigenschaften aus (s. ▷ Dämpfung):

einfacher Styroporhelm

Helmschale aus Styropor-Hartschaum; Begurtung wird durch Aussparungen im Helmkörper fixiert; Belüftung durch Löcher; Helmanpassung durch unterschiedlich dicke ▷ Pads (Schaumstoffkissen), die den Raum zwischen Kopf und Helm auspolstern; z.T. mit Netzüberzug oder Insektengitter innen.

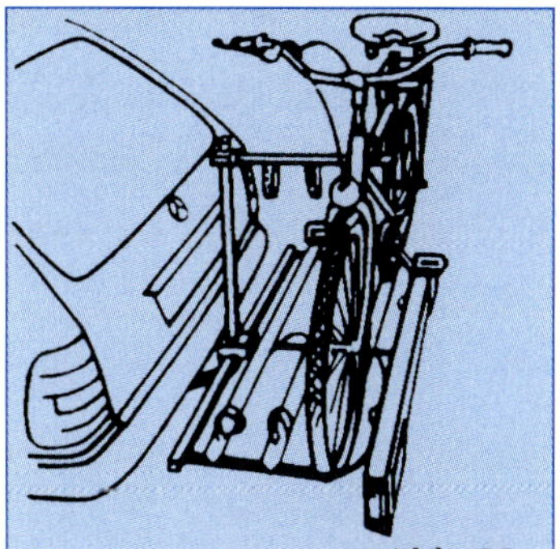

Abb. 23

Abb. 24

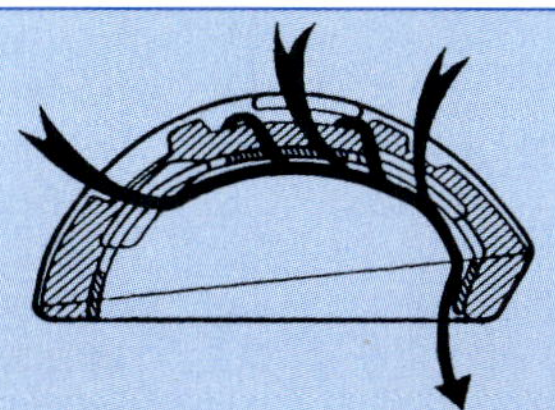

Abb. 25

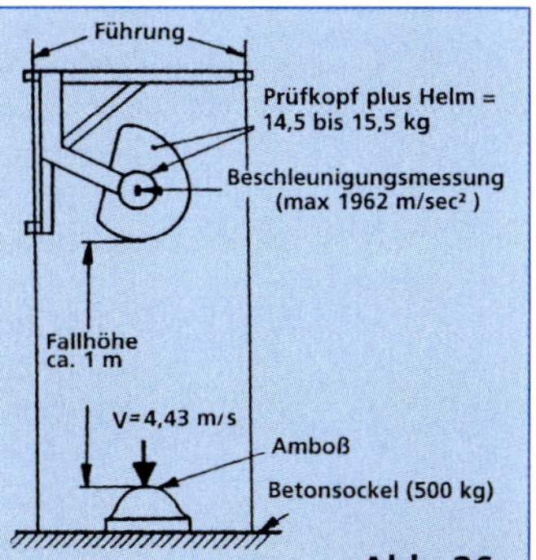

Abb. 26

Eigenschaften: gute Dämpfung, mittelmäßige bis gute Belüftung je nach Lage und Größe der Luftschlitze und Pads. Einfache Ausführungen brechen beim ersten Sturzaufprall (Zweitaufschläge sind dann weniger geschützt); Durchschlagsgefahr von spitzen Gegenständen; hohe Bremswirkung bei Sturz auf Asphalt (Genickverletzungen). Gewicht: 200-350 g; Preis: 60-120 DM.

mehrschichtiger Styroporhelm Aus unterschiedlich harten und unterschiedlich nachgiebigen Schichten aufgebaute Helmschale. Dadurch wird die Dämpfung optimiert und die Auseinanderbrechgefahr minimiert. Trotzdem besitzen auch diese Helme eine hohe Bremswirkung und es mangelt auch ihm am Durchschlagschutz. Gewicht: 250-350 g; Preis: 80-150 DM.

Mikroshell-Helm Ein dünner Folienüberzug (engl. shell "Schale") sorgt für bessere Gleitwirkung auf den ersten Metern bei Sturz auf Asphalt, scheuert sich aber nach einigen Metern durch. Ansonsten i.d.R. wie mehrschichtiger Styroporhelm aufgebaut. Gewicht: 250-350 g; Preis: 100-250 DM.

Hartschalenhelm In Verbindung mit innen angebrachten Dämpfungsmaterialien aus Styropor ist der Hartschalenhelm der sicherste Kopfschutz - was allerdings mit höherem Gewicht erkauft wird. Als einziger Helmtyp bietet er "echten" Durchschlagschutz (sofern die Belüftungsöffnungen nicht zu groß ausgefallen sind) und empfiehlt sich von daher besonders für Mountainbiker.

Aero-Helm Die Sonderbauweise *Aero-Helm* bietet aerodynamische Vorteile durch Verzicht auf Polsterung (daher schmaler), was aber mit mangelhafter Dämpfung erkauft wird. Einsatzbereich: ▷ Zeitfahren; ▷ Triathlon. Gewicht: 350-500 g; Preis: 100-250 DM

Der immer noch eher exotische Anblick eines behelmten Radlers und die daraus resultierende Auffälligkeit hindert viele vom Verstand her eigentlich helmwillige Radler am konsequenten Tragen eines Helms.

Helm-Akzeptanz Anders als in anderen Bereichen (Technik, Bekleidung etc.) haben die Radprofis hier leider keine Vorbildfunktion: Aufgrund mangelnder Belüftung - macht sich besonders beim Bergauffahren bemerkbar - sowie Sicht- und Gehöreinschränkung haben sich die Berufsradler der bei ihnen zunächst vorgeschriebenen Helmpflicht erfolgreich widersetzt. Obwohl windschnittig geformte Helme nachweislich aerodynamische Vorteile bieten (bei Tempo 40 werden sie auf 10 km bei optimaler Kopfhaltung mit 20 bis 30 Sekunden "gehandelt"), setzen heute bei Straßenrennen noch immer nicht alle Profis einen Helm auf (Abb. 27). Aufgrund böser Verletzungen bei Stürzen im Massenspurt tragen jedoch immer häufiger die ▷ Sprinter unter den Straßenfahrern Helme. Beim ▷ Zeitfahren sinc es wegen des aerodynamischen Vorteils rund 70 %, obwohl die Sturzgefahr hier wesentlich geringe ist. Bei Amateurrennen dagegen setzt sich die seit 1991 bestehende Helmpflicht weltweit durch Anmerkung: Seit 1.6.1996 gilt in Deutschland Helmpflicht auch für Profirennen.

Abb. 27

Erfreulich ist die wachsende Helmakzeptanz bei Kindern (die ohnehin häufiger fallen bzw. an Unfällen beteiligt sind). Entgegen ursprünglichen Erwartungen hat der Helm hier einen modischen Touch gewonnen, s.a. ▷ Sturzring.

Herren-Rahmen Landläufige Bezeichnung für den ▷ Diamantrahmen (Einzelheiten s.d.), der - bei Metallbauweise nach wie vor mit einem Minimum an Materialaufwand (Gewicht) ein Optimum an ▷ Steifigkeit erbringt.

Highriser

In den 60er Jahren in den USA entstandene Variante des ▷ Kinderrades, die sich in den 70er Jahren auch bei uns großer Beliebtheit erfreute (auch "Kompakträder" genannt) (Abb. 28).
Charakteristisch war die auf "Motorrad-Image" angelegte Optik mit wuchtigem Rahmen, gerader Gabel mit Teleskopfeder-Imitat, hochgezogenem Lenker und ▷ "Bananensattel". Höherwertige Highriser hatten ▷ Nabenschaltung mit Schaltkonsole auf dem ▷ Oberrohr.

Abb. 28

Diese vergleichsweise teuren und schweren Räder sprachen die Kinder allein schon durch ihr exotisches Outfit an, ohne freilich einen besonderen praktischen Nutzen oder bessere Sicherheit zu bringen. Mittlerweile sind sie zugunsten von ▷ BMX-Rad und ▷ Mountainbike praktisch wieder vom Markt verschwunden.

Hilfsmotor

Trethilfe durch kleinen Elektro- oder Verbrennungsmotor.

Hilfsmotoren sind als Unterstützung bei widrigen Umständen - Steigungen, Gegenwind - gedacht und dienen nicht zur Steigerung der Geschwindigkeit (diese ist lt. Gesetz bei eingeschaltetem Motorantrieb auf 20 km/h begrenzt, was i.d.R. durch Motordrosselung erreicht wird).

Aus der Vielfalt der schon früh einsetzenden Versuche, insbes. älteren Leuten das Radlerleben zu erleichtern, haben nur wenige Lösungen überlebt. Der geringe Erfolg des von einem Hilfsmotor unterstützten Fahrrades liegt v.a. an seiner Zwitternatur, die weder für eingefleischte Radler attraktiv ist noch für Leute, die sich motorisieren wollen. Lange war es daher ein "Arme-Leute-Motorrad" und wurde letztendlich ja auch zum Moped bzw. Mofa weiterentwickelt.

Verbrennungshilfsmotoren

Hier sei vor allem der schon legendäre Lohmann-"Allesfresser" erwähnt, ein Schlager der Nachkriegszeit, dessen robuste Ausführung z.T. sogar noch die 70er Jahre erlebte und mit Diesel, Petroleum oder Benzin betrieben werden konnte.
Am erfolgreichsten und wegen seines unkomplizierten Antriebs beliebt war das *Velo-Solex* (nach langjähriger Pause neuerdings wieder produziert), das allerdings fast schon ein Mofa war (Tretantrieb nur bei Motorpanne oder leerem Tank sinnvoll, da schwerfällig). Der Motor saß direkt über dem Vorderrad, das er per Reibrolle antrieb. Andere Hilfsmotoren benötigten demgegenüber entweder komplizierte Getriebe oder riesige Riemen- oder Zahnradscheiben am Hinterrad.

1986 startete Hercules mit dem Sachs-Nabenmotor *"Saxonette"* (Antriebseinrichtung in die Nabe integriert) einen Wiederbelebungsversuch der Hilfsmotoren, allerdings auch wieder nur mit begrenztem Erfolg (Abb. 29). Vorteile gegenüber früheren Ansätzen: sehr leise, leicht, benötigt lediglich eine versteifte Rahmenkonstruktion.

Abb. 29

Liegedreirad

Eine interessante Studie ist das von Uwe Bühler und Christoph Kern an der FH Furtwangen entwickelte Liegedreirad mit Hilfsmotor. Erreicht werden sollte ein in bequemer Haltung zu fahrendes Gefährt, das auch bei hoher Gepäckzuladung und widrigem Wetter im Lot bleibt. Daher wurde es als gefedertes Dreirad mit anatomisch geformtem Liegesessel ausgeführt. Um den Motor Mensch weitmöglichst auszureizen, wurde eine leistungsfähige 18-Gang-Kettenschaltung montiert (deren Fehlen ein Mangel der meisten Hilfsmotorräder ist und historisch letztlich zum Moped führte). Der Verbrennungsmotor ist eine 0,7-PS-Saxonette mit 1 l Spritverbrauch auf 100 km - wenn man nicht tätig mithilft. Dann reduziert sich die Umweltbelastung noch weiter, ein Argument, das solche motorunterstützten Tretmobile als Alternative zum Zweit- oder Drittwagen empfiehlt.

Elektrohilfsmotoren

Sinnvolle *Elektrohilfsmotoren* wurden erst in jüngster Zeit von Hercules, Winora und Heinzmann zur Marktreife gebracht (Abb. 30). Aus Gewichts- und Batteriekapazitätsgründen kommen Motoren mit 200 - 250 W Leistung zur Anwendung. Das ▷ Handling wird durch das Batteriegewicht (um 7 kg) verschlechtert.

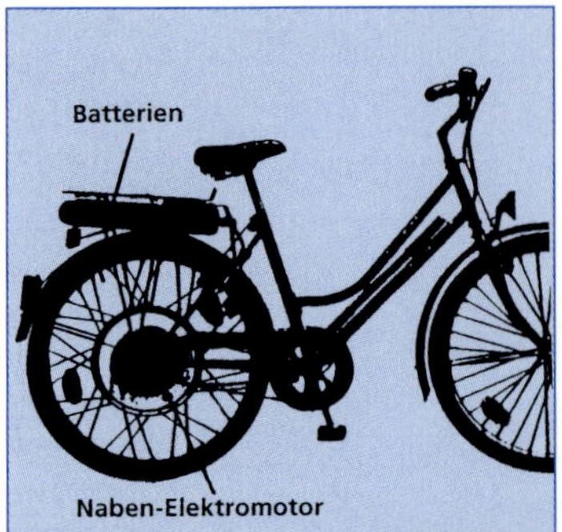

Abb. 30

Nachrüstsatz

Wer sein herkömmliches Fahrrad auf elektrische Unterstützung umrüsten will, findet eine pfiffige Lösung in dem Nachrüstsatz "Velomatic" der Fa. Velectro (A-5082 Fürstenbrunn): Der 24 V / 180 W Permanent-Magnet-Motor findet auf dem Gepäckträger Platz (und bietet auf seiner Oberseite wiederum Möglichkeit zur Gepäckbefestigung) und ist über Kette und Zahnkranz mit dem Hinterrad verbunden. Nachgeladen wird an der normalen Steckdose.

Solarfahrzeuge

Hier wird ein Teil des Betriebstroms über Solarzellen gewonnen (Abb. 31), weswegen sich hierzu besonders karosserierte Fahrräder mit ihren großen, glatten Oberflächen eignen. Eine andere Möglichkeit, die Fotovoltage-Kollektoren unterzubringen, bieten die Speichenflächen der ▷ Laufräder.
Eine weitere Möglichkeit, sparsam mit der kostbaren Elektroenergie umzugehen, besteht in der sog. ▷ Bremskraftrückgewinnung, s.d.

Abb. 31

Hill Climb

Rennen für ▷ Mountainbikes, das überwiegend bergauf führt, Einzelheiten s. ▷ MTB-Rennen (Abb. 32).

Abb. 32

Hinterbau

Hinteres Rahmendreieck, das ▷ Sattelstreben und ▷ Unterstreben mit dem ▷ Sattelrohr bilden. Im Gegensatz zum ▷ Vorderbau besitzt der Hinterbau durch seine dreieckige und räumliche Bauweise sowohl in vertikaler als auch in seitlicher Richtung mehr ▷ Steifigkeit, unterliegt aber trotzdem bei harten ▷ Wiegetritten elastischen Verformungen, wie sie übertrieben in der Skizze zu sehen sind. s.a. ▷ Hinterbaulänge; ▷ Monostay; ▷ Rahmen.

Hinterbaulänge

Bez. f.d. Abstand Mitte Tretlager bis Mitte Hinterradachse (Abb. 33). Mit zunehmender Hinterbaulänge gewinnt ein Fahrrad an Laufruhe (vgl. ▷ Radstand).

Aus Gewichtsverteilungsgründen sollten ▷ Reiseräder und ▷ Lastenräder eine Hinterbaulänge von mindestens 45 cm haben, während bei ▷ Rennrädern und modernen ▷ Mountainbikes unter 42 cm üblich sind. Speziell zum Bergauffahren im ▷ Wiegetritt können Hinterbaulängen sogar unter 40 cm sinnvoll sein, um auch in der vorgebeugten Position noch genügend Druck (Traktion) aufs Hinterrad zu bekommen.

Abb. 33

Auch Triathleten mit ihrer weit nach vorn auf den Lenker gelegten Haltung (▷ American Position) sind mit einem Hinterbau unter 40 cm gut bedient, ein Grund übrigens, der zum 26-Zoll-Triathlonrad führte (das im Durchmesser kleinere Hinterrad stößt weniger schnell an das Sattelrohr, so daß der Hinterbau auf 37 cm verkürzt werden kann).
Weitere Einzelheiten s. ▷ Standardposition: Abweichungen; ▷ Triathlonrad.

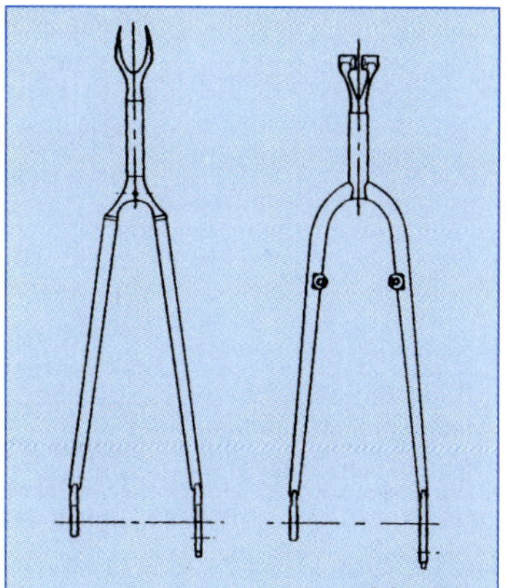

Abb. 34

Hintergabel

Andere, eher mißverständliche Bez. f.d. ▷ Hinterbau, s.a. ▷ Monostay (Abb. 34).

Hinterradfederung

▷ Aktives Federungssystem, bei dem das Hinterrad meist per ▷ Schwingenfederung gelagert ist (Abb. 35).

Die geometrische Anordnung der ▷ Drehgelenke bestimmt dabei die ▷ Einfederungsrichtung und kann Auswirkungen auf das Verhalten der Federung beim Bremsen und ▷ Wiegetritt haben.

Abb. 35

V.a. die Reaktionen auf den ▷ Kettenzug sowie das Verhalten in Punkto ▷ Pedalschlag sind von der Schwingenlagerung abhängig. Einzelheiten hierzu s. ▷ Fahrradfederungen: Hinterradfederung.

Hochauflieger

Neuste und aerodynamischste, von Obree ertüftelte Haltung auf dem Fahrrad - nachdem die UCI seine ▷ Obree-Haltung verboten hatte.
Wie bei der ▷ American Position werden dabei die Unterarme auf Lenker-Pads abgestützt. Der Lenker ist aber deutlich höher montiert, so daß die Arme nicht mehr abgewinkelt sind, sondern nahezu in Schulterhöhe nach vorn zum eigentlichen Lenkergriff verlaufen.
In dieser Haltung wurde Obree 1995 Weltmeister in der 4000 m Einzelverfolgung, fuhren viele Einzelzeitfahrer bei den Olympischen Spielen in Atlanta und Chris Boardman fuhr damit seinen Fabel-Stundenweltrekord mit 56,375 Kilometern.
Neusten Verlautbarungen zufolge soll aber auch diese Haltung von der UCI verboten werden, der Rekord von Boardman jedoch Bestand haben (Abb. 36/1).

Abb. 36/1

Hochdruckreifen

▷ Reifen, die zwecks besserer Rolleigenschaften für höhere Luftdrücke ausgelegt sind.
Das trifft generell sowohl für ▷ Schlauchreifen als auch für 28-zöllige ▷ Drahtreifen für Rennräder zu, die mit 7-9 bar gefahren werden können.

Auch ▷ Moulton nutzte (per ▷ Federung ohne Fahrkomforteinbußen machbar) den Leichtlauf durch höheren Luftdruck aus und ließ für sein ▷ Zerlegerad spezielle 17"-Hochdruckreifen entwickeln, die bei ca. 30 mm Breite mit 6 bar gefahren werden können.

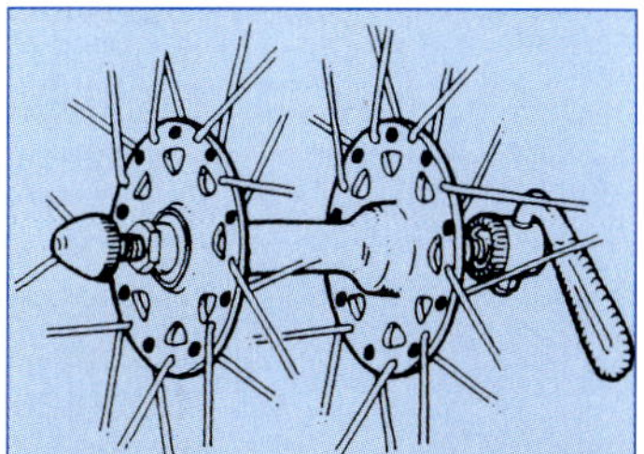

Abb. 36/2

Hochflanschnabe

▷ Nabe mit vergrößertem und dadurch höherem ▷ Flansch (Flanschdurchmesser 70 mm gegenüber 38-45 mm bei ▷ Niederflanschnaben) (Abb. 36/2).

Sinn: Es können kürzere Speichen verwendet werden, das ▷ Antriebsmoment kann günstiger aufgenommen werden, gleichzeitig wird die Speichenschräge erhöht. Besonders letzteres verschafft dem ▷ Laufrad etwas mehr ▷ Seitensteifigkeit, raubt ihm aber einiges an ▷ Fahrkomfort. Außerdem: Bei klassischer Rennradabstufung des ▷ Ritzelpakets (▷ Kriteriumsübersetzung, d.h. "kleines größtes" Ritzel) kann man auf der Zahnkranzseite übers größte Ritzel hinweg (bis max. 18 Zähne) noch die Speichen auswechseln.

Die Hochflanschnabe war eine Modeerscheinung der 60er und 70er Jahre, die aber keine nennenswerte Minderung des Speichenbruchrisikos brachte, wie erhofft. Im Gegenteil: Durch zu große und ergonomisch ungünstige Flanschaussparungen (aus Gewichtsgründen) wurde bei einigen Ausführungen die erhöhte Seitensteifigkeit wieder verschenkt, zudem kam es vermehrt zu Flanschbrüchen. Heute gewinnen die Hochflanschnaben wieder an Bedeutung, da die Seitensteifigkeit der Hinterräder durch die zum Standard gewordenen 7- und 8-fachen ▷ Zahnkränze deutlich reduziert wurde, was durch Hochflanschnaben z.T. kompensiert werden kann.

Generell sind die meisten 48-Loch-Naben (Einsatz v.a. an ▷ Tandem und manchen ▷ Reiserädern) als Hochflanschnaben ausgebildet, da der übliche ▷ Lochkreisdurchmesser der Niederflanschnaben bei 42-45 mm liegt, wodurch die Lochabstände zwischen den einzelnen Speichenbohrungen zu eng werden, wodurch Ausrißgefahr bestünde.

Hochfrequenz-Schweißen

▷ Schweißverfahren (s.d.) zum Verbinden meist dünnwandiger Bleche und zur Rohrherstellung.

hochgezogene Kettenstrebe

Rahmenbauweise, bei der die ▷ Unterstreben ca. 15 cm oberhalb des ▷ Tretlagers ans ▷ Sattelrohr ansetzen oder sogar bis zum ▷ Unterrohr durchgeführt werden (Abb. 37).

Abb. 37

Diese Bauweise wurde ab 1988 teilweise bei ▷ Mountainbikes eingesetzt, um die Kette ohne Nietvorgang demontieren und wieder montieren zu können. Außerdem schlägt sie bei unebener Fahrbahn nicht auf die ▷ Kettenstrebe (lackschonend) und verklemmt sich weniger schnell zwischen Reifen und Strebe.

Nachteile: Der Tretlagerbereich ist deutlich "weicher", was die Verwendung dickerer bzw. dickwandigerer Rohre notwendig macht. Daher ist diese ohnehin aufwendigere Bauweise schwerer. Die Abweichung vom Prinzip des ▷ Diamantrahmens bringt statische Probleme mit sich: Die Verbindungen der hochgelegten Streben an Sattel- und Unterrohr müssen großflächig und verstärkt sein, damit die Kräfte von der Ganzheit der Rohre aufgenommen werden. Bei mehr punktuellen Verbindungen auf die dünnwandigen Unter - und Sattelrohre kann es zu Ausbrüchen der Kontaktbereiche kommen. Aus diesen Gründen hat sich eine Sonderform der Bauweise etabliert, bei der nur die rechte Unterstrebe (Kettenstrebe) hochgelegt wird, was einen Großteil der statischen Nachteile kompensiert.

Hochrad

▷ Kurbelfahrrad mit ▷ Direktantrieb eines überdimensionierten Vorderrades (Abb. 38).
Es entwickelte sich um 1870 (Marktreife 1871), da die ersten Kurbelfahrräder eine zu geringe ▷ Entfaltung besaßen (zu geringer Laufradumfang für Direktantrieb) und daher in der Ebene eine zu hohe ▷ Trittfrequenz erforderten, um die Möglichkeiten der menschlichen Physis voll ausreizen zu können.

Abb. 38

Mit dem Aufkommen der Hochräder entwickelte sich der Radrennsport, da mit ihnen erstaunliche Geschwindigkeiten erzielt werden konnten: Mit 20-25 km/h war man etwa doppelt so schnell wie mit den vorausgegangenen ▷ Michaulinen. Hierzu trug auch bei, daß diese gut doppelt so schwer waren wie die nur um die 20 kg wiegenden Hochräder. Da der Fahrer direkt auf dem gekrümmten Verbindungsstab vom ▷ Steuerrohr zum Hinterrad saß, waren je nach Beinlänge unterschiedlich große Vorderräder nötig.

Übersetzungsbetrachtung: Ein Vorderrad mit 1,40 m Durchmesser legt pro Umdrehung ca. 4,40 m zurück, das entspricht bei heutigen 28-Zoll-Laufrädern einer ▷ Übersetzung von 52:25, liegt also knapp unter dem Arbeitsbereich eines ▷ Alltagrades.

Hochräder waren anfanglich Vollstahlkonstruktionen (gewichtsmäßig vertretbar wegen geringerem Materialaufwand als bei heutigen Rahmen), wurden später aber auch aus Rohren gefertigt, was das Radgewicht fast auf 20 kg drückte.

Hochräder ließen sich bezüglich der Gleichgewichtshaltung einfach fahren, weil man in der hohen Position bereits geringfügige Abweichungen aus der aufrechten Haltung verspürt und korrigieren kann. Gewöhnungsbedürftig dagegen ist die Krafteinwirkung per Kurbel auf die Lenkung (Vorderradantrieb) sowie die Kopflastigkeit des Gefährts, da das kleine Hinterrad nur Stützfunktion hatte: Das Überfahren von Hindernissen war eine heikle Angelegenheit, da der Massenschwerpunkt nur knapp hinter der Vorderradachse lag. Charakteristischer Unfall war daher der "Kopfsturz". Zum Versuch, das Hochrad mittels Übersetzung niedriger und damit sicherer zu bauen s. ▷ Antrieb: Vorderradantrieb ("Kangaroo"). Wegen dieser Risiken und wegen des hohen Preises waren Hochräder ein Gefährt für kühne Snobs aus gehobenen Kreisen. Erst das um 1880 aufkommende und als "Sicherheitsrad" apostrophierte ▷ Niederrad (▷ Übersetzung statt Direktantrieb) ermöglichte in Verbindung mit preiswerteren Herstellungsverfahren dem Fahrrad den Durchbruch als Massenverkehrsmittel.

Höhenschlag

Abweichung eines Felgenbereichs von der konzentrischen Lage zur Nabe (Abb. 39).

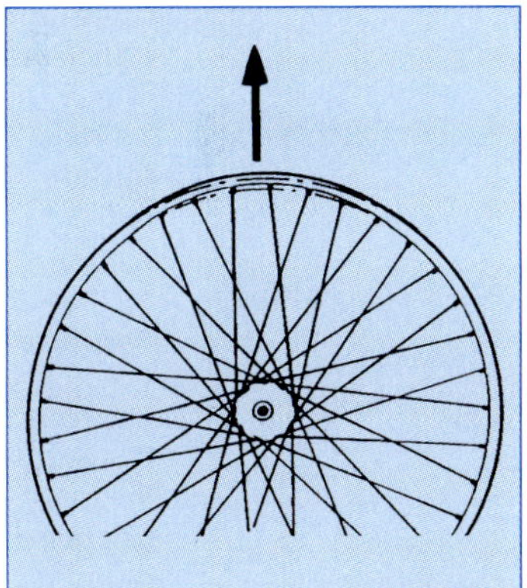

Abb. 39

Landläufig werden Abweichungen sowohl nach außen als auch nach innen mit Höhenschlag bezeichnet, exakter ist sicherlich die Unterscheidung in Höhen- und ▷ Tiefenschlag.
Da Speichen nur ▷ Zugkräften standhalten, ist bei mangelnder Spannung einiger Speichen in diesem Bereich immer mit einem (echten) Höhenschlag zu rechnen. Entsprechend bei zu hoher Speichenspannung mit einem Tiefenschlag. Ausnahmen: Ein- oder Ausbeulung der Felge infolge rüder Fahrweise.

Höhenschläge können in der Praxis aber auch in Verbindung mit ▷ Seitenschlägen auftreten, wenn sich die Speichen nur auf einer Laufradseite lockern. Zur Behebung des Höhenschlages s. ▷ Zentrieren.

Hörnchenlenker

Hornartig nach vorne-oben geschwungene Lenkerenden (daher urspr. auch "Büffelhorn"), die früher vorwiegend beim ▷ Zeitfahren eingesetzt wurden (Abb. 40).

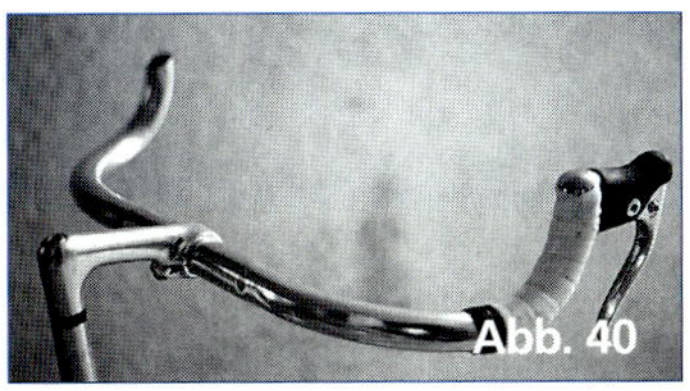

Abb. 40

Heute dienen Hörnchenlenker als "Unterlenker" für den aerodynamisch günstigeren ▷ Trialenker: In diffizilen Fahrsituationen wird dabei von diesem auf den Hörnchen-Unterlenker umgegriffen, da man hiermit das Fahrrad besser "im Griff" hat; s.a. ▷ Lenker: Lenkerformen.
Gelegentlich werden auch die ▷ Bar Ends von MTB-Lenkern als Hörnchenlenker bezeichnet.

Hohlachse

Im Gegensatz zur herkömmlichen ▷ Vollachse durchbohrte ▷ Achse (Abb. 41).
Das "Hohlbohren" der Achse dient weniger der Gewichtsersparnis als vielmehr dem Einbringen eines ▷ Schnellspanners. Mit ihm wird die Achse unter ▷ Vorspannung gesetzt, was sie bruchsicherer macht als die herkömmliche Vollachse. Zudem erleichtert sich durch Schnellspanner der Radausbau.

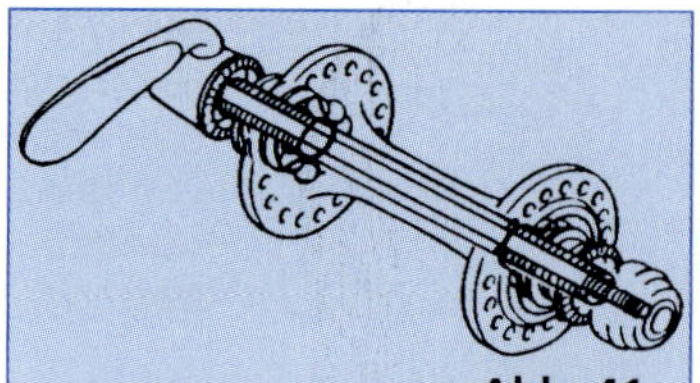
Abb. 41

Verbiegetests haben gezeigt, daß Hinterrad-Hohlachsen erst bei Belastungen von 7.000-8.000 N (s. ▷ physikalische Einheiten) ▷ plastische Verformungen erleiden, während dies bei Vollachsen bereits bei 4.000-6.000 N der Fall ist.
Anwendung von Hohlachsen am Fahrrad: ▷ Nabenachsen, hochwertige ▷ Tretlagerachsen.

Hohlkammerfelge

Landläufige Bez.f. ▷ Felgen aus ▷ Aluminium, die einen rohrartigen Hohlraum besitzen (Abb. 42).

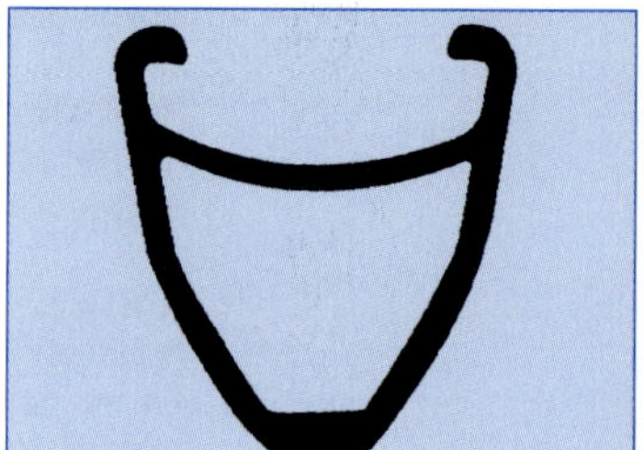
Abb. 42

Mit zunehmendem Volumen der Hohlkammer steigt die ▷ Verdrehsteifigkeit der Felge. Sie ist dementsprechend bei ▷ Kastenfelgen größer als bei ▷ Tiefbettfelgen und erreicht ihr Maximum bei ▷ Tropfenfelgen (V-förmiger Querschnitt).
In der Praxis macht sich dieser Zugewinn an Steifigkeit in einer deutlich geringeren Speichenbruchrate sowie in kaum erforderlichem ▷ Nachzentrieren bemerkbar. Hohlkammerfelgen werden aus diesem Grund grundsätzlich bei höherwertigen Rädern eingesetzt (mittlere bis obere Preisklasse). Weitere Informationen - z.B. über den Vergleich zwischen Kasten- und Tropfenfelgen - s. ▷ Felgen: Profile.

Hohlrad

Beim ▷ Planetengetriebe das die ▷ Planetenräder einhüllende äußere Rad. Nähere Informationen s. ▷ Schaltung: Nabenschaltung (Abb. 43).

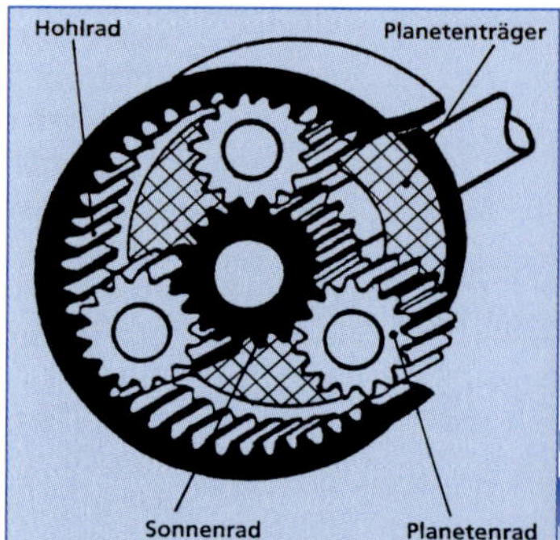

Abb. 43

Hohlschraube

Schraube, die zum Einführen von anderen mechanischen Elementen durchbohrt ist (Abb. 44).

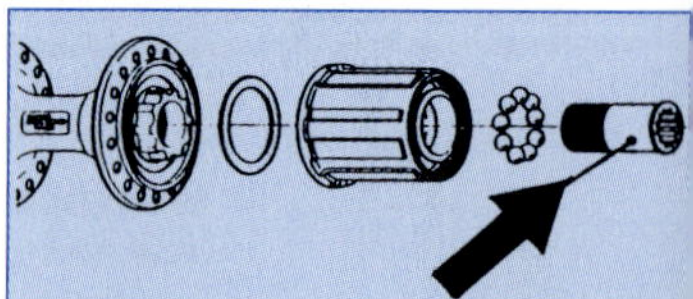
Abb. 44

Typische Beispiele am Fahrrad: ▷ Freilauffixierschraube bei ▷ Kassettennaben von Shimano und Suntour; ▷ Einstellschrauben von Bremsen und Schaltungen, die zur Durchführung des ▷ Bowdenzuges durchbohrt sind.

Schrauben zwecks Gewichtsersparnis zu durchbohren ist eine statisch ungünstige und damit bruchgefährdende Angelegenheit. Besser und gewichtssparender ist die Ausbildung der Schrauben nach Art einer ▷ Dehnschraube (vgl. hierzu auch ▷ Tuning).

Hollandrad

Ursprünglich v.a. in den Niederlanden (von denen Holland eine Provinz ist) verbreitetes ▷ Gebrauchsfahrrad mit völlig eingekapselter Kette sowie Hinterrad-Seitenverkleidung, wodurch es auch im "Sonntagsstaat" ohne Verschmutzungsgefahr zu fahren ist (Abb. 45).

Abb. 45

Besonders in Verbindung mit einer ▷ Nabenschaltung erfreute sich das Hollandrad auch in Deutschland großer Beliebtheit. Allerdings benötigt selbst ein guter Mechaniker mind. 10 Minuten, um bei Reifendefekten das Hinterrad vom ▷ Kettenkasten zu befreien.

Holzfahrrad

Fahrrad, dessen ▷ Rahmen, z.T. auch ▷ Laufräder und ▷ Lenker aus Holz gefertigt sind.

Abb. 46

Rahmen

Zur Zeit der Erfindung des Fahrrades (▷ Draisine) wurde Holz als Rahmen- und Laufrad-Werkstoff eingesetzt. Auch die ersten ▷ Kurbelfahrräder wurden noch aus Holz gefertigt. ▷ Stahl gelangte erst nach und nach in den Fahrradbau und wurde mit dem Aufkommen der ▷ Hochräder (zunächst aus Vollstahl, später Stahlrohr) zum Standardwerkstoff. Nur in Kriegszeiten wurden Holzfahrräder immer wieder "reaktiviert" (Abb. 46).

Mountainbike-Rahmen

1992 unternahmen die Schweizer Heinz Engler und Jan Koba einen neuen Holzrahmen-Anlauf, diesmal fürs ▷ Mountainbike: Aus je nach Belastungszone 20-40 aufeinandergeleimten einzelnen Holzfurnieren aus langfaserigem Eschenholz wurde dieser Rahmen in einer Spezialform gepreßt und besticht sowohl mit seinem Aussehen, als auch mit einem für Holz recht respektablen Gesamtgewicht um 3 kg (Vergleich: normaler MTB-Stahlrahmen 2,2-2,6 kg).

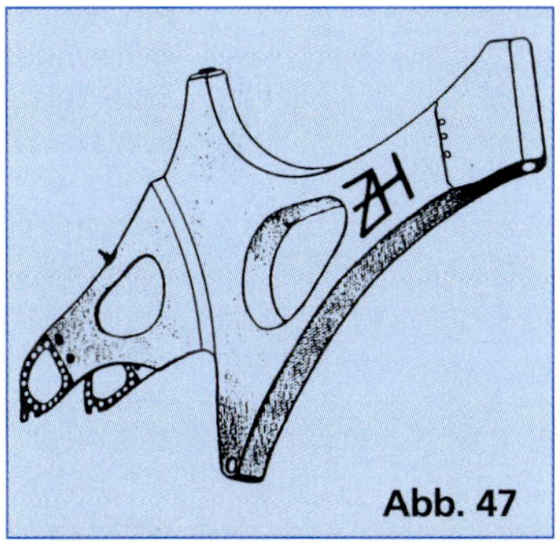

Abb. 47

Ähnlich wie bei Rahmen aus ▷ Carbon sind hier ▷ Steifigkeit und ▷ Festigkeit durch voluminöse Querschnitte gegeben (Abb. 47). Diese Bauweise aus Furnieren mit langfaserigem Holz entspricht eigentlich der modernen ▷ Faserverbundbauweise. Mehr noch: Im Prinzip ist die Faserverbundbauweise dem Werkstoff Holz abgeschaut.

Felgen

Holzfelgen haben sich wegen ihrer *hohen Eigendämpfung* und ihres geringen Gewichtes bis nach dem 2. Weltkrieg am ▷ Rennrad gehalten (Abb. 48), s.a ▷ Holzfelgen.

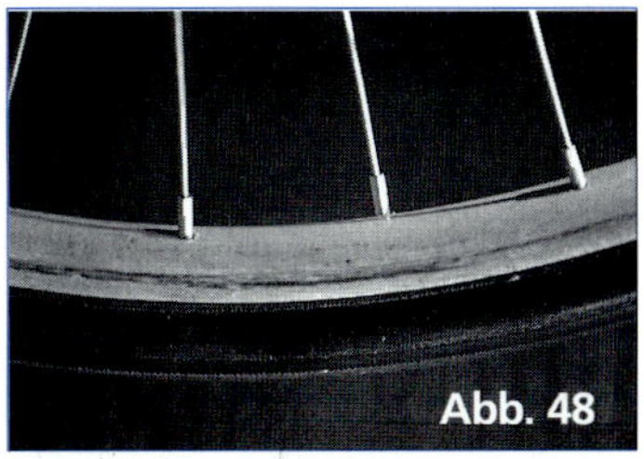

Abb. 48

Lenker

Daß sogar ▷ Rennlenker bis Mitte der 30er Jahre aus mehreren aufeinander geleimten Holzlagen gefertigt wurden, lag - wie bei den Felgen - an den guten Dämpfungseigenschaften des Naturprodukts. Bei den verglichen mit heute katastrophalen Straßenverhältnissen war dies ein echter Vorteil gegenüber damaligen Stahllenkern, zumal sich der Komfort der Holzbügel durch spezielle Einfräsungen an den Lenkerenden noch steigern ließ. Wie bei den Felgen löste auch hier erst Aluminium bei hochwertigen Produkten die Holzbauweise ab.

Auch andere Komponenten wurden oder werden wieder (s. Abb. 49: Spritzschutz) aus Holz gefertigt.

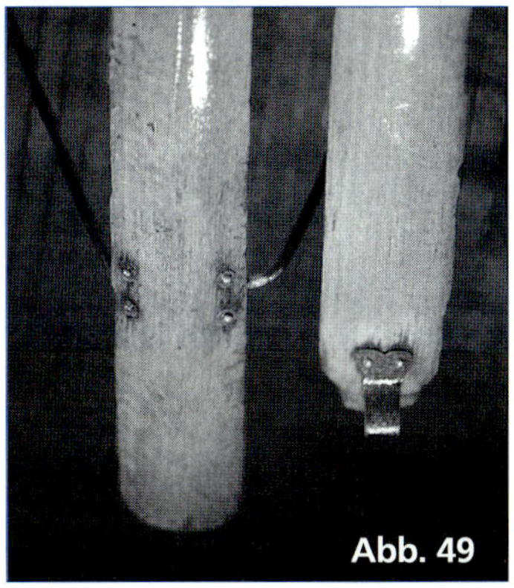

Abb. 49

Holzfelgen

▷ Felgen für Schlauchreifen (früher auch für ▷ Wulstreifen), die aus einzelnen, verleimten Holzlagen (meist Hikory-Holz) hergestellt werden. Sie ähneln im Querschnitt den ▷ Kastenfelgen, sind jedoch nicht hohl, sondern massiv.

Holzfelgen waren bis zum Zweiten Weltkrieg Stand der Technik für ▷ Rennrad und ▷ Bahnrad. Mit steigendem Know-how der Aluminiumfertigung wurden sie nach und nach von Aluminiumfelgen abgelöst. In Sonderanfertigungen werden sie allerdings immer noch bzw. wieder hergestellt und finden wegen ihrer guten Federungs- und Dämpfungseigenschaften nach wie vor ihre Liebhaber. Auch von Profis werden sie noch gelegentlich bei Rennen mit längeren Kopfsteinpflasterstrecken wie Paris-Roubaix eingesetzt. Die ▷ Verdrehsteifigkeit von Holzfelgen erreicht bei weitem nicht die einer normalen, 400 Gramm schweren Aluminium-Kastenfelge, vertikal sind sie jedoch ebenso hoch belastbar. Ein weiterer Vorteil von Holzfelgen ist die geringere Erwärmung bei langen Bremspassagen (kein ▷ Reifenwandern), weshalb sie heute noch von einigen Spezialisten gern für Paßfahrten eingesetzt werden.

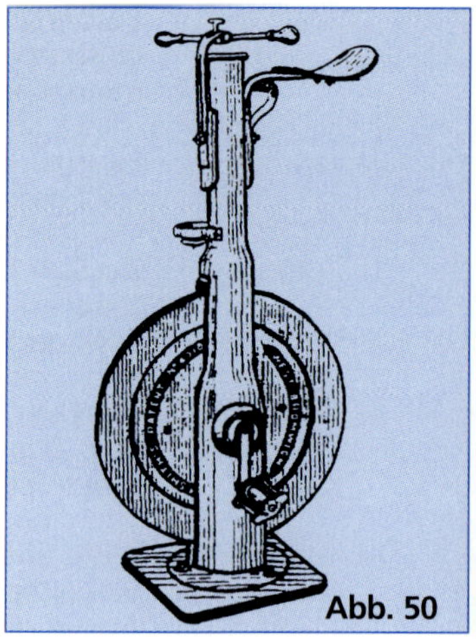

Abb. 50

Hometrainer

Trimmgeräte, auf denen im Sportstudio oder zu Hause ein Radsporttraining absolviert werden kann. Erste Hometrainer waren bereits Ende des 19. Jahrhunderts auf dem Markt (Abb. 50).

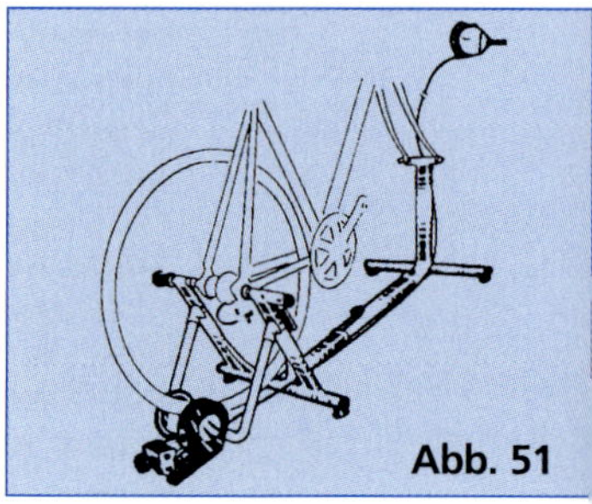

Abb. 51

Im Unterschied zur halterungslosen ▷ Trainingsrolle ist hierzu aber kein Balanceakt erforderlich, da entweder das persönliche Fahrrad (wichtig für die Beibehaltung der eigenen ▷ Sitzposition) fest in einer Halterung fixiert wird (Abb. 51), oder das Gerät aus einer kompletten, ergometerartigen Tretapparatur besteht.

Charakteristisch für den Hometrainer ist die Einstellmöglichkeit des Fahrwiderstandes (z.T. elektronisch gesteuert), um - analog zu Geländeprofilen bzw. Gegenwind - mit unterschiedlicher Intensität "fahren" zu können. Zur Einstellung des Fahrwiderstandes (Abb. 52) werden Reibrollen, kleine Windturbinen oder Wirbelstrombremsen eingesetzt. Moderne, computergesteuerte Home-Trainer simulieren sogar "echte" Tour de France-Etappen.

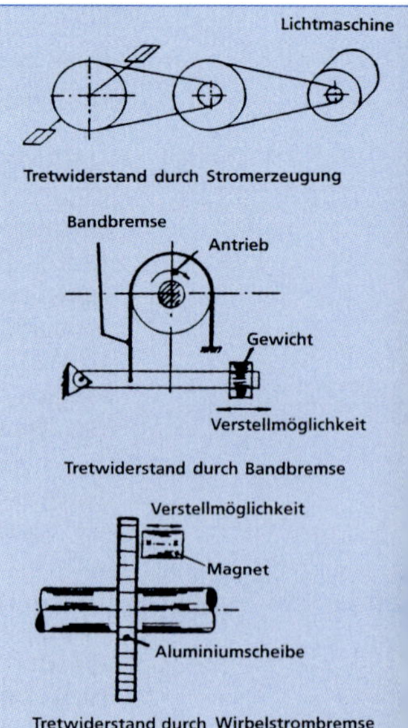

Abb. 52

Je nach Baugröße werden die Hometrainer für die komplette Radaufnahme konzipiert oder für eine Halterung mit ausgebautem Vorderrad. Der Übergang zur ▷ Trainingsrolle ist heute fließend, s.a.d.

Honen

Feinstschleifen von Bauteiloberflächen (überwiegend in Bohrungen) mittels "Honsteinen" zur Erzeugung hoher Paßgenauigkeiten sowie geringer Oberflächenrauhigkeiten.

HPV(-Bewegung)

Abkz. f. engl. **H**uman **P**owered **V**ehicle "von Menschenkraft betriebenes Fahrzeug".

Ein solches ist natürlich jedes Fahrrad, die Bezeichnung HPV hat sich in den 70er Jahren eingebürgert, als Prof. Chester Kyle in den USA mit aerodynamisch optimierten Fahrrädern auf die Jagd nach Höchstgeschwindigkeiten ging. Parallel dazu und auch unter dem Begriff HPV firmierend waren Bestrebungen im Gang, zu Wasser Höchstgeschwindigkeiten per Kurbelantrieb zu erzielen sowie sich per Muskelkraft in die Lüfte zu schwingen (Abb. 53).

Technische Spitzenleistungen auf diesem Gebiet sind der amerikanische ▷ Vector (Abb. 54), mit dem 1980 94,7 km/h erreicht wurden, sowie der ▷ Gold Rush (105,386 km/h 1986). Erreicht wurden diese Leistungen mit ▷ Liegerädern, kleiner ▷ Stirnfläche und einem sehr guten ▷ cW-Wert der Verkleidung; s.a. ▷ HPV-Fahrrad.

Abb. 53

Von Anfang an (David Gordon Wilson) beinhaltete der Begriff HPV auch praxisorientierte Fahrräder (z.T. auch drei- und vierrädrig), teilweise karosserierte Allwetterfahrzeuge (i.d.R. Liegeräder), deren Ziel nicht unbedingt die Höchstgeschwindigkeit, sondern eine bequeme, umweltfreundliche oder effiziente Fortbewegung aus eigener Kraft ist (Abb. 55-57).
Zum Vergleich: Wenn der Normalradler mit Normalfahrrad sich in der Ebene auf Dauer mit ca. 20 km/h fortbewegt, so würde er bei gleichem Leistungseinsatz mit einem verkleideten HPV-Fahrrad ca. 30-35 km/h fahren können. Erst bei höherem Leistungseinsatz kommt die bessere Aerodynamik zum Tragen, beispielsweise 60 km/h gegenüber 30 km/h auf dem Normalfahrrad.

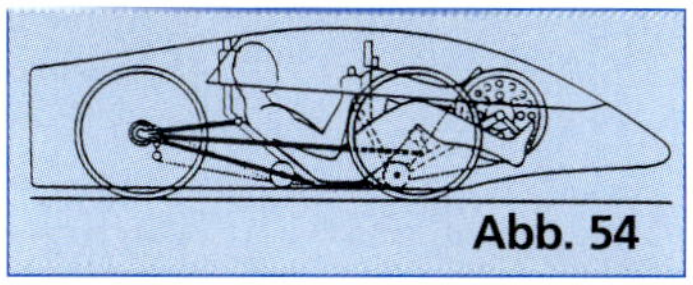
Abb. 54

Abb. 55

HPV-Fahrrad

Fahrrad, das aus Optimierungsgründen entweder unter aerodynamischen Gesichtspunkten verkleidet ist oder bei dem durch veränderte Position oder Konstruktion Vorteile hinsichtlich der Effizienz angestrebt werden, s.a. ▷ HPV-Bewegung.

H-Schraube

Einstellschraube an ▷ Schaltwerk und ▷ Umwerfer, die den ▷ Schwenkbereich beider Komponenten nach außen hin begrenzt, s.i.E. ▷ Einstellschrauben: Schaltwegbegrenzungsschrauben (Abb. 58).

Hubarbeit

▷ Arbeit, bei der per definitionem (Arbeit = Kraft mal Weg) ein Gewicht entgegen der Schwerkraft angehoben wird. Siehe hierzu das Beispiel unter ▷ Arbeit.

Hügi-Nabe

▷ Kassettennabe des Schweizer Tüftlers und Komponentenherstellers Wilfried Hügi, die shimanokompatibel ist (Abb. 59).

Abb. 56

Die Hügi-Nabe wartet mit ▷ Industriekugellagern und einem Sonder- ▷ Freilauf auf, bei dem statt der üblichen ▷ Sperrklinken zwei Ratschenringe (▷ Ratsche) den ▷ Formschluß bewirken (Abb. 60). Beim "Freilaufen" verschiebt sich dabei einer der beiden Ratschenringe axial und entriegelt so die Kraftschlußverbindung.

Hügi-Freuler-ahmenbauweise

Versuch des Schweizers Wilfried ▷ Hügi, für den Radprofi Urs Freuler durch Absenkung des ▷ Oberrohrs - ▷ Steuer- und ▷ Sattelrohr ragen einige Zentimeter über das Oberrohr hinaus - einen Rennrahmen seitensteifer zu bekommen (Abb. 61).

Abb. 57

Diese Bauweise ist jedoch insofern zweifelhaft, da nur ein kürzerer, nicht aber ein niedrigerer Rahmen die Seitensteifigkeit erhöht. Siehe hierzu ▷ Rahmengeometrie.

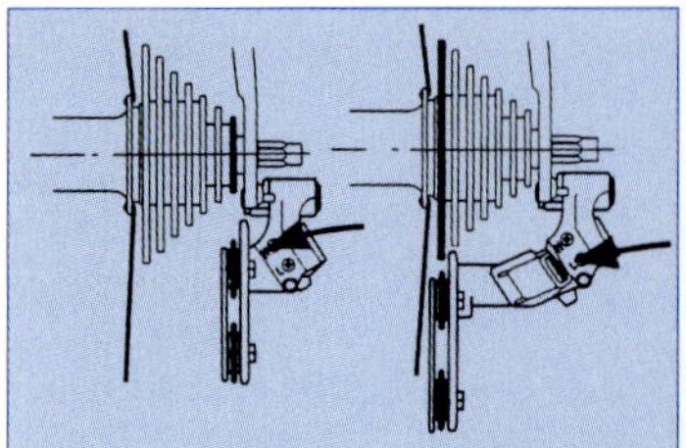
Abb. 58

Hülsenkette

Veraltete Kettenversion, bei der eine eingenietete Hülse die beiden Ketteninnenlaschen verband (Abb. 62). Sie wurde von der seitlich beweglicheren und damit schaltfreudigeren ▷ Lagerkragenkette abgelöst, wird aber noch teilweise für schaltungslose Fahrräder bzw. solche mit ▷ Nabenschaltung verbaut. Einzelheiten s. ▷ Kette.

Hutmutter

Sonderbauart von Schraubenmuttern, bei denen ein Ende kugelförmig abgedeckt ist. Hutmuttern sind nach ▷ DIN: Fahrrad-Normen für Achsen vorgeschrieben, die mehr als 8 mm vorstehen.

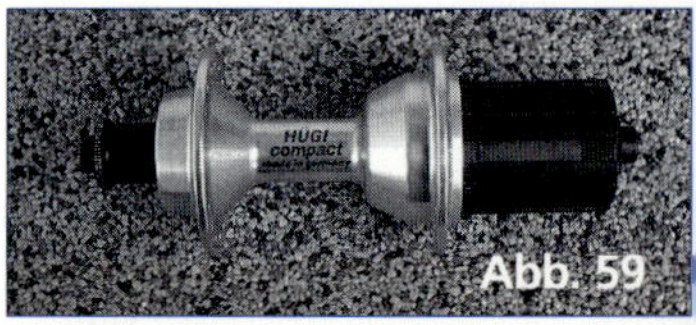

Abb. 59

Hybridgewebe

Mischgewebe, bei dem jeweils eine Faserrichtung aus ▷ Kohlefasern, eine aus ▷ Kevlar ausgeführt ist (Abb. 63).
Da reine ▷ Carbonteile relativ spröde sind und bei Überlast - z.B. Sturz - splittern und messerscharfe Spitzen vorstehen lassen, kann die Kohlefaser auch im Verbund mit der sehr zähen Aramidfaser ▷ Kevlar verarbeitet werden, die die ▷ Bruchdehnung des Faserverbundes erhöht.
Bei Überlast splittern mit Hybridgewebe gefertigte Teile nicht, sondern knicken lediglich ein, wodurch sich die Verletzungsgefahr erheblich mindert. Anwendung: Lenker, Sattelstütze, teilweise Rahmenrohre.
Durch zusätzliche Beimischungen von ▷ Keramik-Fasern können die Resistenz gegen ▷ Druckbelastung verbessert und günstigere Dämpfungseigenschaften der Bauteile erzielt werden.

Abb. 60

Hybridrad

Zeitweise synonym für das ▷ Trekkingrad gebrauchte Bezeichnung, die auf dessen Zwitterstellung zwischen ▷ Straßenrad und ▷ Mountainbike zielte.
Gelegentlich wird der Begriff generell für Fahrräder mit verschiedenen Einsatzbereichen verwendet.

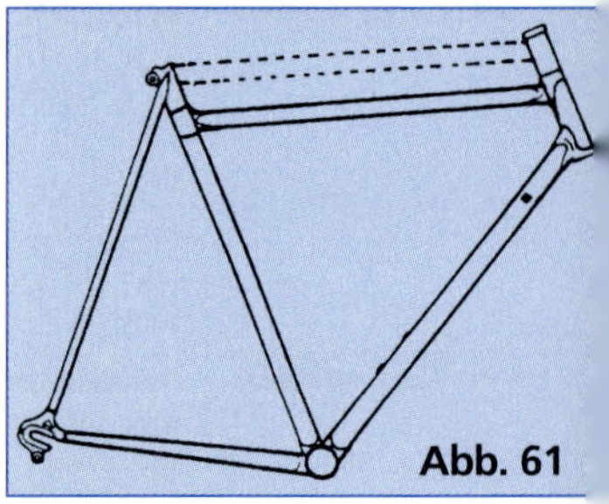
Abb. 61

Hydraulikbremse

▷ Felgenbremse, die nicht per ▷ Bowdenzug, sondern per ▷ Bremsleitung durch Öldruck betätigt wird. Einzelheiten s. ▷ Bremsen.

Hyper-Drive

Von gr. "über-" und engl. "fahren" hergeleitete Wortschöpfung von ▷ Shimano für eine spezielle Zahnform von ▷ Kettenblättern, die das Klettern der Kette auf das jeweils größere Kettenblatt erheblich verbessern und sogar unter einer gewissen Tretlast ermöglichen (seit 1993). Einzelheiten s. ▷ Zahnformen (Abb. 64).

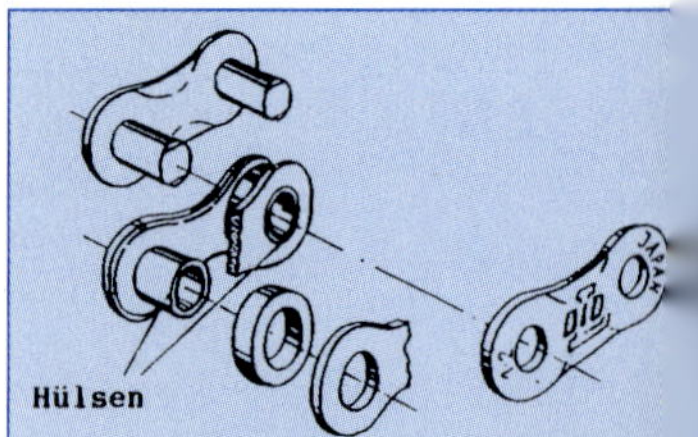

Abb. 62

Hyperglide

Von gr. "über-" und engl. "gleiten" hergeleitete Wortschöpfung von ▷ Shimano für eine spezielle Zahnform von ▷ Ritzeln (Abb. 65), die den Schaltvorgang geradezu revolutionierte (1988/89) und erstmals bei serienmäßigen ▷ Kettenschaltungen den Gangwechsel unter Tretlast zuließ.
Andere Hersteller zogen nach und heute bieten auch ▷ Suntour (Power Flo), ▷ Sachs (Powerglide) und ▷ Campagnolo (Exa Drive) Ritzel mit gutem Überlaufverhalten an. Die nachfolgende Tabelle zeigt den Vergleich moderner ▷ Überlaufzahnformen:

Hersteller/Bezeichnung	Geräusch*	Verschleiß	Abstufung
Shimano/Hyperglide	gering	schnell**	vorgegeben
Sachs/Powerglide	gering	gering	vorgegeben
SuntourPower Flo	gut hörbar	geringer	vorgegeben
Campagnolo/Exa Drive	gering	gering	vorgegeben

* Geräuschentwicklung beim Schalten unter voller Tretlast
** bei XTR und Dura Ace akzeptabel

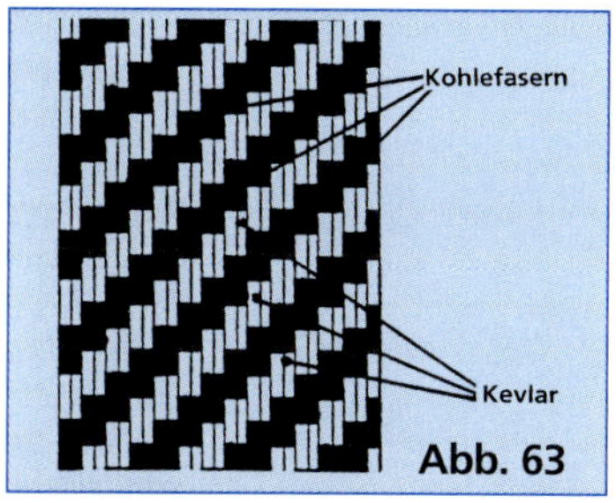

Abb. 63

Weitere Einzelheiten s. ▷ Zahnformen; ▷ Hyperglide-Überlauf.

Hyperglide-Überlauf

Schaltvorgang bei modernen Kettenschaltgetrieben mit ▷ Überlauf-Zahnform, wobei die Kette nicht mehr über die Zahnspitzen hinweg auf das nächste ▷ Ritzel klettern muß, sondern Zahn in Zahn eingreifend - ähnlich einer Eisenbahnweiche - von einem Ritzel aufs nächste "überläuft" (Abb. 66).

Dieser seit Ende der 80er Jahre realisierbare Schaltvorgang ermöglichte erstmals auch das Schalten unter voller Tretlast.

Da die Kette hierbei einen seitlichen Zick/Zack-Schlenker ausführen muß, wird ihr eine hohe seitliche Beweglichkeit abgefordert (Abb. 67), wie sie z.B. alle modernen ▷ Lagerkragenketten besitzen. Weil sich die zum Hyperglide-Überlauf nötige Zahnform mit kurzen Zähnen und weiten Zahnzwischenräumen als bes. kletterförderlich erwiesen hat, wartet die seitenflexible Kette nicht immer bis zur Überlaufstelle ab, sondern klettert bisweilen auch spontan. Unter voller Tretlast kann dadurch die diagonal laufende Kette von dem eingreifenden Ritzelzahn auseinandergehebelt werden, so daß die ▷ Außenlaschen vom ▷ Kettenbolzen rutschen: Die Kette "reißt".

Allerdings tritt dieses Malheur nur an der Montagestelle der Kette auf, an der sie zum Endlosband geschlossen wird, die anderen Bolzen sind werksseitig so gut vernietet, daß sie durch den Hyperglide-Überlauf nicht auseinandergehebelt werden können.

Als wirkungsvolle Maßnahmen gegen diesen Effekt haben sich der ▷ Rohloff-Revolver und der ▷ Reparaturbolzen von Shimano erwiesen.

Abb. 64

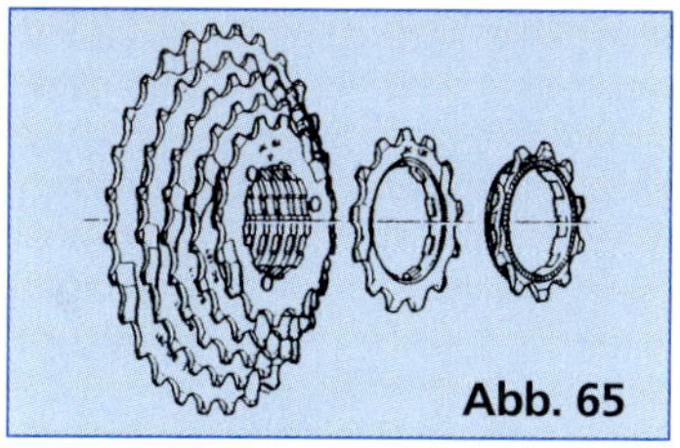
Abb. 65

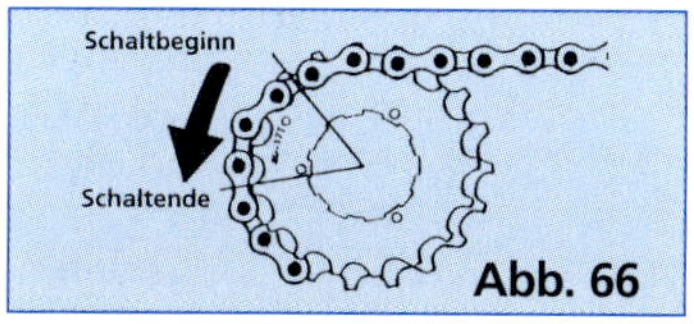

Abb. 66

Abb. 67

IFMA

"**I**nternationale **F**ahrrad- und **M**otorrad-**A**usstellung"; weltweit größte Zweiradmesse, die seit 1964 alle zwei Jahre im Herbst in Köln stattfindet. Weitere Messen s. ▷ Fahrradmessen.

Inbusschlüssel

Außensechskant zum Anziehen und Lösen von ▷ Inbusschrauben (Abb. 1). Inbusschlüssel ist ein eingetragenes Warenzeichen.

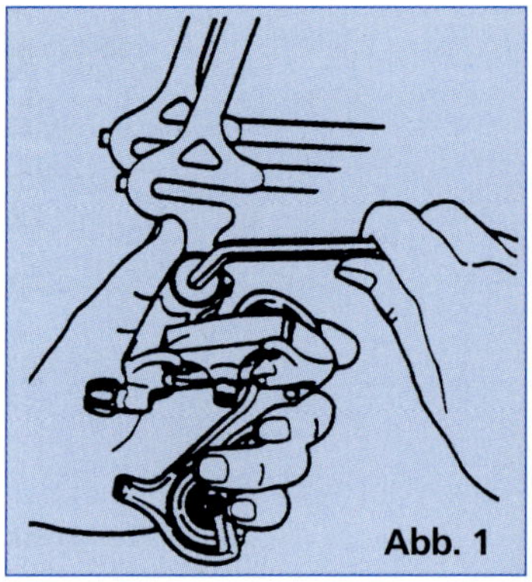

Abb. 1

Inbusschraube

Schraubenart, in deren Kopf ein Innensechskant eingepreßt ist, in den der ▷ Inbusschlüssel greift (Abb. 2).
Im Gegensatz zu herkömmlichen Außensechskant-Schrauben, die mit einem relativ großen Ring- oder Maulschlüssel gedreht werden müssen, benötigt die Inbusschraube nur einen kleinen Sechskantschlüssel. Aus diesem praktischen Grund haben Inbusschrauben das Fahrrad nahezu völlig erobert (übrigens leiern sie auch weniger schnell aus als die üblichen Außensechskantflächen der Normalschrauben). Zu den einzelnen Inbusschraubentypen s. ▷ Schrauben.

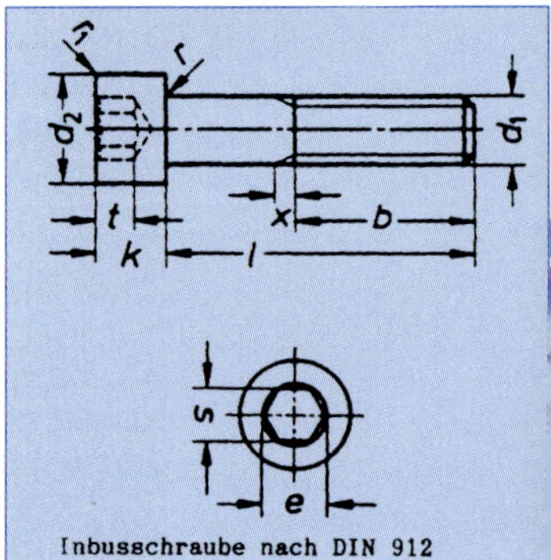

Inbusschraube nach DIN 912

Abb. 2

Index-Schaltung

Modernste Form der ▷ Kettenschaltung, bei der jeder ▷ Gang über vorgegebene Rasterschritte exakt angesteuert/angegeben werden kann. Die Bezeichnung leitet sich von lat. index "Anzeiger" her.

Mit dieser von ▷ Shimano zunächst für das hintere ▷ Schaltwerk entwickelten Technik - erstmals 1978 bei der fürs ▷ Alltagsrad konzipierten ▷ Positron-Schaltung (Abb. 3 u. 4) - wurde das Bedienen einer Kettenschaltung so weit vereinfacht, daß sie auch von Normalradlern angenommen wurde, die bis dahin eher die ▷ Nabenschaltung favorisierten.

In Deutschland folgte ▷ Fichtel & Sachs dem Beispiel der Asiaten und bot 1980 die Commander-Schaltung an. 1984 entwickelte Shimano die SIS-Dura Ace-Schaltung (SIS steht für "Shimano Index System") und erreichte damit den Durchbruch der Indexschaltung auf dem Rennradsektor.

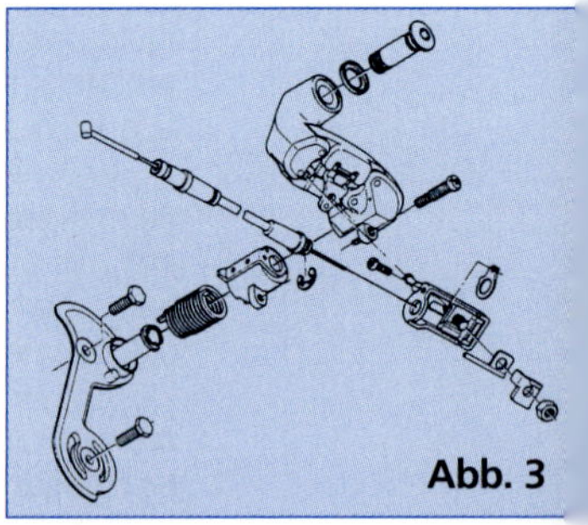

Abb. 3

Bis dahin hatte man jahrzehntelang nach Gefühl und Gehör schalten müssen: Der Hebelweg war stufenlos und man mußte jedes ▷ Ritzel erst einmal leicht überschalten, um dann nach Aufliegen der Kette den Schalthebel wieder leicht zurückzunehmen. Feingefühl und Routine waren also gefordert, Schaltfehler dennoch relativ häufig. Das schreckte ▷ Normalradler ab und ließ sie zur leicht bedienbaren Nabenschaltung greifen.
Mit dem Aufkommen der ▷ Hyperglide-Ritzel kehrten sich die Bedienbarkeitsverhältnisse nahezu um: Heute ist die Kettenschaltung genauso einfach und präzise zu bedienen wie eine Nabenschaltung und Schalten ist sogar unter Last möglich.

Funktion

Die Rasterschritte sind i.a.R. im Schalthebel festgelegt (Ausnahmen: "Positron" von Shimano, "Commander" von Sachs, ▷ S1 von Suntour). Der Schaltzug bewegt sich beim Schwenken des Schalthebels von einer Rasterstelle zur anderen exakt um die Länge, die nötig ist, um die Kette per ▷ Schaltschwinge von einem Ritzel aufs andere zu schwenken. Dazu muß

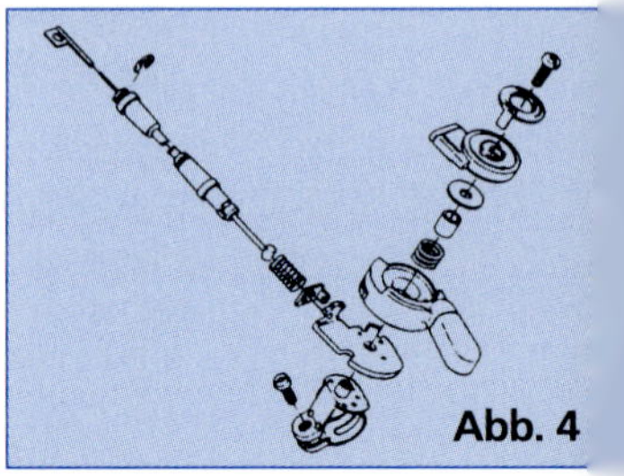

Abb. 4

1. der vom Schalthebel vorgegebene Rasterschritt mit den Hebelverhältnissen der Schaltung und den Ritzelabständen übereinstimmen, damit die Kette auch exakt auf dem gewünschten Ritzel landet;

2. Schalthebel und Schaltwerk mittels ▷ Synchronisierschraube synchronisiert werden (s. ▷ Schaltungssynchronisierung).

Leider sind Rasterschritte und Hebelmechanik von Hersteller zu Hersteller - z.T. sogar von Modell zu Modell des gleichen Herstellers - unterschiedlich, so daß eine Kombination von Schalthebel, Schaltwerk und Ritzel nicht beliebig ist, s.a. ▷ Kompatibilität.

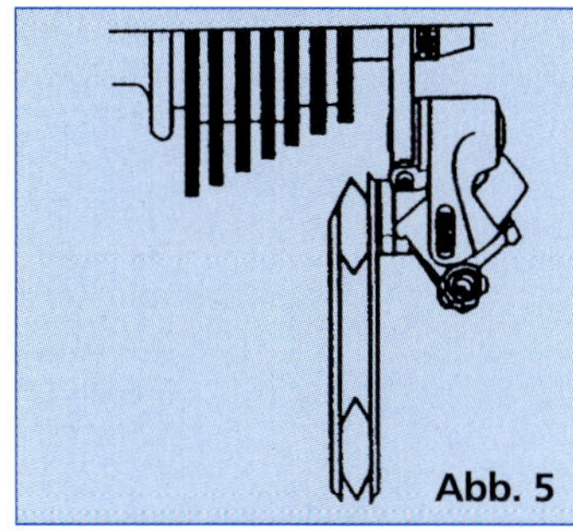

Abb. 5

Die Voraussetzungen für das rasterbare Schalten wurden erst durch die Entwicklung von Schaltwerken mit ▷ Schrägparallelogramm sowie einer zweiten ▷ Rückholfeder im ▷ Befestigungsauge geschaffen, damit das ▷ Kettenführungsrädchen stets im annähernd gleichen Abstand (2-2 1/2 Kettenglieder) zu den Ritzeln bleibt, also sozusagen der "Böschung" des Ritzelpakets folgt (Abb. 5 u. 6). Bei weiteren Abständen erfolgt der Schaltvorgang nämlich zu zögerlich, bei zu engem Abstand kann es zu ungewollten Schaltvorgängen kommen.

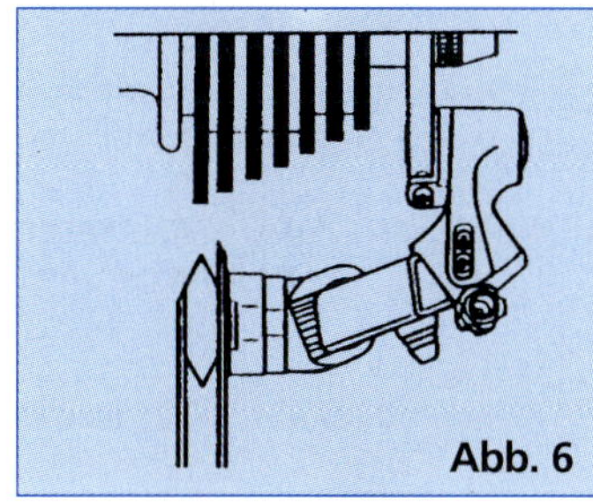

Abb. 6

Darüberhinaus mußten auch Kette und Zahnformen als Voraussetzung für indiziertes Schalten optimiert werden, Krönung dieses Verfeinerungsprozesses waren die 1988/89 den Markt erobernden ▷ Hyperglide-Ritzel. Weitere Einzelheiten s. ▷ Schaltung: Kettenschaltung: heutiger Stand der Schaltungstechnik.
Eine Indexschaltung ist also ein gut aufeinander abgestimmtes System aus Schalthebel, Schaltwerk, Zahnkranz, Kette und sogar Schaltzug, dessen ▷ Außenhülle starrer ist als bei herkömmlichen Kettenschaltungen, um nicht durch einen "Ziehharmonikaeffekt" die korrekten Rasterabstände zu verfälschen (Abb. 7).

Indexschaltungen hatten früher durch die Bank eine Abschaltmöglichkeit der Indexierung, um bei Unstimmigkeiten im Fahrbetrieb (Seillängung, unpräzise Schaltabläufe) wieder "nach Gefühl" schalten zu können. Moderne Schaltvorrichtungen wie die ▷ Brems/Schalt-Hebel oder ▷ Drehschaltgriffe verzichten mittlerweile auf die ohnehin selten genutzte Einrichtung, zumal heutige Schaltanlagen auch dauerhaft sicher funktionieren.

Dank moderner, schaltfreudiger Überlauf-Zahnformen und der oben angeführten Innovationen schalten heute auch einfache, nicht-indexierende Schaltungen wesentlich präziser als frühere Kettenschaltungen dieser Art.

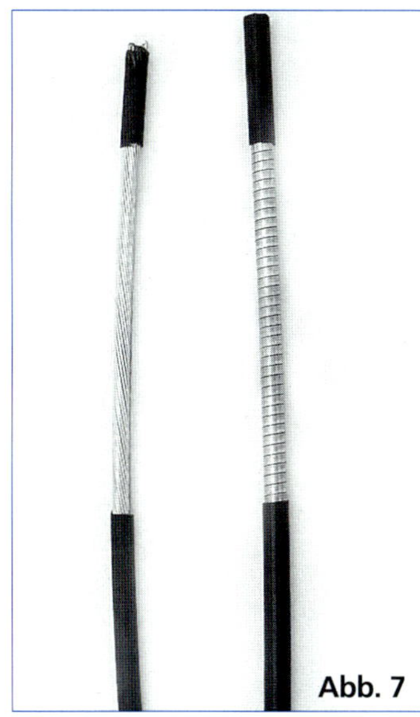

Abb. 7

Umwerfer

Die indizierte Funktion des ▷ Umwerfers besitzt - da im "ziehenden Trum", also dem unter der ▷ Pedalkraft des Radlers gespannten oben laufenden Kettenteil, geschaltet wird - noch nicht die Präzision der hinteren Schaltwerke. Mittels spezieller Schalt- und Hilfsschaltzähne sowie Stütznieten ist aber bereits ein Schalten unter Teillast möglich. Funktionell sinnvoller operiert diesbezüglich das elektrische ▷ Browning System, das aber - nicht zuletzt aus Kostengründen - nur zögerliche Verbreitung findet.

Industriekugellager

Auch "Rillenkugellager" genannte, komplett gefertigte Lagereinheit aus ▷ Innenring, ▷ Außenring und ▷ Lagerkugeln, die zwischen ihnen zwecks Reibungsminderung laufen (Abb. 8).

Diese Einheit wird im allgem. Sprachgebrauch schlicht "Kugellager" genannt, von Radfahrern aber zur Unterscheidung von den üblicherweise am Fahrrad verwendeten ▷ Konuskugellagern als "Industriekugellager" bezeichnet (wegen des langjährigen Einsatzes dieser Lager in der Maschinenbau-Industrie), weitere Einzelheiten s. ▷ Lagerung: Kugellagerung.

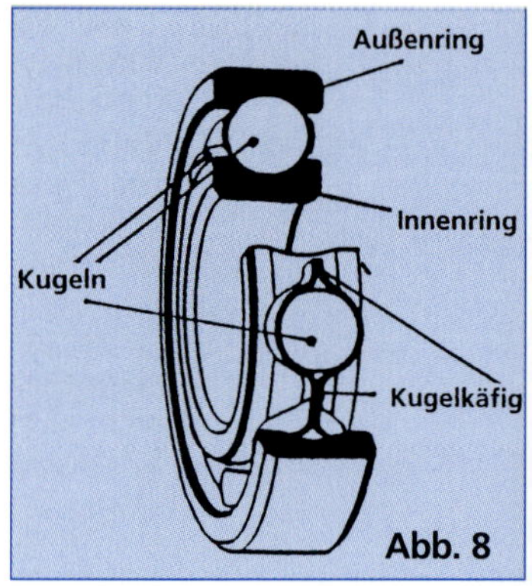

Abb. 8

Industrielager

Komplette Lagereinheit (analog ▷ Industriekugellager) , die entweder als ▷ Kugel-, ▷ Rollen- oder ▷ Nadellager ausgeführt ist.

Innenbackenbremse

Andere, auf die Bauweise Bezug nehmende Bezeichnung für die ▷ Trommelbremse (Abb. 9).

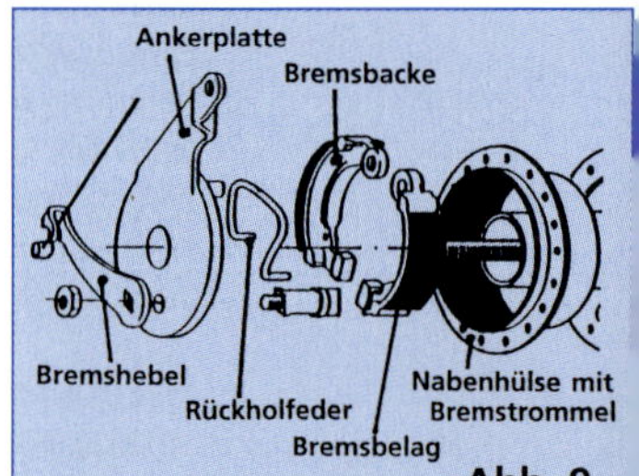

Abb. 9

Innengewinde

Muttergewinde, das in einigen Bauteilen eingeschnitten ist und so eine einfache Schraubenbefestigung ohne ▷ Gewindemuttern ermöglicht.

Innenlager

Andere Bezeichnung für ▷ Tretlagerung.

Innenlagerpatrone

▷ Tretlagerung (Einzelheiten s.d.), die als patronenartige Einheit in erster Linie Montagevorteile bietet (Abb. 10).

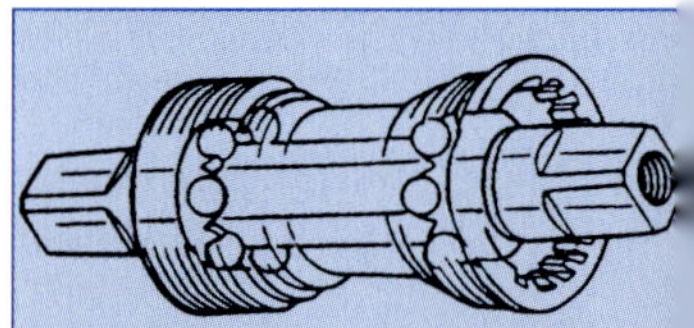
Abb. 10

Innenlasche

Bez. f.d. inneren Laschen von Fahrradketten, die bei der ▷ Hülsenkette via Hülse, bei der ▷ Lagerkragenkette per Lagerkragen die ▷ Kettenrollen führen und lagern, s.a. ▷ Kette (Abb. 11).

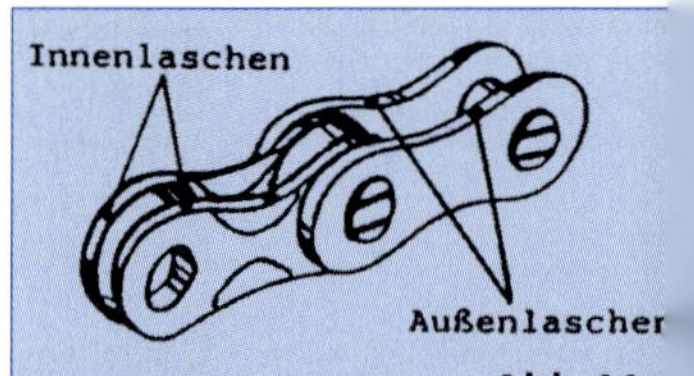

Abb.11

Innenlaschenglied

Aus ▷ Innenlaschen und ▷ Kettenrollen gebildetes Kettenglied, i.G.z. ▷ Außenlaschenglied, s.a. ▷ Kette.

Innenmuffe

▷ Muffe, die das Rohr nicht von außen faßt (überstülpt), sondern von innen eingreifend stützt. Sie müßte daher eigentlich als "Stutzen" (Abb. 12) bezeichnet werden (vgl. ▷ Klebestutzen).

Innenmuffen ermöglichen optisch kaum wahrnehmbare Rohrübergänge, da sie von außen nicht sichtbar sind, und werden besonders gern bei Gabeln verwendet. Weitere Einzelheiten s. ▷ Muffen.

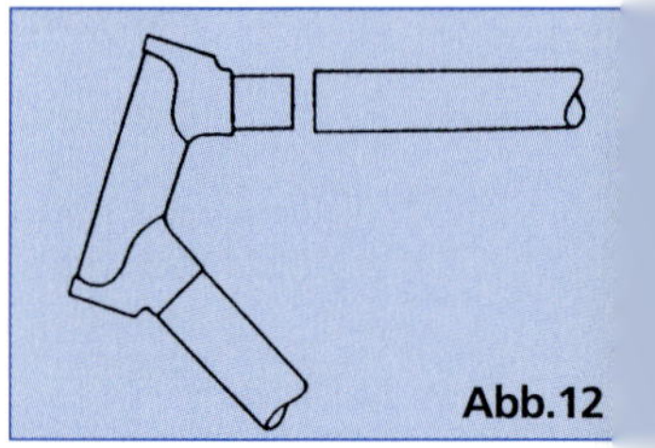
Abb.12

Innenring

Bez. f.d. innere ▷ Kugellaufbahn von ▷ Industriekugellagern, dem inneren, auf der ▷ Achse oder ▷ Welle fixierten Teil des Lagers. Der Innenring ist vergleichbar dem ▷ Konus eines ▷ Konuskugellagers.

Innenschlag

▷ Höhenschlag der ▷ Felge eines ▷ Laufrades, bei dem sich die ▷ Felge zur ▷ Nabe hin beult. Siehe vor allem auch ▷ Zentrieren (Abb. 13).

Innenzug

Aus 7 - 49 verdrallten Stahldrähten bestehendes Seil mit hoher seitlicher Biegsamkeit, ohne in Längsrichtung nennenswert dehnbar zu sein; Teil des ▷ Bowdenzuges, Einzelheiten s.d. (auch zu unterschiedlichen Formen und Größen der Nippel).

Innere Kugellaufbahn

Bei ▷ Konuskugellagern: ▷ Konus, bei ▷ Industriekugellagern: Innenring.

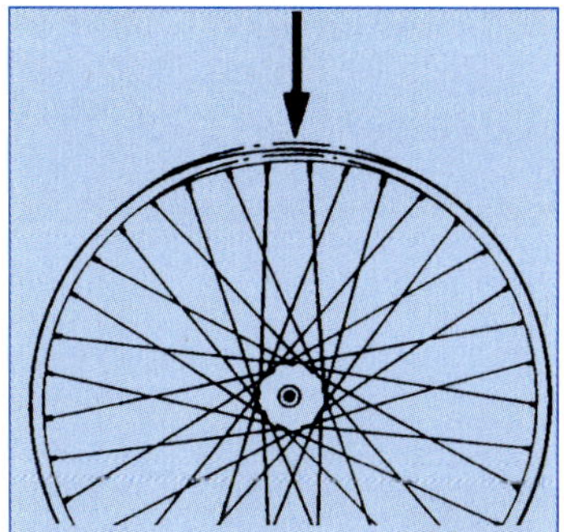

Abb.13

Intercycle

Fahrradmesse in Köln (Herbst), die sich in zweijährigem Turnus mit der ▷ IFMA abwechselt; s.a. ▷ Fahrradmessen.

intermetallische Verbindung

In ▷ Legierungen vorkommende chem. Verbindung von Metallen (i.U. zu ▷ Mischkristallen).

Beispiele: Fe_3C - Anteile in ▷ Stahl
Al_2Cu - Anteile in ▷ Aluminium.

Weitere Einzelheiten s. jeweils dort.

ISO-Normen

Abk. f. *"**I**nternational **S**tandardizations **O**rganization"*, eine nach dem 2. Weltkrieg zwischen den Industrieländern erarbeitete Generalnorm, die eigentlich der internationalen Vereinheitlichung technischer Artikel dienen soll, aber national nicht immer befolgt wird.
Die Folge zeigt sich exemplarisch am Beispiel der ▷ Fahrradgewinde, bei denen bis heute die verschiedenen nationalen Gewindemaße relevant sind (s. ▷ Gewinde). Die zusätzlichen ISO-Gewinde machen die Angelegenheit eher noch verwirrender.

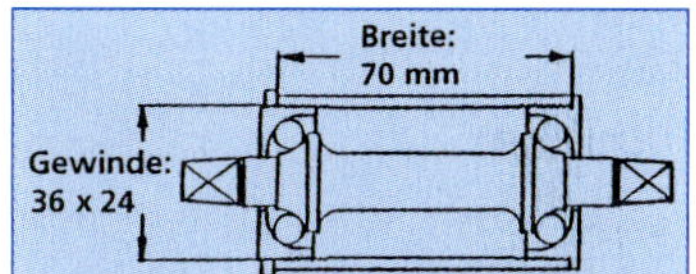

Abb.14

Italienische Gewinde

Sonderform von ▷ Fahrradgewinden, die eine Kombination von ▷ Englischem Gewinde und ▷ Metrischem Gewinde darstellen: Der Durchmesser (z.B. von Schrauben) ist in Millimeter angegeben, die ▷ Gewindesteigung dagegen in Zoll (Abb. 14). So hat das italienische Tretlagergewinde 36x24 einen Gewindedurchmesser von 36 mm und eine Gewindesteigung von 24 Gängen auf ein Zoll, also 1,0583 mm von Gewindegang zu Gewindegang. S.a. ▷ Fahrradgewinde.

Joule

Physikalische Einheit für ▷ Arbeit, Energie und Wärmemengen, Kurzzeichen: J.
Ein J ist diejenige Arbeit, die verrichtet wird, wenn die Kraft von einem N (▷ Newton) über die Strecke von 1 m Weg einwirkt. Sie ist daher identisch mit Nm und übrigens auch mit Ws (Wattsekunde); s. ▷ physikalische Einheiten.

Justieren

Allgemeinbegriff für diffizile Einstellarbeiten.
Am Fahrrad sind dies z.B:
Abstände der Bremsgummis zu den ▷ Felgen, Einstellen der ▷ Kettenlinie oder der ▷ Kettenschaltung (nicht zu verwechseln mit ▷ Synchronisieren), der Sattel- und Lenkerhöhe sowie der ▷ Pedalplatte am Renn- oder speziellen Tourenschuh.

Justierschraube

Schraube, mit der exakte Einstellungen insbes. von Schaltung (Abb. 15) und Bremsen vorgenommen werden, s. i.E. ▷ Einstellschrauben.

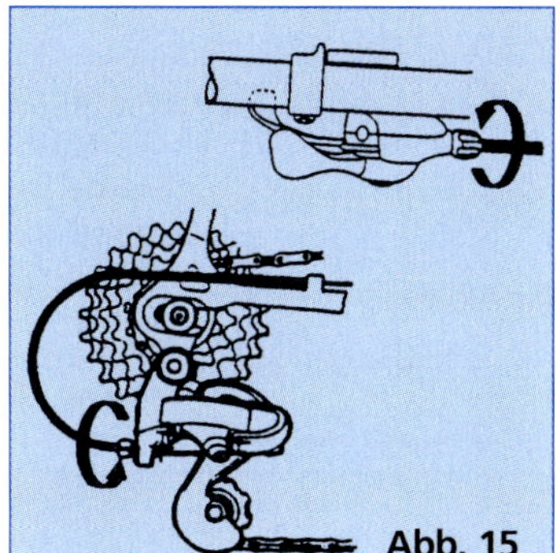

Abb. 15

Kabel

Allgemeinbez. f. Seile und Taue; in der Elektrotechnik Zusammenfassung mehrerer Einzeldrähte in einer isolierten Umhüllung (s.a. ▷ Koaxialkabel) (Abb. 1).
Am Fahrrad bezieht sich die Bezeichnung v.a. auf die *Elektrokabel* von ▷ Beleuchtung, ▷ Computern und ▷ Elektrischen Schaltsystemen. Es hat sich jedoch auch die Bezeichnung Schalt- und Bremskabel eingebürgert (s. die folgenden Stichworte), obwohl hier ▷ Bowdenzug die exaktere Bezeichnung ist und die landläufige Namensgebung mal dessen Innen-, mal dessen Außenzug, mal beide zusammen meint.

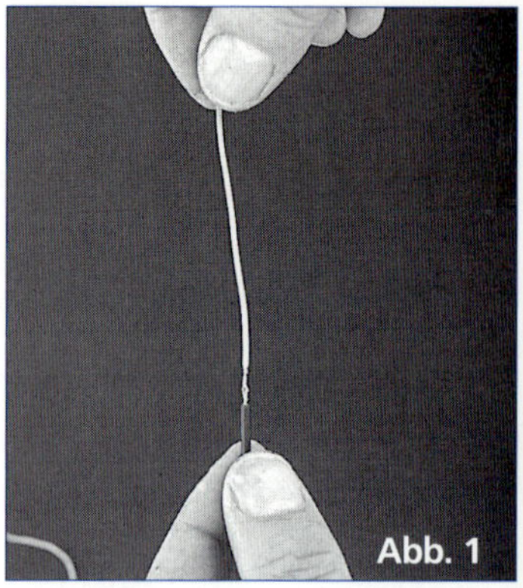

Abb. 1

Kabelabdeckung

▷ Abdeckkappe zum Seilzugwechsel an den gekapselten ▷ STI-Lenkerschalthebeln für ▷ Mountainbikes (Abb. 2).

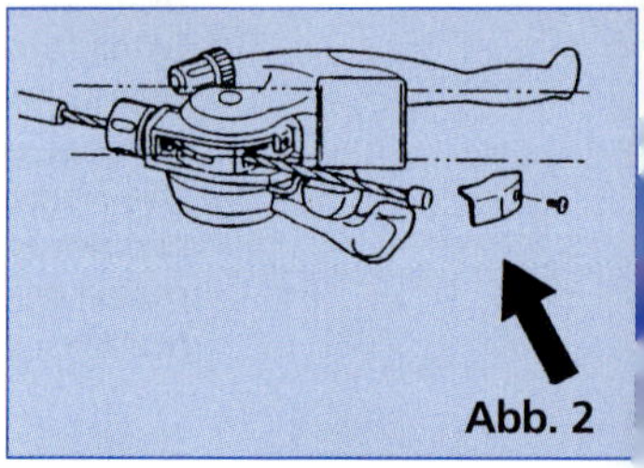

Abb. 2

Kabeleinstell-schrauben

Oberbegriff für ▷ Einstellschrauben, mit denen die *Kabelspannung* bei ▷ Kettenschaltungen und Bremsen reguliert wird.
Einzelheiten s. ▷ Einstellschrauben: Schaltungssynchronisierschraube und Bremseinstellschraube.

Kabelöse

Führungshülsen für die ▷ Bowdenzüge von Schaltungen und Bremsen am ▷ Rahmen, die dort entweder aufgenietet, aufgelötet oder aufgeschweißt werden (Pfeile Abb. 3).

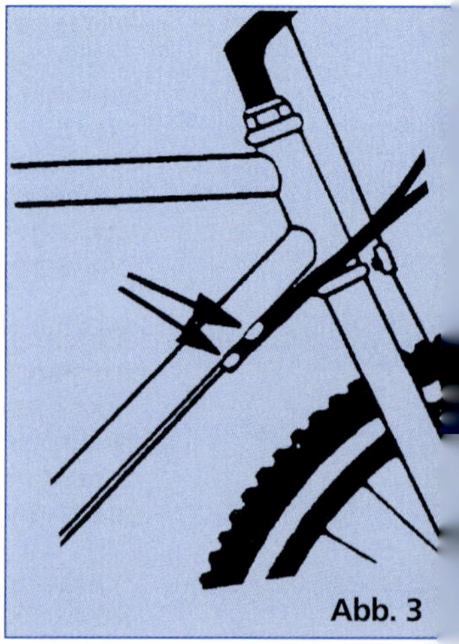

Abb. 3

Kabelstopper

Auch Gegen- oder Konterhalterung genannte *Festlegung der* ▷ Außenhülle des ▷ Bowdenzuges am Rahmen durch ▷ Anlötteile, ▷ Kabelösen, ▷ Schellen oder Spezialteile (Abb. 4).

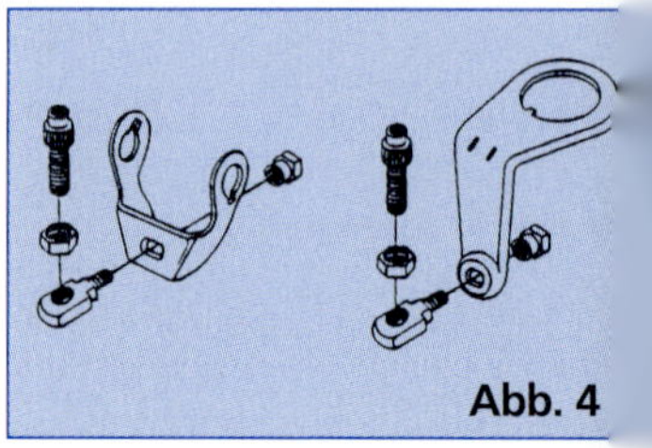

Abb. 4

Kabelteiler

Kupplungsstück, um das ▷ Zentralseil (s. ▷ Bowdenzug) einer ▷ Mittelzugbremse mit einem beide Bremsarme verbindenden Verbindungsseil zu verkuppeln (Abb. 5).
Der übliche Kabelteiler ist nicht nur bei der Montage umständlich, da mit einem zweiten Schlüssel gegengehalten werden muß. Er beschädigt überdies meist das Zentralseil durch Quetschung (kann im ungünstigen Fall zum Seilriß führen), was zu Schwierigkeiten beim turnusmäßigen Nachfetten der Züge führt, da aufgespleißte Seile sich nur schwer oder gar nicht mehr in die ▷ Außenhülle einführen lassen.

Wartungsfreundlicher und seilschonender ist der Kabelteiler von ▷ Shimano (Abb. 6), bei dem das Zentralseil gleich zu einem Bremsarm durchläuft und ein separates Seil den anderen Bremsarm mit dem Teiler verbindet.

Kabelträger

Andere Bez. f. ▷ Kabelteiler.

Kabelverlegung

Landläufige Bez. f. sowohl ▷ Brems- als auch ▷ Schaltzugverlegung, Näheres s.d.

Käfig

Landläufige Bezeichnung für käfigartig umschlossene Bauteile. Am Fahrrad sind dies v.a. die kettenführenden Schaltungsteile von ▷ Umwerfer und ▷ Schaltwerk (Schaltgabel resp. Schaltschwinge), vgl. auch ▷ Kugelkäfig (Abb. 7).

Kalibrierung

Fachlicher Ausdruck für Durchmesserabstimmung von Hohl- und Vollzylindern (vgl. "Kaliber").
Auf dem Fahrradsektor hat sich der Ausdruck auch als Bez. für Justier- und Einstellarbeiten eingebürgert.

Kaltauslagerung

Vorgang, bei dem bestimmte ▷ Legierungen aus ▷ Aluminium (z.B. AlCuMg) nach vorausgehendem ▷ Lösungsglühen und Abschrecken mit nachfolgender Auslagerung bei Raumtemperatur (daher der Name i.U.z. ▷ Warmauslagerung) in seiner Festigkeit und Härte gesteigert wird. Weitere Einzelheiten s. ▷ Aluminium.

Kaltschmieden

Spezielle Art der Kaltverformung zur Herstellung von Formteilen, die mit einer Steigerung der ▷ Festigkeit einhergeht (Abb. 8).
Es handelt sich hierbei um einen Schmiedevorgang in speziellen Formen ("Gesenken"), bei dem ein Werkstück zwecks Formgebung bei Raumtemperatur - also ohne Erhitzung - umgeschmiedet wird. Dies erfolgt i.d.R. in Pressen oder Hammerschlagwerken (Fallhammer), daher auch die Bezeichnung "kalt geschlagen".

Besonders Teile aus Aluminium-Knetlegierungen (s. ▷ Aluminium: Legierungen) erhalten auf diese Weise eine hohe ▷ Festigkeit und einen günstigeren "Faserverlauf" als bei spanabhebender Fertigung (▷ Fräsen) "aus dem Vollen" (s. ▷ Gefüge; ▷ Gefügeveränderungen).
Beispiele für kaltgeschmiedete Fahrradteile: ▷ Bremsarme, ▷ Kurbelarme, ▷ Schaltungskörper, ▷ Ausfallenden, Rohlinge für ▷ Muffen aus Aluminium.
S.a. ▷ Kaltverfestigung.

Kaltverfestigung

Steigerung der ▷ Festigkeit von Werkstoffen, die durch ▷ Kaltverformung vorgenommen wird. Hierbei richtet sich das ▷ Gefüge der kaltverfestigten Werkstücke nach Art einer ▷ Textur aus und bewirkt in deren Längsrichtung (man sagt auch "längs der Faser") eine höhere Belastbarkeit.

Kaltverformen

Oberbegriff für die Verformung von Werkstücken bei Raumtemperatur (also ohne Erwärmung) durch Einwirkung hoher Druck- oder Zugkräfte.
Die Kaltverformung betrifft sowohl schmiedeartige Umformprozesse mittels ▷ Druckkräften (▷ Kaltschmieden) als auch Durchmesserreduzierungen mittels ▷ Zugkräften (▷ Kaltziehen).
Beispiele: Anstauchen eines Schrauben- oder Speichenkopfes, länger und dünner Ziehen von Drähten, Stangen, Rohren etc.
Kaltverformung geht stets mit einer Steigerung der ▷ Festigkeit einher (s.a. ▷ Kaltverfestigung), die aber zu Lasten der Bruchdehnung geht.

Kaltziehen

Spezielle Art der ▷ Kaltverformung mittels ▷ Zugkräften zur Herstellung von Drähten oder Rohren, die mit einer Steigerung der ▷ Zugfestigkeit verbunden ist (Abb. 9).
Hierbei erfolgt immer eine Reduzierung des Durchmessers durch einen sog. "Ziehstein" (heute meist aus Hartmetall), der eine kegelartige Bohrung besitzt.

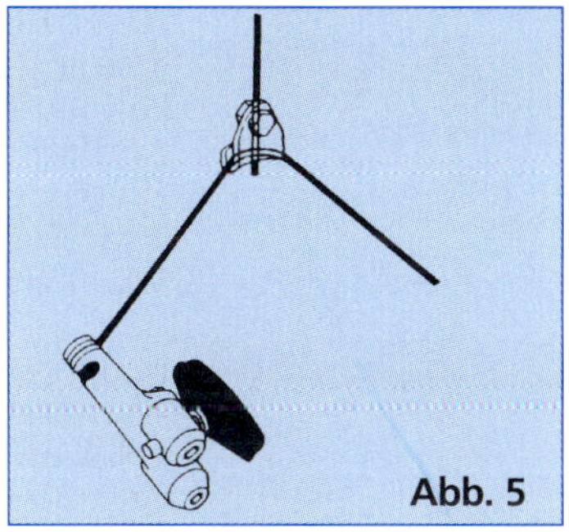
Abb. 5

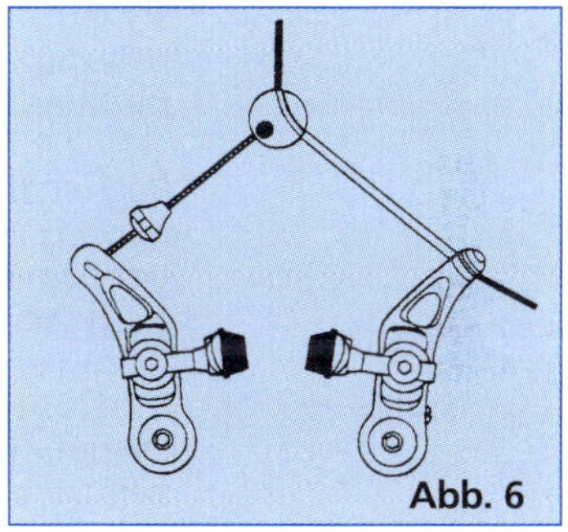
Abb. 6

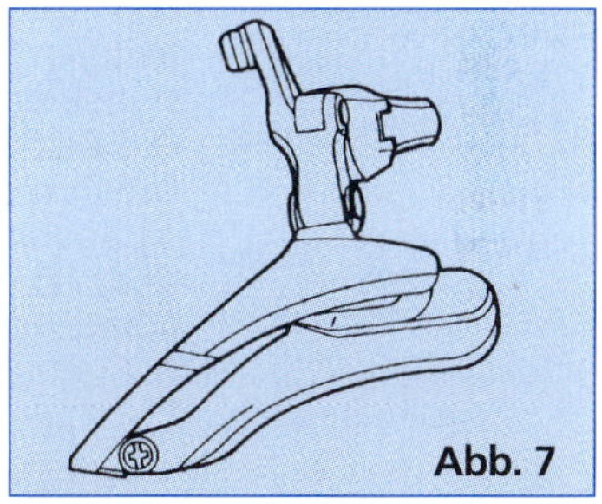
Abb. 7

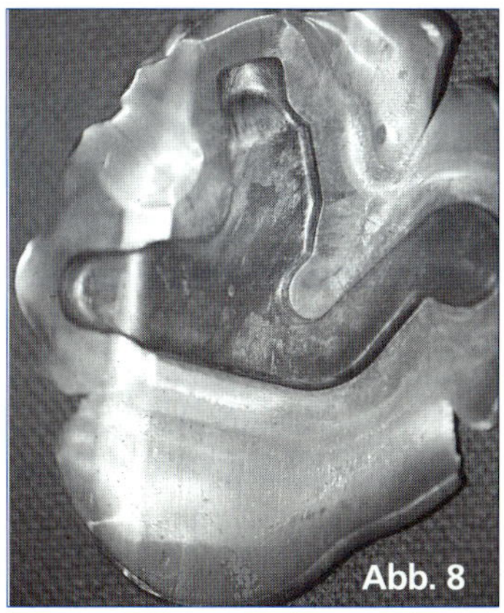
Abb. 8

Zum "Ziehen" sind enorme Zugkräfte nötig, die je nach Durchmesser des zu ziehenden Werkstücks über 1.000.000 N betragen können (s. ▷ physikal. Einheiten). Beim Ziehen richtet sich das ▷ Gefüge der Werkstoffe sehr stark aus, man spricht von einer ▷ Textur oder einem Zeilengefüge. Weitere Einzelheiten s. ▷ Rohrherstellung.
S.a. ▷ Kaltverfestigung.

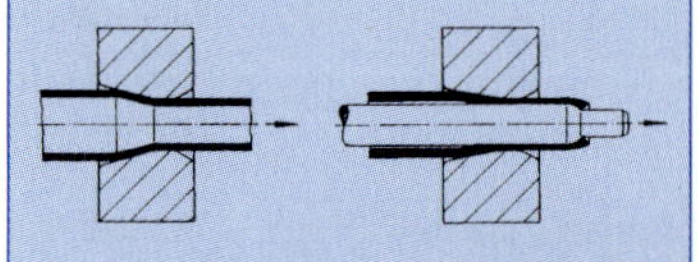

Abb. 9

Kapillareffekt

In dünne Spalten wird Flüssigkeit durch die sog. Anhangs- oder Ahäsionskraft hineingesogen (die Bez. leitet sich von lat. "Haar" ab). Klassisches Beispiel ist das Löschblatt (Abb. 10).
Bei ▷ Bowdenzügen treten Kapillareffekte in dem schmalen Zwischenraum zwischen Innen- und Außenzug auf. Spritzwasser mit Schmutz- oder Sandteilchen dringt ein und führt zu erhöhter Seilreibung - bisweilen durch Rostbildung sogar zur Blockade der Zugfunktion.

Regelmäßige, gründliche Fettschmierung der Innenzüge (s. ▷ Bowdenzug: Wartung) wirkt dieser Funktionsbeeinträchtigung entgegen, da das Fett nicht nur gleitfördernd wirkt, sondern zusätzlich auch den Zwischenraum zum Außenzug abdichtet.

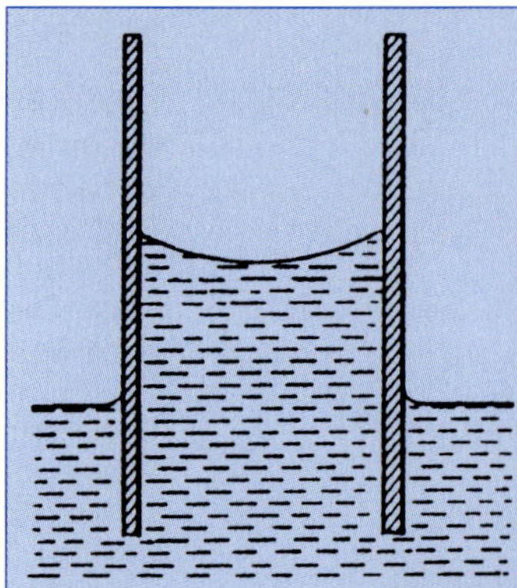

Abb. 10

Kardanantrieb

Kraftübertragung von der ▷ Tretkurbel zum Hinterrad mittels zweier Kegelradpaare und einer diese verbindenden ▷ Welle. Einzelheiten s. ▷ Antrieb: Kurbelantriebe (Abb. 11).

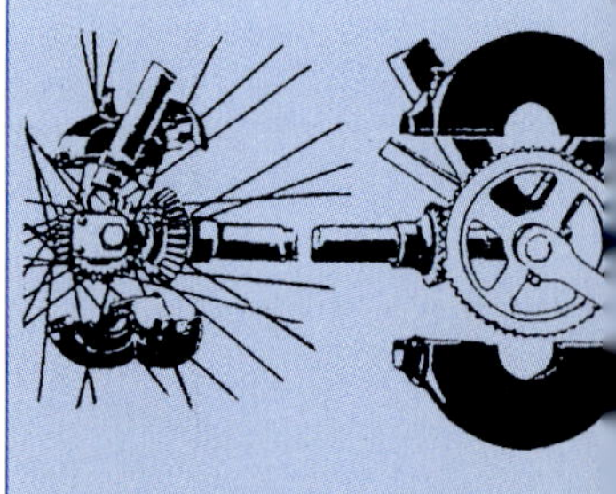

Abb. 11

Karkasse

Frz. "Gerippe": Elastischer Verbund aus mindestens zwei "Gewebelagen" und ▷ Gummi, der Form und Durchmesser eines ▷ Reifens stabilisiert.
Die Bez. Gewebelage ist insofern irreführend, da die einzelnen Fäden nicht miteinander verwoben sind, sondern parallel nebeneinander liegen. Da die Fäden ringsum in Gummi eingebettet sind, können sie sich leicht gegeneinander verschieben, was die ▷ Elastizität, das ▷ Walken der Reifen unterstützt.

Fadenverlauf

Der Fadenverlauf der beiden Gewebelagen entspricht dem der ▷ Diagonallagen beim ▷ Faserverbund (Abb. 12). Die Fäden liegen dabei durch Umlegen um den Reifendraht gekreuzt aufeinander. Durch die oben beschriebene Beweglichkeit können sich die Fäden der beiden Lagen auch leicht im Winkel zueinander verschieben, wie etwa die Schneiden einer Schere.
Durch diesen Effekt werden ▷ Schlauchreifen mit zunehmendem Luftdruck breiter und im Außendurchmesser kleiner - sie pressen sich also intensiv ins Felgenbett, was ihre Absprungsicherheit verbessert. Weiterhin unterstützt dieser Effekt nochmals die Walkfähigkeit des Reifens, verbessert dessen ▷ Dämpfung, ist aber dem ▷ Leichtlauf nicht förderlich (Abb. 13).

Diesbezüglich erweisen sich die auch als "Gürtelreifen" bezeichneten ▷ Radial-Reifen als günstiger. Bei ihnen wird die Lauffläche durch einen "Gürtel" radial verlaufender Fäden versteift, so daß sich der die ▷ Rollreibung vergrößernde Wulst kaum ausbilden kann. S. hierzu ▷ Reifen: Sonderreifen und ▷ Rollwiderstand: Walkwiderstand.

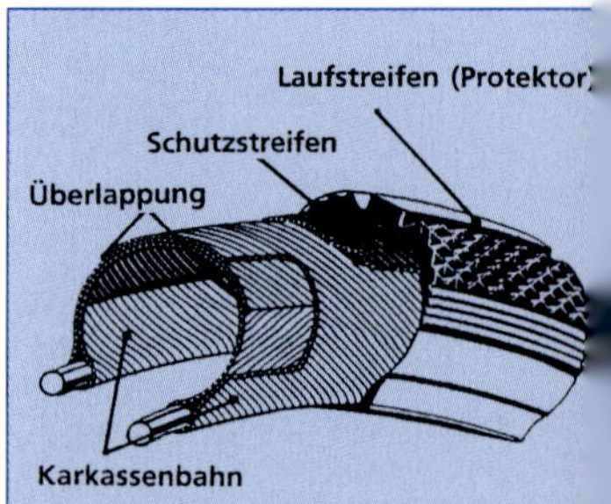

Abb. 12

Fadendicke

Dicke und Material der Fäden besitzen ebenfalls Auswirkungen auf die Eigenschaften eines Reifens. Dünne und dicht gelegte Karkassenfäden verbessern den Leichtlauf und die ▷ Pannensicherheit der Reifen. Reifen der Spitzenklasse weisen hier pro ▷ Zoll 126 Fäden auf, wohingegen Standardreifen nur 16 Fäden pro Zoll besitzen (entspricht etwa 5 resp. 0,6 Fäden pro mm).

Fadenmaterial

Der Einfluß des Fadenmateriales:
Baumwolle: guter Leichtlauf, gute Dämpfung
Nylon: sehr guter Leichtlauf, geringere Dämpfung
Seide: hervorragender Leichtlauf, geringe Dämpfung
Kevlar: hervorragender Leichtlauf, mangelhafte Dämpfung
Polyester: noch guter Leichtlauf, gute Dämpfung

Mittig auf der Karkasse wird der Laufstreifen (▷ Protektor) aufgeklebt oder bei moderner Fertigung aufvulkanisiert.
Weitere Einzelheiten siehe ▷ Reifen.

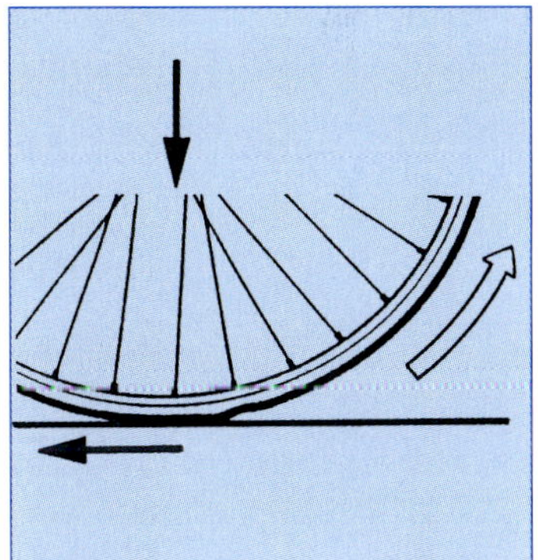
Abb. 13

Karkassenfäden

Die einzelnen Fäden der ▷ Karkasse, Einzelheiten zu Anordnung und Material s. d.

Karten

s. ▷ Fahrradkarten

Kassettenkörper

Teil einer ▷ Kassettennabe, das einerseits den Freilauf enthält (daher "Kassette") und andererseits das ▷ Ritzelpaket aufnimmt (Abb. 14).

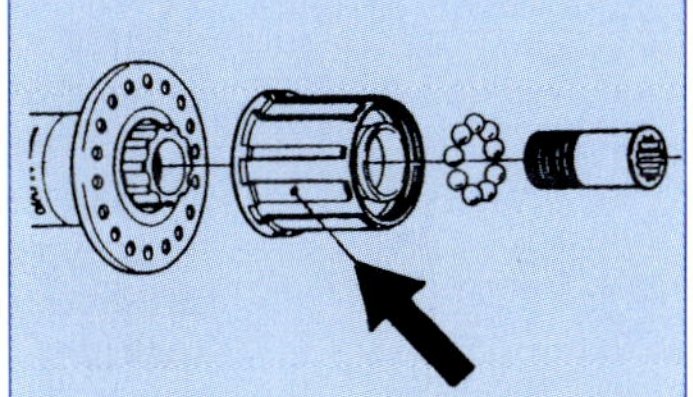
Abb. 14

Im Unterschied zum ▷ Schraubkranz ist der Kassettenkörper Bestandteil der Nabe und wird nicht nachträglich aufgeschraubt. Diese Bauweise vergrößert - da die Nabenachse innerhalb des Kassettenkörpers gelagert ist - die ▷ Stützbreite der Nabenachse (Abb. 15) und macht sie resistenter gegen Kettenzug und Vertikalbelastungen, s.a. ▷ Achsverbiegung.
Die ▷ Ritzel sind per Steckverbindung formschlüssig auf den Kassettenkörper aufgesteckt und mit einer abschließenden Sicherungsmutter (bei älteren Ausführungen mit dem aufgeschraubten kleinsten Ritzel) fixiert.

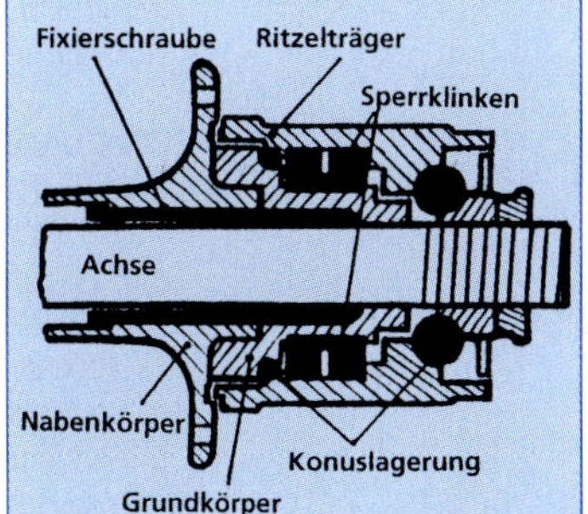

Abb. 15

Durch das Aufkommen der schaltfreudigen ▷ Ritzel mit modernen ▷ Überlauf-Zahnformen sind die Kassetten der meisten Hersteller (Ausnahme: ▷ Campagnolo und ▷ Suntour) mit den Ritzeln von ▷ Shimano kompatibel, so daß der Radfahrer auch zu den Ritzeln anderer Hersteller greifen kann - beipielsweise zu den leichten Alu-Ritzeln der ▷ Hügi-Nabe oder den verschleißfesteren Ritzeln der "Powerglide" von Sachs.
Weitere Informationen s. ▷ Kassettennabe.

Kassettenkörperabzieher

Werkzeug zur Demontage des ▷ Kassettenkörpers von der Kassettennabe; Näheres siehe ▷ Abzieher.

Kassettennabe

Modernste Art der *Hinterradnabe,* bei der der in einer "Kassette" (s. ▷ Kassettenkörper) befindliche ▷ Freilauf Bestandteil der Nabe ist und nicht nachträglich aufgeschraubt wird wie bei der ▷ Schraubkranznabe (Abb. 16).

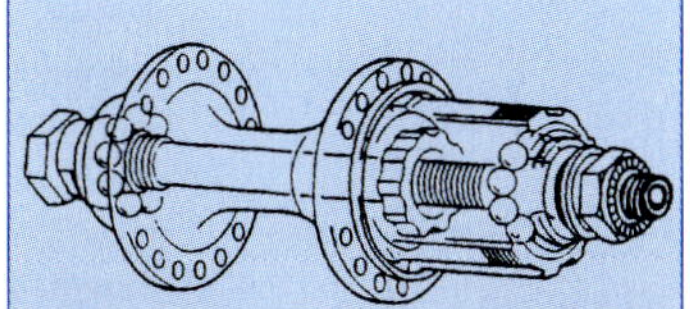
Abb. 16

Der ▷ Kassettenkörper des Freilaufs nimmt die ▷ Ritzel per Steckverbindung auf, wodurch sich folgende Vorteile ergeben:

Vorteile

* leichterer Ritzelwechsel;
* leichterer Speichenwechsel;
* geringere Achsbelastung;
* geringeres Gewicht.

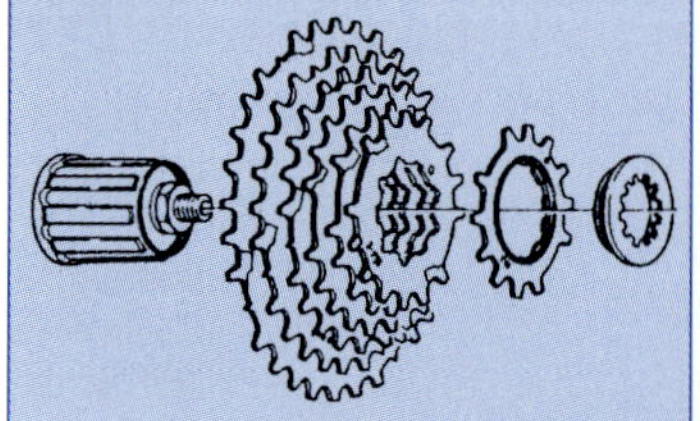

Abb. 17

Während beim traditionellen ▷ Schraubkranz (Abb. s.d.) die einzelnen ▷ Ritzel in zwei oder mehr Stufen aufgenommen werden und daher unterschiedliche Innenabmessungen aufweisen, haben Kassettenritzel eine einheitliche Aufnahme, können also beliebig einzeln oder en bloc montiert werden. Darüberhinaus werden die Ritzel durch einfache Steckverbindung mit abschließender Sicherungsmutter (bei älteren Ausführungen per Verschraubung des kleinsten Ritzels) axial fixiert (Abb. 17), was gegenüber Schraubkränzen den Ritzelwechsel erleichtert.

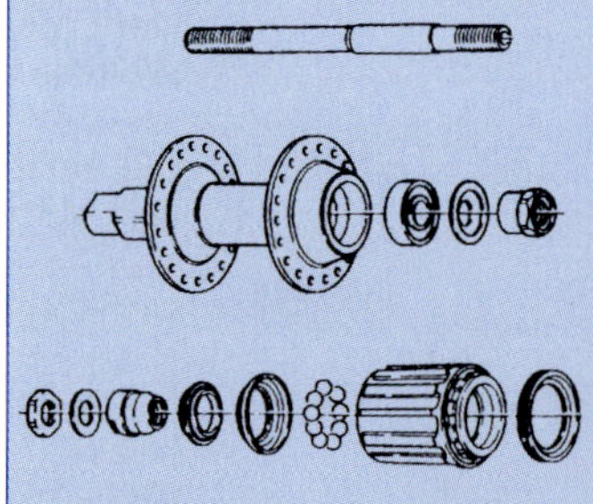

Abb. 18

Weiterer Vorteil: Die Freilaufeinheit ist soweit geometrisch verkleinert, daß die Speichen über den Kassettenkörper hinweg in den Nabenflansch gefädelt werden können. Zum Speichenwechsel müssen nur die Ritzel, nicht aber der Freilauf demontiert werden. Angenehmer Nebeneffekt der Verkleinerung: Sie macht die Kassettennaben leichter als die herkömmliche Kombination Hinterradnabe plus Schraubkranz.

Ein ganz entscheidender Vorzug der meisten Kassettennaben ist die *hohe Belastbarkeit der Hinterradachse:* Da deren rechte Lagerung im Kassettenkörper und damit weiter außen erfolgt, wirken Kettenzug und Vertikalbelastungen mit kürzerem Hebelarm ein als beim herkömmlichen System, was die ▷ Biegesteifigkeit der Achse wesentlich erhöht.

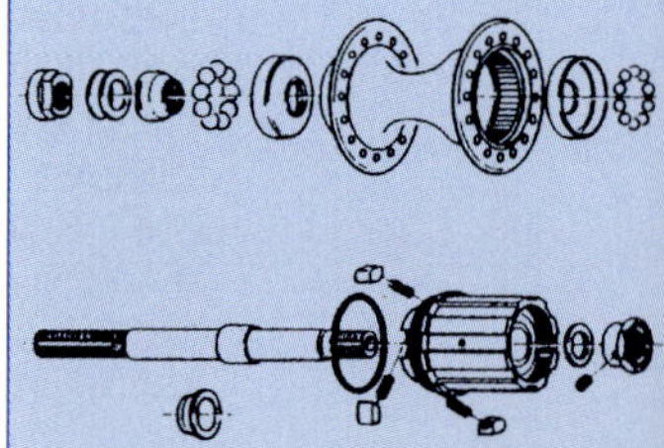

Abb. 19

Diese gerade am hochbelasteten Rad sinnvolle Bauweise hat der - zuvor gar nicht so erfolgreichen - Kassettennabe erst 10 Jahre nach ihrer Markteinführung im Zuge des ▷ Mountainbike-Booms zum Durchbruch verholfen:

Es zeigte sich nämlich, daß sie die extremen Belastungen des Offroad-Betriebs weitgehend klaglos wegsteckte, während bei herkömmlichen Naben immer wieder verbogene oder gar gebrochene Achsen die Radlerfreuden trübten.

Heute gibt es keinen renommierten Hersteller von ▷ Gruppen mehr, der keine Kassettennabe im Angebot hätte. Abb. 18 zeigt die Explosionszeichnung der neuen Sachs-Kassettennabe, Abb. 19 die von Campagnolo. Hinzu kommen "Nischenanbieter" von Leicht-Kassettennaben, die i.d.R. einen Shimano-Kassettenkörper (Abb. 20) in ihr Nabenkonzept integrieren.

Abb. 20

Historie

Die erste Kassettennabe wurde von ▷ Fichtel & Sachs bereits 1952 hergestellt und vertrieben, konnte sich aber auf dem Markt nicht durchsetzen. Sie war ihrer Zeit voraus und wartete bereits mit 5-fach-Ritzeln auf (damals üblich waren 3-fach-Ritzel): Abb. 21.

Ihre Renaissance erlebte die Kassettennabe dann Ende der 70er Jahre durch ▷ Shimano, der endgültige Durchbruch kam aber erst Ende der 80er Jahre mit dem ▷ Mountainbike-Boom.

Abb. 21

Kastenfelge

Bez. f. ▷ Hohlkammerfelgen mit leicht gerundetem Rechteck-Profil, daher "Kasten" (vgl. aber auch ▷ Tropfenfelge) (Abb. 22).
Der Vorzug des kastenförmigen Querschnitts liegt im ▷ Fahrkomfort, der V-förmige Querschnitt von Tropfenfelgen bietet dagegen mehr ▷ Verdrehsteifigkeit; Einzelheiten s. ▷ Felgen: Felgentypen.

Abb. 22

Katastrophenreparaturen

Notdürftige Reparaturen von velomobilen Katastrophen, also i.d.R. "Totalschäden" von ▷ Rahmen, ▷ Laufrad, ▷ Lenker, ▷ Schaltung, um noch ein rollendes Weiterkommen bis zur nächsten Werkstatt oder Bahnhof usw. zu ermöglichen. Erforderlich ist danach immer eine der verminderten Statik angepaßte, behutsame Fahrweise (Abb. 23).

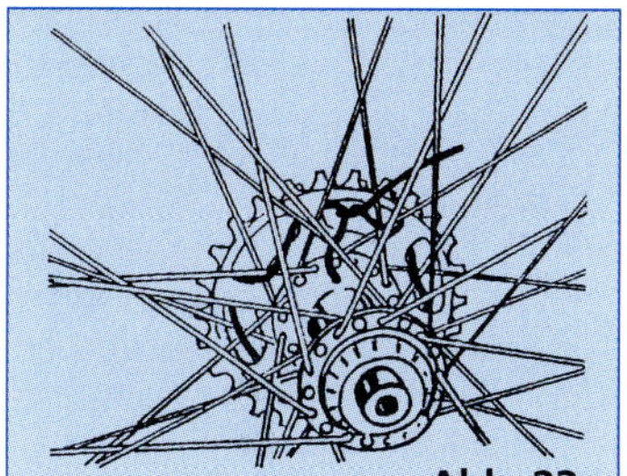

Abb. 23

Katzenauge

▷ Reflektor in Form einer Vollkugel, der über Totalreflexion und Fokussierung einen einfallenden Lichtstrahl genau in seine Ausgangsrichtung zurück wirft (Abb. 24).
Das einzelne Katzenauge wurde früher als Rückstrahler eingesetzt, hat heute jedoch für seine Verwendung am Fahrrad ausgedient (zu schwer). Das Prinzip findet aber wieder Anwendung bei den Reflexfolien, wobei hier tausende mikroskopisch kleine Glaskugeln nach dem Wirkprinzip des Katzenauges fungieren.
Am Fahrrad üblich sind heute Prismenreflektoren, weitere Informationen s. ▷ Beleuchtung: Reflektoren.

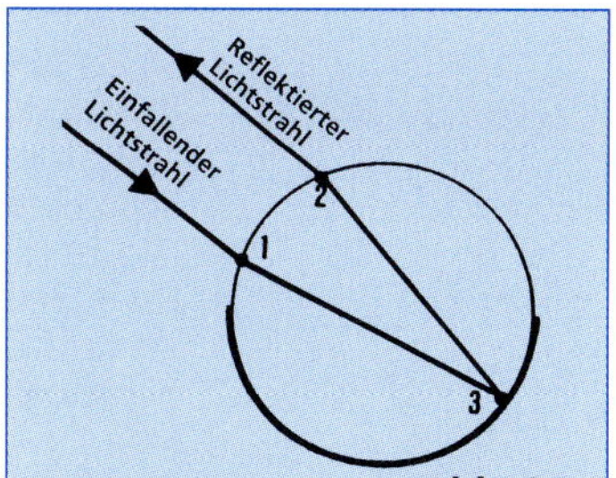

Abb. 24

Keilbefestigung

Landläufige Bez. für die Befestigung der ▷ Tretkurbel an der ▷ Tretlagerachse mittels ▷ Kurbelkeil (Abb. 25) i.G.z. ▷ Vierkantbefestigung.
In der Praxis hat sich diese ursprüngliche, bis in die jüngste Zeit am Billigrad immer noch verbreitete Verbindungsart nicht bewährt, da sich mit der Zeit durch die hohen Flächen-Preßkräfte der Keil und die gegendrückende Achsfläche verformen, was zu einer schlackernden Kurbel führt.

Darüber hinaus verfängt sich an dem vorstehenden Keil oder seiner Anzugsmutter allzu leicht das Hosenbein des Radlers, was zum Sturz führen kann (daher z.B. Verbot beim ▷ BMX-Rad). Auch die Demontage gestaltet sich problematisch und kann bei nicht untergelegtem Gegenhalter zu Lagerschäden führen (Abb. 26).

Diese wenig seriöse Befestigungsart wurde mittlerweile durch die ▷ Vierkantbefestigung fast völlig verdrängt und findet sich allenfalls noch an Billigsträdern.

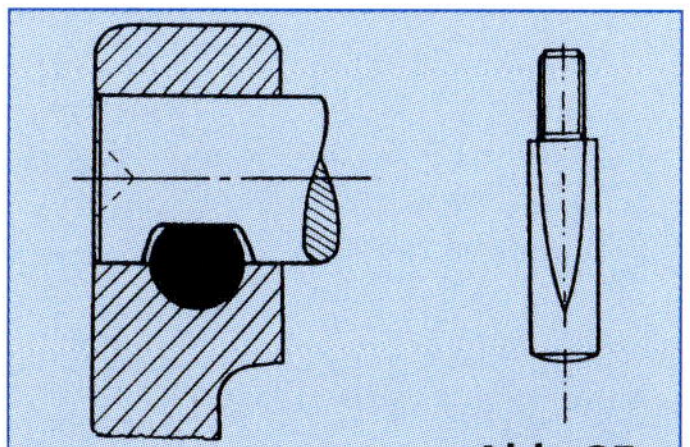

Abb. 25

Kennlinie

Abhängigkeit zweier physikalischer Größen voneinander in graphischer Darstellung (Diagramm).
Im Fahrradbereich von Bedeutung: ▷ Federkennlinie sowie die Kennlinie eines ▷ Dynamos.
Von einer linearen Kennlinie spricht man, wenn die Abhängigkeit der beiden physikalischen Größen als Gerade mit spezifischer Steigung abgebildet ist.

Von einer progressiven Kennlinie spricht man, wenn die Kurve nach oben ansteigend von der Geraden abweicht, von einer degressiven, wenn sie nach unten abweicht.

Keramik

Oberbegriff für feuerfeste, nichtmetallische Werkstoffe, die sich durch große Härte und hohe Verschleißfestigkeit auszeichnen. Anwendung finden Keramikteile z.B. in ▷ Lagerungen (▷ Schaltungsrädchen von Shimano (Abb. 27) oder als Bremsflächenbeschichtung bei ▷ Felgen, s.a. ▷ Keramikbeschichtung.
Neuerdings finden auch ▷ Keramikfasern im ▷ Rahmenbau Anwendung, wobei es sich hauptsächlich um ▷ Bornitrit- oder Siliziumkarbidfasern handelt, mit denen nach Machart der ▷ Faserverbundstoffe ▷ MMC-Werkstoffe biegesteifer gemacht werden.

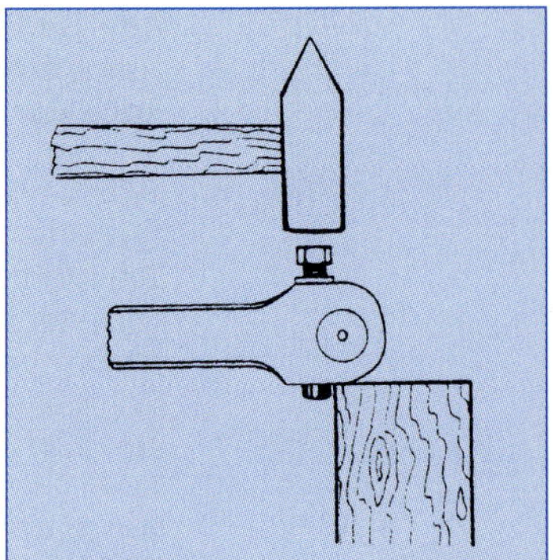

Abb. 26

Keramikbeschichtung

Beschichtung von Metalloberflächen, wobei mit einem Plasma-Spritzverfahren eine harte, abriebfeste Schicht ▷ Keramik aufgebracht wird (Abb. 28).
Anwendung am Fahrrad bei ▷ Bremsflächen: Mischung aus Aluminium- und Titanoxyd, die auf die Felgenflanke aufgebracht wird und eine leicht geraute Oberfläche besitzt. Bei spürbarer Verkürzung der Naßbremswege (bis 60%) hat dies aber zur Folge, daß unter Normalbedingungen die Bremsgummis entschieden schneller verschleißen. Dafür hält die Felge länger.

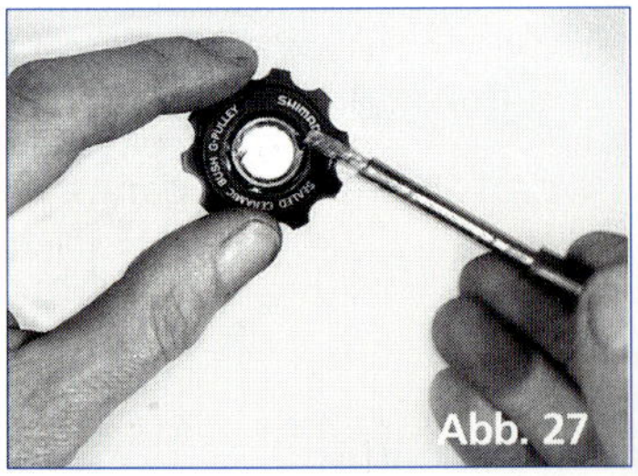

Abb. 27

Keramik-Fasern

Fasern, z.B. aus ▷ Bornitrit oder Siliziumkarbid, die im Fahrradbau teilweise bei der Herstellung von ▷ Faserverbundwerkstoffen eingesetzt werden und die damit hergestellten Bauteile biegesteifer und weniger anfällig gegen Resonanzeffekte machen (s. ▷ Resonanz). Außerdem Einsatz bei Werkstoffen aus ▷ MMC.

Abb. 28

Kerbschlagzähigkeit

Maß für die ▷ Zähigkeit von Werkstoffen, das mit einem speziellen Verfahren an eingekerbten Prüflingen (Werkstoffproben) ermittelt wird, vgl. ▷ Sprödigkeit.

Kerbwirkung

Bruchgefährdende Wirkung von Einkerbungen an der Werkstoffoberfläche, die den ▷ Kraftfluß innerhalb der Bauteile stören (ähnlich wie ein Querschnittssprung).
Die höchsten Belastungen erfahren die Bauteile nämlich in dem Bereich der Werkstoffoberfläche. Vertiefungen (Kerben) führen zu Krafteinschnürungen: bei Zugbelastung (Abb. 29 oben) ergibt sich eine höhere Krafteinwirkung pro Querschnittsfläche.

Besonders bruchgefährdend sind Kerben bei ▷ Torsions- und ▷ Biegebelastung (Abb. 29 unten), wobei neben der Tiefe auch die geometrische Form der Kerben von ausschlaggebender Bedeutung ist. Darüber hinaus ist die Kerbwirkung noch von der ▷ Zähigkeit des gekerbten Werkstoffes abhängig, z.B. ist ▷ Titan kerbgefährdeter als ▷ Stahl und hochfestes ▷ Aluminium sogar extrem kerbgefährdet.
Zur Bedeutung der Kerbwirkung s. insbes. ▷ Rahmenbau.

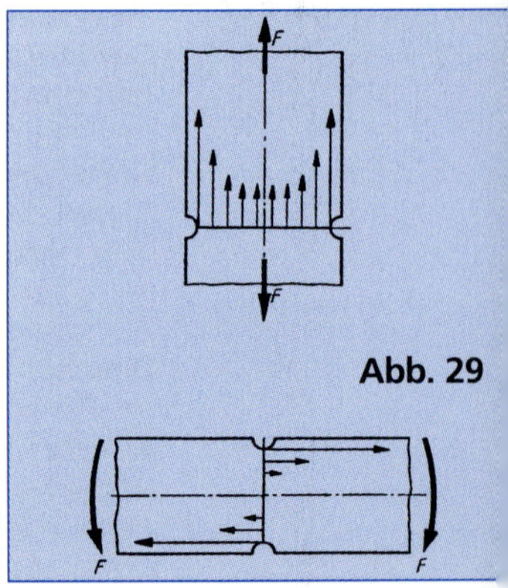

Abb. 29

Kette

Ineinandergreifende Aneinanderreihung beweglicher Glieder aus Metall zur Übertragung von Zug- oder Antriebskräften (Abb. 30).

Am Fahrrad spielt die Kette - vom ▷ Zugkettchen bei ▷ Nabenschaltungen einmal abgesehen - als Teil des ▷ Antriebs eine zentrale Rolle, Einzelheiten s. ▷ Kettenantrieb. Diese Antriebsart ermöglicht darüber hinaus den Einsatz der effektivsten Fahrradschaltung, der ▷ Kettenschaltung.

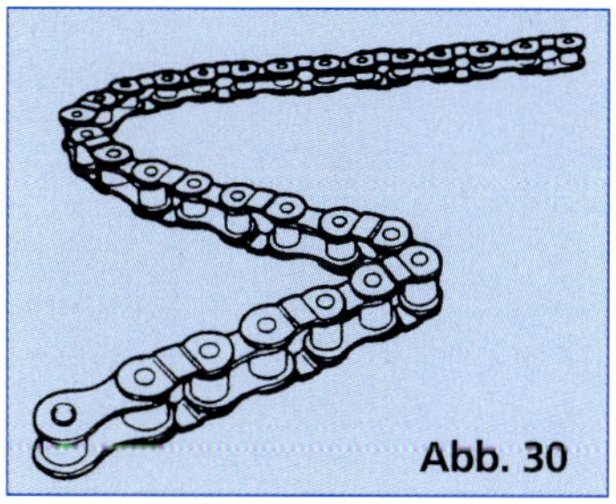
Abb. 30

Die Möglichkeit, eine Kette zur ▷ Übersetzung der ▷ Pedalkraft zu nutzen, führte übrigens zum Entwicklungssprung des Fahrrades vom ▷ Hochrad zum ▷ Niederrad. Mit kleineren Laufrädern konnte durch die Übersetzung eine größere ▷ Entfaltung erreicht werden, der ▷ Direktantrieb der riesigen Vorderräder wurde überflüssig.

Belastung

Durch die Übersetzung unterliegt die Kette einer hohen Belastung, da das ▷ Antriebsmoment eines Radfahrers (Trittkraft mal Kurbellänge) das eines Mittelklasse-Autos übersteigen kann.
Die Erklärung liegt in der beim Auto vorliegenden hohen Antriebsdrehzahl von mehreren tausend Umdrehungen pro Minute, die im Gegensatz zum Fahrrad "untersetzt" wird. Vom Gesetzgeber sind auf Grund dieser hohen Belastung Mindest-Bruchlasten von 8.200 N (Newton, s. ▷ physikal. Einheiten) für Normalketten und 10.000 N für Schaltungsketten gefordert.

Vergleich mit anderen Antriebmitteln: Mit einem ▷ Wirkungsgrad von 98-99% gehört die Kette zu den energiesparendsten Antriebsmitteln überhaupt. Nur ▷ Zahnriemen und geschliffene Spezialzahnräder sind in dieser Hinsicht konkurrenzfähig, können aber in vergleichbaren Baudimensionen nicht annährend so hohe Kräfte übertragen wie die Kette.

Blockkette

Die ersten in größerer Serie gefertigten Fahrradketten wurden zu Anfang der Entwicklung des ▷ Niederrades um 1878 eingesetzt. Hierbei handelte es sich zunächst um langgliedrige Rollenketten (s.u.), die jedoch keinen ruhigen Fahrradantrieb gewährten (Abb. 31). Diesen Mangel stellte die kurzgliedrige Blockkette ab, die 1929 von André Galle erfunden wurde (Abb. 32).
Die Bez. rührt von einem Metallblock her, in den an beiden Enden Bohrungen eingebracht wurden. Durch sie hindurch verbanden Bolzen die ▷ Außenlaschen der Kette. So folgte einem Block immer ein äußeres Laschenpaar.

Abb. 31

Da in den Block keine Zähne eingreifen können, wurde jeder zweite Zahn ausgelassen, die Kettenräder besaßen daher nur die halbe Zähnezahl heutiger ▷ Kettenblätter und ▷ Ritzel, was eine Änderung der Übersetzung nur in Zweiersprüngen erlaubte.

Abb. 32

Der Hauptnachteil der Blockkette war neben dem hohen Gewicht der starke Zahnflankenverschleiß beim Ein- und Ausschwenken des Blocks.
Die Blockkette war noch bis vor dem 2. Weltkrieg - wg. ihrer Robustheit und Starrheit (geringere Dehnung bei harten Antritten) – bei Bahnfahrern beliebt: die Antritte konnten überraschender erfolgen.

Rollenkette

Die o.g. Nachteile führten zur Wiedereinführung der - diesmal allerdings kurzgliedrigen - Rollenkette.

Aufbau der klassischen Rollenkette (Abb. 33 oben):
* In jedem Kettengelenk verbindet eine Hülse ein Innenlaschenpaar;
* auf der Hülse wird eine ▷ Kettenrolle von den beiden Innenlaschen geführt;

* durch die Hülse hindurch verbindet der ▷ Kettenbolzen das Außenlaschenpaar, das durch Vernietung gesichert wird;
* dementsprechend folgt jeweils ein schmaler Kettenabschnitt *(Innenlaschenpaar)* auf einen breiteren *(Außenlaschenpaar).*

Das Geheimnis des gegenüber der Blockkette geringeren Zahnflankenverschleißes liegt darin, daß sich beim Ein- und Ausschwenken auf die Zahnradzähne *die Hülse in der Rolle über dem Bolzen dreht.* Dadurch tritt keine Reibarbeit zwischen Rolle und Zahnflanken auf.
Mit dem Wiederaufkommen der Rollenkette konnten die ▷ Übersetzungen feiner abgestuft werden. Da nun auch ein einzelner Zahn in die Innenlaschen eingriff, kam man zu Ein-Zahn-Sprüngen.

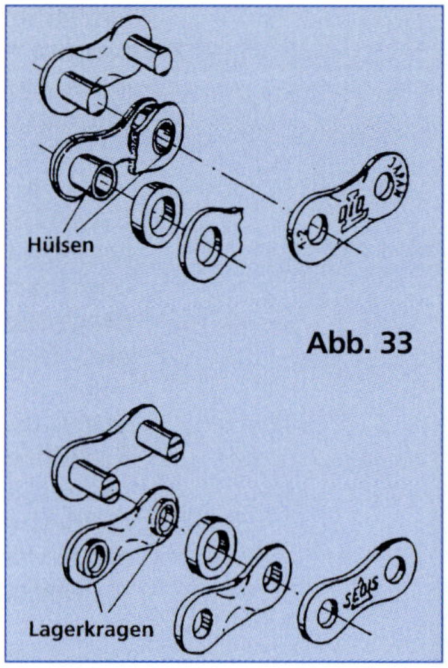

Abb. 33

Hülsenkette

Zur Unterscheidung zwischen der klassischen Rollenkette und ihrer Weiterentwicklung zur optimierten Schaltungskette (Lagerkragenkette) wird sie als Hülsenkette bezeichnet.
Heute findet sie nur noch an Standardfahrrädern (schaltungslos oder mit ▷ Nabenschaltung) Verwendung, da die Entwicklung der Kettenschaltung eine höhere seitliche Flexibilität der Ketten erfordert.

Lagerkragenkette

Diese seitliche Flexibilität wurde durch eine 1978 erstmals von der franz. Firma Sedis (heute Sachs-Sedis) serienmäßig hergestellte Kette erzielt: Hierbei wird aus jeder Innenlasche eine halbe Hülse (der "Lagerkragen") gleich aus dem Laschenmaterial herausgezogen (Abb. 33 unten). Das erspart die herkömmliche Hülse plus deren Vernietung und erlaubt darüberhinaus - ohne Festigkeitsverluste - eine niedrigere Laschenhöhe. Dies sowie eine leichte Verschiebbarkeit der Innenlaschen samt Lagerkragen gegeneinander erhöht die seitliche Flexibilität der Lagerkragenkette erheblich gegenüber der Rollen-Hülsenkette.

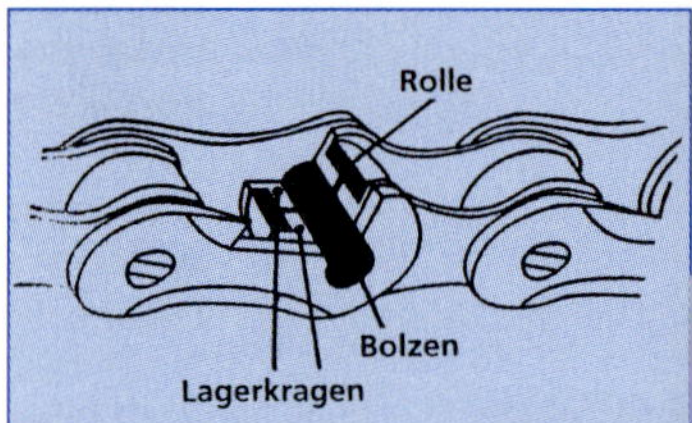

Abb. 34

Was zunächst lediglich Nebeneffekt einer Fertigungsrationalisierung war und nicht der Suche nach Funktionsverbesserung entsprang, wurde zum Stand der Technik. Heute sind alle hochwertigen Schaltungsketten nach diesem Prinzip gebaut. Einen Teilquerschnitt durch eine solche Kette zeigt Abb. 34.

Rohloff-Kette

Ein gezielter Innovationsschub in Richtung noch besserer Schalteigenschaften erfolgte dann erst 1988 durch die dt. Kettenfirma Rohloff. Sie erkannte, daß die Kette genauso wie Ritzel und Schaltung am Schaltvorgang beteiligt ist und erarbeitete folgende Verbesserungen:

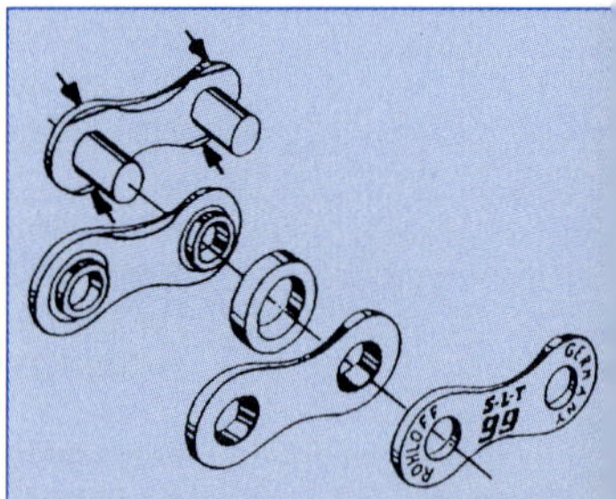
Abb. 35

Durch nach innen angebogene Außenlaschen (s. Pfeile in Abb. 35) wird eine noch größere seitlich Flexibilität trotz extrem schmaler Bauweise (6,8 mm statt 7,2-7,4 mm) erreicht. Außerdem wird durc angeschrägte Laschen eine zusätzliche Schalthilfe realisiert, da diese so schneller und sicherer von de Ritzelzähnen erfaßt werden.

Auch andere Firmen optimierten die Schalteigenschaften der Kette: Shimanos ausgestellte Außenla schen (▷ Uniglide: Außenlaschen auf Bolzenbreite gekröpft) waren bereits vor Rohloff eine Schalthi fe. Die Umstellung von Hülsen- auf Lagerkragenbauweise erbrachte weitere Schaltvorteile (seitlich Flexibilität).

Der Konkurrenzkampf zwang auch andere Kettenhersteller zu Verfeinerungen der Laschenformen (geschärfte oder angekantete Laschen), so daß heute in punkto Schaltqualität wenig Unterschiede zwischen den einzelnen Herstellern zu bemerken sind. Und: Mittlerweile sind alle modernen Ketten für ▷ Hyperglide tauglich.

bolzenlose Kette

Mit einer Sonderbauweise überraschte 1987 die Firma Regina (Abb. 36): Ihre Kette besaß keine Bolzen mehr, die Kettenhülse reichte auch durch die Außenlaschen hindurch. Die Innenlaschen wurden von den Rollen auf Distanz gehalten. Gegenüber anderen Ketten konnte man einen Gewichtsvorteil von 65 gr. verbuchen, also etwa 20 % des gesamten Kettengewichts. Diese Kette besitzt recht passable Schalt-, aber schlechte ▷ Führungseigenschaften und verschleißt außerdem schneller, da alle Reibarbeit zwischen Rolle und Hülse stattfindet.

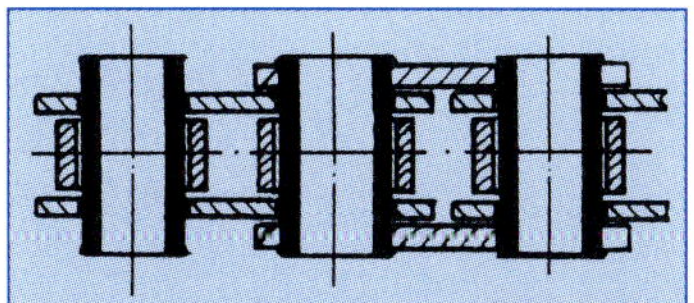

Abb. 36

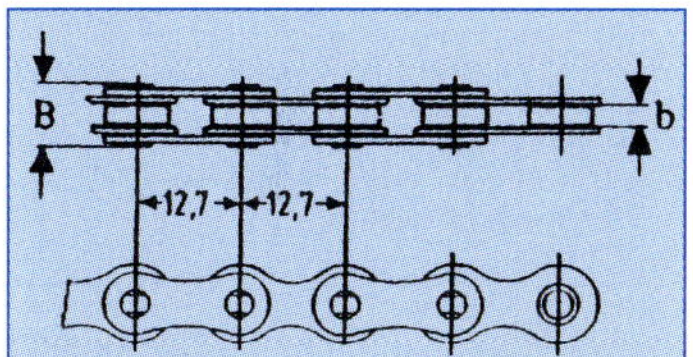

Abb. 37

Lebensdauer

Da Ketten an sportlich genutzten Fahrrädern (kein ▷ Kettenschutz wegen Kettenschaltung) nahezu ungeschützt Wind und Wetter ausgesetzt sind, verschleißen sie binnen 1.500 - 3.000 km, je nach Qualität, Pflege und Regenfahrten, Näheres s. ▷ Kettenpflege.

Maße

Die Kettenteilung (Länge eines einzelnen Kettengliedes) beträgt bei Fahrradketten ½ Zoll = 12,7 mm (Abb. 37). Die Breite der Fahrradketten beträgt für schaltungslose Normalräder, Bahnräder sowie Fahrräder mit ▷ Nabenschaltung 9,5 mm (über den ▷ Kettenbolzen gemessen), der Zwischenraum der Innenlaschen 3,3 mm. Ältere Schaltungsketten besitzen eine Breite von 8 mm und einen Innenlaschenabstand von 2,38 mm.
Moderne, sog. ▷ S-Ketten für 7- und 8-fache ▷ Ritzelpakete liegen bei Breiten von 6,8 - 7,2 mm mit einem Innenlaschenabstand von ebenfalls 2,38 mm.

Handelsüblich werden Ketten für ▷ Renn- und ▷ Sporträder mit 114 Gliedern ausgeliefert, für ▷ Mountainbikes aufgrund ihres größeren ▷ Übersetzungsbereiches mit 118 Gliedern, wobei ggf. durch Kürzung eine Anpassung erfolgen muß; vgl. hierzu ▷ Kettenlänge.
S.a. die anderen Ketten-Stichwörter, insbes. ▷ Kettenbolzen, ▷ Kettenlängung, ▷ Kettendehnung, ▷ Kettenkraft, ▷ Kettenpflege usw.

Kettenantrieb

Am Fahrrad überwiegend gebräuchliche Kraftübertragungsart mit sehr hohem ▷ Wirkungsgrad (98-99%) (Abb. 38).

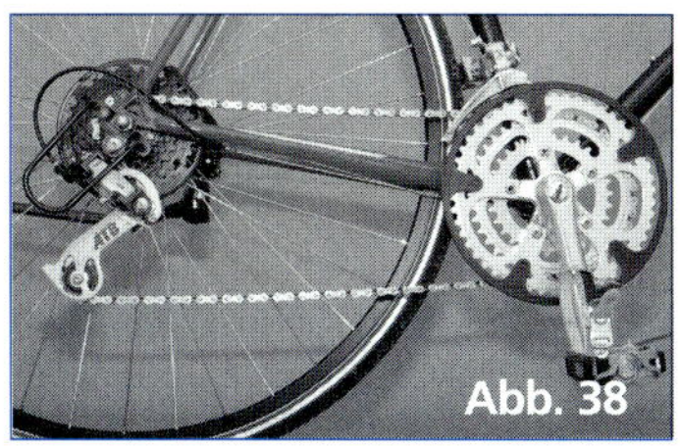

Abb. 38

Üblicherweise werden dabei zwei "Kettenräder" mittels ▷ Kette verbunden - das ▷ Kettenblatt an der Krafteinleitungsstelle (▷ Tretkurbel) mit dem ▷ Ritzel am ▷ Antriebsrad (Hinterrad).
Diese Distanzüberbrückung zwischen den Antriebselementen ist beim Fahrrad durch seine Konstruktion gegeben und kann außer per Kette auch mittels ▷ Zahnriemen(-antrieb) oder einer entsprechend langen ▷ Welle (▷ Kardanantrieb) erfolgen (außerdem: ineinander kämmende ▷ Zahnräder). Da diese Antriebe aber nicht nur schwerer und teurer sind, sondern auch nur geringere Kräfte als eine Kette übertragen können, spielen sie im Fahrradbau nur eine marginale Rolle.
Ein weiterer großer Pluspunkt des Kettenantriebs ist die Möglichkeit, wechselbare Übersetzungen mit der für Fahrräder optimalen Schaltanlage zu realisieren, der ▷ Kettenschaltung (bei anderen Antrieben nur ▷ Nabenschaltung möglich).
Größter Störfaktor eines Kettenantriebs ist der Schmutz (verschleißanfällig), einzig in diesem Punkt sind die beiden o.g. Antriebsarten überlegen.
Weitere Einzelheiten s. ▷ Kette und ▷ Antrieb: Kurbelantriebe.

Kettenblatt

Vorderes "Zahnrad" des ▷ Kettenantriebs, üblicherweise mit fünf Schrauben am rechten ▷ Kurbelarm befestigt.
Bei Rädern mit ▷ Kettenschaltung ist für einfache Fahrräder nur ein Kettenblatt vorgesehen (Abb. 39 oben), bei höherwertigen Rädern und ▷ Rennrädern sind es zwei (Abb. 39 Mitte), bei ▷ Mountainbike, ▷ Trekkingrad und ▷ Reiserad sind drei Kettenblätter Standard (Abb. 39 unten).
Je größer das Kettenblatt gewählt wird (je mehr Zähne es also besitzt), desto größer kann die ▷ Übersetzung ausgelegt werden. Üblich sind:

* *52/42 Zähne* für ▷ Rennrad und viele ▷ Gebrauchsräder;

* *48/38/28* oder *46/36/26 Zähne* für ▷ Mountainbike, ▷ Trekking- und ▷ Reiserad;

* *42/32/20 Zähne:* Mit dieser sog. ▷ Micro-Drive-Abstufung erreicht man durch kleinere Ritzel (bis herunter zu 11 Zähnen gegenüber üblichen bei 12 oder 13 Zähnen beginnenden Abstufungen) bei gleicher Übersetzungspalette feinere Gang-Abstufungen als bei vorgenanntem Standardantrieb, s. ▷ Ritzeln.

* *42 - 70 Zähne* für ▷ Bahnräder, je nach Wettbewerb, wobei die großen Zähnezahlen bei ▷ Steherrennen gefahren werden.

Lochabstände

Der Lochabstand zur Befestigung der Kettenblätter, das sog. ▷ Lochmaß, bestimmt gleichzeitig das kleinste montierbare Kettenblatt (Abb. 40). In der Tabelle (Abb. 41) finden Sie Angaben über das kleinstmögliche Kettenblatt und dessen Lochmaß.

Abb. 41: ***Lochmaße der Kurbelsysteme***

Kurbel-Typ	*Lochmaß*	*Kleinstes Kettenblatt*
Campagnolo (alt)	85 mm	41 Zähne
Campagnolo (neu)	79 mm	39 Zähne
Shimano	76 mm	38 Zähne
Stronglight (SUP)	72 mm	36 Zähne
MTB großes u. mittl. Blatt	65 mm	34 Zähne
Microdrive Suntour mt.Bl.	56 mm	32 Zähne
SR/Sugino	50 mm	28 Zähne
MTB kleines Blatt	43 mm	24 Zähne
Microdrive Shimano	34 mm	22 Zähne
Microdrive Suntour	32 mm	20 Zähne

Anmerkung: Bei der Microdrive-Version von Campagnolo ist das kleinste Kettenblatt (20 Zähne) gesteckt.

Abb. 39

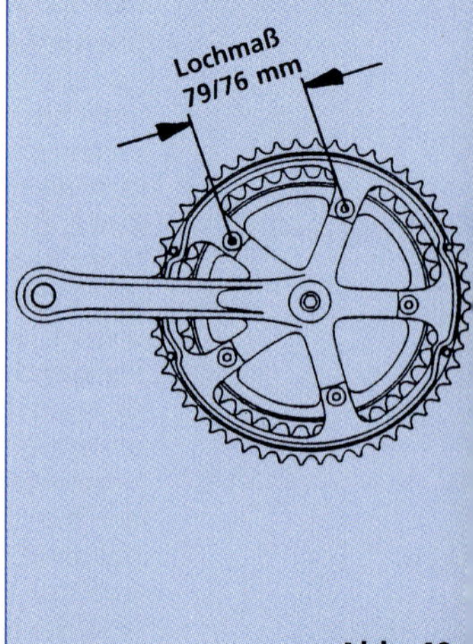

Abb. 40

Zahnformen Zur besseren Schaltbarkeit besitzen die Kettenblätter von modernen Kettenschaltungsantrieben sog. "Schalthilfen" (Abb. 42):

Gegenüber dem Kettenblatt von schaltungslosen Normalfahrrädern sind die Zähne kürzer ausgeführt. Analog zu den ▷ Hyperglide-Ritzeln kommen darüber hinaus spezielle ▷ Zahnformen sowie Hilfszähne und Stütznieten zum Einsatz, so daß ein Kettenblattwechsel auch unter Teillast erfolgen kann. Einzelheiten s. ▷ Hyper-Drive, vgl. auch ▷ Browning-System.

Abb. 42

Verschleiß Kettenblätter werden bis hinunter zu den Standardgruppen heute in ▷ Aluminium ausgeführt. Bei hohen Antriebskräften (▷ Wiegetritt) benötigen die Kettenrollen eine Kontaktfläche von 5-6 mm², die sich i.d.R. beim ersten harten Antritt durch Materialverformung (s. ▷ Materialfließen) bilden. Der weitere Verschleiß ist relativ gering: Ein Kettenblatt hält je nach Verschmutzungsgrad u.ä. 15.000-35.000 km. Da auf die kleinsten Kettenblätter (Verhältnis Kurbellänge zu Kettenblattradius) die größten Kräfte einwirken, werden sie von den meisten Herstellern aus Stahl gefertigt. Vgl. auch ▷ Kettenkraft, s.a. ▷ Primzahl-Kettenblatt.

Kettenblatt-adapter Aufnahme für ein viertes, extrem kleines Kettenblatt, s. ▷ Mountain Tamer Quad.

Kettenbolzen Die ▷ Außenlaschen einer ▷ Kette verbindendes Teil, das in ▷ Hülse oder ▷ Lagerkragen gelagert ist (Abb. 43).

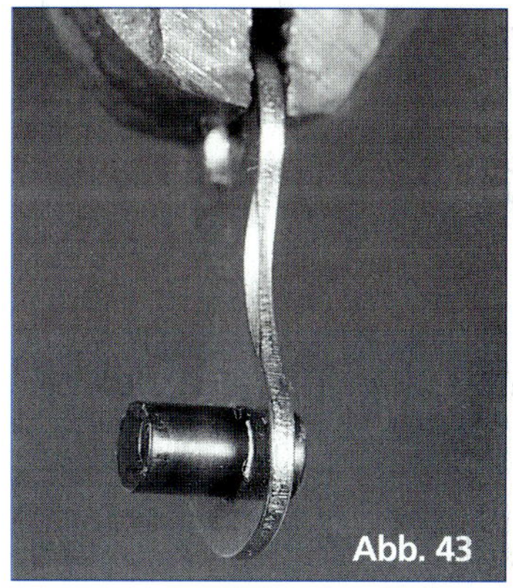
Abb. 43

Der Bolzen übernimmt die gesamte ▷ Kettenkraft und ist bei seinem kleinen Durchmesser entsprechend verschleißgefährdet. Aus diesem Grund werden bei hochwertigen Ketten gehärtete oder vergütete Bolzen verwendet, die außerdem noch eine extrem harte Oberflächenbeschichtung bekommen (▷ Nichromieren; ▷ Borieren). Durch diese Behandlung kann die Vernietung der Kettenbolzen heute nicht mehr wie früher durch "Aufpilzen" erfolgen, sondern nur noch durch Einkerben. Das bringt aber beim Ausnieten Probleme durch Überstandsabbrüche. Aus diesem Grunde braucht man zum zuverlässigen Neuvernieten der Kette entweder einen speziellen ▷ Reparaturbolzen oder der Bolzen muß erneut aufgeweitet werden (▷ Rohloff-Revolver). Diese Prozedur ist v.a. bei den modernen ▷ Überlaufzahnformen wichtig.

Abb. 44

Ketten-Checker / Ketten-Kaliber Geräte zur Messung des Kettenverschleißes (▷ Kettenlängung) (Abb. 44 und 45).

Durch die modernen, kurz gehaltenen ▷ Zahnformen ist es ratsam, die Kette bei entsprechendem Verschleiß möglichst früh zu wechseln, da sonst (s. ▷ Kettenverschleiß) ▷ Ritzel und ▷ Kettenblätter Schaden nehmen können, was wesentlich teurer wird.
Gegenüber der alten Faustregel "Kette darf sich nur maximal 5 mm vom vorderen Kettenblatt abheben lassen", lassen diese Meßgeräte eine exakte Diagnose zu.

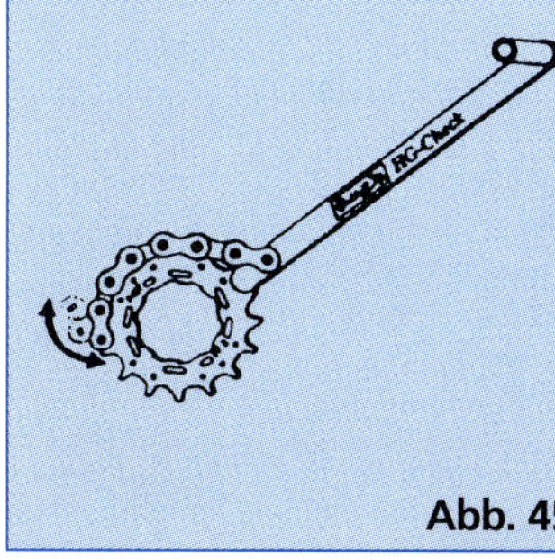
Abb. 45

Kettendehnung ▷ Elastische (also nicht-bleibende) Verformung der Kette bei kräftigen Antritten.

Obwohl alle handelsüblichen Ketten 9.000-10.000 N (Newton, s. ▷ physikal. Einheiten) ▷ Zugbelastung aushalten, dehnen sie sich bereits bei Pedallasten von 1.500 N im Millimeterbereich. Das hat u.a. zur Folge, daß die ▷ Kettenteilung geändert wird, was die ersten und letzten eingreifenden Zähne unterschiedlich hoch belastet. Der jeweils erste (▷ Kettenblatt) und letzte (▷ Ritzel) eingreifende Zahn (Abb. 46) trägt durch die Längung über 90% der Gesamtlast. Folge: In Verbindung mit verschlissenen Zähnen kann es zum Überspringen (▷ Durchratschen) der Kette kommen.

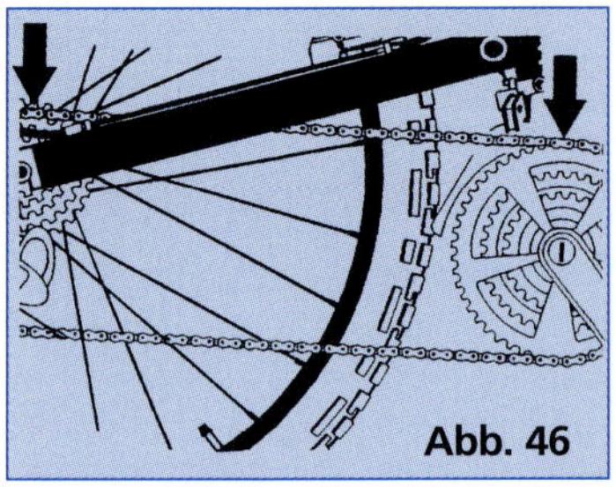
Abb. 46

Andererseits ist moderate Kettendehnung eine angenehme Erscheinung, können doch damit Lastspitzen beim nicht ▷ runden Tritt wie von einer Feder gespeichert werden und bei Nachlassen der Trittkraft wieder in den Antrieb fließen, was die Belastungsspitzen etwas glättet. Außerdem glättet die Kettendehnung den Polygoneffekt (eckiger Ablauf der Kette entsprechend einem Vieleck, Abb. 47).

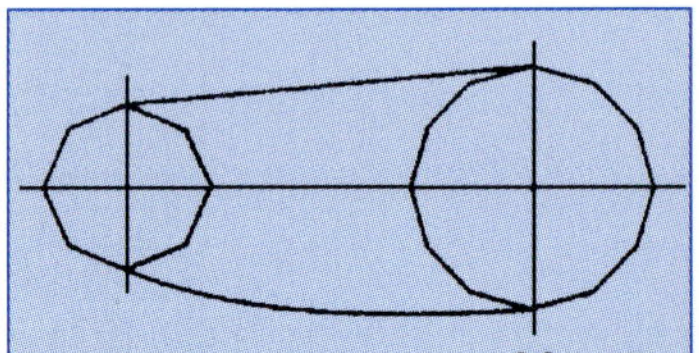
Abb. 47

Kettenfangniet

Zusätzlicher Niet, der außen am großen ▷ Kettenblatt angebracht ist und den Freiraum zur ▷ Tretkurbel hin absperrt, damit sich die Kette nicht zwischen Kurbel und Kettenblatt verklemmen kann (Abb. 48).

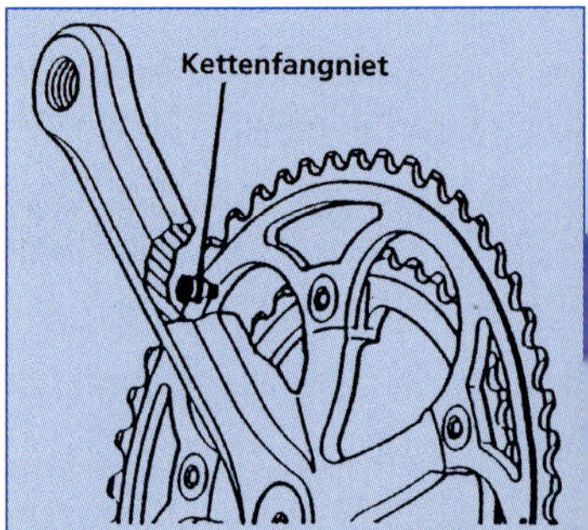

Abb. 48

Kettenflucht

Andere Bez. f. ▷ Kettenlinie.

Kettenführungskäfig

Andere Bez. f. ▷ Schaltschwinge.

Kettenführungsrad

Bez. für das obere ▷ Schaltungsrädchen (z.T. auch "Leitrolle" genannt), da es die Kette per seitlichem Schwenk auf die jeweils gewählten Ritzel führt. Vgl. auch ▷ Kettenspannrad (Abb. 49).

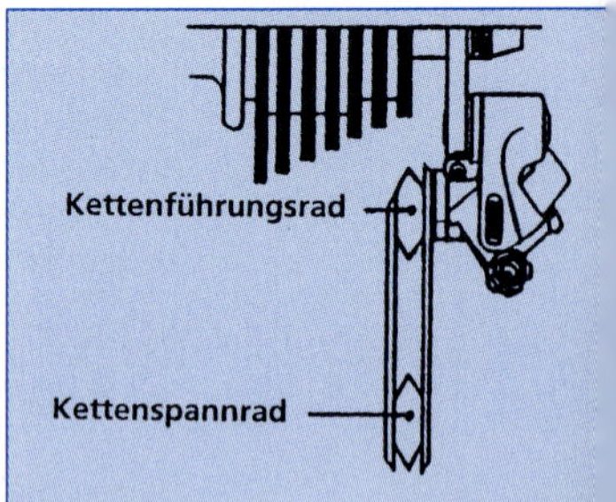

Abb. 49

Kettenglied

Einzelner Bestandteil der ▷ Kette, wobei sich jeweils ein ▷ Innenlaschen- und ein ▷ Außenlaschenglied abwechseln. Zur Anzahl der Kettenglieder s. ▷ Kettenlänge.

Kettenhülse

Die ▷ Innenlaschen verbindende Hülse, auf der die ▷ Kettenrolle läuft und in der der ▷ Kettenbolzen gelagert ist.

Kettenkasten

▷ Kette, ▷ Ritzel und ▷ Kettenblatt allseitig umschließendes Schutzgehäuse (i.G.z. ▷ Kettenschutz), um Verschmutzung der Kette und/oder des Radlers im Fußbereich zu vermeiden. Anwendung nur bei Rädern ohne Schaltung oder mit ▷ Nabenschaltung. Die Verhinderung der Kettenverschmutzung mindert den Gelenkverschleiß an der Kette drastisch und erhöht deren Lebensdauer sowie die der ▷ Kettenräder um das 5- bis 10-fache (Abb. 50).

Obwohl gerade für Räder mit ▷ Kettenschaltung wünschenswert (Defektanfälligkeit durch in Schaltung geratene Fremdkörper plus Verschmutzung), sind bisher noch keine überzeugenden Lösungen für das "Kettenkastenproblem" zur Marktreife gediehen. Grund: Wegen der Schwenkweite von ▷ Umwerfer und ▷ Schaltwerk und der tief herunterreichenden ▷ Schaltschwinge müßte ein

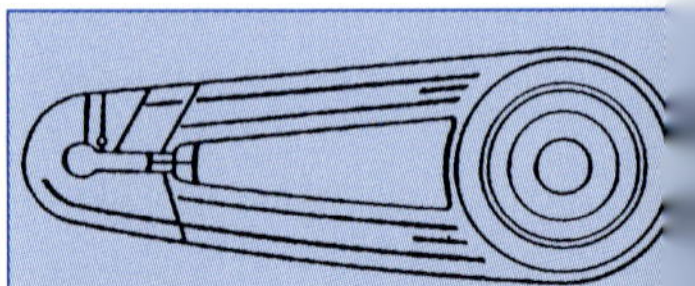
Abb. 50

entsprechender Kasten nicht nur relativ breit ausgeführt werden, sondern hinten auch sehr tief in Richtung Strebe weisen. Außerdem geht von der offenen Kette mit den Schaltelementen die technisch/sportliche Note aus, auf die kaum ein sportlicher Radler verzichten möchte.

Kettenkraft

Auf der Kette lastende Kraft, die sich aus ▷ Pedalkraft plus ▷ Hebelgesetz ergibt (Abb. 51).

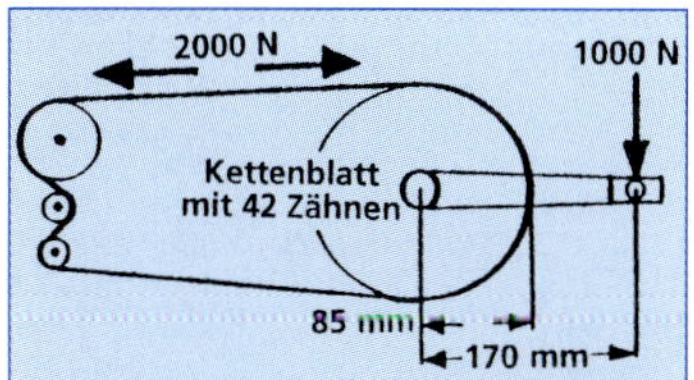

Abb. 51

Die Kettenkraft ist *höher als die Pedalkraft,* da sie durch das Verhältnis der Kurbellänge (Hebelarm) zum Kettenblattradius nach dem ▷ Hebelgesetz übersetzt wird.
Neben der Verschmutzung ist die Kettenkraft eine wesentliche Einflußgröße für den ▷ Kettenverschleiß, der sich als ▷ Kettenlängung bemerkbar macht.

Beispiel: Beim normalen 42er ▷ Kettenblatt und einer 170 mm langen ▷ Tretkurbel ist die Kettenkraft etwa doppelt so hoch wie die Pedalkraft, entsprechend beim 20er Kettenblatt (▷ Microdrive) gut viermal so hoch. 1.000 N führen demnach zu 2.000 N Kettenbelastung bzw. 4.000 N bei Microdrive. Das sind bereits 40% der vom Gesetzgeber geforderten Mindestbruchlast von 10.000 N.

Kettenlänge

Zur optimalen Funktion von ▷ Kettenschaltungen muß die ▷ Kette eine definierte Länge besitzen.
Ist die Kette zu kurz, so kann die ▷ Übersetzung größtes ▷ Kettenblatt / größtes ▷ Ritzel nicht mehr gefahren werden (Gefahr von Verbiegung am ▷ Ausfallende und/oder ▷ Schaltwerk).
Ist die Kette zu lang, kann sie von der ▷ Schaltschwinge nicht ausreichend gespannt werden (unkontrollierte Kettenschläge, v.a. bodenwärts).

Die "richtige" Kettenlänge läßt sich nach einer Formel des Kettenherstellers Rohloff wie folgt berechnen:

$$L_K = 0{,}157 \cdot a + 0{,}5\, Z_1 + 0{,}5\, Z_2 + 2$$

L_K = Anzahl der Kettenglieder;
a = Länge der ▷ Kettenstreben in mm (gemessen Mitte ▷ Tretlager bis Mitte Hinterradachse);
Z_1 = Zähnezahl größtes Kettenblatt;
Z_2 = Zähnezahl größtes Ritzel

Rechenbeispiel für eine Kettenstrebenlänge von 420 mm bei einem Kettenblatt mit 44 und einem Ritzel von 28 Zähnen:

$L_K = 0{,}157 \cdot 420 + 0{,}5 \cdot 44 + 0{,}5 \cdot 28 + 2 = 103{,}94$ Kettenglieder.

Anmerkung 1: Das Ergebnis ist immer so aufzurunden, daß es durch 2 teilbar ist.

Anmerkung 2: Handelsübliche Kettenlängen: 114 für die Schaltungskette Rennrad; 118 Schaltungskette Mountainbike.

Kettenlängung

Änderung der ▷ Kettenteilung aufgrund Längung durch Verschleiß (i.G. zur nicht bleibenden ▷ Kettendehnung).

Eine Kette durchschnittlicher Qualität längt sich im Verlaufe von 2.000-3.000 km bei "normaler" Belastung um rund 5 mm. Dabei sind zwei Phasen zu unterscheiden, die ziemlich rasch erfolgende "Einlauflängung" sowie die wesentlich langsamer vonstatten gehende Restlängung:

Einlauflängung

Bei einer neuen ▷ Kette berühren sich ▷ Kettenbolzen und ▷ Kettenhülse (bzw. Lagerkragen) nur linienförmig. Entsprechend hoch ist die Belastung dieser kleinen Kontaktfläche und damit der ▷ Verschleiß. Es kommt daher relativ schnell zur sog. *Einlauflängung,* bei der sich der Kontaktbereich des

Bolzens dem Radius der Hülse (bzw. des Lagerkragens) anpaßt. Durch den Verschleiß (Abb. 52) wird die Teilung der Außenlaschen größer, die der Innenlasche bleibt konstant.
Durch diese Einlauflängung erfolgt bereits innerhalb der ersten 100-200 km eine Kettenlängung um ca. 2 mm. Von daher rührt die Bezeichnung, die sich von "einlaufen" i.S.v. "einfahren" herleitet, also "Längung während der Einfahrphase" meint.

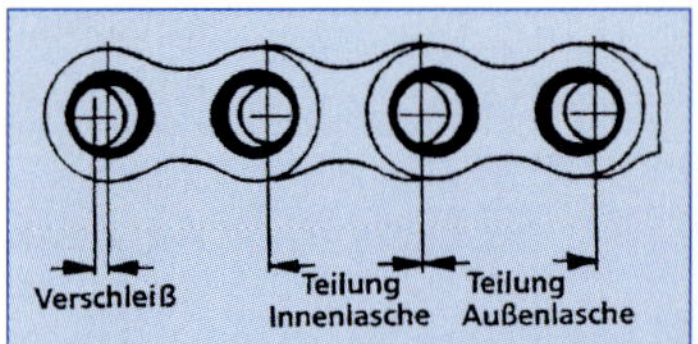

Abb. 52

Restlängung

Bis zum endgültigen Verschleiß benötigt die Kette dann weitere ca. 2000 km, um sich nochmals um 2-3 mm zu längen.

Die Einflußgrößen für die Kettenlängung sind ▷ Kettenkraft, Schmierstoffzustand der Kette, ▷ Oberflächengüte der Kettengelenke und v.a. die Kettenverschmutzung, die wiederum hauptsächlich von den gefahrenen Regenkilometern abhängt. Folge: "Polygon-Lage" der Kette (Abb. 53), wodurch das letzte sich im Eingriff befindliche Kettenglied die gesamte Kettenkraft aufnehmen muß, was zum ▷ Durchratschen führen kann.
Überprüfung der Kettenlängung kann durch ▷ Ketten-Checker oder -Kaliber erfolgen. Faustregel zur Überprüfung der Kettenlängung: Die Kette darf sich nur max. 5 mm vom vorderen Kettenrad abheben lassen. S.a. ▷ Kettenverschleiß.

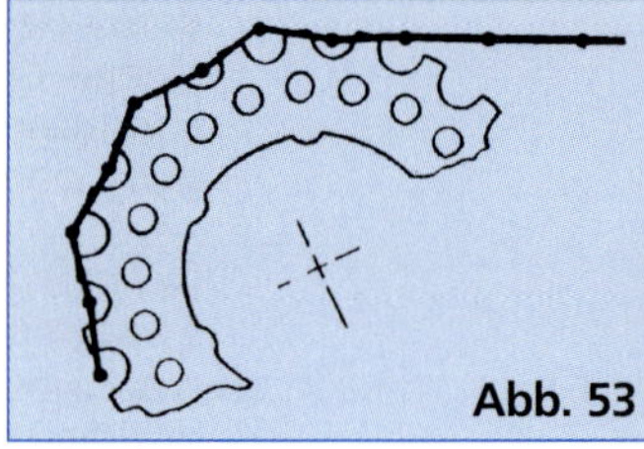
Abb. 53

Kettenleitrolle

Andere Bez. f. ▷ Kettenführungsrad.

Kettenlinie

Genaue *Fluchtlinie* der Kette zwischen ▷ Kettenblatt und ▷ Ritzel (Abb. 54).
Bei modernen ▷ Kettenschaltungen mit 8-fachem ▷ Zahnkranz sollte sich das äußere Kettenblatt in seiner Fluchtlinie genau mit dem drittkleinsten Ritzel decken, entsprechend das kleine Kettenblatt zwischen dem vierten und fünften Ritzel fluchten. Sind die Abweichungen hierzu größer als 4 mm, kann es zu ▷ Schaltproblemen kommen.

Eine Möglichkeit der Justierung der Kettenlinie ist bei einigen ▷ Tretlagerungen gegeben. Außerdem besteht die Möglichkeit, die Kettenlinie durch unterschiedliche Achsbreiten der ▷ Tretlagerung oder der Hinterradnabe zu variieren.

Achtung: Bei Material- oder Komponentenmix können unterschiedliche Kröpfungen der ▷ Tretkurbel sowie unterschiedliche Ausbildungen des ▷ Kurbelvierkants zu einer Verschiebung der Kettenlinie um bis zu 15 mm führen.

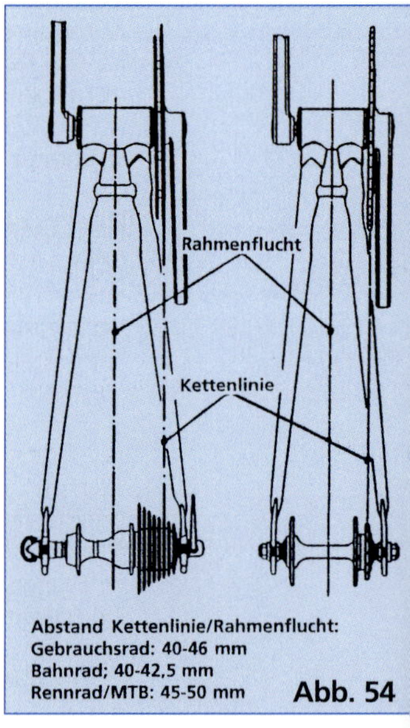

Abstand Kettenlinie/Rahmenflucht:
Gebrauchsrad: 40-46 mm
Bahnrad; 40-42,5 mm
Rennrad/MTB: 45-50 mm
Abb. 54

Kettenniet

Andere Bez. f. ▷ Kettenbolzen.

Kettennieter

Spezialwerkzeug zum Trennen und wieder Zusammennieten der ▷ Kette (Abb. 55).
Die Handhabung ist bei den meisten Ausführungen etwas diffizil, weil der Drückstift i.d.R. zu lang gehalten ist und bei unsauberem (schiefem) Ansetzen leicht abbricht. Selbsthilfemaßnahme: Stift auf 5,5 mm kürzen. Mit diesem Maß ab Werk ausgestattet ist einzig der ▷ Rohloff-Revolver.

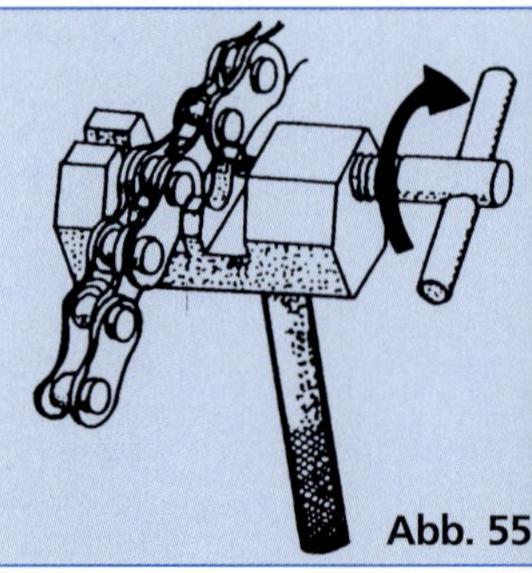
Abb. 55

Kettenpeitsche

Werkzeug, das mittels zweier Kettenstücke zum Gegenhalten bei der Demontage der ▷ Ritzel bei neuen ▷ Kassettennaben dient und so den ▷ Abzieher ergänzt (Abb. 56).
Mit zwei Kettenpeitschen lassen sich aber auch die Ritzel der alten ▷ Kassettennaben und ▷ Schraubkränze lösen.

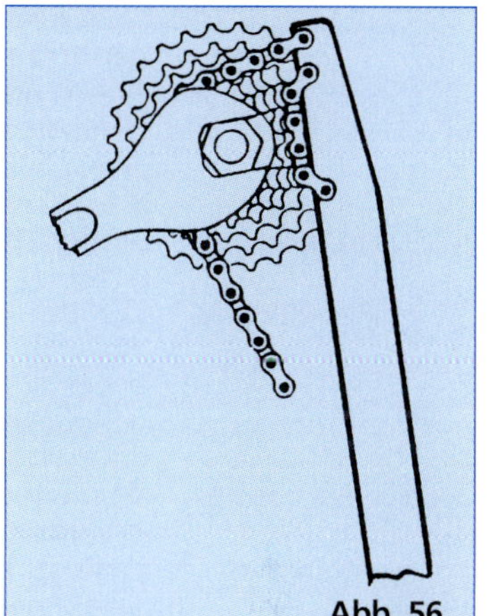

Abb. 56

Kettenpflege

Behandlung der Fahrradkette, um deren oberflächliche Verschmutzung in Grenzen zu halten, was v.a. die Lebensdauer der ▷ Kettenräder erhöht (Abb. 57).
Für die Kette selbst wirkt sich eine äußerliche Entschmutzung nicht wesentlich lebensverlängernd aus, da für den Gelenkverschleiß (s. ▷ Kettenlängung) der bereits in die Kettengelenke eingedrungene Schmutz verantwortlich ist. Eine sorgfältige Reinigung verhindert aber, daß weiterer Schmutz von den Kettenblatt- und Ritzelzähnen in die Kettengelenke gedrückt wird. Bereits in die Kettengelenke eingedrungener Schmutz läßt sich nämlich von außen auch nicht mit speziellen Kettenreinigungsgeräten entfernen.
Für die Kettengelenke ist ein gelegentliches Nachschmieren erforderlich, da sich das Schmiermittel im Fahrbetrieb verbraucht.
Je nach Einsatz haben sich für Fahrräder folgende zwei Pflegemethoden bewährt:

Abb. 57

Schönwettermethode

Für Rennfahrer und Sonntagsausflügler: Kette alle 200 km mit ▷ öligem Lappen (einige Tropfen Kettenöl oder ▷ Fließfett auf einen Lappen träufeln und einziehen lassen) kräftig abreiben. Das nimmt den Staub von den Kettengliedern und versieht die Kettenoberfläche mit einem dünnen Schmierfilm, der auch in die Kettengelenke einzieht.

Allwettermethode

Für Mountainbikefahrer und Reiseradler sowie "echte" Alltagsradler: Alle 300 km die Kette mit kräftigem Wasserstrahl säubern und anschließend sofort mit Sprühwachs einsprühen (das unterwandert das Wasser und vermeidet so Rostbildung). Dann gründlich mit ▷ Fließfett einträufeln und 1-2 km probefahren. Anschließend überschüssiges Fett mit Lappen kräftig abreiben und Kette noch einmal mit Sprühwachs "versiegeln" (verhindert das Klebenbleiben von Staub und Schmutz).

Wem diese Pflege zu viel Umstand bereitet, sollte zumindest bei ▷ Microdrive-Kurbelgarnituren seine Kette regelmäßig mit Ketttenöl oder ▷ Fließfett nachschmieren. Übrigens kann man das sogar während der Fahrt machen, s. die Nachschmiereinrichtung ▷ Lubmatic.

Kettenrad

Oberbegriff f. ▷ Kettenblatt und ▷ Ritzel.

Kettenrädchen

Neben ▷ Schaltungsrädchen ein Oberbegriff für ▷ Kettenführungs- und ▷ Kettenspannrad.

Kettenreibung

▷ Reibungsverluste der in Verbindung mit einer ▷ Kettenschaltung als Antriebsmittel dienenden ▷ Kette, die bei deren Ein- und Ausschwenken in die Zähne von ▷ Kettenblatt und ▷ Ritzel entstehen. Sie beträgt ca. 2% der eingebrachten Leistung (Abb. 58). Dabei dreht sich die ▷ Kettenhülse (resp. Lagerkragen) in der ▷ Kettenrolle über dem ▷ Kettenbolzen.

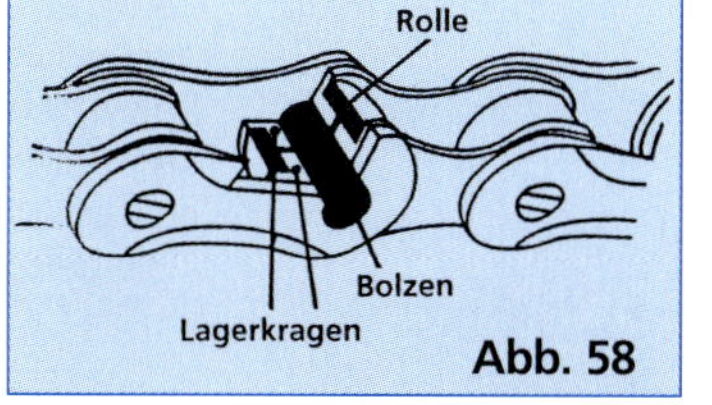

Abb. 58

Kettenrevolver Spezieller ▷ Kettennieter in solider Ausführung, mit dem der ▷ Kettenbolzen beim Zusammenfügen gleich aufgeweitet werden kann, um ein Abrutschen der Außenlasche vom Bolzen beim ▷ Hyperglide-Überlauf zu vermeiden. Vgl. auch ▷ Rohloff-Revolver (Abb. 59).

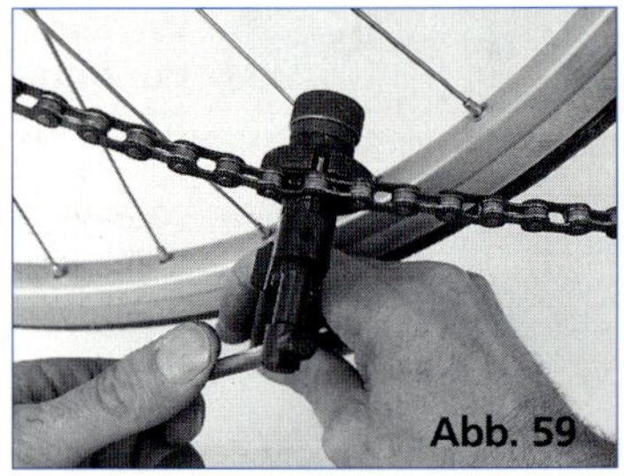
Abb. 59

Kettenritzel Andere Bez. f. ▷ Ritzel.

Kettenrolle Auf der ▷ Kettenhülse oder dem ▷ Lagerkragen gelagerte schmale Rolle, die eine ▷ Gleitreibung zwischen Kette und den Zähnen der ▷ Kettenräder vermeidet und somit - i.G.z. der ursprünglichen ▷ Blockkette - verschleißmindernd auf diese Bauteile wirkt.

Kettenschaltung Modernste und mittlerweile am weitesten verbreitete Form des schaltbaren Fahrradgetriebes, bei der durch Wechsel der Kette auf unterschiedlich große Zahnräder bis zu 24 unterschiedliche ▷ Übersetzungen realisiert werden können. Einzelheiten s. ▷ Schaltung: Kettenschaltung (Abb. 60).

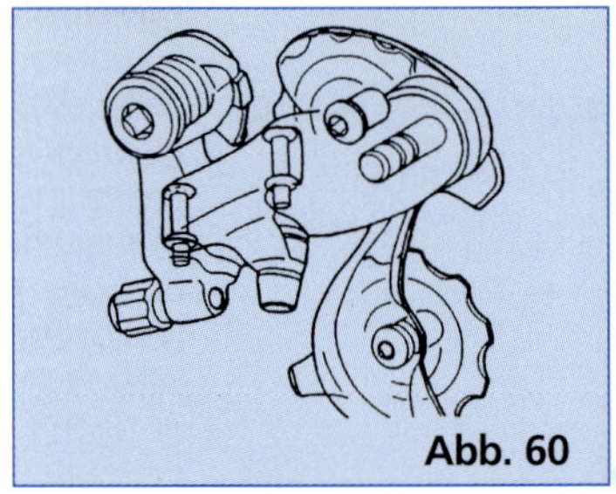
Abb. 60

Kettenschloß Spezielles ▷ Außenlaschenglied einer Kette für Standardräder ohne Kettenschaltung, das ein einfaches Öffnen und Schließen der Kette ohne Nietvorgang erlaubt (Abb. 61).

Durch einen Spannbügel wird eine der beiden Außenlaschen gegen seitliches Abwandern gesichert. Achtung: Das offene Ende dieses Spannbügels muß immer entgegen der Kettendrehrichtung weisen, sonst besteht Abstreifgefahr.
Ketten für Räder mit ▷ Kettenschaltung haben i.d.R. kein Kettenschloß und müssen mit speziellen ▷ Kettennietern vernietet oder geöffnet werden. Zum einen mangelt es der schmalen Schaltungskette an Anbaubreite, zum anderen kommt es beim Schaltvorgang zu seitlichen Kettenbiegungen, die das Kettenschloß abstreifen könnten.

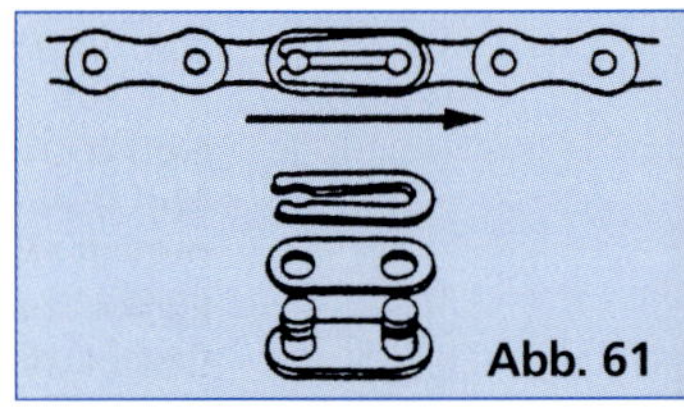
Abb. 61

Kettenschutz I.d.R. einseitiges Schutzgehäuse (i.G.z. ▷ Kettenkasten) für ▷ Kettenantriebe, um Verschmutzungen durch die Kette an Schuhwerk, Hose oder Rock zu vermeiden (Abb. 62).

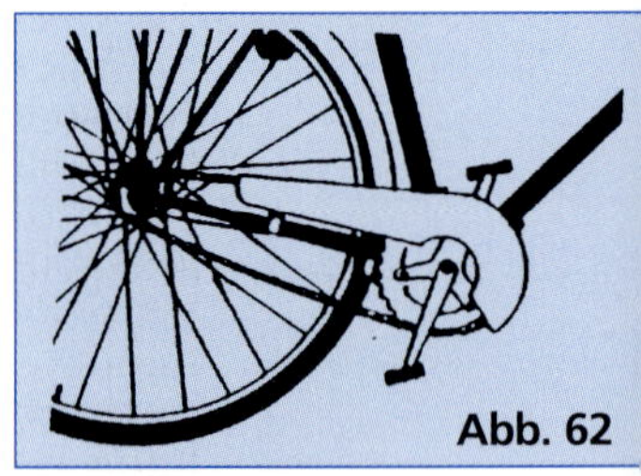
Abb. 62

Der Kettenschutz wird v.a. an schaltungslosen ▷ Gebrauchsrädern oder Fahrrädern mit ▷ Nabenschaltung montiert.
Bei ▷ Kettenschaltungen stört der ▷ Umwerfer, weswegen hier Ausführungen mit entsprechenden Aussparungen im Handel sind (Abb. 63).
Bei der "3x7" von ▷ Sachs, einer Kombination von ▷ Naben- und ▷ Kettenschaltung, wird hingegen kein Umwerfer benötigt, ein Kettenschutz ist ohne Probleme montierbar. Vgl. hierzu auch ▷ Kettenkasten.

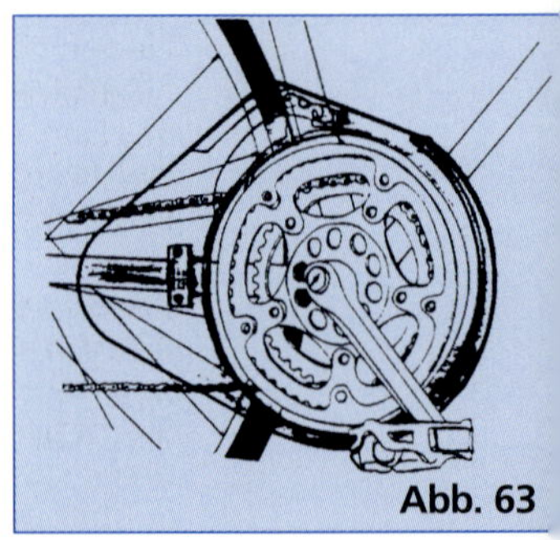
Abb. 63

Kettenspanner Spannschraube zum Ausrichten des Hinterrades und gleichzeitigem Einstellen der Kettenspannung, die bei Rädern mit nach hinten offenen ▷ Ausfallenden (ältere Standardräder; ▷ Hollandrad ▷ BMX-Rad) Anwendung findet (Abb. 64).

Kettenspannrad Unteres ▷ Schaltungsrädchen, das die Kette durch die Spannung der ▷ Rückholfeder der ▷ Schaltschwinge unter Spannung hält (Abb. 65).

Kettenstreben Andere Bezeichnung für ▷ Unterstreben (Abb. 66).
Besonders die rechte Unterstrebe wird aus Gründen der Anschaulichkeit oft Kettenstrebe genannt. Sonderform: ▷ hochgezogene Kettenstrebe.

Kettenteilung Abstand der einzelnen ▷ Kettenglieder voneinander sowie der Zähne der ▷ Kettenräder. Beim modernen Fahrrad beträgt die Kettenteilung 12,7 mm (½ ▷ Zoll).

Kettenverschleiß Infolge von Trittkraft, Schmierstoffmangel und Verschmutzung eintretender ▷ Verschleiß (s. ▷ Kettenlängung) in den Gelenken der ▷ Kette, s.a. ▷ Kettenlängung.
Hierbei kommt es durch ▷ Abrieb von ▷ Kettenhülse oder ▷ Lagerkragen und ▷ Kettenbolzen zu einer ▷ Kettenlängung, die ursprüngliche ▷ Kettenteilung von 12,7 mm vergrößert sich.

Folge: Die Kette braucht mehr Platz (einen größeren Eingreifradius infolge der Teilungsvergrößerung) und greift weiter oben auf den Zahnflanken in ▷ Kettenblatt und ▷ Ritzel ein. Dadurch tritt auch bei diesen ein erhöhter Verschleiß auf.

Hinzu kommt, daß sich die Glieder der ▷ Außenlaschen stärker längen als die der ▷ Innenlaschen, wodurch die Kettenglieder in einer sog. "Polygon-Lage" auf den Zahnflanken von Kettenblatt und Ritzel liegen (Abb. 67). Bei höheren Trittkräften kommt es so zum Durchratschen der Kette.

Zur Kontrolle eines noch tolerierbaren Kettenverschleißes dienen ▷ Ketten-Checker/-Kaliber. Faustregel: Schaltungsketten dürfen am vorderen Kettenblatt max. 5 mm "abhebbar" sein (Abb. 68), Nabenschaltungsketten 7 mm.

Kettenwerfer Andere Bez. f. ▷ Umwerfer.

Kettenzug Auf der ▷ Kette lastende Zugkraft, s. ▷ Kettenkraft, aber auch: Auswirkungen der von der ▷ Pedalkraft des Radfahrers gestrafften Kette (s. ▷ Kettenkraft) auf ▷ Hinterradfederungen (Abb. 69).

Liegen die ▷ Drehgelenke der Hinterradschwingen unterhalb der ▷ Kettenblätter, so taucht das Fahrrad bei hohen Antrittskräften ab. Liegen sie oberhalb, so bäumt sich das Fahrrad dabei auf oder zieht die Federung auf seinen Anschlag. Das jedoch "versteift" die Federung, verschlechtert also ihr ▷ Ansprechverhalten.

Reaktionsfreiheit gegenüber dem Kettenzug besteht, wenn 1) der Schwingendrehpunkt auf Höhe der Kettenblätter gelegt wird, 2) das ▷ Tretlager in die Schwinge integriert ist, 3) die Federschwinge als ▷ Viergelenktrieb ausgelegt ist.

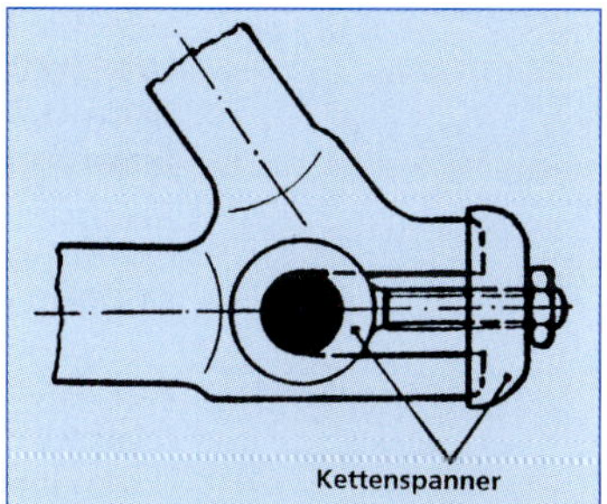

Abb. 64

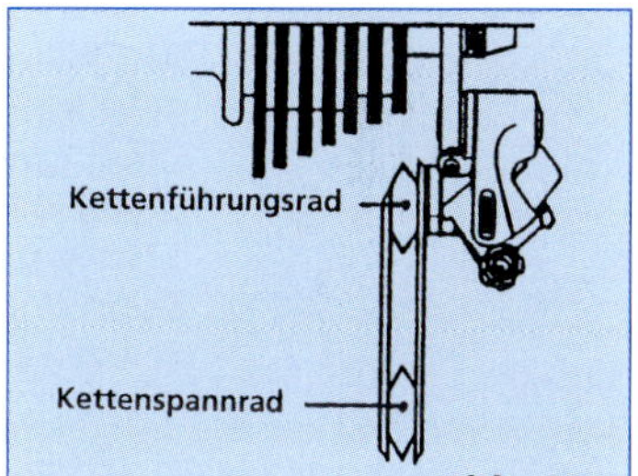

Abb. 65

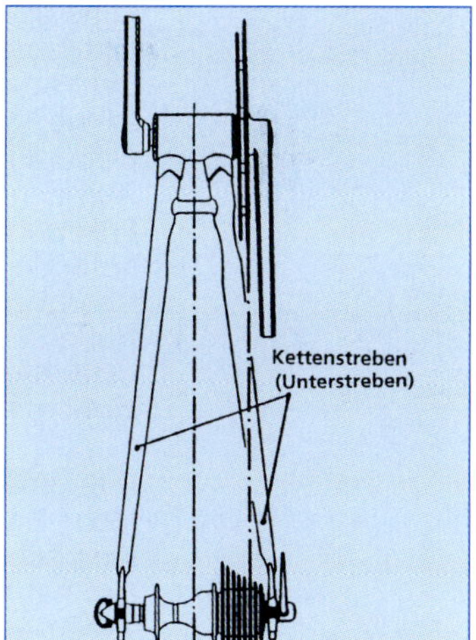

Abb. 66

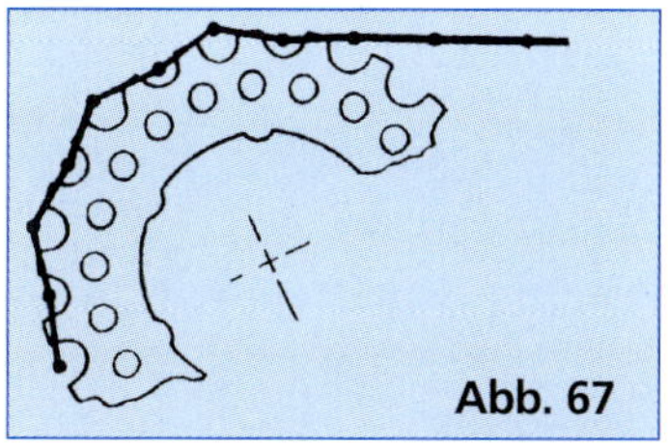
Abb. 67

Eine weitere Möglichkeit, den Kettenzug wirkungslos zu gestalten, besteht darin, die Kette über das Drehgelenk zu führen, wie beim "V4000" von Cannondale. Weitere Einzelheiten s. ▷ Fahrradfederungen: Hinterradfederung.

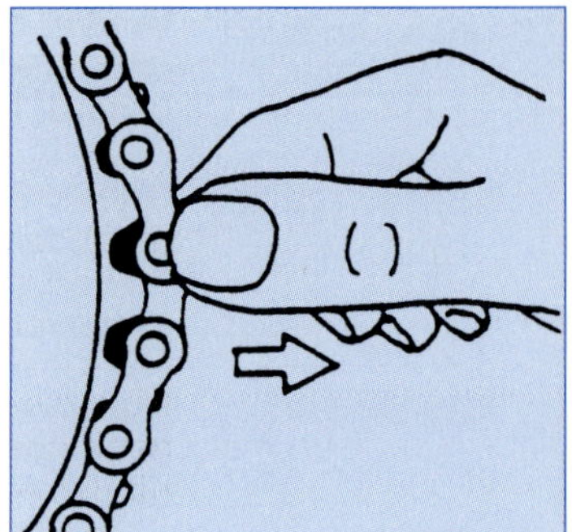

Abb. 68

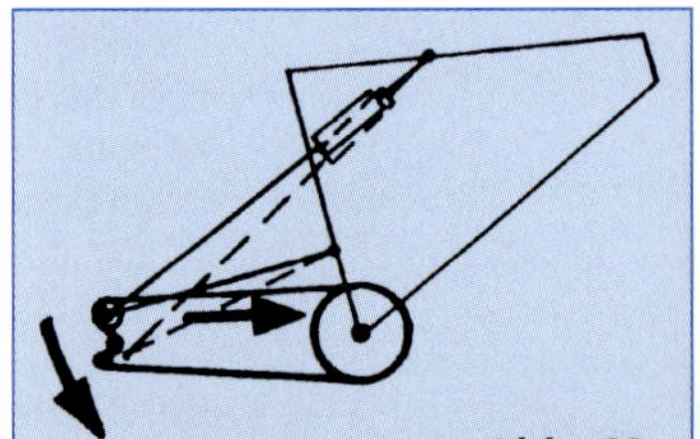

Abb. 69

Kevlar

Extrem hochfeste Faser aus Aramid, einem Kunststoff der Firma Dupont (Abb. 70).

Aus Kevlar werden z.B. schußsichere Westen hergestellt, im Fahrradbau findet es Anwendung in ▷ Pannenschutzstreifen sowie - durch ihre im Vergleich zur Kohlefaser elastischeren Eigenschaften - als bruchsichere Ergänzungsfaser bei der Herstellung von ▷ Faserverbundstoffen, vgl. auch ▷ Hybridgewebe.

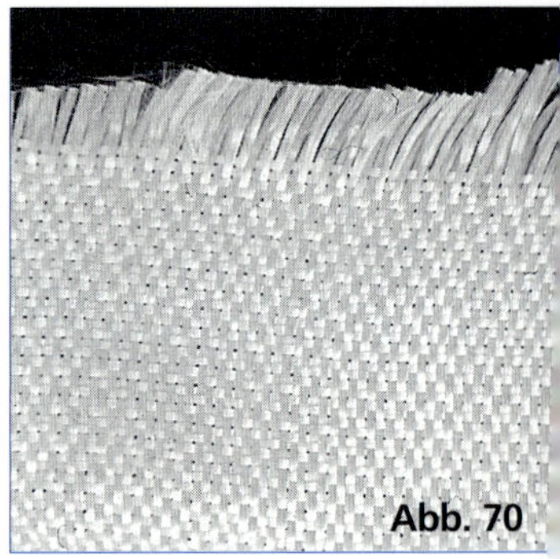

Abb. 70

Kinderanhänger

Ans Fahrrad gekuppelte Anhänger, die zur Mitnahme von ein bis zwei Kindern ausgelegt sind (Abb. 71).
Diese um 1970 in den USA entwickelten "Trailer" kosten zwischen DM 650 und DM 1.200 und werden ohne Werkzeug an die linke ▷ Unterstrebe angekuppelt, bei einigen Ausführungen greift die Kupplung auch noch um die linke ▷ Sitzstrebe oder um Sattelstütze bzw. Sitzrohr.

Gegenüber ▷ Kindersitzen haben die Anhänger für den Fahrer den Vorteil, ungestörter radeln zu können: Das Fahrrad behält seine Fahreigenschaften, wird also weder heck- noch kopflastig, er kann seine gewohnte Sitzposition einnehmen und normal im ▷ Wiegetritt fahren.
Der Fahrer muß sich allerdings auf die Eigenheiten von "Zugmaschine" und "Hänger" einstellen: Bergab ist eine vorsichtige Fahrweise angesagt, da die Kinderanhänger bis auf wenige löbliche Ausnahmen ungebremst sind und das Fahrrad beim plötzlichen Bremsen aus der Spur schieben können. Die Bremsen müssen besonders effektiv sein, bei langen Abfahrten besteht Gefahr der Überhitzung.
Außerdem: Der Fahrer muß sich angewöhnen, weiter zur Straßenmitte hin zu fahren, um den Hänger nicht "über die Böschung" zu kippen.

Den größten Vorteil bringt der Anhänger den Kindern: Sie haben mehr Platz als auf dem Kindersitz, Spielen und Schlafen (besonders bei Kleinkindern ein wichtiger Aspekt), der Transport kann also natürlicher vonstatten gehen. Das Verdeck schützt die Kinder zudem vor Wind, Regen und übermäßiger Sonneneinstrahlung. Weiterhin bietet der Trailer mit Sicherheitsgurten und einem zum Standard gewordenen Überrollbügel einen Schutz für Kinder bei Unfällen.

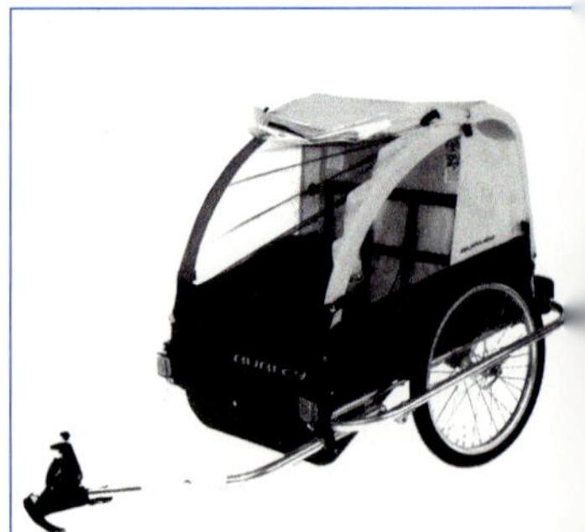

Abb. 71

Die "Zugmaschine" sollte mit Rückspiegel ausgestattet sein, um besser die Kinder und den rückwärtigen Verkehr beobachten zu können.
Weiterhin schränkt das im Vergleich zum Kindersitz höhere Baugewicht (9-14 kg) die Bergtauglichkeit ein, v.a. bei Ausreizung der Zuladungshöhe von 40-55 kg.

Kinder(fahr)rad

Kleines Fahrrad, das hinsichtlich Größe und Ausstattung speziell auf die Bedürfnisse von Kindern hin gebaut sein sollte.

Vorschriften

Entsprechend der ▷ DIN 79 110 gelten Fahrzeuge mit zwei bis drei 12-22 Zoll großen ▷ Laufrädern und Ketten-Hinterradantrieb als Kinderfahrräder. Sie müssen einen ▷ Freilauf besitzen und für Fahrergewichte von max. 50 kg ausgelegt sowie nach der ▷ StVZO der Körpergröße der Kinder angepaßt sein.
Kinderräder gelten als sog. "Spielräder" (Abb. 72), wenn sie ohne Beleuchtung ausgestattet sind. Das schließt dann die Benutzung öffentlicher Straßen aus, gefahren werden darf nur auf Gehwegen, Spielplätzen und Privatgrundstücken.
Wird ein Kinderfahrrad als Verkehrsmittel für den Schulweg oder zu einem Familienausflug eingesetzt, gilt es als ein Kinder-Straßenfahrrad und unterliegt der ▷ StVZO. Es muß dann mit ▷ Beleuchtung versehen sein und den Anforderungen der ▷ DIN 79 100 genügen (Abb. 73).

Abb. 72

Abb. 73

Eigenschaften

Weil Kinder einerseits nicht mit einem zu großen Fahrrad überfordert werden dürfen, andererseits ihrem Fahrrad schnell entwachsen, sind Eltern i.d.R. nicht gewillt, viel Geld für ein Kinderfahrrad auszugeben. Das setzt die Hersteller unter enormen Kostendruck. Folge: Nahezu das gesamte Kinderradangebot im Handel weist erhebliche Sicherheitsmängel auf.

Generell läßt sich zu diesem Problemkreis folgendes feststellen: Bis zum Alter von 8 Jahren dürfen Kinder ohnehin nicht auf öffentlichen Straßen radfahren. Bis zu diesem Alter genügt also durchaus ein entsprechend konzipiertes "Spielrad". Trotzdem sollte auch dieses schon folgende Merkmale aufweisen:

* Kurbeln ohne ▷ Keilbefestigung (Hose, Schnürsenkel können am Keil hängenbleiben, es besteht dann akute Sturzgefahr);
* gepolsterter Lenker und ▷ Vorbau,
* kugelförmiger Prallschutz an den Lenkerenden (besser noch in sich geschlossener Lenker, Abb. 74);
* generelle Vermeidung verletzungsträchtiger Ecken und Kanten;
* betriebssichere Bremsen: ▷ Bremsgriffe für kleine Kinderhände;
* ▷ Kettenschutz (auch bei ▷ Kettenschaltung erwünscht);
* geringes Gewicht und ausgewogene ▷ Fahreigenschaften für den sicheren Umgang (▷ Handling) mit dem Fahrrad.

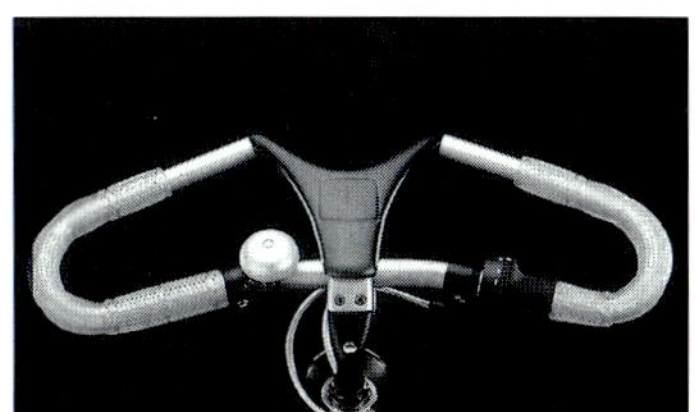
Abb. 74

Mit dem 8. Lebensjahr darf das Kind nicht mehr auf dem Bürgersteig fahren, nimmt also am normalen Straßenverkehr teil. Nun benötigt es ein sicheres, verkehrstaugliches Fahrrad.

In Zusammenarbeit verschiedener Verbände mit der Fa. Puky ist neuerdings ein sicheres Kinderfahrrad konzipiert worden. Es kostet knapp 1.000,- DM, ist mit 5-Gang-Nabenschaltung bzw. der 3x7-Schaltung von Sachs ausgestattet und "wächst mit" (Vorbautausch; lange ▷ Sattelstütze unter 69 Grad ▷ Sitzwinkel), so daß es von Kindern ab 8 Jahren bis 13/14 Jahren gefahren werden kann.

Es bleibt allerdings zu hoffen, daß die Eltern Bereitschaft zeigen, den für die Sicherheit ihrer Sprößlinge angemessenen Preis auch zu bezahlen. Bedacht werden sollte in diesem Zusammenhang auch: Langfristig ist es billiger, einmalig mehr Geld für ein seriöses mitwachsendes Rad auszugeben, als wiederholte Reparaturkosten zu tragen und alle zwei bis drei Jahre ein neues Rad zu kaufen.

Sonderausführungen

Mit modisch geprägten Sonderformen wurde bereits früher versucht, den Absatz von Kinderrädern zu steigern. Interessante Ausführungen:

BMX-Rad

In den 70er und 80er Jahren galt das ▷ BMX-Rad (Abb. 75) aufgrund seiner akrobatischen Möglichkeiten verbunden mit einem Höchstmaß an Stabilität geradezu als das Kinderrad schlechthin. Für den Normalgebrauch beim Familienausflug z.B. stören allerdings die langen Tretkurbeln, die niedrige Sitzposition sowie die geringe Übersetzung. Heute ist dieser Kinderradtyp weitgehend von mountainbikeartigen Konstruktionen verdrängt worden.

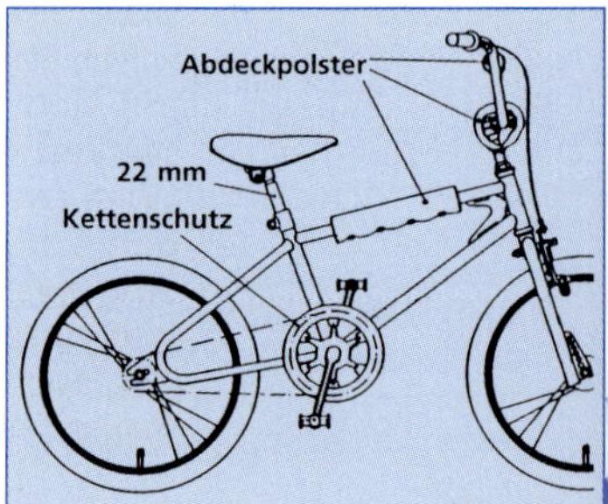

Abb. 75

Kinder-MTB

Wie oben schon gesagt, handelt es sich hierbei um kleinere und billigere Versionen von Mountainbikes für Erwachsene. Das hohe Gewicht (häufig bis 15 kg) aufgrund der Verwendung dickwandiger, billiger Rahmenrohre behindert den Umgang (▷ Handling) mit dem Fahrrad für das Kind erheblich, da es z.T. die Hälfte seines Körpergewichts manövrieren muß.

Highriser

Der bes. in den 70er Jahren beliebte ▷ Highriser ist heute praktisch ausgestorben und dem sinnvolleren BMX-Rad bzw. zunehmend mountainbikeartigen Kinderrädern gewichen.

Dreirad

Für die ganz jungen kommt noch das ▷ Dreirad in Betracht, wobei zwischen der einfachsten Ausführung zu unterscheiden ist, deren Antrieb direkt über eine Kurbel am Vorderrad erfolgt und einem solchen, bei dem die Tretkraft mittels Kette auf die Hinterachse übertragen wird. Dieses unterliegt bereits der ▷ DIN 79 110.
Der Zwischenschritt vom Kinder- zum Erwachsenenrad ist das Jugendrad.

Kindersitz

Auf Fahrräder montierbare Sitze zur Mitnahme von Kindern bis 7 Jahren, wobei der Radfahrer mindestens 16 Jahre alt sein muß.

Vorschriften

Die technischen Anforderungen regelt die DIN 79120 ("Kindersitze für Fahrräder"):
Für Kinder mit bis 15 kg Körpergewicht dürfen Kindersitze auch zwischen Lenker und Sattel oder vor dem Lenker befestigt sein (Abb. 76), für schwerere Kinder (max. 22 kg) ist einzig die Sitzmontage hinter dem Fahrer zulässig (Abb. 77). Kindersitzmontage am Lenker ist nicht erlaubt, da die Lenkung beeinträchtigt wird.
Werden Kindersitze auf dem Gepäckträger montiert, so ist sicherzustellen, daß er der Belastung auch standhält.

Abb. 76

Im übrigen muß auf dem Kindersitz der Name des Herstellers (▷ Produkthaftung) und das für ihn max. zulässige Kindergewicht aufgedruckt sein.

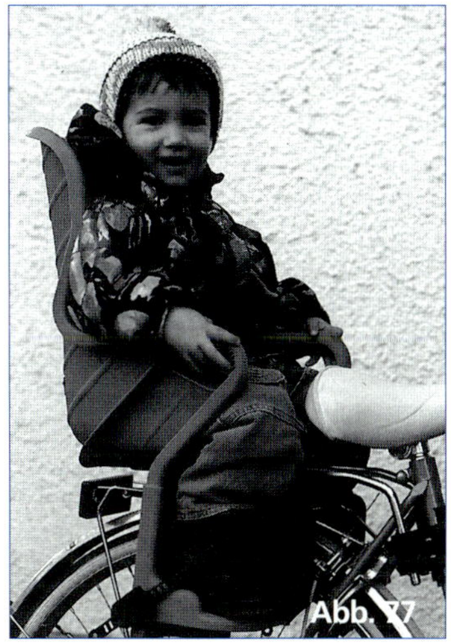

Abb. 77

Typen

Je nach Befestigungsort, Bauweise und Preisklasse gibt es heute ein breitgefächertes Angebot an Kindersitzen. Allen gemeinsam ist eine Fußsicherung:
Der Sitz oder andere Vorrichtungen müssen verhindern, daß die Füße des Kindes in die Speichen gelangen können. Das gewährleisten entweder in den Sitz integrierte oder separate Fußstützen (an ▷ Gabelbeinen bzw. ▷ Sattelstreben befestigt), auf denen die Kinderfüße mit einem Riemen festgeschnallt werden können.

Einfache Ausführungen von Kindersitzen (zum Beispiel die "Bulldog"-Sitze) bestehen aus einer gepolsterten, halbhohen Stahlblechschale mit angebrachten Fußstützen aus Stahldraht.
Aufwendigere Konstruktionen warten mit hohen Kunststoffschalen (Kopfschutz), Hosenträger-Gurten und verstellbaren, integrierten Fußschalen auf (kein Einklemmen der Beine beim Sturz).

Montageort

Die verschiedenen Montageorte von Kindersitzen haben ihre spezifischen Vor- und Nachteile:

hinter Fahrer

Auf dem Gepäckträger oder mit spezieller Halterung am ▷ Sattelrohr montiert. Dieser für Kinder über 15 kg Körpergewicht vorgeschriebene Montageort macht das Fahrrad hecklastig, so daß es bei höherem Tempo zum ▷ Rahmenflattern neigt. Bei Kleinkindern sind eng anliegende Hosenträgergurte nötig, da das Kind sonst seitlich aus dem Sitz fallen kann, weswegen auch Rückspiegel zu empfehlen sind.

vor Fahrer

Bei Plazierung des Kindersitzes vor dem Fahrer (nur für Kinder bis 15 kg Körpergewicht) gibt es die Möglichkeit der Montage vor und hinter dem Lenker:

zw. Lenker und Sattel

Gute Gewichtsverteilung; Kind unterkühlt leicht durch den Fahrtwind; Fahrer sollte versiert sein, da das Kind in den Lenker greifen kann. Das erforderliche breitbeinige Treten kann zu Gelenkschmerzen beim Fahrer führen.

vor dem Lenker

Befestigung am ▷ Steuerrohr; Achtung: Scheinwerfer darf nicht verdeckt werden, muß also an der Gabel oder vorne am Schutzblech befestigt sein; Kind sitzt mit dem Rücken in Fahrtrichtung: kann in den Lenker greifen, außerdem: rasche Unterkühlung von Rücken und Halspartie.

Kinetische Energie

Physikalischer Begriff für "Bewegungsenergie". Wird ein Körper beschleunigt, so muß hierzu eine ▷ Beschleunigungsarbeit geleistet werden. Sie steckt nun als kinetische Energie im Körper, der seinerseits in der Lage ist, Arbeit zu verrichten.

Kinetische Energie errechnet sich nach

$W_k = \frac{1}{2} \cdot m \cdot v^2$

W_k = kinetische Energie in Nm (s. ▷ physikalische Einheiten)
m = Masse in kg
v^2 = Geschwindigkeit (Velocité) in m/s

Rechenbeispiel: Ein Radfahrer wiegt mit Rad zusammen 80 kg und beschleunigt sich und sein Fahrrad auf 36 km/h (≙ 10 m/sec):

$W_k = \frac{1}{2} \cdot 80\,kg \cdot 10\,m/sec \cdot 10\,m/sec = 4.000\,N$

Kipphebelbremse

Andere Bez. f. ▷ Cantilever-Bremse.

Kippmoment

Physikal. Begriff, der beim Radfahren während des ▷ Bremsvorgangs eine Rolle spielt (Abb. 78).
Das Kippmoment wirkt dem ▷ Standmoment entgegen und berechnet sich nach:

$M_k = F_k \cdot h_s$

M_k = Kippmoment in Nm;
F_k = Kippkraft in N;
h_s = Höhe des Schwerpunktes über der Standfläche in m.

Siehe hierzu auch ▷ Bremsvorgang: Lastverteilung.

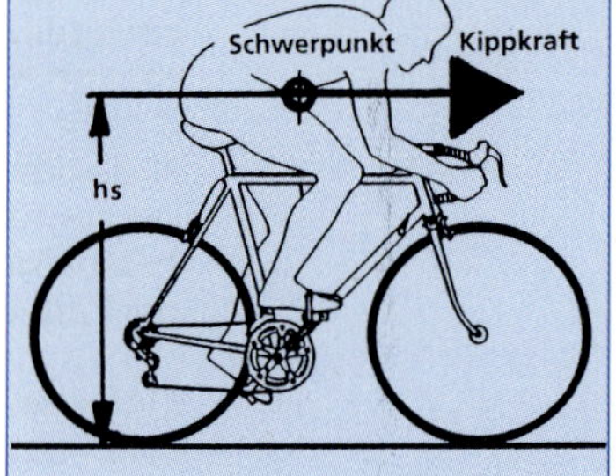

Abb. 78

Kirk-Rahmen

Halbwegs gelungener Versuch, einen Vollmetallrahmen zu gießen (Norwegen 1990) (Abb. 79).
Als Werkstoff wurde eine ▷ Legierung aus ▷ Magnesium verwendet, die recyclebar ist.

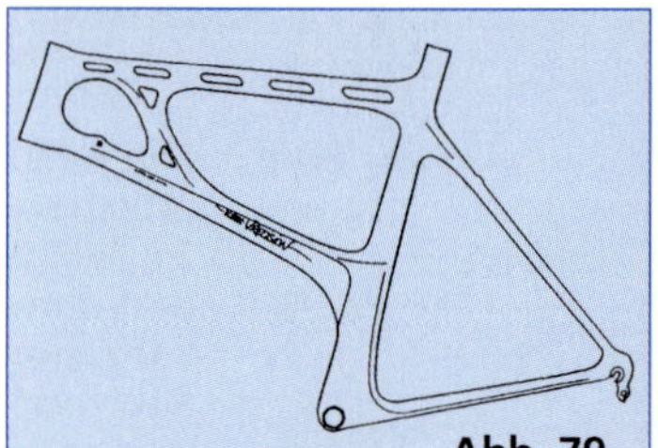
Abb. 79

Klapp-/ Zerlegerad

Fahrrad mit meist kleineren ▷ Laufrädern, das sich durch Klappen auf kleine Abmessungen zwecks leichteren Transports falten läßt (daher auch "Faltrad").

Im Gegensatz hierzu läßt sich das "Zerlegerad" in zwei oder mehr separate Teile zerlegen, was mitunter Vorteile beim Verstauen bringen kann. Landläufig wird es aber auch häufig als Klapprad bezeichnet. Da das Bestreben bei beiden Typen ansonsten in die gleiche Richtung geht, werden sie hier unter gemeinsamem Stichwort behandelt.

Schon vor der Jahrhundertwende gab es Bemühungen, das eher sperrige Fahrrad durch Klappen oder Zerlegen transportfähiger zu machen (Abb. 80), wobei das Militär eine treibende Rolle spielte, Einzelheiten s. ▷ Militärfahrrad.

Einem Klappradboom in den 60er Jahren - Grund war die Motorisierungswelle, das Fahrrad wurde als kofferraumtaugliches "Spritztourgerät" genutzt - mit anfangs recht seriösen Angeboten folgte eine Massenproduktion auf qualitativ niedrigstem Niveau, die auf Kosten von Haltbarkeit und Fahrbarkeit ging und dem Klapprad ein Negativimage einbrachte.

Abb. 80

Sitzposition

Daß dem nicht so sein muß, zeigen ernsthafte Bestrebungen wie z.B. das ▷ Moulton (Zerlegerad) oder die mit 28- bzw. 26-Zoll-Laufrädern ausgestatteten "Take off" von Winora bzw. "Montague" von Centurion. Sie alle gestatten eine ergonomisch günstige Sitzposition (Abb. 81), warten mit ausreichendem Übersetzungsbereich auf und besitzen - mit höherwertigen Teilen ausgestattet - eine geringe Defektanfälligkeit. Von daher ist zu erwarten, daß das hochwertige Klapprad wiederkommt.

Abb. 81

Baugewicht

Wenig Beachtung wurde bislang dem teilweise sehr hohen Baugewicht der Klappräder geschenkt: Was nützen kleinste Abmessungen, wenn sich der Benutzer mit 15 kg und mehr beim Weg zum öffentlichen Verkehrsmittel abschleppt bzw. beim Beladen des Kofferraums abmüht.

Mechanismen

Die mechanischen Vorrichtungen bei diesen Fahrrädern zum Klappen oder Zerlegen befinden sich rund 10 cm vor ▷ Tretlagergehäuse und ▷ Sattelrohr. Beim Einrohrklapp- und Zerlegerad entsprechend auf dem einen Rohr ebenfalls rund 10 cm vor dem Tretlagergehäuse.

Anders beim "Montague": Hier wird der ▷ Vorderbau um das Sattelrohr herum nach hinten geklappt.

Beim "Take Off" hingegen werden die Laufräder entfernt und der ▷ Hinterbau des Rennrahmens zusammengeklappt.

Abb. 82

geometrische Verkleinerung

Die äußeren Abmessungen von Fahrrädern lassen sich bereits durch einen geringeren ▷ Radstand verkleinern.

Laufräder

Kleinere Laufräder reduzieren die Gesamtlänge des Fahrrades ebenfalls, was von den meisten Klappradherstellern eingesetzt wird, Ausführungsbeispiel "Strida" s. Abb. 82. Auf guten Straßenbelägen ist dies kein Thema, es mangelt dann aber an der "Geländegängigkeit" auf rauhen Naturtrassen. Per ▷ Federung kann dies allerdings sehr gut ausgeglichen werden.
Ein weiteres Problem kleiner Laufräder ist die geringere ▷ Entfaltung pro Kurbelumdrehung. Die nötige Übersetzung kann jedoch durch entsprechende Ritzel/Kettenblatt-Kombinationen angepaßt werden. Bis zu 20-Zoll-Laufrädern hinunter geben v.a. die durch ▷ Microdrive reduzierten Zähnezahlen der ▷ Ritzel (11 Zähne) noch Entfaltungsmöglichkeiten über 7 m pro Kurbelumdrehung bei konventionellem 52er ▷ Kettenblatt.

Abb. 83

Früher wurden bei Klapprädern v.a. ▷ Nabenschaltungen eingesetzt, bei Zerlegerädern bes. gern die ▷ Zweigang-Automatik-Nabe mit ▷ Rücktritt, die die Zerlegbarkeit von Brems- und Schaltzug erübrigt, wie sie sonst gegeben sein muß und eine entsprechende Sonderanfertigung verlangt.

Ausführungsbeispiele

Von den mannigfaltigen Klapp-, Falt- und Zerlegemöglichkeiten haben sich insbes. die im folgenden aufgeführten Ausführungen bewährt:

Brompton

Ein sehr ausgereiftes Klapprad ist das Brompton, das durch sein Rekordfaltmaß von nur 565 x 545 x 250 mm in jeder Ecke des Kofferraums oder Zugabteils noch Platz findet (Abb. 83). Der Klappmechanismus ist stabil und das Rad innerhalb Minutenfrist fahrbereit. Das Gewicht liegt mit 11,5 kg noch im akzeptablen Bereich. Abgesehen von der Umstellung des Balancegefühls auf die kleinen 16-Zoll-Laufräder wartet das Brompton mit verträglichem bis agilem ▷ Fahrverhalten auf und bietet Fahrern bis 185 cm Körpergröße eine noch annehmbare Sitzposition.

Moulton

▷ Zerlegerad mit 17 Zoll großen ▷ Laufrädern mit sehr seitensteifem ▷ Gitterrahmen.
Die Zerlegung erfolgt durch Lösen einer Schraubverbindung (Abb. 84). Das ▷ Moulton (s.a.d.) ermöglichte es erstmals, auf einem mit kleinen Laufrädern ausgestatteten Fahrrad eine sportliche und sogar echt rennradgemäße ▷ Sitzposition einzunehmen, wodurch die Antriebskraft des Fahrers effizienter genutzt werden konnte als bei früheren Klapprädern.

Abb. 84

Erstmals beim Moulton wurde darüber hinaus ein Fahrrad mit kleinen Laufrädern gefedert, wodurch die Laufräder bessere "Kletterqualitäten" (s. ▷ Laufradgröße) bekamen.

Friday Elegantes Klapprad auf Basis von 20-Zoll-Laufrädern, mit einem "Nacktgewicht" (sportliche Version ohne Schutzbleche, Gepäckträger und Beleuchtung) von 9,5 kg (Abb. 85).
Mit dem Friday kann sehr sportlich gefahren werden. Das durch ▷ Stehbleche abgestützte ▷ Sattelrohr gestattet es, die ▷ Sattelstütze sehr weit herauszuziehen, so daß auch große Fahrer über 1,90 m Platz auf diesem Klapprad finden.

Birdy Das Birdy (Abb. 86) ist mit 18-Zoll-Laufrädern ausgestattet und gefedert, wobei hier der pfiffige Klappmechanismus erlaubt, die-Vorder- und Hinterradschwingen an den Federgelenken einzuklappen. In "Nacktversion" ab 8,7 kg wiegend, läßt sich mit dem aus ▷ Aluminium-Rohren gefertigten Birdy komfortabel und sportlich fahren. Verschiedene Ausstattungsvarianten mit Kettenschaltung oder Nabenschaltung sowie Zubehör wie Schutzbleche, Gepäckträger und Beleuchtung sind erhältlich. Komfortbetonte Fahrer können einen höheren Vorbau montieren.

Montague Stabile, aber schwergewichtige (15 kg) Ausführung eines fast normalen ▷ Mountainbikes, welches am Sattelrohr zusammengeklappt werden kann (Abb. 87). Durch Ausbau des Vorderrades läßt sich das Packmaß auf ca. 60 x 75 cm verkleinern. Im Gegensatz zu den vorgenannten Klapprädern mit kleinen Laufrädern ist hier der Lenker nicht einklappbar, was übrigens der Steifigkeit der gesamten Konstruktion förderlich ist.

Take Off Konzept eines rassigen Rennrades, dessen Transportmaße durch Ausbau der Laufräder sowie durch Einklappen des Hinterbaus verkleinern lassen (Abb. 88 u. 89). Zusätzlich lassen sich noch die Pedale mittels Schnappverschluß demontieren. Wenn auch die Packmaße nicht an die der "echten" Klappräder heranreichen, ist das Take Off wie das Montague ein "echtes" Sportgerät, das sich immerhin noch in Kofferraum und öffentlichen Verkehrsmitteln transportieren läßt.

Klebemuffe Verbindungsteil einer Klebeverbindung, welches das Rohr außen überstülpt. Weitere Einzelheiten s. ▷ Klebetechniken; ▷ Muffen (Abb. 90).

Klebestutzen Verbindungsteil bei geklebten Rahmen, wobei der Klebestutzen innen ins Rohr hineinragt. Aus ästhetischen Gründen (weniger auftragend, glatte Übergänge) ist diese Technik heute häufiger als die ▷ Klebemuffe zu finden. Weitere Einzelheiten s. ▷ Klebetechniken (Abb. 91).

Klebetechniken Im ▷ Rahmenbau angewandte Verfahren, um die Rahmenrohre per Klebung (statt des üblichen ▷ Lötens oder ▷ Schweißens) in ▷ Muffen zu fixieren.

Abb. 85

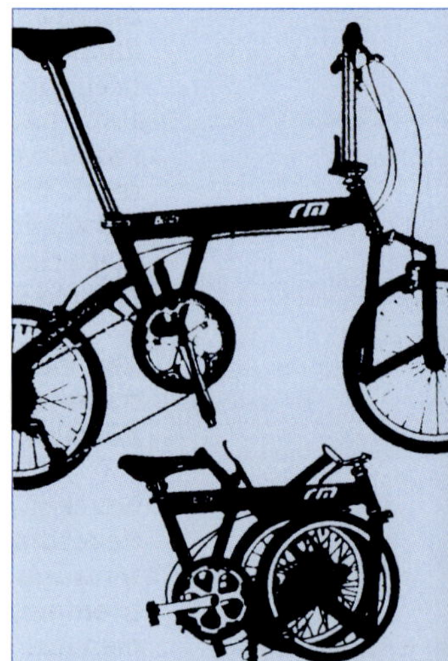

Abb. 86

Abb. 87

I.d.R. werden hierzu die Klebebereiche von Rohren und Muffen mit ▷ Zweikomponentenkleber eingepinselt (Abb. 92) und zusammengesteckt; überschüssiger Kleber wird abgewischt. Danach wird der frisch geklebte Rahmen in einer Haltevorrichtung fixiert (Abb. 93), bis der Kleber ausgehärtet ist. Damit sind die Rahmenflucht und die vorgesehene Winkelstellung der Rahmenrohre zueinander gewährleistet.
Die Verfahren finden v.a. bei ▷ Aluminium- und ▷ Carbon-Rohren Anwendung, seltener bei ▷ Stahl- und Titanrohren.

Abb. 88

Vorteil

Vorteil der Klebung ist, daß Metall/Carbon-Verbindungen hergestellt werden können, oder daß Metalle ohne den störenden Wärmeeinfluß (Festigkeitsminderung) beim ▷ Löten verbindbar sind. Es können daher hochwertige Aluminium-Legierungen (▷ Titanal) oder ▷ Edelstahl als Rahmenrohrmaterial genutzt werden. Moderne Klebetechniken garantieren übrigens selbst bei extrem sportlicher Nutzung ausreichend haltbare Fahrradrahmen.

Abb. 89

Grundsätzliches

Wie beim herkömmlichen Löten verbindet man die einzelnen Rohre mittels Muffen, wobei hier spezielle ▷ Klebemuffen oder ▷ Klebestutzen aus ▷ Aluminium oder ▷ Carbon, seltener aus ▷ Stahl zur Anwendung kommen.
Zwar erreicht die Festigkeit der hier eingesetzten ▷ Zweikomponentenkleber (40-70 N/mm^2) nur 10% der von Hartlot (400-900 N/mm^2), doch kann dies mit einer entsprechend größer bemessenen Klebefläche ausgeglichen werden.

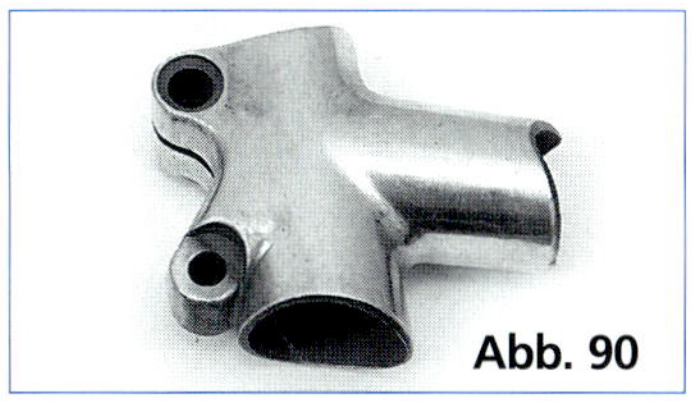
Abb. 90

Beispiel

Verbindungen des ▷ Oberrohrs: Ein 35 mm langer Klebestutzen mit einem Durchmesser von 25 mm ergibt eine Klebefläche von 2,749 mm^2. Multipliziert man mit einer mittleren Kleberfestigkeit von 55 N/mm^2, so müßte eine Kraft von 151.189 N aufgebracht werden, um das Rohr aus der Muffe zu ziehen (entspricht einer Gewichtskraft von etwa 15 t).
Messungen im Fahrbetrieb haben ergeben, daß im Oberrohr allenfalls mit Kräften von 10.000 N zu rechnen ist. Also besteht diesbezüglich bei der geklebten Verbindung eine rund 15-fache Sicherheit.

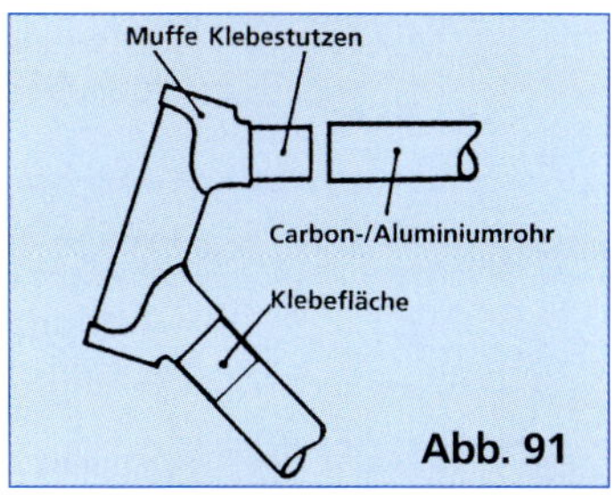

Abb. 91

In der Praxis können diese Werte sogar noch um den Faktor 2 gesteigert werden, wenn man die Rauhigkeiten der verklebten Materialien nutzt, den Kleberanteil so weit minimiert, daß er nur noch Oberflächenrauhigkeiten ausgleicht (zur Klebekraft addiert sich dann noch die Adhäsionskraft) oder - noch effektiver - die Klebung mittels leichter Preßpassung ausführt.

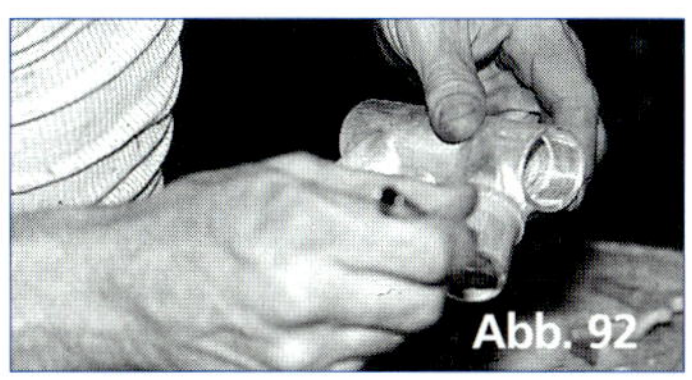
Abb. 92

Wichtig ist bei allen Klebetechniken das Geringhalten des Kleberanteils. Bei üppigem Auftrag ist der Kleber als elastisches Element vermehrter Scherbeanspruchung ausgesetzt, die zum Ablösen des Klebers führen kann.

Problematisch waren früher die unterschiedlichen Wärmeausdehnungen von Rohr- und Muffenmaterial. Mit modernen Klebern auf Basis von Epoxidharzen hat man dieses Problem mittlerweile aber im Griff.
Wichtig beim Klebevorgang sind äußerste Sauberkeit und fettfreie Klebeoberflächen. Außerdem werden die meisten geklebten Rahmen noch getempert (s. ▷ Tempern), also erhöhter Temperatur ausgesetzt, um die Festigkeit weiter zu steigern.

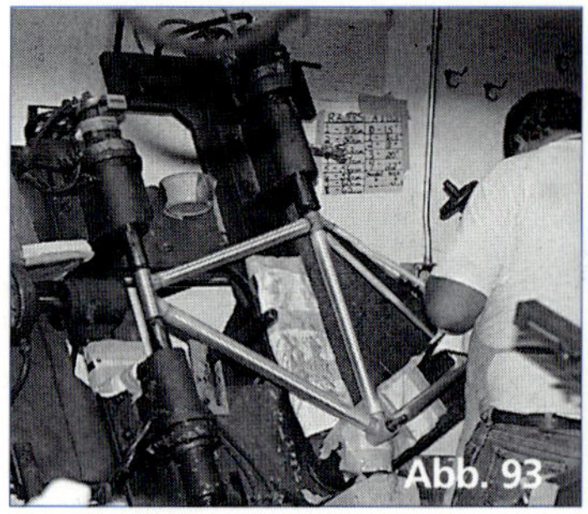
Abb. 93

Seit Mitte der 70er Jahre der erste serienmäßig geklebte Rahmen auf den Markt kam, haben sich fünf Klebetechniken etabliert:

Klebe/Schraub-Verfahren (Alan)

Zusätzlich zur geklebten Muffenverbindung stellt die ital. Firma noch per Feingewinde einen zusätzlichen ▷ Formschluß zwischen Muffe und Rohr her. Alan-Rahmen kamen in der zweiten Hälfte der 70er Jahre auf und haben sich bes. beim ▷ Querfeldeinrad bewährt.

Konus-Verfahren (Vitus)

Muffe und Rohr sind leicht kegelig ausgeführt, wodurch sich beim Zusammensetzen der Kleber bis auf einen hauchdünnen, die Materialunebenheiten ausgleichenden Film herausquetscht. Des weiteren werden so größere Querschnittsprünge vermieden, was für guten ▷ Kraftfluß sorgt.

Seit Ende der 70er Jahre auf dem Markt, ist der Vitus-Rahmen außer wegen seines geringen Gewichts (2,1 kg) wegen seines sehr guten ▷ Fahrkomforts beliebt.

leichte Preßpassung (Patria)

Der Außendurchmesser des ▷ Klebestutzens wird geringfügig (1/100 mm) dicker ausgeführt als der Innendurchmesser des Rohres. Der Kleberanteil wird gering gehalten, Lufteinschlüsse sind ausgeschlossen, die leichte Preßpassung bietet eine weitere Steigerung der Verbindungsfestigkeit. Durch die Verwendung von Stahl-Klebestutzen ist dieser Rahmen besonders dauerbelastbar.

Außen- und Innenmuffe (Centurion)

Das Rohr wird innen und außen geklebt (Abb. 94), wodurch sich die Klebefläche nahezu verdoppelt und klebunglösende Haarrisse vermieden werden, wie sie bei vorgenannten Techniken schon mal auftreten.

Abb. 94

Titanal-Verfahren

Verdichtungsvorgang des Klebefilms mittels Klebekammer und speziellen Preßsitzstutzen. Dadurch ist keine Haltelehre beim Fügen der Rohre nötig, um den Rahmen bis zum Aushärten des Klebers in der vorgesehenen Flucht und Winkelstellung zu halten (Abb. 95).

Fazit

Geklebte Fahrradrahmen können heute als dauerhaltbar gelten, unterschiedliche Ausdehnungen der Materialien bei Temperaturschwankungen hat man in den Griff bekommen. Durch die Verwendung entsprechender Rohrmaterialien sind per Klebung leichte, steife und pflegeleichte Rahmen herstellbar.

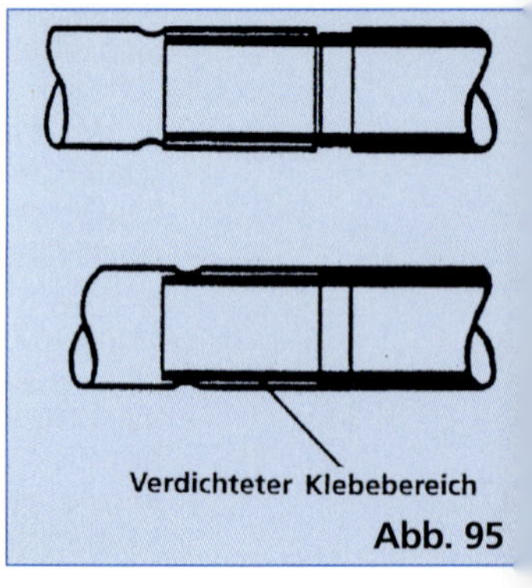

Abb. 95

Vorsicht bei Autotransport

Vorsicht allerdings beim Transport von geklebten Fahrrädern auf dem Autodach: Hier können sich - besonders bei hohen Geschwindigkeiten - Vibrationen und z.T. sogar Resonanzen "aufschaukeln", wobei sich insbesondere die Ausfallenden lösen können.
Sehr antrittsstarke Radler (Sprinter), die ihr Rad dauerhaft fahren wollen, sind übrigens mit Muffen aus geschmiedetem Aluminium (z.Zt. Herkules; Hagan; Trek) oder aus Carbon besser beraten, da die üblichen Muffen aus ▷ Druckguß bei hoher Seitenbelastung zur Rißbildung neigen (vgl. ▷ Aluminium: Aluminiumguß).

Klebstoffe Organische oder anorganische Stoffe, die eine Oberflächenvereinigung zwischen zwei Bauteilen herstellen, ohne daß sich das Werkstoffgefüge (wesentlich) verändert, s. ▷ Sekundenkleber, ▷ Kontaktkleber, ▷ Zweikomponentenkleber, ▷ Gummilösung sowie ▷ Klebetechniken.

Klemmbreite s. ▷ Klemmweite/Einbaumaß

Klemmkontakt Bei Rücklichtern und Dynamo mittels Schraube oder Federblech hergestellter Kontakt für den elektrischen Stromfluß; Einzelheiten s. ▷ Beleuchtung.

Klemmmuffe And. Bez.f. ▷ Vorbauauge, gelegentlich auch f.d. ▷ Sattelmuffe.

Klemmweite Auch als "Klemmbreite" bezeichneter lichter Abstand zwischen den ▷ Ausfallenden, um ▷ Naben mit entsprechendem ▷ Einbaumaß aufnehmen zu können (Abb. 96).
In der Praxis hat sich gezeigt, daß die Laufradmontage unproblematisch ist, wenn Klemmweite und Einbaumaß bis auf +/- 2 mm übereinstimmen. Bei größeren Abweichungen muß der Rahmen mit speziellen Richtwerkzeugen (Händler/Rahmenbauer) nachgerichtet werden.
In der folgenden Tabelle (Abb. 97) sind die gängigsten Klemmweiten aufgeführt:

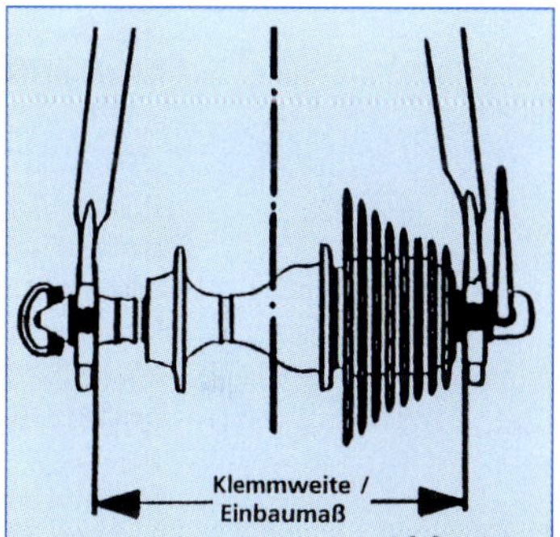

Abb. 96

Abb. 97: *Klemmweiten/Einbaumaße*

Vorderrad	
Nabentyp	*Klemmweite/Einbaumaße*
Rennrad/MTB	100 mm
Trommelbremsnaben	100 mm
Sporträder	96 mm
Standardräder	90-92 mm
BMX/Kinderräder*	91-94 mm
* Sonderausführungen 81-82 mm	
Hinterrad	
Nabentyp	*Klemmweite/Einbaumaße*
Rücktrittnaben**	109-110 mm
Zweigang-Naben	112-114 mm
Dreigang-Naben	116-118 mm
Fünfgang-Naben	122 mm
dito + Trommelbremse	126 mm
Siebengang-Nabe	130 mm
fünffach Ritzel	124 mm
sechs/siebenfach Ritzel	126 mm
achtfach Ritzel	130 mm
dito für Mountainbike	135 mm
Tandem	135-150 mm
** ohne Gangschaltung	

Klick-

Alle mit diesem Präfix beginnenden Begriffe sind unter ▷ Click-aufgeführt.

Klingel

Laut ▷ StVZO: Paragraph 64a vorgeschriebener akustischer Signalgeber ("Glocke"), der jederzeit zugänglich am Lenker angebracht sein muß (Abb. 98 oben).

Den unterschiedlichen Ausführungen ist aus Sicherheitsgründen die Zwei- oder aber die Hochtonklingel (Abb. 98 unten) wegen ihres auffälligeren Signals vorzuziehen.

Um auch in einer Lastwagenkabine gehört zu werden - was mitunter überlebenswichtig wäre - bedienen sich sicherheitsbewußte Radler der eigentlich verbotenen ▷ Radlaufglocke (im Stillstand kein Klingeln möglich), die aber geduldet wird, wenn als Zusatzklingel montiert.
Elektrische Signalgeber werden immer wieder im Zubehörhandel angeboten, haben sich aber nie recht durchsetzen können.

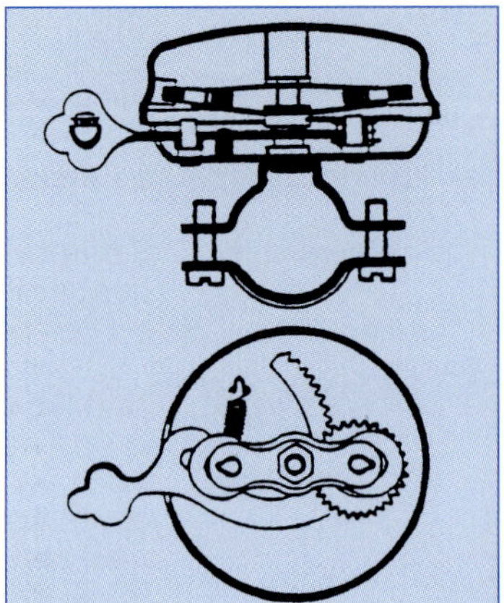
Abb. 98

Klotzbremse

Veralteter Bremstyp, bei dem ein Gummiklotz per Gestänge oder (seltener) ▷ Bowdenzug vor der Gabel auf den Vorderradreifen gedrückt wird, Einzelheiten s. ▷ Bremsen (Abb. 99).

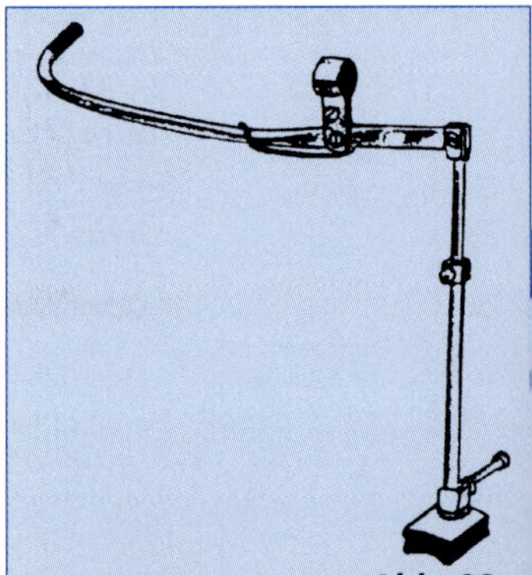
Abb. 99

Knacken

Unliebsames, beunruhigendes Geräusch, das durch Bewegung zwischen zwei Fahrradbauteilen entsteht.

Häufig ist "das Knacken" bereits durch Festziehen loser Schrauben von Verbindungsklemmstellen zu beheben, als da sind:

Klemmungen von Lenker, ▷ Vorbau, Sattel- und Sattelstütze, Pedalachse, ▷ Kurbelvierkant, ▷ Kettenblätter (Verbindungsschrauben), ▷ Ritzel, Kette, ▷ Tretlagerung.

Das Problem besteht jedoch in der exakten Ortung der Knackgeräusche (Körperschallübertragung durch den Fahrradrahmen). Am besten geht man nach folgendem Schema vor:

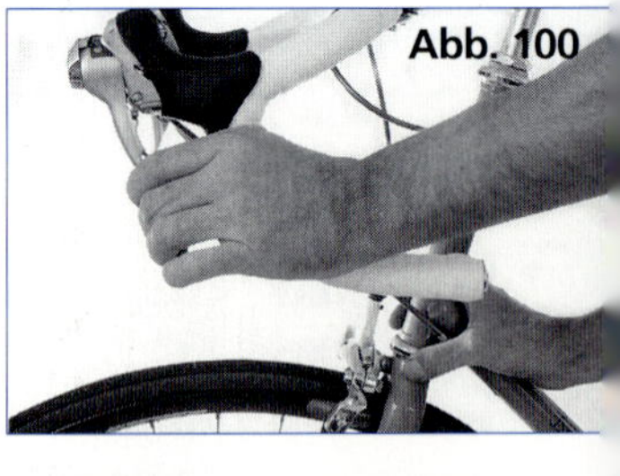
Abb. 100

1. Lenkbereich: Freihändigfahren und dabei weiter treten. Verstummt das Geräusch, zur Kontrolle Füße von Pedalen nehmen und abwechselnd am Lenker ziehen und drücken. Knackt es wieder, rührt das Geräusch aus dem System Vorbau/Lenker (lockere Steuersatz-Lagerschale, Abb. 100), Vorbauauge und Lenkermanschette, evtl. Anriß im ▷ Gabelschaftrohr.)

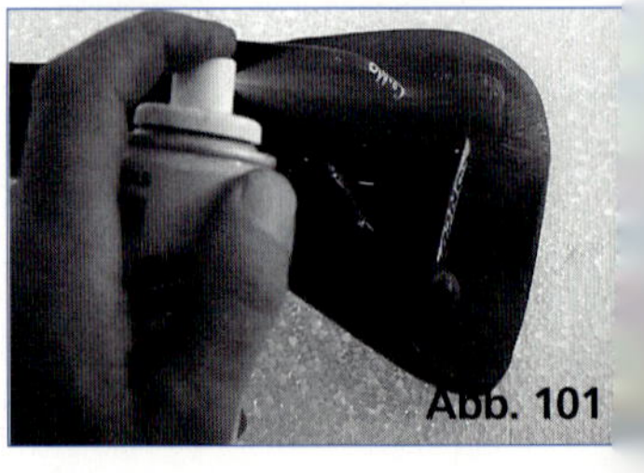
Abb. 101

2. Sattelbereich: ca. 5 cm aus dem Sattel gehen und dabei weitertreten. Verstummt das Geräusch, versuchen, mit Sattelbelastung nach vorn, hinten und seitlich die Knackgeräusche wieder zu erzeugen. Knackt es wieder, kann das Geräusch nur aus dem Sattelbereich kommen (zwischen Sattelstütze und Sattelrohr, Sattelgestell und Sattelstützenklemmung, Sattelgestell (Abb. 101) und Satteldecke).

3. Pedale/Tretlagerbereich/Ritzel: Das Geräusch tritt bei jeder Kurbelumdrehung an gleicher Stelle auf. Durch Pedalwechsel die

Pedale als Knackverursacher ausschließen. Knackt es weiter, kommt die Tretlagerung als Knackursache in Frage. (Lagerschaden, lockere Lagerschale (Abb. 102), lose Achs-/Kurbelverbindung (Abb. 103)). Seltene weitere Möglichkeiten: Ein loses Kettenblatt oder Ritzel.

Abb. 102

4. Kette: Das Geräusch tritt je nach Übersetzung nach jeweils 1 1/2 bis 2 1/2 Kurbelumdrehungen auf (steifes, verdrehtes oder unsauber vernietetes Kettenglied).

5. Rahmen: Haben die oben angeführten Maßnahmen nicht zu einer Lokalisierung der Knackgeräusche geführt, kann ein Rahmenriß vorliegen. Hierzu sind vor allem die kritischen Rahmenbereiche gründlich auf Risse (auch unter Lackrissen kann ein Rahmenriß verborgen sein, Abb. 104) zu untersuchen. Im Einzelnen: ▷ Gabelbeine im Bereich um den ▷ Gabelkopf, alle Rohr-zu-Rohr-Verbindungen, ▷ Unterstreben im Bereich des Quersteges hinter dem ▷ Tretlagergehäuse, ▷ Sattelstreben bzw. ▷ Monostay im Anlegungsbereich ans ▷ Sattelrohr.

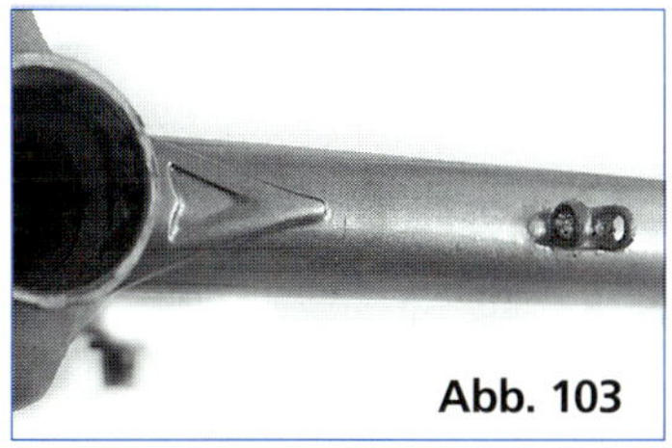
Abb. 103

Vorbeugung

Als vorbeugende Maßnahme hat sich eine sog. ▷ Sandwichpackung von miteinander verbundenen/verklemmten Bauteilen bewährt, die übrigens gleichzeitig gegen Korrosionseinflüsse schützt (▷ Kontaktkorrosion): Kontaktstellen mit ▷ Sprühwachs einsprühen und 30 Minuten ablüften lassen. Dann gut einfetten und dann erst zusammenbauen.

Abb. 104

Achtung

Höchste Vorsicht ist bei Knackgeräuschen im Rahmen geboten: Ein Knacken kann hier von einem Riß herrühren, der einen bevorstehenden Bruch ankündigt. Besonders tückisch ist das ▷ Gabelschaftrohr - dessen Bruch tödliche Auswirkung haben kann -, da es im Inneren des ▷ Steuerrohres verborgen und daher von außen nicht sicht- und kontrollierbar ist. Knacken nach einem Sturz sollte also stets ein Anlaß sein, das Fahrrad gründlich zu überprüfen. Weitere Informationen zu diesem Thema s. ▷ Gabelbruch; ▷ Rahmenbruch.

Knetlegierung

Spezielle Behandlung von ▷ Aluminium und ▷ Magnesium, bei der das ▷ Gußgefüge durch ▷ Strangpressen, Walzen oder ▷ Schmieden bei Lösungstemperatur aufgebrochen und "durchgeknetet" wird. Dadurch verteilen sich Verunreinigungen oder Legierungspartner (s. ▷ Legierung), die sich durch Entmischungsprozesse an den ▷ Korngrenzen abgeschieden haben, wieder (in etwa gleichmäßig) im Grundmetall. Folge: Das Leichtmetall wird duktiler (s. ▷ Duktilität), Knetlegierungen erlauben weitere ▷ Kaltverformungen wie Walzen, Ziehen, Schmieden (▷ Kaltschmieden); s.a. ▷ Aluminium: Knetlegierung.

niehebelprinzip

Hebelsystem zum Erzeugen hoher Kräfte, die analog zum menschlichen Knie kurz vor der völligen (Bein-)Streckung erreicht werden, s. Skizze Abb. 105.

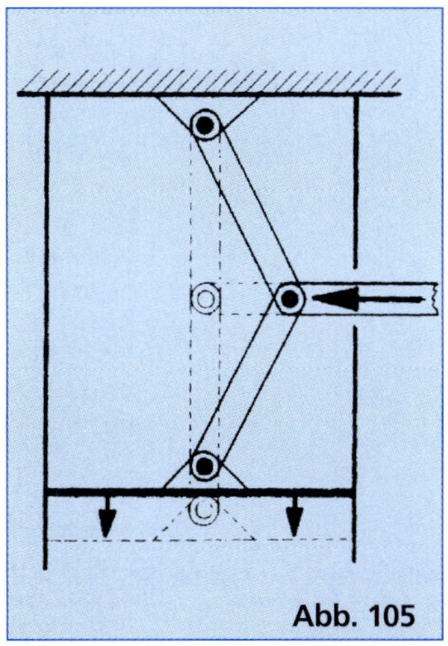
Abb. 105

Anwendung am Fahrrad: ▷ Delta-Bremse und Gestaltung des Seildreiecks bei ▷ Low-Profile-Bremsen. Dabei kommt bei beiden Bremstypen das Kniehebelprinzip in jeweils entgegengesetzter Weise zur Anwendung:

Delta-Bremse Bei der Delta-Bremse wird der Kniehebel zusammengedrückt, so daß sich mit zunehmendem Bremsweg das "Knie" weiter streckt und damit die Bremskraft progressiv erhöht.

Low-Profile-Bremse Genau umgekehrt liegen die Verhältnisse bei der Low-Profile-Bremse: Sie wirkt wie ein sich ziehend öffnender Kniehebel, wobei sich die Hebelverhältnisse mit zunehmendem Betätigungsweg verschlechtern, die Bremskraft also abnimmt. Die Wirkung ist also degressiv und stellt so einen gewissen Schutz vor Radblockierung dar. Siehe hierzu aber auch ▷ Brake-Booster, vgl. außerdem ▷ Grip-Zange.

Knopflochnabe

Ausführung der ▷ Speichenlöcher nach Art eines Knopflochs, damit sich die Speichen einfach einhängen lassen, statt eingefädelt werden zu müssen. Hersteller: Maxicar, Inka (Abb. 106).
Der Vorteil ergibt sich besonders auf der Zahnkranzseite, weil bei Speichenbruch der ▷ Schraubkranz nicht demontiert werden muß.

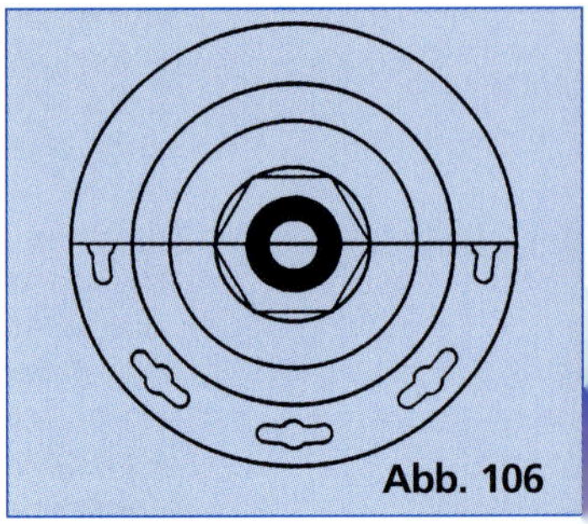
Abb. 106

Koaxialkabel

Spezielle Ausführung von ▷ Kabeln, bei der ein zentral angeordneter Leiter konzentrisch, also gleichförmig von einem Schutzleiter ("Erde") ummantelt ist.
Anwendung: Zur störungsfreien Übertragung hochfrequenter Signale, v.a. bei elektronischer Datenübermittlung. Beim Fahrrad z.T. angewandt bei Signalübertragung zum ▷ Computer.

Körperhaltung

Haltung des Fahrers auf dem Fahrrad, also Winklung und Vorneigung der Extremitäten, mit der er Lenker, Sattel und Pedale belegt (Abb. 107).
Mit seiner Körperhaltung beeinflußt der Radler seine Windschnittigkeit und Bequemlichkeit, außerdem, wie ergonomisch günstig oder ungünstig er seine Kraft entfalten kann. Näheres s. ▷ Sitzposition. Ferner bestimmt die Körperhaltung entscheidend die Laufradbelastung, was wiederum Auswirkungen auf das ▷ Fahrverhalten des Rades hat, Einzelheiten s. ▷ Gewichtsverteilung.

Abb. 107

Körperschwerpunkt

Lage des auf einen Punkt gemittelten Körpergewichtes (s.a. ▷ Massenschwerpunkt) (Abb. 108).
Bei Fahrrädern besteht eine Abhängigkeit des ▷ Fahrverhaltens mit der ▷ Körperhaltung und dem daraus resultierenden Körperschwerpunkt: Eine unterschiedliche Lage des Körperschwerpunkts bedingt unterschiedliche Lastverteilung auf die Laufräder; Auswirkungen s. ▷ Gewichtsverteilung.

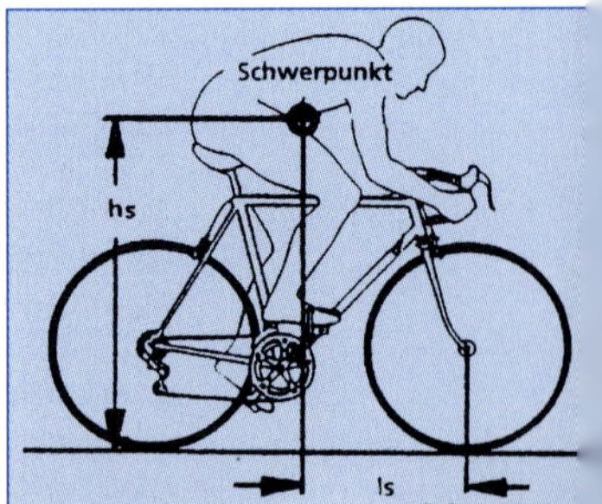

Abb. 108

Körperstirnfläche

Anderer Begriff für ▷ Stirnfläche.

Kohlefaser

Durch *"Verkohlung"* - Erhitzung unter Luftabschluß - von Kunststofffäden erzeugte Faser mit nahezu fehlerfrei ausgerichtetem, reinem Kohlenstoffgefüge (s. ▷ Einkristall) (Abb. 109).
Kohlefasern werden seit etwa 1980 in größerem Umfang industriell hergestellt und zeichnen sich durch hohes ▷ Elastizitätsmodul und extreme ▷ Zugfestigkeit aus (je nach Herstellung fünf- bis sechsmal höher als ▷ Stahl):

Dichte: 1,6 kg/dm³ (s.a. ▷ spezifisches Gewicht);
Temperaturbeständigkeit: bis 2.000°C;
Zugfestigkeit: 3.500 N/mm²;
Bruchdehnung: 2%;
Elastizitätsmodul: 1.000.000 N/mm².

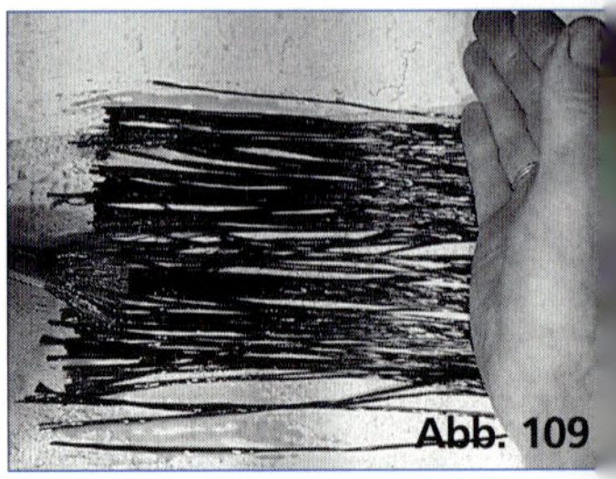
Abb. 109

Aus gebündelten, einzelnen Kohlefasern ("Rovings") oder aus ihnen gewebten Matten wird - mit ▷ Harz oder ▷ Thermoplasten als ▷ Matrix der Verbundwerkstoff ▷ Carbon hergestellt, weitere Einzelheiten s.d.

Kohlensäure-Pumpe

Gehäuse mit Ventiladapter, in denen zwecks Reifenaufpumpen eine Kohlensäurepatrone untergebracht ist. Zum "Pumpen" wird die Patrone angestochen und füllt den Reifen in kürzester Zeit. Danach ist die Patrone leer und muß für den nächsten Einsatz ausgetauscht werden (Abb. 110).
Diese sicherlich nicht besonders preisgünstige und umweltfreundliche Methode wird gern von Rennradsportlern und Mountainbikern im Wettkampf angewandt, um Zeit zu sparen.

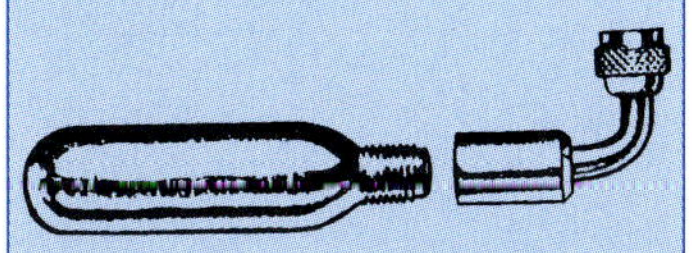

Abb. 110

Kohlenstoff

1. Chemisches Element, das zu den Halbmetallen zählt und bei der Herstellung von ▷ Stahl Hauptlegierungspartner des ▷ Eisens ist.

Der Zusatz von Kohlenstoff

* erhöht die ▷ Zugfestigkeit,
* verringert die ▷ Bruchdehnung,
* senkt den ▷ Schmelzpunkt

des Eisens - verschlechtert allerdings seine Schweißbarkeit, weitere Einzelheiten s. ▷ Stahl, vgl. auch ▷ Legierungen.

2. Darüber hinaus bildet Kohlenstoff die Basis der meisten ▷ Kunststoffe und wird in Form von ▷ Kohlefasern beim ▷ Faserverbundwerkstoff ▷ Carbon eingesetzt.

Kompaktrad

Andere Bez. für den ▷ Highriser, ein beliebtes ▷ Kinderrad der 70er Jahre. Z.T. wird dieser Begriff mittlerweile auch für Fahrräder mit kleinen ▷ Laufrädern und kurzem ▷ Radstand verwendet.

Kompakt-speichen

Bez. f. die massiv und kompakt ausgeführten 3-5 Speichen von ▷ Composite Wheels bzw. für die Massivspeichen von ▷ Kunststoff- oder Aluminium-Laufrädern (Abb. 111).

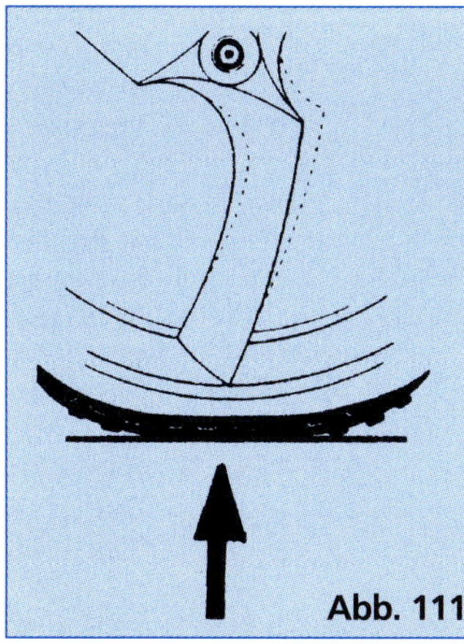

Abb. 111

Kompatibilität

Der Begriff meint im Fahrradbereich die Vereinbarkeit von ▷ Komponenten verschiedener Hersteller unter Aufrechterhaltung ihrer Funktionsfähigkeit bei Mischkombinationen.

War die Kompatibilitität früher nahezu immer gegeben, so hat sich das mit der Verbreitung von Komponentengruppen (s. ▷ Gruppen) und mit dem Aufkommen der ▷ Indexschaltung geändert, da die Hersteller ihre Bauteile so aufeinander abstimmen, daß ein ▷ Gruppenzwang besteht: Bauteile von anderen Herstellern besitzen andere Abmessungen oder geometrische Eigenheiten, so daß sie nicht immer miteinander harmonieren.

Unterschiede

Besonders betroffen sind hiervon:

* die Kombination verschiedener Elemente von ▷ Kettenschaltungen (unterschiedlich weite Schaltschritte und/oder Abstände der ▷ Ritzel);
* die Kombination von ▷ Tretlagerung und ▷ Kurbelgarnitur (▷ Kettenlinie verschiebt sich aufgrund anderer Achsbreiten, Kurbelkröpfungen und Vierkantabmessungen);

* die Kombination von rechter ▷ Tretkurbel und ▷ Kettenblättern (unterschiedliches ▷ Lochmaß, Abb. 112);
* die Kombination verschiedener Elemente von ▷ Felgenbremsen (unterschiedliche Hebelabmessungen von ▷ Bremshebel und Geometrie des ▷ Bremskörpers verändern die ▷ Bremswirkung).

Mit etwas Know-how und Pfiffigkeit kombinieren aber nach wie vor viele Radler Komponenten, um entweder Geld zu sparen oder um sich ihr individuelles Traumrad zu komponieren. Hierzu ein paar Tips:

Tricks bei Schaltungen

Inkompatibilitäten bei ▷ Index-Schaltungen haben ihre Ursache in einem geometrisch unterschiedlich gestalteten Klemmpunkt des ▷ Schaltzuges sowie in der geometrischen Lage der ▷ Schaltungssynchronisierschraube.

Wird der Schaltzug näher zum ▷ Laufrad hin geklemmt, verkleinern sich die Schaltschritte, wird er weiter von ihm weg geklemmt, vergrößern sie sich.

Faustregel 1: Wird der Schaltzug auf der anderen Seite der Anklemmschraube (vom Laufrad weg) fixiert, vergrößern sich die Schaltschritte gegenüber Normalbefestigung um den Faktor 1,3 (Abb. 113).
Wird die Klemmschraube durch eine durchbohrte Schraube (wie bei Befestigung einfacher Seitenzugbremsen) ersetzt, so vergrößern sich die Schaltschritte um den Faktor 1,15 (Abb. 114).

Eine weitere Möglichkeit, Schaltungskomponenten verschiedener Hersteller oder anderer Modelle gleicher Hersteller zu kombinieren, besteht darin, die Abstände von Ritzel zu Ritzel zu verändern: Mit unterschiedlich breiten Distanzringen - im Fahrradhandel erhältlich von 2,4 mm (Hügi) bis 3,6 mm Breite (alte Shimano Uniglide-Ritzelpakete) - ist dies bei ▷ Kassettennaben einfach zu bewerkstelligen (Abb. 115).

Faustregel 2: Die maximale Abweichung der Schaltschritte gegenüber den Ritzeln darf aufsummiert nicht mehr als 1 mm betragen, um noch einen sauberen Gangwechsel zu gewährleisten (sonst ratscht die Kette am Nachbarritzel). Bei den 7 Schaltschritten eines 8-fach-Zahnkranzes darf demnach die einzelne Schaltungenauigkeit von Ritzel zu Ritzel max. 0,14 mm betragen.

Gegebenenfalls muß zu einer schmaleren Kette gegriffen werden. Die schmalsten: Taya 6,7 mm; Rohloff und Sachs-Sedis: 6,8 mm (Normalbreite: 7,2).

Eine weitere Möglichkeit besteht in einer Modifikation der ▷ Schaltungssynchronisierung: Statt wie üblich diese Abstimmung von Schaltwerk und -hebel anhand des Kettensprungs vom 2. auf das 3. Ritzel vorzunehmen, wird beim Sprung vom 3. auf das 4. Ritzel synchronisiert (Abb. 116). Schaltungenauigkeiten werden dadurch in den Extremlagen kleiner. Ferner muß die Schaltung optimal einjustiert sein, d.h., das ▷ Kettenführungsrad muß im Abstand von

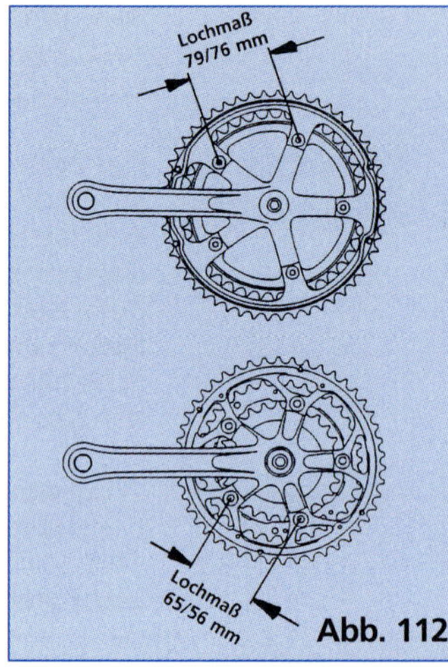

Abb. 112

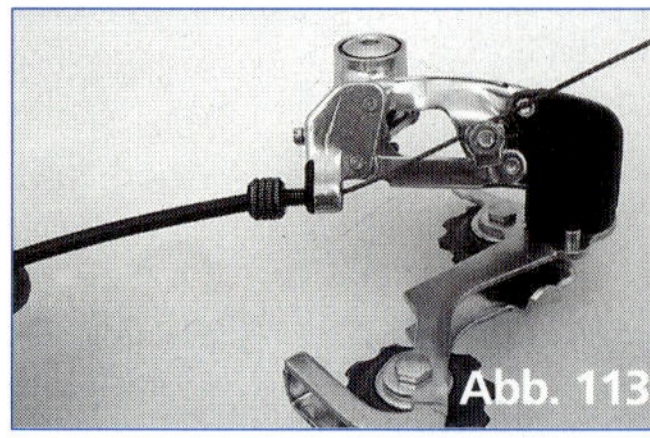
Abb. 113

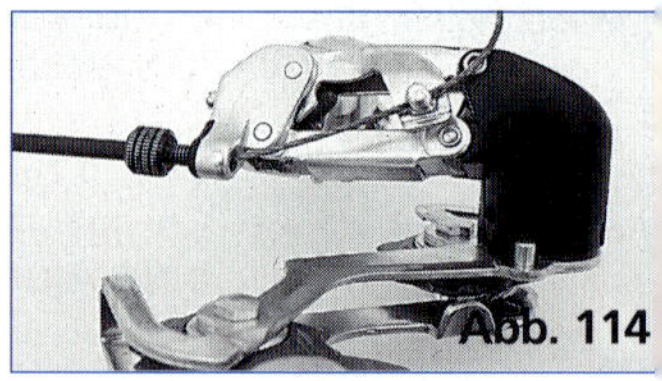
Abb. 114

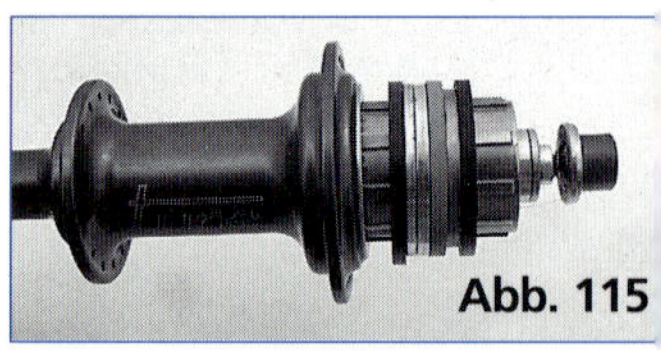
Abb. 115

Abb. 116

zwei Kettengliedern unter den Ritzeln stehen. Dies läßt sich durch Schwenken der Schaltung mit der ▷ Anschlagschraube bewerkstelligen oder durch entsprechende Kürzung bzw. Verlängerung der Kette (mit ▷ Nietendrücker).

Übereinstimmungen

Immerhin lassen sich heute folgende generellen Übereinstimmungen bei Komponenten feststellen:

1. Bei den gehobenen Gruppen harmonieren Teile von ▷ Campagnolo und ▷ Sachs nahezu komplett miteinander;
2. Die Befestigungsbohrungen der ▷ Kettenblätter sind - bis auf die Topgruppen von Campagnolo und Sachs - auf die Lochkreis-Abmessungen von Shimano ausgerichtet.
3. Die Hebelverhältnisse aller Kettenschaltungen sind ähnlich bis identisch. Unterschiedlich ist jedoch die Klemmstelle des Schaltzuges. Durch Verlegung dieser Klemmstelle sind Schaltungen häufig anpaßbar.
4. Bis auf Campagnolo und Suntour sind alle ▷ Kassettennaben Shimano-kompatibel.

Komponenten

Oberbegriff aller *für die Funktion notwendigen* (i.G.z. ▷ Zubehör) Teile des Fahrrades wie Kurbeln, Lagerungen, Lenker, Schaltung etc, s.a. ▷ Gruppen; ▷ Gruppenzwang.

Konen

Mehrzahl von ▷ Konus.

Konenring

Dünner Ring aus vergütetem, oberflächenbehandeltem Stahl als Teil des ▷ Konuskugellagers bei leichten Ausführungen von ▷ Steuersätzen, ▷ Pedal- und ▷ Tretlagerungen (Abb. 117).

Die stählernen Konenringe werden auf Titanachsen oder in Aluminiumschalen eingesetzt, da diese Metalle ungünstige Lagerungseigenschaften besitzen.

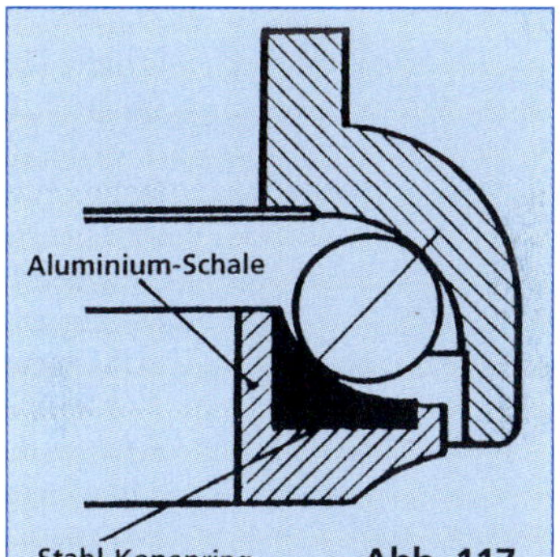

Abb. 117

Konifizierung

Kontinuierliche Durchmesserreduzierung von Rohren durch Hämmern oder Walzen über einen Dorn.

Sinn: Durch Einsatz konifizierter Rahmenrohre - speziell an der ▷ Gabel (Abb. 118) sowie den ▷ Unter- und ▷ Sattelstreben - wird eine *Verbesserung* des ▷ Kraftflusses nach dem Prinzip des ▷ Trägers gleicher Biegespannung erreicht, Nebeneffekt: Gewichtsreduzierung. Vgl. aber auch ▷ endverstärkt.

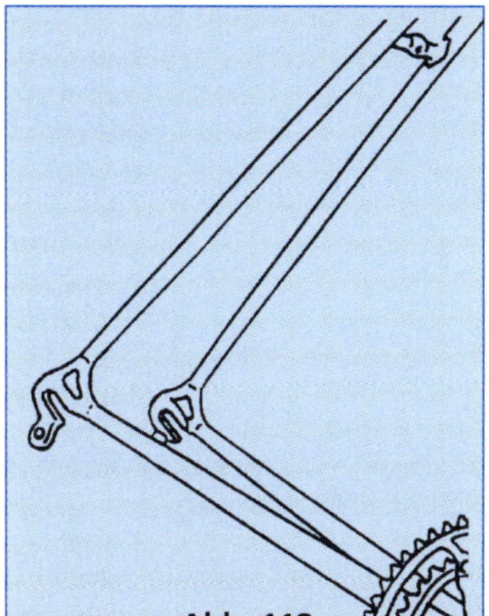
Abb. 118

Konisch

Bez. für eine kegelig oder kegelstumpfartige Form von (Bau-)Körpern. Im Fahrradbereich s.v.a. ▷ Konus.

Kontaktkleber

Kleber (meist auf Kautschukbasis), die mit einem Lösungsmittel versehen sind.

Zum Kleben werden beide Seiten der zu verklebenden Flächen mit dem Kontaktkleber eingestrichen und nach einer Ablüftzeit (Verdunsten des Lösungsmittels) von 5 bis 12 Minuten (je nach Kleber und Umgebungstemperatur) zusammengedrückt.
Wichtig: Nicht die Zeitdauer des Drückens, sondern die Höhe des auf die Klebeflächen ausgeübten Drucks entscheidet über die Festigkeit der Klebeverbindung.
Bekannter Kontaktkleber: Pattex, aber auch ▷ Gummilösung. Vgl. aber auch ▷ Zweikomponenten-Kleber, ▷ Sekunden-Kleber.

Kontaktkorrosion

Besondere Form der ▷ Korrosion (Einzelheiten s.d.), die zwischen aneinandergrenzenden Metallteilen, insbesondere solchen unterschiedlicher Art, auftritt.

Kontaktzunge

Teil der ▷ Steckverbindungen der Lichtanlage zur Kontaktherstellung (Abb. 119).

Konterhalterung

Andere Bezeichnung für ▷ Kabelstopper.

Kontermutter

Zweite ▷ Mutter, die gegen eine erste Mutter gedreht wird, um diese gegen Verdrehung zu sichern oder um eine exakt definierte Gewindeeinstellung vorzunehmen (Abb. 120).
Am Fahrrad besonders bei den ▷ Konuskugellagerungen angewandt, um das eingestellte ▷ Lagerspiel zu sichern (außerdem bei ▷ Feineinstellschrauben von Bremsen, um über die Länge des ▷ Bowdenzugs den Abstand Bremsgummi/Felge zu fixieren).

Konterring

Schmal und ringförmig ausgeführte Sonderform einer ▷ Kontermutter (Abb. 121), z.T. auch als ▷ Gewindering bezeichnet; Anwendung: ▷ Tretlagerung, vgl. auch ▷ Lagereinstellung.

Konterung

Durch Gegendrehen einer zweiten ▷ Mutter gesicherte Gewindeeinstellung, s. ▷ Kontermutter; ▷ Lagerung (Abb. 122).

Konus

Bezeichnung für einen kegelförmigen Körper.
Wird am Fahrrad aber auch zur Bezeichnung der gewölbten ▷ inneren Kugellaufbahn (Abb. 123) der ▷ Konuskugellager herangezogen ("Lagerkonus"), s. außerdem ▷ Schräg- und ▷ Spreizkonus zur Vorbaubefestigung (Abb. 124) sowie ▷ Antriebskonus.

Konusantrieb

Antriebs- und Freilaufbauteil bei schaltungslosen, einfachen ▷ Rücktrittnaben sowie einigen ▷ Nabenschaltungen (Abb. 125).
Ein doppelseitig kegelig ausgebildeter Antriebskonus wird über ein antreibendes ▷ Ritzel von einem ▷ Bewegungsgewinde axial verschoben, und zwar:

zum Antrieb nach links, wodurch der Konus mit seiner geriffelten äußeren Verzahnung in eine Kegelbohrung der Nabenhülse gedrückt wird und per ▷ Kraft- und ▷ Formschluß einen schlupffreien Antrieb herstellt;

zum Bremsen wird der Antriebskonus nach links verschoben und spreizt dabei einen ▷ Bremsmantel auf, der dann auf der ▷ Bremsfläche der Nabenhülse reibt.

Andere Antriebsarten: ▷ Sperrklinkenantrieb; ▷ Walzenantrieb.

Konusbefestigung

Andere Bez. f. ▷ Vierkantbefestigung der Tretkurbeln.

Konuskugellager

Urform des ▷ Kugellagers, die sich im Fahrradbereich bis heute bewährt hat, Einzelheiten s. ▷ Lagerung (Abb. 126).

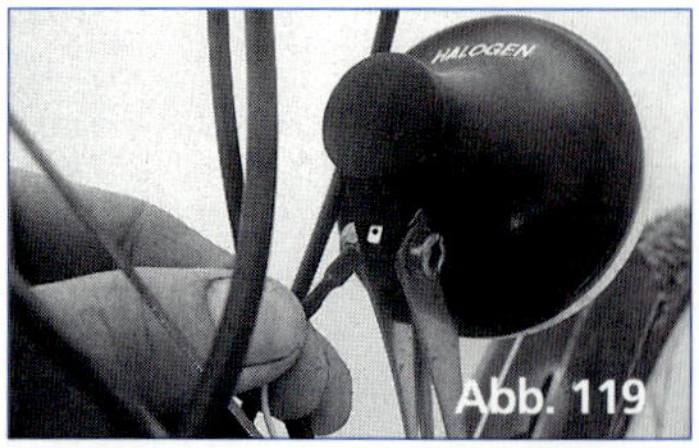

Abb. 119

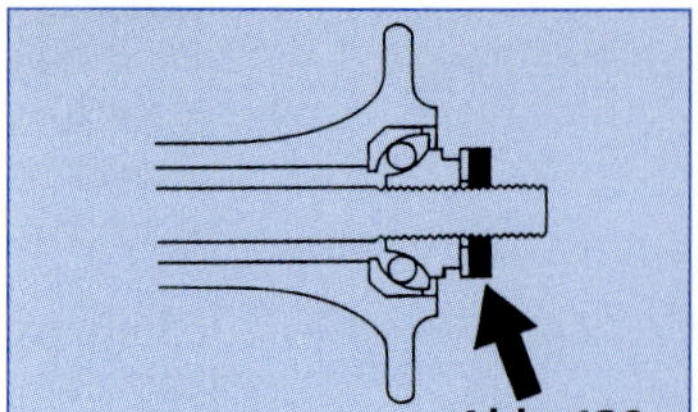
Abb. 120

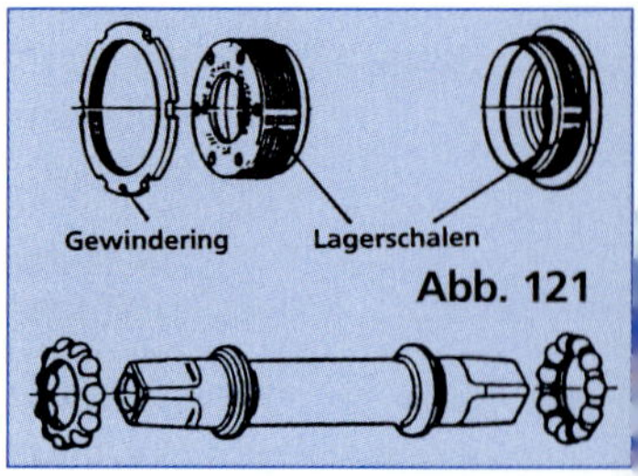

Abb. 121

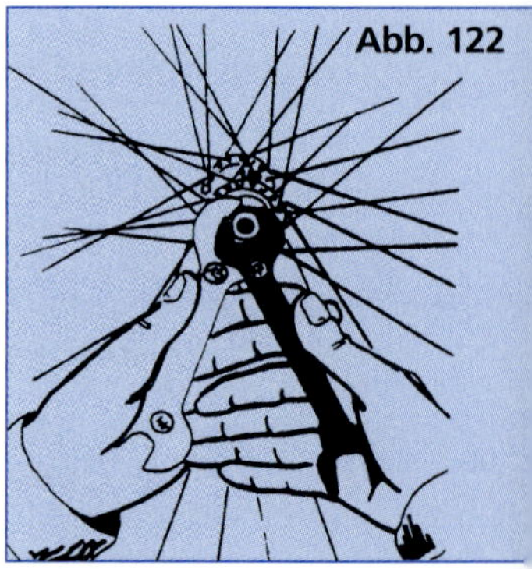
Abb. 122

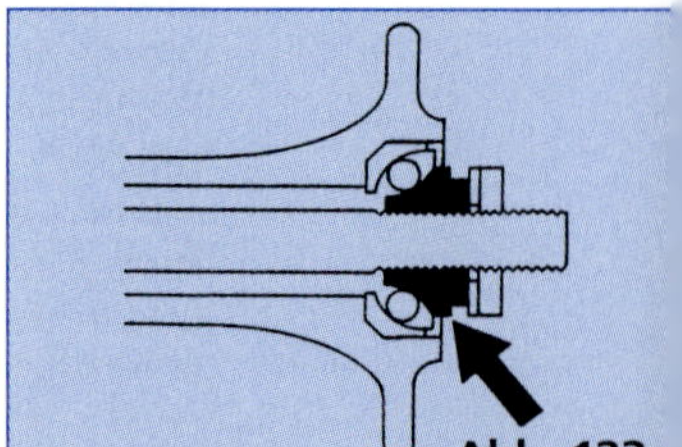
Abb. 123

Konusschlüssel Spezieller, besonders schmal ausgeführter ▷ Maulschlüssel zum Einstellen und Kontern von ▷ Konuskugellagern (Abb. 127).

Konustretlager Vormals generell übliche Tretlagerung in robuster Bauweise, die heute zunehmend durch ▷ Patroneninnenlager oder ▷ Industriekugellager ersetzt wird. Einzelheiten s. ▷ Tretlagerung.

Kopfmutter Oberer Teil des ▷ Steuersatzes, mit dem die ▷ Gewindeschale gekontert wird (Abb. 128).
Durch spezielle Gewindeverklemmungen mit einer ▷ Inbusschraube (Mavic, Corratec, Shogun) kann auf die Konterung mit der Kopfmutter und damit auf die umständliche und zeitaufwendige Konterung verzichtet werden, eine Bauweise, die sich bei hochwertigen Steuersätzen zunehmend durchsetzt.

Korngrenzen Grenzen, die beim Erkalten von Metallen durch wachsende Kristalle gebildet werden, wenn diese schließlich aneinanderstoßen. Da die Korngrenzen sehr unregelmäßg sind, ist auch die Form der einzelnen Kristalle innerhalb eines Metallgefüges sehr variabel, s. hierzu auch ▷ Kristallite (Abb. 129).
An den Korngrenzen sammeln sich Verunreinigungen oder nicht mehr in Lösung gehaltene Legierungspartner an. Diese eigentlichen Schmutzeffekte können gezielt zur Verbesserung von Materialeigenschaften eingesetzt werden, da sie i.d.R. festigkeitssteigernd sind, gleichzeitig aber zur Versprödung der Metalle führen. Teilweise (▷ Knetlegierungen) werden die Korngrenzen aber auch bewußt aufgebrochen, um aufgrund der so wiedergewonnenen ▷ Zähigkeit ▷ Kaltverformungen vornehmen zu können.
Verunreinigungen und aus der Lösung gegangene Legierungspartner sind auch der Grund für ▷ Korrosion: Korngrenzenkorrosion.

Korngrenzenkorrosion Spezielle Form der ▷ Korrosion (Einzelheiten s.d.) bei ▷ Aluminium, bei der es zu elektrolytischen Vorgängen speziell an den ▷ Korngrenzen kommt.

Kornwachstum Bei höheren Temperaturen wachsen die einzelnen ▷ Kristallite eines ▷ Gefüges durch Diffusionsvorgänge (s. ▷ Diffusion) zu "großen Körnern" zusammen, wodurch das Material spröder und weniger dauerbelastbar wird (Abb. 130).

Korrosion Von lat. "zernagen" sich herleitende Bez. f. *Zersetzungserscheinungen an Metallen,* die überwiegend durch Sauerstoff und Feuchtigkeitseinfluß entstehen.
Achtung: Korrosion kann zu Materialschwächung und in deren Folge zum ▷ Bruch von Bauteilen führen.

Eisen/Stahl Am bekanntesten dürfte der ▷ Rost sein, bei dem es sich chemisch gesehen um die Umbildung von ▷ Eisen in das bräunlich-rote Eisenhydroxyd (FeO_2) handelt (Abb. 131).
Eine andere Korrosionsform bei ▷ Stahl tritt als Hämatit in Erscheinung, eine reine Sauerstoffverbindung mit Eisen (Fe_2O_3). Diese anthrazit glänzende Verbindung benötigt zu ihrer Entstehung hohen Druck, weswegen sie am Fahrrad speziell am ▷ Kurbelvierkant auftritt (Abb. 132).

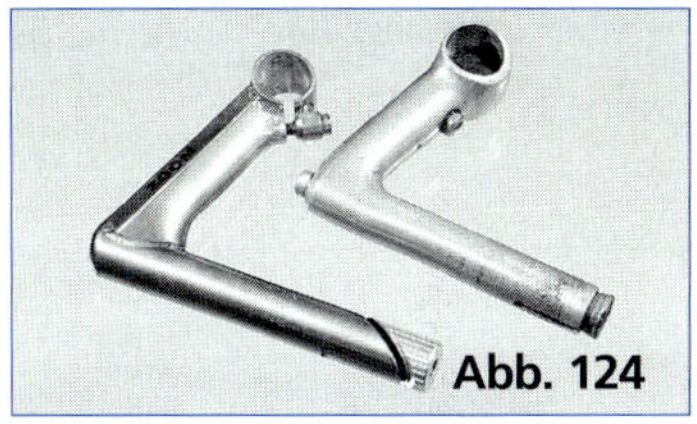
Abb. 124

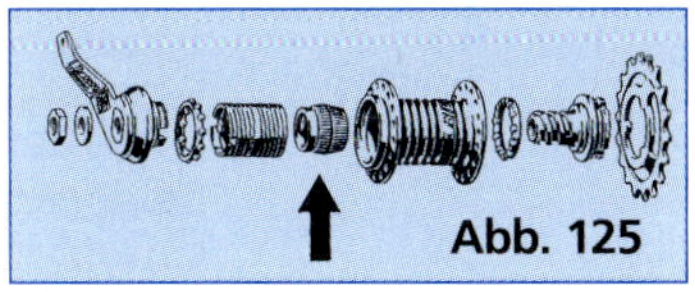
Abb. 125

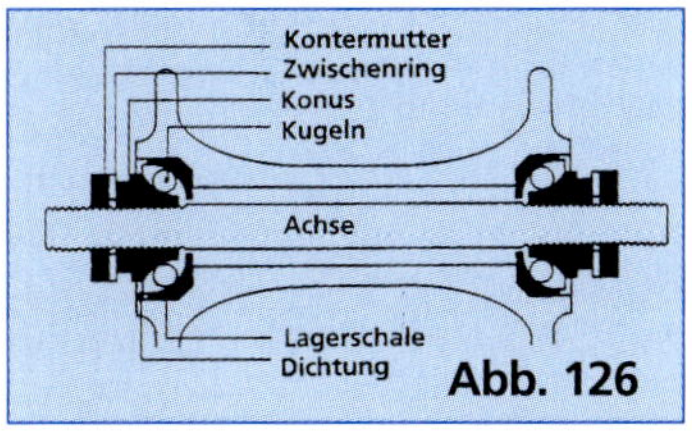

Abb. 126

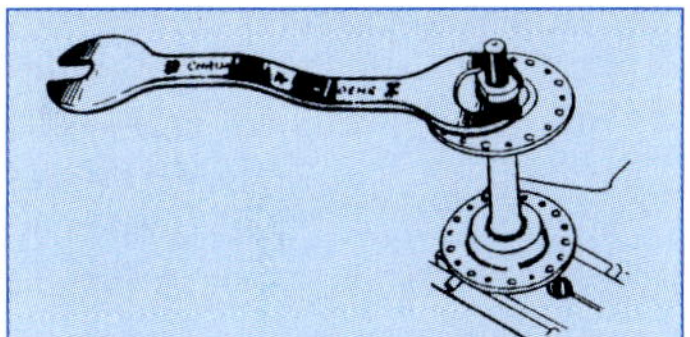
Abb. 127

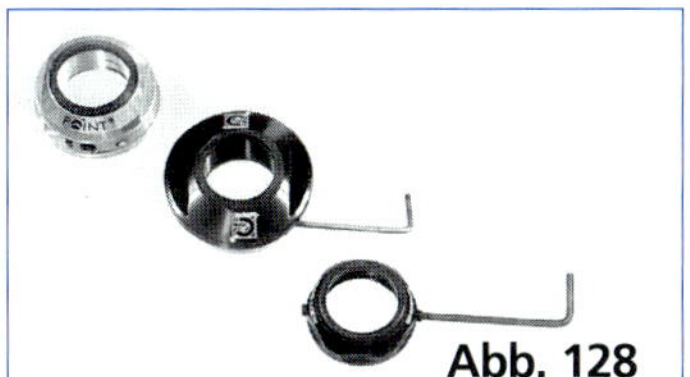
Abb. 128

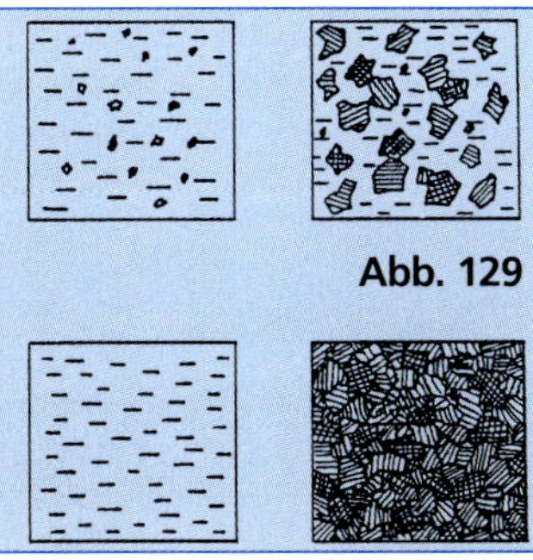
Abb. 129

Aluminium

▷ Aluminium rostet zwar nicht, korrodiert aber auf seine Art: Seine Oberfläche geht ebenfalls eine Verbindung mit Sauerstoff ein, die an einer weißlich-gräulichen Schicht erkennbar ist. Besonders in Verbindung mit Straßensalz oder Körperschweiß kann die Korrosion von Aluminium vehement voranschreiten (Abb. 133). Bei fast allen Brüchen von Aluminiumteilen ist Korrosion beteiligt.

Korngrenzenkorrosion

Eine andere Korrosionsform, die besonders bei hochfesten Aluminiumlegierungen mit Kupferanteilen auftritt (s. ▷ Aluminium: Legierungen) ist die sog. Korngrenzenkorrosion, die häufigste Bruchursache bei Aluminiumteilen:

Bei genügend vorhandener Feuchtigkeit - Regen, Schweiß - kommt es hierbei zu einem elektrischen Potentialausgleich zwischen dem Aluminium und den einlegierten Fremdmetallen (Abb. 134). Dieser Effekt ist jedem bekannt, der einmal mit einem plombierten Zahn auf Silberpapier gebissen hat. Bei der Korngrenzenkorrosion kommt es im Zuge dieses Potentialausgleichs zu einem elektrochemischen Zersetzungsprozeß: Der Strom erzeugt ein Oxid, das sich an der Alu-Oberfläche bildet. Gravierender wirkt sich die Oxidbildung aus, die sich auch an den ▷ Korngrenzen entlang in die Tiefe des Materials hinein "frißt" und die ▷ Bruchfestigkeit erheblich mindert.

Kontaktkorrosion

Zwischen sich berührenden Metallteilen - bes. unterschiedlicher Art - kann es infolge von hohen Drücken, Feuchtigkeit, Sauerstoff oder Microbewegungen zwischen Bauteilen zu vielfältigen Korrosionserscheinungen kommen, die alle unter dem Oberbegriff Kontaktkorrosion zusammengefaßt sind (Abb. 135). Nicht weniger als 56 Parameter wirken hierbei zusammen.

Besonders die Paarung unterschiedlicher Metalle ist von der Kontaktkorrosion betroffen. In dieser Hinsicht kritische Stellen am Fahrrad sind folgende Verbindungen:

- Lenker/Vorbau;
- Vorbau/Gabelschaftrohr;
- Sattelstütze/Sattelrohr;
- Kurbel/Tretlagerachse;
- Pedalachse/Kurbelauge.

Spannungsriß-Korrosion

Ebenfalls v.a. Aluminium-Bauteile betreffend ist die sog. Spannungsriß-Korrosion. Sie tritt ein, wenn äußerlich korrodierte Materialien zusätzlich mit wechselnden Belastungen (s. ▷ Dauerschwingbelastung) malträtiert werden. Risse pflanzen sich dabei tief ins Material fort und können zum Bruch des Bauteils führen. Abhilfemaßnahmen s. ▷ Korrosionsschutz.

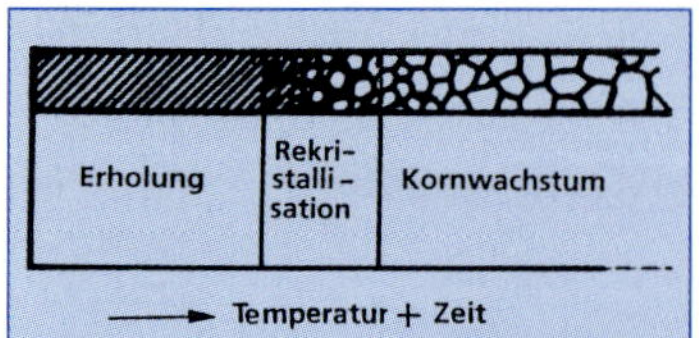

Abb. 130

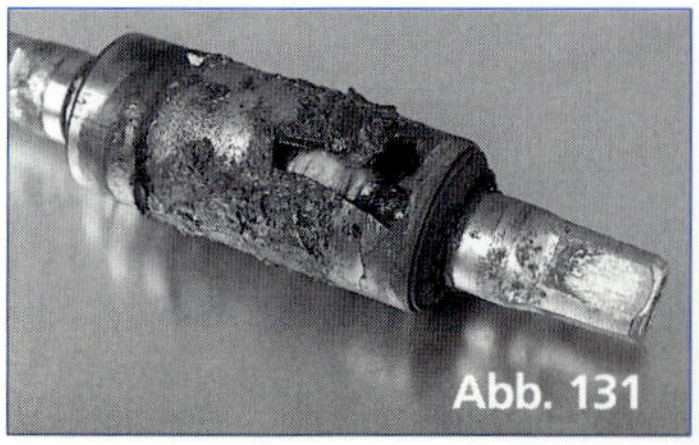
Abb. 131

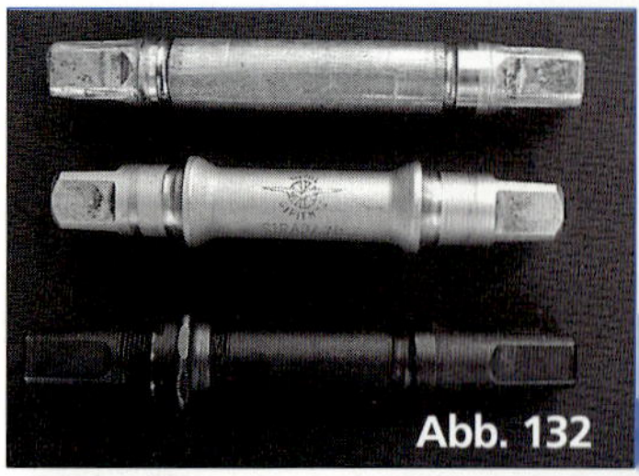
Abb. 132

Abb. 133

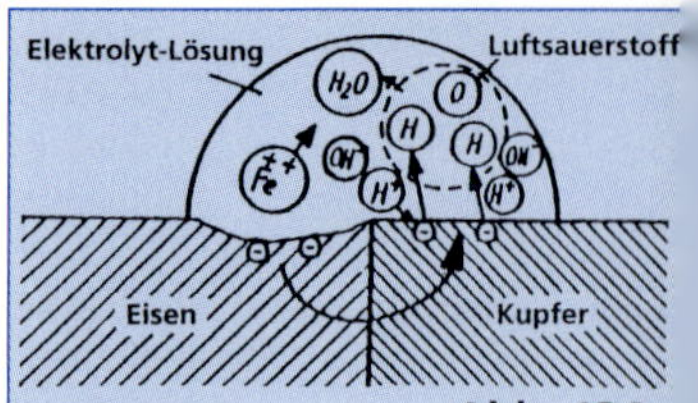

Abb. 134

Korrosionsschutz

Maßnahmen, um die ▷ Korrosion von Metallen zu verhindern oder einzudämmen.

Produktionsseitiger Korrosionsschutz

Ein *luftdichter Abschluß* von Metalloberflächen ist nach wie vor der beste Schutz vor Korrosion, da si[e] meist durch das Zusammenspiel von Luft-Sauerstoff und Feuchtigkeit auf den Metalloberflächen en[t]steht.

Lackieren u. Pulverbeschichtung

Einfachstes Mittel ist das simple Anstreichen, also ▷ Lackieren (Abb. 136), das in maschinellen Verfahren auch durch Sprühen und Tauchen erfolgt. Aufwendiger und schlagfester ist der Lackauftrag per ▷ Pulverbeschichtung.

Verchromen, Vernickeln

▷ Verchromen und ▷ Vernickeln waren bis in die 70er Jahre Standardkorrosionsschutz am Fahrrad. Heute sind aufwendige Umweltschutzmaßnahmen beim Verchromen üblich, die das Verfahren verteuern. Umweltbewußte Radler greifen lieber zu anderen Korrosionsschutzmaßnahmen.

Eloxieren

Bei ▷ Aluminium bekommt man mit ▷ Eloxieren (s.a. ▷ Anodisieren) bereits einen guten Korrosionsschutz, wobei hier die Metalloberfläche auf elektrolytischem Wege in eine sehr kratzfeste Aluminiumoxydschicht umgewandelt wird, die dann vor weiterer Korrosion schützt; s.a. ▷ Eloxieren, ▷ Anodisieren.

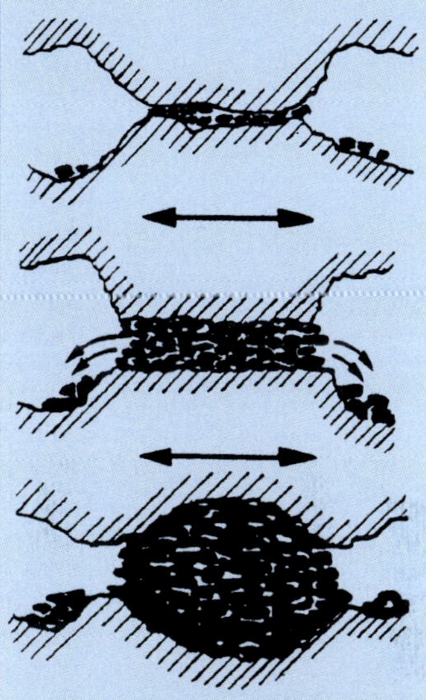

Abb. 135

Polieren

Sowohl Stahl, vor allem aber Aluminium kann bereits durch penible Oberflächenpolitur vor Korrosion geschützt werden, da die in der Vergrößerung zu sehenden Rauhigkeiten (Oberflächengebirge, Abb. 137) eingeebnet werden und so weniger Angriffsmöglichkeiten für die materialzerstörenden Medien bieten.

Brünieren

Bei Stahl erreicht man schon mit einer sog. "Brünierung" - gezielt herbeigeführte Eisen/Sauerstoff-Verbindung durch Erwärmung und anschließende Abschreckung in Ölbädern - einen gewissen Rostschutz. Beispiel: schwarz bis bläulich schimmernde Muttern oder Konen.

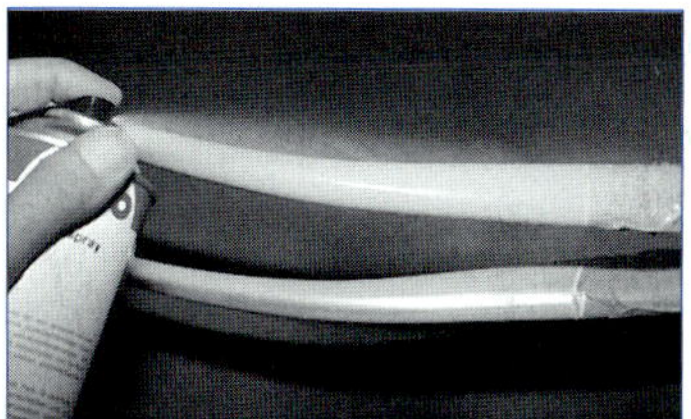

Abb. 136

bewegliche Teile

Besonders schwierig gestaltet sich der Korrosionsschutz bei ineinander beweglichen Teilen (Gewinde; Gleitstellen; Kugellager). Eine Lackierung schließt sich hier ja von vornherein aus, eine satte Fettfüllung wirkt jedoch weitgehend schützend, vor allem, wenn regelmäßig gesäubert und nachgefettet wird.

Kontaktkorrosion

Der Kontaktkorrosion (s. ▷ Korrosion) wirkt man am besten mit einer "Sandwichpackung" entgegen, d.h., man trägt zunächst einen mehrschichtigen Sprühwachsfilm auf die Oberfläche - z.B. der ▷ Sattelstütze - auf, der nach 30minütigem Ablüften mit einer Fettschicht überzogen wird.

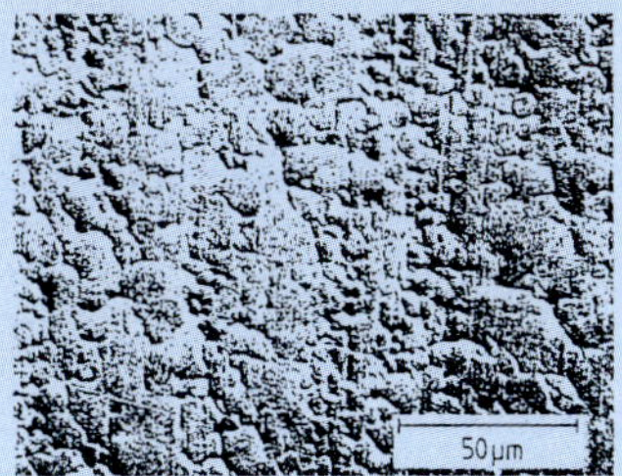

Abb. 137

Korrosionsschutz des Anwenders

Mit einer Reihe grundsätzlicher Maßnahmen können Sie die Korrosionsneigung Ihres Fahrrades minimieren:

trockener Abstellraum

Das Velo nie für längere Zeit in feuchten Räumen abstellen. Die bieten nämlich ideale Entstehungsbedingungen für Korrosion "rund um die Uhr".

Akklimatisierung

Das Rad nie sofort aus dem kühlen Keller ins gleißende Sonnenlicht bringen, sondern erst im Schatten sich ein Weilchen "akklimatisieren" lassen: Im Inneren der Rahmenrohre erfolgt sonst nämlich - wie auf dem kalten Bierglas in der warmen Stube - eine Taubildung, und es dauert Tage, bis diese Feuchtigkeit wieder aus den Rohren abgedampft ist.

Wachspflege Kleinste, auch in Lacken, Eloxierungen und Verchromungen vorhandene Poren reichen schon für den Korrosionsbeginn aus. Abhilfe: Rahmen und Komponenten regelmäßig mit ▷ Sprühwachs behandeln, damit die Poren versiegelt werden. Vorgehen s. ▷ Fahrradpflege.

Wachsversiegelung Mit ▷ Sprühwachs den Rahmen von innen versiegeln:

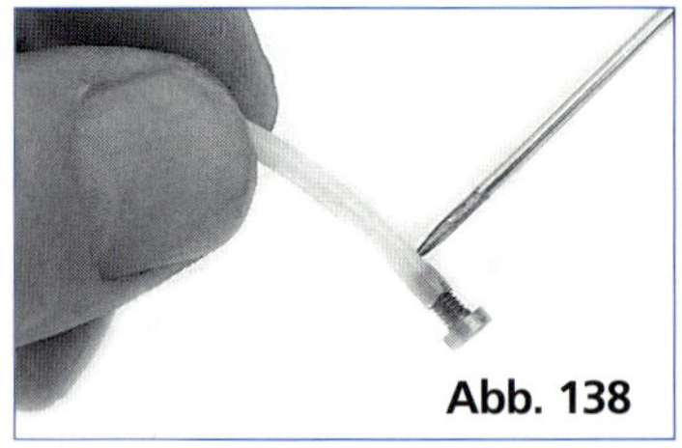
Abb. 138

* Kunststoffschlauch der Sprühdose mit innerer Gleithülle eines ▷ Bowdenzuges durch einfaches Überschieben auf 60 cm verlängern;
* Ende der Gleithülle mit M3-Schraube (s. ▷ Schrauben: Maße) verschließen;
* kurz vor der Schraube seitlich vier kleine Bohrungen einbringen (Abb. 138);
* verlängerten und angebohrten Schlauch in Rahmenrohr einführen, Sprühknopf betätigen und mehrfach durchziehen (Abb. 139);

Einführstellen: ▷ Sattelrohrmuffe, ▷ Tretlagermuffe, ▷ Steuerrohr.

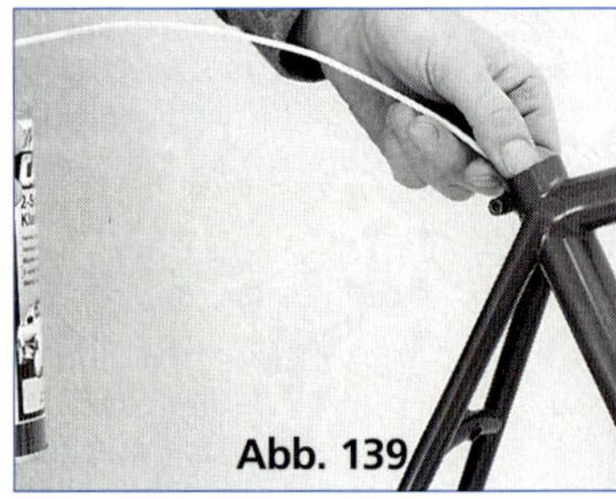
Abb. 139

* Rohr um Rohr wird von der jeweils nächstgelegenen Rahmenöffnung aus behandelt.
* Überschüssiges Wachs abtropfen lassen.

nach Regen Im Übrigen: Rad nach jeder Regenfahrt säubern und neu einwachsen.

Kraft

Physikalische Größe (angegeben in N; s. ▷ physikal. Einheiten), deren Einwirkung den Bewegungszustand von Körpern nach Lage, Richtung oder Geschwindigkeit ändert oder ▷ Belastungen auf Bauteile bewirkt.

Kraft errechnet sich aus dem Produkt von ▷ Masse und ▷ Beschleunigung nach der Formel:

$F = m \cdot a$

F = Kraft in N,
m = ▷ Masse in kg
a = ▷ Beschleunigung in m/sec^2

Die Kraftwirkung ist mit anderen Größen in der ▷ Mechanik zusammengefaßt, s.a. ▷ Arbeit, ▷ Leistung ▷ Energie.

Kräfte

Ursache für die Belastungen von Körpern oder Bauteilen in bestimmten Richtungen. Einzelheiten s. ▷ Kraft, ▷ Belastung, ▷ Mechanik.

Kraftentfaltung

Einwirkungsmöglichkeiten des Radlers auf seinen Antrieb in Abhängigkeit von ergonomischen und rationellen Bedingungen seines Trittflusses und den zusätzlichen Einwirkungen von anderen Körpermuskeln als denen des Beinapparats.

So kann z.B. ein Radler mit einem normalen MTB-Lenker nicht die gleiche Kraftentfaltung auf das Pedal bringen wie mit einem Rennlenker oder Hörnchenaufsatz, da er weniger intensiv am Lenker ziehen kann, um dadurch in Extremsituationen neben seiner Beinkraft noch andere Körpermuskeln einsetzen zu können (Abb. 140).

Mit einem ▷ Trialenker hingegen ist die Kraftentfaltung geringer. Allerdings wird der Kreislauf durch weniger angespannte Muskulatur (Abstützen der Unterarme entlastet die Rückenmuskulatur, Abb. 141) entlastet und die Trittkräfte kommen v.a. hinsichtlich Dauerleistungen besser zur Entfaltung.

Abb. 140

Weitere Einflußgrößen: ▷ Körperhaltung (s.a. ▷ Position) sowie das Verhältnis der Körpergröße zur Kurbellänge und der o.g. Lenkerform und -lage; außerdem muß die individuelle Motorik des Radlers berücksichtigt werden (Stellung des Sattels zum Tretlager sowie zum Lenker u.ä.).
Vgl. zu diesem Themenkreis auch ▷ runder Tritt; ▷ Trittfrequenz.

Abb. 141

Kraftfluß

Landläufige Bezeichnung für den *Kräfteverlauf innerhalb von Bauteilen.*

Der Kraftfluß kann bezüglich Gewicht und Dauerbelastbarkeit des Bauteils dadurch optimiert werden, daß durch geschickte Formgestaltung Regionen vermieden werden, in denen es höher als in ihrer Umgebung belastet wird. Das ist bei einseitig eingespannten Bauteilen i.d.R. die Einspannzone, wenn die Kraft (Beispiel ▷ Pedalachse, ▷ Lenkervorbau, ▷ Sattelstütze) am freien Ende des eingespannten Teils angreift bzw. bei einem Bauteil, wenn sich an einer Stelle plötzlich die Wandstärke reduziert (Abb. 142). Man spricht bei solchen Stellen vom "gefährdeten Querschnitt". Besser ist es daher, den Verlauf von ▷ Belastungen zwecks Vermeidung von ▷ Lastspitzen innerhalb eines Bauteils möglichst kontinuierlich zu gestalten.

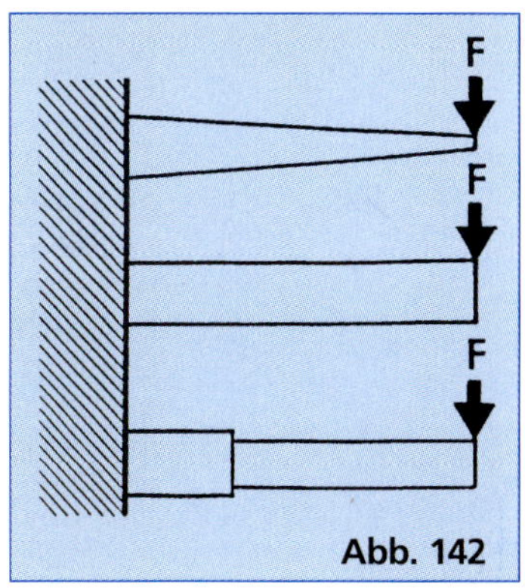

Abb. 142

guter Kraftfluß

Klassische Beispiele für guten Kraftfluß im Fahrradbau sind neben den nach unten hin schlanker werdenden ▷ Gabelbeinen insbesondere die ▷ Pedalachsen (Abb. 143):

Pedalachse

Sie ist in Form eines ▷ Trägers gleicher Biegespannung gestaltet, indem die Achse zum offenen, nicht eingespannten Ende hin schlanker ausläuft, da der Hebelarm zur Krafteinleitstelle hin kleiner wird.
Neben Gewichtseinsparung werden hierdurch in der Achse Querschnittsprünge vermieden, Belastungspitzen (z.B. durch ▷ Pedalaufsetzer) können darüber hinaus gleichmäßiger ausgefedert werden, da es über die gesamte Achslänge zu ▷ elastischen Verformungen kommt.
Hätte die Pedalachse über die gesamte Länge den gleichen Durchmesser, so würde sich nur der Bereich der Einschraubstelle verformen (längster Hebelarm). Ähnliche Optimierungen lassen sich auch bei Lötverbindungen (▷ Löten) durch spezielle Formen der ▷ Muffen erreichen, oder bei ▷ Klebeverbindungen durch am Ende dünner werdende ▷ Klebestutzen und ▷ Rahmenrohre.

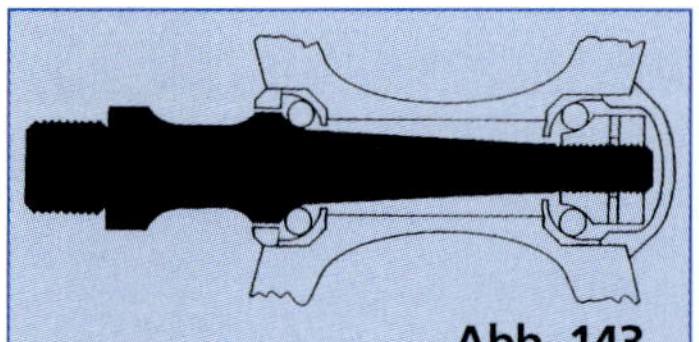

Abb. 143

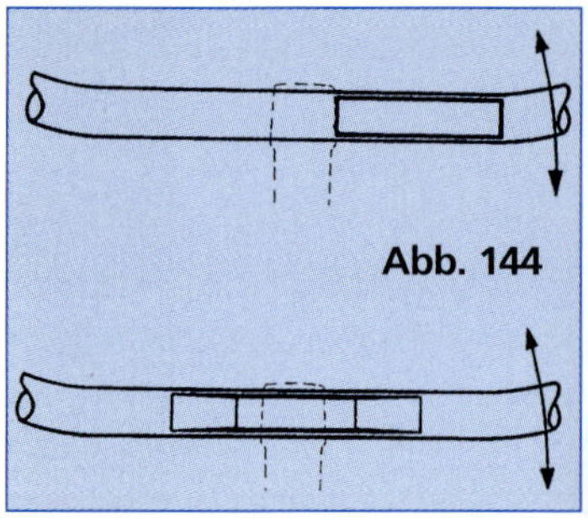

Abb. 144

schlechter Kraftfluß

Ein Beispiel für ungünstigen Kraftfluß lieferte eine Serie von Lenkerbrüchen Ende der 80er Jahre, wobei ironischerweise gerade eine Verstärkung zur Schwächung führte:

Querschnittsprung

Der schroffe Übergang von der Innenverstärkung dieser Lenker zum unverstärkten Lenkerrohr (Querschnittssprung in der Wandstärke) führte zu einer auffälligen Bruchhäufung (gefördert noch durch versehentlich unmittiges Einbringen dieser Verstärkung). Grund: Genau in der Nähe des kritischen Querschnitts (Einspannstelle des Lenkers im ▷ Vorbau und damit am längstmöglichen Hebelarm des Lenkers) endete die Verstärkung (Abb. 144 oben). Zudem ist an dieser Stelle der Lenker infolge der Vorbauklemmung bereits unter Spannung gesetzt.

Was ein Sicherheitsplus sein sollte, wurde so durch ungünstigen Kraftfluß zu einem gravierenden Risikofaktor, wobei noch anzumerken ist: Ohne Innenverstärkung wären die Lenker sicher nicht gebrochen (in Abb. 144 unten wird auch für diesen Fall eine Optimierung des Kraftflusses aufgezeigt).
Günstiger, da einen besseren Kraftfluß bietend, wirkt sich - beginnend an der Einspannstelle - eine kontinuierliche Verringerung der Wandstärke aus, noch besser in Verbindung mit einem kontinuierlich reduzierten Außendurchmesser.

Kraftschluß-verbindungen

1. Verbindung zweier Bauteile mittels Klemmung oder Pressung, deren "Kräfte" ein Verdrehen der Kontaktstelle mittels ▷ Reibung verhindern (i.G.z. ▷ Formschlußverbindung) (Abb. 145).

Im Grunde basiert die Kraftschlußverbindung also auf Reibung, die übrigens nur von der Höhe des Anpreßdrucks, nicht aber der Größe der Kontaktfläche abhängt. Am Fahrrad fallen in diese Fixierkategorie v.a. die Klemmungen von ▷ Laufrad, ▷ Sattelstütze, ▷ Lenker und ▷ Vorbau.

2. Ebenfalls unter den Begriff Kraftschlußverbindung fallen: a) der ▷ Rollenantrieb; b) durch Anpressung hervorgerufene Reibung zwischen Reifen und Fahrbahn, um die Vortriebskraft übertragen zu können. Hier kommt es allerdings durch die Verkrallung des Gummis in die Fahrbahnrauhigkeiten auch z.T. zu ▷ Formschlußverbindungen. Dies ist übrigens auch der Grund dafür, daß ein breiter Reifen eine etwas größere Bodenhaftung als ein schmaler besitzt.

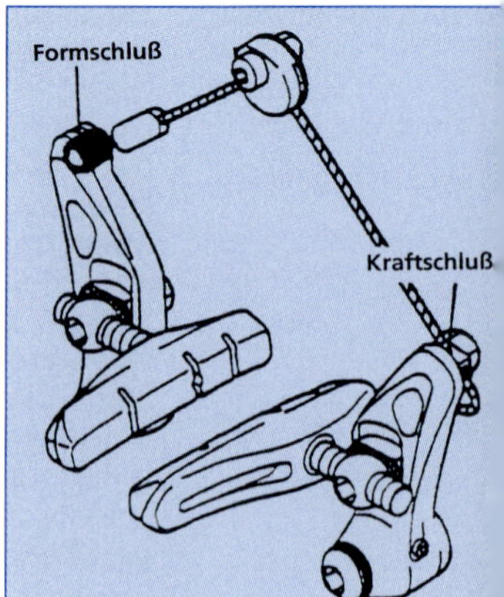

Abb. 145

Kreiselkräfte

Landläufige Bez. für die stabilisierenden Kräfte eines Kreisels, wobei bes. die ▷ Fliehkraft und die sog. "Präzession" (ausweichende Bewegung eines Kreisels unter Einwirkung einer äußeren Kraft) wirksam sind (Abb. 146). Dementsprechend erhöht sich die Kraft, mit der eine Kreiselpräzession ausgeführt wird, mit zunehmender Umdrehungsgeschwindigkeit.

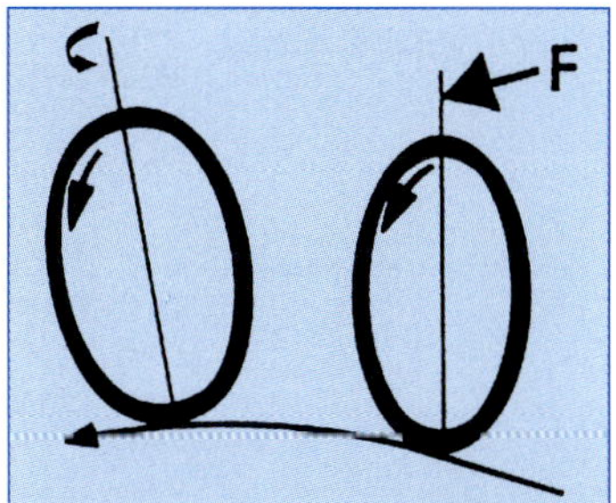

Abb. 146

In Verbindung mit dem ▷ Nachlauf, der den Kreiselkräften des Vorderrades sozusagen als Hebelarm dient, stabilisieren die Kreiselkräfte nahezu automatisch die Gleichgewichtslage von Rad und Fahrer, was beim Freihändigfahren deutlich wird.
Weitere Einzelheiten s. ▷ Fahrverhalten, ▷ Lenkvorgang, ▷ Gleichgewichtshaltung.

Kreuz-Rahmen

Eine Urform des Fahrradrahmens, bei der kreuzweise das ▷ Steuerrohr mit den hinteren ▷ Ausfallenden und das ▷ Sattelrohr mit dem ▷ Tretlager verbunden ist (Abb. 147).

Abb. 147

In den Anfängen der Fahrradentwicklung aus Holz gefertigt und passabel haltbar und seitensteif, versuchte man diese Rahmenform auch in Stahlbauweise umzusetzen, erreichte aber nie größere Stückzahlen. Ursache: Man traute sich aus ästhetischen Gründen nicht, entsprechend voluminöse Rohre einzusetzen, die von der Statik her geboten gewesen wären, so daß die Fahrstabilität mangelhaft blieb. Interessante und einigermaßen stabile Variante war der NSU-Kreuzrahmen (1958), der sich aber ebenfalls nicht durchsetzen konnte.

In letzter Zeit erlangt eine Variation des Kreuzrahmens durch den neuen Werkstoff ▷ Carbon wieder Bedeutung: Durch sanfte Übergänge am Knoten mehr einer Nervenzelle ähnlich, machte der von Chris Boardman gefahrene ▷ Lotus-Rahmen Furore (Olympiasieg). S.a. ▷ Rahmenformen.

Kreuzungsart

Nach der Anzahl der überkreuzten (mit dem Speichenkopf entgegengesetzt eingefädelten) Speichen benannte Art des ▷ Einspeichens, Einzelheiten s.d.

Kristallgitter

Bez. für die innere Struktur von den einzelnen Kristallen resp. ▷ Kristalliten von Metallen, ▷ Legierungen und einigen anderen Stoffen.

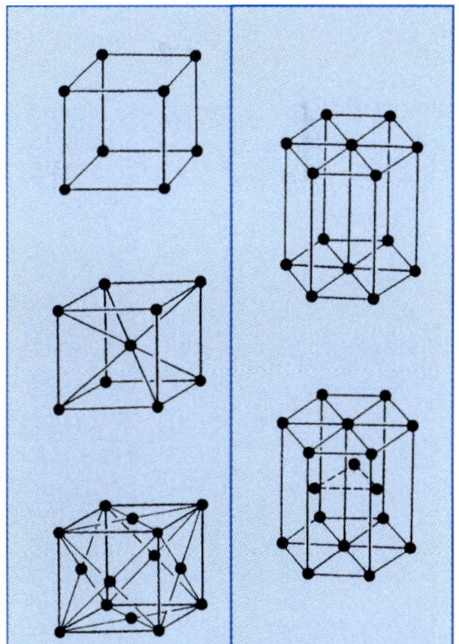
Abb. 148

Je nach Anordnung der Atome in den Metallen und Stoffen unterscheidet man zwischen kubischem und hexagonalem Kristallgitter, von denen es dann noch mehrere Konfigurationen gibt, z.b. kubisch-primitiv, kubisch-raumzentriert, kubisch-flächenzentriert (Abb. 148).

Im Allgem. gelten kubische Kristallgitter als leichter verformbar als hexagonale Gitter, was dann wieder Auswirkungen auf die ▷ Härte und ▷ Bruchdehnung der daraus bestehenden Metalle und Stoffe hat. Abb. 149 verdeutlicht die Gitterstruktur eines aneinandergereihten, hexagonalen Gittersystems, wie sie z.B. in ▷ Kohlenstoff oder ▷ Titan auftritt.

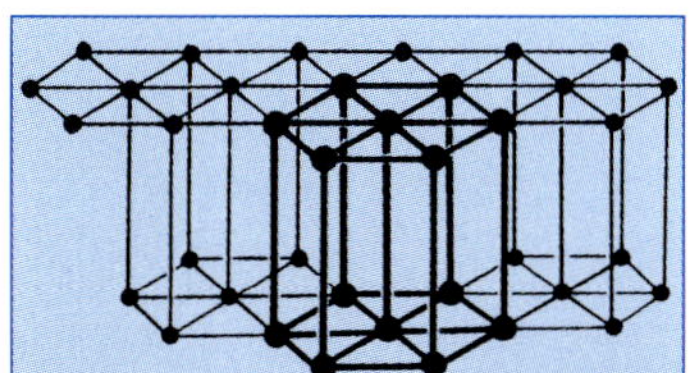
Abb. 149

Kristallite

Bez. f.d. unregelmäßigen Kristalle in Metallen, ▷ Legierungen und anderen Stoffen. Kristallite bilden sich beim Erstarren der Schmelze, bis ihr Wachstum durch Aneinanderstoßen begrenzt wird und die sog. ▷ Korngrenzen bildet.

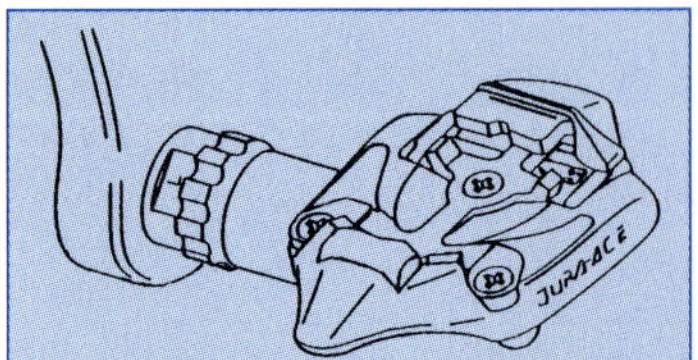

Abb. 150

Kriteriumspedal

Bez. f. besonders kurze ▷ Pedale mit flacher und abgerundeter Unterseite, die eine besonders große ▷ Kurvenschräglage erlauben, (daher auch "Kurvenpedal"), weswegen sie v.a. am ▷ Kriteriumsrennrad eingesetzt werden.

Beispiel: Mit einem (Abb. 150) Dura-Ace-SPD-Pedal (s. ▷ Pedale) läßt sich bei einer Tretlagerhöhe von 270 mm eine Schräglage von 37,6° berührungsfrei durchtreten! Im Normalfall sind es dagegen nur ca. 34°.

Kriteriums-rahmen

Spezieller Rahmen fürs ▷ Kriteriumsrennrad, der dieses durch kurzen ▷ Radstand und steilen ▷ Lenkwinkel wendig macht und durch ein hohes ▷ Tretlagergehäuse eine stärkere ▷ Kurvenschräglage erlaubt.

Kriteriums-rennen

▷ Straßenwettbewerb über 80-120 km (Frauen max. 80 km), das auf einem Rundkurs von 800-1600 m Länge i.d.R. durch Stadtgebiet mit kurvenreicher Streckenführung ausgetragen wird. Kriteriumsrennen werden daher in den Kurven entschieden, weswegen die Rennmaschinen entsprechend ausgelegt sind, s.i.E. ▷ Kriteriumsrennrad, ▷ Kriteriumsrahmen (Abb. 151).

Kriteriumsrennen sind ausgesprochen zuschauerfreundlich, weil ständig "was los ist": Wegen der kurzen, im Schnitt rund einhundertmal zu durchfahrenden Runden sind die Zuschauer stets über das wechselnde Renngeschehen im Bilde, dessen Spannung noch dadurch erhöht wird, daß nicht nach

Abb. 151

Zeit, sondern nach Punkten gewertet wird. "Kriterium" dafür sind Wertungssprints, bei denen jeweils die ersten vier Fahrer punkten (5, 3, 2, 1 Punkte; doppelte Punktzahl beim Schlußspurt). Überrundungen werden höher als Punktgewinne gewertet. Es siegt der Fahrer, der die meisten Runden zurückgelegt hat, bei Rundengleichheit, wer die meisten Punkte herausgefahren hat.

Kriteriumsrennrad

Rennrad, das speziell für ▷ Kriteriumsrennen konzipiert ist und sich bes. durch den auf Wendigkeit gebauten ▷ Kriteriumsrahmen (sowie das ▷ Kriteriumspedal) von anderen Rennrädern unterscheidet (Abb. 152).

Abb. 152

Waren früher 27 Zoll große ▷ Laufräder Standard, so ermöglichen die über den ▷ Triathlon in guter Qualität aufgekommenen 26-Zoll-Laufräder ein seitenstabileres und noch kürzeres Kriteriumsrad.

Kriteriumsübersetzung

Abstufung der ▷ Ritzel bei Kettenschaltanlagen mit nur einem Zahn Unterschied von Ritzel zu Ritzel, daher sind ▷ Übersetzungsbereich und ▷ Gangsprünge relativ gering. Zum größten Ritzel hin wird häufig auch ein Zweizahnsprung vorgenommen. Einzelheiten s. ▷ Ritzeln: individuelle Übersetzungsabstufungen.

Kugelhalter

Andere Bez. f. ▷ Kugelkäfig.

Kugelkäfig

Ringartige Halterung (daher auch "Kugelring"), die die einzelnen Kugeln in einem ▷ Kugellager auf Abstand hält (Abb. 153).

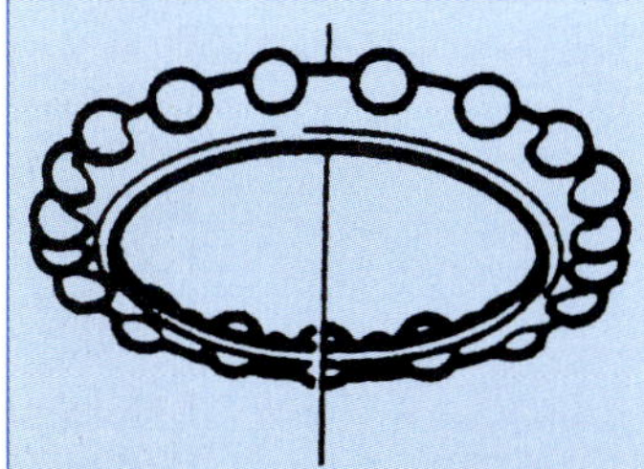
Abb. 153

Gegenüber der losen Einbringung der Kugeln hat die Halterung nicht nur den Vorteil leichterer Montage, sondern auch, daß die Kugeln nicht gegeneinander reiben. Nachteilig ist, daß weniger Kugeln eingebracht werden können und sich daher die Last auf weniger Kugeln verteilt. Das kann bei ▷ Steuersatz und ▷ Tretlagerung zu rascherem Verschleiß führen. Daher legen manche Radler die Kugeln lieber lose ein.

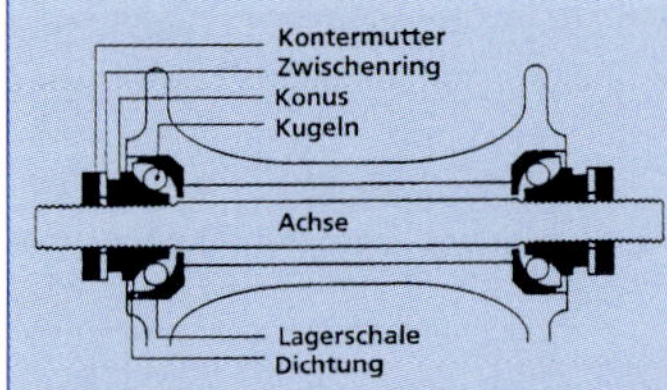

Abb. 154

Kugellager

Reibungsmindernde Vorrichtung zwischen sich gegeneinander drehenden Teilen. Zu diesem Zweck werden Stahlkugeln zwischen ▷ Lagerschalen und ▷ Konus (Abb. 154) bzw. ▷ Innen- und ▷ Außenring bei ▷ Industriekugellagern plaziert. Diese rollen zwischen den Lagerschalen, was die Reibung verglichen mit direkt aufeinander gleitenden Bauteilen minimiert. Einzelheiten zu den verschiedenen Kugellagertypen s. ▷ Lagerung, s. a. ▷ Lagerkugeln.

Kugellagerfett

Die Entwicklung hochwertiger Lagerfette wurde durch den zunehmenden Einsatz von ▷ Industriekugellagern vorangetrieben. Einzelheiten s. ▷ Fette.

Kugellaufbahn

Der Kugelwölbung angepaßte, gewölbte Bahn auf Konus und in Lagerschale (bei ▷ Konuskugellager) bzw. auf Innen- und Außenring (bei ▷ Industriekugellager), auf der die Kugeln eines ▷ Kugellagers umlaufen. Entscheidend für Leichtlauf und Haltbarkeit einer Kugellaufbahn sind deren Härte und Glattheit, Näheres s. ▷ Oberflächengüte.

Kugeln

s. ▷ Lagerkugeln

Kugelring

Andere Bez. f. ▷ Kugelkäfig.

Kugelrollbahn

Andere Bez. f. ▷ Kugellaufbahn.

Kunstfahren

Kurzbez. f. ▷ Kunstradfahren.

Kunstfahrrad

Auch "Saalmaschine" genanntes Spezialfahrrad für das ▷ Kunstradfahren, das auf die besonderen Anforderungen der Radartistik hin ausgelegt ist (Abb. 155).

Abb. 155

Hierzu gehören insbesondere die gute Beherrschbarkeit bei langsamem Tempo, der stabile Sitz bei schwierigen Radlagen (hinten hochgezogener Sattel), die Belastbarkeit durch mehrere Personen u.ä. Konstruktive Merkmale des Kunstfahrrades sind daher:

Rahmen u. Gabel

Der Rahmen des Kunstfahrrades ist kräftig ausgelegt (bes., wenn für Fahrt mit mehreren Personen vorgesehen). Die Gabel ist gerade, der ▷ Gabelkopf verstärkt.

Die ▷ Rahmenhöhe beträgt i.d.R. 55 cm (für kleine Fahrer/innen 52 cm), der ▷ Radstand ist mit 86,5 cm (Reigenrad 92 cm) deutlich kürzer als beim an sich schon kurz gebauten ▷ Rennrad (ca. 100 cm).

Der sehr steile ▷ Steuerwinkel von 80 Grad bedingt, daß das Vorderrad fast auf dem Punkt dreht. Da ermöglicht schnelles und präzises Manövrieren bei langsamem Tempo so wie das Ausbalancieren b Stillstand.

Laufräder

Die 26-Zoll-Läufräder sind mit griffigen, aber profillosen ▷ Schlauchreifen bestückt. Das Hinterrad ist i.d.R. mit einer robusteren (schwereren) Felge gebaut als das Vorderrad und hat außerdem 48 Speichen gegenüber 36 am Vorderrad. Bei beiden Laufrädern kommen ▷ Hochflanschnaben zum Einsatz.

Die Laufräder werden mit stark verlängerten Muttern in den ▷ Ausfallenden befestigt, sog. "Aufstiegsdornen", die als Fußhalt bei verschiedenen Übungen dienen.

starrer Gang

Der ▷ starre Gang - es muß immer mitgetreten werden - ermöglicht die präzise Kontrolle nicht nur der Vorwärts-, sondern auch der Rückwärtsbewegung auf dem Kunstfahrrad. Jeder Bewegungsimpuls wird von den Beinen gesteuert - außer sie werden hochgelegt, s.u.

keine Bremse

Auch die Verzögerung des Tempos wird von den Beinen geregelt, indem langsamer oder auch gegengetreten wird, bis zum Stand. Bremsen würden demgegenüber viel weniger präzise, gefühlvoll und wohldosiert verzögern.

1:1-Übersetzung

Der Antrieb des Kunstfahrrades ist ohne ▷ Übersetzung (24:24 Zähne) - eine Kurbelumdrehung verursacht eine Radumdrehung (vergleichbar dem leichtesten Berggang eines ▷ Mountainbikes) -, was langsames Fahren und präzises Lavieren ermöglicht, zugleich aber auch rasche Beschleunigung und leichtes Abheben des Vorderrades.

Lenker

Der ▷ Lenker hat eine für aufrechtes Fahren, einhändige Steuerung und rasches Hochreißen des Vorderrades günstige, zum Fahrer hin gebogene Form (wie um 180 Grad gedrehter ▷ Rennlenker). Außerdem erlaubt er das Sitzen in und gegen die Fahrtrichtung zwischen den beiden "Geweihenden".

Sattel

Um beim Freihändigfahren gegenhalten bzw. Beschleunigungskräfte aufnehmen zu können sowie auch, um bei Fahrt auf dem Hinterrad nicht abzurutschen, ist der Sattel des Kunstfahrrades muldenförmig ausgebildet und hinten leicht hochgezogen.

Kunstgummi

Landläufige Bez. f. aus ▷ Kunstkautschuk hergestellten ▷ Gummi, wobei der Übergang zu den ▷ Elastomeren fließend ist.

Kunstkautschuk

Künstlich hergestellte Kautschuksorten, deren molekulare Zusammensetzung ähnlich der von Naturkautschuk ist; chem. Formel: $(C_5H_8)_n$.

Im Fahrradbereich verwendete Kunstkautschuke sind v.a. ▷ Butyl für ▷ Schläuche, ▷ Butadien für ▷ Reifen sowie Neopren für Thermogamaschen (Kälteschutz f. ▷ Radschuhe) und Schwimmanzüge von Triathleten (Abb. 156).

Kunstkautschuke sind teilweise mit Naturkautschuk mischbar und werden dann als ▷ Gummimischung zum Erzielen spezieller Eigenschaften gemeinsam ▷ vulkanisiert.

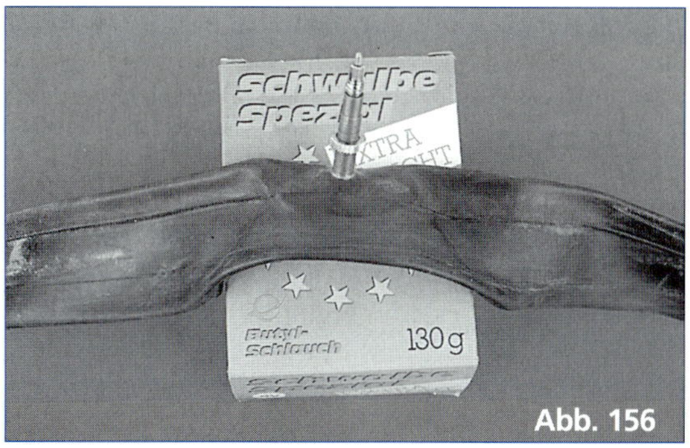

Abb. 156

Kunstradfahren

▷ Hallenradsport, bei dem artistische Kunststücke auf dem Fahrrad dargeboten werden (Abb. 157).

Mit einem speziellen ▷ Kunstfahr-Rad werden auf einer zwischen 9 x 12 m und 11 x 14 m großen Fahrfläche Wettbewerbe für ein, zwei, vier und sechs Fahrer/innen ausgetragen, wobei innerhalb von 6 Minuten 22-28 selbst ausgewählte Übungen zu zeigen sind, die von einem Kampfgericht bewertet werden. Punktabzüge gibt es nicht nur bei unkorrekter Ausführung der Figuren und unfreiwilligem Absteigen, sondern auch bei nicht flüssigem, "eckigem Tritt".

Beim Zweier-Fahren benutzen beide Radartisten nur ein Rad, beim Vierer- und Sechserfahren hat jede/r ein eigenes Rad, weswegen hier präziser vom "Reigenfahren" gesprochen wird, bei dem die jeweiligen Figuren synchron gefahren werden. Dieser Mannschaftssport war übrigens als Ausdruck proletarischer Solidarität sehr populär im sog. "Arbeiterradsport" vor 1933, ist heute aber nur noch von marginaler Bedeutung.

Abb. 157

Die Namen der Figuren vermitteln einen Eindruck von der gebotenen Schwierigkeit, so z.B. Sattellenkerstandfahren, Kehrlenkerbeugesitz, Rahmenschulterstand, Sattelkopfstand, Sattellenkerhandstand u.v.m.
Andere, ebenfalls artistische Raddisziplinen sind ▷ Trial und ▷ Freestyle.

Kunststoffe

Organische Stoffe, die entweder synthetisch oder durch Umwandlung von Naturstoffen künstlich hergestellt werden.
Alle Kunststoffe bestehen aus Makromolekülen (Abb. 158), die entweder bereits in den Ausgangsstoffen vorlagen, oder künstlich (durch Polymerisation, Polykondensation oder Polyaddition) aus kleineren Molekülen aufgebaut werden.

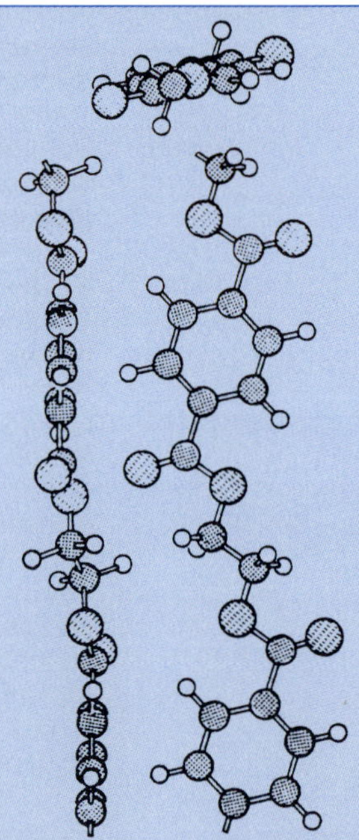
Abb. 158

Kunststoffe lassen sich wie folgt grob einteilen:

Duroplaste Nur anfangs bzw. bei höheren Temperaturen plastisch, härten dann aus und behalten ihre Härte auch in Wärme; s.a. ▷ Duroplaste. Hierzu zählen auch die ▷ Harze.

Thermoplaste Können durch Erwärmung beliebig oft erweicht werden und verfestigen sich bei Abkühlung. Damit eignen sich Thermoplaste besonders gut zur Herstellung von Spritzgußformteilen. Abb. 159 zeigt die Maschinerie für den ▷ Spritzguß, s.a. ▷ Thermoplaste.

Elastomere Gummiartige Kunststoffe, die entweder aus ▷ Kunstgummi hergestellt werden oder aus Thermoplasten durch Beigabe von Weichmachern; s.a. ▷ Elastomere.

Verbundwerkstoffe Verbund von zwei oder mehreren Werkstoffen miteinander, s. ▷ Faserverbundstoffe.

Teilweise wird der Begriff auch verwendet, wenn Kunststoffe mit sog. Füllstoffen "gestreckt" und verfestigt werden.

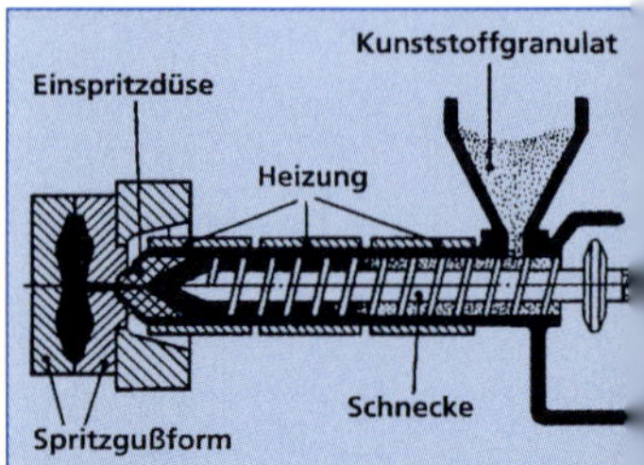

Abb. 159

Kunststofflaufräder

▷ Laufräder, die in einem Stück aus ▷ Thermoplast-Kunststoffen per ▷ Spritzguß hergestellt werden. Sie zeichnen sich durch hohe Belastbarkeit aus und werden v.a. bei kleinen ▷ Laufradgrößen (▷ Kinderräder; ▷ BMX) eingesetzt (Abb. 160).

Kunststoffschweißen

Verschweißen von thermoplastischen Kunststoffen (s. ▷ Thermoplaste), wobei die Erwärmung durch Heißluft (Abb. 161 oben),

Ultraschall (Abb. 161 Mitte), ein hochfrequentes elektrisches Feld (Abb. 161 unten) oder durch erwärmte Metallteile erfolgt.

Wie beim Metallschweißen (s. ▷ Schweißen: Schweißverfahren) kann zusätzlicher Materialeinsatz in Form von Schweißzusatz erfolgen.

Kunststoffschweißen wird beim Verschweißen von Folien eingesetzt (Verpackungsindustrie), aber auch, um einzelne, leicht herstellbare Spritzgußteile miteinander zu verbinden. Anwendung am Fahrrad außer bei der Radverpackung: Gehäuse von ▷ Computern, ▷ Rücklichtern, ▷ Reflektoren, Teile von ▷ Dynamos.

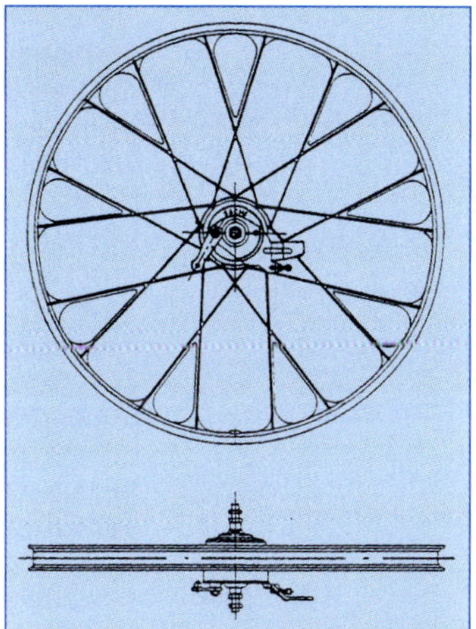

Abb. 160

Kupfer

Chem. Element (Formelzeichen: Cu);
Metall mit guter Wärmeleitfähigkeit und nach Silber bester elektrischer Leitfähigkeit.

Dichte: 8,9 kg/dm^3;
Schmelzpunkt: 1083°C;
Zugfestigkeit: 160-500 N/mm^2 (je nach Kaltverfestigung);
in Legierungen bis 1350 N/mm^2 (Berylliumbronze)
Bruchdehnung: 2-50% (je nach Kaltverfestigung);
Elastizitätsmodul: 126.000 N/mm^2.

Kupfer findet am Fahrrad Anwendung als elektrischer Leiter bei Elementen der ▷ Beleuchtung (Dynamo, Kabel), ▷ Computern sowie in ▷ Legierungen (▷ Messing) bei ▷ Ventilen und ▷ Gleitlagern, außerdem als Legierungselement bei ▷ Aluminium: Knetlegierungen.

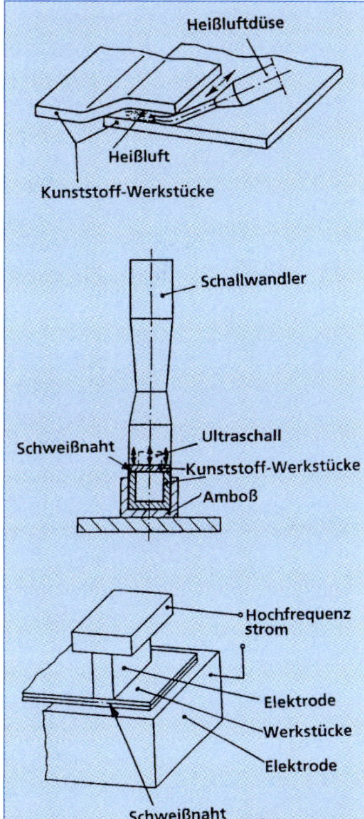

Abb. 161

Kupplungsstück

Verbindungsteil, um zwei Gegenstände vorübergehend oder dauerhaft miteinander zu verkoppeln.
Am Fahrrad von der Anhängerkupplung einmal abgesehen Verbindungsteile von ▷ Bowdenzügen (▷ Kabelteiler), Schraub- resp. Fixierhülse des Schaltzuges bei ▷ Nabenschaltungen (beachte aber auch ▷ Clickbox und ▷ Speedtronic bei den modernen 7-Gang-Nabenschaltungen von Fichtel & Sachs bzw. das Schaltrad bei der 7-Gang-Nabe von Shimano).

Kurbel

L-förmig gebogene Hebelanordnung, mit der - per Kraft- oder Formschluß - auf eine ▷ Welle ein ▷ Drehmoment ausgeübt werden kann (Abb. 162).

Beim Fahrrad bezeichnet man fälschlicherweise schon die einzelnen ▷ Kurbelarme als Kurbeln (s. ▷ Kurbelgarnitur), obwohl sie eine solche erst durch die eingeschraubten Pedale werden - und dann ▷ Tretkurbel heißen.

Kurbelabzieher

Werkzeug zur Demontage der ▷ Tretkurbel von der ▷ Tretlagerachse; Näheres siehe ▷ Abzieher (Abb. 163).

Kurbelantrieb

Effektivste Form eines Fahrradantriebes, bei dem die Antriebsenergie mittels ▷ Kurbel in eine Rotationsbewegung umgesetzt wird. Einzelheiten s. ▷ Antrieb, dort auch andere Antriebsarten.

Historie: Gegenüber den anfänglichen Antrieben von muskelkraftbetriebenen Fahrzeugen durch Abstoßen der Füße (s. ▷ Draisine1) erfolgte der erste effizientere Antrieb per ▷ Tretkurbel durch Micheaux ab 1861 (▷ Michauline). Es handelte sich hierbei noch um einen unübersetzten, direkten Vorderradantrieb. Kettenantrieb aufs Hinterrad erfolgte erst rund zwanzig Jahre später. Übrigens hatte schon von Drais bei seiner ▷ Draisine2 einen Kurbelantrieb angewandt, da die Wippbewegung des - hier allerdings durch Armkraft betätigten - Antriebsschwengels über Pleuel und Kurbel die Vorwärtsbewegung des Schienenfahrzeugs bewirkte. Es handelte sich also um einen ▷ Linearantrieb mit nachgeschalteter Kurbelmechanik.

Kurbelarm

Bezeichnung für die einzelne ▷ Kurbel (ohne Pedal) einer ▷ Kurbelgarnitur.

Kurbelbefestigungsschraube

Schraube (bei preiswerten Tretlagern: Mutter), mit der die ▷ Tretkurbeln auf den Keil des ▷ Kurbelvierkants gepreßt werden. Vorgeschlagenes ▷ Anzugsdrehmoment 35 N/mm² (Abb. 164).

Als sehr praktisch haben sich ▷ integrierte Kurbelbefestigungsschrauben erwiesen, mit denen die Kurbel vom Vierkant gelöst werden kann, ohne einen ▷ Abzieher zu Hilfe nehmen zu müssen (Shimano bis 1986; ab 1986 Campagnolo).

Kurbeldemontage

Der von der ▷ Kurbelbefestigungsschraube auf den ▷ Kurbelvierkant gepreßte ▷ Kurbelarm muß mit einem speziellen ▷ Abzieher demontiert werden. Einzelheiten s. ▷ Abzieher: Kurbelabzieher. Als praktisch haben sich die ▷ integrierten Kurbelbefestigungsschrauben erwiesen, Einzelheiten s.d.

Kurbelfahrrad

Bez. f. die ersten echten Fahrräder im heutigen Sinne (sicher belegt ab ca. 1860 bei den ▷ Michaulinen), bei denen sich der Fahrer nicht mehr durch Abstoßen der Füße vom Boden, sondern mittels ▷ Kurbelantrieb fortbewegte. Dabei waren die ▷ Tretkurbeln zunächst an die Achse des Vorderrades montiert und trieben dieses direkt an (s. ▷ Michauline; ▷ Hochrad).

Kurbelfrequenz

And. Bez. f. ▷ Trittfrequenz.

Kurbelgarnitur

Bezeichnung für ein Paar ▷ Kurbelarme plus der an der rechten Kurbel am ▷ Kurbelstern montierten 1-3 ▷ Kettenblätter (Abb. 165). Früher ausschließlich aus ▷ Stahl gefertigt, finden sich heute bereits bei Standardrädern nur noch Kurbelgarnituren aus ▷ Aluminium. Sie werden bei preiswerten Versionen per ▷ Druckguß hergestellt, in hochwertiger Ausführung aus geschmiedetem ▷ Aluminium: Knetlegierungen. S.a. ▷ Kurbellänge.

Kurbelkeil

Keilförmig abgeschrägter Bolzen mit einem Gewindezapfen, der zur lösbaren Verbindung der ▷ Tretkurbel auf der ▷ Tretlagerachse dient. Weitere Einzelheiten s. ▷ Keilbefestigung.

Kurbelkürzungsadapter

Ins Pedalauge geschraubter ▷ Adapter mit U-förmigem Profil, der mit einem zweiten, weiter zur ▷ Tretlagerachse liegenden Pedal-

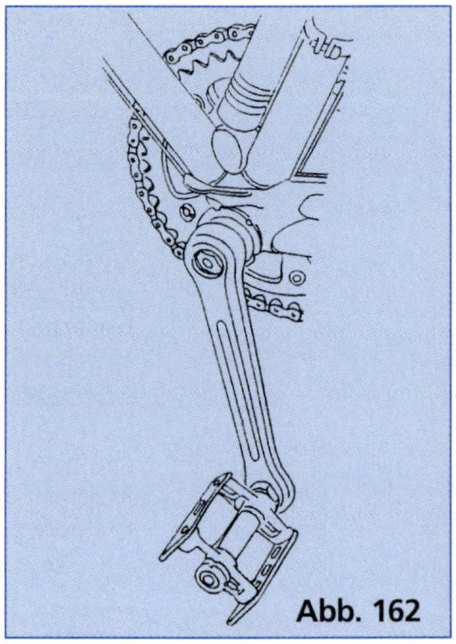

Abb. 162

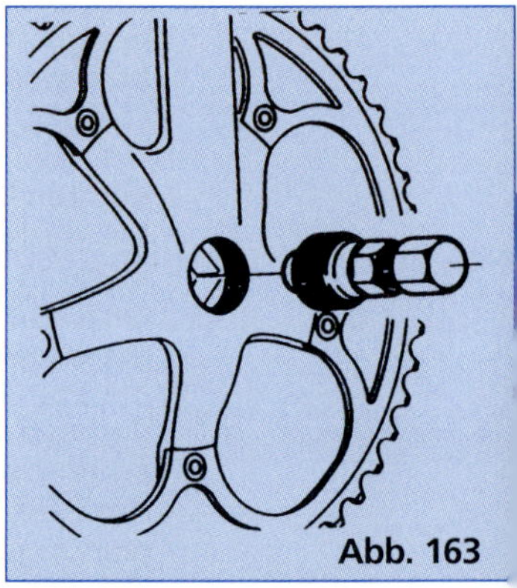

Abb. 163

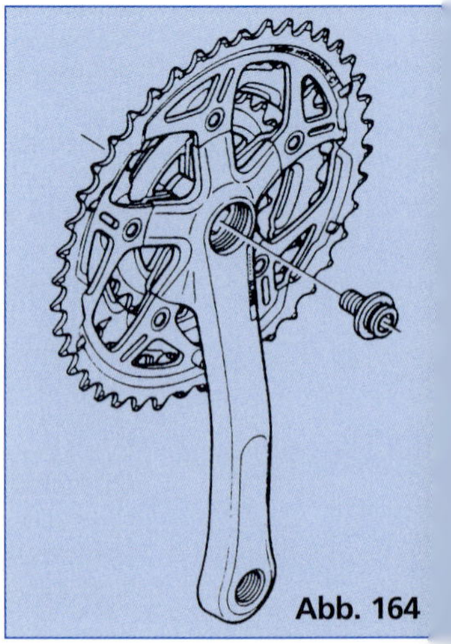

Abb. 164

gewinde eine Kurbelverkürzung ermöglicht. Sinn: Anpassung an kürzere Beinlängen, bes. bei Kindern. Nachteil: Das Pedal verschiebt sich weiter nach außen, wodurch die Tretbewegung energetisch ungünstiger wird (Abb. 166).

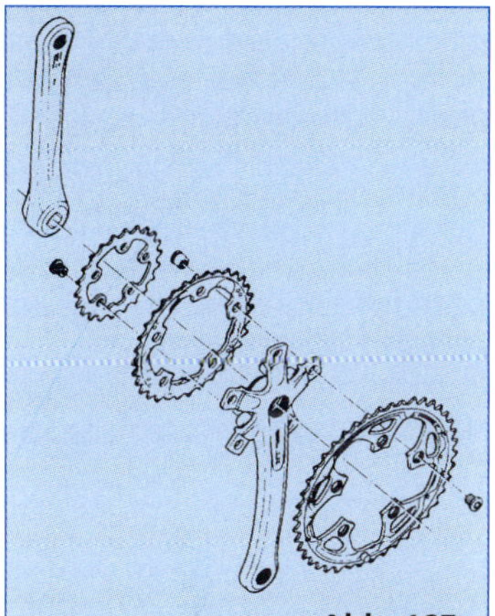

Abb. 165

Kurbellänge

Länge der ▷ Tretkurbeln, gemessen von Mitte ▷ Pedalauge bis Mitte ▷ Kurbelvierkant.
Mit der Standardkurbellänge von 170 mm sind Radfahrer mit Körpergrößen von 165 - 185 cm gut bedient, obwohl die *Faustregel* besagt:

Kurbellänge = 1/10 Körpergröße.

Kleine Fahrer können allerdings (bei ihnen ist die Knieabwinkelung beim Treten größer) bei der Standardkurbellänge Kniebeschwerden bekommen, da der Trittkrafteinsatz bei relativ stark abgewinkeltem Bein beginnt.

Große Fahrer wiederum treten mit zu kurzen Kurbeln uneffektiv, da die Beinabwinklung für den Trittfluß zu gering ist. Im Handel sind Kurbellängen von 150 - 185 mm erhältlich, 2-m-Radler kommen da u.U. "zu kurz".

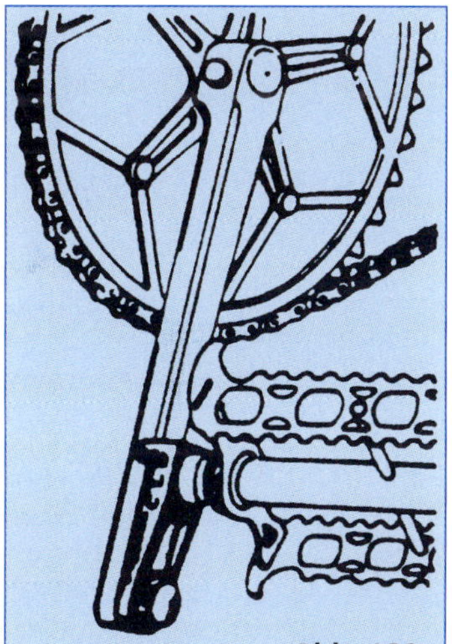

Abb. 166

Tip: Bei Sonderwünschen bieten die "TA"-Kurbelgarnituren die meisten Variationsmöglichkeiten.

Kurbelschraube

Kurzbez. f. ▷ Kurbelbefestigungsschraube.

Kurbelstern

Von der rechten ▷ Tretkurbel ausgehende, sternförmig angeordnete Befestigungsarme für die ▷ Kettenblätter.

Waren früher 3 Befestigungsarme (Abb. 167 links) üblich, so ist heute die 5-Arm-Befestigung Standard geworden (Abb. 167 rechts). Abb. 167 Mitte zeigt die 5 Befestigungsbohrungen des TA-Kurbelsystems, bei dem das große Kettenblatt als Adapter für die anderen Kettenblätter dient.

In nachstehender Tabelle (Abb. 168) sind die sog. ▷ Lochmaße (Abstand zwischen den einzelnen Befestigungsschrauben von Kurbelsternen (Abb. 169) verschiedener Hersteller) in absteigender Folge angegeben sowie die Zähnezahlen des kleinstmöglichen Kettenblatts, das darauf montierbar ist:

Abb. 168: *Lochmaße der Kurbelsysteme*

Kurbel-Typ	*Lochmaß*	*Kleinstes Kettenblatt*
Campagnolo (alt)	85 mm	41 Zähne
Campagnolo (neu)	80 mm	39 Zähne
Shimano	76 mm	38 Zähne
Stronglight (SUP)	72 mm	36 Zähne
MTB großes u. mittl. Blatt	65 mm	34 Zähne

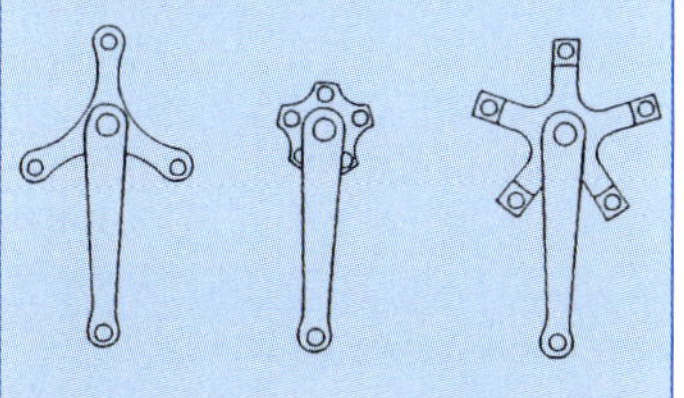

Abb. 167

Kurbel-Typ	Lochmaß	Kleinstes Kettenblatt
Microdrive Suntour mt.Bl.	56 mm	32 Zähne
SR/Sugino	50 mm	28 Zähne
MTB kleines Blatt	44 mm	24 Zähne
Hyperdrive Shimano	34 mm	20 Zähne
Microdrive Suntour	33 mm	20 Zähne

Anmerkung: Von den Herstellern wird statt des Lochmaßes z.T. auch der ▷ Lochkreisdurchmesser angegeben. Zur Umrechnung:

$L_m = L_D \cdot 0{,}587785$ mit: L_m = Lochmaß

$L_D = L_m / 0{,}587785$ L_D = Lochkreisdurchmesser

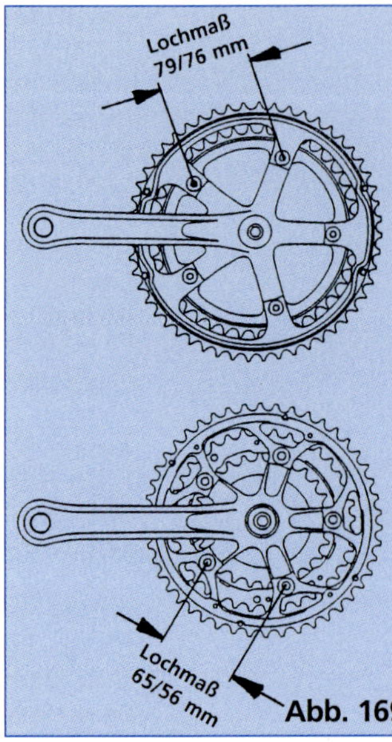

Abb. 169

Kurbelvierkant

Allgemeinbez. f. den konisch zulaufenden Vierkant an beiden Enden der ▷ Tretlagerachse (Abb. 170), auf den die jeweilige ▷ Tretkurbel formschlüssig und damit verdrehsicher aufgeklemmt wird.

Obwohl die Maße des Vierkants eigentlich nach der ▷ ISO-Norm international definiert sind, haben sich in der Praxis die Firmennormen der Hersteller ▷ Campagnolo und ▷ Shimano durchgesetzt:

ISO-Norm: Konusneigung 2° / Dicke Vierkantende 12,5 mm;
Campagnolo: Konusneigung 1,9° / Dicke Vierkantende 12,65 mm ;
Shimano: Konusneigung 2,1° / Dicke Vierkantende 12,6 mm.

Auch diese Maße variieren in der Praxis.

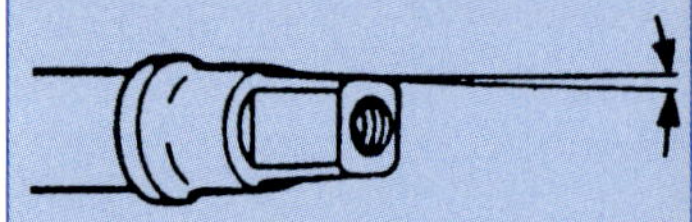

Abb. 170

Konsequenz: Da die Passung zwischen Kurbel und Achse die Achsbreite sowie die Kröpfung der rechten Kurbel (axialer Abstand des Vierkants zum Kettenblatt) bestimmt, kann die ▷ Kettenlinie bei Komponentenmix (Kombination von Teilen verschiedener Hersteller) im ungünstigsten Falle über 15 mm variieren und ist selbst bei "reinrassiger" Komponentenausstattung nicht unter 2 mm Toleranzbereich zu halten.

Das liegt u.a. an der enormen Flächenpressung, die durch die ▷ Kurbelbefestigungsschraube und die Konuskeilwirkung hervorgerufen wird. Hier kommt es immer zu ▷ Materialfließen, d.h. der Vierkant der Kurbel paßt sich stets dem Vierkant der Achse an. Aus diesem Grunde sollten neue Kurbeln nach einer Probefahrt von 20 km immer nachgezogen werden.

Generell gilt: Eine Shimanokurbel rutscht 4 mm weiter auf einen Campagnolo-Vierkant als das Original. Umgekehrt steht eine Campagnolo-Kurbel auf einer Shimanoachse 4 mm weiter "draußen".

Schwachstelle

Hinsichtlich der Haltbarkeit stellt der Kurbelvierkant die Schwachstelle schlechthin des Antriebs dar. Das beruht darauf, daß der Achsquerschnitt an dieser Stelle reduziert wird und ohnehin ein Vierkant um rund 35% weniger ▷ Torsionsbelastung aushält, als ein runder Querschnitt gleicher Fläche. Darüberhinaus kommt es zu ▷ Spannungsspitzen infolge ungünstiger ▷ Kraftflüsse (Übergang vom runden zum eckigen Querschnitt), außerdem besteht eine ▷ Kerbwirkung durch das in die Achse geschnittene Gewinde sowie die Oberflächenbearbeitung der Vierkantflächen. Da nun auch die Kurbelbefestigungsschraube hier endet, wird nochmals eine ungünstige Spannungsspitze erzeugt. Folge: Bei sportlichen Radlern kommt es mitunter zum Bruch des Kurbelvierkants.

Tips

1. ▷ Tretlagerung alle zwei Jahre austauschen, um weitere Bruchgefährdung durch Materialzerrüttung zu vermeiden.

2. ▷ Tretlagerung nach Sturz oder heftigem ▷ Pedalaufsetzer schnellstmöglich austauschen.

Kurvenneigung

Andere Bez. f. ▷ Kurvenschräglage.

Kurvenpedal

s. ▷ Kriteriumspedal

Kurvenschräglage

Bez. f.d. Schräghaltung (Neigung), die ein Zweiradfahrer beim Durchfahren einer Kurve einnehmen muß, um nicht durch die Fliehkraft aus der Kurve getragen zu werden (Abb. 171).

Zu diesem Zweck neigt der Radler bei Kurvenfahrten sein Rad so weit, daß die resultierende Kraft aus ▷ Gesamtschwerpunkt und ▷ Fliehkraft durch die Radachsen genau auf die Reifen wirkt. Er hat dann auch mit seinem einspurigen Gefährt eine stabile Fahrzeuglage.

Je höher die Geschwindigkeit oder je enger die Kurve, um so mehr muß er sich zur Kurvenmitte neigen. Die Haftung seiner Reifen begrenzt natürlich die größtmögliche Neigung, ebenso - falls er weiter tritt - die Außenkante des kurveninneren Pedals (vgl. ▷ Pedalaufsetzer).
Mit besonders flach oder kurz gehaltenen Pedalen, aber auch mit kürzeren Kurbeln bzw. Tretlagerachsen oder mit höher angeordnetem Tretlager (vgl. ▷ Kriteriumsrennrad) läßt sich die Möglichkeit des Weitertretens trotz Kurvenneigung verbessern.

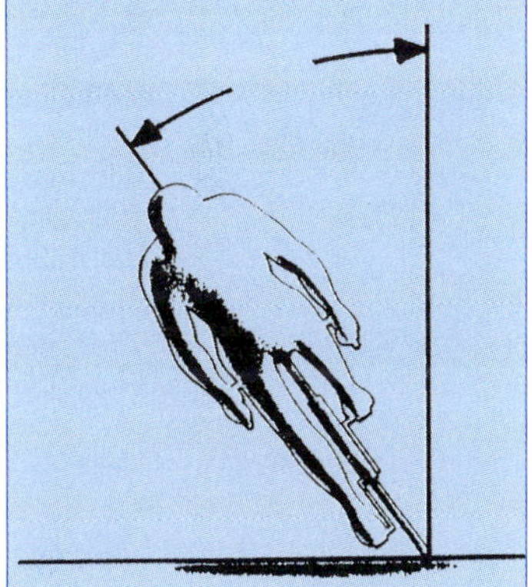

Abb. 171

kurze Kette

Radlerjargon für eine Notreparatur unterwegs bei Schaltungsdefekt:

Die Kette wird soweit gekürzt, daß sie unter Umgehung des ▷ Schaltwerks wie beim schaltungslosen Rad direkt ein ▷ Kettenblatt und ein ▷ Ritzel miteinander verbindet, also aus der Übersetzungspalette nur einen ▷ Gang fest auflegt (i.d.R. einen Gang aus dem ▷ Arbeitsbereich).

Während das Fahren einer kurzen Kette bei horizontalem ▷ Ausfallende keine Schwierigkeit bereitet (Herstellen der Kettenspannung durch entsprechendes Zurücksetzen des Hinterrades), kann das beim senkrechten Ausfallende etwas problematisch werden. I.d.R. läßt sich aus der Palette des Übersetzungsangebotes auch hier eine Übersetzung finden, bei der die Kettenlänge stimmt. Es kann allerdings Probleme geben, wenn der Kettenschräglauf zu groß wird (Kette springt leichter ab).

Kurzlieger

Bez. f. ▷ Liegeräder (Einzelheiten s.d.) mit kurzem ▷ Radstand (Vorderrad hinter der ▷ Tretlagerung) (Abb. 172).

Abb. 172

Labyrinthdichtung

Berührungslose Art der ▷ Dichtung durch labyrinthartig angeordnete Schutzscheiben (Abb. 1).
Labyrinthdichtungen werden gelegentlich auch in ▷ Lagerungen eingesetzt. Sie sind zwar aufwendig, vereinen aber ▷ Leichtlauf und sicheren Schutz gegen eindringenden Schmutz, s.a. ▷ Dichtung.

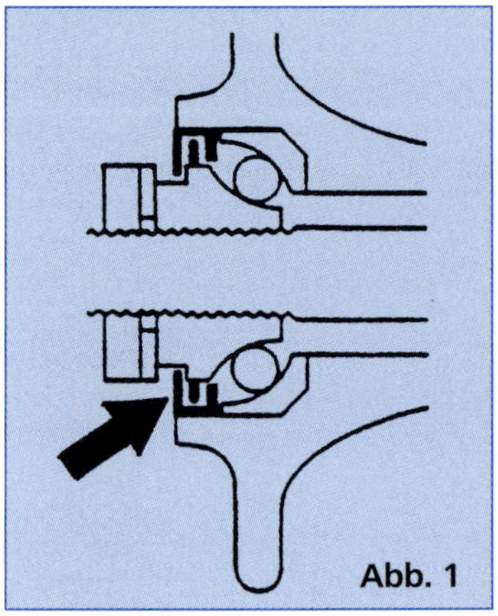

Abb. 1

Lack

Streichfähige Substanz aus Bindemittel und Farbpigmenten, die nach dem Ablüften (Verdampfen) eines ▷ Lösungsmittels eine glatte, luftundurchlässige und meist glänzende Oberfläche bildet (Abb. 2).
Die Luftundurchlässigkeit des Lacks bedingt seine Hauptfunktion als ▷ Korrosionsschutz, seine Farbigkeit setzt als "Nebenprodukt" ästhetische Akzente. Moderne Lacke enthalten chemisch hergestellte Farbpigmente, ein Kunstharz als Bindemittel (der Härter wird z.T. erst kurz vor dem Verarbeiten zugegeben) und ein Lösungsmittel, um den Lack genügend dünnflüssig zu halten.
Im Fahrradbereich ist hohe ▷ Schlagfestigkeit der Lacke gefordert, damit Steinschlag oder ein Umfallen des Rades keine kleineren Lackschäden verursacht. Daher werden entsprechend zäh und schlagfest abgestimmte ▷ Harze eingesetzt (für ▷ Epoxid-, Acryl- oder Polyesterlacke).

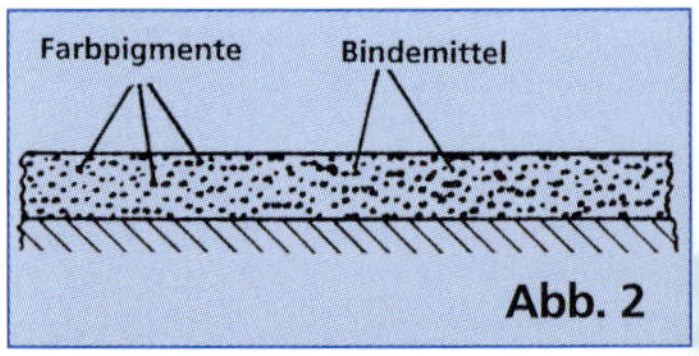

Abb. 2

Wasserlack

In seiner Schlagfestigkeit erheblich gesteigert und wegen geringerer Umweltbelastung wieder interessant geworden ist der sog. Wasserlack, bei dem Wasser als Lösungsmittel eingesetzt wird.

Pulverbeschichtung

Lackartig, extrem schlagfest und dabei sehr umweltfreundlich ist die ▷ Pulverbeschichtung, die erfreulicherweise in der Fahrradherstellung immer weitere Verbreitung findet und i.d.R. so schlagfest ist, daß ein Hammerschlag (Abb. 3) zwar eine Beule verursacht, der Lack aber nicht abblättert. Weitere Einzelheiten s. ▷ Lackaufbau; ▷ Lackierung.

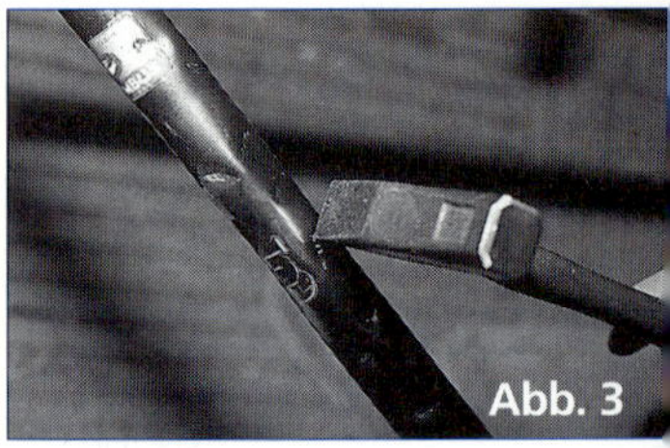

Abb. 3

Lackaufbau

Um eine bessere Haftung mit dem Grundmaterial, Deckwirkung, sowie eine glänzendere Oberfläche zu erzielen, wird ▷ Lack in mehreren Schichten aufgetragen (Abb. 4):

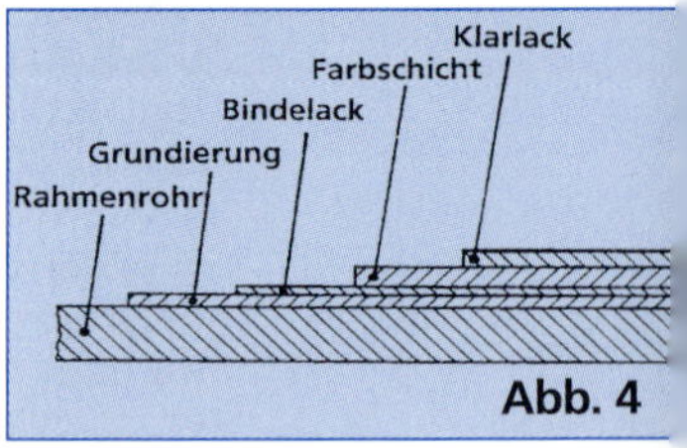

Abb. 4

Grundierung

Auf die meist nackte, sandgestrahlte oder gebeizte Metalloberfläche kommt zunächst eine ▷ Grundierung, die z.T. sogar durch chemische Zusätze die Metalloberfläche in eine dünne, poröse und leicht rostschützende Phosphatschicht umwandelt.

Bindelack

Hierauf folgt eine dünne Schicht Bindelack, der die später aufzubringende eigentliche Farbschicht inniger an die Grundierung bindet.

Farbschicht

Die nun folgende farbgebende Lackschicht wird meist in zwei Lagen aufgebracht.

Klarlack

Zum Schluß folgt meist noch eine transparente Klarlackschicht, unter der die Fahrradhersteller gern ihre Aufkleber anbringen, da sie sich dann weniger schnell ablösen und auch kein Etikettenschwinde betrieben werden kann.

Einbrennen

Mit einem nach der Trocknung des Lacks erfolgenden Einbrennvorgang (Temperaturen zwischen 70 und 120°C) erreicht man sowohl eine effektivere Aushärtung des verwendeten Harzes, was den Lac kratzfester macht, als auch eine "Vernetzung" der einzelnen Lackschichten untereinander, wodurch die Schlagfestigkeit gesteigert wird.

Lackierung

Verfahren (und Ergebnis), um Gegenstände mit ▷ Lack zu überziehen.

Spritzen

Im Fahrradbereich hat das "altväterliche" Spritzen schon lange ausgedient, auch von der klassischen Spritzpistole ist nur noch das Prinzip geblieben.

elektrostatisches Sprühen

Moderne Lackierstraßen arbeiten - nach einer vorausgegangenen Tauchgrundierung (Abb. 5) - auf elektrostatischer Basis: Von rotierenden Sprühköpfen ausgespiene Farbnebel werden durch Anlegen eines elektrostatischen Potentials auf die zu lackierenden Gegenstände gezogen und erreichen damit auch weniger leicht zugängige Ecken und Winkel (Abb. 6).
Je nach Größe der Anlage durchlaufen die zu lackierenden Gegenstände entweder eine Sprühkammer mehrfach oder mehrere Sprühkammern hintereinander. Dazwischen muß stets eine gewisse Verweilzeit liegen, damit der Lack leicht antrocknet, um "Tränenbildung" zu vermeiden. Vorteil der Methode ist ein bes. dünner, gleichmäßiger Lackauftrag.

Pulverbeschichtung

Mittlerweile ebenfalls großtechnisch rationell und preiswert durchführbar ist die ▷ Pulverbeschichtung (Einzelheiten s.d.) geworden. Hierbei werden elektrostatisch farbige Kunststoffflocken auf die zu lackierende Oberfläche gebracht (Abb. 7) und anschließend eingeschmolzen. Ergebnis ist eine besonders schlagfeste Ummantelung der beschichteten Bauteile.
Bei preiswerten Komponentengruppen ersetzt neuerdings die Lackierung zunehmend ▷ Verchromung, ▷ Eloxierung oder Politur. Das macht die Teile optisch attraktiv, erspart aber die langwierigen und damit teuren Oberflächenbehandlungen. Auch hier wird verstärkt Pulverbeschichtung eingesetzt.

Längslager

Dt. Bez. f. ▷ Axiallager (s.d.): Lager, die für Belastungen in Längsrichtung von Achsen oder Wellen ausgelegt sind (Abb. 8).

längsovale Rohre

Ovalisierte Rahmenrohre, deren großer Durchmesser in der Längsflucht des ▷ Rahmens liegt (Abb. 9).
Zu Beginn der 80er Jahre wurden bei sog. ▷ Aero-Rahmen längsovale oder sogar tropfenförmige Rohre verbaut, um die ▷ Aerodynamik des ▷ Rennrades zu verbessern. Die verbesserte Windschnittigkeit dieser Rahmen wurde aber mit mangelnder ▷ Seitensteifigkeit (anfällig für ▷ Rahmenflattern) und geringem ▷ Fahrkomfort (vertikale Härte) erkauft.
Siehe zum Vergleich ▷ querovale Rohre und ▷ MAX-Rohre, die beide ebenfalls Ovalisierungen enthalten.

Lager

Bauelement zur Fixierung, Führung und meist auch zur Lastaufnahme und Lastübertragung von Teilen, die sich gegeneinander bewegen. Zur Vermeidung von ▷ Reibungsverlusten wird eine möglichst reibungsarme ▷ Lagerung angestrebt, Einzelheiten s.d.

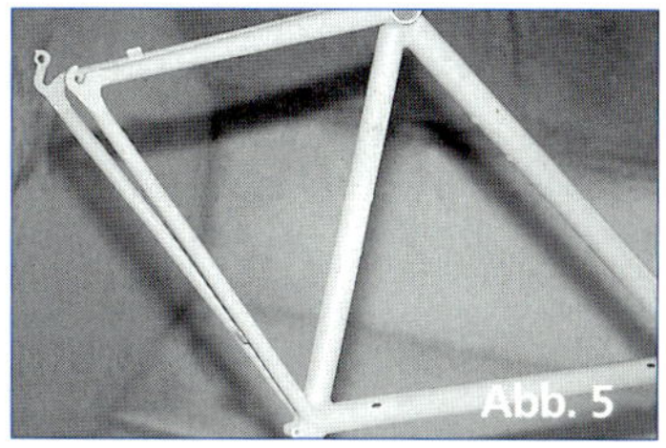
Abb. 5

Abb. 6

Abb. 7

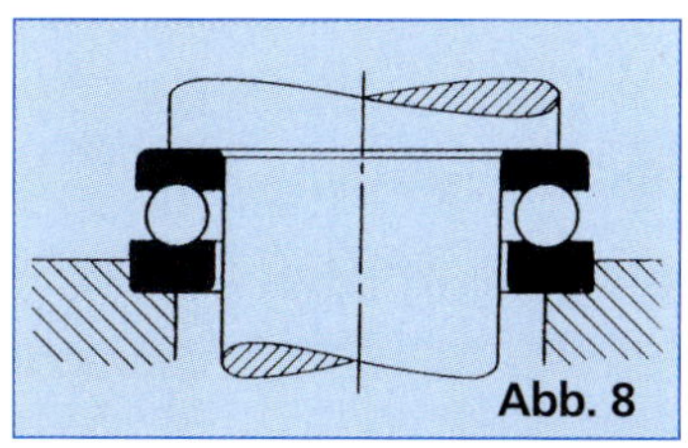
Abb. 8

Lagerdichtung

Mechanische Vorrichtung, um eindringenden Schmutz von ▷ Lagerungen fern zu halten. Einzelheiten s. ▷ Dichtung.

Lagereinstellung

Optimierung des ▷ Lagerspiels bei ▷ Lagerungen durch Verkürzung oder Verlängerung des Abstandes der einzelnen Lagerelemente zueinander.

Bei den am Fahrrad überwiegend verwendeten ▷ Konuskugellagern geschieht dies i.d.R. durch die ▷ Konterung, s. nachfolgende Beispiele:

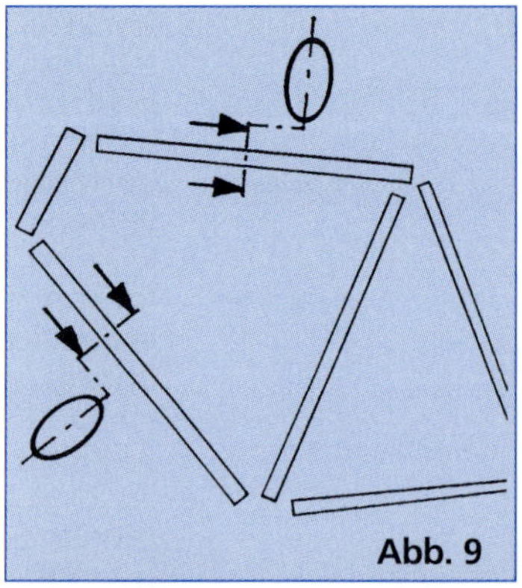

Abb. 9

Nabenlagerung

Bei konusgelagerten Naben sind die Lagerschalen fest in der Nabe fixiert. Die Lagereinstellung erfolgt per Gewinde über die auf die Achse geschraubten ▷ Stellkonen, wobei sich beide Konen in axialer Richtung (Längsrichtung) verstellen lassen.

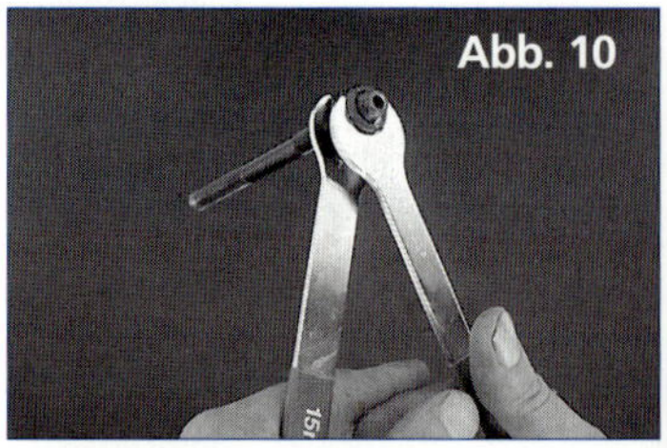

Abb. 10

Wie Abb. 10 zeigt, wird einer der beiden Stellkonen bereits auf der Achse gekontert, dann die ▷ Lagerkugeln in eine ▷ Lagerschale eingelegt und die Achse mit dem freien Ende in die Nabenbohrung geschoben (Abb. 11). Dann wird der zweite Konus aufs freie Achsende geschraubt und nach dem Einlegen der Kugeln in die andere Seite erfolgt die eigentliche Lagereinstellung:
Der noch lose Stellkonus wird soweit eingeschraubt, bis er gegen die Lagerkugeln stößt. Anschließend erfolgt die Konterung mit der Kontermutter (Abb. 12) sowie die Kontrolle des Lagerspiels:

optimales Lagerspiel

Die optimale Einstellung des ▷ Lagerspiels ist gefunden, wenn die Achse nicht mehr wackelt, aber von Hand leicht und ohne spürbaren Kugellauf drehbar ist. Gegebenenfalls muß die Konterung noch einmal gelöst werden, um die Neueinstellung lockerer resp. strammer vorzunehmen.
Anmerkung: selbst Profimechaniker benötigen häufig 3-4 Anläufe, bis die Lagereinstellung optimal ist. Zur anschließenden Kontrolle s. ▷ Pendelprobe.
Achtung: Während beim Vorderrad die Seite egal ist, erfolgt die Lagereinstellung am Hinterrad wie folgt:

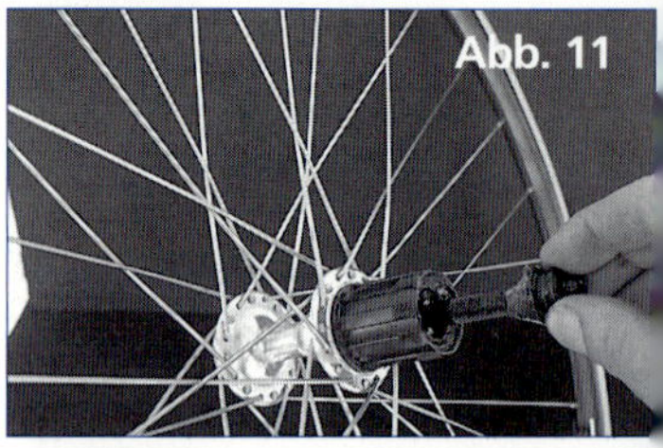

Abb. 11

* bei ▷ *Kettenschaltung* ist es sinnvoller, zunächst den Konus auf der rechten Seite zu kontern und die Lagereinstellung auf der linken Seite vorzunehmen, denn: Die zuerst gekonterte Seite verschwindet unter dem ▷ Schraubkranz bzw. ▷ Kassettenkörper, auf der linken Seite dagegen bietet sich der nötige Freiraum für die Lagereinstellung.

Abb. 12

* bei ▷ *Nabenschaltung* entsprechend dem jeweiligen Nabentyp entweder von rechts oder von links.

Tretlagerung

Hier sind die Konen fest auf der Tretlagerachse integriert und die beiden Lagerschalen werden von außen ins Gehäuse geschraubt. Hierbei wird die rechte Schale (Kettenblattseite) fest vors ▷ Tretlagergehäuse geschraubt, die Einstellung des Lagerspiels erfolgt über die Tiefe der Einschraubung der linken Lagerschale. Auch sie wird in ihrer optimalen Stellung mit einer Konterung (hier mit Konterring) gesichert (Abb. 13).

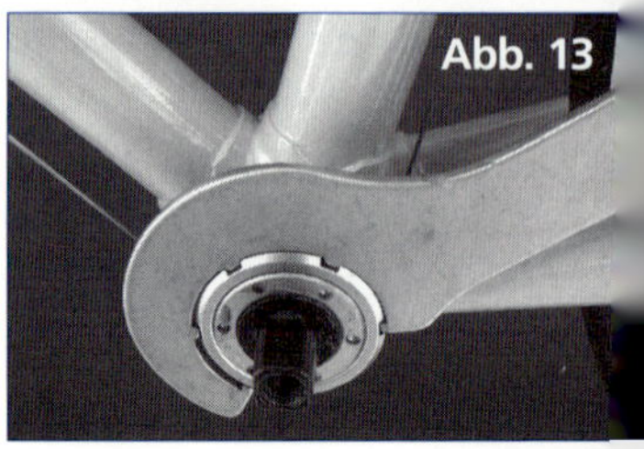

Abb. 13

Im Detail: Nach Einlegen der losen Kugeln resp. der ▷ Kugelkäfige wird die linke Lagerschale nur so weit eingeschraubt, bis sie gerade an die Lagerkugeln stößt. Dann wird der Konterring fest aufgedreht und die Lagereinstellung fixiert.
Achtung: Ohne Gegenhalten mittels ▷ Stiftschlüssel dreht sich die Schale beim Kontervorgang ca. ⅛ Umdrehung weiter ein, was zu Lagerschäden führen kann. Bei Konterung ohne Zuhilfenahme des Stiftschlüssels daher die Lagerschale ca. 1/8 Umdrehung zurückdrehen und dann erst kontern.

optimales Lagerspiel

Die Achse darf keinesfalls wackeln, muß aber von Hand leicht drehbar sein; der Kugellauf sollte jedoch bereits zu spüren sein. Begründung: Durch die Achsverformung beim Treten (ca. 0,5 mm Durchbiegung bei kräftigem ▷ Wiegetritt) werden die Kugeln zwischen Achkonus und Lagerschale eingeklemmt. Mit der etwas strammeren Lagereinstellung kann der Achsverformung etwas entgegengewirkt werden, außerdem verteilt sich die Last dann auf mehrere Kugeln.

▷ *Wälzlager:* Die klassiche Lagerungsmethode für Wälzlager mit ▷ Festlager und ▷ Loslager wird im Fahrradbau nur selten (z.B. von Mavic) angewandt. Sie macht eine Lagereinstellung überflüssig, da das Festlager beidseitig festgelegt ist, während das Loslager axial frei verschiebbar bleibt. Im Fahrradbau üblicher ist die ▷ schwimmende Lagerung, die das axiale Spiel analog zur Nabenlagerung oder Tretlagerung von Konuskugellagerungen einstelbar macht.

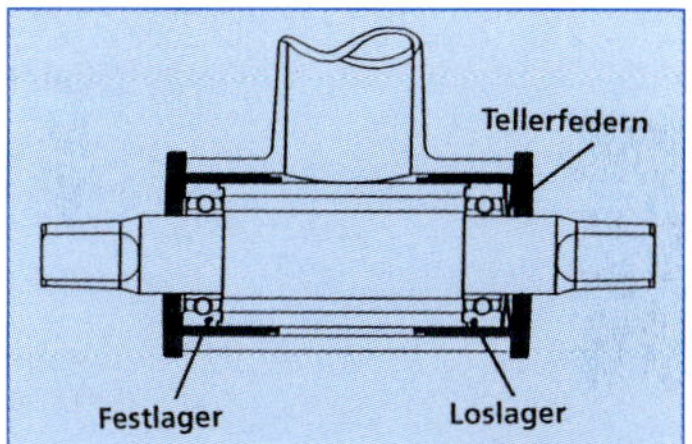

Abb. 14

Bei den modernen ▷ Patronenlagerungen ist die Lagereinstellung bereits vom Hersteller vorgenommen worden, die Lagerpatrone braucht nur noch eingeschraubt zu werden. Das erspart den Fahrradherstellern die Einstellzeit und reduziert die Defektrate aufgrund falsch eingestellter Lager. Interessant und technisch pfiffig ist hierbei die von Phill Wood (Naben) und KSS (Tretlagerpatrone; Abb. 14) angewandte Lagereinstellung mit ▷ Wellscheiben bzw. ▷ Tellerfedern: Die federnden sog. "Anstellkräfte" von Wellscheiben oder Tellerfedern gleichen sowohl axiale Fertigungsungenauigkeiten aus wie auch das nach einiger Betriebszeit auftretende, durch ▷ Verschleiß bedingte axiale Spiel.

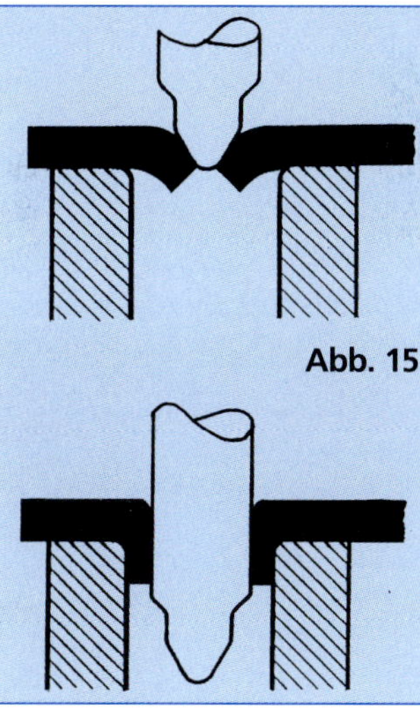
Abb. 15

Lagerfett

In die ▷ Lagerung eingebrachter Schmierstoff, um die ▷ Lagerreibung zu minimieren und ein ▷ Fressen der bewegten Teile zu verhindern.
Nebenbei besitzt das Lagerfett auch noch dichtende Wirkung gegen Feuchtigkeit und Schmutz, Einzelheiten s. ▷ Fette.

Lagerkragen

Bez. für die heute übliche Ausführung der ▷ Innenlaschen von Ketten (▷ Lagerkragenkette), die die früher üblichen Hülsen der ▷ Hülsenketten ersetzen. Das "Ausziehen" des Lagerkragens zeigt Abb. 15.

Lagerkragenkette

In den letzten Jahren zum Stand der Technik gewordene Kettenschaltungskette mit hoher seitlicher Flexibilität (Abb. 16).

Bei ihr wird die die ▷ Innenlaschen verbindende ▷ Kettenhülse durch jeweils aus der Innenlasche gezogene "Lagerkragen" ersetzt. Einzelheiten s. ▷ Kette.

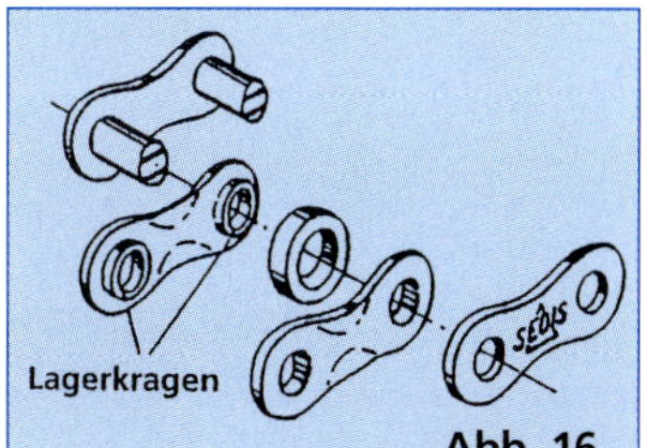

Abb. 16

Lagerkugeln

Zwischen zwei Drehteilen rollende Hauptakteure von ▷ Kugellagern.

Lagerkugeln werden aus ▷ Stahl gefertigt und sind nach ihrer Oberflächenbeschaffenheit in Güteklassen eingeteilt und auf Durchmessergleichheit sortiert (+/- 1/1000 mm), damit alle Kugeln gleichmäßig tragen.
Die Kugeln für ▷ Industriekugellager haben immer die beste Oberflächengüteklasse und werden z.T. in noch engeren Toleranzen sortiert als Kugeln für ▷ Konuskugellager.

Gebräuchliche Kugeldurchmesser bei Fahrradlagerungen werden noch immer in ▷ Zoll (") angegeben:

Freilauf; Pedale:		3,17 mm (1/8")
Steuersatz; Pedale:		3,97 mm (5/32")
Nabenlager:	Vorderrad	3,97 mm (5/32")
		4,76 mm (3/16")
		5,56 mm (7/32")
	Hinterrad	6,35 mm (1/4")
Tretlager:		6,35 mm (1/4")

Lagerluft

Andere Bez. f. ▷ Lagerspiel.

Lagerreibung

Kraft- und Energieverluste, die durch ▷ Reibung von aufeinander bewegten Teilen in einer ▷ Lagerung hervorgerufen werden und beim Fahrrad als Teil der ▷ mechanischen Verluste in den ▷ Fahrwiderstand eingehen.

Die Lagerreibung ist relativ gering, wie die folgenden Rechnungen zeigen:

1. Errechnung der Lagerreibung für ▷ Gleitlager:

Näherungsweise gilt: $$F_r = \frac{F \cdot \mu \cdot r_r}{r_k}$$

Mit F_r = Lagerreibung in N
F = Lagerbelastung in N
μ = ▷ Reibungskoeffizient (dimensionslos)
r_r = Reibradius in mm
r_k = Kraftradius in mm

Rechenbeispiel: Gleitgelagertes ▷ Kettenspannrad (Abb. 17):

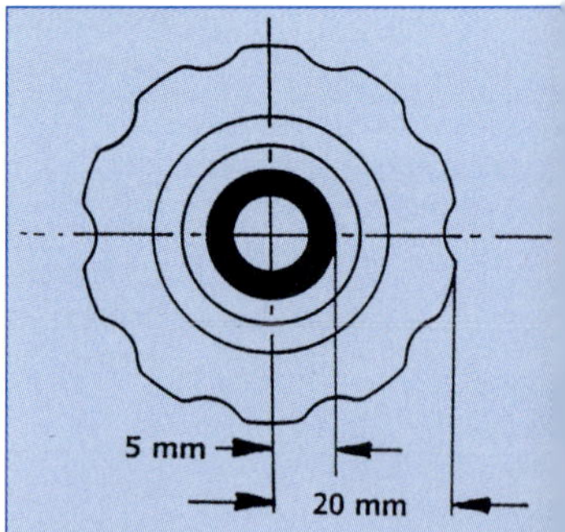

Abb. 17

Damit wird $F_r = \frac{20\ N \cdot 0{,}2 \cdot 5\ mm}{20\ mm} = 1\ N$

F = Lagerbelastung durch Feder der ▷ Schaltschwinge = 20 N
μ = Reibungskoeffizient Stahl/Bronze, geschmiert = 0,2
r_r = Reibradius der Gleitbüchse = 5 mm
r_k = Kraftradius des Kettenspannrad = 20 mm

2. Errechnung der Lagerreibung bei ▷ Wälzlagern:

Bei der Berechnung der Lagerreibung von Wälzlagern bezieht man sich auf ein sogenanntes Reibmoment, welches sich für Rillenkugellager wie folgt errechnet:

$M_r = \mu \cdot F \cdot d/2$ Mit: M_r = Reibmoment in Nmm
μ = Reibungskoeffizient Rillenkugellager = 0,0015
F = Lagerbelastung in N
d = Bohrungsdurchmesser des Rillenkugellagers in mm

Für das Kettenspannrad ergibt sich daraus ein Reibmoment von:

$M_r = 0{,}0015 \cdot 20\ N \cdot 6/2\ mm = 0{,}09\ Nmm$

Um einen Vergleich mit der Gleitlagerung vornehmen zu können, muß das Reibmoment noch durch den Kraftradius geteilt werden. Damit ergeben sich die Reibungsverluste des kugelgelagerten Kettenrädchens zu:

0,09Nmm/20mm = 0,0045 N,

was nur rund 1% des gleitgelagerten Kettenrädchens ausmacht. Hinzu kommen allerdings noch die Reibungsverluste der Gummilippe, mit dem normalerweise die Lager der Kettenrädchen gedichtet sind und die bei dieser geringen Belastung auf jeden Fall höher liegen als die der eigentlichen Lagerreibung.

Je kleiner der Reibradius und je größer der Kraftradius ausfallen, um so geringer werden die Reibungsverluste. Das wird im Vergleich mit einem per Rillenkugellager gelagerten Vorderrad deutlich (Abb. 18). Hier beträgt das Reibmoment unter der Vorgabe von 300 N Belastung, einem Kraftradius von 335 mm und 9 mm Lagerbohrung:

M_r = 0,0015 · 300 N · 9/2 mm = 2,025 Nmm,

geteilt durch den Kraftradius von 335 mm ergibt das dann eine Lagerreibung von:

2,025 N / 335 mm = 0,006 N.

Durch den großen Kraftradius fällt die Lagerreibung des Vorderrades also nur unwesentlich größer aus als die des rillenkugelgelagerten Kettenrädchens und beträgt nur ganze 1,2 % der Reibungsverluste des gleitgelagerten Kettenrädchens.

Anmerkung 1: Jedes Rillenkugellager der Nabenlagerung trägt die Belastung von 300 N zur Hälfte. Das Reibmoment beider Lager zusammen ergibt dann den oben errechneten Wert.

Anmerkung 2: Bei höheren Drehzahlen geht noch die Viskosität des Schmierstoffes in die Lagerreibung ein. Für den Fahrradbereich ist dies jedoch von untergeordneter Bedeutung, da 28 Zoll-Laufräder beispielsweise bei 40 km/h lediglich 317 Umdrehungen pro Minute machen.

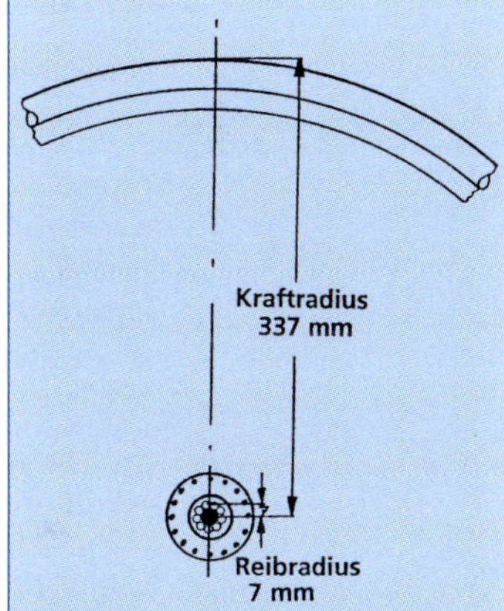

Abb. 18

Im Übrigen erhöht eindringender Schmutz die Lagerreibung in unkontrollierter Weise bis hin zur Zerstörung des Lagers.

Lagerschäden

Bez. für Schädigung oder Zerstörung von ▷ Lagern, die infolge von Überlastung, Langzeiteinwirkung , eingedrungenem Schmutz oder ▷ Korrosion eintreten können.

Lagerschale

Äußeres Teil und Kugellaufbahn des ▷ Konuskugellagers.

Lagerschalen-abzieher

Werkzeug zur Demontage von verpreßten ▷ Lagerschalen aus der Nabe; Näheres siehe ▷ Abzieher.

Lagerspiel

Für den Leichtlauf von ▷ Lagerungen notwendiger minimaler Freiraum zwischen den sich bewegenden Teilen.

Das Spiel sollte möglichst gering sein (z.B. 1/1000 -5/1000 mm bei ▷ Kugellagern), um chaotische bzw. exzentrische Kugelbewegungen zu vermeiden. Hierdurch würde der Lagerlauf ungleichmäßig, im Extremfall schlackernd, wobei die Last immer wieder nur auf einige wenige Kugeln wirken würde, was einen schnelleren Lagerverschleiß bewirkt.

Bei Fahrradlagerungen, bei denen es zu Verkantungen oder elastischen Verbiegungen kommt (▷ Steuersatz; ▷ Tretlagerung), ist es hingegen besser, das Lager ganz ohne Spiel leicht "anzustellen" (geringfügige axiale oder radiale Vorbelastung der ▷ Lagerung). Auf diese Weise "tragen" dann mehr Kugeln, ein vorzeitiger Verschleiß kann vermieden werden. Alles weitere s. ▷ Lagereinstellung.

Lagerung

Verfahren, nach denen die einzelnen ▷ Lager in Bauteilen angeordnet sind. Hierbei unterscheidet sich die Bauart, je nachdem die Lagerung zur Fixierung, Führung oder Lastaufnahme von sich drehenden Teilen dient.

Wichtig ist die reibungsarme Lagerung, was im Fahrradbereich i.d.R. durch Kugeln (vereinzelt auch Nadeln) zwischen den Drehteilen erreicht wird, die durch ▷ Lagerfett geschmiert werden.

Im Folgenden werden die im Fahrradbereich verwendeten Lagerungstypen unter dem Gesichtspunkt ihrer grundsätzlichen technischen Konstruktionsweise betrachtet. Einzelheiten zu ihrer speziellen Ausführung finden Sie unter den Stichwörtern: ▷ Nabenlagerung, ▷ Tretlagerung, ▷ Pedallagerung, ▷ Steuersatz.

Da am Fahrrad bei drehenden Teilen ▷ Kräfte überwiegend senkrecht zur Drehrichtung (radial) auftreten - z.B. Achsenden - sind fast alle Fahrradlagerungen als ▷ Radiallager (Querlager) ausgelegt (Abb. 19). Ausnahme: Das ▷ Axiallager bei hochwertigen Seitenzugbremsen zwecks Reibungsminderung zwischen den Bremsarmen.

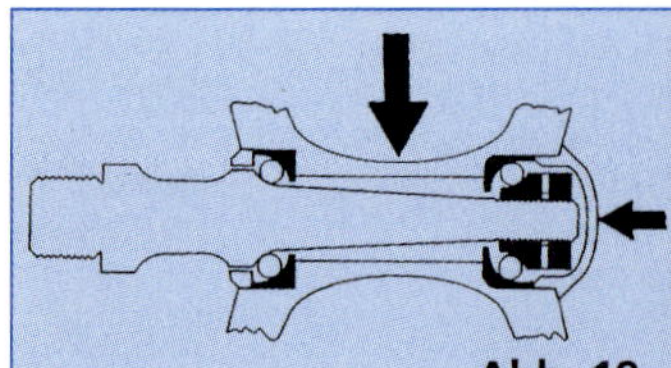

Abb. 19

Kugellagerung

Bei diesem klassischen und am Fahrrad immer noch meistverwandten Lagertyp rollen Stahlkugeln zwischen beiden Drehteilen, was die Reibung minimiert.
Kugellager wurden bereits bei den ersten serienmäßig fabrizierten Kurbelrädern eingesetzt , bis dahin ▷ Gleitlager. Sie trugen durch die minimierte Reibung zusammen mit der 20 Jahre später aufkommenden Luftbereifung entscheidend zum Leichtlauf des Fahrrades und damit seinem Erfolg bei.

Heute werden drei in Konstruktion und Bauweise verschiedene Kugellagertypen am Fahrrad eingesetzt:

Konuskugellager

Urform des Kugellagers, das i.G.z. Industriekugellager (s.u.) in Einzelteile zerlegbar ist. Diese sind ▷ Lagerschale, ▷ Lagerkugeln, ▷ Konus.

Wie in Abb. 20 zu sehen, zwingt der Konus die in der Lagerschale liegenden Kugeln auf eine Kreisbahn, so daß sie zwischen ihm und der Schalenwand eingegrenzt rollen (z.T. von ▷ Kugelkäfigen auf Abstand gehalten).
Für möglichst reibungsarmen Lauf entscheidend ist das optimal eingestellte ▷ Lagerspiel. Vorzug des simplen Konuskugellagers: Es kann von Hand eingestellt werden (s. ▷ Lagereinstellung), leichter Verschleiß mit dem daraus resultierenden axialen Spiel kann durch entsprechende Nachkonterung ausgeglichen werden.
Das Konuskugellager hat sich als meistverwendeter Lagertyp am Fahrrad bis heute gehalten, weil es einfach, wirkungsvoll, leicht und dabei preiswert ist. Es wird neuerdings allerdings zunehmend durch ▷ Industrielager ersetzt, v.a. in Form von ▷ Patronenlagerungen, s.u.

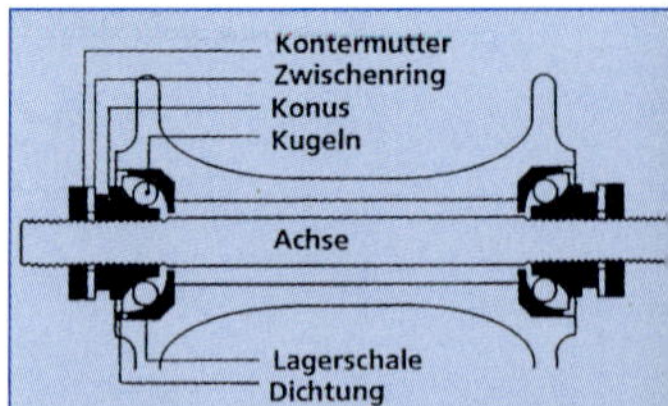

Abb. 20

Konuskugellager besitzen eine sehr kleine Bauhöhe und können trotz der Aufnahme starker Kräfte gewichtsgünstig ausgelegt werden (v.a. bei Verwendung von ▷ Leichtmetallen für die Lagerschalen in Verbindung mit Konus und Lagerschalenringen aus Stahl). Konuskugellager haben darüberhinaus d angenehme Fähigkeit, bei nicht zentrisch oder leicht "taumelnd" zueinander stehenden Konen und Lagerschalen - Fertigungsmängel oder leichte ▷ elastische Verformungen von Achsen/Wellen bei hohen Belastungen im Fahrbetrieb - mittels geringfügiger Diagonallaufbahnen diese kleinen Ungenauigkeiten auszugleichen.

Von technisch wenig versierten Radlern wird oft die ▷ Lagerwartung als Nachteil dieses Lagertyps empfunden (i.G.z. wartungsfreien Industrielager, s.u.), die einmal pro Jahr fällig wird. Wie beim Auto kann man sich diese Arbeit freilich auch von der Werkstatt abnehmen lassen.
Probleme können beim Konuskugellager ferner auftreten, wenn Konus oder Lagerschalen aufgrund ungenau gefertigter Gewinde (kann selbst bei hochwertigen Lagern vorkommen) größere zentrische oder taumelnde Abweichungen voneinander besitzen, die nicht mehr durch o.g. Anpassungfähigkeit ausgeglichen werden können. Bei jedem Lagerumlauf müssen sich dann die Kugeln durch eine Engstelle quetschen, was mit raschem Lagerverschleiß einhergeht.

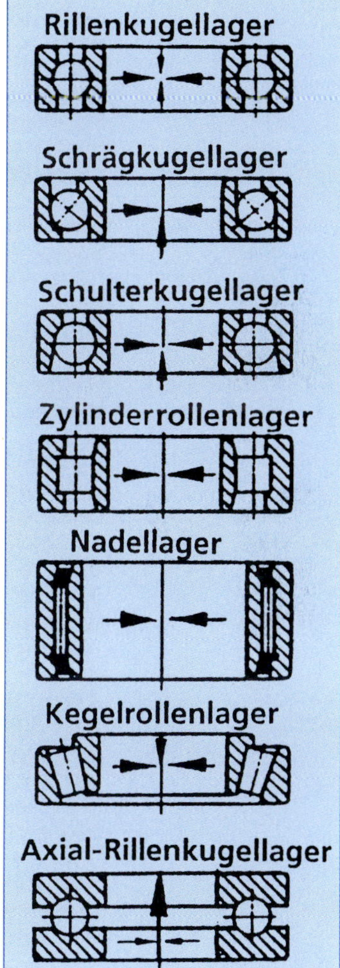

Abb. 21

Wälzlager

Lagereinheit aus ▷ Innen- und ▷ Außenring sowie zwischen beiden die Reibung mindernden Kugeln, Rollen oder Nadeln. Die Rollkörper werden i.d.R. von "Käfigen" gefaßt auf gegenseitigen Abstand gehalten.

Diese Einheit wird im allgem. Sprachgebrauch schlicht "Kugellager" genannt, von Radfahrern aber, da sie üblicherweise ▷ Konuskugellager verwenden, "Industriekugellager" genannt. Dieser Name rührt aus der nahezu ausschließlichen Verwendung dieser Lager im Maschinenbau, also in der Industrie.

Da die Werkstoffe von Wälzlagern hinsichtlich Oberflächenbeschaffenheit (Laufbahnhärte und -glätte, vgl. ▷ Honen) sowie ▷ Lagerluft (▷ Lagerspiel von wenigen tausendstel Millimetern) optimiert sind, besitzen sie eine höhere Lebenserwartung als Konuskugellager. Durch Staubkappen oder Gummiabdichtungen sowie eine fabrikseitige Füllung mit hochwertigem ▷ Lagerfett wird die Lebensdauer noch weiter gesteigert, so daß sie weitestgehend wartungsfrei sind.

Im Vergleich zu üblichen Konuskugellagern sind die Baugrößen etwas größer, außerdem können Wälzlager nur geringe axiale Kräfte aufnehmen (max. 25% der Radiallast). Ausnahme: spezielle ▷ Axialkugellager.

Aus den heute gängigen Wälzlagertypen (Abb. 21) finden die folgenden im Fahrradbereich Anwendung:

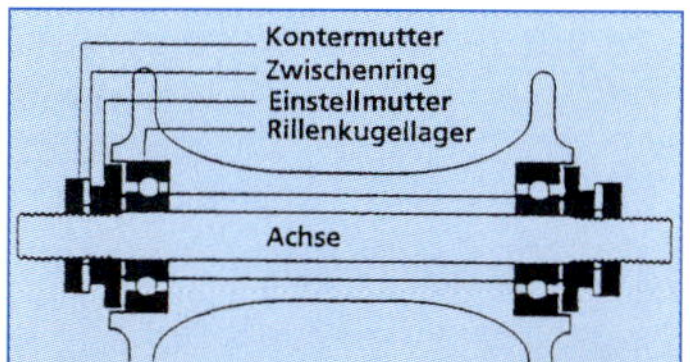

Abb. 22

Rillenkugellager

Meistverwendeter Wälzlagertyp, bei dem Innen- und Außenring eine Rille als ▷ Kugellaufbahn aufweisen.
Einsatz als Naben- (Abb. 22), Pedal- und Tretlagerungselement, gelegentlich bei ▷ Schaltungsrädchen eingesetzt. Sonderbauform: Das zweireihige Rillenkugellager, das z.T. Anwendung bei der Tretlagerung findet, da es resistenter gegen ▷ Scherkräfte infolge von ▷ Achsbiegungen ist.

Nadel- u. Rollenlager

Statt Kugeln als Rollkörper besitzen diese Lager schlanke oder gedrungene Rollen, die entweder gleich auf der Welle bzw. Achse laufen oder auf separaten Innenringen. Die beim Rillenkugellager vorhandene Rollbahnrille entfällt, die Rollbahn ist plan. Verglichen mit einem Kugellager hat man größere Reibungsverluste, aber einen weitaus geringeren Verschleiß.

Bei kleiner Bauhöhe können bes. Nadellager sehr hohe ▷ Radialkräfte aufnehmen, aber keine ▷ Axialkräfte. In Sonderbauweise, bei der Innen- und Außenring nicht plan, sondern kegelig aufgeführt sind, sind auch Axialkräfte übertragbar, die Lager müssen dann spielfrei eingestellt werden, s. ▷ Lagereinstellung.
Anwendung am Fahrrad: Pedal- und Tretlagerung, kegelig beim ▷ Steuersatz.
Keine Anwendung im Fahrradbau finden ▷ Schulterkugellager (auch "Schrägkugellager" genannt): ähnlich gebaut wie ein Konuskugellager, ist der Auslauf der Kugellaufbahn höher gezogen, wodurch neben Radialkräften auch sehr hohe Axialkräfte (in eine Richtung) aufgenommen werden können.

Patronenlager

Hier wird die komplette Lagerung als Patrone in dem jeweiligen Bauteil fixiert. Die Lagereinstellung erfolgt beim Hersteller, die Patrone muß nur noch eingeschraubt oder -gesteckt werden. Anwendung am Fahrrad: Pedal- und Tret- (Abb. 23), z.T. (▷ Mavic) auch Nabenlagerung.

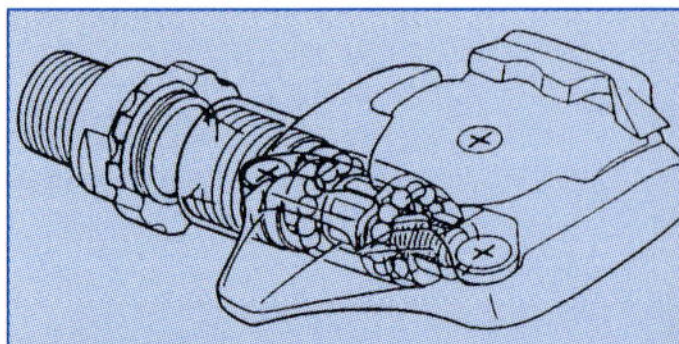

Abb. 23

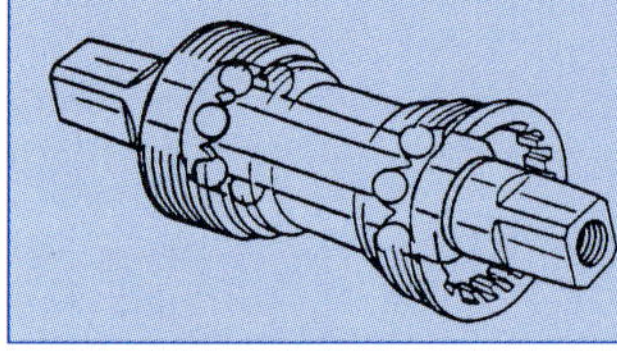

Für die ▷ Tretlagerung haben sich zwei Typen des Patronenlagers etabliert:

* Patrone aus Achse, Industriekugellager und Patronenhülse,
* Patrone aus Achse mit eingeschliffenen Kugellaufbahnen, Außenschalen und Patronenhülse.

Ansätze zur Patronenlagerung bestehen auch bei der Schaltung (Lagerung der ▷ Schaltschwinge mancher Hersteller), wobei allerdings noch auf Gleitlager zurückgegriffen wird, Sachs bei der "New Success" jedoch schon ein Rillenkugellager einsetzt.

Gleitlager

Älteste Form der Lagerung, bei der sich Wellen, Achsen oder Zapfen vollflächig in Lagerschalen drehen oder schwenken.
Gleitlager können höhere Kräfte aufnehmen als Kugel- oder Rollenlager, besitzen aber nicht deren reibungsarmen Leichtlauf, da die ▷ Reibungsverluste bei Gleitreibung höher sind als bei Rollreibung (s.a. Rechenbeispiel bei ▷ Lagerreibung).

Ausnahme: In der Fahrradtechnik nicht vorkommende Lagerungen bei sehr hohen Drehzahlen (über 10.000 U/min), dann "schwimmt" die Welle berührungsfrei auf dem Schmiermittel.

Am Fahrrad finden Gleitlager noch Anwendung bei den ▷ Kettenrädchen (Abb. 24), ▷ Viergelenktrieben von ▷ Schaltschwinge und ▷ Umwerfergabel, in den Kettengelenken, in den Drehgelenken von ▷ Fahrradfederungen sowie bei der Lagerung der ▷ Bremsarme der meisten ▷ Felgenbremsen. Weitere Informationen s. ▷ Lagereinstellung, ▷ Lagerspiel, ▷ Lagerdichtung u.ä.

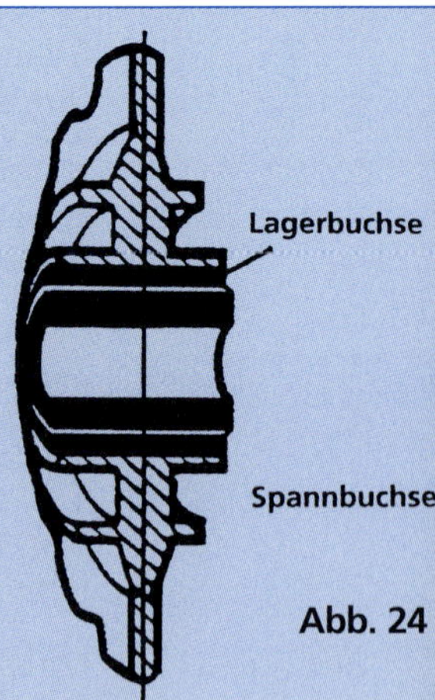

Abb. 24

Lagerwartung

Arbeiten, die der Funktionserhaltung von ▷ Lagerungen dienen. Sie umfassen die Demontage, d Säubern und Sichten auf Schäden, evtl. Austauschen beschädigter Teile sowie Fetten, Montage un abschließende ▷ Lagereinstellung.

Langlieger

Bez. f. ▷ Liegeräder (Einzelheiten s.d.) mit sehr weitem ▷ Radstand aufgrund des vor der ▷ Tretlagerung angeordneten Vorderrades (Abb. 25).

Abb. 25

Langloch

Längliches Loch, am Fahrrad in Halterungen zum Verstellen von Bauteilen zu finden.
Beispiele: ▷ Bremsarme (zur Justierung von Bremsgummis; Halterung für Schutzbleche oder Lampen, Flaschenhalter.
Eine Sonderform ist das einseitig offene Langloch an Gabel- oder Hinterbauende zur Aufnahme der Laufräder, s. ▷ Ausfallenden.

Laminieren

Arbeitsweise bei der Herstellung von ▷ Faserverbundstoffen wie Carbon (Abb. 26).
Hierbei werden in einer Form einzelne Fasern oder Fasermatten Schicht um Schicht, also lamellenartig von Hand (Pinsel und Rolle) mit Harz getränkt, Einzelheiten s. ▷ Carbon: Herstellungsverfahren.

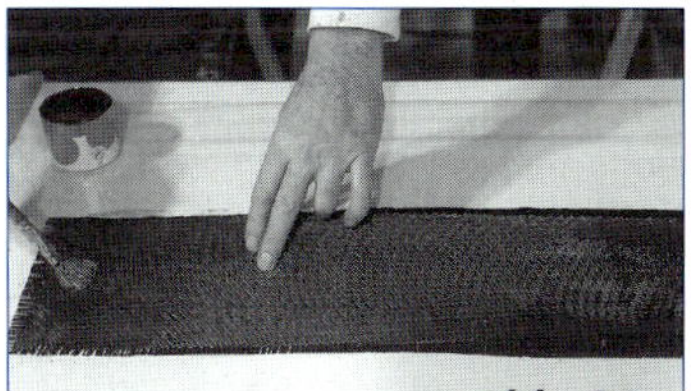

Abb. 26

Landkarten

s. ▷ Fahrradkarten

Laserschneiden

Trennen von Metallblechen und -rohren mittels eines Laserstrahls (Abb. 27).

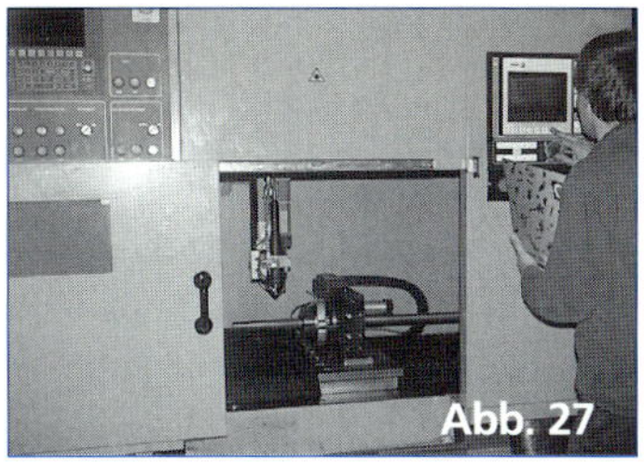

Abb. 27

Ein Laserstrahl sehr hoher Energiedichte (s.a. ▷ Laserschweißen) läßt Metall schlagartig verdampfen, wodurch Metalle durchtrennt werden können. Der Vorteil dieser Trennmethode liegt in der engen Bündelung des Laserstrahls, so daß die Schnittfuge nur 0,2 bis 0,4 mm breit ist (gegenüber ca. 1-2 mm beim Sägen bzw. 2-5 mm beim Brennschneiden oder Trennschleifen). Darüberhinaus ist die Laserschnittfuge so glatt, daß i.d.R. keine Nachbearbeitung mehr nötig ist.

Außerdem können mittels Steuerungsgeräten beliebige Kurven, Radien, runde oder eckige Bohrungen ausgeschnitten werden, was bislang durch Sägen nicht möglich war und durch Brennschneiden, - wegen der breiten, unsauberen Trennfuge - nur teilweise erreicht werden konnte. Laserschneider werden bereits zum Trennen und Zuschneiden von ▷ Rahmenrohren eingesetzt, beispielweise vom Rahmenbauer ▷ Nöll.

Laserschweißen

Aufschmelzen und dadurch Verschweißen von dünnen Blechen mittels Laserstrahl ohne Hinzufügung von Schweißgut. Einzelheiten s. ▷ Schweißverfahren.

Lastenräder

Z.T. auch als "Lieferfahrräder" bezeichnete, besonders verstärkt konstruierte Fahrräder, die zum Transport größerer Gewichtszuladungen dienen, seien dies Waren oder Menschen.

In ihrer einfachsten Form sind Lastenräder als normale Fahrräder mit bes. geräumigem und stabilem Spezialgepäckträger konzipiert, der am ▷ Hinterbau und/oder ▷ Steuerrohr (über dem Vorderrad) montiert wird (Abb. 28: Bäckerrad).

Abb. 28

Bekannte Spezialanfertigungen sind demgegenüber:

Vorderlader Bekannteste Ausführung bei uns war der "Vorderlader" mit seinen i.d.R. zwei parallelen Vorderrädern, über denen eine kastenartige Ladefläche montiert ist.

Rikscha Die Rikscha ist ein schweres ▷ Dreirad v.a. für den Personentransport. Bei der "chinesischen" Rikscha ist die Hinterradachse zweirädrig und trägt die Fahrgastzelle, bei der "indonesischen" Rikscha ist es die Vorderradachse.
Während die motorisierte Konkurrenz der Fahrradtaxis am technischen Fortschritt partizipiert, haben die Kuli-Velos der 3. Welt noch nicht mal eine Gangschaltung - obwohl sie incl. Eigengewicht und 2 Fahrgästen bis zu 300 kg bewegen müssen!

Die *Bezeichnung* kommt übrigens von jap. "Jinrikisha", wobei jin "Mann", riki "Kraft" und sha "Last" bedeutet, was einen anschaulichen Begriff der Sache gibt.
Nach gleichem Prinzip wurden früher auch Lasten-Dreiräder mit einer geräumigen Ladefläche über den beiden Hinterrädern für Fisch- und Eisverkäufer u.ä. hergestellt.

Sonderformen Bei den vielen Sonderformen - die meisten Lastenräder sind ohnehin eher Sonderanfertigungen - geht es immer um die Gewichtsverteilung.

Long John Einspuriges, in neuerer Zeit in Dänemark entwickeltes Lastenfahrrad mit weit vorgesetztem Vorderrad, das von einem normal angeordneten Lenker über ein Gestänge gesteuert wird. Die Lasten (bis 100 kg und 1,20 m Höhe) werden auf einer - zwischen Lenker und Vorderrad positionierten - nur 20 cm über dem Boden befindlichen 58,5 cm breiten und 65 cm langen Gitterplattform untergebracht (Abb. 29).

Abb. 29

Maße & Ausstattung: ▷ Radstand 192 cm, Vorderrad 20" (▷ Zoll), Hinterrad 24", Reifen 50 mm; Gewicht 39 kg; vorne ▷ Trommelbremse; wahlweise mit 3-Gang ▷ Nabenschaltung.
Vorteil: Die Zuladung muß beim Lenken nicht mitgeschwenkt werden. Nachteil: Reduzierte Manövrierfähigkeit aufgrund des sehr langen ▷ Radstandes.

Abb. 30

Lorri/Filibus Lastenrad-Konzept des dt. Rahmenbauers Michael Kemper, das auf einem niedrigen Rahmen mit überdimsioniertem ▷ Oberrohr (50 mm Durchmesser) basiert. Das Rohr ist über das ▷ Steuerrohr hinaus nach vorn gezogen und bildet die Befestigungsgrundlage für eine stabile, über dem Vorderrad angebrachten Gepäckträger-Plattform. Als Schaltungen kommen ▷ Nabenschaltungen zum Einsatz (Abb. 30).

Das Modell "Lorri" ist mit zwei 20-Zoll-Laufrädern ausgestattet, besitzt einen normalen Radstand un kann mit zusätzlicher Gepäckbox (40 x 40 x 55 cm) ausgestattet werden.
Das Modell "Filibus" ist mit einem 26-Zoll-Hinterrad und einem 20-Zoll-Vorderrad ausgestattet. De Vorderbau ist zur Aufnahme der 70 cm langen Gepäckträgerplattform verlängert, die Distan Lenksäule-Steuerrohr wird per Gestänge überbrückt. Mit dem Filibus können auch größere Tanspor güter wie z.B. ein 100-Liter-Bierfaß transportiert werden.
Eine weitere Möglichkeit des Lastentransports bietet der ▷ Fahrradanhänger.

Lastfahrrad s. ▷ Lastenräder

Lastspitzen

Gelegentliche Maximalbelastungen von Bauteilen, die über die normalen Betriebsbelastungen hinausgehen, aber i.G.z. Sturz und Unfall im Rahmen des bestimmungsgemäßen Gebrauchs bleiben (Abb. 31).

Das wären zum einen Belastungen von Rahmen und Antriebsteilen beim harten Sprintantritt, oder hauptsächlich vertikale Belastungen beim rüden Überfahren von Bodenunebenheiten.

Des weiteren kann es sowohl in seitlicher als auch vertikaler Richtung zu erheblichen Lastspitzen kommen, wenn ein Radfahrer (z.B. Mountainbiker beim ▷ Downhill) über seine Verhältnisse fährt und die Kontrolle über sein Fahrrad - z.T. einen Sturz nur knapp vermeidend - praktisch verliert.

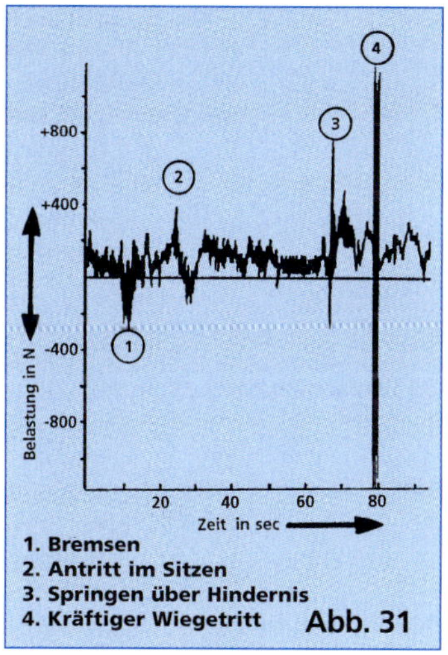

Abb. 31

Latex

Eigentlich Bezeichnung für den milchigen Saft von Pflanzen, aus dem sich gummiartige Produkte herstellen lassen.
Im allg. Sprachgebrauch aber Naturgummi ohne oder mit nur geringen Beimischungen zu Herstellungen von Gummiartikeln, z.B. ▷ Schläuchen. Einzelheiten s. ▷ Gummi.

Laufrad

1. Allgemeinbez. für Vorder- wie Hinterrad.
2. andere Bez. für ▷ Draisine.

Die folgenden Ausführungen beziehen sich alle auf 1., wo seit einigen Jahren neben dem klassischen Speichenrad auch aufwendige High-Tech-Produkte wie ▷ Scheibenräder und ▷ Composite Wheels zu finden sind.

Speichenrad

Das klassische Laufrad (Abb. 32) besteht aus ▷ Nabe + ▷ Achse, ▷ Speichen, ▷ Felge, ▷ Reifen (ggf. + ▷ Schlauch), wobei neben den Felgeneigenschaften Anzahl, Spannung und Schräge der Speichen eine "tragende" Rolle spielen.

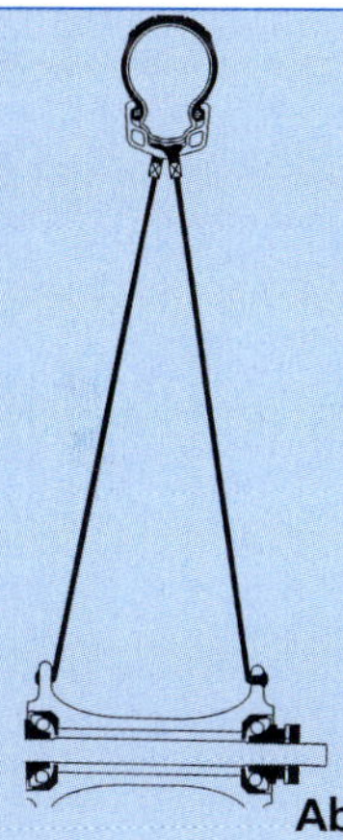
Abb. 32

Lastverteilung

Von außen einwirkenden Kräften arbeiten Nabe, Felge und Speichen im Teamwork entgegen - die Lasten werden aufgeteilt, jedes Element muß nur einen Teil des Ganzen tragen. Genauer: Die Fahrerlast (bei Fahrbahnunebenheiten sogar ein Vielfaches davon) drückt die Felge im Kontaktbereich mit dem Untergrund etwas "platt", was drei bis fünf Speichen mehr oder weniger von der Vorspannung befreit und alle anderen Speichen dafür etwas stärker belastet (Abb. 33).

Zur Verdeutlichung ein überschlägiges *Zahlenbeispiel:* Belastet man ein Hinterrad mit einer Krafteinwirkung von 1.000 N (entspricht einer Gewichtsbelastung von 100 Kilogramm), werden fünf Speichen um ca. je 200 Newton entlastet. Beim 36-Speichenrad sorgen die restlichen 31 Speichen für den Ausgleich, wobei jede Speiche lediglich 32 Newton Mehrbelastung aufgebürdet bekommt. Ein im Grunde genommen minimaler Betrag, da die Speichen ja mit rund 400 bis 1000 Newton vorgespannt sind und jede einzelne im Extremfall Zugkräfte bis 2.500 Newton aushalten könnte.

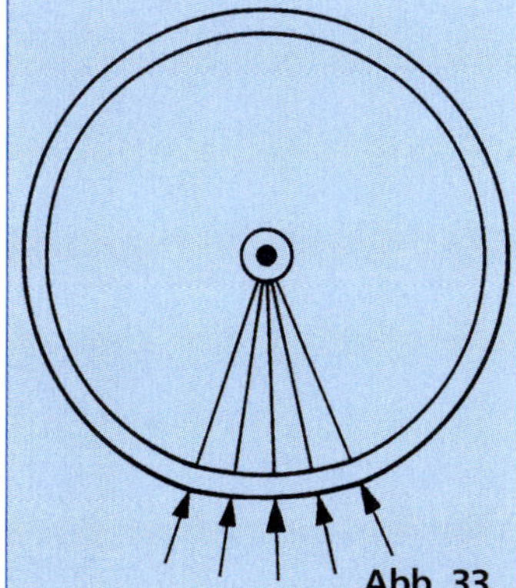
Abb. 33

Die Lastverteilung im Team vermittelt dem Laufrad seine Elastizität. Die Abplattung von Reifen und Felge nimmt Stößen bei Bodenwellen größtenteils ihre Wucht und sorgt damit für einen angenehmeren Fahrkomfort. Auch die Speichen werden hier zu Mitarbeitern: Infolge der Zugbelastungen "längen" sie sich geringfügig und lassen die Nabe ein Stück weit aus der Radmitte zur Straße hin "abtauchen".

Speichenzahl

Das klassische Speichen-Laufrad ist geradezu ein Paradebeispiel für den ▷ Leichtbau: Mit nur 0,6-1,2 kg Eigengewicht trägt dieses elastische Gebilde Lasten von 500 kg und mehr.

I.d.R. werden Laufräder mit 36 Speichen gebaut. Im Bereich des Radsports werden v.a. aus Gründen der Windschnittigkeit Speichenreduzierungen vorgenommen.

So kommt ein ▷ Bahnrad mit weniger Speichen aus, weil die Laufräder von Fahrbahnunebenheiten verschont werden und der zusätzliche "Kurvendruck" die Höhe der Belastungsstöße von Straßenunebenheiten nicht erreicht. Am schwer belasteten ▷ Reiserad dagegen können zusätzliche Speichen am Hinterrad durchaus sinnvoll sein, gleiches gilt fürs ▷ Tandem, wo es ratsam ist, die Speichenanzahl auf 40 oder gar 48 zu erhöhen.

Im Rennsport versucht man die Speichenzahl nicht nur aus Gewichtsgründen zu reduzieren, sondern v.a. zur Verbesserung der ▷ Windschnittigkeit (weniger Verwirbelungen). Das hat natürlich seine Grenzen. Um ein halbwegs betriebssicheres Laufrad zu erhalten, kann man sich bei Verwendung von Standardfelgen an die in der Tabelle genannten Werte halten.

Abb. 34: *Speichenanzahl I*
für 27- und 28-Zoll-Felgen à 400-450 Gramm Gewicht

Fahrergewicht	*Vorderrad*	*Hinterrad*
50 kg	24	28
60 kg	24	28
70 kg	28	32
80 kg	32	32
90 kg	32	36
Bahnrad		
bis 65 kg	24	28
über 65 kg	28	32
Reiserad		
Fernreisen mit mehr als 30 kg Gepäck	36	40
Tandem		
zus. bis 140 kg	36	40
zus. über 140 kg	36	48

Speichenanzahl II
weitere Speichenreduktion durch voluminöse Tropfenfelgen und kleinere Laufräder:

27/28-Zoll-Laufrad	20 Speichen
26-Zoll-Laufrad	18 Speichen
24-Zoll-Laufrad	16 Speichen

Bei noch weiterer Speichenreduzierung wird eine *steifere Felge* benötigt. Vorreiter war hier die franz. Fa. Roval mit 18 Speichen im Vorder- und 24 im Hinterrad. Noch weiter reduzierte ▷ Campagnolo mit seinen "Shamal"-Laufrädern die Speichenanzahl: Mit einer extrem hohen und dadurch steifen ▷ Tropfenfelge kommt man vorne und hinten mit 12 Speichen aus. Ähnliche Effekte erreicht der amerik. Hersteller Zipp mit einer fast identischen Felge, die allerdings aus ▷ Carbon besteht.

Bei kleineren Laufrädern wird die Felge in sich bereits steifer, außerdem stehen die Speichen näher zusammen und auch schräger, womit sich hier weitere Speichenreduzierungen erzielen lassen. So ist beispielsweise ein 26" MTB-Laufrad mit 28 Speichen (Felgengröße nach ETRTO 559) mit gleichem Felgenquerschnitt etwa genauso seitensteif wie ein 28"-Laufrad mit 36 Speichen (Felgengröße nach ETRTO 622).

Speichenspannung

Die Speichenspannung wirkt sich hauptsächlich auf die vertikale Steifigkeit, weniger die ▷ Seitensteifigkeit der Laufräder aus. Faustregel: Doppelte Speichenspannung = doppelte vertikale Steifigkeit, aber nur 1/4 bessere Seitensteifigkeit.
Von "weich eingespannten" Laufrädern spricht man, wenn die Speichenspannung rund 400 N, von "hart eingespeichten", wenn sie 900-1000 N beträgt.
Hart eingespeichte Laufräder halten länger, weil die Felge sich im Kontaktbereich zur Fahrbahn weniger stark abflacht (Abb. 35 links) und so die Speichen einer geringeren Schwellast unterliegen. Der gleiche Sachverhalt liegt auch bei der Verwendung von ▷ Tropfenfelgen vor. Außerdem lösen sich bei harter Einspeichung die Speichennippel weniger leicht.

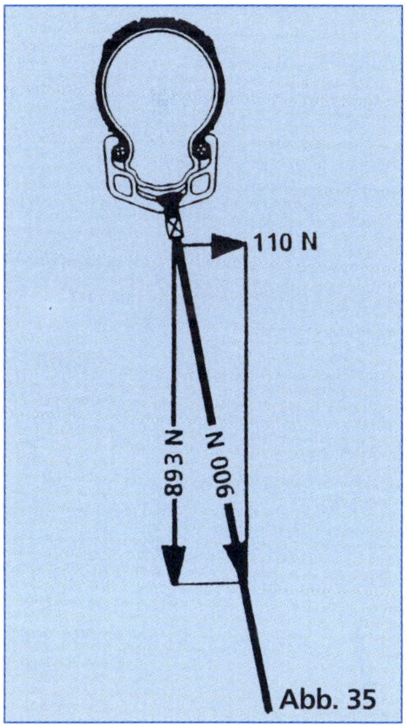

Abb. 35

Speichenschräge

Auch die häufig unterschätzte Speichenschräge spielt für die Laufradstabilität eine Rolle, v.a. für die ▷ Seitensteifigkeit:
Das Vorderrad mit seinen 70 - 74 mm auseinander liegenden ▷ Nabenflanschen besitzt eine erheblich größere Stabilität als das Hinterrad, bei dem der Abstand lediglich 48-52 mm beträgt (wg. dem f.d. ▷ Ritzel benötigten Platz). Daher stehen am Hinterrad die Speichen erheblich steiler, was die Defektanfälligkeit erhöht (s. ▷ Speichenbruch) und die Spureigenschaften des Rades verschlechtert (schwammiges Fahrgefühl). Weitere Einzelheiten s. ▷ Speichenschräge.

Scheibenrad

Mit dem Stundenweltrekord von Francesco Moser 1984 hielt die Urform des Rades wieder Einzug in die Fahrradtechnik, das Scheibenrad.

Diese in ▷ Faserverbundbauweise aus ▷ Carbon und ▷ Kevlar gefertigten Laufräder erbringen gegenüber einem 36-Speichen-Laufrad bei Tempo 40 km/h volle 20 W (▷ Watt) Treterleichterung (zum Vergleich: Shamal-Laufräder (s.o.) und Composite-Wheels (s.u.) 8-10 W). Die Ursache liegt in der besseren ▷ Aerodynamik, da die Luftverwirbelungen vermieden werden, wie sie ansonsten bei jeder einzelne Speiche entstehen.
Nachteil ist die mangelnde ▷ Stoßdämpfung bei unebenen Fahrbahnbelägen (Straßen) und die Seitenwindanfälligkeit vor allem beim Vorderrad. Weitere Einzelheiten s. ▷ Scheibenrad.

Composite Wheel

Auch diese neueste Entwicklung auf dem Laufradmarkt (auch "Tri-Spoke" oder "Verbundlaufrad" genannt) wird in ▷ Faserverbundbauweise hergestellt und ist in seiner Fertigung mindestens so aufwendig wie das Scheibenrad: Es kommt mit 3 - 5 Kompaktspeichen mit Tragflügelprofil aus und besitzt daher nicht die Seitenwindempfindlichkeit der Scheibenräder, reduziert aber (wie auch Shamal, s.o.) den Luftwiderstand bei 40 km/h um 8-10 W.

Auch die vertikale Elastizität (▷ Stoßdämpfung) ist besser als die der Scheibenräder und erreicht (z.T. mit zu diesem Zweck gekrümmten Kompaktspeichen) sogar die Werte von Speichenlaufrädern. Weitere Einzelheiten s. ▷ Composite Wheel. Vgl. aber auch ▷ Shamal-Laufräder.

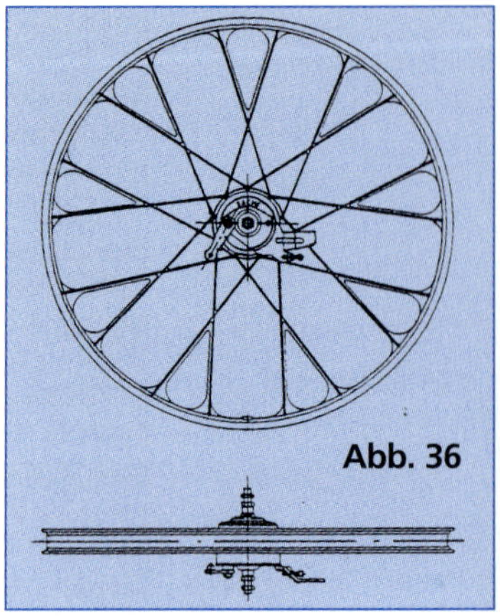

Abb. 36

Kunststoff-Laufräder Aus ▷ Thermoplasten in ▷ Spritzguß hergestellte Laufräder mit ▷ Kompaktspeichen (Abb. 36).

▷ Kunststoff-Laufräder konnten sich bislang im Fahrradbereich nicht generell durchsetzen - obwohl sie hoch belastbar sind -, fanden jedoch ein Marktsegment bei ▷ Kinder- und ▷ BMX-Rädern. Problematisch ist v.a. die Nabenausbildung dieser Laufräder, da sie nicht mit den handelsüblichen Ausführungen bestückt werden können. Die Sondernabenausführung wie die Torpedo-Jet-Einstecknabe reicht nicht für höhere Ansprüche, s.a. ▷ Laufradgröße; ▷ Laufraddurchmesser.

Laufradgröße

I.d.R. in ▷ Zoll angegebener äußerer Durchmesser der ▷ Laufräder, der jedoch in der Realität bei den einzelnen Felgen durch die verwendete Reifendicke variiert.

Ursprünglich war der Reifenaußendurchmesser das alles entscheidende Maß für die Laufradgröße. So gab es eine Vielzahl von Felgen unterschiedlichster Durchmesser, sowie Reifen unterschiedlicher Breite bei gleicher Laufradgröße.

Normierung Mit dem Einsetzen der Massenherstellung von Fahrrädern wurden Normierungen notwendig, die sich dann auf die Felgen bezogen. Damit kann beispielsweise der Laufraddurchmesser eines ▷ MTB (26"-Felge; ▷ ETRTO-Maß: 559 mm) mit einem 35 mm dicken Reifen rund 630 mm betragen, mit einem 55 mm dicken Reifen übertrifft er mit 670 mm sogar den Durchmesser eines 28"-Laufrades (ETRTO-Maß: 622 mm) eines ▷ Rennrades mit 22 mm dicken Reifen.

In Abb. 37 sind die heute üblichen Angaben der Laufradgrößen dargestellt: oben die Zollangabe, Mitte die frz. Angabe und unten die offizielle Angabe nach ETRTO.

Kuriosum Die Normierung auf den Felgendurchmesser brachte auch ein Kuriosum mit sich: Das 27"-Laufrad (England, Australien, Indien usw.) mit Drahtreifenfelge besitzt einen um 8 mm größeren Durchmesser als das 28"-Laufrad (Normalrad). Die Ursache liegt darin, daß sich die Normierung des 28"-Laufrades auf einen damals um ½" (12,7 mm) dickeren Reifen bezog.

Wie in der Skizze (Abb. 38) verdeutlicht, besitzen kleinere Laufräder bei unebenem Untergrund ein schlechteres Kletterverhalten als größere Laufräder. Dies kann jedoch durch den Einsatz von ▷ Fahrradfederungen erheblich verbessert werden, was erstmals beim ▷ Moulton praktiziert wurde. Bei glatter Straße ist die Walkarbeit bei gleichem Luftdruck größer und damit der ▷ Leichtlauf schlechter - ▷ Reifenaufstandsfläche ist kürzer und breiter, der Rei-

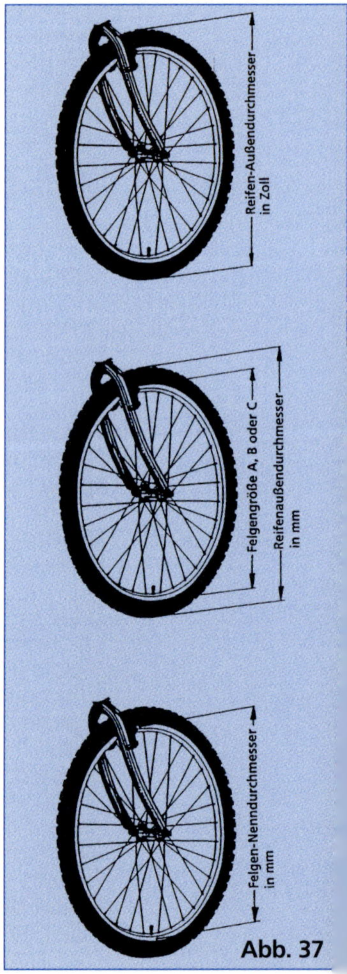

Abb. 37

fen drückt sich stärker ein (Abb. 39). Das aber beschert dem kleineren Laufrad besseren Fahrkomfort bei kleinen Fahrbahnunebenheiten. Wird der ▷ Reifendruck hingegen so weit erhöht, daß der Fahrkomfort angeglichen ist, besitzt das kleinere Laufrad Leichtlaufvorteile. Hinzu kommen noch leichte aerodynamische Vorteile aufgrund einer kleineren ▷ Stirnfläche.

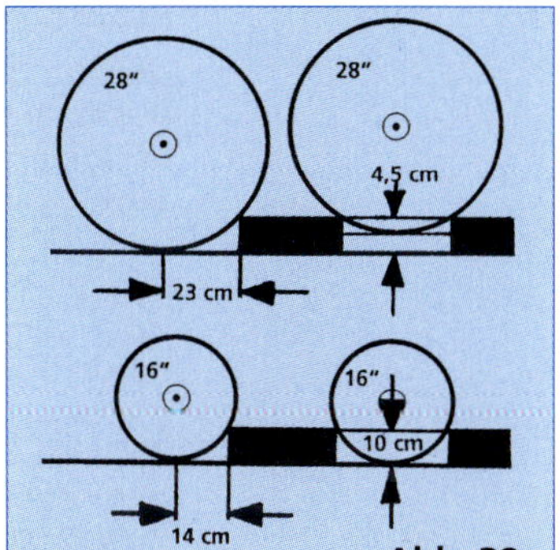

Abb. 38

Die Laufradgrößen für unterschiedliche Fahrräder entnehmen Sie der nachfolgenden Tabelle (Abb. 40).

laufrichtungsgebundene Reifen

▷ Reifen mit meist V-förmigen ▷ Reifenprofilen, die zum Zwecke besserer ▷ Traktion in eine vorgegebene Richtung montiert werden müssen.

Die Drehrichtung dieser Reifen ist durch einen Pfeil auf der Reifenflanke markiert. In der Praxis werden die Vorderreifen bisweilen entgegen der markierten Richtung montiert, um auf Naturstraßen beim Bremsen das ▷ Durchdrehen oder seitliche Ausbrechen der Reifen zu verhindern.

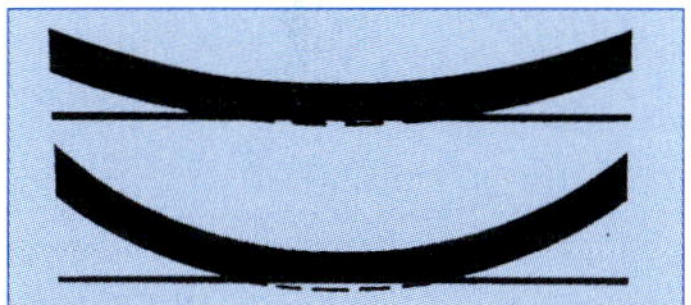
Abb. 39

Abb. 40: Laufradgrößen und Fahrrad-/Fahrzeugtypen

Laufradgröße in Zoll	Reifen-Außendurchmesser in mm	Fahrradtyp
12	302-332	Kinderroller/Kinder-Spielräder
14	368-382	Kinderroller/-Räder Italien
14	378-392	Kinderroller/-Räder Holland
16	374-434	Kinderräder/großer Kinderroller
17	428	Kinderräder England/Moulton
18	422-476	Kinderräder
20	488-526	Klapp-/Zerlegeräder BMX
22	552-570	Kinderräder
24	580-620	Kinder- und Jugendräder, Rollstühle
26	607-88	MTB/Tria-/Damen-/Tourenräder
27	664-696	Rennräder*/Diverse Räder Engl.
28x	658-736	Renn-/Gebrauchs-/Reise-/Trekkingräder

* Mit Schlauchreifen

Leerlauf

1. Andere, auch "Leergang" genannte Bez. f.d. ▷ Freilauf;
2. bei alten 3-Gang-Naben (▷ Nabenschaltung): antriebslose Justierstellung, die mittlerweile aus Sicherheitsgründen abgeschafft wurde (Abb. 41).

Legierung

Einschmelzen von Fremdmetallen in ein Grundmetall zwecks Steigerung der ▷ Festigkeit oder sonstiger gezielter Eigenschaftsveränderungen. Im Wesentlichen vollziehen sich die Eigenschaftsveränderungen durch ▷ intermetallische Verbindungen oder die Bildung von ▷ Mischkristallen.

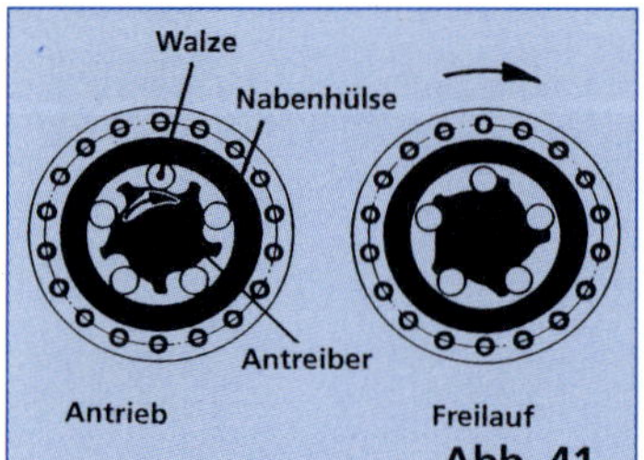

Abb. 41

Stahl

Die am weitesten verbreitete Legierung ist ▷ Stahl (Einzelheiten s.d.), bei dessen Herstellung dem Grundmetall ▷ Eisen v.a. ▷ Kohlenstoff zugesetzt wird.

Aluminium

Für den Radfahrer von Interesse sind aushärtbare Alu-Legierungen, die hauptsächlich durch Zugabe von Magnesium, Silizium, Kupfer, Zink und Mangan ihre Aushärtbarkeit erhalten, Einzelheiten s. ▷ Aluminium: Legierungen; s.a. ▷ Knetlegierungen.

Messing & Bronze

Ebenfalls am Fahrrad eingesetzte Legierungen sind außerdem Messing (Speichennippel) und Bronze (Gleitlagerungen von Schaltwerk und Umwerfer), bei denen dem Grundmetall Kupfer, Zink bzw. Zinn beigefügt werden, s.a. ▷ Auflegieren; ▷ Einlegieren.

Leichtbau

Das Bestreben, Bauteile besonders leicht und dennoch belastbar auszuführen.Obwohl in vielen Bereichen der Technik angestrebt und gerade am Fahrrad wünschenswert, findet der Leichtbau am normalen Alltagsrad wegen der höheren Kosten nur zögerlich Eingang. Etwas anders sieht es beim Rennsport aus, wo Kraftersparnis vor Kosten geht. Prinzipiell führen vier Wege zum leichteren Fahrrad:

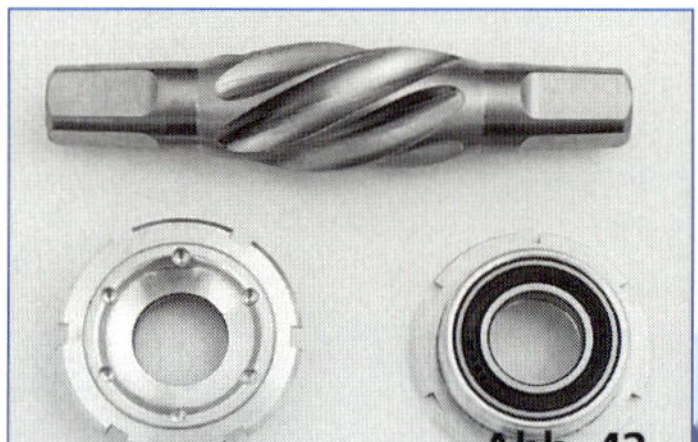
Abb. 42

1. Verbesserung klassischer Materialien hinsichtlich ihrer Werkstoffgüte, so daß die Bauteile kleiner oder dünnwandiger und damit leichter ausgelegt werden können;
2. Einsatz von Materialien geringer ▷ Dichte (vgl. ▷ Leichtmetalle; ▷ Carbon);
3. konstruktive Konzeption der Bauteile im Sinne eines guten ▷ Kraftflusses und Anpassung von Durchmessern und Wandstärken an zu erwartende Belastungen;
4. elastische Auslegung der Bauteile, um ▷ Lastspitzen über einen größeren ▷ Federweg auspuffern zu können, statt per Materialmasse die elastischen Eigenschaften weiter zu minimieren.

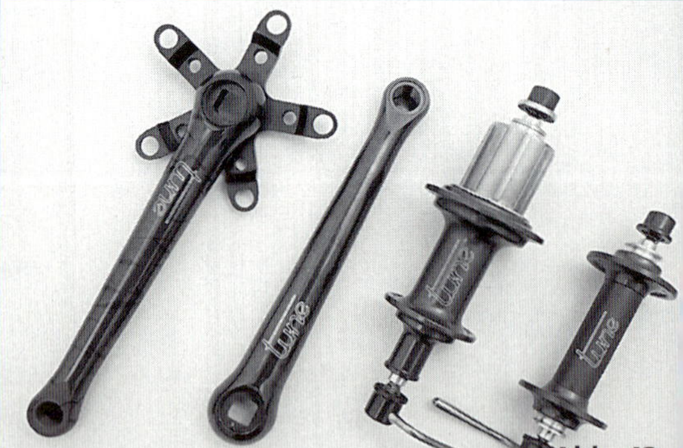

Abb. 43

Exotische Leichtbauteile zeigen die Abb. 42 (Titan-Tretlagerung von Boone), Abb. 43 (Kurbel und Naben von Tune) und Abb. 44 (tordierte Alukurbeln von Boone).

Weitere Informationen s. ▷ Rahmenbau, ▷ Titan, ▷ Carbon und ▷ Tuning.

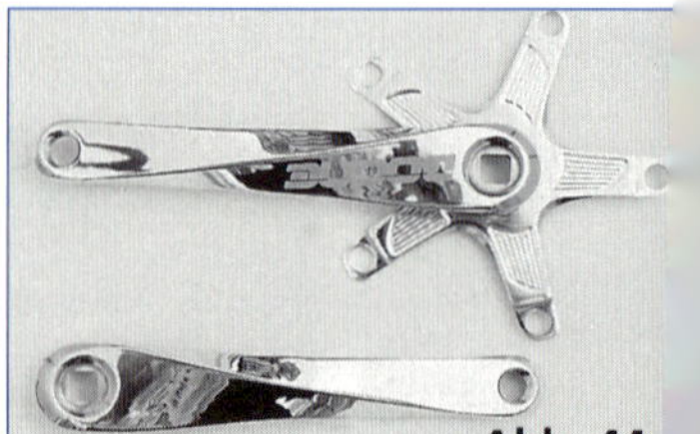
Abb. 44

Leichtbikes

Landläufige Bez. f. ▷ Mountainbikes unter 10 kg. Die Gewichtsreduktion wird durch den Einsatz meist sehr teurer Leichtteile erreicht, vgl. ▷ Leichtbau; ▷ Tuning (Abb. 45).

Abb. 45

Leichtlauf

Landläufige Bez. für optimierten, möglichst reibungsarmen Lauf von ▷ Lagerung, aber auch für geringen ▷ Rollwiderstand von ▷ Reifen.

Die Auswirkung des Leichtlaufs von Lagerungsteilen wird i.d.R. überschätzt (Anteil der ▷ Lagerreibung von Laufrädern liegt unter 1 Promille des gesamten ▷ Fahrwiderstandes). Der Leichtlauf von Reifen hängt mehr vom ▷ Reifendruck als von der Reifenqualität und -profilierung ab; s. a. die Tabelle bei ▷ Fahrwiderstand.

Sicherlich irreführend ist die Bez. ▷ Leichtlaufrad, da hier weder bei der Lagerung noch den Reifen wirklich leicht laufende Teile zur Anwendung kommen.

Leichtlaufrad

PR-wirksame Namensprägung der dt. Fahrradindustrie, die Ende der 70er Jahre aufkam. ▷ Komponenten und teilweise ▷ Rahmen aus ▷ Aluminium "speckten" dabei geringfügig das Gewicht der Leichtlaufräder ab. Echte Leichtlaufvorteile (gute Reifen- und Lagerqualität, vgl. ▷ Leichtlauf) waren allerdings kaum auszumachen.
In Deutschland leitete dieses sog. Leichtlaufrad jedoch immerhin den Trend weg vom billigen und hin zum qualitativ hochwertigeren ▷ Alltagsrad ein.

Leichtmetalle

Metalle mit geringer ▷ Dichte (s.a. ▷ spezifisches Gewicht).
Bauteile aus Leichtmetallen sind entweder preisgünstig herzustellen (aus gewalzten oder stranggepreßten Stangenprofilen oder Blechen, durch ▷ Druckguß oder ▷ Schmieden) oder von der geringen Dichte (spezif. Gewicht) her günstig für den ▷ Leichtbau am Fahrrad.

Bekannteste Vertreter (Einzelheiten s.u. dem jeweiligen Leichtmetall):

Aluminium Dichte 2,7 kg/dm³ mit ▷ Festigkeiten bis 650 N/mm²; s. insbes. ▷ Aluminium: Herstellungsverfahren; Legierungen.

Magnesium Dichte 1,8 kg/dm³; die ▷ Knetlegierungen erreichen immerhin Festigkeiten von 300 N/mm².

Beryllium Dichte 1,7 kg/dm³; dieses hochinteressante aber auch giftige Leichtmetall erreicht in ▷ Legierungen (Berylliumbronze) trotz seines "Federgewichtes" Festigkeiten von ▷ Stahl!

Titan Als hochfeste Legierung erreicht Titan Festigkeiten über 1.000 N/mm² bei einer Dichte von 4,7 kg/dm³ und erlebt im Fahrradbereich momentan einen regelrechten Boom. Abb. 46 zeigt ein 10er und 11er ▷ Ritzel von TNT.

Einzelheiten s. jeweils unter den Hauptstichwörtern dieser Metalle.

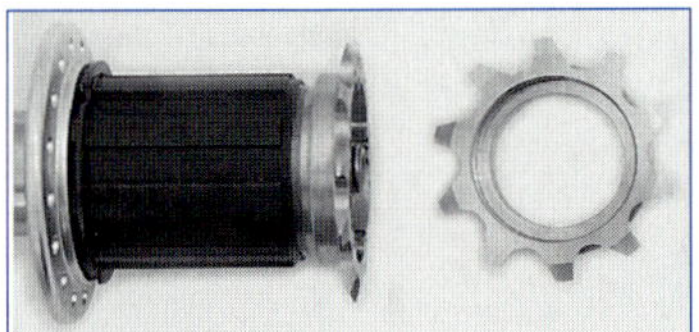

Abb. 46

Leichtteile

Besonders leicht ausgeführte Fahrradteile, vgl. ▷ Leichtbau; ▷ Tuning.

Leinöl

Aus Flachssamen gewonnenes Öl, das nach einiger Zeit ausharzt und daher zur Sicherung von Schrauben und Speichennippeln verwendet wird. Außerdem als Bindemittel von Naturölfarben.

Leistung

In ▷ Watt (W) angegebene physikalische Maßeinheit für geleistete ▷ Arbeit pro Zeiteinheit (Formelzeichen: P) (Abb. 47).

Sie errechnet sich daher nach der Formel:

$$P = \frac{F \cdot s}{t}$$

P = Leistung in ▷ Watt (W);
F = Kraft in ▷ Newton (N);
s = Weg (über den die Kraft einwirkt) in m;
t = Zeit (in der die Kraft einwirkt) in Sekunden.

Anmerkung: Früher erfolgte die Leistungsangabe in PS (Pferdestärke), wobei 1 PS der Leistung von 736 W entspricht.

In Abhängigkeit von der Geschwindigkeit und dem ▷ Leichtlauf eines Fahrrades lassen sich - auf Versuchen basierend - überschlägig folgende Leistungswerte feststellen:

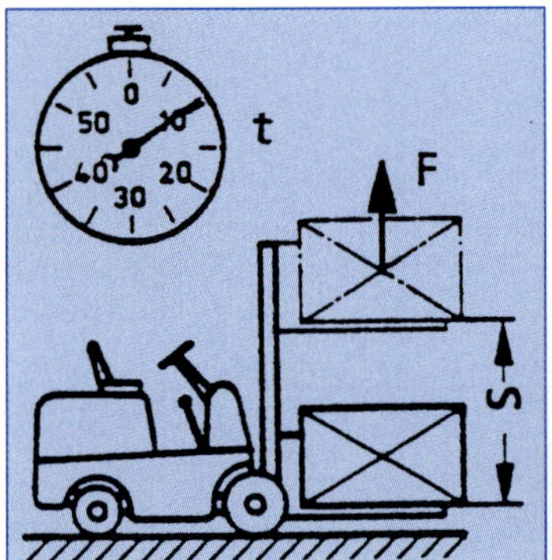

Abb. 47

Normalradler	15-20 km/h	80-120 W über mehr als 1 Stunde
Sportradler	25-35 km/h	200-250 W "
Straßenrennradler	40-45 km/h	350-450 W "
Stundenweltrekord	51-54 km/h	500-550 W über eine Stunde
Bahnsprint	58-60 km/h	850-950 W über 1 Minute
Sprintantritt	68-72 km/h	2.000-2.700 W über 2-4 Sekunden. (gemessene Höchstleistung z.Zt.: Michael Hübner/D und Manfred Nüscheler/CH 2.900 W)

Leistungsentfaltung

Auf die individuelle Leistungsfähigkeit bezogene Einwirkungsmöglichkeiten des Radlers auf den ▷ Antrieb seines Fahrrades. Nähere Einzelheiten s. ▷ Kraftentfaltung.

Leitrolle Andere Bez. für das ▷ Kettenführungsrad, da es die Kette per seitlichem Schwenk auf die jeweils erwählten Ritzel leitet. Vgl. auch ▷ Kettenspannrad.

Lenk- Vorsilbe, die verschiedentlich anstelle von "Steuer-" verwendet wird, z.B. Lenkung/Steuerung; Lenkkopf/Steuerkopf.

Lenkachse Allgemeinbezeichnung f.d. ▷ Achse des ▷ Steuerrohrs (Abb. 48). Mit der Neigung der Lenkachse wird der ▷ Nachlauf des Fahrrades und damit v.a. seine ▷ Fahreigenschaften bestimmt.

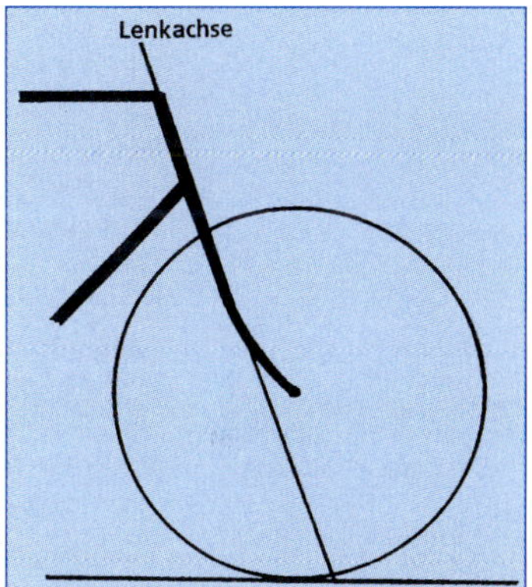

Abb. 48

Lenker Mit der ▷ Gabel verbundene und gemeinsam drehbar gelagerte Handhalterung, mittels derer ein Fahrrad v.a. bei Langsamfahrt gesteuert wird (bei hohem Tempo fast ausschließlich durch Gewichtsverlagerung, s. ▷ Richtungskorrektur).

Auf den Lenker kann der Radler einen Teil seines Körpergewichtes abstützen (bes. bei weiter Oberkörpervorlage) und so seine Sitzpartie entlasten. Aber er kann auch am Lenker ziehen und so bes. bergauf beim ▷ Wiegetritt oder in der Beschleunigungsphase per Rumpf- und Armmuskulatur mehr Kraft auf das Pedal bringen. Zudem federt der Lenker aufgrund seiner Elastizität Fahrbahnunebenheiten aus und trägt so zum ▷ Fahrkomfort bei.

Mit ▷ Vorbau und den verschiedensten Lenkerformen wird versucht, die Oberkörperhaltung des Radlers seinen spezifischen Bedürfnissen anzupassen. So will der Leistungssportler extrem geduckt fahren können, der gelegentliche Tourenfahrer dagegen aufrecht, um das Landschaftsbild zu genießen usw. Und während ursprünglich nur die schlichte, gerade "Lenkstange" üblich war, so haben im Laufe der Fahrradgeschichte die verschiedensten, nach oben, nach unten, nach vorne, nach hinten gebogenen Lenkertypen ihre Liebhaber gefunden, wobei der jeweilige Fahrradtyp den Kreis der Lenkerkandidaten i.d.R. schon einengt.

Belastungen Als vorderer Kontaktpunkt des Radlers mit seinem Fahrrad unterliegt der Lenker gehörigen Belastungen:

Druckbelastungen Sie erreichen Spitzenwerte, wenn z.B. eine Bodenwelle "durchrumpelt" wird. Dabei können z.B. beim ▷ Downhill Druckkräfte bis 1.500 N (s. ▷ physikalische Einheiten) auftreten, wobei Gewicht und Armkraft des Fahrers eine Rolle spielen.

Zugbelastungen Sie erreichen Spitzenwerte, wenn der Lenker beim ▷ Wiegetritt als "Gegenhalter" dient. Die dabei auftretenden wechselseitigen Zug- und Druckbelastungen können bei antrittsstarken Radlern 1.000-2.000 N betragen. Siehe Meßwertkurve bei ▷ Lastspitzen. Lenkerbelastungen zeigt Abb. 49.

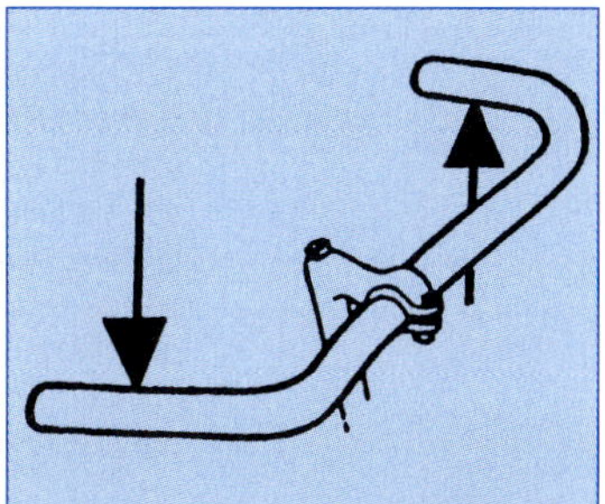
Abb. 49

konstruktive Maßnahmen Entsprechend diesen Belastungen ist der Lenker konstruktiv ausgelegt:
Der Lenker benötigt eine absolut fest sitzende Klemmung, um sich unter Belastung nicht zu verdrehen. Er darf sich nach ▷ DIN 79 100 bei einer Belastung von 600 N auf den Bremsgriffen nicht verdrehen. Das Problem stellt sich nicht bei preiswerten Lenkern, die mit dem ▷ Vorbau verlötet oder verschweißt sind.

Ein 20-35 cm langer Hebelarm von der Hand-Krafteinleitung bis zur Klemmstelle verlangt eine sehr hohe ▷ Biegefestigkeit in der Lenkermitte (Klemmstelle).

Aus diesem Grund sind die Lenker in der Mitte entweder durch eine übergezogene Manschette verstärkt, weisen hier einen verdickten Durchmesser auf oder besitzen eine Innenverstärkung (statisch ungünstig, da Querschnittssprung).

Lenkerbruch

Für sportlichen Einsatz bei weitem nicht ausreichend ist die Lenker-Prüfvorschrift der ▷ DIN 79 100, die eine Dauerwechselbelastung von 150 N (1 Mio. Wechselspiele) vorschreibt. Insbes. bei ▷ Mountainbikes kommt es mit Leichtlenkern (um 120 Gramm) immer wieder zu Lenkerbrüchen. Daher sollte folgende *Faustregel als Schutz* eingehalten werden: Lenker unter 150 Gramm Gewicht sind im jährlichen Turnus auszutauschen, ebenso, wenn ein Lenker bei einem Sturz leicht verbogen wurde. Auch Rennsportler sollten nach einem Sturz den Lenker austauschen und aus Gründen der ▷ Korrosion Lenker aus ▷ Aluminium sicherheitshalber alle zwei Jahre austauschen. Normalradler hingegen brauchen diesbezüglich keine Bedenken zu hegen, vgl. auch ▷ Lenkerbruch.

Zu den Enden hin kann der Lenker entsprechend dem Prinzip guten ▷ Kraftflusses dünner und dünnwandiger gehalten werden, was einerseits Gewicht spart und andererseits erheblich zur ▷ Dämpfung von Fahrbahnstößen beiträgt.

Lenkerformen

Kein anderes Fahrradteil ist in seiner Formgebung so variabel gestaltet wie der Lenker. Durch ihn kann die ▷ Sitzposition sowohl an verschiedene ▷ Fahrradtypen wie auch an individuelle Haltungspräferenzen angepaßt werden.
Das reicht von einer eher aufrechten, bequemen Alltagshaltung bis zu einer eher geduckten, windschnittigen Sporthaltung, wobei es Lenker gibt (▷ Rennlenker; MTB-Lenker mit ▷ Bar Ends), die beide Sitzpositionen ermöglichen.

Standardlenker

Für den ▷ Normalradler geeignete, aufwärts geschwungene und nach hinten weisende Lenkerformen (Abb. 50), die eine aufrechte Fahrweise bei entspannter, verdrehungsfreier Handhaltung ermöglichen. Für die anzustrebende 45-Grad-Haltung des Oberkörpers muß dieser Lenkertyp tief genug montiert sein.

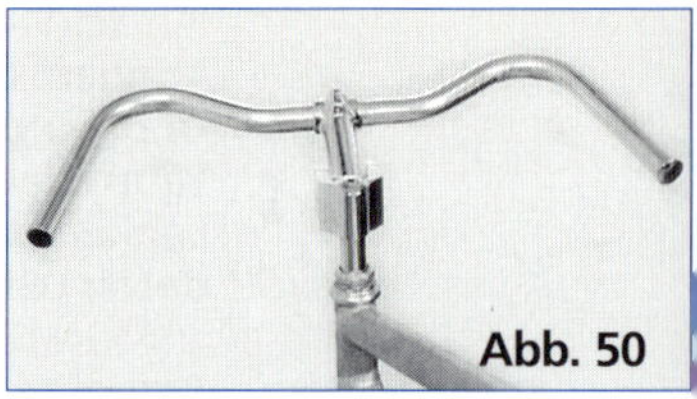

Abb. 50

"Gesundheitslenker": Dieser früher oft benutzte Lenker entspricht in seiner Form einem umgedrehten Rennlenker. Stark nach oben und hinten orientiert, ergibt sich eine aufrechtere als die 45-Grad-Haltung. Dies aber ist gar nicht so gesund, da Fahrbahnschläge nahezu senkrecht auf die Wirbelsäule einwirken und weniger ausgefedert werden können als bei vorgeneigtem Oberkörper. Die Bezeichnung rührt demgegenüber daher, daß man der Ansicht war, mit aufrechtem Oberkörper könne tiefer und damit "gesünder" durchgeatmet werden.

MTB-Lenker

100 Jahre nach dem ▷ Hochrad brachte das ▷ Mountainbike die gerade Lenkstange wieder zur Geltung (Abb. 51). Mit einer Breite von bis zu 70 cm lassen sich mit ihr große ▷ Lenkkräfte ausüben, die im Gelände (Spurrillen, Fahren am Schräghang) auftreten. Diese Lenkerbreite ist auch nötig, da der ▷ Lenkwinkel dieser Räder flach gehalten ist, das MTB also von Haus aus (längerer ▷ Nachlauf) größere ▷ Lenkkräfte benötigt als andere sportlich genutzte Fahrräder. Die beim geraden MTB-Lenker eingenommene Sitzposition vermittelt überdies ein sehr gutes ▷ Handling des Bikes.

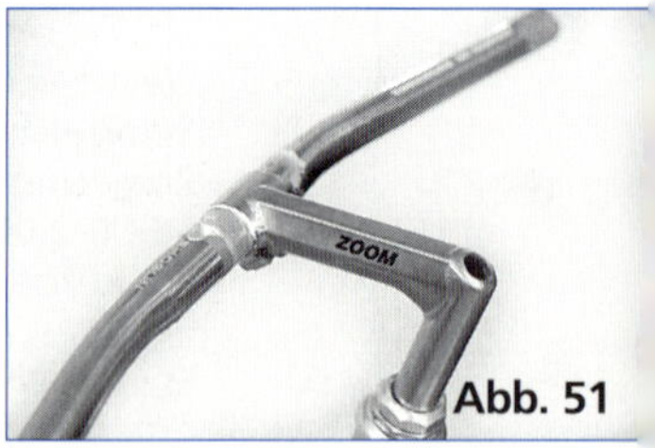

Abb. 51

Nachteilig - manche Radler sprechen sogar von einer "ergonomischen Katastrophe" - ist die Handgelenksverdrehung, die dieser Lenker erzwingt und vielen Fahrern Probleme bis hin zu Schmerzen bereitet. Mit hörnchenartigen Aufsätzen (▷ Bar Ends) oder in integrierter Bauart (Abb. 52) mit nach vorn gezogenen Lenkeren-

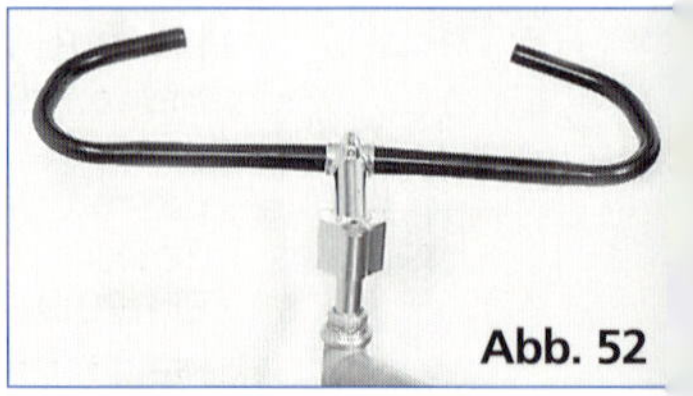

Abb. 52

den wird der MTB-Lenker jedoch recht bequem. Der Hornzugriff macht sich überdies wg. der Möglichkeit des kräftigen Lenkerziehens bei Steigungen, bes. im ▷ Wiegetritt angenehm bemerkbar.

Anmerkung: Alle Ausführungen des MTB-Lenkers finden auch beim ▷ Trekkingrad Anwendung.

Rennlenker

Dieser aus einem geraden Mittelteil heraus rechts und links im Bogen nach vorne-unten verlaufende Lenker ermöglicht nicht nur bei hohem Tempo eine aerodynamisch günstige ▷ Sitzposition, sondern bietet generell ergonomische Vorteile aufgrund seiner Variabilität mit 5 Griffpositionen:

Der Rennlenker kann oben am geraden Stück gegriffen werden (ermöglicht annähernd 45-Grad-Haltung), auf der nach vorn weisenden Partie, noch weiter vorn auf den Bremsgriffen, im Bogen und schließlich am Lenkerende. Die Fahrhaltung läßt sich also je nach Rennsituation von halbwegs aufrecht, entspannt und umsichtig bis zu kraftvoller und aerodynamisch optimaler "Tieflage" variieren. Der Reiseradler wiederum schätzt diesen Lenker, weil er Ermüdungserscheinungen durch Wechsel der Handhaltung begegnen kann (s. ▷ Reiserad).

Die ersten drei der folgenden Lenkertypen sind nach Radsportprofis der 60er und 70er Jahre benannt, weil sie die betreffende Lenkerform jeweils bevorzugten:

"Merckx": Eckige Formgebung beim Lenker des "Kannibalen", die eine größere Griffbreite am Oberlenker ermöglicht (Bergauffahren; Abb. 53 oben).

"Gimondi": Oben enger eingezogener Lenkerbogen, der einen ungestörteren Zugriff zum Lenkerunterteil ermöglicht (Wiegetritt, Spurt, Zeitfahren); Abb. 53, zweiter von oben.

"Poulidour": Das Bogenoberteil fällt flacher und gerader zu den Bremsgriffen ab, wodurch die Bremsgriffhaltung angenehmer wird (Abb. 53, zweiter von unten).

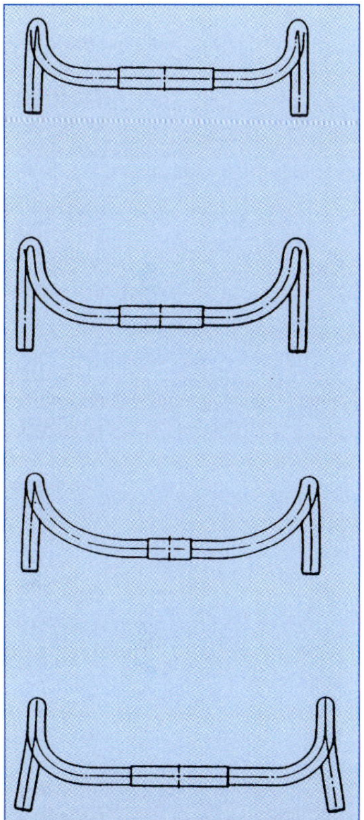

Abb. 53

Specialized: Speziell für ▷ Mountainbike und ▷ Trekkingrad konzipierter Rennlenker der Fa. Specialized, dessen Enden unten weiter nach außen gezogen sind zwecks besserem Zugriff zum Lenkerbogen und Ausübung größerer Lenkkräfte (Abb. 53 unten).

Randonneur: Im horizontalen Abschnitt außen leicht nach oben geschwungener Rennlenker (Abb. 54) fürs ▷ Reiserad, der eine etwas aufrechtere ▷ Sitzposition erlaubt (die Bez. kommt von frz. "langer Ausflug").

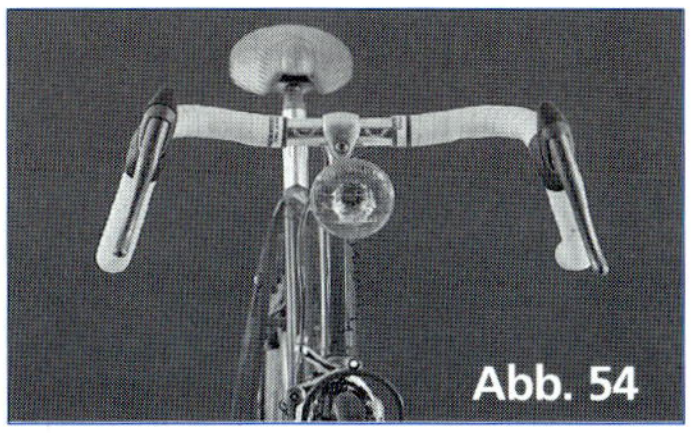

Abb. 54

Anatomic: Gerade Teile im Lenkerbogen lassen eine entspanntere Handhaltung zu, da sich die Innenhand nicht durchdrückt (Abb. 55).

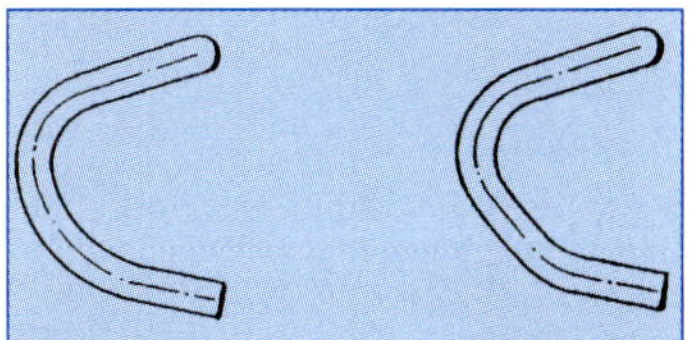

Abb. 55

Scott: Vom unteren Bogen aus noch einmal nach innen gezogene Lenkerenden. Das ergibt eine zusätzliche Griffposition fürs Bergauffahren und Sicherheitsvorteile, da kein hervorstehendes

Lenkerende. Bekannt wurde dieser Lenker durch Greg Lemond bei seinem 8-Sekunden-Tour-de-France-Sieg 1990.

Bahnlenker: Auch "Pista" genannter, noch tiefer nach unten ausgestellter Lenker für ▷ Bahnwettbewerbe, der eine noch aerodynamischere Oberkörperhaltung ermöglicht.

Zeitfahrlenker

Beim ▷ Zeitfahren kommt es auf Haltungsdisziplin an, denn jede Abweichung aus der aerodynamisch günstigsten Haltung bedeutet höheren ▷ Luftwiderstand und Zeitverlust. Aus diesem Grund sind Zeitfahrlenker nur für eine bevorzugte Handhaltung ausgelegt.

Hörnchenlenker: Dieser seit Anfang der 80er Jahre v.a. an Zeitfahrmaschinen eingesetzte Lenker ist tiefer montiert als herkömmliche Rennlenker und hat statt des nach unten gerichteten Bogens nach vorne weisende, am Ende leicht hochgebogene Lenkerenden (daher auch "Büffelhorn", Abb. 56). Dadurch wird eine aerodynamisch noch günstigere Fahrhaltung ermöglicht. Als "Hauptlenker" fast völlig vom Tria-Lenker verdrängt, wird der Hörnchenlenker allerdings für diesen i.d.R. noch als Unterlenker genutzt.

Tria-Lenker: Von der Fa. ▷ Scott patentierter Lenkeraufsatz, der die Einnahme der besonders aerodynamischen ▷ American Position erlaubt (Abb. 57). Weitere Einzelheiten s. ▷ Tria-Lenker.

Obree-Lenker: Nach dem Tüftler und Ex-Stundenweltrekordler Graham Obree benannter Stummellenker, der die aerodynamische, aber unbequeme ▷ Obree-Haltung ermöglicht (Abb. 58).

Hochauflieger: Bereits mehrfach 1996 bei den Olympischen Spielen in Atlanta eingesetzter, ebenfalls von Graham Obree erfundener Lenker, der die momentan offenbar aerodynamischste Fahrhaltung gestattet (aber: schwieriges Steuerverhalten des Fahrrades), mit dem Boardman im September 1996 den ▷ Stundenweltrekord über die 56-km-Marke schraubte (Abb. 59).

Abb. 56

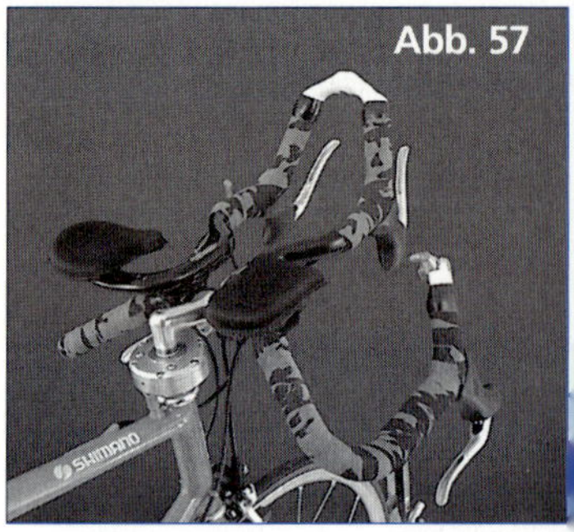

Abb. 57

Abb. 58

Abb. 59

BMX-Lenker

Bis 74 cm breiter, weit nach oben gezogener Lenker fürs ▷ BMX-Rad. Wegen des extremen Hebelarms ist i.d.R. zwischen den Holmen des Lenkerbügels ein Verbindungsstück eingeschweißt.

Kunstfahr-Lenker

Ähnlich wie Rennlenker, nur andersherum montiert, mit aufwärts geschwungenem Bogen bei zum Fahrer weisenden Lenkerenden. Dies erleichtert das aufrechte Fahren, einhändige Steuerung und rasches Hochreißen des Vorderrades, außerdem läßt es sich gut rückwärts zwischen den "Geweihenden" sitzen, vgl. ▷ Kunstradfahren.

Radball-Lenker

Nach vorne hochgezogener Lenker für ▷ Radball. Mit ihm läßt sich gut im Stehen fahren sowie das Vorderrad hochreißen.

Büffellenker

Von Jörgen Erichsen konzipierter "Sicherheitslenker" (Abb. 60), bei dem gewissermaßen die beiden Bögen eines Rennlenkers geschlossen wurden, indem die Lenkerenden verlängert und nach oben zum Querteil hin gezogen wurden. Dadurch werden die bei Sturz verletzungsträchtigen, freistehenden Lenkerenden vermieden. Als Nebeneffekt werden noch weitere Griffpositionen ermöglicht.

Kombi-Lenker

Vereinzelt wird der Lenker auch als Einheit mit dem Vorbau gefertigt. Beispiele:
1. Der verstellbare Lenkervorbau von Cinetica, Mailand;
2. Lenker/Vorbau-Kombi von Point (Abb. 61), bei dem die rechts und links vom Vorbau abgehenden Klemmstummel wahlweise mit Rennlenkerenden oder MTB-Lenkerenden bestückt werden können. Außerdem ergibt sich bei diesem Lenker per Klemmverstellung eine einfache Breitenvarianz.
3. Aus Gewichtsgründen werden bisweilen auch - wie früher generell üblich - Lenker und ▷ Vorbau als Einheit hergestellt (Leichtbau-MTB-Lenker).

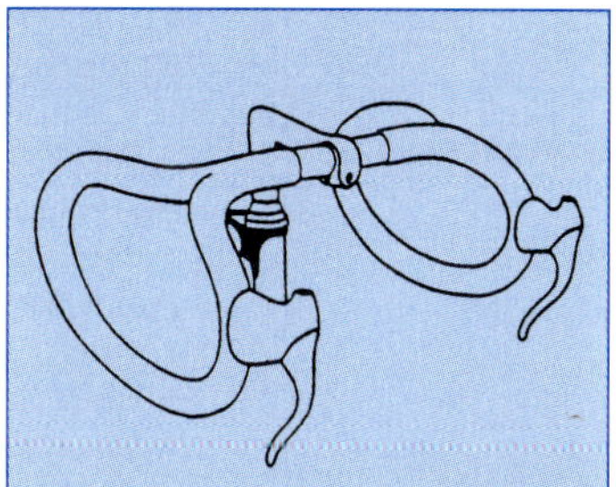

Abb. 60

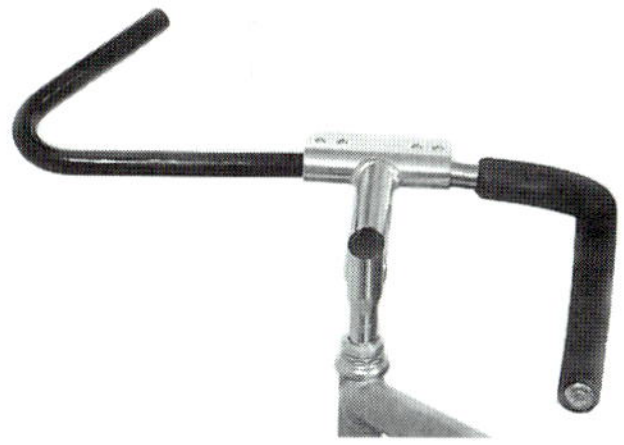

Abb. 61

Lenkermaße u. -gewichte

Für die Montage des Lenkers im ▷ Vorbau sowie die Fixierung von ▷ Bremsgriffen und ▷ Schalthebeln sind innerhalb geringer Toleranzen übereinstimmende Außendurchmesser erforderlich. Die Lenkerbreite richtet sich innerhalb des von der ▷ DIN 79 100 vorgeschriebenen Rahmens (Mindestbreite 350 mm; Höchstbreite 700 mm) nach individuellen Präferenzen, das Gewicht ist bauart- und materialbedingt.

Abb. 62: *Lenkermaße u. -gewichte*

Lenkertyp	Material	Außendurchmesser		Breite in mm	Gewicht in Gramm
		Lenker-mitte	Rest		
Standard	Stahl	25,2-25,5	22	450-570	550-800
MTB	Alu/Titan/Carbon	22-25,4*	22	500-700	100-450
Renn	Stahl/Alu/Carbon	26-26,4	23,8-24	380-440	180-600
Hörnchen	Alu/Carbon	26-26,4	23,8-24	400-440	180-300
Tria	Alu	23,8-24	23,8-24	150-400	220-800
Obree	Alu	26-26,4	23,8-24	300-350	150-250
BMX	Stahl/Alu	25,2-25,5	22	550-740	450-950
Büffel	Alu	26-26,4	23,8-24	400-450	350-450

Materialien

Bis Mitte der 30er Jahre wurden Rennlenker aus Holz gefertigt (gute Dämpfungseigenschaften des Naturprodukts, s. ▷ Holzfahrrad: Lenker).

* *Standardlenker* werden heute i.d.R. aus geschweißtem und verchromtem Stahlrohr hergestellt, z.T. aber auch schon aus etwas dickwandigeren Aluminiumrohren.
* *Rennlenker* werden aus nahtlosen Rohren hochwertiger Aluminiumlegierungen gezogen, vereinzelt kommt auch schon ▷ Carbon zur Anwendung (Kleinserie von Stefan Schmolke), vgl. ▷ Carbonteile: Lenker.
* *MTB-Lenker* werden im Zuge der Leichtbaubestrebungen außer aus Aluminium und Carbon auch aus ▷ Titan gefertigt (bei Rennlenker wegen der kräftigen Biegungen nicht sinnvoll, da Gefahr von ▷ Überstreckung), womit die 100 g-Schwelle bereits unterschritten wurde.

zur Sicherheit

Lenkerenden können bei einem Fahrradunfall schwere Verletzungen hervorrufen und sollten deswegen stets mit einem möglichst voluminösen Stopfen bzw. Lenkergriff verschlossen sein, besser noch ist ein in sich geschlossener Lenker (z.B. Tourenrennlenker von Erichsen oder Triathlon/MTB-Lenker von 3TTT). Weitere Informationen s. unter allen mit ▷ Lenker beginnenden Stichwörtern sowie ▷ Vorbau.

Lenkeradapter

An den Lenker aufgeschraubte oder angeklemmte Verlängerungen zur Vermehrung der Griffmöglichkeiten (s. ▷ Bar Ends); z.T. aber auch Bez. für den ▷ Lenkeraufsatz (Trialenker).

Lenkeraufsatz

Auf einen ▷ Rennlenker oder ▷ Hörnchenlenker geklemmter Aufsatz, der die Einnahme der ▷ American Position erlaubt. Geläufiger ist die Bez. ▷ Tria-Lenker, weitere Einzelheiten s.d. (Abb. 63).

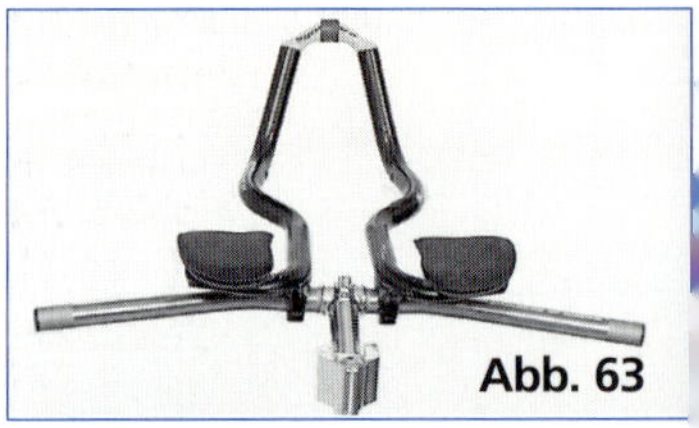

Abb. 63

Lenkerauge

Andere Bez.f. ▷ Vorbauauge.

Lenkerband

Einseitig klebendes Band, mit dem v.a. der ▷ Rennlenker umwickelt wird, um einen rutschfesten Griff zu bekommen (bei Lenkern mit nur einer Griffposition genügen demgegenüber ▷ Lenkergriffe). Ein Nebeneffekt ist der Kälteschutz bei niedrigen Temperaturen (Abb.64).

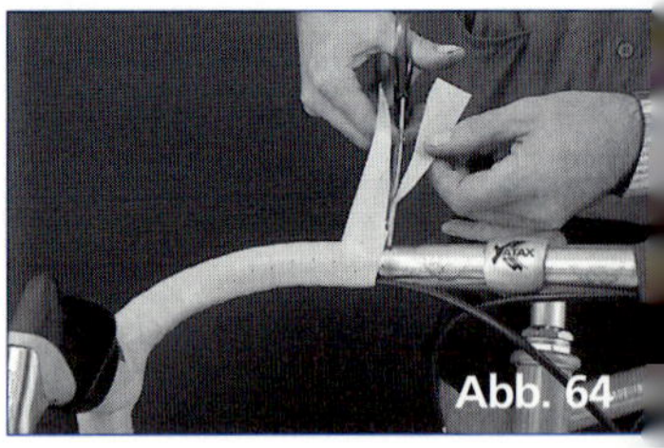

Abb. 64

In klassischer Ausführung aus Leinen oder Baumwolle gefertigt, kommen heute auch kork- und moosgummiartige Kunststoffe zum Einsatz, um zusätzlich noch eine leichte Polsterung zu erzielen. Statt des zu wickelnden Bandes gibt es heute auch Lenkerüberzüge aus Leder, um die optische Attraktivität des Lenkerbezuges zu steigern. In der Dicke leicht auftragende Schaumstoffschläuche optimieren demgegenüber aufgrund ihrer Nachgiebigkeit die Dämpfungseigenschaften.

Lenkerbruch

Durch Materialermüdung, Korrosions- oder Sturzfolgen auftretender Bruch, der dann aber zu schwersten Verletzungen führen kann.

Da die Lenker nur die in der ▷ DIN 79 100 angegebenen Belastungen aushalten müssen (1 Mio. Wechselspiele à 150 N), kommen v.a. bei ▷ Mountainbikes immer wieder Lenkerbrüche vor. Die Ursachen sind im extremen Leichtbau zu suchen: Alu-Lenker von nur 100-120 Gramm Gewicht sind so dünnwandig, daß bereits kleine Kratzer infolge von ▷ Kerbwirkung oder von dort aus beginnender ▷ Korrosion zum Bruch führen können.

Vorbeugung

Faustregeln zur Vermeidung von Lenkerbrüchen:

* Lenker unter 150 g sind in jährlichem Turnus auszutauschen;
* nach Sturz verbogene Lenker sofort austauschen;
* Lenker aus ▷ Aluminium wg. evtl. Korrosionseinflüsse durch Schweiß alle zwei Jahre austauschen.

Anmerkung: Unter konstruktiven Gesichtspunkten interessant war die Mitte der 80er Jahre in Deutschland grassierende Bruchserie normaler Gebrauchslenker, weil hier eine beabsichtigte Verstärkung bruchgefährdender war: Einem Hersteller war die lenkerverstärkende Innenhülse so weit verrutscht, daß sie kurz vor der Klemmstelle plaziert war. Durch den hierbei hervorgerufenen Querschnittssprung (s. ▷ Kraftfluß) brachen die Lenker nach einiger Zeit genau an dieser Übergangsstelle ab, unverstärkt wäre er haltbarer gewesen.

Lenkerend-Schalthebel

An den Enden von ▷ Rennlenkern montierte Schalthebel von ▷ Kettenschaltungen, um aus Gründen der Sicherheit, Schaltschnelligkeit und Bequemlichkeit ohne Loslassen des Lenkers schalten zu können (man muß also nicht mit einer Hand zur üblichen Schalthebelposition am ▷ Unterrohr hinuntergreifen) (Abb. 65).

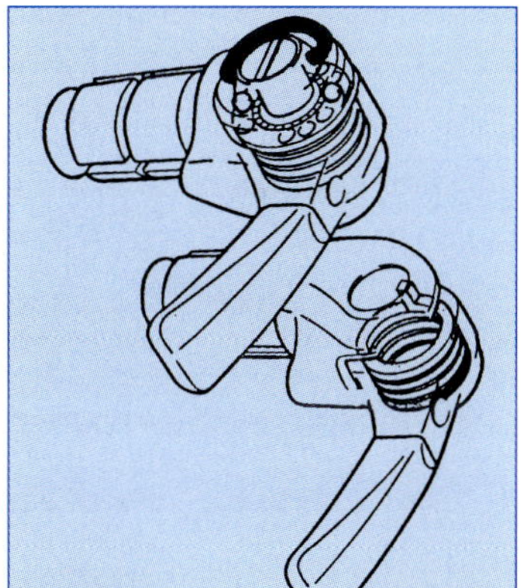

Abb. 65

Ursprünglich nur am ▷ Querfeldeinrad, am ▷ Rennrad fürs ▷ Bergzeitfahren und an manchen ▷ Reiserädern eingesetzt, erweitern neuere Lenkerformen (▷ Hörnchenlenker, einige ▷ Trialenker) den Einsatzbereich dieses praktischen, z.T. mit ▷ Index-Schaltung versehenen Schaltelements, das aber zunehmend durch ▷ Daumenschalthebel, ▷ Brems/Schalt-Hebel, ▷ Drehgriffschalter sowie die ebenfalls vom Lenker aus betätigten Schalter von ▷ Elektrischen Schaltsystemen verdrängt wird. Bei einigen von ihnen ist aber immerhin die Indexierung abschaltbar.

Lenkergriff

Über die Enden von ▷ Lenkern für nur eine Griffposition (Standardlenker, MTB-Lenker usw.) gestülpte Griffe aus Gummi, Kork oder Schaumgummi, um die Griffigkeit des Lenkers zu gewährleisten, Dämpfung zu erzielen sowie die Lenkerenden bei Stürzen abzupolstern (s. ▷ Lenker: zur Sicherheit) (Abb. 66).

Abb. 66

Um die Bildung von Handschweiß zu mindern, sind Lenkergriffe entweder mit Riffelungen oder Noppen versehen oder bestehen aus offenporigen Materialien, die ein "Atmen" der Handflächen ermöglichen. Wie beim ▷ Lenkerband ist außerdem die thermische Isolierwirkung eine angenehme Nebenerscheinung an kühlen Tagen. Vgl. hierzu auch ▷ Drehschaltgriff.

Lenkermuffe

And. Bez. f. ▷ Vorbauauge.

Lenkerschaft

Andere, selten gebrauchte Bez. f. ▷ Vorbauschaft, da früher ▷ Lenker und ▷ Vorbau in einem Stück gefertigt wurden.

Lenker-schalthebel

Oberbegriff für am Lenker montierte Schalthebel i.G.z. den am ▷ Unterrohr fixierten Hebeln des ▷ Rennrades. Einzelheiten s. ▷ Schalthebel: Lenkerhebel.

Lenkerstopfen

Zur Vermeidung von Sturzverletzungen ist nach ▷ DIN 79 100 zum Abschluß von insbes. mit ▷ Lenkerband umwickelten Lenkern ein Stopfen vorgeschrieben. Er sollte möglichst großflächig sein und muß einer Mindestabzugskraft von 70 N standhalten (Abb. 67).

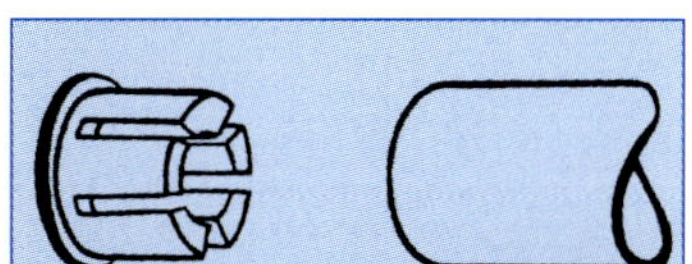

Abb. 67

Lenkervorbau Vollbez. f.d. ▷ Vorbau, Näheres s.d.

Lenkkorrektur Andere Bez. f. ▷ Richtungskorrektur.

Lenkkräfte Bez. für die Krafteinwirkung, die zum Betätigen einer Fahrradlenkung nötig ist.
Die Lenkkräfte steigen mit zunehmender Abflachung des ▷ Lenkwinkels, aber auch mit zunehmender ▷ Vorbiegung der Gabel an.
Für die ▷ Richtungskorrektur geht noch der gefahrene ▷ Reifendruck des Vorderrades, bei weichem Untergrund die Breite und das Profil der Reifen sowie eventuelle Seitenwindeinflüsse in die Lenkkräfte ein.

Aus den vorgenannten Gründen sowie wegen des o.g. flacheren Lenkwinkels besitzen ▷ Mountainbikes breite Lenker. Weitere Einzelheiten s. ▷ Nachlauf.

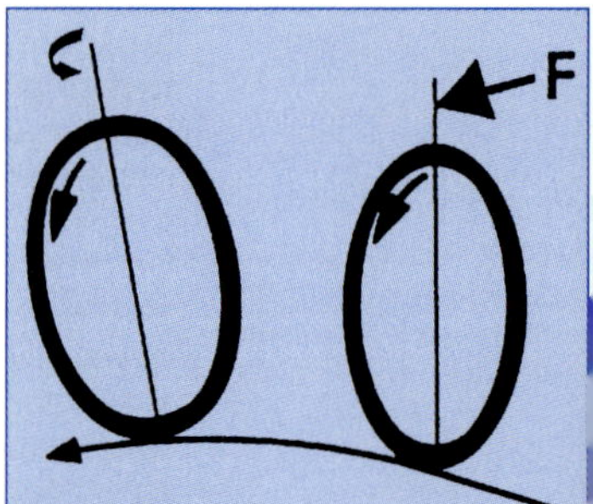

Abb. 68

Lenkung *1.* Am ▷ Lenkvorgang des Fahrrades beteiligte Bauteile: ▷ Gabel, ▷ Steuersatz, ▷ Vorbau, ▷ Lenker.
2. Der im wesentlichen aus ▷ Gleichgewichtshaltung und ▷ Richtungskorrektur bestehende ▷ Lenkvorgang an sich, Einzelheiten s.d.

Lenkungslager Andere Bez. f. ▷ Steuersatz.

Lenkvorgang Physikalische und manuelle Vorgänge beim Steuern eines Fahrrades, die im wesentlichen aus dem Wechselspiel der folgenden physikalischen Gegebenheiten resultieren:

Kreiselkräfte Nimmt man ein Vorderrad in die Hand, versetzt es in Drehung und neigt es nach rechts, so schwenkt das ganze Vorderrad automatisch ebenfalls nach rechts (analog sind die Verhältnisse natürlich zur linken Seite hin, Abb. 68).

Seine Ursache hat dieser für den Lenkvorgang elementare Effekt in den physikalischen Gesetzmäßigkeiten von Kreiseln: Diese sind starre, rotationssymmetrische Körper, die durch Drehung um die eigene Achse die Tendenz bekommen, diese Achslage zu stabilisieren und das umso mehr, je höher die Drehzahl wird, mit der der Kreisel rotiert.
Wirken nun äußere Kräfte auf den Kreisel, so weicht dieser mit einer sog. Präzessionsbewegung (von lat. "Vorrücken") der angreifenden Kraft aus. Im eingangs erwähnten Effekt bewirkt also die nach rechts kippende Kraft eine Drehung um die Hochachse nach rechts; s.a. ▷ Kreiselkräfte.

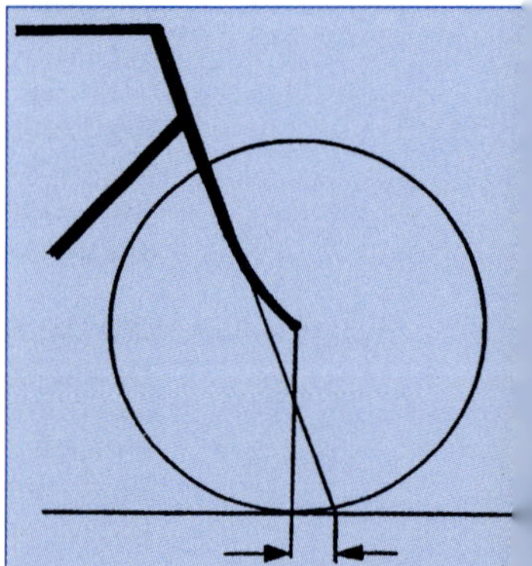
Abb. 69

Nachlauf Läuft der Aufstandspunkt eines Rades seiner Drehachse hinterher (so die Definition des ▷ Nachlaufs), so wirken die Kreiselkräfte des Vorderrades mit einem Hebelarm in den Lenkvorgang ein (Abb. 69).

Richtkraft Das hinter seiner Drehachse herlaufende Vorderrad bekommt durch den ▷ Rollwiderstand (▷ Teewageneffekt) eine stabilisierende Kraftkomponente, die das Rad in Fahrtrichtung ausrichtet (Abb. 70).

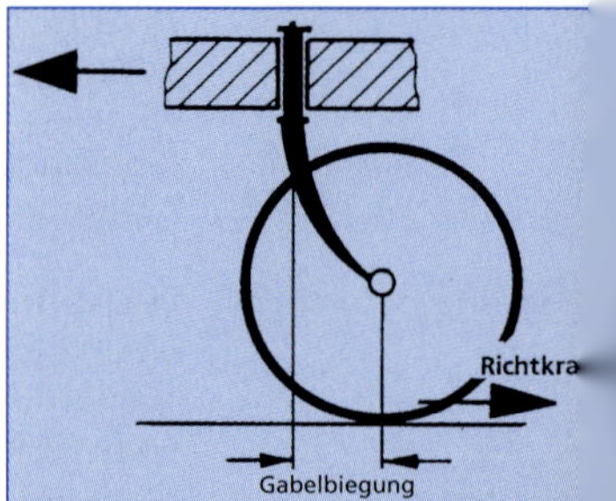

Abb. 70

Fliehkraft Körper besitzen aufgrund ihrer ▷ Masse das Bestreben, eine einmal eingeschlagene Bewegungsrichtung beizubehalten (Beharrungsvermögen oder Trägheit). Werden sie nun in eine Kurve oder Kreisbahn gezwungen, so versuchen sie, diesem Zwang mittels einer vom Mittelpunkt der Kurve oder Kreisbahn weg radial nach außen gerichteten Kraft - der ▷ Fliehkraft - zu entfliehen (Abb. 71), weitere Einzelheiten s.d.

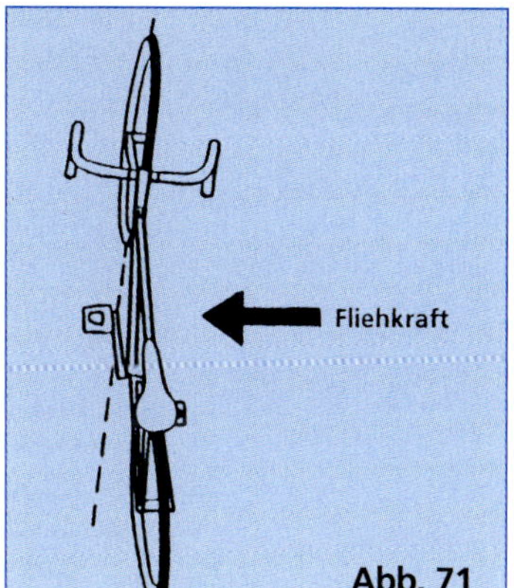

Abb. 71

Gleichgewichtshaltung Beim Trachten des Radlers nach Bewahrung des Gleichgewichts während der Fahrt läuft das Wechselspiel der vorgenannten physikalischen Effekte nach folgendem Schema ab:
Der Radler kann nicht ständig eine exakt senkrechte Haltung bewahren, sondern neigt sich mal ein wenig nach rechts oder links. Mit ihm neigt sich auch das durch Drehung zum Kreisel gewordene Vorderrad nach rechts und bewirkt über den Hebelarm des Nachlaufs - gedämpft von der Richtkraft - einen Lenkausschlag ebenfalls nach rechts.

Aus der Geradeausfahrt wird nun eine Kurve nach rechts. Prompt wirkt die Fliehkraft (Beharrung in Bewegungsrichtung) auf Rad und Fahrer und richtet beide wieder auf. Meist wirkt die Fliehkraft zu stark und beide neigen sich jetzt leicht nach links. Entsprechend erfolgt spontan ein Lenkausschlag nach links und eine Linkskurve, die "Roß und Reiter" wieder nach rechts neigen usw. Statt also beständig geradeaus zu fahren, vollführt der Radler in Wahrheit kleine, aneinandergereihte Kurven, fährt also im Grunde in Schlangenlinien, wenn auch zumeist minimal.

Diese Vorgänge laufen übrigens automatisch ab, und der Radfahrer muß hauptsächlich nur dämpfend und leicht gegenregulierend ins Lenkgeschehen eingreifen, wie ja das Freihändigfahren zeigt.

bei geringem Tempo Schwierig ist die Gleichgewichtshaltung bei sehr langsamer Fahrgeschwindigkeit (ca. Fußgängertempo), da hier die stabilisierende und regulierende Kraft des Vorderradkreisels noch zu wenig wirksam ist. Der Radfahrer muß daher die gleichgewichtserhaltenden Lenkausschläge verstärken, d.h. ▷ übersteuern. Folge: starke Schlangenlinien.

bei hohem Tempo Mit zunehmendem Tempo erhöht sich die stabilisierende Wirkung der Kreisel (wozu ja auch das Hinterrad gehört), was das Halten des Gleichgewichtes vereinfacht, zudem wird auch die Richtkraft größer. Folge: Die Schlangenlinien glätten sich zunehmend.

Bei sehr hohem Tempo ist die stabilisierende Wirkung der Kreisel dann so groß, daß zur Gleichgewichtshaltung kaum noch Lenkausschläge erforderlich sind. Der Radfahrer lenkt dann per Gewichtsverlagerung vorwiegend durch Schräglage. Folgen: Die Abrollfläche des Reifens auf der Straße - bei Geradeausfahrt Teil eines Zylindermantels - wird in Bezug auf die Laufradachsen leicht kegelig (Abb. 72). Und wie ein auf dem Boden gerollter Kegel eine Kreisbahn um sein spitzes Ende beschreibt, so rollt auch der Radler jetzt in einem Kreisbogen zu der Seite hin, zu welcher er sich neigt.

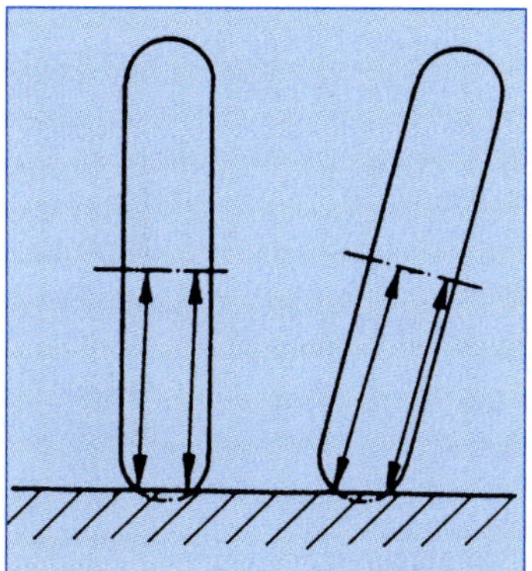
Abb. 72

Verglichen mit seinen Lenkausschlägen hat der Radfahrer hier eine Feinstregulierung zur Verfügung, da er seine Schräglage und damit seinen Kurvenradius genau dosieren kann. Unbedachte Lenkausschläge bei hohem Tempo können einen Radler dagegen regelrecht "von Bord fegen".

Unterfahren des eigenen Schwerpunkts

Eine weitere Eigenheit der Gleichgewichtshaltung beim einspurigen Zweirad ist das Unterfahren des eigenen ▷ Schwerpunktes:

Wie beim Balancieren eines Besens auf dem Finger muß der Radler seinen Schwerpunkt stets genau über dem Aufstandpunkt der Reifen austarieren. Abweichungen muß er durch Unterwandern des Schwerpunktes zur jeweils anderen Seite hin kompensieren, was weitestgehend bei den eingangs beschriebenen Vorgängen des Wechselspiels von Kreiselkräften und Fliehkraft erfolgt.

Soll aber die Richtung bewußt geändert werden, aus der Geradeausfahrt beispielsweise eine Kurve nach rechts erfolgen, ergeben sich folgende Sachverhalte: Mit einem Lenkausschlag nach rechts würde der Radfahrer in der folgenden Rechtskurve nach links kippen und müßte innerhalb der Kurve mit einer kleinen Linkskurve eine Gegenlenkaktion starten, was ihn aus der Kurve katapultieren könnte (Abb. 73 oben). Daher leitet er die Kurve zunächst mit einem kleinen Lenkausschlag nach links ein, um zunächst die zum Durchfahren der Kurve nötige Schräglage nach rechts zu bekommen (Abb. 73 unten).

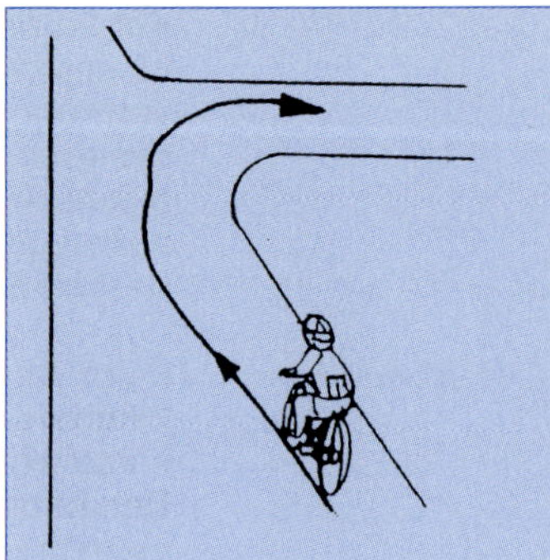
Abb. 73

Dieses zum Unterfahren des eigenen Schwerpunktes nötige Gegenlenken ist übrigens eine der Schwierigkeiten, mit der Radfahranfänger zu kämpfen haben, bis sie automatisiert, also in Fleisch und Blut übergegangen ist. Weitere Informationen s. ▷ Lenkkräfte; ▷ Richtungskorrektur.

Lenkwinkel

Auch "Steuerwinkel" genannte Neigung des ▷ Steuerrohrs (und des in ihm geführten ▷ Gabelschaftrohrs) zur Fahrbahnebene (Abb. 74). Ein Lenkwinkel von 72° ist dann also um 18° aus der Senkrechten vorgeneigt.

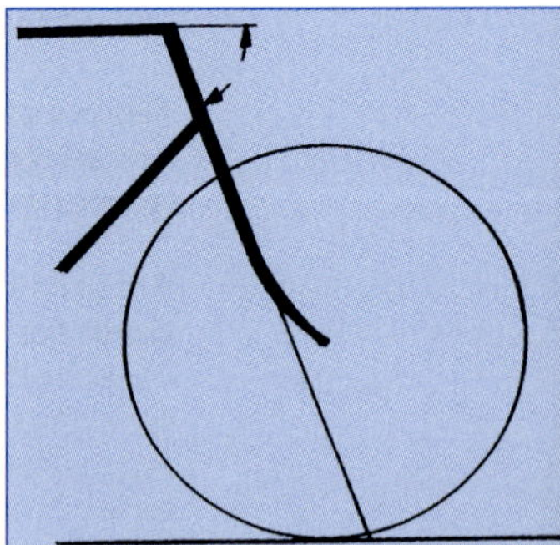
Abb. 74

Zusammen mit der ▷ Gabelvorbiegung beeinflußt der Lenkwinkel den ▷ Nachlauf: Je flacher der Lenkwinkel, desto größer der Nachlauf und die ▷ Lenkkräfte. Umgekehrt reduzieren sich Nachlauf und Lenkkräfte, wenn der Lenkwinkel steiler wird. Die Lenkung wird dann direkter, das Vorderrad dreht mehr auf dem Punkt.

übliche Winkel

Bei Fahrrädern gebräuchliche Lenkwinkel:	
Gebrauchsrad:	69°-71°;
Mountainbike:	70°-72°;
Rennrad:	72°-74°;
Bahnrad:	75°-77°

Achtung: Ein Gabeltausch kann durch unterschiedliche Bauhöhe den Lenkwinkel um etwa 1°-2° ändern, was sich auf die Fahreigenschaften spürbar auswirken kann.

bei Federgabeln

Durch ihren ca. 5 cm langen ▷ Federweg sowie unterschiedliche Konstruktionen (Bauhöhe) verändern ▷ Federgabeln den Lenkwinkel (Abb. 75): Mit 3,5°-4,5° Lenkwinkelabflachung (also von normalen 71° auf um die 67°) verändern sich die Steuerungseigenschaften deutlich, besonders bei Langsamfahrt höhere Lenkkräfte, weitere Vorderradausschläge -, womit das Fahrrad ein schwieriger zu handhabendes Fahrverhalten bekommt.

Achtung daher beim Nachrüsten von dafür nicht vorgesehenen Mountainbikes mit Federgabeln (sie benötigen eigentlich einen speziellen Rahmen). Hingegen wirken sich die Änderungen des Lenkwinkels bei der Federarbeit der Gabel nicht so stark aus. Übrigens besitzen moderne Bikes heute bereits von Haus aus (ungefederte) Gabeln in längerer Bauweise (größerer ▷ Raddurchlauf). Bei der Umstellung auf Federgabel fällt die Änderung des Lenkwinkels dann geringer aus und liegt z.T. bei nur 1-1,5°.

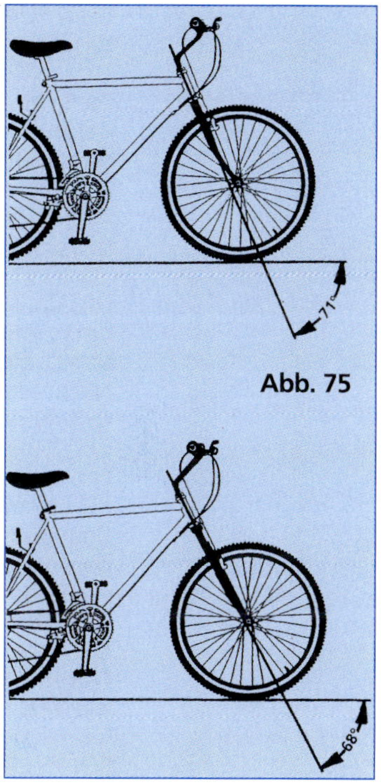

Abb. 75

Leuchtstreifenreifen

▷ Reifen mit auf ihren Flanken aufgebrachten Leuchtstreifen (s. ▷ Beleuchtung: Reflektoren), die das Scheinwerferlicht anderer Verkehrsteilnehmer reflektieren (Abb. 76). Dieser Reifen ist vom Gesetzgeber als Ersatz für die üblichen Speichenreflektoren zugelassen.
Die Leuchtstreifen bestehen aus winzigen Glaskügelchen, die in einer Kunststoffmasse gebunden sind und einfallendes Licht genau in Einfallsrichtung reflektieren.
Die Wirksamkeit von Leuchtstreifen nimmt bereits bei geringer Reifenverschmutzung deutlich ab, weshalb solche Reifen stets sauber gehalten werden müssen, um ihre Schutzfunktion ausüben zu können.

Abb. 76

Lichtanlage

s. ▷ Beleuchtung

Lichtmaschine

Andere, z.B. in der ▷ StVZO verwendete Bez. f. ▷ Dynamo.

Lichtstärke

In cd (▷ Candela) angegebene Intensität, mit der ein Körper senkrecht zu seiner Oberfläche leuchtet. Physikalisch wird die Lichtstärke von 1 cd wie folgt definiert: bei 1769,5°C (Erstarren von Platin) von einer 0,6 mm^2 großen Oberfläche eines schwarzen Strahlers abgestrahlte Lichtstärke bei einem Luftdruck von 101,3 kPa (Kilopascal).

Relevanz am Fahrrad: Laut ▷ StVZO: Paragraph 67, Abs. 3 ist für Scheinwerfer in 10 m Entfernung noch eine Lichtstärke von 7 cd gefordert (Abb. 77) (Normallichtverteilung).

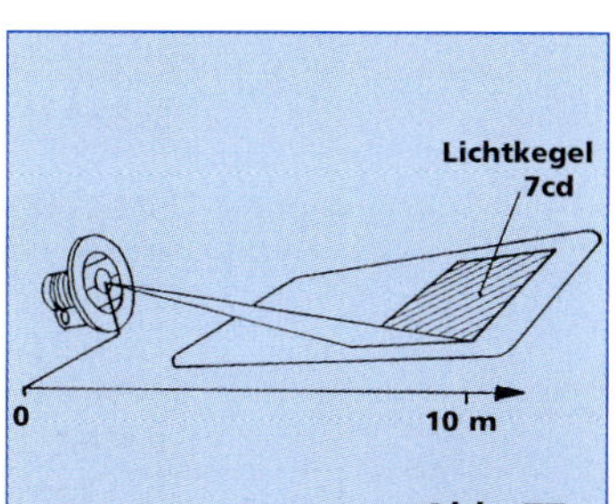

Abb. 77

Lichtstrom

Produkt aus ▷ Lichtstärke und dem durchstrahlten Raumwinkel. Er wird in Lm (▷ Lumen) angegeben und errechnet sich wie folgt:

$\phi = I \cdot \omega$, hierbei sind:

ϕ = Lichtstrom in Lm;
I = Lichtstärke in cd (▷ Candela);
ω = Raumwinkel (Verhältnis einer Kugelfläche zum Quadrat ihres Radius): $\omega = A/r^2$

Der Lichtstrom wird als Maß für die Leuchtintensität von Glühbirnen angegeben: Normale Fahrradglühbirne des Frontlichts: 21 Lm; Halogenbirne: 36 Lm. Das Halogenbirnchen erreicht also bei gleicher elektrischer Leistungsabnahme einen um 71% höheren Lichtstrom.

Lieferfahrrad

Dem "Lieferwagen" analoge und in der ▷ DIN 79 100 angewandte Bez. für ein ▷ Lastenrad, Einzelheiten s.d.

Liegerad/ Sesselrad

I.d.R. niedrig gebautes Fahrrad, auf dem der Fahrer eine liegende bis sitzende Haltung einnimmt, daher auch die Bez. "Sesselrad" für bestimmte Modelle, bei denen eine halb aufrechte Haltung eingenommen wird.

Liegeräder benötigen daher statt eines Sattels spezielle Sitz- oder Liegeschalen, außerdem unterscheidet sich ihre ▷ Rahmengeometrie völlig von der herkömmlicher Fahrräder.

Vor- u. Nachteile

Die Vorteile von Liege- resp. Sesselrädern liegen in der bequemen Fahrhaltung und der gegenüber herkömmlichen Fahrrädern geringeren ▷ Stirnfläche (günstige ▷ Aerodynamik - Vorteile bei flachem Streckenprofil).
Nachteilig wirkt sich hingegen das schlechtere ▷ Handling aus, wodurch diese Räder vorwiegend an feste Straßen gebunden sind. Darüberhinaus ist das ▷ Lenkverhalten gewöhnungsbedürftig.

Historie

Ein nicht näher spezifiziertes "Fauteuil-Velociped" von 1893 gilt als erstes Liegerad der Welt. 1895 stellt der Schweizer Erfinder Challand auf dem Genfer Fahrradsalon ein Sesselrad mit Ganzkörperantrieb (Kurbel- plus Armantrieb) vor; 1896 US-Patent für dieses Prinzip durch I.F. Wales. 1897 erster Bauchlieger von Darling, USA. 1900/01 erste Kleinserie eines Liegerades von Brown, USA. 1914 erstes Serienliegerad mit größeren Stückzahlen von Peugeot, Frankreich (Abb. 78). Dieses Rad war auch mit einer der ersten ▷ Kettenschaltungen ausgerüstet.

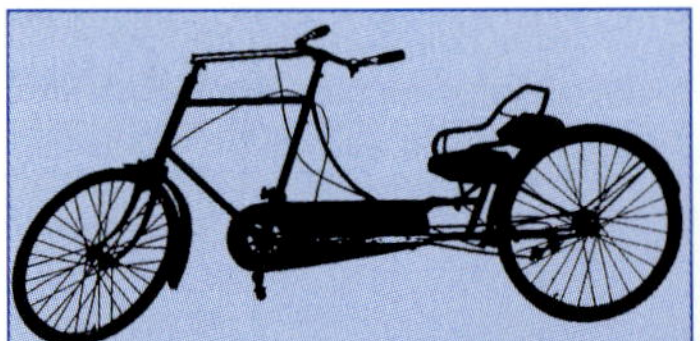

Abb. 78

Mit der ▷ HPV-Bewegung erlebte das Liegerad eine Renaissance aufgrund seiner aerodynamischen und ergonomischen Vorzüge und hat sich heute eine beachtliche Nische auf dem Fahrradmarkt erobert.
Im Groben lassen sich Liegeräder - von der Unterscheidung in Bauch- (selten) und Rückenlieger einmal abgesehen - in folgende Konzeptionen einteilen:

Langlieger

Einspuriges Liegerad mit sehr langem ▷ Radstand, da das - gegenüber dem Hinterrad meist kleinere - Vorderrad noch vor der ▷ Tretlagerung angeordnet ist (Abb. 79).

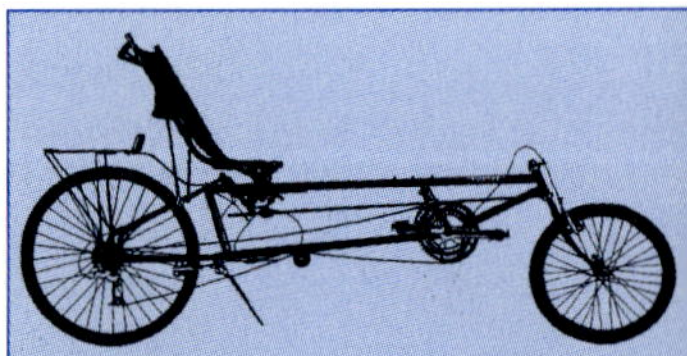

Abb. 79

Langlieger besitzen einen sehr guten ▷ Geradeauslauf, aber mit einer Gesamtlänge von 2,60 m bis über 3 m nur geringe ▷ Wendigkeit. Sie sind von Neulingen umso leichter zu fahren, je aufrechter und höher der Fahrer sitzt. Das weit vorgesetzte Vorderrad ist jedoch nur so wenig belastet, daß es einiger hundert Kilometer Fahrpraxis bedarf, bis das Gerät auch in kritischen Situationen voll beherrscht wird.
Klassische Langlieger sind der "Peer Gynt" (Nachfolgemodell: "Viper") von Radius und der "Avatar 2000" von Prof. Wilson, USA.

Kurzlieger

Einspuriges Liegerad mit kurzem Radstand, da das - z.T. gleichgroße - Vorderrad hinter dem Tretlager angeordnet ist (Abb. 80).
Mit engerem Radstand, geringerer Sitzhöhe und stärkerer Liegehaltung ist der Kurzlieger für Neulinge gewöhnungsbedürftiger als der Langlieger. Das stärker belastete Vorderrad allerdings vermittelt dem Kurzlieger ein weniger tückisches Fahrverhalten, so daß weniger Fahrpraxis ausreicht, um ihn auch in kritischen Situationen zu beherrschen.

Abb. 80

Durch seine Wendigkeit und geringere Sperrigkeit ist der Kurzlieger heute das beliebtere Liegerad. Klassische Modelle sind das Rinkowsky-Sesselrad und der "ST-2" von Flux.

dreispurig Durch zwei Vorder- oder aber Hinterräder besitzt das dreispurige Liegerad eine stabile Straßenlage und ist von jedermann zu fahren (Abb. 81). Hinderlich, speziell zum Befahren von Fahrradwegen ist jedoch der Abstand zwischen den beiden nebeneinander angeordneten Rädern. Außerdem verdreifacht sich die "Schlaglochtrefferquote" durch die Dreispurigkeit.

Abb. 81

Dreispurige Liegeräder benötigen ferner eine hoch untersetzte Lenkung für die Geradeausfahrt. Bei höheren Geschwindigkeiten kann nicht durch Schräglage gelenkt werden. Die zur Geradeausfahrt benötigten Vorderradausschläge, die generell unterhalb eines Millimeters liegen, müssen exakt ausgeführt werden. Dank ihrer bereits stabileren Straßenlage eignen sich dreispurige Liegeräder besonders zum Karosserieren.
Klassische Modelle sind der "Windcheetah" von Mike Burrows und der "Sports Tourer" von Greenspeed, s.a. das bei Hilfsmotor beschriebene Liegedreirad.

vierrädrig (zweispurig) Da die Baubreite von Fahrrädern (Benutzung von Radwegen; Abstellmöglichkeiten) begrenzt ist, läßt sich mit vierrädrigen Liege- oder Sesselrädern eine höhere seitliche Standfestigkeit erreichen als mit dreispurigen (Abb. 82).
Vierrädrige Liegeräder sind bisher eine Randerscheinung, könnten aber aufgrund ihres höheren ▷ Standmomentes bei entsprechend leichtgewichtiger Bauweise an Bedeutung gewinnen.

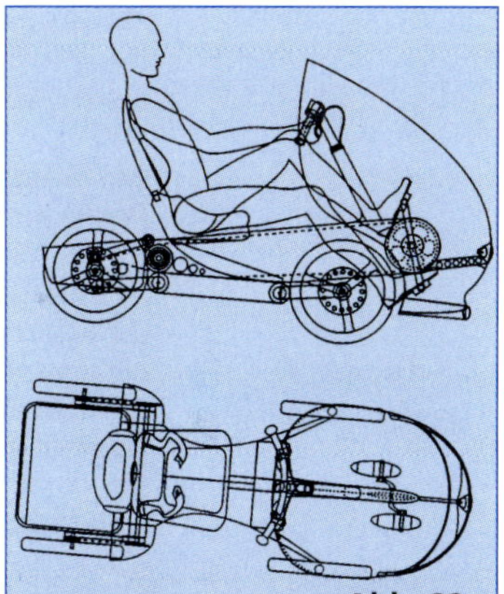

Abb. 82

teilkarosseriert Geeignet hierzu sind alle vorgenannten Liegeradtypen, wobei entweder aus Bequemlichkeitsgründen mittels ▷ Zipper (Abb. 83) nur der Fahrtwind abgehalten wird, was nur geringe aerodynamische Vorteile bietet, oder es wird ein strömungsgünstiger Abschluß der Liegeschale geschaffen, die dann gleich als Stauraum genutzt werden kann und sich hinsichtlich der ▷ Windschlüpfigkeit günstiger auswirkt (Flux "ST-2" und "Z-Pro").

vollkarosseriert Geeignet hierzu sind wegen ihrer stabileren Straßenlage besonders dreispurige und vierrädrige Liegeräder, wobei die dreispurigen mit zwei nebeneinander liegenden Vorderrädern eine aerodynamisch besonders günstige tropfenförmige Verkleidung realisierbar machen. Der von Christian Smolik 1985 weiterentwickelte ▷ Vector erreichte so einen ▷ cW-Wert von 0,07 (Abb. 84). Andere klassische karosserierte dreispurige Liegeräder sind der "Windcheetah" und die "Leitra".
Bei einspurigen Liegerädern haben sich Vollverkleidungen nur bei Wettkampfliegerädern bewährt, da beim Anhalten die Gefahr des Umfallens besteht.

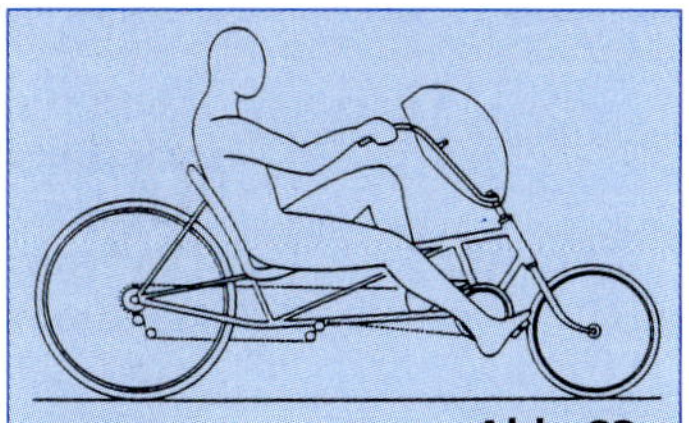

Abb. 83

Bauchlieger Eine Sonderrolle spielen die nur sehr wenig gebauten "Bauchlieger", bei denen der Fahrer bäuchlings und Kopf voraus auf dem Fahrzeug liegt. Hiermit sind früher sogar einige Rekordversuche unternommen worden, heute tauchen sie hin und wieder als "Fun Bikes" auf.
Hinderlich ist bei Liege- und Sesselrädern die durch das vorgelegte Tretlager benötigte übergroße Kettenlänge (übermäßiges Ketten-

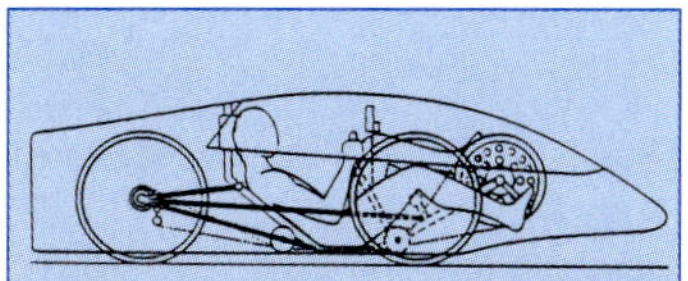

Abb. 84

schlagen). Zu deren Vermeidung wird bisweilen mit zwei Ketten gearbeitet (zusätzliche Übersetzungsmöglichkeit) oder auf Vorderradantrieb zurückgegriffen. Bisweilen finden sich auch die weniger effektiven ▷ Linearantriebe.

Linearantrieb

Sonderantriebsart von Fahrrädern und Behindertenfahrzeugen, bei der i.G.z. üblichen ▷ Kurbelantrieb der ▷ Vortrieb durch Pendelbewegung der Beine oder Arme erfolgt (Abb. 85).
Diese überwiegend "linearen" (z.T. aber auch bogenförmigen) Antriebsbewegungen werden am einfachsten mittels Pleuelstange und Kurbel in eine Drehbewegung umgesetzt, was aber auch mit Zugseilen bzw. -bändern erfolgen kann. Diese laufen dann über eine Umlenkrolle auf ▷ Ratschen und werden von ▷ Rückholfedern wieder in ihre Ausgangslage gezogen.

Abb. 85

Mit Sonderkonstruktionen ist per Linearantrieb sogar eine Art Ruderbewegung möglich. Zum Vortrieb werden dann nicht nur die Beine, sondern auch Rückenmuskulatur und Arme eingesetzt. Die Erfahrung zeigt aber, daß die Linearantriebe nicht die Effizienz von Kurbelantrieben besitzen, da der "doppelte ▷ Totpunkt" (Abstoppen und Umkehrung der Beinbewegung) den Bewegungsfluß ständig unterbricht. Zudem ist eine aufwendige Mechanik nötig, um die Linearbewegungen letztlich doch in Drehbewegungen umzuwandeln.

Bei einigen ▷ HPV-Fahrzeugen (▷ Liegerädern) wurde der Linearantrieb wieder angewandt, da der Bewegungsradius der Beine kleiner gehalten werden kann als bei einer Kurbelbewegung, so daß man mit einer kleineren und niedrigeren Karosserie auskommt. Da dem aber der weniger effiziente Vortrieb gegenüber steht, ist diese Bauweise letztlich hinsichtlich erreichbarer Geschwindigkeit und erforderlicher Antriebsleistung wenig sinnvoll; vgl. auch ▷ Antrieb.

Linksgewinde

Ausführung von ▷ Gewinden, deren Schraubenlinie anders als beim üblichen ▷ Rechtsgewinde nach links orientiert ist. Damit verkehrt sich die ▷ Drehrichtung beim Zuschrauben und Lösen des Gewindes (Abb. 86).

Sicherungsfunktion

Sinn ist die Sicherung gegen ▷ Selbstlösen und findet am Fahrrad bei der rechten ▷ Lagerschale, dem linken Pedal und dem Konterring des ▷ Freilaufs Anwendung, s.a. ▷ Gewinde.

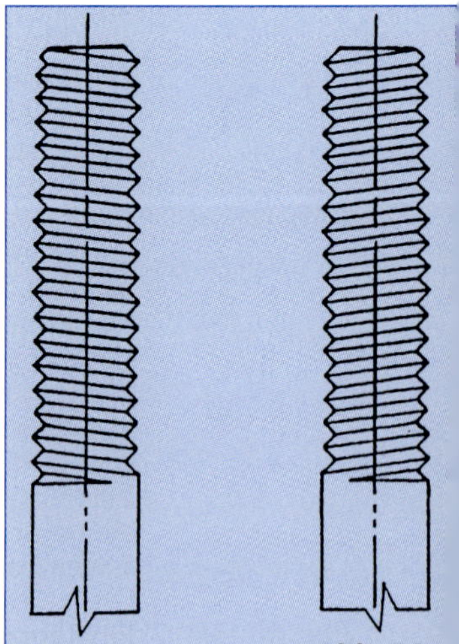
Abb. 86

Lippendichtung

▷ Dichtung, bei der eine dünn auslaufende "Lippe" aus Gummi oder einem gummiartigen Kunststoff eine Bohrung abdichtet oder - z.B. bei ▷ Kugellagern - auf dem ▷ Innenring schleift.
Die Schleifbewegung einer Lippendichtung verursacht meist mehr Reibung als das Kugellager selbst, schützt aber zuverlässig gegen eindringenden Staub.
Vorsicht: Bei Reinigungsarbeiten mit einem scharfen Wasserstrahl oder Dampfstrahler kann die Lippe stellenweise angehoben werden, was durch Auswaschen und Eindringen von Schmutzwasser zu Lagerschäden führen kann. Aus diesem Grunde sollten auch lippengedichtete Kugellager noch mit einer ▷ Staubkappe abgedeckt werden.

Lochkreis

Fachausdruck für einen Kreis, auf dem sich die Mittelpunkte von dort symmetrisch zueinander angeordneten Löchern befinden. Bedeutung am Fahrrad s. ▷ Lochkreisdurchmesser.

Lochkreisdurchmesser

Durchmesser, in dem Bohrungen symmetrisch um ein Zentrum angeordnet sind (Abb. 87). Für den Fahrradbereich:

* Durchmesser, in dem die Speichenlöcher im ▷ Nabenflansch um die Nabenmitte herum gruppiert sind;
* Durchmesser, in die Befestigungsbohrungen für die ▷ Kettenblätter im ▷ Kurbelstern angeordnet sind.

Da bei den üblichen Fünfstern-Befestigungen nicht unmittelbar meßbar, hat sich bei Kurbelsternen die Angabe des ▷ Lochmaßes durchgesetzt. Zur Umrechnung:

$L_m = L_D \cdot 0{,}587785$ mit: L_m = Lochmaß

L_D = Lochkreisdurchmesser

$L_D = L_m / 0{,}587785$

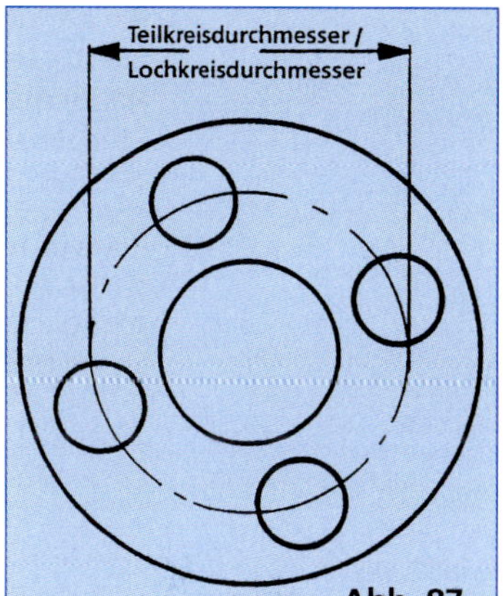

Abb. 87

Lochmaß

Abstand der Befestigungsschrauben von Kettenblättern untereinander (Abb. 88). Er bestimmt das kleinste montierbare ▷ Kettenblatt, Abbildung und Tabelle "Lochmaße" (Abb. 89); vgl. auch ▷ Lochkreisdurchmesser.

Abb. 89: *Lochmaße der Kurbelsysteme*

Kurbel-Typ	*Lochmaß*	*Kleinstes Kettenblatt*
Campagnolo (alt)	85 mm	41 Zähne
Campagnolo (neu)	80 mm	39 Zähne
Shimano	76 mm	38 Zähne
Stronglight (SUP)	72 mm	36 Zähne
MTB großes u. mittl. Blatt	65 mm	34 Zähne
Microdrive Suntour mt.Bl.	56 mm	32 Zähne
SR/Sugino	50 mm	28 Zähne
MTB kleines Blatt	44 mm	24 Zähne
Hyperdrive Shimano	34 mm	20 Zähne
Microdrive Suntour	33 mm	20 Zähne

Anmerkung: Von den Herstellern wird statt des Lochmaßes z.T. auch der ▷ Lochkreisdurchmesser angegeben. Zur Umrechnung:

$L_m = L_D \cdot 0{,}587785$ mit: L_m = Lochmaß

$L_D = L_m / 0{,}587785$ L_D = Lochkreisdurchmesser

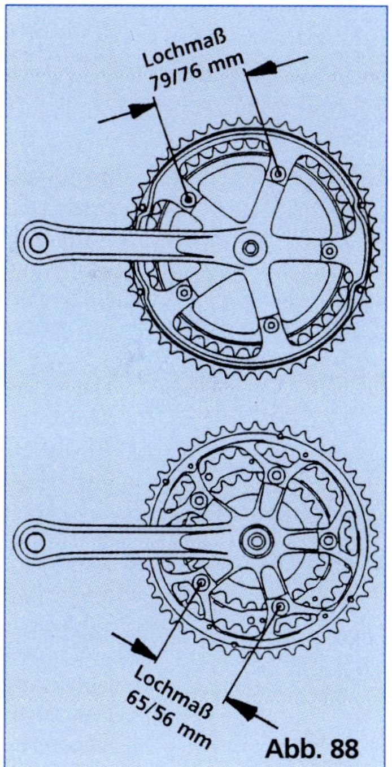

Abb. 88

Lösungsglühen

Thermischer Prozeß, bei dem ein legiertes Metall (s. ▷ Legierung) so weit erwärmt wird, daß seine Legierungsbestandteile "in Lösung gehen", sich also statistisch regelmäßig im Grundmaterial verteilen. Das Lösungsglühen ist bei aushärtbaren Legierungen von Aluminium der Ausgangsschritt für die Aushärtung, vgl. ▷ Aluminium: Aushärtung.

Lösungsmittel

Flüssigkeiten, in denen feste organische oder anorganische Stoffe gelöst werden können, ohne sich chemisch zu verändern. Nach Verdunstung (Abdampfen) des Lösungsmittels bleibt dann wieder der gelöste Stoff zurück.

Anwendung: Lösen von Wachsen, Kunststoffen und Lacken, um sie im flüssigen Zustand zu verarbeiten (Aufpinseln oder Aufsprühen) oder als Reinigungsmittel.
Bei Kunststoffen werden Lösungsmittel auch zum Kleben eingesetzt.

Da die meisten brennbaren Lösungsmittel Chlorkohlenwasserstoffe enthalten, sind viele Lösungsmittel für Mensch und Umwelt schädlich und werden mittlerweile sparsamer und unter größeren Sicherheitsvorkehrungen eingesetzt.

Lösungstemperatur

Zum ▷ Lösungsglühen notwendige Temperatur. Sie liegt bei ▷ Aluminium(-Legierungen) bei 490-510°C.

Lötbruch

Werden beim ▷ Löten unter Spannung stehende Bauteile aus ▷ Stahl oberhalb der "Gitterumwandlungstemperatur" (723°C) von flüssigem ▷ Lot benetzt, so diffundiert dieses keilförmig in die ▷ Korngrenzen ein (Abb. 90). An diesen Stellen ist die Materialfestigkeit dann geschwächt und kann im Belastungsfalle zu Rissen und Brüchen führen (Abb. 91). Besonders die Kupfer- und Zinkanteile von Hartloten (s. ▷ Hartlöten) fördern diesen Effekt.

Ein wichtiger Grundsatz beim Löten eines Fahrradrahmens ist es daher, die einzelnen Rohre möglichst spannungsfrei in der Halte- oder Lötvorrichtung zu fixieren und Wärmespannung soweit es geht zu vermeiden. Am sichersten läßt sich der Lötbruch durch die Verwendung von ▷ Silberlot vermeiden, da dessen ▷ Arbeitstemperatur (um 610°C) entschieden tiefer liegt als die Gitterumwandlungstemperatur.

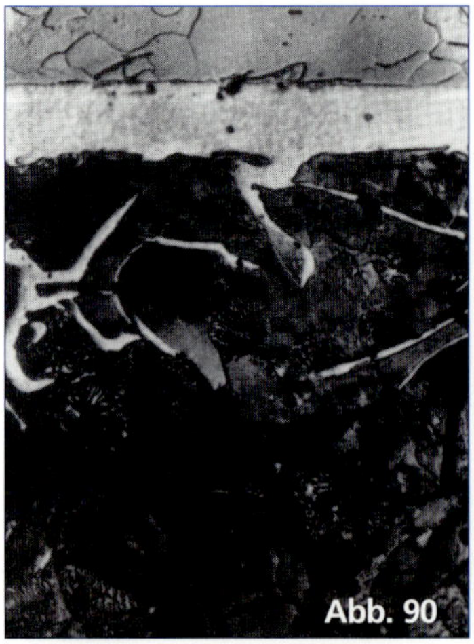
Abb. 90

Abb. 91

Löten

Verbinden von Bauteilen aus gleichen oder unterschiedlichen Metallen durch Einschmelzen und Einlegieren (▷ Legierung) eines ▷ Lotes unterhalb der Schmelztemperatur der Bauteile, Abb. 92 (vgl. dagegen ▷ Schweißen).

Um Verunreinigungen durch die Umgebungsluft zu vermeiden, wird die Lötstelle entweder mit ▷ Flußmittel oder ▷ Schutzgas abgedeckt, oder aber es wird im Vakuum gelötet.
Wichtig ist die Einhaltung bzw. nur geringe Überschreitung der ▷ Arbeitstemperatur, damit sich das Lot oberflächlich in die zu verbindenden Bauteile einlegieren kann (Abb. 93), aber noch nicht per Verdampfung einiger Lotbestandteile entmischt. Desweiteren können zu hohe ▷ Löttemperaturen zu ▷ Lötfehlern führen.

Nach dem ▷ Schmelzbereich der Lote unterscheidet man zwischen Weich- und Hartlöten:

Weichlöten

Bis 450°C Lotschmelztemperatur; Ausführung i.d.R. mit von Hand oder maschinell geführtem Lötkolben; als Flußmittel dient Lötwasser, Lötfett oder eine Kolophonium-Verbindung.
Als Lote kommen blei- und zinnhaltige ▷ Legierungen zum Einsatz, höherfeste Lote enthalten Silber, Cadmium und Zink.

Abb. 92

Von der Bleiverwendung rührt die Bez. Löten, die sich vom mittelhochdt. Wort Loot "Blei(klumpen)" herleitet, s.a. ▷ Blei.
Weichlötungen am Fahrrad: Herstellen elektrischer Kontaktstellen, Verbinden von Aluminiumteilen (z.B. Alu-Gepäckträger).

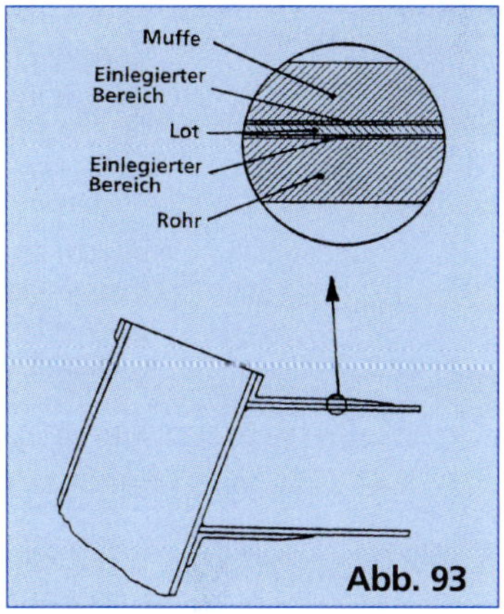

Abb. 93

Hartlöten Über 450°C Lotschmelztemperatur; Ausführung entweder durch Flammen- (Abb. 94) oder Ofenerwärmung, bisweilen auch durch Erwärmung mittels elektromagnetischer Induktion (Induktionslöten) bzw. durch elektrische Widerstände (Widerstandslöten). Früher waren außerdem Tauchlötungen üblich (Eintauchen der zu verbindenden Bauteile in flüssiges Lot).
Als Flußmittel dient für ▷ Messinglote eine Mischung aus Borax oder Borsäure, für ▷ Silberlote Fluorid-Verbindungen.

Hartlote bestehen i.d.R. aus Messinglegierungen, die auch Silber und Cadmium enthalten können (vermindern den Schmelzpunkt), wobei Cadmium infolge seiner Giftigkeit zunehmend durch einen höheren Silberanteil ersetzt wird. Hochfeste Lote besitzen Nickelzusätze (▷ Nickellot).

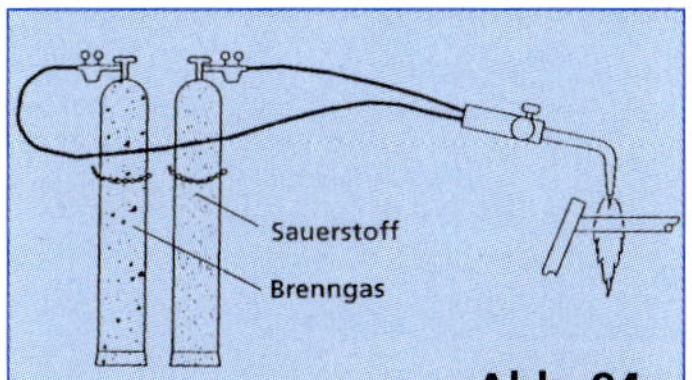

Abb. 94

Hartlötungen am Fahrrad: Verbinden von Rahmenbauteilen (s. ▷ Rahmenbau) durch Handlöten oder in Lötautomaten (Lötkarussell); Verbinden einzelner Komponententeile (z.B. ▷ Vorbauten aus Stahl, Gepäckträger), s.a. ▷ Lötspalt.

Lötfehler Katalog von Unzulänglichkeiten, die beim ▷ Löten (v.a. per Hand) auftreten können:

1. Überhitzung des Materials:
Führt zur Festigkeitseinbuße und u.U. zu ▷ Härterissen, außerdem zum Verdampfen von Legierungsanteilen des Lotes. Überhitzung kann nicht nur zu Entmischungserscheinungen, sondern auch zur Blasenbildung und sogar zum Ablösen einiger Grundmetallbestandteile führen (Abb. 95).

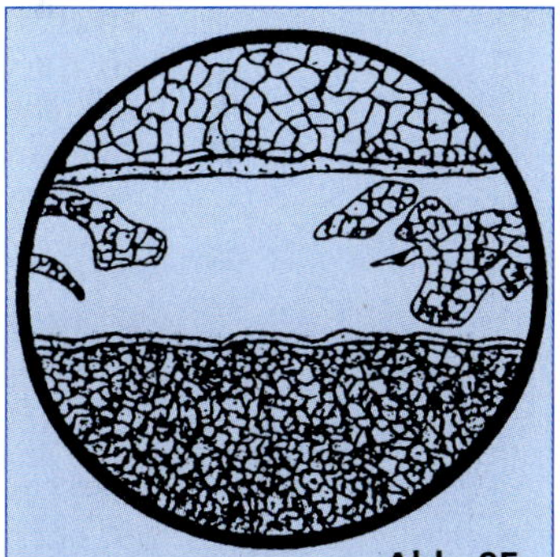
Abb. 95

2. Zu lange Erwärmzeit:
Führt bei Bauteilen aus ▷ Stahl zu Festigkeitseinbuße und Grobkornbildung und zur Aufkohlung (Eindiffundieren von Kohlenstoffanteilen aus der Lötflamme in das Grundmaterial), was beides Versprödung mit sich bringt (Abb. 96).

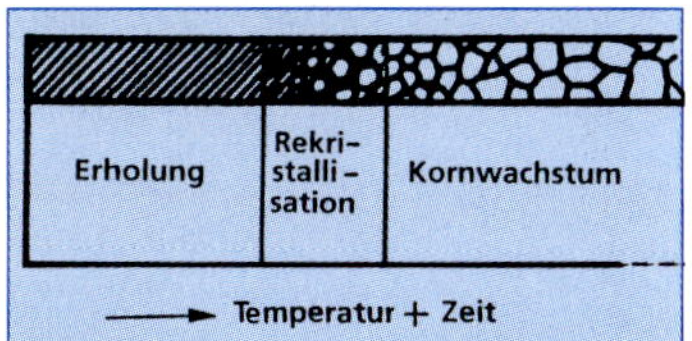

Abb. 96

3. Zu niedrige Löttemperatur:
Das Lot legiert sich nicht in das Grundmaterial ein, man spricht von einer "geklebten" Lötstelle, die dadurch erhebliche Festigkeitsmängel aufweist. Darüberhinaus kann es durch zu niedrige ▷ Löttemperatur zur lückenhaften Lotbenetzung der Verbindungsbereiche kommen.

4. Ungenügende "Durchlötung":
Infolge von zu niedriger Löttemperatur, unzweckmäßigem oder mangelhaft aufgetragenem ▷ Flußmittel sowie unsauberer Bauteiloberfläche wird der Lotfluß gestört und es kommt zu einer nur lückenhaften Benetzung. Das Gleiche kann aber auch durch eine zu hohe Löttemperatur passieren, wenn das Flußmittel verdampft und die Lötstelle oxidiert.

5. Lötbrüchigkeit:
Wird ein Bauteil unter inneren Spannungen verlötet oder diese durch zu hohe Temperatur erzeugt, so diffundieren Lotanteile in die Korngrenzen, s. ▷ Lötbruch.

Lötspalt

Notwendiger Freiraum zwischen den zu verlötenden Bauteilen (s. ▷ Löten), der v.a. die Kapillarwirkung beeinflußt, mit der das flüssige Lot zwischen diesen "eingesaugt" wird (Abb. 97).
Für Handlötung beim Fahrradrahmenbau sollte der Abstand Muffe/Rohr nicht unter 0,1 mm und nicht über 0,5 mm liegen.

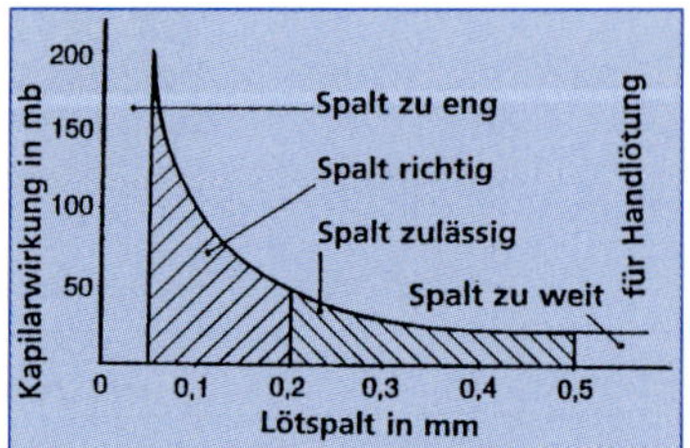

Abb. 97

Bei zu engen Lötspalten kann es zu Störungen des Lötflusses kommen, wenn infolge Erwärmung des Rohres der Freiraum "dicht gemacht" wird oder leichte Verunreinigungen nicht vom Lot umspült werden können.

Bei zu weiten Lötspalten ist a. die Kapillarwirkung zu gering, b. die Festigkeit der Verbindung nicht optimal, da sie ausschließlich vom Lotwerkstoff abhängt.

Löttemperatur

Effektive beim ▷ Löten vorherrschende Oberflächentemperatur der zu verbindenden Bauteile, die mindestens die ▷ Arbeitstemperatur des ▷ Lotes erreichen muß (großflächige Erwärmungsbereiche bei Automatenlötung), bei Handlötung allerdings i.d.R. etwas höher liegt, damit sich das Lot auf jeden Fall einlegiert.

Als Anhalt für die Löttemperatur dient dem Handlöter die Glühfarbe des Rohr/Muffen-Materials, der Zustand des ▷ Flußmittels sowie der Dünnflüssigkeitsgrad des Lotes.

Long Cage

"Langer Käfig"; Bez. für MTB-Schaltungen, die speziell zur Bewältigung großer ▷ Übersetzungsbereiche mit langer ▷ Schaltschwinge ausgestattet sind (Abb. 98).

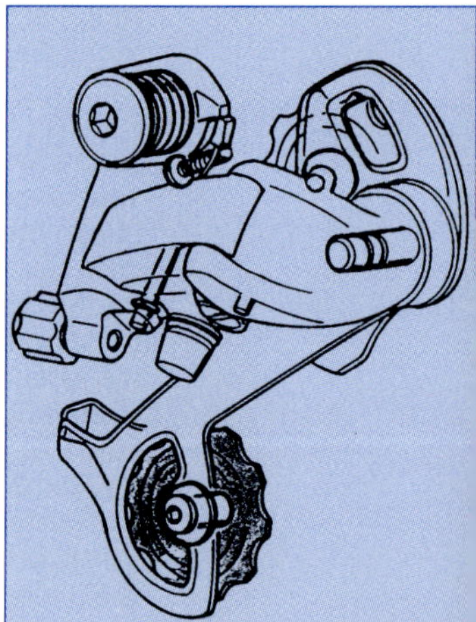
Abb. 98

Long John

▷ Lastenfahrrad (Einzelheiten s.d.), dessen Vorteil darin besteht, daß die Zuladung beim Lenken nicht mitgeschwenkt werden muß. Nachteil: reduzierte Manövrierbarkeit aufgrund extremen ▷ Radstandes (192 cm).

Losbrechkräfte

Kräfte, die dazu nötig sind, eine Federung "ansprechen", also arbeiten zu lassen.
Die wichtigsten Einflußgrößen sind hierbei die ▷ Federhärte, sowie die Reibungskräfte in ▷ Drehgelenken oder Führungen von ▷ Fahrradfederungen (s.a.d.).

Hohe Losbrechkräfte werden häufig gezielt bei Fahrradfederungen eingesetzt, um die Auswirkungen von ▷ Wiegetritt und ▷ Kettenzug zu minimieren oder sogar ganz zu unterbinden. Automatisch schützt diese Maßnahme auch gegen das ▷ Durchschlagen der Federung, da die zum Einfedern nötigen Kräfte nun größer ausfallen müssen.

Nachteilig wirken sich hohe Losbrechkräfte hingegen im Normalbetrieb aus, bei denen die Federung dann nahezu blockiert bleibt.
Speziell für das Fahrrad kann es sinnvoll sein, die Losbrechkräfte über Reibung oder Federhärte während der Fahrt vom Lenker aus verstellen zu können, um sich optimal an die gegebenen Fahrbahnverhältnisse oder Fahrgeschwindigkeiten anzupassen; s. hierzu auch ▷ Ansprechverhalten.

Loskonus

Andere, weniger gebräuchliche Bez.f. ▷ Stellkonus.

Loslager

Teil einer klassischen Maschinenbaulagerung, die aus Fest- und Loslager besteht (i.G.z. ▷ schwimmenden Lagerung).

Während das ▷ Festlager axial beidseitig festgeklemmt ist und alle ▷ Axialkräfte aufnimmt, kann das Loslager noch leichte Axialbewegungen ausführen, wie sie im Maschinenenbau bei weiter ▷ Stützbreite durch Wärmedehnung vorkommen.
Im Fahrradbau wird diese Lagerungsart nur wenig angewandt, findet sich aber in der "angestellten" KSS-Tretlagerung (Abb. 99) sowie in allen Lagerungen von ▷ Mavic. Einzelheiten s. ▷ Nabenlager: besondere Lagerungen: Mavic.

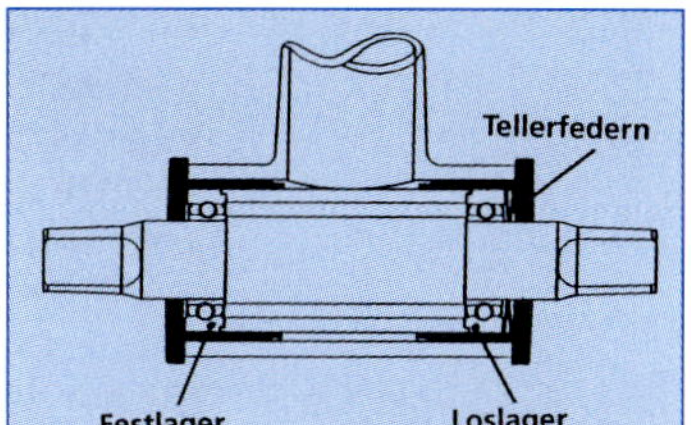

Abb. 99

Lot

Metallische ▷ Legierungen, die beim ▷ Löten aufschmelzen und sich oberflächlich in die zu verbindenden, fest bleibenden Bauteile ▷ einlegieren.

Nach dem Erkalten entsteht eine feste metallische Verbindung, deren ▷ Festigkeit aber entscheidend vom verwendeten Lot abhängig ist.

Lote können hinsichtlich ihrer Verwendung speziell auf die zu verbindenden Bauteile abgestimmt werden. Eine Einteilung erfolgt je nach ▷ Schmelzpunkt in Lote für ▷ Weich- und ▷ Hartlöten sowie in die eigenschaftsbestimmenden Hauptlegierungsbestandteile Messing, Silber und Nickel, s. Tabelle.

Abb. 100: *Hartlote im Metall- und Fahrradbau*

Bezeichnung	Leg.Best. Teile in %	Arbeits-temp.in°C	Dichte in kg/dm³	Geeignet für/Bemerkung
L-MS 60	59-62 Cu 37-40 Zn	900	8,4	Stahl, Nickel, Kupfer; mittlere Festigkeit
L-SoMs	56-62 Cu 1,5Ni 1,0 Ag 34-40 Zn	900	8,4	Stahl, Nickel, Kupfer; höhere Festigkeit
L-MS 54	53-55 Cu 45-47 Zn	890	8,3	Stahl, Kupferleg.; mittlere Festigkeit
L-Ns	46-50 Cu 8-11 Ni 38-54 Zn	910	8,7	Stahl, Nickel; hohe Festigkeit
L-Ag 40 Cd	40Ag 19Cu 21Zn 20Cd	610	9,3	Stahl, Edelstahl, Nickel, Cu-Leg., mittlere Festigkeit
L-Ag 55 Sn	56Ag 22Cu 17Zn 5Sn	650	9,5	ähnlich L-Ag 40 Cd, aber cadmiumfrei
L-Ag 49	49Ag 16Cu 23Zn 7Mn 4,5 Ni	690	8,9	Hartmetalle, CroMo-Stähle, hohe Festigkeit

Lotus

Spezielles ▷ Bahnrad aus ▷ Carbon, mit dem Chris Boardman 1992 den Olympiasieg im 4000 m-Verfolgungsfahren (s. ▷ Bahnwettbewerbe) der Amateure gewann. Technischer Steckbrief:

* ▷ Kreuzrahmen (Nervenzellen-Art) mit weichen Übergängen;
* einseitig gehaltene Laufräder (▷ Einschwingenrahmen);
* Lenker in die Gabel integriert;
* Kette außerhalb der Unterstrebe laufend;
* strömungsgünstige Rahmenform: Durch Wegfall eines Gabelbeines und einer Unterstrebe verkleinerte ▷ Stirnfläche.

Low-Profile-Bremse

Moderne und wirkungsvollste Form der ▷ Cantileverbremse (s.a.d.), bei der die ▷ Bremsarme annähernd parallel zum Laufrad verlaufen (Abb. 101).

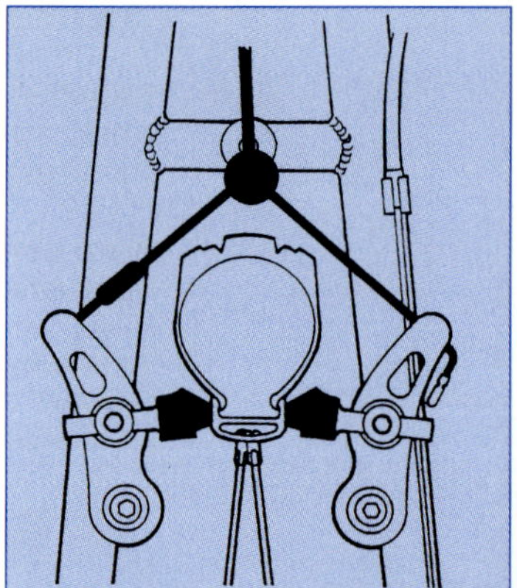

Abb. 101

Bei einem flach gehaltenen ▷ Seildreieck entsteht eine Kraftentfaltung nach dem ▷ Kniehebelprinzip. Da mit dem Seildreieck aber nur Zugkräfte ausgeübt werden können, ergibt sich ein degressiver Wirkungsverlauf (mit zunehmender Bremsgummi-Anstellung wird der Kniehebel schräger und das ▷ Hebelverhältnis kleiner). Dadurch ist ein gewisser Schutz vor Radblockierung gegeben. Dies übrigens i.U.z. ▷ Delta-Bremse mit ihrer progressiven Bremswirkung.
Weiterer Sicherheitsaspekt: Durch die eng anliegenden Bremsarme ist diese Bremsenform auch bei Stürzen weniger verletzungsgefährdend und kollidiert ggf. auch weniger mit den ▷ Gepäcktaschen.

Lowrider

Sonderform eines ▷ Gepäckträgers zur (optimalen) tiefen Befestigung von ▷ Gepäcktaschen am Vorderrad. Durch diese Befestigungsart wird der ▷ Schwerpunkt der Packtaschen tiefer (als bei "umgedrehtem" Hinterradgepäckträger) und in die Ebene der ▷ Lenkachse gelegt (Abb. 102).

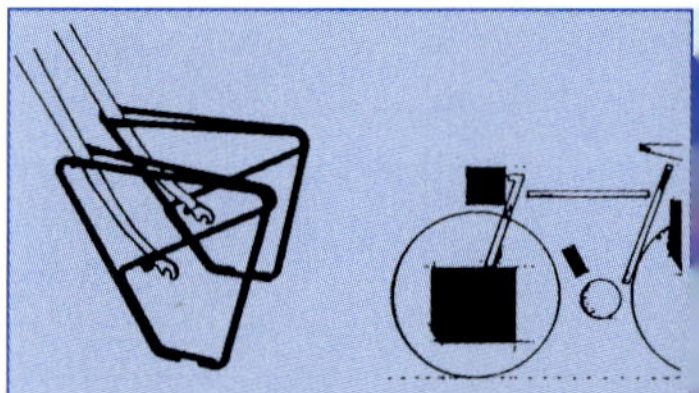

Abb. 102

Vorteile: Günstige Schwerpunktlage des Gepäcks, ▷ Massen dicht an der Lenkachse des Vorderrades liegend, daher geringere ▷ Lenkkräfte nötig, weil weniger Masse geschwenkt werden muß.

Achtung: Lowrider in dreieckiger Gitterbauweise blockieren die Federung der Gabel, was nicht nur den ▷ Fahrkomfort mindert, sondern auch die Gefahr in sich birgt, daß die Gepäckträgerbefestigungsschrauben durch ▷ Scherbelastung brechen. Günstiger sind daher Schleifenformen, die das "Flexen" der Gabel kaum beeinträchtigen. Vorbildlich in dieser Hinsicht ist der Assel-Lowrider.

L-Schraube

Einstellschraube an ▷ Schaltwerk und ▷ Umwerfer, die deren ▷ Schwenkbereich nach innen begrenzt. Einzelheiten s. ▷ Einstellschrauben: Schaltwegbegrenzungsschrauben.

Lubmatic

Kettenölungsmechanik der Fa. ▷ Rohloff, die am Fahrrad angebracht ist und ein Nachschmieren der Kette sogar während der Fahrt erlaubt (Abb. 103).
Die an der rechten Sattelstrebe angebrachte Vorrichtung gibt bei Betätigung eines Hubzylinders eine genau definierte Ölmenge frei, die neben dem ▷ Kettenführungsrad auf die Kette hinabtropft.

Abb. 103

Luftdruck

Druck, den die Luft der Erdatmosphäre aufgrund der Schwerkraft ausübt. Er ist von der Wetterlage und der Höhe über Meeresniveau abhängig. Für den Fahrradbereich von Bedeutung ist der ▷ Reifendruck, landläufig ebenfalls häufig "Luftdruck" genannt.

Luftpumpe

Vorrichtung, mittels derer Luft oder Gase verdichtet oder evakuiert werden. Am Fahrrad dient die Luftpumpe als Verdichter zur Herstellung des ▷ Reifendrucks.
Zur Mitnahme am Fahrrad sind die gewöhnlichen Handpumpen erhältlich (Abb. 104 links), die es auch in abschließbarer Version gibt. Noch weniger diebstahlgefährdet sind kleine Handpumpen zur Mitnahme in Trikottasche oder Reisegepäck. Diese gibt es als Teleskoppumpe (Abb. 104 Mitte) oder als kleine, aber doppelt wirksame Ausführung (Abb. 105 rechts): Per eingebautem Spezialventil verdichtet die Pumpe sowohl beim Reinschieben wie auch beim Rausziehen des Kolbens die in den Reifen zu transportierende Luft. Weitere Sonderform: in die Sattelstütze integrierte Pumpe.

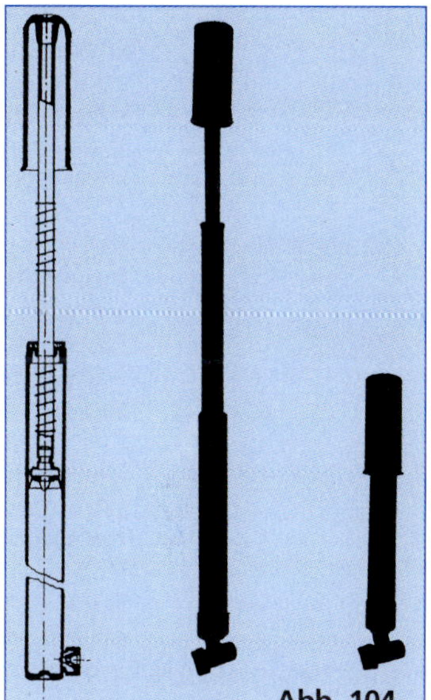

Abb. 104

Für Rennräder, die z.T. mehr als 7 bar Luftdruck benötigen, sind Pumpen mit im Durchmesser kleineren Kolben (Hochdruckluftpumpen) sinnvoller, da dank verkleinerter Querschnittsfläche weniger Betätigungskraft nötig ist - dafür aber längere Zeit gepumpt werden muß.
Für stationären Betrieb (Werkstatt oder zu Hause) ist eine Standpumpe anzuraten, weil damit leichter und schneller gepumpt werden kann. Außerdem ermöglicht eine Reifendruckanzeige das exakte Einfüllen des erforderlichen Luftdrucks.
Eine Sonderform ist die "Druckluftpumpe", bei der eine Kohlensäurepatrone zum einmaligen Reifenauffüllen ohne manuelle Pumparbeit dient. Einzelheiten s. ▷ Kohlensäurepumpe.

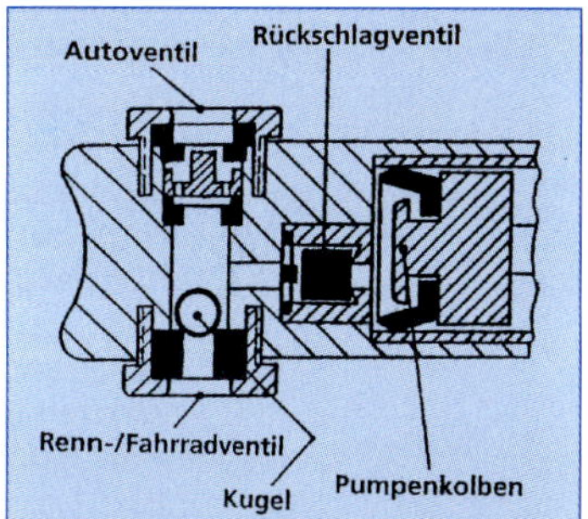

Abb. 105

Interessant ist die *Doppelkopfpumpe* von SKS, deren eine Pumpenöffnung auf ein Autoventil, die andere auf ein Fahrrad- oder Rennventil paßt (Abb. 105). Ein Kugelventil schließt automatisch die nicht benutzte Öffnung.
Ansonsten muß je nach Ventiltyp die Pumpe den passenden Ventilkopf besitzen, mit ▷ Adaptern sind aber auch Anpassungen an die drei gängigen Fahrradventiltypen (Dunlop-, Renn- Autoventil) möglich, s. ▷ Ventile.

Luftwiderstand

Widerstand, den die Luft bewegten Körpern entgegensetzt (Abb. 106).
Für den Radler hat schon bei Geschwindigkeiten über 20 km/h der Luftwiderstand den Hauptanteil am gesamten ▷ Fahrwiderstand, Einzelheiten s. ▷ Aerodynamik.

Abb. 106

Luftwiderstandsbeiwert

Bez. f.d. sog. ▷ cw-Wert, ein Maß für die Windschnittigkeit von Körpern; Einzelheiten s. ▷ Aerodynamik.

Lumen

Physikalische Maßeinheit für den ▷ Lichtstrom (Formelzeichen: Lm), Einzelheiten s.d.

Lux

Physikalische Maßeinheit für die ▷ Beleuchtungsstärke (Formelzeichen: Lux oder Lm/m^2), Einzelheiten s.d.

M 2

Aus der Weltraumtechnologie kommender ▷ MMC-Werkstoff (Aluminium/Keramik-Verbund). Rohre aus M 2 erhöhen die ▷ Zugfestigkeit der Alurohre um 8-10% und ihre ▷ Biegesteifigkeit um bis zu 20%. Sie lassen sich wie andere Alurohre kleben, sind aber mit einem Spezialverfahren auch schweißbar.
Trotz dieser Vorzüge findet der M2-Werkstoff aber nur zögerlich Verwendung im Fahrradbau und wird in kleinen Stückzahlen von dem Hersteller Specialized eingesetzt.

Madenschraube

Kopflose ▷ Schraube mit Schraubenzieherschlitz oder Inbus-Innensechskant (Abb. 1).
Sie wird am Fahrrad wenig eingesetzt, findet sich aber beispielsweise bei einigen ▷ Drehschaltgriffen, sowie hin und wieder als ▷ Justierschrauben, z.B. zur Mittigstellung von ▷ Cantileverbremsen.

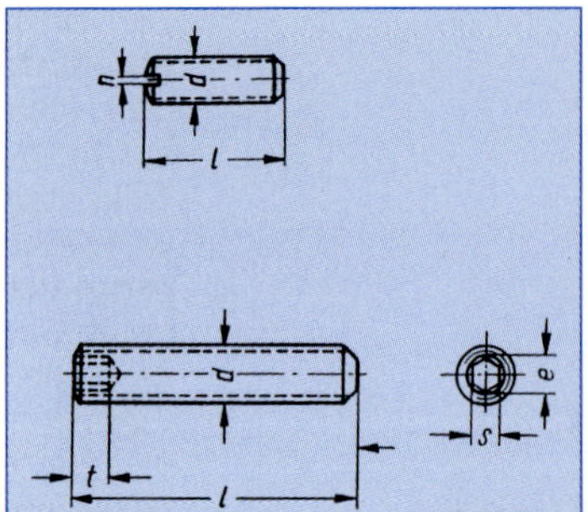

Abb. 1

Magnesium

Leichtestes Gebrauchsmetall (chem. Symbol: Mg), im Reinzustand silberweiß und ▷ duktil, oxydiert sehr schnell an Luft und ist in Spänen brennbar.

Die Herstellung erfolgt durch Schmelzflußelektrolyse (▷ Elektrolyse) aus Magnesiumchlorid.

Dichte: 1,74 kg/dm³;
Schmelzpunkt: 650°C;
Zugfestigkeit: 100-350 N/mm² (im Reinzustand je nach Kaltverfestigungsgrad oder ▷ Legierung);
Bruchdehnung: 3-12% bei ▷ Knetlegierungen.
Elastizitätsmodul: 47.500 N/mm².

Legierungen

Magnesium ist sehr korrosionsanfällig und in feinen Spänen brennbar (z.B. Magnesiumblitzlicht). Es wird auf dem Fahrradsektor am häufigsten als Legierungsbestandteil in ▷ Aluminium (aushärtbare ▷ Legierungen) angetroffen, s. ▷ Aluminium: Knetlegierungen.

Magnesium bildet beim Erstarren große Kristalle, weshalb Gußteile aus Magnesium relativ spröde werden. Durch Sonderverfahren (schnelle Abkühlung, Legierungszusätze) können diese unangenehmen Eigenschaften aber erheblich verbessert werden.

Mit ▷ Knetlegierungen erreicht man noch feinkörnigere ▷ Gefüge mit ▷ Zugfestigkeiten bis 350 N/mm². Damit läßt sich Magnesium durchaus als Konstruktionswerkstoff mit äußerst geringem Gewicht benutzen, wovon der Fahrradbau bislang aber wenig Gebrauch macht.

Mit dem ▷ Kirk-Rahmen (Abb. 2) wird allerdings ein in einem Spezialverfahren komplett in einem Stück aus Magnesium gegossener Fahrradrahmen angeboten, konnte sich aber trotz seines erstaunlich niedrigen Gewichts von 2,4 kg (mit Gabel) nicht durchsetzen.

Verbundwerkstoff

Ein ▷ Verbundwerkstoff aus Magnesium mit ▷ Keramikfasern hätte allerdings größere Chancen, sich in Zukunft als Werkstoff für Fahrräder zu etablieren (erste Versuche sehr positiv, Ergebnisse aber noch lange nicht serienreif):

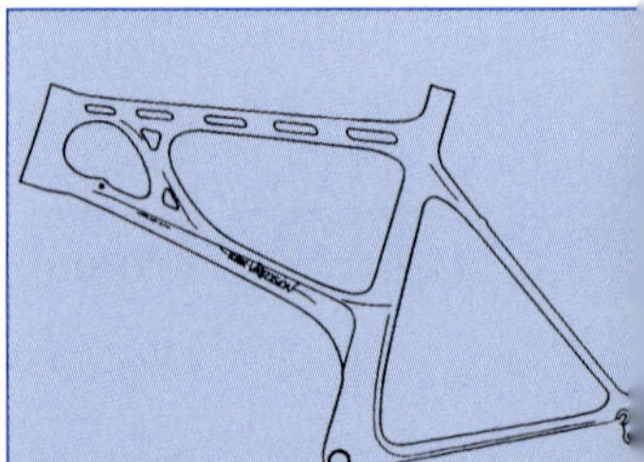

Abb. 2

Aus den Fasern wird zunächst ein Faserformkörper gepreßt, der schon die Form des späteren Werkstückes besitzt und dann mit aufgeschmolzenem Magnesium durchtränkt wird (Abb. 3), analog dem Harz bei herkömmlichen ▷ Faserverbundbauweisen. Vorteil gegenüber anderen Verbundwerkstoffen ist die noch höhere Belastbarkeit als bei ▷ Carbon; s. hierzu auch ▷ MMC.

Magura

Mehr auf dem Motorradsektor engagierter Hersteller von Bremsgriffen und Hydraulikbremsen aus Bad Urach.

1986 überraschte der schwäbische Hersteller mit einer funktionsfähigen Hydraulikbremsanlage für Normalfahrräder, 1989 folgten Ausführungen fürs Mountainbike, 1992 fürs Rennrad (s. ▷ Bremsen: Hydraulikbremse), womit Magura der Fahrrad-Hydraulikbremse zum Durchbruch verhalf. Dem standardmäßigen Einsatz an ▷ Gebrauchsrädern steht allerdings der vergleichsweise hohe Preis im Wege.

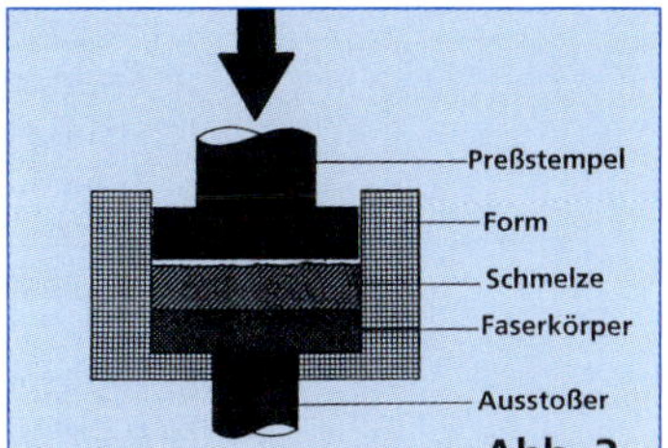

Abb. 3

Mangan

Silbergraues sprödes Metall, das in reinem Zustand keine Anwendung in der Technik findet. Mangan wird aber als Legierungselement bei ▷ Stahl (bindet bei Zusätzen ab 0,2% schädlichen Sauerstoff und Schwefel) und ▷ Aluminium (verbessert Korrosionsbeständigkeit) eingesetzt und erhöht dort die ▷ Zugfestigkeit.

Dichte: 7,44 kg/dm³;
Schmelzpunkt: 1244°C;
Elastizitätsmodul: 201.600 N/mm².

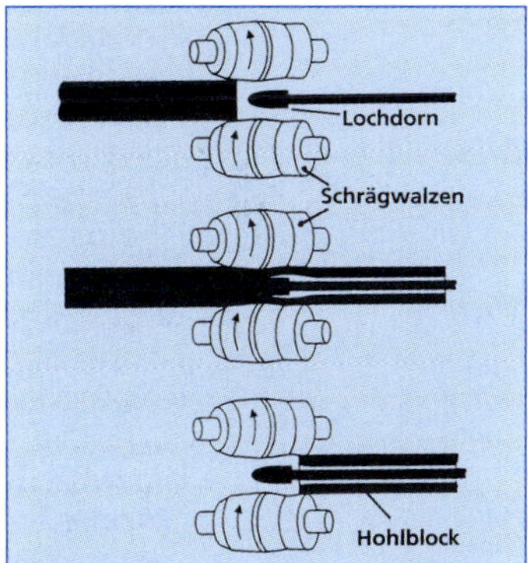

Abb. 4

Mannesmann

Dt. Konzern, der besonders auf die Herstellung von Stahlrohren spezialisiert ist und seit 1984 auch wieder hochwertige Fahrradrahmenrohre produziert, deren großtechnische Fertigung er vor über hundert Jahren ins Leben gerufen hatte.

Schrägwalz- u. Pilgerschritt-Verfahren

Mannesmann war nämlich Erfinder des Schrägwalzverfahrens (Abb. 4) zur Herstellung von Rohren (patentiert 1885), was zusammen mit dem zwei Jahre später ebenfalls von Mannesmann erfundenen Pilgerschrittverfahren (Abb. 5) erst die massentechnische Herstellung von Rohren ermöglichte - und damit auch von preiswerten Fahrrädern. Durch diese Erfindungen verlor das Fahrrad also seinen Status als Luxusartikel und konnte sich innerhalb weniger Jahre als Massenverkehrsmittel etablieren.
Heutige Mannesmann-Rohre besitzen durch Vergütung in einem Schutzgasofen eine besonders hohe ▷ Duktilität (hohe ▷ Bruchdehnung). Sie sind übrigens nicht ▷ endverstärkt und müssen daher mit einem niedrig schmelzenden Lot verarbeitet werden, s.a. ▷ Löten, ▷ Rahmenrohre, ▷ Rahmenbau.
Mannesmann ist beteiligt an ▷ Fichtel & Sachs und ▷ Hercules, dessen Stahlrohrräder alle mit Mannesmann-Rohren gebaut werden.

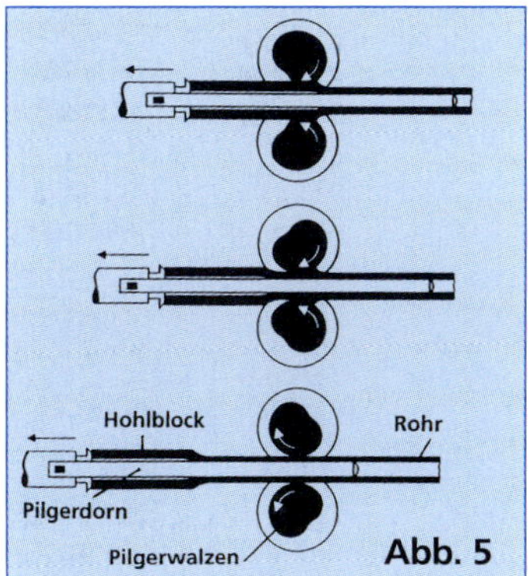

Abb. 5

Mantel

Landläufige Bez. für die Einheit von ▷ Karkasse und ▷ Protektor bei ▷ Drahtreifen (auch: "Decke") i.S. einer schützenden Abdeckung für den Schlauch. Näheres s. ▷ Reifen (Abb. 6).

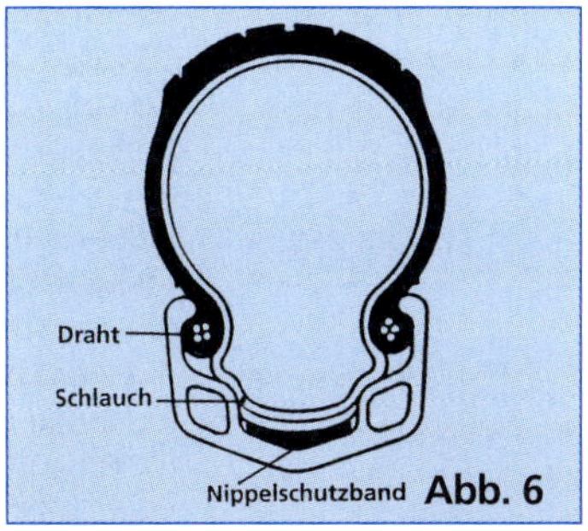

Abb. 6

Marathonform

Bauart von ▷ Tandems, bei welcher der ▷ Rahmen durch Diagonal-Verstrebungen versteift wird (Abb. 7). Man unterscheidet lange und kurze Bauart:

Lange Marathon-Bauart: Die Diagonalstreben reichen vom ▷ Steuerrohr bis zu den hinteren ▷ Ausfallenden.
Kurze Marathon-Bauart: Die Diagonalstreben reichen vom Steuerrohr zum hinteren der beiden ▷ Tretlager.

Masse

1. Physikalisch: Eigenschaft von materiellen Stoffen (Abb. 8).
2. Elektrotechnik: Gemeinsamer Leiter bei elektrischen/elektronischen Anlagen/Bauteilen.

zu 1. Materie

In Kilogramm (kg) angegebene *Anhäufung von Materie,* die sich aus ▷ Dichte und Volumen des jeweiligen Stoffes ergibt.

Beispiel: 1 Liter Wasser mit einer Temperatur von 4°C (größte Dichte von Wasser) besitzt auf Meeresniveau die Masse von 1 kg.

Achtung: Masse darf genau genommen nicht mit ▷ Gewicht verwechselt werden, das eine Kraftangabe ist und Masse unter Einwirkung der Schwerkraft beschreibt (Gewicht = Masse mal Beschleunigung).

Beispiel: 1 l Wasser mit der Masse von 1 kg übt auf der Erde infolge deren Anziehungskraft (Schwerkraft) auf eine Unterlage eine Kraft von 9,81 N aus*. Auf dem Mond dagegen bliebe die Masse von 1 kg konstant, das Gewicht aber würde infolge der dort herrschenden geringeren Schwerkraft nur rund 1/6 kg betragen, exakt: 1,635 N oder 166,6 g.

Landläufig üblich und unter irdischen Bedingungen korrekt ist die Angabe des Gewichts in kg. Nach dieser Nomenklatur hat unser Liter Wasser dann sowohl die Masse als auch das Gewicht von 1 kg. Vgl. hierzu auch ▷ Gewicht und ▷ Gewichtskraft.

Die Masse besitzt ein sog. "Beharrungsvermögen": Für Änderungen des jeweils vorliegenden Bewegungszustandes der Masse werden ▷ Kräfte benötigt, man spricht daher auch von der trägen Masse. Aus diesem Grunde geht die Masse in nahezu alle physikalischen Berechnungen der ▷ Dynamik ein. Für den Fahrradbereich besonders interessant ist hierzu die ▷ Fahrdynamik.

* nach $F = m \cdot a$ mit F = Gewichtskraft in N;
m = Masse in kg;
a = Erdbeschleunigung (9,81 m/sec^2).

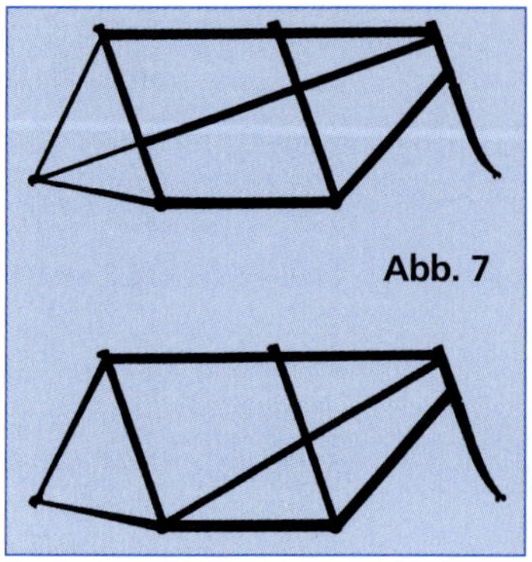

Abb. 7

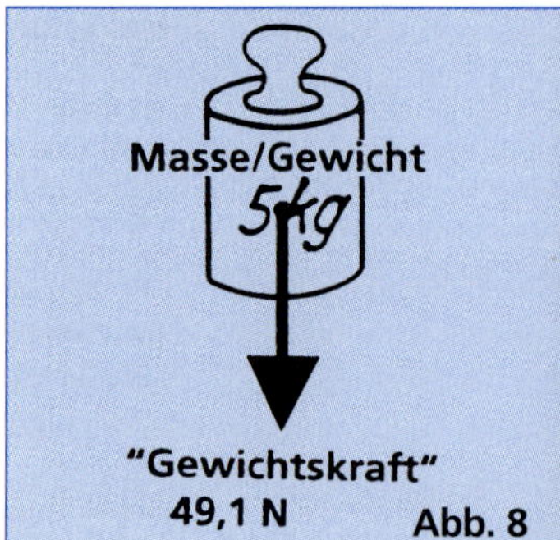

Abb. 8

zu 2. Elektrik

Bez. f.d. "Erdung" von elektrischen Schaltungen.
Beim Fahrrad spart man sich ein Kabel der Stromkreise von Dynamo zu Scheinwerfer und Rücklicht, indem der elektr. Strom über Rahmen und Komponenten geleitet wird (Abb. 9). Der Rahmen als sog. "Masseleiter" wird umgangssprachlich einfach als "Masse" bezeichnet, s.a. ▷ Massekontakt. Um Kontaktschwierigkeiten vorzubeugen, werden neuerdings immer häufiger ▷ Massekabel am Fahrrad eingesetzt.

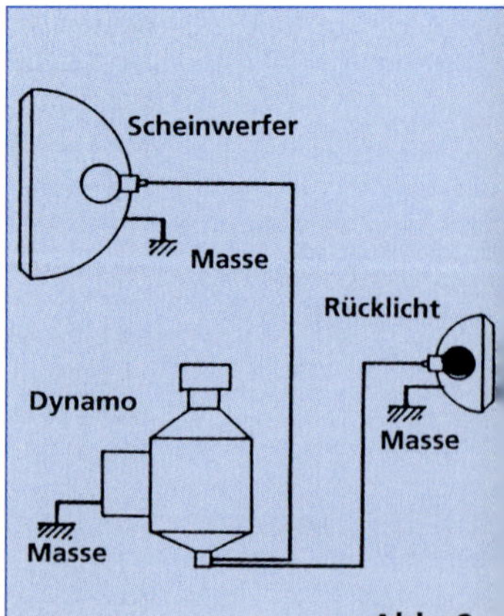

Abb. 9

Massekabel

Separater zweiter Stromleiter bei Fahrrad-Dynamo-Lichtanlagen statt der üblichen Masseleitun (▷ Masse) über Rahmen und/oder Komponenten.

Massekontakt

Kontaktstelle von Dynamo, Scheinwerfer und Rücklicht mit dem Rahmenmetall zwecks Einsparun eines zweiten elektrischen Kabels, s.a. ▷ Masse.
Der Kontakt wird durch die Verschraubung der Teile am Rahmen hergestellt, wobei eine Zahnscheib oder Schraube die isolierende Lackschicht durchdringt.

Durch Korrosion kommt es hier häufig zu Wackelkontakten oder Stromunterbrechungen. Tip: Nach der Masseherstellung Kontaktbereich mit ▷ Sprühwachs versiegeln.

Massenkraft

Wird eine ▷ Masse aus ihrer Ruhelage oder gleichförmigen Geschwindigkeit heraus beschleunigt oder verzögert, so ist hierzu eine Kraft nötig - die Massenkraft. Sie errechnet sich nach der Formel

$F_V = m \cdot a$

F_V = Verzögerungskraft in N;
m = Masse von Rad und Fahrer in kg;
a = Beschleunigung in m/sec^2;

Massenschwerpunkt

Theoretische Annahme, die gesamte ▷ Masse eines Menschen, Gegenstandes oder Fahrzeuges auf einen Punkt zu konzentrieren. Beim Fahrrad die Massen von Fahrer + Rad plus ggf. Zuladung. Einzelheiten s. ▷ Schwerpunkt.

Massivspeichen

Bez. f.d. kompakt und massiv ausgeführten Speichen von ▷ Composite Wheels bzw. für die Massivspeichen von ▷ Kunststoff- und Aluminium-Laufrädern (Abb. 10).

Abb. 10

Maßrahmen

Durch handwerkliche Fertigung hergestellter ▷ Rahmen, der - analog dem Maßanzug - von seiner ▷ Rahmengeometrie her den individuellen Körpermaßen und Präferenzen des Benutzers "auf den Leib geschneidert" ist.
Maßrahmen werden i.d.R. von ▷ Rahmenbauern in Handarbeit hergestellt, sind aber z.T. auch in der industriellen Rahmenfertigung machbar. Beispiele: de Rosa; Merckx; Panasonic; Kildemoes.

Da durch individuelle Einstellung über ▷ Vorbau und ▷ Sattelstütze ein großer Bereich körperlicher Individualität abgedeckt werden kann, ist ein - teurer - Maßrahmen nur in ca. 20% der Fälle wirklich notwendig. Um einen Rahmen aber auch hinsichtlich seines ▷ Fahrverhaltens (entsprechender ▷ Nachlauf, ▷ Radstand, Lage des Schwerpunktes) zu optimieren bzw. dem persönlichen Geschmack anzupassen, hat der Maßrahmen doch seinen Sinn, v.a. für sportlich orientierte Freizeitradler, die mit den "nervösen" Wettkampfrahmen von der Stange nicht zurechtkommen (vgl. ▷ Rahmengeometrie). Ein ausführliches Fachgespräch mit dem Rahmenbauer ebnet dann den Weg zum wirklich persönlichen Fahrrad.

Materialermüdung

Ursache der bei ▷ Dauerschwingbelastung auftretenden Brüche:

▷ Belastungen, die in Intensität und Richtung ständig wechseln, führen zunächst und in der Hauptsache an der Werkstoffoberfläche zu Mikrobereichen, in denen es zu minimalen Verschiebungen der metallischen Strukturen kommt (Gleitverfestigung der ▷ Kristallite). Das hat später ein Nachlassen der molekularen Bindungskräfte (Kohäsions-Entfestigung) und schließlich Mikrorisse zur Folge, die sich zu einem Riß ausbreiten, was letztlich einen Bruch zur Folge hat.

Resistent gegen eine Materialzerrüttung sind lediglich Bauteile mit einer entsprechend üppigen "Dimensionierung" bzw. solche, die infolge eines optimierten Elastizitätsverhaltens Zonen vermeiden, in denen es zu Lastspitzen kommt. Folgende Teile unterliegen besonders der Materialermüdung:

1. Speichen, s. ▷ Speichenbruch;
2. Rahmen, s. ▷ Rahmenbruch;
3. Tretlagerachse, s. ▷ Kurbelvierkant;
4. Kurbeln/Pedalachse, s. ▷ Pedalaufsetzer;
5. Lenker, s. ▷ Lenkerbruch.

Materialfehler

Im Zuge der Massenfertigung können selbst bei sorgfältigen Prüfverfahren immer mal wieder fehlerhafte Teile durch die Kontrolle schlüpfen.
Da einige Materialfehler bereits durch Augenschein auffallen, sollte sich ein sicherheitsbewußter Radler neu gekaufte Teile sehr genau betrachten. Da die meisten Fahrradteile den Sicherheitsanforderungen für normale bis sportliche Belastung genügen, besteht freilich nur in extrem seltenen Fällen Gefahr für Leib und Leben.

Problematisch können sich aber von außen nicht sichtbare, kleinste Materialfehler bei extremen Belastungen wie beispielsweise forschem MTB-Fahren auswirken. In Abb. 11 ist ein Härteriß innerhalb einer ▷ Tretlagerachse zu sehen, die dann bei einem harten Antritt brach.
Beispiele für Materialfehler: Härterisse (s. ▷ Härten) bei Tretlagerachsen oder in Lagerschalen, Lunker (Hohlräume) in Gußteilen (Abb. 12), z.B. Schaltungskörper.
Bei Schäden durch Materialfehler greift die ▷ Produkthaftung.

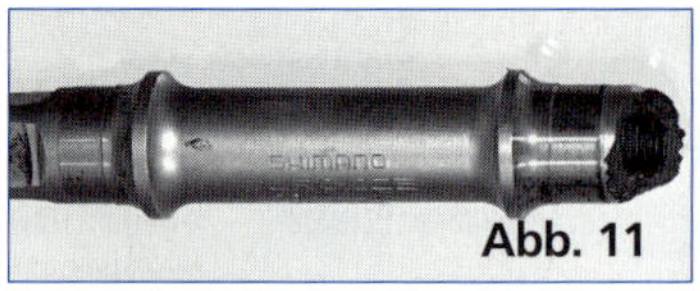
Abb. 11

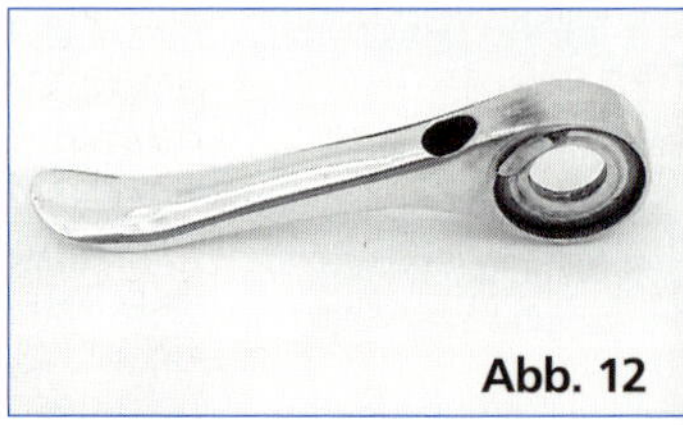
Abb. 12

Materialfließen

Übersteigt die punktuelle Belastung eines Bauteils seine Festigkeit, so kommt es zum sog. "Fließen des Materials", einer ▷ plastischen Verformung.

Der Beginn des Materialfließens zeigt gleichzeitig das Ende der ▷ elastischen Verformung an und ist daher ein wichtiger konstruktiver Sachverhalt für Formbeständigkeit und Dauerbelastbarkeit von Bauteilen. Daher versieht man Festigkeitsangaben teilweise mit dem Index 0,2 und das bedeutet, daß nach Wegnahme der belastenden Kraft bereits 0,2 % ▷ plastische Verformung verbleiben (Abb. 13).

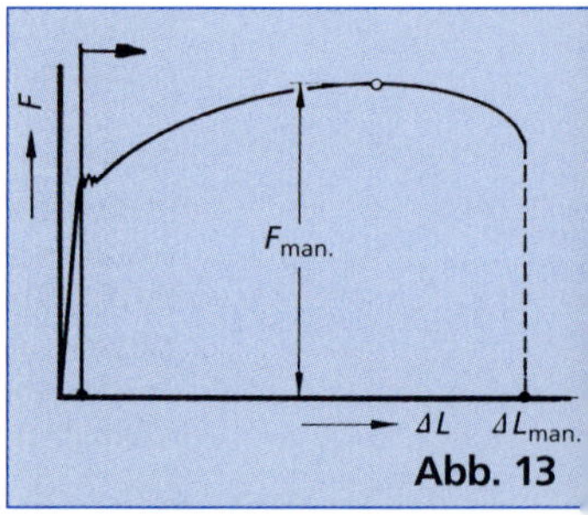

Abb. 13

Beispiel: Angabe der Festigkeit R 0,2 = 700 N/mm² besagt, daß ein 100 mm langer Stab bei einer Belastung von 700 N/mm² nach Wegnahme der Kraft um 0,2 %, also um 0,2 mm gelängt ist.
Der 0,2%-Wert findet sich auch auf den Festigkeitsangaben der Schrauben. So bedeutet die Bezeichnung 8.8 auf Schrauben, daß sie bei einer Belastung von 800 N/mm² brechen, bei 80 % dieses Wertes, also 640 N/mm² bereits 0,2 % bleibende erste Verformung aufweisen. Entsprechend ist eine 12.9 Schraube zwar bis 1.200 N/mm² belastbar, bei 1.080 N/mm² setzt jedoch das Materialfließen ein.

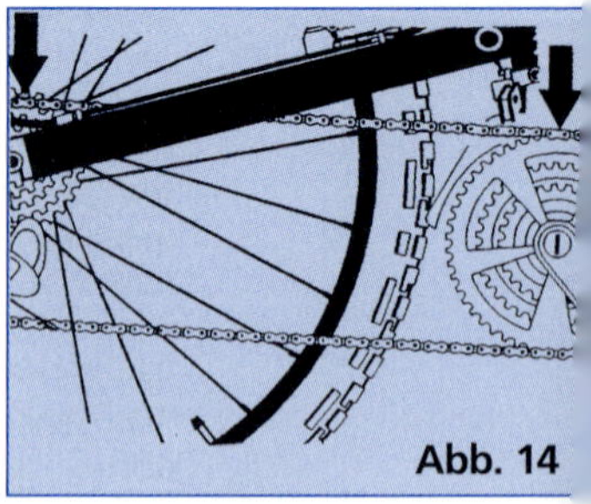
Abb. 14

Ein *velophiles Beispiel* für Materialfließen ist die plastische Verformung der Kettenblattzähne: Tritt ein Radler kräftig ins Pedal, so wird bei einem ▷ Kettenblatt mit 42 Zähnen seine Trittkraft (▷ Pedalkraft) verdoppelt, da der Durchmesser des Kettenblatts nahezu exakt halb so groß ist wie die ▷ Kurbellänge (vgl. ▷ Hebelgesetz).
Bei einer Pedalkraft von 1.500 N (rund doppeltes Körpergewicht) wirken dann 3.000 N auf die Kette. Eine Besonderheit ist nun, daß nicht alle in die Kette eingreifenden Zähne gleichstark belastet werden, vielmehr trägt der erste un letzte eingreifende Zahn (s. Pfeile in Abb. 14) ca. 85% der Last. In unserem Beispiel drücken dah 2.300 N (entspr. ▷ Gewichtskraft von 230 kg) auf den Kettenzahn! Der nur 2 mm breite Zahn (▷ Festi keit 500 N/mm²) muß also eine Fläche von knapp 5 mm² bilden, um die Kraft übertragen zu könne Durch diese Extrembelastung kommt es dann zum Materialfließen mit dem Resultat einer Eindellur des neuen Kettenblattes (alle Zähne bei der ersten Kurbeldrehung).

Materialfließen kann auch bei rüder Fahrweise oder Unfallbelastung auftreten, z.B. Beulenbildung in Felge und Rahmenrohr, Kurbel und Pedalachsverbiegungen bei ▷ Pedalaufsetzern u.ä. Gezieltes Materialfließen wird übrigens bei der ▷ Kaltverformung sowie beim ▷ Strangpressen von Aluminiumprofilen (Felgen) eingesetzt.

Materialzerrüttung

Andere, weniger gebräuchliche, aber zutreffendere Bez. f. ▷ Materialermüdung.

Matrix

Bez. f. faserbindende ▷ Harze oder ▷ Thermoplaste bei der ▷ Faserverbundbauweise sowie für die Metallgrundlage der ▷ MMC.

Maulschlüssel

Schraubenschlüssel mit einseitig offenem Ende zum Drehen von Sechskantschrauben und -muttern (Abb. 15).

Abb. 15

Da nur ein Schlüsselflächenpaar "gepackt" wird, kann es bei großen ▷ Anzugsdrehmomenten leichter zum "Überdrehen" der Flächen kommen als beim ▷ Ringschlüssel, der alle sechs Ecken der Schraubenfläche gleichzeitig erfaßt (allerdings sind einige Sechskantschrauben am Fahrrad für Ringschlüssel nicht zugänglich). Bes. für unterwegs interessant ist der in der Schlüsselweite einstellbare ▷ Engländer.

Mavic

Etablierter frz. Felgenhersteller, der sich zum Komponentenhersteller mauserte und nach hochwertigen ▷ Naben (seit Mitte der 70er Jahre) nun auch andere ▷ Komponenten und sogar vollständige ▷ Gruppen produziert. 1993 überraschte Mavic mit einer elektronischen Schaltung (s. ▷ elektrische Schaltsysteme), deren Produktion mittlerweile aber wieder eingestellt wurde. Inzwischen produziert Mavic nur noch Felgen.

MAX-Rohr

Dünnwandiges Fahrradrahmenrohr von ▷ Columbus, wobei der Rohrquerschnitt von längsoval (Steuerrohrbereich) kontinuierlich nach queroval (Tretlager-/Sattelrohrbereich) übergeht (Abb. 16).

Abb. 16

Diese Rohrkonstruktion ermöglicht, daß auch große Rahmen seitensteif und leicht zugleich gebaut werden können. MAX-Rohre sind für seitliche Rahmenbelastung optimiert (große Biegesteifigkeit durch die querovale Rohrform im Bereich von ▷ Tretlager und ▷ Sattelrohr, die längsovale Rohrformung im Bereich des ▷ Steuerrohres dagegen wirkt sich negativ auf den ▷ Fahrkomfort aus, was sich besonders bei ▷ Rahmengrößen unter 58 cm deutlich bemerkbar macht.

Mechanik

1. Teilgebiet der Physik, das die Lehre von Kräften und ihren Wirkungen auf starre, elastische und plastische Körper beschreibt.

Eine weitere Unterteilung erfolgt in

Statik (Lehre vom Gleichgewicht der Kräfte bei ruhender ▷ Masse);
Dynamik (Lehre von Bewegungsänderungen unter Krafteinfluß);
Kinematik (Lehre geometrischer Bewegungsabläufe ohne Krafteinfluß);

außerdem: *Elastizitätslehre, Festigkeitslehre, Hydromechanik und ▷ Aerodynamik.*

2. Landläufige Bez. f. technische Hebel- und/oder Übersetzungsanordnungen.

mechanische Verluste

Bez. f. ▷ Reibungsverluste in ▷ Antrieb und ▷ Nabenlagern als Teil des ▷ Fahrwiderstandes.

Die mechanischen Verluste sind beim Fahrrad gering und machen insgesamt weniger als 3% der Fahrerleistung aus (vgl. dagegen ▷ Rollreibung: 12-15% bei 7 bar Reifendruck und guter Asphaltstraße). Siehe hierzu auch die Tab. bei ▷ Fahrwiderstand, vgl. auch ▷ Lagerreibung.

Mehrgang-Getriebenaben

s. ▷ Mehrgangnaben

Mehrgang-Gewinde

Gewindeart, auf deren Umfang mehrere Gewindegänge nebeneinander den Schraubenkern umlaufen, weshalb die Gewindegänge steiler verlaufen. Solche Gewinde werden meist als Bewegungsgewinde genutzt (z.B. Andrücken des Bremsgummis bei ▷ Spindelbremsen, Abb. 17) oder aber zum Verhindern von zu starkem Festziehen bei Schraubfixierungen.

Weitere Anwendung am Fahrrad: Shimano ▷ Dura Ace Freilaufbefestigung in der ▷ Kassettennabe.

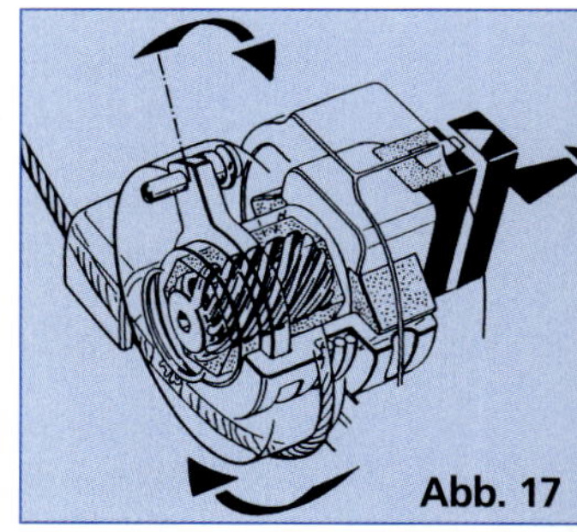

Abb. 17

Mehrgangnaben

Hinterradnabe mit integriertem ▷ Planetengetriebe als Kernstück einer ▷ Nabenschaltung.

Meral-Rahmen

Variante des ▷ Damen-Rahmens (Einzelheiten s.d.) mit nur leicht geschwungenem, halbhoch am ▷ Sattelrohr angelegtem ▷ Oberrohr (Abb. 18).

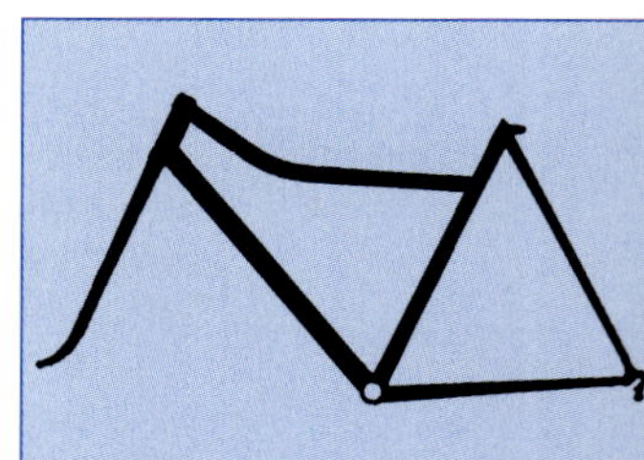

Abb. 18

Messen

In Deutschland stattfindende Fahrradmessen s. ▷ IFMA; ▷ Intercycle; ▷ Eurobike.

Messerspeiche

Andere Bez. f. ▷ Säbelspeiche.

Messing

▷ Legierung aus Kupfer und Zink mit einer ▷ Dichte je nach Legierungsanteil von 8,3-8,9 kg/dm^3 und einer ▷ Zugfestigkeit bis 1.000 N/mm^2.
Messing wird am Fahrrad als Material für ▷ Gleitlager eingesetzt, sowie in festeren Legierungen bei ▷ Einstellschrauben, ▷ Speichennippeln und ▷ Muttern. Außerdem als Lotmaterial im ▷ Rahmenbau, s. ▷ Messinglot.

Messinglot

▷ Lot zum ▷ Hartlöten mit einer ▷ Arbeitstemperatur von 850-950°C auf Basis von ▷ Messing, dessen bekanntester Vertreter das L-Ms60 ist mit 59-62% Kupfer, 0,1-0,3% Silizium, 36-39% Zink, weiterhin sind maximal im Lot vorhanden 0,5% Zinn, 0,3% ▷ Mangan und 0,2% Eisen. Vgl. auch ▷ Lot: Tab. Hartlote.

Meßwerkzeuge

Werkzeuge, mit denen Abmessungen und Winkel von Bauteilen vermessen werden können (Abb. 19).

Längenmessung

Das Allroundwerkzeug für Längenmessungen ist der Zollstock, für genauere Messungen werden Maßstäbe und Schieblehren einge-

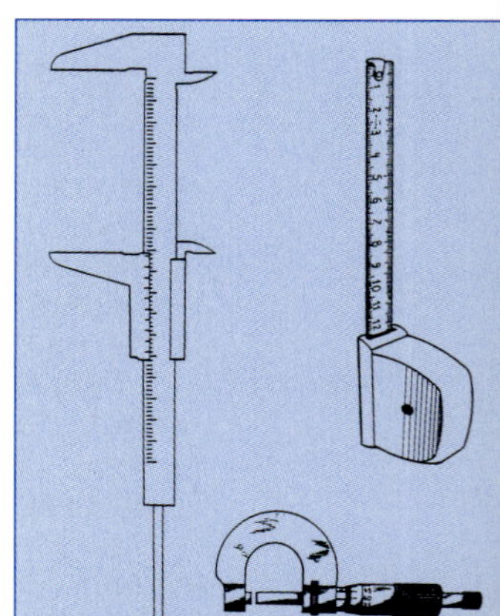

Abb. 19

setzt. Sie besitzen in einfacher Ausführung eine Genauigkeit von 0,05 mm, mit einer Meßuhr oder digitaler Anzeige versehen, zeigen sie auf 0,01 mm genau an. Auf eine Anzeigegenauigkeit von ebenfalls 0,01 mm kommt die Mikrometerschraube.

Die Ablesegenauigkeit der Maßstäbe beträgt etwa 0,5 mm, beim Zollstock kommen noch Fehler durch Schrumpfen oder Aufquellen hinzu. Zum Ausmessen von ▷ Radstand, ▷ Rahmenhöhe, ▷ Hinterbau und ▷ Fußfreiheit reichen Maßstäbe und Zollstock jedoch ohne weiteres aus.

Winkelmessung

Zum Messen von Winkeln sind starre und verstellbare Winkelmesser geeignet bzw. verstellbare Wasserwaagen.
Spezielle Meßwerkzeuge für das Fahrrad dienen der Bestimmung der Rahmenabmessungen und insbes. der ▷ Rahmengeometrie (▷ Nachlauf, ▷ Radstand, ▷ Lenkwinkel, ▷ Sitzwinkel, Abb. 20).

Darüber hinaus sind noch Meßwerkzeuge erhältlich, mit denen sich die ▷ Kettenlinie, die ▷ Kettenlängung oder die Fluchtigkeit (s. ▷ Flucht) von Rahmen und ▷ Ausfallenden überprüfen lassen. Für den Radfahrer interessant sind hier v.a. die im Fahrradhandel erhältlichen Meßwerkzeuge von Stephan Pochert.

Abb. 20

Metall-Inertgas-Schweißen

Langbezeichnung für ▷ MIG-Schweißen.

Metallurgie

Zweig der Hüttenkunde, der sich mit der Gewinnung und Verarbeitung sowie den Eigenschaften von Metallen beschäftigt, insbesondere deren ▷ Legierung und innerer Struktur.

Metrische Gewinde

▷ Gewinde, bei denen die Angaben von Durchmesser und Steigung in Millimeter erfolgen. Sie sind durch ein "M" vor der Durchmesserangabe gekennzeichnet (Abb. 21).
Der Flankenwinkel der Gewindegänge beträgt 60° (im Gegensatz zu 55° bei ▷ englischen Gewinden).

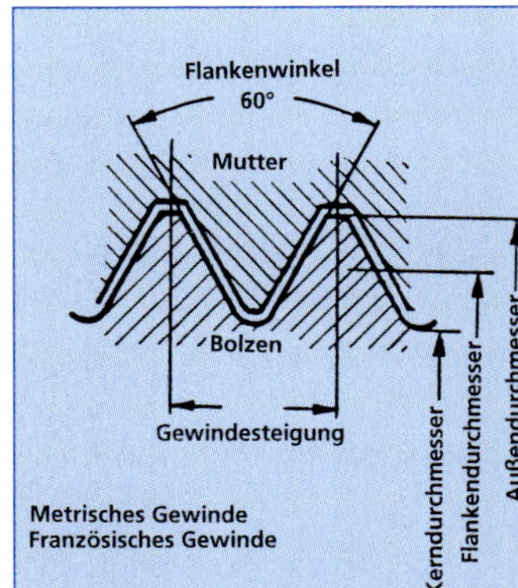

Abb. 21

Metrische Gewinde werden im Fahrradbereich vor allem zur Befestigung von ▷ Komponenten und Zubehörteilen eingesetzt. Bei den Gewinden von Pedalen, Tretlagerung, Naben und Steuerung werden weltweit hingegen englische Gewinde oder eine Kombination von englischen und metrischen Gewinden verwendet. Eine Ausnahme macht Frankreich, wo (bis auf ▷ Mountainbikes) für Fahrräder konsequent metrische Gewinde eingesetzt werden. Siehe zu diesen Komplex auch ▷ Gewinde: Tabelle "Gewindeabmessung", ▷ Italienische Gewinde, ▷ Französische Gewinde.

Michauline

Erstes, seit etwa 1865 serienmäßig hergestelltes Tretkurbelfahrrad. Ursprünglich nach seinem Fabrikanten als "Vélocipède Michaux" benannt, bürgerte sich später in der Fahrradpresse die o.g. Bez. ein (Abb. 22).

Abb. 22

Neben der gegenüber den ▷ Draisinen verbesserten Antriebstechnik (▷ Kurbelantrieb) wurde auch der Fahrkomfort durch den auf einer Blattfeder montierten Sattel verbessert. Durch die Verwendung von geschmiedetem Eisen statt Holz als Rahmenmaterial war das Gefährt mit ca. 45 kg Gewicht allerdings fast doppelt so schwer wie die ersten Draisinen (ca. 25 kg).

Mit dem Aufkommen des wesentlich schnelleren ▷ Hochrades ab 1871 verschwanden die Michaulinen dann rasch wieder von der Bildfläche.

Microdrive

Wortschöpfung des jap. Komponentenherstellers ▷ Suntour für seine speziellen ▷ Kurbelgarnituren mit geringeren Zähnezahlen als zuvor üblich (Einsatz bei ▷ Mountainbike und ▷ Trekkingrad). Inzwischen wird dieses Prinzip auch von anderen Herstellern genutzt und angeboten (Abb. 23).

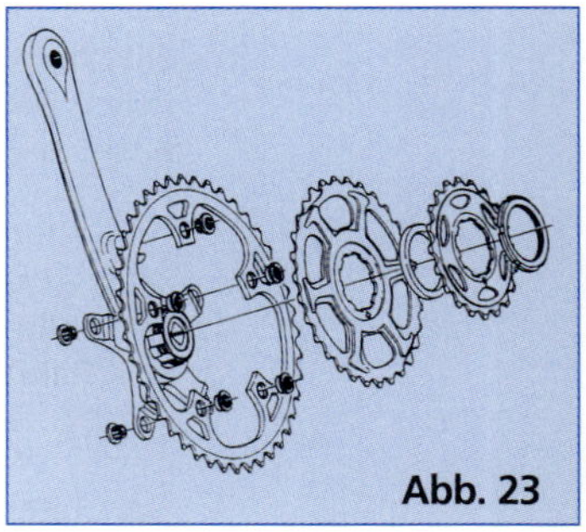

Abb. 23

Aufgrund der Wahl kleinerer ▷ Ritzel (bis herunter zu 11 Zähnen statt üblicher 13) läßt sich auch die Zähnezahl der ▷ Kettenblätter reduzieren, ohne den ▷ Übersetzungsbereich einzuschränken oder zu verlagern. Hierdurch läßt sich Gewicht einsparen, man kommt auch mit einer kürzeren ▷ Schaltschwinge aus und hat trotzdem ein fein abgestuftes Getriebe. Zum Vergleich:

Herkömmliches MTB-Getriebe	Kettenblatt:	48/38/28 - Ritzel: 13-32 Zähne;
	oder:	46/36/26
Microdrive	Kettenblatt:	42/32/22 - Ritzel: 11-26 Zähne.

Antriebe mit Microdrive lassen sich auch mit größeren Ritzeln als 26 Zähne kombinieren, wodurch sich "leichtere" ▷ Berggänge realisieren lassen.

Der *Nachteil* der Microdrive-Übersetzungen liegt in der aus kleineren Kettenblättern resultierenden höheren ▷ Kettenkraft, wodurch nicht nur der *Verschleiß* von Kette, Kettenblatt und Ritzel steigt, sondern auch die Kette schneller trocken läuft (größere Abwinklung der einzelnen Kettenglieder unter höherer Last stellt höhere Anforderungen an die ▷ Schmiermittel, die sich dadurch rascher verbrauchen. Da die Vorteile überwiegen, gewinnt Microdrive dennoch ständig an Marktbedeutung).

Microfusionsmuffen

Durch ein besonderes Gußverfahren (Microfusion) unter Verwendung spezieller ▷ Legierungen aus ▷ Stahl lassen sich besonders dünnwandige, aber absolut porenfreie Teile herstellen, u.a. hochwertige ▷ Muffen (Abb. 24).
Im Zuge von Fertigungsrationalisierungen können mit diesem Verfahren - i.G.z. ▷ Muffen aus Stahlblech - auch Stabilisierungsstege gleich in die Muffe integriert werden, z.B. zwischen Tretlagergehäuse und Unterrohr, aber auch ein Quersteg hinter dem Tretlager (erspart zwei Lötstellen).
Neben dem besonders feinkörnigen Gefüge besitzen Microfusionsteile eine sehr hohe ▷ Festigkeit, die in etwa der von hochwertigen Rahmenrohren entspricht. Im Fahrradbau werden Microfusionsmuffen bei hochwertigen Rädern eingesetzt.
In Sonderformen werden Microfusionsmuffen auch mit seitlich ausgezogenen Stegen gefertigt, was den ▷ Kraftfluß und die ▷ Seitensteifigkeit der Fügestelle verbessert - wichtig für spurstabiles Fahrverhalten.

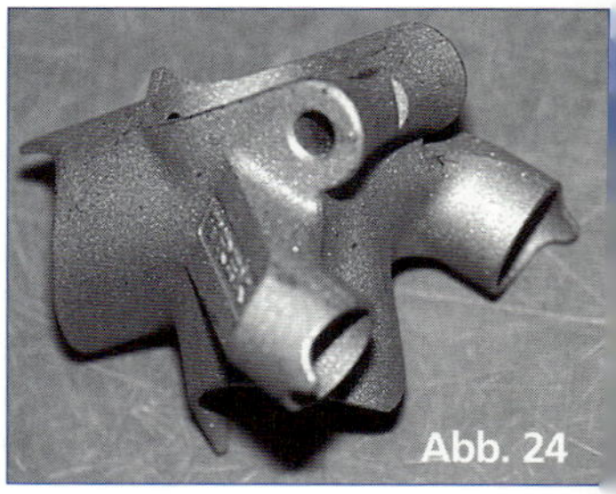

Abb. 24

MIG-Schweißen

"**M**etall-**I**nert**g**as-Schweißen"; Sonderform des ▷ Schutzgasschweißens (s. ▷ Schweißverfahren), bei welcher der Lichtbogen zwischen dem Werkstück und einem automatisch nachgeführten Schweißdraht gezündet wird (Abb. 25). Der Zutritt störender Umgebungsluft wird durch eine Beduschung mit einem preiswerten Kohlensäure/Argon-Gemisch vermieden.

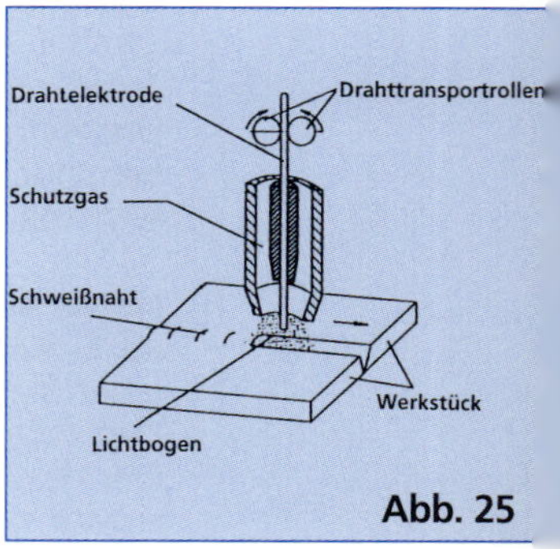

Abb. 25

Dieses Verfahren ist besonders materialschonend, weil die Lichtbogenwärme fast ausschließlich den ▷ Schweißzusatz (Schweißdraht) erwärmt, das Werkstück also thermisch weniger belastet wird als bei herkömmlichen Schweißverfahren, und eignet sich daher bes. für dünnwandige Rohre. Optisch nachteilig sind dabei allerdings dicke, nach außen gewölbte Schweißnähte. Mit modernen Impuls-MIG-Verfahren lassen sich diese Nachteile jedoch vermeiden.

Im Fahrradrahmenbau (Kalkhoff, Winora) haben sich Schweißroboter bewährt, die mit diesem Schweißverfahren ganze Fahrradrahmen produzieren.

Militärrad

Militärisch als Transport- und Verkehrsmittel genutztes Fahrrad, meist mit Gewehrhalterung und Patronentaschen ausgerüstet, z.T. auch klappbar ausgeführt (Abb. 26).

Abb. 26

Bereits 1851 setzten englische Truppen im Neuseelandkrieg Laufräder (▷ Draisinen) ein, und im Deutsch-Französischen Krieg von 1870/71 wurden Kurierdienste per ▷ Michaulinen ausgeführt (Spitzenleistung eines franz. Melders: 150 km am Tag).
Insbesondere seit das auch in schwierigem Gelände sicher zu fahrende ▷ Niederrad ab Mitte der 1880er Jahre rasche Verbreitung fand, wurde über die militärische Verwendung des Velomobils nachgedacht.

Was die Militärs am Fahrrad faszinierte, war die Möglichkeit, den Aktionsradius der bis dato auf Schusters Rappen angewiesenen Infanterie zu verdreifachen - ohne die Logistik mit Hafer oder Sprit zu belasten. Man bedenke zudem die Möglichkeit rascher und dabei nahezu geräuschloser Annäherung ohne verräterisches Pferdegewiehere oder Motorengeknattere.

Als Haupteinsatzgebiet des Fahrrades wurde schon früh neben Aufklärung, Melde- und Sanitätsdienst der "Kleine Krieg" erkannt, als fahrbarer Untersatz also für Kommando- und Sabotagetrupps. 1888 bereits wurde in England das erste Radfahrercorps der Welt aufgestellt, zwei Jahre später hatte die englische Armee schon 3000 Radler unter Waffen. Andere Länder folgten prompt.

Abb. 27

Die Besonderheiten der militärischen Verwendung beflügelten die Entwicklung des ▷ Klapprades, das in unbefahrbarem Gelände wie ein Rucksack auf dem Rücken getragen werden konnte. Die von dem französischen Capitain Gérard 1895 entwickelten Militärklappräder wurden in großen Stückzahlen gebaut und auch an Armeen anderer Länder verkauft. In Abb. 27 ist das holländische Militärrad von Captain Wachtendonk von 1911 zu sehen.

Ein kritischer Punkt war das hohe Gewicht damaliger Fahrräder (über 20 kg), was das ▷ Pedersen-Rad für eine militärische Karriere geradezu prädestinierte, weil es mit rund 10 kg um 1900 das mit Abstand leichteste Fahrrad auf dem Markt war. Die von Pedersen für den militärischen Einsatz entwickelte Klappversion wurde von den Engländern im Burenkrieg eingesetzt.

Abb. 28

Der spektakulärste militärische Einsatz von Fahrrädern fand 1944 statt, als tausende englischer Fallschirmjäger bei Arnheim mit einem klappbaren BSA-Waffenrad auf dem Rücken absprangen (Abb. 28).

Der "erfolgreichste" Einsatz dürfte die Eroberung Bien Phus 1955 gewesen sein, bei dem die Vietnamesen auf 20.000 Peugeot-Fahrrädern anrückten. Gut ein Jahrzehnt später setzten die Nordvietnamesen im Guerillakrieg das Fahrrad noch einmal massenhaft auf dem Ho-Tschi-Minh-Pfad für den Nachschubtransport ein.

Die bekannteste Fahrradtruppe unterhält heute die Schweizer Armee mit rund 6000 Radlersoldaten, die als Heimwehr ebenfalls stärker auf den Kleinkrieg hin organisiert ist.
Die Geschichte der Schweizer Fahrradtruppe begann 1905 mit dem "Ordonanz-Fahrrad 05" der Fa. Condor. Das 22 kg schwere Stahlroß wurde bis 1992 fast unverändert an die Armee ausgeliefert, kommt ohne Schaltung aus bei 50/20 ▷ Übersetzung, wird mit "Schleifgummi" vorne, hinten mit Rücktritt bzw. Trommelbremse gebremst und wurde erst 1986 mit Beleuchtung ausgestattet (Abb. 29).

Abb. 29

Das Nachfolgemodell MO92 von Condor wiegt nur 500 g weniger, gestattet 200 kg Zuladung ist mit ▷ Hydraulikbremse und vor allem einer ▷ Kettenschaltung mit 7 Gängen ausgestattet.

Mischkristalle

Kristalle, die aus mehreren Elementen bestehen. Hierbei können die Fremdatome im Wesentlichen in zwei Konfigurationen auftreten:

1. Fremdatome nehmen Gitterplätze ein (Substitutions-Mischkristall, Abb. 30 links)
2. Fremdatome nehmen Zwischengitterplätze ein (Einlagerungs-Mischkristall, Abb. 30 rechts).

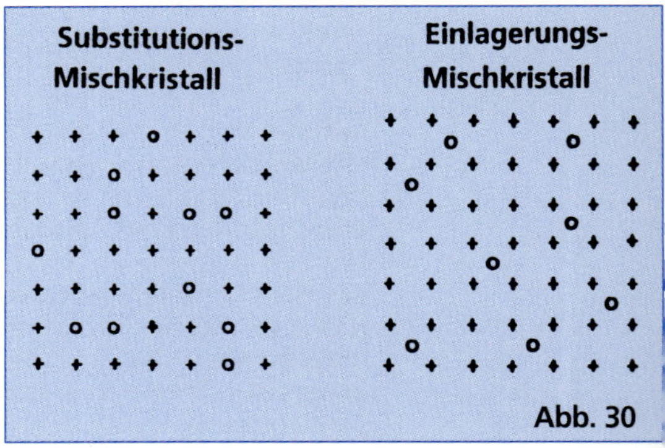

Abb. 30

Das Vorhandensein von Mischkristallen beeinflußt die Werkstoffeigenschaften und ist bei Aluminium die Voraussetzung für die ▷ Aushärtung, s. hierzu ▷ Aluminium: Verfahrenstechniken.

Mittelachsen

Gedachte Mitte von symmetrischen Bauteilen, beim ▷ Rahmen meist auf die Längsachse bezogen.

Mittelsteg

Rundumlaufende Erhöhung im Profil von ▷ Geländereifen: Einzelheiten s. ▷ Reifenprofil: Naturpisten (Abb. 31).

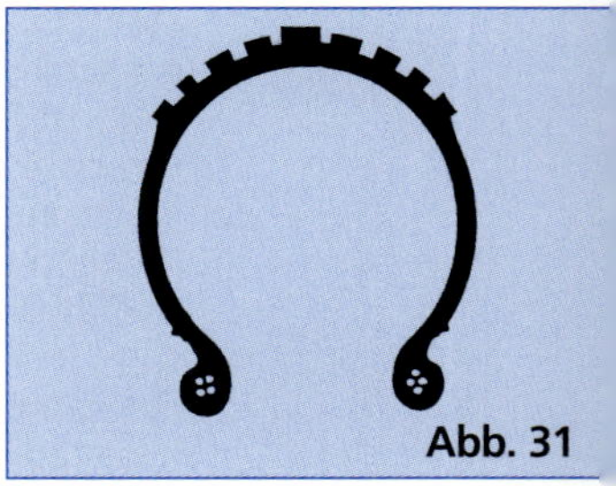
Abb. 31

Mittelzugbremse

Häufigster Fahrradbremsentyp: Symmetrisch aufgebaute Felgenbremse, die von einem Zentralseil (Mittelzug) betätigt wird. Näheres s. ▷ Bremsen: Felgenbremsen (Abb. 32).

Mittendorf-Ausfallende

Nach dem Erfinder und Hersteller benanntes linkes hinteres ▷ Ausfallende, das nach rechts gekröpft ist, um ein symmetrisches Einspeichen des Hinterrades zu ermöglichen. Dadurch wird die ▷ Seitensteifigkeit des Hinterrades erhöht, das Speichenbruchrisiko gemindert (Abb. 33).

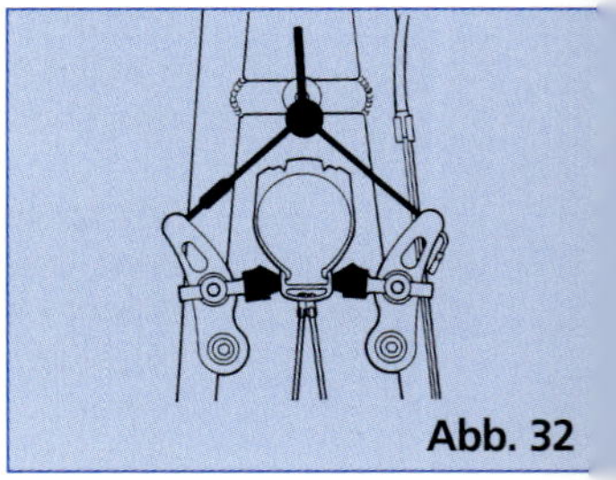
Abb. 32

Da sich mit diesem Kunstgriff auch die ▷ Kettenlinie nach rechts verschiebt, wird eine breitere (also längere) ▷ Tretlagerachse erforderlich, die dadurch auch "weicher" wird. Näheres s. ▷ Ausfallenden: gekröpftes Ausfallende.

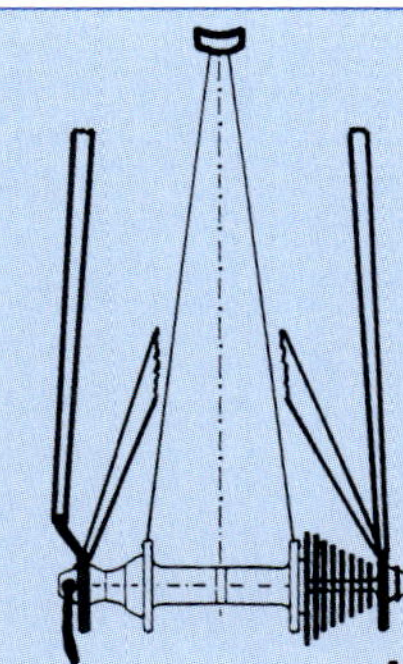

Abb. 33

Mittigkeit Ausrichtung von Bauteilen auf eine ▷ Mittelachse.
Am Fahrrad wird der Begriff hauptsächlich auf ▷ Bremsen und ▷ Einspeichen bezogen und bezieht sich entweder (Bremse) auf den symmetrischen Abstand der Bremsgummis von der Felge (Mitte zwischen beiden Bremsgummis), oder (Einspeichen) auf die Plazierung der Felge über der Achsmitte (s. ▷ Zentrieren).

Mixte-Rahmen Stabilste Form des ansonsten eher labilen ▷ Damen-Rahmens:

Durchgezogene ▷ Oberstreben laufen vom ▷ Steuerrohr bis zu den hinteren ▷ Ausfallenden seitlich am ▷ Sattelrohr vorbei (Abb. 34 oben) und vermitteln dem Rahmen eine *hohe* ▷ *Seitensteifigkeit,* die z.T. sogar die des ▷ Diamant-Rahmens übertreffen kann. Hierzu sind dann Oberstreben mit 16 mm Durchmesser erforderlich, sowie eine besonders steife Anlegung der Streben ans Sattelrohr.

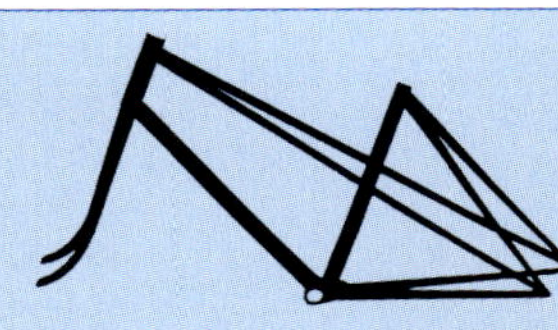

Abb. 34

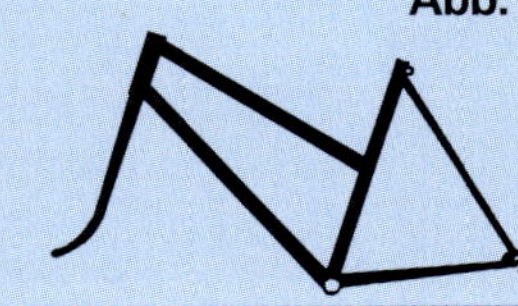

Der Begriff *Mixte* "gemischt" resultiert aus der beibehaltenen Trapezform des Vorderbaus - wie bei ▷ Herrenrahmen - der trotzdem einen tieferen, "damenhaften" Durchstieg ermöglicht.

In einigen Einfachversionen wird auf die Verlängerung der Streben vom Sattelrohr zu den hinteren Ausfallenden verzichtet und nur ein Rohr zwischen zwischen Steuer- und Sattelrohr gefügt, so daß ein Rahmen mit tiefer gelegtem ▷ Oberrohr entsteht (Abb. 34 unten). Diese Versionen besitzen deutlich weniger Seitensteifigkeit als die klassischen Mixteformen, warten aber mit deutlich besserem ▷ Fahrkomfort auf.

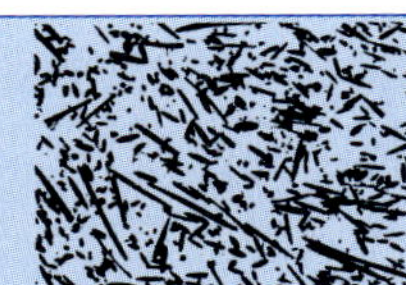

Abb. 35

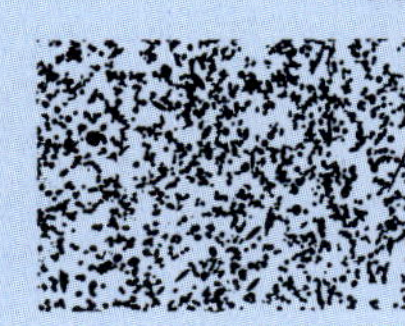

MMC ***M****etal* ***M****atrix* ***C****omposite;* ähnlich wie bei der ▷ Faserverbundbauweise werden in Metallen Fasern (Abb. 35 oben) oder Partikel (Abb. 35 unten) eingeschmolzen. Hierzu verwendet man temperaturbeständige Fasern oder Flitterpartikel aus ▷ Keramik.

Dies ist eine Technologie, die noch viele Verbesserungen der Werkstoffestigkeiten und Steigerung des ▷ Elastizitätsmoduls bringen wird, bislang aber noch "in den Kinderschuhen" steckt. Vor allem mit faserverstärktem ▷ Magnesium werden dann hochfeste und zugleich superleichte Bauteile herzustellen sein.
Durch die Einlagerung von Fasern kann die höchste Festigkeitssteigerung erzielt werden. Wie bei den Faserverbundwerkstoffen müssen hierzu aber die Fasern entsprechend der Belastungsrichtung ausgerichtet sein (s. ▷ Carbon: Faserlage), Abb. 36.

Abb. 36

Mit einem Faserfilz (zu einem formstabilen Faserformkörper verknäulte und verpreßte Fasern) ergeben sich bei MMC-Werkstoffen weitere Möglichkeiten, die Werkstoffeigenschaften zu beeinflussen. Damit lassen sich durch Einschmelzen von Metallen zwar weniger drastische Festigkeitssteigerungen erzielen, die dann allerdings in sämtliche Richtungen gegeben sind.

Mit Zunahme der eingelagerten Keramikanteile sinkt die ▷ Bruchdehnung der MMC-Materialien. Faustregel: Je zugfester (s. ▷ Zugfestigkeit), desto spröder.
Bereits Anwendung findet faser- und partikelverstärktes Aluminium im ▷ Rahmenbau (▷ M2 bei Specialized, ▷ Boralyn bei Univega).

Bislang verwendet werden in erster Linie mit Aluminiumoxidpartikeln versetzte Aluminiumsorten für Bauteile, die Verschleißeinflüssen unterworfen sind, wie beispielsweise ▷ Ritzel und ▷ Kettenblätter, da die eingelagerten Oxidpartikel die Abriebfestigkeit von Aluminium erheblich verbessern. Durch die eingelagerten Keramiken sind MMC-Werkstoffe nur sehr schwer spanabhebend zu bearbeiten. Hier müssen dann Siliciumcarbid-Schmirgel und Hartmetallwerkzeuge eingesetzt werden.

Molybdän

Korrosionsbeständiges, hochschmelzendes Metall, das wie ▷ Mangan vorwiegend zum ▷ Legieren von ▷ Stahl verwendet wird zwecks Steigerung der ▷ Festigkeit, v.a. der ▷ Dauerschwingfestigkeit.

Verbessert werden darüber hinaus Schmiedbarkeit und Korrosionsbeständigkeit, außerdem wird die Anlaßsprödigkeit (s. ▷ Anlassen) bei Wärmebehandlung verhindert und generell der Verschleißwiderstand erhöht.

Dichte: 10,2 kg/dm^3;
Schmelzpunkt: 2.622°C;
Zugfestigkeit: 800-2.000 N/mm^2
Elastizitätsmodul: 336.300 N/mm^2

Anwendung im Fahrradbereich v.a. als Legierungsbestandteil bei höher und dauerschwingbelasteten Bauteilen (Rohre, Achsen, Vorbauten, Lenker etc.), s.a. ▷ Chrom-Molybdän; ▷ Molybdänsulfitfett.

Molybdänsulfitfett

Modernes Hochleistungsfett, das sich bes. dazu eignet, geringfügige Materialungenauigkeiten aufzufüllen und damit - besonders unter hohem Druck - die Gleitfähigkeit aufeinandergepreßter Teile zu verbessern. Weitere Einzelheiten s. ▷ Fette (Abb. 37).

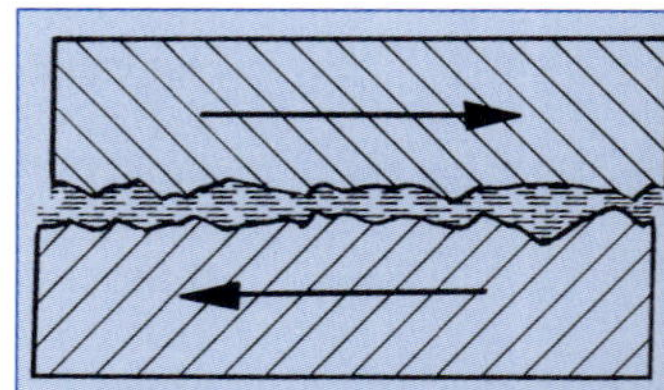

Abb. 37

Monocoque

In einem Stück (daher der Name von frz. coque "Schale", also "Einschaler") hergestellter Fahrradrahmen in ▷ Faserverbundbauweise (▷ Carbon), dessen Vorteil die extrem hohe Belastbarkeit bei geringem Gewicht ist.
Durch den normalerweise gegabelten ▷ Hinterbau sind hierzu komplizierte mehrteilige Formen notwendig, was zum ▷ Einschwingenrahmen als der werkstoffspezifischsten Bauform führen könnte. Einzelheiten s. ▷ Carbon-Rahmen, vgl. aber auch ▷ Schalenbauweise.

Monostay

Ausführung der ▷ Sattelstreben in Art einer geraden Vorderradgabel (Abb. 38):

Abb. 38

Diese auch ▷ Wishbone (Worterklärung s.d.) genannte Mode-Variante des Hinterbauansatzes besitzt nicht den guten ▷ Kraftfluß der klassischen Bauweise, kann aber bei entsprechender Dimensionierung durchaus als sicher gelten.
Interessant ist die Konstruktion des amerik. Rahmenherstellers Moots, der in dem Schaftrohr gleich eine Hinterradfederung integrierte, die mittlerweile auch Batavus benutzt.

Montagehebel

Werkzeug zur ▷ Reifenmontage von ▷ Drahtreifen aus Stahl oder Kunststoff, um den ▷ Reifendraht über die Felgenkante zu hebeln (daher auch "Reifenheber") (Abb. 39).

Zur leichteren Handhabung sind die meisten Montagehebel mit einem Schlitz versehen, der in eine Speiche eingehängt werden kann.
In Unkenntnis der Gefahren setzen viele Leute Montagehebel mit roher Gewalt ein, was schnell zur Beschädigung von Reifen und Schlauch führt. Daher beachte man, daß der Reifen meist sogar ohne Montagehebel über die Felgenkante gezogen werden kann, indem die Reifenränder in die Mitte des ▷ Felgenbetts hinuntergedrückt werden, so daß ausreichend Raum gewonnen wird, sie an einer Stelle über die Felgenkante zu ziehen; s.a. ▷ Reifenmontage.

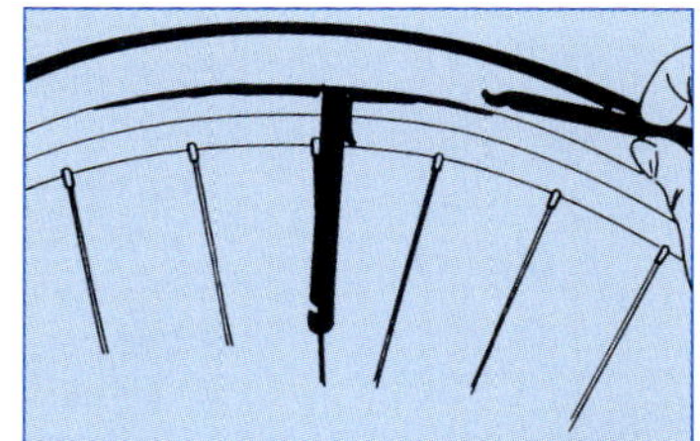

Abb. 39

Wenn Montagehebel benutzt werden, dann sind, um Beschädigungen am ▷ Felgenhorn von Aluminiumfelgen zu vermeiden, Modelle aus Kunststoff solchen aus Stahl vorzuziehen.

Montageständer

Halterung, in welcher das Fahrrad zwecks Reparatur oder Wartung in "Arbeitshöhe" eingespannt wird (Abb. 40).

Neben der teueren Werkstattausführung, die das "freischwebende" Rad an einer Stelle fixiert - Oberrohr, Unterrohr, Sitzrohr oder Sattelstütze -, sind im Handel auch preiswertere Versionen erhältlich, bei denen das Rad auf den Laufrädern steht und am Sattel- oder Unterrohr fixiert wird.
Die einfachste Art - wenngleich kein Ständer - bequem und unfallsicher Arbeiten am Fahrrad auszuführen, ist das Aufhängen an Ketten oder Seilen, wobei die Fixierung an Sattel und Lenker vorgenommen wird. Das Rad kann dann hin und her schwingen, was auch störend sein kann.

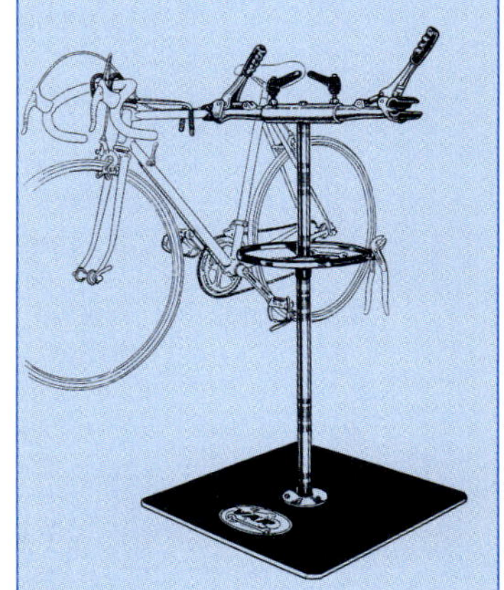

Abb. 40

Montiereisen

Andere Bez. f. ▷ Montagehebel.

Moulton

Von dem Engländer Sir Alex Moulton 1960 zur Marktreife gebrachtes ▷ Zerlegerad mit nur 17 ▷ Zoll großen ▷ Laufrädern, welches das zuvor gültige schlechte Image von ▷ Klapprädern widerlegte (Abb. 41).

Einer Profilrohrversion (1962) mit der ersten serienmäßig hergestellten spurstabil funktionierenden Hinter- oder Vorderradfederung folgte Anfang der 80er Jahre die jetzige Version in aufwendiger, aber sehr seitensteifer Gitterbauweise.

Abb. 41

Das Moulton ermöglichte es erstmals, auf einem mit kleinen Laufrädern ausgestatteten Fahrrad eine sportliche und sogar echt rennradgemäße ▷ Sitzposition einzunehmen (entsprechende Auslegung von ▷ Vorbau, Lenker, ▷ Sattelrohr in Verbindung mit weit herausgezogener ▷ Sattelstütze), wodurch die Antriebskraft des Fahrers effizienter genutzt werden konnte als bei früheren Klapprädern.
Darüber hinaus besitzt das Moulton viel ▷ Fahrkomfort aufgrund seiner ▷ Federung, die außerdem die schlechten Kletterqualitäten kleiner Laufräder (s. ▷ Laufradgröße) erstmalig ausgeglichen hat.

Mountainbike

Von engl. "Berg" und "Fahrrad" hergeleiteter Name (Abk.: MTB) des jüngsten eigenständigen Fahrradtyps (Abb. 42). Das MTB ist speziell zum Radeln auf unbefestigten Trassen (daher auch "Geländerad" bzw. ▷ All Terrain Bike [ATB]) und zur Bewältigung steiler Anstiege konzipiert ist und Ende der 1980er Jahre einen weltweiten Boom erlebte (s. ▷ Mountainbike-Boom; dort auch Historie).

Ein Mountainbike zeichnet sich durch folgende Merkmale aus:

Abb. 42

* stollige "Ballonreifen" (26 Zoll);
* untersetzte ▷ Berggänge;
* bes. wirksame ▷ Bremsen;
* breiter ▷ Lenker;
* stabiler ▷ Rahmen;
* robuste ▷ Komponenten.

Mit dem MTB eröffnete sich in Zeiten immer dichter werdenden Automobilverkehrs die Möglichkeit, sicher und ungefährdet abseits der Straßen zu radeln. Das war mit der schmalen Bereifung herkömmlicher Fahrräder zuvor nicht so ohne weiteres möglich. Hinzu kommt, daß durch den "bergtüchtigen" Antrieb das Bergauffahren eine bis dato unerreichte Leichtigkeit gewann. Beide Faktoren trugen dazu bei, daß das "Feld-Wald-und-Wiesen-Fahrrad" nicht nur als Sportgerät seine Liebhaber fand (als welches es ursprünglich angelegt war), sondern auch als Rad für Naturfreunde und als "Sicherheitsrad" für weniger geübte Leute (Senioren; Elternfahrrad bei Verwendung eines ▷ Kindersitzes; ▷ Kinderfahrrad usw.).

Laufräder

▷ Felgen und ▷ Reifen sind mit 42-55 mm Breite wesentlich voluminöser als beim ▷ Straßen- und ▷ Trekkingrad und mit den typischen Ballonreifen mit ▷ Stollenprofil ausgestattet, die als äußerliches "Markenzeichen" von MTBs gelten können, s. ▷ MTB-Reifen (Abb. 43).

Abb. 43

Sowohl ihre Breite als auch ihr geringerer ▷ Felgendurchmesser (26 ▷ Zoll statt üblicher 28 Zoll) macht ▷ Laufräder von Mountainbikes a priori in sich steifer. Außerdem stehen die Speichen bei diesen Maßen näher zusammen und schräger, was die ▷ Seitensteifigkeit erhöht sowie die Anfälligkeit für ▷ Speichenbruch senkt.

Antrieb

Ein MTB ist grundsätzlich mit ▷ Kettenschaltung ausgerüstet, um mit 18-24 Gängen und einem großen ▷ Übersetzungsbereich auch bei extremen Geländebedingungen immer die passende ▷ Übersetzung parat zu haben (Abb. 44).
Standard ist eine ▷ Kurbelgarnitur mit drei ▷ Kettenblättern zu 26/36/46 Zähnen vorne und sieben oder acht ▷ Ritzeln hinten zu 12-34 Zähnen. Daneben setzen sich zunehmend ▷ Micro-Drive-Übersetzungen durch.

Damit reicht die ▷ Entfaltung von rund 9 m pro Kurbelumdrehung (ähnlich wie Rennrad) bis hinab auf 1,8 m und weniger, d.h., im stärksten ▷ Berggang wird sogar untersetzt (weniger als eine Radumdrehung pro Kurbelumdrehung).
Neuerdings wird zunehmend die sog. Micro-Drive-Übersetzung eingesetzt, bei der Kettenblätter wie Ritzel geringere Zähnezahlen aufweisen, ohne daß sich aber der Übersetzungsbereich ändert. Einzelheiten s. ▷ Micro-Drive.

Abb. 44

Bremsen

I.d.R. besitzen Mountainbikes die bes. wirkungsvollen ▷ Cantilever-Bremsen, die auch gegen Festsetzen durch Matsch o.ä. weitgehend gefeit sind.

Mittlerweile sind auch ▷ Hydraulikbremsen (Abb. 45) auf dem Vormarsch, die anfänglich öfters zu sehenden ▷ Trommelbremsen finden jedoch nur noch in Ausnahmefällen an Bikes für häufigen Nässe- bzw. Winterbetrieb Anwendung. Dafür sind mittlerweile ▷ Scheibenbremsen häufiger anzutreffen.

Abb. 45

Lenker Typisch ist der breit ausladende, gerade Lenker, um mit hohen ▷ Lenkkräften das Vehikel auch bei schwierigen Fahrbahnbedingungen sicher zu beherrschen. Da diese Lenkerform aber eine ungünstige Handhaltung (Gelenkprobleme) und schlechte Krafteinwirkung (beim Ziehen am Lenker bergauf) bewirkt, werden heute vermehrt ▷ Bar Ends und ▷ Hörnchenlenker gefahren.

Rahmen Mit robuster Gabel und Oversize-Rohren ausgestattet, wandelte sich die anfängliche Allround-Geometrie des MTB (Abb. 46) zunehmend zur Renngeometrie mit kurzem ▷ Hinterbau und langem ▷ Vorderbau (s. ▷ Rahmengeometrie).

Abb. 46

Ein Mountainbike wird mit 5-10 cm niedrigerer ▷ Rahmenhöhe gefahren als ein ▷ Rennrad und häufig mit tiefergelegtem ▷ Oberrohr, um das ▷ Handling zu verbessern. Durch die weit herausziehbare ▷ Sattelstütze ist es auch gut als Familienrad verwendbar, da die Sattelhöhe gut an unterschiedlich große Benutzer anpaßbar ist.

MTB-Komponenten Wegen ihrer Bedienungsfreundlichkeit und Defektsicherheit haben sich MTB- ▷ Komponenten mittlerweile auch als Standardausrüstung für ▷ Gebrauchs-, ▷ Reise- und ▷ Trekkingräder etabliert.

als Reiserad Gegenüber dem ursprünglichen Verwendungszweck als Sportgerät für Naturpisten und auch entgegen seinem weit verbreiteten (Negativ-)Image hat sich das MTB bei naturbewußten Radlern auch als ideales Reiserad bewährt, das nicht nur wenig defektanfällig ist, sondern auch konsequentes Radeln abseits des öffentlichen Straßenverkehrs ermöglicht.
Geeignet hierfür ist insbesondere das klassische Allround-MTB (Abb. 47) mit langem Hinterbau (für Gepäckzuladung; s. zu diesem Punkt ▷ Reiserad). Durch den o.g. zunehmenden Hang zur Renngeometrie - kurzer Hinterbau, langer Vorderbau, - geht dieser Charakter allerdings verloren. Folge: Flattriges Fahrverhalten bei Gepäckzuladung, Abheben des Vorderrades bei Anstiegen, s.a. ▷ Fahrverhalten.

Abb. 47

Tip für MTB-Reiseradler: Beim Kauf ▷ Hinterbaulänge ausmessen - es werden nämlich neuerdings wieder Mountainbikes mit gemäßigter Geometrie angeboten. Kaufen sie also eines der längeren Bikes im Laden.

Feder-Bikes Aluminiumbauweise und der damit verbundene Trend zu extremen ▷ Oversize-Rohren wie auch der Trend zu geraden ▷ Big Forks führten zu MTB-"Panzern" ohne ▷ Fahrkomfort ("Preßlufthammerfeeling" bei höherem Tempo und Gefahr von ▷ Durchschlägen). Das führte zur Wiederbelebung der als längst ad acta gelegt geltenden ▷ Fahrradfederungen, wodurch sich wiederum völlig neue Möglichkeiten von Fahrkomfort und ▷ Fahrstabilität bei höheren Geschwindigkeiten ergaben. Federbikes besitzen v.a. bei schnellen Abfahrten Vorteile und sind heute bei ▷ Down-Hill-Rennen ein "Muß" geworden (Abb. 48).
Weitere Informationen s. insbes. ▷ Mountainbike-Boom (hier auch Historie); ▷ MTB-Rennen.

Mountainbike-Boom

In den USA 1980, in Deutschland 1985/86 einsetzende und rasch um sich greifende Popularität des ▷ Mountainbikes.

Abb. 48

Sie verhalf der Fahrradindustrie zu nie mehr für möglich gehaltenen Produktionszahlen, da hier ein völlig neuer Fahrradtyp kreiert wurde, der zugleich einen hohen modischen Prestigewert besaß. Das bedeutete, daß auf breitester Front Neuanschaffungen getätigt wurden, wobei sowohl neue Käuferschichten fürs Fahrrad gewonnen, als auch ein Trend zum höherwertigen Rad vom Markt akzeptiert wurde.

Abb. 49

Gleichzeitig war der MTB-Sektor Motor des technischen Fortschritts im Fahrradbereich und brachte neben zeitweiligen Modeerscheinungen wie ▷ Biopace auch dauerhafte Neuerungen wie Rahmen mit ▷ hochgezogener Kettenstrebe (Abb. 49), ▷ Daumenschalthebel und ▷ Indexschaltung, für die der MTB-Boom den Durchbruch bedeutete und zur Anwendung auch an ▷ Gebrauchsrädern führte. Hinzu kam die Entwicklung von ▷ Fahrradfederungen, die fast ausschließlich für Mountainbikes entwickelt wurden. Ein Nebenprodukt des MTB-Booms war schließlich auch das ▷ Trekkingrad.
Die Goldgräberstimmung in der Fahrradindustrie erreichte ihren Höhepunkt 1991, danach ebbte der Boom infolge Marktsättigung ab.

Gründe

Für den phänomenalen Erfolg des "Velo-Jeeps" spielten das Zusammentreffen von sinnvoller Fahrradtechnik und Zeitgeist eine Rolle: Der allgemeine Trend zu naturnahen Freizeitformen ist hier ebenso zu nennen wie die drastische Erleichterung des Bergauffahrens, die das Mountainbike brachte. Dadurch wurde das Radfahren auch Leuten schmackhaft gemacht, die es zuvor für zu gefährlich (Straßenverkehr) und/oder zu anstrengend hielten.
Mehr sportlich orientierte Radler wiederum akzeptierten die zunächst vielfach abgelehnten Boliden, als ein organisierter Rennbetrieb entstand (s. ▷ MTB-Rennen). Für Jugendliche schließlich bedeutete das MTB einen nahtlosen Übergang vom ▷ BMX-Rad zu einer "erwachsenen" Form des Ballonreifenrades.

MTB-Historie

Vor der durchgängigen Asphaltierung unserer Straßen waren mehr oder weniger alle Fahrräde "geländegängig" in dem Sinne, daß sie mit dickerer Bereifung als ein heutiges ▷ Straßenrad ausgestattet waren.

Die Geschichte des Mountainbikes dagegen begann erst 1973, als Mountains ins Spiel kamen - wenn auch zunächst nur bergab. Die beiden Ex-Hippies und Amateurradrennfahrer Gary Fisher und Jo Breeze rasten zum Spaß auf fast 40 Jahre alten, aber sehr stabilen Ballonreifenrädern die Schotterwege vom Gipfel des Mount Tamalpais (794 m) nördlich von San Francisco runter. Bergauf wurde gescho ben bzw. man ließ sich auf der Ladefläche eines Pickups hinaufchauffieren.

Der Abfahrtsspaß spricht sich herum und gewinnt immer mehr Freunde, doch es dauert noch dr Jahre, bis 1976 die ersten echten Wettbewerbe am Mt. Tamalpais ausgetragen werden, in zwei- b dreiwöchigem Turnus veranstaltete Abfahrtsrennen, die den Namen "Repack" erhalten: Die Rück trittbremsen der Uraltbikes werden nämlich so stark strapaziert, daß das Lagerfett auskocht und di Naben nach dem Zieleinlauf neu geschmiert (engl. "repack") werden müssen.
Nun setzte eine stürmische Entwicklung ein, deren Motor in gewisser Weise Gary Fisher war: Er mon tierte als erster Trommelbremsen, Kettenschaltung und Daumenschalthebel, Motorradlenker un -bremshebel beseitigten kritische Knackpunkte der alten Clunker, Ballooner oder Bomber, wie die Abfahrtsbikes genannt wurden.

Sie basierten vorzugsweise auf Rahmen des zwischen 1933 und 1942 gebauten Schwinn "Excelsior" (s. ▷ Cruiser), doch die Bruchrate war bei den extremen Belastungen so hoch, daß bald keine dieser stabilen Oldtimer mehr aufzutreiben waren (Abb. 50). Joe Breeze begann daher 1977 mit dem Bau eigener Rahmen und montierte erstmals Cantileverbremsen. 1979 kommen leichtgewichtige 26-Zoll-Aluminiumfelgen auf den Markt: Die Bikes wiegen jetzt um die 15 kg und haben gegenüber den Anfängen fast 10 kg abgespeckt.

Abb. 50

Ende 1979 war es dann wieder Gary Fisher, der den Begriff "Mountainbike" prägte, wenn auch nur als Modellbezeichnung für von Tom Ritchey gebaute und von ihm vertriebene Clunker. Als 1980 der Marktdurchbruch kam (Fahrradmesse Long Beach), mauserte sich der Name der erfolgreichen Ritchey-Bikes rasch zum Gattungsbegriff.

1981 brachte die Fa. Specialized mit dem "Stumpjumper" (Abb. 51) das erste Großserien-MTB auf den Markt, in Japan hergestellte Kopien des Ritchey-Bikes, 1982 konzipierten ▷ Shimano und ▷ Suntour die ersten MTB-Komponenten - der Boom war ins Rollen gekommen und begann die Fahrradwelt zu revolutionieren.

Abb. 51

Mountainbiker

Landläufig eingebürgerte Bez. für Radler/-innen, die ein ▷ Mountainbike fahren.

Mountainbike-Rennen

s. ▷ MTB-Rennen

Mountainbiking

Landläufig eingebürgerte Bez. für das Radeln per ▷ Mountainbike (Abb. 52).

Abb. 52

Um die Umweltverträglichkeit und das gedeihliche Miteinander mit anderen Naturnutzern zu gewährleisten, sollten Mountainbiker die vom ▷ BDR erlassenen "Regeln für das Fahren mit dem Geländefahrrad" beachten, in denen es u.a. heißt:

* Das Geländefahrrad gehört auf die dafür geeigneten Wege oder ordnungsgemäß ausgewiesenen Wettkampfstrecken und nicht in die geschützte Natur.

* Es ist nur auf geeigneten, ausreichend breiten Wegen und Straßen sowie Forst- und Almwegen zu fahren. Als ausreichend breite Wege gelten solche, auf denen ein Radfahrer und ein Wanderer unbehindert aneinander vorbeikommen.

* Auf Fußgänger und Wanderer ist uneingeschränkte Rücksicht zu nehmen, da sie durch Radfahrer erheblich gefährdet werden können. Dies gilt insbes. für Begegnungen von Radfahrern und Fußgängern auf Wegen und Pfaden. Notfalls muß abgestiegen werden. Den Vorrang regelt im Wald das jeweilige Landesgesetz. Es räumt dem Fußgänger ein absolutes Betretungsrecht ein.

* Beim Bergabfahren ist besondere Vorsicht geboten. Die Abfahrtsgeschwindigkeit soll so angepaßt sein, daß Bergabfahrer innerhalb der halben überschaubaren Strecke anhalten können. Blockierbremsungen sind weitgehend zu vermeiden, da dadurch auf weicheren Böden unerwünschte Spurrillen entstehen. Reifenspuren sind generell zu vermeiden bzw. möglichst zu beseitigen.

Die Umweltrichtlinien des BDR s. bei ▷ MTB-Rennen.

Mountain Tamer Quad

Dt. "Bergzähmer": Adapter, der die Montage eines vierten ▷ Kettenblattes bis herunter zu 16 Zähnen erlaubt (Abb. 53).
Sinn macht dieser "montane Micro-Chip" für all jene, denen der normale MTB-Antrieb noch nicht bergfreundlich genug ist (Senioren, schwer beladene Reiseradler: Mit dem Bergzähmer kann man so langsam fahren, daß die Steigung nicht mehr das Problem ist, höchstens die Balance).

Abb. 53

Beispiel: Hat man das kleine 16er Blättchen montiert und hinten ein größtes ▷ Ritzel von 32 Zähnen, so wird die Antriebsenergie im Verhältnis 1:0,5 untersetzt. Damit sinkt die ▷ Entfaltung auf 1,05 m pro Kurbelumdrehung gegenüber normalen 1,70 m (26:32).

Mit dem Aufkommen des ▷ Microdrive-Antriebs (als kleinstes Kettenblatt 20 Zähne möglich) ist die Montage des Mountain Tamers drastisch zurückgegangen, da die Entfaltung damit schon auf 1,32 m gesenkt werden kann.

Mr. Tuffy

Defektschutzstreifen aus ▷ Polyurethan, der zwischen ▷ Protektor und ▷ Schlauch gelegt wird (bei Schlauchreifen wird er mit einvulkanisiert) (Abb. 54).
Prinzip: Der PU-Streifen schmiegt sich um spitze "Eindringlinge" und verhindert so einen Durchstich des Schlauches.

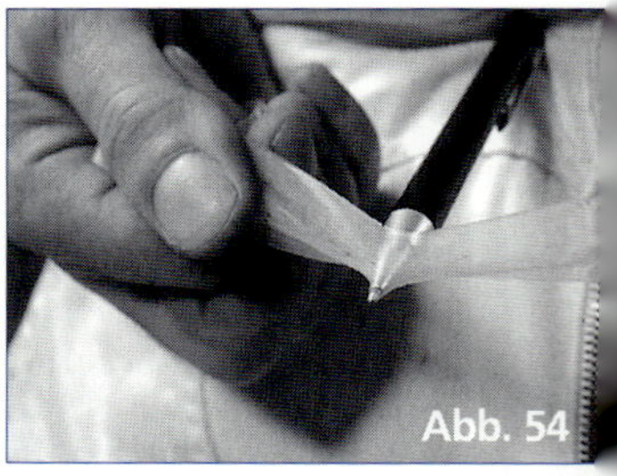
Abb. 54

MTB

Abk. f. ▷ Mountainbike.

MTB-Reifen

Dicke Reifen mit markanten Profilierungen für das ▷ Mountainbike. Näheres s. ▷ Reifen: MTB-Reifen.

MTB-Rennen

Rennen mit ▷ Mountainbikes (Abb. 55 u. 56), die ursprünglich nur bergab ausgetragen wurden (s. ▷ Mountainbike-Boom: Historie). Nach Einführung der ▷ Kettenschaltung am Mountainbike kamen sowohl der reine Bergaufwettbewerb als auch ein Rennen über wechselndes Landschaftsprofil hinzu. Nach den Wettkampfbestimmungen des ▷ BDR wird der Mountainbike-Sport "im freien Gelände, auf befestigten oder unbefestigten Straßen, Wegen und Pfaden durch Feld, Wald oder Wiesen durchgeführt".

Vor Durchführung eines Rennens muß die geplante Strecke u.a. von den jeweils zuständigen Forst- und Naturschutzbehörden genehmigt werden. Außerdem sind die u.g. "Umweltrichtlinien" des BDR zu beachten.
Vom BDR sind neben den üblicherweise ausgetragenen und im Folgenden beschriebenen Einerwettbewerben noch Mannschaftssowie Sonderwettbewerbe (Slalom, Parallelslalom, Rallye) zugelassen, deren Durchführungsbestimmungen dem jeweiligen Veranstalter überlassen sind.

Abb. 55

Rundstreckenrennen (Cross Country)

Rennen über eine mehrfach zu durchfahrene Rundstrecke zwischen 3 und 8 km Länge mit wechselndem Geländeprofil in freiem Gelände auf Straßen, Feld-, Wald-, Kies- oder Wiesenwegen. Die Fahrstrecke hat die grundsätzlichen Merkmale eines MTB-Wettbewerbs zu enthalten wie Anstiege, Abfahrten, Pfade (Single Tracks), natürliche oder künstliche Hindernisse. Die Strecke soll abwechslungsreich sein und so beschaffen, daß 95% mit dem Rad befahren werden kann. Asphaltierte oder gepflasterte Streckenabschnitte sollen nicht mehr als 15% der Streckenlänge ausmachen. Der Start erfolgt im Massen- oder Le-Mans-Start.

Abb. 56

Abfahrtsrennen (Downhill)

Eine Form des ▷ Zeitfahrens, die auf überwiegend steil abfallenden Strecken durchgeführt wird und nur als MTB-Wettbewerb ausgetragen wird (nicht aber auf Straßen) (Abb. 57).

Abb. 57

Die Strecke soll 4-8 km lang sein, zu 20-30% aus einem Hochgeschwindigkeitsteil und zu 60-70% aus einem technischen Teil mit Sprüngen, engen Passagen usw. bestehen. Der Höhenunterschied soll mindestens 300 m betragen. Gegenanstiege sollen 10% der Gesamtstreckenlänge nicht überschreiten und dürfen eine max. Steigung von 5% nicht übersteigen. Flachpassagen dürfen 15% der Streckenlänge nicht übersteigen. Die Renndauer soll zwischen 4 und 10 Minuten betragen. Das Ziel muß sich unmittelbar nach dem Ende einer Gefällstrecke befinden. Generell ist nur Einzelstart erlaubt. Die Zeitabstände zwischen den Startern müssen mindestens 1 Minute betragen.

Sicherheitsbestimmungen: Die gesamte Strecke muß durch Streckenposten, Trassierbänder, Strohballen oder sonstiges Polstermaterial abgesichert sein. An gefährlichen Stellen im Hochgeschwindigkeitsteil müssen Sturzräume mit Fangnetz eingerichtet sein, und an allen kritischen Stellen müssen Sanitäter postiert sein. Je nach Streckenlänge müssen 1-2 Rennärzte postiert werden. Mindestens 1 Rettungswagen hat bereitzustehen usw.
Downhillrennen stellen hohe Anforderungen an Steuervermögen und Reaktionsschnelligkeit der Fahrer/innen, da die Strecken über natürliche Hindernisse führen, der Bodenbelag wechselt und Sprünge eingebaut sind.
Bei dieser Disziplin ist das Gerät natürlich ungleich härteren Belastungen ausgesetzt als das Normalverbraucher-Bike, was zur Entwicklung spezieller ▷ Downhill-Bikes führte.

Bergzeitfahren (Hill Climb)

Wettbewerb auf überwiegend stark ansteigender Strecke, die mehr als 5 km betragen soll. Möglich ist Einzelstart mit zeitlichen Abständen, Le-Mans-Start und Massenstart, wobei ersterer den Vorzug hat (▷ Zeitfahren im eigentlichen Sinne) (Abb. 58).

Abb. 58

Ausrüstungsbestimmungen

Hinsichtlich der Ausrüstung gelten nach den Richtlinien des ▷ BDR u.a. folgende Bestimmungen: Der ▷ Laufraddurchmesser darf für Reifen und Felgen max. 26 Zoll betragen; Reifenbreite mind. 1,5 Zoll; Lenkerbreite max. 65 cm.

Bei Abfahrtsrennen sind Ellbogen-, Knieschützer, Brust-/Rückenpanzer und Integralhelm zu tragen. Es besteht Helmpflicht, wobei der Helm der ▷ DIN-Norm 33954, der ▷ SNELL- und/oder der ▷ ANSI-Norm oder vergleichbaren Normen entsprechen sollte.

Umweltrichtlinien

Bei der Streckenwahl für MTB-Rennen muß Rücksicht auf die Umwelt genommen werden. Insbes. sind die Umweltrichtlinien des BDR zu beachten, in denen es u.a. heißt:

* schützenswerte Flächen wie Trockenrasen, Streuwiesen, Feuchtgebiete usw. dürfen nicht befahren werden. Auch das Befahren von Almwiesen ist nicht vertretbar.
* Das Fahren im Wald abseits von Wegen und Straßen ist untersagt.
* Die Vogelbrutzeit muß beachtet und geschützt werden.
* Besucher müssen so gelenkt werden, daß eine Beeinträchtigung der Landschaft außerhalb der Rennstrecke unterbleibt.
* Die Abfallbeseitigung ist sicherzustellen.

Zu den generellen "Regeln für das Fahren mit dem Geländerad" des BDR s. ▷ Mountainbiking.

Highlights jeder Saison sind die Rennen des seit 1992 ausgetragenen "Grundig/UCI Mountain Bike Weltcup". Mit dieser aus zehn Cross Country- und sechs Downhill-Rennen bestehenden Serie - ausgetragen in Europa und USA/Canada, ab 1997 auch Neuseeland und Südafrika - hat der internationale Radsportverband ▷ UCI die von dem deutschen Elektronikhersteller seit 1988 betriebene Pionierarbeit in offizielle Bahnen gelenkt. Frucht dieser Zusammenarbeit: Bei den Olympischen Spielen 1996 in Atlanta war Mountainbiking mit der Disziplin Cross Country erstmals im offiziellen olympischen Programm vertreten.

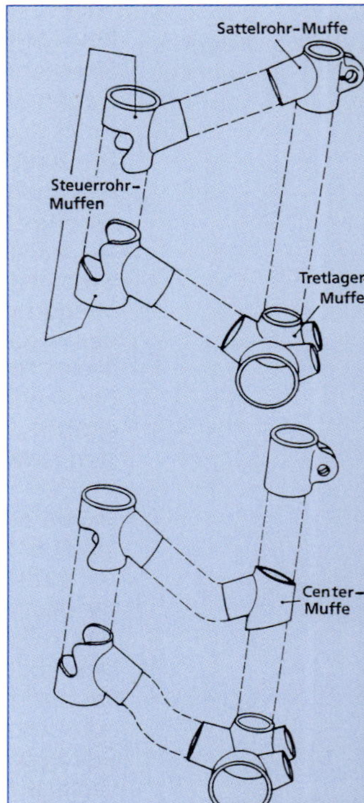

Abb. 59

Muffen

Aus dem Niederländ. stammende Bez. für Verbindungsstücke zum Aneinanderfügen von Rohren bei der gebräuchlichsten Fügetechnik des ▷ Rahmenbaus (i.U.z. muffenlosen Rahmen).

Ausnahme: Gelegentlich werden auch Rohr-Klemmstellen als Muffe bezeichnet, z.B. "Klemmmuffe" des Vorbaus statt ▷ Vorbauauge.

Die Verbindung von Rohren und Muffen erfolgt meist mittels ▷ Löten, zunehmend kommen aber auch ▷ Klebetechniken zum Einsatz. Standardmuffen zeigt Abb. 59. Abb. 60 zeigt die feiner (z.T. auch verziert) ausgeführten Muffen für ▷ Rennräder.

Grundsätzlich ist zu unterscheiden zwischen
* Außenmuffen und
* Innenmuffen,

wobei erstere die Rohre von außen überstülpen, letztere innen in sie hineinragen (Abb. 61).

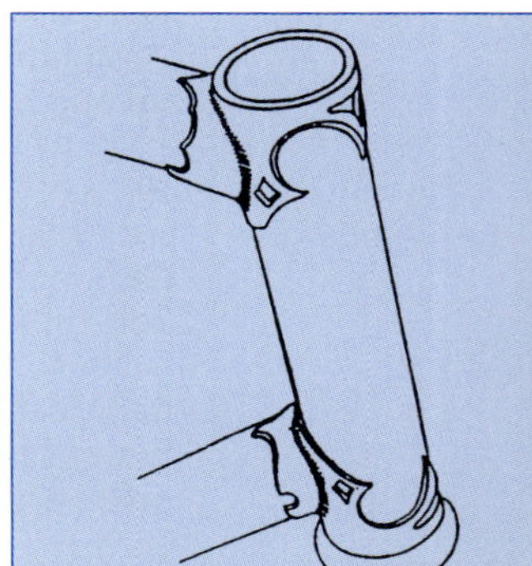
Abb. 60

Seit den Anfängen des Stahlrohrrahmenbaus dominiert die fertigungstechnisch einfacher zu handhabende Außenmuffe. In den 30er Jahren waren Innenmuffen eine Modeerscheinung (▷ Gabelkopf der Rahmen von Diamant, Chemnitz). Innenmuffen werden heute wieder vermehrt beim Fügen der ▷ Gabelbeine an den ▷ Gabelkopf eingesetzt, z.T. auch bei speziellen ▷ Ausfallenden.

Da Muffen nur eine maximale Winkelabweichung von 0,5° zulassen, muß der Rahmenbauer sie in vielfältigen Winkelstellungen vorrätig haben, z.T. sogar fürs gleiche Modell, da sich die Rahmenwinkel in Abhängigkeit von der ▷ Rahmenhöhe ändern können.
Je nach Verbindungstechnik ist zwischen Löt- und Klebemuffen zu unterscheiden:

Lötmuffen Sie werden als Außenmuffen in preiswerter Version durch Tiefziehen aus Stahlblech hergestellt, in hochwertiger Version per speziellem Stahlguß (▷ Microfusions-Muffen). Für preiswerte Rahmen sind die Muffen kurz und zylindrisch, bei hochwertigen Rahmen setzt man Muffen mit lang und dünn ausgezogenen Spitzen ein, um einen besseren ▷ Kraftfluß zu erreichen.

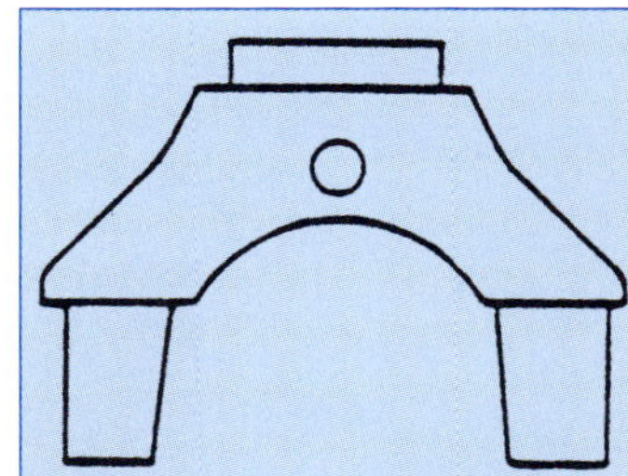
Abb. 61

Microfusions-Muffen kommen aufgrund ihres hohen Preises nur bei höchstwertigen Rahmen zum Einsatz, können aber mit integrierten Stegen die Fertigung rationalisieren (Einsparen einer Fügestelle) oder mit Stabilisierungsstegen v.a. die ▷ Seitensteifigkeit von Rahmen erhöhen.

Klebemuffen Sie werden bei aus ▷ Aluminium- oder ▷ Carbonrohren geklebten Rahmen eingesetzt (Abb. 62). Sowohl Innen- als auch Außenmuffen kommen bei ▷ Klebetechniken zur Anwendung, bei der Fa. Centurion wird das einzuklebende Rohr sogar von innen wie von außen gefaßt.

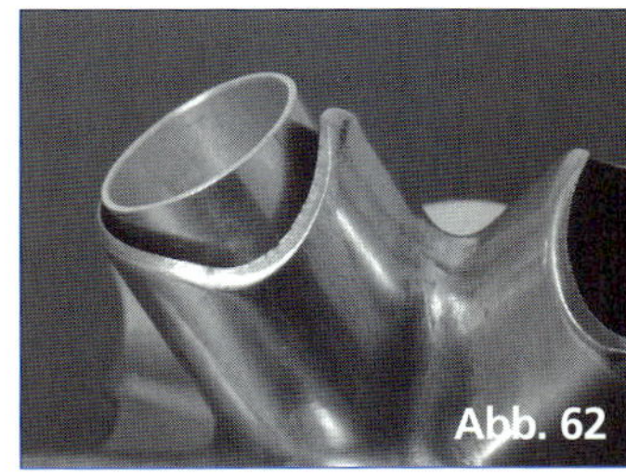
Abb. 62

Klebemuffen werden i.d.R. aus ▷ Aluminium gefertigt, preiswerte Versionen aus Druckguß, die aber weniger dauerhaltbar sind als kaltgeschmiedete Muffen (zur Herstellung s. ▷ Aluminium: Gußtechniken bzw. ▷ Aluminium: Verfahrenstechniken).

Neu und sowohl technisch wie von der Formgebung her elegant sind gewickelte Carbonmuffen (s. ▷ Carbonteile), deren Haltbarkeit selbst die kaltgeschmiedeter Alu-Muffen noch übertrifft - und die dabei nur halb so schwer sind und von den Firmen Trek und Giant eingesetzt werden (Abb. 63).

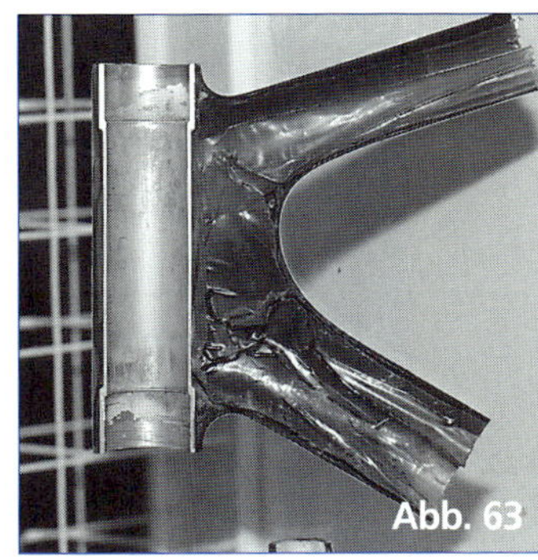
Abb. 63

Zu den einzelnen Ausführungen vgl. v.a. ▷ Sattelmuffe; ▷ Tretlagermuffe; ▷ Gabelkopf; ▷ Center-Muffe; ▷ Steuerkopfmuffe.

Museen

s. ▷ Fahrrad-Museen

Mutter

Bewegbares Gegenstück einer ▷ Schraube mit einer meist sechskantigen Außenform als Schlüsselansatz zum Festziehen oder Lösen einer Schraubverbindung (Abb. 64).

Neben den Standard-Muttern haben sich am Fahrrad aus ästhetischen und praktischen Gründen einige Sondermuttern entwickelt: ▷ Gegenmutter der Achskonterung (z.T. nur zwei Schlüsselflächen), Hülsenmuttern bei Bremsen, Sattelstützen und z.T. Vorbaufixierung mit Innensechskant und Konterringe bei ▷ Tretlagerung und ▷ Freilauf.
Da das Muttergewinde (s. ▷ Gewinde) weniger hoch als das Schraubengewinde belastet wird, kann es in Werkstoffen geringerer Festigkeit ausgeführt sein, v.a. aus ▷ Aluminium.

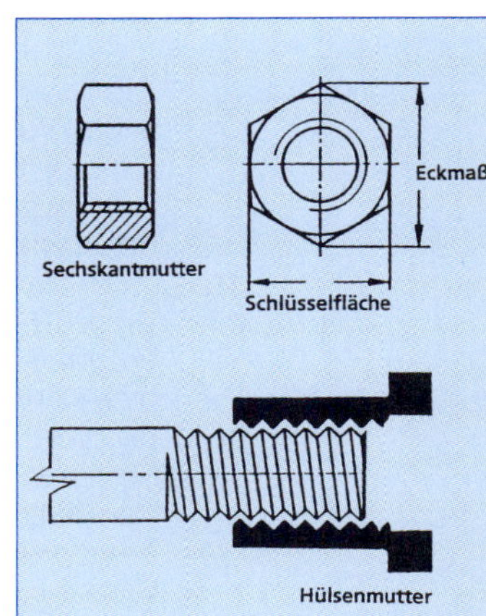

Abb. 64

N

Abk. f. ▷ Newton, die physikal. Einheit f. ▷ Kraft.

Nabe

Mittelteil eines Rades, welches sich um eine ▷ Achse dreht. Das Wort entwickelte sich schon zu Beginn des Wagenbaus im indogermanischen Sprachraum aus "Nabel" (Abb. 1).

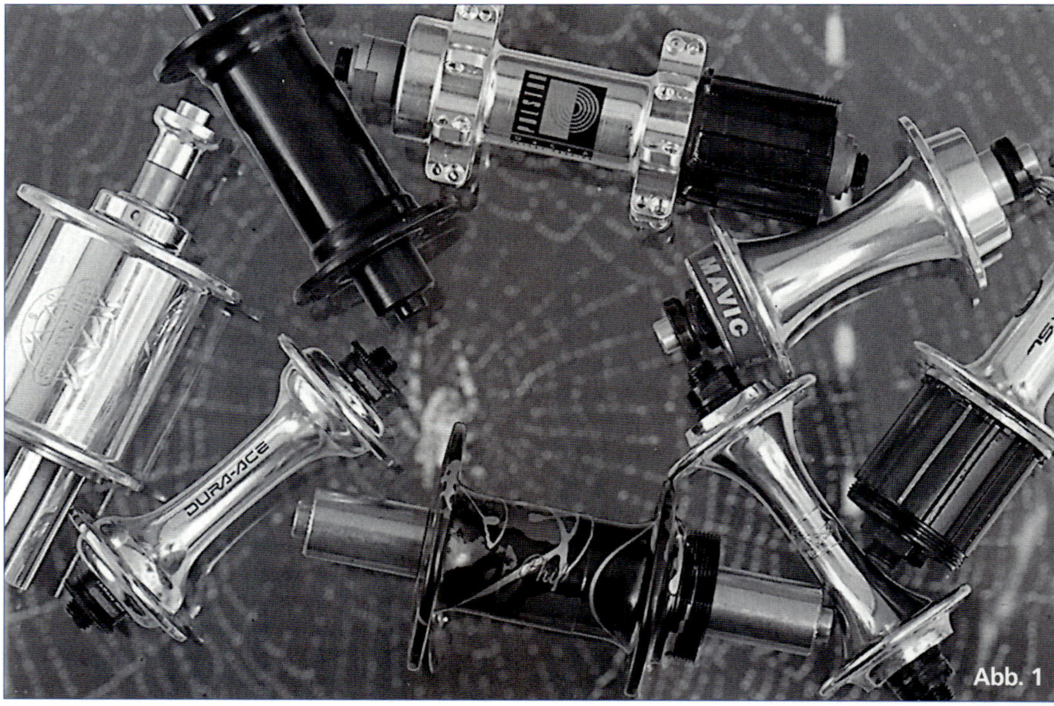

Abb. 1

Am Fahrrad ist die Nabe das "Herzstück" des ▷ Laufrades und wird mittels ▷ Speichen oder Scheiben (s. ▷ Scheibenrad) mit der ▷ Felge verbunden. Die Nabe stellt also mit der in ihr gelagerten Achse die Verbindung zwischen Rahmen und Reifen her.

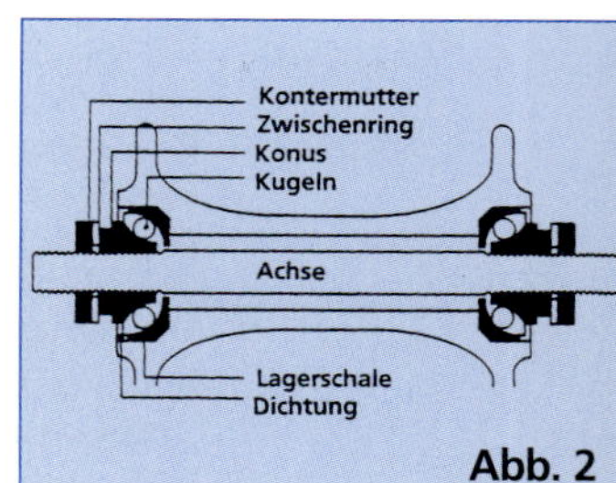

Abb. 2

Lagerung

Die Lagerung der Achse erfolgt mittels ▷ Konus- oder ▷ Wälzlager (Abb. 2 u. 3), bei ▷ Composite Wheels finden sich z.T. (Mavic) auch schon ▷ Patronenlager. Die Lagergüte ist entscheidend für die Lebensdauer einer Nabe und ihr Qualitätsmerkmal, Einzelheiten hierzu s. ▷ Lagerung und ▷ Nabenlagerung.

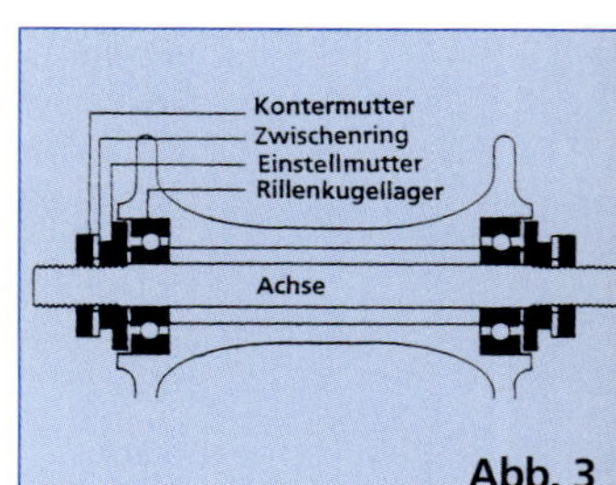

Abb. 3

Leichtlauf

Der von manchen Herstellern gepriesene Nabenleichtlauf ihrer Produkte sollte nicht zum Fetisch erhoben werden. Die hier auftretenden ▷ Reibungsverluste ergeben sich aus der ▷ Reibungszahl dividiert durch den Radius des Rades und liegt bei 0,098 N. Die hierfür zu erbringende ▷ Leistung beträgt bei 30 km/h 0,15 W. Zum Vergleich: Die Kette erzeugt bei gleichem Tempo 3-6 Watt Reibungsverluste, die Rollreibung der Reifen schlägt gar mit 45-60 Watt zu Buche!
Fazit: Der Nabenleichtlauf wird i.d.R. überbewertet, der Radler sollte besser auf seriöse Dichtungen achten.

Dichtung

Sie ist - neben exzellenter Lagerung - entscheidend für die Lebensdauer von Fahrradnaben.

Grundsätzlich wird zwischen berührungslosen (Staubkappe; Labyrinth) und schleifenden (Lippen; Kolbenring) Dichtungen unterschieden, wobei erstere weniger gut abdichten als letztere, die dafür aber höhere Reibungsverluste verursachen. Einzelheiten - auch zur Wartung - s. ▷ Dichtung (Abb. 4).

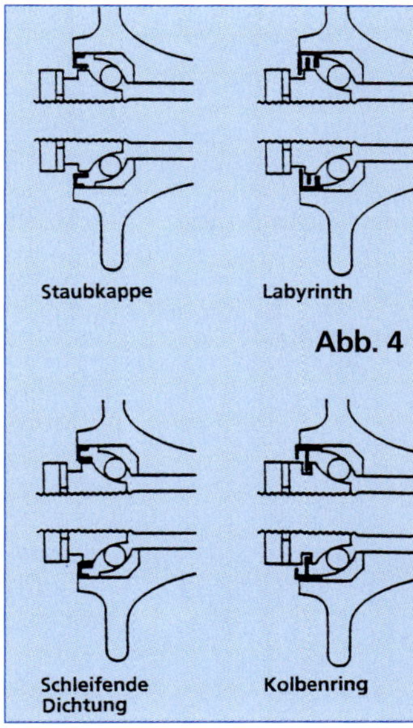

Abb. 4

Flansche

In die Löcher der tellerartig geformten Nabenenden ("Flansche") werden die Speichen eingehängt.

Dicke

Für die Haltbarkeit der Speichen (Vermeidung von Aufziehen und Bruch im Bogen) ist es wichtig, daß die Flansche eine Dicke von mind. 3,2 mm besitzen. Bei dünneren Flanschen läßt sich die Tendenz zu frühzeitigen Speichenbrüchen mit zwischen Speichenkopf und Flansch eingelegten kleinen Unterlegscheiben (Größe: M 3) reduzieren. Bei dickeren Flanschen sind die Speichenlöcher leicht angesenkt, damit die Speichenbögen "noch um die Ecke" gezogen werden können.

Abstand

Der Abstand zwischen den Nabenflanschen bestimmt die Speichenschräge und damit die ▷ Seitensteifigkeit der Laufräder.
Für Vorderradnaben haben sich Flanschabstände von 60 bis 75 mm etabliert, beim Hinterrad 56 bis 62 mm. Hier wird ohnehin durch die asymmetrische Einspeichung (bedingt durch die Zahnkranzbreite) nicht die Seitensteifigkeit des Vorderrades erreicht.

Lochkreisdurchmesser

Je nach Größe des ▷ Lochkreisdurchmessers der Speichenbohrungen werden die Naben in Niederflansch- (Abb. 5 oben) oder Hochflansch-Naben (Abb. 5 unten) eingeteilt, s.u.

Entsprechend dem späteren Einsatzzweck - von dem die Anzahl der Speichen abhängt - werden die Naben mit unterschiedlichen "Lochzahlen" hergestellt (Anzahl der Speichenlöcher beider Flansche zusammen), s. hierzu ▷ Laufräder: Speichenanzahl. Übrigens liegen sich die Speichenlöcher nicht genau gegenüber, sondern stehen "auf Lücke", um eine symmetrische Speichenstellung zu gewährleisten.

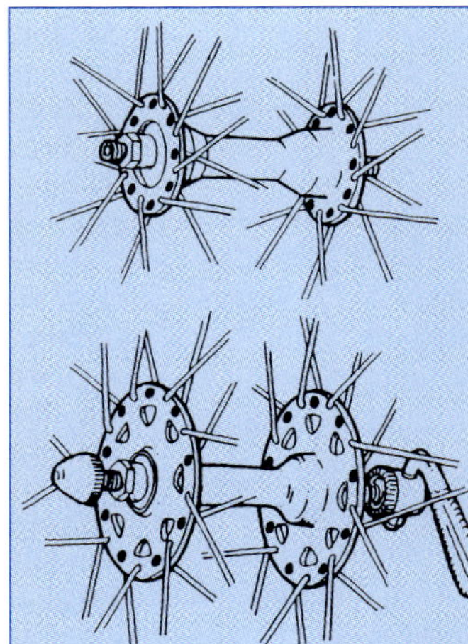

Abb. 5

Einbaumaße

Entsprechend den verwendeten Rahmen werden Naben in unterschiedlichen ▷ Einbaumaßen hergestellt (Abstand der Gegenmuttern auf der Nabenachse). Die Einbaumaße müssen auf +/- 2 mm mit den ▷ Klemmweiten der Rahmen übereinstimmen; s.d. auch die Tabelle über die Werte bei verschiedenen Fahrrad- resp. Nabentypen.

Grundsätzliche Bautypen

Generell lassen sich Vorder- wie Hinterradnaben in die beiden Hauptgruppen
* Niederflanschnabe,
* Hochflanschnabe

einteilen, die beide wiederum in zwei Hauptgruppen auftreten:
* Schraubnabe,
* Schnellspannabe,

je nachdem, ob sie mit konventioneller ▷ Achse oder ▷ Schnellspannachse bestückt sind.

Niederflanschnabe Bei diesem heute meistverbreiteten Nabentyp sind die Flansche niedrig ausgeführt (▷ Lochkreisdurchmesser 38-45 mm). Es werden daher etwas längere Speichen als bei Hochflanschnaben benötigt, was dem Laufrad etwas mehr Elastizität und ▷ Fahrkomfort verleiht. Zugleich fällt die ▷ Speichenschräge etwas geringer aus, was sich in etwas geringerer Seitensteifigkeit auswirkt. Näheres und Abmessungen s. ▷ Niederflanschnabe.

Hochflanschnabe Nabe mit höher ausgeführtem Flansch (Lochkreisdurchmesser um 70 mm). Sie verleiht aufgrund der größeren ▷ Speichenschräge zwar dem Laufrad eine bessere ▷ Seitensteifigkeit, die notwendigerweise verringerte Speichenlänge verschlechtert allerdings Elastizität und Fahrkomfort.

Diese Nabe war als Modeerscheinung der 60er und 70er Jahre sehr verbreitet, wurde dann kaum noch verwendet, findet heute aber wieder vermehrt Anwendung, v.a., um die Hinterräder durch die zum Standard gewordenen 7- und 8-fach bestückten ▷ Zahnkränze noch ausreichend seitensteif halten zu können. Im Übrigen werden 48-Loch-Naben (▷ Tandem) als Hochflanschnaben ausgeführt, um die Lochabstände in den Flanschen groß genug halten zu können (Vorbeugen gegen Ausreißen). Näheres und Abmessungen s. ▷ Hochflanschnabe.

Werkstoffe Die zur Herstellung von Nabenkörper und -achse verwendeten Werkstoffe bestimmen einerseits das Gewicht einer Nabe und haben andererseits Einfluß auf ihre ▷ Verwindungssteifigkeit.

Stahl Preiswerte Naben, aber auch die meisten ▷ Mehrgangnaben werden aus ▷ Stahl gefertigt.
Nachteilig ist bei Stahlnaben neben dem hohen Gewicht der sehr dünn (i.d.R. um 2 mm) ausgeführte Flansch, der bei Dauerbelastung häufig zum ▷ Speichenbruch führt. Außerdem: schlechte Lagerqualität (außer bei Mehrgangnaben).

Aluminium Standardwerkstoff für Naben ist ▷ Aluminium. Hiermit kann das Baugewicht drastisch gesenkt werden, bisweilen werden sogar die Achsen aus Aluminium gefertigt. Für hochwertige Naben kommen kalt geschmiedete, aushärtbare ▷ Legierungen zur Anwendung. Preiswerte Alu-Naben werden entweder gegossen oder aber auch aus rundem Stangenmaterial, sog. "Halbzeugen" hergestellt.

Carbon Bei ▷ Scheibenrädern (keine Speichenlöcher erforderlich) ist manchmal der komplette Nabenkörper aus ▷ Carbon. Bei normalen (Speichen-) Naben dagegen wäre eine Komplettherstellung sehr aufwendig, da jedes Speichenloch einzeln aufgebaut ("erwickelt") werden müßte, um dem Speichenzug zu widerstehen. Daher kommen bei sog. Carbon-Naben fast nur eingeklebte Carbonrohre als beide Alu-Flansche verbindendes Mittelteil zur Anwendung, was allenfalls der optischen Attraktivität der Naben, nicht aber einer deutlichen Gewichtsreduktion dienlich ist.

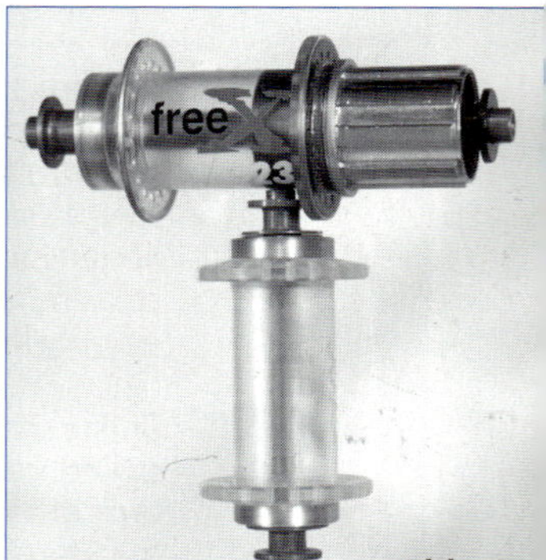

Abb. 6

Kunststoff Da kein üblicher Kunststoff dem Speichenzug auf Dauer widersteht, werden Stahl- oder Aluflansche in faserverstärkte ▷ Thermoplaste eingeschmolzen. Beispiel: Radialnabe von Weco. Ausnahme: Die "Free-X"-Naben von Mobil-Tech (Abb. 6), die aus einem Spezialnylon hergestellt werden: Die Herstellung der - durchsichtigen - Nabenkörper erfolgt dann durch Drehen.

Vorderradnaben In ihrer Konzeption sind Vorderrad-Naben einfacher als die zur Aufnahme von ▷ Ritzel(n) bzw. ▷ Nabenschaltung befähigten Hinterrad-Naben (Abb. 7). Sie werden auch weniger belastet und besitzen zudem eine große ▷ Stützbreite der Achslagerung, was sie hinsichtlich Lagerschäden weniger defektanfällig macht.
Allerdings müssen Vorderrad-Naben für ▷ Teleskop-Gabeln stabiler ausgeführt werden, da die Federbeine ungleichmäßig eintauchen

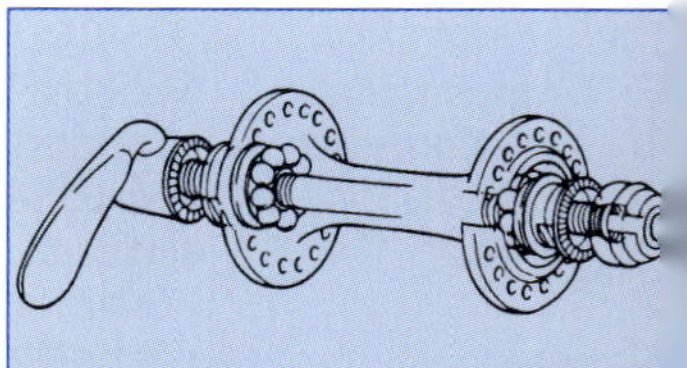

Abb. 7

und ▷ Scherkräfte auf die Nabe ausüben. Mittels dickerem Mittelteil des Nabenkörpers, sowie einer in der Mitte verstärkten Achse sind die Naben dann auch gegen diese Belastungen gefeit. Neuere Nabenmodelle warten heute insgesamt mit verdicktem Mittelteil auf.

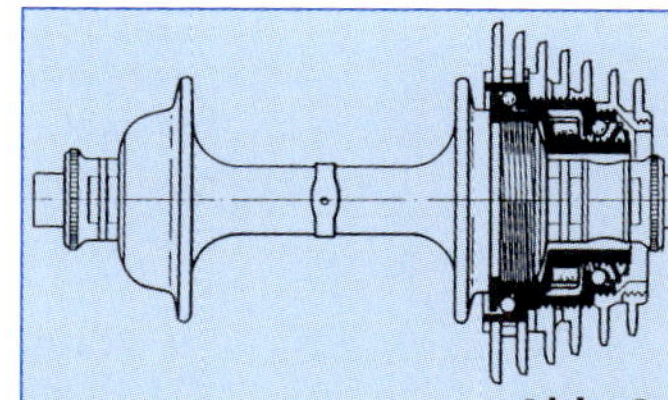

Abb. 8

Für die Bestückung mit aufschraubbaren ▷ Trommelbremsen (Primus) und der ebenfalls aufschraubbaren ▷ Scheibenbremse von Point wird ein Schraubkranz-Gewinde, wie es herkömmliche Hinterrad-Naben besitzen, zur Fixierung genutzt oder modifizierte ▷ Schraubkranznaben verwendet. Damit die Bremskräfte die Bremstrommel oder -scheibe nicht wieder abdrehen, müssen sie auf der linken Seite montiert werden.
Zwecks besserer Zugänglichkeit sind auch ▷ Nabendynamos (bis auf eine ältere Version von Sturmey-Archer) ausnahmslos in der Vorderrad-Nabe untergebracht.

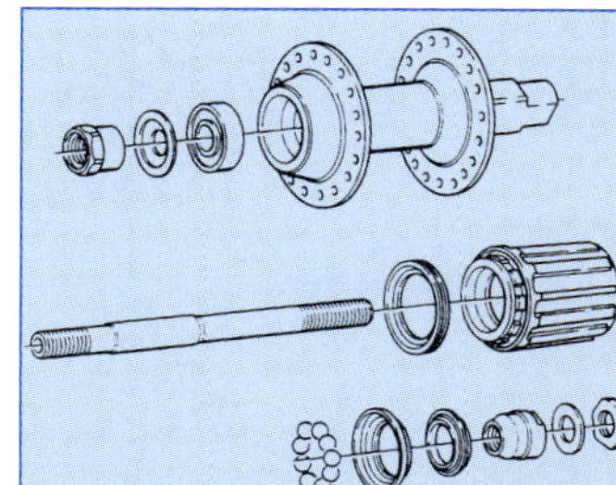

Abb. 9

Hinterradnaben

Hinterradnaben werden gemäß der vorgesehenen Antriebsart unterschiedlich ausgeführt, je nachdem, ob sie für Räder mit ▷ Ketten- oder ▷ Nabenschaltung gedacht sind, ob ein Rücktritt vorgesehen ist oder bei schaltungslosen Rädern nur ein ▷ Freilauf mit Ritzel aufgenommen werden muß. Darüberhinaus gibt es Spezialnaben, die u.a. dem erhöhten Risiko des ▷ Speichenbruchs am Hinterrad Rechnung zu tragen suchen.

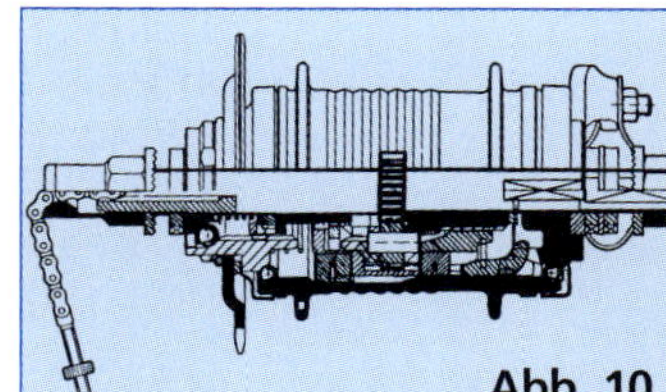

Abb. 10

Kettenschaltungs-Naben

Hinterradnaben von Rädern mit ▷ Kettenschaltung unterscheiden sich prinzipiell nach der Art, wie das Freilauf/Ritzel-Ensemble (▷ Zahnkranz) an die Nabe "angeschlossen" ist, wobei es grundsätzlich zwei Systeme gibt:

* konventionelle ▷ Schraubkranznabe
* moderne ▷ Kassettennabe.

Schraubkranz-Nabe

Jahrzehntelang war sie das Maß aller Dinge bei Kettenschaltungsrädern: Auf der rechten Seite dieser Hinterradnabe befindet sich ein Gewinde zur Aufnahme eines ▷ Schraubkranzes (dort auch Gewindemaße), der auch den ▷ Freilauf enthält (Abb. 8).

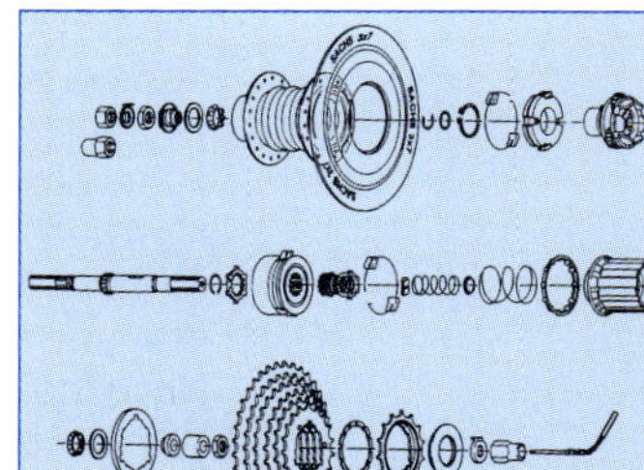

Abb. 11

Aufgrund technischer und praktischer Unzulänglichkeiten (schwierigere Demontage, Vielfalt von ▷ Abziehern) ging ihr Anteil seit Ende der 80er Jahre deutlich zugunsten der modernen Kassettennabe zurück. Weitere Einzelheiten s. ▷ Schraubkranznabe.

Kassettennabe

Bei dieser modernsten Art der Hinterradnabe ist der Freilauf seitlich mit der Nabe verbunden und dient zugleich als Aufnahme des ▷ Ritzelpakets (Abb. 9).

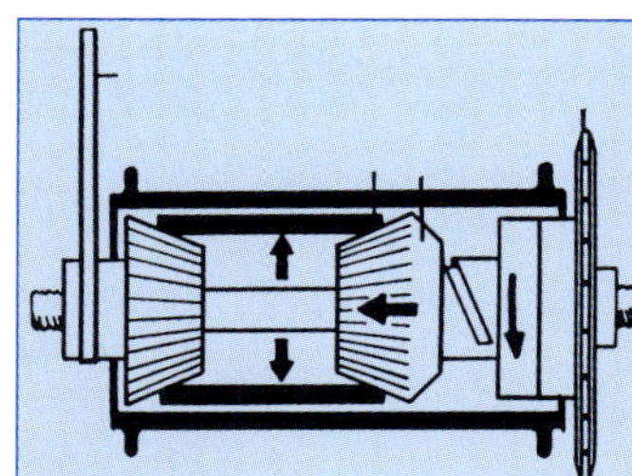

Abb. 12

Neben dem leichteren Speichen- und Ritzelwechsel ist die höhere Belastbarkeit der Hinterradachse ein entscheidender Vorteil dieses Nabentyps, Einzelheiten s. ▷ Kassettennabe, dort auch die Typenvielfalt.

Nabenschaltungs-Naben

Auch "Getriebenaben" oder "Mehrgangnaben": Hinterradnaben, die ein ▷ Planetengetriebe enthalten, womit sich je nach Bauart

2-14 ▷ Gänge realisieren lassen (Abb. 10). Da diese Naben z.T auch noch mit einer Rücktrittbremse kombiniert sind, ergeben sich kompakte und pflegeleichte Bauweisen, die v.a. am ▷ Gebrauchsrad eingesetzt werden. Einzelheiten s. ▷ Schaltung: Nabenschaltung.

Kombi-Naben

Für kombinierten Einsatz von Ketten- und Nabenschaltung: Die hintere Kettenschaltungseinheit (▷ Schaltwerk) bleibt wie gehabt, die Nabe trägt also einen Zahnkranz. Zusätzlich ist in sie aber noch ein 2- resp. 3-Gang-Planetengetriebe integriert, das die vordere Kettenschaltungseinheit ersetzt (▷ Kettenblatt plus ▷ Umwerfer).
Vorteil: die Kette kann mit ▷ Kettenschutz versehen werden. Ausführungsbeispiel: "3 x 7" von ▷ Sachs (Abb. 11).

Bremsnaben

Im Inneren der Hinterradnabe läßt sich eine Bremsvorrichtung unterbringen. Die gekapselte Bauweise ist für ▷ Naßbremsung und für wartungsarmen Dauerbetrieb günstig, also insbes. am ▷ Alltagsrad. Drei Typen stehen zur Wahl:

Rücktritt-Nabe

In einer Nicht-Kettenschaltungsnabe ist eine ▷ Rücktrittbremse untergebracht (Abb. 12).

Trommelbremsnabe

In einer Kettenschaltungsnabe (oder aber schaltungslos) ist eine ▷ Trommelbremse untergebracht (Abb. 13).

Scheibenbremsnabe

An den linken Nabenflansch ist eine ▷ Bremsscheibe geschraubt (Abb. 14).

Sondernaben

Zur Minderung des Speichenbruchrisikos und leichterer Speichenmontage sind Sondernaben entwickelt worden, aber auch, um die ▷ Seitensteifigkeit des Laufrades zu verbessern oder den Hinterradausbau zu erleichtern:

teilbare Naben

Hier bleibt beim Hinterradausbau die Freilauf/Ritzel-Einheit (Antriebsblock) durch einseitiges Trennen der Nabe am Rahmen (2-Block-System; Schraubkranznabe) bzw. durch beidseitiges Trennen auch noch der ▷ Schnellspanner (Spannblock) auf der rechten Nabenseite (3-Block-System; Kassettennabe). Die einzelnen Blöcke werden durch eine ▷ Steckachse zusammengehalten.

Vorteil: Schneller Ein- und Ausbau des Hinterrades ohne Berühren der Kette, die einfach in Position bleibt. Außerdem wird das Packmaß des Hinterrades schmaler und weniger "hakelig", beides Pluspunkte, die z.B. beim Autotransport ins Gewicht fallen. Auch am ▷ Zerlege- und am ▷ Reiserad wendet man diese Nabenart gerne an. Ausführungsbeispiele: Cinelli und Weco (Abb. 15).

Nockennabe

Diese das Speichenbruchrisiko erheblich mindernde Nabe besitzt als ▷ Flansche acht Nocken, an denen jeweils zwei nebeneinander liegende Speichen in unterschiedlichen Richtung eingehängt werden (Abb. 16).

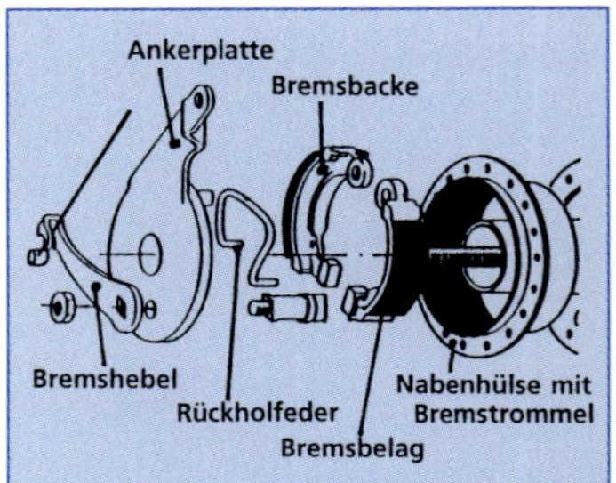

Abb. 13

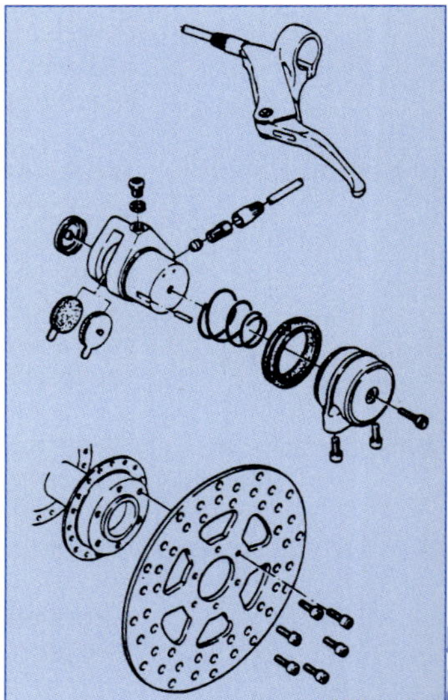
Abb. 14

Abb. 15

Abb. 16

Sinn: Es lassen sich Speichen ohne Bogen (bruchgefährdetste Stelle) verwenden, sog. ▷ Geradspeichen, und zwar bei gekreuzter Einspeichung (sonst nur bei Radialspeichung).
Als Vorder- wie Hinternabe (Kassettennabe) erhältlich, Ausführungsbeispiel: Pullstar.

High/Low-Naben Eine technisch sehr sinnvolle Hinterradnabe, bei der die Zahnkranzseite als Hochflansch und die Gegenseite als Niederflansch ausgelegt ist.

Sinn: Über die größere ▷ Speichenschräge rechts wird die hier aufgrund der asymmetrischen ▷ Einspeichung verlorengegangene ▷ Seitensteifigkeit des Hinterrades teilweise wieder ausgeglichen.

Darüberhinaus bietet diese Nabe einen leichten Gewichtsvorteil gegenüber reinen Hochflanschnaben und ermöglicht (bei ▷ Lochkreisdurchmesser um 70 mm auf der rechten Seite) wie die Hochflanschnabe einen Speichenwechsel bei ▷ Kriteriums-Übersetzung über die Ritzel hinweg. Weiterhin wird das High/Low-Prinzip auch bei Sondernaben wie Trommelbremsnabe eingesetzt.

Knopflochnabe Hier sind die Speichenlöcher auf dem zahnkranzseitigen Flansch oder beidseitig knopflochartig gelängt, so daß die Speichenköpfe direkt eingehängt werden können, v.a. ohne Demontage des Zahnkranzes. Ausführungsbeispiel: Maxicar (Abb. 17).

Diese Bauweise hat sich nicht durchsetzen können, zumal auch "Zick-Zack-Speichen" (s. ▷ Speichen: Reparaturspeiche) direkt und ohne Zahnkranzdemontage in normale Nabenflansche eingehängt werden können.

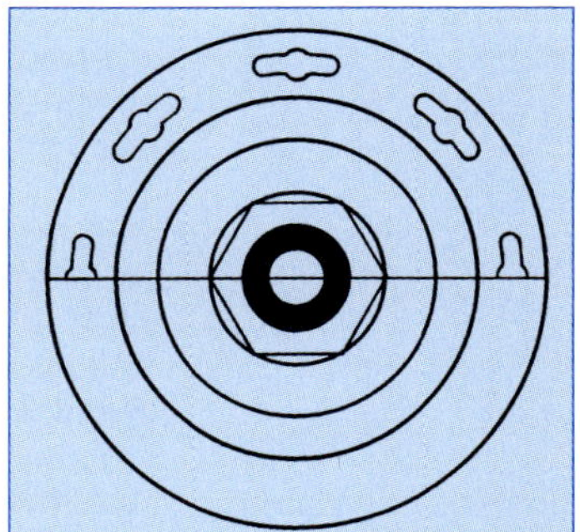
Abb. 17

Bahnradnaben Nabe mit weiter auseinander liegenden Flanschen, wodurch sich eine höhere ▷ Seitensteifigkeit der Laufräder erzielen läßt.

Radialnaben Achtung: Normalnaben sollten nie radial eingespeicht werden! Sie sind für die hohe radiale Zugbelastung nicht ausgelegt und reißen daher früher oder später am Flansch aus.
Für die ▷ Radialspeichung sind daher spezielle Naben konstruiert worden, die es für konventionelle Speichen mit Bogen und für gerade Speichen gibt :

Abb. 18

Tomo-Nabe Diese Nabe ist für Radialspeichung mit konventionellen Speichen (mit Bogen) ausgelegt:
Der Flansch überragt die Speichenbohrungen um volle 10 mm, damit sind Flanschausrisse wirksam verhindert.
Die Speichen werden außerdem in einer ▷ Nut geführt, so daß auch beim Hinterrad ▷ Antriebs-Drehmomente besser übertragen werden können (kein Verdrehen der Speichenbögen im Flansch), Abb. 18.

Shamal-Nabe Für die ▷ Shamal-Laufräder von ▷ Campagnolo konzipierte Nabe, die mit bes. viel "Fleisch" über den Speichenlöchern ebenfalls speziell für die Belastungen der Radialspeichung ausgelegt ist (beim Hinterrad wird allerdings die rechte Seite gekreuzt), Abb. 19.

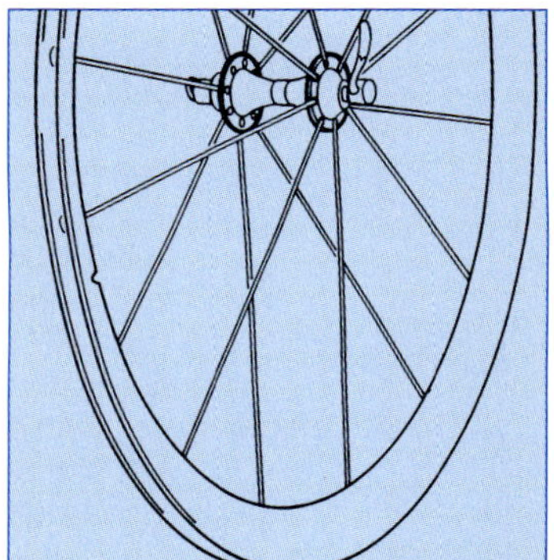
Abb. 19

Sonnenradnaben Entwicklung der TH Aachen (Serienausführung 1988 von Weco; 1994 von Mavic) für Speichen ohne Bogen, die der Industrie Vorteile bei der Laufradfertigung bietet, da diese Nabe das maschinelle Einlegen der Speichen ermöglicht/erleichtert (Abb. 20):

Zur Anwendung kommen gerade Speichen ohne Bogen, die radial in einen geschlitzten Flansch eingehängt werden.
Nachteil: Bei hohen Antrittskräften wird die Hinterradfelge sehr stark belastet (nicht für antrittsstarke Radsportler geeignet), da ▷ Radialspeichung stärkere ▷ Zugkräfte auf sie bedingt (Felgenbettrisse um die Nippellöcher). Daher ist diese Nabe zumindest für Felgen unter 450 g ungeeignet.

Abb. 20

Roval-Naben

Sonderform der Sonnenradnabe, bei der die Speichen des Hinterrades gekreuzt werden (Abb. 21). Die hierzu verwendeten ▷ Hammerkopfspeichen besitzen ebenfalls keinen Bogen, sind aber als ▷ Aero-Speichen ausgeführt; s.a. ▷ Roval-Laufräder.

Abb. 21

Scheibenrad- u. Composite Wheel-Naben

Sondernaben aus Aluminium und Carbon ohne Speichenlöcher (Abb. 22). Sie werden entweder gleich bei der Fertigung der Laufräder in diese integriert oder nachträglich eingeklebt. Interessant sind die Mavic-Nabenpatronen, die auswechselbar sind und aus einem Vorderrad ein Hinterrad machen können oder umgekehrt.

Scheibenräder haben zur Sonderanfertigung von ▷ Naben geführt, wobei entweder die ▷ Lagerschalen oder ▷ Industriekugellager gleich in den Carbonkörper eingesetzt werden, oder mittels spezieller Klebeflansche eine intensivere Kontaktierung zwischen ▷ Flansch und Scheibe hergestellt wird.

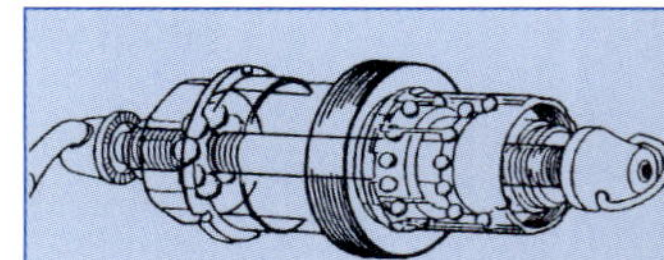

Abb. 22

Federgabel-Naben

Zum Standard geworden sind mittlerweile Naben, deren Mittelteile und Nabenachsen dicker ausgeführt sind, um so quasi als untere Brücke das ungleiche Eintauchen der Teleskopfedergabelbeine zu eliminieren (Abb. 23). Aus optischen Gründen hat sich diese Nabenform auch für Hinterradnaben etabliert.

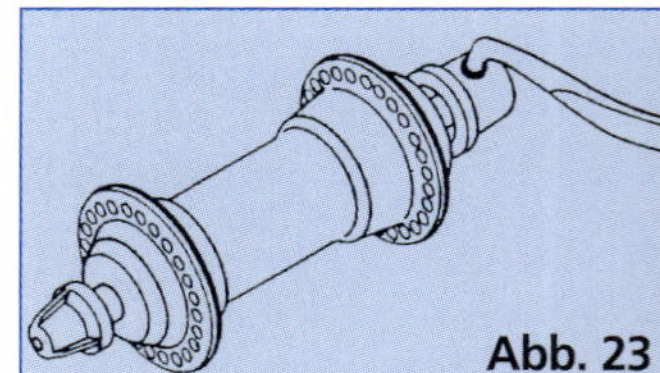

Abb. 23

Nabenachse

Die Achsen der ▷ Laufräder sind fest in die vorderen bzw. hinteren ▷ Ausfallenden eingespannt. Um sie herum rotieren die kugelgelagerten Naben - und mit ihnen Felgen und Reifen. Nabenachsen treten in zwei grundsätzlichen Bauarten auf:

Vollachse

Beim preiswerten ▷ Gebrauchsrad bestehen die Achsen aus Vollmaterial und werden mit Muttern in den ▷ Ausfallenden befestigt (Abb. 24).
Vollachsen sind weniger belastbar als ▷ Hohlachsen und daher weniger resistent gegen ▷ Achsverbiegung, s.a. ▷ Vollachsen.

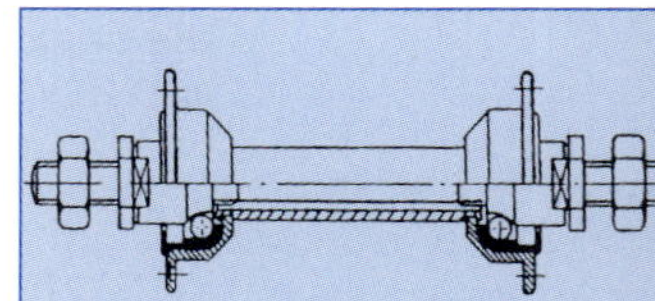

Abb. 24

Hohlachse

Beim höherwertigen Rad wird demgegenüber die Kombination Hohlachse + Schnellspanner bevorzugt (Abb. 25). Sie ermöglicht nicht nur einen schnelleren Laufradwechsel, durch die Wirkung der ▷ Vorspannung wird sie auch deutlich belastbarer als die Vollachse. Näheres s. ▷ Hohlachse.

Sonderachsen

1. Achsen von ▷ Nabenbremsen (i.d.R. Vollachsen) und ▷ Nabenschaltungen (i.d.R. Hohlachsen) haben Klemm- oder Zentriervorrichtungen, um Brems- oder Getriebeelemente auf ihnen fixieren und justieren zu können. Hierbei können bauartbedingt neben ▷ Biegebelastungen auch ▷ Torsionsbelastungen auftreten.

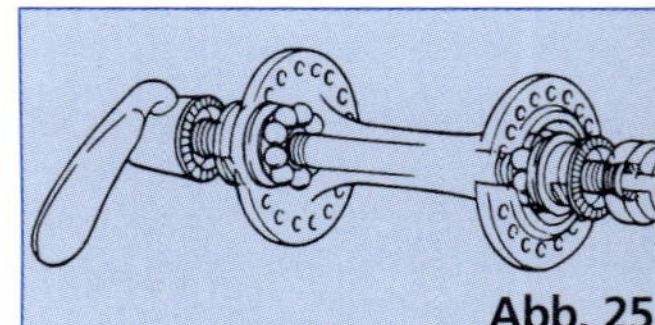

Abb. 25

2. Nabenachsen, die nur einseitig befestigt sind und ähnlich wie die ▷ Pedalachse als ▷ Träger gleicher Biegespannung ausgeführt sind. Diese Bauweise wurde bei einigen Carbon-Rennrädern realisiert (▷ Einschwingenrahmen) und ist bei ▷ Achsschenkellenkung unverzichtbar.
3. Steckachsen: Im Fahrradbereich seltenes Befestigungsmittel von Laufrädern: Die Steckachsen reichen durch ▷ Lagerung und ▷ Ausfallenden hindurch und werden am Ende durch herkömmliche Schraubenmuttern oder ▷ Inbusschrauben befestigt. Einzelheiten s. ▷ Steckachse.

Belastung

Abhängig vom Fahrertyp bzw. Fahrweise und Bodenbeschaffenheit kann man folgende Höchstbelastungen für Nabenachsen ansetzen:

Rennrad	Vorderrad Hinterrad	2.000 - 3.000 N* 5.000 - 7.500 N
MTB	Vorderrad Hinterrad	3.500 - 5.000 N 7.500 - 10.000 N
* s. ▷ physikalische Einheiten.		

Materialien

Standardwerkstoff ist ▷ Stahl (bei Billigachsen häufig nur kaltverfestigt, bei höherwertigen Ausführungen vergütet). Hochwertige Nabenachsen werden z.T. auch aus ▷ Titan oder ▷ Aluminium gefertigt und sollten aufgrund des geringeren ▷ Elastizitätsmoduls entsprechend voluminöser dimensioniert sein oder durch entsprechende technische Konstruktion (s. ▷ Nabenlagerung: Phil Wood) erhöhte Biegesteifigkeit bekommen.

Abmessungen

Der *Durchmesser* bei *Vorderradnaben* von ▷ Kinderrädern und einfachen Standardfahrrädern beträgt 8 mm, der von sportlich genutzten Fahrrädern bzw. höherwertigen ▷ Gebrauchsrädern 9 mm.
Bei den *Hinterradnaben* liegt der Durchmesser in der ersten Gruppe bei 9,3 mm, der zweiten bei 10 mm.
Bei ▷ *Nabenschaltungen* beträgt der Achsdurchmesser 10,5 mm, besitzt aber an den Enden zwei 10-mm-Flächen zwecks Einführung in die ▷ Ausfallenden.

Bei den *Achslängen* gelten folgende Faustregeln für die Bestimmung der Mindestachslänge, um genügend überstehende Gewindegänge für die Befestigungsmuttern zu erhalten:

Vollachse ▷ Einbaumaß + 35 mm;
Hohlachse Einbaumaß + 8 - 10 mm;

Zur Befestigung von *Hohlachsen* muß mindestens ein Stummel von 3,5 mm im Ausfallende geführt sein, woraus sich für beide Naben ein Achslänge von Einbaumaß + 7 mm ergibt. Zu *Gewindeabmessungen* der Nabenachsen s. Tabelle ▷ Fahrradgewinde.

Nabenbremsen

In die ▷ Nabe integrierte oder an ihr befestigte Bremse. Typen: Rücktritt-, Trommel-, Scheiben-, Bandbremse. Einzelheiten s. ▷ Bremsen: Nabenbremsen.

Nabendynamo

In die Vorderradnabe integrierter und damit völlig durchrutschsicherer ▷ Dynamo mit dem höchsten ▷ Wirkungsgrad der z.Zt. erhältlichen Fahrradlichtmaschinen. Einzelheiten s. ▷ Beleuchtung: Dynamo-Lichtanlage.

Nabenflansch

Tellerartige Ausbildung der Nabenenden mit Löchern zur Aufnahme der Speichen, Einzelheiten s. ▷ Naben: Allgemeines (Abb. 26).

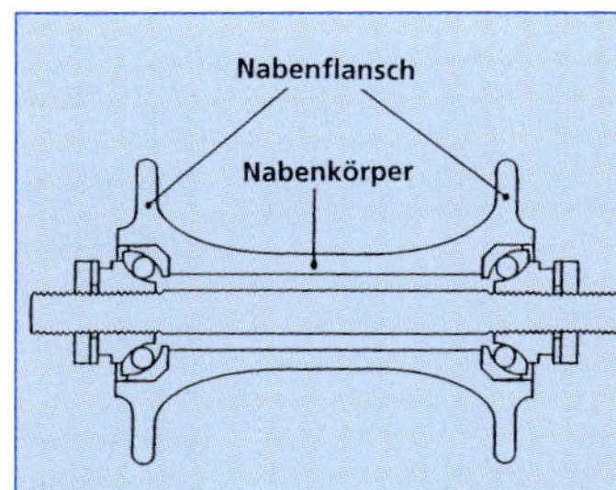

Abb. 26

Nabenkörper

Grundkörper der Nabe, der aus den ▷ Nabenflanschen und dem sie verbindenden - und die ▷ Nabenachse aufnehmenden - Mittelteil besteht.

Nabenlagerung

Konstruktion, die den Körper einer ▷ Nabe möglichst reibungs- und spielfrei um die feststehende ▷ Nabenachse rotieren läßt.

I.d.R. kommt die Nabenlagerung mit zwei ▷ Lagern aus (auf jeder Seite eins), bei einigen Kassettennaben oder Sonderbauten werden bisweilen auch drei oder sogar vier Lagerelemente eingesetzt. Am gebräuchlichsten ist das ▷ Konuskugellager, vermehrt finden aber in letzter Zeit auch ▷ Wälzlager Eingang in die Nabenlagerung, Einzelheiten zu beiden Lagertypen s. ▷ Lager.

besondere Lagerungen

Neben den vorgenannten Normallagerungen, wie sie sich an den meisten Fahrrädern finden, gibt es einige interessante Sonderausführungen von Nabenlagerungen:

Campagnolo

Eine sinnvolle Variante des klassischen Konuskugellagers findet sich bei den ▷ Kassettennaben des ital. Edelherstellers ▷ Campagnolo (Abb. 27):

Besonderheit: Nur der linke äußere Konus ist schraub- und damit einstellbar, der rechte Konus ist fest auf den Achskörper eingearbeitet. Vorteil ist eine biegesteifere Konstruktion mit verdickter Achse: Die bis hinter den Nabenflansch gezogene Lagerstelle ist 54 mm vom ▷ Ausfallende entfernt und unterliegt gegenüber anderen Naben einer vermehrten Biegebelastung. Durch eine Achsverdickung in diesem Bereich von üblichen 10 mm auf 13 und 14 mm wird hier, samt der noch dickeren Konuslaufbahn, die ▷ Biegesteifigkeit der Achse deutlich erhöht (unter dem ▷ Kassettenkörper wird die Achse wieder auf 10 mm reduziert).

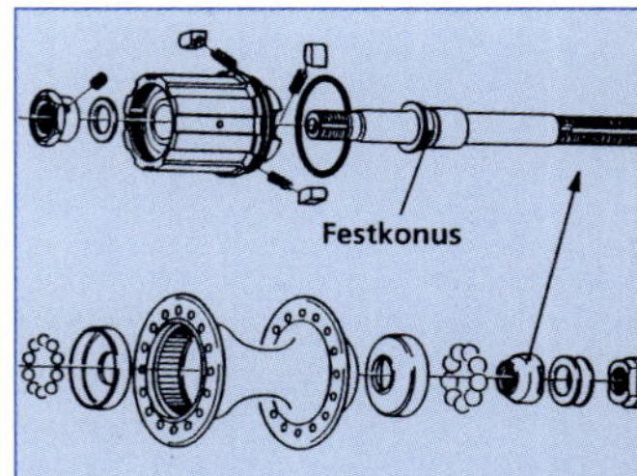

Abb. 27

Mavic

Der frz. Hersteller demonstriert eine - sonst im Fahrradbereich unübliche - klassische Maschinenbaulagerung mit ▷ Fest- und ▷ Loslager, Einzelheiten s.d.

Phil Wood

Einfach, aber genial lagert der Amerikaner Phil Wood seine Naben (Abb. 28): Die ▷ Innenringe seiner ▷ Industriekugellager werden von den ▷ Gegenmuttern fest auf das auf beiden Seiten verdickte Achsmittelteil gedrückt, was zunächst schon mal die Biegesteifigkeit der Achse deutlich erhöht.

Die ▷ Außenringe liegen nicht direkt im Nabengehäuse an, sondern auf jeweils einer dazwischen befindlichen sog. ▷ Wellscheibe (Funktion s.d.). Mit der federnden Wirkung der Wellscheibe wird eine leichte Axialkraft auf die Industriekugellager ausgeübt, die ein axiales Spiel ausschließt und sogar Wackeln nach einer gewissen Einlaufzeit vermeidet.

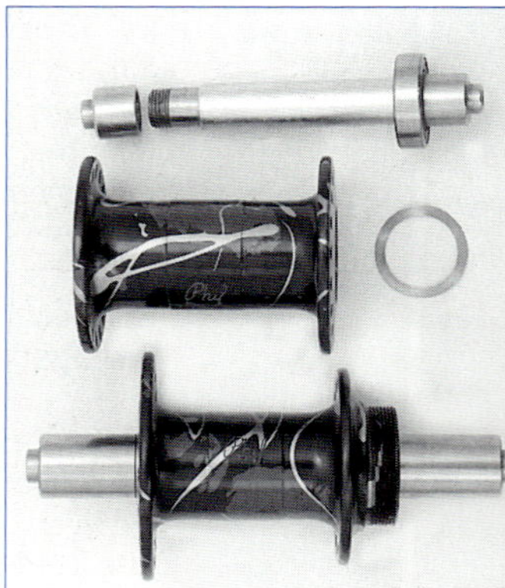

Abb. 28

Nabenschaltung

Zur Änderung der ▷ Übersetzung dienendes ▷ Planetengetriebe in der Hinterradnabe (Abb. 29), mit dem sich je nach Bauart 2-12 ▷ Gänge realisieren lassen. Einzelheiten s. ▷ Schaltung: Nabenschaltung, s.a. ▷ Schaltungseinstellung.

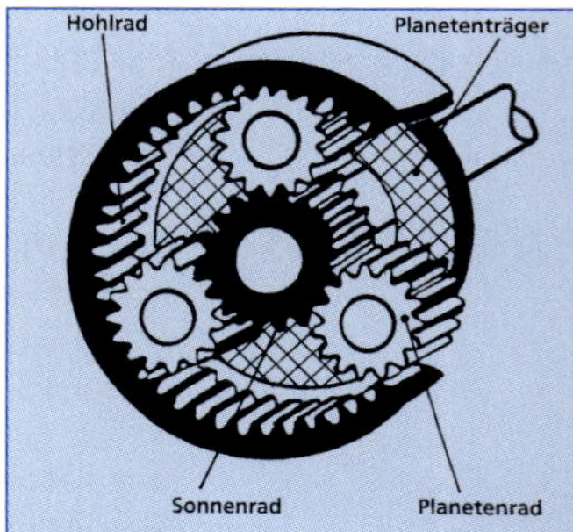

Abb. 29

Nachlauf

Abstand auf der Fahrbahn , mit dem der Aufstandspunkt des Vorderrades der verlängerten Mittelachse des ▷ Steuerrohres "nachläuft" (Abb. 30).

Der Nachlauf beeinflußt entscheidend das ▷ Fahrverhalten von Zweirädern, da er für die ▷ Kreiselkräfte des Vorderrades einen Hebelarm darstellt, mit dem diese das einspurige Zweirad während der Fahrt fast automatisch stabilisieren (s.a. ▷ Geradeauslauf, ▷ Gleichgewicht). Einfluß unterschiedlicher Nachläufe auf das Fahrverhalten (neben ▷ Radstand und ▷ Fahrerschwerpunkt):

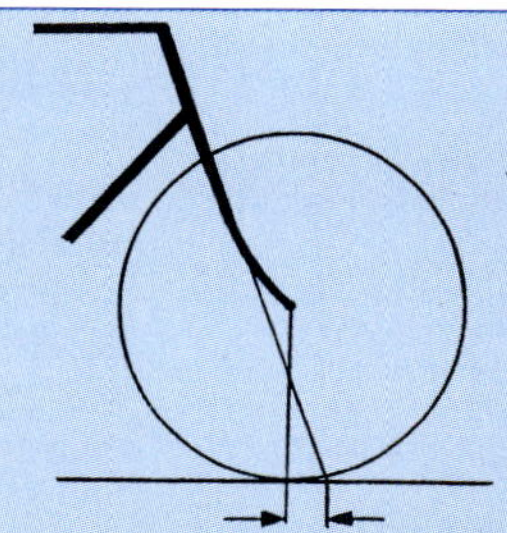

Abb. 30

langer Nachlauf Je länger der Nachlauf, desto *richtungsstabiler* ist das Fahrverhalten bei hohen Geschwindigkeiten - umso höher freilich fallen auch die erforderlichen Lenkkräfte bei Richtungskorrekturen aus und umso schwieriger läßt sich bei langsamen Geschwindigkeiten ein einspuriges Zweirad steuern (Lenkung "wackelt") und freihändig fahren.

kurzer Nachlauf Je kürzer der Nachlauf ist, umso *wendiger* wird das Fahrzeug und umso leichter läßt es sich bei niedrigen Geschwindigkeiten steuern - bei hohen Geschwindigkeiten allerdings nehmen Flatterverhalten und Geradeauslaufschwierigkeiten zu.

unterschiedliche Realisierungen des Nachlaufs Der Nachlauf wird konstruktiv durch das Zusammenspiel von ▷ Steuerwinkel und ▷ Gabelbiegung bestimmt, wobei zunehmende Werte den Nachlauf jeweils verringern, abnehmende vergrößern ihn. S. a. Tabelle: Sinnvolle Nachlaufmaße für verschiedene Fahrradtypen (Abb. 31).

Abb. 31: Sinnvolle Nachlaufmaße für verschiedene Fahrradtypen

Fahrradtyp	Steuerrohrneigung in °	Gabelvorbiegung in mm	Nachlauf in mm
Rennrad	72,5 - 74	40 - 55	50 - 60
Tria-Rad	71,5 - 73	35 - 50	55 - 65
MTB	70,5 - 72,5	40 - 55	65 - 75
Reiserad	71,5 - 74	40 - 60	50 - 65
Gebrauchsrad	70,5 - 72,5	55 - 65	55 - 65

Beispiele: Ein Nachlauf von 6 cm läßt sich z.B. mit einem Steuerwinkel von 74° und einer Gabelvorbiegung von 4 cm erreichen (Abb. 32) - ebenso aber auch mit einem flacheren Steuerwinkel von 71° (vergrößert Nachlauf) und einer stärkeren Gabelvorbiegung von ca. 6,3 cm (verkleinert ihn), Abb. 33.
Miteinander verglichen ist der Nachlauf mit dem steileren Steuerwinkel und der kürzeren Gabelvorbiegung leichter zu handhaben (Vorderrad dreht mehr auf dem Punkt), während die flachere Ausführung das Vorderrad mehr seitlich schwenkt, so daß es z.B. schwieriger ist, durch eine Spurrille zu zirkeln (Vorteil dagegen ist der bessere Federkomfort der weiter gebogenen Gabel).

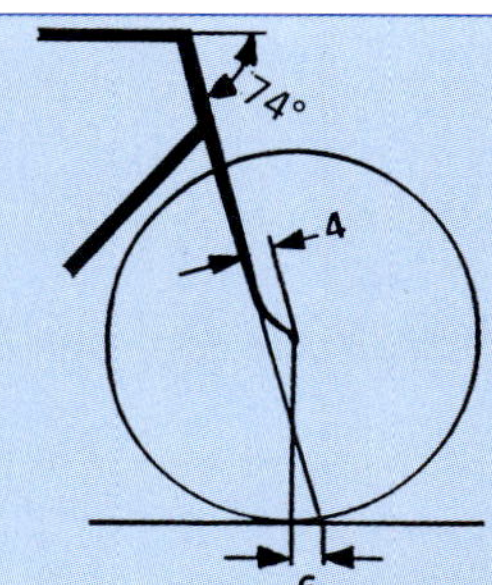

Abb. 32

Faustregel Je höher der Kreuzungspunkt zwischen verlängerter Steuerrohrmittelachse und der Senkrechten von der Nabe zum Boden ausfällt, desto leichter und wendiger wird das Steuerverhalten des Fahrzeugs. Optimum: Schnittpunkt 25 cm über dem Boden. Wandert der Schnittpunkt höher, so reagiert die Lenkung zu nervös.

Weitere Informationen s. ▷ Rahmengeometrie, ▷ Rahmenbau, ▷ Richtkraft.

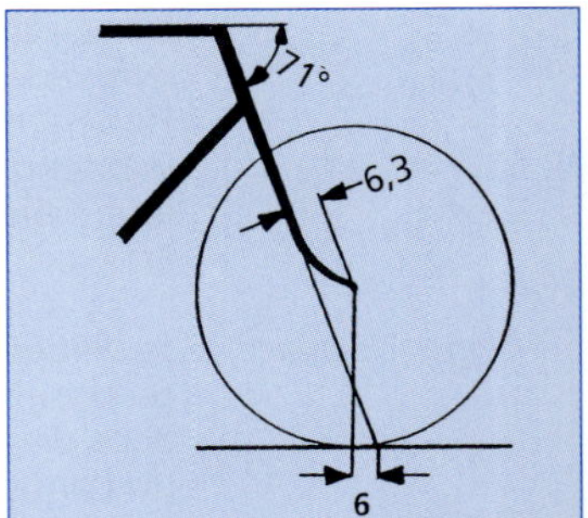

Abb. 33

Nachschwingen

Eigenschaft elastischer Körper, nach einer Verformung ähnlich wie eine Klaviersaite noch eine Zeitlang um die Ausgangslage herum zu schwingen (Abb. 34).
Nachschwingen wirkt sich besonders bei ▷ Fahrradfederungen störend aus und kann dort mittels ▷ Dämpfung nahezu völlig vermieden werden.

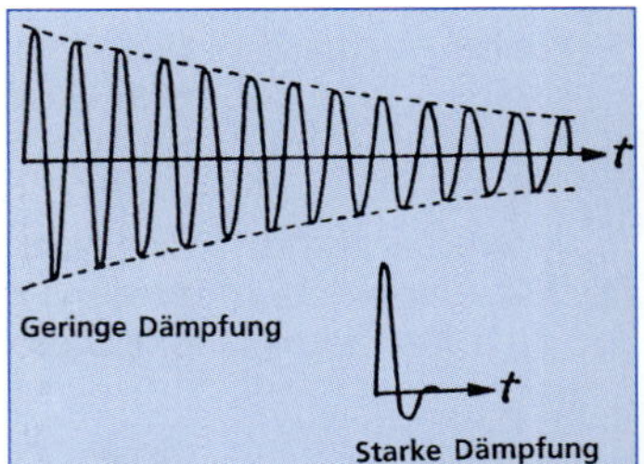

Abb. 34

Nachzentrieren

Durch das "Setzen" und "Lockern" von Speichen, durch Nippellosdrehen sowie plastische Verformungen in Nabenflansch und Felge ist bei ▷ Laufrädern gelegentlich ein Nachzentrieren erforderlich, um wieder ein perfekt rundlaufendes Rad zu erreichen. Zur Vorgehensweise s. ▷ Zentrieren.
Da sich Speichen im Fahrbetrieb nur lockern, aber nicht selbsttätig festziehen können, sollte man beim Nachzentrieren nur durch Anziehen der Nippel Unrundheiten der Felge (▷ Seitenschlag; ▷ Höhenschlag) auszentrieren.

Nadellager

▷ Wälzlager-Typ, bei dem zwischen Innen- und Außenring keine Kugeln, sondern langgestreckte Nadeln auf planem Innenring oder gleich auf der Achse bzw. Welle rollen (Abb. 35).

In zylindrischer Bauart kann ein Nadellager sehr hohe ▷ Radialkräfte aufnehmen, aber keine Querkräfte, also ▷ Axialkräfte. Werden Innen- und Außenring jedoch kegelig ausgebildet, so nimmt das Lager beide Kräftearten auf.
Verglichen mit einem Kugellager hat man größere Reibungsverluste, aber einen weitaus geringeren Verschleiß bzw. man kann bei kleiner Bauart hohe Kräfte übertragen.
Anwendung am Fahrrad: zylindrische Ausführung bei ▷ Tret-, ▷ Naben-, ▷ Pedallager sowie bei der Lagerung von ▷ Schaltungsrädchen, in kegeliger Ausführung beim ▷ Steuersatz.

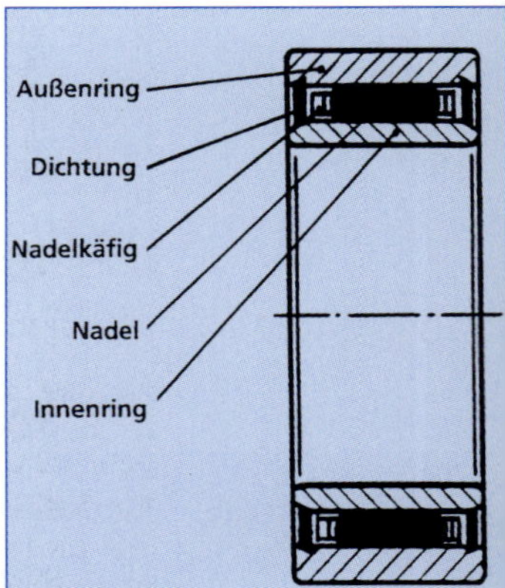

Abb. 35

Naht

Fügestelle von miteinander verbundenen Teilen oder - bei Rohr und ▷ Schlauchreifen - eines Teils zu einem runden Teil; s. dagegen ▷ Felgenstoß. Fügemittel ist i.d.R. ▷ Schweißen, beim Schlauchreifen Nähen.
Nähte sind i.d.R. Schwachstellen und sollten daher so plaziert werden, daß sie weniger belastet werden. So sollte z.B. die Naht geschweißter Rohre beim Fahrradrahmen in der sog. ▷ neutralen Zone, also seitlich liegen.

Nahtschutzband

Mit Gummilösung aufgeklebtes oder einvulkanisiertes Textilband bei ▷ Schlauchreifen, das die mechanische Belastung der Reifennaht mindert und sie vor äußeren Beschädigungen durch scharfe Grate oder Kanten schützt (Abb. 36).

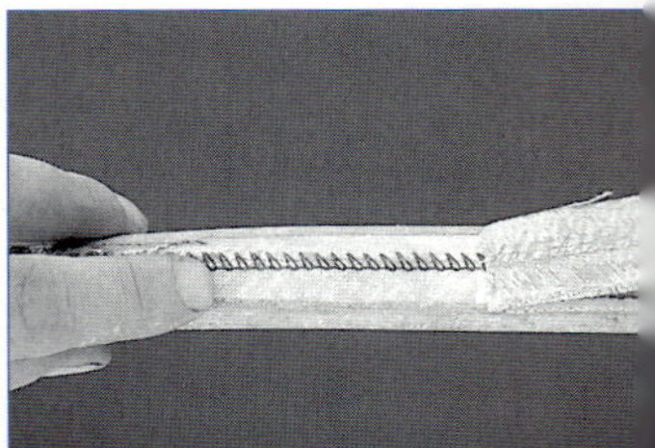
Abb. 36

Nasenscheibe

Scheibe, die in ihrem Innenrund eine "Nase" vorstehen hat und in einer ▷ Nut geführt wird. Sie verhindert beim ▷ Kontern das Mitdrehen der zu konternden Mutter bzw. erübrigt deren Gegenhalten (Abb. 37).

Anwendung: ▷ Steuersatz, ▷ Nabenlager, ▷ Pedallager und ▷ Thompson-Tretlager (z.T. auch in Schalthebeln).

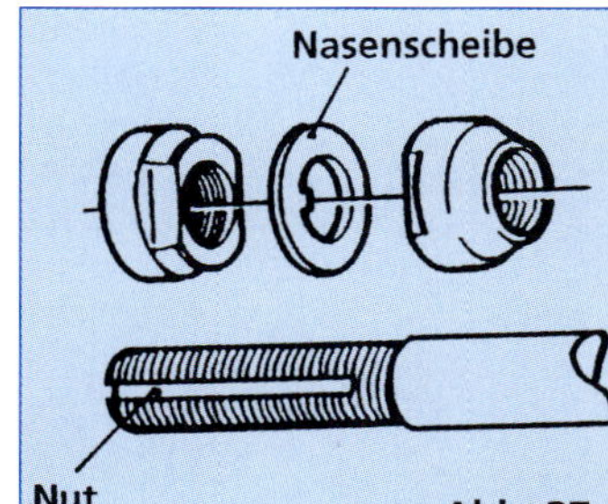

Abb. 37

Naßbremsgummi

Spezielle ▷ Bremsgummis von ▷ Felgenbremsen, denen faserige, härtere oder körnige Bestandteile beigemischt werden, um den Bremsweg auch bei feuchter Witterung kurz zu halten (Abb. 38). Beim Anpressen auf die Felge drücken dann die härteren Beimischungen schneller durch den reibungsmindernden Wasserfilm. Als Nachteil resultiert daraus entweder erhöhter Felgenverschleiß, oder die Bremsgummis nutzen sich schneller ab. Klassische, im Handel erhältliche Naßbremsgummis: "Kool-Stop" von Weinmann; "Super-Stop" von Altenburger; "Aztec"-Bremsgummis. S.a. ▷ Naßbremsung.

Zur Wirksamkeit von Naßbremsgummis bei nassen gegenüber trockenen Bedingungen s. die Tabelle bei ▷ Naßbremsung.

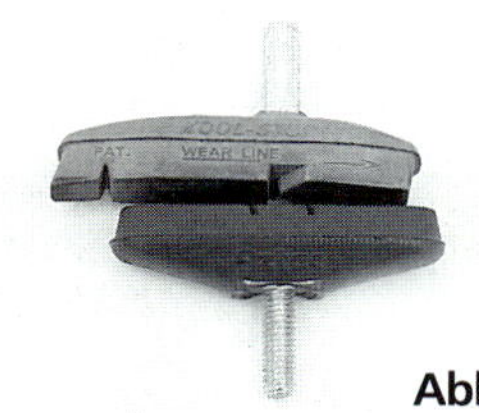

Abb. 38

Naßbremstest

Im Rahmen der ▷ DIN 79100 vorgeschriebener Test, der eine *Mindestverzögerung* bei Nässe von z.Zt. noch 1,4 m/sec^2 festlegt, der Wert soll aber erhöht werden (zum Begriff s. ▷ Bremsbeschleunigung) (Abb. 39).

Um zu reproduzierbaren Ergebnissen zu kommen, wird aber entgegen realistischen *Praxisbedingungen* - s. ▷ Naßbremsung: Hintergründe - die Felge ständig mit Wasser bespült. Die unter diesen Bedingungen festgesetzten alten Werte sind zwar etwas hochgegriffen, führten aber auf jeden Fall zu einer drastischen Verbesserung der Fahrradfelgenbremsen.
Diese an sich begrüßenswerte Entwicklung hat allerdings auch negative Auswirkungen auf die Bremssicherheit - durch zu hohe Bremswirkung:

1. Nach zwei bis fünf Laufradumdrehungen bremst sich die Felge trocken, wobei binnen weniger Zehntelsekunden die Bremswirkung drastisch ansteigt (Faktor 3-7) und zum Blockieren der Laufräder führen kann.
2. Bei Trockenbremsung ist die Bremswirkung nun so hoch, daß bei unbedarftem, beherztem Bremszugriff (Gefahrensituationen) Blockiergefahr des Vorderrades besteht und damit Sturzgefahr; vgl. hierzu auch ▷ ABS und ▷ Bremskraftbegrenzung.

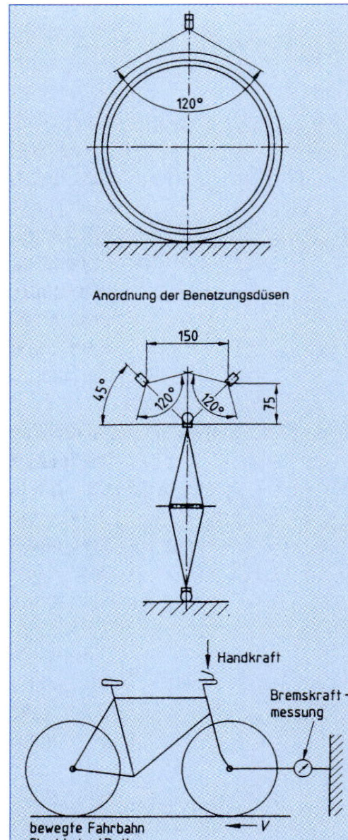

Abb. 39

Naßbremsung

Oberbegriff für die Auswirkungen von feuchter Witterung auf das Bremsverhalten von Fahrzeugen.

Durch den Zutritt von Wasser verändern sich zwei entscheidende Faktoren beim Abbremsen eines Fahrrades:

1. die ▷ Traktion zwischen Reifen und Fahrbahn verringert sich (bei Naturtrassen oft erheblich);
2. bei ▷ Felgenbremsen verringert sich der ▷ Reibungskoeffizient (▷ Reibbeiwert; bleibt bei ▷ Nabenbremsen von Nässe unberührt).

kritisch bei Felgenbremsen

Aus 2. ergibt sich, daß die Naßbremsung ausgerechnet beim häufigsten Bremsentyp ein Problem ist:

Der Reibwert hängt nämlich nicht nur vom verwendeten Bremsgummi, sondern auch vom Felgenmaterial ab. *Stahlfelgen* haben bei Nässe i.A. die schlechteste Reibwirkung, ungünstig sind in dieser Hinsicht auch die an sich hochwertigen hartanodisierten bzw. eloxierten Aluminiumfelgen, während die unbehandelte (preßblanke) *einfache Aluminiumfelge* am besten abschneidet. Übertroffen werden sie noch von den künstlich angerauhten Felgen sowie von keramikbeschichteten Felgen (s.u.).

Einzelheiten des Bremsverhaltens können Sie der folgenden Tabelle entnehmen.

Tab.: **Mittlere Reibwerte von Bremsgummis auf handelsüblichen Aluminium-Felgen**

	Reibwerte naß/trocken bei Felgenoberfläche: preßblank	überschliffen	eloxiert	Keramik
Standard	0,2/0,7	0,22/0,7	0,1/0,75	0,35/0,65
Naßbremsgummi	0,25/0,65	0,25/0,65	0,2/0,7	0,3/0,65
	Reibwerte bei verchromten Stahlfelgen:			
Standard	0,07/0,6			
Naßbremsgummi	0,17/0,55			

Anmerkung: Die Reibwerte variieren in der Praxis durch die Planparallelität der Felgen/Brems-Flanken zueinander.

Hintergründe

Der Begriff Naßbremsung ist insofern etwas irreführend, als Wasser im Normalfall (Regen) ja bereits durch die Fliehkraft der sich drehenden Reifen abgeschleudert wird bzw. nach spätestens einer Radumdrehung vom Bremsgummi abgestriffen ist (wer bremst schon bei einer Flußdurchquerung, dem einzigen Fall, bei dem die Felge konstant benetzt bleibt?). Das wirkliche Problem ist ein hauchdünner Restfilm, der aber immer noch die Reibung zwischen Felge und Bremsgummi beeinträchtigt, wobei gerade diese Grenzschicht eine sehr intensive Bindung an die Metalloberfläche besitzt.

Abb. 40

Maßnahmen

Möglichkeiten, diesen Film zu durchbrechen und damit den Reibungskoeffizienten zu erhöhen, bestehen darin, einen oder beide Reibpartner griffiger zu gestalten:

härtere Bremsgummis

Spezielle ▷ Naßbremsgummis enthalten härtere Bestandteile, die den Naßfilm punktuell frühzeitig durchreißen. Nachteil: höherer Felgenverschleiß.

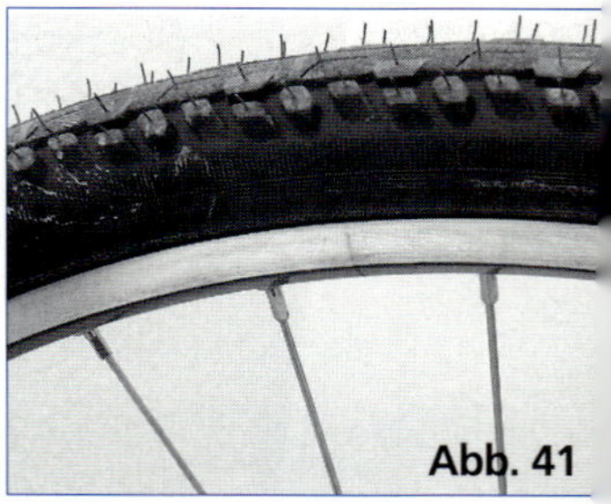
Abb. 41

Keramikbeschichtung

Eine spezielle Schicht auf den Felgenflanken (s. ▷ Keramikbeschichtung) verleiht diesen eine rauhere und damit reibungsträchtigere Oberfläche (Abb. 40). Nachteil: Unter trockenen Normalbedingungen verschleißen die Bremsgummis entschieden schneller.

aufgerauhte Felgenflanken

Mit grob überschliffenen Bremsflanken (Abb. 41) versuchen viele Hersteller, die Bremsnorm innerhalb der ▷ DIN 79 100 zu erfüllen. Dies ist eine recht vordergründige Maßnahme, da nach spätestens 1000-2000 km die rauhe Schicht glattgebremst ist, die Lebensdauer einer Felge aber bis zu 40.000 km betragen kann. Natürlich bremst sich auch die hartanodisierte oder eloxierte Schicht in einer ähnlichen Betriebsdauer ab, so daß das Bremsverhalten aller Alumiumfelgen die meiste Zeit ihres Daseins als annähernd gleich gelten kann.

Selbsthilfe: Verkleinern der Bremsgummifläche, um per höherer Flächenpressung den Wasserfilm schneller zu durchbrechen. Achtung: Kleinere Bremsgummis verschleißen schneller, daher häufigere Kontrollen der Gummis und ggf. Austausch vornehmen.

Naßlack

Übliche Beschichtung von Metalloberflächen mittels ▷ Lack, der zum Auftragen mit einem Lösungsmittel dünnflüssig, daher "naß" gemacht wird (i.G.z. ▷ Pulverbeschichtung).
Die i.d.R. aus Chlorkohlenwasserstoffen bestehenden Lösungsmittel sind nicht gerade umweltverträglich und werden daher z.T. schon durch moderne Lacke mit Wasser als Lösungsmittel ersetzt, vgl. ▷ Lacke.

Naturgummi

Landläufige Bez. f. durch ▷ Vulkanisieren aus ▷ Naturkautschuk hergestellten ▷ Gummi, s.d. und ▷ Latex (Abb. 42).

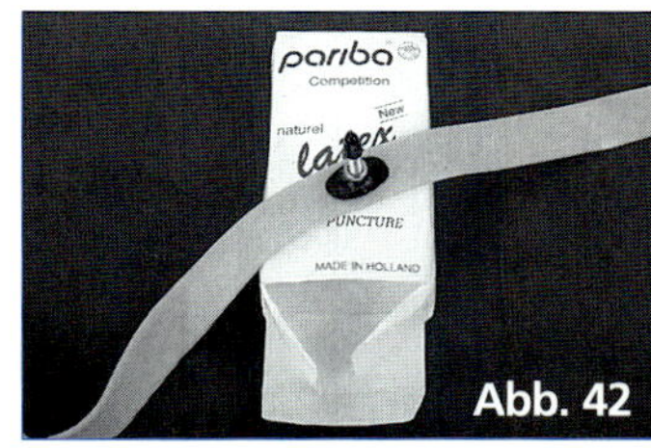

Abb. 42

Naturkautschuk

Aus dem Saft bestimmter Pflanzenarten gewonnener Rohgummi, der durch ▷ Vulkanisieren zu ▷ Naturgummi verarbeitet wird.

Neigung

Angabe geneigter Ebenen durch das Verhältnis Höhenunterschied zur Länge des Neigungsweges, die mathematisch als sinα ausgedrückt wird und in die Errechnung der ▷ Hangabtriebskraft eingeht. In geometrischen Termini ist dies das Verhältnis der Gegenkathete zur Hypothenuse, das auch als sinα in Grad angegeben wird (Abb. 43).

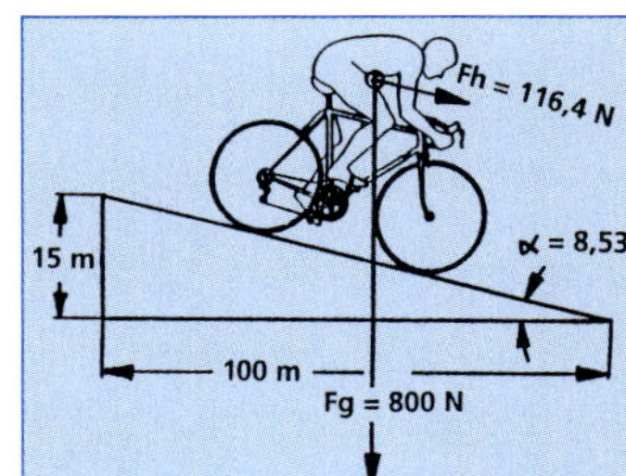

Abb. 43

Achtung: Die Neigung darf nicht mit der ▷ Steigung verwechselt werden, bei der Höhenunterschiede in Relation zur Grundlinie in Prozent angegeben werden (geometrisch: Verhältnis der Gegenkathete zur Ankathete = tan α).
Geometrie: Bei einer 15%igen Steigung beträgt die zu überwindende Höhe 15 m, die Länge des Neigungsweges 101,1 m. Das Verhältnis beträgt dann 0,148, was einem Winkel von 8,53° entspricht.

Nervenzellenform

Variation des ▷ Kreuzrahmens aus ▷ Carbon mit weichen Rohr-zu-Rohr-Übergängen.
Diese gegenüber dem Metallrohr-Kreuzrahmen organischere Formgestaltung ermöglicht einen besseren ▷ Kraftfluß und wurde z.B. beim ▷ Lotus-Rahmen erfolgreich angewandt. Weitere Einzelheiten s. ▷ Carbon-Rahmen; ▷ Rahmenformen.

Neutrale Zonen/Fasern

Bereiche von Bauteilen, in denen geringere Belastungen anfallen (Abb. 44).

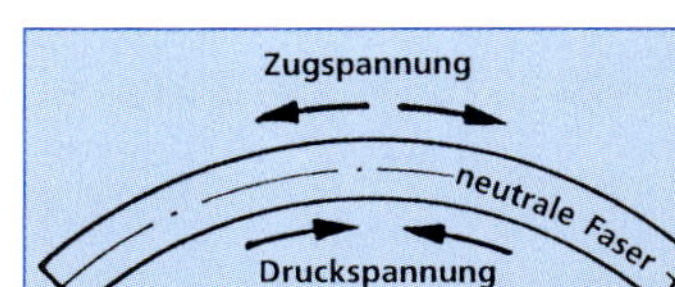

Abb. 44

Bei auf ▷ Biegung beanspruchten Rohren wäre das der seitliche Rohrbereich, s. Skizze, in den übrigens die Naht geschweißter Rohre plaziert wird. Werden Bauteile an Fahrrädern jedoch einer ▷ zusammengesetzten Belastung ausgesetzt, so entfällt eine neutrale Zone.

New Success

Hochwertigste ▷ Gruppe für Rennräder von ▷ Fichtel & Sachs.

Newton

Physikalische Maßeinheit der ▷ Kraft (Abk. N), benannt zu Ehren des engl. Physikers und Mathematikers Isaac Newton (1643 - 1727).

1 N ist definiert als die Kraft, die in der Lage ist, eine ▷ Masse von 1 kg mit 1 m/sec² zu beschleunigen. *Eselsbrücke* zu den umgangssprachlich verwendeten Einheiten kg und kp (s. physikalische Einheiten) ist der ungefähre Faktor 10: 100 N entsprechen etwa 10 kg/kp.
Die Krafteinheit Newton darf nicht mit der ▷ Masse verwechselt werden, vgl. auch ▷ Gewicht und ▷ Gewichtskraft.

Nichromieren

Verfahren zur Oberflächenveredelung, wobei eine Stickstoff-Chrom-Oxidschicht unter Wärmeeinfluß in die Oberfläche von Bauteilen eindiffundiert.
Anwendung am Fahrrad: ▷ Kettenbolzen (Abb. 45), ▷ Kettenrollen und Ritzelzähne (▷ Ritzel) werden durch Aufbringen der sehr harten Stickstoff-Chromoxydschicht verschleißfester gemacht.

Abb. 45

Nickel

Eisenähnliches, hartes und zähes Schwermetall mit gelblich weißem Glanz. Wie Eisen schmied-, schweiß- und magnetisierbar, ist es aber härter als dieses und findet im Fahrradbau vorwiegend in ▷ Legierungen Anwendung oder wird als Oberflächenschutz galvanisch aufgebracht.

Dichte: 8,9 kg/dm³ (gegossen: 8,4 kg/dm³);
Schmelzpunkt: 1.453 ° C;
Zugfestigkeit: 400-450 N/mm²;
Bruchdehnung: 50-70%;
Elastizitätsmodul: 239.000 N/mm² (gegossen 196.800 N/mm²).

Nickel wird als Legierungselement in ▷ Stahl verwendet und steigert dort die ▷ Zugfestigkeit sowie die Resistenz gegen Kerben und verbessert die Wärmeverträglichkeit (z.B. NiVa-Chrom-Rohre von ▷ Columbus).
Durch ▷ Galvanisieren aufgebracht, s. ▷ Vernickeln, schützt eine Nickelschicht auf Stahl vor Rost, da sich die Nickeloberfläche mit einer geschlossenen Oxydschicht überzieht, die weitere ▷ Korrosion verhindert.
Um die Jahrhundertwende wurden Fahrradstahlteile ausschließlich vernickelt, später aber noch von einer bläulich schimmernden, glänzenderen Chromschicht abgedeckt.

Zu ▷ Verchromung: Der klassische Aufbau einer Verchromung: 10 μ Kupfer, 5 μ Nickel, 2 μ Chrom.

Nickellot

Hochfestes und zum Stumpflöten von Fahrradrahmen eingesetztes ▷ Lot, das mit einer ▷ Zugfestigkeit von 800-950 N/mm² die Festigkeiten des Rahmenrohrmaterials erreicht, aber (ohne Silberzusatz) eine hohe ▷ Arbeitstemperatur besitzt (950-1050°C), was die Gefahr von Rohrschädigungen erhöht. Näheres s.a. ▷ Löten: Hartlöten sowie ▷ Nickel-Silber-Lot.

Nickel-Silber-Lot

Hochfestes und zum Stumpflöten von Fahrradrahmen eingesetztes ▷ Lot mit einer ▷ Zugfestigkeit von (700-850 N/mm²), dessen ▷ Arbeitstemperatur durch den Silberzusatz in den Bereich von 700-780°C abgesenkt werden kann, was materialschonender ist als z.B. die Verwendung von ▷ Nickel- oder ▷ Messinglot. Näheres s. ▷ Löten.

Niederflanschnabe

Übliche Fahrradnabe mit niedrig ausgeführtem ▷ Flansch (Flanschdurchmesser 38-45 mm gegenüber 70 mm bei ▷ Hochflanschnaben) (Abb. 46).

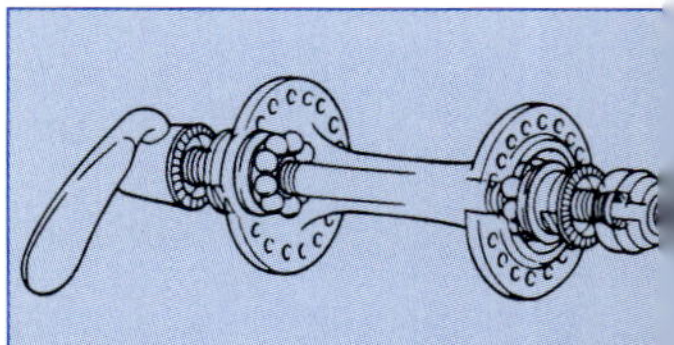

Abb. 46

Niederflanschnaben gestalten die ▷ Speichenschräge geringer als Hochflanschnaben, weshalb die mit ihnen bestückten Laufräder eine etwas geringere ▷ Seitensteifigkeit besitzen. Am Hinterrad fällt der Hebelarm der Speichen für den Speichenzug ebenfalls etwas geringer aus, wodurch die Speichen bei hohen Antrittskräften höher belastet werden. Durch die etwas größere ▷ Speichenlänge bieten Laufräder mit Niederflanschnaben jedoch etwas mehr ▷ Fahrkomfort. S.a. ▷ Naben.

Niederrad Auf das ▷ Hochrad folgende, heute übliche Form des Fahrrades, die anfangs aufgrund der geringeren Sturzgefahr auch "Sicherheitsrad" genannt wurde (Abb. 47: Safety von H.J. Lawson 1879). Möglich wurde das Niederrad durch die Entwicklung des ▷ Kettenantriebs mit ▷ Übersetzung der Antriebsenergie auf das Hinterrad. Dadurch erst konnten schnelle Fahrräder niedrig gebaut werden, was den Siegeszug des Velozipeds als Massenverkehrsmittel begründete.

Dabei kam den "Safetys" auch zustatten, daß durch das von ▷ Mannesmann 1885 patentierte ▷ Schrägwalzverfahren just in jener Zeit die massentechnische Fertigung von Stahlrohren möglich wurde. Dadurch erst wurden Fahrräder für breitere Kreise erschwinglich. Hinzu kam die 1888 von Dunlop erfundene Luftbereifung, wodurch Fahrkomfort und Leichtlaufeigenschaften entschieden verbessert wurden.

Nieten *1.* Mechanischer Vorgang, bei dem ein zylindrischer Körper am Ende aufgestaucht (aufgepilzt) wird. Das Nieten wird zum Verbinden von Teilen verwandt, am Fahrrad v.a. zum Verbinden der Kettenglieder (s. ▷ Kette), aber auch Befestigung von Schutzblechen, Klingeln oder Lampen auf Halteblechen, von ▷ Kettenblättern an Billig-Kurbeln (nicht auswechselbar) (Abb. 48).

2. andere Bez. f. ▷ Kettenbolzen (Plural).

Nietendrücker Werkzeug zum Trennen und Verbinden der Ketten von Rädern mit ▷ Kettenschaltung, s.a. ▷ Rohloff-Revolver (Abb. 49).

Nippel *1.* Kurzbez. f. ▷ Speichennippel (Abb. 50).
2. s. ▷ Bremszugnippel (Abb. 51 oben) und ▷ Schaltzugnippel (Abb. 51 unten).

Nippelband Andere Bez. f. ▷ Felgenband (Abb. 52).

Nippelloch Loch in der ▷ Felge zum Durchstecken des Speichennippels.

Nippelspanner Andere Bez. f. ▷ Speichenschlüssel (Abb. 53).

Nirosta Landläufige Bez. f. ▷ Edelstahl, die von "nie rostend" hergeleitet ist.

NORBA "**N**ational **O**ff-**R**oad **B**icycle **A**ssociation"; der US-amerikanische Mountainbiker-Verband war bis zum Ausbruch des weltweiten ▷ Mountainbike-Booms einziger Veranstalter offizieller ▷ MTB-Rennen. Die NORBA-Weltmeisterschaft mit fast ausschließlich US-amerikanischer Beteiligung war daher bis 1987 zugleich internationale WM, 1988 führte dies zu einer Doppel-WM, danach übernahm der internationale Radsportverband ▷ UCI die Regie.

Abb. 47

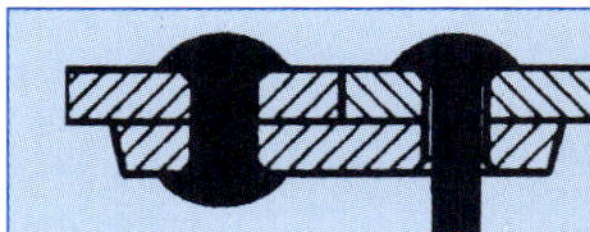
Abb. 48

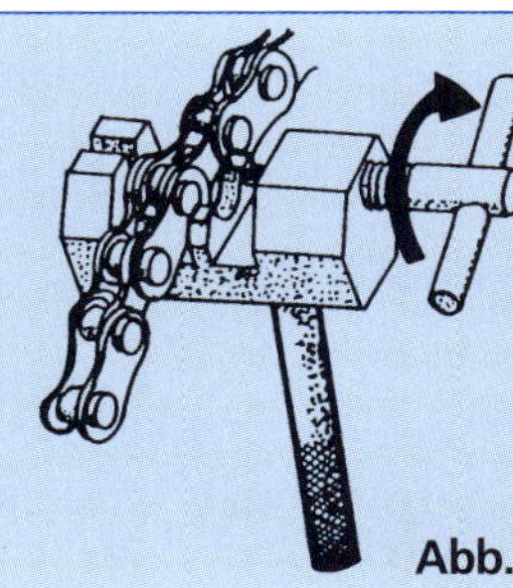
Abb. 49

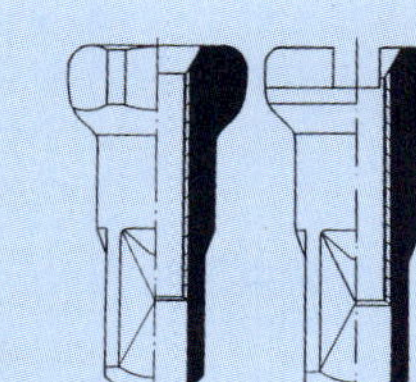
Abb. 50

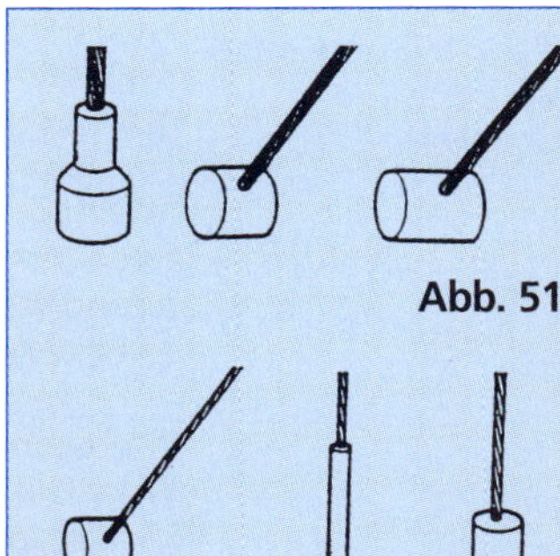
Abb. 51

Weltweit bekannt unter umweltbewußten Mountainbikern wurde der NORBA-Ehrenkodex: "Benimm Dich in der Natur, störe niemanden, mache nichts kaputt und hinterlasse nichts als die Spur Deiner Reifen."

Normalradler

Allgemeinbez. für Freizeit- und Alltagsradler, die ihr Fahrrad für kürzere Wege, aber auch zu kleineren Ausflügen einsetzen und dabei keine sportlichen Ambitionen haben (Abb. 54).
Der Begriff wird in der Literatur gerne gebraucht, um durchschnittliche Belastungen von Mensch und Material einzuordnen.

Normen

Vorschriften von Abmessungen oder Qualitätskriterien zur Vereinfachung, Austauschbarkeit und Qualitätssicherung von Produkten.
Am bekanntesten in Deutschland ist die "Deutsche Industrie-Norm" (▷ DIN); für Fahrradbelange darüber hinaus interessant: ▷ ETRTO; ▷ Brems-Norm; ▷ Fahrradgewinde; ▷ ISO; ▷ Felgennorm; ▷ ANSI; ▷ SNELL.

Normgewinde

▷ Gewinde, dessen Ausführungen und Abmessungen einheitlich festgelegt sind, s. Tabelle ▷ Fahrradgewinde.

Notlaufeigenschaften

Erwünschte Eigenschaft von Metallen für ▷ Gleitlager, um kurzzeitigen Schmierstoffmangel schadlos überstehen zu können.

Notlaufschmiereigenschaften

Eigenschaften von v.a. bleihaltigen Materialien von ▷ Gleitlagern, kurze Zeit auch ohne Schmierstoffe auszukommen, ohne daß es zum ▷ Fressen kommt.

Nuß

Landläufige Bez. f. das per Steckverbindung auswechselbare Teil von Ratschenschlüsseln (▷ Ratsche) zur Bewegung von Sechskant-Schrauben und -Muttern. Je nach Ausführung mit einem Innensechs- oder -zwölfkant versehen, wird die meist vierkantige Steckverbindung per Kugelsicherung gegen unabsichtliches Lösen geschützt.

In einem sog. "Nüssekasten" (Abb. 55) sind je nach Einsatzzweck Nüsse-Sortimente unterschiedlicher Größen enthalten, für Fahrradzwecke empfehlen sich die Größen 7-15 mm.

Praktisch sind die Nüssekästen auch wegen der Zusatz-Nüsse mit Inbus und Schraubenzieherklinge, mit der sich bes. festsitzende Schrauben

Abb. 52

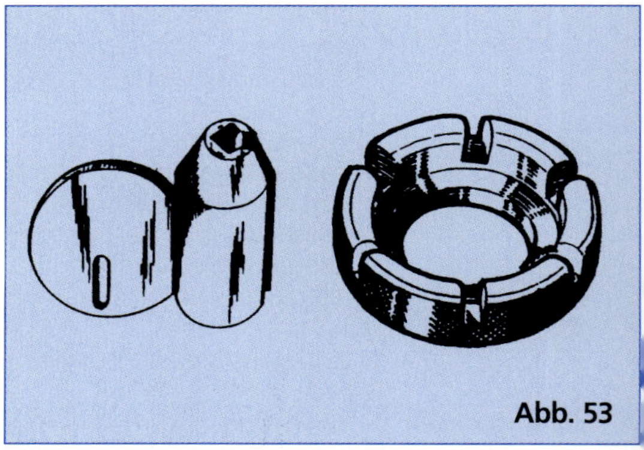

Abb. 53

Abb. 54

lösen lassen. Viele käufliche Reparaturwerkzeugsätze für Unterwegs greifen daher auch auf die unterschiedlichen Nußaufsätze zurück.

Nut

Vertiefung bes. in ▷ Achsen oder ▷ Wellen, um Teile mittels ▷ Nasenscheibe gegen Verdrehen zu sichern oder eine Führung zu erreichen (Abb. 56). Außerdem: Mittelrille im ▷ Felgenbett zur besseren Führung/Ausrichtung von ▷ Schlauchreifen.

Nylon

Ursprünglicher Markenname (DuPont 1938) für Polyamid, einem chlorfreien und damit relativ umweltverträglichen Kunststoff.

Nylonfäden finden am Fahrrad Anwendung als Gewebe in ▷ Karkassen von Reifen und bei ▷ Pannenschutzstreifen. Außerdem: Muttersicherung gegen ▷ Selbstlösen (▷ Nylonstopmuttern); bei weniger belasteten Kunststoffteilen werden z.T. auch ▷ Muttern und ▷ Schrauben aus Nylon eingesetzt.

Durch Zumischung von Glasfasern kann die Festigkeit gespritzter Nylonteile (Pedalkörper, Schaltungsteile u.a.) erheblich gesteigert werden.

Interessant ist übrigens, daß Nylon das Ausgangsmaterial für ▷ Kohlefasern ist (Verkohlung unter Luftabschluß), die Grundmaterial bei der Herstellung von ▷ Carbon sind.

Nylonstopmuttern

Schraubenmuttern mit aufgesetzter Büchse, in der ein gewindeloser Nylonring eingenietet ist. Beim Anziehen der Schraube quetscht sich das Gewinde in den Nylonring, der dann per erhöhter ▷ Reibung ein ▷ Selbstlösen der Mutter verhindert (Abb. 57).

Achtung: Nylonstopmuttern sollten nach ihrem Abschrauben ersetzt werden, da durch das Auf- und Abdrehen die Reibung und damit auch die Selbsthemmung abnimmt.

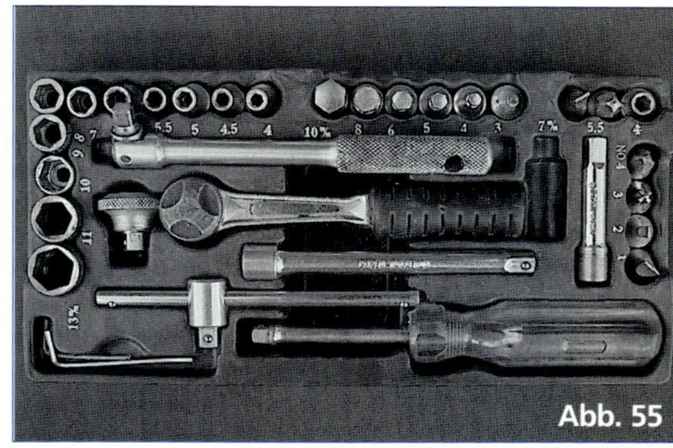

Abb. 55

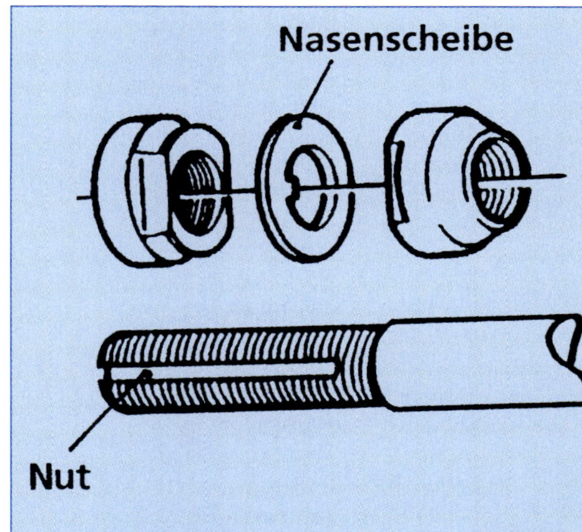

Abb. 56

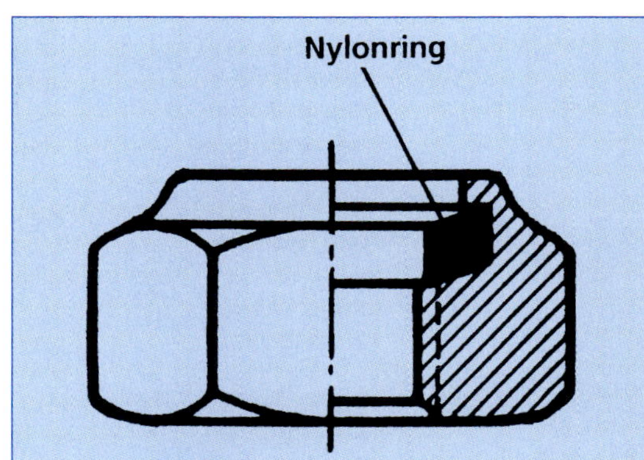

Abb. 57

Oberflächengüte

Bezeichnung für Härte und Glattheit von Metalloberflächen als entscheidenden Parametern für Verschleiß und Korrosionsbeständigkeit.
Im Fahrradbereich eingesetzte Oberflächenvergütungen werden durch ▷ Nichromieren, ▷ Borieren, ▷ Silizieren, ▷ Härten, "Einsatzhärten", ▷ Honen, Schleifen und Polieren erreicht.

Verschleiß

Aufeinander gleitende oder abrollende Körper verschleißen - vom Einfluß unterschiedlicher Materialien einmal abgesehen - umso weniger, je härter und ebener ihre Oberfläche ausgebildet ist.

Beim ▷ Konuskugellager werden Konus und Kugellaufbahnen gehärtet und geschliffen, z.T. sogar feingeschliffen oder - ▷ Suntour "Superbe" - durch ▷ Honen (Feinstschliff) vergütet. Das mindert nicht nur die Reibung, sondern auch den Materialabrieb. Dem gleichen Verfahren werden auch ▷ Lagerkugeln der Güteklasse 1 unterworfen.
Gehont werden übrigens auch die Oberflächen der Zylinderbohrung von ▷ Hydraulikbremsen, wodurch eine verbesserte Dichtwirkung und eine genaue ▷ Kalibrierung dieser Bohrung gewährleistet ist.

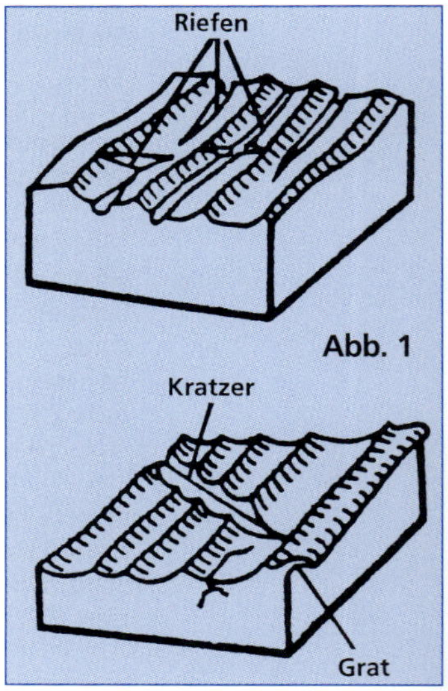

Abb. 1

Korrosionsbeständigkeit

Durch Polieren werden rauhe Metalloberflächen (Abb. 1) eingeebnet, sind dadurch weniger zerfurcht und bieten so der Korrosion weniger Angriffsfläche. So widerstanden z.B. frühere, polierte Ausführungen von Naben und Kurbeln aus ▷ Aluminium recht gut der ▷ Korrosion, dennoch werden sie heute aus Sicherheitsgründen noch mit einer ▷ Eloxalschicht versehen.

Oberflächenveredelung

Verfahren, um die ▷ Oberflächengüte von Metallteilen zu steigern, s.i.E. ▷ Nichromieren, ▷ Borieren, ▷ Silizieren, ▷ Härten, "Einsatzhärten", ▷ Honen.

Oberrohr

▷ Steuer- und ▷ Sattelrohr verbindendes Rohr des ▷ Diamantrahmens (Herrenrahmen) (Abb. 2).

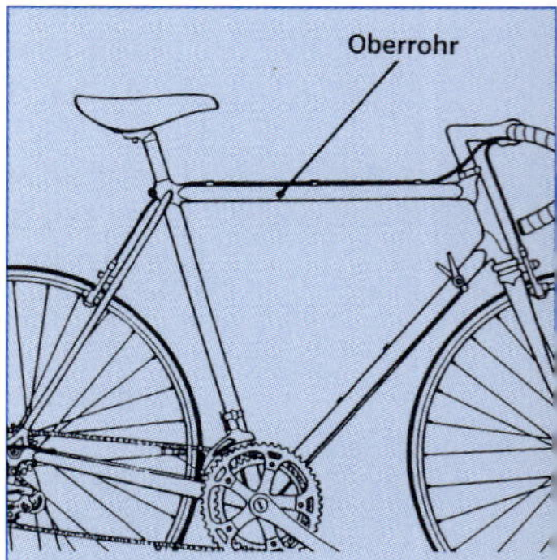

Abb. 2

Länge, Durchmesser und Wandstärke des Oberrohrs gehen sehr stark in die ▷ Seitensteifigkeit eines Rahmens ein und bestimmen entscheidend mit darüber, ob er anfällig für ▷ Rahmenflattern ist oder nicht. Aus diesen Gründen ist es übrigens nicht sinnvoll, das Oberrohr sowohl vom Durchmesser wie auch von der Wandstärke her dünner zu halten als Sattel- und Unterrohr.

Die Länge des Oberrohrs richtet sich in erster Linie nach der Größe des Fahrrades, nimmt also mit zunehmender Rahmenhöhe zu. Da sie auch die Körperhaltung mitbeeinflußt, wird sie auch vom vorgesehenen Einsatzzweck her festgelegt. Näheres s. ▷ Rahmengeometrie.

Oberstreben

Zwei parallele Streben des ▷ Mixte-Rahmens, die zwecks bequemerem Durchstieg quasi ein tiefer gelegtes ▷ Oberrohr ersetzen. Im Idealfall sollten die Oberstreben "durchgezogen" sein, so daß sie in gerader Linie ▷ Steuerrohr und hintere ▷ Ausfallenden verbinden (Abb. 3).

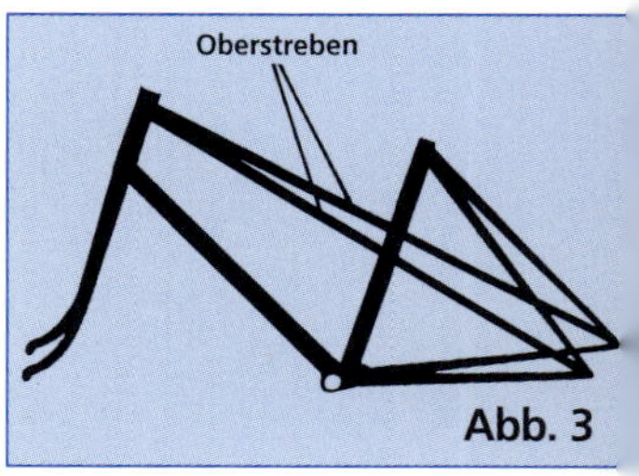

Abb. 3

Obree-Haltung

Extreme, aber sehr aerodynamische Haltung auf dem Fahrrad, mit dem der schottische Stundenweltrekordler Graeme Obree die

Fachwelt überraschte. Er "klappte" dabei die Arme, die einen kurzen Stummellenker hielten, völlig zur Körperflanke hin ein, wobei er sein Oberkörpergewicht voll auf den Händen abstützt. Dadurch hat der Oberkörper eine annähernde Ei-Form, die sogar die ▷ American-Position noch an Windschlüpfigkeit übertrifft (Abb. 4).

Abb. 4

Francesco Moser variierte diese Haltung, indem er seinen Oberkörper auf ein Vorbaukissen abstützte, was ihn - "ich kann in dieser Position länger schmerzfrei und damit entspannter fahren als Obree" - trotz seiner 42 Jahre den ersten Weltrekord von Obree (1993) kurzfristig überbieten ließ.

Die ▷ UCI ächtete aus angeblichen Gründen der Sicherheit und Wettbewerbsverzerrung inzwischen Fahrhaltung wie Rad des Schotten (s. ▷ Obree-Rad), wie es schon mit aerodynamischen ▷ Verkleidungen und ▷ Liegerädern geschah.

Obree-Rad

Selbstgebasteltes Rad des Stundenweltrekordhalters Graeme Obree, das in der Presse den Namen "Waschmaschinenrad" bekam, weil der sparsame Schotte daran auch Teile seiner Waschmaschine verbaut hatte (Teile für ▷ Tretlagerung und für den Windabweiser). Merkmale:

▷ Kreuzrahmen, kurzer ▷ Radstand, sehr schmales Tretlagergehäuse mit enganliegenden, dünnen ▷ Tretkurbeln; Einbein-"Gabel" (s. ▷ Einschwingenrahmen), aerodynamische ▷ Verkleidung des Hinterraddurchlaufs, tropfenförmige ▷ Sattelstütze.

Das Stundenweltrekordrad von Obree (▷ Obree-Rad) ist - obwohl es sicherlich nahe am Optimum des technisch Machbaren liegt - von der ▷ UCI geächtet worden, da es deren konstruktiven Vorgaben teilweise widerspricht und außerdem schwer zu steuern ist (Sicherheitsrisiko).

Öko-Rad

Versuch, ein Fahrrad nach möglichst ökologischen Herstellungsverfahren und mit umweltverträglichen Stoffen zu bauen. Hierbei wird der Einsatz von Aluminium möglichst reduziert (hoher Primärenergieverbrauch bei der Aluminiumerzeugung); Kunststoffe werden möglichst vermieden, v.a. solche, die Chlor enthalten und bei der Verbrennung Dioxin erzeugen; keine Verchromungen und v.a. ▷ Pulverbeschichtung statt lösungsmittelhaltiger ▷ Lacke. Ein weiterer Gesichtspunkt ist natürlich auch die Langlebigkeit eines Fahrrades, um weiteren Raubbau an Resourcen und Energie zu vermeiden, wie bei Wegwerfprodukten üblich. Außerdem werden europäische Produkte bevorzugt, um transportbedingte Ökoschäden zu mindern.

Schon immer hat der ▷ Verbund Selbstverwalteter Fahrradbetriebe (VSF) seine Fahrräder unter diesen Gesichtspunkten zusammenzustellen versucht, wobei z.T. bis zum Vorliegen umweltfreundlicher Produkte aus Gründen von Funktionalität und Sicherheit auch Kompromisse eingegangen werden mußten.
Später wurde von Schweizer Initiatoren das "Greenpeace-Rad" entwickelt, welches nach den gleichen Gesichtspunkten konzipiert war, sich - anders als die Produkte des VSF - auf dem Markt nicht durchsetzte und wieder verschwand (Abb. 6, n. Seite).

Öle

Flüssige Schmierstoffe (i.G.z. ▷ Fetten) zur Pflege und Wartung des Fahrrades (Abb. 5).

Öle unterscheiden sich hinsichtlich ihrer Rohstoffe und ihrer ▷ Viskosität, wonach sich auch ihre Anwendung richtet.

Abb. 5

Abb. 6

am Fahrrad umstritten

Die Anwendung von Öl am Fahrrad ist umstritten, da es häufig mehr Schaden als Nutzen anrichtet:

* Öl verdünnt das Lagerfett und reduziert damit dessen Dichtwirkung;
* Öl geht mit Wasser eine Emulsion ein, so daß geölte Lagerstellen schneller rosten als gefettete;
* Öl als Rahmenpflegemittel saugt Staub begierig an und bildet mit ihm zusammen eine unansehnliche Paste. Hier wäre z.B. ▷ Sprühwachs angebrachter;
* eine Schmierung der Kette mit Öl saugt schmirgelnden Staub an. Darüberhinaus reißt der Schmierfilm normaler Pflegeöle bei der hohen Flächenpressung in den Kettengelenken. Hier kommt entweder spezielles Kettenfließöl in Frage, oder besser (größere Dichtwirkung) Kettenfließfett.

Näheres s. ▷ Kettenpflege; s.a. ▷ Öliger Lappen.

sinnvolle Anwendung

Da eine ▷ Fettung der Gelenke von ▷ Kettenschaltungen oder Bremshebeln sehr wartungsintensiv wenn überhaupt möglich wäre (oft vernietet), kommt hier meist nur Ölen infrage, was aber seh regelmäßig erfolgen sollte.

Eine Sonderstellung nehmen die Lagerungen der Fa. Edco ein, die mit speziellen Dichtungen ausgestattet sind und per ▷ Öler regelmäßig nachgeölt werden müssen. Hiermit soll die ohnehin bereit geringe ▷ Lagerreibung durch das gegenüber Fett dünnflüssigere Öl weiter reduziert werden.
▷ Bowdenzüge sollten im Bereich der Zugeintritts- und -austrittsöffnungen auf jeden Fall gefette werden. Zwecks besserer Leichtgängigkeit kann man Öl durch den Außenzug laufen lassen und dan erst die Fettung vornehmen und danach den Innenzug einführen.

Rohstoffe

Meist handelt es sich um aus Rohöl gewonnene Mineralöle. Zunehmende Marktbedeutung gewinnen aber z.Zt. umweltverträgliche Öle, die aus Naturprodukten, z.B. Raps gewonnen werden un thermisch und mechanisch zu guten Schmierölen aufbereitet werden.

Da beim Fahrrad immer mit Ölverlust (Abtropfen, Abstreifen) gerechnet werden muß, sollten alle Radler auf biologisch abbaubare Öle achten, wobei sich allerdings auch Mineralöle (wenn auch langsamer und weniger vollständig) abbauen.

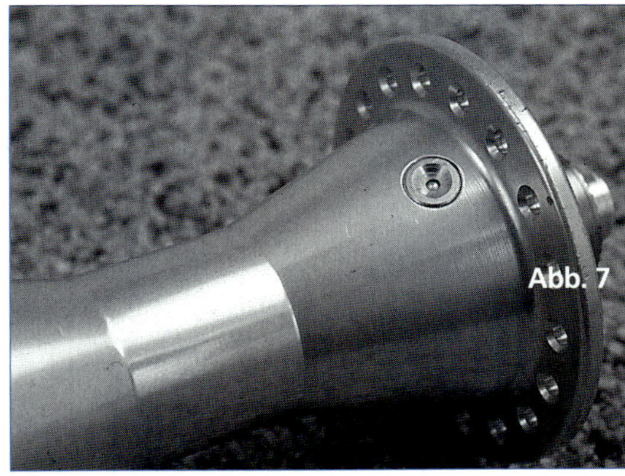
Abb. 7

Öler

Bei älteren Fahrrädern an ▷ Naben und z.T. auch ▷ Tretlagergehäuse befindlicher kleiner Einfüllstutzen für die Zuführung von Schmieröl in die Lagerung. Heute verwendet nur die Schweizer Fa. Edco noch Öler bei ihren Lagerungen (Abb. 7).

In etwas gewandelter Gestalt erlebte diese durchaus sinnvolle Einrichtung in Gestalt von ▷ Grease Guard eine Neuauflage, wobei das System grundsätzlich verbessert wurde:

Statt dem dünnflüssigen und für ▷ Lagerungen nur begrenzt geeigneten Öl wurde die Möglichkeit geschaffen, ▷ Lagerfett dem Lager durch sog. "Fett-Nippel" zuzuführen.

Abb. 8

Öliger Lappen

Wird bei vorwiegendem Schönwetterbetrieb eine Fahrradkette sowie die Ritzel- und Kettenblattzähne alle 200 km gründlich mit einem öligen Lappen - einige Tropfen möglichst dickflüssiges Kettenöl auf einen Lappen geträufelt - abgerieben, so entfernt man damit die verbrauchten und mit Staub angereicherten Ölrückstände und bringt gleichzeitig einen neuen, sauberen Ölfilm auf (Abb. 8).

Diese Maßnahme vermindert Ritzel- und Kettenblattverschleiß und läßt den Fahrradantrieb immer ansehnlich erscheinen, s.a. ▷ Kettenpflege.

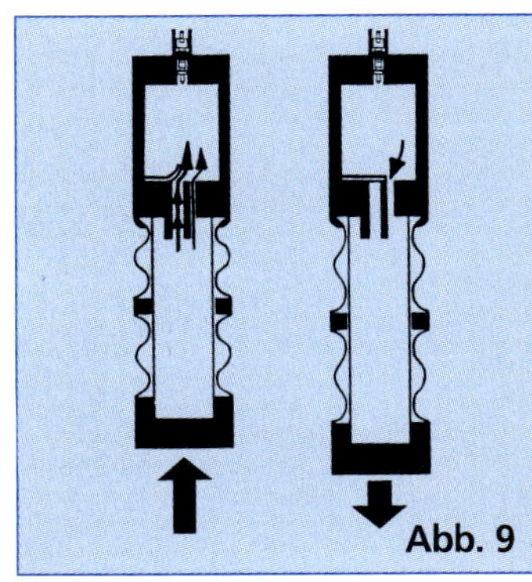
Abb. 9

Öl/Luft-Dämpfer

Einheit von Feder- und Dämpfungselementen, die meist in einem patronenförmigen Gehäuse integriert ist. Dabei übernimmt Luft die ▷ Federung, Öl die ▷ Dämpfung (Abb 9).

Öl/Luft-Dämpfer haben nahezu ideale Federungs- und Dämpfungseigenschaften, sind aber relativ teuer. Sie werden daher meist nur bei hochwertigen ▷ Fahrradfederungen eingesetzt. Luft als Federelement besitzt zwar eine progressive ▷ Federkennlinie, muß allerdings entsprechend dem Körpergewicht mit höherem Luftdruck gefahren werden, sonst besteht die Gefahr des ▷ Durchschlagens der Federung. Entsprechend mit niedrigerem Luftdruck bei niedrigerem Gewicht, sonst zu geringes ▷ Ansprechverhalten. Weitere Einzelheiten siehe ▷ Dämpfung: Fahrradfederung.

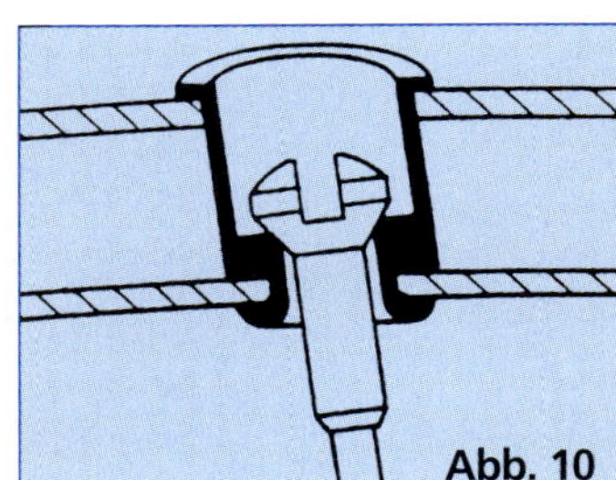
Abb. 10

Ösen

1. Bez. f.d. in die Felge eingebrachten Hohlnieten (Abb. 10), um die Speichenkräfte besser auf Ober- und Unterbett zu verteilen bzw. das Nippeleinziehen zu erleichtern.

2. Aber auch: Bez. f. in den Rahmen gelötete, geklebte oder genietete ▷ Gewindemuttern zur Befestigung von ▷ Komponenten und ▷ Zubehör (Abb. 11).

Off-road-Rad

Von engl. "abseits der Straße" abgeleitetes Synonym für ▷ Geländerad, Einzelheiten s.d.

Organo-Bleche

Mit ▷ Thermoplasten als ▷ Matrix gebundene Kohlefasermatten, die dann als große Carbonplatten vorliegen. Diese Platten werden in großen Heißpressen, analog zu Metallblechen "tiefgezogen", daher auch die namentliche Anlehnung "Bleche". Aus Organoblechen werden bereits Rahmenhälften von ▷ Carbon-Rahmen gezogen, s. hierzu auch ▷ Carbon: Herstellungsverfahren (Abb 12).

Orientierungsfahren

Sonderform des ▷ Radwanderns, bei der keine bestimmte Route vorgegeben ist, sondern die Teilnehmer von einem festgelegten Ausgangspunkt aus mit Hilfe von Karte und Kompaß ausgewählte Orte, Sehenswürdigkeiten u.ä. innerhalb eines eingegrenzten Gebietes anzufahren haben.

O-Ring

Ring mit rundem Querschnitt aus ▷ Gummi oder ▷ Elastomeren, der am Fahrrad zu Dichtzwecken (▷ Dichtung) aber auch zur Steigerung der Griffigkeit bei ▷ Feineinstellschrauben eingesetzt wird.

Orthopädisches Pedal

Spezialpedale, die Fehlbildungen oder Schäden an den Beinen mehr oder weniger ausgleichen.
Am bekanntesten: Pedal mit höher gezogener Kante, um Beinverkürzungen auszugleichen.

Als orthopädisches Pedal gilt aber auch bereits ein Pedal mit schräger oberer Kante, um entsprechende Fuß- oder Kniegelenksprobleme auszugleichen. Orthopädische Pedale werden i.d.R. in Spezial-Werkstätten individuell angefertigt. Ungleich hohe Pedale - für das häufigste Problem, ungleich lange Beine - sind teilweise aber auch im Handel erhältlich.

Ovales Kettenblatt

Versuch der Firma ▷ Puch, die bei waagrecht stehender Kurbel maximale ▷ Pedalkraft mittels elliptischer ▷ Kettenblätter noch besser zu nutzen (Abb 13). Hierzu wurde der Kettenradradius bei waagrecht stehender Kurbel vergrößert, um in diesem Bereich einen schnelleren ▷ Vortrieb zu erreichen.

Dynamisch betrachtet ist dies aber mit einer Beschleunigungsphase von Rad plus Fahrer bei jeder Kurbelumdrehung verbunden, was energetisch sogar nachteilig ist (ruckhafte Fortbewegung), s. ▷ runder Tritt.
Übrigens ist ▷ Biopace, das andere ▷ unrunde Kettenblatt, eine genaue Umkehrung des ovalen Puch-Ei-Prinzips.

In der Praxis haben sich beide Prinzipien ▷ unrunder Kettenblätter nicht bewährt, da sich der Radfahrer auf die anderen Trittabläufe einstellt und so die Unrundheiten der Kettenblätter wieder nahezu ausgleicht.

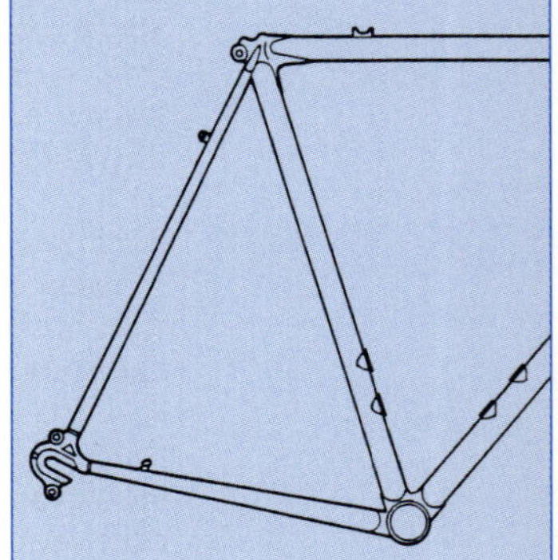

Abb. 11

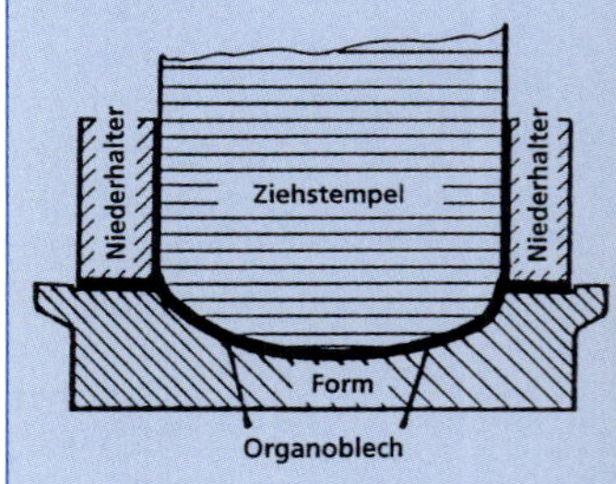

Abb. 12

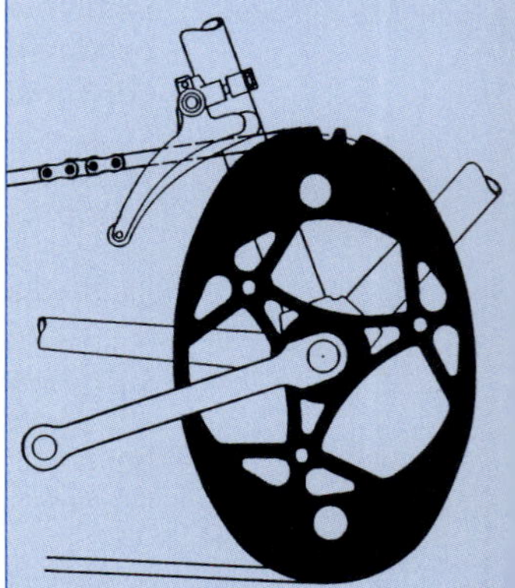

Abb. 13

Oversize

Engl. "Übergröße"; am Fahrrad wird die Bez. insbes. auf Rohrdurchmesser angewandt (als Folge davon auch auf den ▷ Steuersatz) (Abb 14).

Voluminösere Rohre - v.a. bei ▷ Ober- und ▷ Unterrohr aber auch bei ▷ Steuer- und ▷ Gabelschaftrohr eingesetzt - machen den Rahmen biegesteifer und damit belastbarer (v.a. am ▷ Mountainbike eingesetzt), mindern aber gleichzeitig den ▷ Fahrkomfort.

Oversize-Rohre wurden zuerst bei höher belasteten Mountainbikes eingesetzt, später auch an ▷ Rennrad und ▷ Reiserad. Im Zuge von Modeerscheinungen wurden die Rahmenrohre regelrecht "aufgeblasen", um v.a. Aluminium gewichtsgünstiger einsetzen zu können (s. ▷ Aluminium-Rahmen). Ein verdicktes *Oberrohr* macht in jedem Fall Sinn, denn es reduziert drastisch die Gefahr des ▷ Rahmenflatterns:

Eine Durchmesservergrößerung z.B. von 25,4 mm auf 28,6 mm bewirkt bei gleicher Wandstärke eine über 40% größere Biegesteifigkeit, erhöht das Rohrgewicht aber nur um 12,5%.
Für ein MTB durchaus sinnvoll ist auch ein voluminöseres *Gabelschaftrohr,* da es ja bei Abheben des Hinterrades Roß und Reiter an einem 70 cm langen Hebelarm tragen muß und damit das höchstbelastete Rahmenrohr ist.

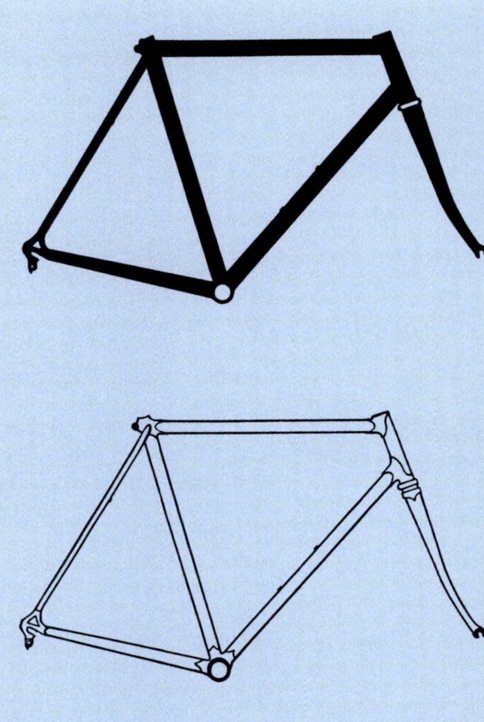

Abb. 14

Ein voluminöses *Unterrohr* ist für trittstarke Radler günstig, da es das Fahrrad im Tretlagerberich seitenstabiler macht.

Neuerdings wird auch das ▷ *Sattelrohr* dicker ausgeführt. Grund: Das MTB wird von sportlichen Bikern mit rund 10 cm niedriger ▷ Rahmenhöhe gefahren als ein Rennrad (besseres ▷ Handling). Um nun aber Wipp-Bewegungen der entsprechend längeren ▷ *Sattelstütze* zu vermeiden, wird deren Durchmesser bis auf 31,8 mm erhöht (gegenüber 25-27,2 mm bei Gebrauchs- und Rennrädern), was ein entsprechend dickeres Sattelrohr zur Voraussetzung hat.

Bei den übrigen Rohren sind Durchmessererhöhungen statisch weniger sinnvoll, da hier normale Abmessungen schon ausreichen.

Technisch betrachtet haben wir heute das Kuriosum, daß dank Oversize-Rohren die Fahrräder noch nie so seitensteif waren, gleichzeitig aber durch die 8-fach bestückten Zahnkränze noch nie so instabile Hinterräder (steil stehende Speichen auf Zahnkranzseite) gefahren wurden.

Packtaschen

s. ▷ Gepäcktaschen

Pad

1. Schaumstoffkissen zur Anpassung von ▷ Helmen an unterschiedliche Kopfgrößen und -formen (Abb. 1).
2. Polsterung der Armauflage beim ▷ Tria-Lenker.

Pannengel

Eine in den Reifen praktizierbare, gelartige Flüssigkeit mit der Eigenschaft, an undichten Reifenstellen auszufasern und damit größere Löcher als mit ▷ Pannenspray zu dichten (Abb. 2).
Das Problem ist die Einbringung des Gels in den Reifen, die nur durch Herausschrauben des ▷ Ventileinsatzes möglich ist, was bei einigen Schläuchen mit ▷ Rennventil nicht der Fall ist.
Zuverlässig lassen sich hiermit noch Löcher dichten, die bei voll aufgepumptem Reifen die Luft in 30 Sekunden bis 1 Minute entweichen lassen. Bei kleineren Undichtigkeiten s. ▷ Pannenspray.

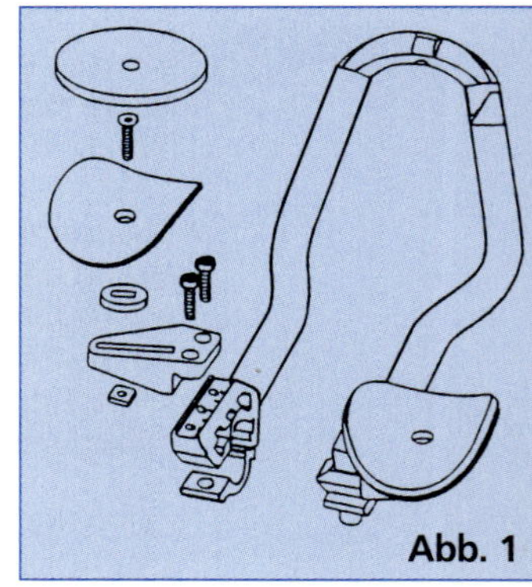
Abb. 1

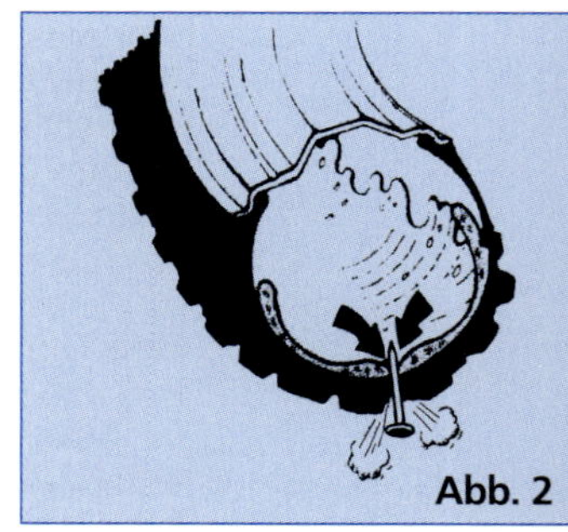
Abb. 2

Pannenschutzstreifen

Streifen aus ▷ Polyurethan (PU), ▷ Kevlar oder Textil-Gewebe zwischen Schlauch und ▷ Protektor, der spitzen Eindringlingen den Vormarsch erschwert (Abb. 3).
Der Streifen (oder eng gewirkte Textilbänder mit ähnlichem Effekt) wird bei einigen höherwertigen ▷ Draht- und ▷ Schlauchreifen gleich in die ▷ Karkasse einvulkanisiert (Abb. 4). Bei Drahtreifen kann er auch nachträglich separat eingelegt werden (s.a. ▷ Mr. Tuffy).
Während Gewebestreifen aus Baumwolle, Nylon oder Kevlar die Rolleigenschaften nur unwesentlich verschlechtern, werden die Rollverluste bei PU-Streifen deutlicher spürbar.

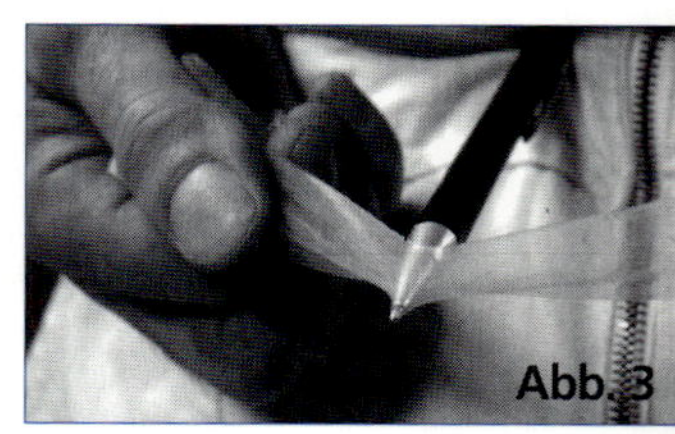
Abb. 3

Pannensicherheit

Widerstand, den ▷ Reifen und ▷ Schläuche dem Eindringen von spitzen Gegenständen entgegensetzen.
Die Pannensicherheit wird bereits durch einen dickeren ▷ Protektor oder härtere ▷ Gummimischungen des Reifens erhöht, worunter dann allerdings die ▷ Rolleigenschaften bzw. die ▷ Griffigkeit der Reifen leiden. Zusätzliche Gewebelagen unter dem Protektor verbessern die Pannensicherheit noch nachhaltiger, v.a., wenn dort feinmaschige Gewebe aus ▷ Nylon oder ▷ Kevlar eingesetzt werden.

Einen noch besseren Sicherheitseffekt bewirken hier PU-Streifen (s. ▷ Polyurethan), die entweder mit in den Reifen einvulkanisiert werden, oder nachträglich von Hand zwischen ▷ Reifendecke und ▷ Schlauch eingezogen werden können. Damit verschlechtern sich jedoch die Rolleigenschaften der Reifen spürbarer als durch Gewebeeinlagen.
Auch Schläuche können die Pannensicherheit verbessern. Bereits durch Protektor und Gewebe vorgedrungene spitze "Eindringlinge" werden von Schläuchen aus ▷ Latex, ohne daß es zum ▷ Platten kommt, regelrecht umschmiegt. Gleiches vermögen auch PU-Schläuche, allerdings aufgrund ihrer hohen plastischen Verformbarkeit (s. ▷ plastische Verformung).

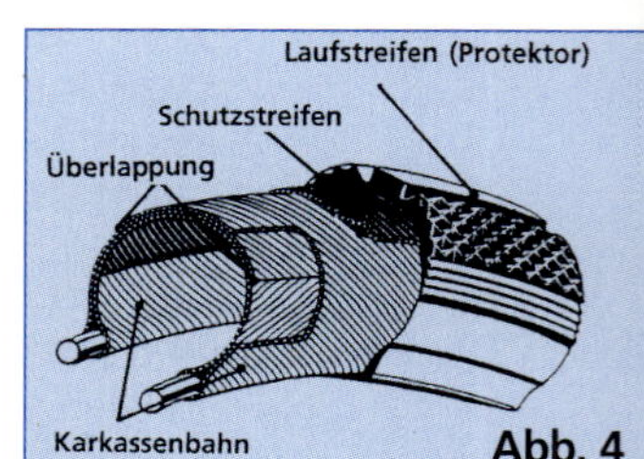

Abb. 4

Pannenspray

Milchige Flüssigkeit, die durch das Ventil in den Reifen geschäumt wird (Abb. 5) und kleine Löcher zuverlässig abdichtet, die bei voll aufgepumptem Reifen die Luft in 15 Minuten bis einer halben Stunde entweichen lassen. Für größere Löcher s. ▷ Pannengel .

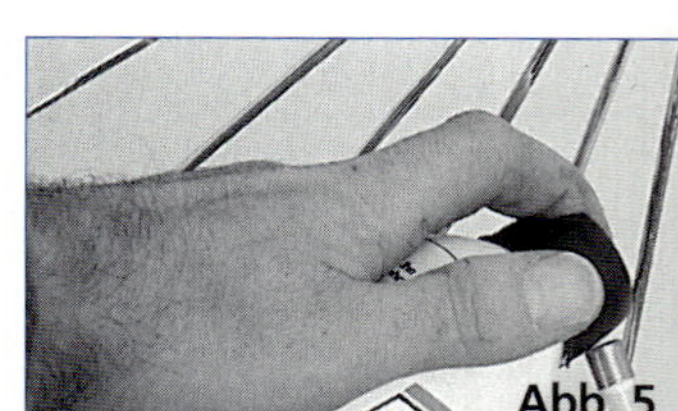
Abb. 5

Pantograph

Auch "Dreipunktlagerung" genannte Bauform von ▷ Kettenschaltungen, bei der der Drehpunkt der ▷ Schaltschwinge zwischen den beiden ▷ Kettenrädchen angeordnet ist.
Daraus ergibt sich eine leicht vergrößerte ▷ Schaltkapazität, außerdem ("Abtauchen" des ▷ Kettenführungsrades beim Aufliegen der Kette auf größere Ritzel) vergrößert sich die Zähnezahl des größtmöglich zu beschaltenden Ritzels. Vgl. auch ▷ Zweipunktlagerung, ▷ Schaltschwinge und ▷ Schaltung.

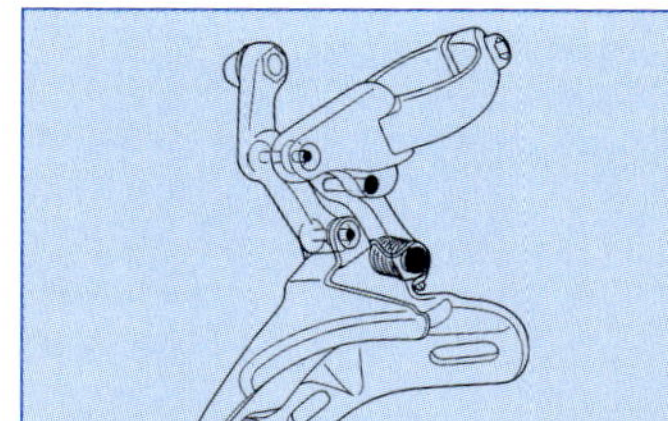

Abb. 6

Parallelogramm (-bauart)

Bez. f. ▷ Viergelenktriebe, die die Beibehaltung einer Fluchtungsrichtung bei Schwenkbewegungen ermöglichen (Abb. 6). Anwendung am Fahrrad bei ▷ Schaltwerk, ▷ Umwerfer und ▷ Fahrradfederungen.

passive Federungssysteme

▷ Fahrradfederungen (Einzelheiten s.d.), bei denen - i.U. zu ▷ aktiven Federungssystemen - nur der Fahrer, nicht aber das Fahrrad abgefedert wird.
Passive Federungssysteme (in Abb. 7 federnde Sattelstütze) sind einfacher zu realisieren als aktive Systeme, erreichen aber nicht deren Effizienz.

Abb. 7

Passungsrost

Bildung von meist schwärzlichem ▷ Rost, der sich besonders zwischen aufeinander gepreßten Teilen wie ▷ Kurbelvierkant und Kurbel bildet, s.a. ▷ Kontaktkorrosion.

Paßsitz

Genau aufeinander gepaßte Berührungsfläche zum Einfügen eines Bauteiles in ein anderes.

Je nach Erfordernis unterscheidet man grob zwischen "Preßsitz" und "Spielsitz": Beim Preßsitz fällt der Innendurchmesser größer aus als der Außendurchmesser, die Verbindung steht also unter Kraftschluß. Beispiel: Klebungen von ▷ Muffe und Rohr. Beim Spielsitz ist der Innendurchmesser kleiner gehalten, der Paßsitz besitzt ein minimales ▷ Spiel. Beispiel: Kugellagersitze in ▷ Lagerungen. Die Toleranzen dieser Abmessungsunterschiede bei Paßsitzen liegen im Bereich von einigen tausendstel bis hundertstel Millimeter.

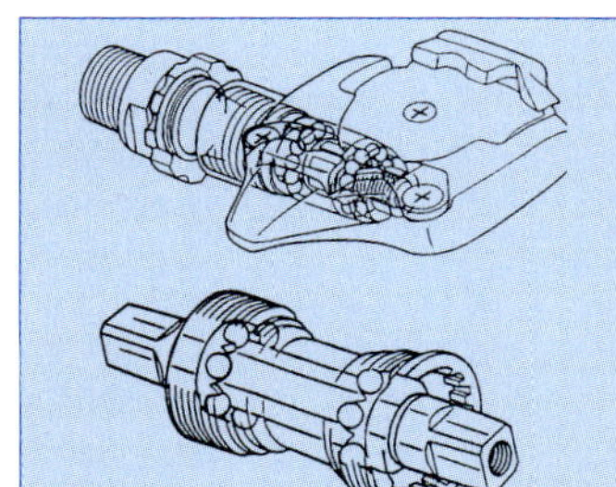

Abb. 8

Patronenlager

Lagerungsart, bei der die komplette Lagereinheit (incl. ▷ Achse) als Patrone in dem jeweiligen Bauteil fixiert wird (i.d.R. ▷ Tretlagerung, neuerdings auch ▷ Pedallagerung (Abb. 8) und vereinzelt (Mavic) ▷ Nabenlagerung). Einzelheiten s. ▷ Lager: Kugellager.

Pedal

Drehbar gelagerte Fußauflage als *Einleitstelle* der *Beinkraft* in die ▷ Tretkurbel (Abb. 9).
Anders als bei den ▷ Laufrädern - wo der Nabenkörper um die feststehende Achse rotiert -, steht beim Pedal der Pedalkörper still zur Lastrichtung, während die in der Tretkurbel verschraubte Achse sich gemäß des Kurbelkreises im Pedalkörper mitdreht, Einzelheiten s. ▷ Pedallagerung (dort auch: Einstellung des Lagerspiels).

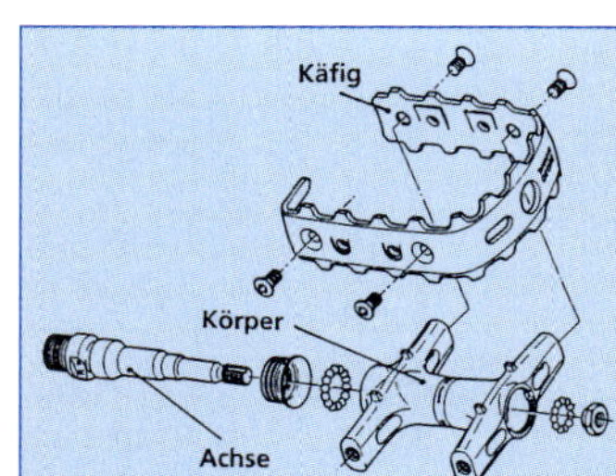

Abb. 9

Material

Preiswerte Pedale wurden früher komplett aus ▷ Stahl gefertigt. Heute wird vermehrt ▷ Kunststoff als ▷ Pedalkörper verwendet, eine an sich begrüßenswerte Entwicklung, da sich Rutschfestigkeit durch eingearbeitete Gummilippen und Integration von Pedal-

rückstrahlern (Abb. 10) bei niedriger Bauhöhe und geringem Gewicht preiswert realisieren lassen.
Probleme bei Billigmodellen: 1. Manchmal wurde auf ▷ Kugellagerung verzichtet, wobei dann der Pedalkörper als ▷ Gleitlager dient; 2. Bruchgefahr bei schlechtem oder zu sparsam eingesetztem Material. Sportausführungen sind höher belastbar und meist mit Fasern verstärkt.
Bei sportlichen Fahrrädern (Rennrad; Mountainbike) ist der Pedalkörper aus Gewichtsgründen aus ▷ Aluminium gefertigt. Gelegentlich kommt hier auch (Time-Systempedal) ▷ Magnesium zur Anwendung, vereinzelt auch ▷ Carbon (Look-Systempedal). Als Achsmaterial hat sich Stahl bewährt, ▷ Titan wird bei Leicht-Pedalen eingesetzt und sollte (Bruchgefahr) bei gewichtigen und/oder antrittsstarken Fahrern im Jahresturnus sowie nach deftigen ▷ Pedalaufsetzern ausgetauscht werden. Bereits bei der ▷ Michauline waren die Pedale kugelgelagert, Einzelheiten s. ▷ Pedallagerung

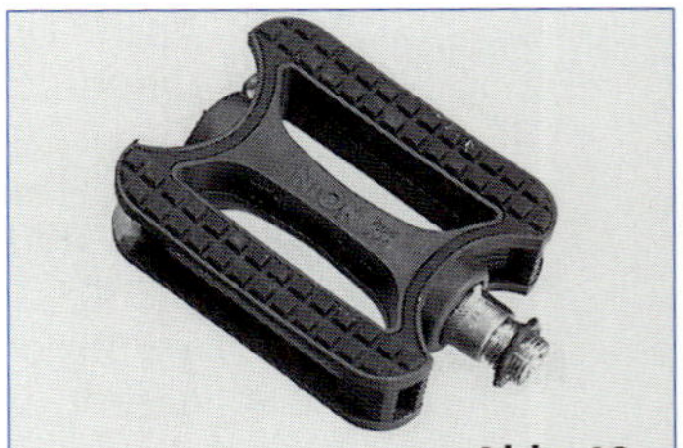

Abb. 10

Normalpedal

Schon vor hundert Jahren nahm das Normalpedal eine Form an, an der sich bis heute wenig geändert hat: Pedalachse/Lagerung in Pedalkörper, der von einem Pedalkäfig umfaßt wird. Rutschsicherheit wird entweder durch eine Gummiauflage oder durch Zacken im Pedalkäfig einigermaßen erreicht.

Einfache Ausführungen werden fest vernietet und sind nicht mehr zerlegbar: Lagerung kann nicht nachgestellt werden (ab Werk eingestellt und wartungsfrei gefettet).
Sicherheitsbelange sind in der ▷ DIN 79100 festgelegt und beinhalten Rutschprüfung, ▷ Fußfreiheit, Festigkeitsprüfung von Achse und Pedalkörper sowie eine dynamische Lastprüfung und die Auslegung der ▷ Rückstrahler. Zu diesen s.a. ▷ StVZO Paragraph 67.

Rennpedal

Das herkömmliche Rennpedal bietet zur festen Schuh/Pedal-Verbindung Anschraubmöglichkeit für ▷ Pedalhaken sowie Durchfädelmöglichkeit für den ▷ Pedalriemen (Abb. 11). Außerdem ist der Pedalkäfig schmal gehalten, damit die hintere Käfigkante in die Querrille der ▷ Pedalplatte paßt.
Bis um 1970 wurden Rennpedale mehr oder weniger symmetrisch gestaltet. Um auch bei starker Kurvenschräglage noch durchtreten zu können, wurden asymmetrische Pedale mit flacher und abgerundeter Unterseite entwickelt, Extremform ist das ▷ Kriteriumspedal.

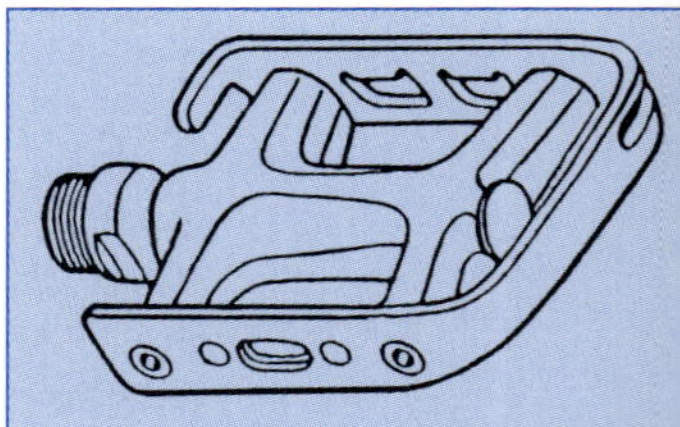

Abb. 11

MTB-Pedal

Beim ▷ Mountainbike ging die Entwicklung von groben, großflächigen ▷ Bärentatzen-Pedalen aus, die trotz ihrer verletzungsträchtigen Zacken ein Abrutschen der Schuhe nicht zuverlässig verhinderten. Es kamen daher bald kleinere Pedale auf, die jedoch die Möglichkeit bieten, den Fuß durch ▷ Pedalhaken und ▷ Pedalriemen zu sichern (Abb. 12). Im Unterschied zum Rennrad wird der Schuh i.d.R. nur locker von Riemen gehalten, um ihn bei Sturz oder kritischen Fahrsituationen sofort frei zu bekommen (Abrutschschutz vor optimalem Pedalzug).

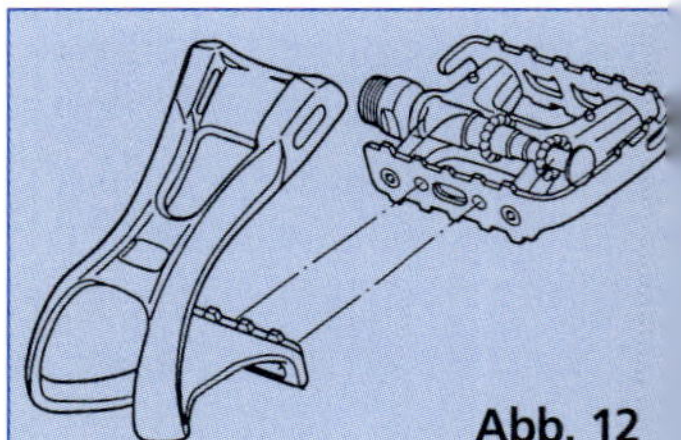

Abb. 12

Auch am MTB ging die Entwicklung der letzten Jahre zum System-Pedal (s.u.), wobei v.a. Shimanc ▷ SPD-Pedal wegweisend war, da es auch stark verschmutzt funktionsfähig bleibt.

System-Pedal

Rund hundert Jahre lang hatte das Pedal als mehr oder weniger ausgereift gegolten, bis in den 80e Jahren des 20. Jahrhunderts eine Revolution diese heile Welt "aufmischte", als nämlich verschieder Verriegelungsmechanismen für die Schnittstelle Schuhsohle/Pedalachse aufkamen. Der feste Fu Pedalkontakt wird dabei durch eine auf den ersten Blick an die Sicherheitsbindung von Skiern eri nernde Mechanik ermöglicht, die sich freilich willentlich, durch meist seitliches Fußschwenken auslösen läßt (Abb. 13).

Sicherheitspedal

Der für diese Systeme häufig gebrauchte Begriff "Sicherheitspedal" geht von dem gegenüber dem traditionellen ▷ Pedalriemen gegebenen Vorteil aus, daß man den Fuß im Notfall (und generell beim Anhalten) durch Drehung freibekommt.
In der Praxis freilich löst sich die Schuh/Pedal-Verbindung nicht in jedem Notfall (mangelnde Vertrautheit mit dem System; höhere Entriegelungskräfte infolge Verschmutzung), weswegen dieser Begriff ebenso irreführend ist wie "Automatik-Pedal" (es erfolgt nichts automatisch, sondern nur nach Willensimpuls). Aus diesen Gründen scheint die Bezeichnung Systempedal noch am aussagekräftigsten.

Systeme

Die System-Pedale haben sich aus anfangs bajonettartigen Verriegelungen sehr schnell zu den heutigen "Click-Pedalen" entwickelt, so eine weitere Bezeichnung, die darauf abhebt, daß der Schuh hörbar einrastet.
Drei Grundsysteme haben sich mittlerweile etabliert:

System Look

Eine unter Federspannung gehaltene hintere Pedalklappe greift in einen ▷ Schuhadapter, wodurch die Schuh/Pedal-Verbindung hergestellt wird (Abb. 14). Das System ist relativ verschmutzungsgefährdet (höhere Auslösekräfte bei Verschmutzung erforderlich).

System Time; Bryne

Eine federnde Drahtspange verriegelt den Schuhadapter (Abb. 15), bei Bryne den Pedalkörper. Durch die offenere Bauweise reduziert sich die Verschmutzungsanfälligkeit.

System Shimano

Beim ▷ SPD-Pedal arretieren zwei federbelastete Pedalklappen einen kleinen Stahladapter (Abb. 16).
Auch dieses System hat sich als besonders verschmutzungssicher erwiesen und wird v.a. im MTB-Bereich eingesetzt. Wegen seiner kleinen Bauweise findet es mittlerweile auch im Straßen-Rennsport Verbreitung.
Von den heute gängigen Pedalen bietet das Dura Ace SPD-Pedal mit 37,5° Kurvenschräge (bei 111 mm Tretlagerachse und 170 mm Kurbel und 270 mm Tretlagerhöhe; alles Faktoren, die neben der Pedalform noch in die mögliche ▷ Kurvenschräglage eingehen) die größte Kurvenschräglagemöglichkeit (Abb. 17).

Um den individuellen Bedürfnissen der Radler gerecht zu werden, lassen sich die meisten Systempedale in der sog. "Ausklinkhärte" einstellen. Daneben sind für die meisten Systeme noch unterschiedliche Adapter im Angebot, mit denen neben der Ausklinkhärte auch die seitliche Beweglichkeit im Pedal variiert werden kann.
Anmerkung: Mangelnde seitliche Beweglichkeit kann übrigens zu Knieverletzungen bei einigen Radlern führen.

Montage-Tips

Pedale stets fest im Kurbelarm verschrauben, sonst besteht Bruchgefahr aufgrund ▷ Kerbwirkung im Bereich Gewindeauslauf/Achsbund.

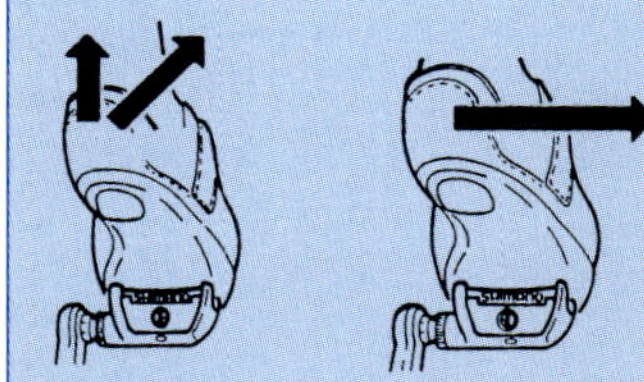

Abb. 13

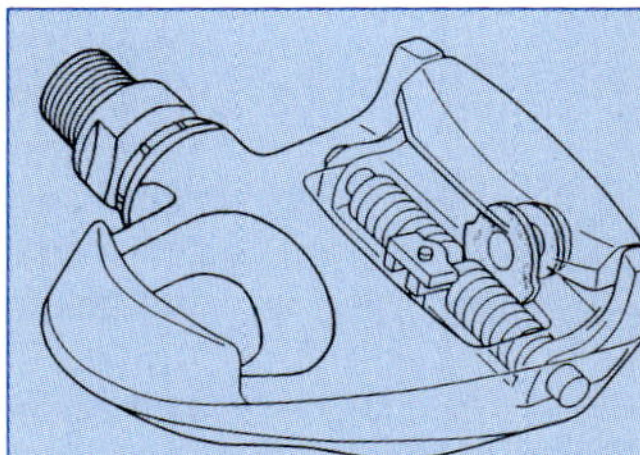

Abb. 14

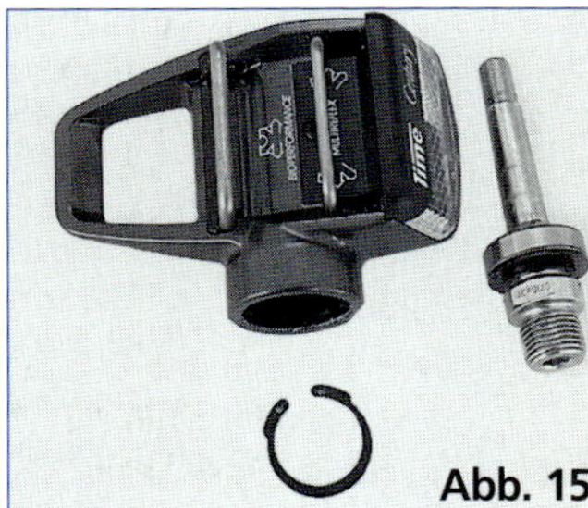

Abb. 15

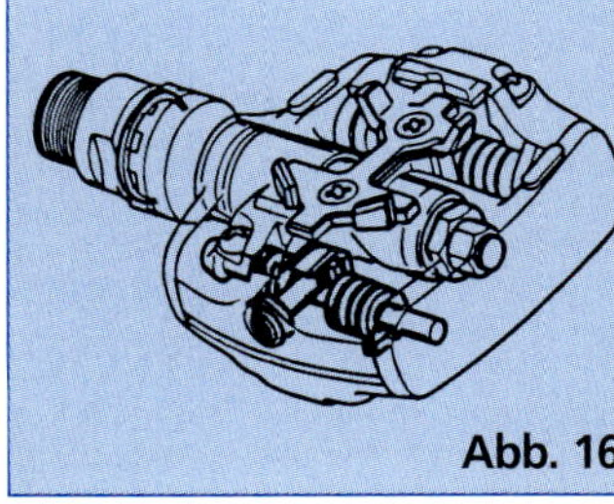

Abb. 16

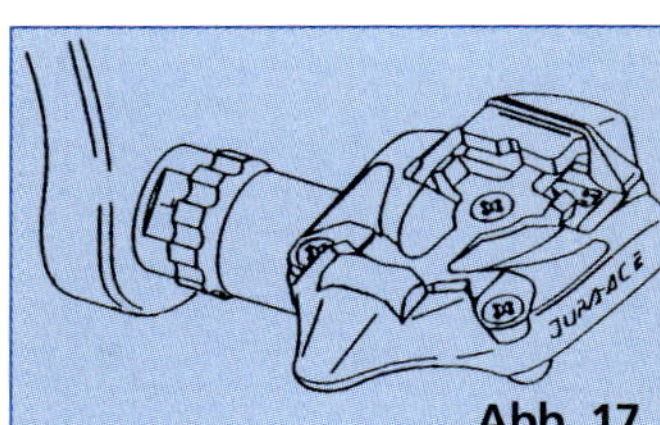

Abb. 17

Das linke Pedal besitzt zum Schutz gegen ▷ Selbstlösen ein ▷ Linksgewinde. Zum Abschrauben werden daher beide Pedale nach hinten, gegen die Fahrtrichtung losgedreht (i.d.R. 15er Schlüssel). Das Einschrauben erfolgt entsprechend nach vorne, in Fahrtrichtung.
Weitere wichtige Informationen rund ums Pedal s. ▷ Pedalachse u.ä., z.B. auch ▷ orthopädisches Pedal.

Pedalachse

Feststehendes Teil der ▷ Pedallagerung , das in den ▷ Kurbelarm geschraubt wird (Abb. 18).
Im Gegensatz zu den anderen Fahrradachsen ist die Pedalachse i.a.R. einseitig befestigt. Ausnahmen: höchst seltene Sonderfahrräder, z.B. "Side-by-Side"-Tandem, s. ▷ Fahrradtypen.
Mit ihrem zum Ende hin dünner werdenden Durchmesser ist die Pedalachse technisch gesehen in etwa als ▷ Träger gleicher Biegespannung ausgeführt, was einen optimalen ▷ Kraftfluß erbringt (Vermeidung von ▷ Spannungsspitzen) und Gewicht spart. Außerdem werden hierdurch zusätzliche Elastizitäten gewonnen, wodurch z.B. ein ▷ Pedalaufsetzer elastischer und damit weniger bruchgefährdend ausgefedert wird, als dies bei gleichmäßigem Durchmesser der Achse der Fall wäre. Weitere Informationen s. ▷ Pedalachsen; ▷ Pedal.

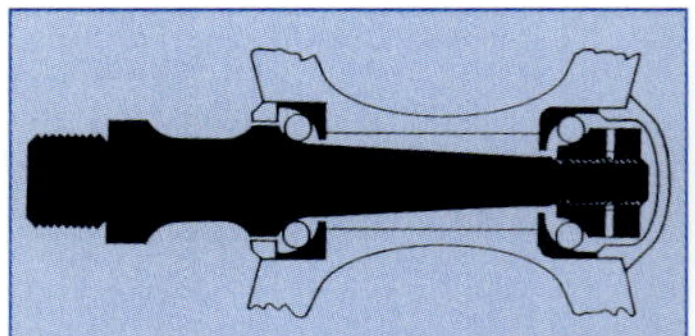

Abb. 18

Belastung

Abhängig vom Radlertyp wird die Pedalachse extrem unterschiedlich stark belastet, wie folgendes Zahlenbeispiel von Pedalkräften verdeutlicht:

Normalradler	sitzend:	100 - 400 N (▷ Newton)
	stehend:	750* - 1000 N
Rennfahrer	sitzend:	350 - 600 N
Sprinter	stehend:	über 3000 N

* Eine Krafteinwirkung von 750 N (▷ Newton) ergibt sich, wenn ein Radler mit 75 kg Körpergewicht auf einem Pedal steht (ohne weitere Trittkraft einzubringen); vgl. ▷ physikalische Einheiten.

Materialien

Der Bruch eines so hochbelasteten Teils wie der Pedalachse birgt akute Sturzgefahr. Daher werden selbst einfache Pedalachsen aus geschmiedetem und hochvergütetem ▷ Stahl, für sportliche Nutzung sogar aus höherwertigen Stahllegierungen hergestellt. Pedalachsen aus ▷ Titan sparen zwar Gewicht ein, erreichen aber nicht die Dauerfestigkeit ihrer stählernen Kollegen. Daher sollten sie turnusmäßig alle zwei Jahre sowie umgehend nach Sturz ausgetauscht werden.

Abmessungen

Pedalachsen werden von Hersteller zu Hersteller sehr unterschiedlich ausgeführt, so daß generelle Aussagen schwierig sind. Einheitlich sind nur die Gewinde:
Gebräuchlich in Europa ist 9/16 Zoll x 20 ▷ Gewindegänge/Zoll, in Frankreich jedoch M14 x 1,25. Darüber hinaus ist an Gebrauchsrädern in den USA die kleinere Abmessung 1/2 Zoll mit 20 Gängen/Zol üblich.

Selbstlöseschutz

Zum Schutz gegen ▷ Selbstlösen sind Pedalachsen (und entsprechend die Tretkurbeln) weltweit recht mit Rechts- und links mit Links-Gewinde versehen und zur leichteren Unterscheidung mit R bzw. markiert.

Pedaladapter

Andere Bez. f. ▷ Schuhadapter.

Pedalaufsetzer

Pedalberührung mit der Fahrbahn, die beim ▷ Rennrad bei sehr schräger Kurvenlage, beim ▷ Mountainbike durch Bodenunebenheiten auftreten kann und hohe ▷ Belastungen für ▷ Pedalachse und ▷ Tretkurbel mit sich bringt (Abb. 19).
Bei schweren Aufsetzern (wie auch Stürzen) kann sich daher die ▷ Pedalachse sowie die entsprechende ▷ Tretkurbel verbiegen oder Risse bekommen, die irgendwann (!) zum Bruch führen.
Aus Sicherheitsgründen daher bei schweren Aufsetzern Pedal und Kurbel austauschen.

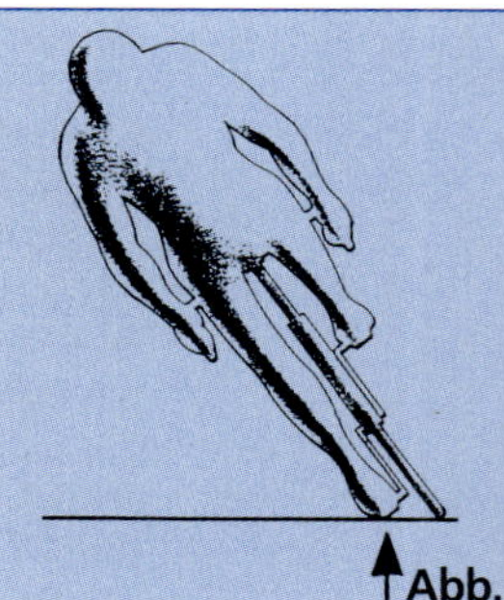

Abb. 19

Vor allem für ▷ Kriteriumsrennen mit ihren kurvenreichen Stadtkursen wurde zur Vermeidung von Aufsetzern ein spezielles Kurven- oder ▷ Kriteriumspedal (Einzelh. s. dort) entwickelt, das durch kürzere Bauweise und abgeschrägte Unterseite eine stärkere ▷ Kurvenschräglage (s.a.d.) erlaubt.
Von den heute gängigen Pedalen ermöglicht das Dura Ace ▷ SPD-Pedal die stärkste Kurvenschräglage.

Pedalauge

In die ▷ Tretkurbel integriertes Innengewinde für die Pedalbefestigung, wobei das linke Pedalauge zur Sicherung gegen ▷ Selbstlösen ein ▷ Linksgewinde besitzt (Abb 20).

Pedalgewinde

Das Pedalgewinde ist in der rechten ▷ Tretkurbel als ▷ Rechts-, in der linken zur Sicherung gegen ▷ Selbstlösen als ▷ Linksgewinde ausgeführt.
Als Gewinde kommt in Europa 9/16 x 20 zur Anwendung (Ausnahme Frankreich: 14 x 1,25), in den USA: 1/2 x 20 sowie 9/16 x 20.

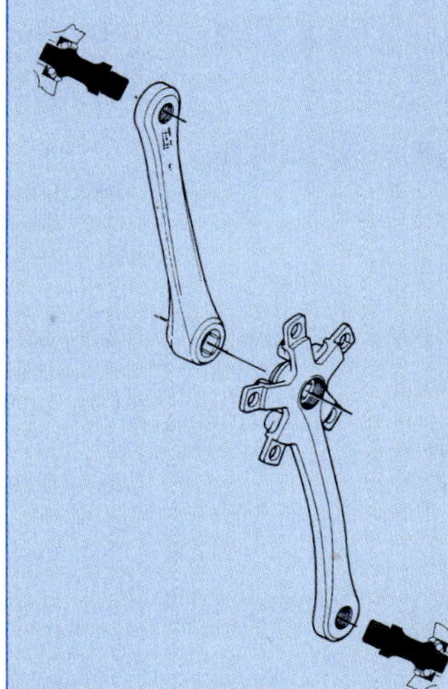

Abb. 20

Pedalhaken

Schon früh benutzten leistungsorientierte Radler einen die Schuhspitze umschließenden Haken am Pedal (Abb 21), um dem Fuß besseren Halt zu bieten (optimale Positionierung des Fußballens über der Pedalachse) und auch, um während der Aufwärtsbewegung an der Tretkurbel noch ziehen zu können, insbesondere bei zusätzlicher Verwendung eines ▷ Pedalriemens, weitere Einzelheiten s.d.
Pedalhaken sind in mehreren Längen und Breiten je nach Fußgröße erhältlich, im Normalfall mit Öse am Ende des Hakens für den Riemen.
Für Reise- oder Gelegenheitsradler ist der sog. "Lady"-Haken ohne Riemen gedacht, der nur die Fußspitze führt und den Ballen auf dem Pedal hält, Wegrutschen nach vorne vermeidet und leichtes Ziehen erlaubt, aber in Notsituationen den Fuß auf jeden Fall freigibt.
Crosser-Tip als Einstiegshilfe: Pedalhaken am hinteren Ende kürzen und weiter vorne wieder aufnieten. So trifft der Fuß beim "Antippen" des Pedals sicherer die hintere Käfigkante.
Eine integrierte Einstiegshilfe bietet das ▷ Deore XT-Pedal, dessen hinterer Steg schräg angeordnet ist und ebenfalls das Antippen des Pedals erleichtert.

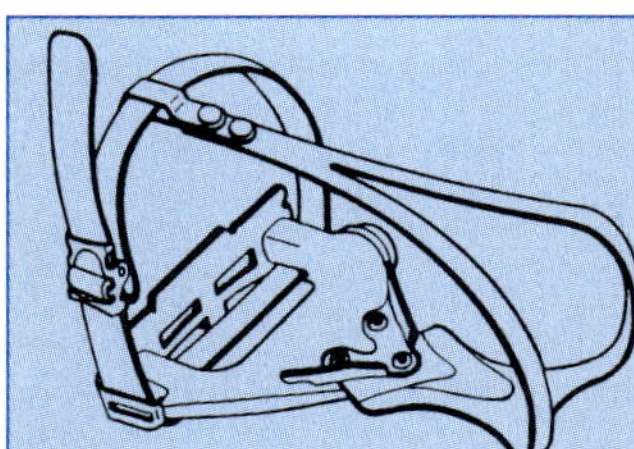

Abb. 21

Pedalieren

Landläufige Bez. für den Bewegungsablauf des Fußes bei der Trittbewegung des Radlers. Optimum: der ▷ runde Tritt.

Pedalkäfig

Auch "Pedalrahmen" genannte Pedalstege, die als Fußauflage mittels Nieten oder Verschraubung am ▷ Pedalkörper herkömmlicher Pedale angebracht sind oder bei Kunstoffpedalen mit dem Pedalkörper in einem Guß hergestellt werden (Abb 22).
Pedale für den Radsport warten mit nur sehr dünnem Pedalkäfig auf (um 2 mm Dicke), damit er in die Querrille der ▷ Pedalplatte einrastet und so einen rutschfesten Halt des Schuhs auf dem Pedal sichert. Je nach Modell sind die Käfige aus Stahl oder Aluminium ausgeführt und umschließen die Pedalkäfige den Pedalkörper außenherum entweder völlig, oder sind nur als vorderer und hinterer Steg ausgebildet.
In den Pedalkäfig muß laut ▷ StVZO nach hinten und nach vorn je ein ▷ Reflektor angebracht sein. Für sportlich genutzte Pedale können die Reflektoren nachträglich aufgeschraubt werden.
Bei ▷ Systempedalen entfällt der Käfig durch die speziellen Konzeptionen der Einrastmechaniken.

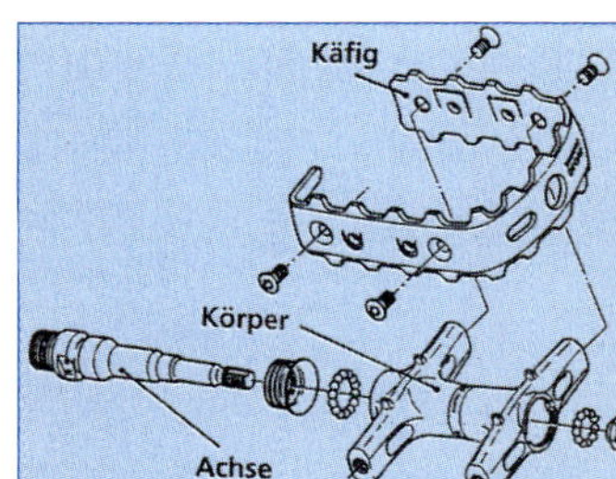

Abb. 22

Pedalkörper

Stabilisierender Teil des Pedals, in dem die ▷ Pedallagerung untergebracht ist und an dem beim herkömmlichen Pedal der ▷ Pedalkäfig angebracht ist.

Der Pedalkörper wird bei einfachen Pedalen aus ▷ Stahl oder Kunststoff hergestellt, bei höherwertigen aus faserverstärktem Kunststoff und ▷ Carbon. Weitere Materialien: ▷ Aluminium und ▷ Magnesium. Statt des Pedalkäfigs ist bei den ▷ Systempedalen die Halterung für die Einrastmechanik mit in den Pedalkörper integriert.

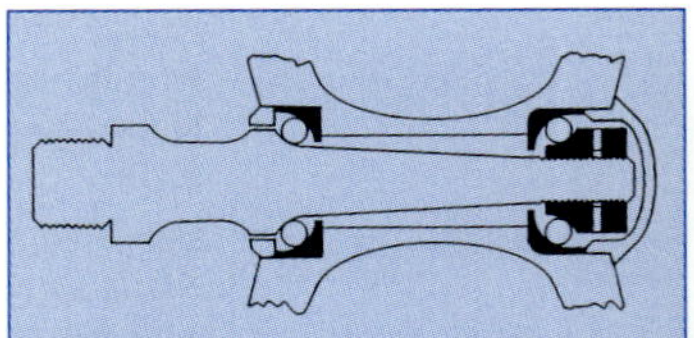

Abb. 23

Pedalkraft

Trittkraft, mit der der Radfahrer aufs Pedal einwirkt. Sie ist identisch mit der ▷ Antriebskraft i.U. zur ▷ Kettenkraft.

Pedallagerung

▷ Lagerung des Pedalkörpers auf der ▷ Pedalachse erfolgt mittels ▷ Konus- oder ▷ Wälzlager, z.T. als Kombination von ▷ Rillenkugel- und ▷ Nadellager. Neuerdings kommt auch die rationelle Bauweise mit ▷ Patronenlager auf.

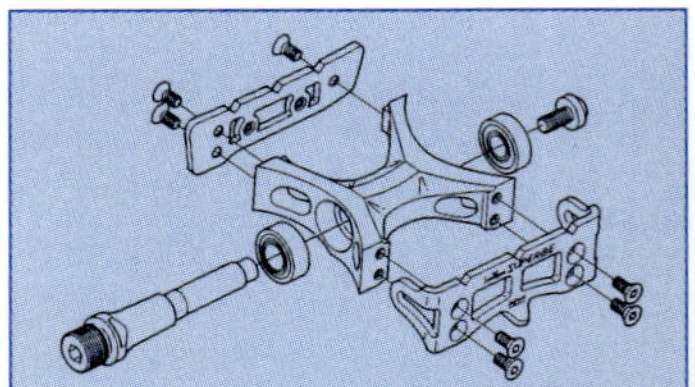

Abb. 24

Konuskugellager

Nach anfänglicher ▷ Gleitlagerung ging die Entwicklung schon früh (▷ Michauline) zum kugelgelagerten Pedal. Wie die anderen Fahrradlagerungen war auch das Pedallager zunächst ausschließlich als ▷ Konuskugellager gefertigt (Abb. 23), wobei innen (zum Tretkurbelarm hin) der in die Pedalachse gearbeitete ▷ Festkonus saß und außen der einstellbare Konus.

Wälzlager

Ihm folgten ab 1980 vermehrt Pedale mit ▷ Wälzlager (Abb. 24), die zwecks niedrigerer Bauhöhe später als Kombination aus Nadel- und Rillenkugellager gefertigt wurden.

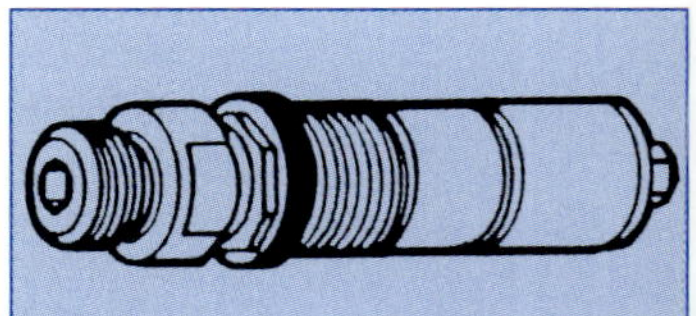

Abb. 25

Patronenlager

Rationelle Fertigungstechnik führte in den letzten Jahren auch beim Pedal zum ▷ Patronenlager, das z.T. wieder auf die alte Konuslagerung zurückgreift oder ebenfalls eine Kombination von Wälzlagern aufweist (Abb. 25).

Interessant ist übrigens, daß besonders bei den kurz gehaltenen Rennpedalen die Lagerung am dünnen Achsende weitaus höher belast wird als in Kurbelnähe. Ein Grund, hier immer häufiger Nadellager oder Doppelkugellager einzusetzen. Bei den Patronenlagern rücken die Lagerstellen aus gleichem Grund immer weiter nach außen.

Lagerspiel-Einstellung

Normale Pedale sind nicht nachstellbar (Konus ist mit Pedalachse vernietet), wohl aber hochwertige. Die Einstellung erfolgt stets von der Pedalaußenseite her oder - bei Patronenlagern - an der äußeren Lagerstelle.

Pedalplatte

In der Sohle von Rennschuhen (s. ▷ Radschuhe) fixierte Adapterplatte mit einer Querrille (Abb. 26), die in den hinteren Pedalsteg faßt und beim herkömmlichen Haken/Riemen-Rennpedal (s. ▷ Pedal: Normalpedal: Rennpedal) erst die eigentliche rutschfeste Schuh/Pedal-Verbindung herstellt; vgl. dagegen den Adapter beim modernen ▷ System-Pedal.

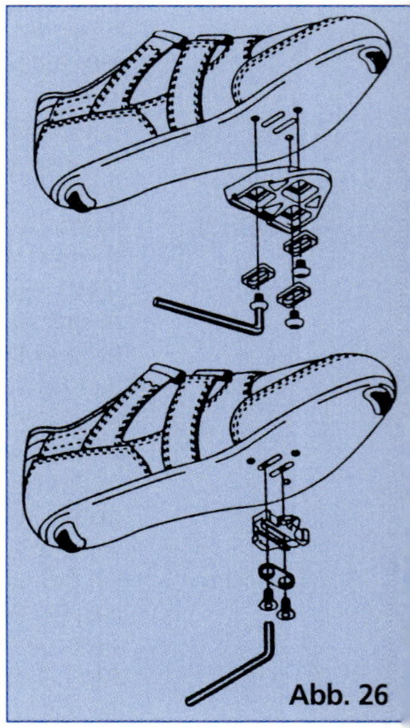

Abb. 26

Pedalrahmen

Andere, in der ▷ DIN 79100 verwendete Bez. f. ▷ Pedalkäfig.

Pedalriemen

Ein durch Pedalkörper und die Öse des ▷ Pedalhakens gefädelter Riemen aus Leder oder Gewebeband, der den Schuh umschließt und mit dem Pedal verbindet. Mit einer Zugschnalle stufenlos einstell-, fixier- und lösbar.

Rennfahrer ziehen v.a. am Berg oder vor dem Sprint den Riemen vollkommen fest und eliminieren damit sogar noch evtl. vorhandenen Schlupf zwischen Fuß und Schuh. Alltagsradler ziehen den Riemen dagegen aus Sicherheitsgründen nicht ganz fest, so daß der Schuh gut geführt, aber locker "im Körbchen" sitzt und im Notfall sofort freigegeben ist. Als wichtige Funktionen bleiben erhalten: Der Fuß wird mit dem Ballen in optimaler Position auf dem Pedal gehalten (ergonomisch günstig), außerdem besteht bei Rüttelpisten (▷ Mountainbike) keine Abrutschgefahr.

Bahnfahrer (▷ Sprinter) bevorzugen Doppelriemen, um noch inniger mit dem Pedal verbunden zu sein und in der Antrittphase noch kräftiger ziehen zu können. Weitere Informationen s. ▷ Pedalhaken.

Pedalschlag

Terminus der Fahrradfederungstechnik, der sich auf den Effekt des gegen den Fuß schlagenden Pedales bezieht. Hierzu kommt es, wenn beim Einfedern von ▷ Hinterradfederungen mehr Kettenlänge benötigt wird, was ▷ Kettenblatt samt ▷ Tretkurbel und Pedal plötzlich gegen die Tretrichtung drehen läßt.

Dabei kann das Pedal so heftig gegen den Fuß des Radlers schlagen, daß er sogar den Pedalkontakt verliert; s.a. ▷ Fahrradfederungen: Hinterradfederung.

Pedersen-Rad

1893 von dem nach England ausgewanderten Dänen Mikael Pedersen konsequent aus 21 Dreiecken konstruierter Rahmen mit charakteristischem Hängesattel zwischen ▷ Steuerrohr und den weit nach hinten ausladenden ▷ Sattelrohren (Abb. 27).

Abb. 27

Diese aufwendige Rahmenbauweise bewirkt, daß in den Gitterstäben des Rahmens nur reine ▷ Druck- und ▷ Zugkräfte herrschen, während beim klassischen ▷ Diamantrahmen noch ▷ Biege- und ▷ Torsionskräfte dazu kommen (vgl. ▷ zusammengesetzte Belastung).
Pedersens Fachwerkprinzip wartet vom Rahmen her mit keinerlei ▷ Fahrkomfort auf. Für diesen sorgt erst die ingeniöse Sattelkonstruktion, die allerdings wegen seitlichen Schwingens zunächst gewöhnungsbedürftig ist.
Anfänglich aus Holzstäben gebaut, später aus Stahlrohr, galt das Hängemattenvelo um die Jahrhundertwende als das Leichtrad schlechthin (für die engl. Armee wurde eine Klappversion als ▷ Militärrad gebaut). In einer Anzeige von 1900 warb Pedersen: "Garantiert das komfortabelste, leichtlaufendste, robusteste und leichteste Fahrrad, das hergestellt wird" mit einer Gewichtsangabe von 22 lbs., was für damalige Verhältnisse sagenhaften 10 kg entsprechen würde (1 lb = 453,6 g).
Die heutige Neuauflage hingegen wiegt mit Schaltung, Beleuchtung und Schutzblechen immerhin 17 kg. Die Renaissance des Pedersenrades begann 1978, als der Däne Jesper Soelling seinen ersten Nachbau des Klassikers auf die Räder stellte und bis heute Liebhaber der rollenden Hängematte mit dem königlichen Fahrgefühl findet. Dt. Hersteller: Michael Kemper.

Pendelantrieb

Form des ▷ Linearantriebs, wobei Beine oder/und Arme Auf- und Ab-, Vor- und Zurück- oder Hin- & Her-Bewegungen ausführen, s.a. ▷ Antrieb: Linearantrieb.

Pendelgabel

Ausführung einer ▷ Federgabel, bei der ▷ Gabelbeine um ein in Höhe des unteren ▷ Steuersatzes liegendes ▷ Drehgelenk schwenken (Abb. 28).

Pendelgabeln weichen den Hindernissen nahezu optimal aus, heben dabei jedoch den ▷ Vorderbau des Fahrrades leicht an. Daraus resultiert bei langsamer Fahrgeschwindigkeit ein angenehmes, bei höherer Geschwindigkeit jedoch bockiges Fahrverhalten. Weitere Einzelheiten siehe ▷ Fahrradfederungen: Federungstypen.

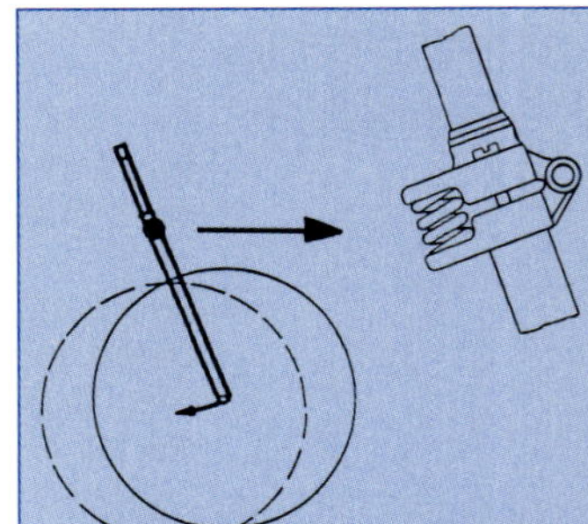

Abb. 28

Pendelprobe

Manueller Test nach ▷ Lagereinstellung am ▷ Laufrad mittels unterschiedlicher Stellungen des ▷ Schnellspanners, um sicherzustellen, daß die ▷ Hohlachse von der Spannkraft der ▷ Schnellspannachse nicht zusammengestaucht wird:

1. Dazu wird das Laufrad mit dem Spannhebel nur ganz leicht am Ausfallende verklemmt ("3-Uhr-Stellung") und leicht angestoßen, so daß die schwerste Stelle des Laufrades (meist Felgenstoß, manchmal auch Ventilbereich) am unteren Totpunkt *pendelt* (bei perfekt ausgewuchtetem Laufrad ▷ Speichenschlüssel als Gewicht aufsetzen) (Abb. 29).
2. Dann wird der Schnellspanner ganz umgelegt, und das Laufrad muß weiterpendeln (Abb. 30).

Abb. 29

Stoppt die Pendelbewegung, so werden die Kugeln zwischen Konus und Lagerschalen eingezwängt, was einen schnelleren Lagerverschleiß zur Folge hätte. In diesem Fall muß die ▷ Konterung des Lagers erneut und mit etwas mehr Spiel erfolgen.

Pentasport

5-Gang-Nabenschaltung von ▷ Fichtel & Sachs mit integriertem Freilauf. Einzelheiten s. ▷ Schaltung: Nabenschaltungen (Abb. 31).

Pflege

s. ▷ Fahrradpflege; ▷ Fahrradwartung

Abb. 30

Phosphatieren

Aufgrund von Umweltauflagen (Giftigkeit, Entsorgungsprobleme) nur noch wenig angewandtes Rostschutz- und Grundierverfahren (Vorbehandlung) für Fahrradrahmen aus Stahl, aber auch Aluminium, das bis in die 80er Jahre vorherrschend war.

Verfahren

Der Rahmen wird ganz in verdünnte Phosphorsäure getaucht, die Zusätze von Zink (Coslettisieren) oder Mangan (Adramentieren) enthält.

Diese Mixtur wandelt die obere Metallschicht in eine Phosphatschicht um, die bei einer Dicke von 3-8/1000 mm mausgrau, bei dickeren Schichtdicken dunkelgrau bis anthrazit ist. Diese Schicht stellt an sich schon einen Rostschutz dar und bindet mit ihrer Porigkeit Grundierung oder Farbe besonders intensiv an die Metalloberfläche. Heute finden sich in einigen ▷ Grundierungen Beimengungen, die ebenfalls eine hauchdünne Phosphatierung der Oberfläche bewirken.
Phosphatierung wird in letzter Zeit mehr und mehr durch sehr schlagfeste Grundierungen auf Zweikomponentenbasis ersetzt, s. ▷ Grundierung.

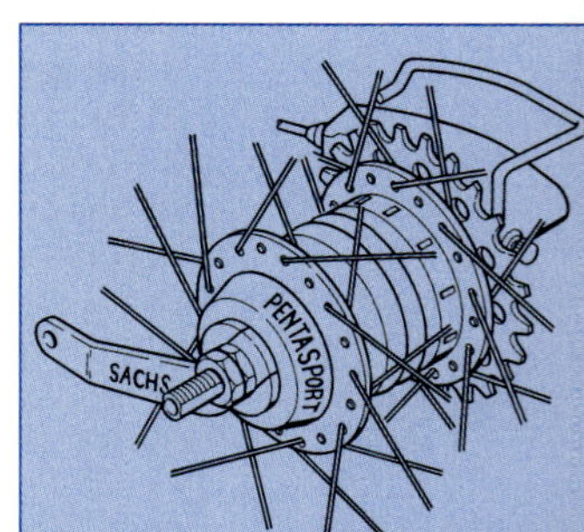

Abb. 31

Phosphor

Chem. Element, das häufig als Verunreinigung in Metallen vorkommt und dort eine versprödende Wirkung hat. S.a. ▷ Phosphatieren.

physikalische Einheiten

National oder international festgelegte Bezeichnung in Wörtern oder Symbolen, die als Grundstandard für Messungen oder Berechnungen physikalischer Vorgänge dienen. Die Vereinheitlichung hat den Zweck, die Messungen und Berechnungen weltweit reproduzierbar zu machen.

Physikalische Einheiten sind entweder sog. Grundgrößen (z.B. das Meter, das Jahr, das Kilogramm) oder werden aus ihnen abgeleitet (z.B. die Geschwindigkeit, die ▷ Kraft, die ▷ Arbeit, das ▷ Drehmoment).

Pilgerschrittverfahren

1. Verfahren, um im Schrägwalzverfahren (s. ▷ Mannesmann) hergestellte dickwandige Rohre dünner auszuwalzen. Dabei wird das Rohr durch ständiges Vor- und Zurückwalzen über einen Dorn stückchenweise dünner gewalzt (Abb. 32).
2. Methode zum Lösen schwergängiger Schraubverbindungen: 1 Umdrehung vor, 1/2 zurück, gut ölen, Verfahren wiederholen.

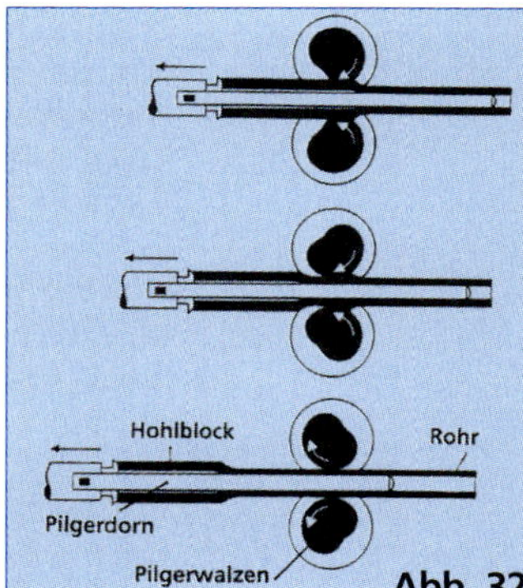

Abb. 32

Planetengetriebe

▷ Getriebe, das aus einem zentralen Sonnenrad, drei oder vier umlaufenden Planetenrädern und einem äußeren Hohlrad besteht (Abb. 33).
Es wird am Fahrrad hauptsächlich bei ▷ Nabenschaltungen angewandt, aber auch der ▷ Nabendynamo von DT-Swiss besitzt ein Planetengetriebe, Einzelheiten s. jeweils dort und Gangschaltung: Nabenschaltung.

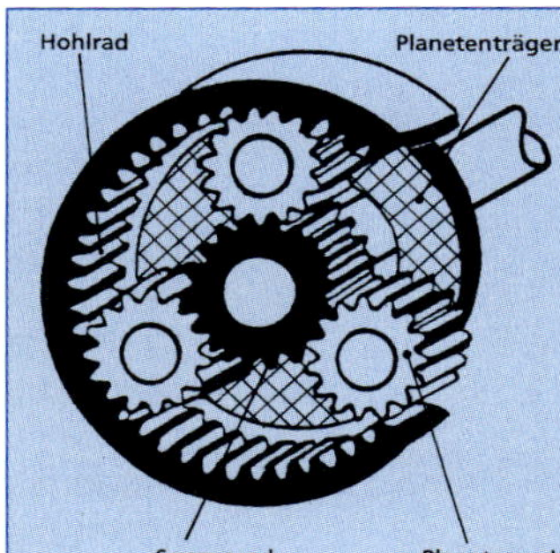

Abb. 33

Planetenräder

Teile eines ▷ Planetengetriebes. Hierbei umlaufen drei auf einem ▷ Planetenträger angebrachte kleine ▷ Zahnräder - die Planetenräder - ein ▷ Sonnenrad und kämmen zugleich ein das Getriebe umhüllendes ▷ Hohlrad. Weitere Einzelheiten s. ▷ Schaltung: Nabenschaltung.

Planetenträger

Teil eines ▷ Planetengetriebes. Der Planetenträger umläuft mit den auf ihm befestigten ▷ Planetenrädern ein ▷ Sonnenrad und besitzt gegenüber dem außen umlaufenden ▷ Hohlrad einen Drehzahlunterschied, der zum Übersetzungsveränderung genutzt wird. Weitere Einzelheiten s. ▷ Schaltung: Nabenschaltung.

Plasma-Schweißen

Aus dem ▷ WIG-Schweißverfahren entstandenes Verfahren, bei dem ein Schutzgasstrom den Lichtbogen sehr stark bündelt und damit einen Plasmastrom erzeugt (als Plasma werden in Elektronen und Ionen zerlegte Gase bezeichnet) (Abb. 34).

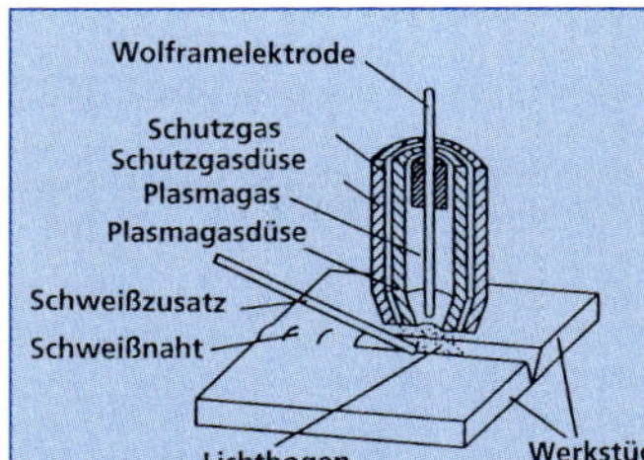

Abb. 34

Mit diesem Verfahren lassen sich sehr schmale Schweißnähte und entsprechend präzise Schweißungen ausführen, ein Grund dafür, Plasmaschweißen bereits bei der Rahmenherstellung alternativ zum WIG-Schweißen einzusetzen.

Zu anderen ▷ Schweißverfahren s.d.

Plastische Verformung

Bleibende Verformung von Körpern durch Einwirken einer Kraft, die über den Bereich der ▷ elastischen Verformung hinausgeht (Abb. 35).

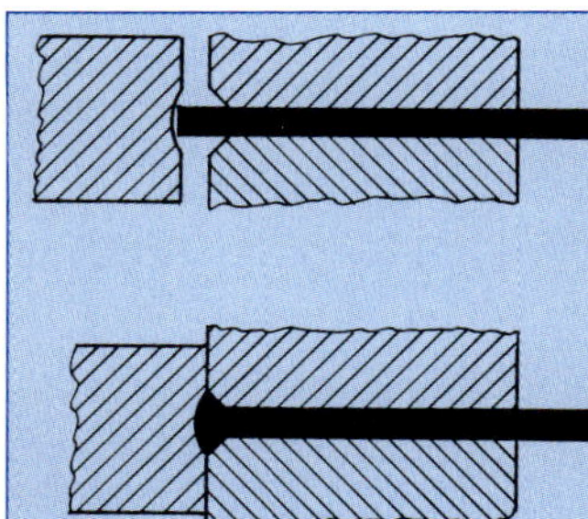
Abb. 35

Erwünscht ist diese Verformung bei der Herstellung von Teilen (Schmieden von Kurbeln, Aufstauchen von Speichenköpfen, Biegen von Lenkern u.v.m.), unerwünscht ist sie im Fahrbetrieb, weswegen hochbelastete Teile wie die Tretkurbeln entsprechend biegesteif ausgelegt werden. Bei Gewalteinwirkung wie Sturz oder ▷ Pedalaufsetzer tritt plastische Verformung in Gestalt von Achs-, Rahmen-, Gabelverbiegung und anderen bleibenden Schäden auf.

Wie weit solche Verformungen wieder zurückzubiegen sind, sollte der Fachmann entscheiden. Hochbelastete Fahrrad-Bauteile (▷ Gabelschaftrohr, ▷ Pedalchsen, ▷ Kurbelarme und ▷ Lenker) sollten auf jeden Fall nach plastischen Verformungen aus Sicherheitsgründen ausgetauscht werden.

Der Beginn plastischer Verformung ist ein wichtiger konstruktiver Umstand, der bei Festigkeitsangaben mit dem Index 0,2 gekennzeichnet ist. Einzelheiten hierzu s. ▷ Materialfließen.

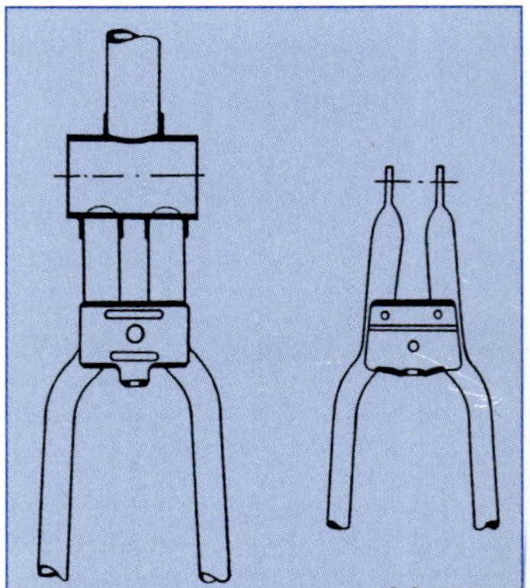

Abb. 36

Platten/Plattfuß

Umgangssprachl. f. Reifendefekt, bei dem die Luft aus dem Reifen entwichen ist. Zur Behebung s. ▷ Reifenreparaturen.

Pletscherplatte

Ein die beiden ▷ Sattelstreben bzw. die ▷ Unterstreben verbindendes gestanztes Blechteil (benannt nach der Schweizer Firma Pletscher), das bei Standardrahmen zur Befestigung von hinterer Felgenbremse, Schutzblech und Gepäckträger dient (Abb. 36).
Bei sportlichen Fahrrädern wird die Pletscherplatte durch einen biegesteiferen Quersteg (Rohr oder Stahlgußteil) ersetzt.

Polyurethan

Moderner, in seiner Härte breit abstimmbarer Kunststoff mit ähnlichen Eigenschaften wie Polyamid (Nylon).

Anwendung am Fahrrad: Basis für Lacke, häufig Schaumkern von ▷ Monocoque-Rahmen, zäh abgestimmt als besonders pannensicher (▷ Pannensicherheit) ▷ Schlauch, ▷ Pannenschutzstreifen oder steifer abgestimmt als ▷ Nippelschutzband.

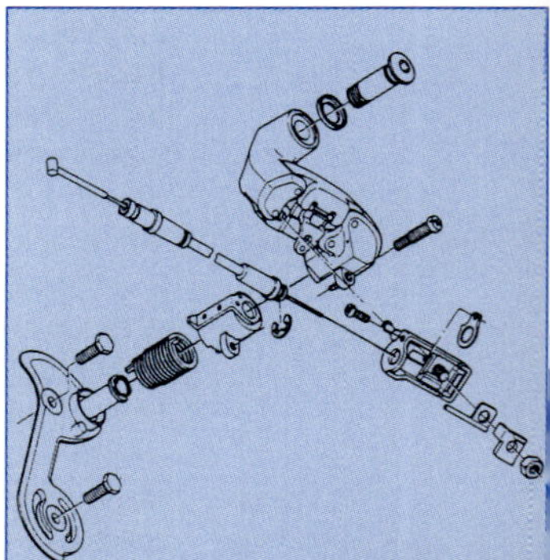

Abb. 37

Position

▷ Körperhaltung auf dem Fahrrad. Sie wird erzielt durch die Einstellung der Kontaktstellen des Radlers mit seinem Rad, also Sattel, Lenker und Pedalen, Einzelheiten s. ▷ Sitzposition.

Positron-Schaltung

Erste handelsübliche rasterbare ▷ Kettenschaltung (Shimano 1978) (Abb. 37), deren Betätigung nicht wie üblich per Zug, sondern per Druck mittels steifem Einzeldraht erfolgt. Dies zeigt, daß in den Anfängen der ▷ Indexschaltung die ▷ Schaltungssynchronisierung per flexiblem Zug als nicht lösbar erschien, da man eine für die perfekte Funktion zu große Dehnung der Schaltzüge befürchtete. Einzelheiten s. ▷ Schaltungen: Kettenschaltungen.

Potentielle Energie

Physikalischer Begriff für "Energie der Lage" - in der sich z.B. der Radler im Wechselspiel von Bergauf und Bergab befindet (Abb. 38):

Wird ein Köper angehoben, so muß hierzu Hubarbeit verrichtet werden. Sie ist danach im Körper "gespeichert", der dadurch nun seinerseits in der Lage ist Arbeit zu verrichten.

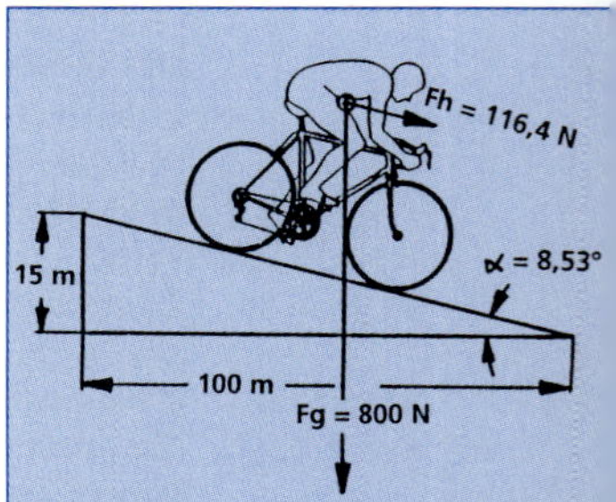

Abb. 38

Potentielle Energie errechnet sich nach

$W_p = m \cdot g \cdot h$ dabei ist:

W_p = potentielle Energie in Nm (s. ▷ physikalische Einheiten);
m = Masse des Körpers in kg;
g = Erdbeschleunigung = 9,81 m/sec²;
h = Höhe, um die der Körper angehoben wurde, in m.

Rechenbeispiel: Ein Fahrradfahrer überwindet 100 Höhenmeter. Bei 80 kg Gewicht von Rad und Fahrer steckt dann eine potentielle Energie von

$W_p = 80\ kg \cdot 9{,}82\ m/sec^2 \cdot 100\ m = 78.480\ Nm$

in Roß und Reiter, die bei der Bergabfahrt per ▷ Hangabtriebskraft wieder frei wird, s. hierzu auch ▷ Fahrdynamik.

Analog zur Hubarbeit kann auch ▷ Arbeit in anderer Form in Körpern gespeichert werden. So gibt beispielsweise eine vorgespannte Feder bei Schaltung oder Bremse bei ihrer Entspannung die vorher an ihr verrichtete Arbeit wieder frei und stellt daher auch eine Art der potentiellen Energie dar.

Die potentielle Energie ist ein leicht nachvollziehbarer Beweis für den Energie-Erhaltungssatz, s. ▷ Energie, vgl. auch ▷ Fahrdynamik.

Prepregs Bei der Herstellung von ▷ Carbon verwendete, mit ▷ Harz vorgetränkte Gewebe aus ▷ Kohlefasern, um sich a) das Harzeinpinseln zu ersparen, b) den Harzanteil möglichst gering zu halten.

Zur Anwendung kommen Prepregs, bei denen das Harz entweder durch Kühlung trocken gehalten wird oder solche mittels Spezialharzen, die erst bei höheren Temperaturen flüssig werden. Weitere Informationen s. ▷ Carbon.

Primzahl-Kettenblatt ▷ Kettenblatt, bei dem zwecks geringerer Abnutzung (Kettenglieder greifen nicht fortwährend auf die gleichen Kettenblattzähne) die Zähnezahl einer Primzahl entspricht (nicht durch andere Zahl teilbar, z.B. 37, 43, 47 oder 53 Zähne).

Prinzipiell ist diese Überlegung richtig. Da aber die allermeisten Radfahrer eine Lastspitze im Trittablauf haben (wenn die ▷ Tretkurbel in etwa waagrecht nach vorn steht), verschleißen die Kettenblattzähne - egal ob prim, gerad oder ungerad - dann in dem Bereich am stärksten, in dem die Kette im Verlauf der Lastspitze in die Zähne eingreift, also oben. Aus diesem Grund ist es hinsichtlich Verschleißminderung sinnvoller, alle 3000-5000 km das Kettenblatt um 1/5 Drehung im ▷ Kurbelstern zu versetzen.

Produkthaftung Nach US-Vorbild 1990 ins dt. Recht übernommene verschuldens*un*abhängige Haftung des Produzenten für die durch ein fehlerhaftes Produkt verursachte Schädigung von Rechtsgütern Dritter.
Die Produkthaftung ist "Herstellerhaftung" (s. Paragraph 4) und hat die Rechte der Verbraucher gegenüber der verschuldensabhängigen Haftung deutlich gestärkt.
Die wichtigsten Bestimmungen auszugsweise:

Paragraph 1 Wird durch den Fehler eines Produkts jemand getötet, an Körper oder Gesundheit verletzt oder eine Sache beschädigt, so ist der Hersteller verpflichtet, dem Geschädigten den daraus entstehenden Schaden zu ersetzen.
Die Ersatzpflicht ist ausgeschlossen z.B., wenn der Fehler nach dem Stand der Wissenschaft und Technik zu dem Zeitpunkt, als das Produkt in den Verkehr gebracht wurde, nicht erkannt werden konnte.
Für den Fehler, den Schaden und den ursächlichen Zusammenhang zwischen Fehler und Schaden trägt der Geschädigte die Beweislast. In bestimmten strittigen Fragen trägt sie der Hersteller.

Paragraph 4 Als Hersteller gilt nicht nur der Erzeuger im landläufigen Sinne, sondern auch jeder, der sich durch das Anbringen seines Namens, seines Warenzeichen oder eines anderen unterscheidungskräftigen Kennzeichens als Hersteller ausgibt.
Als Hersteller gilt ferner, wer das Produkt zum Zweck des Verkaufs, der Vermietung oder einer anderen Form des Vertriebs mit wirtschaftlichem Zweck in den Geltungsbereich des Vertrages zur Gründung der europäischen Wirtschaftsgemeinschaft einführt oder verbringt.
Kann der Hersteller des Produkts nicht festgestellt werden, so gilt jeder Lieferant als dessen Hersteller, es sei denn, daß er dem Geschädigten innerhalb eines Monats, nachdem ihm dessen diesbezügliche Aufforderung zugegangen ist, den Hersteller oder diejenige Person benennt, die ihm das Produkt geliefert hat.

Haftungsminderung wird bei Verschulden des Geschädigten wirksam. In Zweifelsfragen wende man sich an den Bundesverband der Fahrrad-Sachverständigen e.V., Teinacher Str. 34, 71634 Ludwigsburg.

Profil Querschnitt von Rohren und Felgen, aber auch geometrische Anordnung von Reifen- oder Bremsgummioberflächen, s. insbes. ▷ Reifenprofil.

Protektor Auf die ▷ Karkasse aufgebrachter Gummi-Laufstreifen der ▷ Reifen, also ihr Kontaktbereich (Kurvenlage eingeschlossen) mit der Fahrbahn. Der ▷ Gummi sollte möglichst griffig und zugleich abriebfest sein.
Seine dem Namen entsprechende Schutzfunktion gegen spitze Eindringlinge nimmt mit der Dicke des Protektors zu. Besser als verdichtete Protektoren schützen Gewebestreifen unter dem Protektor vor Reifendurchstichen, was zugleich die ▷ Rollreibung geringer hält als dickere Gummiauflagen. Der Protektor ist auch Träger des ▷ Profils, Näheres s. ▷ Reifen, ▷ Rollwiderstand.

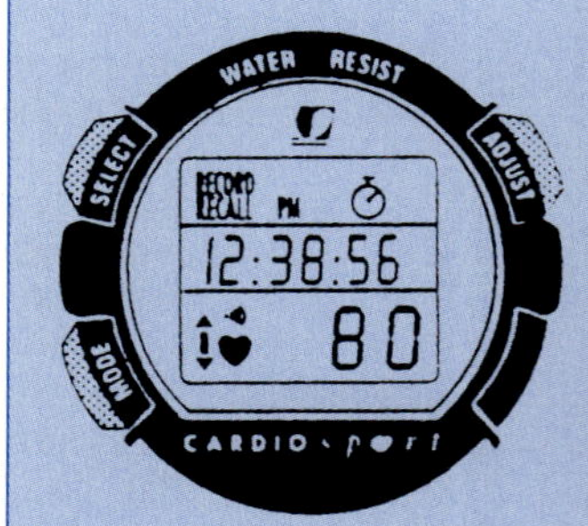

Abb. 39

PU Abk. f. ▷ Polyurethan.

Puch-Ei Volkstümliche Bez. für ein in den 50er Jahren entwickeltes ▷ ovales Kettenblatt der früheren österr. Fahrradfabrik Puch.

Im Gegensatz zu ▷ Biopace wird bei waagrecht stehendem Pedalarm der Kettenblattradius erhöht. Dahinter steckt die Überlegung, daß in dieser Phase des Kurbelbewegungsablaufs bei sitzender Fahrweise die größte Krafteinwirkung aufs Pedal möglich ist.

Pulsmesser Erweiterung des Fahrradcomputers zur Messung der Herzfrequenz während der Fahrt, um genaue Auskunft über die Belastungshöhe zu erhalten. Näheres s. ▷ Computer: Herzfrequenz (Abb. 39 u. 40). Das Produkt hat sich im Markt nicht durchgesetzt.

Pulverbeschichtung Fortschrittliche, umweltfreundlichste und bes. schlagfeste Korrosionsschicht als Ersatz für die herkömmliche ▷ Naßlackierung (Abb. 41).

Elektrostatisch auf Rahmen oder Bauteile aufgebrachte Kunststoffplättchen (Pulver) werden im Ofen bei 120-180°C (je nach Pulversorte) zusammengeschmolzen, was einen äußerst schlagfesten, lackartigen Korrosionsschutz ergibt. Pulverbeschichtung ist derart schlagfest, daß eher eine Beule ins Rohr geschlagen wird, als daß dieser Lack abspringt.

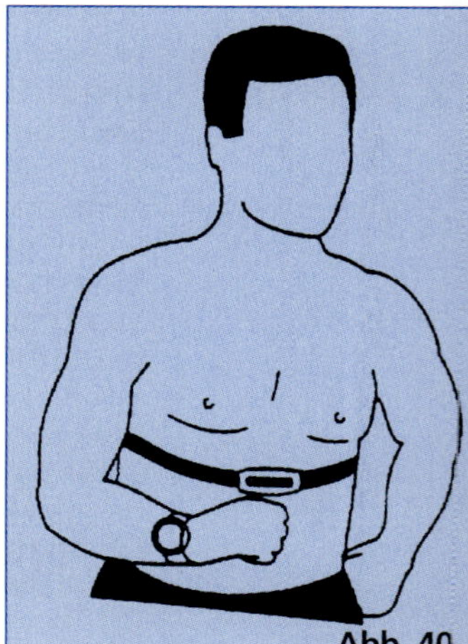
Abb. 40

Weiterer Vorteil: Pulverbeschichtung benötigt keine ▷ Lösungsmittel und ist daher neben Wasserlacken der momentan umweltverträglichste Korrosionsschutz. Darüberhinaus gibt es weniger Verluste als beim Naßlackieren: Ab- oder danebengefallenes Pulver kann zusammengekehrt und wiederverwendet werden.

Anfänglich hatte die Pulverbeschichtung gegenüber den Naßlacken weniger Brillanz und weniger Glanz. Neue Pulversorten und Farbpigmente sowie das Aufbringen einer zweiten Klarlack-Pulverschicht merzen diese Nachteile aus. Beispiel: Die brillante, auf 15 Jahre garantierte "Futura"-Pulverbeschichtung von Centurion.

Pumpe

s. ▷ Luftpumpe

Punktschweißen

▷ Schweißverfahren, bei dem zwei Metallbauteile mittels zweier Kupferelektroden punktförmig zusammengepreßt und unter Kurzschlußstrom gesetzt werden. Es erfolgt ein punktuelles, linsenförmiges Ineinanderschmelzen der Bauteiloberflächen (Abb. 42).

Anwendung im Fahrradbau: Anbringen von ▷ Stegplatten und ▷ Anlötteilen, die in diesem Fall korrekterweise als "Anschweißteile" bezeichnet werden müßten.

Punze

Ursprünglich: Mit einem Punzenmeißel in Bleche geschlagene Vertiefung. Das Fahrrad betreffend: In die Felge geschlagene Vertiefung zur Ausrichtung des Speichennippels (Abb. 43).

Als Punze wird heute vielfach auch noch die ▷ Öse bezeichnet, die eine gleichmäßigere Kraftübertragung vom Nippel ins Felgenbett bewirkt und auch - da kein ▷ "Fressen" - das ▷ Zentrieren erleichtert.

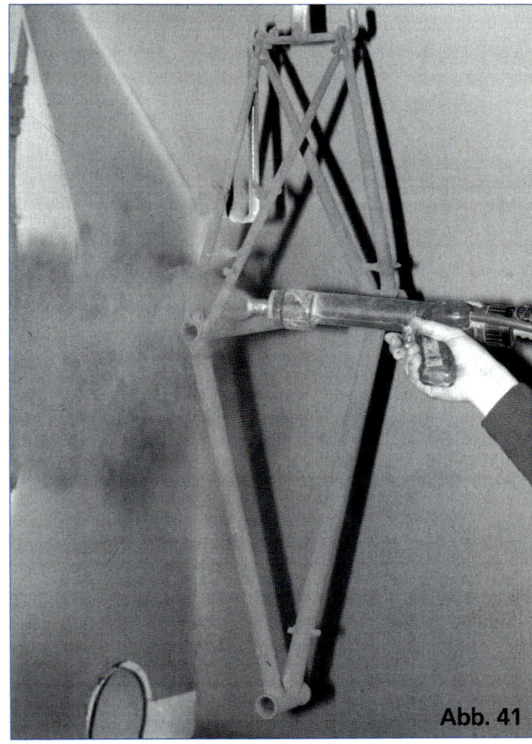

Abb. 41

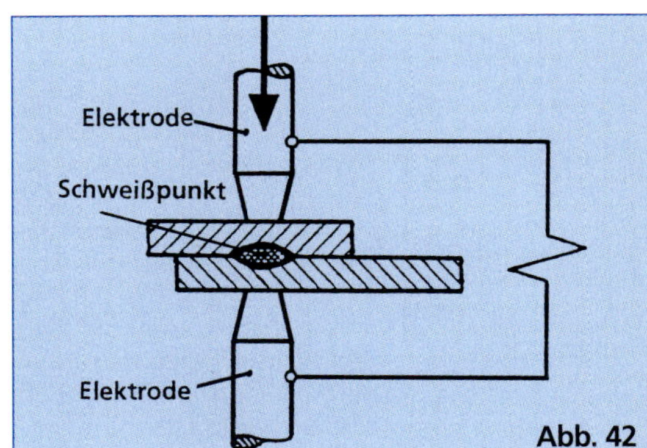

Abb. 42

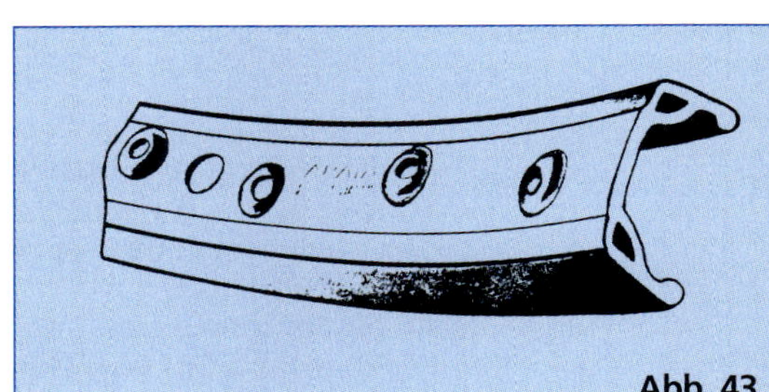

Abb. 43

Qualitätskontrolle

Um sich vor Regreß bzw. Ansprüchen aus der ▷ Produkthaftung zu schützen, führen heute fast alle Erstausrüster eine gründliche Qualitätskontrolle durch. Dabei werden insbesondere Lenker, Vorbau, Kurbel, Pedale, aber auch Rahmen und Tretlager nach der gängigen ▷ DIN 79100 auf den darin vorgeschriebenen Prüfmaschinen getestet.

Die Erfüllung dieser DIN schützte bislang automatisch vor Produkthaftung. Die höheren Belastungen beim ▷ Mountainbiking führten jedoch zu einem derartigen Anstieg der Defektrate - und entsprechend der Produkthaftungsansprüche - daß im Rahmen einer Euro-Norm die Prüfungsvorschriften der DIN 79 100 verschärft werden sollen.
Bei Fahrrädern mit vorwiegend sportlichem Einsatz (Wettkampfmaschinen jeden Typs) treten noch härtere Belastungen auf, so daß bereits jetzt die Hersteller bei hochwertigen Rahmen und Teilen für ▷ Rennräder und ▷ Mountainbikes weit über den vorgeschriebenen Normen testen.

Querfeldeinrad

Dt. Bez. f. d. klassische *Cross-Rad*, mit dem ▷ Querfeldeinrennen gefahren werden.
Im Prinzip handelt es sich um ein *modifiziertes* ▷ *Rennrad,* das gegenüber der Straßenversion (die Nummern beziehen sich auf die Abb.) wie folgt abgewandelt ist:
1. i.d.R. etwas *länger* gebaut (bessere Spureigenschaften, geringere Überschlagsgefahr);
2. größerer Freiraum zwischen Reifen und Rahmen bzw. Gabel, damit die Räder nicht von aufgenommenem Matsch zugesetzt oder gar blockiert werden können;
3. aus gleichem Grund kommen seit jeher ▷ *Cantilever-Bremsen* zur Anwendung;
4. die ▷ Kettenschaltung wird mit ▷ *Lenkerendschalthebeln* (neuerdings auch mit STI/Ergopower) bedient, damit bei schwierigen Passagen nicht eine Hand den Lenker zum Schalten loslassen muß;
5. Reifenbreite je nach Bodenverhältnissen (▷ Schlauch- oder ▷ Dahtreifen) von 25-30 mm Dicke (Rennrad zum Vegleich: 18-23 mm). Als Profil haben sich kleinstollige Ausführungen bewährt.
6. Die Höhe des ▷ Tretlagers liegt geringfügig über der des Rennrades (28 cm statt 26,5 cm).

Der Hit unter den Querfeldeinrädern war seit Ende der 70er Jahre lange Zeit der Alan, ein aus Italien stammender, geklebter ▷ Aluminiumrahmen, der Dank seiner Elastizität (normal dimensionierte ▷ Aluminium-Rohre) besonders gut die für diese Sportart typischen ▷ Lastspitzen (Sprünge, Überfahren von Kanten u.ä.) "ausflext".

Vergleich mit Mountainbike

Verglichen mit einem ▷ Mountainbike fährt sich das Querfeldeinrad in Matsch etwas weniger kraftzehrend, da die schmaleren und kleinstolligeren Reifen weniger Dreck aufwirbeln und damit weniger ▷ Fahrwiderstand besitzen.

Allerdings wird generell wesentlich mehr Steuerkunst verlangt, da die schmalen Räder schnell einspuren und das Gleichgewicht durch Körpergewichtsverlagerung gehalten werden muß. Vor allem bei hohem Tempo sind die Einspureffekte der schmaleren Reifen bei Matsch oder Sand kaum noch auszusteuern, m.a.W.: Bei rauschenden Abfahrten ist das MTB eindeutig überlegen, nicht allein wegen der dicken Reifen, sondern auch weil der ▷ Geradeauslauf besser ist (größerer ▷ Radstand und ▷ Nachlauf). Außerdem besteht bei dem kürzeren ▷ Vorderbau des rennradartigen Querfeldeinrades eher die Gefahr eines Überschlags. Ferner ist auch der ▷ Übersetzungsbereich kleiner ausgelegt, da im Querfeldeinsport die Faustregel gilt: Was mit 42/25 (Zähnezahlen vorne/hinten) nicht mehr getreten werden kann, läuft man besser (Mountainbiker haben demgegenüber andere "Ideologie": So viel wie möglich fahren). Alles in allem ist das Querfeldeinrad also ein Rad für Spezialisten.

Querfeldeinrennen

Älteste und bis vor wenigen Jahren auch einzige auf nicht planierten Trassen durchgeführte Radsportart (vgl. ▷ Geländewettbewerbe), bei der schwierigste Rollbahnverhältnisse wie Holperpisten, Matsch, Sand u.ä. geradezu erwünscht sind, ganz zu schweigen von Steilanstiegen, zu überspringenden Hindernissen usw., so daß die Strecke i.a.R. neben Fahr- auch Laufpassagen enthält (Abb. 1).

An die Fahrer werden daher neben den üblichen radsportlichen Fähigkeiten noch hohe Anforderungen in puncto Geschicklichkeit und Steuerkunst gestellt, auch läuferisches Vermögen ist gefragt sowie das Verkraften von extremen Wechseln der Belastungsintensität.

Übrigens werden Querfeldeinrennen i.U. zu ▷ MTB-Rennen nicht für Frauen ausgetragen. Querfeldeinsaison ist von Oktober bis Februar und wird von vielen Straßenfahrern zur Formerhaltung während der schlechten Jahreszeit genutzt. Die Rennen sind besonders zuschauerfreundlich, nicht nur, weil ein kurzer Rundkurs mehrmals durchfahren wird, sondern auch, weil an kritischen Stellen spektakuläre Stürze mehr oder weniger einkalkuliert sind. Die wichtigsten Wettkampfbestimmungen des ▷ BDR:

Abb. 1

* Die Strecke muß abwechslungsreich und so beschaffen sein, daß mindestens zwei Drittel mit dem Rad befahren werden können.
* Verboten sind Abfahrten über Treppen oder Stufen und Abfahrten, die nicht mit dem Rad bewältigt werden können.
* Die Länge einer Runde soll ca. 3000 m betragen.
* Auf jedem Rundkurs dürfen bis zu 6 künstliche Hindernisse von 30-40 cm Höhe eingebaut werden.
* Mindestens 500 m, aber maximal ca. 40% eines Rundkurses sollen auf einer Straße mit guten Rolleigenschaften oder auf vergleichbaren befestigten Wegen verlaufen.
* Die Benutzung von ▷ Mountainbikes ist verboten (s. dagegen ▷ Querfeldeinrad).

Die Länge eines Rennens wird übrigens durch die Zeitdauer bestimmt und beträgt bei Amateuren 50, bei Berufsfahrern 60 Minuten. Nach der ersten Runde wird die Anzahl der noch zu absolvierenden Runden errechnet, die letzte Runde wird dann mit einer Glocke eingeläutet.
Wichtiger als bei ▷ Straßen- oder ▷ Bahnwettbewerben ist die Startphase, wo es gilt, möglichst schnell an die Spitze zu kommen, um nicht schon an der ersten Engstelle blockiert zu werden.

Querkräfte

Landläufige Bezeichnung für ▷ Radialkräfte, also Kräfte, die quer zur Längsrichtung von Bauteilen verlaufen (Abb. 2).

Querkräfte als Hauptlagerkräfte von ▷ Naben-, ▷ Pedal- und ▷ Tretlagerung wirken senkrecht zur Fahrbahn. Für die Rahmenrohre entsprechen Querkräfte den ▷ Seitenkräften, die am Fahrrad v.a. durch den ▷ Wiegetritt auftreten und den Rahmen (s. ▷ Rahmenbelastung) besonders im Tretlagerbereich belasten. Gleiches gilt für die ▷ Laufräder, bei denen Querkräfte besonders die steil stehenden Speichen auf der Zahnkranzseite des Hinterrades hoch belasten. Übrigens wirken diese Querkräfte auf die Nabenlagerung als ▷ Axialkräfte ein.

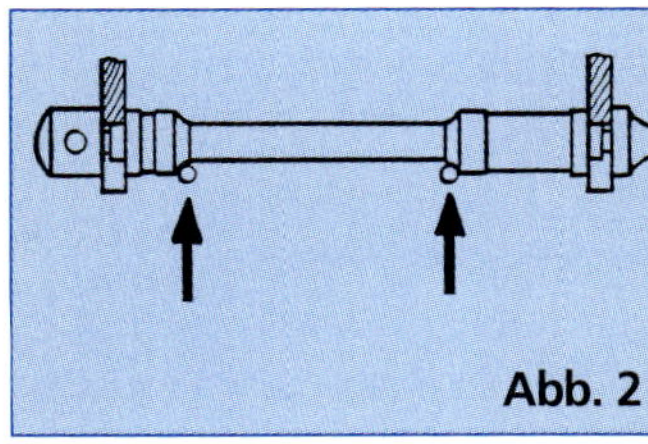

Abb. 2

Querlager

Dt. Bez. f. ▷ Radial(kugel)lager.

querovale Rohre

Ovalisierte Rohre, die in Querrichtung an Tretlager, Steuer- und Sattelrohr gefügt werden. Sie haben vertikal einen erheblich geringeren Durchmesser als horizontal und werden seit Anfang der 90er Jahre vereinzelt in verschiedenen Rädern eingesetzt (Abb. 3).
Diese von einigen Rahmenbauern angewandte Bauweise erhöht die ▷ Seitensteifigkeit des ▷ Vorderbaus und verbessert den ▷ Fahrkomfort (vgl. dagegen ▷ längsovale Rohre und auch die von längsoval nach queroval übergehenden ▷ MAX-Rohre).

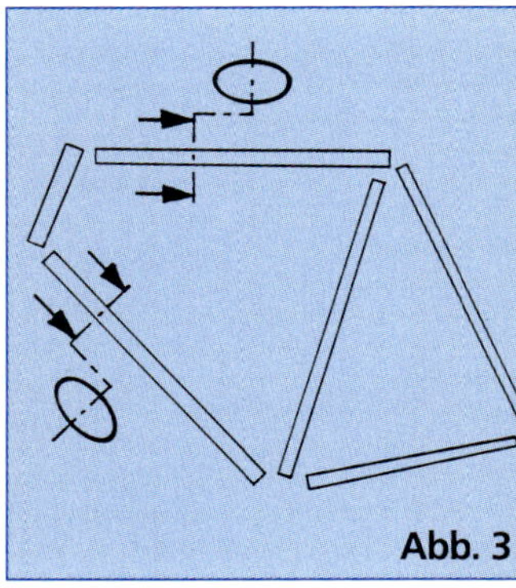

Abb. 3

Radabwicklung Andere Bez. f. ▷ Entfaltung.

Radachse Landläufige Bez. f. ▷ Nabenachse, z.T. aber auch für die Längsachse des Fahrrades (▷ Radflucht) gebraucht.

Radball Meist als ▷ Saalsportart ausgübtes Ballspiel für Männer-Mannschaften (Frauen: ▷ Radpolo, Abb. 1), bei dem ein spezieller Lederball (500 g, Roßhaarfüllung) mit dem ▷ Radballrad gespielt und vorwiegend mit dem Vorderrad ins gegnerische Tor zu schießen versucht wird. Eine Mannschaft besteht in der klassischen Version aus zwei Spielern (nur hier werden Weltmeisterschaften ausgetragen), es gibt aber auch 5er-Radball. Für diesen wird auch ein Deutscher Meister ermittelt, ebenso übrigens für den eher seltenen Rasen-Radball, der von 6er-Mannschaften gespielt wird (Weltmeisterschaften nur 1930-35).

Abb. 1

Beim Hallen-Radball ist die Spielfläche 11 x 14 m groß (intern. Wettkämpfe), das Tor 2 x 2 m. Die Spielzeit beträgt zweimal 7 Minuten mit Seitenwechsel. Bei Gleichstand folgt ein Entscheidungsspiel und ggf. noch ein 4-Meter-Schießen bis zur Entscheidung.
Regeln: Der Ball wird mit dem Rad gespielt, aber auch mit dem Körper, solange die Füße auf den Pedalen und beide Hände am Lenker sind. Ausnahme: Im Strafraum darf der Ball mit den Händen abgefangen bzw. abgeklatscht werden. Regelverletzungen werden ähnlich wie im Fußball mit Frei- bzw. Strafstoß (Viermeter) geahndet.

Radballrad Spezialrad für ▷ Radball (und ▷ Radpolo, dort jedoch mit zurückgebogenem Lenker wie ▷ Kunstfahrrad), besonders kräftig ausgeführt mit 24" Laufrädern, gerader Gabel und einem nach vorne hochgezogenen Lenker, der sich gut im Stehen fahren und das Vorderrad hochreißen läßt. Der Antrieb ist mit 22/24 (Zähnezahlen ▷ Kettenblatt / ▷ Ritzel) leicht untersetzt.

Eine absolute Besonderheit ist die ebenfalls das Hochreißen des Vorderrades fördernde Sattelposition über der Hinterradachse: Dadurch ist das Radballrad der einzige Fahrradtyp, bei dem das ▷ Oberrohr zugleich ▷ Sattelrohr ist, aus dem die Sattelstütze waagrecht nach hinten herausragt.

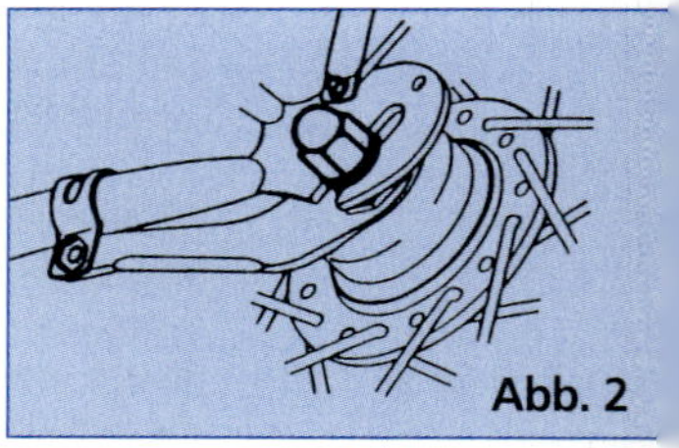
Abb. 2

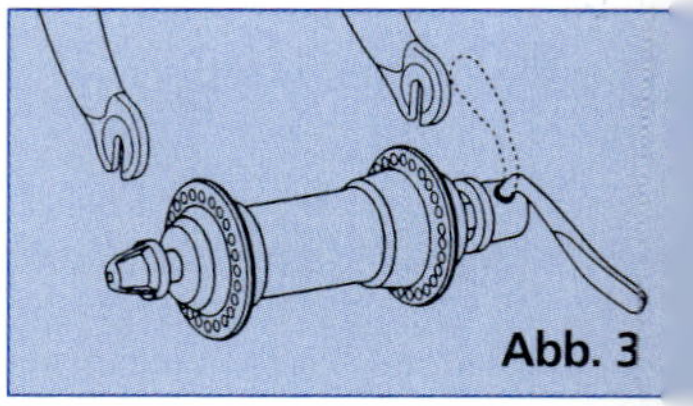
Abb. 3

Radbefestigung Fixierung der Laufräder im Rahmen (also den ▷ Ausfallenden). Für Normalräder sind gewöhnliche 15er-Muttern üblich (Abb. 2) (Gewindeabmessung s. Tabelle ▷ Fahrradgewinde), bei sportlichen Rädern ▷ Schnellspanner (Abb. 3), früher per Flügelmutter.
Bei zu kleinen Befestigungsmuttern und "ausgenudelten" Ausfallenden besteht Gefahr des Sprengens der Ausfallenden (Zeichnung); größere ▷ Gegenmuttern sind besser.

Raddurchlauf Freiraum zwischen Reifen und ▷ Gabelkopf bzw. hinterem ▷ Bremssteg. Während er bei ▷ Bahnrädern nur einige Millimeter beträgt, liegt er bei ▷ Geländerädern bei 4-6 cm, um Radblockaden durch Matsch oder Schnee zu vermeiden (Abb. 4).

Abb. 4

Mit ▷ Schutzblechen ausgestattete Fahrräder müssen ebenfalls einen größeren Raddurchlauf besitzen, damit a) das Schutzblech noch montiert werden kann, b) zwischen Reifen und Schutzblech noch genügend Freiraum verbleibt (Gefahr von Radblockaden). Achtung: Je größer der Raddurchlauf, desto schlechter die ▷ Bremswirkung von ▷ Seitenzugbremsen.

Radflucht

Längsachse des Fahrrades. Sie sollte genau durch die Mitte des ▷ Rahmens gehen, aber auch die beiden ▷ Laufräder sollten exakt in Radflucht verlaufen (Abb. 5).

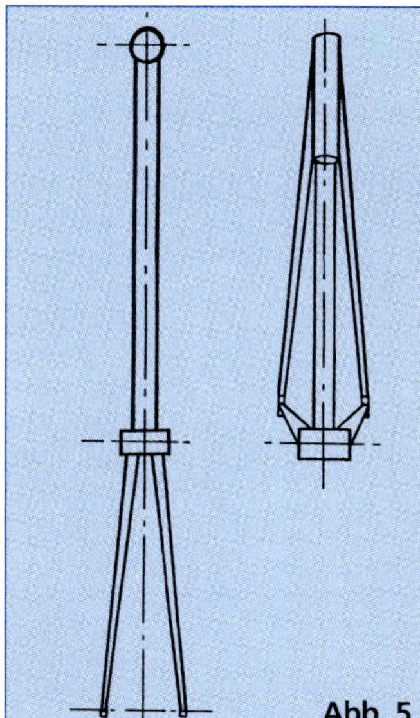

Abb. 5

Kontrollen

Bei Verdacht auf Unfluchtigkeit von Rahmen bzw. Laufrädern (z.B. nach Sturz oder Transport-Beschädigung) bestehen folgende einfache Kontrollmöglichkeiten:

Rahmen

Gerade Leiste von Steuerrohr über Sattelrohr ans hintere Ausfallende legen: Der Abstand zum Ausfallende sollte auf beiden Seiten gleich sein (zum Messen eignet sich auch eine straff gespannte Schnur).

Laufräder

1. Fahrrad mit gerade gestelltem Lenker hinstellen - an Wand o.ä., exakt aufrecht - und aus 10 m Entfernung per Augenschein die Deckungsgleichheit von Vorder- und Hinterrad überprüfen.
2. Vorderrad und Hinterrad zwischen zwei leicht angedrückten Leisten auf Fluchtigkeit überprüfen.
3. Auf glatter, trockener Straße einen Eimer mit Wasser ausgießen und anschließend mit hoher Geschwindigkeit die Naßstelle durchqueren: Stehen die Laufräder in Flucht, so ist auf dem Asphalt nur eine nasse Spur zu entdecken. Bei zwei Spuren ist der Rahmen "verzogen".

Zum Richten der Radflucht s. ▷ Rahmenrichten.

Radgröße

Doppelsinniger Begriff, der i.d.R. die ▷ Laufradgröße bezeichnet, z.T. wird er aber auch für die ▷ Rahmenhöhe herangezogen.

Radialkräfte

Kräfte, die quer zur Längsrichtung einer Achse verlaufen und vorwiegend bei Lagerbelastungen auftreten, während die Bez. ▷ Querkräfte allgemein gehalten ist (Abb. 6).

Als Radialkraft bezeichnet man v.a. die senkrecht zur Längsachse verlaufenden Kräfte auf ▷ Lagerungen, für deren Aufnahme ▷ Radiallager konzipiert sind. Beim Fahrrad werden sie durch ▷ Konuskugellager, ▷ Wälzlager, z.T. auch per ▷ Gleitlager aufgenommen.
Vgl. auch die längs zur Achse verlaufenden ▷ Axialkräfte.

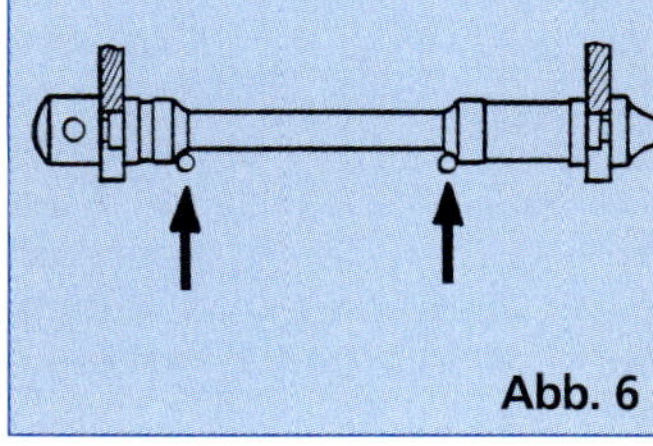

Abb. 6

Radiallagen

Orientierung der Fasern für ein in ▷ Faserverbundbauweise hergestelltes Bauteil: Die Fäden werden *nebeneinander* aufgewickelt wie auf einer Garnrolle. Man spricht auch von ▷ Radiallagen: Das so hergestellte Bauteil besitzt eine hohe radiale Belastbarkeit, kann jedoch keine nennenswerten ▷ Biege- oder ▷ Torsionsbelastungen aufnehmen.

Radiallager

Speziell für die Aufnahme von ▷ Radialkräften konzipierte ▷ Lagerungen. Während ▷ Konuskugellager, ▷ Rillen- und ▷ Schulterkugellager auch ▷ Axialkräfte aufnehmen können, ist dies bei ▷ Nadel- und ▷ Rollenlagern nur der Fall, wenn sie kegelig ausgeführte ▷ Kugellaufbahnen besitzen (Abb. 7).

Bei den Belastungen von Fahrradlagerungen überwiegen die Radialkräfte, also reichen hier Rillenkugellager aus, die bis 25% ihrer Radiallast auch axial belastbar sind.

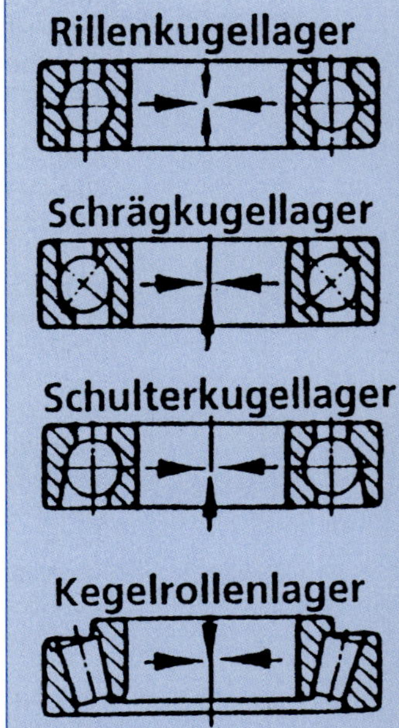

Abb. 7

Radialnabe

Speziell für die ▷ Radialspeichung konzipierte Nabe.
Es gibt zwei Typen, je nachdem ob man konventionelle oder gerade Speichen verwenden will, s. ▷ Naben: Sondernaben.

Radialreifen

Andere Bez. f. ▷ Gürtelreifen.

Radialspeichung

Urspüngliche Einspeichart (damals ausschließlich mit ungekröpften Speichen), bei der die Speichen Nabe und Felge in direkter Linie verbinden (Abb. 8).

Die Radialspeichung wurde bereits 1874 durch die gekröpften ▷ Tangentialspeichen abgelöst, die gekreuzte Einspeichung ermöglichten.
Daß die Radialspeichung in jüngerer Zeit zu neuen Ehren kam, hat aerodynamische, modische und auch fertigungstechnische Hintergründe. Übrigens wird sie heute sowohl mit normalen als auch mit ungekröpften Speichen radialisiert, s. weiter unten.

aerodynamisch

In jüngerer Zeit vielfach beim ▷ Triathlonrad anzutreffen, da radial gespeichte Laufräder leichte aerodynamische Vorteile bieten (keine wirbelbildenden Speichenkreuzungen), ein Register, das Triathleten wegen des Windschattenfahrverbots beim ▷ Triathlon gerne ziehen.

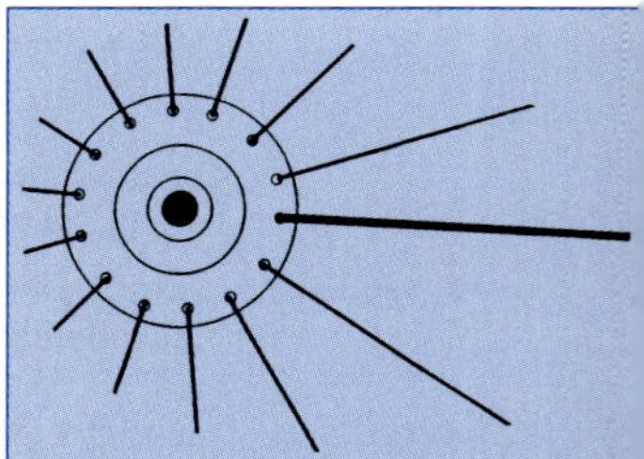
Abb. 8

technisch

Ein radial eingespeichtes Laufrad kann erst dann ▷ Antriebs- oder ▷ Bremsmomente (bei ▷ Nabenbremse) übertragen, wenn sich alle Speichen etwas gegenüber dem Nabenflansch verdreht haben (Abb. 9). Das hat bei kräftigen Antritten oder entsprechend harter Bremsung einen erheblichen Anstieg der Speichenspannung zur Folge.
Andererseits erreicht ein radial eingespeichtes Laufrad - mit nach außen weisenden Speichenbögen(!) - die höchstmögliche ▷ Seitensteifigkeit. Dies ist ein Grund dafür, bei den heute zur Norm gewordenen mit 7-8 ▷ Ritzeln bestückten ▷ Zahnkränzen für das Hinterrad mit der Kildemoes-Einspeichung (Zahnkranzseite radial mit Speichenbögen nach außen, Gegenseite gekreuzt, vgl. ▷ Einspeichen) eine höhere Seitensteifigkeit zu erreichen. Moderne ▷ Naben mit verdicktem Mittelteil halten dem dann über den Nabenkörper verlaufenden ▷ Antriebsmoment stand. Des weiteren sind die Speichen bei Radial-Laufrädern (v.a. "Sonnenräder", s. ▷ Sonnenrad-Nabe) schneller und komplikationsloser einzulegen und zu ▷ zentrieren.
Radial eingespeichte Laufräder müssen eine sehr hohe Speichenspannung besitzen, sonst "klappern" die Stäbchen beim harten Wiegetritt in ihren Löchern, da die Elastizität bringende Kreuzungsstelle fehlt.

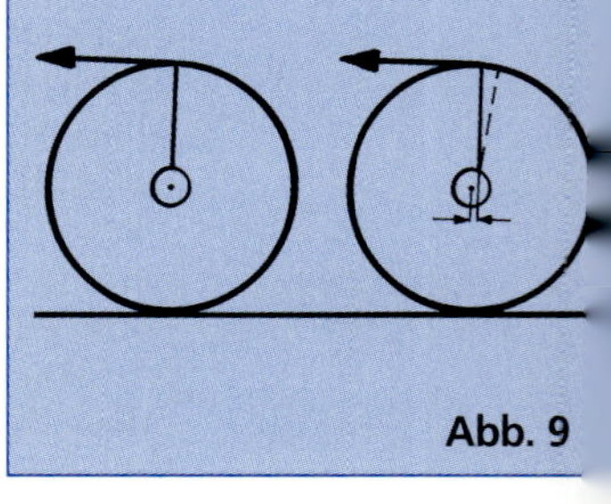
Abb. 9

wenig Fahrkomfort

Nachteil: Radial gespeichte Laufräder sind sehr hart, weswegen sie nicht mit allzu hohem Luftdruc gefahren werden dürfen, da sie bei unebener Fahrbahn sonst in Kurven leicht aus der Spur "hüpfer können.

modisch

Last but not least: Ein radial eingespeichtes Laufrad übt einen besonderen optischen Reiz aus und wird von manchen Radfreaks daher gern als Imagepflege zur Schau getragen.

Spezialnaben

Da nun aber Normalnaben nicht für die hohe radiale Zugbelastung ausgelegt sind und früher oder später am ▷ Flansch ausreißen würden (Abb. 10), müssen spezielle Radialnaben verwendet werden, die dieses Problem durch extrem hohe Flanschüberstände (▷ Flansch) lösen.

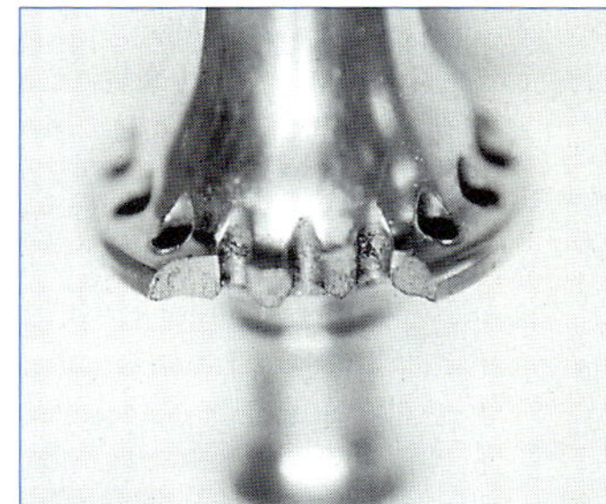

Abb. 10

Wer dennoch seine Laufräder mit Normalnaben radial einspeichen möchte, halte sich an folgende Grundregel: 1. Nur Laufräder bis max. 28 Speichen verwenden; 2. ▷ Speichenbögen nach außen legen, da so mit etwas weniger ▷ Speichenspannung operiert werden kann; 3. Nabenflansche durch gründliche Wachspflege (s. ▷ Sprühwachs) vor ▷ Korrosion schützen; 4. spätestens nach zwei Jahren die Nabe austauschen (kann danach durchaus noch mit gekreuzter Einspeichung gefahren werden).

Auch dem Verdrehen der Speichenbögen im Flansch begegnen spezielle Radialnaben konstruktiv:

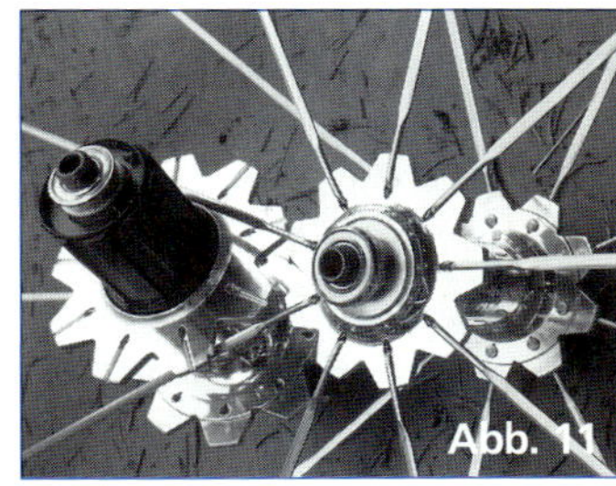

Abb. 11

Tomo-Nabe

Die zur Radialspeichung mit konventionellen Speichen konzipierte ▷ Tomo-Nabe mit einer ▷ Nut (Abb. 11), in der jede Speiche im unteren Bereich geführt wird, wodurch die ▷ Antriebsmomente recht gut übertragen werden können. Einzelheiten s. ▷ Naben: Sondernaben.

Sonnenradnabe

Die früher von Weco produzierte Nabe war für Radialspeichung mit ▷ Geradspeichen konzipiert. Diese wurden in Schlitzen geführt und konnten so ebenfalls Antriebsmomente übertragen.

Roval-Naben

Naben zum Einhängen von ▷ Hammerkopfspeichen für ▷ Roval-Laufräder (Abb. 12). Bei diesen sind das Vorderrad und die linke Hinterradseite radial gespeicht (Speichen werden ähnlich wie bei Sonnenradnabe in Schlitzen geführt), die rechte Hinterradseite dagegen gekreuzt, um die Antriebskräfte optimal übertragen zu können.

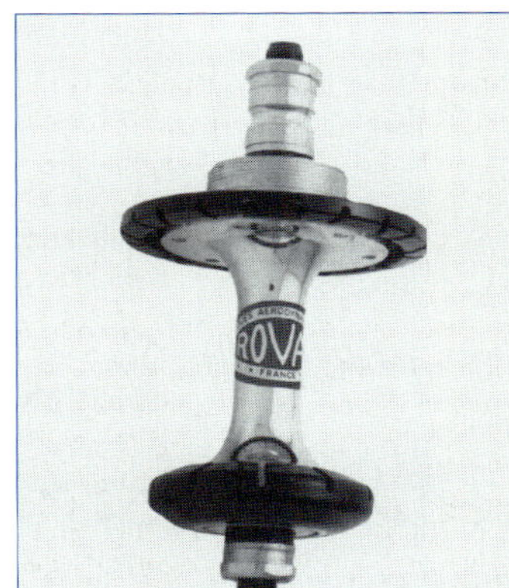

Abb. 12

Radlaufglocke

▷ Klingel, die per Seilzug an den Reifen gedrückt und von diesem dann angetrieben wird, was ein durchdringendes "Sturmgeläute" erzeugt.
Diese nach ▷ StVZO: Paragraph 64a am Fahrrad eigentlich verbotene Klingel wird als Zusatzeinrichtung neben der Handklingel freilich geduldet, da sie den akustischen Nachteil des Radlers im Straßenverkehr halbwegs auszugleichen vermag.

Radmutter

And. Bez. f. ▷ Achsmutter.

Radpolo

Hallen-Ballspiel per Fahrrad für Frauen-Zweierteams (Deutsche Meisterschaften seit 1942) mit ähnlichen Regeln wie beim ▷ Radball der Männer.
Der Ball (Holzkugel mit Filzüberzug, 10 cm Durchmesser) wird mit einem Polostock gespielt, auf dem sich die Spielerinnen auch abstützen dürfen. Der Ball darf mit den Rädern nur gestoppt, aber nicht weggeschlagen werden. Verwendet wird ein ▷ Radballrad, bei dem der Lenker jedoch nach hinten gebogen ist.

Radrennbahn

Speziell für das Austragen von ▷ Bahnwettbewerben konstruierte, ovale Rundbahn mit stark überhöhten Kurven (bis 56 Grad). Der Bahnbelag ist meist aus Holz, aber auch aus Beton, Asphalt oder Kunststoff (Abb. 13).
Die Länge älterer Bahnen variiert zwischen 166 m und 666 m, neu zu bauende fest installierte Bahnen sind auf Längen von 250-500 m beschränkt. Die frühere Unterscheidung in Flachland- und Höhenbahnen (über 600 m NN) ist seit 1993 aufgehoben.

Abb. 13

Freiluftbahnen (auch "Sommerbahnen" genannt) sind i.d.R. nicht vollständig überdacht und länger als Hallenbahnen ("Winterbahnen"). Darüberhinaus gibt es noch mobile Bahnen, die je nach Bedarf in Hallen aufgebaut werden (z.B. Münchner Olympiahalle, Westfalenhalle Dortmund).

Bahnlinien

Die Bahn ist zur Regelung des Überholens und generellen Vermeidung von Behinderungen durch farbige Linien wie folgt untergliedert (von innen nach außen):

Meßlinie (schwarz)

Rundumlaufende innerste Linie, anhand derer die Bahn vermessen wird. Sie darf nicht nach unten überfahren werden und hat 20 cm Abstand zur "Côte d'Azur", einem blauen, als Anfahrstreifen dienendem Teppich von mind. 60 cm Breite, der nicht zur eigentlichen Fahrbahn gehört.

Sprinterlinie (rot)

In 70 cm Abstand zur Meßlinie rundumlaufend: Fahrer oberhalb der roten Linie dürfen innen überholt werden bzw. Fahrer auf oder unterhalb dieser Linie müssen außen überholen.

Steherlinie (blau)

Teilt im Prinzip 1/3 der Fahrbahnbreite ab und verläuft im Abstand von mind. 2,30 m zur Meßlinie rundumlaufend. Diese Linie darf bei ▷ Steherrennen nicht unterfahren werden.

Ziellinie (weiß)

Quer zur Fahrbahn gegen Ende einer der Geraden verlaufender, 72 cm breiter Streifen mit schwarzem Strich in der Mitte.

200-m-Linie (weiß)

Quer zu Fahrbahn verlaufende Linie 200 m vor der Ziellinie, die den ▷ Sprintern den letzten Rennabschnitt anzeigt.

Verfolgerlinie (rot)

Quer zur Fahrbahn verlaufende Linie in der Mitte der beiden Geraden, die als Start-/Ziellinie bei Verfolgungsrennen (s. Bahnwettbewerbe) dient.

Radrennen

Geschwindigkeitsorientierte Disziplinen des ▷ Radsports; sie lassen sich grundsätzlich einteilen in ▷ Straßen-, ▷ Bahn- und ▷ Geländewettbewerbe, Einzelheiten s. jeweils dort (Abb. 14).
Im Unterschied hierzu stehen die geschicklichkeitsorientierten Disziplinen des ▷ Hallenradsports und ▷ Trials.

Abb. 14

Radschuhe

Bekleidungsstück, das schon fast Teil des Fahrrades ist und durch seine steife Sohle eine optimale Kraftübertragung vom Fuß aufs ▷ Pedal ermöglicht.
Dem dienen auch besondere Pedalformen sowie Kupplungsmechaniken (▷ Systempedal) bzw. ▷ Pedalhaken und ▷ -riemen in Verbindung mit einem an der Sohle fixierten ▷ Schuhadapter, um eine feste Schuh/Pedal-Verbindung herzustellen, wie sie bei Radsportlern obligatorisch ist.
Je nach Einsatzzweck lassen sich drei Typen von Radschuhen unterscheiden, denen allen die schlank Form gemeinsam ist, um Fersenkontakt mit der ▷ Tretkurbel zu vermeiden:

Rennschuhe

Besonders schlank gehaltene Schuhform (Abb. 15), v.a. eng geschnittene Sohle, die aus Leder, Holz, Kunststoff oder ▷ Faserverbundwerkstoff hergestellt ist. Speziell letzteres bietet eine Optimierung zwischen noch vorhandener Biegsamkeit der Sohle, Durchdrücksicherheit (Vermeidung von Druck durch Pedalkante) und gleichzeitiger Formstabilität. In die Sohle sind bei modernen Schuhen Gewindeeinsätze für die Montage von ▷ Schuhadaptern eingebracht. An Stellen, wo keine Bruchbelastung auftritt, sind z.T. Löcher zum Wasserablauf bei Regenfahrten eingebracht.

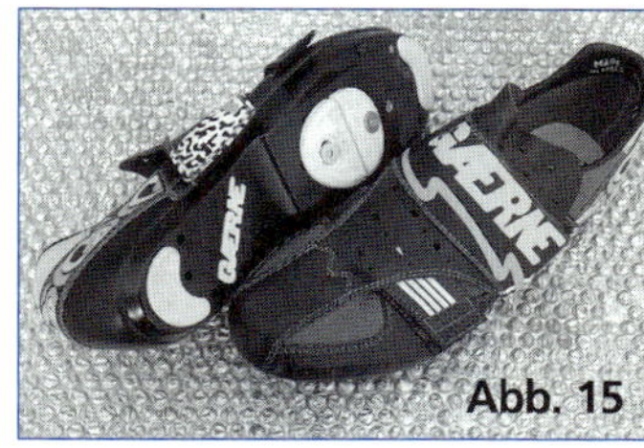
Abb. 15

Obermaterial besteht aus weichem Leder oder aus Nylongewebe. Letzteres ist von Haus aus luftdurchlässig, in Lederobermaterial werden Belüftungslöcher gestanzt.

Bei Schuhen für moderne ▷ System-Pedale ist zunächst der Fersenbereich höher und weiter eingezogen ausgeführt (z.T. mit einem Fersenriemen enger stellbar), damit der Fuß nicht unabsichtlich aus dem Schuh schlüpft (beim traditionellen System wird das durch den ▷ Pedalriemen verhindert). Sohle und Oberleder müssen besonders fest miteinander verbunden sein (z.T. Zusatzriemen!), da ja die gesamte Zugbelastung zwischen diesen beiden Schuhteilen übertragen wird.
Als Verschnürung waren früher normale Schuhriemen üblich, die heute zunehmend durch Klettbänder und Zusatzriemen ersetzt werden. Ganz modern sind rasterbare Riegelmechanismen.

MTB-Schuhe

Schuhe für wettkampforientierte ▷ Mountainbiker haben im wesentlichen den gleichen Aufbau wie Rennschuhe (z.T. jedoch höherer, stiefelartiger Schaft als Umknick- und Knöchelschutz), sind aber mit einer profilierten Sohle für Laufpassagen versehen (Abb. 16). Moderne MTB-Schuhe besitzen Gewindeeinsätze verdeckt unter der Sohle, die bei Bedarf auf entsprechende ▷ System-pedale für ▷ Mountainbikes durch Ausschneiden der Sohle freigelegt werden können.

Abb. 16

Tourenschuhe

Mehr turnschuhartiger Schuhschnitt (Abb. 17) mit demgegenüber versteifter und schmalerer Sohle, v.a. im Fersenbereich (zur Vermeidung von Scheuern an Tretkurbel und evtl. Gepäck). Tourenschuhe sind i.a.R. nicht für ▷ System-Pedale vorgesehen (Ausnahme: SPD-Sortiment) und besitzen wanderschuhartig profilierte Sohlen.

Abb. 17

Radsport

Die verschiedenen Wettkampfdisziplinen des Radsports lassen sich grundsätzlich unterscheiden nach geschwindigkeitsorientierten und geschicklichkeitsorientierten Wettbewerben.
Zu ersteren gehören alle Arten von ▷ Radrennen, zu letzteren neben ▷ Kunstradfahren, ▷ Trial und Freestyle auch noch die Ballspiele ▷ Radball und ▷ Radpolo.

Radstand

Abstand der Aufstandspunkte von Vorder- und Hinterrad (ersatzweise: Abstand der Achsmittelpunkte) (Abb. 18).
Er hat zus. mit dem ▷ Nachlauf entscheidenden Einfluß auf das ▷ Fahrverhalten (s.a.d.):
Langer Radstand verbessert den ▷ Geradeauslauf (Radstandmaße verschiedener Fahrradtypen s.d.), verschlechtert aber die ▷ Wendigkeit.
Deutlich wird dieser Zusammenhang an den Extrembeispielen ▷ Tandem und ▷ Lang-Liegerad: Mit ihrem satten Radstand bleiben sie zwar prächtig auf Kurs, kommen aber schlechter "um die

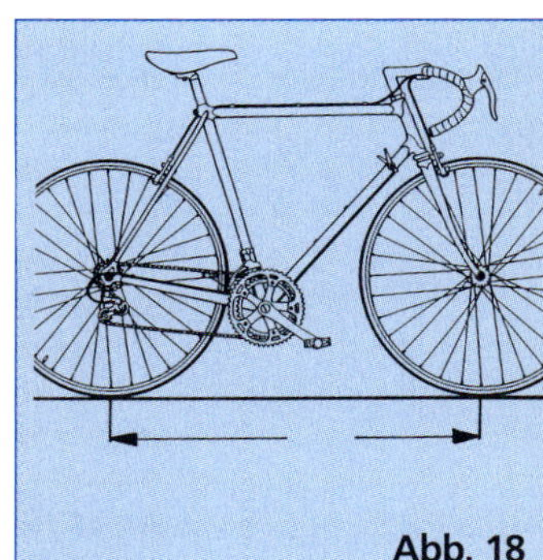
Abb. 18

Ecke". Umgekehrt bei kurzem Radstand, durch den das Fahrrad sehr wendig wird, aber weniger gut geradeaus läuft.

Radtaschen

s. ▷ Gepäcktaschen

Radtouren-(touristik-)fahren (RTF)

Abb. 19

Breitensport-Veranstaltung des ▷ BDR, an der auch Nichtmitglieder teilnehmen können. Mitglieder können allerdings eine Wertungskarte lösen, in die Punkte für eine erfolgreich beendete Radtourenfahrt eingetragen werden. Bei Erreichen eines bestimmten Punktekontos erhält man dann eine Jahresauszeichnung in Gold, Silber oder Bronze (Abb. 19).

Radtourenfahrten finden auf ungesperrten öffentlichen Straßen statt und werden gemäß den Bestimmungen der ▷ StVO durchgeführt (Ausnahme: Country-Tourenfahrten).
Eine vorgegebene, ausgeschilderte Strecke (i.d.R. Rundkurs) wird ohne Zeitnahme durchfahren. Jeder Teilnehmer kann zu beliebiger Zeit starten, aus organisatorischen Gründen jedoch nur innerhalb eines vorher festgelegten Zeitraums von ca. 2 Stunden (z.B. 7.00-9.00 Uhr). Die Ankunft muß spätestens zu einer - großzügig bemessenen - Schlußzeit erfolgen. Ausgegangen wird dabei von einer Durchschnittsgeschwindigkeit von 20-27 km/h.

Radtourenfahrten werden in 5 verschiedenen Varianten angeboten:

Formel A *(Ausdauer)*

Diese bekannteste Art des Radtourenfahrens wird an festgelegten Wochenenden oder Feiertagen ausgetragen, wobei 4 verschiedene Klassen parallel auf einer Veranstaltung angeboten werden (die unterschiedlich "Punkte bringen"): 41-70 km, 71-110 km, 111-150 km und über 151 km. An bestimmten Kontrollstellen wird die Karte abgestempelt.

Formel L *(Leistung)*

Hier wird während einer Radtourenfahrt ein ▷ Zeitfahren von 3-25 km Länge in verschiedenen Altersklassen ausgetragen und eine Jahresbestenliste geführt.

permanente Radtourenfahrten

Hier besteht an jedem Tag der Woche die Möglichkeit, eine beschriebene Tour zu fahren (und Punkte zu sammeln). Die Startzeit für die 50 - 110 km langen Strecken kann man frei wählen. Die Dokumentation (Abstempelung) erfolgt an festgelegten Tankstellen und Gasthäusern.

Mehretappen-fahrten

Formel A wird hierbei auf einem mehrtägigen Kurs ausgetragen.

Country-Tourenfahren

Dieser jüngste Sproß des Tourenfahrens ist die breitensportliche Variante des ▷ Mountainbiking (s. dort auch die "Regeln für das Fahren mit dem Geländerad"). Die Routen verlaufen abseits des Straßenverkehrs auf Feld- und Waldwegen, wobei die Teilnehmer Flora und Fauna kennenlernen und für die Probleme der Umwelt sensibilisiert werden sollen. Wie beim klassischen Straßen-Tourenfahren gibt es auch eine Permanent-Variante.

Die rund 2.000 jährlichen RTF-Veranstaltungen erfreuen sich großer Beliebtheit. Der Veranstaltungskalender kann vom BDR, Otto-Fleck-Schneise 4, 60528 Frankfurt; Tel. 069/96780-00 angefordert werden.
Zu weiteren Breitensportveranstaltungen des BDR s. ▷ Radwandern und ▷ Volksradfahren.

Radwandern

1. Nicht leistungssportlich orientiertes Radfahren, meist zur Erkundung einer bestimmten Landschaft und ihrer Sehenswürdigkeiten.
2. Vom ▷ BDR organisierte Form von 1., bei der das Radeln in einer Gruppe Gleichgesinnter im Mittelpunkt steht. Die Veranstaltungen sind offen für Nichtmitglieder, Mitglieder können Wertungspunkte sammeln und bei Erreichen einer bestimmten Jahresleistung eine Auszeichnung erwerben.

Eine Sonderform des Radwanderns(2) ist das ▷ Orientierungsfahren: Die Teilnehmer haben - ohne daß eine bestimmte Route vorgegeben ist - von einem festgelegten Ausgangspunkt aus mit Hilfe von Karte und Kompaß ausgewählte Orte, Sehenswürdigkeiten u.ä. innerhalb eines eingegrenzten Gebietes anzufahren. Je nach Austragungsmodus kann die Fahrt auch sportliche Einlagen bzw. Aufgaben enthalten.
Weitere breitensportliche Veranstaltungen s. ▷ Radtourenfahren; ▷ Volksradfahren.

Rahmen

Tragendes Zentral-Bauteil von Fahrrädern, das als Halterung und Grundgerüst zur Aufnahme der ▷ Laufräder, des ▷ Antriebs, der Steuerorgane sowie des Fahrers konzipiert ist und in seiner jeweiligen Auslegung und Bauweise den Typus eines Fahrrades bestimmt.
Die geometrische Dimensionierung eines Rahmens beeinflußt die ▷ Steifigkeit sowie das ▷ Fahrverhalten des Fahrrades, Einzelheiten s. ▷ Rahmengeometrie und ▷ Rahmenbelastung.

Materialien

Die ersten Fahrräder wurden aus Holz gefertigt (▷ Holzfahrrad). Ihnen folgten geschmiedete Volleisenkonstruktionen mit entsprechend hohem Gewicht (▷ Michauline von 1867: 40 kg; ▷ Hochrad "Xtraordinary" von 1887: 70 kg).
Rahmenkonstruktionen aus ▷ Stahlrohren drückten das Fahrradgewicht erheblich (Wanderer-Hochrad von 1886: 18 kg).

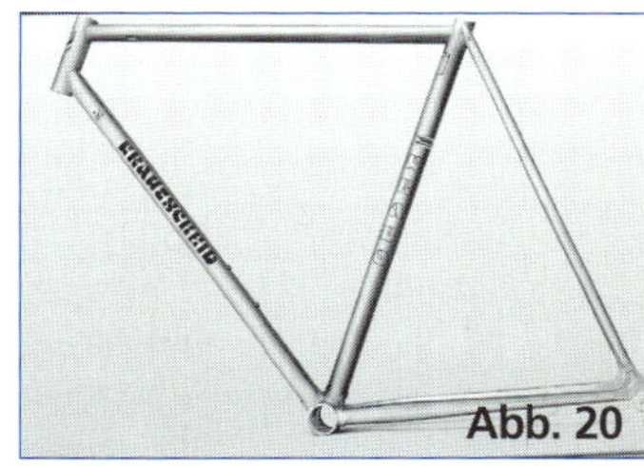
Abb. 20

Gleichzeitig mit dem Aufkommen des ▷ Niederrades um 1890 konnten auch Stahlrohre in leichterer und zugleich besserer Qualität hergestellt werden (s. ▷ Mannesmann). Damit begann die großindustrielle Fertigung von Fahrrädern, Holz verschwand nahezu völlig aus dem Fahrradrahmenbau.
Bis 1980 wurden Rahmen nun fast ausschließlich aus Stahlrohren gefertigt (Abb. 20). Zögerlich kamen dann einige ▷ Aluminium-Rahmen auf den Markt, bis mit dem Einsetzen des ▷ Mountainbike-Booms Aluminium-Rahmen mit ca. 30% Marktanteil bei den höherwertigen Bikes ihren Durchbruch erlangten. Daneben fanden im gleichen Zeitraum auch ▷ Titan und ▷ Carbon Anwendung im Rahmenbau, wobei mit der ▷ Faserverbundbauweise und den z.T. als ▷ Monocoque hergestellten Carbonrahmen ein neues Kapitel des ▷ Rahmenbaus aufgeschlagen wurde.

Momentan laufen erste Bemühungen, den Werkstoff Carbon mittels ▷ Thermoplasten als Matrix (die faserverbindende Grundmasse ▷ Harz wird durch Thermoplaste ersetzt) und Tiefzieh-Verfahren (s. ▷ Carbon: Tiefziehen von Organoblechen) auch kostengünstig zum Rahmenbau einzusetzen.
Das (Rund-)Rohr als Bauelement der Fahrradrahmen bekommt nun erstmals Konkurrenz und auch die Rahmenform wird von den neuen Bauweisen geprägt, um die neuen Materialien werkstoffspezifisch günstig einzusetzen, s.u., weitere Einzelheiten s. ▷ Rahmenwerkstoffe.

Fügetechniken

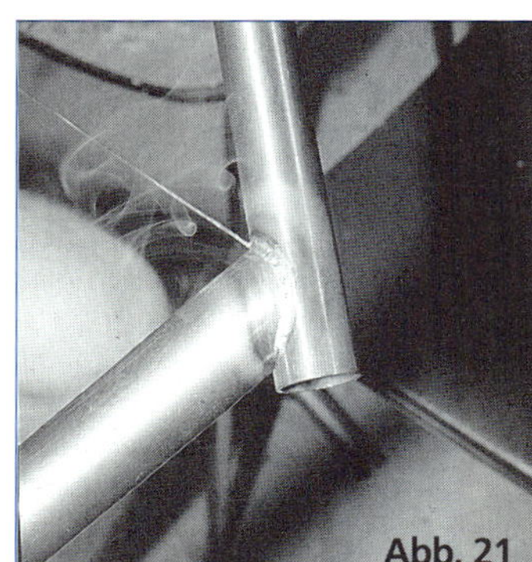
Abb. 21

Seit den Anfängen der Rohrbauweise ist bis heute das ▷ Löten von in ▷ Muffen geführten Rohren die gebräuchlichste Rahmenfügetechnik geblieben, seit Ende der 70er Jahre ergänzt durch verschiedene ▷ Klebetechniken.
In den letzten Jahren eröffneten moderne ▷ Schweißtechniken (Abb. 21) der muffenlosen Bauweise neue Möglichkeiten. Die Zwänge vorgegebener Winkelstellung der Rohre zueinander existierten ohne Muffen nicht mehr, die Fertigung konnte rationeller erfolgen (geringere Vorbereitungszeit).

Ihren momentanen Höhepunkt hat der Rahmen in der ▷ Faserverbundbauweise erreicht: Hier werden nicht mehr Rohre gefügt, sondern in ▷ Harz getränkte Gewebematten oder einzelne Fäden aus ▷ Kohlefasern oder ▷ Kevlar in einer mehrteiligen Form zum

Komplett-Rahmen (▷ Monocoque) zusammengesetzt (Abb. 22). Nach dem Aushärten des Harzes ist der Rahmen fertig. Einzelheiten zu den verschiedenen Techniken s. ▷ Rahmenbau: Bauweisen.

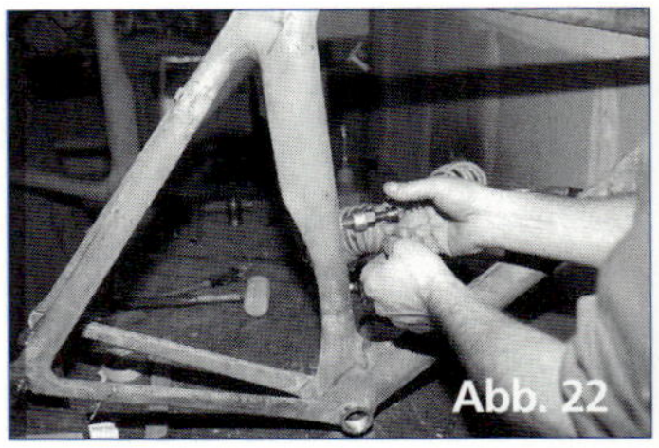
Abb. 22

Formen

Als optimale Form für die Stahlrohrbauweise hat sich seit über hundert Jahren das Prinzip des ▷ Diamantrahmens bewährt. Versuche mit anderen Rahmenformen wie ▷ Kreuz-, oder ▷ Schleifenrahmen konnten sich in Rohrbauweise nicht durchsetzen (v.a. weil nicht ausreichend dicke Rohrdurchmesser verbaut wurden), lebten aber unerwartet wieder auf, als sich bei ▷ Carbon-Rahmen durch völlig neue, organisch anmutende Rahmenformen der Werkstoff einfacher, kostengünstiger und werkstoffgerechter einsetzen ließ als mit Rundrohren aus Carbon. S. hierzu ▷ Carbon-Rahmenformen.
Zu diesem Themenkomplex (z.B. auch ▷ Liegerad u.ä. Sonderformen) vgl. ▷ Rahmenformen. Siehe außerdem ▷ Rahmenbelastung.

Abb. 23: Rahmengewichte mit Gabel

Rahmentyp	Werkstoff	Gewicht in kg
Standard-Damenrahmen	Stahl	3,7 bis 4,4
Standard-Herrenrahmen	Stahl	3,5 bis 4,2
Hochwertiger Gebrauchs-rad-Rahmen, Damen	Stahl/Aluminium	2,7 bis 3,4
Hochwertiger Gebrauchs-rad-Rahmen, Herren	Stahl/Aluminium	2,5 bis 3,2
Sportrad-Rahmen	Stahl	3,3 bis 4
Standard-Rennradrahmen	Stahl	2,5 bis 3,2
Hochwertiger Rennradrahmen	Stahl	2,1 bis 2,5
Hochwertiger Rennradrahmen	Aluminium	1,6 bis 2,3
Hochwertiger Rennradrahmen	Titan	1,8 bis 2,3
Hochwertiger Rennradrahmen	Carbon	1,6 bis 2,0
Standard-MTB	Stahl	3,5 bis 4,2
Hochwertiges MTB	Stahl	2,2 bis 2,6
Hochwertiges MTB	Aluminium	1,8 bis 2,4
Hochwertiges MTB	Titan	1,9 bis 2,4
Hochwertiges MTB	Carbon	1,5 bis 2,0
Trekking-Rahmen	Stahl/Alu	2,3 bis 3,6

Anmerkung: Triathlon-Rahmen in etwa wie Rennrahmen

Rahmenaufkleber

I.d.R. auf ▷ Gabelscheiden und ▷ Sattelrohr der ▷ Rahmen plazierte Aufkleber der Rohrhersteller, die beurkunden, aus welcher Rohrsorte der Rahmen gebaut ist (Abb. 24).
Rahmenaufkleber finden sich erst an Fahrrädern, wenn Markenrohre verbaut wurden, sind also immer ein Qualitätsmerkmal des Rahmens. Um Fälschungen möglichst auszuschließen, werden den Herstellern entsprechend der eingekauften Rohrsätze abgezählte Aufkleber mitgeliefert. Weiterhin versuchen einige Hersteller, ihre Rahmenaufkleber möglichst fälschungssicher zu machen. Bei Columbus-Rohren z.B. erstrahlt unter UV-Licht das Firmenlogo, die Taube.

Abb. 24

Fahrradhersteller kleben die Gütesiegel z.T. vor der abschließenden Klarlackierung auf die Rohre, so daß ein Austausch der Aufkleber Lackschäden mit sich bringen würde. Außerdem schützt dieses Verfahren den Rahmenaufkleber vor Verkratzungen oder sonstigen mechanischen Beschädigungen.
Diesen Sicherheitsvorkehrungen entsprechend schwierig gestaltet sich bei einer Neulackierung eines Rahmens das Besorgen der originalen Rahmenaufkleber. Ein Grund, sich hierbei an den Rahmenhersteller zu wenden.

Rahmenbau

Einen Satz Rohre zu einem Rahmen zu fügen, ist an sich keine Hexerei. Die Kunst liegt darin, einen Rohrverbund herzustellen, der leicht, dabei stabil und auch komfortabel ist. Dazu ist der durchdachte Einsatz der jeweiligen ▷ Rahmenwerkstoffe gemäß ihren spezifischen Eigenschaften mit Rücksicht auf typische ▷ Rahmenbelastungen notwendig.
Unerwartete Erfahrungen in dieser Hinsicht machten zur Zeit des ▷ Mountainbike-Booms einige vom Motorradbau kommende "Seiteneinsteiger" in den Fahrradbau. Ihre Rahmen brachen überdurchschnittlich häufig, da sie unterschätzt hatten, welch hohe Kräfte auf einen Fahrradrahmen einwirken, v.a., wenn trittstarke Sportler ihn traktieren, s. ▷ Rahmenbelastung.

Materialien

Wie unter ▷ Rahmen: Materialien ausgeführt, war ▷ Stahlrohr fast ein Jahrhundert lang der absolut dominierende Werkstoff im Fahrradrahmenbau. Mittlerweile haben Rohre aus Aluminium, aber auch Titan oder Carbon an Bedeutung gewonnen. Vorläufige Krönung des Rahmenbaus ist die ▷ Faserverbundbauweise mit Abkehr vom Rundrohrkonzept.

Einzelheiten zu Fragen der ▷ Rahmenwerkstoffe s.d. und insbesondere unter ▷ Stahlrohr-Rahmen; ▷ Aluminium-Rahmen; ▷ Carbon-Rahmen; s. außerdem: ▷ Titan, ▷ MMC (▷ M 2; ▷ Boralyn), ▷ Beryllium.

Bauweisen

Heute erfolgt das Fügen der einzelnen Rahmenelemente zum fertigen Rahmen überwiegend in großtechnischen Anlagen per "Lötkarussell" oder durch Roboterschweißung.
Diese Rahmen besitzen durchschnittliche ▷ Rahmengeometrie, ein durchschnittliches ▷ Fahrverhalten und können weitgehend mittels ▷ Vorbau, ▷ Lenker, ▷ Sattelstütze und ▷ Sattel an die individuellen Anforderungen des jeweiligen Radlers angepaßt werden.

Wer einen ganz persönlichen Rahmen fahren möchte, wendet sich an einen ▷ Rahmenbauer (Abb. 25), also einen Kleinbetrieb, der einen Rahmen hinsichtlich Rohrqualität und ▷ Rahmengeometrie individuell abstimmen kann. Vor allem sehr kleine oder große Fahrer, die mit Rahmen "von der Stange" nicht zurecht kommen, finden hier eine Lösung.

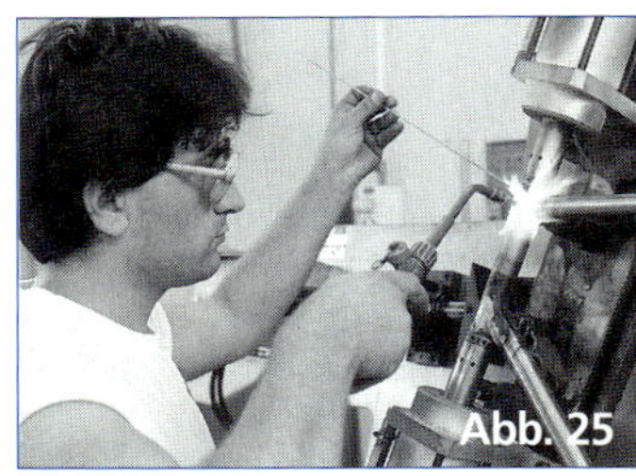
Abb. 25

Grundsätzlich ist zu unterscheiden, ob - von Faserverbundbauweise einmal abgesehen - die Rohre mit oder ohne ▷ Muffen zusammengefügt werden, daher gibt es:
* gemuffte Rahmen;
* muffenlose Rahmen.

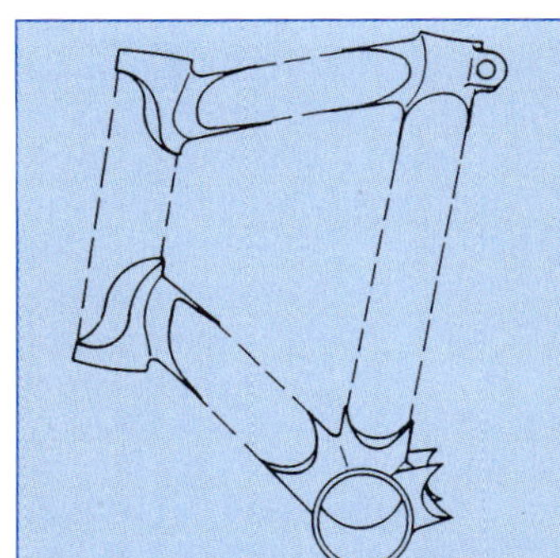
Abb. 26

gemuffte Rahmen

Das Fügen der Rahmenrohre in ▷ Muffen (Abb. 26) ist bis heute die gebräuchlichste Rahmenbauweise.

Vorteile: relativ rationelle Fertigung, hohe Haltbarkeit der Verbindungsstellen;
Nachteile: Für jede Rahmengröße und teilweise sogar für jede Geometrieänderung sind separate Muffen nötig, da die Winkelstellung der Muffen auf +/- 0,5 Grad mit der Geometrie, mit der die Rohre aneinanderstoßen, übereinstimmen muß.

Um Rohre und Muffen zu verbinden, werden diese entweder
* gelötet oder
* geklebt.

gelötet

Die klassische Fixiertechnik ist das ▷ Löten der Rohre an die Muffen:
* Die Rohre werden an ihren Verbindungsstellen in Muffen gefaßt,
* von einer Haltevorrichtung in der vorgesehenen Winkelstellung fixiert und
* per ▷ Hartlötung verbunden.

Dazu müssen die Metalloberflächen metallisch blank sein, was durch Schmirgeln, Sandstrahlen oder Beizen im Säurebad erreicht wird. Ein ▷ Flußmittel sorgt dafür, daß der Luftsauerstoff keine störenden Oxydschichten auf der Metalloberfläche erzeugt.

Probleme treten bei der Muffenlötung auf, wenn mit hoher Löttemperatur (▷ Messinglot) unter Spannung gelötet wird. Dann kann es nämlich zu Rißbildung infolge von Härtungserscheinungen oder dem Eindringen von Kupfer- und Zinkanteilen des ▷ Lotes in das Rohrgefüge kommen, s.a. ▷ Lötfehler. Die vorgesehenen ▷ Anlötteile werden nun an den Rahmen gelötet, abschließend werden Flußmittelreste entfernt (Sandstrahlen oder Säurebad), der Rahmen gegebenenfalls noch etwas gerichtet und dann lackiert.

geklebt

Auch hier werden die Rohre per Muffen gefügt, die Verbindung von Rohr und Muffe erfolgt jedoch mit ▷ Zweikomponentenkleber (Abb. 27). *Vorteil:* Keine Wärmebelastung der Rohre, die so ihre volle Festigkeit behalten. Zum Kleben eignen sich zwar alle Rohrtypen und -materialien, das Verfahren wird jedoch besonders mit Rohren aus ▷ Aluminium, ▷ Carbon oder ▷ Titan durchgeführt.

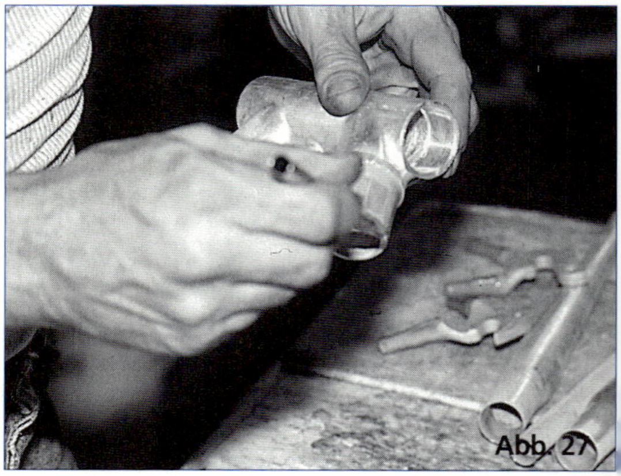
Abb. 27

Die Muffen sind bei Klebetechnik aus Aluminiumdruckguß (s. ▷ Aluminium: Gußtechniken) oder geschmiedetem Aluminium, bei Verwendung moderner Carbonrohre z.T. auch aus Carbon gewickelt (vgl. ▷ Carbon: Herstellungsverfahren). Obwohl die modernen Kleber in puncto Festigkeit erheblich zugelegt haben, muß verglichen mit einer Lötverbindung eine größere Kontaktfläche zwischen Muffe und Rohr zur Verfügung stehen. Das ist i.d.R. gegeben, wenn die Muffenlänge um den Faktor 1,5 länger ist als der Durchmesser.

Ein Zahlenbeispiel verdeutlicht den Zusammenhang:
Bei einem Rohrdurchmesser von 30 mm und einer Muffenlänge von 45 mm ergibt sich eine Kontaktfläche von $30 \times \pi \times 45 = 4.241$ mm^2. Multipliziert mit einer mittleren ▷ Festigkeit des Klebers von 40 N/mm^2 erreicht man eine Verbindungsfestigkeit von rund 170.000 N, was einer Gewichtsbelastung von 17 t standhalten würde. Die Belastung wird in der Praxis durch leichte Preßpassung zwischen Rohr und Muffe sogar noch gesteigert und übertrifft auf jeden Fall die Festigkeiten der Rohre selbst (ein Stahlrohr von 30 mm Durchmesser, 0,6 mm Wandstärke und einer Festigkeit von 850 N/mm^2 besitzt eine Querschnittsfläche von $30 \times 0{,}6 \times \pi = 56$ N/mm^2 und hält entsprechend $56 \times 850 = 48.000$ N Zugbelastung aus. Weitere Einzelheiten s. ▷ Klebetechniken. Geklebte Rahmen bedürfen keiner Nachbehandlung, sie werden lediglich entfettet und lackiert.

muffenlose Rahmen

Um Zwang und Lasten der zahlreichen Muffen auszuweichen, werden mittlerweile Fahrradrahmen auch ohne die haltenden Muffen gebaut, wobei z.T. sogar Stabilitätsgewinne zu verzeichnen sind.

gelötet

Die an ihren Enden paßgenau geschnittenen Rohre stoßen stumpf aneinander oder werden nach vorheriger Ausfräsung des Gegenrohres durchgesteckt (Abb. 28) und mit einem hochfesten Lot, meist ▷ Nickellot gefügt (statt Messing- oder Silberlot bei gemufftem Rahmenbau).

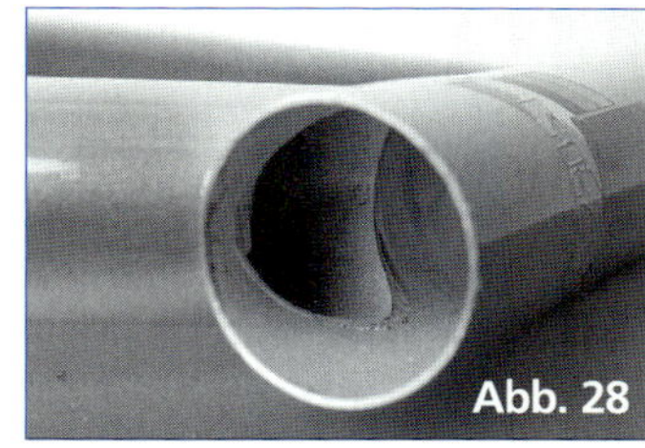

Abb. 28

Der Nachteil der *höheren Löttemperatur* des Nickellots wird durch seine kürzere Erwärmzeit ausgeglichen:
Während eine Muffe etwa 2-4 Min. auf ▷ Arbeitstemperatur des Lotes (▷ Messinglot: rund 900°C) gehalten werden muß, damit das Lot in dieser Zeit in den Muffenspalt eingebracht und verteilt werden kann, sind es beim muffenlosen Löten nur einige Sekunden, da punktuell gelötet wird (▷ Nickellot: Arbeitstemperatur 950°C, mit Silberzusatz Absenkung bis 750°C möglich, s. ▷ Silber-Nickelot). Das vermeidet ▷ Grobkornbildung und ▷ Lötfehler.
Die Haltbarkeit solchermaßen gefügter Rahmen ist gut, da das Nickellot oftmals in seiner Festigkeit sogar das Rohrmaterial übertrifft. Probleme bereiten allenfalls die Nacharbeitungen, wenn beispielsweise beim Glätten der Lötnaht ein Rohr angekerbt wird und dadurch eine Schwachstelle entsteht (vgl. ▷ Kerbwirkung). Aus diesem Grund sollte man bei muffenlosen Rahmen stets auf ▷ endverstärkte Rohre achten. Die sonstige Nachbehandlung entspricht der von muffengelöteten Rahmen.

geschweißt

Ebenfalls stumpf aneinandergefügt werden Rohre per ▷ WIG- oder ▷ MIG-Schweißung (Abb. 29).
Obwohl Schweißen sicher nicht materialschonender ist als Löten, liegt die Rahmenbruchrate weit unter der gemuffter Rahmen. Ursache: Es werden beim Schweißen weniger Fehler gemacht, vor allem haben Spannungen innerhalb der Rohre und Fügestellen nicht so gravierende Auswirkungen wie beim ▷ Hartlöten (s. ▷ Lötrisse).

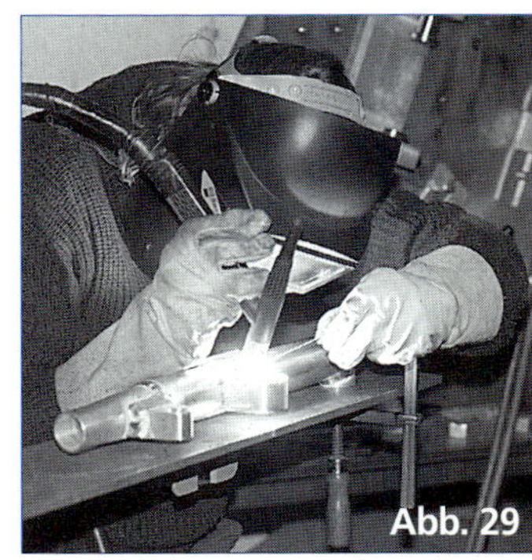

Abb. 29

einteilige Rahmen (aus Carbon)

Die Eigenschaften des ▷ Faserverbundwerkstoffs ▷ Carbon lassen sich im Rahmenbau am besten nutzen, wenn man von der herkömmlichen Rundrohrbauweise abgeht.
V.a. die Möglichkeit, ganze Rahmen in einem Stück als Hohlkörper zu formen (▷ Monocoque, von frz. coque "Schale") hat dem Rahmenbau völlig neue Perspektiven eröffnet, man denke an den ▷ Einschwingenrahmen (z.B. ▷ Lotus).
Bei diesem Verfahren werden vorgeschnittene Carbon-Matten in die einzelnen Teile einer mehrteiligen Form gelegt, mit Harz getränkt und ggf. durch einzeln gelegte Carbonfasern verstärkt. Nach dem Schließen der Form wird überschüssiges Harz herausgepreßt und durch Erhitzen (▷ Tempern) die Festigkeit des Harzes noch gesteigert, zudem wird hierbei die Hitzeformbeständigkeit erhöht. Weitere Einzelheiten s. ▷ Carbon: Herstellungsverfahren und ▷ Carbon-Rahmen.

Entscheidend bei dieser modernen Rahmenbauweise ist die Formgebung (s. ▷ Carbon-Rahmenformen): Durch sie lassen sich leichte Rahmengewichte bis hinunter zu 1 kg realisieren (ohne Gabel).

Ein ▷ Diamantrahmen aus ▷ Carbon-Rohren ist übrigens weniger sinnvoll als die Monocoque-Bauweise, hat aber im Vergleich zu Stahlrahmen Gewichts- und Steifigkeitsvorteile.

Holzrahmen

Umweltbelange (wie entsorgt man einen Carbonrahmen) und Parallelitäten zu den ▷ Faserverbundwerkstoffen führten in den letzten Jahren gelegentlich zur Wiederbelebung des Holzrahmenbaus, vgl. ▷ Holzfahrrad.
Eine kompakte, ▷ kreuzrahmenartige Formgebung sowie das Aufbringen in ihrer *Faserrichtung* verschieden orientierter Furniere führen rein formal zu einem dem Carbon-Monocoque verwandten Äußeren, dem jedoch i.d.R. kein Hohl- sondern ein Vollkörper zu Grunde liegt.

Bei hinlänglicher ▷ Seitensteifigkeit überzeugt der ▷ Fahrkomfort dieser Holzkonstruktion, deren Rahmengewicht (ca. 3 kg) erträglich und mit Standardstahlrahmen vergleichbar ist. Vgl. auch ▷ Maßrahmen.

Rahmenbauer

Überwiegend kleine Handwerksbetriebe, die ▷ Rahmen nach Kundenwunsch auf Maß herstellen.

Rahmenbelastung

Die auf einen Fahrradrahmen einwirkenden Belastungen sind mathematisch kaum in den Griff zu bekommen. Bereits in Abhängigkeit von den Größen "Fahrergewicht" und "Fahrstil" können die Kräfte je nach Fahrer um den Faktor 10 differieren.

Maximalbelastungen

Daher greift man auf Praxiswerte zurück, die zu Bruch oder Defekten führen und durch statische Meßmethoden nachvollzogen werden. Beispiel: Tests, bei denen Laufräder belastet werden, bis Nabenachsen plastisch verformt werden. Mit diesen im Folgenden aufgeführten Maximalbelastungen als Randbedingung können dann per Computer mit der "Finite Elemente-Methode" Berechnungen der Belastung der einzelnen Rahmenelemente erfolgen, was sich insbes. bei ▷ zusammengesetzten Belastungen bewährt hat.

vertikale Kräfte

Sie gelangen durch Fahrbahnunebenheiten in den Rahmen (Abb. 30): Beim ▷ Renn- und ▷ Gebrauchsrad bis 9.000 N, beim ▷ Mountainbike bis 14.000 N.

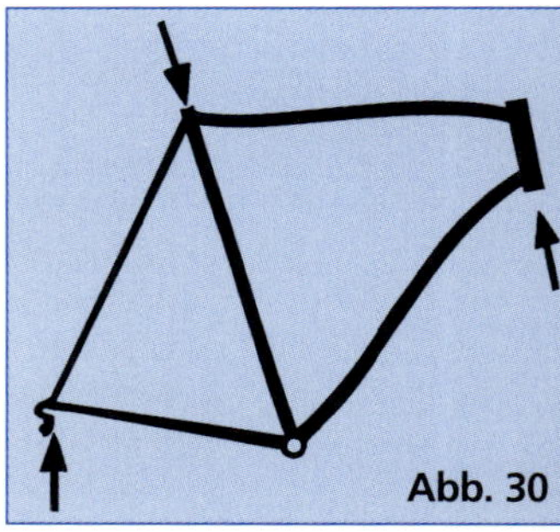

Abb. 30

seitliche Kräfte

Sie gelangen hauptsächlich über den ▷ Wiegetritt in den Rahmen (Abb. 31): Bei Rennsportlern bis 500 N, die seitlich auf den Tretlagerbereich einwirken.

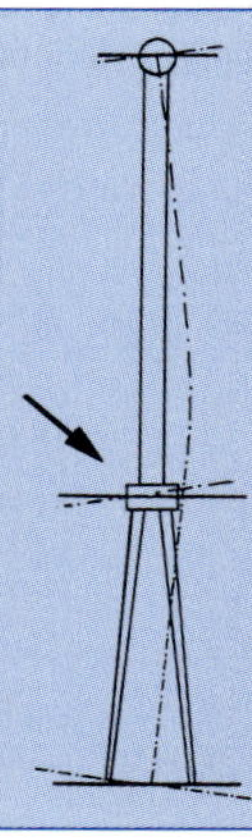

Abb. 31

horizontale Kräfte

Auf die Gabel einwirkend (Abb. 32): Renn- und Gebrauchsrad bis 800 N, Mountainbike bis 1.500 N.

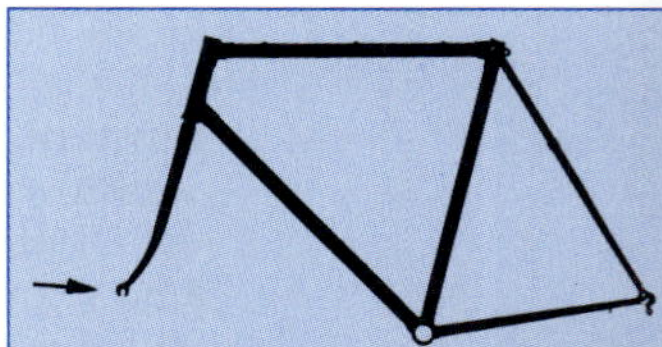

Abb. 32

Diese Maximalkräfte "verdaut" ein seriös gefertigter ▷ Diamantrahmen, wenn er - bei einer ▷ Festigkeit der Rohre von 850 N/mm^2 - die folgenden Rohrmaße besitzt:

Rennrad

	Durchmesser	Wandstärke
Oberrohr	25,4 mm	0,9/0,6/0,9 mm*
Unterrohr	28,6 mm	0,9/0,6/0,9 mm*
Sattelrohr	28,6 mm	0,9/0,6 mm**
Sattelstreben	14/16 mm	0,6 mm
Unterstreben	22/22,2mm	0,8 mm
Gabelbeine	23 mm (ovalisiert)	0,9 mm
Gabelschaft	25,4 mm	1,6 mm

Mountainbike

	Gleiche Werte, außer:
Oberrohr	28,6 mm
Unterrohr	31,7 mm
Sattelstreben	16 mm
Gabelbeine	28,6 mm (ovalisiert)
Gabelschaft	25,4/28,6 mm.

* s. ▷ double butted;
** s. ▷ butted.

Anmerkungen

1. Ab ▷ Rahmenhöhe 60 cm bei Rennrahmen und 55 cm bei Mountainbikes wird der Tretlagerbereich bei der Verwendung oben angeführter Rohrwandstärke zu "weich" (elastisch), da die Rohre mit zunehmender Länge in der dritten Potenz an ▷ Biegesteifigkeit abnehmen. Daher muß dann ein dickwandigeres oder im Durchmesser dickeres Unterrohr eingesetzt werden als in o.g. Tabelle. Um der ebenfalls mit zunehmender Rohrlänge steigenden Anfälligkeit gegen ▷ Rahmenflattern zu begegnen, ist es ratsam, auch das Oberrohr in Wandstärke oder Durchmesser zu erhöhen.
2. Bei Rohren minderer Festigkeit als den o.g. 850 N/mm² muß die Wandstärke entsprechend erhöht werden. Besitzt das Rohr beispielsweise nur eine Festigkeit von 500 N/mm², so muß seine Wandstärke um das 1,7-fache (850/500=1,7) erhöht werden.
3. Bei Rahmen aus ▷ Aluminium oder ▷ Titan muß ferner das geringere ▷ Elastizitätsmodul dieser Metalle gegenüber ▷ Stahl berücksichtigt werden. Um auf gleiche Steifigkeitswerte wie beim Stahlrahmen zu kommen, müssen wieder entsprechend die Wandstärke oder der Rohrdurchmesser erhöht werden.

Weichtreten

Radsportler sprechen häufig vom "Weichtreten" ihrer Rahmen, will heißen, daß nach einiger Betriebszeit die ▷ Seitensteifigkeit der Rahmen abnimmt, das Fahrverhalten des Rahmens also "schwammig" wird.

Diese immer wieder subjektiv gemachte Feststellung ist physikalisch paradox, da das Elastizitätsmodul des verwendeten Rahmenmaterials und damit die Seitensteifigkeit der Rahmen keiner Zeitfunktion unterliegt. Trotzdem sind zwei Erklärungsansätze denkbar (Einzelheiten s. ▷ Weichwerden):
1. Der Rahmen wurde nicht spannungsfrei gebaut. Die damit eingebrachte ▷ Vorspannung versteift den Rahmen zunächst, baut sich jedoch durch seitliche Belastungen, die bis an die Grenze der ▷ plastischen Verformung gehen, im Laufe der Zeit ab.
2. Das Rahmenmaterial im Tretlagerbereich (s. auch ▷ Rahmenbruch: Unterstreben) ist bereits so weit zerrüttet (▷ Materialermüdung und ▷ Dauerschwingbelastung), daß bereits Rißbildungen vorliegen.
Weitere Informationen s. ▷ Rahmenbruch.

Rahmenbruch

Brüche des ▷ Rahmens durch Unfälle und andere Gewalteinwirkung, bei fehlerhafter Fertigung (▷ Lötfehler) auch infolge ▷ Materialermüdung.
Im Folgenden die klassischen Bruchstellen:

hintere Ausfallenden

Die hinteren ▷ Ausfallenden sind ständigen ▷ elastischen Verformungen der Hinterradachse ausgesetzt (Abb. 33). Da sie eine geringere ▷ Biegesteifigkeit als das angrenzende Rohr besitzen, werden die Ausfallenden von der sich verformenden Achse "mitgenommen" und unterliegen so einer ständigen ▷ Dauerschwingbelastung. Senkrechte, geschmiedete Ausfallenden haben übrigens eine größere Bruchresistenz als filigran ausgearbeitete horizontale Ausfallenden.

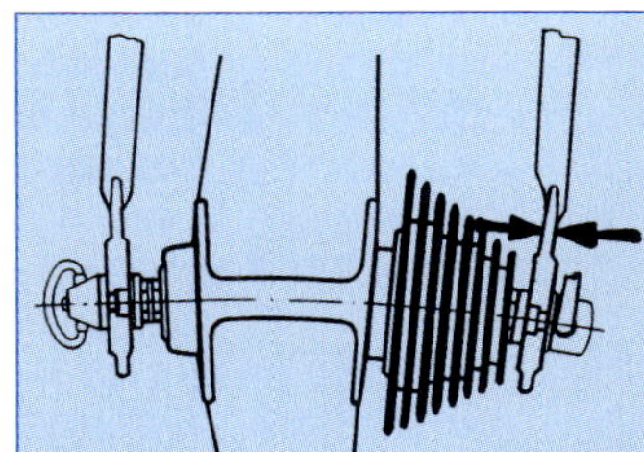

Abb. 33

Gabel

Gabelbrüche sind fast immer auf Gewalteinwirkung zurückzuführen, Gabelschaftbrüche können aber auch im Zusammenhang mit ▷ Korrosion auftreten, Einzelheiten s. ▷ Gabelbruch.

Unterstreben

Betroffen ist der Bereich hinter dem ▷ Tretlagergehäuse (Abb. 34), wobei sich der Bruch meist auf 1. konstruktive Mängel oder 2. ▷ Lötfehler zurückführen läßt.

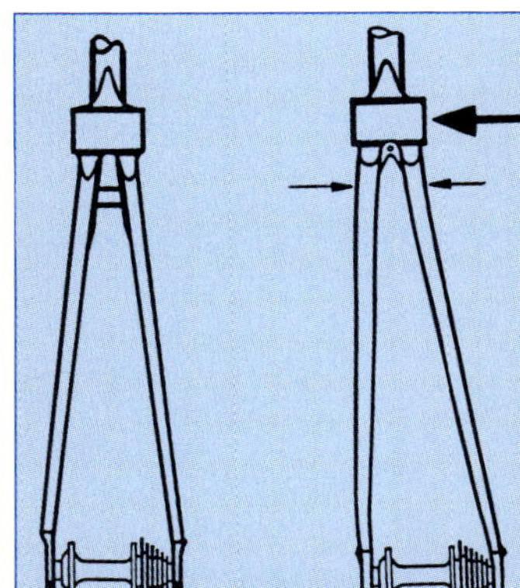

Abb. 34

Zu 1.: Da mittlerweile häufig auf den klassischen ▷ Tretlagersteg zugunsten rationeller Fertigung verzichtet wird, kommt es bei antrittsstarken Radlern an dieser beim ▷ Wiegetritt hochbelasteten

Stelle zu starken Biegebelastungen hinter dem Tretlagergehäuse und schließlich zum Bruch infolge von ▷ Materialzerrüttung und ▷ Dauerschwingbelastung. Ein mit ▷ Verstärkungsblech eingelöteter ▷ Tretlagersteg (flächige Anlegung) vermeidet zuverlässig Biegebelastungen in diesem Bereich.

Muffenbereich

Brüche im Muffenbereich zum ▷ Steuerrohr treten meist nach Gewalteinwirkung auf (Auffahrunfall), v.a., wenn der Rahmen Beulenbildung aufweist und wieder zurückgerichtet wurde (sog. "Überstreckung" des Rohrmaterials).

Aero-Rahmen

Bei der Konzeption von ▷ Aero-Rahmen in den 80er Jahren wurden die beiden Sattelstreben häufig aneinanderliegend ans Sattelrohr gelötet oder waren sogar hinter dem Klemmsockel der Sattelklemmung angebracht. Mangels ▷ Seitensteifigkeit dieser windschnittigen Konstruktion kommt es zu ▷ Materialzerrüttung und Bruch.

Anlötteile

Rahmenbrüche an den ▷ Anlötteilen sind auf ▷ Lötfehler zurückzuführen. Z.T. (Umwerfersockel), wenn das Anlötteil an einer Übergangsstelle von ▷ endverstärkten Rohren zu deren dünnen Bereich angelötet wurde, kann der Bruch auch infolge eines gestörten ▷ Kraftflusses (sog. "Querschnittsprünge") auftreten.

Ablauf von Rahmenbrüchen

Je nach Rahmenmaterial verlaufen Rahmenbrüche unterschiedlich schnell und lassen sich durch Warnsignale meist rechtzeitig erkennen:

Stahlrahmen

Bei Stahlrahmen tritt ein Rahmenbruch *nie schlagartig* auf, sondern ist der zähen Struktur des ▷ Stahls entsprechend ein Prozeß, der sich vom ersten Riß bis zum Bruch über mehrere Wochen und Monate hinzieht. Im allgemeinen lassen sich Stahlrahmenrisse durch ein vernehmliches Knacken rechtzeitig erkennen.

Alurahmen

Rasanter verläuft ein Rahmenbruch bei dem kerbempfindlichen Rohrwerkstoff ▷ Aluminium: Hier sind auch schon - wenn der Rahmen unter hohen Spannungen hergestellt wurde - schlagartige Rahmenbrüche aufgetreten! Bei einem erkennbaren Riß sollte man also die Fahrt auf jeden Fall einstellen, notfalls ganz vorsichtig unter wiederholter Kontrolle der Rißstelle "nach Hause rollen".

Carbonrahmen

Rahmen aus dem Faserverbundwerkstoff ▷ Carbon gelten als extrem bruchresistent, schließlich besitzt Carbon eine noch höhere ▷ Dauerschwingfestigkeit als Stahl. Am stärksten bruchgefährdet sind daher zunächst die an ▷ Carbonrahmen eingesetzten Fremdmaterialien:

Bei Rundrohr-Carbonrahmen brechen infolge von Dauerbelastungen v.a. die ▷ Aluminium-Muffen, wenn diese aus ▷ Druckguß statt in geschmiedeter Version hergestellt sind.

Beim ▷ Monocoque sind die hinteren ▷ Ausfallenden der Schwachpunkt. Brüche treten bei Gewalteinwirkung (Sturz o.ä.), beim Mountainbike z.T. auch durch in die Schaltung geratene Fremdkörper auf. Hohe punktuelle Belastungen bei Sturz können aber auch Carbon per Knick- bzw. Splitterbruch brechen lassen. Hierbei gibt nicht nur die Carbonfaser ihren Geist auf, auch das sie fixierende Harz bricht. Ein solcher Bruch arbeitet sich Lage um Lage in die Tiefe, was übrigens ebenfalls mit deutlich vernehmbarem Knacken und Knistern einhergeht. Auch hier besteht also keine unmittelbare Gefahr.
Gefährlich bei Carbon sind Splitterbrüche bei Stürzen: Die z.T. lanzenartigen Splitterteile können zu schwersten Verletzungen führen. Zur Minderung dieses Risikos wird daher häufig die zähere Aramidfaser ▷ Kevlar mitverarbeitet.

Titanrahmen

Der Werkstoff ▷ Titan hinkt trotz verbesserten Legierungen hinsichtlich ▷ Dauerbelastbarkeit immer noch Stahl hinterher. Aber, wie bei Stahl, tritt ein Rahmenbruch nicht schlagartig auf.

Gabelbruch

Wirklich kritisch ist allerdings ein Bruch des ▷ Gabelschaftrohres: Von außen nicht sichtbar, arbeitet sich ein Riß nach und nach rund um das Rohr herum und der Bruch tritt unvermittelt, meist sogar auf ebener Strecke auf, Einzelheiten s. ▷ Gabelbruch.

Präventivmaßnahmen

Nach einem Sturz das Fahrrad vom Händler überprüfen lassen. Bei Knackgeräuschen Rahmen und Gabelschaft auf Rißbildungen untersuchen (lassen).

Rahmendreieck

Landläufige Bez. f. die aus ▷ Oberrohr, ▷ Unterrohr, ▷ Sattelrohr und ▷ Steuerkopfrohr gebildete Hauptpartie des ▷ Rahmens, die freilich i.d.R. - außer bei geringer ▷ Rahmenhöhe - ein unregelmäßiges Viereck ist. "Dreieck" wird sie genannt, weil das Steuerkopfrohr viel kürzer als die übrigen Rohre ist, so daß optisch ein eher dreieckiger Eindruck entsteht. Zur Unterscheidung vom ebenfalls dreieckigen ▷ Hinterbau wird bisweilen auch vom "Hauptdreieck" gesprochen.

Rahmenflattern

Ungewollte Querschwingungen des ▷ Vorderbaus, die sich je nach ▷ Seitensteifigkeit des Rahmens zu Amplituden bis 10 cm "aufschaukeln" können und u.U. zum Sturz führen (Abb. 35).

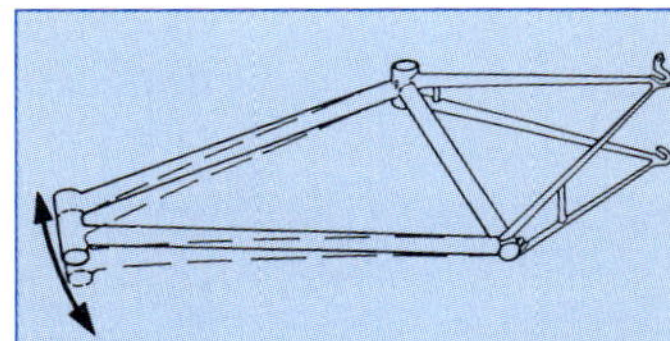

Abb. 35

Beim Rahmenflattern liegt eine ▷ Resonanz zwischen den Frequenzen eines sog. Erregers und der Eigenfrequenz von Bauteilen vor. Als Erreger fungieren Unwuchten des Vorderrades und Zittern des Fahrers, sei es vor Kälte oder aus Unsicherheit. Menschliches Zittern ist bei Frequenzen von etwa 6 bis 8 Herz angesiedelt, Vorderradunwuchten gleicher Frequenz treten beim 27/28-Zoll-Laufrad (ca. 2,10 m Radumfang, 6 bis 8 Radumdrehungen pro Sekunde) bei Geschwindigkeiten von 45 bis 60 km/h auf. Liegt nun auch die Eigenfrequenz der Rahmenvorderbauten in diesem Frequenzbereich, kann bei ungenügender ▷ Dämpfung das Rahmenflattern auftreten, wobei das vom Vorderrad induzierte Flattern durch die Geschwindigkeit von 45 bis 60 km/h besonders gefährlich ist.
Besonders flattergefährdet sind ▷ Damenrahmen mit tiefem Durchstieg und Fahrradrahmen, deren ▷ Oberrohr eine zu geringe ▷ Biegesteifigkeit aufweist. Untersuchungen haben ergeben, daß beispielsweise die Wandstärkenerhöhung um 1/10 mm im Oberrohr den Rahmen ebenso sicherer gegen das Rahmenflattern macht wie eine 3/10 mm Wandstärkenverdickung am Unterrohr.

Nachlauf

Im gewissen Maße kann auch der ▷ Nachlauf eine Flatterneigung des Rahmens bedingen:
* Flacher ▷ Steuerwinkel und weite ▷ Gabelvorbiegung fördern das Rahmenflattern (langer Hebelarm, mit dem die Unwuchtigkeiten des Vorderrades auf den Vorderbau einwirken);
* Steilere Steuerwinkel und kurze Vorbiegung dagegen wirken dem Flattern entsprechend entgegen;
* ein zu steiler Steuerwinkel kann jedoch durch die Neigung zum ▷ Übersteuern dem Rahmenflattern wieder förderlich sein.

„Laienphänomen"

Interessant ist beim Phänomen Rahmenflattern, daß Profis auf ihren im Vergleich zu anderen Fahrradtypen doch recht "weichen" Rennrädern nie davon betroffen sind. Dies liegt einerseits an deren ungebrochenem Selbstvertrauen, andererseits an ihrem - im Vergleich zum ▷ Normalradler - näher zum Vorderrad hin orientierten Körperschwerpunkt (weiter nach vorn und tiefer gebückt), wodurch mehr Gewicht aufs Vorderrad kommt. Das erhöht die Dämpfung zwischen dessen Reifen und der Fahrbahn und wirkt so der Flatterneigung entgegen (Abb. 36). Darüberhinaus versteht es der "Profi", aufkommenden Querschwingungen rechtzeitig dämpfend entgegenzuwirken:

Sofortmaßnahmen

1. Körpergewicht zum Vorderrad hin verlagern,
2. Knie fest ans Oberrohr drücken,
3. Oberarme fest an den Oberköper drücken.

Abb. 36

Ein weniger hart aufgepumpter Vorderradreifen erhöht die Dämpfung.

Wer häufiger mit Rahmenflattern zu tun hat, sollte seinen Körperschwerpunkt weiter nach vorne verlegen und zwar entweder
* den Sattel weiter vorstellen, oder
* Fahrrad mit längerem Hinterbau kaufen
(s.a. ▷ Vorderbaulänge).

Achtung Reiseradler Reisegepäck, dessen Schwerpunkt hinter der Hinterradachse liegt, entlastet das Vorderrad und mindert damit dessen Dämpfung. Es besteht akute Flattergefahr, wobei (Massenanhäufung) das Flattern dann schon bei niedrigeren Geschwindigkeiten auftritt als dies ohne Gepäckzuladung der Fall wäre. Eine andere Art von Resonanzeffekt ist das ▷ Gabelflattern.

Rahmenformen

Auch wenn für die Rundrohrbauweise der schon vor über hundert Jahren entwickelte ▷ Diamantrahmen nach wie vor das Optimum darstellt, findet doch auch eine Vielzahl anderer Rahmenformen Anwendung.

In jüngerer Zeit haben sich durch den Einsatz von ▷ Faserverbundwerkstoffen dem Rahmenbau völlig neue Möglichkeiten eröffnet, wobei der Abschied von der Rohrbauweise zugunsten organisch anmutender Rahmenformen aus nichtmetallischen Werkstoffen zukunftsweisend sein dürfte. Völlig neue Konstruktionsprinzipien wurden vorgestellt, die scheinbar ewig gültige Regeln über Bord warfen, am spektakulärsten: Für Rahmen aus dem Zukunftswerkstoff ▷ Carbon ist nicht mehr die beidseitige Fixierung der Laufräder das Optimum, sondern die "einarmige" Aufhängung, vgl. ▷ Carbon-Rahmenformen.

Die Abb. 37 - 57 zeigen einen Überblick der heute gängigsten Rahmenformen:

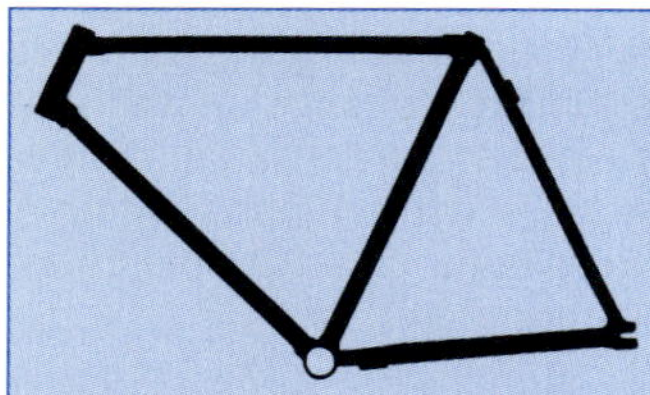

Gebrauchsrad-Diamant-Rahmen **Abb. 37**

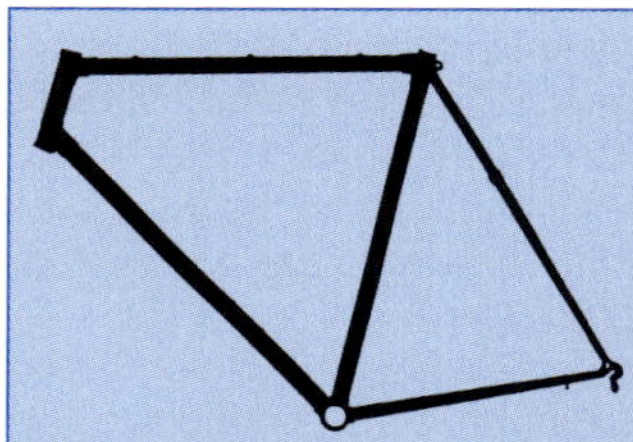

Rennrad-Rahmen **Abb. 38**

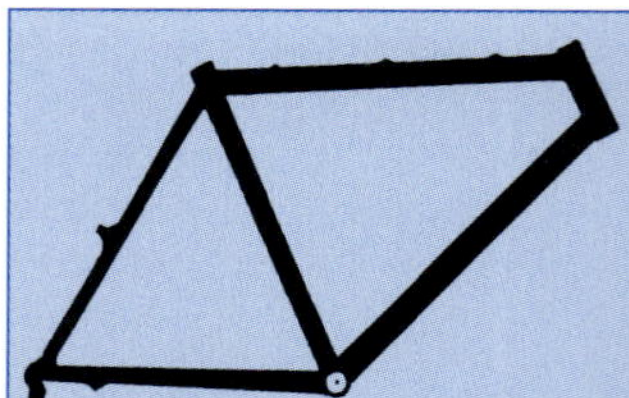

MTB-Rahmen **Abb. 39**

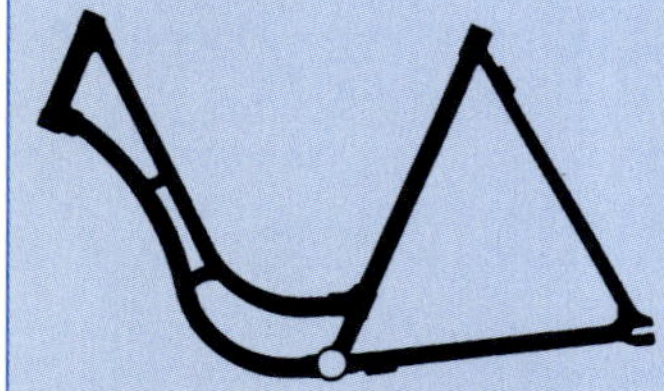

Schwanenhals-Rahmen **Abb. 40**

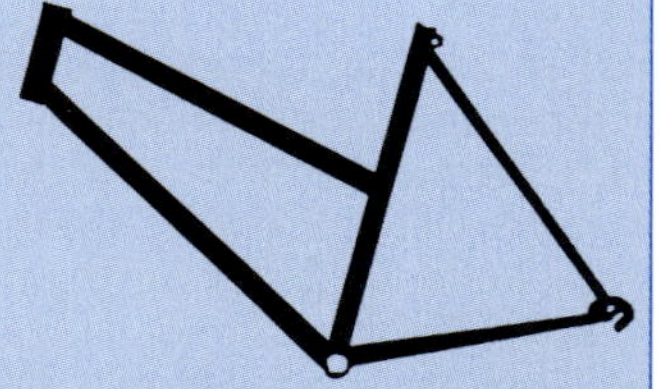

Mixte-Rahmen, einfach **Abb. 41**

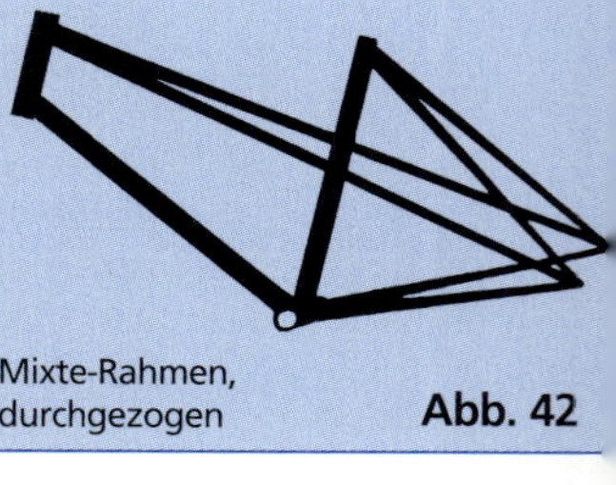

Mixte-Rahmen, durchgezogen **Abb. 42**

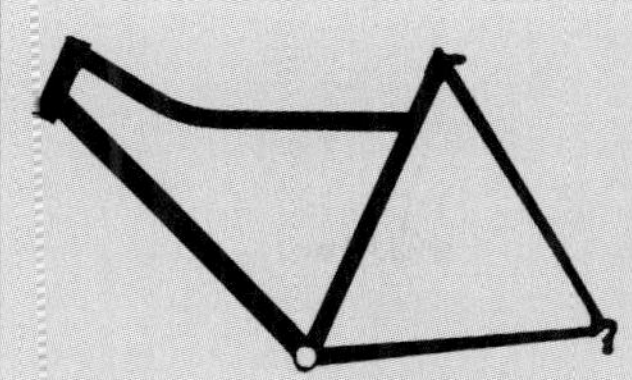

Meral-Rahmen **Abb. 43**

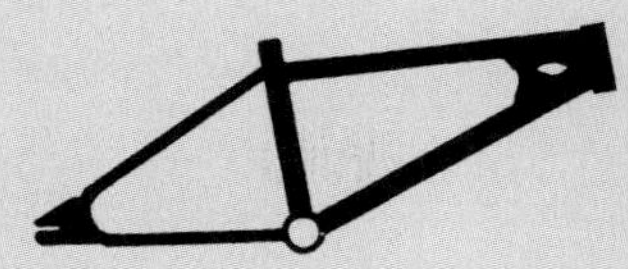

BMX-Rahmen **Abb. 44**

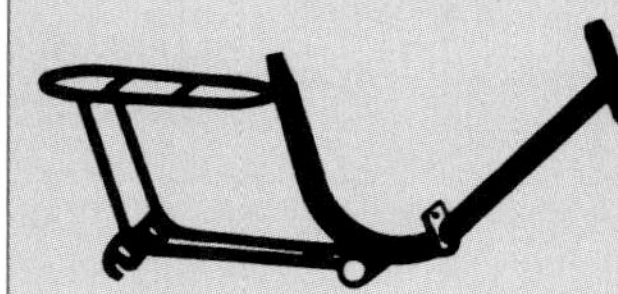

Einrohr-Rahmen **Abb. 45**

Kreuz-Rahmen **Abb. 46**

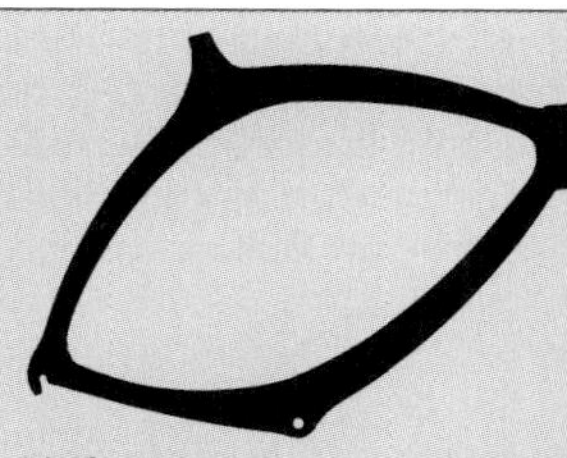

Schleifen-Form **Abb. 47**

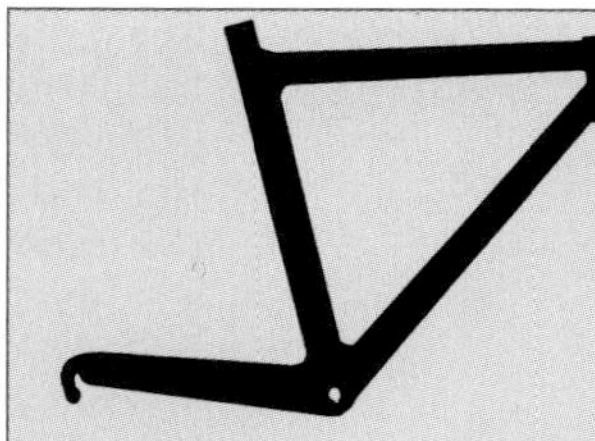

Holdar-Form **Abb. 48**

Zipp-Form **Abb. 49**

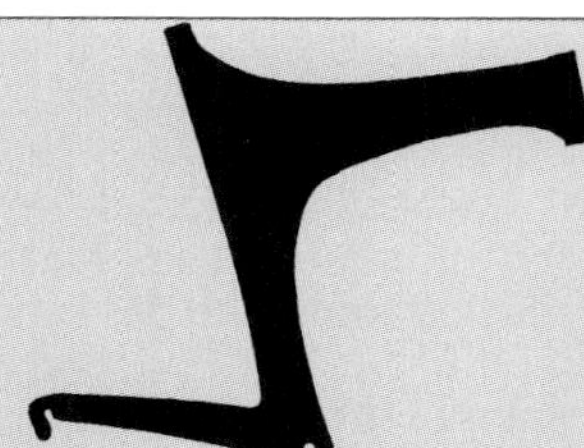

Z-Form **Abb. 50**

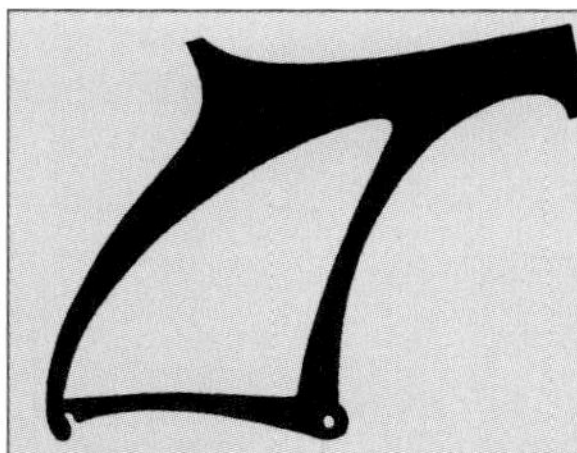

Ausleger-Form **Abb. 51**

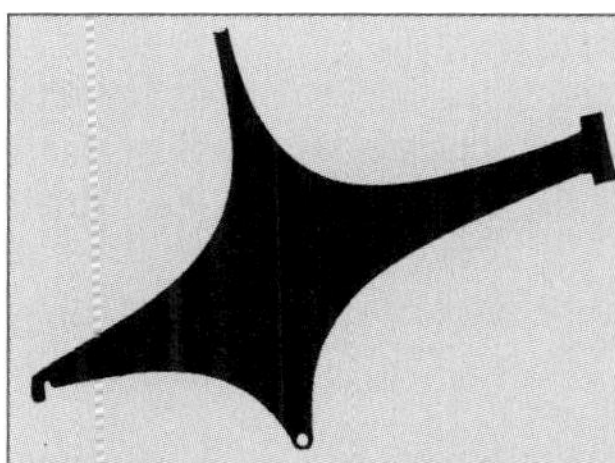

Nervenzellen-Form **Abb. 52**

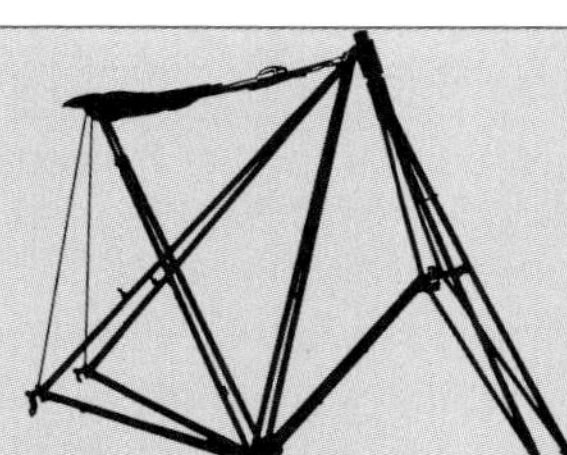

Pedersen-Rahmen **Abb. 53**

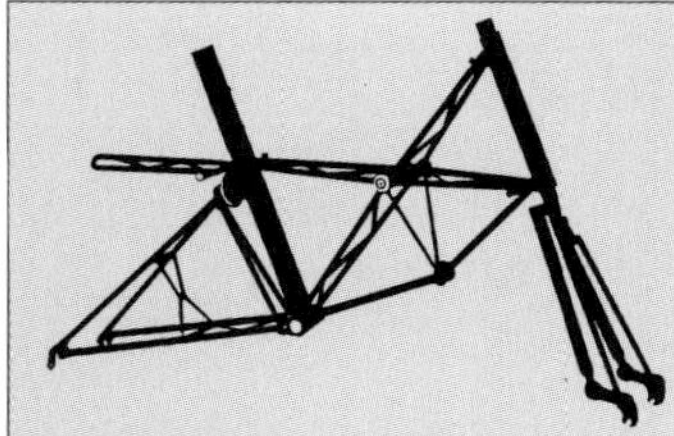

Moulton-Rahmen **Abb. 54**

Kurzlieger-Rahmen **Abb. 55**

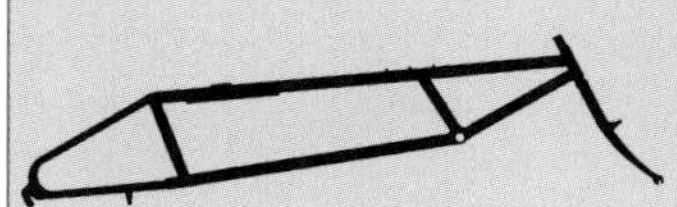

Langlieger-Rahmen **Abb. 56**

Liege-Dreiradrahmen **Abb. 57**

Rahmengeometrie

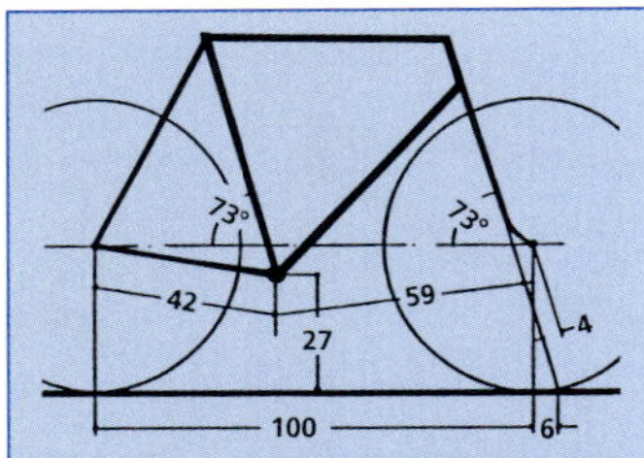

Rennrad Abb. 58

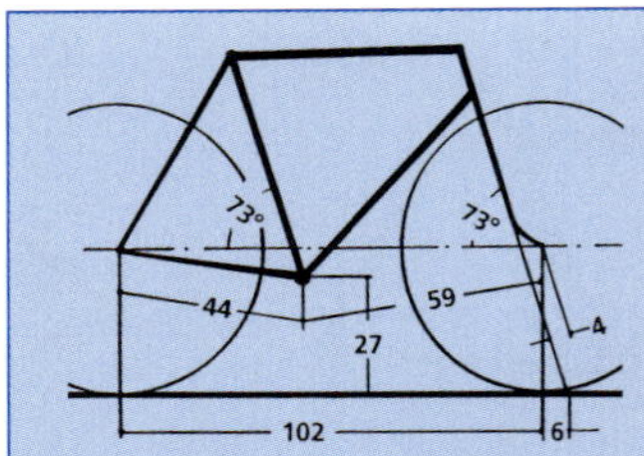

Einsteigerrad Abb. 59

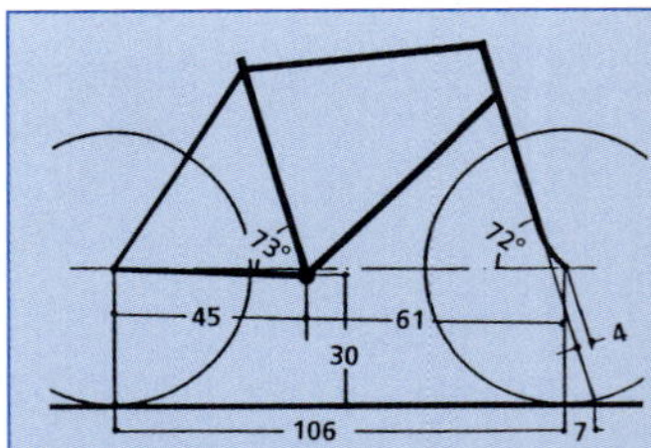

MTB Abb. 60

Bez. f.d. geometrischen Abmessungen eines ▷ Rahmens, insbes. die Längen der einzelnen Rahmenrohre und die Winkelstellungen, unter denen sie zusammengefügt werden. In den Abb. 58 - 61 sind typische Rahmengeometrien einiger Fahrradtypen aufgeführt.
Die Rahmengeometrie hat Auswirkungen auf
* Fahrverhalten,
* Steifigkeit und
* Fahrkomfort

des späteren Fahrrades und beeinflußt z.T. auch die Haltung, die der Fahrer auf seinem Fahrrad einnehmen kann. *Anmerkung:* Die folgenden Ausführungen beziehen sich auf den üblichen ▷ Diamantrahmen, gelten analog aber gleichermaßen für andere ▷ Rahmenformen.

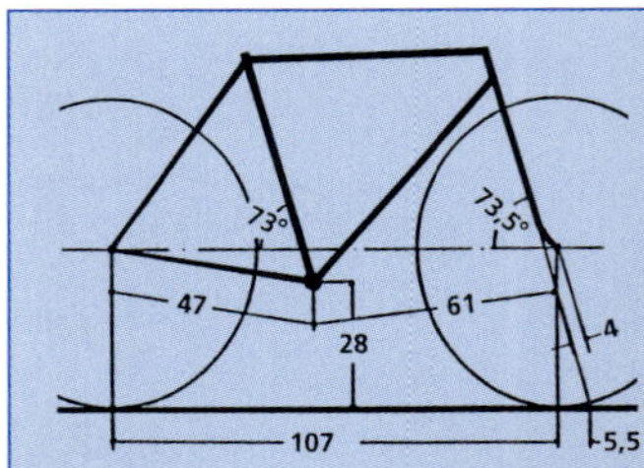

Reiserad Abb. 61

Fahrverhalten

▷ Radstand und ▷ Nachlauf bestimmen wesentlich das ▷ Fahrverhalten eines Fahrrades. Darüberhinaus spielen auch noch ▷ Vorder- und ▷ Hinterbaulänge eine Rolle, indem sie die Lage des ▷ Gesamtschwerpunktes durch die Positionierung des Fahrergewichts mitbestimmen.

Steifigkeit u. Fahrkomfort

Die Länge der Rahmenrohre beeinflußt - neben den Parametern Durchmesser und Wandstärke - die Steifigkeit des Rahmens sowie den Fahrkomfort des Fahrrades.
So macht z.B. ein langes ▷ Steuerrohr den Rahmen seitensteifer und zugleich komfortabler. Ein tiefer abgesenktes ▷ Tretlager ermöglicht zwar einen bequemen Ampelstopp, "erweicht" den Tretlagerbereich aber für ▷ Seitenkräfte beim ▷ Wiegetritt.
Die Länge des ▷ Vorderbaus sowie die Winkelstellung des ▷ Sattelrohres (▷ Sitzwinkel) gehen v.a. in die ▷ Seitensteifigkeit des Rahmens ein, beschränken aber u.U. den Verstellbereich von Lenker und Sattel. Das hat dann wieder in Verbindung mit der Schwerpunktslage des Fahrergewichtes Auswirkungen auf das Fahrverhalten des Fahrrades.
Ebenfalls Auswirkungen auf Steifigkeit und Elastizitätsverhalten besitzt die ▷ Rahmenhöhe, Einzelheiten s.d.

Auswirkungen von Geometrieänderungen

Fahrverhalten, Steifigkeit und Fahrkomfort ändern sich, wenn - ausgehend von einer ▷ gemäßigten Rahmengeometrie - die betreffenden Parameter wie in Abb. 62 - 79 verändert werden.

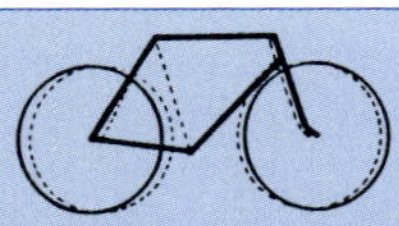

1. Langer Radstand:
- Gutes Geradeauslaufverhalten

Abb. 62

2. Kurzer Radstand:
- Wendiges Fahrverhalten

Abb. 63

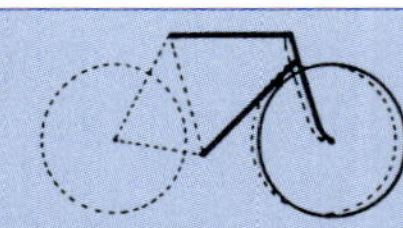

3. Langer Vorderbau:
- Geringere Vorderradbelastung
- Mangelnde Spurtreue
- Gewichtsausgleich bei "Amerikan Position"
- Sichert bergab vor Überschlag

Abb. 64

4 Kurzer Vorderbau:
- Konstr. Mittel gegen Rahmenflattern
- Bessere Vorderradbelastung
- Verbessert Geradauslauf
- Kollosionsgefahr Fuß/Vorderrad

Abb. 65

5. Kurzer Hinterbau:
- Macht Fahrrad wendiger
- Verbessert Hinterrad-Traktion
- Erhöht Flattergefahr durch Entlastung des Vorderrades

Abb. 66

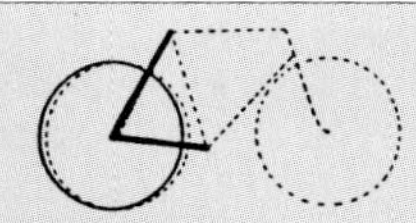

6. Langer Hinterbau:
- Beruhigt das Fahrverhalten
- Entlastet das Hinterrad
- Erhöht Vorderradbelastung

Abb. 67

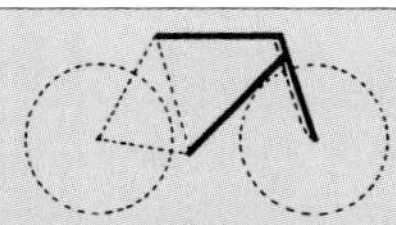

7. Großer Nachlauf (wenig Gabelbiegung):
- Verbessert Geradeauslauf
- Reduziert die Lenkkräfte

Abb. 68

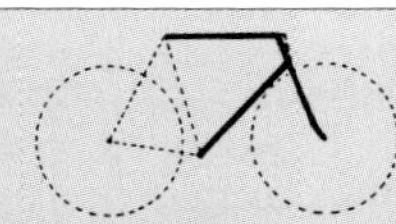

8. Großer Nachlauf (flacher Steuerwinkel):
- Verbessert deutlich Geradeauslauf
- Erhöht die Lenkkräfte

Abb. 69

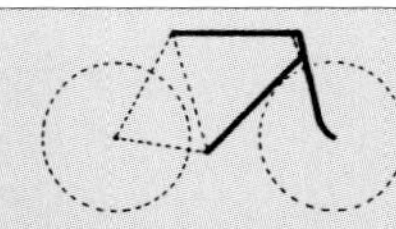

9. Kurzer Nachlauf (steiler Steuerwinkel):
- Erhöht deutlich die Wendigkeit
- Verschlechtert Geradeauslauf

Abb. 70

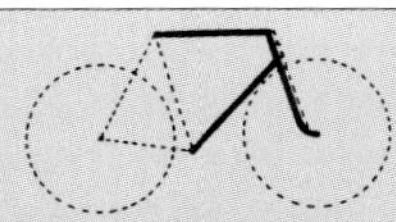

10. Kurzer Nachlauf (weite Gabelbiegung):
- Verbessert den Fahrkomfort
- Erhöht die Lenkkräfte
- Vermeidet flatteriges Fahrverhalten bei kleinen Laufrädern

Abb. 71

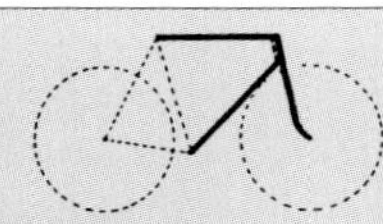

11. Steiles Steuerrohr:
- Reduziert Lenkkräfte
- Fördert das Übersteuern

Abb. 72

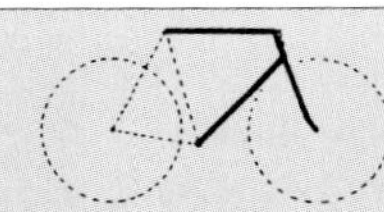

12. Flaches Steuerrohr:
- Erhöht die Lenkkräfte
- Problematisch bei Langsamfahrt

Abb. 73

13. Steiles Sattelrohr:
- Schränkt Stattelzurücksetzung ein
- Erhöht die Rahmen-Seitensteifigkeit

Abb. 74

14. Flaches Steuerrohr:
- Schränkt Sattelvorsetzung ein
- Reduziert Rahmen-Seitensteifigkeit

Abb. 75

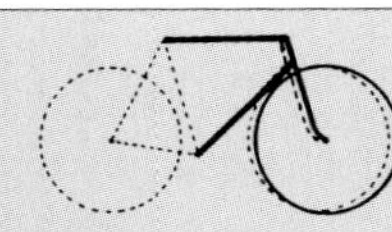

15. Langes Oberrohr:
- Reduziert Rahmen-Seitensteifigkeit
- Mangelnde Spurtreue durch geringere Vorderradbelastung

Abb. 76

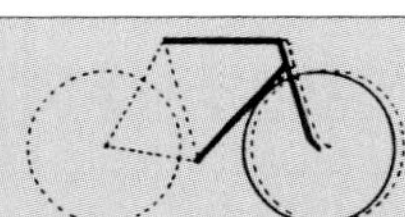

16. Kurzes Oberrohr:
- Erhöht die Rahmen-Seitensteifigkeit
- Verbessert die Spurtreue durch höhere Vorderradbelastung

Abb. 77

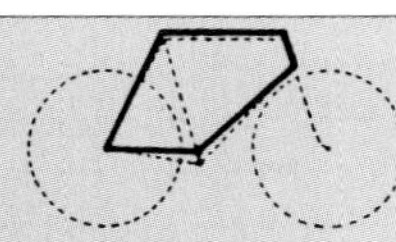

17. Hohes Tretlager:
- Vermeidet Pedalaufsetzer
- Erhöht die Rahmen-Seitensteifigkeit
- Höhere Schwerpunktlage: Verschlechtert Straßenlage und Windschnittigkeit

Abb. 78

18. Tiefes Tretlager:
- Gefahr von Pedalaufsetzern
- Reduziert Rahmen-Seitensteifigkeit
- Tiefere Schwerpunktlage: Verbessert Straßenlage und Windschnittigkeit

Abb. 79

Rahmenhöhe/ -größe

Element der ▷ Rahmengeometrie, das in Relation zur Fahrergröße steht, aber auch hinsichtlich der ▷ Seitensteifigkeit von Bedeutung ist sowie Auswirkungen auf das ▷ Handling hat (Abb. 80).

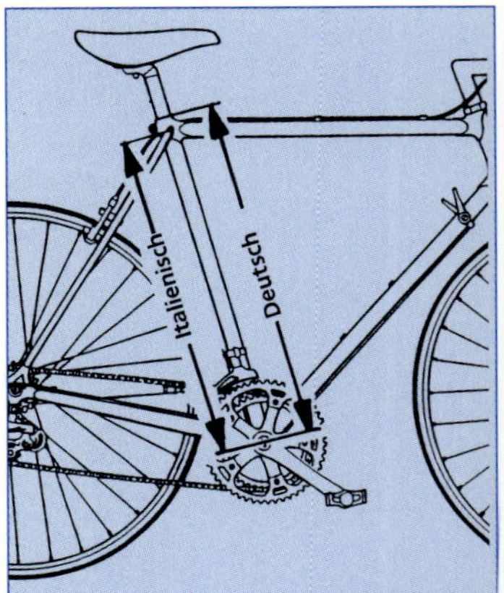

Abb.80

Die Rahmenhöhe wird in Deutschland und fast allen anderen Ländern von Mitte ▷ Tretlagergehäuse bis Oberkante ▷ Sattelmuffe bzw. ▷ Sattelrohr gemessen (in Italien und Frankreich bis Mitte ▷ Oberrohr entlang des Sattelrohrs). Besonders bei den über das Oberrohr hinausgeführten Sattelrohren dürfte aber die erstgenannte Meßweise praktikabler sein, weil sie für den Einstellbereich der Sattelhöhe konstituierend ist.

In Relation zur Körpergröße gilt folgende Tabelle für die sinnvolle Rahmenhöhe beim ▷ Straßenrad, wobei im Einzelnen noch die Länge des ▷ Vorderbaus zu berücksichtigen ist, da mit zunehmender Beinlänge auch der Oberkörper proportional länger ausfällt. Zu beachten sind auch noch individuelle Einflußfaktoren, s.i.E. ▷ Maßrahmen und ▷ Sitzposition.

▷ Mountainbikes werden i.d.R. 5-6 cm kleiner gewählt als Straßenräder, um ein besseres ▷ Handling bei schwierigen Fahrsituationen zu bekommen. Wettkampf-Biker wählen die Rahmenhöhe sogar bis zu 10 cm kleiner. In der Geometrie der Bikes (▷ Vorderbaulänge) ist dies bereits berücksichtigt.

Körpergröße/ Rahmenhöhe

Körpergröße	Rahmenhöhe
155-160 cm	49-51 cm
160-165 cm	51-53 cm
165-170 cm	53-55 cm
170-175 cm	55-57 cm
175-180 cm	57-59 cm
180-185 cm	59-61 cm
190-195 cm	61-63 cm

Anmerkung:
Rennradfahrer wählen den Rahmen i.d.R. eher 1-2 cm kleiner, um a) den Vorbau tiefer stellen zu können, b) einen etwas seitensteiferen Rahmen zu fahren.

Exakter ist die zu benötigende Rahmenhöhe mit der *Formel* "Innenbeinlänge mal 0,66" zu bestimmen. Weder in Tabelle noch Formel ist allerdings die Fußhaltung beim Treten berücksichtigt, die, s ▷ Sitzposition: Sattelhöhe, ebenfalls bei der Auswahl der Rahmenhöhe berücksichtigt werden sollte.

Tip: Beim Radhändler auf den Meßbock steigen und die Rahmenhöhe mit dem Radhändler besprechen.

Rahmenqualität

Eher schwammiger Begriff zur Beurteilung eines Rahmens, in den neben dem optischen Gesamteindruck auch die Ausführung der ▷ Lackierung, die Qualität von ▷ Muffen und Lötungen bzw Schweißnähten, Seriosität von ▷ Ausfallenden und ▷ Anlötteilen sowie der ▷ Rahmengeometrie un vor allem auch der ▷ Rohre eingeht.

Rahmenrichten

Nach Rahmenfertigung (oder auch Sturz) erfolgende Korrektur der ▷ Radflucht und Winkelstellunge von Rahmenrohren.

nach Herstellung

Während geklebte Rahmen in einer Hilfsvorrichtung bis zum Erhärten des Klebers auf Flucht und Winkelmaße gehalten werden, verziehen sich gelötete oder geschweißte Rahmen mehr oder weniger von den angestrebten Flucht- oder Winkelmaßen, was dann erst wieder "beigebogen" werden muß. Mittels spezieller Vorrichtungen (s. ▷ Richtwerkzeuge) wird daher mit gezielt aufgebrachter äußerer Gewalt wieder der Sollzustand hergestellt. Der Richtvorgang bewirkt zusätzliche Spannungen im Rahmen, versteift ihn also zunächst. Siehe hierzu ▷ Weichwerden.

nach Sturz

Rahmenrichten kann auch nach einem Sturz notwendig werden, es sollte jedoch stets ein Fachmann zu Rate gezogen werden: Er kann beurteilen, was noch gerichtet werden kann oder aber ausgetauscht bzw. verschrottet werden muß und besitzt außerdem die geeigneten Richtwerkzeuge.
In den Abb. 81 und 82 sind Richtwerkzeuge für einige typische Unfallverformungen aufgezeigt.

Abb. 81

Übrigens ist ein Richten von Rahmen umso diffiziler, je hochwertiger das ▷ Rahmenrohr ist: Einmal federt das hochwertige Rohr besser zurück, muß also zur ▷ plastischen Verfomung weiter ausgelenkt werden, zum anderen verfügt es über weniger ▷ Bruchdehnung, verträgt also auch weniger plastische Verformung.

Das am häufigsten zu richtende Rahmenteil ist das rechte hintere Ausfallende, das vor allem bei Stürzen, Hängenbleiben der Schaltung und Schaltfehlern leicht verbogen wird. Neben dem handelsüblichen Werkzeug des Fahrradhändlers bietet sich zu Richtzwecken die ▷ Zwei-Hinterrad-Methode an, Einzelheiten s.d.

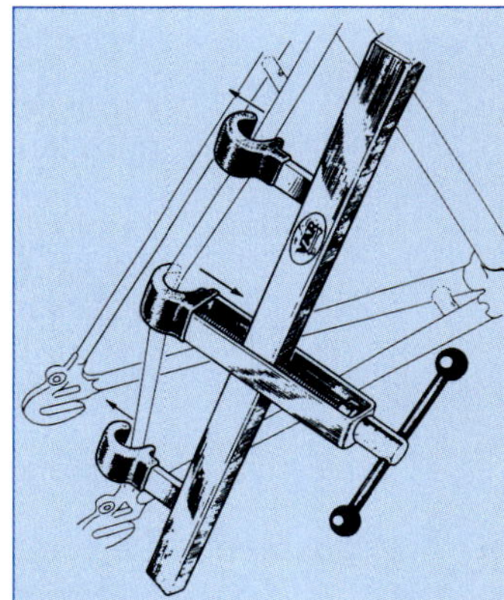
Abb. 82

Rahmenriß

Auf Gewalteinwirkung, ▷ Lötfehler oder ▷ Materialermüdung beruhende Rißbildung in den Rohren von Fahrradrahmen und Gabel(n), die letztendlich zum ▷ Rahmenbruch führen.

Rahmenrohre

Im Fahrradrahmenbau verwendete Rohrmarken und -typen für die unterschiedlichsten Einsatzzwecke.

Neben dem verwendeten ▷ Rahmenwerkstoff sind immer auch Querschnitt und Wandstärke bzw. deren Verlauf (▷ endverstärkt bzw. ▷ konifiziert) von Bedeutung, ebenso ▷ queroval oder anderweitig geprägte Rohre, z.B. sternförmig oder mit Kabelvertiefung ausgeführte Rohre. Im Einzelnen s. v. a.:
▷ Aluminiumrohr; ▷ Carbonrohr; ▷ cuboid tubing; ▷ Einbeulgefahr; ▷ Konifizierung; ▷ MAX-Rohr; ▷ querovale Rohre; ▷ längsovale Rohre; ▷ Reynolds-Rohre; ▷ Stahlrohr;
s.a. Tabelle ▷ Rahmenrohre.

Rahmenwerkstoffe

▷ Werkstoffe, aus denen ▷ Rahmen bzw. ▷ Rahmenrohre sowie ▷ Muffen gefertig werden.

War ▷ Stahl ein gutes Jahrhundert lang der fast ausschließlich eingesetzte Rahmenwerkstoff, so haben seit Ende der 70er Jahre Rahmen aus Aluminium einen nennenswerten Marktanteil erobert, seit Mitte der 80er Jahre sorgen Carbon-Rahmen mit z.T. völlig neuen, auf die traditionelle Rohrbauweise verzichtenden ▷ Rahmenformen für Furore, mittlerweile spielen auch Titanrahmen eine gewisse Rolle.

Jeder Werkstoff hat seine spezifischen Vor- und Nachteile, die nachfolgend im Einzelnen aufgeführt sind:

Stahl

Trotz aller Neuerungen ist Stahl nach wie vor der meistverbreitete Rahmenwerkstoff. Der ▷ Legierung von ▷ Eisen und ▷ Kohlenstoff können je nach gewünschten Eigenschaften noch weitere Legierungspartner beigemischt werden (Einzelheiten, insbesondere auch zu den verschiedenen, im Fahrradbau eingesetzten Stahlsorten, s. ▷ Stahl).

Stahlrahmen sind dauerbelastbar, elastisch, preiswert, in dünnwandiger Ausführung leicht, neigen unter 0,5 mm Wandstärke aber zum Einbeulen.

Aluminium

Zunächst wurde Ende der 70er Jahre Aluminium in hochfesten ▷ Legierungen bei geklebten Rahmen eingesetzt (Alan; Vitus, vgl. ▷ Klebetechniken), später folgten geschweißte Rahmen aus weniger festen aber schweißbaren Legierungen (z.B. Kettler). Um die Eigenschaften des Leichtmetalls besser auszunutzen (geringes Gewicht, niedriges ▷ Elastizitätsmodul), wird Aluminium heute in dickeren, dünnwandigeren Rohren verarbeitet, Einzelheiten s. ▷ Aluminium; ▷ Aluminium-Rahmen; ▷ Aluminium-Rohr; ▷ Titanal.

Aluminiumrahmen sind leicht, in Oversize-Ausführungen sehr steif, aber weniger dauerbelastbar; unter 0,8 mm Wandstärke besteht Neigung zum Einbeulen.

Carbon

Anfangs in geklebter Version bei Rundrohr-Carbonrahmen eingesetzt (TVT; Vitus 1982) folgten 1988 (Kestrel) die ersten ▷ Monocoques (Abb. 83) aus Carbon. Einzelheiten s. ▷ Carbon; ▷ Carbon-Rahmen; ▷ Carbon-Rohre.

Carbonrahmen sind dauerbruchfest, sehr leicht, noch teuer.

Abb. 83

Titan

Bereits 1976 erster serienmäßiger Titanrahmen aus sauerstoffverfestigtem Reintitan (Speedwell). Ab Ende der 80er Jahre auch in der hochfesten Titanlegierung TiAl4V2,5 eingesetzt. Einzelheiten s. ▷ Titan.

Titanrahmen sind leicht, in Oversize-Ausführungen ausreichend steif, weniger dauerbelastbar, teuer.

Magnesium

Obwohl ▷ Knetlegierungen aus ▷ Magnesium Festigkeiten bis 320 N/mm^2 erreichen (vergleichbar der Festigkeit hochwertiger Alu-Felgen), wurde dieser Werkstoff bislang nur in gegossener Form (▷ Kirk-Rahmen) im Rahmenbau eingesetzt. Im Zuge der Weiterentwicklung von ▷ MMC-Werkstoffen könnte Magnesium jedoch verstärkten Eingang in den Rahmenbau finden, wird dann aber teuer.

MMC

In Leichtmetalle eingeschmolzene temperaturbeständige Fasern oder Flitterpartikel (dünne, flächige Oxidplättchen) erhöhen ▷ Zugfestigkeit und ▷ Elastizitätsmodul des Grundmetalles, reduzieren aber dessen ▷ Bruchdehnung. Einzelheiten s. ▷ MMC.

Randonneur

Im horizontalen Abschnitt leicht nach oben geschwungener ▷ Rennlenker fürs ▷ Reiserad, der eine etwas aufrechtere ▷ Sitzposition erlaubt (die Bez. kommt von frz. "langer Ausflug", daher auch Bez. f. Reiseräder in Frankreich). S. a. ▷ Lenker: Rennlenker.

Randverkohlung

Bei erwärmten Stahlteilen auftretende oberflächliche Anreicherung von ▷ Kohlenstoff durch Diffusionsprozesse (s. ▷ Lötfehler: 3.), was einerseits die ▷ Festigkeit des Werkstoffs erhöht, diesen andererseits aber versprödet (erhöhte Bruchgefahr) und daher unerwünscht ist.
Die Randverkohlung ist v.a. beim ▷ Rahmenbau ein Problem und tritt bes. bei Flammenerwärmungen auf (Härte- und Vergütungsöfen; Lötflamme), wenn beim Verbrennen von Kohlenwasserstoffen ein Luftsauerstoffmangel vorliegt.

Beim Härten und Vergüten der Stahlrohre im gasbeheizten Ofen läßt sich eine leichte Randverkohlung nicht vermeiden, weshalb die meisten Fahrradrahmenrohrhersteller die äußere Rohrschicht abschleifen. Daher die blanken Rohroberflächen (Abb. 84).

▷ Mannesmann allerdings härtet und vergütet die Rahmen unter Schutzgas, wodurch das ▷ Gefüge homogener bleibt und die Randabschleifung entfällt (keine Randverkohlung). Die ▷ Bruchdehnung wird so verbessert.

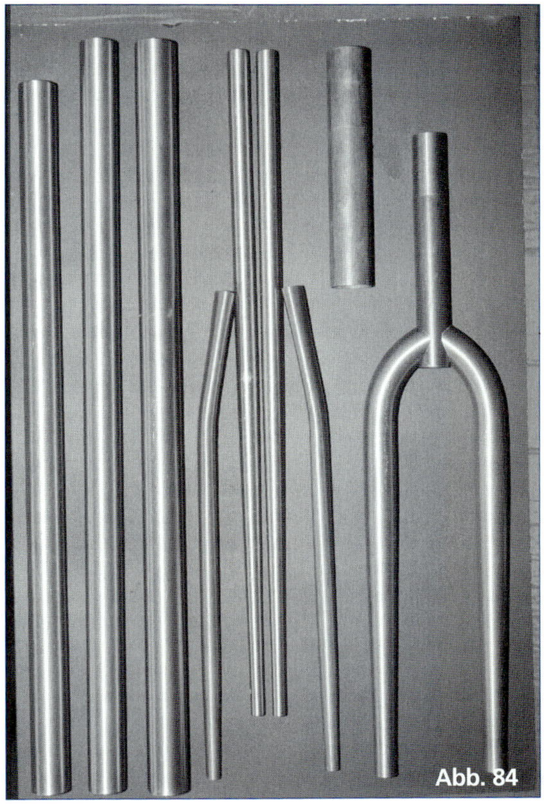

Abb. 84

Rapid-fire-Schalthebel

Von ▷ Shimano entwickelte Unterlenker-Schalthebel (Markteinführung 1989) mit ▷ Schrittschaltwerk und separaten Hebeln für das Rauf- und Runterschalten (Abb. 85).

Vorteil: Der Schalthebel federt nach dem Schalten wieder in seine Ausgangsstellung zurück (statt weiterzurücken, wie bei vorherigen Hebeln), so daß auch die Extremgänge ohne Daumenverrenkung geschaltet werden können. Neuere Modelle sind darüberhinaus mit einer Ganganzeige ausgestattet.
Schalter fürs ▷ Schaltwerk: Auf größere ▷ Ritzel können maximal 4 Gänge (Ritzel) auf einmal, auf kleinere Ritzel kann nur Gang für Gang geschaltet werden.
Schalter für den ▷ Umwerfer: Ähnlich, aber mit Zwischenrastern, um bei diagonal laufender Kette den Umwerfer "nachziehen" zu können, damit er nicht an der Kette schleift.

Nachteil: Die Indexierung ist nicht abschaltbar, so daß bei Schaltproblemen keine Möglichkeit besteht, "nach Gefühl" schalten zu können.

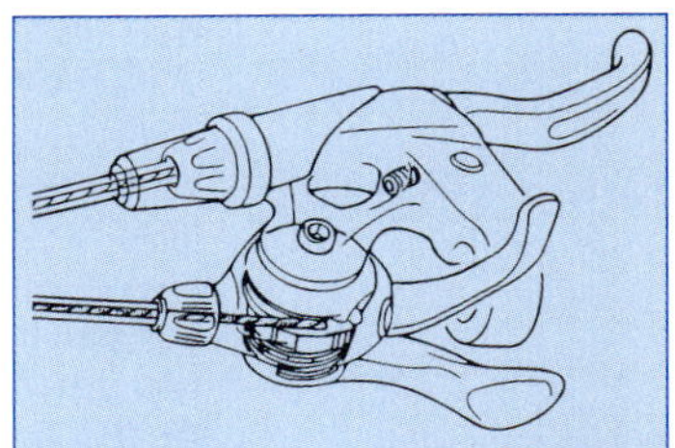

Abb. 85

Rasterhebel

Beim Fahrrad ist damit ein ▷ Rasterschalthebel gemeint.

Rastermechanik

Mechanik in ▷ Schalthebeln von Naben- und Kettenschaltungen, die ein spürbares und i.A. auch hörbares Einrasten des Schalthebels bewirkt. Bei ▷ Kettenschaltungen sind die Rasterschritte synchron mit den Schwenkbewegungen des ▷ Schaltwerks ausgelegt, so daß Gang um Gang sauber eingelgt werden kann, s.a. ▷ Index-Schaltung.

Schalthebel normal

Im einfachsten Fall besteht die Mechanik aus einer Kugelrasterung (Abb. 86), wobei eine unter Federdruck stehende Kugel in entsprechend angeordnete Vertiefungen einrastet (▷ Shimano; ▷ Suntour).
In einer anderer Version greifen ebenfalls unter Federdruck stehende, vorstehende "Nasen" in entsprechend angeordnete Nuten ein (▷ Mavic; ▷ Sachs; ▷ Campagnolo).

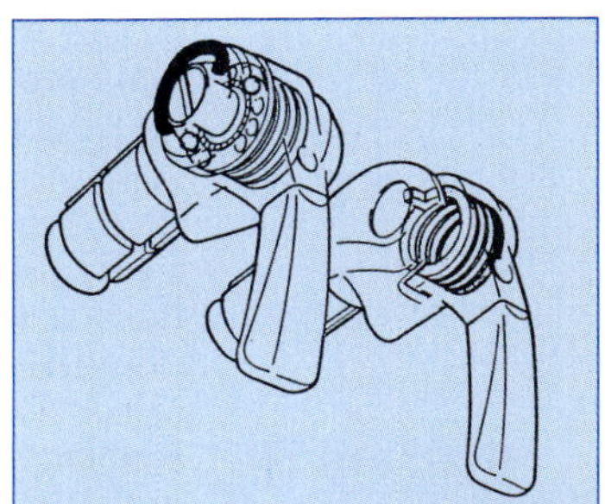

Abb. 86

Schritt-Schalt- u. Brems/ Schalt-Hebel

Komplizierter sind Schritt-Schalt-Rastermechaniken, wie sie bereits bei den ▷ Rapid-fire-Schalthebeln von Shimano sowie bei den ▷ Brems/Schalt-Hebeln von Shimano, Campagnolo (Abb. 87) und Sachs verwendet werden:

Hier schiebt eine ▷ Sperrklinke schrittweise einrastend die Rasterung analog einen Gangsprung weiter, es können aber auch drei bis vier Gänge auf einmal geschaltet werden.

Zum Runterschalten wird ein zweiter Hebel bedient, mit dem Gang um Gang zurückgeschaltet werden kann.

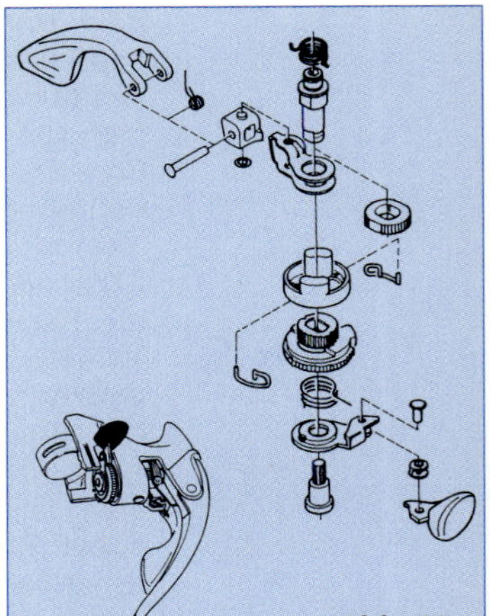

Abb. 87

Rasterschalthebel

Betätigungshebel von modernen ▷ Index-Schaltungen, die i.d.R. auch die ▷ Rastermechanik enthalten (Einzelheiten s. jeweils dort). Statt wie früher den Schalthebel stufenlos zu betätigen und den Gangwechsel nach Gefühl und Gehör vorzunehmen (Perfektion wird erst mit längerer Erfahrung erreicht), rasten Rasterschalthebel bei jedem Gang spür- und hörbar ein.

Rasterschaltung

Anderer Ausdruck f. ▷ Indexschaltung, die z.Zt. modernste und funktionellste Form der ▷ Kettenschaltung, die Schaltwechsel per Rasterung sicher und sogar unter Last vornimmt.

Ratsche

1. Landläufige Bezeichnung für ein Werkzeug.
2. Ausdruck für den ▷ Freilauf sowie die Rückführmechanik bei ▷ Linearantrieben.

ad 2.: Über ▷ Sperrklinken läßt die Ratsche nur eine Drehrichtung zu, in Gegenrichtung sperrt sie (beim Werkzeug ist diese Richtung umkehrbar). In Freilaufrichtung entsteht ein typisch klickendes oder ratschendes Geräusch, daher die lautmalende Bezeichnung.

Rechtsgewinde

▷ Gewinde, dessen Schraubenlinie nach rechts orientiert ist: Das Eindrehen der Schraube erfolgt im Uhrzeigersinn. Rechtsgewinde ist die übliche Gewindeausführung (vgl. auch ▷ Daumenregel). Wo am Fahrrad ▷ Linksgewinde sitzen, ist dort aufgeführt; s.a. ▷ Gewinde und ▷ Anhang Gewindeabmessungen.

Recycling

Wiedereinführung von Alt- und Abfallstoffen in einen Stoffkreislauf.

Für den Fahrradbereich sind hierbei bes. die Wiederverwertbarkeiten von ▷ Kunststoff, ▷ Stahl und ▷ Aluminium von Bedeutung. Auch ▷ Carbon ist v.a. bei Einsatz von ▷ Thermoplasten als ▷ Matrix recyclebar.

Reflektor

Optische Einrichtung, die einfallende Lichtstrahlen über Spiegelwirkung und Fokussierung einer Glaskugel (Abb. 88) oder zweimaliger Totalreflektion in einem Prisma (Abb. 89) wieder in die Ausgangsrichtung zurückwirft.
Vom Gesetzgeber sind am Fahrrad ein Rück- und Frontreflektor sowie Speichen- und Pedalreflektoren vorgeschrieben. Einzelheiten s. ▷ Beleuchtung: Reflektoren und ▷ StVZO: Paragraph 67.

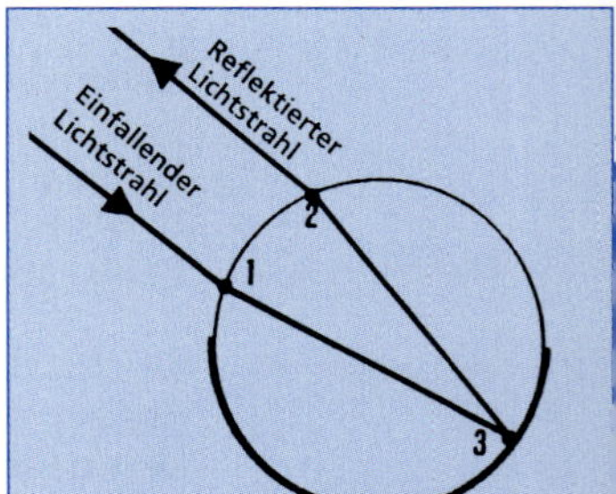

Abb. 88

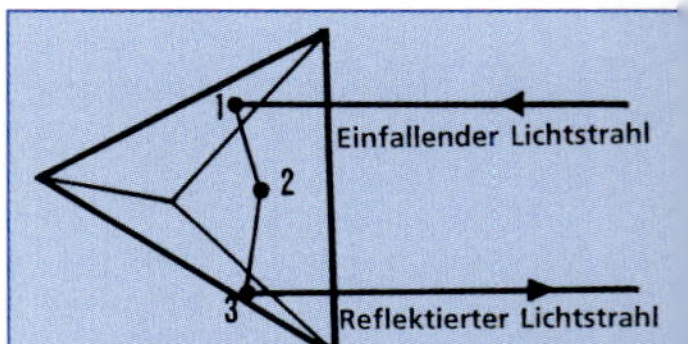

Abb. 89

Reibpaarung

Kombination von aufeinander reibenden Werkstoffen.

Der klassische Fall am Fahrrad: Die Reibpaarung von Felgen und Bremsgummis bei der ▷ Felgenbremse, die zu unterschiedlichen Bremsergebnissen führen, je nachdem, ob ▷ Aluminium- oder ▷ Stahlfelgen, normale oder ▷ Naßbremsgummis verwendet werden, vgl. auch ▷ Naßbremstest; ▷ Naßbremsung. Weitere Reibpaarungen: Bremsbelag auf Bremstrommel oder -scheibe, Reifen auf der Straße.

Reibradius Abstand der Laufbahnen von ▷ Lagerkugeln oder Buchsen von ▷ Gleitlagern zur Mitte ihrer ▷ Achse bzw. ▷ Welle. Er geht in die Errechnung der ▷ Lagerreibung ein: "Je größer der Reibradius, desto größer die Reibung".

Reibrolle Auch als ▷ Abtriebsrad oder ▷ Laufrolle bezeichneter Kontaktpartner von ▷ Dynamos mit Felge oder Reifen.

Reibung Energiezehrende und daher bewegungshemmende *Widerstandskraft* zwischen den Oberflächen sich aufeinander bewegender Körper, die dabei mechanische Energie in ▷ Reibungswärme umwandelt. Reibung ist abhängig von der ▷ Oberflächengüte der Körper und der Kraft, mit der sie aufeinander gepreßt werden, nicht aber von der Größe der reibenden Flächen. Durch Einbringen von ▷ Schmiermittel läßt sich die Reibung mindern.
Prinzipiell ist zwischen Haft-, Gleit-, Roll- und Seilreibung zu unterscheiden:

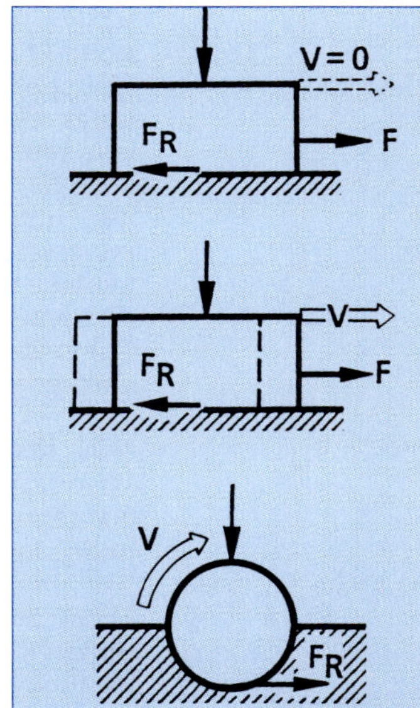

Abb. 90

Haftreibung Reibung, die zu überwinden ist, um einen ruhenden Körper auf seiner Unterlage, auf der er "haftet", zu bewegen (Abb. 90 oben). Haftreibung ist immer größer als die Gleitreibung und geht ihr voraus. Sie spielt im Fahrradbereich v.a. eine Rolle beim Kontakt der Reifen auf der Fahrbahn (geringere Reibung beim Blockieren der Laufräder).

Gleitreibung Reibung aufeinander gleitender Körper, nachdem die Haftreibung überwunden ist (Abb. 90 Mitte).

Erwünschte Gleitreibung wird absichtlich beim Bremsen erzeugt (vgl. ▷ Bremsvorgang), unerwünscht entsteht sie bei allen anderen Reibungsvorgängen. Im Einzelnen:

Bremsen Gleitreibung zwischen Felge und Bremsgummi (▷ Felgenbremsen) bzw. ▷ Bremsflächen und ▷ Bremsbelägen (▷ Nabenbremsen) ist erwünscht und soll möglichst hoch ausfallen, um die nötige ▷ Bremsleistung zu erzielen. Näheres s. ▷ Bremsvorgang.

Auch in den ▷ Bowdenzügen (s.u. Seilreibung) und Bremsgelenken tritt - unerwünschte - Gleitreibung auf. Die Gelenkreibung wird bei einigen hochwertigen ▷ Seitenzugbremsen zwecks besserer Dosierbarkeit mittels ▷ Axialkugellager gemindert, was gleichzeitig die ▷ Bremswirkung um 5-6 % erhöht.

Kette In deren Gelenken sowie - bei Kettenschräglauf (▷ Kettenschaltung) - zwischen Zahnflanken und Gliedern der ▷ Innenlaschen auftretende unerwünschte Reibung. Insgesamt verbraucht die Kette dabei 1-2 % der vom Radfahrer erbrachten Leistung.

Schaltung In der Schaltanlage ist Reibung in der Lagerung der ▷ Schalthebel erwünscht und wird dort durch federbelastete ▷ Rastermechaniken noch erhöht, damit sich der eingelegte Gang nicht selbständig verstellt.
Die Reibung der gleitgelagerten ▷ Schaltungsrädchen (Abb. 90 unten) fällt mit 0,5 % der Gesamtleistung des Radlers höher aus als die Lagerreibung der Laufräder. Kugelgelagerte Schaltungsrädchen mindern die Reibungsverluste deutlich, s. ▷ Lagerreibung.

Die Reibung in den Schaltungsgelenken hat keine Auswirkung auf die Leistungsbilanz des Radlers, da sie nur die Betätigungskräfte beim Schalten erhöht.

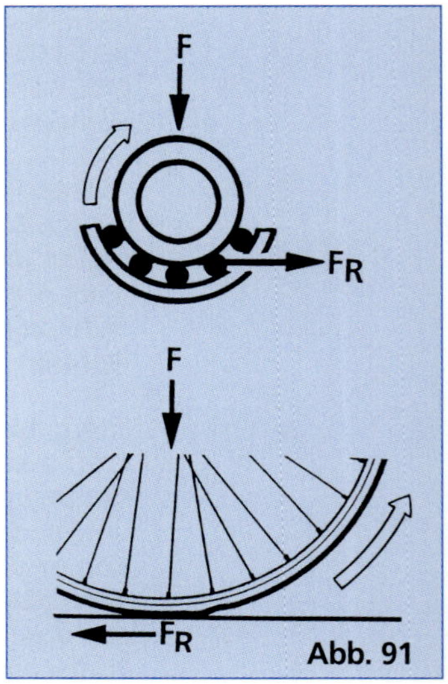

Abb. 91

Rollreibung Reibung, die zwischen aufeinander abrollenden Körpern entsteht (Abb. 91 oben). Sie beträgt i.d.R. nur 1,5-2,5 % der Gleitreibung.

Lagerungen Insbesondere bei ▷ Lagerungen reduzieren ▷ Kugellager die Reibung erheblich. So beträgt die Summe aller Reibungsverluste in den Fahrrad-Lagerungen (Nabe, Pedale, Tretlagerung) noch nicht einmal 0,5 % der eingebrachten Fahrerleistung. Einzelheiten s. ▷ Lagerreibung.

Reifen Hohe Rollreibungsverluste entstehen jedoch bei der Abrollbewegung der Reifen auf der Fahrbahn:
Dabei schiebt der Reifen einen Wulst vor sich her, dessen Größe vom gefahrenen ▷ Reifendruck abhängt (Abb. 91 unten), so daß die Rollreibung nahezu linear mit dessen Wert zu- oder abnimmt. Bei ▷ Rennrädern mit 8 bar Reifendruck rechnet man die Rollreibungsverluste auf Asphalt bei 30 km/h mit 10-13 %, beim ▷ Mountainbike mit 3,0 bar Luftdruck mit 25-35%.
Anmerkung: Die Werte schwanken durch die Reifenbauart, wobei dünne ▷ Karkassen und geringe Gummiauflage die Reibungsverluste reduzieren. Die Profilierung der Reifen ist demgegenüber von eher geringer Bedeutung.

Noch höher werden die Verluste, wenn auf weichem Untergrund geradelt wird: Auf Waldwegen kann sich die Rollreibung verdoppeln, enden sie gar in einem umgepflügten Acker, so geht nahezu die gesamte Fahrerleistung "flöten" - es kommt zum Stillstand aufgrund unüberwindbarer Rollreibung, da die menschliche Leistungskraft nicht ausreicht, diese Rollreibung zu überwinden.

Seilreibung Einen Sonderfall stellt die Reibung zwischen Innenzug und Außenhülle in ▷ Bowdenzügen dar (Abb. 92). Dort addieren sich in Biegungen zu der normalen Gleitreibung noch die Reibungskräfte, die durch die Seilumschlingung wirksam werden. Faustregel: Bei insgesamt 180 Grad Seilbiegungen sind bei einem Standardbowdenzug bis zu 60 % Reibungsverluste zu beklagen. Einzelheiten und Berechnung s. ▷ Seilreibung.

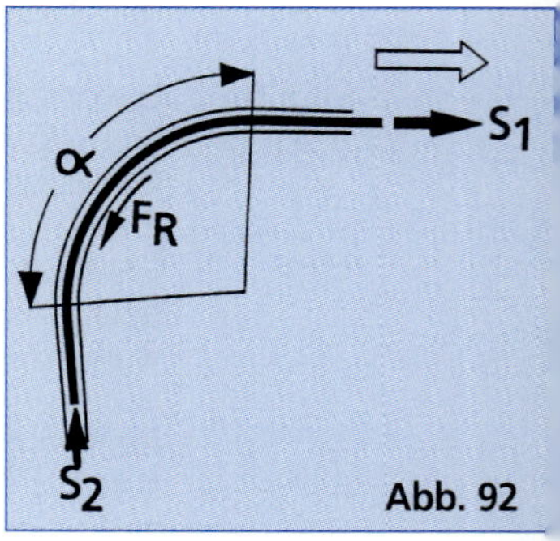

Abb. 92

Reibungskoeffizient Auch Reibbeiwert, Reibungszahl oder Reibwert genannte Größe ohne physikalische Einheit, die das Verhältnis von aufgebrachter Normalkraft (senkrecht auf die Reibfläche einwirkende Kraft) zur Reibungskraft beziffert.

Den physikalischen Zusammenhang beschreibt die Formel:

$F_R = \mu \cdot F_N$

F_R = Reibungskraft in N
μ = Reibungskoeffizient, ohne Einheit
F_N = Normalkraft in N

Rechenbeispiel: Die Bremsgummis einer Felgenbremse werden mit je 400 N auf die Bremsfläche einer Felge gepreßt, der Reibungskoeffizient (Mittelwert) sei 0,5. Damit ergibt sich pro Bremsgumm eine Reibungskraft von:

$F_R = 0{,}5 \cdot 400\ \text{N} = 200\ \text{N}$

Da die Reibungskraft an jedem Bremsgummi wirksam wird, erzielte die Felgenbremse also insgesamt eine Reibungskraft von 400 N.
Der Reibungskoeffizient ist von der Oberflächenbeschaffenheit der Reibpartner (siehe ▷ Reibpaarung) sowie dem Vorhandensein von Schmierstoffen abhängig und stets kleiner als 1.

Anmerkungen:
1. Bei der Reibpaarung Reifen/rauher Asphalt kann (Verkrallung des weicheren Reifengummis in die Oberflächenstruktur des Asphaltes) ein zusätzlicher Formschluß (s. ▷ Formschlußverbindung) entstehen, der den Reibungskofffizienten auf Werte über 1 anwachsen lassen kann.
2. Reibungskoeffizienten werden im allgemeinen für ▷ Gleitreibung angegeben, für ▷ Haftreibung ist je nach vorherrschenden Bedingungen mit um 10 bis 90 % höheren Werten zu rechnen.

Abb. 93: **Reibungskoeffizienten unterschiedlicher Reibpaarungen**

Reibpaarung	Reibungkoeffizient trocken	geschmiert
Stahl/Stahl	0,09 - 0,11	0,03 - 0,06
Bremsbelag/Stahl	0,5 - 0,65	0,2 - 0,5
Bremsgummi/Felge	0,4 - 0,9	0,07 - 0,35*
Reifen/Asphalt	0,7 - 0,95	0,5 - 0,7*
Stahl/Eis		0,014

* Wasser als „Schmiermittel"

Weitere Informationen zu dem Thema s. ▷ Reibung, ▷ Lagerreibung, ▷ Bremsgummis, ▷ Naßbremsung, ▷ Reifen.

Reibungskraft

Kraftverlust infolge ▷ Reibung. Bei Bremsen wird die Reibungskraft zur Verzögerung von Fahrzeugen eingesetzt. Zur Errechnung s. ▷ Reibungskoeffizient.

Reibungsverluste

Leistungs- oder Kraftverluste, die infolge ▷ Reibung entstehen. Die Summe aller beim Radfahren auftretenden Reibungsverluste ergibt den ▷ Fahrwiderstand, Einzelheiten s.d.

Reibungswärme

▷ Reibung erzeugt Wärme, genauer: Bewegungsenergie wird in Wärmeenergie umgewandelt. Gerade bei Bergabfahrten kann die durch die Bremsen an der Felge erzeugte Reibungswärme beträchtliche Werte erreichen und z.B. einen aufgeklebten Schlauchreifen zum "Wandern" bringen (Weichwerden des Klebers, s. ▷ Reifenwandern), bei ▷ Nabenbremsen zum Auskochen des Lagerfetts führen; s. hierzu auch ▷ Fading.
Beispiel: Wärmeäquivalent Paßabfahrt, s. ▷ Fahrdynamik.

Reibungszahl

Auf den Lagerdurchmesser bezogener ▷ Reibungskoeffizient zur Berechnung der ▷ Lagerreibung bei ▷ Wälzlagern.

Reibwert

Andere Bez. f. ▷ Reibungskoeffizient.

Reifen

Äußeres, mit der Fahrbahn in Kontakt stehendes Bauteil des ▷ Laufrades, das per ▷ Reifendruck seine elastisch federnde Eigenschaft erhält. Reifen sind dadurch die Grundelemente des ▷ Leichtlaufes von Fahrrädern.
Beim ungefederten Fahrrad trägt der Reifen den größten Teil zum ▷ Fahrkomfort bei, der mit zunehmendem Reifenvolumen und abnehmendem Reifendruck (bei zu geringem Luftdruck besteht die Gefahr eines ▷ Durchschlags) größer wird. Auch das gefederte Fahrrad profitiert von dem spontanen Einfederungsverhalten der Reifen, s. ▷ Fahrradfederungen: Einfluß der Reifen.

Weiterhin obliegt es dem Reifen mit seiner ▷ Bodenhaftung, den Fahrrädern ▷ Traktion und Spurtreue zu vermitteln. Hierzu müssen Straßenreifen eine gut haftende ▷ Gummimischung, Geländereifen ein entsprechend ausgeprägtes ▷ Reifenprofil besitzen.

Reifenaufbau

Grundsätzlich besteht der Reifen - wie in Abb. 94 zu sehen - aus

▷ Schlauch,
▷ Karkasse und
▷ Protektor.

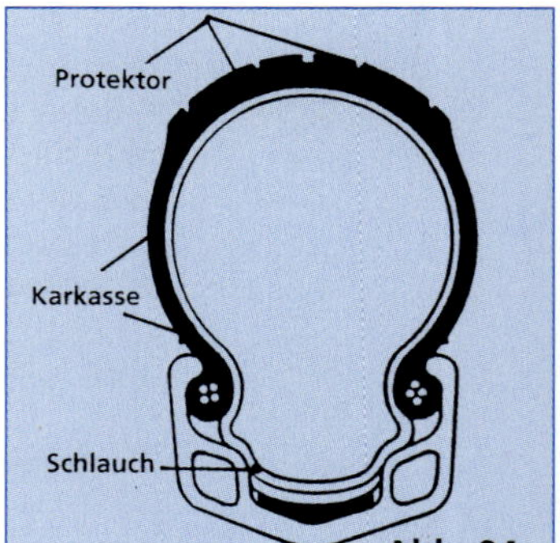

Abb. 94

Der Schlauch sorgt für die Luftdichtigkeit, der Karkasse (in Gummi eingelagerte ▷ Diagonallagen von Textilfasern) kommt die Aufgabe zu, die vom Reifendruck erzeugten Kräfte aufzunehmen und den Reifen in seiner Form zu stabilisieren. Der auch "Laufstreifen" genannte Protektor stellt den Rollbahnkontakt her und besteht aus abriebfestem, aber gut haftendem ▷ Gummi und wird entweder auf die Karkasse geklebt oder einvulkanisiert (s. ▷ Vulkanisieren). In beiden Bauformen ▷ Drahtreifen und ▷ Schlauchreifen bilden Karkasse und Protektor eine den Schlauch umhüllende Einheit.

Drahtreifen

Die Einheit wird beim Drahtreifen "Decke" oder "Mantel" genannt und in der ▷ Felge mittels ▷ Felgenhörnern zentriert (Abb. 95). Der Schlauch wird als separates Teil lose zwischen Felge und Decke eingelegt. In den Rändern der Karkasse einvulkanisierte Armierungen (der ▷ Reifendraht) verhindern eine Durchmesseraufweitung des Reifens, so daß der Reifenluftdruck die Decke nicht über die Felgenkante hinweg abspringen lassen kann.
Die übliche Reifenarmierung wird mit Stahldraht vorgenommen, daher auch der Name Drahtreifen. Schnüre aus Nylon-, Aramid- oder (selten) Glasfasern als Armierung machen den Drahtreifen faltbar (s. ▷ Faltreifen) und ersparen 50 bis 100 Gramm Gewicht.

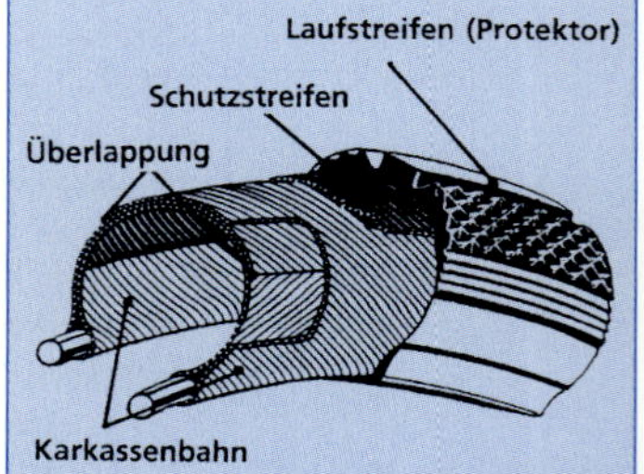

Abb. 95

Schlauchreifen

Der Schlauch wird bei diesem Reifentyp rundum in die Karkasse eingenäht, wodurch der Reifen zum kompletten Bauteil wird (Abb. 96). Die Fixierung auf der Felge erfolgt mittels ▷ Reifenkitt oder doppelseitig klebendem ▷ Reifenklebeband in dem muldenförmig ausgebildeten Felgenbett der Schlauchreifen-Felgen.

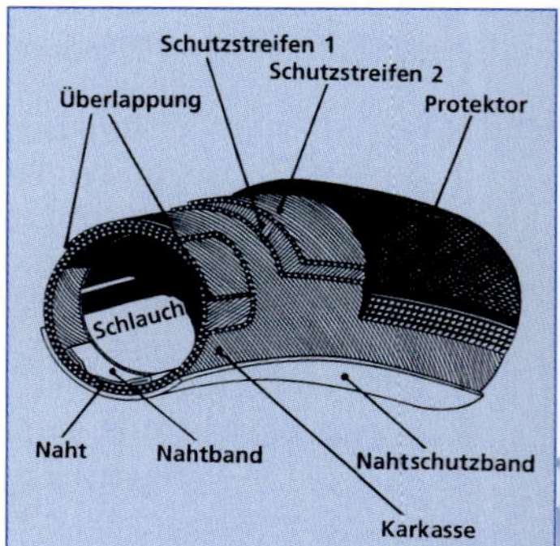

Abb. 96

Vergleich

Während Drahtreifen bei allen Fahrradtypen eingesetzt werden, sind Schlauchreifen dem Rennsport vorbehalten. Schlauchreifen besitzen leichte Gewichtsvorteile und einen etwas besseren Fahrkomfort. Letzteres resultiert daraus, daß der unter Luftdruck gesetzte Reifen nicht die Spannungsspitzen des Drahtreifens im Bereich des Reifendrahtes besitzt und dadurch in sich homogener die Fahrbahnunebenheiten etwas günstiger auspuffern kann. Daraus sowie aus der Verwendung dünnerer und leichterer Schläuche ergeben sich auch geringe Vorteile hinsichtlich des ▷ Leichtlaufes für den Schlauchreifen.

Drahtreifen sind im Gebrauch preiswerter, da sich ▷ Reifendefekte leicht und schnell beheben lassen, während Schlauchreifen nach Defekten i.d.R. ausgedient haben. Zwar ist auch hier eine Reparatur möglich, aber sehr umständlich und zeitaufwendig, vgl. ▷ Reifenreparaturen.

Hinsichtlich Reifendefekten neigen Schlauchreifen häufiger zum sog. "Schleicher", das sind kleine Undichtigkeiten, bei denen die Luft erst im Stundenzeitraum entweicht. Bei Drahtreifen dagegen kommt es häufiger durch die Felgenhörner zum ▷ Durchschlag.
Unterwegs ist bei Reifendefekten ein Schlauchreifen schneller zu wechseln als ein Drahtreifen zu flicken resp. sein Schlauch auszutauschen. Mehr hierzu siehe ▷ Reifenmontage.
Auf der Felge sitzen Drahtreifen sicherer und i.d.R. durch die Felgenhörner zentriert auch rundlaufender. Neben verbessertem Leichtlaufverhalten und Gewichtsreduzierung ein Grund, daß Drahtreifen nun auch im Radrennsport vermehrt eingesetzt werden. Trotz einiger Vorzüge gerät der Schlauchreifen daher immer mehr ins Hintertreffen.

Rolleigenschaften

Sie hängen in erster Linie vom ▷ Reifendruck ab, da der ▷ Rollwiderstand eines Reifens nahzu linear mit zunehmendem Luftdruck sinkt. Weitere Leichtlauf-Kriterien sind Lage und Material der Karkassenfäden, Gummimischung, Schlauchmaterial usw., Einzelheiten s. ▷ Rolleigenschaften.

Leuchtstreifen

Vom Gesetzgeber zugelassen ist ein auf der Reifenflanke aufgebrachter Leuchtstreifen als Ersatz für die üblichen Speichenreflektoren (Abb. 97, s. ▷ Reflektor). Der Radfahrer muß sich aber bewußt sein, daß die Sichtbarkeit der Leuchtstreifen bei Reifenverschmutzungen drastisch nachläßt.

Abb. 97

Dynamo-Rändelung

Für den Betrieb von ▷ Seitendynamos besitzen handelsübliche Standardreifen eine leicht erhabene Rändelung. Damit wird die Gefahr des Dynamodurchrutschens sowie die von Reifenschädigungen reduziert.

Sonderreifen

Reifen mit besonderen Eigenschaften, die in der Regel mit verbessertem Leichtlauf oder ▷ Pannensicherheit aufwarten. Noch ohne nennenswerte Marktbedeutung, könnten jedoch die beiden nachfolgend aufgeführten Reifentypen zukünftig größere Verbreitung finden:

Gürtelreifen

Immer mal wieder auch für Fahrräder angedachter Reifentyp, der am Auto Standard ist. Bei diesem "Radialreifen" sind zusätzlich zu den Karkassenfäden in ▷ Diagonallage noch solche in ▷ Radiallage angeordnet, die den Reifen im Bereich der Lauffläche in Umfangsrichtung wie ein Gürtel umfassen (Abb. 98). Dadurch fiele der Wulst, den der Reifen bei seinem Abrollen vor sich her schiebt, kleiner aus, der ▷ Rollwiderstand reduzierte sich merklich.
Erste Versuche in dieser Richtung wurden mit Fahrradreifen bereits Ende der 50er Jahre von dem DDR-Tüftler Ringkowsky gemacht.

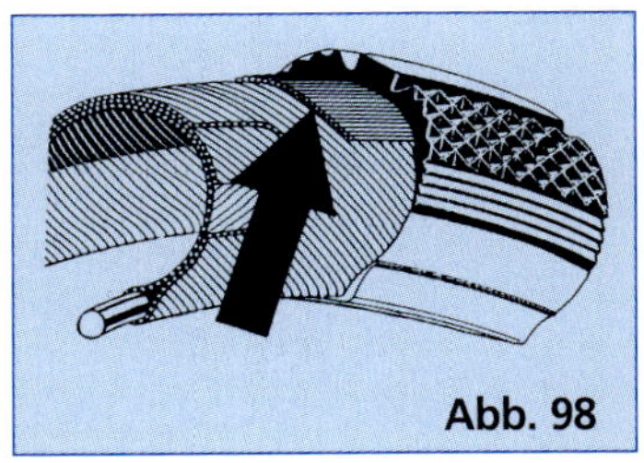

Abb. 98

Da beim Fahrradreifen der Radialgürtel Einfluß auf den Kurvenschräglauf besitzt, wurde der "reinrassige" Gürtelreifen für Fahrräder bisher noch nicht serienmäßig hergestellt, es wurden aber immerhin Reifen mit in diese Richtung gehenden Eigenschaften hergestellt:

1. Panaracer "Magic"-MTB-Reifen (1994), bei dem über der eigentlichen Karkasse ein Gewebe mit unterschiedlich elastischen Fäden aufgebracht wird, wobei die Fäden in Reifenumfangsrichtung die Walkausbildung ebenfalls weitestgehend vermeiden;
2. hochwertige Schlauch- und Drahtreifen erzielen per ▷ Pannenschutzstreifen über der Karkasse ähnliche Effekte, da eine Faserrichtung des Gewebes ebenfalls radial verläuft.

Schaumreifen

Bereits um 1870 gab es Vollgummireifen mit schaumstoffartigem Innenteil. Dieses Prinzip ließ die englische Firma Green Tire 1992 wieder aufleben. Der Schaumstoff wird dabei so hart und elastisch

abgestimmt, daß der Reifen in seinem Abrollverhalten dem üblicher Luftreifen (3 bis 3,5 bar bei MTB, 6,5 bis 7,5 bar bei Rennreifen) entspricht.
Die verwendeten Materialien werden ständig verbessert, so daß diese Reifen heute bereits hinsichtlich Fahrkomfort, Leichtlauf und Gewicht den luftgefüllten Reifen nahekommen. Dem Vorteil, daß nun Reifenpannen vergessen werden können, steht eine mühselige und kraftraubende Reifenmontage gegenüber. Weiterhin müssen die Reifen auf exakt bemessene Felgen aufgezogen werden, ansonsten schwankt der Reifen im Felgenbett oder kann abspringen.
Weitere Informationen zum Thema s. die mit Reifen- beginnenden Stichwörter und v.a. auch die speziellen Reifentypen: ▷ Bahnreifen; ▷ Ballonreifen; ▷ Geländereifen; ▷ Rennreifen; ▷ Slicks.

Reifenaufstandsfläche

Linsenförmige Berührungsfläche zwischen Reifen und Fahrbahn, die sich aus der Reifenabflachung ergibt (Abb. 99).

Abb. 99

Von der Aufstandsfläche der Reifen ist der Aquaplaningeffekt abhängig, der beim Fahrrad aber nur bei Aufstandsflächen ab 20 cm^2 und dann auch nur im Vergleich zum Auto in sehr geringem Ausmaß wirksam wird.
Die Reifenaufstandsfläche ist abhängig von der Laufradbelastung und dem ▷ Reifendruck. Sie folgt der Formel:

$$A_f = \frac{C_r \cdot G_l}{P_r}$$

A_f = Reifenaufstandsfläche in cm^2;
C_r = Faktor für zusätzliche Fläche infolge von „Schmiereffekten" durch die Dicke des Reifenmaterials; Rennrad: ca. 1,05; Normalrad: ca. 1,1 (ohne Einheit);
G_l = Gewichtsbelastung des Laufrades in kp;
P_r = Reifendruck in bar (hier in kp/cm^2 angegeben, vgl. auch ▷ Reifendruck).

Beispiel: Bei einem mit 40 kp belasteten Rennrad-Hinterrad ergibt sich bei 7 bar Luftdruck eine Aufstandsfläche von

$$A_f = \frac{1{,}05 \cdot 40\ kp}{7\ kp/cm^2} = 6\ cm^2$$

Entsprechend besitzt ein gleichschwer belastetes Gebrauchsrad-Hinterrad bei 3,5 bar Reifendruck eine Aufstandsfläche von

$$A_f = \frac{1{,}1 \cdot 40\ kp}{3{,}5\ kp/cm^2} = 12{,}5\ cm^2$$

Reifenbreite

Die Breite eines Reifens angebendes ▷ Reifenmaß, das zusammen mit dem ▷ Reifendurchmesser au der Reifenflanke aufgedruckt ist. Gelegentlich wird dort auch noch die ▷ Reifenhöhe angegeben.

Bei Drahtreifen ist der Reifenquerschnitt durch die Abstützung des ▷ Reifendrahtes von den ▷ Felgenhörnern nicht kreisrund. Bei breiten Felgen und schmaler Reifenbreite ergibt sich ein leicht querelliptischer, bei schmalen Felgen und breiten Reifen ein birnenförmiger Querschnitt.
Da bei letzterem die Höhe des Reifens gegenüber der Reifenbreite zunimmt, wird diese Kombinatio gern von Mountainbikern benutzt, um einen etwas besseren Schutz vor ▷ Durchschlägen zu bekommen.
Vergleiche auch ▷ Reifengrößen, ▷ ETRTO.

Reifenbremse Andere Bez.f. ▷ Klotzbremse.

Reifendecke Landläufige Bez. f. ▷ Drahtreifen, z.T. auch nur für deren ▷ Karkasse.

Reifendraht In beide Randbereiche von ▷ Drahtreifen als Verstärkung eingearbeiteter Drahtring, der den aufgepumpten Reifen vor dem Abspringen von der Felge sichert, da sich dieser armierte Randbereich vom Luftdruck nicht aufweitet.
Bei ▷ Faltreifen wird der Draht durch ein Bündel aus Nylon-, Kevlar- oder (selten) Glasfasern ersetzt.

Reifendruck Höhe des Luftdrucks, mit dem ein Reifen aufgepumpt wird. Der Reifendruck wird in bar angegeben (1 bar = 106 dyn/cm², was in etwa 10 N/cm² oder 1 kp/cm² entspricht).
Der gefahrene Reifendruck stellt immer einen Kompromiß zwischen ▷ Fahrkomfort und ▷ Leichtlauf dar und richtet sich nach Fahrradtyp, Reifendurchmesser und Fahrbahnbeschaffenheit.

Rennrad Da die ▷ Rollreibung mit zunehmendem Luftdruck annähernd linear abnimmt, bevorzugen Straßen-Rennfahrer einen hohen Reifendruck zwischen 6 und 8 bar für möglichst schnelles Vorankommen, wofür Einbußen im ▷ Fahrkomfort in Kauf genommen werden. Bahnfahrer gehen bei ihren extrem geglätteten Fahrbahnen sogar auf 12-14 bar.
Für einen noch höheren Luftdruck ist selbst die Radrennbahn zu uneben, so daß die Laufräder hoppeln würden, weshalb Bahnfahrer hier vom "Totpumpen" des Reifens sprechen.

Geländerad Völlig anders sieht die Frage des Luftdrucks bei ▷ Geländefahrrädern aus, bei denen die Reifen ja auch die Aufgabe haben, die Fahrbahnunebenheiten auszupuffern. 2,5-3 bar haben sich besonders bei rasanten Abfahrten (▷ Downhill) bewährt, da hier die Reifendämpfung im Vordergrund steht, um kurzzeitiges Abheben des Gefährts vom Untergrund zu verhindern. Dieser niedrige Luftdruck kann allerdings bei Steinen oder Wurzeln schnell zum ▷ Durchschlag führen, ein Grund, warum speziell die Downhillfahrer gefederte Bikes einsetzen, um so mit erhöhtem Luftdruck (bis 4,5 bar) der Defektgefahr zu entgehen.
Auf glattem Asphalt lohnt es sich ebenfalls, den Reifendruck auf ca. 4 bar zu erhöhen, was den ▷ Rollwiderstand spürbar senkt. Weitere Informationen s. ▷ Fahrradfederungen und ▷ Traktion.

Normalrad Stadt- und Normalräder sind mit einem Luftdruck je nach Reifendicke zwischen 3,5 und 5 bar gut beraten. Eine Übersicht bietet nachfolgende Tabelle:

Abb. 100: Zu empfehlender Reifendruck

Reifenbreite	Reifendruck in bar Vorderrad	Hinterrad
57 mm/2,125"	2,0-2,5	2,5-3,0
47 mm/1,75"	2,5-3,0	3,0-3,5
37 mm/1 3/8"	3,5-4,0	4,0-4,5
32 mm/1 1/4"	4,0-4,5	4,5-5,0
28 mm/1 1/8"	4,5-5,0	5,0-5,5
25 mm/1"	5,5-6,0	6,0-6,5
22 mm	6,5-7,0	7,0-7,5
20 mm	7,5-8,0	8,0-8,5
18 mm	8,0-9,0	9,0-9,5

Anmerkung: Die Hersteller geben auf den Reifen in der Regel noch den höchstzulässigen Reifendruck an. Für die Angaben in bar und PSI (steht für Pounds per Square Inch) gelten folgende Umrechnungen: *1 PSI = 0,069 bar / 1 bar = 14,5 PSI.*

Vergleiche hierzu auch die nachstehende Umrechnungsleiter (Abb. 101).

Reifendurchmesser

▷ Reifengröße, die aber nicht mit der ▷ Reifenbreite verwechselt werden darf.

Reifengröße

Oberbegriff der Reifenabmessungen, die den ▷ Reifendurchmesser, die ▷ Reifenbreite und bei der Zollangabe gelegentlich auch die ▷ Reifenhöhe beinhaltet. Die Angabe der Reifenabmessungen erfolgt nach der ▷ ETRTO in mm. Weltweit ist jedoch noch die weniger exakte Angabe in Zoll gebräuchlich. Hierbei gibt es jedoch bei gleicher Reifengröße unterschiedliche Felgengrößen. Beispiel: 26"x1 1/2" gibt es für die Felgengrößen 559, 584 und 590. Vereinzelt sind auch noch Reifen mit der französischen Angabe anzutreffen.

Die Zuordnung der Reifenabmessungen und eine Übersicht über die Reifengrößen finden Sie unter dem Stichwort ▷ ETRTO.

Anmerkung: Nur im Ausland gebräuchliche Reifengrößen können durch Import/Export von Fahrrädern und Fahrradteilen auch in Deutschland "auftauchen".

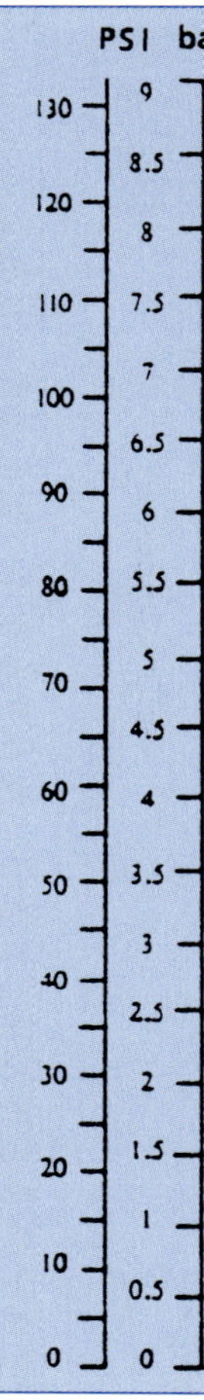

Abb. 101

Reifenheber

Andere Bez. f. ▷ Montagehebel.

Reifenhöhe

Selten verwendetes ▷ Reifenmaß, das die Höhe des Reifens angibt. Wie die ▷ Reifenbreite ist die echte ▷ Reifenhöhe von der ▷ Felgenbreite abhängig.

Reifenkitt/-kleber

I.d.R. zäh bleibende Klebemasse zum sichereren Fixieren von ▷ Schlauchreifen auf der Felge. Einzelheiten s. ▷ Reifenmontage: Schlauchreifen (Abb. 102).

Reifenklebeband

Beidseitig klebendes Band, das eine sauberere Montage von ▷ Schlauchreifen als mit ▷ Reifenkitt ermöglicht (geringere Verschmutzung der Hände). Einzelheiten s. ▷ Reifenmontage: Schlauchreifen.
Achtung: Damit das Klebeband beim Reifenwechsel nicht mit dem Reifen von der Felge gezogen wird, ist es ratsam, das Band mit einem Spezialkleber (Fachhandel) inniger mit der Felge zu verbinden.

Abb. 102

Reifenlagerung

Früher wurden Reifen in mehreren Arbeitsgängen mit ▷ Gummilösung geklebt, weswegen es einer Mindestablagerzeit von ca. einem Jahr bedurfte (Ablüften des Lösungsmittels der Gummilösung), bis diese Reifen einsatzfähig waren. Heute werden alle Reifentypen fast ausschließlich ▷ vulkanisiert und können sofort gefahren werden. Es hat sich dennoch herausgestellt, daß im Laufe der Zeit einige Gummibestandteile (z.B. Weichmacher) noch abdampfen, wodurch die Gummimischung härter wird (geringere Defektrate) und der Reifen leichte abrollt. Aus diesem Grunde werden vor allem gute Reifen immer noch 1-2 Jahre abgelagert. Hierb sollten allerdings bestimmte Kriterien beachtet werden:
Schlauchreifen sollten leicht aufgepumpt werden, Drahtreifen faltenfrei liegen, die Lagertemperatu soll zwischen 15° und 20°C liegen, die Luftfeuchtigkeit nicht unter 60% und nicht über 90% lieger der Lagerraum sollte vor Sonnenlicht geschützt sein. Tip: Reifen im entsprechend großen Felgenka ton ablagern.

Reifenleuchtstreifen

s. ▷ Leuchtstreifenreifen

Reifenmaße

Abmessungen von ▷ Reifen, die bei der ▷ Reifengröße angegeben werden. Das sind in erster Linie die ▷ Reifenbreite und der ▷ Reifendurchmesser, bisweilen ist auch die ▷ Reifenhöhe beinhaltet. Neben der offiziellen Angabe nach ▷ ETRTO sind noch die Zoll- sowie die französische Angabe gebräuchlich. Siehe hierzu ▷ Reifengröße.

Reifenmontage

Da Reifen im Fahrbetrieb fest mit der Felge verbunden sein müssen, gestaltet sich ihr Wechsel bisweilen nicht ganz unproblematisch, bei Schlauchreifen gehört sogar ein gewisses Fachwissen dazu. Hier einige Tips und Tricks:

Drahtreifen

▷ Drahtreifen werden im Fahrbetrieb vom ▷ Felgenhorn gehalten und müssen bei Montage wie Demontage über die Felgenkante gehebelt werden, und *zwar möglichst ohne Zuhilfenahme von ▷ Montagehebeln.* Das geht umso leichter, je tiefer das Felgenbett ausgeprägt ist, da so "Freiraum" geschaffen wird.

Demontage

Abb. 103

- Luftloses Laufrad auf den Boden stellen (Ventil nach unten);
- Reifen - am höchsten Punkt beginnend - mit Daumen und Zeigefinger beider Hände zusammendrücken und in den Felgenboden herunterziehen;
- diese Zugkraft weiter ausübend den Reifen zwischen den Fingern durchgleiten lassen, bis gut die Hälfte des Reifenumfangs ins Felgenbett gedrückt ist (Abb. 103).
- Weiter die Zugkräfte ausüben, Hände an der Felge abstützen und das Laufrad zwischen Oberschenkel und Bauch einklemmen.
- So fortfahren bis in die Ventilgegend. I.d.R. läßt sich der Reifen nun mit Fingerkraft über die Felge heben (Abb. 104).

Montagehebel müssen also nur bei nicht ausreichend tiefen Felgenbetten zu Hilfe genommen werden, ansonsten schaden sie eher, als daß sie nutzen (Verletzungsgefahr bes. des Schlauches).

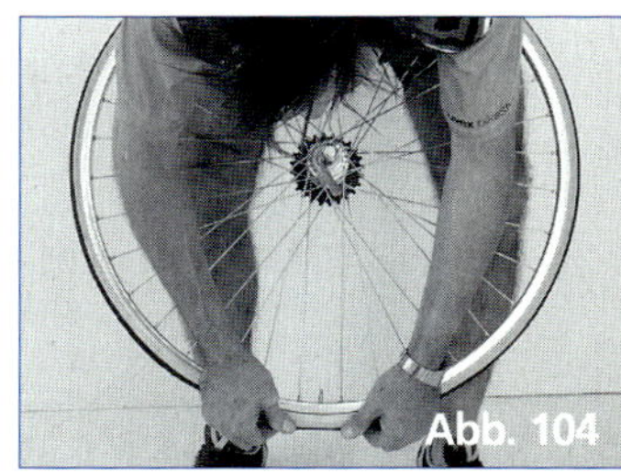
Abb. 104

Montage

Achtung: Um den Schlauch vor den ▷ Speichenlöchern, ▷ Speichennippeln oder gar vorstehenden Speichenenden zu schützen, muß in die Felge ein ▷ Felgenband eingelegt sein.

- Den Reifen mit einer Seite ins Felgenbett einhängen und diese Reifenseite rundum über die Felgenkante heben;
- den gerade so faltenfrei aufgepumpten Schlauch mit dem Ventil ins Ventilloch einhängen und ringsum unter den Reifen praktizieren;
- Luft ablassen;
- gegenüber dem Ventil beginnend die zweite Reifenseite über die Felgenkante heben, so weit dies geht.
- Laufrad mit Ventil nach unten auf den Boden stellen;
- den bis dahin beidseitig eingebrachten Reifen gegenüber dem Ventil beginnend (analog zur Demontage) zwischen Daumen und Zeigefinger in die Felgenmitte drücken;
- Laufrad zwischen Oberschenkel und Bauch einklemmen, bis in die Ventilgegend Zug ausüben und den Mantel über die Felgenkante drücken.Vorsicht bei Verwendung von Montagehebeln: Der gerade frisch geflickte Schlauch ist schnell wieder "gelöchert".

Auch hier müssen Montagehebel nur bei nicht ausreichend tiefen Felgenbetten zu Hilfe genommen werden. Dabei ist äußerste Vorsicht geboten.

Schlauchreifen

▷ Schlauchreifen werden auf die Felge geklebt, weswegen die "In-Dienst-Stellung" sowohl neuer Reifen als auch Felgen gewisser Vorbereitungen bedarf:

Vorbereitungen

Vor seiner Erstmontage wird ein neuer Schlauchreifen auf eine unbekittete Felge gezogen, auf 8 bar aufgepumpt und über Nacht stehengelassen, damit sich der Reifen gleichmäßig dehnt.
Wird der Reifen auf eine neue Felge aufgezogen, so sollte diese gründlich mit Alkohol oder Azeton fettfrei gemacht werden. Nun auf jeden Zwischenraum zwischen zwei Speichenlöchern einen Tupfer ▷ Felgenkitt aufbringen und mit dem Finger gleichmäßig verteilen. Ein halbe Stunde ablüften lassen, zweite Schicht aufbringen. Einen Tag ablüften lassen. Dann dritte Schicht aufbringen und eine halbe Stunde ablüften lassen.

Das Aufbringen mehrerer Lagen Kitt hat den Sinn, den Reifen seitlich "aufzufüttern", damit er nicht auf seiner Naht schaukelt. Moderne Schlauchreifenfelgen besitzen eine "Bettmittelrille" und benötigen nur eine Lage Kitt.

Nun den Schlauchreifen wie folgt aufziehen:

Montage

* Reifen gerade so faltenfrei pumpen,
* Ventil durchs Ventilloch fädeln,
* Laufrad gegenüber dem Ventil auf eine saubere Unterlage stellen,
* Reifen rechts und links vom Ventil fest umfassen und Richtung Boden ziehen (Abb. 105 oben), dabei Reifen durch die Hände gleiten lassen, bis gut der Radumfang auf der Felge sitzt.
* Hände an Felge abstützen, Laufrad zwischen Brust und Oberschenkel einklemmen, mit der Prozedur fortfahren bis auf einen Reifenrest von ca. 15 cm;
* Hände fest an der Felge abstützen, Reifenrest mit Daumen kräftig nach oben und über die Felgenkante drücken (Abb. 105 unten).
* Luftdruck auf etwa 2 bar erhöhen,
* Reifen ausrichten,
* Luftdruck auf vollen Betriebsdruck erhöhen.

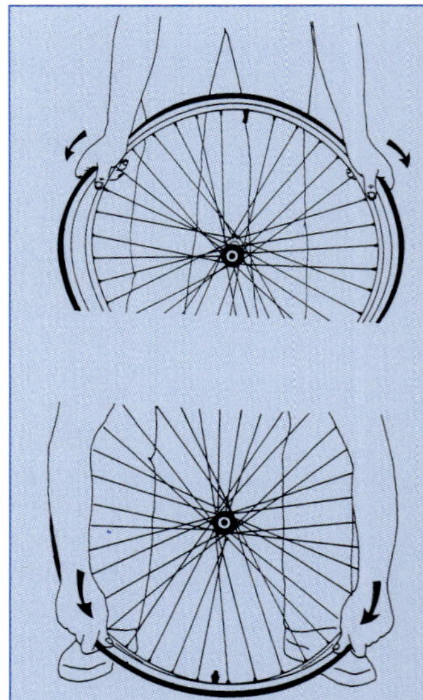
Abb. 105

Besitzt eine Felge bereits ein Kittbett (wurde also schon benutzt), so reicht beim Reifenwechsel eine dünne neue Lage Kitt.
Bei Reifenwechsel unterwegs wird i.d.R. nicht neu gekittet, anschließend aber entsprechend vorsichtiger gefahren (keine zu schnellen Abfahrten, nur mäßige Kurvenlage, keine unnötige Vollbremsung).
Das umständliche Kittauftragen kann zwar durch das einfache Aufkleben eines ▷ Reifenklebebandes ersetzt werden, stützt die Reifenflanken aber weniger gut. Das Band sollte dann durch einen Spezialkleber (Fachhandel) fester an der Felge als am Reifen haften, damit es sich beim Reifenwechsel unterwegs nicht ablöst.
Hilfreich bei der Reifenfixierung ist übrigens ein interessanter Effekt der in ▷ Diagonallagen angeordneten Karkassenfäden: Wird der Schlauchreifen nämlich unter Luftdruck gesetzt, so nimmt er in seiner Dicke zu, in seinem Außendurchmesser jedoch ab. Die Ursache liegt in der beim Aufpumpen leicht veränderbaren Winkelstellung der Karkassenfäden zueinander. So schrumpft beispielsweise ein 27-Zoll-Reifen unter 2 bar Luftdruck gesetzt auf reale 26 Zoll zusammen. Dieser Effekt ist für den sicheren Sitz von Schlauchreifen äußerst wichtig und auch der Grund dafür, daß bereits wenige Kittreste auf der Felge ausreichen, um einen Reservereifen hinlänglich zu halten; s.a. ▷ Karkasse.

Demontage

* Luft ganz ablassen,
* mit Daumen und Zeigefinger gegenüber vom Ventilloch einen Reifenbereich von 10-15 cm vom Felgenbett lösen (s.u. Tip 5).
* Bei besonders fest sitzendem Reifen gegebenenfalls auch von der Gegenseite Lösungsversuche unternehmen.

* Ist ein Reifenteilbereich von der Felge gelöst, wird er über die Kante gedrückt, womit die schwerste Arbeit getan ist.
* Nun Reifen durch senkrechtes Wegziehen von der Felge Stück um Stück lockern.

Tips

1. Wird auch das ▷ Nahtschutzband leicht mit Felgenkitt eingestrichen, so hält der Reifen besser.
2. Wenn Sie eine Felge mit *"Bettmittelrille"* benutzen (s. ▷ Felgenbett), zentriert diese die ▷ Reifennaht sozusagen automatisch: Der Reifen braucht nicht mehr ausgerichtet zu werden, benötigt kein dreifach aufgekittetes Felgenbett, sondern hält schon mit einer Lage Kitt und neigt überdies bei langen Paßabfahrten weniger schnell zum "Wandern".
3. Außerdem eignet sich die Felge mit der Bettmittelrille besonders für die Verwendung von ▷ *Reifenklebeband (sauberere Montage)*, s.o.
4. Reservereifen sollten bereits einmal auf der Felge aufgezogen gewesen sein und Kittreste am Nahtband aufweisen, damit sie bei Reifenwechsel unterwegs besser auf der Felge haften.
5. Gegenüber dem Ventil einen *10 cm langen Felgenbereich unbekittet* lassen: Das erleichert die Reifendemontage erheblich, ohne den Reifensitz zu schwächen.

Reifennaht

Leicht vorstehender, felgenseitiger Wulst von ▷ Schlauchreifen, der dadurch entsteht, daß die beiden Enden der ▷ Karkasse miteinander vernäht sind. Zum Schutz der Naht wird dieser Bereich noch von einem Nahtband überklebt.
Damit der montierte Reifen nicht im ▷ Felgenbett auf seiner Naht seitlich kippelt, muß ein sog. Kittbett (3-4 nacheinander aufgebrachte Lagen ▷ Reifenkitt) aufgetragen werden. Bei modernen Felgen mit einer "Bettmittelrille" ist dies nicht mehr erforderlich.

Reifenprofile

Oberflächengestaltung der Lauffläche von Fahrradreifen, die je nach Einsatzzweck von aalglatt bis grobstollig reicht.

Straßenreifen

Auf der Straße gefahrene Fahrradreifen besitzen nur schwach ausgeprägtes oder gar kein Profil (Slicks, s.u.). Physikalisch hängt der Nutzen einer Profilierung dieser Reifen in erster Linie von der ▷ Reifenbreite und dem gefahrenen ▷ Reifendruck ab.

schmale Straßenreifen

* Reifen unter 30-35 mm Breite werden mit hohem Luftdruck gefahren (kleine ▷ Reifenaufstandsfläche, daher innige Verkrallung des Reifengummis in Fahrbahnrauhigkeiten, vgl. ▷ Kraftschlußverbindung: 2.).
* Profilierungen mindern auf Asphalt den Leichtlauf des Reifens (zusätzliche Gummiverformung); s.a. unten den Merkspruch bei "Slicks".
* Sinnvoll sind Profilierungen von schmalen Straßenreifen nur, wenn sie auch bei sandiger Fahrbahn und auf Naturstraßen gefahren werden.

breite Straßenreifen

* Reifen über 35-40 mm Breite werden mit geringerem Luftdruck gefahren (größere Aufstandfläche, geringere Verkrallung des Reifengummis in die Fahrbahnrauhigkeiten).
* Profilierungen verkleinern den Kontaktbereich Reifen/Straße (nur die Profilerhebungen berühren die Fahrbahn) und verbessern die Verkrallung mit der Fahrbahn.
* Unprofilierte breite Reifen (▷ Slicks) besitzen leichte Rollvorteile, haben aber eine etwas geringere Bodenhaftung.

handelsübliche Straßenprofile

Vom Handel angebotene Straßenprofile besitzen nur schwach ausgeprägte Profile, die den Leichtlauf auf der Straße nur unwesentlich verschlechtern, die Bodenhaftung bei sandiger Fahrbahn und auf Naturstraßen aber verbessern. Die Profile im Einzelnen:

Slicks

Bis zu Reifenbreiten von 30-35 mm besitzen ▷ Slicks (Abb. 106) als reine Straßenreifen Bodenhaftungs- und Leichtlaufvorteile.

"Kein Profil ist für schmale Straßenreifen das beste Profil".

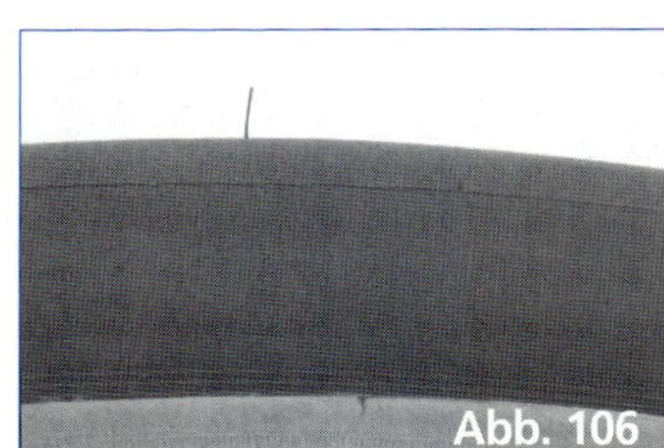
Abb. 106

In der Praxis hat sich zudem erwiesen, daß die Defektrate von Slicks etwas geringer ausfällt, da sich "spitze Eindringlinge" nicht an Profilkanten festsetzen können.

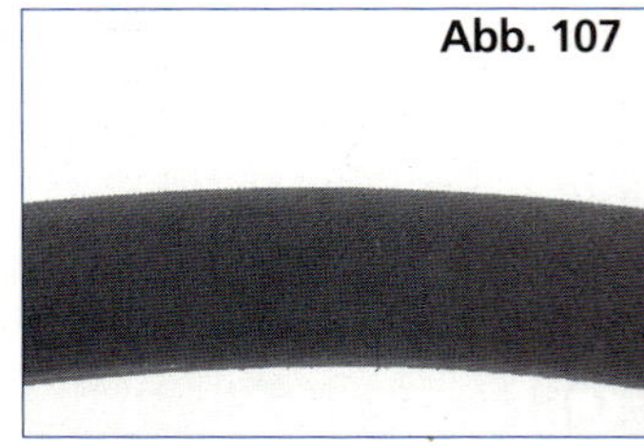
Abb. 107

Diamantprofil Klassisches Straßenreifenprofil (Abb. 107), das heute noch am weitesten verbreitet ist. Die Reifen besitzen zusätzlich in der Reifenmitte ein kleines, nicht profiliertes "Dach". Das erschwert den Leichtlauf des Reifens nur unwesentlich, läßt dem Reifen aber mehr Gummi im Laufbereich zukommen und erhöht so die Lebensdauer (Abrieb) und Pannensicherheit. Diamantprofil zeigt gegenüber Slicks Traktions- und Seitenführungsvorteile auf sandigen Straßen und Naturpisten.

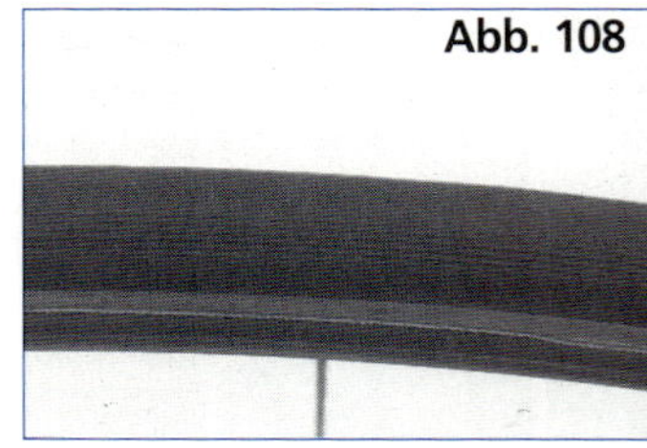
Abb. 108

Rillenprofil Schwach ausgeprägte Rillenprofile auf der Lauffläche verbessern auf sandigen Straßen oder Naturstraßen die Spurtreue der Reifen (Abb. 108).

andere Profile Schwach ausgeprägte Rund-, Bogen- oder V-Profile verbessern leicht Spurtreue und ▷ Traktion auf Naturstraßen.

Abb. 109

Naturpisten Bei sandigem oder matschigem Untergrund sind mehr oder weniger ausgeprägte Stollen erforderlich, ein Slick würde hier "schwimmen". Kräftige Profile dagegen konzentrieren den Druck auf wenige Stollen, die dann "durchgreifen". Damit wird besser die Spur gehalten und die nötige ▷ Traktion für Antrieb und Bremsen gewährleistet. Auf steinigem, trockenem und nicht sandigem Untergrund ist auch der Einsatz von Slicks möglich und würde sogar Rollvorteile bieten.

Crossreifen Schon seit über zwanzig Jahren bestens bewährt haben sich in dieser Hinsicht die Cross-Schlauchreifen fürs ▷ Querfeldeinrad mit dünnen und weit auseinander stehenden Stollen (Abb. 109). Zu hohe und zu dicht beieinanderstehende Stollen neigen nämlich dazu, sich schnell mit Matsch vollzusetzen. Außerdem wird der Druck des Fahrzeuggewichtes auf zu viele Stollen verteilt, die dann nur ungenügend "durchgreifen" können.

Abb. 110

MTB-Reifen Die übliche, markante Profilierung von Reifen für ▷ Mountainbikes wird meist nicht nach funktionalen, sondern nach designerischen Gesichtspunkten entwickelt: Griffiges Aussehen hat Priorität vor dem praktischen Nutzen, der beispielsweise bei mangelhafter Selbstreinigung drastisch sinkt, s. hierzu Abb. 110.

In letzter Zeit kommen aber vermehrt Reifen auf den Markt, bei denen die Stollen kleiner gehalten sind und zudem weiter auseinander stehen. Übrigens kann ein gerundeter Übergang des Profilstollens zum Reifengrund den Selbstreinigungseffekt der Reifen verbessern.

Zu einem leicht schwammigen Fahrverhalten kommt es in Kurvenschräglage bei vollprofilierten MTB-Reifen, da die i.d.R. recht hoch ausgeführten Stollen dann zur Kurvenmitte hin ausknicken.

V-Profil: Um den holprigen Lauf großstolliger Reifen auf glatten Trassen zu mindern, werden die einzelnen Profilreihen leicht gegeneinander versetzt oder als V-Profile ausgebildet, so daß der nächst Stollen bereits Bodenkontakt bekommt, während der vorherige ihn noch nicht verloren hat. Bei de V-Profilen ist dabei jedoch die ▷ Drehrichtung zu beachten, die vom Hersteller zumeist durch Pfeile au der Reifenflanke angegeben wird. Man spricht daher von ▷ laufrichtungsgebundenen Reifen. Ange merkt sei, daß es für das Bremsen auf Naturstraßen günstiger ist, die Reifen entgegen der angegebenen Drehrichtung zu montieren.

Semi-Slicks

Kein Thema ist die Selbstreinigung bei den von Hans-Christian Smolik konzipierten sog. *Semi-Slicks* ("Diamant Grip" von Corratec (rechts), "Hurricane XT" von Schwalbe (links), Abb. 111): Die Lauffläche selbst ist profillos (bei Corratec diamantiert), nach außen beginnt jedoch schon eine Reihe dünner Stollen, die seitlich noch von kräftigen ▷ Schulterstollen ergänzt werden. Diese Reifen besitzen ein sehr gutes und leises Abrollverhalten auf der Straße und im Gelände zugleich noch ausreichende Spurtreue und Traktion.
Funktion der Schulterstollen: Wenn sich am schrägen Hang und bei weichem Untergrund die Fahrerlast auf nur wenige Schulterstollen verteilt, so bieten diese einen innigeren Bodenkontakt, als wenn die Fahrerlast Dutzende von Stollen belastet, da dann jeder einzelne Stollen weitaus weniger Druckbelastung bekommt.
Interessant ist übrigens das Verhalten von Schulterstollen in Kurvenlage auf der Straße: Bei hartem Untergrund werden nur 4-5 Stollen belastet, die sich nun in den Reifengrund eindrücken. Ergebnis ist ein weitaus weniger schwammiges Fahrverhalten als bei Kurvenlage mit voll profilierten MTB-Reifen.

Abb. 111

Völlig profillose *Slicks* machen beim MTB nur Sinn, wenn ausschließlich auf Asphaltstraßen gefahren wird (Citybike). Auch wenn dieser Reifen auf steinigem, trockenem Untergrund gut greift, so besitzt er doch große Schwächen bei sandigem oder matschigem "Geläuf".

Um das singende Abrollgeräusch von voll profilierten Reifen zu mindern, wurden Profile entwickelt, die einen etwas hervorstehenden ▷ *Mittelsteg* besitzen (außerdem meist weniger stark ausgeprägtes Restprofil).
Neben dem positiven akustischen Effekt haben diese Reifen aber - neben Minderung der Traktion - die unangenehme Eigenschaft, auf Plattenbelägen (z.B. manche Radwege) in die Spalten einzuspuren, was schon zu Stürzen führte. Sinnvoller sind hier sich überlappende Profilierungen, die in der Reifenmitte zusammenstoßen, so auch das singende Reifengeräusch mindern, aber genannten Einspureffekt nicht haben.
Die weitverbreitete Ansicht, Mittelsteg-Reifen besäßen einen geringeren ▷ Rollwiderstand, ist falsch, da dieser überwiegend vom Reifenaufbau abhängt (dünne, dicht liegende ▷ Karkassenfäden; dünne Gummiauflage). Außerdem drückt sich der Reifen im Kontaktbereich mit der Fahrbahn so weit ein, daß auch die Profilierung Bodenkontakt bekommt.

Negativ-Profil

Versuche, Reifen mit *Negativ-Profil* zu gestalten, sind wieder eingestellt worden. Analog zu Turnschuhen mit solcher Profilierung trat der erhoffte Selbstreinigungseffekt nicht ein (Abb. 112), außerdem wurden die Reifen zu schwer und die relativ großen Aussparungen führten zu einem holprigen Reifenablauf.

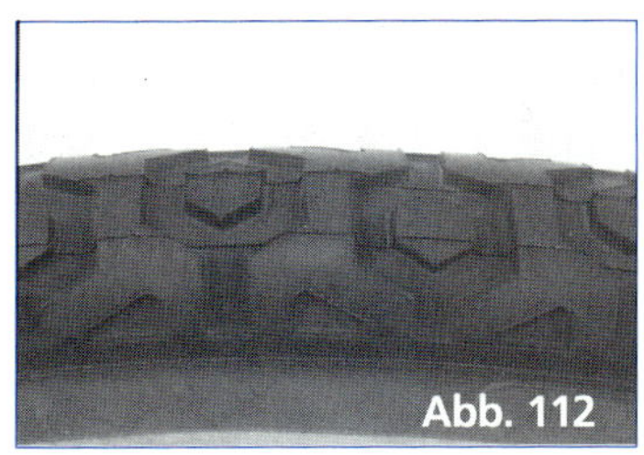
Abb. 112

Trekkingrad-Reifen

Entsprechend ihrer gegenüber MTB-Reifen geringeren Breite kommen Reifen fürs ▷ Trekkingrad wie der Cross-Reifen mit feineren Profilierungen aus. Trekkingreifen bieten erstaunlichen ▷ Grip auf weichem Untergrund (tieferes Einsinken) und warten auf der Straße mit recht gutem ▷ Leichtlauf auf.

Reifenreparaturen

Beim gewöhnlichen ▷ Plattfuß erforderliche, aber auch bei Beschädigungen der ▷ Karkasse notwendige Reparaturmaßnahmen für Reifen.

Drahtreifen

Strenggenommen handelt es sich beim Plattfuß um eine Reparatur des ▷ Schlauches, der separat unter dem ▷ Mantel liegt. Vorgegangen wird nach alter Väter Sitte:

* Schlauch unter dem Mantel hervorziehen,
* Defektstelle suchen (Augenschein; Ohr bzw. Lippen am aufgepumpten Schlauch entlangführen; Wasserbad),
* mit Schmirgel aufrauhen (Abb. 113 oben), dann mit Gummilösung bestreichen (Abb. 113 Mitte), nach etwa 5minütiger Ablüftzeit bei Temperaturen über 20°C bzw. 10minütiger Ablüftzeit bei Temperaturen unter 20°C Flicken fest aufdrücken (Abb. 113 unten);
* Reifeninnenseite nach festsitzenden spitzen Eindringlingen absuchen und diese ggf. entfernen,
* Schlauch wieder einlegen, aufpumpen, fertig.

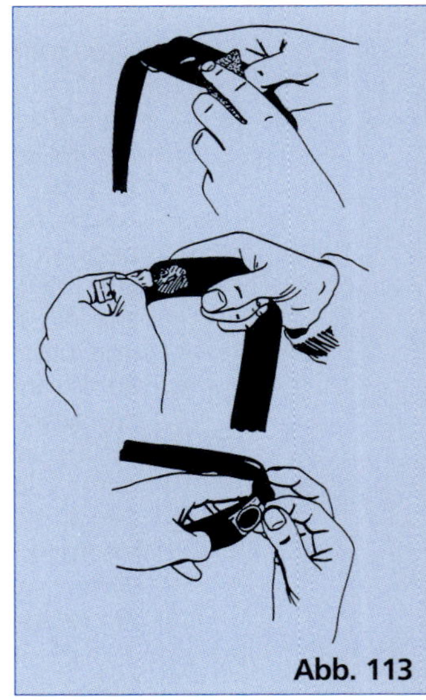
Abb. 113

Schlauchreifen

Hier gestaltet sich die Reparatur wesentlich umständlicher, da durch den annähernd luftdicht eingeschlossenen Schlauch allein schon die Ortung des Loches schwieriger ist, selbst bei der klassischen Wasserbadmethode perlt es bisweilen weit neben dem Defekt.

Die Reparatur von Schlauchreifen gestaltet sich langwierig (weswegen Rennradler Ersatzreifen mit sich führen, der platte Schlauchreifen wandert meist in den Wertstoffcontainer):
Zum Reifenflicken muß zunächst das ▷ Nahtschutzband gelöst (Abb. 114), die Reifennaht durchschnitten und der eingenähte Schlauch befreit werden. Nach dem Flicken des Schlauches (Abb. 115) gilt es, diesen wieder faltenfrei einzulegen und sorgfältig einzunähen (Abb. 116). Anschließend folgt das erneute Aufkleben des Nahtbandes mit Gummilösung (Abb. 117).

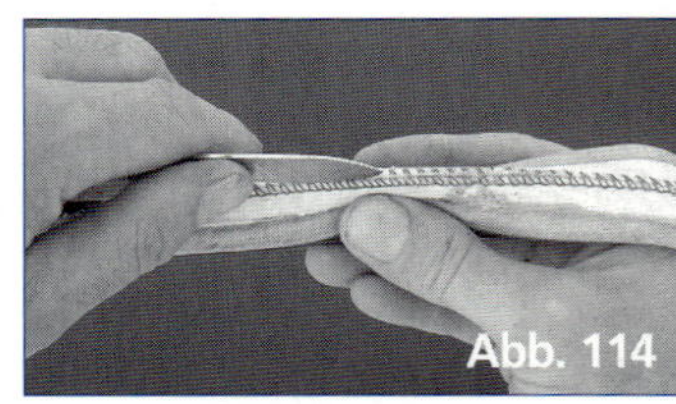
Abb. 114

Karkasse

Kleine Schäden in der ▷ Karkasse (Durchtrennung von 3-4 Gewebefäden) sollte man von außen mit einem etwa markstückgroßen, mehrmals mit Gummilösung getränkten Leinenflicken abdecken, um weitere Fädenrisse zu vermeiden. Ein derart beschädigter Reifen sollte auch nicht mehr auf dem Vorderrad gefahren werden, da Vorderraddefekte nur sehr schwer auszusteuern sind und selbst bei Profis meist zu Stürzen führen. Größere Karkassenschäden machen den Reifen unbrauchbar, können aber unterwegs (z.B. Radreise) notdürftig behoben werden.
Zum Demontieren und Montieren des Reifens s. ▷ Reifenmontage.

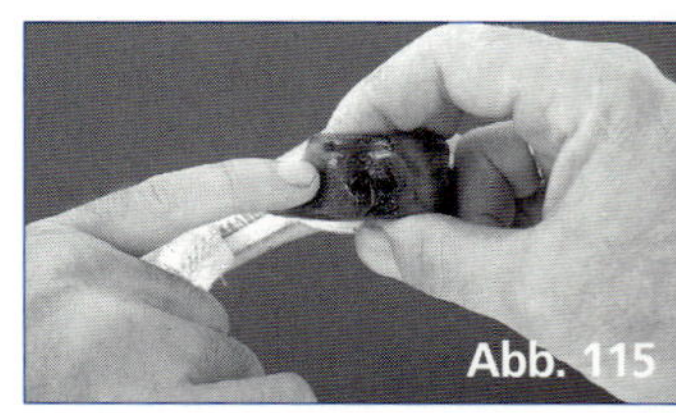
Abb. 115

Reifenwandern

Geringfügige Schlupfbewegung zwischen ▷ Reifen und ▷ Felge, die v.a. bei langen, steilen Abfahrten durch Dauerbremsen auftritt, gelegentlich auch bei extrem harten Antritten. Folge: Der Reifen verschiebt sich etwas, äußerlich erkennbar daran, daß sich das Ventil schräg stellt.

Abb. 116

Zum Reifenwandern neigen bes. ▷ Schlauchreifen, bei denen es dann zur Beulenbildung oder sogar zum Ventilausriß kommen kann. Reifenwandern tritt aber auch bei ▷ Drahtreifen bei steilen Abfahrten mit geringem Luftdruck bei Dauerbremsung auf: Felgenerwärmung und Verzögerung führen zum ▷ Schlupf zwischen Reifen und Felge.
Am stärksten betroffen ist generell das Vorderrad, da es durch den ▷ Bremsvorgang eine höhere Gewichtsbelastung bekommt als das Hinterrad.

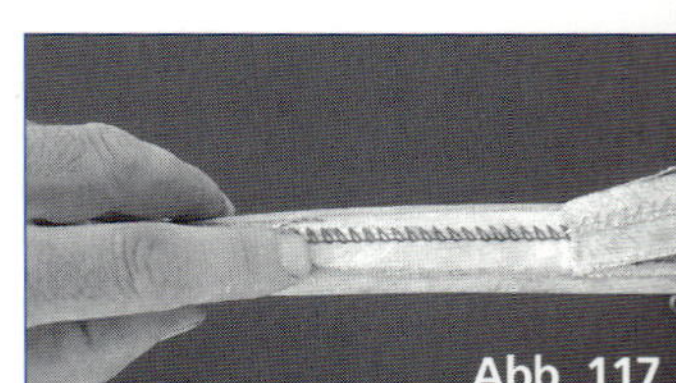
Abb. 117

Gründe Gründe fürs Reifenwandern sind
* die Übertragung von ▷ Brems- bzw. ▷ Antriebsmoment auf Reifen/Felge;
* die Erwärmung der Felge (und in der Folge auch des Reifens) durch Dauerbremsen; sie läßt beim ▷ Schlauchreifen den ▷ Reifenkitt weich werden, beim ▷ Drahtreifen mindert sie die ▷ Haftreibung zwischen Reifen und Felge.

Abhilfe *Prophylaxe:* Abwechselnd vorne und hinten bremsen, Bremszeit hierbei 2/3 Vorderrad-, 1/3 Hinterradbremse: So können die Felgen schneller wieder abkühlen.

Wenn Schlauchreifen infolge Beulenbildung zu "hubbeln" beginnen: Anhalten, Vorderrad ausbauen und umgedreht wieder einbauen (Reifen wandert erneut - aber wieder in Ausgangslage zurück). Beim Hinterrad kann in Extremfällen (besser als schieben) analog vorgegangen werden: Hierbei ist dann die Kette über die nackte Achse und auf das große ▷ Kettenblatt zu legen, damit die Kette stramm liegt und nicht schlackert. Weiteres Bremsen läßt den Reifen nun wieder zur Ausgangsposition zurückwandern.
Tritt dennoch wiederholt Reifenwandern auf (z.B. beim schwer bepackten ▷ Reiserad), so kann man es mit folgenden Spezialmaßnahmen in den Griff bekommen:

Drahtreifen
1. Hoher ▷ Reifendruck;
2. Entfetten des ▷ Felgenhorns und der ▷ Reifendecke mit Benzin oder Verdünnung;
3. Aufrauhen des Felgenhorns mit Schmirgelpapier;
4. Festkleben des Reifens auf der Felge im Hornbereich mit Schellack.

Schlauchreifen Felge mit Mittelrille im ▷ Felgenbett (s.d.) verwenden. Da der Reifen in solchen Felgen seitlich innigeren Felgenkontakt hat, verhindert eine Art Keilwirkung das Reifenwandern. Außerdem wird ja bei solchen Felgen weniger Reifenkitt eingesetzt, wodurch der Reifen unmittelbaren Felgenkontakt bekommt, so daß er nicht auf dem weich gewordenen Kitt "schwimmt".

Reifenwechsel s. ▷ Reifenmontage

Reigenfahren Disziplin des ▷ Kunstradfahrens für Vierer- und Sechsergruppen.

reine Übersetzung Verhältnis (Quotient) der Zähnezahlen von ▷ Kettenblatt zu ▷ Ritzel als Bezeichnung der ▷ Übersetzung; es dient neben ▷ Entfaltung und ▷ Zollübersetzung zur Beschreibung der Übersetzungsabstufungen von Fahrradgetrieben.
Bei der reinen Übersetzung handelt es sich letztlich um die gleiche Größe wie das ▷ Übersetzungsverhältnis, nur in absoluten Zahlen ausgedrückt (z.B. 52/13 = 4 statt 4:1). Weitere Informationen s. ▷ Ritzeln: Methoden.

Reiserad Speziell für längere Radreisen konzipierter Fahrradtyp (Abb. 118: klass. Straßen-Reiserad), der v.a. folgende Eigenschaften aufweisen muß:

* konstruktive Auslegung für schwere Gepäckzuladung, also stabile Bauweise, die v.a. auch ▷ Rahmenflattern verhindern sollte;
* längerer ▷ Hinterbau (mind. 45 cm), um den Gesamtschwerpunkt der hinteren Gepäckzuladung möglichst vor die Hinterradachse zu legen, wobei trotzdem eine frei kreisende Fußbewegung ermöglicht werden muß;
* besonders defektsicher (hochwertige ▷ Komponenten; Vorsorge gegen ▷ Speichenbruch, Maßnahmen s.d.);
* Anbringmöglichkeiten (▷ Gewindeösen) nicht nur für hinteren, sondern auch vorderen ▷ Gepäckträger, insbes. ▷ Lowrider;
* größerer ▷ Übersetzungsbereich als bei vergleichbaren Rädern, wobei wegen der Gepäckzuladung der stärkste ▷ Berggang höchstens eine ▷ Entfaltung von 2 m aufweisen sollte (1:1-Übersetzung);
* langstreckentauglicher Sattel;

Abb. 118

* bequemer ▷ Lenker mit möglichst vielen Umgreifmöglichkeiten, z.B. Rennlenker, spez. Typ ▷ Randonneur, MTB-Lenker mit Hörnchen (Bar Ends) oder "Schmetterlingslenker";
* ▷ Rahmengeometrie für besondere Laufruhe.

Heutzutage kann man unter drei Reiseradtypen wählen:

klassisches Reiserad

In der Vor-Mountainbike-Ära war das Reiserad ein modifiziertes ▷ Rennrad mit
* längerem und verstärktem Rahmen,
* drittem ▷ Kettenblatt,
* speziellem Rennlenker (▷ Randonneur),
* Gepäckträger,
* Reifen mit 28-35 mm Breite (s. ▷ Reifengröße),
* häufig ▷ Lenkerendschalthebel.

Der Rahmen wird v.a. durch ein steiferes ▷ Oberrohr gegen ▷ Flattern geschützt (dickere Wandstärke oder größerer Durchmesser), der weitere ▷ Radstand durch einen längeren Hinterbau erzielt. Um die dadurch leidende ▷ Wendigkeit zu verbessern, wird der ▷ Nachlauf bei Reiserädern gern auf um die 5 cm reduziert.
Das klassische Reiserad ist nach wie vor ideal, wenn überwiegend auf Asphaltstraßen gefahren wird.

Abb. 119

Trekkingrad

In letzter Zeit ging der Trend vom klassischen Straßen-Reiserad zum ▷ Trekkingrad von der Stange (Abb. 119), das - vom meist verwendeten MTB-Lenker einmal abgesehen - alle geforderten Reiseradeigenschaften von Haus aus erfüllt und zudem mit dem höher gelegten Tretlager und den profilierteren Reifen auch zum Fahren auf Naturstraßen einlädt, also dem Trend zum modernen Radreisen abseits der Autostraßen folgt.

Abb. 120

Mountainbike Mit dem ▷ Mountainbike (Abb. 120) steht dem Reiseradler eine weitere Möglichkeit offen, da es von Haus aus drei besonders für die Radreise günstige Eigenschaften aufweist:

- Der Rahmen ist besonders seitensteif und damit unempfindlich gegen ▷ Rahmenflattern;
- bei den 26-Zoll-Laufrädern werden Speichenbrüche weitgehend vermieden;
- mit den dickeren Reifen sind Reiserouten konsequent abseits des öffentlichen Straßenverkehrs möglich - was neben Sicherheitsaspekten auch einen völlig neuen Stil der Radreise möglich macht.

Defektvorsorge Seit jeher treffen Reiseradler besondere Präventivmaßnahmen gegen Defekte. Hierzu gehören:

1. Verbiege- und bruchsichere Hinterradachse, wie sie z.B. die ▷ Kassettennabe bietet oder die Phil-Wood-Nabe (s. ▷ Naben). Bei schweren Fahrern sind außerdem Naben mit 40 bzw. 48 Löchern sinnvoll.
2. Steife ▷ Hohlkammerfelgen oder ▷ asymmetrische Felgen verwenden (sicherer gegen Speichenbruch).
3. Horizontales hinteres ▷ Ausfallende, mit dem sich bei Schaltungsdefekten oder Bruch des Schaltungsauges mit ▷ kurzer Kette weiterfahren läßt.

Kosten Während ein klassisches Reiserad mit ausgewählten, defektsicheren Komponenten selten für unter 3.000,- DM zu haben ist - zumindest wenn es von einer Manufaktur individuell zusammengestellt wird -, bekommt man auf Basis eines Trekkingrades oder MTBs inkl. Umbauten und Zusatzteilen ein sehr reisetaugliches Gefährt für die Hälfte dieses Preises. Globetrotter, die zu echten Fernreisen aufbrechen wollen, sollten jedoch aus Gründen der Verschleißfestigkeit bei Naben und Antriebsteilen zu hochwertigsten Komponenten greifen bzw. auf sie umrüsten.

Rennen s. ▷ Radrennen

Rennhaken s. ▷ Pedalhaken

Rennlenker Speziell zum Einsatz am Rennrad konzipierter Lenker, der entsprechend den Situationen im Renngeschehen mehrere Griffmöglichkeiten bietet und daher auch gern von Reiseradlern gefahren wird. Einzelheiten s. ▷ Lenker: Lenkerformen.

Rennrad Auf effizientes Vorankommen und Wendigkeit gebautes Fahrrad für die normalen, im Peloton ausgetragenen ▷ Straßenwettbewerbe (Abb. 121), i.G.z. ▷ Bahnrad und ▷ Querfeldeinrad. Bei Sonderdisziplinen kommen modifizierte Rennräder zum Einsatz, s. ▷ Zeitfahrrad, ▷ Triathlonrad.

Auch Rennräder unterliegen der ▷ StVZO, müssen außer bei offiziellen Rennveranstaltungen mit Klingel, Front- und Rückreflektor, Pedal- und Speichenreflektoren ausgestattet sein. Bei einem Gewicht unter 11 kg kann statt einer Dynamolichtanlage auch eine Batteriebeleuchtung mitgeführt werden.

Daneben unterliegen Rennräder, mit denen offizielle Wettbewerbe bestritten werden, den Bedingungen der ▷ UCI-Norm (Abb. 122).

Abb. 121

Rahmen Modische Aspekte, neue Werkstoffe und Rahmenformen spielen beim klassischen Rennrad eine weit geringere Rolle als beim Triathlonrad oder Mountainbike, zumal das Material auch von den jeweiligen Sponsoren vorgeschrieben wird. Etwas anders sieht es freilich bei Rennrad fahrenden Freizeitradlern aus, für die z.B. der Prestigewert eines hochwertigen Rahmens eine große Rolle spielt, so daß hier Hi-Tech-Werkstoffe und neue Rahmendesigns einen höheren Anteil haben.

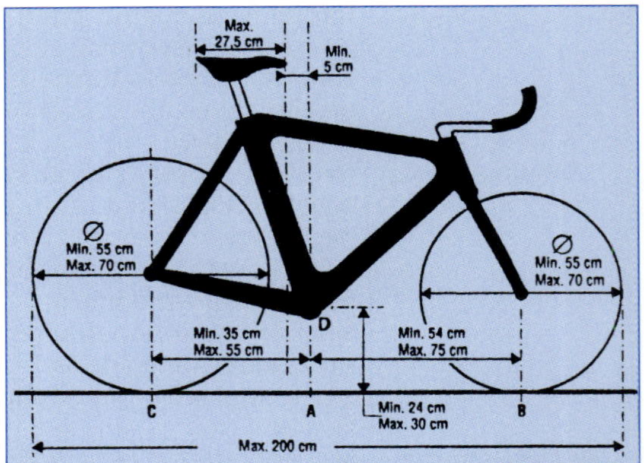

Abb. 122

Material Rennrahmen werden nach wie vor überwiegend aus Stahlrohr gefertigt (s. ▷ Stahlrohrrahmen). Der Anteil von ▷ Aluminium-Rahmen nimmt jedoch stetig zu und erreichte 1995 ca. 15 %.

Obwohl ▷ Carbon-Rahmen den Idealvorstellungen nach einem möglichst leichten und zugleich seitensteifen Rennrahmen am nächsten kommen, liegt ihr Marktanteil aufgrund aufwendiger und daher teurer Bauweise z.Zt. noch unter 5%. Ähnliches gilt für Rahmen aus ▷ Titan. Die Abb.123 zeigt einen Rennradrahmen aus Carbon.

Abb. 123

Geometrie Heutige Rennräder sind streng genommen für ▷ Kriteriumsrennen konzipiert (kleine, mehrfach durchfahrene Stadtrundkurse von 1-2 km Länge, die Wendigkeit und Steuerkunst verlangen). Da in den letzten 20 Jahren kaum noch Straßen für Rundstreckenrennen abgesperrt werden konnten, überwiegen die zuschauerfreundlichen "Flitzer-" und "Kirmesrennen".

Dementsprechend ist die ▷ Rahmengeometrie heutiger Rennräder auf ▷ Wendigkeit hin ausgelegt (kurzer ▷ Radstand von 98-100 cm, kurzer ▷ Hinterbau, ▷ Nachlauf ca. 6 cm). Diese Konzeption hat sich freilich auch für die verbliebenen Rundstreckenrennen bewährt, da deren Teilnehmerfelder größer geworden sind: Ein besonders wendiges Rennrad ist hier sinnvoll, um beim Fahren im Pulk rasch auf gefährliche Situationen reagieren und aus dem Gefahrenbereich heraussteuern zu können.

Der kurze Hinterbau verlangt dem Piloten die Rennfahrer-typische, tief und weit nach vorn gebeugte Oberkörperhaltung ab, um den ▷ Schwerpunkt des Fahrzeuges nach vorn zu verlegen, sie ist gleichzeitig aber auch aerodynamisch und ergonomisch günstig.

Die mehr bequemlichkeitsorientierte, aufrechtere Haltung v.a. älterer Freizeitradler bereitet daher immer wieder Probleme: Sie verschiebt den Schwerpunkt bis zu 10 cm weiter nach hinten und das ansonsten gut spurende Rennrad neigt plötzlich zum ▷ Rahmenflattern.

Übrigens behaupten alte Rennfahrer wie Eddy Merckx, früher schneller bergab gefahren zu sein als die heutigen Profis, was in Anbetracht der damals länger gebauten Rennräder mit flacherem ▷ Steuerwinkel und besserem ▷ Fahrkomfort durchaus glaubwürdig erscheint.

Ausstattung Rennradkomponenten waren jahrzehntelang richtungsweisend für die Fahrradtechnik. Funktionalität, robuste, aber leichte Bauweise und hohe Verschleißfestigkeit sind nach wie vor oberstes Gebot. Mit der stürmischen Entwicklung von ▷ Mountainbikes und Tria-Rennräder verlagerten sich die Entwicklungsinnovationen. Heute sind Schaltungstechniken und Leichtkomponenten aus dem MTB- und Tria-Bereich in die Rennradtechnik eingeflossen. Die ▷ Komponenten im einzelnen:

Antrieb u. Schaltung Standard ist ein Kettenschaltgetriebe mit 14, 16 oder 18 ▷ Gängen (2 ▷ Kettenblätter vorne und 7, 8 oder 9 ▷ Ritzeln hinten Abb. 124), das überwiegend mit Einzahnsprüngen abgestuft ist. Einzelheiten s. ▷ Ritzeln: individuelle Übersetzungsabstufungen.
Die ▷ Indexschaltung (Abb. 125) ist nach anfänglicher Skepsis der Profis und Amateure mittlerweile Standard geworden, ▷ Brems-/Schalt-Hebel nehmen ständig zu.

Abb. 124

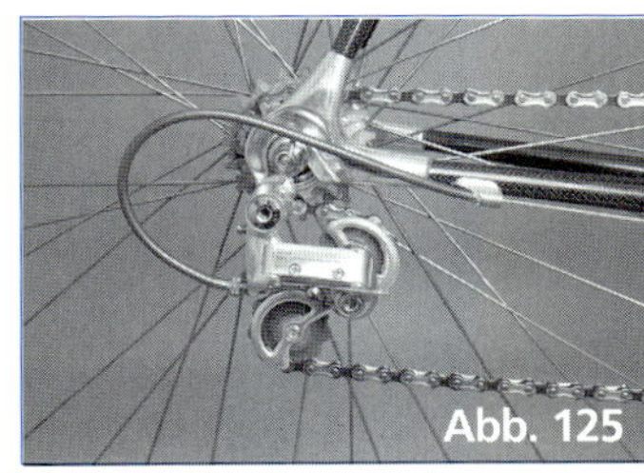
Abb. 125

Abb. 126

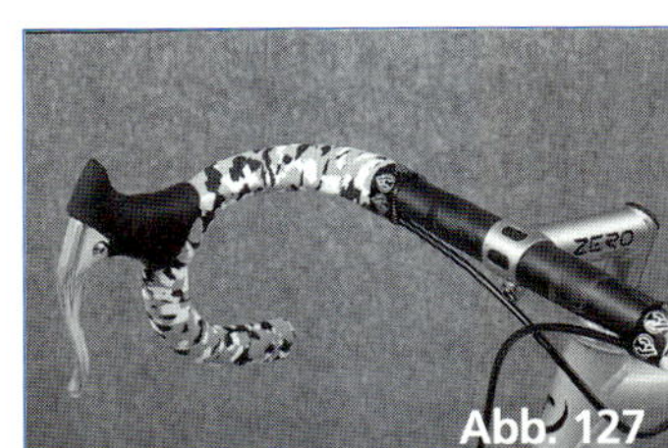
Abb. 127

Laufräder Standard sind ▷ Laufräder mit 36 Speichen, ▷ Hohlachse und ▷ Schnellspanner. Immer häufiger werden jedoch ▷ Tropfenfelgen mit geringeren Speichenzahlen eingesetzt, deren geringerer ▷ Luftwiderstand v.a. bei Ausreißversuchen die Erfolgschancen erhöht - es sei denn, die Konkurrenz hat sie auch... Führend sind hier die ▷ Shamal-Laufräder von Campagnolo mit einer ca. 42 mm hohen Tropfenfelge und nur 14 Speichen im Vorder- und 18 im Hinterrad (Abb. 126).

Früher nahezu ausschließlich mit ▷ Schlauchreifen bestückt, nimmt der Anteil der ▷ Drahtreifen am Rennrad mittlerweile aus Gründen der Defektsicherheit ständig zu. Die ▷ Reifenbreiten belaufen sich je nach Fahrergewicht auf 20-23 mm (in Extremfällen auch 18 mm).

Bei Kriteriumsrennen werden vereinzelt Rennräder mit 26-Zoll-Laufrädern eingesetzt, die dann eine noch kurvengängigere Rahmengeometrie zulassen.

Bremsen Charakteristisch fürs Rennrad ist die ▷ Seitenzugbremse, die dank kurzer ▷ Bremsmaße hier auch sehr wirkungsvoll ist und eine einfachere Verlegung des ▷ Bowdenzugs als die ▷ Mittelzugbremse erlaubt. Die doppelt gelagerte Version der Seitenzugbremse (bessere Hebelverhältnisse) nimmt ständig an Marktbedeutung zu.

Lenker Die klassischen Rennlenkertypen (s. ▷ Lenker: Lenkerformen) werden nach wie vor gefahren, es sind aber in den letzten Jahren neue Lenkertypen hinzugekommen, bei denen der Lenkerbogen gerade, anatomisch der Hand angepaßte Bereiche aufweist. Abb. 127 zeigt einen gewickelten Carbonlenker. Für das ▷ Zeitfahren kommt mittlerweile meist der ▷ Trialenker zum Einsatz.

Pedale Kaum ein Rennfahrer (außer auf der Bahn) fährt noch mit ▷ Pedalhaken und -riemen, die Schuh/Pedal-Verbindung wird heute i.a.R. mit dem ▷ *System-Pedal* hergestellt.

Sattel Der typische Rennsattel ist ungefedert und in seiner Form schmal und lang, um zum einen ein Wundreiben der Oberschenkel zu verhindern, zum anderen die Möglichkeit zu bieten, je nach Fahrtsituation im Bereich von rund 10 cm auf dem Sattel vor- oder zurückzurutschen. Beliebt sind moderne, seitlich weiter ausgeschnittene Sättel vom Typ "Flite", weitere Einzelheiten s. ▷ Sattel: Renssättel.

Rennreifen Ursprünglich wurden am ▷ Rennrad nur ▷ Schlauchreifen eingesetzt, seit Ende der 80er Jahre auch ▷ Drahtreifen von nur 180-300 Gramm Gewicht, die Dank besonders feiner ▷ Karkassenfäden und dün-

ner Gummiauflage gute Leichtlaufeigenschaften besitzen. Als Pannenschutz fungieren zusätzliche Gewebelagen unter der Lauffläche (▷ Protektor; zum grundsätzlichen Aufbau s. ▷ Reifen). Vorherrschend ist Diamantprofil, obwohl profillose Reifen sinnvoller wären, s. ▷ Reifenprofil.
Die 27-Zoll-Schlauchreifen besitzen den gleichen Durchmesser wie die 28-Zoll-Drahtreifen (vgl. Reifenaußendurchmesser bei ▷ Reifengrößen: Tabelle). Die ▷ Reifenbreite hat sich nach einem Ausflug zu extrem dünnen Reifen (18 mm) wieder auf die komfortableren und durchschlagsichereren 20/23 mm Breite eingependelt. Letztere werden v.a. von schweren Radlern bevorzugt.
Rennreifen werden mit höherem Luftdruck gefahren als die Reifen anderer Fahrräder, s.i.E. ▷ Reifendruck.

Rennschuhe

s. ▷ Radschuhe

Rennsportrad

And. Bez. f. ▷ Halbrenner.

Rennventil

Auch "Sclaverand"- oder "Französisches" Ventil genannter Ventiltyp, der wegen seiner schlanken Bauweise sich besonders für die schmalen Felgen des ▷ Rennrades eignet. Einzelheiten s. ▷ Ventil: Sclaverand-Ventil.

Reparaturbolzen

Spezieller, zweiteiliger ▷ Kettenbolzen von ▷ Shimano, bei dem nach Einführen und Vernieten der Kette das vordere Führungsteil des Bolzens abgebrochen wird (Abb. 128).
Der Reparaturbolzen verhindert, daß beim ▷ Hyperglide-Überlauf der Kette unter Last die ▷ Außenlaschen an der Nietstelle vom Kettenbolzen abrutschen und so die Kette "reißt". Eine andere Methode, den Kettenriß zu verhindern, besteht durch Einsatz des ▷ Rohloff-Revolvers.

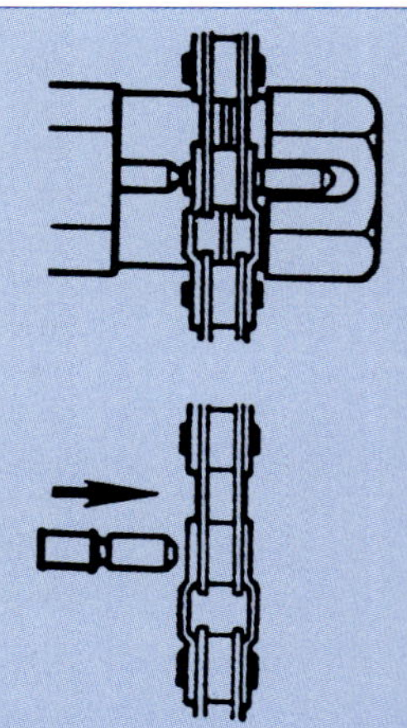

Abb. 128

Reparaturgabel

An unterschiedliche Fahrradgrößen anpaßbare Einheitsgabel zur Ersatzteilbevorratung beim Händler: Das lang ausgeführte ▷ Gabelschaftrohr besitzt ein überlanges Gewindeteil (Abb. 129), das bei niedrigeren ▷ Rahmenhöhen nach Bedarf abgesägt wird und so ein erneutes, manuelles Gewindeschneiden erübrigt.
Achtung: Klemmt bei Ersatzgabeln der ▷ Spreizkonus des ▷ Vorbaus noch im Gewindebereich, so kann es zur Gewindeabsprengung kommen; s.a. ▷ Gabelbruch.
Einwandfreie Lösung im Reparaturfalle wäre der Austausch gegen eine Originalgabel, die aber meist nur mit größerem Aufwand besorgt werden kann. Behelfslösung: Vorbau mit ▷ Schrägkonus verwenden.

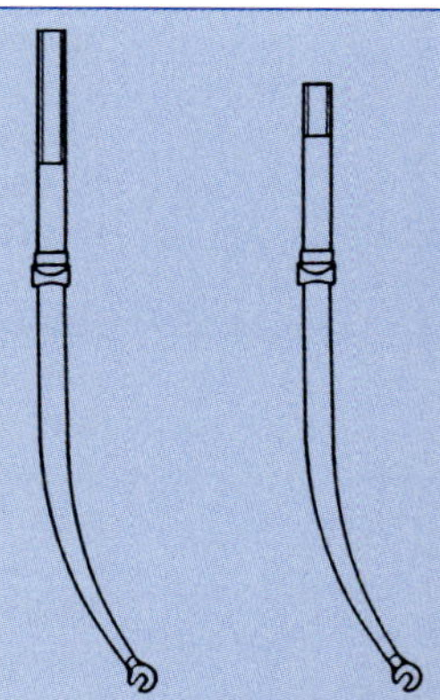

Abb. 129

Reparaturständer

Andere Bez. f. ▷ Montageständer.

Resonanz

Mitschwingen von schwingungsfähigen Körpern, wenn eine Erregerfrequenz mit der Eigenfrequenz der Körper übereinstimmt.
Ein klassisches Beispiel am Fahrrad ist das ▷ Gabelflattern beim Bremsen: Durch Versetzungen oder Einschnürungen am ▷ Felgenstoß ist der Eingriff von ▷ Felgenbremsen nicht gleichmäßig, sondern vermindert und erhöht sich periodisch einmal pro Vorderradumlauf.
Hat nun beispielsweise die Gabel selbst eine Eigenfrequenz von 5 Hertz, so kommt es bei 5 Radumläufen pro Sekunde (entspricht einem Tempo von knapp 38 km/h) zur Resonanz und damit zum Gabelflattern.

Andere Resonanzbeispiele am Fahrrad sind das ▷ Rahmenflattern oder Resonanzeffekte infolge mangelnder Dämpfung bei ▷ Fahrradfederungen, s.a. ▷ Sattelschwinge.
Resonanzeffekte können bei sehr geringer ▷ Dämpfung sogar materialzerstörend wirken. Am Fahrrad kann dies bei den Speichen auftreten, die periodisch beim Abrollen der Laufräder be- und entlastet werden. Aus diesem Grunde werden die Speichen unterkreuzt oder (bei ▷ Bahnrädern) sogar an den Kreuzungsstellen gebunden oder verlötet; s.a. ▷ Einspeicharten: Tangentialspeichung.

Reynolds

Engl. Hersteller hochwertiger Rahmenrohre (Marktführer bis 1975), Erfinder des ▷ endverstärkten Rohres.
Reynolds machte 1978 noch einmal Furore mit seinem 753er Rohr, einem hochfesten (1250 N/mm²) Rohr mit einer Wandstärke von stellenweise nur 0,35 mm; vgl. auch Tabelle ▷ Rahmenrohre.

Richtkraft

Physikalische Bezeichnung für Kräfte, die Auslenkungen von sich im Gleichtgewicht befindlichen Systemen wieder stabilisieren (Abb. 130).
Im Fahrradbereich: Begriff für Kräfte, die das Vorderrad stets in Radflucht auszurichten suchen. Sie beruhen auf dem sog. "Teewageneffekt". So benannt, weil die Teewagenrädchen ihrem Drehpunkt hinterher laufen, s.a. ▷ Nachlauf. Aufgrund von ▷ Lager- und ▷ Rollreibung richten sich die Rädchen - wie das Fahrradvorderrad - stets entgegen der Bewegungsrichtung aus. Die Richtkraft hat damit Einfluß auf das ▷ Fahrverhalten und die ▷ Fahrstabilität von Fahrrädern, s. aber aber auch ▷ Lenkvorgang und ▷ Gleichgewichtshaltung.

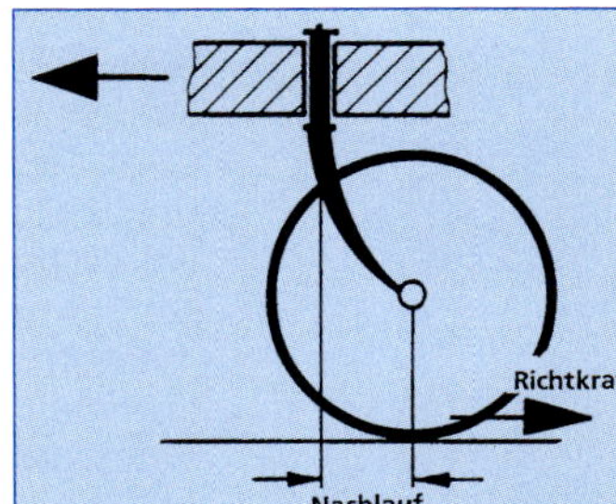

Abb. 130

Richtungskorrektur

Änderung der Fahrtrichtung, die bei niedrigen Geschwindigkeiten hauptsächlich durch Lenkeinschlag, bei hohen Geschwindigkeiten fast ausschließlich durch Schräglage erfolgt, s. ▷ Lenkvorgang. Die Abrollfläche des Reifens - bei der Geradeausfahrt Teil eines Zylindermantels - bekommt in Schräglage die Form eines Kegelmantels, der beim Abrollen automatisch einen Kreisbogen beschreibt, s.a. ▷ Gleichgewichtshaltung und v.a. ▷ Lenkvorgang.
Schwierig sind Richtungskorrekturen auf vereister Fahrbahn sowie auf tiefgründigen Naturtrassen (Sand, Matsch). Mangels ▷ Spurtreue der Reifen ist es hier sicherer, wenn irgend möglich soweit geradeaus zu fahren, bis man wieder "Boden unter den Reifen" hat, bzw. nur vorsichtig abzubremsen, falls dies möglich ist.

Richtwerkzeuge

Stabile Werkzeuge, mit denen versierte Fahrradmechaniker und Rahmenbauer Rahmenverzüge infolge von Sturz oder Nachlötungen wieder richten, s. ▷ Rahmenrichten.
Richtwerkzeuge sollten nur vom Fachmann eingesetzt werden, da nur er beurteilen kann, was noch gerichtet werden kann und was ausgetauscht werden muß.
Kleinere Richtarbeiten wie das Richten eines ▷ Schaltungsauges mit der ▷ Zwei-Hinterrad-Methode können dagegen auch von Laien vorgenommen werden.

Riemenantrieb

s. ▷ Zahnriemenantrieb

Rikscha

Asiatisches "Fahrradtaxi", Einzelheiten s. ▷ Lastenräder.

Rillen-(kugel)lager

And. Bez. f. Standard-Industriekugellager, die sich auf die Führung der Kugeln in einer Rille bezieht (vgl. dagegen ▷ Schulterkugellager). Einzelheiten s. ▷ Lagerung: Wälzlager.

Ringschlüssel

Schlüssel mit eingearbeitetem Innenzwölf- oder -sechskant, der Schrauben oder Muttern von außen an allen sechs Ecken umfaßt und damit besser gegen Abrutschen oder Überdrehen gesichert ist als herkömmliche ▷ Gabel-/Maulschlüssel (Abb. 131).

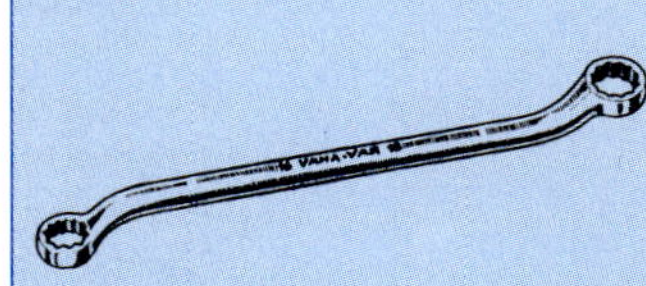
Abb. 131

Allerdings ist die Zugänglichkeit nicht immer gewährleistet. So können z.B. die ▷ Bremsgummis von ▷ Cantileverbremsen nur mit einem Gabelschlüssel justiert werden, da die Muttern so dicht an ▷ Gabelbein bzw. ▷ Sattelstreben liegen, daß ein Ringschlüssel nicht aufgesetzt werden kann.

Ritzel

Bezeichnung f.d. Kettenräder am Hinterrad (1 Ritzel beim Rad mit ▷ Nabenschaltung bzw. ohne Schaltung, 5-9 Ritzel bei ▷ Kettenschaltung).

Abb. 132

Die ▷ Zahnformen der Ritzel haben Einfluß auf die Funktion des Schaltvorgangs bei Kettenschaltungen, momentanes Optimum: die ▷ Überlauf-Zahnform (Abb. 132).
Ritzel werden vorwiegend aus ▷ Stahl gefertigt (Abb. 133 rechts), der entweder hochvergütet (s. ▷ Vergüten) oder durch bestimmte Verfahren der ▷ Oberflächenveredelung (vgl. ▷ Silizieren, ▷ Nichromieren, ▷ Borieren) in seiner Festigkeit gesteigert wurde, um den Verschleiß zu mindern.

Abb. 133

Es gibt allerdings auch Ritzel aus hochfestem ▷ Aluminium (2/3 Gewichtsreduzierung), die entweder blank gelassen oder eloxiert und z.T. auch (Campa früher) hartverchromt werden, Abb. 133 links (Nachteil: höherer Verschleiß). Neuerdings wird bei Alu-Ritzeln vermehrt ▷ MMC eingesetzt, was den Verschleiß drastisch mindert.
Ebenfalls aus Gründen der Gewichtsreduzierung werden neuerdings vermehrt Titan-Ritzel (Abb. 133 Mitte) aus den ▷ Legierungen TiAl 6V4 und TiAl 4V2,5 eingesetzt. Titan-Ritzel sind i.d.R. sehr teuer (50-150 DM/Ritzel) und werden meist von amerikanischen "Edelparts-Anbietern" angeboten. Da neuerdings aber auch Campagnolo und Shimano Titanritzel in ihren Top-Gruppen verwenden, werden diese aber demnächst günstiger werden. In ihrem Verschleißverhalten liegen Titanritzel übrigens zwischen dem von Stahl- und Aluritzeln.
Die Aneinanderreihung der bis zu neun Ritzel ergibt den ▷ Zahnkranz, wichtige Informationen s.a.d.; zum Demontagewerkzeug s. ▷ Abzieher: Zahnkranzabzieher.

Ritzelabzieher

Werkzeug zur Demontage von ▷ Ritzeln; Näheres siehe ▷ Abzieher: Zahnkranzabzieher.

Ritzelformen

Landläufige Bez. für die Zahngestaltung bei ▷ Ritzeln, Näheres s. ▷ Zahnformen.

Ritzeln

Landläufige Bez. für das individuelle Abstimmen der ▷ Übersetzungen einer ▷ Kettenschaltung durch Montage unterschiedlich großer ▷ Ritzel und ▷ Kettenblätter.
Während sich ▷ Normalradler mit vom Werk vorgegebenen Ritzel- und Kettenblattabstufungen begnügen (bei letzteren i.d.R. ▷ Cross-over-Abstufung), ertüfteln sich sportliche und wettkampforientierte Radler ihre "hauseigenen" Übersetzungen. Je nach Fahrradart und zu befahrendem Streckenprofil werden dabei die Zähnezahlen von Kettenblättern und Ritzeln exakt auf die persönlichen Bedürfnisse abgestimmt.
Der normale ▷ Arbeitsbereich liegt je nach Fahrer und Radtyp in einer Bandbreite von etwa 4,5 - 7,5 m ▷ Entfaltung und sollte möglichst fein abgestuft sein (s. ▷ Gangsprünge), um bei einem Gangwechse durch abrupte Drehzahländerung nicht die Muskulatur zu übersäuern.

Methoden

Kernpunkt der "Ritzelei" ist die Auflistung der Übersetzungen der einzelnen ▷ Gänge, was nach dre unterschiedlichen Methoden erfolgen kann:
1. reine Übersetzung: Quotient aus den Zähnezahlen von Kettenblatt und Ritzel. Beispiel: 52/13 = 4 (entspricht ▷ Übersetzungsverhältnis von 4:1).
2. Zollangabe: Der in ▷ Zoll angegebene ▷ Laufraddurchmesser wird mit der reinen Übersetzung mul tipliziert. Beispiel für 27"-Laufräder und 52/13-Übersetzung: 4 x 27 = 108 Zoll("). Einzelheiten s. ▷ Zoll übersetzung.

Anmerkung: Der effektive Laufraddurchmesser von mit dünnen Reifen gefahrenen Rennradlaufrädern (Reifenbreite um 20 mm) liegt heute bei 26,3 Zoll, womit die Übersetzung 52/13 in den Tabellenwerken heute mit 105 Zoll angegeben wird.
3. Entfaltung: Die mit dem Laufradumfang (ca. 2,10 m) multiplizierte reine Übersetzung, die damit den pro Kurbelumdrehung zurückgelegten Weg angibt. Beispiel für 27"-Laufräder und 52/13-Übersetzung: 4 x 2,10 m = 8,40 m.

Wenn auch die Entfaltung die weitaus aussagekräftigste Methode zur Angabe der einzelnen Übersetzungen ist, kann man sich auch in die anderen beiden Methoden gut "reindenken", zumal sie auch ihre spezifischen Vorteile haben können:

So denken beispielsweise viele Freizeitradler allein schon berufsmäßig in Verhältnisgrößen (z.B. Ingenieure, Verwaltungsangestellte usw.), so daß die reine Übersetzung bzw. das Übersetzungsverhältnis für sie besonders aussagekräftig ist. Außerdem reicht die reine Übersetzung bereits aus, um die Abstufung der Gänge auf Gleichmäßigkeit zu prüfen.
Bei der Zollangabe ergibt sich ein zufälliger Zusammenhang zwischen Übersetzung und Leistungsintensität, mit der geradelt werden kann, weswegen diese Methode nach wie vor bei Radsportlern beliebt ist, Einzelheiten s. ▷ Zollübersetzung.

Hilfsmittel

Als Hilfsmittel für das Ritzeln gibt es Tabellenwerke (s. Anhang: Übersetzungstabelle), anhand deren Zahlenreihen der "Ritzler" seine minimale und maximale Übersetzung festlegen und austüfteln kann, in welchen Bereichen er kleine und in welchen er größere Gangsprünge haben möchte und wie er Doppelübersetzungen vermeiden kann wie z.B. 52/26: Diese Kettenblatt/Ritzel-Kombination hat die gleiche Übersetzung wie 42/21, nämlich 2. Übrigens tüfteln sich manche Radler gerade solche Doppelübersetzungen aus, um z.B. einen Berg sowohl mit dem großen als auch dem kleineren Kettenblatt meistern zu können. Der moderne Radler bedient sich mittlerweile statt dessen längst eines Insider-Computerprogramms für diese Arbeit, wobei einige sogar nach bestimmten Vorgaben komplette Übersetzungsvorschläge ausdrucken können.
Als einfach, anschaulich und praktikabel hat sich darüberhinaus der Ritzelrechner bewährt, der auf eine Idee von Dr. Rainer Künpast zurückgeht.

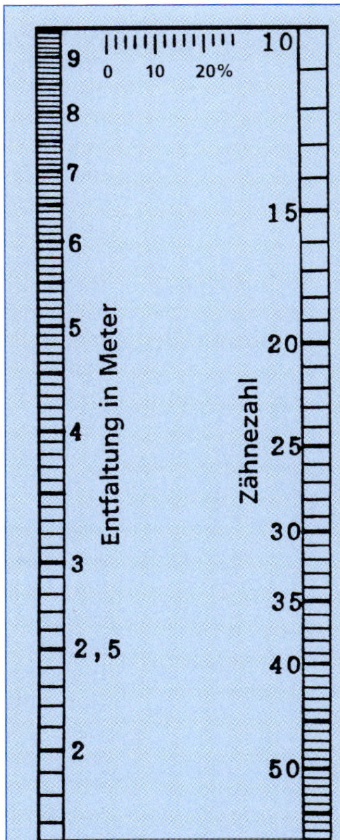

Abb. 134

Der Ritzelrechner

Mit diesem Hilfsgerät (Abb. 134) lassen sich per logarithmischen Skalen die einzelnen Gänge in einer leiterähnlichen Grafik darstellen.

Der Ritzelrechner bedient sich der anschaulichen Entfaltungsmethode und macht sofort sichtbar, wo Gangsprünge oder Doppelübersetzungen auftreten. Außerdem läßt sich in Abhängigkeit von der Trittfrequenz das Fahrtempo der einzelnen Gänge kalkulieren sowie der Gangsprung in Prozent ermitteln.

Gebrauchsanweisung

1. Auf einem Blatt Papier einen ca. 3 cm langen, waagrechten Strich ziehen (Unterrand der rechten Aussparung);
2. rechte Seite des Ritzelrechners (Skala "Zähnezahl") so positionieren, daß die Zähnezahl des großen Kettenblatts auf dem rechten Ende des Strichs zu liegen kommt;
3. nun weiter oben die Zähnezahlen des ▷ Zahnkranzes mit kurzen waagrechten Strichen rechts auf Papier übertragen und mit senkrechtem Strich bis zur unteren Querlinie verbinden (Abb. 135);

4. Ritzelrechner nach rechts schieben, bis Skala "Entfaltung" dicht rechts neben dem senkrechten Strich der übertragenen Ritzelabstufung liegt;
5. Rechner so positionieren, daß der obere Pfeil der Entfaltungsskala (2,10 m; dies gilt für die meisten Laufräder außer ▷ MTB; ggf. eigenen Laufradumfang ermitteln und als zweiten Pfeil auf dem Rechner markieren) auf der unteren Querlinie zu liegen kommt;
6. die Entfaltungswerte vom Ritzelrechner (bei den kurzen Querstrichen) ablesen und links neben die senkrechte Linie schreiben (Abb. 136);
7. bei Vorhandensein von zwei oder drei Kettenblättern den Vorgang - ausgehend vom unteren waagrechten Strich - wiederholen (Abb. 137).

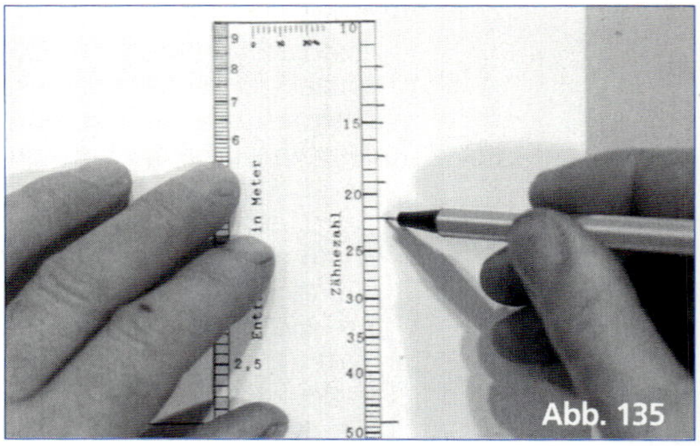

Abb. 135

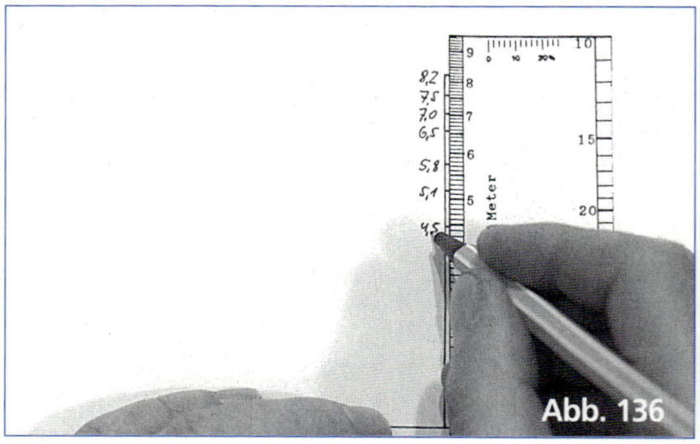

Abb. 136

Wer jetzt auch noch wissen will, wie groß in Prozenten ausgedrückt der Sprung zwischen zwei Ritzeln ist, kann dies im kleinen eingerahmten Kasten am Abstand zwischen den einzelnen Ritzeln ablesen. Im Beispiel: Zwischen dem 13er und dem 14er Ritzel sind dies 7%, zwischen dem 19er und 22er (Abb. 138) wären es 13,5%.

individuelle Übersetzungsabstufungen

Nach welchen Gesichtspunkten man sich nun eine individuelle Getriebeabstufung zusammenstellt, hängt von den jeweiligen Präferenzen ab, die u.a. vom Leistungsvermögen, dem zu befahrenden Streckenprofil oder auch der Art der Tour (z.B. mit oder ohne Gepäck) bestimmt werden können. Von ideologischen Finessen und der Suche nach der "Getriebeabstufung der Weisen" - womit sich einfach alles fahren läßt - ganz zu schweigen. Generell gilt daher: Die ideale Übersetzung des einen Radlers kann für den anderen die reinste Katastrophe sein. Weitere Einzelheiten zu diesem Problemkreis s. ▷ Arbeitsbereich und ▷ Trittfrequenz.
Aus diesen Gründen geben wir im Folgenden "Denkanstöße", die das breite Sprektrum der Möglichkeiten nur anreißen können, da wir heute mit drei Kettenblättern und 8 Ritzeln operieren können, wobei deren Zähnezahlspektrum bei den Kettenblättern von 20 bzw. 22 Zähnen (▷ Micro Drive) bis 69 Zähne (▷ TA-Kurbelsystem) reicht, weiterhin die Ritzel von 11 Zähnen bis 34 Zähnen (Sonderanfertigungen können dieses Spektrum sogar noch überschreiten).

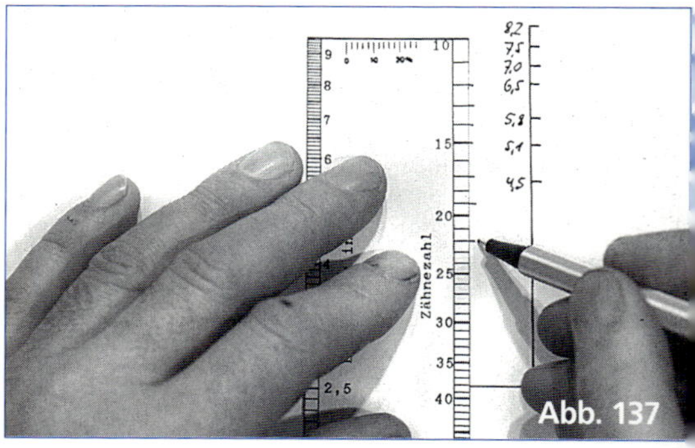

Abb. 137

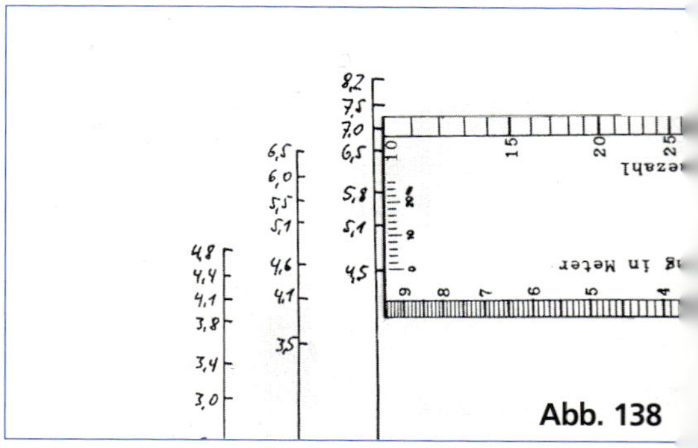

Abb. 138

Um die Übersetzungsmöglichkeiten voll auszureizen, haben wir uns im folgenden - außer bei der Half-Step-Version - auf 8-fach-Ritzel bezogen, den gegenwärtigen Stand der Technik. Im Klammerwert ist außerdem noch die kommende Neunfach-Abstufung berücksichtigt.

Kriteriums-übersetzung

Kettenblätter: 52/42
Zahnkranz: (11)/12/13/14/15/16/17/18/20

Diese Übersetzung (Abb. 139) ist für übliche Rennradkurbeln gedacht und wird gern von trainierten Rennsportlern gefahren (vgl. ▷ Kriteriumsrennen).
Mit der klassischen Kettenblattbestückung 52/42 und den ab 12 Zähnen beginnenden Ritzeln ist für trittstarke Radler fast jedes Streckenprofil mit dem kleinen Kettenblatt zu meistern. Dadurch vermeidet der Radsportler weitestgehend zeitraubende "diagonale" Schaltvorgänge (Wechsel sowohl vorn als auch hinten). Im Grunde braucht mit dem großen Kettenblatt nur noch bergab und beim ▷ Zeitfahren gefahren werden.

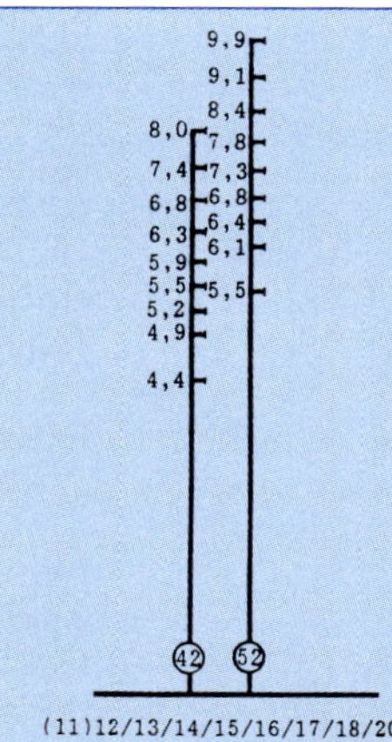

Abb. 139

Touristikübersetzung

Kettenblätter: 53/39
Zahnkranz: (12)/14/15/16/17/18/20/22/25

Die an ▷ Radtouristikfahrten (RTF) teilnehmenden Radsportler trainieren i.d.R. weniger als Rennsportler und brauchen daher einen größeren ▷ Übersetzungsbereich, der einerseits durch den größeren Zahnunterschied zwischen den Kettenblättern (53/39 = 14 Zähne) realisiert wird, andererseits durch eine größere Bandbreite der Ritzel (von [12]/14 bis 25), Abb. 140.

Trotzdem ist aber der ▷ Arbeitsbereich für die Ebene (14/15/16/17/18 Zähne, mit dem großen 53er Kettenblatt gefahren) mit nur einem Zahn Unterschied von Ritzel zu Ritzel eng abgestuft und ermöglicht ein stetes Pedalieren im ökonomischen Drehzahlbereich. Nachteil dieser Übersetzung: In bergigen Passagen muß häufig diagonal - also sowohl vorn als auch hinten - geschaltet werden, will man kleine Gangsprünge fahren.

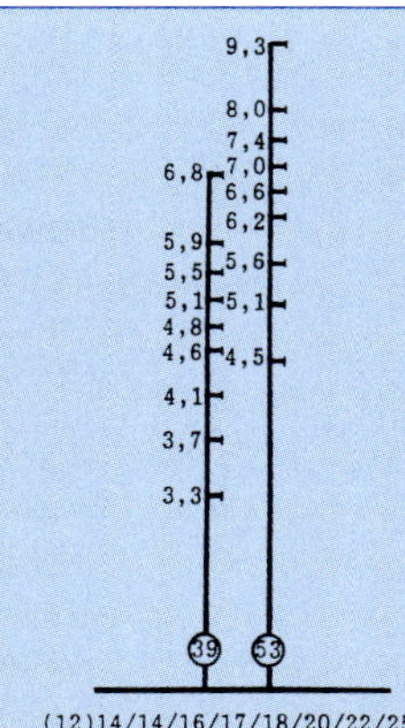

Abb. 140

MTB-Übersetzung mit nur zwei Kettenblättern

Kettenblätter: 42/24
Zahnkranz: 11/12/13/14/15/17/20/24

Gegenüber der normalen MTB-Kurbel wird hier auf das kleine Kettenblatt verzichtet, wodurch man mit einem ▷ Schaltwerk mit mittellanger bis kurzer ▷ Schaltschwinge arbeiten kann (Vorteile s.d.).

Diese in Abb. 141 gezeigte Übersetzung eignet sich für sportliche Mountainbiker und Reiseradler und zeichnet sich durch einen besonders großen ▷ Übersetzungsbereich aus. Interessant ist bei dieser Übersetzung neben der Feinabstufung des Arbeitsbereiches der "Räumer" mit 8,20 m Entfaltung pro Kurbelumdrehung für die Talfahrt und der "Kriechgang" für den Berg mit 2,1 m Entfaltung, also der 1:1-Übersetzung.

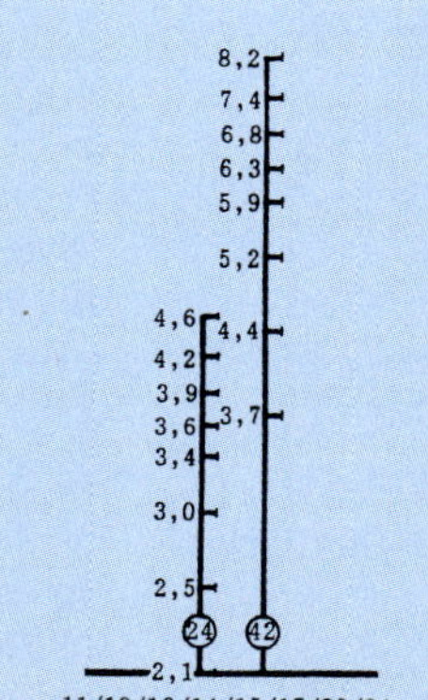

Abb. 141

MTB-Übersetzung „Micro-Drive"/ Cross-Over

Kettenblätter: 42/32/22
Zahnkranz: 11/13/15/17/19/21/23/26

Hierbei wird bereits von ▷ Micro-Drive-Kurbeln ausgegangen, wobei es sich um eine klass. ▷ Cross-Over-Abstufung handelt (Abb. 142). Diese Übersetzung ist auf eine möglichst hohe Bandbreite ausgelegt, die Übersetzung reicht von 8,0 m/U Entfaltung für die Talfahrt bis zur respektablen Bergübersetzung von 1,80 m/U.

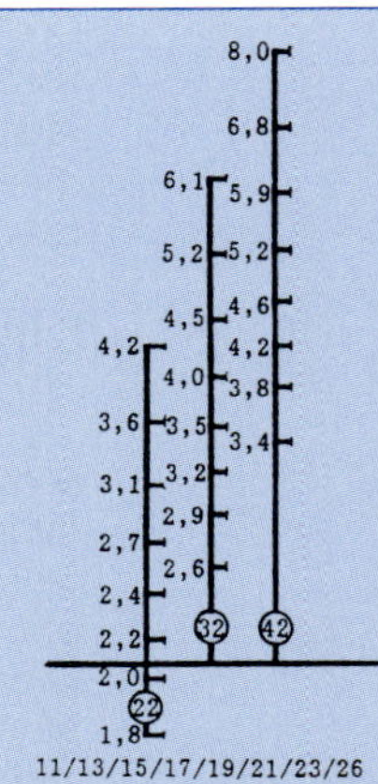

Abb. 142

MTB-Übersetzung „Micro-Drive" fein abgestuft

Kettenblätter: 46/32/20
Zahnkranz: 11/12/13/14/15/17/20/24

Diese Getriebekombination (Abb. 143) hat exakt den gleichen Übersetzungsbereich wie die vorgenannte. Der Arbeitsbereich ist hier aber feiner abgestuft (unter Einbeziehung des mittleren Kettenblattes erfolgt die Entfaltung von 8 m/U bis 4,5 m/U mit einem Einzahn-Sprung).

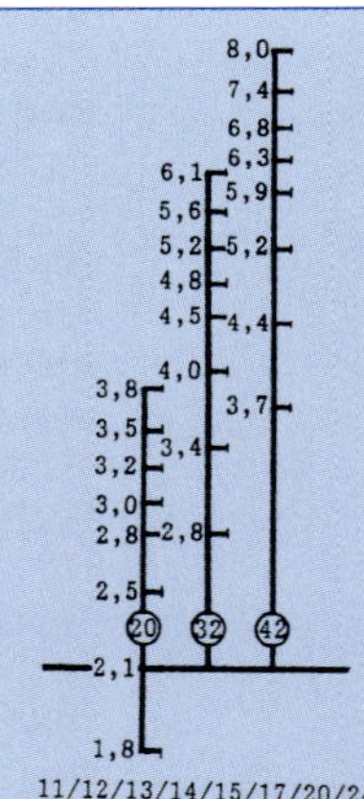

Abb. 143

Ein-Kettenblatt-Übersetzung

Kettenblatt: 46
Zahnkranz: 11/12/13/14/16/19/23/28

Für diese in Abb. 144 abgebildete Übersetzung eignen sich sowohl MTB- als auch Rennradkurbeln, von denen die kleineren Kettenblätter abgeschraubt werden. Dank 8-fach-Ritzel kann beim 46er Kettenblatt der ▷ Arbeitsbereich mit 11-14 Zähnen wieder mit kleinen Gangsprüngen abgestuft werden, für Berge bringen dann größere Gangsprünge die Treterleichterung. Zudem ist der Schräglauf der Kette weitaus geringer als bei Mehrfach-Blättern, die ▷ Kettenlinie sollte dann aber zwischen 4. und 5. Ritzel justiert werden (Möglichkeiten s.d.). Und schließlich: Durch die Beschränkung auf ein Kettenblatt kann auf den Umwerfer verzichtet werden, was sich - durch den Wegfall von Umwerfer, Schalthebel, Bowdenzug und Kettenblatt - zu einer Gewichtsersparnis von rund einem halben Pfund addiert!

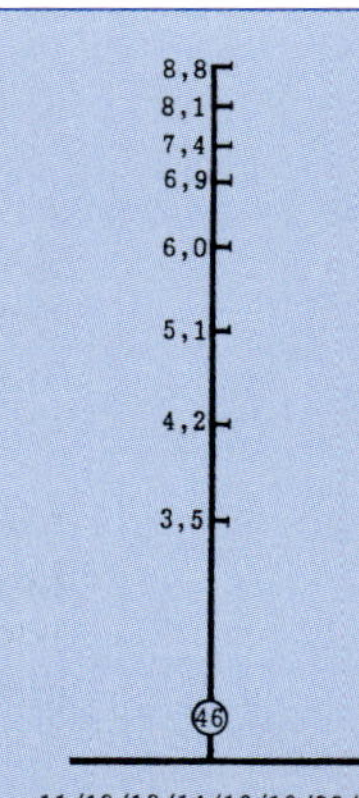

Abb. 144

„Half-Step"-Übersetzung

Kettenblätter: 52/47/32
Zahnkranz: 14/17/21/26/32

Diese in Abb. 145 dargestellte, antiquierte Übersetzung stammt noch aus den Zeiten der 5-fach-Ritzel, wurde gern von Touren- oder Touristikfahrern benutzt. Immerhin wartet sie mit einem respektablen ▷ Übersetzungsbereich auf und hält den ▷ Gangsprung bei etwa 10%. Weiterhin werden doppelte Gänge vermieden, die 5-fach-Ritzel also voll ausgenutzt. Das kleine Kettenblatt ergibt zwei weitere Berggänge, die "Großmutter"-Gänge (Granny). Weitere Einzelheiten s. ▷ Half-Step-Übersetzung.

Individualität bei „Hyperglide"?

Mit dem Aufkommen von ▷ Hyperglide (Schalten unter Last möglich) müssen die einzelnen Ritzel-"Weichen" genau im richtigen Abstand zueinander stehen, damit die Kette ohne Kletterarbeit überlaufen kann. ▷ Shimano schreibt daher vor, daß nur vom Werk vorgegebene, komplette ▷ Ritzelpakete verwendet werden dürfen. Demnach wäre die Ritzelei zumindest für die Produkte dieses Herstellers sinnlos.

In der Praxis zeigt sich jedoch, daß selbst Ritzel unterschiedlicher ▷ Gruppen den ▷ Hyperglide-Überlauf bewerkstelligen und selbst wenn das in einigen Ausnahmefällen nicht der Fall ist, lassen sich die Hyperglide-Zähne aufgrund ihrer kurzen Zahnhöhe immer noch besser schalten als die Ritzel der anderen Anbieter. Daher steht der Komposition Ihres persönlichen Zahnkranzensembles auch bei Hyperglide nichts im Wege. Gleiches gilt für die anderen Anbieter, die sich dieses Zahnprofils bedienen, s.a. ▷ Zahnformen.

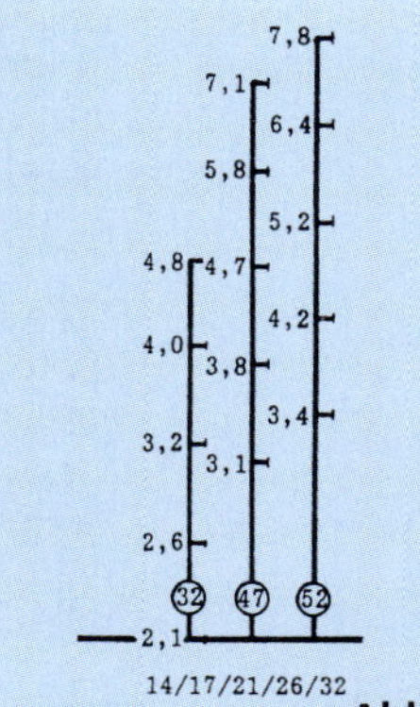

Abb. 145

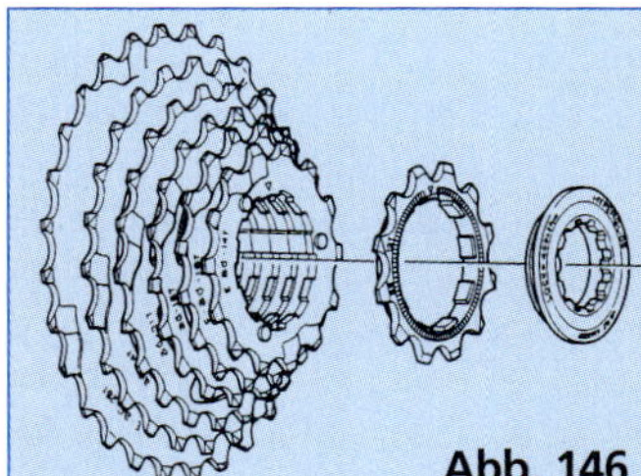
Abb. 146

Ritzelpaket

Auf den ▷ Kassettenkörper als "Paket" gesteckte 6-8 ▷ Ritzel, die von einer abschließenden Sicherungsmutter fixiert werden (bei älteren Ausführungen durch das als ▷ Schraubritzel ausgeführte äußere Ritzel) (Abb. 146).

Im Handel wird das Paket i.d.R. als fertig montierter Satz angeboten, die Ritzel lassen sich aber durch Entfernen der Haltestifte oder -schrauben auch einzeln aufstecken, um so die Übersetzungsabstufung individuell gestalten zu können (s. ▷ Ritzeln).

Demontage

Bei Speichenwechsel ist die Demontage des Ritzelpakets nötig, während bei ▷ Schraubkranznaben der komplette ▷ Schraubkranz demontiert werden muß.
Weitere Einzelheiten, insbes. zu Speichenschräge und Ritzelabständen s. ▷ Zahnkranz.

Ritzelrechner

Hilfsmittel zur einfachen, grafischen Bestimmung individueller ▷ Übersetzungen, Einzelheiten s. ▷ Ritzeln.

Rockwell-Härte

Auf dem sog. Rockwell-Verfahren basierende Härteangabe von Werkstoffen, Einzelheiten s. ▷ Härte: Meßverfahren.

Rohloff-Kette

Von der dt. Kettenfirma Rohloff 1988 auf den Markt gebrachte ▷ Lagerkragenkette mit hoher seitlicher Flexibilität und guten ▷ Führungseigenschaften. Einzelheiten s. Kette: Rollen-Lagerkragenkette.

Rohloff-Revolver

Spezieller ▷ Kettennieter des Kettenherstellers Rohloff (s. ▷ Rohloff-Kette) in solider Ausführung mit abbruchsicherem Bolzen und der Möglichkeit, das Bolzenende nach dem Zunieten der Kette wieder aufzuweiten. Diese Maßnahme verhindert ein ungewolltes Entzweien der Kette im Fahrbetrieb (s. ▷ Hyperglide-Überlauf).

Die Bez. "Revolver" hat das Gerät wegen des drehbaren Rades, mit dem verschiedene Kettenbreiten eingestellt werden können, sowie spezielle Gegenhalte bzw. Öffnungen fürs Auf- und Zunieten. I.G.z. anderen Kettennietern muß die Kette nach dem Nieten durch den Einsatz von ▷ Tellerfedern (nachgebender Gegenhalter) nicht mehr leichtgängig gemacht werden.

Rohre

s. ▷ Rahmenrohre

Rohrherstellung

Nachdem der Rahmen des ▷ Hochrades noch als Volleisenkonstruktion ausgeführt war, fiel das Aufkommen des ▷ Niederrades mit der Entwicklung großtechnischer Herstellungsverfahren von ▷ Stahlrohren zusammen. Damit wurden Fahrräder zur gleichen Zeit nicht nur leichter und sicherer, sondern v.a. auch wesentlich preiswerter, was ihnen zum Durchbruch als erstem Massenverkehrsmittel verhalf.

Zum Herstellen der im Fahrradbau verwendeten dünnwandigen Rohre gibt es je nach Werkstoff unterschiedliche Verfahren:

Stahlrohre
Schrägwalzverfahren

Weißglühende Stahlzylinder werden von zwei mit gleicher Umdrehungsrichtung rotierenden Walzen im Kern mürbe gewalzt und von einem dort eingedrückten Dorn zunächst zu einem dickwandigen, kurzen Rohr (vorstellbar wie ein hohler Baumstamm) aufgeweitet (Abb. 147).

Dieses "Schrägwalzverfahren" der Gebrüder ▷ Mannesmann (patentiert 1885) ermöglichte erstmalig die großtechnische Herstellung nahtloser Rohre und wird noch heute angewandt.

Pilgerschrittverfahren

In einem nachfolgenden "Pilgerschritt"-Walzverfahren (Abb. 148) wird das Rohr dünner und länger ausgeschmiedet (Patent ebenfalls Gebr. Mannesmann, 1888).

Reduzierwalzen

Das immer noch recht dickwandige Rohr wird durch sog. "Reduzierwalzen" noch länger und dünner ausgewalzt (Abb. 149).

Alle vorgenannten Verfahrensschritte werden übrigens mit "einer Hitze", also ohne nachträgliche Erwärmung der Rohre ausgeführt.

Kaltziehen

Nun erfolgen die Abkühlung und mehrere "Kaltzüge" durch sog. "Ziehsteine" (Abb. 150), teilweise auch über Stopfen zum ▷ Kalibrieren des Innendurchmessers, mit denen das Rohr auf die gewünschten Abmessungen gebracht wird, s.a. ▷ Kaltverfestigung. Damit ist das Rohr zunächst fertig und kann vergütet, abgelängt und zu Rahmen verbaut werden.

Endverstärkung

Für ▷ endverstärkte Rohre folgt noch ein weiteres Kaltziehen über Dorne mit unterschiedlichen Außendurchmessern (Abb. 151).

Konifizierung

Um ▷ konifizierte Rohre (▷ Gabelbeine; ▷ Unter- und ▷ Sattelstreben) herzustellen, werden die Rohre in Matrizen von umlaufenden Walzen im Außendurchmesser dünner gehämmert, wobei allerdings die Rohrwandstärke zunimmt.

Die zweite Methode, Rohre zu konifizieren, besteht in einem speziellen Kaltpilger-Walzverfahren über einen bereits konischen Dorn (Abb. 152). Hierbei kann die Durchmesserreduzierung ohne oder mit gezielter Wandstärkenverdickung erfolgen.

Aluminium-Rohre

Nahtlose Aluminium-Rohre werden im allgemeinen durch ▷ Strangpressen hergestellt. Dazu wird ein Aluminium-Zylinder auf Lösungstemperatur erwärmt (490-520°C) und auf einer großen Presse (Preßkraft mehrere tausend Tonnen Druck!) durch eine Matrize gepreßt, die einen Ringspalt besitzt (Abb. 153).

Das so hergestellte Rohr entspricht in seinen Abmessungen dem Stahlrohr nach dem Reduzierwalzen und wird mit einem der Stahlrohrherstellung analogen Ziehverfahren auf die gewünschte Abmessung gebracht. Auch das nachfolgende Verfahren zur Herstellung von endverstärkten oder konifizierten Rohren gleicht dem der Stahlrohr-Herstellung.

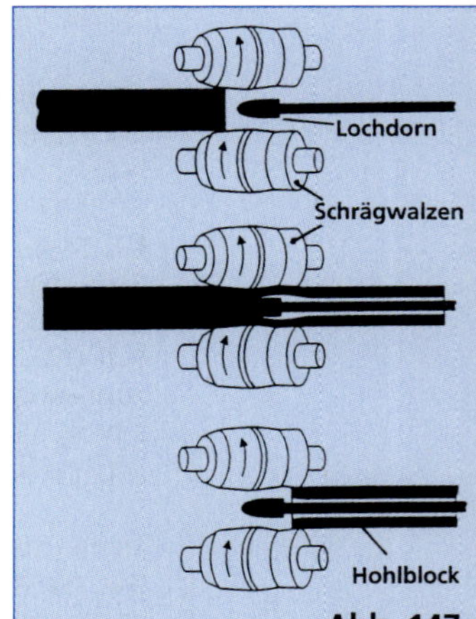

Abb. 147

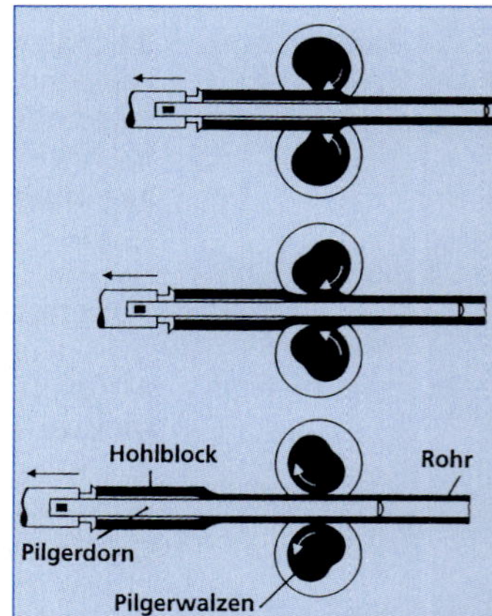

Abb. 148

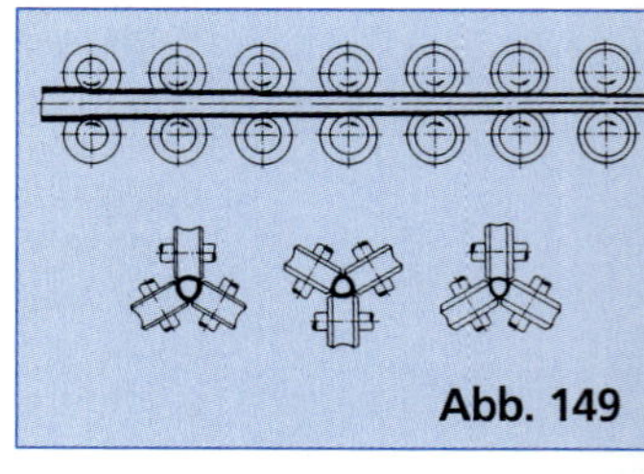
Abb. 149

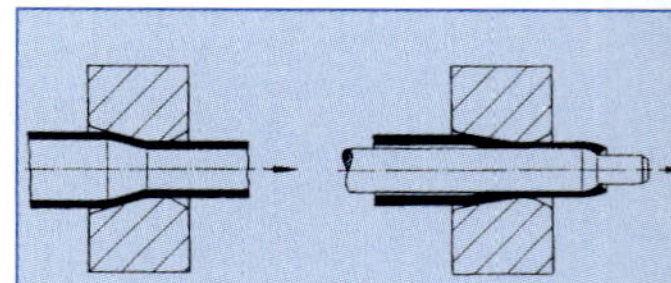
Abb. 150

geschweißte Rohre

Gewalzte Bleche aus Stahl oder Aluminium werden zu einem Rohr gebogen und an der Stoßstelle verschweißt (Abb. 154). Großtechnisch kommt hier das Unterpulver-, Widerstands- oder Hochfrequenzschweißen zum Einsatz, s. ▷ Schweißverfahren.
Mit dem Hochfrequenzverfahren werden übrigens auch die ▷ Titanal-Aluminiumrohre verschweißt.
Bei Stahlrohren folgen meist noch mehrere Kaltzüge, so daß die eigentliche ▷ Schweißnaht nur noch metallurgisch (mikroskopische Betrachtung von angeätzten Schnittflächen) auszumachen ist.
Die Qualität von geschweißten Rohren steht der von nahtlos hergestellten hinsichtlich ▷ Festigkeit und ▷ Dauerschwingbelastung kaum noch nach, sie finden aber bislang nur Einsatz bei preisgünstigen Fahrradrahmen.

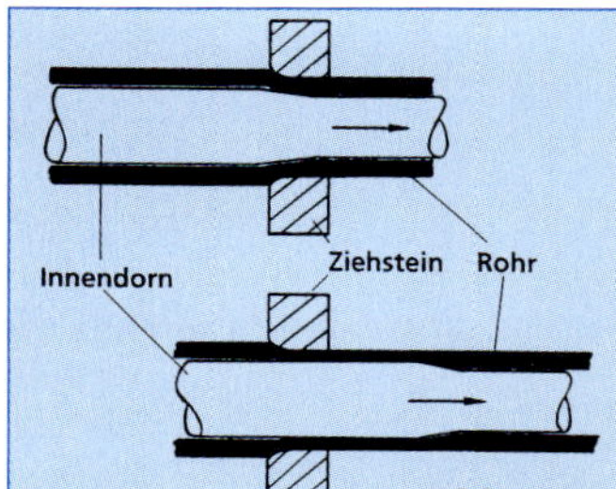

Abb. 151

Carbon-Rohre

Rohre aus dem ▷ Faserverbundwerkstoff ▷ Carbon konnten ursprünglich nur manuell gefertigt werden, mittlerweile ist auch maschinelle Fertigung möglich, wobei das Rohr sogar noch präziser auf die vorgesehene Belastung hin ausgelegt werden kann:

manuell

Mit Harz getränkte Carbon-Matten werden von Hand um einen Aluminiumkern gewickelt (Faserverlauf bei Rahmenrohren v.a. in 0/90°- und 45°-Lagen) und von einem Carbonstrumpf abgedeckt.

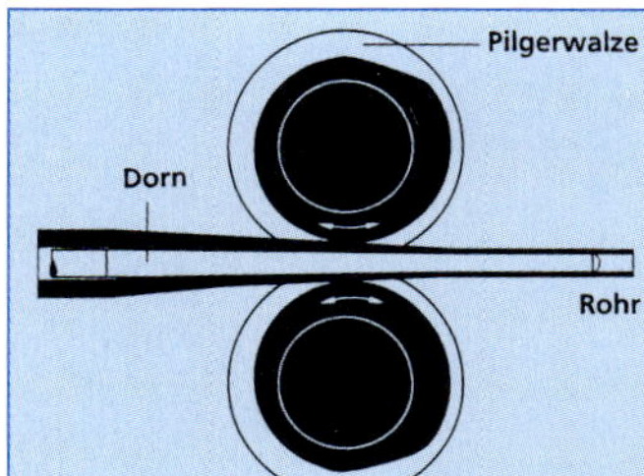

Abb. 152

maschinell

Mit Harz getränkte Carbonfäden werden von einem Automaten unter verschiedenen Steigungswinkel um einen Aluminiumkern gewickelt (vorrangig bei Rahmenrohren: parallel und unter 45° zur Längsachse, um speziell auf ▷ Biege- und ▷ Torsionskräfte hin ausgelegt zu sein) und von einem Carbonstrumpf abgedeckt. Es folgen - wie übrigens auch bei der manuellen Fertigung - das Aushärten des Harzes und ▷ Tempern, wobei sich der Aluminiumkern (anderes Wärme-Ausdehnungsverhalten) nach dem Erkalten herausziehen läßt - fertig ist das Rohr. Die einzelnen Faserlagen des Carbonrohres sind in Abb. 155 zu sehen.
Einzelheiten zu den Verfahren s. ▷ Carbon-Rohre.

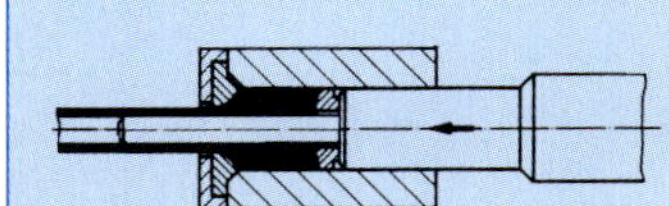
Abb. 153

Titanrohre

Titanrohre werden im Prinzip wie Stahlrohre hergestellt, wobei jedoch bei dünnwandigen Teilen das Rekristallisieren unter ▷ Schutzgas erfolgen muß, da sonst Luftsauerstoff und Luftstickstoff ins Materialgefüge eindiffundieren und den Werkstoff verspröden würden. Aus gleichem Grund wird bei dickwandigen Walzteilen die äußere Zunderschicht abgebeitzt oder mechanisch entfernt.

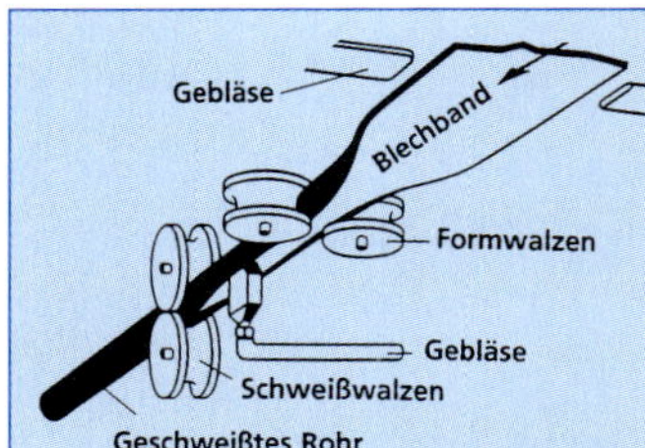

Abb. 154

Rolle

1. Auffahrschutz für den ▷ Steher, damit das Rad bei Kontakt nicht blockiert. Der Abstand der Rolle vom Motorrad hat entscheidenden Einfluß auf die Wirksamkeit des ▷ Windschattens, weswegen bei früheren Handicaprennen die Rolle für gute Fahrer weiter und für schlechtere näher zum Motorrad montiert wurde.
Die Redensart "von der Rolle" stammt aus dem Stehersport und bezeichnet die Situation, wenn der Fahrer den Kontakt zur Rolle verliert und dadurch aus dem Windschatten fällt. Aus eigener Kraft kommt er nicht mehr rein, weswegen das Motorrad abbremsen muß, was einen kaum noch einholbaren Zeitverlust bedeutet.
2. Kurzbez. f. ▷ Trainingsrolle.

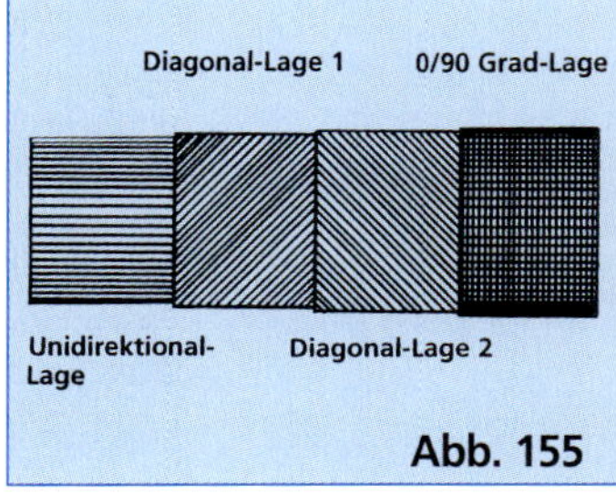

Abb. 155

Roll-eigenschaften

Landläufiger Begriff für die Leichtlaufqualitäten eines ▷ Reifens.
Sie hängen in erster Linie vom ▷ Reifendruck ab, da der ▷ Rollwiderstand eines Reifens nahzu linear mit zunehmendem Luftdruck sinkt.

Weitere Leichtlauf-Kriterien:
* Dünne und dafür dichter gelegte ▷ Karkassenfäden;
* hochelastisches Fadenmaterial (s. ▷ Karkassenfäden);
* Lage der Karkassenfäden in möglichst spitzem Fahrtrichtungswinkel;
* Gürtelwirkung durch 0/90°- Pannenschutzgewebe (s. ▷ Gürtelreifen);
* dünne Gummiauflage an Reifenflanken und ▷ Protektor;
* harte ▷ Gummimischung (geringe Rollvorteile durch den Rußersatz Kieselsäure, vgl. ▷ Gummifüllstoffe);
* dünnes und elastisches Schlauchmaterial (▷ Latex).

Rollen-Antrieb

Auch "Walzenantrieb" genannte Art des ▷ Freilaufs bei der ▷ Torpedo-Freilauf-Nabe von ▷ Sachs nach der Bauart des engl. Cheylesmore-Freilaufs (um 1880): Fünf Rollen werden hierbei durch die Drehung des ▷ Ritzels von einer keilförmigen Schräge gegen die Nabenhülse gepreßt und nehmen sie kraftschlüssig mit (▷ Kraftschlußverbindung). Steht das Ritzel, so löst sich diese Verbindung durch die weiterdrehende Nabenhülse von selbst (Abb. 156).

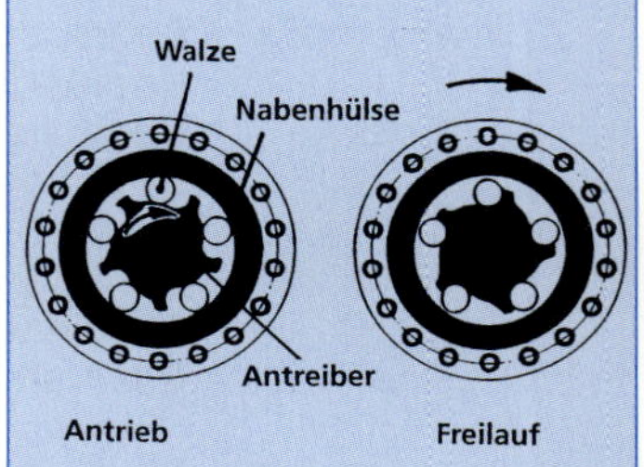

Abb. 156

Rollenbremse

Von ▷ Shimano analog dem ▷ Rollenantrieb der ▷ Torpedo-Freilaufnabe genutztes Prinzip, bei dem Rollen zum Bremsen über eine Kurvenscheibe nach außen auf einen speziellen ▷ Bremsmantel gepreßt werden. S.a. ▷ Bremsen: Rollenbremse.

Rollendynamo

Auch "Walzendynamo" genannter Dynamotyp, dessen Antriebsrolle auf dem ▷ Protektor - also der Reifenmitte - läuft statt auf der Reifenflanke wie beim ▷ Seitendynamo. Einzelheiten s. ▷ Beleuchtung: Dynamolichtanlagen.

Rollenkette

Allgemeinbez. f.d. heute gebräuchlichen Fahrradketten. Sie rührt daher, daß eine Rolle auf der ▷ Kettenhülse (▷ Hülsenkette) resp. dem ▷ Lagerkragen (▷ Lagerkragenkette) sitzt. Sinn: Der Kontakt zu den Zahnflanken von ▷ Ritzeln und ▷ Kettenblättern erfolgt rollend und daher materialschonender als beim gleitenden Eingriff der ursprünglichen ▷ Blockkette, Einzelheiten s. ▷ Kette.

Rollenlager

Andere Form eines ▷ Nadellagers, bei dem die "Nadeln" dicker und kürzer ausgeführt sind und daher als Rollen bezeichnet werden (Abb. 157 links).

Rollen- und Nadellager können erheblich höhere Lasten aufnehmen als übliche Kugellager. Um gleichzeitig radiale und axiale Belastungen aufnehmen zu können, müssen beim ▷ Steuersatz die Walzen/Nadeln auf einer kegelig ausgeführten Bahn rollen.

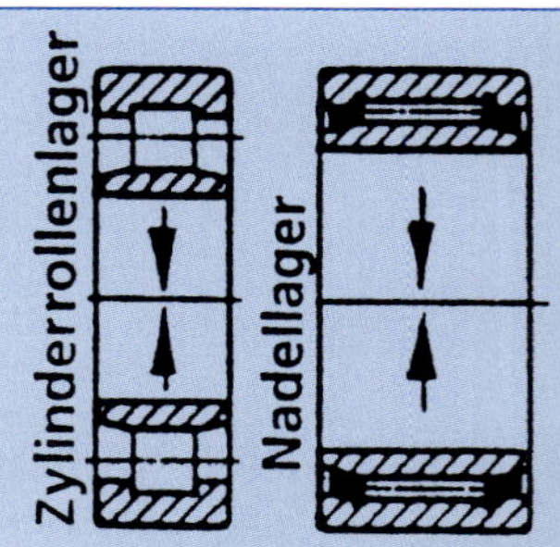

Abb. 157

Roller-Brake

Mittlerweile überholter Typ von ▷ Mittelzugbremse, bei der ein trapezförmiges Blech auf zwei am Ende der Bremsarme angebrachte Rollen einwirkte. Nicht zu verwechseln mit der ▷ Rollenbremse.

Rollradius

Abstand der Fahrbahnberührungsfläche von ▷ Reifen im Belastungszustand von der Mitte der ▷ Nabe (Achse). Er geht als "Kraftradius" in die Errechnung der ▷ Lagerreibung ein (Abb. 158).

Anmerkung 1: In Kurvenschräglage wird die Fahrbahnberührungsfläche der Reifen zum Teil eines Kegelmantels und bewirkt automatisch eine Kurvenfahrt (s. ▷ Lenkvorgang: Gleichgewichtshaltung, Skizze).
Anmerkung 2: Landläufig wird der ▷ Reibradius häufig auch als Rollradius bezeichnet.

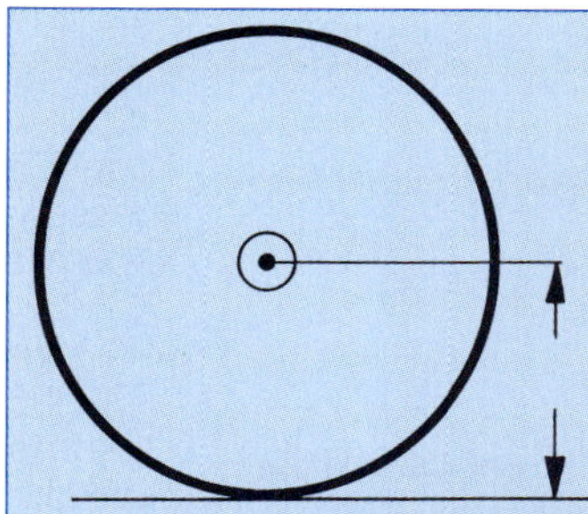

Abb. 158

Rollreibung

Bezeichnung des Widerstandes, den aufeinander rollende Teile bewirken. Sie ist wesentlich geringer als die ▷ Gleitreibung, Einzelheiten s. ▷ Reibung; ▷ Lagerreibung; ▷ Rollwiderstand.

Rollwiderstand

1 Energieverlust in ▷ Lagerungen, s. ▷ Lagerreibung;
2 Teil des ▷ Fahrwiderstandes, der aus der Verlustreibung zwischen ▷ Reifen und Fahrbahn resultiert und sich aus
* Walkwiderstand und
* Abrollwiderstand

zusammensetzt, die ca. im Verhältnis 1 : 5 zueinander stehen.

Walkwiderstand

Beim Abrollen von Luftreifen auf der Fahrbahn plattet sich der Reifen ab. Seitlich bildet sich ein Wulst, der sich im Kontakt mit der Fahrbahn ständig auf- und abbaut. Das stellt eine ständige Walkarbeit dar, die mit ▷ Reibungsverlusten verbunden ist. Bei höherem Luftdruck drückt sich der Reifen weniger stark ein, Wulst und Walkarbeit reduzieren sich.

Abrollwiderstand

Auch vor dem Reifen bildet sich ein Wulst, der den Aufstandspunkt des Reifens leicht nach vorne verlagert. Das Rad muß also ständig über seinen Wulst abrollen, der eine kleine Kippkante darstellt. Für ein Fahrrad berechnet sich die dazu nötige Kraft nach der Formel:

$$F_a = \frac{F_g \cdot s_a}{4 \cdot r}$$

F_a = Abrollkraft in N (▷ Newton);
F_g = Gewicht(skraft) von Vorder- und Hinterrad zusammen in N;
s_a = Vorverschiebung des Abrollpunktes in mm;
r = Laufradradius in mm.

Anmerkung: Der Faktor $s_a/4 \cdot r$ wird als "Rollwiderstandsbeiwert" bezeichnet und hat für normale Fahrradbereifung bei 28-Zoll-Laufrädern und 4 bar Luftdruck einen Wert von etwa 0,01, der sich bei guten ▷ Rennreifen (Continental "Olympic") und 8-9 bar Luftdruck auf etwa 0.002 reduziert.

Rechenbeispiel: Die Gewichtskraft sei 80 kg ≙ 800 N, die Vorverschiebung des Abrollpunktes für 7-8 bar Luftdruck bei 27" großen und guten Schlauchreifen 5 mm:

$$F_a = \frac{800\ \text{N} \cdot 5\ \text{mm}}{4 \cdot 335\ \text{mm}} = 2{,}99\ \text{N}$$

Übrigens sinkt auch der Abrollwiderstand mit zunehmendem Luftdruck, da er den Reifenwulst und damit den Abstand "S_a" verkleinert. Weiter könnte der Abstand "S_a" durch ▷ Gürtelreifen verkleinert werden.
Vgl. zu diesem Thema auch ▷ Rolleigenschaften.

Rost

Landläufige Bez. f. eine Eisen-Sauerstoff-Verbindung, genauer: Eisenhydroxyd ($FeOH_3$).

Gewöhnlicher Rost hat eine bräunlich-rote Farbe und entsteht immer, wenn eine ungeschützte Eisenoberfläche bei entsprechender Feuchtigkeit dem Luftsauerstoff ausgesetzt wird.
Eine andere Form von Rost ist der schwarze ▷ Passungsrost. Es handelt sich um Hämatit Fe_2O_3. Dieser Rost bildet sich nur, wenn hohe Drücke auf Eisenoberflächen ausgeübt werden (z.B. auf Eisenbahnschienen, am Fahrrad auf dem ▷ Kurbelvierkant), s. ▷ Kontaktkorrosion.

Rostschutz Oberflächenschutz von Eisen- und Stahlteilen, der Feuchtigkeit und Luftsauerstoff den Zutritt zum Metall versagt und somit das Rosten verhindert. Weitere Einzelheiten s. ▷ Korrosionsschutz.

Rotationsantrieb Andere Bez. f. ▷ Kurbelantrieb, da die Trittbewegung des Fahrers über Kurbel und Pedal in eine Rotationsbewegung umgewandelt wird.
Nähere Information s. ▷ Antrieb: Kurbelantrieb.

Rotor Schweizer Bez. f.d. ▷ Kassettenkörper einer ▷ Kassettennabe.

Roval-Laufräder ▷ Laufräder mit besonders steifer ▷ Tropfenfelge und ▷ Hammerkopfspeichen (Abb. 159).

Abb. 159

Aufgrund der steifen Felge konnte die frz. Fa. Roval erstmals die normale Anzahl von 36 Speichen pro Laufrad drastisch reduzieren: Vorne mit ▷ Radialspeichung bis herunter zu 16 Speichen, hinten bis herunter zu 24 Speichen. Dabei wird die Zahnkranzseite mit 16 Speichen gekreuzt, die Gegenseite mit nur 8 Speichen radial eingespeicht.
Damit sind diese Laufräder nahezu so windschnittig wie die ▷ Shamal-Laufräder. Trotzdem erreichen sie eine so hohe ▷ Seitensteifigkeit und Betriebssicherheit, daß sie häufig von Amateuren und Profis in ▷ Straßenrennen eingesetzt werden.

RTF Abk. f. ▷ **R**ad**t**ouren**f**ahren, eine Breitensportveranstaltung des ▷ BDR.

Rückholfeder Bezeichnung für Feder, die sich bei der Arbeitsbewegung von Fahrradkomponenten (bes. ▷ Bremsen, ▷ Schaltwerk, ▷ Umwerfer) spannt und eine selbständige Rückführung dieser Teile bewirkt.

Bremsen Durch Betätigung des Bremsseiles schwenken die Bremsarme die Bremsgummis auf die Felge und spannen dabei die Rückholfeder. Bei Nachlassen der Seilspannung zieht die Feder die Bremsarme selbständig wieder von der Felge in die Ausgangslage zurück.

Schaltwerk *1.* Feder im Parallelogramm, die sich beim Auflegen größerer ▷ Ritzel zunehmend spannt und das ▷ Schaltwerk beim Schalten auf kleinere Ritzel "zurückholt".
2. Feder in der ▷ Schaltschwinge (Abb. 160 unten), die für nahezu gleichmäßige Kettenspannung sorgt und in Verbindung mit
3. der Feder für die Schwenkung des Schaltwerks um seine Befestigung im Ausfallende (Abb. 160 oben) die Schaltschwinge stets so einstellt, daß 1 1/2 bis 2 1/2 Kettenglieder Abstand zwischen dem ▷ Kettenführungsrad und dem aufliegenden Ritzel eingehalten werden.

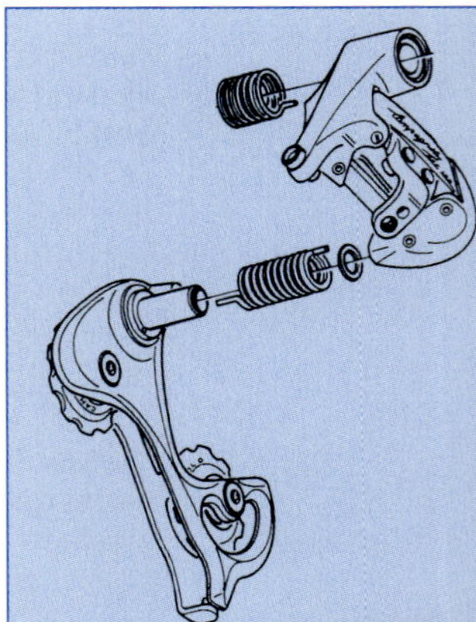

Abb. 160

Umwerfer Rückholfeder im Parallelogramm des Umwerfers, die sich beim Auflegen größerer ▷ Kettenblätter spannt und die ▷ Umwerfergabel beim Auflegen kleinerer Kettenblätter zurückführt.
Genau andersherum verhält es sich beim Umwerfer Sachs "Quarz Inverse": Hier wird die Feder beim Auflegen kleinerer Kettenblätter gespannt, was diesen Vorgang unter Last erheblich erleichtert.

Rücklicht Nach hinten strahlendes, rotes Bauteil von Fahrzeugbeleuchtungen.

Neuester Stand am Fahrrad sind ▷ Diodenleuchten, die durch lange Lebensdauer und enorm geringen Stromverbrauch brillieren. Weitere Einzelheiten s. ▷ Beleuchtung: Rücklicht.

Rückspiegel Spiegel, der die Beobachtung des rückwärtigen Verkehrs gestattet .

Während beim Auto sogar zwei Rückspiegel vorgeschrieben sind, geriet diese Sicherheitseinrichtung beim Fahrrad fast in Vergessenheit. Sicherlich zu Unrecht, denn die meisten Todesfälle bei Verkehrsunfällen mit Radfahrern ereignen sich durch überholende und dann rechts abbiegende Kraftfahrzeuge: Mit einem Rückspiegel kann der Radfahrer das sich nähernde Auto, meist sogar sein Blinken für den Richtungswechsel erkennen und sich entsprechend defensiv verhalten.

mit Kindern Zumindest wenn Kinder im Spiel sind, sollte man den Einsatz von Rückspiegeln bedenken:
1. Ein Kind kann beim Vorausfahren die rückwärtige Begleitperson ohne sich umzudrehen im Auge behalten (Vermeidung von Schlenkern);
2. dito der vorausfahrende Erwachsene das hinterherfahrende Kind;
3. ein Kind im Kindersitz auf dem Gepäckträger oder im Anhänger kann gleichfalls mit dem Rückspiegel beobachtet werden.

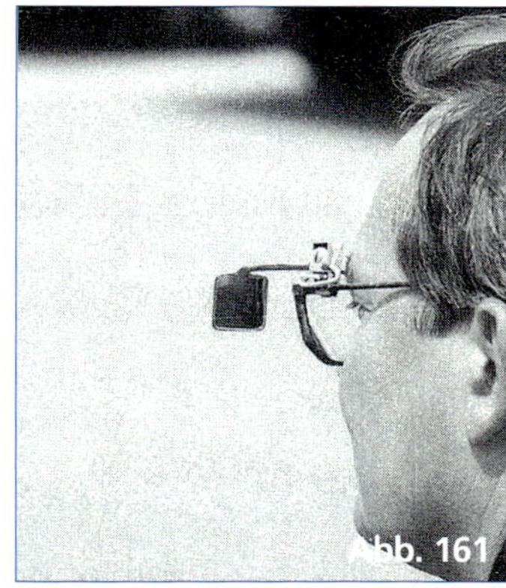
Abb. 161

Typen Da Rückspiegel mit langem Auslegerarm bei unebener Fahrbahn vibrieren, sind kurzarmige Ausführungen, beispielsweise im Lenkerende fixierbar, vorzuziehen.

Besonders interessant sind an Brille oder Helm zu befestigende kleine Rückspiegel (Abb. 161), da sie - in Augennähe plaziert - ein großes Blickfeld bieten.Um das Blickfeld zu vergrößern, sind asphärische Spiegelflächen wünschenswert.

Rückstellfeder Andere Bez. für ▷ Rückholfeder.

Rückstrahler Andere Bez. f. ▷ Rücklicht, die aber auch häufig für ▷ Reflektoren benutzt wird.

Rücktritt s. ▷ Rücktrittbremse

Rücktrittbremse Hinterradbremse, die durch gegenläufiges Treten betätigt wird. Sie ist - wegen des frühen Erfolges der ▷ Torpedo-Rücktrittnaben (1903; Abb. 162) - typisch für das deutsche ▷ Gebrauchsfahrrad, weltweit ansonsten jedoch kaum üblich.

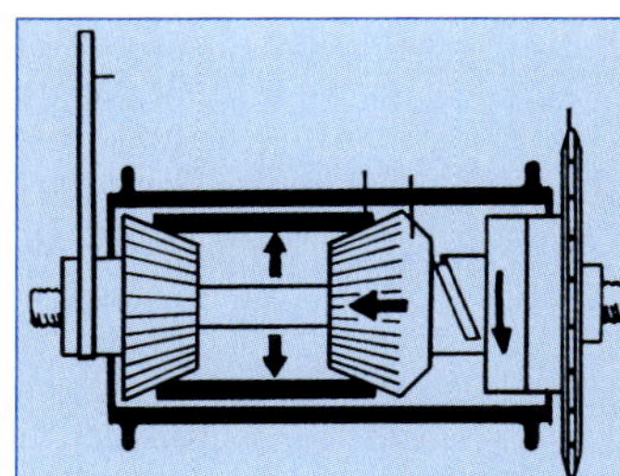
Abb. 162

Die Bremswirkung des Rücktritts kann als mittelmäßig bezeichnet werden, sie erhöht sich allerdings bei Verwendung einer ▷ Nabenschaltung infolge günstigerer Hebelverhältnisse beim Einschalten von Berggängen, reduziert sich aber aus gleichem Grunde in den Schnellgängen.
Bei der neuen Elan 12-Gang-Nabenschaltung von Sachs ist die Wirkung unabhängig vom gerade gefahrenen Gang.
Tip: Bei sehr steilen Abfahrten sollte daher aus Sicherheitsgründen in den Berggang geschaltet werden!

Der Rücktritt gilt als betriebssicherste Fahrradbremse schlechthin (kein Festrosten von ▷ Bowdenzügen), Einzelheiten s. ▷ Bremsen: Nabenbremsen.

Rücktrittnabe Hinterradnabe, in die eine ▷ Rücktrittbremse integriert ist.

Runder Tritt Optimale Trittbewegung des Radlers, die durch einen gleichmäßigen Krafteinsatz über die gesamte Kreisbahn die effizienteste Kraftumwandlung gewährleistet.

Die "echten" Verhältnisse des Trittablaufes eines Radlers zeigt Abb. 163, wobei die Länge der Pfeile die Höhe und Richtung der Trittkraft anzeigt.

Obwohl es in anderen Sportarten (Kunstturnen, Stabhochsprung, Hürdenlauf usw.) sicherlich weitaus kompliziertere Bewegungsabläufe gibt, als stets im Kreis herumzutreten, stellt sich dieses vordergründig banale Unterfangen in der Realität als doch recht schwierig dar. Im Einzelnen gilt es nämlich, für einen tatsächlich runden Tritt folgende Kriterien zu erfüllen:

1. Mit jedem Bein muß über einen Kurbelwinkel von mehr als 180 Grad hinausgetreten werden, damit der Trittfluß nicht abreißt.

2. Die Kraft sollte möglichst gleichmäßig auf das Pedal eingebracht werden, denn jede ▷ Lastspitze auf dem Pedal würde ja eine ruckartige Beschleunigung von Roß und Reiter bedeuten.

3. Der Radler muß fließend über die beiden ▷ Totpunkte hinweg pedalieren (Einsetzen der Kraft bei oben stehendem, Ausklinken bei unten stehendem Pedal).

4. Der Krafteinsatz auf das Pedal sollte tunlichst tangential zum Kurbelarm erfolgen. Nur diese in Abb. 163 in den großen Kreisen als dicke Pfeile dargestellte Kraft dient dem Vortrieb. Anders gerichtete Kräfte haben sog. ▷ Totkräfte zur Folge, die nur die ▷ Lagerungen belasten, aber nichts zum ▷ Vortrieb beitragen.

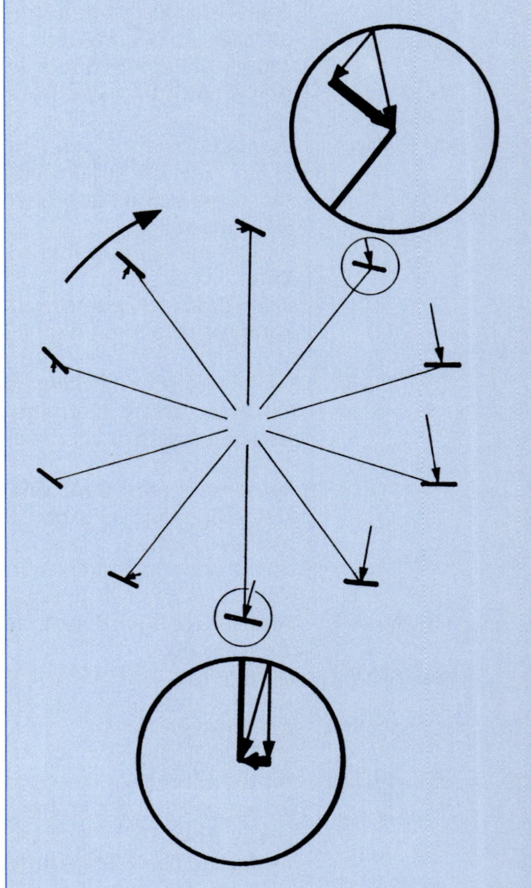

Abb. 163

Erlernen Zum Erlernen des runden Tritts wurde bereits im 19. Jahrhundert in Radfahrschulen das "Pedalieren" gelehrt: Richtiges Heben und Senken der Ferse bei exakt unter dem Ballen stehendem Pedal. Das waren durchaus sinnvolle Maßnahmen zur Vermeidung von Totkräften und ruckartigen Kurbelbewegungen.

Da der runde Tritt bei Radsportlern an Leistung und Erfolg mitbeteiligt ist, wird er auch heute noch intensiv trainiert. Dabei haben sich folgende Hilfsmittel bewährt:

1. Fahren mit höheren ▷ Trittfrequenzen (110-120 U/min);

2. zeitweiliges Fahren mit ▷ starrem Gang;

3. moderne elektronische Meßgeräte wie das Kraftmeßpedal von Medisport: Elektronische Sensoren zeigen sofort akustisch an, wenn der Radler Totkräfte, axiale oder sonstige Kräfte auf das Pedal ausübt, die nicht der Fortbewegung dienen.

Weitere, weniger genutzte Hilfsmittel wären das Fahren a.) mit dem ▷ Pedersen-Rad (hin- und her-Schwingen im Hängesattel verdeutlicht unrunden Tritt und übt seine Vermeidung ein), b.) mit einer ▷ Sattelschwinge (Lastspitzen im Trittablauf führen zu lästigen Wippbewegungen).

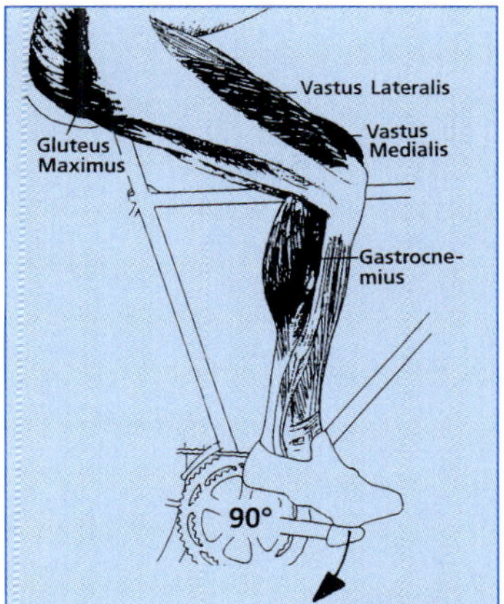

Abb. 164

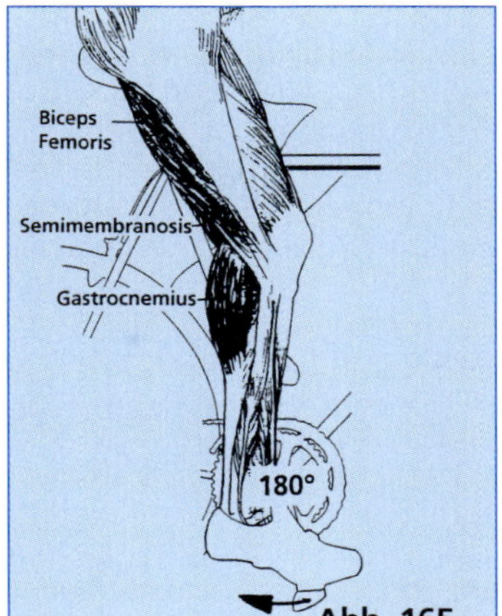

Abb. 165

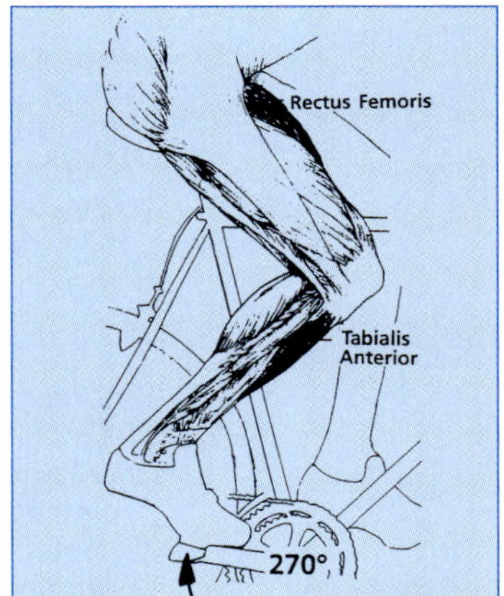

Abb. 166

Darüber hinaus ist das Anschnallen des Fußes auf dem Pedal (▷ Pedalhaken und -riemen oder ▷ System-Pedal) einem runden Tretablauf förderlich. Natürlich macht erst die Übung den Meister, und gerade bei hoher Leistung strebt die Körpermotorik nahezu automatisch ein möglichst effizientes Zusammenspiel von Organismus und Mechanismus an.

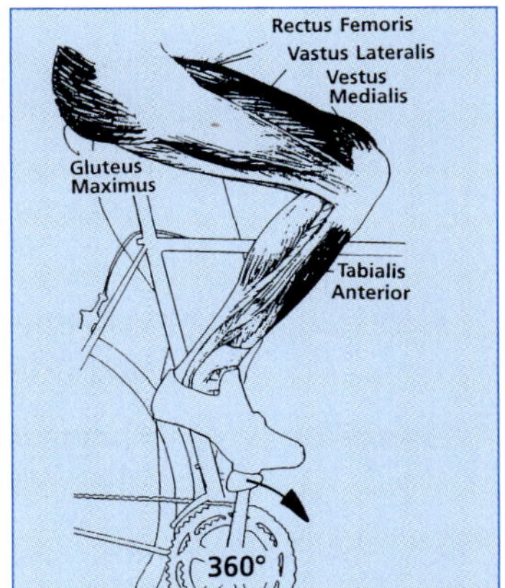

Abb. 167

Zugphase

Die sog. Zugphase (Bereich um die 270°-Kurbelstellung) beim Tretablauf wird häufig überbewertet. Messungen bei Profis haben ergeben, daß das Hochziehen des Pedals keineswegs so häufig eingesetzt wird, wie vielfach vermutet, sondern mehr als "stille Reserve" genutzt wird, und zwar, wenn kurzzeitig angetreten, ein Gang vor dem Wind gehalten oder eine kurze Steigung ohne Runterschalten genommen wird.

Anhand der Abb. 164 - 167 wird gezeigt, welche unserer Beinmuskeln hauptsächlich beim Treten aktiv sind.
Übrigens wird - hier jedoch aus ästhetischen Gründen - auch beim Kunstradfahren ein runder Tritt verlangt: "Eckiger Tritt" wird mit Punktabzug bestraft.

Anzeichen eines unrunden Trittes sind übrigens: Sattelhoppeln bei höheren Trittfrequenzen, Auf-und-Ab-Tanzen des oberen Kettenabschnitts und ruckartige Fortbewegung. Vgl. hierzu auch ▷ Biopace, ▷ ovale Kettenblätter und ▷ Antrieb.

Rundkonus

Andere Bez.f. ▷ Spreizkonus (zur besseren Unterscheidung vom keilförmigen ▷ Schrägkonus) (Abb. 168).

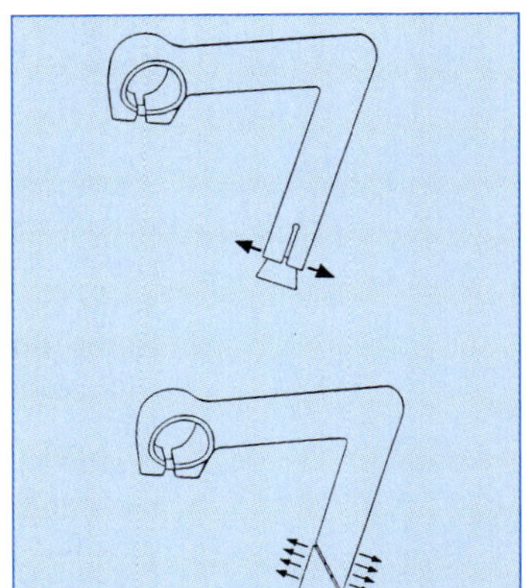
Abb. 168

Rundrohrrahmen

Fahrradrahmen aus kreisrunden Rohren, i.G.z. Rahmen mit ovalisierten oder anderweitig geprägten Rohren, ▷ Monocoques oder anderen Rahmenkonzepten, s. ▷ Rahmenbau.

S 1

Von der Funktion her überzeugendes ▷ Schaltwerk, das - im Unterschied zur üblichen Anbringung am rechten hinteren ▷ Ausfallende - an der ▷ Kettenstrebe befestigt ist, Abb. 1 (Hersteller ▷ Suntour 1991). Die Konstruktionsweise dieser Schaltung erinnert an die ▷ Altenburger Schaltung der 50er Jahre, die ebenfalls unter die Kettenstrebe geschraubt oder geschellt wurde. Wie dieser blieb auch der S 1 der Markterfolg versagt, da zusätzliche ▷ Anbauteile erforderlich sind und der Hinterradausbau komplizierter als normal ist.

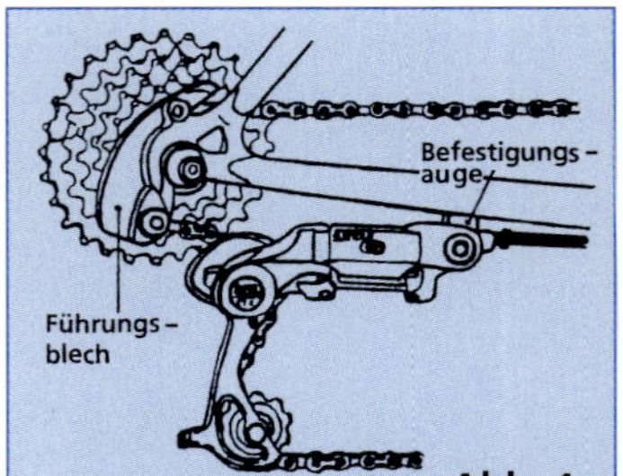

Abb. 1

Vorteile

1. Der ▷ Umschlingungswinkel der Kette wird vergrößert, was besonders bei kleinen Zähnezahlen wichtig ist;
2. der Wegfall der 180-Grad-Biegung des ▷ Schaltzuges (geringere ▷ Seilreibung) hat eine leichtere Schaltungsbetätigung zur Folge;
3. eine ins ▷ Schaltwerk integrierte ▷ Rastermechanik gewährleistet eine präzisere Funktion, da durch die Seilreibung hervorgerufene Schalt-Ungenauigkeiten entfallen (üblich - außer bei ▷ Positron und "Commander" von ▷ Sachs - ist demgegenüber die Rastermechanik im Schalthebel, Schaltschrittverfälschungen durch Elastizitäten des ▷ Bowdenzugs infolge Seilreibung).

Neben den Vorteilen unter Punkt 1. und 2. hat der Montageort einen weiteren Vorteil: Die Schaltung hat weniger seitlichen Überstand, daher geringere Beschädigungsgefahr bei Umfallen oder Sturz, geringere Gefahr zum "Aufhängen" des Nebenmanns (Kontakt Schaltung/Vorderrad).

Nachteile

Hinterradwechsel gestaltet sich komplizierter (Schaltung läßt sich nicht nach hinten wegklappen, Kette muß von ▷ Ritzel auf ein Führungsblech geschaltet werden, Hinterrad kann nur nach schräg links unten "ausgefädelt" werden).

Saal(rad)sport

Veraltete Bezeichnung für den ▷ Hallenradsport (▷ Kunstradfahren, ▷ Radball, ▷ Radpolo), Einzelheiten s. jeweils dort (Abb.2).

Abb. 2

Saalmaschine

Andere Bez. f. ▷ Kunstfahr-Rad bzw. das in vielen Punkten identische ▷ Radballrad.

Sachs

Kurz- und neuerdings auch Firmenname von ▷ Fichtel & Sachs.

Säbelspeichen

Allgemeinbegriff für flachgedrückte Speichen (Abb. 3).

In einfacher Form ein gerundetes Rechteckprofil, besitzen gehobenere Ausführungen einen ovalen vogelzungenförmigen Querschnitt.

aerodynamische Vorteile

Säbelspeichen reduzieren spürbar den ▷ Luftwiderstand eines ▷ Laufrades bei höheren Fahrgeschwindigkeiten: Bei 40 km/h reduzieren Säbelspeichen in normalen 36-Speichen-Laufrädern den kompletten ▷ Fahrwiderstand - Rollreibung, mechanische Verluste, Gesamtluftwiderstand inkl. Fahrer - um rund 4% (2% pro Laufrad), was unter Wettbewerbsbedingungen siegentscheidend sein kann.
Weitere rund 0,5% lassen sich durch ▷ Radialspeichung erzielen, da hierbei die wirbelbildenden Speichenkreuzungen entfallen. Weil das nun aber die Laufräder spürbar härter macht, sind gewellte Säbelspeichen der Firmen Prym und Rödel im Handel, die den ▷ Fahrkomfort wieder verbessern.
Weitere Einzelheiten s. ▷ Speichen, vgl. aber auch ▷ Shamal-Laufrad.

Abb. 3

Sandwichbauweise

Mehrschichtbauweise, die besonders in der ▷ Faserverbundbauweise Anwendung findet (Abb. 4).

Der Name rührt von dem bekannten Lebensmittel her, bei unserer technischen Anwendung jedoch ist die Außenschicht aus ▷ Glasfaser oder ▷ Carbon und das eingelegte Innere besteht aus Schaum oder Waben.

Technischer Hintergrund

Bei vorwiegend auf ▷ Biegung belasteten Bauteilen wirken die Kräfte hauptsächlich in Oberflächennähe, die Bauteilmitte wird kaum oder gar nicht belastet. Je voluminöser nun das Bauteil wird, umso biegesteifer wird das Werkstück, wobei die eingebrachten Schaum- oder Wabenkerne zugleich Werkstoff und Gewicht sparen.
Anwendung der Sandwich-Bauweise: ▷ Scheibenräder und ▷ Monocoques mit Schaum- oder Wabenkern.

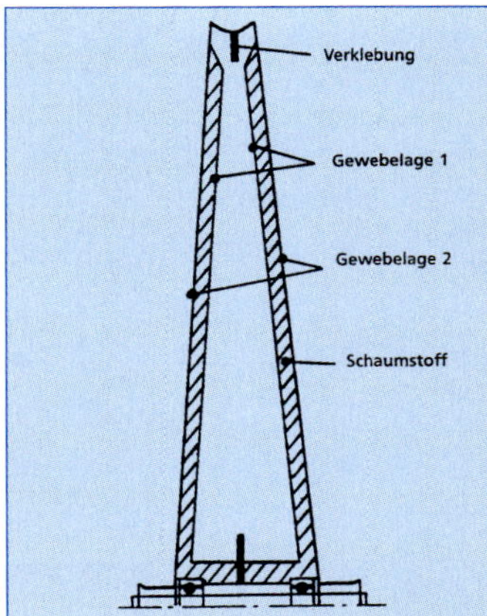

Abb. 4

Sandwichpackung

Bez. f. Korrosionsschutzmaßnahmen (▷ Korrosionsschutz), die mehrschichtig aufgetragen werden. Beispiel: Erste Schutzlage aus ▷ Sprühwachs, nach deren Trocknung noch eine Einfettung erfolgt.

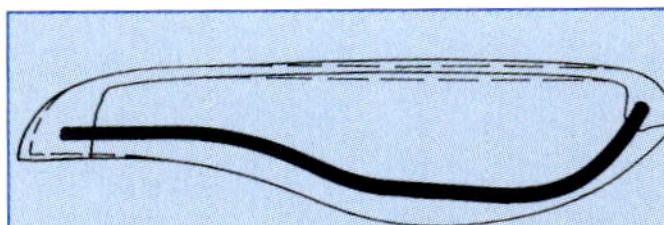
Abb. 5

Sattel

Hinterer Kontaktpunkt des Radlers mit seinem Gefährt. Er sollte einen gewissen Fahrkomfort gewähren und zugleich etwas seitlichen Halt. Nicht umsonst heißt es nämlich in Radsportlerkreisen: "Der Hintern lenkt mit".

Aufbau

▷ Sattelgestell, über das eine Satteldecke gespannt wird (Abb. 5). Material und Verwendungszweck haben im Laufe der Fahrradgeschichte zur Entwicklung verschiedener Satteltypen geführt (z.B. Polsterung oder Federung):

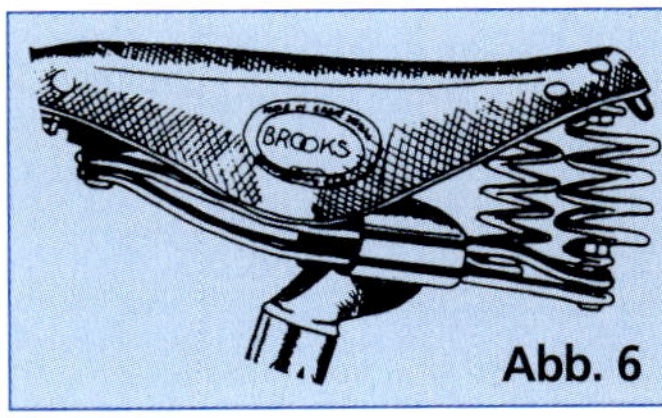

Abb. 6

Kernledersattel

In Abb. 6 gezeigter Satteltyp, bei dem die Satteldecke aus Kernleder besteht, das mittels Spannvorrichtung (Abb. 7) nachgespannt werden kann (Kernleder: Leder, das aus den besonders dicken und kompakten Hautschichten des Rückenbereichs der Tiere gefertigt ist). Manko ist das Präparieren und Nachspannen dieser Naturprodukte, s.u.

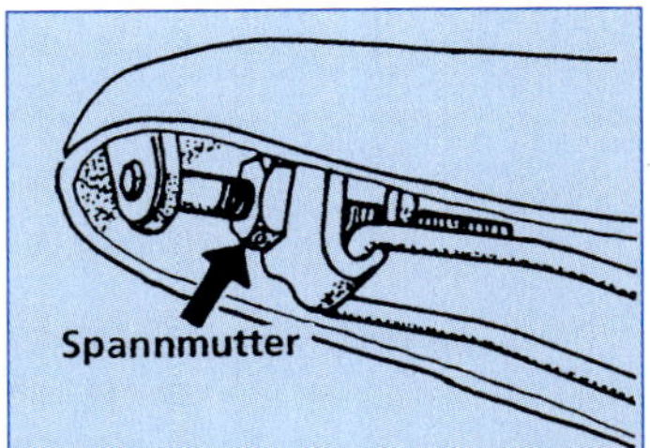

Abb. 7

Diese Sättel waren sehr schwer (bis 800 gr.; vgl. dagegen weiter unten Swift-Kernledersattel: 380 gr.). Das Naturprodukt Leder besitzt jedoch eine gute Anpaßbarkeit an die körperlichen Gegebenheiten (Po-Form), so daß sie nach wie vor unübertroffenen Sitzkomfort bieten und z.B. von Reiseradlern gern benutzt werden. Die Satteldecke macht darüberhinaus die Trittbewegung des Radlers gut mit, was ein Wundreiben verhindert.
Wie wichtig der Sattel bei den vielfahrenden Radprofis seit jeher war, zeigte das einst geflügelte Radlerwort "Nimm Deinen Sattel und geh'", wenn ein Profi gefeuert wurde: Das Rad wurde nämlich vom Rennstall gestellt, seinen Sattel aber brachte jeder Fahrer selber mit und hegte und pflegte ihn.

Präparieren

Die fachgerechte Vorbereitung eines Kernledersattels für seine "tragende Rolle" ist recht aufwendig:
1. Von unten einfetten, Abb. 8 (teures Spezialfett der Hersteller oder preiswertes Sattelfett von Reitern);
2. 30 Minuten im Backofen bei 50° Grad "garen", damit das Fett flüssig wird und leichter einzieht,

3. beide vorgenannten Schritte wiederholen;
4. Satteldecke durchwalken: entweder mit kräftigem Handballendruck oder mit einem lappenumwickelten Hammer (Abb. 9).
5. Sattel "einreiten": Die erste Ausfahrt sollte nur 30 km dauern. Dann 3 Tage Pause einlegen (Gefahr einer schmerzhaften Sitzknochenhautreizung); dann Kilometerzahl steigern mit zwei und dann einem Tag Pause, bis Sattel nach rund 500 km eingeritten ist.

Nachspannen

Das edle Naturmaterial gibt im Laufe der Zeit nach, weswegen ein solcher Sattel hin und wieder vorsichtig nachgespannt werden muß, was mit der Nachspannmutter unter der Sattelnase mittels Spezialschlüssel erfolgt.
Interessant ist der "Swift"-Kernledersattel von Brooks, der einen kompletten Titan-Unterbau besitzt (Gestell, Nachspannvorrichtung, Beschläge) und nur noch 380 gr. wiegt.

Regenschutz

Ein Nachteil des Ledersattels ist sicher, daß er vor Regen, aber auch vor zu viel Sonne geschützt werden muß. Daher die berühmte Plastiktüte unter diesen Sätteln.

Kunststoffsättel

In der 70er Jahren wurden die Kernledersättel mehr und mehr von den leichteren und pflegeleichteren Kunststoffsätteln abgelöst. Auch hier trägt wieder im Normalfall ein Stahlgestell, über das eine steife Kunststoffdecke gezogen ist. Die Decke wird zusätzlich mit einer Schaumgummiauflage gepolstert und erhält noch einen Überzug aus dünnem Leder oder Stoff.
Der Schaum soll den Federkomfort des Kernleders übernehmen, wodurch der Sattel sich immer an die "individuellen Gegebenheiten" anpassen kann: Das langwierige und oft auch schmerzhafte Einreiten entfällt. Im Vergleich zu einem Kernledersattel macht die Polsterung jedoch die durch das Treten entstehende Bewegung nicht homogen mit, es kommt schneller zum Wundreiben.

Gel-Sättel

Versuche, die individuelle Anpaßbarkeit des Sattels mittels einer im Schaum eingelassenen gelartigen Schicht zu verbessern (Abb. 10), werden nicht von allen Radfahrern begrüßt, da diese Sättel mit zunehmender Fahrzeit doch zu drücken beginnen. Bei Billigsätteln kommt es häufig vor, daß das Gel mit der Zeit aushärtet und der Sattel damit zum Folterinstrument wird.

Rennsättel

Rennfahrer bevorzugen einen langen und schmaleren Sattel, damit die Tretbewegung nicht vom Sattel behindert wird und sie je nach Fahrsituation im Sattel vor- und zurückrutschen können. Die Beckenknochen (Abb. 11) müssen aber noch Platz auf dem Sattel bekommen, sonst sind Sitzbeschwerden programmiert.
Typische Rennsättel sind der "Rolls" (Selle San Marco) und der "Turbo" (Selle Italia, Abb. 12).

Dem Rennfahrer reicht übrigens ein weniger gepolsterter Sattel, da die Sportler mit mehr Pedaldruck fahren, weiter nach vorne gebeugt sind und so ohnehin mit weniger Last auf dem Sattel sitzen. Ferner verlassen Rennfahrer bei Antritten, kurzen Steigungen oder Bodenwellen ohnehin häufiger den Sattel und gönnen sich so Sitzpausen.

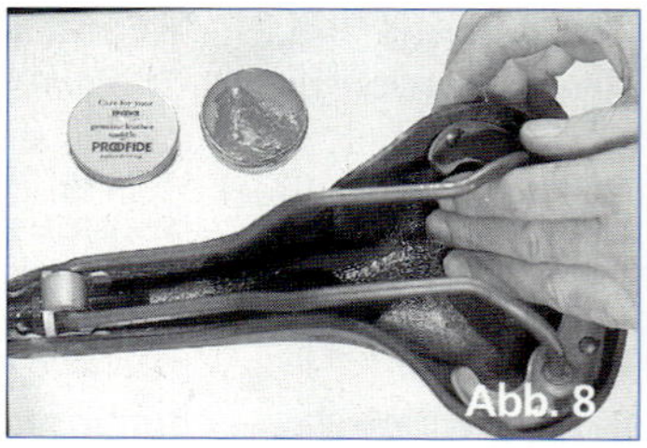

Abb. 8

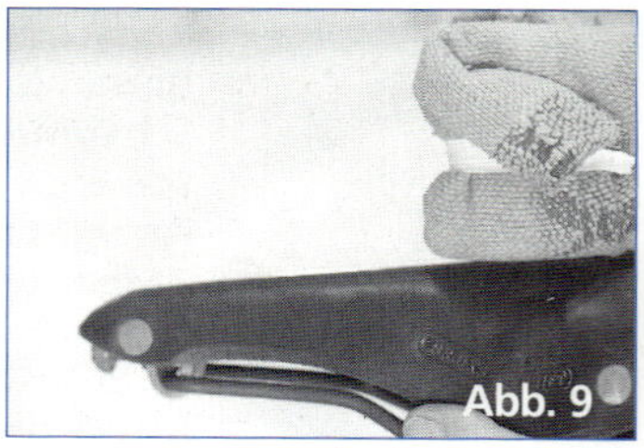
Abb. 9

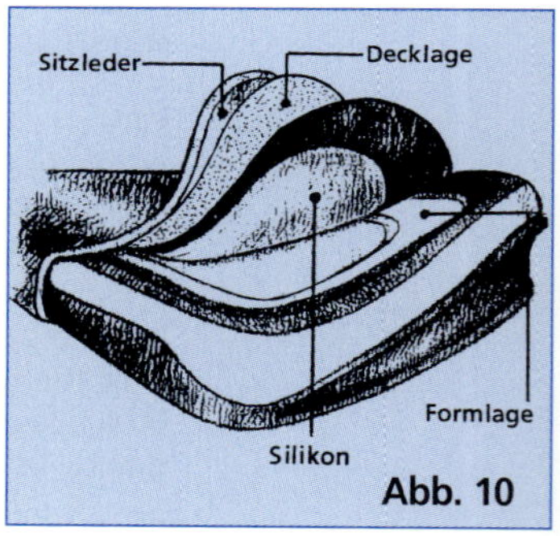

Abb. 10

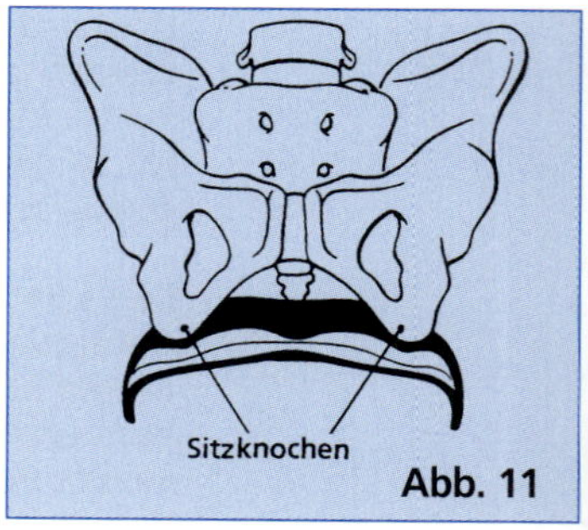

Abb. 11

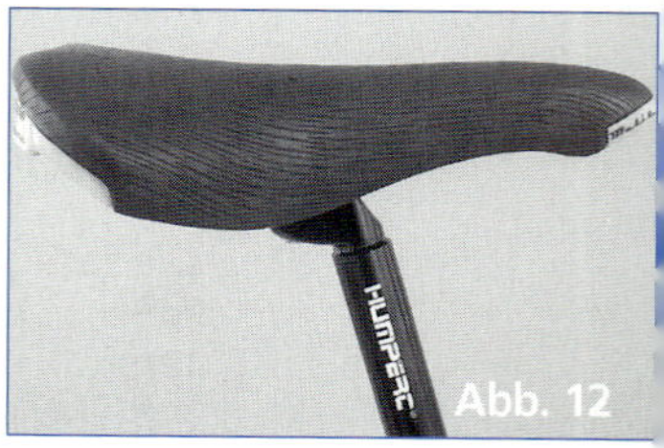
Abb. 12

Trendsättel

1990 läutete Selle Italia mit dem "Flite" (Abb. 13) eine neue Sattelära ein: Mit Titangestell und seitlich weit ausgeschnittenem Kunststoffkörper sowie sparsamer Polsterung wog dieser Sattel nur noch knapp 200 g. Auch hier kann die Satteldecke leicht mitgehen, vermeidet also ganz gut das Wundreiben und bietet obendrein mehr Fahrkomfort. Andere Sattelhersteller zogen nach und heute ist der Markt schier unübersichtlich geworden durch Sattelgestelle aus Chromo-Rohr und Carbon sowie mit exotischer Formgebung.

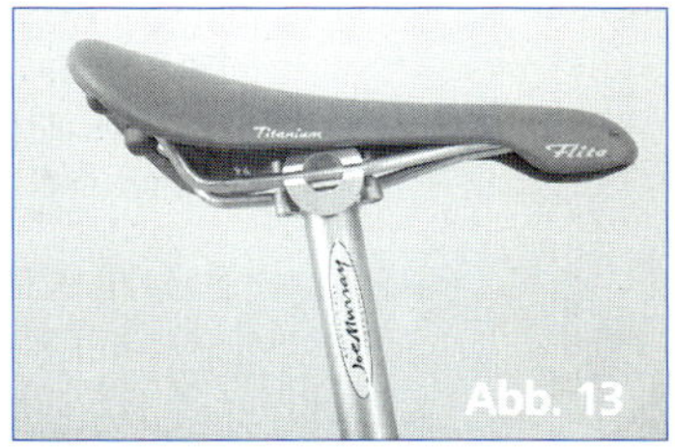
Abb. 13

Damensättel

Der weiblichen Anatomie angepaßte Sättel: hinten breiter, in der Länge kürzer, wie der in Abb. 14 dargestellte "Anatomica". Bisweilen sind Damensättel noch im Dammbereich mit einer Mulde versehen (s.a. den weiter unten beschriebenen geteilten Sattel).
Diese Sättel finden jedoch nur bei Freizeitradlerinnen Gefallen. Rennfahrerinnen und Mountainbikerinnen bevorzugen den langen Männersattel, um sich wie die männlichen Kollegen je nach Fahrsituation im Sattel besser vor- oder zurücksetzen zu können. Durch ihren guten Trainingszustand besitzen sie außerdem einen hohen Pedaldruck, so daß sie weit seltener unter Sitzbeschwerden leiden als die weniger sportlich radelnden Frauen.

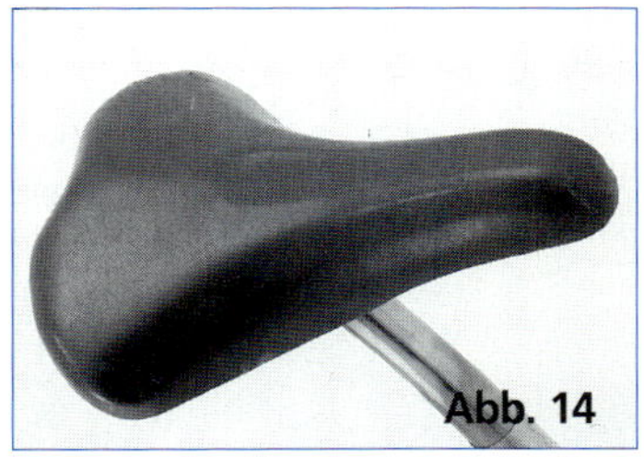
Abb. 14

gefederte Sättel

Wegen der früher schlechten Straßen wurde schon zu Velo-Urzeiten der Sattel gefedert.
Hierbei wurden wie heute noch üblich zwischen Satteldecke und Gestell Schraubenfedern eingebracht, die Federwege von 3-7 cm ermöglichten (Abb. 15). So gesehen stellt der Sattel die einfachste Möglichkeit einer passiven ▷ Fahrradfederung dar.
Darüberhinaus kann ein gefederter Sattel v.a. bei denjenigen Fahrern von Nutzen sein, die bei jedem Tritt im Becken kippen, vergleiche ▷ Sitzposition: Während diese Fahrer sich beim Normalsattel den Hintern schnell wundreiben, macht ein gefederter Sattel diese Kippbewegung mit und vermeidet das Wundreiben.
Ein zu weich gefederter Sattel hat allerdings den Nachteil, daß er v.a. bei höheren Trittfrequenzen anfängt, auf- und abzuwippen.

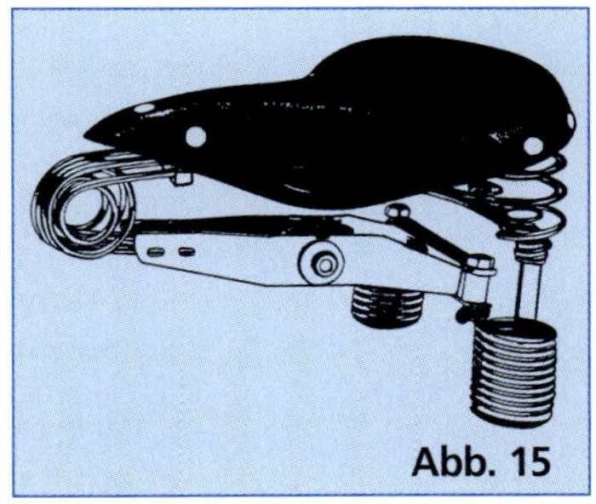
Abb. 15

Sonderbauweisen

Für bestimmte Fahrradtypen oder spezielle Anwenderbedürfnisse werden bestimmte Sondersättel angeboten:

geteilter Sattel

Von Selle Bassano unter dem Modellnamen "Modular" vertriebener Sattel mit geteiltem Oberteil (Abb. 16). Die beiden Hälften lassen sich über eine Spannschraube bis zu 25 mm auseinanderstellen, was eine variierbare Aussparung im Dammbereich ergibt.
Nutzen von diesem Sattel haben v.a. Radfahrer mit Empfindlichkeiten im Dammbereich.

Abb. 16

Bananensattel

Langer Sattel mit einer mehr oder weniger hochgezogenen Sattellehne.
Der Bananensattel kam als Modeerscheinung mit den ▷ High-Risern für Kinder seit Mitte der 60er Jahre auf den Markt. Der Markterfolg war begrenzt, die Verwendung des Sattels bei anderen Fahrradtypen erfolgte nicht.

Kunstfahrsattel

Am ▷ Kunstfahrrad eingesetzter Sattel mit muldenförmig vertiefter Sitzfläche, um den Fahrern bei einigen Fahrfiguren und beim Freihändigfahren mehr Halt zu gewähren. In ähnlicher Ausführung wird der Kunstfahrsattel auch beim ▷ Einrad gefahren.

Luftpolsterung Verschiedentlich wurde versucht, Sitzprobleme mit Luftpolsterung des Sattels zu lösen. Zur Serienreife gelangte 1992 der luftgepolsterte Sattel von ▷ Campagnolo, bei dem zwischen Kunststoffkörper und Satteldecke ein im Luftdruck variierbarer Gummiformkörper eingebracht war, der inzwischen aber nicht mehr hergestellt wird.

Satteldecke

Mehr oder weniger anatomisch geformte Sitzfläche eines ▷ Sattels, die vom ▷ Sattelgestell getragen und gespannt wird.
Früher wurden Satteldecken ausschließlich aus Kernleder gefertigt, heute kommen vermehrt Satteldecken aus Kunststoff zum Einsatz, Einzelheiten s. ▷ Sattel.

Sattelgestell

Stäbe aus ▷ Stahl, ▷ Stahlrohr, ▷ Aluminium, ▷ Titan oder ▷ Carbon, die einerseits von der ▷ Sattelstütze geklemmt werden, andererseits die Decke des ▷ Sattels "tragen".
Durch geschwungene Formgebung wird die Satteldecke unter Spannung gehalten. Für den Verstellbereich des Sattels ist der Parallelteil des Gestells maßgeblich.

Abb. 17

Sattelkerze

Oben "kerzenartig" eingezogenes Rohr als Grundelement einer traditionellen ▷ Sattelstütze. Auf den eingezogenen Bereich wird per ▷ Sattelkloben der Sattel befestigt (Abb. 17).
Die Sattelkerze wird i.A. aus ▷ Stahl gefertigt, in Sonderfällen auch aus ▷ Aluminium.

Sattelkloben

Doppelklemmteil zur Sattelfixierung (Abb. 18) bei einer traditionellen ▷ Sattelstütze:
Mit einer Schraube wird sowohl das Sattelgestell mit dem Kloben als auch dieser selbst auf die ▷ Sattelkerze geklemmt.
Diese Fixierweise ist sehr variabel und ermöglicht vier unterschiedliche Stellungen für die Sattelklemmung; andere Klemmsysteme s. ▷ Sattelstütze.

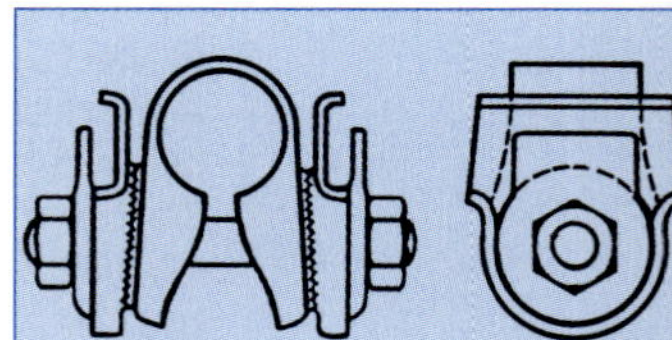

Abb. 18

Sattelmuffe

▷ Sattel- und ▷ Oberrohr verbindende ▷ Muffe, die meist auch als stabile Anlötstelle für die ▷ Sattelstreben dient (Abb. 19).

In die Sattelmuffen sind teilweise gleich die ▷ Sattelstützenklemmungen integriert. Damit spart sich der Rahmenhersteller eine Lötstelle. Bei modernen Aluminium-MTBs erfolgt die Klemmung fast ausschließlich mit einem Klemmring, da ein Anschweißen von Schraubösen auf dem dünnwandigen Aluminiumrohr nicht sinnvoll wäre.

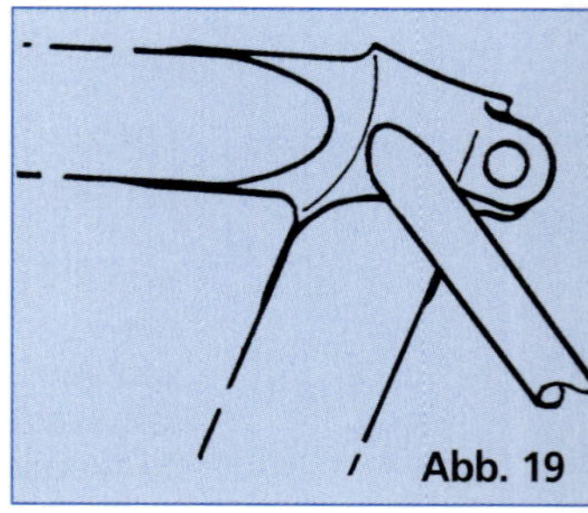

Abb. 19

Noch rationeller und stabiler kann die Fertigung mit bestimmten ▷ Microfusionsmuffen erfolgen. Bei ihnen sind seitlich gleich die Fügestummel für die Aufnahme der Sattelstreben ausgebildet (Abb. 20). Damit kann diese Verbindung ohne das Anbringen von "Spitzen" oder eine exakte Anpassung an das Sattelrohr (Gehrungsanpassung) erfolgen und ist darüberhinaus noch belastbarer. Der gleiche Muffentyp findet als ▷ Klebemuffe aus ▷ Aluminium oder ▷ Carbon i.d.R. bei ▷ Aluminium- und ▷ Carbonrahmen Anwendung, um eine sichere Rohr-zu-Rohr-Verbindung zu gewährleisten.

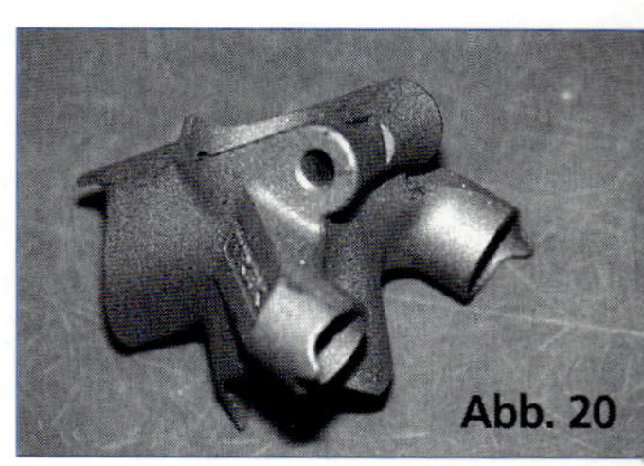

Abb. 20

Sattelrohr

Zentrales Rahmenrohr, das nicht nur der Befestigung des Sattels am Fahrrad dient, sondern konstruktiv als Verbindungsstelle von ▷ Vorderbau und ▷ Hinterbau zu sehen ist (Abb. 21).
Der Abstand Mitte ▷ Tretlagerung bis Oberkante Sattelrohr bestimmt nach deutschem Maß die ▷ Rahmenhöhe (i.G.z. zur frz. Meßmethode beispielsweise, deren Bezug der Abstand Mitte Tretlager bis Mitte Oberrohr ist).

Abb. 21

Mit seiner Neigung beeinflußt das Sattelrohr die Länge des Oberrohres und damit auch die ▷ Seitensteifigkeit des Fahrrades. Rennräder werden daher i.d.R. mit möglichst kurzem Oberrohr gebaut, was dann ein steil stehendes Sattelrohr zur Folge hat. Das wiederum kann die horizontale Verschiebbarkeit des Sattels begrenzen. So können z.B. große Fahrer oder solche mit langen Oberschenkeln den Sattel nicht weit genug zurücksetzen, wenn die Sattelrohrneigung 73° oder gar 75° beträgt. Sie wären mit einer flacheren Sattelrohrneigung besser bedient und müssen mit weit zurück gesetzten ▷ Sattelstützen (z.B. einige MTB-Stützen) versuchen, ihre individuelle Anpassung zu erreichen.
Im Klemmbereich der Sattelstütze sind die Sattelrohre höherwertiger Stahlrohr-Rennrahmen nicht oder nur geringfügig ▷ endverstärkt. Der Durchmesser der Sattelstütze ist damit ein Anhalt für die Güte der verwendeten Rohre:

Ein Stützendurchmesser von 27,2 mm gilt für einen guten Rennrahmen aus Stahlrohren als "Muß". 27,0 oder 26,8 mm zeugen für mittlere Qualität und noch kleinere Durchmesser "verraten" den Standardrahmen.
Für frz. Rennräder, da deren Sattelrohre einen Außendurchmesser von 28,0 statt 28,6 mm besitzen, muß hier entsprechend differenziert werden. Im MTB-Bereich, bedingt durch die Vielzahl von unterschiedlichen Rohrtypen und Durchmessern, gilt dieses Indiz ebenfalls nur eingeschränkt.
In Sonderbauweisen ist das Sattelrohr in Richtung Steuerrohr gebogen, um mit dem Hinterrad näher ans Tretlager zu kommen. Gleiches kann auch durch das Eindrücken einer "Delle" (bisweilen auch "Sicke" genannt) realisiert werden, in der sich dann Reifen und Felge des Hinterrades aerodynamisch günstig "verstecken" können. Solche Rahmen mit kürzerem Hinterbau machen das ▷ Fahrverhalten von Fahrrädern generell sehr nervös und sollten nur von Bergspezialisten gefahren werden. Sie bekommen mit dem kürzeren Hinterbau eine bessere ▷ Traktion für das Hinterrad, weil der Fahrer mehr über dem Hinterrad sitzt.

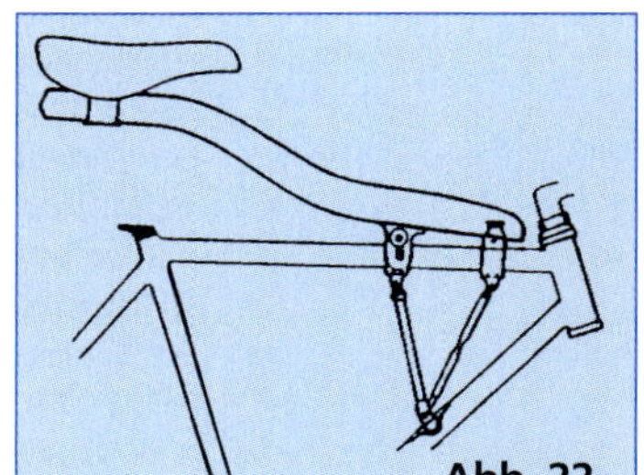

Abb. 22

Sattelrohrmuffe

Andere Bez. für ▷ Sattelmuffe, z.T. aber auch für die ▷ Centermuffe bei Damenrädern.

Sattelschwinge

Landläufige Bez. f. eine federnde, den Sattel tragende Schwinge, um die Auswirkungen von ▷ Beschleunigungskräften durch Fahrbahnunebenheiten auf den Fahrer zu mildern.
Hierzu ist die Schwinge entweder in sich elastisch ausgeführt (Allsop, Abb. 22), oder sie wird in starrer Bauweise über Federelemente am Rahmen abgefedert und gedämpft (Zipp, Abb. 23). Die Sattelschwinge federt nur den Fahrer und zählt zu den passiven Federungen (s. ▷ Fahrradfederungen). Daher unterliegt die gesamte Fahrzeugmasse (9 - 12 kg) den Beschleunigungskräften - i.U. zur aktiven Federung, bei der lediglich die Laufradmasse abgefedert wird (ca. 2 - 3 kg). Entsprechend träger reagiert das Federungssystem Sattelschwinge.

Abb. 23

Trotzdem muß bei einem Faktor 8 zwischen ungefederter Masse (Fahrrad) und gefederter Masse (Fahrer) die Sattelschwinge noch als eine sinn- und wirkungsvolle Federung angesehen werden. Vorteile der Sattelschwinge:
1. ▷ Seitensteifigkeit und ▷ Spurtreue des Rahmens bleiben erhalten;
2. beim ▷ Wiegetritt bleibt das System inaktiv, besitzt also keine Kraftverluste durch "Einnicken" der Federung;
3. gleichermaßen wirkungslos bleiben Kettenzug und Pedalschlag (s. ▷ Fahrradfederungen: Reaktionsfreiheit).

Als nachteilig wird ein - besonders in der Eingewöhnungsphase auftretender - Wippeffekt empfunden (vertikale Resonanzschwingungen), der sich v.a. bei höheren ▷ Trittfrequenzen einstellt. Hierfür gibt es mehrere Ursachen:
1. Die ▷ Vorspannung der Schwinge ist zu gering; das kann durch Wechsel auf eine steifere Version geändert werden;
2. der Fahrer tritt unrund, besitzt also Druckspitzen in seinem Trittablauf;
3. die Sattelschwingen sind zu flach angestellt;
4. die ▷ Dämpfung der Schwinge ist zu gering.

ad 1: Je weicher eine Sattelschwinge ausgeführt ist (je nach Körpergewicht sind bei Allsop drei unterschiedlich steife Ausführungen erhältlich), um so weiter federt sie durch das Fahrergewicht ein und um so größer sind die Auswirkungen eines unrunden Trittablaufes.
ad 2: Die Pedalkraft von Radlern variiert innerhalb des Tretablaufs häufig (s.a. ▷ runder Tritt). Meist erfolgt der größte Krafteinsatz, wenn die Tretkurbel in etwa waagrecht steht. Damit entlastet der Fahrer seinen Satteldruck, "hebt" sich also sozusagen selbst etwas aus dem Sattel. Folge: Die Schwinge federt nach oben. Läßt der Pedaldruck dann wieder nach, federt die Schwinge wieder zurück. Da sich diese Bewegung bei jedem Tritt wiederholt, kann die Sattelschwinge in Resonanzschwingungen geraten. Andererseits erzieht gerade dieser Sachverhalt den Fahrer dazu, runder und damit auch effektiver zu treten, um den unangenehmen Wippeffekt zu vermeiden.
ad 3: Überrollt das Hinterrad ein Hindernis , so werden alle Massepunkte von Rad und Fahrer um den Aufstandspunkt des Vorderrades herum beschleunigt. Für den Sattel resultiert daraus eine etwa 45-Grad-Bewegung nach vorn. Dieser Bewegung kann der Sattel am günstigsten ausweichen, wenn die Schwinge unter etwa 45 Grad nach hinten angestellt ist. Damit verglichen sind die Allsop-Sattelschwingen v.a. für kleinere Fahrer/innen zu flach angeordnet. Folge: Die Ausweichbewegung der Sattelschwingen kann nicht optimal erfolgen, der unrunde Trittablauf besitzt größere Auswirkungen auf die Resonanzerscheinung. Anders ausgedrückt: Je mehr sich die Sattelschwinge einer 45-Grad-Neigung nähert, um so günstiger kann sie den Beschleunigungskräften ausweichen und um so geringer ist die Gefahr der Wipperscheinung.
ad 4: Dämpfung ist nach wie vor das einfachste Mittel, um Resonanzerscheinungen vorzubeugen.

Ausführungsbeispiele:

Allsop Der Erfinder der Sattelschwinge (USA 1989) verwendet einen Doppelbalken aus ▷ Carbon mit einer dazwischenliegenden Schicht aus ▷ Silikon zur Dämpfung. Die Schwinge wird in der Nähe des ▷ Steuerrohres fixiert und federt über eine Länge von annähernd 50 cm den am hinteren Ende befestigten Sattel ab, wobei die Ausweichbewegung mehr als 10 cm betragen kann. Zur Anpassung auf die Fahrergröße kann die Neigung der Schwinge verändert und der Sattel horizontal verschoben werden.

In der Praxis hat sich die Dämpfung als nicht ganz ausreichend erwiesen, weshalb v.a. Anfänger zunächst zu einer steiferen Ausführung greifen sollten. Bei großen Fahrern (Sattelabstand von mehr als 85 cm zur Tretlagermitte) erfolgt zwangsläufig eine steilere Anstellung der Allsopschwinge, womit sich deren Wirksamkeit verbessert und die Resonanzeffekte geringere Auswirkungen besitzen.

Per Nachrüstsatz können alle ▷ Diamantrahmen mit der Allsopschwinge nachgerüstet werden. Daneben bietet der Hersteller auch eigens für die Schwinge konzipierte Rahmen an.

Zipp Der amerikanische Rahmen- und Scheibenrad-Hersteller Zipp war anfänglich Lizenznehmer von Allsop, wartete aber 1994 mit eigenem Schwingenkonzept auf: Seine Schwinge ist als starrer Carbonträger ausgeführt und ebenfalls in Steuerrohrnähe gelagert, Federung und Dämpfung erfolgten innerhalb der Lagerung über ▷ Elastomere.

Die Zipp-Schwinge ist von Haus aus steiler angestellt, besitzt aber mit knapp 2 cm einen erheblich kleineren Federweg als die Allsop-Schwinge. Daher erreicht sie momentan nicht annähernd den Fahrkomfort von Allsop, neigt jedoch nicht zu den mehrfach erwähnten Wippeffekten.

Sattelstreben

Verbindungsrohre zwischen den hinteren ▷ Ausfallenden und den Fügestellen von ▷ Sattelrohr und ▷ Oberrohr (Abb. 24), i.d.R. konisch (s. ▷ Konifizierung) entsprechend der Belastung ausgeführt:
Während die Krafteinleitstelle am hinteren Ausfallende noch einen dünnen Durchmesser besitzt, verdicken sich die Streben zum Sattelrohr hin entsprechend dem zunehmenden ▷ Biegemoment. Aus diesem Grunde sind modische bi-konische Streben - sie verjüngen sich auf den letzten 15 cm zum Sattelrohr hin wieder - statisch gesehen nicht sinnvoll, unterstützen aber das filigrane Erscheinungsbild von Rennrahmen.
Die Anlegebreite der Sattelstreben am Sattelrohr ist übrigens mitentscheidend für die ▷ Seitensteifigkeit eines Rahmens.

Abb. 24

Sattelstütze

Der Stiel, auf dem das Gestühl des Radlers thront, ist nicht nur simple Sattelhalterung, sondern auch eine wichtige Anpassungskomponente zur exakten Einstellung der optimalen ▷ Sitzposition (Einzelheiten s.d.):
Bauteil, das den Sattel fixiert und Verstellungen für die individuelle Sitzhaltung des Fahrers ermöglicht. S.a. ▷ Sitzposition.

Die Verstellmöglichkeiten im Einzelnen:
* *Höhenverstellung* durch Tiefer- oder Höhersetzen der Stütze (Klemmung am ▷ Sattelrohr);
* *Horizontalverstellung* durch Vor- oder Zurückschieben des Sattels in der Klemmvorrichtung;
* *Neigungsverstellung* der Satteloberfläche zur Horizontalen durch Schwenken des Sattels mit der Klemmvorrichtung

Patentstütze Die heute üblichste Sattelklemmung erfolgt mit sog. "Patentstützen" (Abb. 25), bei denen die Sattelfixierung mit einer Zentralschraube erfolgt. Durch Wechselbelastungen des Sattels wird die Zentralschraube auf ▷ Biegung belastet. Sie sollte daher mindestens 8 mm Durchmesser (Gewindedimension M 8) besitzen.

Bei Fahrergewichten über 80 kg ist es ratsam, diese Schraube gegen eine mit der Werkstoffgüte 12.9 (Mindestzugfestigkeit von 1.200 N/mm²) auszutauschen. Bruchsicherer sind Sattelstützen mit zwei Klemmschrauben, da sie die oben erwähnten Kippbewegungen günstiger aufnehmen können. Zudem gestatten sie eine stufenlose Einstellung der Sattelneigung.
Hinweis: Da Sattelrohre in ihrer Neigung (68-75°) unterschiedlich sind, und es außerdem Neigungsunterschiede zwischen den einzelnen Sätteln (Sattelgestell zur Satteloberkante) gibt, reicht der Schwenkbereich bei einigen Kombinationen zwischen Sattel und Sattelstütze nicht aus, um den Sattel horizontal einzustellen bzw. die erwünschte Neigung zu erhalten.

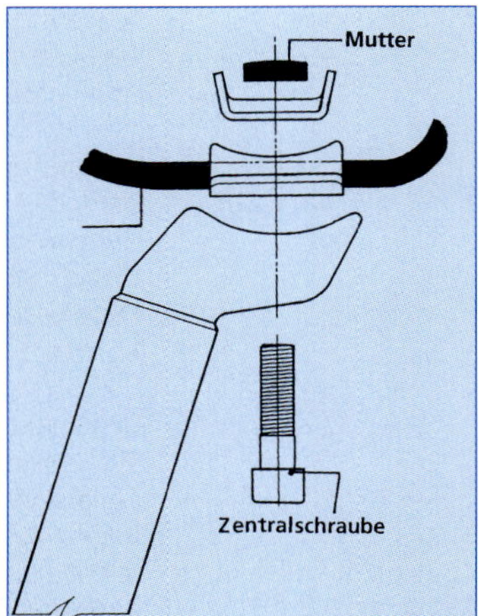

Abb. 25

traditionelle Sattelstütze

Für das Standardfahrrad ist nach wie vor die Kombination von ▷Sattelkerze plus ▷Sattelkloben gebräuchlich, die hinsichtlich ihrer Einstellbarkeit der Patentstütze sogar überlegen ist, da sie, wie in Abb. 26 zu sehen, vier Grundstellungen ermöglicht.

Sonderausführungen

Zum stärkeren Verschieben des Sattels nach vorne oder nach hinten, aber auch zum Zwecke besserer Federung stehen besondere Sattelstützen zur Verfügung:

Die „Extreme"

Ein nach hinten orientierter Verschiebeschlitten erlaubt es, den Sattel rund 4 cm weiter zurückzusetzen als bei normalen Sattelstützen (Abb. 27 links). Damit ermöglichen die "extremen" Stützen, auch bei Rahmen mit steilem Sattelrohr oder Fahrern mit langen Oberschenkeln die optimale ▷Sitzposition einzustellen.

Triastütze

Umgekehrt zur "Extremen" fungiert der vom Lenker aus zu verstellende Verschiebeschlitten bei der Triastütze (Abb. 27 rechts): Dort kann der Sattel rund 4 cm näher zum Lenker hin fixiert werden. Das ist bes. bei der aerodynamischen ▷American Position von Vorteil, die hauptsächliich beim ▷Triathlon und ▷Zeitfahren eingenommen wird. Sie ermöglicht es also, auch auf einem konventionellen Rahmen (kein speziell steil gestelltes Sattelrohr von 77-79°) diese Position einzunehmen.

gefederte Sattelstütze

Sattelstützen, die sich per Federungsmechanismus bei Fahrbahnunebenheiten tiefer in das Sattelrohr einschieben können (Abb. 28) - z.T. sogar mit Öldämpfern versehen. Nachteil: Die Einfederungsrichtung ist durch das Sattelrohr vorgegeben und entspricht nicht der optimalen Einfederungsrichtung, die wie bei ▷Sattelschwinge dargelegt, ca. 45° betragen müßte. Dieser Umstand begrenzt die Wirksamkeit der gefederten Sattelstütze.

Materialien

Während die normalen Sattelkerzen aus recht dickwandigem ▷Stahlrohr bestehen, sind die Patentstützen i.d.R. aus ▷Aluminium gefertigt.
Im Zuge der vom MTB-Bereich ausgehenden Leichtgewichtsbestrebungen werden Sattelstützen auch aus dünnwandigen, hochvergüteten Stahlrohren hergestellt sowie aus ▷Titan oder ▷Carbon, wobei letztere besonders interessant sind:

Carbon

Bei diesen Sattelstützen ist entweder nur das Schaftrohr aus Carbon gefertigt oder aber die komplette Stütze inklusive der Klemmvorrichtung. Vorteil ist v.a. Gewichtsersparnis.
Üblich ist entweder eine kreuzweise, unter rund 45° gewickelte Faserverbundbauweise, die der Sattelstütze einen gewissen Federkomfort gibt, oder solche mit Radial- und Unidirektionallagen (▷0/90°-Lagen). Letztere weisen weniger Federkomfort auf, da die Unidirektionallagen die Biegebelastung optimal aufnehmen, die Stützen also versteifen; vgl. ▷Carbon: Herstellungsverfahren.
Zu achten ist bei Carbonstützen auf eine absolut saubere, gratfreie Passung im Sattelrohr (sicherheitshalber dessen Oberkante leicht rundschmirgeln), da bei Knickung einzelner Fasern die Stütze brechen kann.

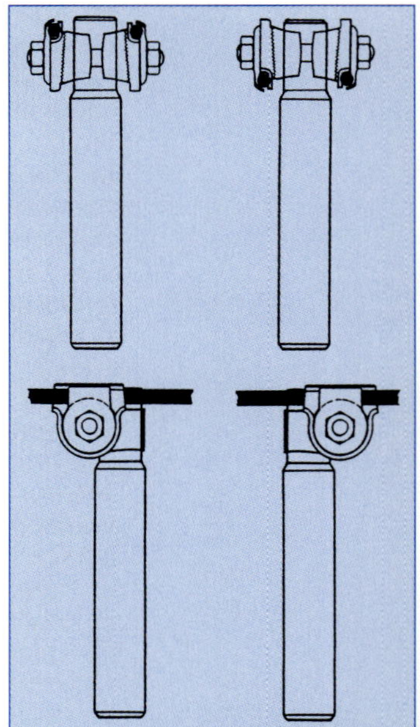

Abb. 26

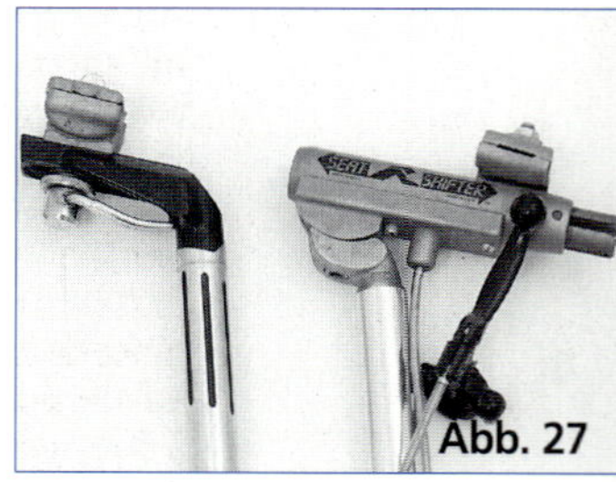

Abb. 27

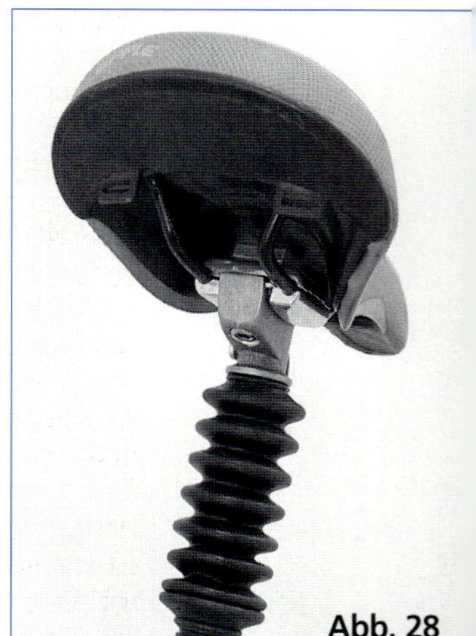

Abb. 28

Maße

Entsprechend der lichten Weite der Sattelrohre besitzen Sattelstützen einen Durchmesser von 24-31,6 mm (▷ BMX 22 mm). Im gängigen Bereich für Rennräder sind Sattelstützen in 0,2-mm-Abstufungen von 25-27,2 mm erhältlich.
Stützen, deren Durchmesser größer als 27,2 mm ausfällt, werden auch als "Oversize"-Stützen bezeichnet und finden v.a. beim ▷ MTB Anwendung, das ja i.d.R. 5-12 cm kleiner als ein Rennrahmen gefahren wird (besseres ▷ Handling). Hierzu sind Stützen bis zu einer Länge von 35 cm erhältlich: Eine im Durchmesser dünne Stütze würde - 25-30 cm herausgezogen - bes. bei höheren Trittfrequenzen zum Wippen neigen.

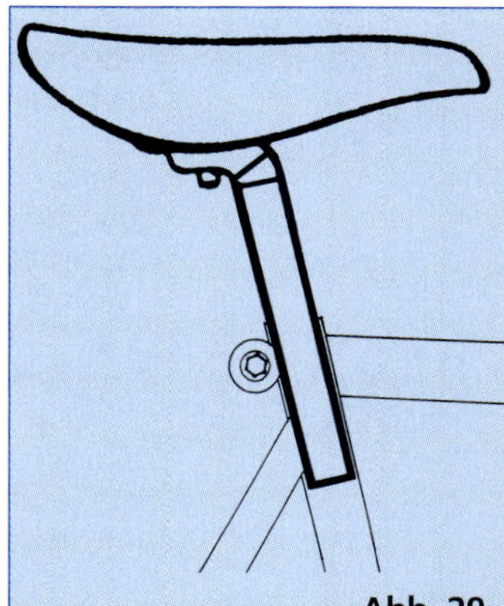
Abb. 29

Sattelstützen können i.d.R. bis zur Markierung für den maximalen Auszug in der Höhe verstellt werden. Damit bleiben noch 6-7 cm des Stützenrohres im Sattelrohr. Bei nach oben ausgezogenem Sattelrohr oder tief angesetzten ▷ Sattelstreben sollte die Stütze jedoch zumindest bis in den "Knotenbereich" (Abb. 29) hinein reichen. Ansonsten kann es - wie auch bei zu kurz eingespannten Stützen - zu Rissen und Brüchen des Sattelrohres im Klemmbereich kommen.
S.a. ▷ Sattelstützenklemmung.

Sattelstützenklemmung

Die übliche Sattelstützenklemmung erfolgt über ein oben geschlitztes ▷ Sattelrohr, das mit einer Schraube zusammengedrückt wird.
Als Klemmschraube findet bei Standardrädern eine 8-mm-Schraube mit Gegenmutter Anwendung, bei hochwertigen Fahrrädern eine 6-mm-Inbusschraube mit Hülsenmutter (Abb. 30 oben).
Eine sichere Sattelstützenklemmung verlangt eine saubere Nacharbeitung des inneren Endes des Sattelrohres samt dem Entgraten des Rohrschlitzes. Des weiteren ist die Passung zwischen ▷ Sattelstütze und Sattelrohr ausschlaggebend. Die Sattelstütze darf aus diesen Gründen max. 0,2 mm dünner sein als die lichte Weite des Sattelrohres. Ferner läßt die Verwendung einer hochfesten 12.9-Schraube eine festere Klemmung zu.
Probleme bereitet die Sattelstützenklemmung, wenn die Sattelstütze zu dünn ist bzw. bei Alurahmen, wenn die steife Sattelmuffe und ein zu kurzer Klemmschlitz der Klemmschraube zu viel Widerstand gegen das Zusammendrücken entgegensetzten.

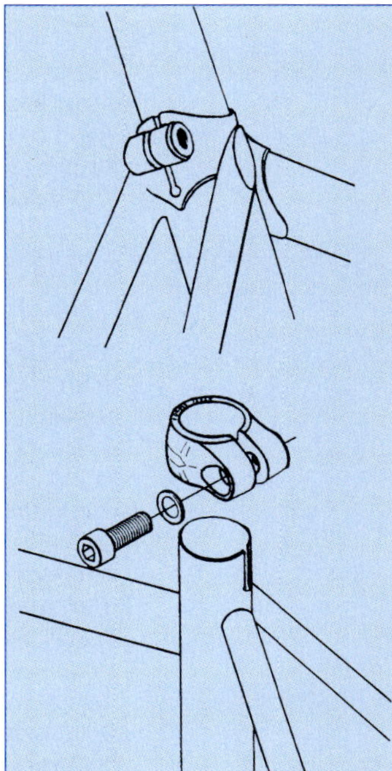
Abb. 30

Sonderklemmungen

Manche Rahmenkonstruktionen lassen kein geschlitztes Rahmenrohr zu oder man verzichtet aus Fertigungsrationalitätsgründen hierauf. In diesen Fällen löst man das Problem durch eine der folgenden Sonderklemmungen:

Klemmring

Der obere Teil des Sattelrohres wird geschlitzt, die Stütze von einem übergestülpten Klemmring fixiert (Abb. 30 unten). Diese Klemmart findet v.a. bei Aluminium-MTBs häufig Anwendung, da ein Anschweißen der Schraubösen auf dem dünnwandigen Aluminiumrohr nicht sinnvoll wäre - außerdem spart sich der Hersteller eine Löt- oder Schweißstelle.

Keilklemmung

Nach gleichem Prinzip wie ▷ Vorbauklemmung: Mittels einer schräg in den oberen Bereich des Sattelstützenschaftrohres eingebrachten Schraube wird über ein Zugelement am unteren Ende des Schaftrohres ein Schrägkeil hochgezogen, der so die Sattelstütze im Sattelrohr durch Klemmung fixiert. Vorteil: Keine Klemmschraube.

Schrauben-klemmung
Von hinten wird lediglich eine Schraube auf die Sattelstütze gequetscht und damit die Stütze etwas rüde fixiert. Diese Klemmart benötigt eine bes. dickwandige Sattelstütze und findet sich durchaus auch am höherwertigen Rad, z.B. an Aluminium- und Carbonrahmen von Vitus.

Da die Schraube bei diesem Gewaltakt Material aufwirft (Verklemmung der Sattelstütze auch beim Lösen des Schraube), flachen einige Hersteller die Sattelstütze im Klemm/Quetsch-Bereich ab. Vorteil: Ebenfalls Fixierung im ungeschlitzen Rohr, Sattelmuffe benötigt aber ein Gewindeteil für die Klemm/Quetsch-Schraube.

Segmentklemmung
Zwei Segmente besitzen eine Ausfräsung im Durchmesser der Sattelstütze und werden von einer Klemmschraube zusammengezogen, um so die Sattelstütze "in die Zange" zu nehmen (Abb. 31). Auch diese Klemmart benötigt kein geschlitztes Sattelrohr, sondern nur eine Bohrung für die Segmente.

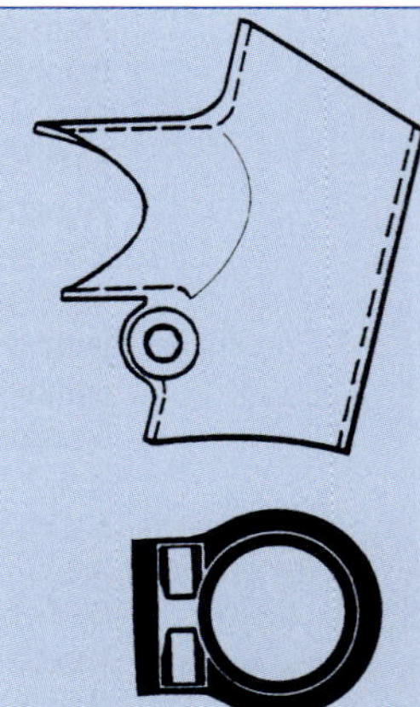
Abb. 31

Satteltasche
Im Fahrradbereich Bezeichnung für kleine (früher "Werkzeugtasche") bis mittelgroße ▷ Gepäcktaschen, die am ▷ Sattelgestell, z.T. aber auch an der ▷ Sattelstütze befestigt werden.

SBS-Bremse
▷ Seitenzugbremse von Weinmann, deren Schwenkbewegung synchronisiert ist (vorstehender Nocken gleitet in einer Aussparung). Wie die moderne ▷ SLR-Bremse hat auch sie zwei nach unten verlagerte Drehpunkte, wodurch sich die Hebelübersetzung und damit die Bremsleistung verbessert (Abb. 32).

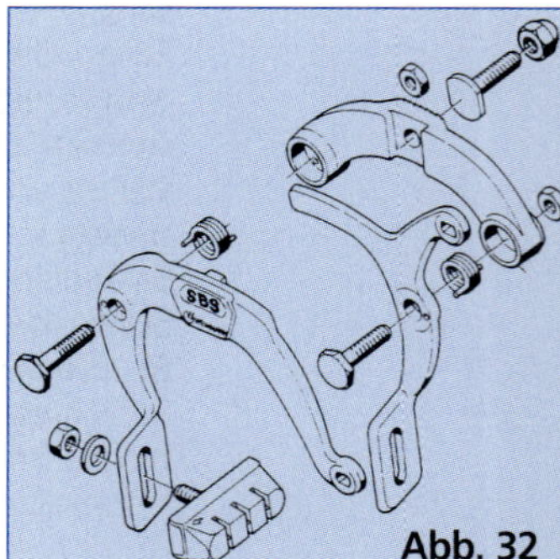

Abb. 32

Sclaverand-Ventil
And. Bez. f. ▷ Rennventil.

Scott
Alteingesessene Firma aus den USA (ursprünglich Hersteller von Skiern und Skizubehörteilen). Seit 1987 auf dem MTB-Sektor engagiert mit mittel- bis hochpreisigen Bikes und einem intensiven Sponsoring der MTB-Profiszene.

Scott-Lenker
Von der Fa. ▷ Scott patentierter Lenker, der von Boone Lennon entwickelt wurde, dem ehem. Coach der US-Skiabfahrtsläufer: Er ermöglicht eine abfahrtsläuferartige Haltung auf dem Fahrrad und ermöglicht damit eine aerodynamisch sehr günstige Sitzposition (▷ American Position), Einzelheiten s. ▷ Tria-Lenker (Abb. 33).

Abb. 33

Sechstagerennen
Kommerzieller Mannschafts-Bahnwettbewerb, der während der Wintermonate in Hallen ausgetragen wird. Eine Mannschaft besteht aus zwei (z.T. drei) Fahrern, von denen mindestens einer aktiv am Renngeschehen teilnimmt, während sich der andere regeneriert.

Gegenüber den ersten Sechstagerennen, bei denen tatsächlich 6 Tage und 6 Nächte durchgefahren wurde, sind heutige "6 Days" publikumswirksamer organisiert und finden auch nur zu publikumsträchtigen Zeiten statt, i.d.R. zwischen 18 und 2 Uhr. Durch eingeschaltete Jagden um Trophäen und Preise, ▷ Zeitfahren und Punktefahr-Einlagen (s. ▷ Bahnwettbewerbe) haben Sechstagerennen wieder an Interesse gewonnen.
Entsprechend hat sich der ganze Charakter einer solchen professionellen Radsportveranstaltung geändert: Heute befinden sich

während ihres 5-8 stündigen Arbeitstages fast immer beide Fahrer zugleich auf der Bahn und wechseln sich je nach gerade anstehendem Modus ab (der gerade nicht aktive Fahrer rollt neutralisiert um die Bahn).
Gefahren wird nach Reglement des ▷ BDR, der dem Veranstalter eine Lizenz erteilt, der die Veranstaltung aber ansonsten ganz nach eigenem Gutdünken mit einem Programm gestalten kann, von dem er sich den größten wirtschaftlichen Erfolg verspricht.

Die wichtigsten Punkte des Reglements sind, daß die Bahn eine Mindestlänge von 140 m besitzen und die Gesamtdauer des Rennens mindestens 30 Stunden betragen muß (6 x 5 Std.).
Bis heute besteht der Weltrekord von 1924, bei dem nach 144 Stunden (6 x 24 Std.) das Siegerpaar 4.544,2 km zurückgelegt hatte. Danach durften die sechs Tage nicht mehr ununterbrochen gefahren werden. Heute liegt die Gesamtdistanz bei 1.200-1.500 km.
Gegenwärtig werden in Deutschland nur noch fünf Rennen ausgetragen, und zwar in Dortmund, München, Köln, Bremen und Stuttgart. Hinzukommen soll wieder das traditionsreiche Sechstagerennen von Berlin.

Abb. 34

Segmentklemmung

Klemmung von Bauteilen mittels zweier Segmente, die von einer Schraube zusammengezogen werden, um so ein drittes Teil durch Anpressen der Segmente an dessen Umfang zu fixieren (Abb. 34).
Anwendung am Fahrrad: ▷ Sattelstützenklemmung; Klemmung von ▷ Vorbauten; ▷ Bar Ends; ▷ Bremsgriffen.

Seildreieck

Aus der bei ▷ Mittelzugbremsen üblichen "Teilung" des Zentralseils mittels eines ▷ Kabelteilers (verschiedene Arten s.d.) in zwei Seile, die an den separat gelagerten Bremsarmen befestigt werden, ergibt sich ein nach unten offenes Seildreieck, dessen Spreizwinkel Einfluß auf die Bremsleistung hat:
Bei modernen Cantileverbremsen (Low Profile, Seilbefestigung befindet sich oberhalb des Drehpunktes der Bremsarme) muß das Seildreieck einen möglichst stumpfen Winkel bilden (Abb. 35 oben), der Kabelteiler also dicht über dem Reifen positioniert sein.
Bei den kräftemäßig ungünstiger ausgelegten alten Cantileverbremsen (Seilbefestigung befindet sich unterhalb des Drehpunktes der Bremsarme) muß das Seildreieck dagegen möglichst spitz sein, sonst drückt die Seilkraft nur auf den Drehpunkt (Abb. 35 unten).
Die konventionelle Mittelzugbremse dagegen hat ihre beste Wirkung, wenn das Seildreieck in etwa einen rechten Winkel bildet.

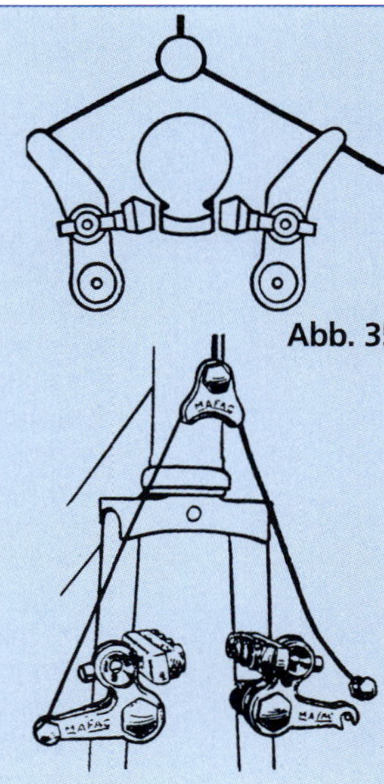

Abb. 35

Seilreibung

Reibung zwischen Innenzug und Außenhülle im ▷ Bowdenzug. Der Grad dieser Reibung ist in erster Linie von dem Biegewinkel (▷ Umschlingungswinkel) abhängig. Außerdem geht noch die Oberflächenbeschaffenheit beider Teile ein und deren Schmierung (Beeinflussung des Reibungskoeffizienten); Abb. 36.

Das Gesetz der Seilreibung gehorcht folgenden mathematischen Zusammenhängen:

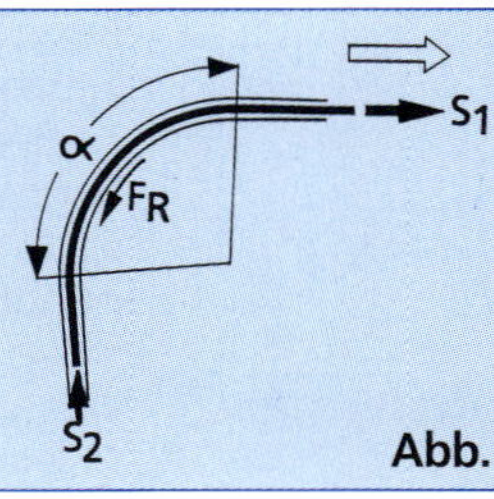

Abb. 36

$S_1 = S_2 \cdot e^{\mu\alpha}$ mit:
S_1 = gesamtaufzubringende Kraft (Betätigungskraft plus Seilreibungskraft in N);
S_2 = Betätigungskraft in N;
e = „natürliche Zahl": 2,71828 (ohne Einheit);
μ = ▷ Reibungskoeffizient, ohne Einheit;
α = Umschlingungswinkel im Bogenmaß (360° ≙ 2 π), ohne Einheit.

Beispiel: Bei der Verlegung des Bowdenzuges zum Hinterrad kommen 180° Umschlingungswinkel zusammen. Die Bremse soll mit einer Betätigungskraft von 500 N gezogen werden. Wie hoch muß dann die gesamtaufzubringende Seilkraft am Bremsgriff sein?

S_1 = 500 N;
μ = 0,15 (angenommener Mittelwert für gut geschmierten ▷ Innenzug);
α = 180° = π;

$S_1 = S_2 \cdot e^{\mu\alpha} = 500\ N \cdot 2{,}71828^{\,0{,}15x3{,}14} = 800{,}99\ N.$

Die echte Seilreibung beträgt in diesem Fall bei einer Betätigungskraft von 500 N, einem Umschlingungswinkel von 180° und einem Reibungskoeffizienten zwischen Innen- und Außenzug von 0,15 also 300,99 N.
Da sowohl der Reibungskoeffizient als auch der Umschlingungswinkel exponentiell eingehen, besitzen beide einen erheblichen Einfluß auf die Seilreibung. Erhöht sich der Reibungskoeffizient infolge schlechter Wartung auf 0,2 und kommen durch ungeschickte Zugverlegung 225° Umschlingungswinkel (1 1/4 π) zusammen, so erhöht sich die benötigte Bremshebelkraft am Bremshebel auf:

$S_1 = 500 \cdot 2{,}71828^{\,0{,}2x3{,}327} = 1.096{,}6\ N.$

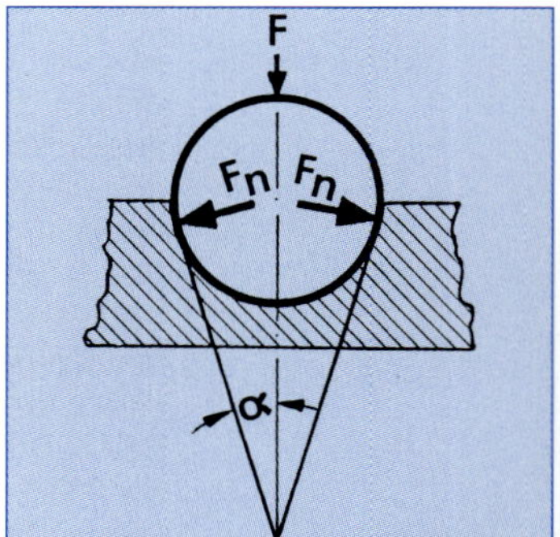

Abb. 37

Aufgrund dieser Gesetzmäßigkeiten sollten Bowdenzüge möglichst kurz und geradlinig ("lacknah") verlegt werden und bedürfen ständiger Pflege und Wartung.
Der Radius der Biegung spielt übrigens im Gegensatz zu den Winkelgraden keine Rolle, sondern fordert den Innenzug nur in seiner Flexibilität.
Moderne Bowdenzüge haben übrigens zwischen Außenhülle und Innenzug ein gleitförderndes Kunststoffröhrchen eingezogen, und die Innenzüge haben eine reibungsmindernde Oberflächenbehandlung erfahren.

Sonderfall

Interessant ist ein Sonderfall der Seilreibung bei Führung des Schaltseils um die Unterseite des Tretlagers herum: An dieser schmutzexponierten Stelle arbeitet sich der Zug durch Schmirgeleffekte besonders bei ▷ Aluminiumrahmen in das Metall ein. Erreicht die Tiefe einer so eingeschmirgelten Nute den halben Seildurchmesser, kann es zu Keilwirkungen kommen (Abb. 37), die die Seilbetätigung erheblich erschweren. Aus diesem Grunde sollte man auf jeden Fall bei Alu- und Carbonrahmen Kunststoff-Führungselemente einsetzen, die einige Rahmen nicht besitzen. Zu den Auswirkungen s. ▷ Schaltprobleme.
Einen ähnlichen Effekt können übrigens auch sehr dicke Innenzüge in einem dünnen Außenzug hervorrufen. Ein dünneres Seil ist daher immer leichtgängiger als ein dickes.

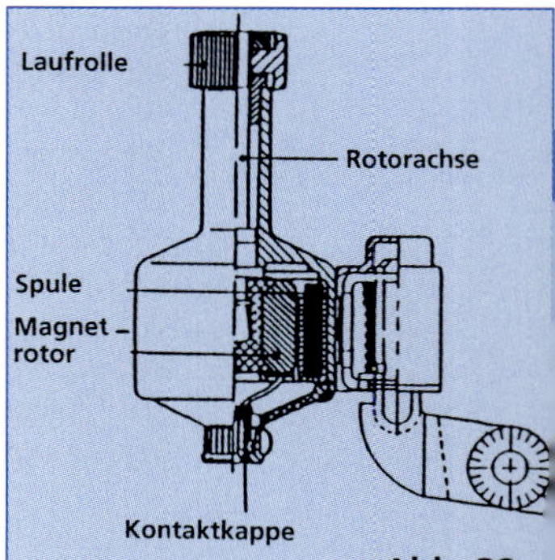

Abb. 38

Seitendynamo

Gängigster Dynamotyp (Abb. 38), der seine Anwendung v.a. beim Gebrauchs- und Normalfahrrad findet. Er ist an einem Gabelbein oder einer Sattelstrebe fixiert und läuft auf der Seitenflanke des Reifens. Einzelheiten s. ▷ Beleuchtung: Dynamolichtanlagen, dort auch Montagetips usw.

Seitenführung

Auf das Fahrrad bezogen: Element des ▷ Spurverhaltens, das vom Fahrbahnbelag und ggf. von der Reifenprofilierung abhängt. Sie verhindert, daß sich ein oder beide Laufräder in Kurvenlage bzw. bei gewölbter oder schräger Fahrbahn seitlich versetzen.
Auf Naturtrassen und unbefestigten Wegen sorgt ein entsprechendes ▷ Reifenprofil für die Einhaltung der Fahrtrichtung. Im einfachsten Fall wird das erreicht durch Längsrillenprofil oder in Reihe stehende Einzelprofile.

Seitenkräfte

Kräfte, die quer zur Fahrtrichtung (daher auch "Querkräfte" genannt) auf das ganze Fahrrad oder Teile desselben einwirken.

Wiegetritt

Die größten Seitenkräfte gelangen über einen kräftigen ▷ Wiegetritt (Abb. 39) in das Fahrrad, bei dem dieses schräg gehalten wird: Hierbei wirkt über die Pedalkraft - die im Extremfall bis zu 3000 N betragen kann, also drei- bis viermal höher ausfällt als die ▷ Gewichtskraft der Fahrermasse - eine Komponente in Achsrichtung des Tretlagers, die je nach Schräglage des Fahrrades 300 N und mehr betragen kann; vgl. auch das unter ▷ Rahmenbelastung Gesagte.
Seitenkräfte beanspruchen v.a. Rahmen und Laufräder:

Rahmen

Der Wiegetritt belastet den Rahmen hauptsächlich in der Nähe des ▷ Tretlagergehäuses. Über das hintere Ausfallende gelangt aber noch ein Teil (ca. 15-30% je nach Rahmengeometrie und -höhe) der Seitenkräfte über die ▷ Sattelstreben ins ▷ Oberrohr.

Laufräder

Außer den Rahmen belasten Seitenkräfte natürlich auch die ▷ Laufräder in axialer Richtung, was besonders die rechten Hinterradspeichen belastet: Die steil stehenden Speichen auf der Zahnkranzseite können weniger Seitenkräfte aufnehmen als die schräger stehenden Speichen der Gegenseite, Abb. 40 (s.a. ▷ Speichenschräge). Außerdem übertragen die zahnkranzseitigen Speichen auch noch einen Großteil der ▷ Kettenkräfte.

Lenkverhalten

Bei hohen Geschwindigkeiten können Seitenkräfte auch durch zittriges Lenkverhalten entstehen, die vorwiegend vom ▷ Vorderbau des Rahmens aufgenommen werden müssen und im Extremfall zum gefürchteten ▷ Rahmenflattern führen können; s.d. und auch ▷ Rahmenbelastung.
Übrigens treten durch die Schräglage in engen und schnell durchfahrenen Kurven keine (bzw. in Extremfällen nur minimale) Seitenkräfte auf. Allerdings wird bei Lenkkorrekturen in Schräglage der Reifensitz sehr stark mit Seitenkräften beaufschlagt. Das führt bei geringem Reifendruck zu "kippelndem" Reifen (schwammiges Fahrverhalten) und kann bei schluderig aufgeklebten ▷ Schlauchreifen sogar zu deren Abspringen führen.

Seitenschlag

Seitliche Abweichung der Rundheit eines ▷ Laufrades aus seiner Mittelebene an einer oder mehreren Stellen (Abb. 41).

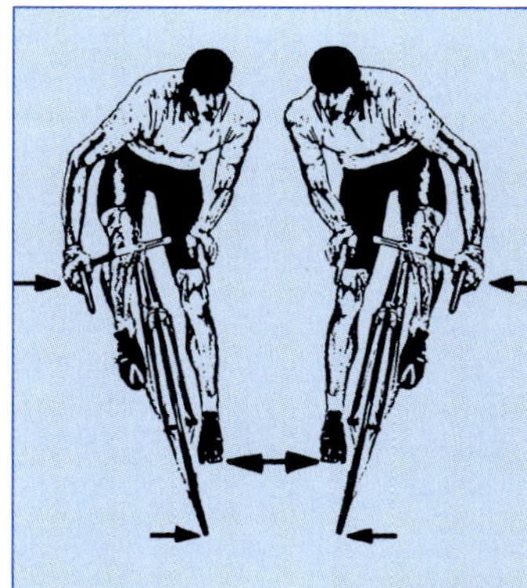

Abb. 39

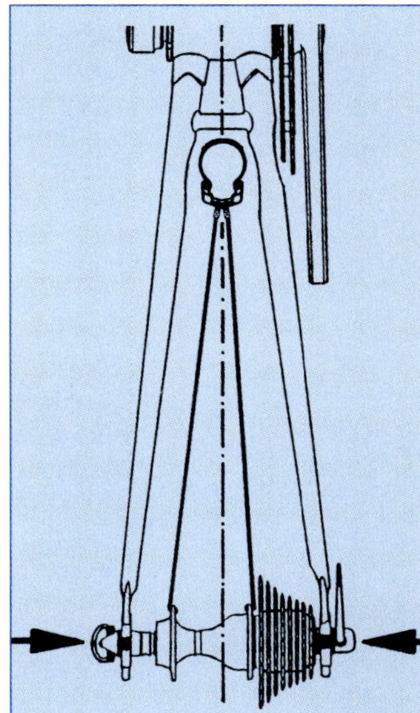

Abb. 40

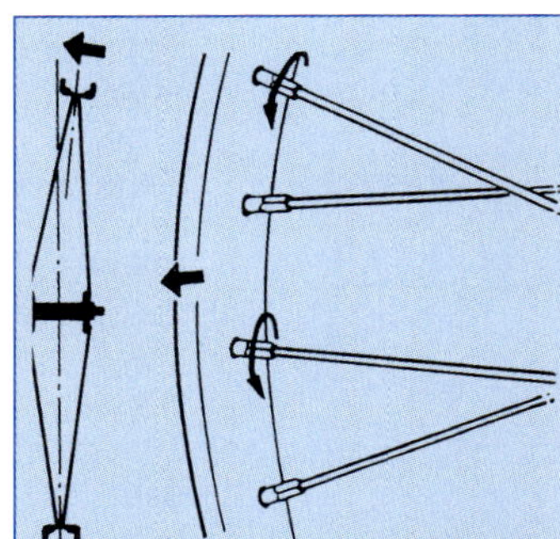

Abb. 41

Ursachen für Seitenschläge:
* selbständiges Lockern eines Speichennippels;
* Längung einer oder mehrerer Speichen (Aufziehen des Speichenbogens);
* Setzen des Felgenbettes (Ösen);
* Einbeulung der Felge in einem Bereich.

Die Felge wird übrigens durch das sich Lockern einer oder mehrerer Speichen nicht nur zur Gegenseite hingezogen, sondern entfernt sich auch etwas von der Nabe weg: Seitenschläge treten also i.d.R. in Verbindung mit einem ▷ Höhenschlag auf und müssen dementsprechend durch Wiederanziehen der Speichen eliminiert werden; s. hierzu ▷ Zentrieren.

Seitensteifigkeit

Widerstand, den ▷ Rahmen und ▷ Laufräder von außen einwirkenden ▷ Seitenkräften entgegensetzen.

Die Seitensteifigkeit des Rahmens hängt überwiegend von fünf Einflußgrößen ab:
1. den Rohrlängen des Rahmens: mit zunehmender Rohrlänge mindert sich die Seitensteifigkeit in der 3. Potenz;
2. dem Rohrdurchmesser: Mit zunehmendem Rohrdurchmesser versteift sich der Rahmen in der 3. Potenz;
3. der Rohrwandstärke: Mit zunehmender Rohrwandstärke versteift sich der Rahmen linear;
4. dem Widerstand (▷ Elastizitätsmodul), den die verbauten Rohrmaterialien einer Verformung entgegensetzen;
5. dem Abstand des ▷ Tretlagers von der Verbindungslinie unterer Steuerrohrknoten - hinteres ▷ Ausfallende (Abb. 42). Je höher ein Tretlager gelegt ist und je kleiner der Laufraddurchmesser ausfällt, desto kleiner wird dieser Abstand und umso seitensteifer der Rahmen.

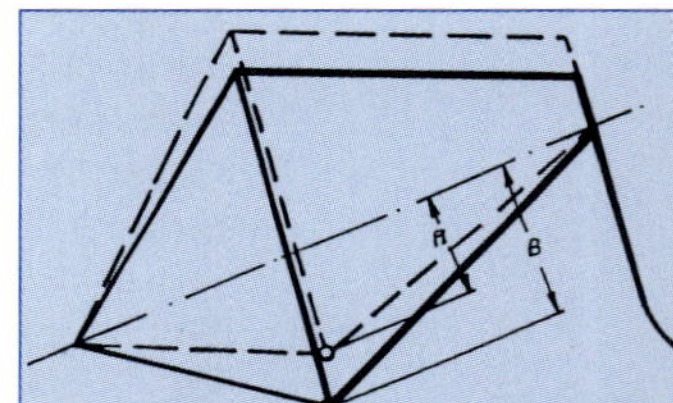

Abb. 42

Beispiel: Vergleicht man die Steifigkeit eines 50 cm langen, 28 cm dicken Oberrohres mit der eines von 56 cm Länge und 25,4 mm Durchmesser, so ist das kürzere und dickere Rohr bei gleicher Wandstärke annähernd doppelt so steif (sowohl die kürzere Länge als auch der Durchmesser gehen dabei mit einem Faktor von etwa 1,4 ein).

Die Seitensteifigkeit der Laufräder hängt in erster Linie von der Schräge der Speichen ab, also dem Winkel, mit dem die Speichen von der Mittelsenkrechten abweichen. Sie steigt mit größer werdendem Abstand der ▷ Nabenflansche, mit zunehmender Höhe der ▷ Flansche und mit abnehmendem Laufraddurchmesser, weitere Einzelheiten s. ▷ Speichenschräge.
In geringerem Maße hat auch die Steifigkeit der ▷ Felgen Einfluß auf die Seitensteifigkeit der Laufräder, wobei sich besonders die voluminösen ▷ Tropfenfelgen als spürbar versteifend erwiesen haben.

Seitenstütze

Seitlich das Fahrrad abstützender ▷ Ständer, Einzelheiten s.d.

Seitenzugbremse

Mittels ▷ Bowdenzug von der Seite her betätigte Felgenbremse (i.G.z. ▷ Mittelzugbremse) (Abb. 43).

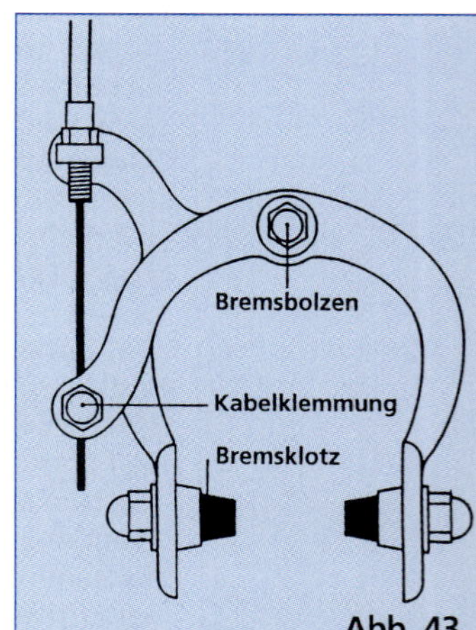

Abb. 43

Seitenzugbremsen finden vor allem am ▷ Rennrad Anwendung und zeichnen sich bei kurzen ▷ Bremsmaßen durch geringes Gewicht und gute ▷ Bremswirkung aus. Einzelheiten s. ▷ Bremsen: Felgenbremsen.

Sekundenkleber

I.d.R. dünnflüssig abgestimmter Kleber mit sehr hoher Klebewirkung. Er härtet unter Druck und/oder dem Einfluß von Luftfeuchtigkeit aus. Sekundenkleber kann zum Fixieren klappernder Zubehörteile eingesetzt werden und klebt außerdem Kunststoffe und Gummi sehr zuverlässig (bei Gummiklebungen reißt bei hohen Belastungen meist nicht die Klebestelle, sondern der Gummikörper i.d.R. an anderer Stelle).

Selbstlösen

Effekt, der bei Schrauben zum Lockern der Verbindung führen kann. Er beruht entweder auf einer steilen Gewindesteigung (s. ▷ Gewinde) oder dem Einfluß von Vibrationen oder Schwingungen, kann aber auch durch völliges Entspannen der Schraubenverbindung entstehen, z.B. das völlige Entspannen einiger Speichen beim Durchfahren eines Schlaglochs. Der interessanteste Fall von Schraubenlösung dürfte aber die Lockerung durch umlaufende Querkräfte sein:

Bei dem stets vorhandenen Bewegungsspiel zwischen Bolzen- und Muttergewinde verkantet eine umlaufende ▷ Querkraft die beiden Schraubenpartner. Die Verkantung wandert mit der Querkraft rundum (man spricht hier auch von einer Taumelbewegung) und bewirkt eine geringfügige, aber stetige Abrollbewegung der Schraube im Muttergewinde, die der umlaufenden Kraft entgegengerichtet ist (Abb. 44).
Dieser Sachverhalt läßt sich in einem Versuch nachvollziehen: ▷ Mutter in Schraubstock spannen und dazugehörige Schraube eindrehen (zwischen beiden sollte möglichst großes ▷ Spiel bestehen). Führen Sie nun die umlaufende Querkraft nach Art einer Taumelbewegung aus, ohne die Achse selbst zu drehen: Die Achse dreht sich allmählich entgegen ihrer Taumelbewegung in der Kontermutter.
Beim Fahrrad setzt man schon seit über hundert Jahren das ▷ Linksgewinde ein, um das selbständige Lösen von Schrauben bei links umlaufenden Querkräften zu verhindern: rechte Lagerschale der ▷ Tretlagerung, linkes Pedalgewinde, Verschraubung der Konuslagerung von Schraubkränzen.

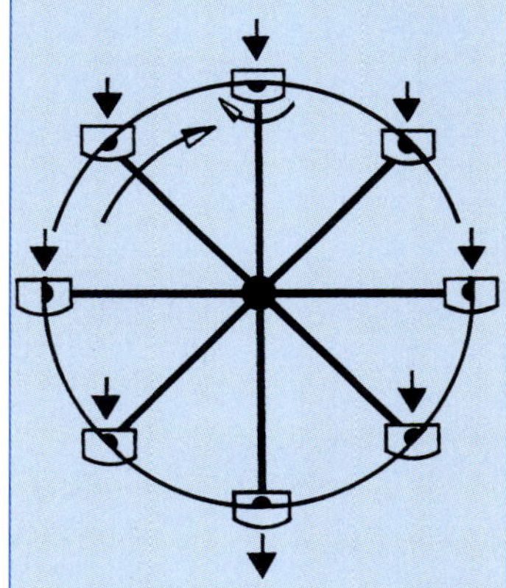

Abb. 44

Weitere Abhilfemaßnahmen gegen Selbstlösen: 1) Schrauben fest anziehen; 2) Sicherungsunterlegscheiben verwenden; 3) Einsatz von Feingewinden; 4) Einsatz von Schraubenkleber; 5) Einsatz von Nylonstopmuttern.

Semi-Slicks

▷ Reifen, die i.G.z. echten ▷ Slicks dünne, eingeprägte Profilrillen besitzen bzw. eine oder zwei Reihen von ▷ Schulterstollen aufweisen (Abb. 45). Sie besitzen ein sehr gutes und leises Abrollverhalten auf der Straße und weisen in der Bauform mit Schulterstollen im Gelände zugleich noch ausreichende ▷ Spurtreue und ▷ Traktion auf, Einzelheiten s. ▷ Reifenprofile: Naturpisten: MTB-Reifen.

Abb. 45

Sensor

Aufnehmer, der physikalische Meßgrößen in elektrische Signale umwandelt, die entweder gleich von einem Meßgerät angezeigt oder von einem Mikroprozessor verarbeitet werden.

Am Fahrrad wurden Sensoren zunächst beim ▷ Computer eingesetzt, zur Übermittlung der Laufrad- und Kurbelumdrehungen, neuerdings auch zur Messung der Pulsfrequenz und zur Höhenmeteranzeige. Weitere Anwendung: Sensoren in der von ▷ Mavic entwickelten elektronischen Schaltung, um die Arbeitszeit der dort eingesetzten Magnetschalter zu optimieren und damit den Stromverbrauch der Batterien zu minimieren. Anwendung und Einzelheiten s. ▷ elektrische Schaltsysteme.

Sesselrad

Variante des ▷ Liegerades, bei der eine halbaufrechte Haltung eingenommen wird.

Shamal-Laufräder

Z.Zt. windschnittigste Speichen-Laufräder mit großem Markterfolg (Abb. 46).
Sie verdanken ihre aerodynamischen Vorteile einer ▷ extremen Tropfenfelge sowie minimierten Speichenanzahlen und werden als komplette Laufräder (ohne Reifen) von ▷ Campagnolo hergestellt.
Die außerordentlich steife Tropfenfelge ermöglicht es, die Speichenanzahl mindestens zu halbieren: 12 statt der üblichen 36 Speichen.

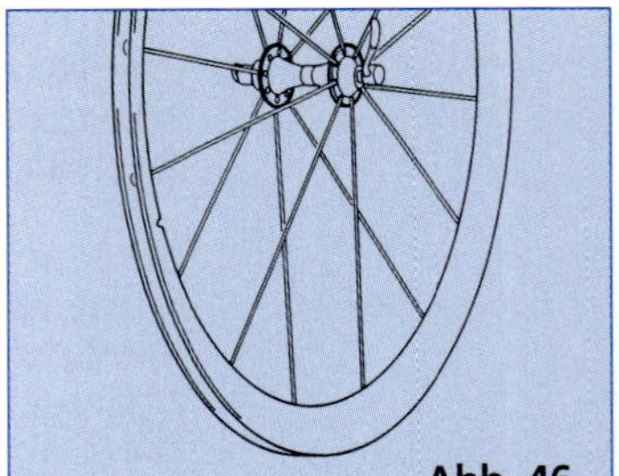
Abb. 46

Die Shamal-Laufräder bieten genauso viel Nachlaß vom Winddruck wie ▷ Composite Wheels, kosten aber nur rund die Hälfte und sind sowohl für ▷ Draht- wie ▷ Schlauchreifen erhältlich. Um die aerodynamisch günstigere ▷ Radialspeichung am Vorderrad und der linken Hinterradseite zu realisieren, besitzen diese Laufräder überhöhte ▷ Nabenflansche. Damit werden zuverlässig Flanschausrisse vermieden. Weitere Informationen s. ▷ Aerodynamik; ▷ Laufrad; zur Verringerung des Luftwiderstandes s. ▷ Felge: Extreme Tropfenfelge.

Shimano

Jap. Hersteller von Komponenten und Gruppen. Seit Mitte der 80er Jahre ist die innovationsfreudige Firma Marktführer, heute mit einem Marktanteil von rund 90%!
Shimano hat bei den ▷ Komponenten Maßstäbe hinsichtlich Bedienungsfreundlichkeit und Funktionalität (▷ SIS) gesetzt und mit ▷ Hyperglide einen weiteren, wesentlichen Fortschritt in der Schaltungstechnik erreicht.
Endverbraucher stehen Shimano gespalten gegenüber, da sie einerseits die Funktionalität und gute Bedienbarkeit zu schätzen wissen, andererseits erlauben aufeinander abgestimmte Komponenten (▷ Gruppenzwang) nur wenig Modifikationsmöglichkeiten. Darüberhinaus erschwert und verteuert (Ersatz z.T. nur aus höherwertigen, teureren ▷ Gruppen) ein schneller Modellwechsel mit oft mangelnder ▷ Kompatibilität nach unten den Nachkauf von Ersatzteilen.

Shore-Härte

Härtemeßverfahren und -maß für Gummi und weiche Kunststoffe. Verfahren s. ▷ Härte.

Sicherheitshebel

An Rennbremshebeln befestigter Zusatzhebel (Abb. 47), der parallel zur Querstange des ▷ Rennlenkers verläuft, so daß bei hoher Griffhaltung die Bremse ohne Umgreifen betätigt werden kann. Verwendung v.a. am ▷ Rennsportrad für weniger geübte Fahrer, die die hohe Griffhaltung bevorzugen.

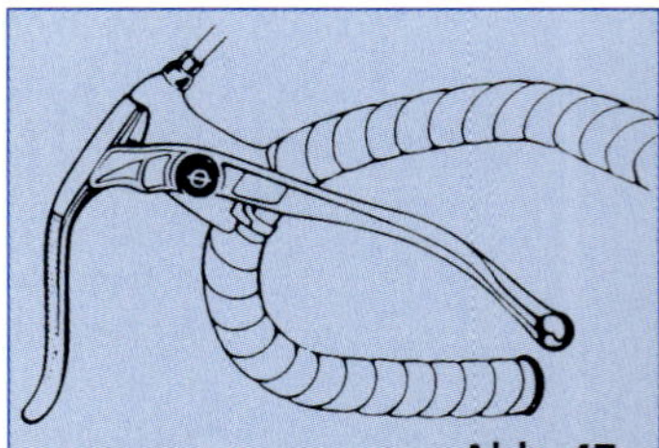
Abb. 47

Sicherheitspedal

Andere Bez. f. ▷ System-Pedal.

Sicherheitsregeln

Verhaltensregeln, die der Radfahrer im ureigensten Interesse als "schwacher" Verkehrsteilnehmer einhalten sollte. Hierzu zählt v.a.:
1. defensive Fahrweise sowie Einhalten der Verkehrsregeln;
2. auffällige Kleidung bei Teilnahme im öffentlichen Straßenverkehr, insbes. bei schlechten Sichtverhältnissen (Nacht, Regen);
3. sichere Bekleidung: Helm, enganliegende Kleidung (Verhedderungsgefahr), rutschfeste Schuhsohlen, Handschuhe;

4. regelmäßige Sicherheitsüberprüfung des Fahrrades durch den Fachhändler;
5. bei sportlichem "Biken" abseits der Straßen (▷ Downhill) sind neben dem Helm umknicksichere Stiefel sowie Knie-, Ellbogen- und Hüftpolsterung verletzungsmindernd.

Sicherheitsschläuche

▷ Schläuche mit besonderer ▷ Pannensicherheit. Versionen:
1. Schläuche aus ▷ Latex, die aufgrund ihrer Elastizität eindringende Körper regelrecht umschmiegen;
2. Schläuche aus zäh abgestimmtem ▷ Polyurethan, die allerdings ihre Pannensicherheit verlieren, wenn zu schmale Schläuche in zu breiten Reifen eingesetzt werden (werden durch Dehnung zu dünnwandig);
3. bes. dick ausgeführte Schläuche aus ▷ Gummi- oder ▷ Buthyl (leicht erhöhter ▷ Rollwiderstand);
4. Schläuche, in die bereits werksseitig ein ▷ Pannen-Gel eingefüllt ist (Verfahren s.d.).

Sicherheitsvorschriften

Amtlich vorgegebene Vorschriften für den Fahrradbereich, z.B. ▷ DIN 79100, ▷ ANSI-Norm, ▷ Snell-Norm, um Rahmen, Komponenten und Zubehörteile von Fahrrädern eine Mindesthaltbarkeit zu garantieren. Neuerdings werden diese Sicherheitsvorschriften von Fahrradherstellern geradezu begierig eingehalten, gilt es doch, sich gegen Regreßansprüche aus dem Gesetz zur ▷ Produkthaftung abzusichern.

Im Rahmen der Einarbeitung in eine europäische Sicherheitsnorm laufen z.Zt. Bestrebungen, alle das Fahrrad betreffenden Anforderungen zu erhöhen, da sich insbes. bei sportlicher Nutzung von Fahrrädern herausgestellt hat, daß die bisherigen Normen hierfür nicht ausreichen.
Andererseits werden Testkriterien einiger Radsportzeitschriften bzw. der Stiftung Warentest momentan kritisiert, da deren Testkriterien branchenintern teilweise als zu hoch angesetzt empfunden werden.

Silberlot

Niedrig schmelzendes ▷ Lot (Arbeitstemperatur je nach Silberanteil zwischen 600° und 700°C) zum materialschonenden ▷ Löten hochfester Rohre und Sonderwerkstoffe, z.B. Edelstahl. Durch seinen niedrigen Schmelzpunkt werden durch Silberlot ▷ Lötfehler weitestgehend vermieden.
S.a. ▷ Lot; ▷ Löten.

Silber-/Nickel-Lot

Hochfestes ▷ Lot (700-850 N/mm^2), dessen Schmelzpunkt durch den Silberzusatz in den Bereich von 700-780°C abgesenkt werden kann (materialschonender als z.B. ▷ Nickel- oder ▷ Messinglot). Näheres s. ▷ Löten.

Silentblock

Zur Federung eingesetzter Gummiblock mit aufvulkanisierten Befestigungsscheiben oder -büchsen aus Stahl.
Durch die elastische Eigenschaft des Gummis wirken Silentblöcke wie progressive ▷ Federn und besitzen dabei noch eine geringfügige Dämpfung. Silentblöcke zur Federung werden beispielsweise beim ▷ Moulton eingesetzt; Näheres s. ▷ Fahrradfederung: Federungselemente.

Silikon

Moderner Kunststoff, der durch Weichmacher in seiner Konsistenz von gelartig bis gummiähnlich eingestellt werden kann.

Anwendung am Fahrrad:
* Silikon-Gel unter der Satteldecke zur anatomischen Anpassung (s. ▷ Sattel: Gel-Sättel);
* Dämpfungsfuge bei der ▷ Sattelschwinge von Allsop;
* Dichtringe und -lippen zur Lagerabdichtung;
* Elastomer-Federelemente bei ▷ Fahrradfederungen.

Silikon wird in gelöster Form auch zur äußerlichen Fahrradpflege und teilweise sogar zum Schmieren verwandt. Verglichen mit ▷ Sprühwachs oder herkömmlichen Schmierstoffen ist die Haftung und Schmierwirkung von Silikon geringer.

Silizieren ▷ Oberflächenveredelung durch Aufbringen von Siliziumoxyd.

Silizierte Oberflächen zeichnen sich durch besonders große Härte und damit geringen Verschleiß aus. Anwendung: Ritzel und Kette. Weitere Informationen s. ▷ Oberflächenveredelung.

Silizium Chem. Element, das vorwiegend in der Halbleitertechnik eingesetzt wird (Transistoren, Chips) und in Metallen entweder als Verunreinigung vorkommt (versprödet den Stahl) oder aber als Legierungsbestandteil gezielt eingesetzt wird.
Beispiele: Zwecks Steigerung des ▷ Elastizitätsmoduls bei Federstahl; als Legierungszusatz bei ▷ Aluminium (macht die Legierung AlMg aushärtbar); in Aluminiumgußlegierungen macht Silizium die Schmelze dünnflüssiger.

SIS "**S**himano **I**ndex **S**ystem"; Wortschöpfung von ▷ Shimano für die von ihnen entwickelte ▷ Index-Schaltung (Abb. 48).

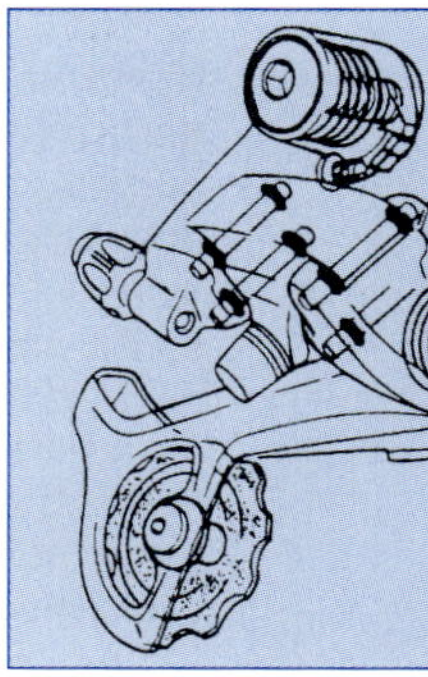
Abb. 48

Mit einer Reihe von Maßnahmen (s.i.E. ▷ Schaltung) verbesserte Shimano den Schaltablauf und erreichte 1984 mit SIS den Durchbruch des indizierten Schaltens.

Sitzkopfmuffe Andere Bez. f. ▷ Sattelmuffe.

Sitzposition Körperhaltung auf dem Fahrrad. Sie wird durch die Einstellung der Kontaktstellen des Radlers mit seinem Rad herbeigeführt, also der Positionierung von Sattel und Lenker in Relation zum ▷ Tretlager (Pedale).

Die Sitzposition ist eines der heikelsten Kapitel des Radfahrens, insbes. beim Radsport. Es gilt, die biomechanischen Aspekte und die persönlichen motorischen Eigenheiten mit der Effizienz der jeweiligen Radnutzung zu koordinieren:
Für den Alltags- und Gebrauchsradler spielt die Bequemlichkeit der Körperhaltung eine große Rolle, während bei der sportlichen Nutzung die Leistungorientierung im Vordergrund steht.

Das Wissen um die "Geheimnisse" der Sitzposition ist Pflichtfach für Trainer, Radsportler, Rahmenbauer und Fahrradhersteller, wird aber bisweilen bis zur Schöngeisterei hochstilisiert:
Bei allen ergonomischen Überlegungen darf nicht zu sehr verallgemeinert, sprich die Individualität des einzelnen Radfahrers außer acht gelassen werden. Die Sitzposition ist nämlich auch eine sehr individuelle Angelegenheit, deren Ideal nur in Zusammenarbeit von Fahrer und beobachtendem Betreuer erarbeitet werden kann.

Als günstig haben sich - ausgehend von der im Radsport bewährten ▷ Standardposition - individuelle Abweichungen nach Koordinationsveranlagung und nach sportlicher bzw. alltagsbetonter Ausrichtung erwiesen. Im nachfolgenden sind die einzelnen Punkte der Standardposition aufgeführt und Abweichungen davon begründet:

Standardposition Vorbemerkung: Die Sattelstellung in Relation zum Tretlager bestimmt hauptsächlich die Einleitung der Kraft auf das Pedal, während die Lenkerstellung mehr der Bequemlichkeit des Aktivisten dient bzw. bei Wettkampfakteuren die Aerodynamik der Haltung bestimmt:

Sattelhöhe Die Höhe des Sattels sollte so eingestellt sein, daß die Ferse des ausgestreckten Beins - wenn der Radler ohne Beckenkippen im Sattel sitzt - gerade das Pedal erreicht (Abb. 49).

Von diesem Standard ausgehend stellen folgende Radler den Sattel höher:
1. Radler mit Kniebeschwerden, da bei einem höher gesetzten Sattel das Bein beim Treten weniger stark einwinkelt;

2. Pedaleure, die mit niedriger Trittfrequenz "dickere" Gänge fahren, denn mit zunehmender Beinstreckung steigt die Kraftentfaltung.
3. Diejenigen, die ihre Trittkraft durch Kippbewegung im Becken unterstützen, also bei jedem Tritt ein bis zwei Zentimeter im Becken kippen.

Abb. 49

Folgende Radler setzen den Sattel tiefer:
1. Radler mit hoher ▷ Trittfrequenz, da ein zu weit durchgestrecktes Bein den Bewegungsfluß hemmt;
2. Große Personen auf einem zu kleinen Rahmen, die - um Sattelhöhe einzusparen - beim Trittablauf die Ferse absenken.
3. Mountainbiker, um ihren ▷ Schwerpunkt abzusenken.
4. Senioren, um beim Anhalten mit dem ganzen Fuß auf den Boden zu gelangen.

Sattelzurücksetzung

Ein von der Sattelspitze gefälltes Lot sollte etwa 1/10 der ▷ Rahmenhöhe hinter der Tretlagermitte "pendeln" (Abb. 50).
Weiter *nach hinten* (also zurück) setzen den Sattel:
1. Radler mit langen Oberschenkeln, da ansonsten die Knie zuweit über die Kurbel hinaus nach vorne orientiert sind, womit die Krafteinleitung ungünstig verlaufen würde;
2. solche, die "dicke" Gänge fahren, da es sich kraftvoller schiebend nach vorne als ziehend nach hinten treten läßt;
3. große Radfahrer, die sich auf zu kleine Rahmen "falten" müssen und unwillkürlich unter Punkt 1. fallen;
4. Senioren, um beim Anhalten mit dem ganzen Fuß auf den Boden zu gelangen.

Weiter *nach vorne* stellen den Sattel:
1. Radler mit hoher Trittfrequenz, um die dem Bewegungsfluß hinderliche Beinstreckung zu vermeiden;
2. Freizeitradler mit höher gestelltem Lenker, um per vorgeschobenem ▷ Schwerpunkt ein günstigeres ▷ Fahrverhalten des Fahrrades zu bewirken.

Abb. 50

Sattelneigung

Die Satteloberfläche soll i.d.R. genau waagerecht stehen.
Die Sattelspitze etwas *nach unten* neigen:
1. Radler mit tief gesetztem Lenker, damit ein leichtes Vorkippen des Beckens den Oberschenkeln mehr Platz vor der Brust verschafft;

2. Fahrer mit Druckbeschwerden im Bereich der Harnröhre, um so die Belastung mehr auf die Gesäßknochen zu verteilen.
Nebenbei bemerkt, gleitet der Radler, wenn die Sattelspitze leicht abgesenkt ist, bei hohen Trittfrequenzen fast zwangsläufig nach vorne, kann sich jedoch am Berg günstiger am Sattel abstützen.

Die Sattelspitze etwas *nach oben* neigen:
1. Radler mit hochgestelltem Lenker sowie einige Mountainbiker, um so eine bessere Sattelführung zu bekommen;
2. Personen mit Druckbeschwerden auf den Gesäßknochen, weil das Körpergewicht neben diesen dann auch den Dammbereich belastet.

Abb. 51

Lenkervorsetzung

Der Lenker sollte so weit vorgesetzt werden, daß er bei vor die Sattelspitze gehaltenem Ellenbogen von den ausgestreckten Fingerspitzen gerade berührt wird (Abb. 51).

Abweichungen:
1. Sportler *verlängern* diesen Abstand um 5-10 cm (Mountainbiker u.U. bis 20 cm), um sich flacher auf dem Velo ducken und folglich eine aerodynamischere Haltung einnehmen oder als Mountainbiker mehr Druck aufs Vorderrad ausüben zu können.
2. Von Rückenbeschwerden geplagte Radler *verkürzen* den Abstand, um bequemer, sprich aufrechter, radeln zu können.
3. Für Mountainbiker gilt durch den langen ▷ Vorderbau aus Gründen optimaler Gewichtsverteilung: Das Lot vom Lenker aus sollte max. 15 cm hinter der Vorderradachse pendeln.

Lenkerhöhe

Die Höhe des Lenkers sollte dem Sattelniveau entsprechen.

Abweichungen:
1. Sportliche Radler senken den Lenker bis zu 15 cm tiefer ab, um wieder aerodynamischer zu sitzen bzw. beim ▷ Wiegetritt mehr Kraft aus dem Rückenbogen aufs Pedal zu "befördern";
Achtung Freizeitradler und Neueinsteiger: Wer diese tiefe Lenkerposition nicht beherrscht und daher mit gestrecktem Arm radelt, beeinträchtigt das Feingefühl beim Steuern. Außerdem werden Fahrbahnschläge ungedämpft in Schultergürtel und Kopf geleitet.
2. Gelegenheitsradler mit Rückenbeschwerden setzen den Lenker höher, um fortan müheloser, sprich beschwerdefreier pedalieren zu können.
Anmerkung: Werden die beiden letzten Punkte der Standardposition ohne Abweichung eingehalten, so ergibt sich automatisch die für Normalradler sinnvollste "45-Grad-Haltung" (Abb. 52) (Vorneigung des Oberkörpers).

Abb. 52

Rennlenker

Die Lenkerenden sollten parallel zum Boden verlaufen.

Abweichungen:
1. Lenkerenden leicht *nach unten* drehen: für Rennfahrer, die einen ergonomisch günstigeren Zugriff zum unteren Lenkerbogen erhalten wollen;
2. Lenkerenden leicht *nach oben* drehen: für Rennfahrer, die die Bremsgriffhaltung bevorzugen und diese aerodynamisch optimieren wollen.
Anmerkung: Bedingt durch das Bestreben nach Minimierung des ▷ Luftwiderstandes haben sich bei einigen Radsportdisziplinen Sondersitzhaltungen entwickelt. Hierzu gehören v.a. die aerodynamisch bes. günstige ▷ Obree-Haltung und die ▷ American Position.
Darüberhinaus ist die halb sitzende oder gar liegende Position bei ▷ Sessel- resp. ▷ Liegerad zu nennen, außerdem die Besonderheiten beim ▷ Kunstradfahren und ▷ Radball, vgl. aber auch die vorwiegend stehende Fahrweise bei ▷ BMX-Rennen und ▷ Trail.

Position u. Fahrverhalten

Mit seiner Sitzposition auf dem Fahrrad beeinflußt der Radler den ▷ Schwerpunkt seines Fahrrades und damit auch dessen ▷ Fahrverhalten: Das gleiche Rad kann, je nachdem, wie der jeweilige Fahrer auf dem Fahrrad sitzt, völlig andere Fahreigenschaften bekommen. Die Ursachen:
Vorder- und Hinterrad tragen das Gewicht von Rad und Fahrer. Nimmt dieser eine aufrechte Haltung ein und hat er den Sattel weit nach hinten geschoben, so trägt das Hinterrad nahezu die gesamte Fahrerlast. Folge: Das Vorderrad läßt sich "zu leicht" einschlagen, das Fahrrad neigt zum ▷ Übersteuern, da die ▷ Richtungskorrekturen mangels entsprechendem Schwenkwiderstand der Lenkung stets zu weit und zu schnell erfolgen. Sie müssen nun überhastet nachkorrigiert werden, das Fahrrad bekommt ein zittriges Fahrverhalten. Außerdem hält es mangels nötiger Vorderradbelastung nicht zuverlässig die Spur und bricht in Kurven seitlich aus.
Umgekehrte Verhältnisse entstehen, wenn der Fahrer den Sattel weit nach vorn stellt und sich tief über den Lenker beugt: Das Vorderrad wird entschieden höher belastet und entsprechend erhöht sich die zum Einschlagen der Lenkung benötigte Kraft. Das gleiche Fahrrad neigt nun plötzlich zum ▷ Untersteuern: Die Lenkausschläge erfolgen stets eine Idee zu spät und zu gering, das Fahrrad bekommt ein schwankendes Fahrverhalten.

Beispiel: Rennräder sind für eine weit nach vorn orientierte Oberkörperhaltung konzipiert, bei der der Rennfahrer aerodynamisch und energetisch optimal auf seinem Sportgerät sitzt. Diese Räder sind wendig, besitzen bei dieser Sitzhaltung einen hinlänglichen ▷ Geradeauslauf. Profis und Amateure fahren mit diesen Flitzern bergab Geschwindigkeiten von 100 und mehr km/h.
Fährt nun ein Freizeitradler in aufrechter Haltung mit so einem Rennrad, so bekommt er bereits bei Tempo 40 oder 50 "die große Flatter", vgl. ▷ Rahmenflattern.
Umgekehrt sieht es aus, wenn auf einem Rennrad ein ▷ Tria-Lenker gefahren und der Sattel weit nach vorn gestellt wird und sein Fahrer die ▷ American Position einnimmt: Das gleiche Rad, das vom Freizeitradler gefahren zum Rahmenflattern neigt, ist nun überhaupt nicht mehr wendig, sondern schwankt schwerfällig von einer Schräglage nach links zu einer nach rechts und umgekehrt.

Sicherlich lassen sich durch Gewöhnung und Steuerkunst solche Ungereimtheiten des Fahrverhaltens einigermaßen gut kompensieren. Besser aber, man paßt herstellerseits das Fahrverhalten der jeweiligen Fahrradtypen der typischen Sitzhaltung seiner Nutzer an, d.h.: Fahrräder für Gebrauchs- und Normalradler besitzen einen langen ▷ Hinterbau, um das Hinterrad zu entlasten und das Vorderrad mehr zu belasten. Sportlich genutzte Fahrräder wiederum sollten einen entsprechend kurzen Hinterbau haben, gegebenenfalls sogar (▷ Mountainbike und ▷ Triathlon-Rad) einen verlängerten ▷ Vorderbau.

Tips

Zur Orientierung einige Tips:
1. Einsteiger, Gelegenheits- und Freizeitbiker oder Reiseradler sind mit einer gemäßigten ▷ Rahmengeometrie besser bedient (▷ Hinterbaulänge nicht unter 44/43 cm, Vorderbaulänge nicht über 61/63 cm).
2. Fürs bequemere Fahrverhalten nicht einen kürzeren ▷ Vorbau montieren, sondern den Sattel weiter nach vorne stellen.
3. Bei horizontalen ▷ Ausfallenden das Hinterrad ganz zurücksetzen (die ▷ Anschlagschrauben zu entfernen bringt einen weiteren Zentimeter).

4. Eine sportlichere Haltung antrainieren. Die Muskeln stellen sich binnen vier bis sechs Wochen darauf ein.
5. Sollte Ihr Fahrrad bei einer schnellen Abfahrt einmal "flattern", Knie ans Oberrohr drücken und Oberkörper nach vorne und unten drücken.

Erfahrungswerte

Die optimale Quote der Lastverteilung des Fahrergewichtes liegt übrigens bei 55 - 60% auf dem Hinterrad und entsprechend 40 - 45% auf dem Vorderrad.

Mathematisch läßt sich dieser Sachverhalt für sportlich genutze Fahrräder durch den Abstand des Schwerpunktes von der Vorderradmitte ausdrücken, wobei für Rennräder ein Abstand von 56 cm angestrebt werden sollte, für Mountainbikes entsprechend 58,5 cm.

Dabei ist :

$$A_S = \frac{R_S}{\frac{G_V}{G_h} + 1}$$

mit:
A_S = Schwerpunktabstand zur Vorderradmitte in cm
R_S = Radstand in cm
G_V = Gewichtsbelastung des Vorderrades in kg
G_h = Gewichtsbelastung des Hinterrades in kg.

Anmerkung: Zum Ermitteln der jeweiligen Gewichtsbelastung der Laufräder stellt sich der Fahrer in Wandnähe (leichtes Abstützen mit dem Ellenbogen an der Wand) abwechselnd einmal mit dem Vorderrad, einmal mit dem Hinterrad auf eine Personenwaage. Dazu muß aber jeweils unter das nicht gemessene Laufrad eine Unterlage in Höhe der Personenwaagen-Oberkante gelegt werden.
Weitere Informationen s.a. ▷ Fahrverhalten.

Sitzrohr Andere Bez. f. ▷ Sattelrohr.

Sitzstreben Andere Bez.f. ▷ Sattelstreben.

Sitzwinkel Winkel, den das ▷ Sattelrohr zur Fahrbahnebene bildet (Abb. 53). Der Sitzwinkel bestimmt den horizontalen Verstellbereich des Sattels, nicht aber unmittelbar das ▷ Fahrverhalten eines Rades. Erst wenn durch ein zu steil oder zu flach stehendes Sattelrohr der Sattel nicht genügend nach vorne oder nach hinten geschoben werden kann, kann über die Schwerpunktlage des Fahrers das Fahrverhalten beeinflußt werden. s.a. ▷ Sitzposition.

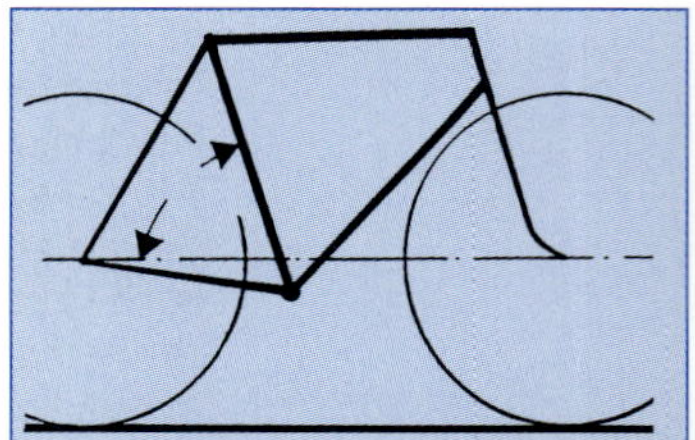

Abb. 53

Der gebräuchliche Sitzwinkel bewegt sich zwischen 68° und 80°. Die Werte für verschiedene Radtypen:

Gebrauchsrad:	68°-72°;
Mountainbike:	70°-74°;
Rennrad:	72°-75°;
Triathlonrad:	73°-80°.

Ein steiler stehendes Sattelrohr verkürzt die Länge des ▷ Oberrohrs und macht damit den Rahmen seitensteifer, s. ▷ Seitensteifigkeit, außerdem ▷ Rahmenbelastung, ▷ Rahmenflattern.

Für Fahrräder, die abwechselnd von mehreren Leuten mit unterschiedlicher Sattelhöhe gefahren werden, empfiehlt sich ein flacher Sitzwinkel von 69°-70°, da sich in diesem Fall bei einem ▷ Steuerwinkel von 72°-73° das Rad bei Höhenverstellung sozusagen "öffnet" (Abb. 53), dem großen Fahrer also die Möglichkeit gibt, sein Gewicht gleichmäßig auf Vorder- und Hinterrad zu verteilen.

S-Kette

Besonders schmale Kette, die heute Standard bei ▷ Kettenschaltungen ist.

Die Kettenbreite wurde mit dem Aufkommen von 7-fach-Ritzelpaketen von 7,75 mm auf 7,2 mm und darunter "abgespeckt"; s.a. ▷ Kette.

Skinwall

Engl. "Haut + Wand" im Sinne von "hauchdünn":

▷ Drahtreifen mit bes. dünn ausgeführter ▷ Karkasse zum Erzielen besserer ▷ Rolleigenschaften.

In Anlehnung an die Konzeption von ▷ Schlauchreifen erreichten die Drahtreifenhersteller mit dem Skinwall annähernd die guten Rolleigenschaften von Schlauchreifen. Grund: Dünne und dünn gummierte ▷ Karkassenfäden bedingen weniger ▷ Masse an der walkenden Seitenflanke, dadurch geringere Walkverluste (vgl. ▷ Rollreibung).

Zum Schutz vor ausreißendem ▷ Reifendraht haben Skinwalls meistens noch ein Sicherheitsband um den Draht bzw. Kunststoffaden (bei ▷ Faltreifen) einvulkanisiert.

Slick

▷ Reifen, dessen ▷ Protektor glatt, also ohne Profilierung (s. ▷ Reifenprofil) gestaltet ist (Abb. 54).

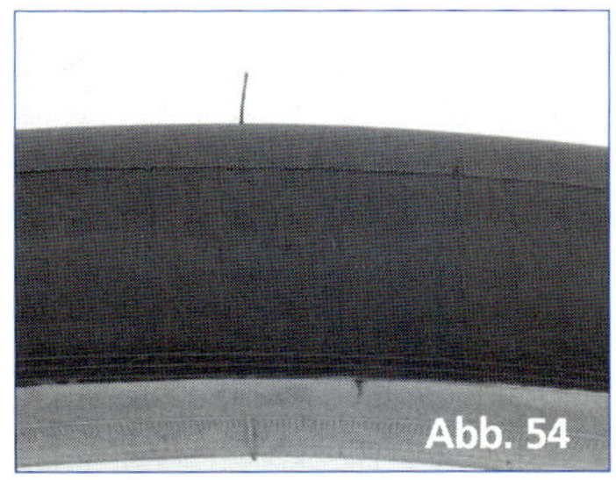

Abb. 54

Slicks haben sich besonders auf Straße und Bahn, aber auch auf steiniger, trockener Naturtrasse bewährt. Im sandigen oder schlammigen Untergrund mangelt es ihm aber an ▷ Traktion und ▷ Seitenführung.

Verglichen mit dem Autoreifen hat ein Fahrradreifen auf der Straße nur eine geringe ▷ Reifenaufstandsfläche, die von Fahrzeuggewicht und ▷ Reifendruck abhängig ist. Bei dieser geringen Kontaktfläche besteht eine vergleichsweise intensive "Verkrallung" des Reifengummis mit der Asphaltrauhigkeit. Die Aufstandsfläche muß also nicht wie beim Auto künstlich durch Profilierung verkleinert werden.
Haftungstests haben diese physikalischen Gegebenheiten bestätigt. Slicks besitzen auf Asphalt i.d.R. sogar eine bessere Haftreibung als die meisten Profilreifen und zusätzlich noch geringfügige Rollvorteile.
Aus o.g. Gründen ist übrigens auch Aquaplaning kein Thema für Slicks, hinzu kommt ja, daß die Aufstandsfläche beim Fahrradreifen linsenförmig ist i.G.z. rechteckigen Form beim Autoreifen - das Wasser kann also besser seitlich den Reifen umströmen.
Eine Sonderform stellt der ▷ Semi-Slick fürs Mountainbike dar, weitere Informationen s. ▷ Reifenprofile.

Sling Shot

Exotisches ▷ Mountainbike, bei dem das ▷ Unterrohr durch ein federgespanntes Drahtseil ersetzt ist. Diese ausgefallene Konstruktionsweise verleiht dem Bike guten ▷ Fahrkomfort, bringt aber eine erhebliche Seitenweichheit im Tretlagerbereich mit sich, so daß es mehr für Genußradler als für antrittsstarke Wettkampfradler geeignet ist (Abb. 55).

Abb. 55

SLR

"**S**himano **L**inear **R**esponse"; dieser wörtlich "lineare Antwort" bedeutende Begriff meint hier "weiches Ansprechen" und steht für gut dosierbare Bremsen. ▷ Shimano führte ihn 1992 ein, als man herkömmliche ▷ Seitenzugbremsen mit einem zusätzlichen Drehgelenk ausstattete und so die ▷ Hebelverhältnisse und damit die ▷ Bremsleistung verbesserte; s.a. ▷ Bremsen: Seitenzugbremsen (Abb. 56).

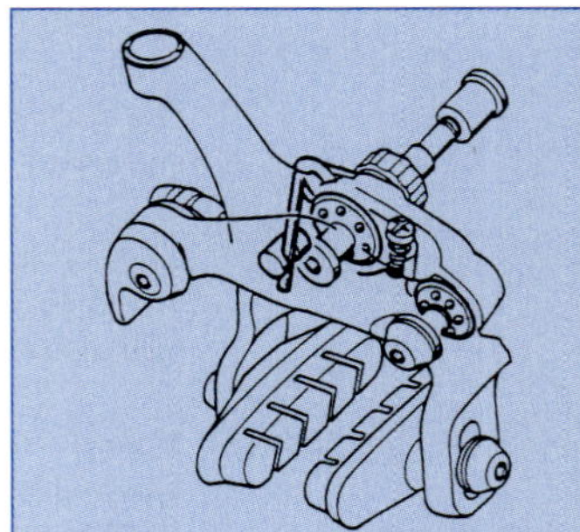

Abb. 56

SL-Rohr

Steht für it. super legero "super leicht":
hochwertiges, ▷ endverstärktes Rahmenrohr für Rennräder aus ▷ Chrommolybdän-Stahl von ▷ Columbus mit 0,6 mm Wandstärke in Rohrmitte und 0,9 mm am Rohrende (mittlerweile Standardwandstärke für hochwertige Rennrahmen); s. Tabelle ▷ Rahmenrohre.

SLX-Rohr

Gleicher Rohrtyp wie ▷ SL-Rohr (ebenfalls ▷ Columbus) mit fünf zusätzlichen, spiralförmigen, 0,35 mm hohen und 3,5 mm breiten Verstärkungsrippen an den Rohrenden (Abb. 57). Diese Verstärkungen machen das Rohr biegesteifer und dauerbelastbarer. Eine gleichmäßige Wandstärkenverdickung würde allerdings einfacher herstellbar und wirksamer sein, da das Rohr homogener und damit auch günstiger für einen guten ▷ Kraftfluß wäre.
S.a. Tabelle ▷ Rahmenrohre.

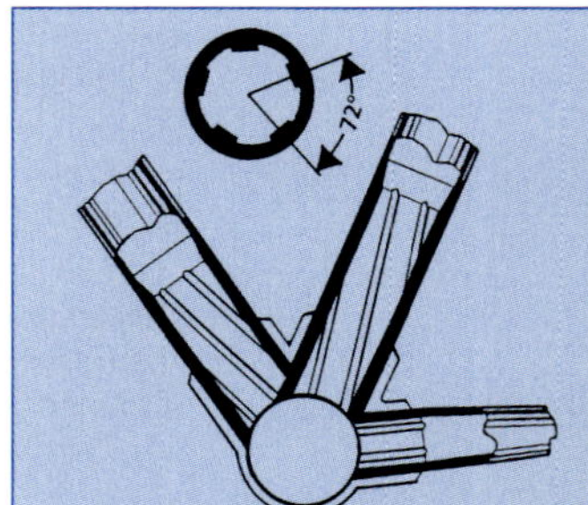

Abb. 57

Snell-Norm

Norm der "Snell Memorial Foundation", die in Deutschland v.a. Bedeutung als Prüfnorm für ▷ Helme hat. Die Snell-Norm ist dabei strenger als die ▷ ANSI-Norm (z.B. Aufprall aus 2 m statt 1 m Höhe), außerdem sind die Aufkleber geschützt und werden nur an solche Hersteller vergeben, deren Helme den Snell-Tests auch tatsächlich standgehalten haben.

Soft-Punkt

Zusätzlicher Betätigungsweg des Bremshebels bei bestimmten ▷ Hydraulikbremsen der Fa. ▷ Magura, der durch den Einbau eines elastischen Gummielementes (s. Pfeil) erzielt wird (Abb. 58).
Mit dem Softpunkt läßt sich die ▷ Bremswirkung besser dosieren, da sie beim Bremsen nicht nur über die Kraft, sondern auch über den Bremsbetätigungsweg koordiniert werden kann.

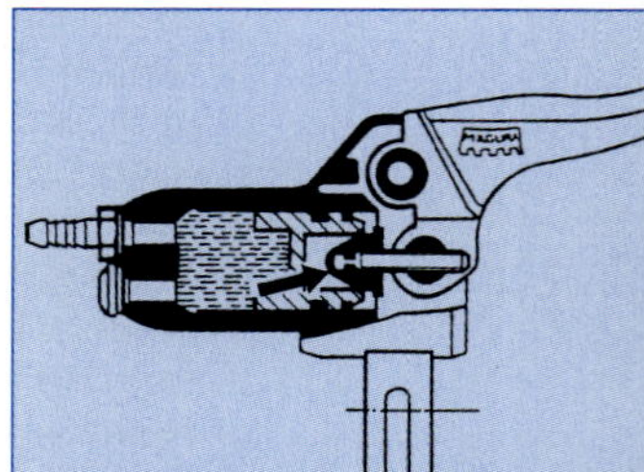

Abb. 58

Sonderfahrräder

Fahrräder, die hinsichtlich ▷ Rahmen, ▷ Antrieb oder ▷ Sitzposition von üblichen Serienfahrrädern abweichen (Abb. 59).
Eine Auswahl bemerkenswerter Beispiele wären neben dem abgebildeten ▷ Pedersen-Rad:
Side-by-Side; Reitantrieb; Einschwingenrahmen; ▷ Dreirad; ▷ Einrad; ▷ Holzfahrrad; ▷ HPV-Fahrrad; ▷ Klapp-/Zerlegerad; ▷ Liegerad; ▷ Lotus; ▷ Radballrad; ▷ Saalsportrad; ▷ Sling Shot; ▷ Tandem; ▷ Vector; ▷ Lastenräder, usw.

Abb. 59

Sondergewinde

Gewindeabmessungen, die außerhalb der genormten, gängigen ▷ Gewindemaße liegen.
Hierzu werden u.a. ▷ Feingewinde sowie alle Fahrradspezialgewinde gezählt.

Beispiel: M 10 x 1, aber auch 10 x 26 für Hinterradachse und Schaltungsbolzen, oder Tretlagergewinde z.B. 36 x 24, 1,37 x 24, 35 x 1. Einzelheiten s. Tabelle ▷ Fahrradgewinde.

Sonderrahmen

Sonderanfertigungen von ▷ Rahmen, die in ihren Abmessungen (z.B. Über- bzw. Untergrößen), Formgebung und Ausführung von

üblichen Serienrahmen abweichen (vgl. auch ▷ Maßrahmen). Sie werden z.T. von einigen ▷ Rahmenherstellern gegen leichten Aufpreis gefertigt (Merckx; de Rosa u.a.), oder von ▷ Rahmenbauern und Tüftlern.
Darüberhinaus auch Bez. für Rahmen von ▷ Sonderfahrrädern, Einzelheiten s.d.

Sonnenrad

Teil eines ▷ Planetengetriebes, das von den ▷ Planetenrädern umlaufen wird und feststehend auf der ▷ Nabenachse angebracht ist. Einzelheiten s. ▷ Schaltung: Nabenschaltung.

Sonnenrad-Nabe

Nabe, die speziell zur ▷ Radialspeichung mit ungekröpften Speichen (▷ Geradspeichen) konzipiert ist. Der Name bezieht sich auf die radial von der Nabe "abstrahlenden" Speichen (Abb. 60).

Diese Naben wurden von der TH Aachen entwickelt, um das maschinelle Einlegen der Speichen zu erleichtern. Serienfertigungen (Weco 1988; Mavic 1994) konnten sich aber bislang gegenüber den Normalnaben nicht auf dem Markt durchsetzen.

Abb. 60

SOS-Maßnahmen

Griffige Bez. f. Notreparaturen.

Suntour

Jap. Komponentenhersteller, der oft mit bes. pfiffigen technischen Lösungen aufwartet. So ist Suntour Erfinder des ▷ Schrägparallelogramms bei Schaltwerken, entwickelte die ▷ S 1-Schaltung und wartete mit einer ▷ Seitenzugbremse mit integrierter, von außen nicht sichtbarer ▷ Rückholfeder auf.

System-Pedal

Pedale, die nach Vorbild der Skibindungen einen lösbaren Verriegelungsmechanismus mit dem Schuh besitzen. Die Verbindung kann durch eine definierte Fußbewegung gelöst werden oder sie löst sich bei Überlastung, z.B. Sturz, selbsttätig.
Nähere Einzelheiten sowie handelsübliche Systeme s. ▷ Pedal: Systempedale (Abb. 61).

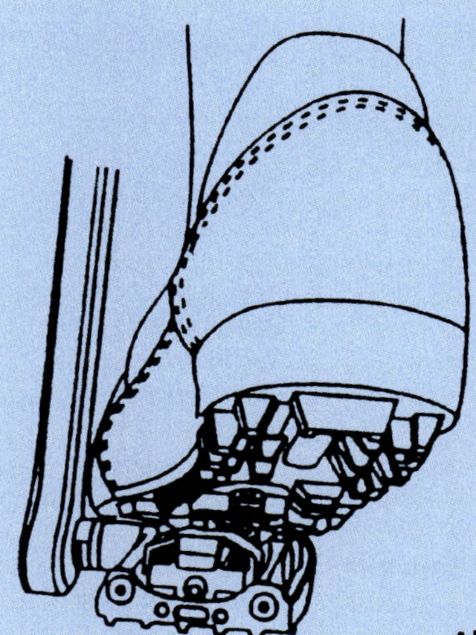

Abb. 61

Schalenbauweise

Bauweise, bei der Bauteile aus ein, zwei oder mehr "Schalen" hergestellt werden, wobei zukünftig insbes. die Fertigung von ▷ Rahmen interessant sein dürfte.

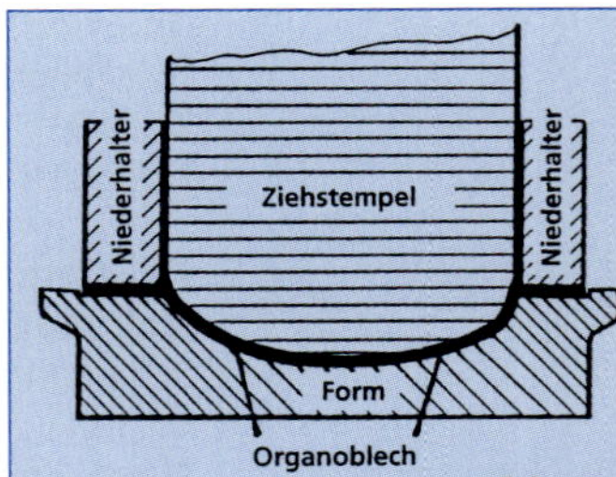

Abb. 1

In Schalenbauweise hergestellte Bauteile oder Rahmen können aus geprägten bzw. tiefgezogenen Stahl- oder Aluminiumblechen hergestellt werden und werden dann zu einem Hohlkörper verschweißt oder vernietet.
In ihren Kinderschuhen befindet sich auch eine für industrielle Serienfertigung geeignete Schalenbauweise für ▷ Carbon-Rahmen: Mit thermoplastischem ▷ Kunststoff gebundene Carbonplatten werden in sog. Heißpressen zu Schalen geformt (Abb. 1), die dann i.d.R. per ▷ Klebetechnik zum Rahmen gefügt werden.
Schwachpunkt der Schalenbauweise: ▷ Torsionsbelastungen verlaufen ja diagonal um den jeweiligen Körper herum, "überqueren" also auch die Fügestelle der Schalen, die dadurch zur potentiellen Bruchstelle wird. Daher bemüht man sich, per zusätzlicher ▷ Formschlußverbindung entsprechende Resistenzen zu schaffen.
I.G.z. den o.g. Fertigungsverfahren ist der reinrassige ▷ Monocoque (frz. "Einschaler") aus einem Stück gefertigt, also ohne die bruchgefährdende Naht. In der Praxis wird teilweise aber auch aus Gründen der Fertigungsrationalität eine Bauweise angewandt, bei der zunächst zwei Schalen zusammengefügt, die dann von weiteren Carbonlagen überdeckt werden.

Schaltanlage

Oberbegriff für alle Bauteile, die zu einer Fahrradschaltung gehören, also neben der eigentlichen Schaltmechanik bzw. Kombinationen von Schaltmechaniken auch die Bedienungshebel und Seilzugführungen umfassen. Zu den einzelnen Typen s. ▷ Schaltung.

Schaltgabel

Andere Bez. f. ▷ Umwerfergabel.

Schaltgriff

s. ▷ Drehschaltgriff

Schalthebel

Betätigungshebel für ▷ Schaltwerk, ▷ Umwerfer oder ▷ Nabenschaltung, die je nach Fahrradtyp am ▷ Unterrohr oder am ▷ Lenker montiert sind.
Funktion: Durch Drehen einer "Seilscheibe" wird die Seillänge des ▷ Schaltzuges für die Betätigung der Schaltung eingeholt oder freigegeben. Wie von Anfang an bei der Nabenschaltung erfolgt dies heute auch bei modernen ▷ Kettenschaltungen (▷ Index-Schaltung) in genau definierten Rasterschritten, womit der Gangwechsel erheblich vereinfacht wurde.
Traditionell ist der Schalthebel für Nabenschaltungen und fürs Schaltwerk rechts, der für den Umwerfer links montiert.
Eine Besonderheit besteht noch bei den zweistufigen 5-Gang-Nabenschaltungen von ▷ Sachs bzw. Sturmey Archer, bei denen - vereinfacht ausgedrückt - drei Gänge rechts und zwei links geschaltet werden. Je nach Radtyp oder Präferenz des Radlers kommen folgende Montageorte bzw. Schalthebeltypen zur Anwendung:

Unterrohrhebel

Der klassische Anbringungsort für Kettenschaltungshebel war das Unterrohr (Abb. 2), so daß zum Schalten kurz eine Hand vom Lenker genommen werden mußte. Beim ▷ Rennrad ist diese Anordnung auch heute noch üblich, wird aber mehr und mehr vom ▷ Bremsschalthebel (s.a. weiter unten) verdrängt.

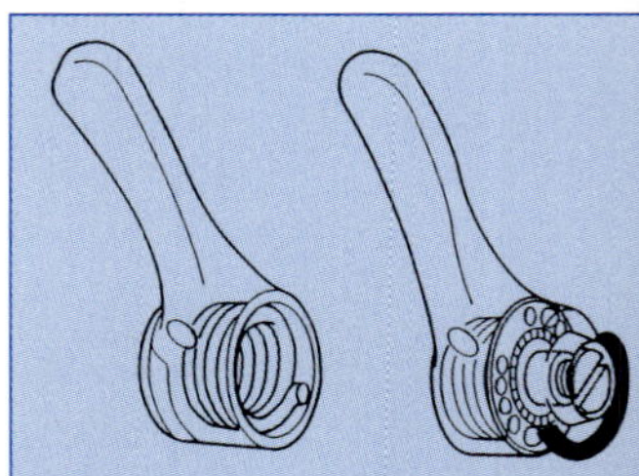
Abb. 2

Vorbauhebel

Seitlich am Schaft des ▷ Vorbaus befestigt: Der klassische Montageort am ▷ Reiserad mit Rennlenker, um einen schnelleren und bequemeren Zugriff zum Schalthebel zu bekommen (Abb. 3). Dieser Montageort ist heute (Verletzungsgefahr) völlig verschwunden.

Lenkerendhebel An den Enden von ▷ Rennlenkern montierte Schalthebel waren früher fürs ▷ Querfeldeinrad gedacht, um schneller und in kritischen Fahrsituationen ohne Loslassen des Lenkers schalten zu können (Abb. 4). Aus Bequemlichkeitsgründen fanden diese Schalthebel auch den Weg ans Reiserad, neuere Lenkerformen (▷ Hörnchenlenker, einige ▷ Tria-Lenker) erweiterten ihren Einsatzbereich. Außerdem früher auch beim Bergzeitfahren benutzt.

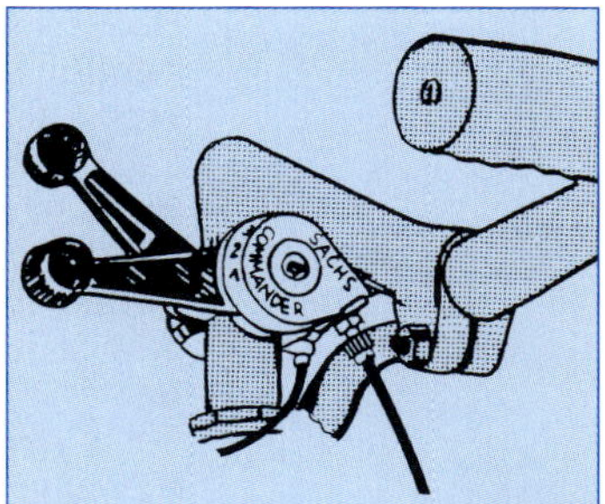

Abb. 3

Lenkerhebel Schalthebelmontage auf dem Lenker: Sie erfolgte auf breiterer Front nach Vorbild der Nabenschaltungshebel (Abb. 5) mit dem Aufkommen der ▷ Mountainbikes.

Die Schalthebelbetätigung geschieht ohne Griffänderung der Hand. Je nach Positionierung bzw. Bedienungsweise unterscheidet man drei Typen:

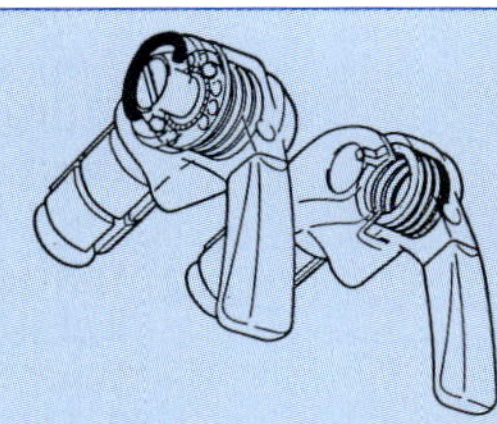

Abb. 4

Daumenschalter Mit Daumen und/oder Zeigefinger wird der Schalthebel weiter- bzw. zurückgeschwenkt (Abb. 6).

Rapid-fire-Schalthebel Schalthebeltyp mit ▷ Schrittschaltwerk, der nach Schaltungsbetätigung wieder in die Ausgangslage zurückfedert (Abb. 7). Nähere Informationen s. ▷ Rapid-fire-Schalthebel.

Twist Ring Ein neben dem Bremsgriff angeordneter Ring wird zum Schalten verdreht, nähere Informationen s. ▷ Twist Ring (Abb. 8).

Drehschaltgriff Ein drehbarer Griff wird nach Vorbild des Motorrad-Gasgriffes für den Schaltvorgang in vorgegebenen Rasterstufen gedreht und für Kettenschaltungen und neuerdings auch Nabenschaltungen eingesetzt. Nähere Informationen s. ▷ Drehschaltgriff.

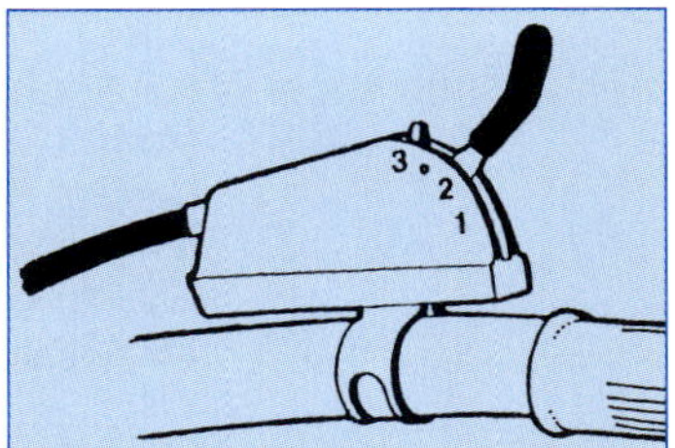

Abb. 5

Brems/Schalt-Hebel In den Bremsgriff von Rennrädern integriertes ▷ Schrittschaltwerk für die Betätigung der Kettenschaltung (Abb. 9). Geschaltet wird durch einen Seitwärtsschwenk des Bremshebels (Shimano) oder einen separat unter dem Bremshebel liegenden kleineren Hebel (Campagnolo). Einzelheiten s. ▷ Brems/Schalt-Hebel.

Mit dieser seit 1990 angebotenen Schaltungsbetätigung kann auch beim Rennrad ohne Veränderung der Handhaltung schnell und sogar im ▷ Wiegetritt geschaltet werden. Außerdem ergibt sich die Möglichkeit, auch in der tiefen Lenkerhaltung (Handhaltung im Lenkerbogen) zu schalten.

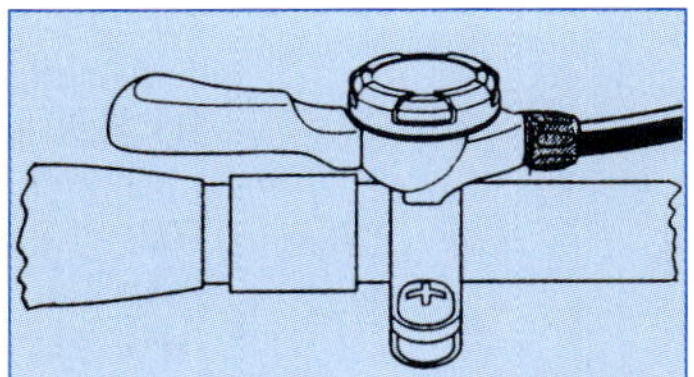

Abb. 6

Sonderausführungen *1.* Schalthebel auf einem Hydraulik-Bremsgriff (▷ Hydraulik-Bremse) für Rennräder (Edco), der dann aber i.U. zum Brems/Schalt-Hebel nur in der Bremsgriffhandhaltung betätigt werden kann.
2. Seitlich auf dem Bremsgriff angebrachte Schaltflügel von Suntour (Command Shifter-Schalthebel) (Abb. 10).

Schaltrad Bauteil der Schalteinheit der 7-Gang-Nabenschaltung von ▷ Shimano. Mit ihr werden auf der ▷ Nabenachse ▷ Schaltzug und Schaltbetätigungsmechanik verbunden.

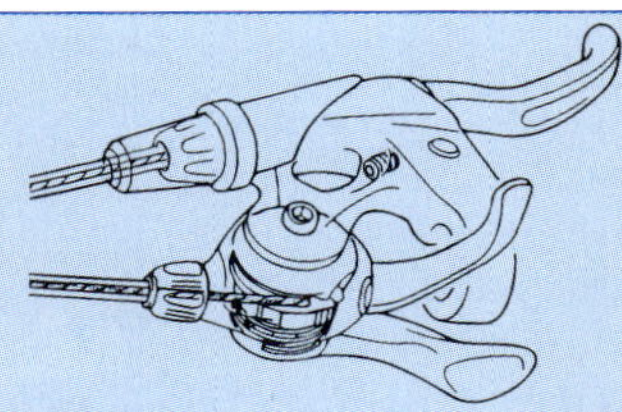

Abb. 7

Schaltschwinge

Durch ▷ Kettenführungsrad und ▷ Kettenspannrad geschlossener "Käfig" des ▷ Schaltwerks, der die Kette durch seitliches Schwenken auf das gewählte ▷ Ritzel lenkt (Abb. 12 oben). Über eine ▷ Rückholfeder und Schwenken um seine Hochachse hält die Schaltschwinge darüberhinaus die Kette unter Spannung und gleicht Längendifferenzen aus, die sich aus den unterschiedlich großen Ritzeln und Kettenblättern ergeben.
Zum Schwenken um ihre Hochachse ist die Schaltschwinge entweder

* im Drehpunkt des Kettenführungsrädchens gelagert (sog. ▷ Zweipunktlagerung), was in Verbindung mit einem ▷ Schrägparallelogramm eine aktive Unterstützung der Schaltarbeit gewährleistet, aber die ▷ Schaltungskapazität leicht einschränkt. Diese früher übliche Bauform wird heute nicht mehr hergestellt, oder
* zwischen den Kettenrollen, etwa 20 bis 30 mm vom Kettenführungsrad entfernt (sog. ▷ Dreipunktlagerung oder ▷ Pantograph), was den möglichen Längenausgleich der Kette und damit die Schaltkapazität vergrößert. Da bei dieser Anordnung das Kettenführungsrad mit zunehmender Ritzelgröße nach hinten abtaucht, vergrößert sich auch die Zähnezahl des größtmöglich zu beschaltenden Ritzels. Aus Gewichts- und Funktionsgründen (höhere Kettenspannung, Kette bekommt größeren Abstand zum Boden und verschmutzt weniger) wird stets angestrebt, die Schaltschwinge möglichst kurz zu halten. Ausführungen:

Short Cage

Für Rennrad-Schaltungen ist die Schaltschwinge kurz ausgeführt (Abb. 12 unten rechts). Der Abstand zwischen den Kettenrädchen beträgt 42 bis 47 mm - man spricht vom "kurzen (Schalt-) Käfig" (engl. short cage).
Größtmögliches Ritzel: 28 Zähne;
▷ Schaltungskapazität: 26 bis 28 Zähne.

Medium Cage

Größere Schaltkapazität besitzen Schaltungen mit 65 bis 70 mm Abstand zwischen den Kettenrädchen (Abb. 21 unten Mitte), die im Touristik und Trekking-Bereich, sowie bei ▷ Mikrodrive-Übersetzungen eingesetzt werden.
Größtmögliches Ritzel: 30 bis 32 Zähne;
Schaltungskapazität: 31 bis 34 Zähne.

Long Cage

Fürs ▷ Reiserad und die klassischen Abstufungen beim ▷ Mountainbike liegt der Abstand zwischen den Kettenrädchen um die 85 mm (Abb. 12 unten links), daher die Bez. "langer Käfig".
Größtmögliches Ritzel: 34 Zähne;
Schaltkapazität: um die 38 Zähne.

Schaltseil

Andere Bez.f. ▷ Schaltzug.

Schaltumfang

Angabe des ▷ Übersetzungsbereichs in Prozent.

Schaltung

Vorrichtung zum Wechseln der Antriebsübersetzung während der Fahrt.

Pro Kurbelumdrehung kann mit einer Schaltung also eine größere Strecke (schwereres Treten, schnelleres Tempo) oder eine kürzere

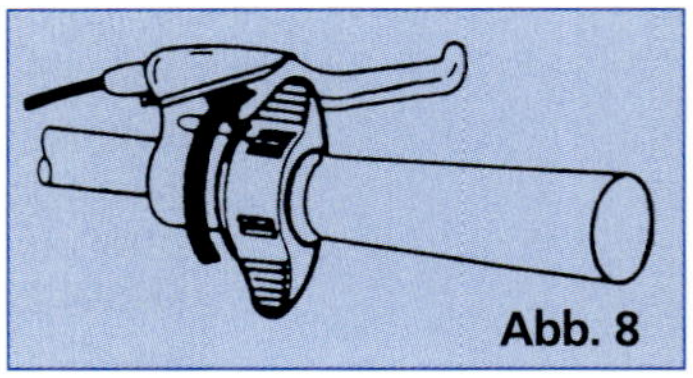
Abb. 8

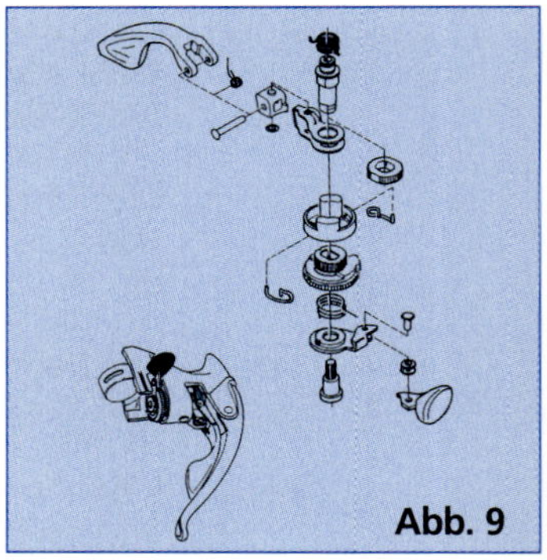
Abb. 9

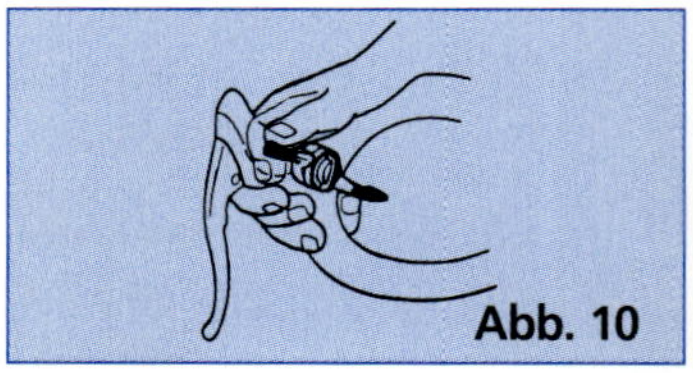
Abb. 10

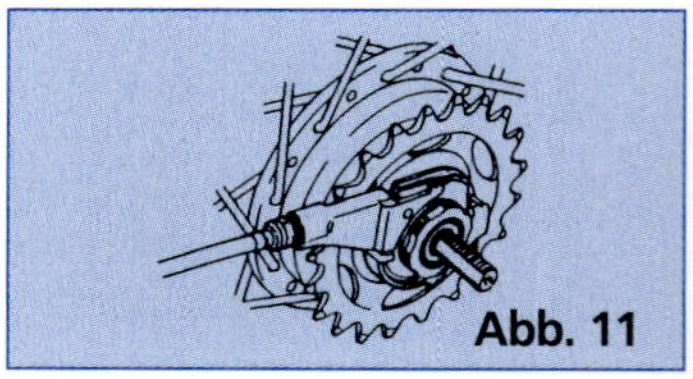
Abb. 11

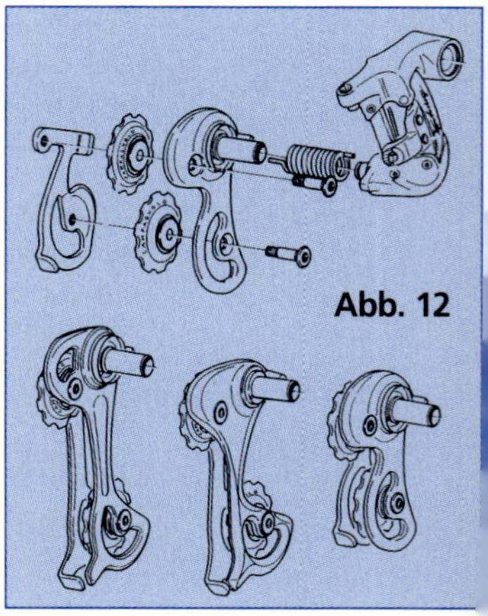
Abb. 12

Strecke (leichteres Tempo, geringere Geschwindigkeit) zurückgelegt werden. In den Anfangsjahrzehnten des Radfahrens konnte die ▷ Übersetzung nur durch den Austausch von unterschiedlich großen ▷ Ritzeln und/oder ▷ Kettenblättern verändert werden. Straßen-Rennfahrer hatten daher auf beiden Seiten der Hinterradachse je ein unterschiedliches Ritzel, ein großes für den Berg, ein kleines für die Ebene: Vor einem Berg wurde angehalten, das Hinterrad ausgebaut und umgedreht, oben dito vice versa. Zur historischen Entwicklung der Fahrradschaltungen s. den Abschnitt am Ende des Stichworts.
Heute finden im wesentlichen Ketten- und Nabenschaltungen Anwendung am Fahrrad.

Kettenschaltung

Einfachster und wirkungsvollster Schaltungstyp mit großem und fein abgestuftem ▷ Übersetzungsbereich. Während der Fahrt wird die Kette auf unterschiedlich große ▷ Kettenblätter bzw. ▷ Ritzel übergewechselt und so die ▷ Übersetzung geändert (vgl. hierzu Abb. 13 rechts und links).

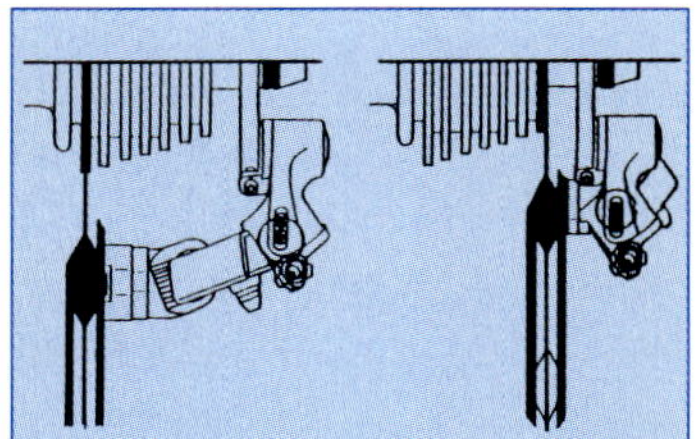

Abb. 13

Bei Standardantrieben sind heute nominell bis zu 27 Gänge möglich, in der Praxis werden jedoch weniger Gänge realisiert, da man extreme Kettenschrägen vermeidet. Mit einem vierten Kettenblatt (sog. ▷ Mountain Tamer Quad) sind sogar noch zusätzliche, extrem untersetzte "Berggänge" realisierbar.

Kettenschaltungsgetriebe bestehen i.d.R. aus 5-9 Ritzeln am Hinterrad plus 2-3 Kettenblättern, die von je einem separaten Schaltmechanismus mit ▷ Schalthebeln bedient werden: ▷ Schaltwerk und ▷ Umwerfer.

Schaltwerk

Das Schaltwerk ist am hinteren rechten ▷ Ausfallende angebracht und arbeitet im sog. "losen Trumm" (der beim Treten entspannte, untere Teil der Kette).
Prinzip: Die Kette umläuft in einer ▷ Schaltschwinge zwei ▷ Schaltungsrädchen. Wird die Schaltschwinge von einem ▷ Parallelogramm per ▷ Schaltzug seitlich geschwenkt, gelangt die so geführte Kette von einem Ritzel auf das nächste. Den Längenunterschied - größere Ritzel benötigen mehr ▷ Kettenlänge als kleinere - gleicht die Schaltschwinge durch Schwenken um ihre Hochachse aus. Dabei wird sie von einer ▷ Rückholfeder gespannt, so daß stets eine annähernd gleiche Kettenspannung vorliegt. Der Schaltzug wird von einem Schalthebel bzw. ▷ Drehschaltgriff aus betätigt.

I.d.R. sind die Schaltwerke aus geschmiedetem (hochwertig) oder gegossenem (Standard) ▷ Aluminium gefertigt. Bei Standard-Schaltwerken ist außerdem die ▷ Schaltschwinge aus Stahlblech gefertigt, während bei hochwertigen Schaltungen hier ebenfalls Aluminium eingesetzt wird.

Weitere Preisunterschiede wirken sich in der ▷ Lagerung von Parallelogrammärmchen und Schaltschwinge aus, die bei hochwertigen Schaltungen Gleitbuchsen aus ▷ Messing oder ▷ Bronze besitzen. Das "New Success"-Schaltwerk von ▷ Sachs besitzt sogar eine Lagerung der Schaltschwinge mit ▷ Industriekugellager.
Moderne Schaltwerke aller Hersteller arbeiten mit einem sog. ▷ Schrägparallelogramm (auch ▷ Dreipunktlagerung genannt) und besitzen annähernd gleiche geometrische Abmessungen. Unterschiedlich angeordnet ist jedoch die Klemmstelle für den Schaltzug. Durch Schaltzug-Umklemmungen lassen sich jedoch Anpassungen zwischen den Schaltwerken einzelner Hersteller vornehmen, s.a. ▷ Kompatibilität.

Zur Montage s. ▷ Schaltwerkmontage.

Umwerfer

Der Umwerfer arbeitet oberhalb der Kettenblätter im sog. "gezogenen Trumm" (der beim Treten gespannte obere Teil der Kette). Der Name Umwerfer rührt von dem recht rüden Schaltvorgang, bei dem die Kette regelrecht "umgeworfen" wird.

Prinzip: Eine ▷ Schaltgabel wird von einem ▷ Parallelogramm seitlich geschwenkt und drückt dadurch die Kette seitlich von dem jeweils belegten Kettenblatt auf ein größeres oder kleineres (Abb. 14).

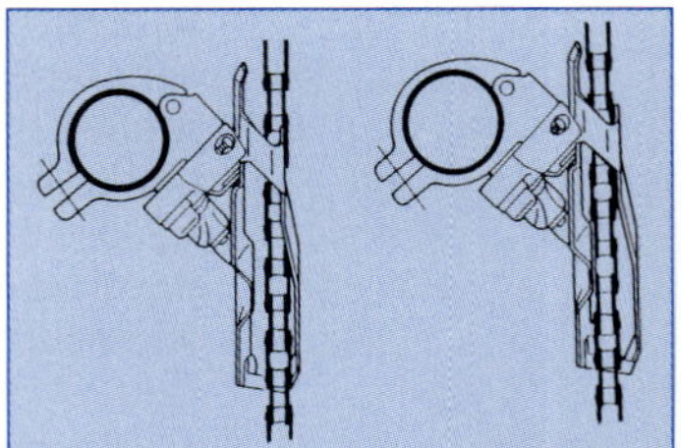

Abb. 14

Die Schaltgabel wird aus Gründen der ▷ Verschleißfestigkeit aus hochvergütetem Stahl gefertigt (Ausnahme: die Schaltgabel des Dura Ace-Umwerfers der 9fach-Gruppe besteht aus Aluminium). Wie beim Schaltwerk werden die Parallelogrammärmchen bei Standard-Umwerfern aus Stahl, bei hochwertigen aus Aluminium gefertigt. Ebenso finden sich in den Lagerstellen nobler Ausführungen Gleitbuchsen aus Messing oder Bronze. Des weiteren wird das vordere Parallelogrammärmchen häufig in gegabelter Version ausgeführt, um eine robustere und wackelfreiere Lagerung zu gewährleisten.

Zur Montage s. ▷ Umwerfermontage.

Entwicklung zum heutigen Stand der Ketten-Schaltungstechnik

Bis in die 80er Jahre hinein fanden Kettenschaltungen trotz ihrer einfachen Bauweise kaum Anwendung an ▷ Gebrauchsfahrrädern. Grund war die diffizile Bedienbarkeit des Schaltwerks mit damals noch stufenlosem Schalthebel: Dieser mußte nämlich frei nach Gefühl - mit evtl. "Gehörkontrolle" - zum Gangwechsel geschwenkt werden. Dafür war eine gehörige Portion Feinmotorik nötig, denn der Schwenkweg mußte so bemessen sein, daß die damit erzielte Änderung der Schaltzuglänge das Schaltwerk und damit die Kette exakt von einem Ritzel auf das andere transportierte.
Weil nun auch die Schaltungsfunktion noch Mängel besaß, war das sog. Überschalten nötig: Es wurde zunächst etwas über den nächsten Gang hinausgeschaltet, um dann, nach Aufliegen des Ganges, den Schalthebel wieder etwas zurückzustellen, ein Vorgang, der selbst bei versierten Radsportlern immer wieder mal zu Schaltfehlern führte, und es gab kaum einen Profi oder Amateur, der nicht einmal eine gute Plazierung oder gar einen Sieg "verschaltet" hätte.

Mit der Einführung von ▷ Rasterschalthebeln vereinfachte sich der Gangwechsel erheblich. Es waren jedoch noch eine Reihe von Funktionsverbesserungen nötig, um die Kettenschaltanlagen auf den heutigen Stand der Technik zu verbessern. Die einzelnen Entwicklungsschritte in Kürze, zunächst das *Schaltwerk:*

Schrägparallelogramm

Um 1970 ▷ Schrägparallelogramm von Suntour (Abb. 15); das Parallelogramm wurde um ca. 25 Grad nach innen gedreht, womit die Schaltschwinge nicht nur nach innen, sondern auch nach unten und hinten geschwenkt wurde.
Auswirkungen: 1. Die Kletterbewegung der Kette wird aktiv unterstützt; 2. die Schaltschwinge bekommt automatisch mehr Abstand zum großen Ritzel hin.

Abb. 15

1984 lief das Suntour-Patent aus - und ▷ Shimano übernahm das Schrägparallelogramm für seine "Dura Ace"-Gruppe. Zusätzlich wurde eine zweite ▷ Rückholfeder im Befestigungsauge der Schaltung installiert. Im Zusammenspiel mit der Rückholfeder in der Schaltschwinge bleibt so der Abstand des ▷ Kettenführungsrädchens zu den Ritzeln annähernd konstant, egal welche Ritzelabstufung gefahren wird.

erste Rasterschaltungen

Ende der 1970 Jahre erschienen erste ▷ Rasterschaltungen (▷ "Positron" von Shimano; "Commander" von Sachs).

Rasterung im Schaltwerk

Beide Modelle besaßen die Rasterstufe im Schaltwerk.

Rasterung im Schalthebel

Später wurden die Rasterstufen in den Schalthebel integriert. Damit wurden die Schwenkwege des Schalthebels in genau definierte Abschnitte unterteilt, die den Schritten der Schaltung entsprechen, um die Kette von einem Ritzel zum nächsten zu transportieren.

Kette als Schalthilfe

1987 erkannte die deutsche Firma Rohloff den funktionalen Anteil der *Kette* am Schaltvorgang. Ihre SLT-Kette besitzt eine größere seitliche Beweglichkeit. Die Kette kann in einer Zick/Zack-Linie den Klettervorgang auf die gewählten Ritzel leichter und schneller bewältigen.

Hyperglide

1988 bringt Shimano ▷ Hyperglide auf den Markt (Abb. 16). Die Kette muß zum Schalten nicht mehr über die Zahnköpfe hinweg auf das nächste Ritzel klettern, sondern kann Zahn in Zahn eingreifend von einem Ritzel auf das nächste überlaufen. Der Schaltvorgang wird schneller, sicherer und leiser und ist außerdem erstmals unter Last möglich.

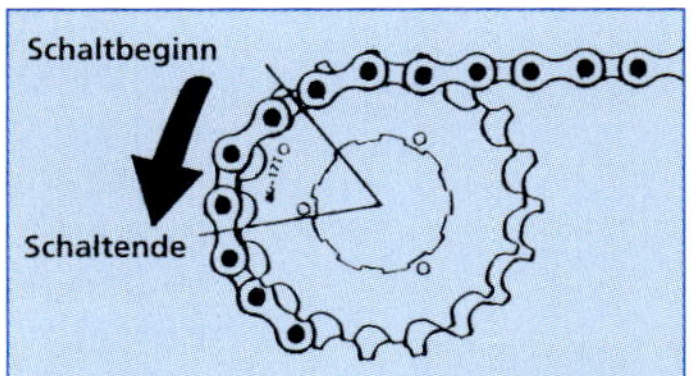

Abb. 16

Drehschaltgriff u. Brems/Schalt-Hebel

1990 kommt die Fa. Gripshift mit dem ▷ Drehschaltgriff, Shimano mit dem ▷ Brems/Schalt-Hebel auf den Markt. Damit kann an MTB und Rennrad sogar ohne Veränderung der Handhaltung am Lenker sowie im ▷ Wiegetritt geschaltet werden.

Umwerfer

Weniger revolutionär, aber kontinuierlich wurde auch die Funktion der ▷ Umwerfer verbessert:

* Die Innenseite der Schaltgabel wurde leicht kurvenförmig ausgebildet, wodurch die Kette beim Auflaufen auf die größeren Kettenblätter eine Art Kletter-Beschleunigung erfährt.
* Auf der Außenseite der Schaltgabel wird vorn eine leicht vorspringende Nase nach innen geprägt. Dadurch werden die seitlich beweglicher gewordenen Ketten "punktueller" belastet und springen schneller auf kleinere Kettenblätter über.
* Shimano stattet seine ▷ *Hyperdrive*-Kettenblätter mit Hilfszähnen und Fangnieten aus und schafft so Bedingungen für den Kettenüberlauf ähnlich wie bei Hyperglide. Erstmalig kann nun das Kettenblatt unter (geringer) Tretlast gewechselt werden.
* Eine interessante Variante ist der Umwerfer "Quarz Inverse" von Sachs, bei dem die Federrichtung umgekehrt ist. Vorteil: Es läßt sich mit Handkraft runterschalten statt rauf.

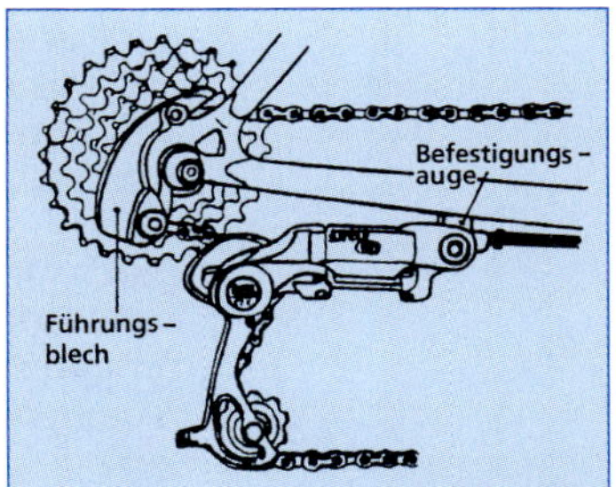

Abb. 17

Sonder-Kettenschaltungen

▷ "S 1" von Suntour: An der ▷ Kettenstrebe statt im ▷ Ausfallende angebrachtes Schaltwerk (Abb. 17) mit hervorragender Funktion, Einzelheiten s.d.

Browning-System (1990): ▷ Elektrisches Schaltsystem, bei dem ein Kettenblattwechsel durch seitliches Schwenken von Kettenblattsegmenten ausgeführt wird, was unter voller Tretlast erfolgen kann (Abb. 18).

Mavic ZAP System (1993): ▷ Elektrisches Schaltsystem, bei dem ein mit Rechner und Sensoren ausgestattetes Schaltwerk die Schaltschwinge linear verschiebt.

Weitere wichtige Informationen finden Sie insbes. unter ▷ Schaltprobleme; ▷ Schaltungseinstellung; ▷ Schaltungssynchronisierung; ▷ Kompatibilität; beachten Sie auch ▷ Schaltwerkmontage und ▷ Umwerfermontage.

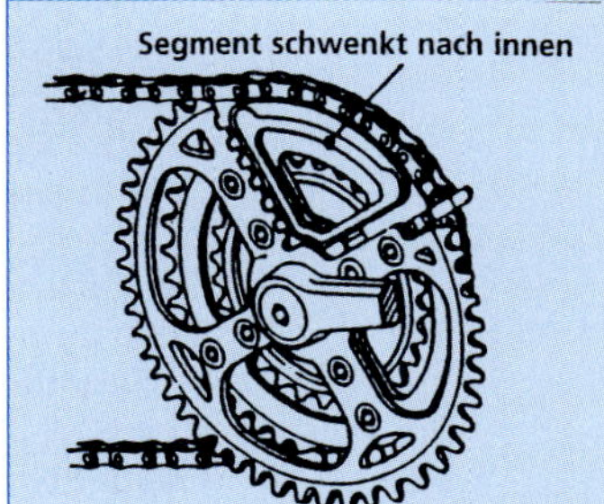

Abb. 18

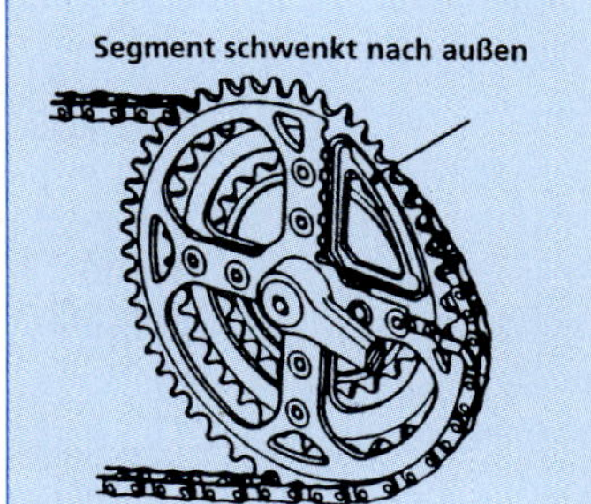

Nabenschaltung In der Hinterradnabe untergebrachtes Zahnradschaltgetriebe ("Planetengetriebe") zur Veränderung der Übersetzung.

Die ersten Nabenschaltungen wurden bereits um die Jahrhundertwende patentiert und waren damit trotz komplizierterer Bauart um Jahrzehnte früher auf dem Markt als Kettenschaltungen.

Prinzip Planetengetriebe Auf ihrem ▷ Planetenträger umlaufen drei ▷ Planetenräder ein auf der Nabenachse feststehendes ▷ Sonnenrad und versetzen damit ein alles umhüllendes Hohlrad in Drehung (Abb. 19). Übersetzungsmöglichkeiten ergeben sich durch die unterschiedlichen Drehzahlen von Hohlrad und Planetenträger. Je nach der Auslegung des Getriebes betragen sie zwischen 25 bis 35 %.
Wie in Abb. 20 zu sehen, ist der Drehzahlunterschied doppelt zu nutzen:
1. Übersetzung: Der Planetenträger wird mit dem Ritzel verbunden, und das Hohlrad treibt die Nabe an (Abb. 20 oben).
2. Untersetzung: Das Hohlrad wird mit dem Ritzel verbunden, und der Planetenträger treibt die Nabe an (Abb. 20 unten).
3. Daneben steht noch die *1:1-Übersetzung* zur Verfügung, indem das Getriebe blockiert wird und das Ritzel die Nabe direkt antreibt.

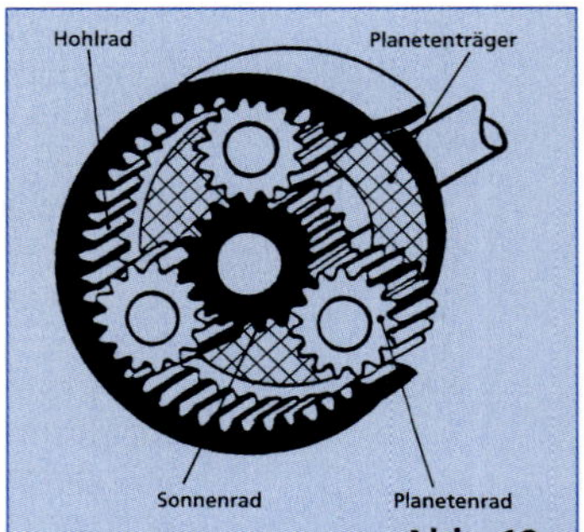

Abb. 19

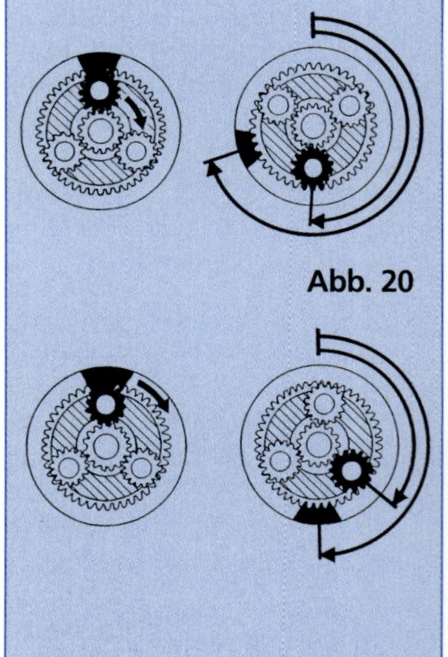
Abb. 20

Durch Verkoppeln oder Hintereinanderschalten von zwei oder drei Planetengetrieben stehen dann entsprechend mehr Übersetzungen zur Verfügung, wie in den Skizzen am Beispiel der 5- und 7-Gang-Nabe von Sachs sowie der 7-Gang-Nabe von Shimano zu sehen.

Vorteile Gegenüber den Kettenschaltungen besitzen Nabenschaltungen einen geringeren Aufwand an Pflege und Wartung, außerdem können sie statt mit einer Kette auch mit einem ▷ Zahnriemen angetrieben werden. Weiterer Vorteil: Man kann im Stand schalten. Nahezu wartungsfrei werden Nabenschaltungen, wenn die Kette vollständig in einen ▷ Kettenkasten eingekapselt ist (s.a. ▷ Hollandrad).

In Nabenschaltungen läßt sich ein Rücktritt integrieren, was noch einmal den Aufwand an Pflege und Wartung reduziert und damit die Betriebssicherheit bei den generell weniger intensiv gewarteten ▷ Gebrauchsfahrrädern (verglichen mit sportlich genutzten Fahrrädern) erhöht.

Nachteile Nabenschaltungen halten den permanent hohen Belastungen durch Radsportler i.d.R. weniger lange stand, außerdem fällt die Gangabstufung relativ grob aus. Ausnahme: ▷ Elan-Nabenschaltung mit 12 Gängen von Sachs und ▷ Speedhub 500/14 von Rohloff. Darüberhinaus ist das Baugewicht der Nabenschaltungen relativ hoch und der Radausbau aufwendiger als bei Kettenschaltungen.

Schließlich und endlich ist der ▷ Wirkungsgrad von Nabenschaltungen (90-92%) fast 10% geringer als der von Kettenschaltungen (98%).
Da die Planetenräder sowohl ins Sonnenrad als auch ins Hohlrad einkämmen, bedeutet das bereits einen ▷ Reibungsverlust von ca. 4%. Hinzu kommen die Reibungsverluste der gleitgelagerten Planetenrädchen sowie der des Kettenantriebs.

Zur weiteren Information zeigt die Abb. 21 die Explosionszeichnung der 7-Gang-Nabenschaltungen von Sachs, Abb. 22 zeigt die neue ▷ Elan 12-Gang-Nabenschaltung (Einzelheiten s.d.), Abb. 23 schließlich die ▷ Speedhub 500/14, die 14-Gang-Getriebenabe von Rohloff (Einzelheiten s.d.).

Sonder-Nabenschaltungen

1. 2-Gang-Nabenschaltungen: Nabenschaltung mit Normal- und Schnellgang ohne Betätigungszug. Das Umschalten bewirkt entweder eine Fliehkraft-Einrichtung (Automatic-Nabe von Sachs) oder ein kurzes Rückwärtstreten (Duomatic-Nabe von Sachs).
Im Normalzustand treibt das Ritzel die Nabe an. Für den Schnellgang werden Ritzel und Planetenträger miteinander verkuppelt, so daß nun das Hohlrad die Nabe antreibt. Da in beide Naben gleich der Rücktritt integriert ist, ergibt sich bei kleiner Bauweise (nicht größer als eine normale Rücktrittnabe) ein Kompaktgetriebe, das früher häufig in ▷ Klapprädern eingesetzt wurde.

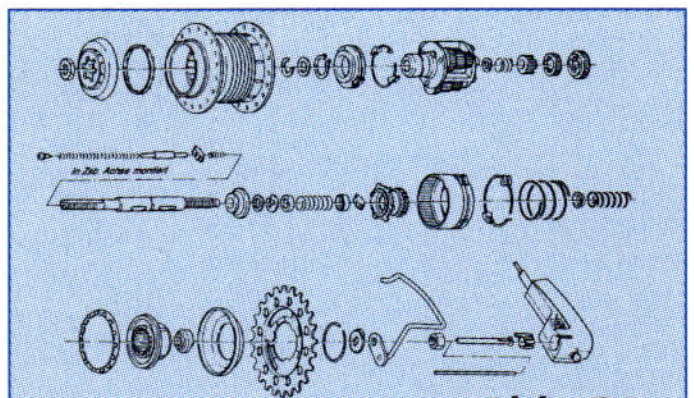
Abb. 21

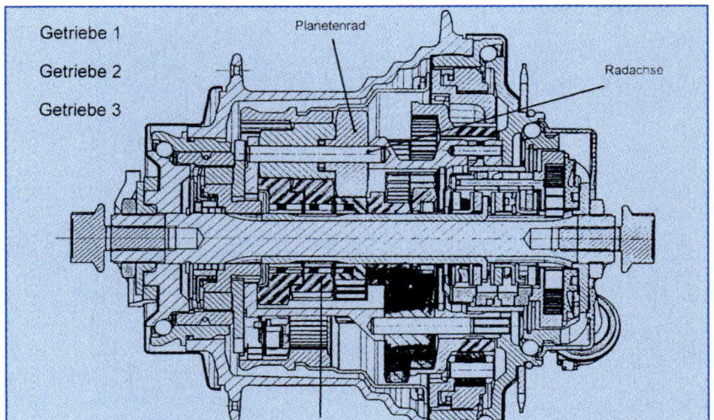

Abb. 22

2. Kombis: Kombination von Naben- und Kettenschaltung.
War die Verbindung von Naben- und Kettenschaltung früher nur Bastlern vorbehalten, so brachte Fichtel & Sachs mit der 2-Gang-"Orbit"-Nabe (in Verbindung mit der damaligen "Commander"-Kettenschaltung) eine handelsübliche Ausführung auf den Markt.
In moderner Ausführung erfreut sich momentan die "3 x 7" von Sachs - 3 Nabengänge, 7 Schaltwerkgänge, macht wie bei reinen Kettenschaltanlagen 21 Gänge - für die gehobenen Gebrauchsräder zunehmender Beliebtheit (Abb. 24).

Vorteile:

- geringerer Kettenschräglauf, daher alle 21 Gänge schaltbar;
- Schalten im Stand möglich;
- ▷ Schaltungsumfang 423%, was einer Kettenschaltungsabstufung von 48/38/28 mit Ritzeln von 13 bis 32 Zähnen entspricht (wie alte MTB-Antriebe). Vgl. hierzu ▷ Elan-Nabenschaltung.
- Möglichkeit, per 55er Kettenblatt eine extreme Downhill-Übersetzung von 11,3 m pro Kurbelumdrehung zu realisieren.

Bei den Kombis übernehmen die Nabenschaltungen die Funktion des Umwerfers, weshalb diese Schaltanlagen mit einem Kettenschutz gefahren werden können.

Abb. 23

3. Kettenblatt-Planetengetriebe:
a. Wiederum als Ersatz für den Umwerfer wartete 1988 die Fa. Bridgestone mit einem 4-Gang-Planetengetriebe auf (Abb. 25), das anstelle des ▷ Kurbelsterns zwischen Tretkurbel und Kettenblatt angeordnet ist: Mit einem 34er Kettenblatt bestückt, ermöglicht dieses Getriebe Drehzahlerhöhungen, die einem 46er, 53er und 63er Kettenblatt entsprechen. Mit einer 6-Gang-Kettenschaltung kombiniert, stehen so 24 Gänge zur Verfügung.
Da auch im Stand ein Gangwechsel möglich ist, hat dieses System besonders beim Halt an der Ampel seine Vorteile, erreichte allerdings keine nennenswerte Marktbedeutung.
b. "Mountain Drive": durch kurzes Zurücktreten schaltbares 2-Gang-Kettenblattgetriebe, das einem Übersetzungssprung von montierten 28 Zähnen auf quasi 46 entspricht.

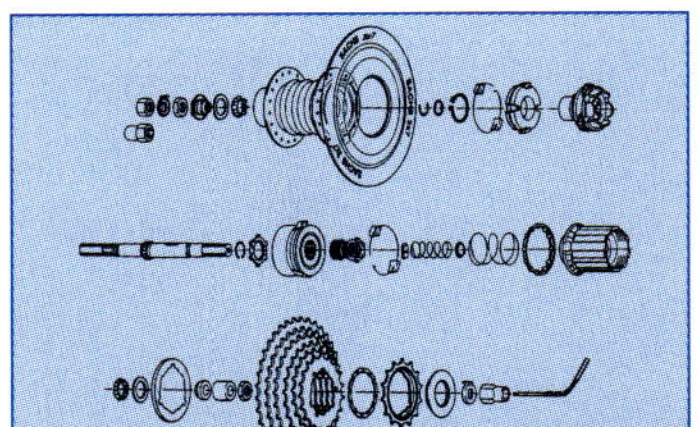
Abb. 24

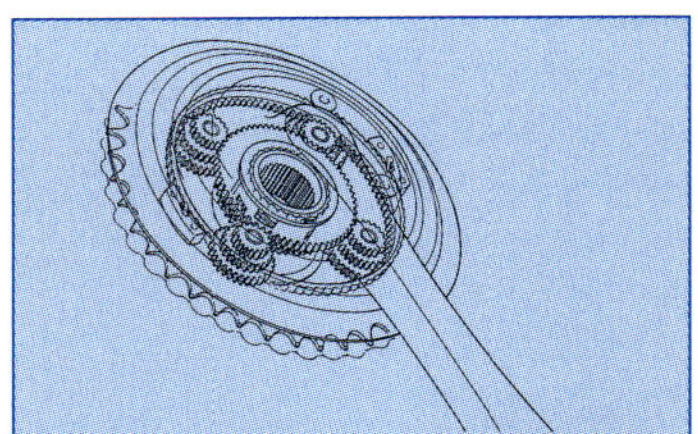
Abb. 25

Schaltungsadapter

3-4 mm dickes Blechteil, das ins hintere rechte ▷ Ausfallende verschraubt wird und ein ▷ Schaltungsauge für die Aufnahme eines ▷ Schaltwerks besitzt (Abb. 26).

Damit lassen sich auch schaltungslos konzipierte Standardräder oder solche, die für Nabenschaltungen vorgesehen waren, auf Kettenschaltung umrüsten (beachte dann aber die ▷ Einbaumaße).

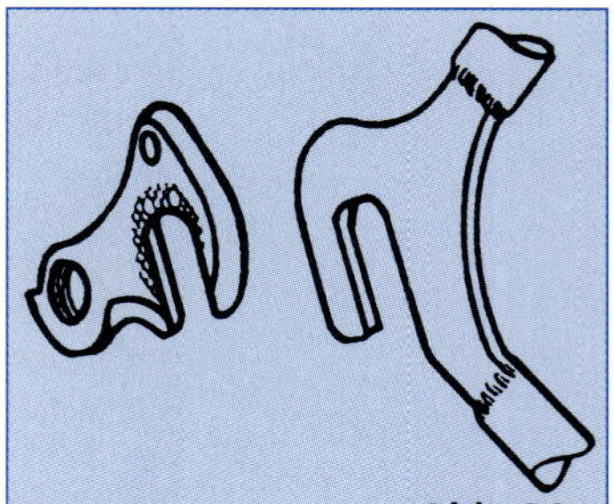

Abb. 26

Schaltungsauge

Spezielles ▷ Befestigungsauge fürs ▷ Schaltwerk, das entweder gleich im ▷ Ausfallende von Rahmen für Räder mit Kettenschaltung oder im ▷ Schaltungsadapter integriert ist.

Schalt(ungs-)-kapazität

Summe der Zahndifferenzen zwischen ▷ Kettenblättern und ▷ Ritzeln, m.a.W.:
Zahnunterschied zwischen größtem und kleinstem Kettenblatt plus Zahnunterschied zwischen größtem und kleinstem Ritzel.

Die Summe der Zahnunterschiede gibt den Bereich an, in dem ein ▷ Schaltwerk noch eine sichere Funktion gewährleistet.

Schaltschwingen-länge

Die Schaltkapazität von ▷ Kettenschaltungen hängt in erster Linie von der Länge der Schaltschwinge ab, gilt es doch, die aufgrund der Zähnedifferenzen freiwerdende bzw. benötigte ▷ Kettenlänge freizugeben oder einzuholen.
Daneben ist noch der Drehpunkt von Einfluß, um den die Schaltschwinge in ihrer Hochachse schwenkt, vgl. das bei ▷ Schaltschwinge gesagte.

Die Schaltkapazität von Rennradschaltungen (kurze Schaltschwinge) beträgt 20 - 28 Zähne, die vom Mountainbike (lange Schaltschwinge, ▷ Long Cage) 38 - 44 Zähne. Für eine ▷ Microdrive-Übersetzung reicht dagegen bereits eine Schaltung mit mittellanger Schaltschwinge bei einer Schaltkapazität von 34 Zähnen.

Beispiele

1. Rennradschaltung: Zahnunterschied zwischen den Kettenblättern 53/39 gleich 14, plus Zahnunterschied zwischen den Ritzeln 12/24 gleich 12 ergibt eine Mindest-Schaltkapazität von 26 Zähnen, um diese Übersetzung funktionell einwandfrei schalten zu können.
2. MTB-Schaltung: Zahnunterschiede zwischen den Kettenblättern 46/36/26 gleich 20 Zähne plus Zahnunterschied der Ritzel 12/32 gleich 20 Zähne macht eine geforderte Mindest-Schaltkapazität von 40 Zähnen.
3. Microdrive-Übersetzung: 42/32/22 entspricht 20 Zähne plus 11/25 entspricht 14 Zähnen, macht zusammen 34.
Vergleiche auch ▷ Übersetzungsbereich, ▷ Übersetzungen, ▷ Schaltumfang und ▷ Gangsprünge.

Schaltungs-rädchen

In der ▷ Schaltschwinge untereinander angebrachte Kettenrädchen mit kurzen Zähnen (Abb. 27), zwischen denen hindurch die Kette verläuft und dadurch geführt und gespannt wird, auch Schaltungsröllchen genannt. Entsprechend ihrer Funktion bezeichnet man das obere Rädchen als ▷ Kettenführungsrad, das untere als ▷ Kettenspannrad.

Schaltungsrädchen waren früher kreisrund, besitzen heute aber zur sicheren Kettenführung kurze Zähne. Sie sind in der Regel mit ▷ Gleitlagern versehen, werden z.T. aber (v.a. auf dem Nachrüstmarkt) mit ▷ Industriekugellagern ausgestattet.

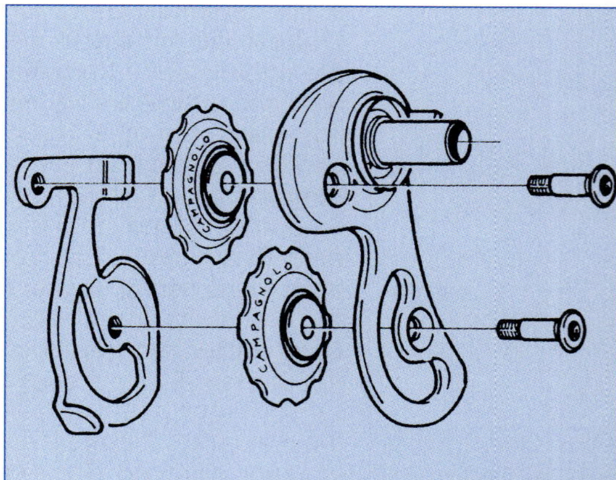

Abb. 27

Schaltungs-synchronisierung

Justiervorgang bei ▷ Schaltungen, mit dem ein Gleichklang von Schaltmechanismus und Betätigungsmechanismus hergestellt wird (Abb. 28).
Dies wird erreicht durch Variation der Schaltzugspannung mittels der ▷ Schaltungssynchronisierschraube, mit der die Außenhülle des ▷ Bowdenzuges gespannt bzw. gelockert wird, so daß die Schaltschritte des Schaltmechanismus genau auf die Abstände der vorgegebenen Schaltschritte synchronisiert werden.
Für die verbreiteteren ▷ Kettenschaltungen hat es sich in der Praxis bewährt, mit der Synchronisierschraube die Schaltung beim Gangwechsel vom 2. auf das 3. Ritzel zu justieren, da der erste Rasterschritt der Schalthebel bei allen Herstellern bis auf Mavic größer ausfällt.

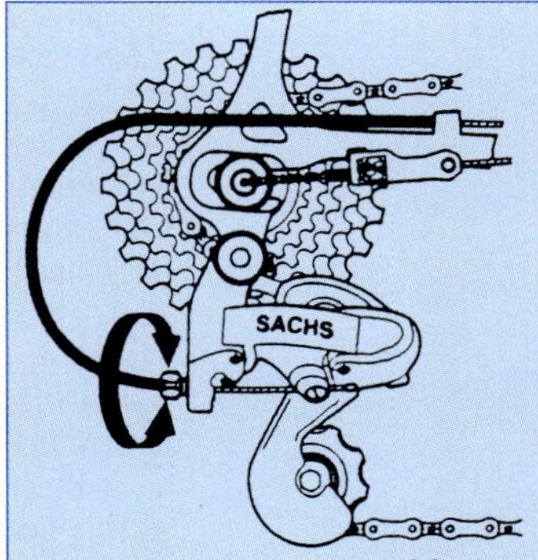

Abb. 28

Vorgehensweise

1. Kette auf zweitkleinstes Ritzel;
2. Schalthebel von Entspannungsstellung auf die erste Rasterstellung (2. Gang) stellen;
3. Schaltung durch Drehen der Synchronisierschraube so justieren, daß das obere ▷ Schaltungsröllchen exakt unter dem zweitkleinsten Ritzel zu stehen kommt;
4. Nun einen Rasterschritt weiterschalten (auf 3. Gang): Die Kette muß exakt aufs nächste Ritzel klettern. Tut sie das nur unwillig: Synchronisierschraube etwas herausdrehen (▷ Daumenregel!), um die Schaltzugspannung zu erhöhen. Klettert die Kette dagegen über den 3. Gang hinaus: Synchronisierschraube etwas reindrehen, um die Schaltzugspannung zu reduzieren.
5. Nach ca. 50 km noch einmal nachjustieren, da der Schaltzug sich jetzt williger in die Biegungen schmiegt und dadurch "länger" geworden ist.

Anmerkungen: 1.) Die Schaltfunktion wird verbessert, wenn das Schaltwerk nicht genau unter dem dritten Ritzel steht, sondern etwa 0,5 mm weiter zum vierten hin; 2.) bei Schaltanlagen, die aus Bauteilen verschiedener Hersteller zusammengestellt sind, sowie bei auftretenden Schaltproblemen kann es ratsam sein, den Wechsel vom 3. auf das 4. Ritzel zur Synchronisierung heranzuziehen (besseres Kompensieren von Schaltungenauigkeiten).

Umwerfer

Gleichermaßen verfahren, zur Synchronisierung reicht der Sprung vom kleinen auf das mittlere ▷ Kettenblatt. Mangels Synchronisierschraube am Umwerfer muß dieser Vorgang an der Einstellschraube der Schalthebel bzw. durch Schaltzugkürzung (Klemmstelle verlagern) vorgenommen werden.

Schaltweg-begrenzungs-schrauben

Die an ▷ Schaltwerk und ▷ Umwerfer befindlichen, meist mit H und L gekennzeichneten Schrauben, die den Schwenkbereich von Schaltwerk und Umwerfer begrenzen. Einzelheiten s. ▷ Schaltungseinstellung und ▷ Einstellschrauben (Abb. 29).

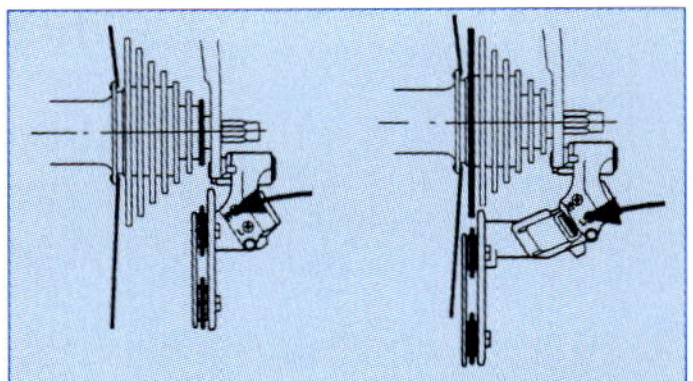
Abb. 29

Schaltwerk

Landläufige Bezeichnung für die hintere Schaltmechanik bei Kettenschaltanlagen. Einzelheiten s. ▷ Schaltung: Kettenschaltung.

Schaltwerk-montage

Beim Einschrauben des ▷ Schaltwerkes im ▷ Schaltungsauge (Abb. 30) ist folgendes zu beachten:
1. Schaltung fluchtig zur Längsachse des Fahrrades ausrichten und Befestigungschraube eindrehen;
2. Schaltwerk nach hinten schwenken, damit der Winkel der ▷ Anschlagplatte hinter den Anschlag des Schaltungsauges greifen kann;
3. Befestigungsschraube je nach Herstellerangabe mit 5-8 Nm anziehen.

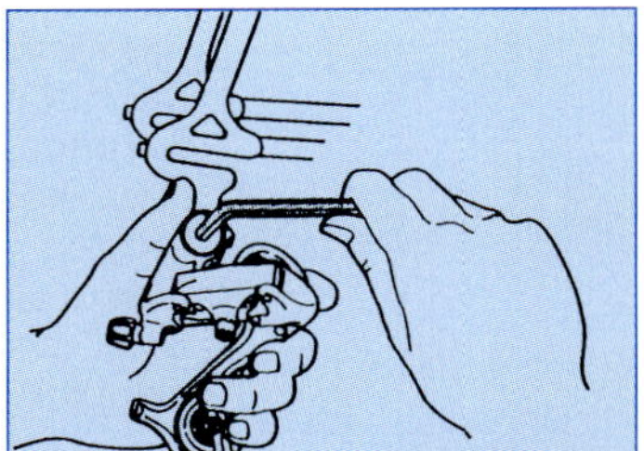
Abb. 30

Faustregel, für Montage ohne Drehmomentschlüssel: Gut handfest anziehen. Inbusschlüssel darf sich nicht "biegen".

4. Kontrollieren, ob Befestigungsschraube die innen liegende Führungshülse nicht gestaucht hat. Schaltung muß sich leicht schwenken lassen, mit zunehmendem Schwenkwinkel muß die Wirkung der ▷ Rückholfeder spürbar sein;
5. Schaltzug anklemmen;
6. Schaltwerk einstellen, siehe ▷ Schaltungseinstellung.

Schaltzug

▷ Innenzug des zur Bedienung von ▷ Schaltwerk und ▷ Umwerfer eingesetzten ▷ Bowdenzuges. Er wird wegen seiner seilartigen Verdrallung auch gern als "Schaltseil" bezeichnet. Im Vergleich zum Bremszug besitzen Schaltzüge einen geringeren Durchmesser. Zur Minderung der ▷ Seilreibung (Vermeidung von Schaltungenauigkeiten bei ▷ Index-Schaltungen) werden Schaltzüge neuerdings oberflächenbehandelt oder besitzen abgeflachte Außendrähte.
S.a. ▷ Schaltzugnippel; ▷ Schaltzugverlegung.

Schaltzugnippel

Ausformung am Ende von ▷ Schaltzügen, die formschlüssig in eine entsprechende Aussparung der ▷ Schalthebel eingelegt werden. Schaltzugnippel (Abb. 31 rechts) besitzen bei ▷ Kettenschaltungen einen Durchmesser von ca. 4 mm. Bei älteren ▷ Nabenschaltungen (Abb. 31 Mitte) beträgt der Durchmesser um 2,5 mm mit einer Länge von 10 mm. Veraltet ist hingegen die Scheibenform der Nippel (Abb. 31 links).
Die Verbindung von Nippel und Zug erfolgt analog ▷ Bremsnippel.

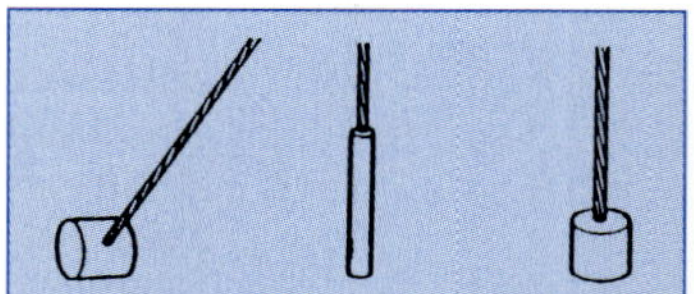

Abb. 31

Schaltzugverlauf

Verlauf des ▷ Schaltzuges zwischen ▷ Schalthebel und ▷ Schaltung.

Unterrohrschalthebel

Zum ▷ Schaltwerk verläuft der Zug vom Schalthebel am ▷ Unterrohr unter dem ▷ Tretlagergehäuse hindurch zur ▷ Gegenhalterung an der ▷ Kettenstrebe in Nähe des ▷ Ausfallendes (Abb. 32). Unterhalb des Tretlagers werden die Züge durch Ösen oder Führungen gegen seitliches Verrutschen gesichert (Abb. 33).
Im weiteren Verlauf nun vom ▷ Außenzug geführt, verläuft er in einem Bogen zur ▷ Schaltungssynchronisierschraube, dann durch die Schraube hindurch weiter zur Klemmstelle des Schaltwerks.

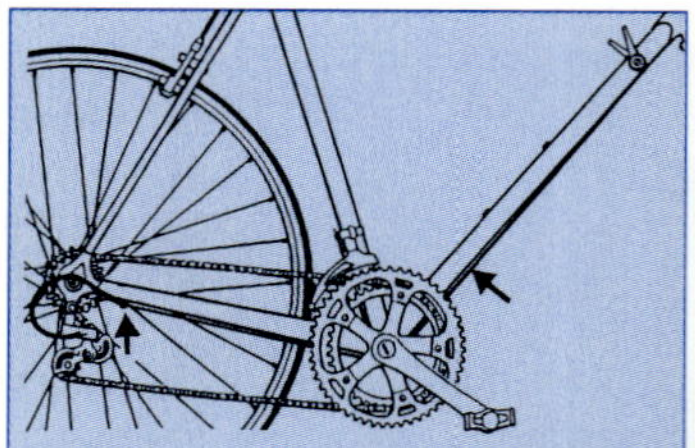

Abb. 32

Zum ▷ Umwerfer verläuft er gleichermaßen zum Tretlagergehäuse, dann zwischen den beiden ▷ Unterstreben hindurch bis zur Klemmstelle am Umwerfer.

Lenkerschalthebel

Durch die Schalthebelmontage am Lenker oder ▷ Vorbau verlängert sich die Schaltzugverlegung. Hierbei wird mit einer Außenhülle entweder der Festschraubpunkt des Unterrohrschalthebels mittels ▷ Adapter zur Gegenhalterung fixiert, oder es ist in Nähe des ▷ Steuerrohrs eine eigene Gegenhalterung angebracht.
Bei moderneren ▷ Mountainbikes verlegen die Hersteller die Züge z.T. entlang des ▷ Oberrohrs (geringere Gefahr der Verschmutzung bzw. Beschädigung durch Steinschlag) und führen sie entlang der rechten ▷ Sattelstrebe zum Schaltwerk bzw. am ▷ Sattelrohr entlang zum Umwerfer. Hierzu sind allerdings spezielle "Top Route"-Umwerfer nötig, weil die Seilzuführung ja aus der Gegenrichtung erfolgt.

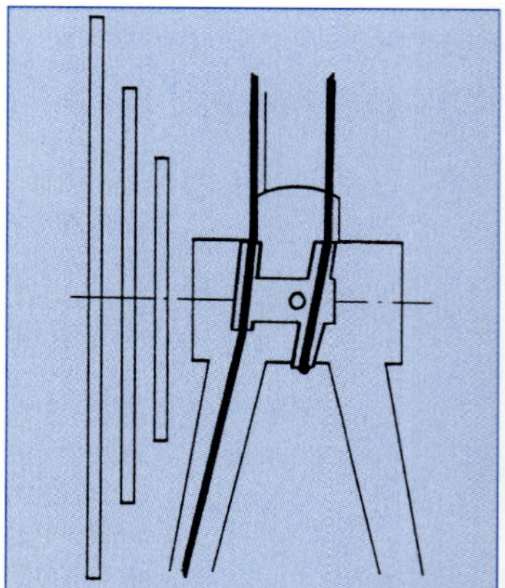

Abb. 33

Im Vergleich Kettenschaltung und ▷ Nabenschaltung ergibt sich ein nahezu identischer Verlauf (Abb. 34). Unterschiede bestehen in den meist fest abgelängten Einheiten aus Schaltzug und Außenhülle sowie den häufig zwecks Leichtgängigkeit angeschellten Umlenkrollen (statt Tretlagerführung). Außerdem verläuft der zweite Schaltzug bei 5-Gang-Nabenschaltungen (Ausnahme: ▷ Clickbox) zur linken Nabenseite.

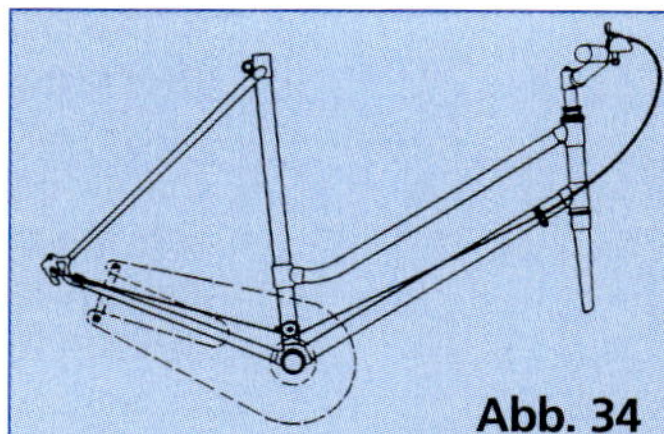
Abb. 34

Schaltzugverlegung Verlegung des ▷ Schaltzuges entlang des Rahmens, um ▷ Schalthebel und ▷ Schaltung funktionsfähig miteinander zu verbinden.

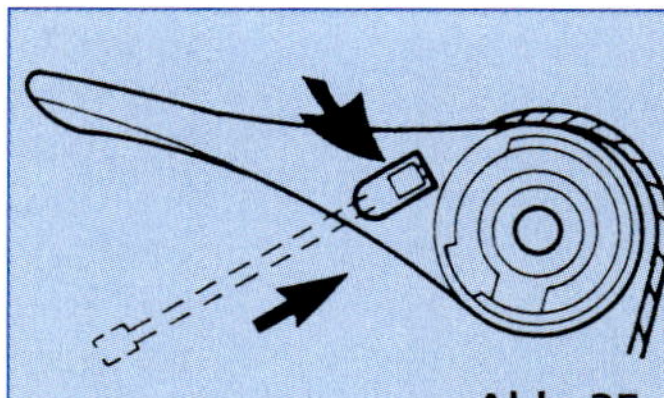
Abb. 35

Das Einfädeln des Schaltzuges in die unterschiedlichen Hebel zeigen die Abb. 35-38.
Die Verlegung erfolgt entlang dem ▷ Schaltzugverlauf, wobei folgende Punkte besonders beachtet werden sollten:

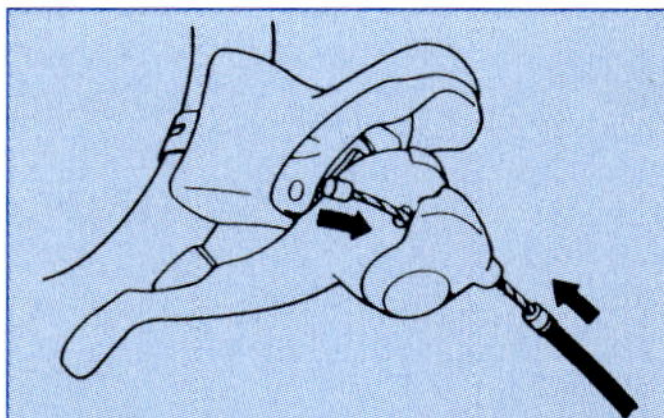
Abb. 36

1. Unnötige Zugbiegungen vermeiden, da - s. ▷ Seilreibung - sich die Schaltungsbetätigung mit zunehmendem Biegewinkel erschwert;
2. die Schaltzüge sind - z.T. entgegen den Herstellerangaben - zumindest an den Ein- und Austrittsstellen der ▷ Außenhülle gut einzufetten, um einen Schutz gegen eindringendes Schmutzwasser (s. ▷ Kapillareffekt) zu erzielen;
3. an der Umlenkstelle unter dem Tretlagergehäuse sollte entweder eine Kunststoffführung angebracht sein oder der Schaltzug in diesem Bereich von einem Kunststoffschlauch umgeben sein, um Einschmirgeleffekte ins Tretlagergehäuse zu vermeiden. Dadurch kann sich durch Keilwirkungen (s.a. ▷ Seilreibung) die Schaltzugbetätigung erheblich erschweren;
4. abschließend sollte der Schaltzug nach ca. 4 cm Überstand hinter der Klemmstelle abgezwickt und mit einer ▷ Endkappe gesichert werden.
5. Lackschäden aufgrund von Scheuerstellen zwischen Schaltzug und Rahmen können vermieden werden, indem man über die Innenzüge zwischen den ▷ Kabelösen kleine O-Ringe schiebt, um den Schaltzug auf Distanz zu halten.

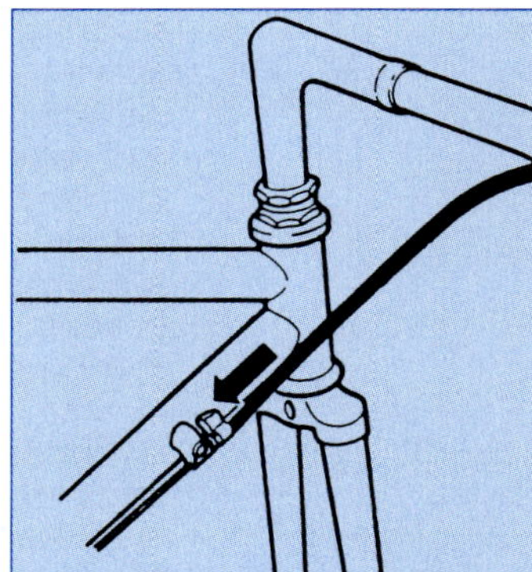
Abb. 37

Scheibenbremse Seitlich auf einer Vorder- oder Hinterradnabe angebrachte ▷ Bremsscheibe (Abb. 39), die zwischen einem ▷ Bremssattel hindurchläuft und von dort aus beidseitig von Bremsbelägen "in die Zange genommen" wird. Einzelheiten s. ▷ Bremsen: Nabenbremsen.

Scheibenbremsnabe ▷ Nabe mit speziellem ▷ Flansch zur Aufnahme und Fixierung einer ▷ Bremsscheibe. Einzelheiten s. ▷ Bremsen: Scheibenbremsen.

Scheibenräder Speichenlose ▷ Laufräder, die v.a. beim ▷ Zeitfahren, ▷ Bahnwettbewerben und ▷ Triathlon eingesetzt werden (Abb. 40).
Die meist aus ▷ Carbon, häufig in Verbindung mit ▷ Glasfaser und ▷ Kevlar gefertigten Scheibenräder bieten aerodynamische Vorteile (s. ▷ Aerodynamik), sind aber seitenwindanfällig.

Bekannt wurden Scheibenräder durch Francesco Mosers ▷ Stundenweltrekord von 1984. Moser umging die ▷ UCI-Bestimmungen,

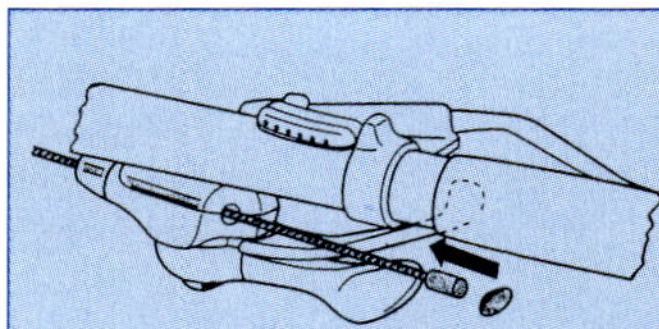
Abb. 38

wonach keine aerodynamischen Hilfen bei Rekordversuchen eingesetzt werden dürfen. Da beim Scheibenrad aber die Speichen entfallen und die Scheibe tragendes Element ist, kommt der aerodynamische Vorteil sozusagen nur als "Nebeneffekt" zum Tragen: Der Rekord mußte anerkannt werden (bei ▷ Speichenverkleidung, die praktisch identische Wirkung hat, wäre dies nicht der Fall gewesen).

Aerodynamik

Gegenüber normalen 36-Speichen-Laufrädern erspart die ▷ Windschlüpfigkeit eines Scheibenrades dem Radler bei Tempo 40 ca. 16 Watt ▷ Leistung (das bedeutet auf 100 km ca. 5 Minuten). Zum Vergleich: ▷ Composite Wheels oder ▷ Shamal-Laufräder schlagen mit etwa 6-8 Watt Leistungsersparnis zu Buche.

Belastung

Scheibenräder sind wie schon gesagt sehr seitenwindempfindlich und werden daher bei Freiluftwettbewerben i.d.R. nur am Hinterrad eingesetzt. Bei Windstille oder in der Halle ist aber auch der Einsatz am Vorderrad möglich.

Bauweisen

Die ersten Scheibenräder wurden sehr schwer ausgeführt, was hauptsächlich auf mangelnde Erfahrung hinsichtlich Belastung und Auslegung dieser neuen Technologie zurückzuführen war. Bei der Folgerung hieraus, ein Scheibenrad müsse Schwungmasse besitzen, war sicherlich nicht die Auswirkung der höheren ▷ Kreisel- und ▷ Trägheitskräfte von solchen Scheibenrädern bedacht, die sich u.a. beim Antritt, beim Abbremsen und in Kurvenlage negativ auswirken. Die neuesten Generationen von Scheibenrädern unterbieten daher auch teilweise sogar die Laufradgewichte von Speichenrädern, wie das abgebildete Ultex-Vorderrad mit 680g (Abb. 41).

Erste serienmäßige Scheibenräder (1985) wurden aus mit Carbon beplankten Wabenkernen hergestellt. Sie waren daran erkennbar, daß diese Räder von der Felge bis zur Nabe die gleiche Dicke hatten. Nachteil dieser einfachen Bauweise war der holprige Lauf aufgrund mangelnder vertikaler Elastizität.
Moderne Scheibenräder werden diskusförmig ausgebildet, bekommen dadurch einerseits eine noch strömungsgünstigere Form und andererseits eine günstigere ▷ Fahrdynamik (daher auch die Bez. "Dynamische Scheibenräder"), holpern also weniger im Fahrbetrieb. Um die Fahrgeräusche zu mindern und ohne wesentliches Mehrgewicht eine höhere Seitensteifigkeit zu erzielen, werden Scheibenräder heute in ▷ Sandwichbauweise hergestellt (Abb. 42): Auf jeder Laufradseite wird dabei eine 3-6 mm dicke Schaumstoffscheibe beidseitig von einer Kevlar- oder Carbonlage abgedeckt. Um möglichst viele Carbon- oder Kevlarfäden in Richtung Felge-Nabe zu bringen (Kraft/Lastrichtung), werden die Scheibenräder vielfach nicht mehr aus Komplettlagen von Fasergeweben (Abb. 43 links) hergestellt, sondern aus kuchenstückähnlichen Gewebeteilen zusammengesetzt (Abb. 43 rechts).
Noch carbonspezifischer sind die Scheiben von ▷ Ultec konzipiert, bei denen 104 Carbonfäden ähnlich wie beim Speichenrad zwischen Nabe und Felge gespannt sind und von einer dünnen Glasfasergewebematte abgedeckt werden.

Abb. 39

Abb. 40

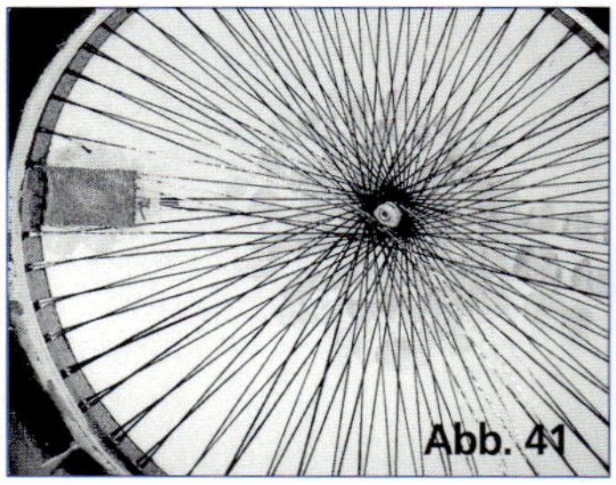

Abb. 41

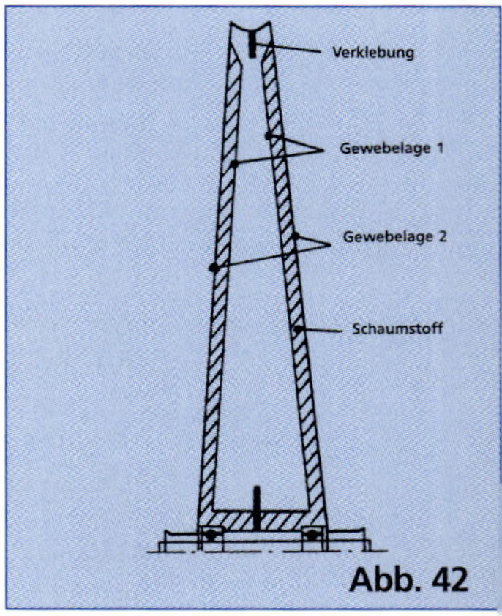

Abb. 42

V.a. durch die Nachfrage der Triathleten nach Drahtreifen-Scheiben wurden die anfänglich nur für ▷ Schlauchreifen hergestellten Scheibenräder auch in dieser Version gefertigt. Bis heute haben sich hierbei zwei Verfahren parallel zueinander etabliert: 1.) eine herkömmliche Drahtreifenfelge wird in das Scheibenrad einlaminiert (was übrigens einige Hersteller auch bei der Schlauchreifenversion machen, s. Anmerkung); 2.) die ▷ Felgenhörner werden gleich aus der Bremsfläche des Scheibenrades ausgebildet.

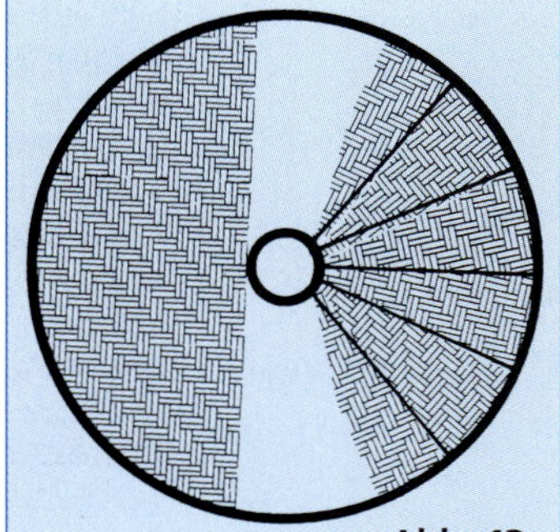
Abb. 43

Anmerkung: Bei Scheibenrädern wird i.d.R. auf der Carbonfläche gebremst, die sich übrigens als sehr widerstandsfähig gegen Abrieb durch den Bremsgummi erwiesen hat. Carbon leitet allerdings die Wärme weit weniger gut ab als beispielsweise die üblichen Aluminiumfelgen, wodurch es bei langen Bremsstrecken zur Überhitzung der Bremsgummis und damit zu deren verstärktem Verschleiß kommt. Dies ist übrigens ein Grund für manche Hersteller, auch in Schlauchreifenscheiben herkömmliche Felgen zu integrieren.

Scheibenräder haben zur Sonderanfertigung von ▷ Naben geführt, wobei entweder die ▷ Lagerschalen oder ▷ Industriekugellager gleich in den Carbonkörper eingesetzt werden, oder mittels spezieller Klebeflansche eine intensivere Kontaktierung zwischen ▷ Flansch und Scheibe hergestellt wird. Darüber hinaus kamen auch hier (Mavic) bereits Patronenlagerungen zum Einsatz, wodurch übrigens per Austausch der Naben ein Hinterrad- in ein Vorderrad konvertiert werden kann oder umgekehrt.

Scheinwerfer

Bez. f. d. Frontlicht, Einzelheiten s. ▷ Beleuchtung.

Schelle

1. Um Rohre herumreichende, mit Schrauben geklemmte Befestigungsteile für ▷ Komponenten und Zubehörteile (Abb. 44). Schellen werden heute vielfach durch ▷ Anlötteile bzw. ▷ Befestigungsösen ersetzt, sind aber weiterhin insbes. für die Lenkerfixierung von Bremsgriffen, Schalthebeln und Klingel erforderlich.
2. Andere Bez. f. ▷ Klingel.

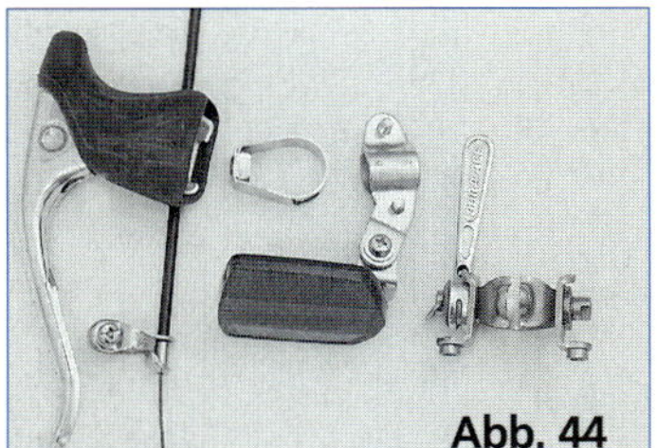
Abb. 44

Scherkräfte

Kräfte, die senkrecht auf den Querschnitt von Körpern einwirken und diese - wie beispielsweise bei den Kettenblattschrauben - scherenhaft durchzutrennen versuchen (Abb. 45). Andere Beispiele am Fahrrad: Achsende im ▷ Ausfallende; ▷ Bremsbolzen; bei ▷ Zug- und ▷ Druckbelastung zwischen ▷ Rahmenrohr und ▷ Muffe.

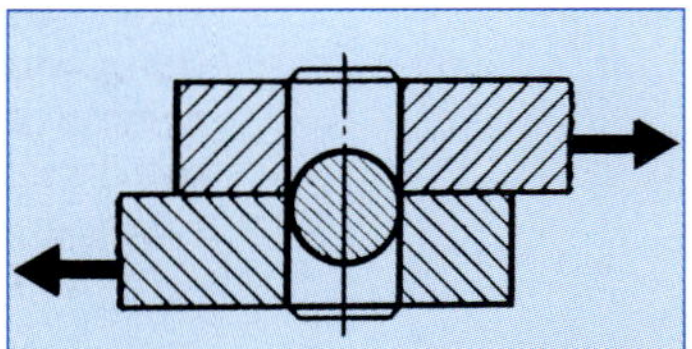
Abb. 45

Scherfestigkeit

Widerstand (angegeben in N/mm^2), den ein Körper ▷ Scherkräften entgegensetzt.
Von Bedeutung bei Belastbarkeit von ▷ Schweißnähten, Rohrverbindungen und Schrauben.

Schlagfestigkeit

Widerstand einer ▷ Lackierung, um bei punktueller Belastung - Steinchen- oder Kettenschlag - nicht abzusplittern.
Eine Methode zur Beurteilung der Schlagfestigkeit ist der Kugelstrahlversuch nach DIN 53154.

Schlangenbiß

Salopp für ▷ Durchschlag der Reifen als Übersetzung der amerik. Bez. "snake bite" für diesen Schaden.
Der Reifen knallt dabei - vorzugsweise bei zu geringem Luftdruck bzw. hoher Geschwindigkeit - so stark auf eine Felgenkante (Abb. 46), daß zwei übereinander liegende Löcher im Schlauch entste-

Abb. 46

hen (daher "Schlangenbiß"). Ungünstigenfalls können sogar von beiden Felgenkanten bei einem Durchschlag vier Löcher entstehen!
Gegenmaßnahme: *1.* ausreichend hohen Luftdruck fahren; *2.* "Anti-Snake-Bite" von Panaracer montieren, Abb. 47 (Profil aus ▷ PU, mit dem die obere Felgenkante "gepolstert" wird); *3.* angepaßte Fahrweise.

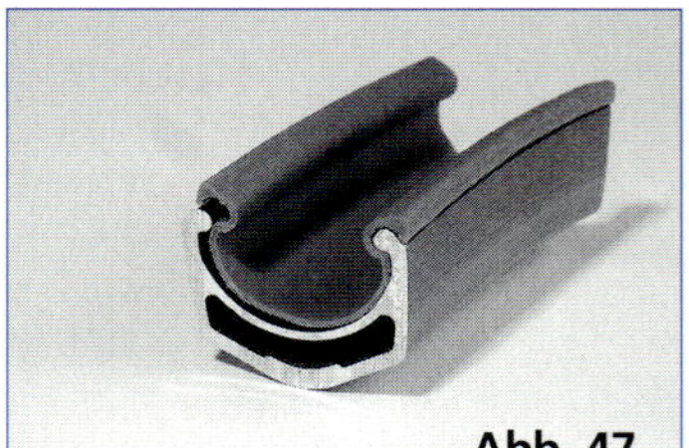
Abb. 47

Schlauch

Biegsamer, innen hohler Zylinder, auf das Fahrrad bezogen: Teil der Bereifung, die im ▷ Schlauchreifen fest eingenäht ist, bei ▷ Drahtreifen hingegen lose eingelegt wird. Er ist zu einem Ring geschlossen, aus elastischem und luftdichtem Material gefertigt und wird über ein ▷ Ventil unter Luftdruck gesetzt.

Material

Als Schlauchmaterialien kommen ▷ Gummi oder gummiähnliche ▷ Kunststoffe zum Einsatz:

Latex

Schläuche aus Naturkautschuk - auch ▷ Latex genannt - vermitteln durch ihre hohe ▷ Elastizität den Reifen den geringsten ▷ Rollwiderstand. Außerdem setzen sie spitzen Eindringlingen einen hohen Widerstand entgegen, schützen also gut vor Reifenpannen.
Nachteil: Aufgrund einer minimalen Porigkeit verlieren Latexschläuche an Luftdruck und müssen alle 2-3 Tage etwas nachgepumpt werden, daher nicht so geeignet für Räder, die länger unbenutzt stehen. Es gibt allerdings bes. dick ausgeführte Latexschläuche, deren Luftdichtigkeit dann natürlich zunimmt, deren Rollwiderstand sich allerdings erhöht.

Butyl

Künstlich hergestellter Gummi (Abb. 48) mit sehr hoher Luftdichtigkeit (selbst nach Wochen kein Nachpumpen nötig).
Aus Butyl werden die meisten Fahrradschläuche hergestellt. Sie weisen verglichen mit Latexschläuchen einen etwas höheren Rollwiderstand und geringere Pannenresistenz auf. In dünnwandiger Ausführung verbessert sich zwar der Rollwiderstand, die Pannenresistenz nimmt aber weiter ab.

Abb. 48

PU

Mit speziellen Weichmachern versehen, können Schläuche auch aus dem in seiner Konsistenz breit einstellbaren Kunststoff ▷ Polyurethan (PU) hergestellt werden.
PU-Schläuche besitzen weniger Elastizität als solche aus Latex oder Butyl und dadurch einen höheren Rollwiderstand, sind aber dank der enormen Zähigkeit des Materials noch entschieden pannenresistenter als Latexschläuche. Nachteil: Schlauch- und Reifendurchmesser müssen übereinstimmen, sonst wird die Zähigkeit schon beansprucht und reduziert die ▷ Pannensicherheit.

Das ▷ Ventil wird heute aus Gründen der Fertigungsrationalität gleich in die Schläuche einvulkanisiert, es sind aber auch noch Versionen auf dem Markt, bei denen die Ventile nachträglich eingeklebt und verschraubt werden.

Siehe außerdem ▷ Sicherheitsschläuche.

Schlauchflicken

s. ▷ Reifenreparaturen

Schlauchreifen

Reifeneinheit aus einer ▷ Karkasse und dem in ihr eingenähten ▷ Schlauch (Abb. 49). Fahrbahnseitig wird auf die Karkasse noch ein ▷ Protektor aufgeklebt oder -vulkanisiert.

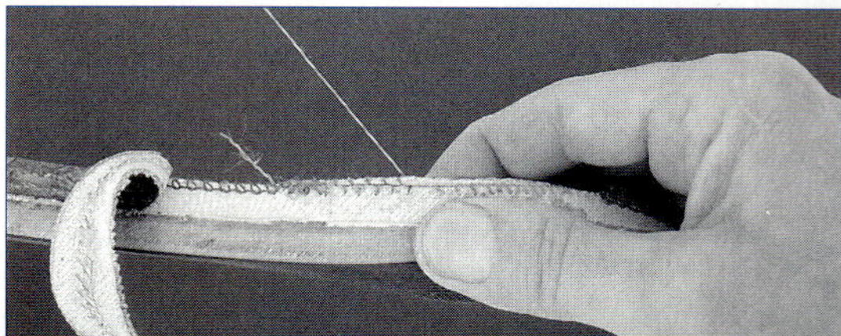
Abb. 49

Zur Anwendung kommen hier ausschließlich ▷ Sclaverand-Ventile ("Rennventil"). Zu anderen - bei ▷ Drahtreifen verwendeten - Ventiltypen s. ▷ Ventil.

Schlauchreifen werden mit ▷ Reifenkitt auf die Felge geklebt (s. ▷ Reifenmontage) und haben gegenüber den üblichen ▷ Drahtreifen leichte Gewichts- und Rollvorteile, finden heute allerdings im nonprofessionellen Bereich kaum noch Verwendung. Einzelheiten s. ▷ Reifen.

Schlauchreifenfelgen

▷ Felge, die für die Montage von ▷ Schlauchreifen konzipiert ist. Das ▷ Felgenbett weist zu diesem Zweck eine muldenförmige Vertiefung auf, in die der Reifen mittels ▷ Reifenkitt aufgeklebt wird.

Schleicher

Radlerjargon für kleinere Undichtigkeiten in der Bereifung, bei der die Luft in einem Zeitraum von etwa 30 Minuten oder mehr "schleichend" entweicht.

Schleifenform

Rahmen, die ohne ▷ Sattelrohr auskommen (Abb. 50).
Hierzu müssen die anderen Rahmenrohre besonders biege- und verwindungssteif ausgeführt werden, damit das ▷ Tretlager nicht seitlich wegkippt. Andererseits wird der Rahmen durch die nun offenere Form vertikal elastischer, bewirkt also einen guten ▷ Fahrkomfort.

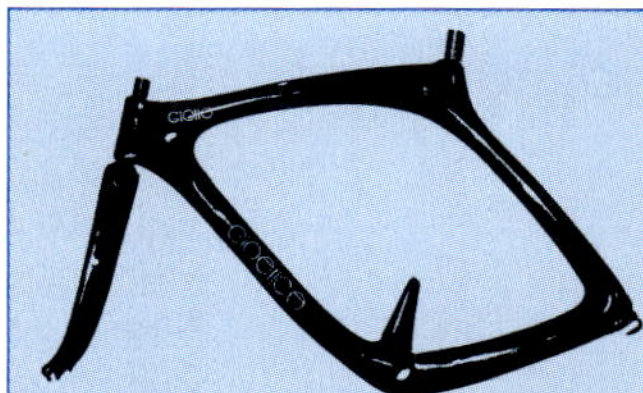
Abb. 50

Die Schleifenform hat sich in Stahlbauweise nicht bewährt, ist aber eine sinnvolle Rahmenform bei ▷ Faserverbundbauweise, Einzelheiten s. ▷ Carbon-Rahmen: Schalenrahmen.

Schloß

Am Fahrrad: Diebstahlschutz, wobei anders als bei der üblichen Verwendung des Begriffs meist nicht nur der Schließmechanismus gemeint ist, sondern seine Einheit mit dem zur eigentlichen Sicherung verwendeten Material (Kabel, Kette, Stahlbügel).
In seiner einfachsten Form besteht das Schloß aus einem zwischen die Speichen geschobenen oder geschwenkten Riegel, der in aufwendiger, stabiler Version sogar auf der Gegenseite nochmals gelagert oder verriegelt werden kann. Als Kurzzeitsicherung haben sich darüberhinaus Kabel- und Ringschlösser bewährt, mit denen das Fahrrad an fest verankerten Gegenständen (Laternenpfahl u.ä.) angeschlossen werden kann.
In der Praxis erweisen sich allerdings die meisten Fahrradschlösser als nicht sehr widerständig gegen Bolzenschneider oder anderes "schweres Gerät". Am resistentesten dagegen sind noch Bügelschlösser, deren Bügel aus 10-16 mm starkem, gehärtetem Material besteht, die aber leider recht schwer und teuer sind. Doch auch die meisten von ihnen widerstehen nicht allen Knackwerkzeugen wie z.B. hydraulischen Hebern.

Ein Problem ist das sichere Anbringen der schweren Bügelschlösser, die ohne Halterung häufig zu Lackschäden und sogar Rohreinbeulungen führen können. Daher werden sie meist mit speziellen Halterungen geliefert (bes. elegant: im Gepäckträger integrierte Halterung), einige Rahmenbauer integrieren inzwischen auch Halterungen in den Rahmen.
Weitere Einzelheiten s. ▷ Diebstahlsicherung.

Schlüssel

1. Werkzeug zum Lösen oder Anziehen von Schrauben und Muttern (▷ Inbus-, ▷ Maul-, ▷ Ring-, ▷ Speichenschlüssel).
Im Fahrradbereich gibt es zudem noch eine Reihe von Spezialschlüsseln, wie Tretlager-, Steuersatz-, Haken- oder Stiftschlüssel.
2. Zum Auf- und Zuschließen eines ▷ Schlosses.

Schlupf

Zeitliches und räumliches Zurückbleiben eines Bauteils gegenüber einem anderen (Abb. 51). Am Fahrrad:

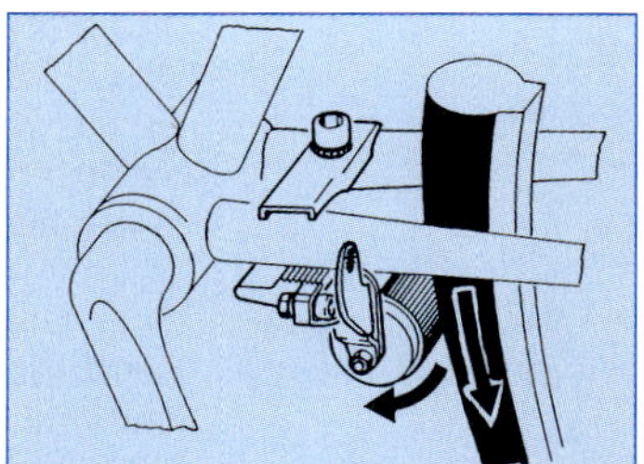
Abb. 51

1. Differenz zwischen der Umfangsgeschwindigkeit von ▷ Laufrädern und der des überrollten Untergrundes im Verhältnis zur Fahrgeschwindigkeit.
Beim Bremsen wird die Umfangsgeschwindigkeit der Laufräder geringer als die Fahrgeschwindigkeit. Anders herum beim Antritt: Das Hinterrad kann sich schneller drehen, als sich dies durch die Fahrgeschwindigkeit ergibt. Es dreht sich durch seine Antriebsfunktion i.d.R. etwas schneller, als die Fahrgeschwindigkeit beträgt.
In beiden Fällen führt der Schlupf zu vermehrtem Reifenabrieb.
2. Auch das ▷ Reifenwandern ist eine Schlupferscheinung, und zwar zwischen Felge und Reifen.
3. Schlupf besteht auch beim ▷ Dynamo zwischen seinem Antriebsrad und dem Reifen (oder ▷ Felgendynamo) der Felge. Dieser Schlupf führt zu einem Leistungsverlust des Stromerzeugers und kann bei Nässe oder Schnee sogar zum völligen Durchrutschen und damit Ausfall der Lichtanlage führen.

Schlußleuchte

Andere, v.a. in der ▷ StVZO verwendete Bez. f. ▷ Rücklicht.

Schmelzbereich

Temperaturspanne, innerhalb derer v.a. ▷ Legierungen und Stoffgemische vom festen in den flüssigen Aggregatzustand übergehen (Abb. 52), i.U. zum ▷ Schmelzpunkt, einer spezifischen Temperatur. Während die meisten Stoffe und Elemente einen definierten ▷ Schmelzpunkt besitzen, spricht man bei Legierungen von einem Schmelzbereich, da zunächst Legierungsanteile aufschmelzen, während andere noch in mehr oder weniger festem Zustand verbleiben.
Der Schmelzbereich umfaßt daher genau jenen Temperaturbereich, der vom ersten Anschmelzen bis zur völligen Verflüssigung sämtlicher Legierungspartner reicht.
Beim Fahrrad ist der Schmelzbereich beim ▷ Löten von Bedeutung (Schmelzbeginn des ▷ Lotes, aber auch ▷ Arbeitstemperatur).
Beispiel: Das ▷ Nickellot L-CuNi10Zn42: Schmelzbeginn: 890°C; alle Teile flüssig: 920°C.

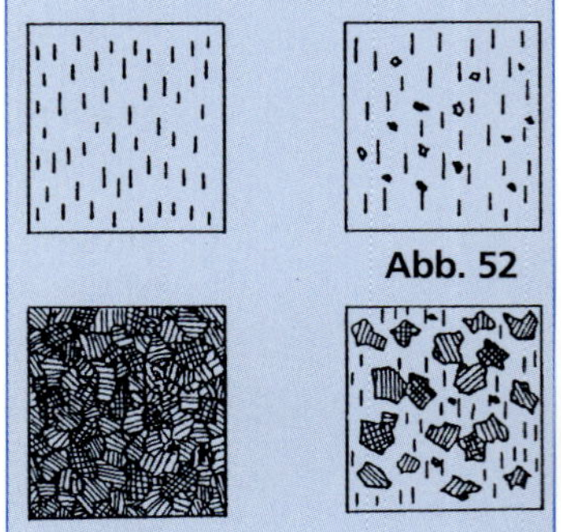

Abb. 52

Schmelzpunkt

Spezifische Temperatur, bei der die meisten Stoffe und Elemente vom festen in den flüssigen Aggregatzustand übergehen (i.U. zum ▷ Schmelzbereich, einer Temperaturspanne).

Die Schmelzpunkte der im Fahrradbau verwendeten Materialien siehe nächste Seite Abb. 54.

Schmieden

Verformen von Metallen bzw. ▷ Legierungen durch hohen Druck (Pressen, Hammerschläge) bei Raumtemperatur (▷ Kaltschmieden) oder im erwärmten, glühenden Zustand (Warmschmieden), Abb. 53.
Manuelles Schmieden mit dem Hammer wird heute nur noch gelegentlich bei manuellen Reparaturen oder Sonderanfertigungen getätigt, industriell unterscheidet man zwischen dem Frei- und dem Formschmieden.

Freischmieden

Große Schmiedeteile werden unter dem Preßluftschmiedehammer durch manuelles Drehen, Kanten oder sonstige Bewegungen in nur annähernde Endform gebracht.

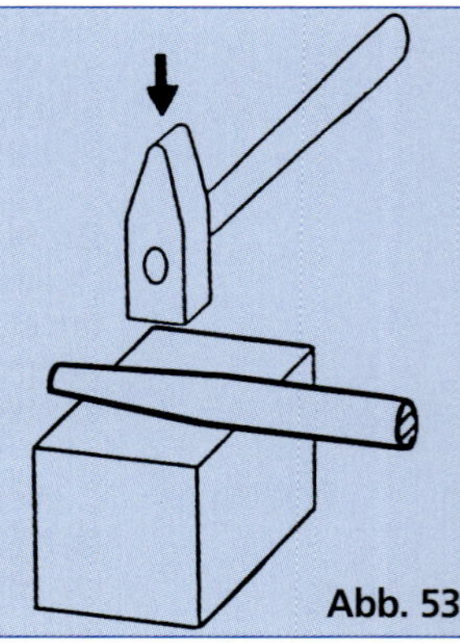

Abb. 53

Formschmieden

Oder Gesenkschmieden: Zwischen die beiden Hälften einer hochfesten Stahlform, in die bereits die Endform des zu schmiedenden Teiles eingearbeitet ist, wird ein Schmiederohling gehalten und unter Fallhämmern oder Pressen mit einem oder mehreren Schlägen in seine Endform geschmiedet (Abb. 55). Je nach Verformbarkeit des verwendeten Werkstoffes können die Teile kalt oder in glühendem Zustand geschmiedet werden. Einzelheiten s. ▷ Kaltschmieden; ▷ Warmschmieden.

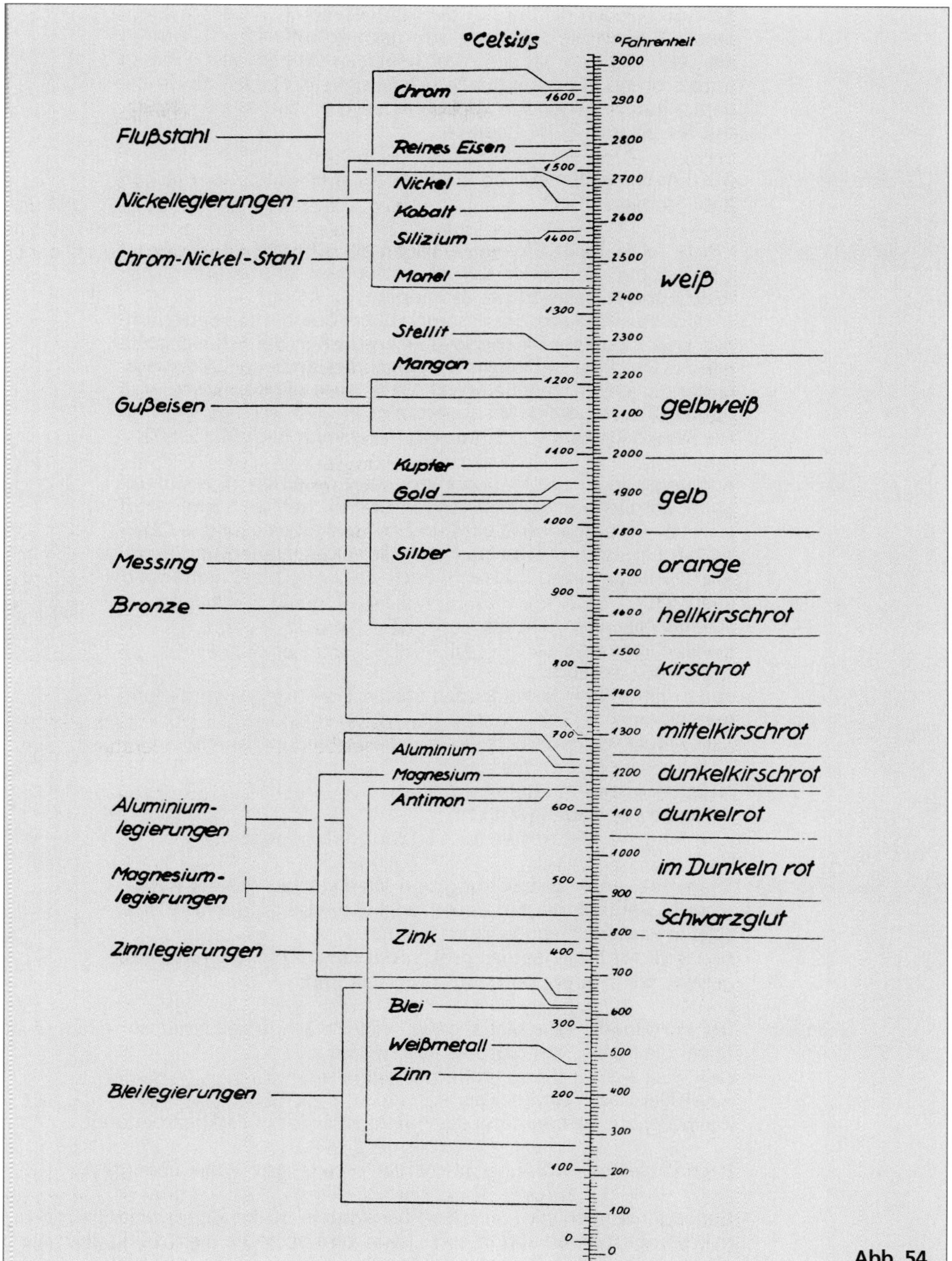
°Celsius
°Fahrenheit
Flußstahl
Chrom
Reines Eisen
Nickel
Nickellegierungen
Kobalt
Silizium
Chrom-Nickel-Stahl
Monel
Stellit
Mangan
Gußeisen
Kupfer
Gold
Messing
Silber
Bronze
Aluminium
Magnesium
Antimon
Aluminium-legierungen
Magnesium-legierungen
Zinnlegierungen
Zink
Blei
Weißmetall
Zinn
Bleilegierungen
weiß
gelbweiß
gelb
orange
hellkirschrot
kirschrot
mittelkirschrot
dunkelkirschrot
dunkelrot
im Dunkeln rot
Schwarzglut
1600
1500
1400
1300
1200
1100
1000
900
800
700
600
500
400
300
200
100
0
3000
2900
2800
2700
2600
2500
2400
2300
2200
2100
2000
1900
1800
1700
1600
1500
1400
1300
1200
1100
1000
900
800
700
600
500
400
300
200
100
0

Abb. 54

Beim Schmieden richten sich die Gefügezeilen (s. ▷ Gefügeveränderung) durch die Schmiedeform nach den Werkstoffkonturen aus (Abb. 56) und werden nicht wie beim Drehen oder ▷ Fräsen unterbrochen. Daraus ergeben sich Festigkeitsreserven geschmiedeter Bauteile gegenüber spanabhebend bearbeiteten Bauteilen. Vgl. hierzu auch ▷ CNC-Bauteile.

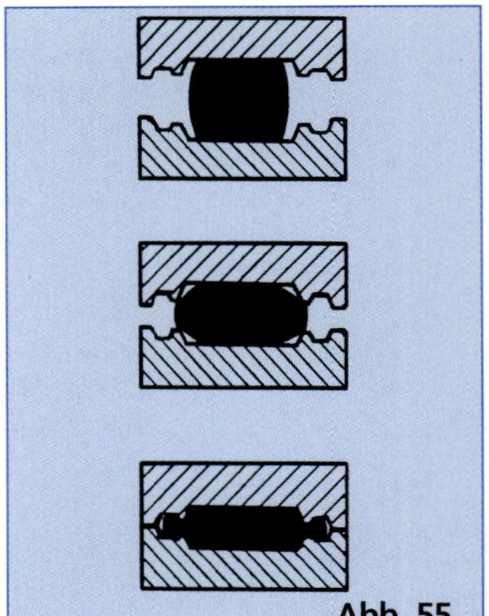

Abb. 55

Schmierfilm Durchgehende Benetzung aufeinander gleitender Oberflächen mit ▷ Schmierstoffen.

Schmierstoff ▷ Fette, ▷ Öle, Feststoffe oder Feststoffgemische, die die ▷ Reibung aufeinander gleitender Körper vermindern und dadurch Verschleiß und Energieverluste vermindern.
Je nach Verwendungszweck sorgen dabei bestimmte Beimischungen (sog. Additive) für spezielle Eigenschaften der Schmierstoffe wie z.B. Druckbeständigkeit, Temperaturbeständigkeit, Alterungsbeständigkeit, Nachfließeigenschaften. Auch die Konsistenz wird auf den Einsatzbereich hin abgestimmt.
Die Kennzeichnung von Schmierstoffen erfolgt nach DIN 51502.

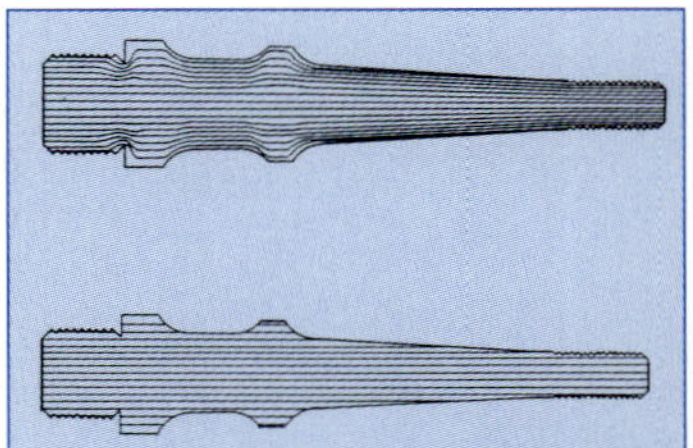

Abb. 56

Schmierung Reibungsmindernde Maßnahme, indem zwischen zwei aufeinander abrollenden oder gleitenden Oberflächen ein Schmierstoff (▷ Fett; ▷ Öl) aufgebracht wird und im Idealfall eine direkte Oberflächenberührung weitestgehend vermeidet. Neben unnötigen Kraftverlusten wird dadurch auch der Verschleiß gemindert (Abb. 57).
Schmierstellen am Fahrrad:
* alle ▷ Lagerungen;
* alle ▷ Bowdenzüge;
außerdem sollten an folgenden Stellen Einfettungen vorgenommen werden:
* als Schutz vor ▷ Kontaktkorrosion die Verbindungen von
  ▷ Kurbelvierkant + ▷ Tretkurbel;
  ▷ Sattelstütze + ▷ Sattelrohr;
  ▷ Vorbau + ▷ Gabelschaftrohr;
* als Schutz vor Festrosten auch Schraubverbindungen.

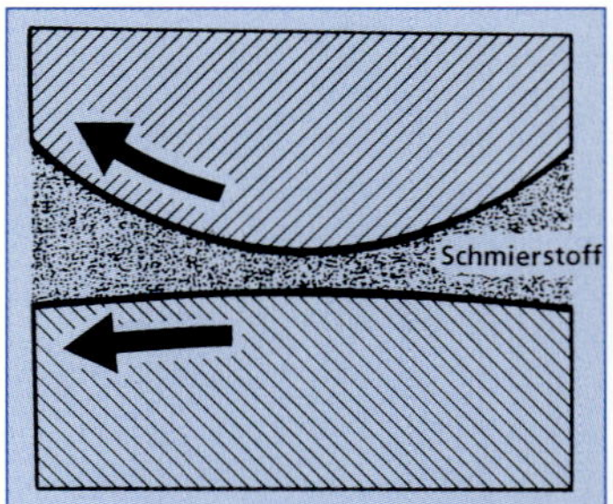

Abb. 57

Schmirgeln Spanabhebende Bearbeitung von Werkstoffen mittels harter, scharfer Partikel, die auf Papier oder Gewebe aufgebracht sind oder in Pastenform angewandt werden.
Je nach Erfordernis werden grobe oder feine Schmirgelmittel eingesetzt, die in ihrer "Körnung" unterteilt sind:

Körnung Die Körnung ist eine Maßangabe, wieviele Schmirgelkörner auf einen Quadratzoll passen, d.h., je feiner die Körner, desto größer ihre Anzahl:
 60- 80er Körnung zum groben Schmirgeln,
100-180er zum Nacharbeiten,
200-600er zur Vorbereitung des Polierens sowie zur Lackbearbeitung.

Bei noch feinerer Körnung spricht man bereits vom "Polierschmirgeln".

Genaugenommen wird auch bei Poliermitteln geschmirgelt, allerdings sind hier die Schmirgelkörner mikroskopisch klein und in einer Paste vermischt, die gleichzeitig auch die polierte Oberfläche mit einem dünnen Korrosionsschutzfilm versiegelt.

Je nach dem zu bearbeitenden Werkstoff muß die Härte der Schmirgelkörner abgestimmt sein. Für normalen ▷ Stahl und weichere Metalle wie z.B. ▷ Aluminium reichen Schmirgelkörner aus Aluminiumoxyd (Korrund). Bei vergütetem oder gehärtetem Stahl sind dagegen Körner aus Siliziumkarbid oder gar Diamant nötig.
Anwendung im Fahrradbau: Nachbearbeitung von ▷ Rahmen und ▷ Komponenten bei Herstellung und Reparatur.

schmirgelnder Schmutz

Unerwünschte und unkontrollierte Schmirgelwirkung kann übrigens durch Schmutzpartikel entstehen, die in Staub oder Schmutzwasser enthalten sind und bes. gern in zu üppig geölte Fahrradstellen emulgieren. Damit wird der Schmierstoff nach und nach zur Schmirgelpaste, was beispielsweise an Kette, ▷ Ritzeln oder ▷ Lagerungen zu erheblichem Verschleiß (Abrieb) führt. Abhilfe: Lagerstellen fetten statt ölen, Kette zwar regelmäßig, aber sparsamst ölen, aber häufig kräftig mit Lappen abreiben, dito ▷ Kettenblätter und Ritzel.

Schmutzhülse

Aluminium- oder Kunststoffhülse, die zwischen den beiden Lagerschalen der ▷ Tretlagerung eingebaut wird und verhindert, daß dort Tropf- oder Kondenswasser aus den Rahmenrohren eindringt (Abb. 58).

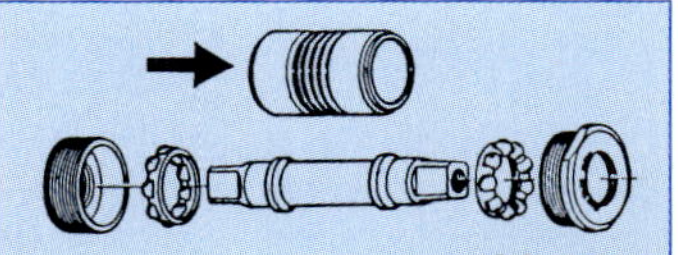

Abb. 58

Schnellspannachse

Durch eine ▷ Hohlachse hindurchreichende ▷ Spannschraube, die die Achse mittels ▷ Exzenter unter ▷ Vorspannung setzt und damit fixiert. Vorteile gegenüber der üblichen Achsfixierung durch Schraubmuttern (▷ Schraubachse) (Abb. 59):
1. Das Laufrad kann ohne Werkzeug mit einem Hebelgriff aus- und eingebaut werden;
2. Durch die Vorspannung wird die Sicherheit gegen ▷ Achsverbiegung erhöht.

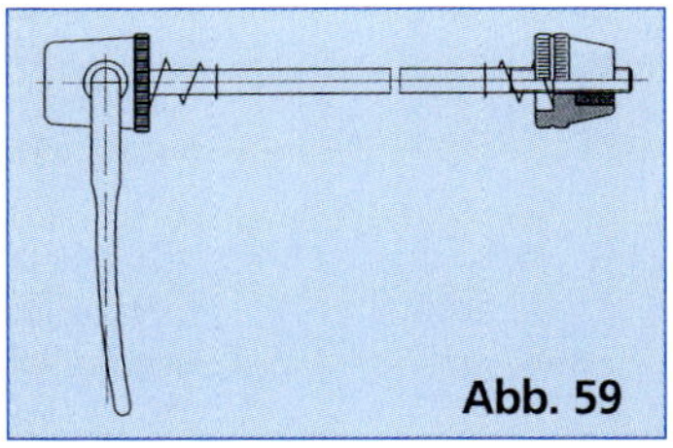

Abb. 59

Die Schnellspannachse wurde erfunden von Tullio ▷ Campagnolo.

Zum sicheren Verklemmen der Laufräder sollte der Schnellspanner mittels seiner Gegenmutter so eingestellt werden, daß 1/4 Umdrehung des Exzenterhebels "spannt".

Ausnahme: Bei Hinterrädern in horizontalen ▷ Ausfallenden kann 1/3 Umdrehung sinnvoller sein, um das Hinterrad zuverlässig gegen "Umschlagen" infolge des Kettenzug zu sichern. Aus gleichem Grund ist es übrigens auch nicht sinnvoll, hier Leichtschnellspanner zu verwenden. Da die Nabenachse durch den Exzenterhebel gestaucht wird, kann es bes. bei Aluminium oder Titanachsen zum Verklemmen der Nabenlagerung kommen. Um vorzeitigen Lagerungsverschleiß in der Nabe zu vermeiden, sollte daher auch bei neu gekauften Fahrrädern die ▷ Pendelprobe gemacht werden.

Schnellspannabe

Mit ▷ Schnellspannachse ausgerüstete ▷ Naben (i.G.z. ▷ Schraubnabe).

Schnellspanner

Andere Bez. f. ▷ Schnellspannachsen, aber auch landläufige Bezeichnung für die Schnellklemmung der Sattelstütze mittels ▷ Exzenterhebel.

Schnellspannhebel

Andere Bez. f. ▷ Exzenterhebel.

Schnellspannsicherung

Vorrichtung zur Sicherung von ▷ Schnellspannern vor Diebstahl (Laufräder, Sattelstützen etc.) durch innenliegende Mechanismen, die ein Ansetzen von Werkzeugen zur Demontage verhindern.
Andererseits wird ein schneller Radausbau (Plattenflicken) oder eine schnelle Sattelhöhenverstellung, die ja den eigentlichen Sinn von Schnellspannern ausmachen, unmöglich gemacht. Führender Anbieter: Pitlock, Berlin.

Schrader-Ventil And. Bez. f. ▷ Autoventil.

Schrägkonus Diagonaler, also schräger Rohrabschnitt, der mittels Schraubenzug an seiner Schnittstelle verkeilt wird und so eine Klemmwirkung erzeugt. Daher sollte die Bez. vielleicht sinnvoller "Keilklemmung" heißen (Abb. 60).
Anwendung am Fahrrad: Verklemmen von ▷ Vorbau, ▷ Bar Ends und Sondersattelstützen.
Vorteile gegenüber einem ▷ Spreizkonus:
1. Größere Kontaktfläche, daher geringere Gefahr einer plastischen Verformung bei hohen Anzugsmomenten.
2. Schrägkonen sind selbstlösend, müssen also nicht mit einem gezielten Hammerschlag wie Spreizkonen gelöst werden.

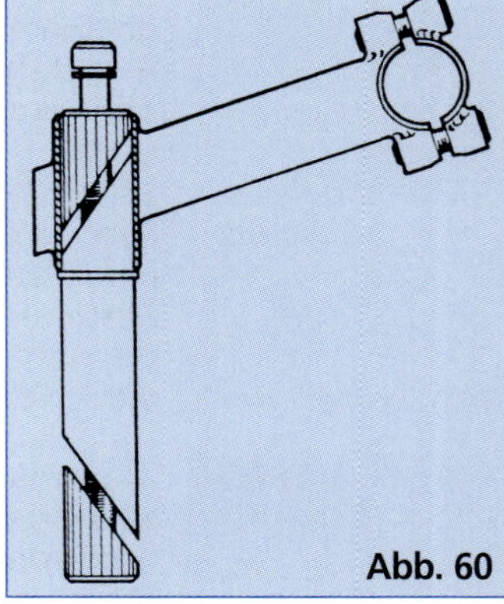

Abb. 60

Schrägkugellager Zerlegbares ▷ Kugellager, bei dem ▷ Innen- und ▷ Außenring nur eine "Schulter" ausgebildet haben. Sie können daher ▷ Axialkräfte nur in einer Richtung aufnehmen.

Schrägparallelogramm Ein um ca. 25° schräg gestelltes ▷ Parallelogramm des ▷ Schaltwerks. Gegenüber den heute nur noch in Billigfahrrädern verbauten einfachen Parallelogrammschaltungen führt das Schrägparallelogramm die ▷ Schaltschwinge nahezu parallel zur Ritzelböschung (Abb. 61).
Diese Erfindung von ▷ Suntour ist heute Stand der Technik und wird von allen Herstellern angewandt. Einzelheiten s. ▷ Schaltung: heutiger Stand der Schaltungstechnik.

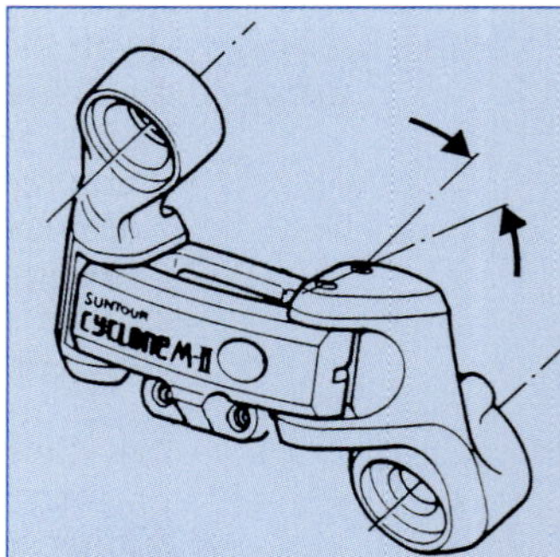

Abb. 61

Schrägwalzverfahren 1885 von ▷ Mannesmann (s.a.d.) patentiertes Verfahren zur Rohrherstellung, das die massentechnische Herstellung von Rohren ermöglichte und damit auch von preiswerten Fahrrädern.

Schraube Vollzylinder, um den eine Kerbe in Form einer Schraubenlinie geschnitten ist (s. ▷ Gewinde) (Abb. 62). Mit ihrem Gegenstück, einer in einen Hohlzylinder eingeschnittenen Schraubenlinie (dem "Muttergewinde" in der ▷ Mutter oder Gewindebohrung), kann durch Verdrehen beider Teile gegeneinander eine Klemmwirkung erzielt werden.
Analog entspricht dieser Vorgang dem Heben einer Last auf einer schiefen Ebene, die übrigens die abgewickelte Schraubenlinie auch bildet. Daher auch die Bez. "Steigung" für die Differenz von Schraubengang zu Schraubengang, und entsprechend ist auch die Klemmwirkung: Schrauben mit grober Steigung besitzen weniger Klemmwirkung als sog. Feingewindeschrauben mit geringer Steigung.

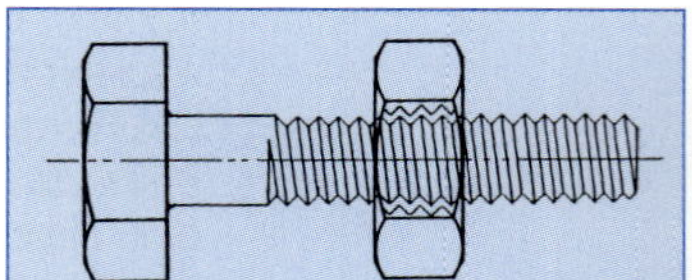

Abb. 62

Zum Festziehen oder Lösen besitzen Schrauben entweder eine Außenschlüsselfläche (i.d.R. Sechskant), einen Inbussechskant oder einen Schraubenzieherschlitz. Durchgehende Schrauben, die von der Gegenseite aus mit einer Mutter festgezogen werden, sind häufig durch einen Vierkant oder eine vorstehende Nase gegen Mitdrehen gesichert. Ähnliche Wirkung erzielt eine unter den Schraubenkopf plazierte Sicherungsscheibe, die häufig als Löseschutz auch unter die Mutter gelegt werden, vgl. hierzu auch ▷ Selbstlösen und ▷ Nylonstopmuttern.

Als *Werkstoff* für Schrauben dient v.a. ▷ Stahl, wobei deren Zugfestigkeit meist als Kürzel im Schraubenkopf eingraviert ist. Beispiel 8.8: Diese Schraube besitzt eine ▷ Bruchfestigkeit von 800 N/mm^2, wobei sich die Schraube bei 80% dieses Wertes zu dehnen (plastisch zu verformen) beginnt, also bei

640 N/mm². Entsprechend die übrigens festeste Standardschraube 12.9: 1200 N/mm² Bruchdehnung, Dehnungsbeginn bei 1080 N/mm². Schrauben aus ▷ Titan erreichen je nach verwendeter ▷ Legierung oder Vorbehandlung Bruchfestigkeiten von 600 - 1000 N/mm², solche aus ▷ Aluminium 400 - 600 N/mm².

Sonderschrauben

1. *selbstsichernde Schrauben* (und Muttern) durch die Einarbeitung von Kunststoffstreifen oder -scheiben.
2. *Niro-Schrauben*: Schrauben aus nichtrostendem Stahl (▷ Edelstahl), die i.d.R. an höherwertigen Fahrrädern zur Befestigung von Dynamo, Scheinwerfer, Gepäckträger etc. verwendet werden und neben der Korrosionsbeständigkeit auch hinsichtlich Umweltverträglichkeit günstiger sind als verchromte Stahlschrauben.

Schraubendreher

Werkzeug, mit dem in ihrem Kopf geschlitzte ▷ Schrauben angezogen und gelöst werden. Sonderform: Kreuzschlitz-Schraubendreher.

Schraubenfeder

Andere Bez.f. ▷ Druckfedern resp. ▷ Zugfedern, da ihre Windungen schraubenartig verlaufen. Beispiel: gefederter Sattel.

Schraubenkleber

Flüssigkeit, die in Spalten zu einer zähen Substanz aushärtet und so Schrauben vor ▷ Selbstlösen schützt.
Anwendung am Fahrrad: Befestigung von ▷ Schrauben, ▷ Speichennippeln, ▷ Tretlagerschalen.

Schraubenschlüssel

Oberbegriff für Schlüssel, mit denen ▷ Schrauben angezogen oder gelöst werden. Im Einzelnen s.: ▷ Inbusschlüssel, ▷ Maulschlüssel, ▷ Ringschlüssel, ▷ Steckschlüssel; s.a. ▷ Nuß (Abb. 63).

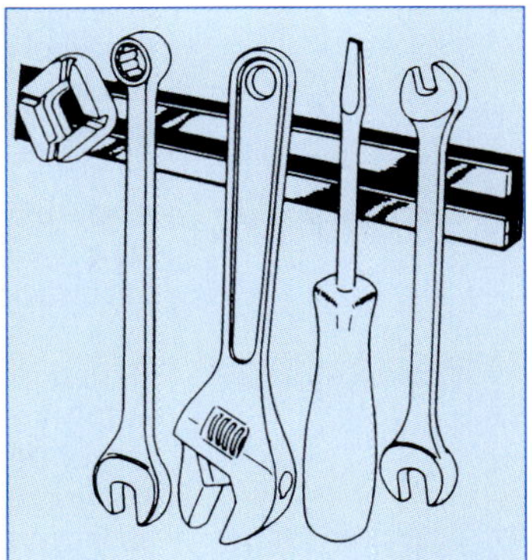

Abb. 63

Schraubenzieher

Landläufige Bez. für ▷ Schraubendreher.

Schraubkranz

Auf das Gewinde einer ▷ Schraubkranznabe aufschraubbare Einheit von ▷ Freilauf und 5-8 ▷ Ritzeln (Abb. 64).
Schraubkränze finden bei Rädern mit ▷ Kettenschaltung Verwendung.

Funktion

Ein auf dem ▷ Freilaufgrundkörper gelagerter Ritzelträger ist über ▷ Sperrklinken oder ▷ Ratschenmechanismen (s. ▷ Ratsche) in einer Drehrichtung formschlüssig verbunden. In entgegengesetzter Richtung greifen die Klinken nicht, daher ▷ Freilauf.
Die Ritzel werden auf ihrem Träger mit Gewinde-, Stecksystem (Nutenverzahnung) oder einer Kombination von beiden fixiert, wobei jeder Hersteller sein eigenes System hat, Kompatibilität zwischen den einzelnen Systemen ist daher mehr zufällig.

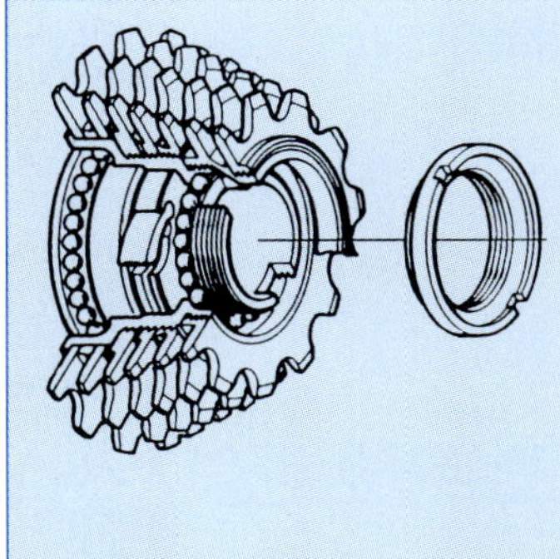

Abb. 64

Gewindemaße

Der Freilauf wird meist mittels ▷ BSA-Gewinde (1,37" x 24 Gänge) auf die Nabe geschraubt, in Frankreich ist allerdings das ▷ metrische Gewinde 35 x 1 Standard.
Achtung: Bei irrtümlicher Verwendung franz. Schraubkränze kann es (1,37" entspricht einem Durchmesser von 34,8 mm) zum Überdrehen des Gewindes kommen (im umgekehrten Fall paßt es von vornherein nicht).
In letzter Zeit ging aufgrund der zunehmenden Verbreitung von ▷ Kassettennaben der Anteil von Schraubkränzen zugunsten von ▷ Ritzelpaketen zurück.
Weitere Einzelheiten, insbes. zu Speichenschräge und Ritzelabständen s. ▷ Zahnkranz.

Schraubkranznabe

Hinterradnabe, die auf der rechten Seite ein Gewinde zur Aufnahme des ▷ Schraubkranzes (Gewindemaße s.d.) besitzt (Abb. 65).

Jahrzehntelang Maß aller Dinge, ging ihr Anteil seit Ende der 80er Jahre zugunsten praktikablerer ▷ Kassettennaben zurück, die leichter demontierbar und höher belastbar sind. Hinzu kommt noch die einfachere Umstellung auf individuelle Ritzelabstufungen (vgl. ▷ Ritzeln).

Auf alle Schraubkranznaben läßt sich ein ▷ starrer Gang montieren, Einzelheiten s.d.
Durch den Umbau auf Vorderradeinbaumaß kann auf die Schraubkranznabe auch eine ▷ Trommelbremse (Primus) oder eine ▷ Bremsscheibe (Point) geschraubt werden und läßt sich als Vorderradnabe und -bremse verwenden.

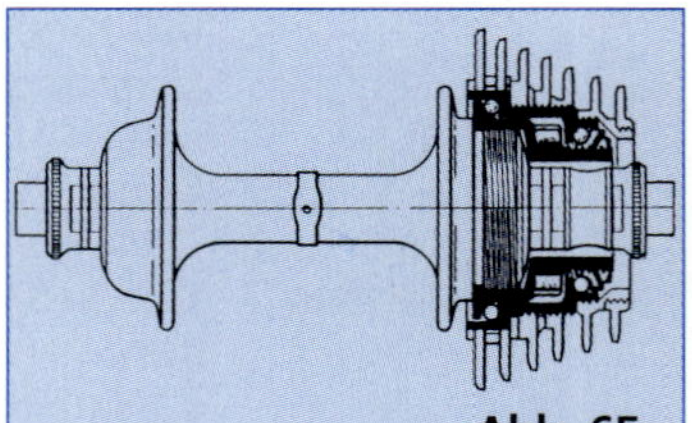

Abb. 65

Schraubnabe

Gelegentliche Bez. für Naben mit konventioneller ▷ Vollachse, die mit Schraubmuttern im ▷ Ausfallende befestigt werden (i.U.z. ▷ Schnellspannnabe), s. ▷ Naben: Allgemeines.

Schraubritzel

Wechselbares ▷ Ritzel, das mit Gewinde direkt auf die Nabe (▷ starrer Gang) oder auf einen Ritzelträger (▷ Schraubkranz oder ▷ Kassettennabe) geschraubt wird (Abb. 66).
Bei älteren Kassettennaben (vor ▷ Hyperglide) wurde das aufgesteckte ▷ Ritzelpaket mit einem abschließenden Schraubritzel fixiert.

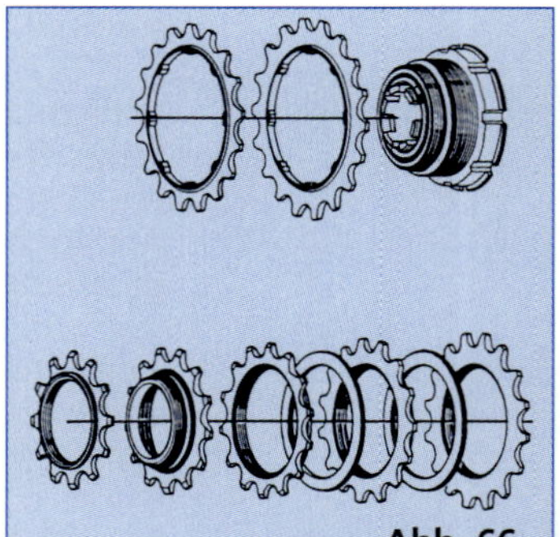

Abb. 66

Schraubschale

Andere Bez. f. ▷ Tretlagerschale von hochwertigen Fahrrädern, die i.G.z. ▷ Thompsonlager per Gewinde ins ▷ Tretlagergehäuse geschraubt wird.

Schrittmacher

Heute in die Umgangssprache eingegangener Begriff aus den ▷ Steherrennen: Ein Motorradfahrer bietet einem dicht hinter ihm fahrenden Radler ▷ Windschatten und legt das Tempo vor.

Schrittschalthebel

Betätigungshebel für ein ▷ Schrittschaltwerk, d.s. ▷ Brems/Schalt-Hebel und ▷ Rapid-Fire-Schalthebel.

Schrittschaltwerk

▷ Rastermechanik, die bei jeder Schwenkbewegung genau definierte Transportwege vornimmt und anschließend wieder in ihre Ausgangsstellung zurückkehrt.
Beim Fahrrad findet das Schrittschaltwerk beim ▷ Brems/Schalt-Hebel (Abb. 67) und den ▷ Rapid-Fire-Schalthebeln Anwendung, wobei die marktgängigen Versionen bei einer Schwenkbewegung wahlweise 1-3 Gangsprünge bewältigen können.
Für den ▷ Umwerfer sind die Schrittschaltwerke mit feinen 1-4 Zwischenschritten versehen, um die Umwerferstellung nachjustieren zu können, falls die Kette an der ▷ Schaltgabel schleift.

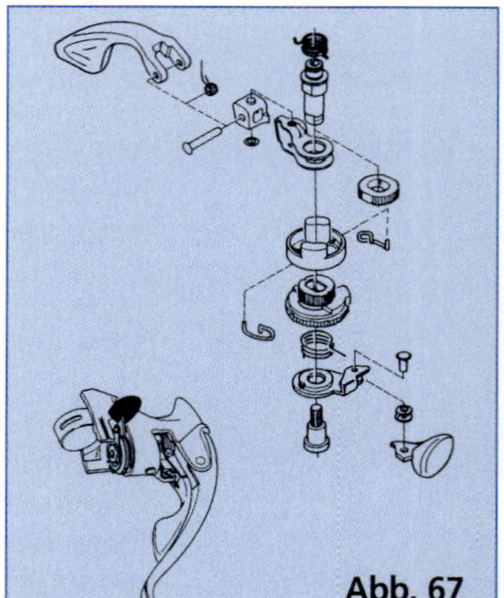

Abb. 67

Schuhadapter

An die Schuhsohle geschraubtes Bauteil (Abb. 68), mit dem zwischen Schuh und Pedal eine ▷ Formschluß-Verbindung hergestellt werden kann. Bei herkömmlichen Systemen mit ▷ Pedalhaken und ▷ -riemen wird der Adapter i.A. ▷ Pedalplatte genannt und besitzt lediglich eine Quernute zum Einrasten in den Pedalkäfig. Bei

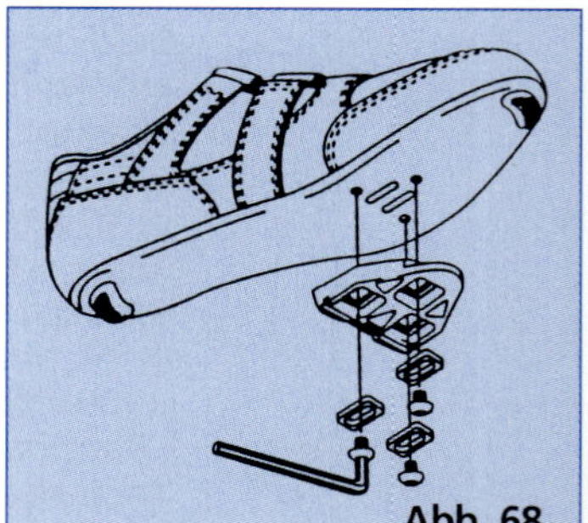

Abb. 68

▷ Systempedalen ist der Adapter komplizierter, da er ja das Gegenstück zum jeweiligen Verriegelungsmechanismus darstellt.

Schuhe

s. ▷ Radschuhe

Schulterkugellager

▷ Rillenkugellager, bei dem der ▷ Außenring nur eine "Schulter" ausgebildet hat (Abb. 69).
Schulterkugellager sind damit zerlegbar und können etwas höhere ▷ Axialkräfte als Rillenkugellager aufnehmen, allerdings nur in einer Richtung. Damit ähnelt das Schulterkugellager, wie übrigens auch das ▷ Schrägkugellager, der ▷ Konuskugellagerung.

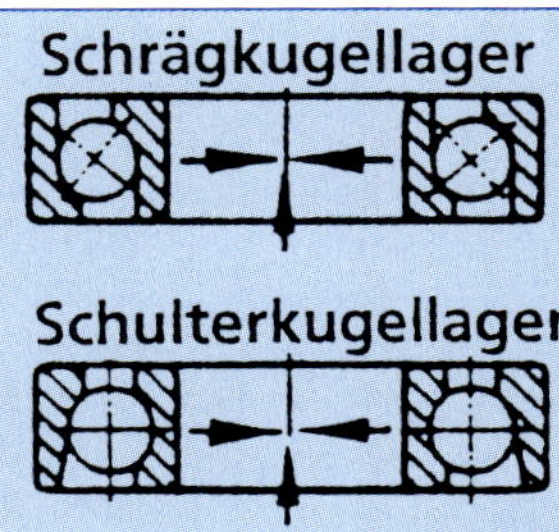

Abb. 69

Schulterstollen

Seitlich (an der Reifen-"Schulter") vorstehende Profilierung von Reifen für ▷ Geländeräder, um ihnen beim Einsinken in lockeren Untergrund oder am schrägen Hang besseren Bodenkontakt zu vermitteln (Abb. 70).
Bei ▷ Semi-Slicks sind diese die einzige Profilierung. Sie rollen daher sehr gut auf Straße oder glatter Naturtrasse, greifen aber trotzdem hinlänglich gut in weichem Gelände, aber ausgezeichnet am Schräghang. Weitere Einzelheiten s. ▷ Reifenprofil: für Naturpisten.

Abb. 70

Schulterstollenreifen

Ausführungsvariante von ▷ Semi-Slicks, bei der seitlich der glatten Lauffläche erhabene Schulterstollen aufgebracht sind.

Schutzblech

Über den Reifen angebrachter, aus Blech oder Kunststoff gefertigter Spritzschutz (Abb. 71).
Einen Vollschutz vor hochgeschleudertem Spritzwasser und Schmutz kann nur ein bis dicht an die Fahrbahn heranreichendes Schutzblech bieten (bzw. ein zu dessen Verlängerung soweit abgesenkter Gummilappen), da das Wasser ja tangential vom Reifen wegspritzt. Um lediglich zu vermeiden, daß Wasser oder Schmutz ins Gesicht oder auf den Rücken spritzt, kann das Schutzblech kürzer gehalten werden, wie bei Steckschutzblechen (s.u.).

Abb. 71

Gefahren

Übliche Schutzbleche sind nicht ganz ungefährlich:
Außer Fußkontakt mit dem Schutzblech (Sturzgefahr) kann das Schutzblech sogar zum Blockieren der Laufräder führen (Verklemmung von Gegenständen; Einknicken nach Fußkontakt), was beim Vorderrad zwangsläufig mit Sturz endet.

Sicherheitsmaßnahmen

Ob solcher Gefahren hat sich sogar die Staatsanwaltschaft (München 1993) eingeschaltet und vom Arbeitsministerium Sicherheitsmaßnahmen gefordert. Diese Maßnahme sollte jeder im eigenen Interesse ergreifen, wobei sich folgende Möglichkeiten anbieten:

Schutzblechstreben

Mit steiferen Schutzblechstreben (dickerer Durchmesser) und /oder V-Streben (doppelte Strebenzahl) wird das Schutzblech sicherer, wackel- und klapperfreier gehalten und verhindert zusätzlich weitgehend das Einknicken der Schutzblechstreben.

Twist-off-/ Secuclip-System

Sicherkeitssysteme der Firmen SKS und ESGE, die beim Verklemmen von Gegenständen zwischen Reifen und Schutzblech diesem ein Ausweichen vom Reifen weg ermöglichen und damit eine Radblockade verhindern.

Beispiel "Twist-off": Verklemmt sich ein fester Gegenstand zwischen Reifen und Schutzblech, so schiebt es sich dabei durch eine Spezialhalterung (Abb. 72) von den Streben weg nach außen. Gelangt ein Gegenstand zwischen Speichen und Schutzblechstreben, so klinkt bei dessen Einknickung die Spezialhalterung aus (Abb. 73).

Steckschutzblech

Strebenlose, leichte "Bleche" aus Kunststoff werden auf einen Haltewinkel geschoben, der an ▷ Gabelkopf oder ▷ Bremssteg angebracht wird (Abb. 74). Beim Einklemmen von Gegenständen schieben sie sich von selbst vom Haltewinkel, sie bieten zusätzlich den Vorteil schnellen Anbringens und Abbaus.
Anmerkung: Beim Vorderrad sollte der Haltewinkel (Pfeil in Abb. 74) aus Gründen der Sturzgefahr auf jeden Fall nach vorne montiert sein, damit das Schutzblech im Fall des Falles abgestreift werden kann. Beim Hinterrad ist eine Radblockade nicht so sturzgefährdend, hier würde ein nach hinten weisender Winkel die Steifigkeit der Schutzblechanbringung spürbar erhöhen. Darüberhinaus bieten Steckschutzbleche Wartungsvorteile, wenn der Zwischenraum zum Reifen mit Schlamm o.ä. zugesetzt ist. Dies ist ein Grund dafür, warum sie bes. bei ▷ Mountainbikes beliebt sind.

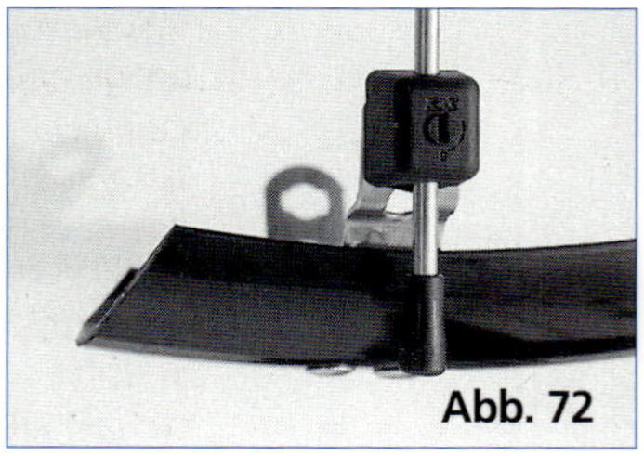
Abb. 72

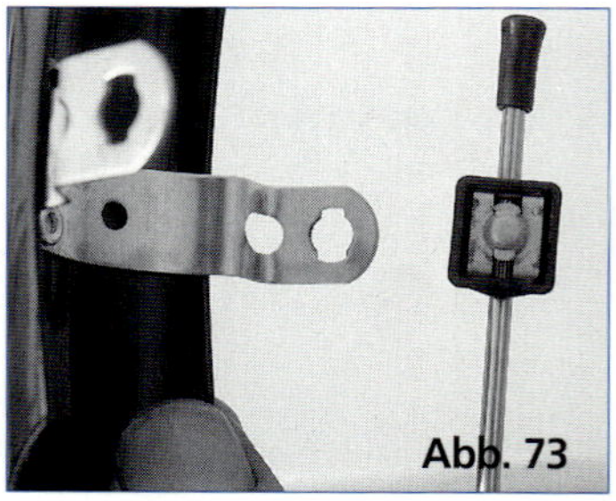
Abb. 73

Schutzgas

Edel- oder Mischgas, mit dem beim ▷ Schweißen oder ▷ Löten die Arbeitsbereiche "beduscht" und damit gegen die Umgebungsluft abgeschottet werden, um werkstoffschädigende Sauer- und Stickstoffeinflüsse aus dieser zu verhindern (Abb. 75).

Schutzgas-Schweißen

Schweißverfahren, bei dem die Beduschung der Schweißzone durch ▷ Schutzgase den Zutritt von Umgebungsluft verhindert.

Die Schweißnähte werden dadurch porenfrei und qualitativ besser. Die meistverwendeten Verfahren sind das ▷ MIG- und das ▷ WIG-Schweißen, s.a. ▷ Schweißverfahren.

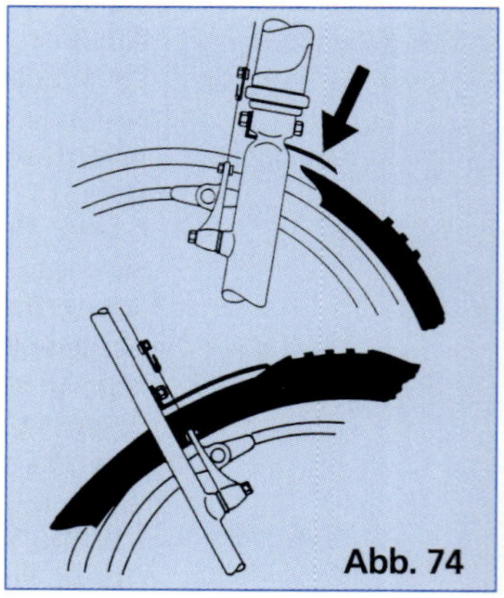
Abb. 74

Schwanenhalsrahmen

Benennung einer Form des ▷ Damen-Rahmens aufgrund des schwanenhalsartig geformten Oberrohres. Diese Rahmenform bietet einen besonders tiefen Durchstieg und ▷ Fahrkomfort, macht den Rahmen aber sehr anfällig für ▷ Rahmenflattern (Abb. 76).

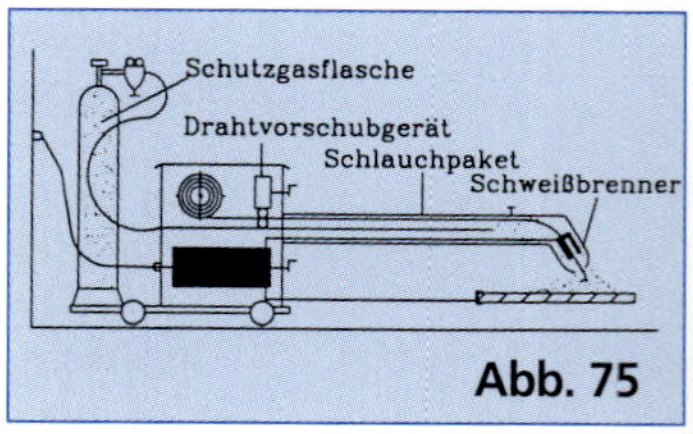

Abb. 75

Schwefel

Chem. Element, ein hellgelber, nichtmetallischer Stoff, der an Luft zu Schwefeldioxid verbrennt. Er wird zur Vulkanisierung von Kautschuk eingesetzt und gilt in Stahl oder anderen Metallen vorkommend als Verunreinigung (versprödungsfördernd).

Schweißeinbrand

V.a. beim ▷ Schweißen von Hand auftretender, auch "Schweißkrater" genannter Schweißfehler (Abb. 77).
Schweißeinbrand tritt auf, wenn die Schweißzone überhitzt wurde und das Material nach unten oder zur Seite wegsinkt bzw. wenn zu wenig Schweißzusatz zugeführt wurde. Tropft bei dünnwandigem Schweißgut das Material ganz weg, so spricht man von "Locheinbrand". Als kerben- bis trichterartige Vertiefung im Übergang von der ▷ Schweißnaht zum Bauteil, mindert Schweißbrand infolge von ▷ Kerbwirkung die Belastbarkeit der Bauteile, insbes. die ▷ Dauerschwingfestigkeit.

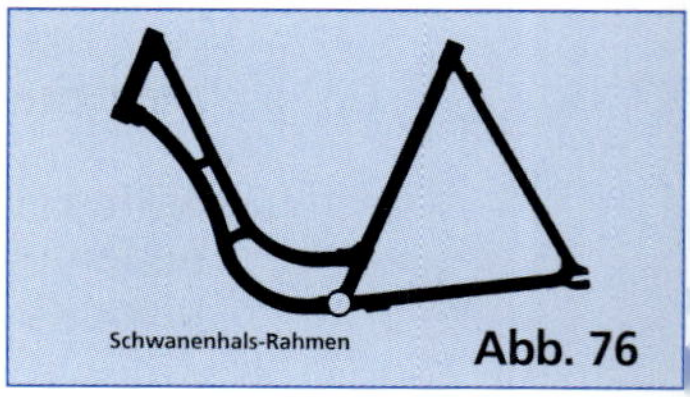
Schwanenhals-Rahmen
Abb. 76

Schweißen

Verbinden von Bauteilen (vorwiegend Metallen) durch Aufschmelzen eines Kontaktbereichs.
Der Kontaktbereich wird als Schweißzone oder ▷ Schweißnaht (s.d. Gütebeurteilung) bezeichnet, wobei die Vereinigung der Werkstoffe mit oder ohne zusätzliche Materialeinbringung (▷ Schweißzusatz) erfolgen kann.
Die zum Schweißen notwendige Energie wird von außen mittels Flammenerwärmung, elektrischer Widerstandserwärmung oder einem Lichtbogen zugeführt. Sie kann aber auch in Verbindung mit Druck oder durch Druck allein erfolgen (Sprengschweißen zur Werkstoff-Plattierung).

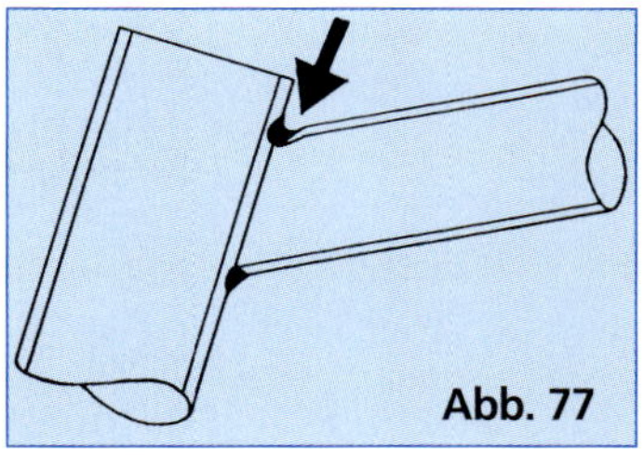

Abb. 77

Beim ursprünglichen Feuerschweißen (Abb. 78) (älteste Belege stammen von den Sumerern, ca. 3000 v. Chr.) wurden die beiden zu verbindenden Teile nur bis kurz unterhalb ihres Schmelzpunktes erwärmt und im dann bereits teigigen Zustand durch Hammerschläge miteinander verknetet.

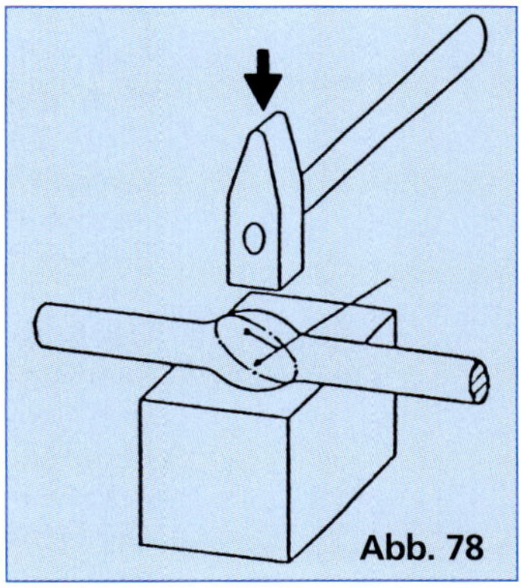

Abb. 78

Die dt. Bez. geht von einem althochdt. Wort der Bedeutung "braten, rösten" i.S.v. "schwitzen machen" aus, das erstmals im 14. Jh. die heutige technische Bedeutung i.S.v. "Metallstücke bei Weißglut zusammenfügen" erhielt.

Da Schweißen ein "Schmelzen ohne Form und Tiegel" darstellt, verlangt besonders das manuelle Schweißen eine gehörige Portion Erfahrung und Geschick, damit der Schmelzbereich nicht einsinkt (s. ▷ Schweißeinbrand) oder ganz wegtropft.
Darüberhinaus müssen die Kontaktbereiche völlig aufgeschmolzen werden ("bis zur Wurzel durchgeschweißt"), damit von der Schweißnaht keine Kerbwirkung ausgeht.
Zu beachten ist ferner, daß durch das Aufschmelzen die ursprüngliche innere Materialstruktur (▷ Textur, zeilenartiges Gefüge) zu einem weniger belastbaren Gußgefüge umgewandelt wird, vgl. Abb. 79. Aus diesem Grunde wird bei hochbelasteten Bauteilen die Schweißnaht durch spezielle Schweißstäbe "auflegiert" (s. ▷ Auflegieren) und dadurch in ihrer Festigkeit gesteigert.
Desweiteren entsteht durch die nur in einer Zone auftretende Wärmebelastung beim Schweißen ein sog. Wärmeverzug, der sich durch innere Spannungen im Bauteil äußert. Das kann spez. bei dauerbelasteten Bauteilen zum frühzeitigen Bruch führen. Bei ▷ Aluminium ist der Verzug besonders groß. Aus diesem Grunde werden ▷ Aluminiumrahmen teilweise vor dem Schweißen (s.a. ▷ Aluminiumschweißen) erwärmt und nach dem Schweißen durch ▷ Lösungsglühen "entspannt". Analoge Verfahren (spannungsfrei glühen) werden in kritischen Fällen auch beim Schweißen von Stahlteilen angewendet.
Zu den verschiedenen Schweißtechniken s. ▷ Schweißverfahren.

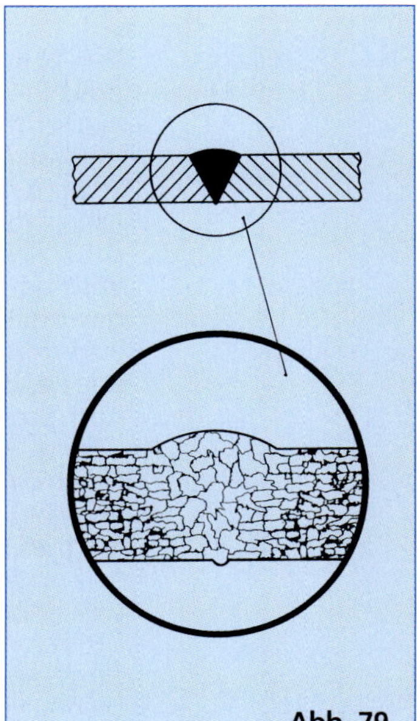

Abb. 79

Schweißnaht

Kontaktbereich der miteinander verschweißten Werkstoffe.

Für den ▷ Rahmenbau gilt die Faustregel: Die Lebensdauer der Schweißnaht (genauer: des Übergangsbereiches Schweißnaht-Rohr) liegt immer unter der der unveränderten Rohre. Eine dickere Wandstärke im Bereich der Schweißnaht ist daher immer sinnvoll.

Schweißnahtprüfung Schweißnähte werden optisch, magnetisch oder durch spezielle Kapillarverfahren auf Poren, Risse oder sonstige Schweißfehler kontrolliert. Darüberhinaus bieten mechanische Prüfverfahren die Möglichkeit, Aussagen über die ▷ Dauerschwingfestigkeit der Schweißnähte zu treffen. Die Prüfungen erfolgen nach den ▷ DIN 8561 und 1912.

Schweißverfahren Unterschiedliche Prinzipien und Vorgehensweisen beim ▷ Schweißen. Im Fahrradbau werden aus der Fülle von über fünfzig Schweißverfahren überwiegend die folgenden eingesetzt:

Elektrodenschweißen Bei hoher Stromstärke wird zwischen einer stromführenden Elektrode und den Werkstücken ein Lichtbogen gezündet, der einerseits die Werkstücke partiell aufschmilzt und außerdem auch die Elektrode zum Abschmelzen bringt. Damit wird zusätzlich Werkstoff (▷ Schweißzusatz) in die ▷ Schweißnaht eingebracht (Abb. 80).
Das Verfahren eignet sich nicht für dünnwandige Teile wie z.B. hochwertige Stahlrohre, und findet daher im Fahrradbau nur bei dickwandigen Rohren (▷ Einrohrrahmen) Anwendung.

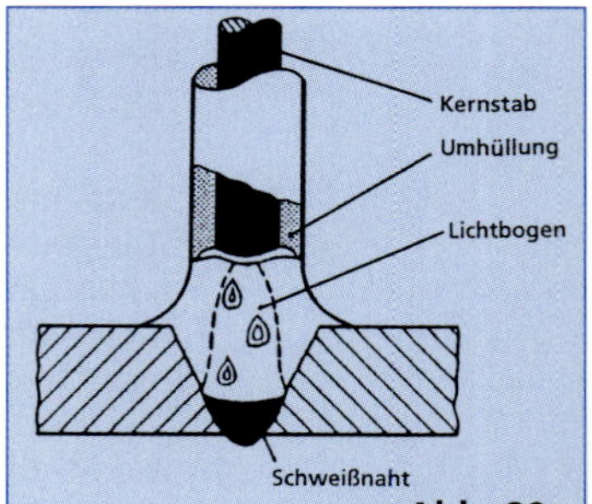

Abb. 80

Autogenschweißen Der Schweißbereich wird mit einer Schweißflamme (Acethylen-/Sauerstoff-Gemisch) aufgeschmolzen und mit von Hand zugeführtem Schweißzusatz in Form von dünnen Schweißdrähten bei Bedarf aufgefüllt (Abb. 81).
Angewandt bei dünnwandigen Stahlteilen und -rohren, mit sehr viel Erfahrung auch für Aluminiumteile einsetzbar. Heute ist das Autogenschweißen weitestgehend vom Schutzgasschweißen abgelöst worden.

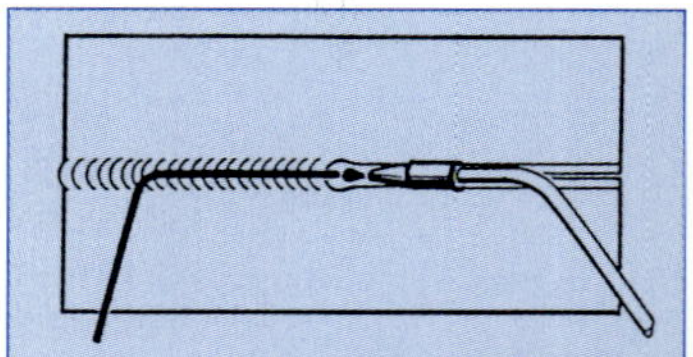
Abb. 81

Schutzgasschweißen Der Arbeitsbereich wird mit einem Edel- oder Mischgas "beduscht" und damit gegen die Umgebungsluft abgeschottet, um werkstoffschädigende Sauer- und Stickstoffeinflüsse zu verhindern.
Je nach verwendetem Gas bzw. technischen Details kommen im Fahrradbau drei Verfahren zur Anwendung:

WIG-Schweißen ***W****olfram-**I**nert**g**as-Schweißen:* Unter einem Schleier aus dem Edelgas Argon brennt ein Lichtbogen zwischen einer Wolframnadel und dem Werkstoff, der das Material aufschmilzt (z.B stumpf aneinander gefügte Rahmenrohre), wobei mit einem Schweißstab noch Schweißzusatz eingebracht werden kann (Abb. 82).

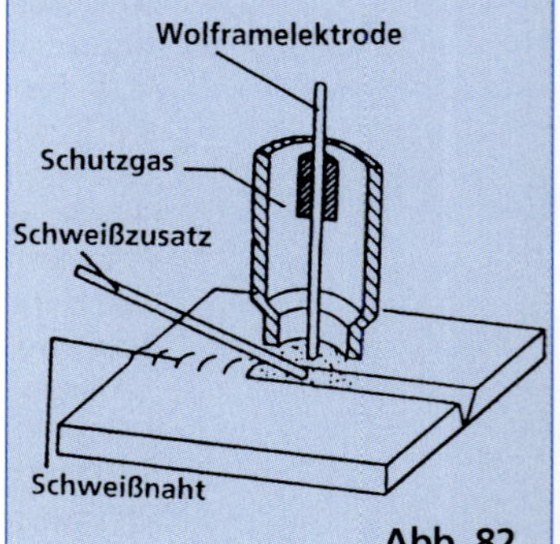

Abb. 82

Durch das sog. "Impulsschweißen" wird eine weitere Hilfestellung erreicht: Der volle Schweißstrom besteht nur etwa eine Sekunde lang, es folgt eine Sekunde, in der der Schweißstrom fast auf Null zurückgeht, um dann wieder für eine Sekunde einzusetzen usw. (Abb. 83). Dadurch kann der Schweißer sichergehen, daß er bis zur "Wurzel" durchschweißt, in der Pause den nächsten Schweißpunkt anvisiert, und so Punkt um Punkt die Rohre verbindet.

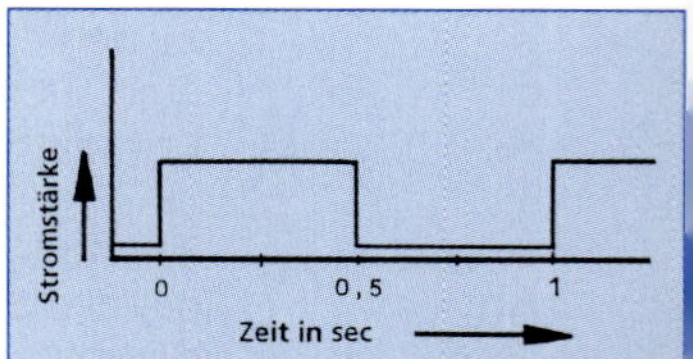

Abb. 83

Zur Anwendung kommt das WIG-Schweißen am Fahrrad bei der Fertigung von Stahl-, Aluminium- und Titanrahmen sowie ▷ Vorbauten aus diesen Werkstoffen.

Wegen der separaten Schweißzusatzzuführung wird das WIG-Schweißen überwiegend von Hand ausgeführt, Roboterschweißungen sind noch relativ selten.

Da Wolfram im engl. Tungsten heißt ist auch die engl. Bez. TIG-Welding (inert gas "Schutzgas"; welding "Schweißen").

MIG-Schweißen

***Mi**sch**g**as-Schweißen:* Die beiden Werkstoffe (z.B. stumpf aneinander gefügte Rohre) werden unter einem Mischgasschleier - preisgünstige Mischung von Argon mit Kohlensäure - verschweißt, wobei der Lichtbogen zwischen einem automatisch nachgeführten dünnen Schweißdraht und dem Werkstück brennt: Der Schweißdraht tropft ab und schmilzt sich so kontinuierlich in das erwärmte Rohrmaterial ein (Abb. 84). Da bei diesem Schweißverfahren die Hauptwärmezufuhr über den Schweißdraht erfolgt, ist es materialschonender als das WIG-Schweißen und eignet sich besonders für dünnwandige Bleche und Rohre.
Nachteil dieser Methode ist eine optisch wenig ansehnliche, nach außen gewölbte Schweißnaht. Dies ist ein Grund dafür, warum die MIG-Schweißung nicht zur Herstellung höherwertiger Rahmen herangezogen wird. Versuche mit besonderen Impulsverfahren erbrachten inzwischen aber ansehnlichere Schweißnähte. Für die Massenfertigung auch von Fahrradrahmen steuern heute schon Roboter den Schweißbrenner.

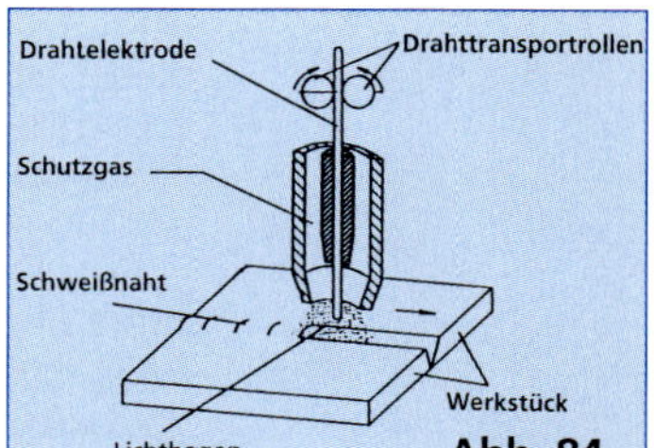

Abb. 84

Plasma-Schweißen

Aus dem ▷ WIG-Schweißverfahren entstandenes Verfahren, bei dem ein Schutzgasstrom den Lichtbogen sehr stark bündelt und damit einen Plasmastrom erzeugt (Abb. 85) (als Plasma werden in Elektronen und Ionen zerlegte Gase bezeichnet).
Mit diesem Verfahren lassen sich sehr schmale Schweißnähte und entsprechend präzise Schweißungen ausführen, ein Grund dafür, Plasmaschweißen bereits bei der Rahmenherstellung alternativ zum WIG-Schweißen einzusetzen.

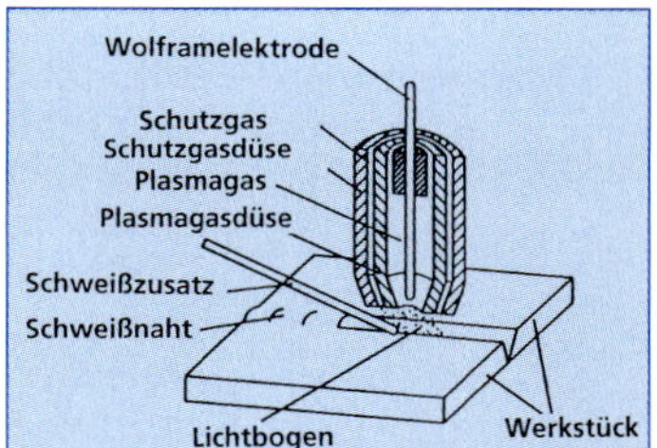

Abb. 85

Laser-Schweißen

Aufschmelzen und somit Verschweißen von dünnen Blechen mittels Laserstrahl ohne Hinzufügung von Schweißgut (Abb. 86).

Die Energiedichte eines Laserstrahles wird mehrere Millionen Watt/cm² gebündelt, wobei das Metall aufgeschmolzen wird.
Mit entsprechend dosiertem Laserstrahl lassen sich aufeinander oder nebeneinander liegende Teile (Bleche, Folien etc.) miteinander verschmelzen. Der ▷ Schmelzbereich ist 0,2 - 0,4 mm breit.

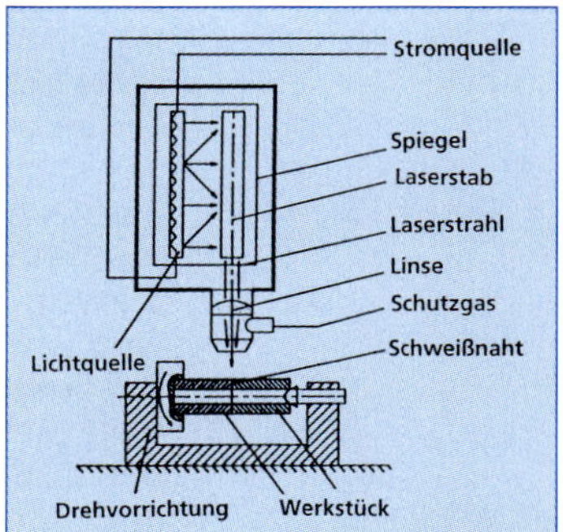

Abb. 86

Im Fahrradbereich wird das Laserschweißen in nächster Zukunft schon zur Anbringung von Verstärkungen auf den Rahmenrohren und zum Fixieren von ▷ Anlötteilen genutzt werden. Rohr-zu-Rohr-Verbindungen von ▷ Diamantrahmen sind wegen der komplizierten Schweißnahtführung per Laserschweißung derzeit noch nicht möglich. Denkbar ist es allerdings, daß die einfach konzipierte Form der ▷ Einschwingenrahmen in Zukunft per Laserschweißung gefertigt werden könnte.
Vgl. auch ▷ Laserschneiden.

elektrisches Widerstands-Schweißen

Bei diesem auch als "Preß-Stumpfschweißen" bezeichneten Verfahren werden die Bauteile unter äußerem Druck im Kontaktbereich zusammengepreßt, mittels einem elektrischem Kurzschlußstrom dort erwärmt und ohne Zuführung von Schweißzusatz ineinander verschmolzen (Abb. 87).

Im Fahrradbereich zum Anschweißen von ▷ Ausfallenden an die plattgedrückten Rohrenden einfacher Gebrauchsrahmen genutzt.

Punktschweißen Spezielles elektrisches Widerstands-Schweißen, bei dem zwei Metallbauteile mittels zweier Kupferelektroden punktförmig zusammengepreßt und unter Kurzschlußstrom gesetzt werden. Es erfolgt ein linsenförmiges Ineinanderschmelzen der Bauteile an dieser Stelle (Abb. 88). Je nach Erfordernis und Bauteilgröße erfolgt die Kontaktierung dann mittels mehrerer nebeneinanderliegender Schweißpunkte. Anwendung: Anbringung von ▷ Stegplatten und ▷ "Anlötteilen" am Rahmen.

Unterpulver-Schweißen Der Kontaktbereich wird zu einer Schweißfuge ausgekehlt, die dann mit Schweißpulver abgedeckt wird (schützt die Schweißzone vor Luftsauerstoff und Luftstickstoff). Eine blanke Schweißelektrode wird dann eingeführt und "unter Pulver" abgeschmolzen (Abb. 89). Anwendung: ▷ Rohrherstellung.

Hochfrequenz-Schweißen Ein von einem Induktor erzeugter hochfrequenter Strom schmilzt die Kanten der zu verbindenden meist dünnwandigen Bauteile auf, die dann unter Druck ohne Zuführung von Schweißzusatz zusammengepreßt werden. Anwendung: Rohrherstellung/Kunststoffschweißung.

Kunststoff-Schweißen Verschweißen von thermoplastischen Kunststoffen (▷ Thermoplaste), wobei die Erwärmung durch ein Heizgas (Abb. 90 oben), einen hochfrequenten elektrischen Strom (Abb. 90 Mitte), durch erwärmte Metallteile oder Ultraschall (Abb. 90 unten) erfolgt. Wie z.T. beim Metallschweißen kann zusätzlicher Materialeinsatz in Form von Schweißzusatz erfolgen.

Schweißzusatz Zusätzlicher Werkstoff, der während des Schweißvorganges zur Verbindung der Schweißteile in die ▷ Schweißnaht eingebracht wird.
Der Schweißzusatz sollte mindestens die Werkstoffgüte der zu verschweißenden Bauteile besitzen. Besser: Er besteht aus der nächstfesteren ▷ Legierung des Werkstoffes und "legiert die Schweißnaht auf", s.a. ▷ Auflegieren.

Schweizer Tretlagergewinde Selten gebräuchliches ▷ Gewindemaß von 35 x 1 für die Unterbringung der ▷ Tretlagerung im ▷ Tretlagergehäuse. Entgegen dem ▷ Französischen Tretlagergewinde (ebenfalls 35 x 1) besitzt das Schweizer Gewinde auf der rechten Tretlagerseite ▷ Linksgewinde.

Schwenkbereich Durch ▷ H- und ▷ L-Schrauben begrenzbarer Arbeitsweg von ▷ Schaltschwinge bzw. ▷ Schaltgabel. Siehe hierzu auch ▷ Schaltungseinstellung.

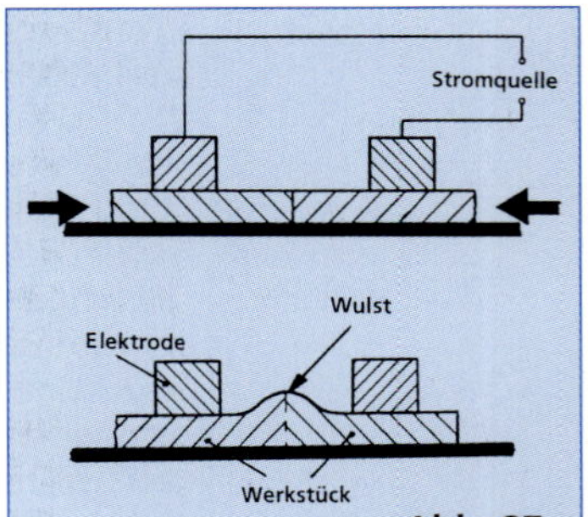

Abb. 87

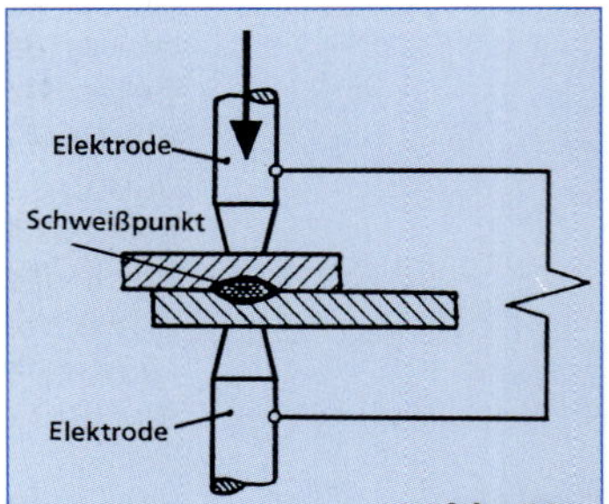

Abb. 88

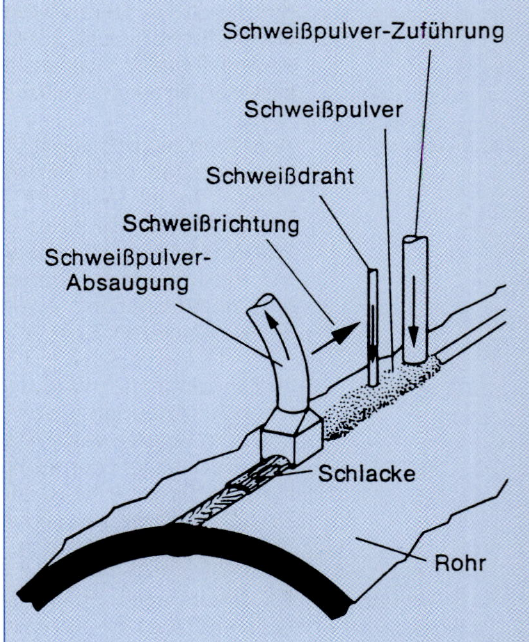

Abb. 89

Schwerpunkt

Physikalisch: Derjenige Punkt, in dem ein starrer Körper gelagert werden muß, damit er in jeder beliebigen Lage im Gleichgewicht bleibt.

Allgemein: Theoretische Annahme, die gesamte ▷ Masse eines Gegenstandes, Menschen oder Fahrzeuges sei auf einen Punkt konzentriert. Ebenso Kombinationen Mensch/Fahrzeug (ggf. plus Gepäck) i.S. eines ▷ Gesamtschwerpunktes.

Schwerpunktsbetrachtungen sind Voraussetzung für einige mathematisch-physikalische Analysen. So können aus der Lage des Gesamtschwerpunktes beim Fahrrad Voraussagen auf den ▷ Bremsvorgang gemacht werden, siehe das dort zu "Kippmoment" und "Verzögerungskraft" Gesagte.
Des weiteren beeinflußt die Schwerpunktlage auch den ▷ Lenkvorgang und das ▷ Fahrverhalten eines Fahrrades, insbesondere, wenn sich der Schwerpunkt durch zu aufrechte Oberkörperhaltung (s. ▷ Sitzposition) zu weit in Richtung Hinterrad verschiebt, kann es zum ▷ Rahmenflattern kommen. Gleiches gilt übrigens auch für höhere Gepäckzuladung.

schwimmende Lagerung

Lagerungssystem, bei dem die einzelnen Lager entweder nur innen oder nur außen axial eingegrenzt werden. Zwischen den Festlegungen "schwimmt" entsprechend dem ▷ Lagerspiel der axiale Freiraum der Lagerung. Vorteil: Gute Leichtgängigkeit. Nachteil: Bei Axiallasten trägt nur ein Lager, s. Abb. 91.
Die meisten ▷ Lagerungen am Fahrrad beruhen auf diesem Prinzip, lediglich einige Hersteller wie Mavic oder Wheel Power verwenden die klassische Maschinenbaulagerung mit ▷ Fest- und ▷ Loslager.

Schwingenfederung

Mechanische Vorrichtung, die mittels ▷ Drehgelenk und Hebel Federwege in Form eines Kreisbogens ermöglicht, i.G.z. ▷ Teleskopfederung, die auf einer linearen Längenverkürzung des Führungssystems beruht, d.h. lediglich "eintaucht". Einzelheiten s. ▷ Fahrradfederungen (Abb. 92).

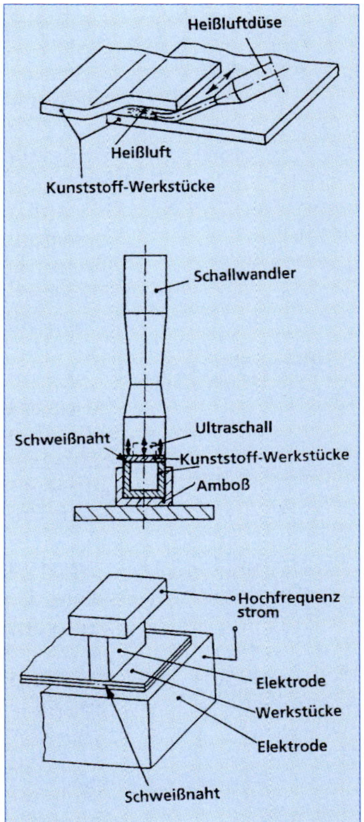

Abb. 90

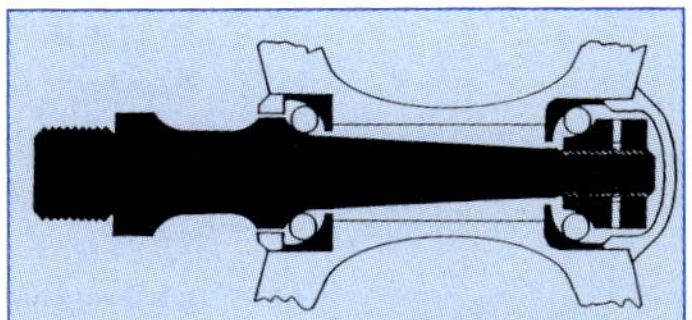

Abb. 91

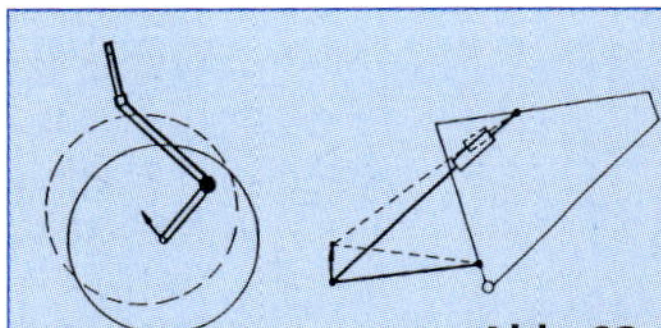

Abb. 92

Spannachse

Landläufige Bez. f. ▷ Schnellspannachse.

Spanngurte

Gummi- oder Textilbänder, mit denen eine Gepäckträgerzuladung oder ▷ Gepäcktaschen gesichert werden können.

Spannrolle

Andere Bez. f. ▷ Kettenspannrad.

Spannschraube

▷ Schraube, die zum Zusammenhalt von zwei oder mehreren Bauteilen dient und diese durch ▷ Zugbelastung in ihrer Lage fixiert.
Anwendung am Fahrrad: ▷ Schnellspann- und ▷ Steckachse zur Laufradfixierung, in Verbindung mit ▷ Schräg- oder ▷ Spreizkonus zur Fixierung des ▷ Vorbaus sowie zur Schlitzklemmung von Lenker und ▷ Sattelstütze.

Spannung

1. Begriff für auf einen Körper einwirkende oder in einem Körper herrschende Kräfte.
Je nach Art und Lage der Kräfte unterscheidet man zwischen Spannungen, die durch ▷ Biege-, ▷ Druck-, ▷ Zug- und ▷ Torsionsbelastung entstehen. Außerdem können Bauteile durch Formgebung oder thermische Behandlung (▷ Löten; ▷ Schweißen) unter innerer Spannung stehen bzw. unter ▷ Vorspannung gesetzt werden.
2. Bez. für die in Volt angegebene elektrische Spannung.

Spannungsspitzen

Örtlich eingegrenzte Bereiche, in denen es durch Kraftumlenkung, Querschnittssprünge, Kerben oder punktuelle Krafteinwirkung zu lokal hohen Belastungen kommt (Abb. 1).
In Abb. 1 oben: Spannungsspitzen bei Zugbelastung infolge von Einkerbung, unten bei Biegebelastung infolge von Einkerbung.
Beispiele: ▷ Speichenbogen, Rohrknotenpunkte, Ausläufe von ▷ Muffen, Gewindekerben, ▷ Kurbelvierkant.

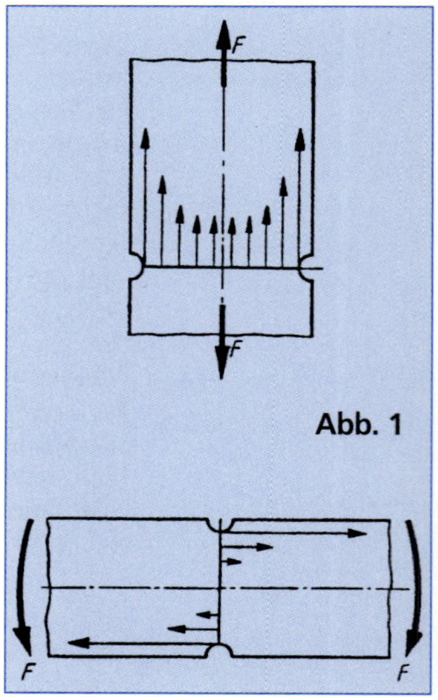

Abb. 1

SPD-Pedal

"**S**himano **P**edaling **D**ynamics"; Ursprünglich fürs ▷ Mountainbike konzipiertes und mittlerweile auch ins Rennradsortiment übernommenes ▷ System-Pedal (Abb. 2), das die Kupplung zwischen Schuh und Pedal mittels kleiner Adapter aus Stahl herstellt. Vorteile gegenüber anderen System-Pedalen: verschmutzungssicher (Matsch oder Schmutz wird bei den kleinen Adaptern effektiv zur Seite gequetscht), kleine Bauabmessung und damit größere Kurvenneigung möglich. Durch Metallausführung geringerer Adapterverschleiß als z.B. bei großen Kunststoffadaptern, Einzelheiten s. ▷ Pedale: System-Pedale.

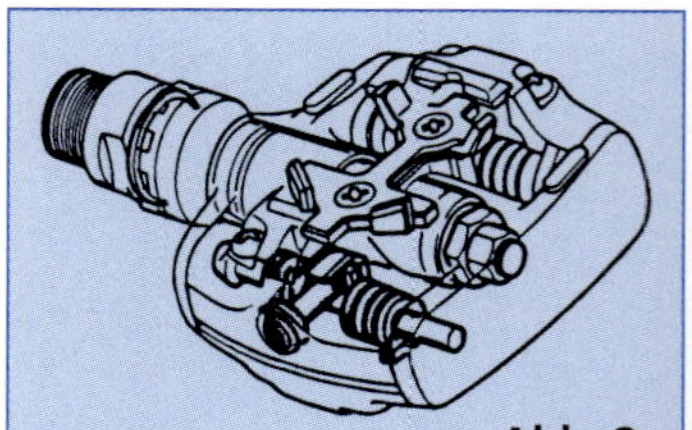
Abb. 2

Speedhub 500/14

▷ Getriebenabe der Fa. Rohloff, die mit nur 1,65 kg Gewicht und nadelgelagerten ▷ Planetenrädern aufwartet. Die außerdem im Ölbad laufende Mechanik besitzt einen für ▷ Nabenschaltungen außerordentlich hohen ▷ Wirkungsgrad von 96-98% und ist durch die Dauerschmierung auch verschleißfester als herkömmliche Nabenschaltungen.

Die Gangabstufung beträgt relativ konstant ca. 13,5% über den gesamten ▷ Übersetzungsbereich von 536%, entspricht also einem Spektrum der ▷ Entfaltung von 1,6 - 8,8 m pro Kurbelumdrehung. Damit wird diese Nabenschaltung interessant für den sportlichen MTB-Fahrer, ja sogar für den Rennsport.

Speedtronic

Kombination eines Microprozessors mit einer elektrisch/elektronisch gesteuerten ▷ Clickbox für die Siebengang- ▷ Nabenschaltung von Sachs (Abb. 3).

Die Speedtronic gestattet das Schalten per Knopfdruck, der gefahrene Gang wird von dem zum System gehörenden Bordcomputer - der übrigens auch die üblichen Funktionen eines ▷ Fahrradcomputers besitzt - angezeigt. Darüberhinaus besitzt die Speedtronic einen dreistelligen Sicherheitscode als ▷ Diebstahlsicherung und schaltet beim Anhalten (z.B. Ampelstop) automatisch auf einen vorher wählbaren ▷ Arbeitsgang zurück.

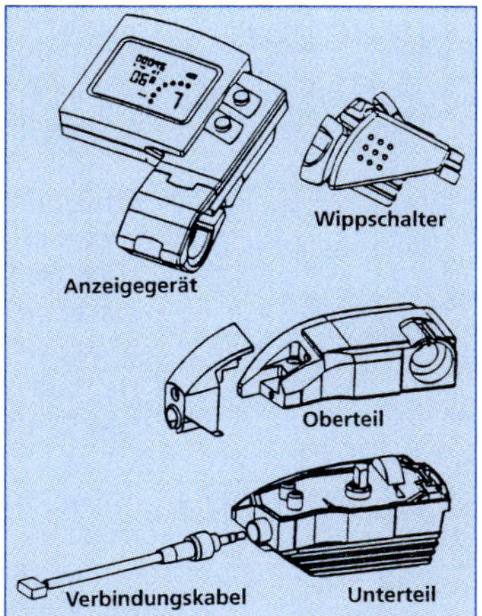

Abb. 3

Speichen

Mittels ▷ Speichennippeln unter ▷ Zugspannung gesetzte Verbindung zwischen Nabe und Felge (Abb. 4).
Speichen werden aus verzinktem Stahldraht, für gehobenere Räder aus Edelstahldraht gefertigt. Die ▷ Zugfestigkeit steigt durch das Ziehen bei der Herstellung und erreicht je nach Ausführung und Hersteller Werte zwischen 1.200 und 1.800 N/mm².

Ursprünglich waren Speichen auf Druckbelastung ausgelegt und besaßen daher einen dickeren Querschnitt. Mit der Einführung der ▷ Tangentialspeichung (1874) änderte sich dies, die Speichen konnten, da nur noch auf Zug belastet, dünner ausgeführt werden und bekamen mit Bogen und Gewinde ihre heutige Form.
Eine handelsübliche Speiche läßt sich in drei Bereiche aufteilen:
* den ▷ Speichenbogen, der zur Halterung im ▷ Nabenflansch dient,
* das ▷ Gewinde zur Fixierung in der ▷ Felge sowie der ▷ Zentrierung des Laufrades,
* das Speichenmittelteil, das in durchgehendem oder partiell verdünntem Querschnitt ausgeführt wird.

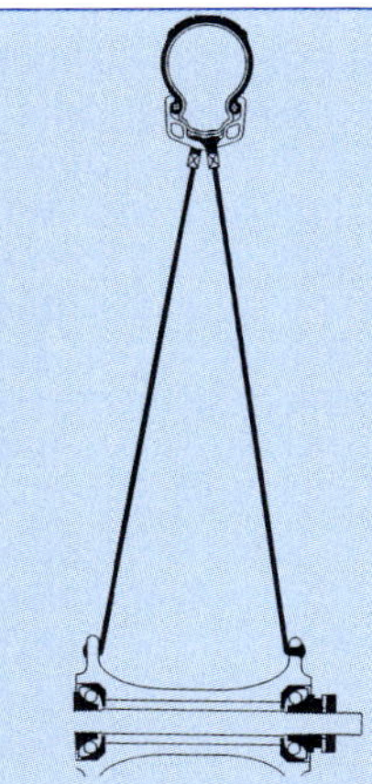
Abb. 4

Gängige Speichenarten:

glatte Speichen

Die meistverwendeten Speichen haben einen durchgehenden Durchmesser von 1,8 oder 2 mm (Abb. 5 unten), Sonderspeichen 2,3 mm, und werden für Fahrräder bis in den mittelpreisigen Bereich hinein eingesetzt.

Dickend-Speichen

Speichen, deren Durchmesser partiell verdünnt ist. Da der ▷ Speichenbogen (Einzelheiten s.d.) die höchstbelastete Stelle ist, gefolgt vom Gewindeteil (Bruchgefahr durch Kerbwirkung des Gewindes), macht es Sinn, Speichen hier dicker auszuführen als im Mittelteil, der nur symmetrisch auf Zug belastet wird. Diese sog. "Dickend-Speichen" werden in drei Ausführungen angeboten und sind nicht nur dauerhaltbarer als gewöhnliche Speichen, sondern auch leichter und elastischer:

1-D-Speichen

Nur ein dickes Ende: Nur der Bogen ist verstärkt ausgeführt (Abb. 5, 2. von oben):
2,0 - 1,8 mm oder
2,3 - 2,0 mm.

DD-Speichen

Doppeldickendspeichen: Das Mittelteil ist im Durchmesser reduziert (Abb. 5, 2. von unten)
1,8 - 1,6 - 1,8 mm oder
2,0 - 1,6 - 2,0 mm oder
2,0 - 1,8 - 2,0 mm.

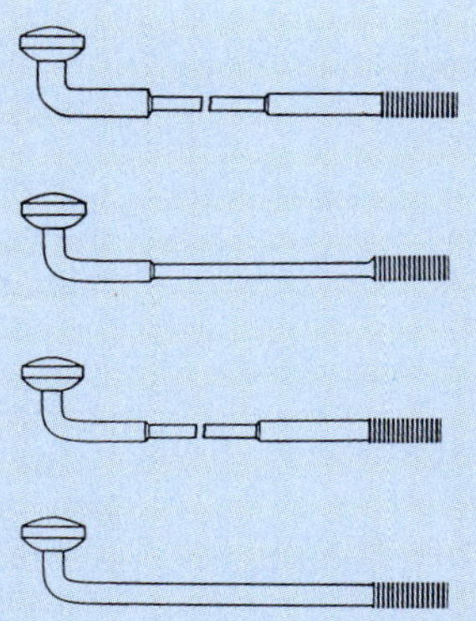
Abb. 5

3-D-Speichen Doppeldickendspeichen mit verschieden dicken Enden: Im Bogen 2,3 mm, Speichenmitte 1,8 mm, Gewindeteil 2 mm (Abb. 5 oben).

Sonderspeichen Speichen, die durch Querschnittsform, Materialauswahl oder Behandlung aus dem Rahmen fallen:

Säbelspeichen Speichen, deren Querschnitt zwecks Erzielung einer günstigeren ▷ Aerodynamik abgeflacht (Abb. 6 Mitte), ovalisiert (Abb. 6 rechts) oder im Idealfall linsenförmig (Abb. 6 links) geprägt ist.
Nachteil: Die Nabenbohrungen müssen zum Einfädeln des nun breiteren Speichenmittelteils entsprechend ausgefeilt werden, es sei denn der Speichenkopf ist wie bei der Reparaturspeiche ausgeführt, Abb. 7.

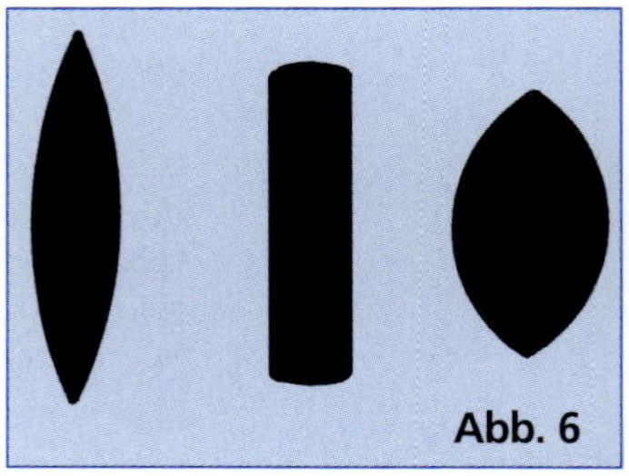
Abb. 6

Wellenspeichen Speichen, die teilweise oder über ihre gesamte Länge haarnadelähnlich gewellt sind (Abb. 8).
Dies fördert den ▷ Fahrkomfort, die Speichen leiden aber etwas an mangelnder ▷ Dauerschwingfestigkeit, weil die Kraft nicht symmetrisch durch die Speichenmitte verläuft, sondern wechselweise auf die Innenseite der Biegung ausweicht.

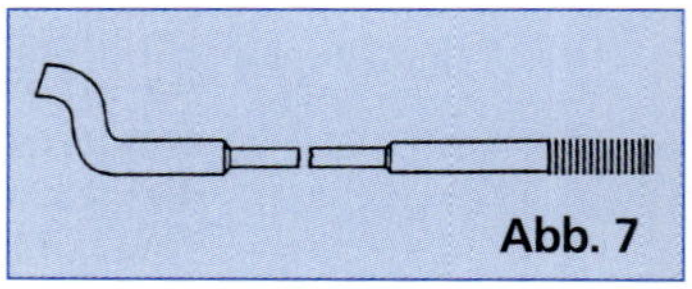
Abb. 7

Hammerkopfspeichen Speichen ohne Bogen mit normalem (Abb. 9) oder hammerartig flachgedrücktem Kopf.
Sie wurden erstmalig bei ▷ Roval-Laufrädern eingesetzt, später bei den "Sonnenrädern" der TH Aachen (s. ▷ Sonnenrad-Nabe) und neuerdings bei den "Pullstar"-Naben sowie in den Shamal-Laufrädern.

Abb. 8

Reparaturspeiche Speiche, deren Kopf durch einen zweiten, gegenläufigen Speichenbogen ersetzt wird (in Sonderausführungen auch mit einem ▷ Bowdenzug als Mittelteil).
Bei diesen zickzackförmig gebogenen Speichenenden trägt der obere Speichenbogen weiterhin die gesamte Speichenlast, das untere Ende stützt sich am Nabenflansch ab.
Vorteile:
1. Diese Speichen lassen sich hinter dem Zahnkranz auch ohne dessen Demontage wechseln,
2. Säbelspeichen (s.o.) mit diesem Ende lassen sich in jede Nabe einbauen, ohne daß diese ausgefeilt werden muß.
3. Der Materialbereich des Speichendoppelbogens wird nicht durch das Kopfanstauchen vorbelastet, wodurch sich die Lebensdauer dieser Speichen verlängert.

Titan-Speichen Speichen aus Titandrähten, die ein sehr gutes Elastizitätsverhalten besitzen, sehr leicht sind, aber an mangelnder Dauerhaltbarkeit leiden.

Carbon-Speichen Versuche, Speichen aus ▷ Carbon zu fertigen, stoßen auf mehrere Probleme:
1. Die Adaption von Gewinde und Speichenbogen kann nur durch sehr aufwendig ausgeführte Kontaktierung erfolgen;
2. Die Speichen haben ein sehr schlechtes Elastizitätsverhalten.
Vereinzelt werden von US-amerikanischen Herstellern Carbonspeichen angeboten, die das Gewicht der Stahlspeichen um rund 2/3 unterbieten.

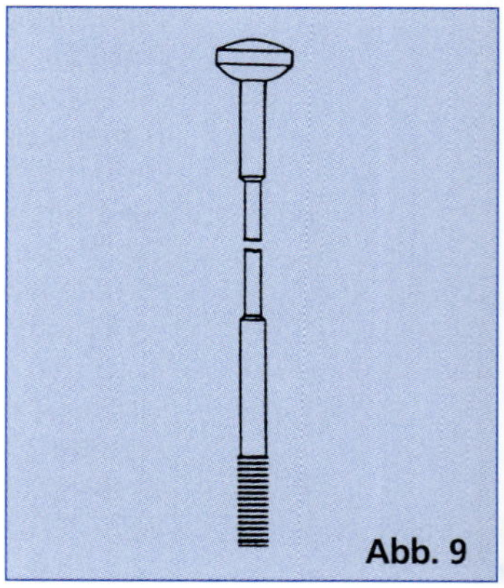
Abb. 9

Aluminium-Speichen

Speichen, die im Experimentierstadium vom Speichenhersteller Rödel (Nürnberg) bereits mit Erfolg im Vorderrad eingesetzt wurden und ein ausgezeichnetes Elastizitätsverhalten besitzen und nur 1/3 von vergleichbaren Stahlspeichen wiegen.
Am Hinterrad halten Aluspeichen dem Kettenzug und der erhöhten Zugbelastung durch den ▷ Wiegetritt auf Dauer (noch) nicht stand.
Aufgrund der geringen ▷ Bruchdehnung von ▷ Aluminium können diese Speichen nicht mit einem Bogen ausgeführt werden, sondern besitzen ein zweites Gewindeende. Des weiteren müssen sie mit einem speziellen Gewindeeinsatz in der Nabe befestigt werden, der genau auf die Felgenlöcher ausgerichtet ist (Abb. 10).
S.a. ▷ Einspeicharten; ▷ Speichenbruch; ▷ Speichenlänge.

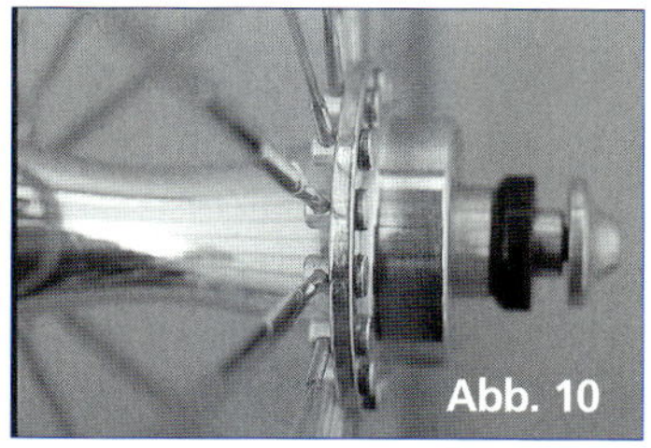
Abb. 10

Speichenbogen

Abwinklung kurz hinter dem ▷ Speichenkopf zur Verhakung im ▷ Nabenflansch.

Der Speichenbogen ist die bruchgefährdetste Stelle einer Speiche, da hier die Kräfte asymmetrisch "um die Ecke" geleitet werden, wobei das Material auf der Innenseite des Bogens hoch belastet wird (Abb. 11). Außerdem wurde diese Stelle bereits beim Anstauchen des Speichenkopfes vorbelastet. Durch die Biegung wird das Speichenmaterial außerdem auf der Bogenaußenseite gestreckt und auf der Innenseite gestaucht, was meist eine körnige Oberfläche zur Folge hat. Alles Faktoren, die bereits einen Bruchkeim in sich bergen können.
Die beste Haltbarkeit ist dann gewährleistet, wenn der Speichenbogen innen glatt poliert wird und sich innig gegen den ▷ Nabenflansch drückt. Eine Speiche darf sich nämlich unter keinen Umständen "aufziehen", der Bogen also nicht zurückgebogen werden. Daher sind weitere Voraussetzungen für gute Dauerhaltbarkeit ein genügend breiter Nabenflansch (mind. 3,2 mm Dicke) und nicht zu groß ausgeführte Speichenbohrungen (max. 2,3 mm Durchmesser). Aus gleichem Grunde ist es übrigens ratsam, bei zu schmalen Nabenflanschen (auf jeden Fall, wenn 3 mm unterschritten werden) eine kleine M-3-Unterlegscheibe zwischen Speichenkopf und Flansch zu plazieren (Abb. 12).

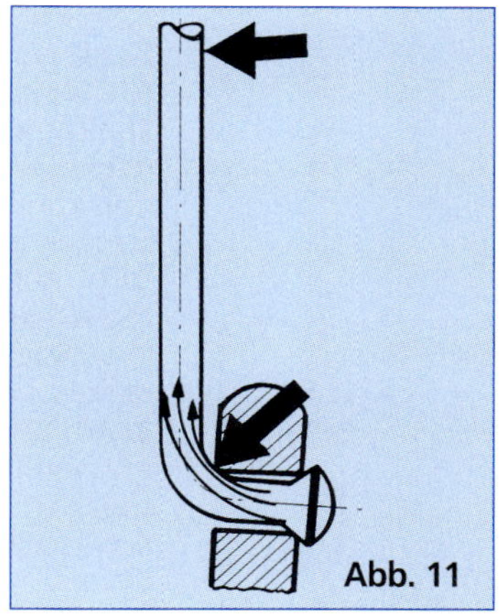
Abb. 11

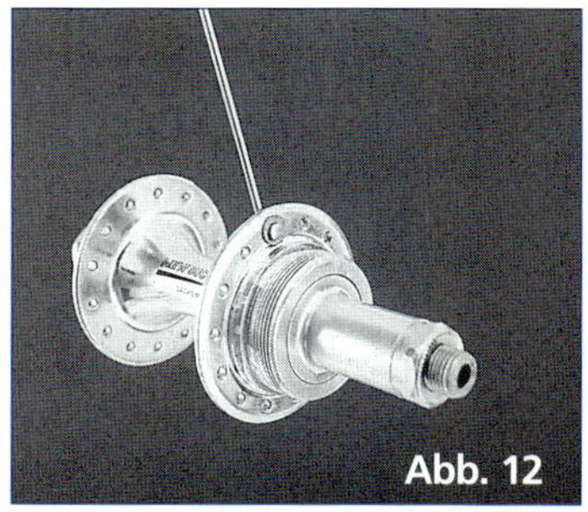
Abb. 12

Speichenbruch

Lästiger, aber nicht völlig zu vermeidender Defekt, der aufgrund von Zerrüttungserscheinungen (▷ Materialermüdung), Materialfehlern oder zu schmalen ▷ Nabenflanschen auftreten kann.
Bei dem Bruch nur einer Speiche kann man i.d.R. noch nach Hause radeln. Schleift die ▷ Felgenbremse aufgrund des nun entstandenen ▷ Seitenschlags an der Felge, so muß die betreffende Bremse geöffnet werden.
Beim Einziehen der neuen Speiche sollten die beiden Speichen zur Rechten und zur Linken der gebrochene Speiche (Pfeile in Abb. 13) ebenfalls erneuert werden, da sie durch den Bruch überlastet wurden und früher oder später ebenfalls brechen würden. I.d.R. brechen Speichen meist im ▷ Speichenbogen, häufiger am Hinterrad als am Vorderrad, auf der Zahnkranzseite häufiger als auf der Gegenseite, bei schweren Fahrern deutlich öfter als bei leichten - und im Gelände öfter als auf der Straße.

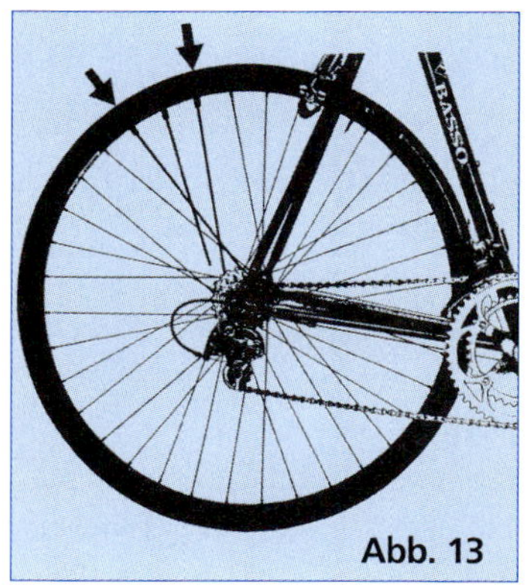
Abb. 13

Vorsorgemaßnahmen:

1. Schwerere und damit steifere Felgen bzw. ▷ Tropfenfelgen verwenden;
2. Speichenspannung erhöhen;
3. Regelmäßiger Speichenaustausch (Hinterrad alle 3000-5000 km; Vorderrad alle 10.000 km);
4. 3-D-Speichen einsetzen (s. ▷ Speichen), ggf. ist es hierfür nötig, die Nabenflansche auf 2,5 mm aufzubohren;
5. Bei häufigen Defekten z.B. aufgrund hohen Fahrer- oder Gepäckgewichts ▷ Laufräder mit höherer Speichenzahl verwenden (40 und 48 Speichen sind bei speziellen Tandemnaben und -felgen möglich statt der üblichen 36; die Teile sind allerdings schwer beziehbar).
6. Dünne ▷ Nabenflansche (unter 3,2 mm Dicke) führen häufig zu Speichenbruch, daher Probe machen: Die eingefädelte Speiche darf nicht bis in die Senkrechte zur Nabenachse geschwenkt werden können. Sollte dies doch der Fall sein, ist der Speichenbogen zu breit oder der Nabenflansch zu schmal. Dann andere Speichensorte verwenden, oder kleine M-3-Unterlegscheibchen zwischen ▷ Speichenkopf und ▷ Flansch einbringen.
7. Versuchen, möglichst elastisch auf dem Fahrrad zu sitzen, Schlaglöcher also nicht "ausreiten", sondern aus dem Sattel gehen und ausfedern.
8. Auf 8- oder gar 9-fach-Zahnkränze verzichten und sich bei gleicher Achsbreite mit 6-7 ▷ Ritzeln begnügen (Laufrad kann symmetrischer eingespeicht werden, Hinterrad wird seitensteifer, Zahnkranzspeichen werden weniger belastet).
9. ▷ Asymmetrische Felge (Abb. 14) einspeichen/einsetzen.

Abb. 14

Speichendynamo

Sonderform eines ▷ Dynamos (FER 2002), der auf der ▷ Nabenachse festgeschraubt wird. Der Antrieb erfolgt durch einen zwischen die Speichen einklinkbaren Hebel. Durch eine Zahnriemenübersetzung wird die Laufraddrehzahl erhöht (Abb. 15).

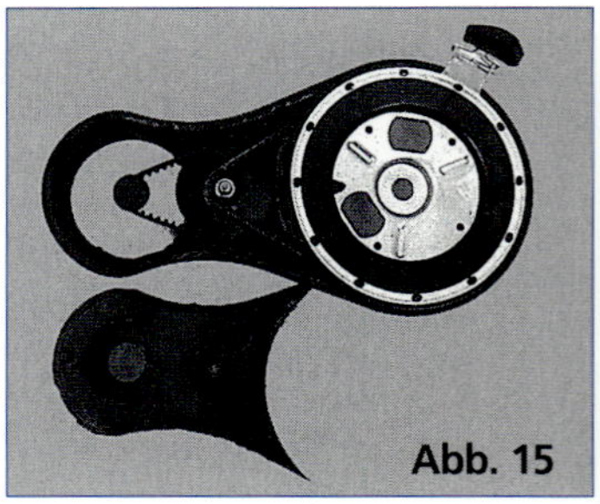

Abb. 15

Speichengewinde

Auf ein Speichenende gerolltes ▷ Fahrradgewinde, bei dem je nach Speichendicke drei Gewindemaße zur Anwendung kommen:

FG 2 für 1,8-mm-Speichen,
FG 2,3 für 2,0-mm-Speichen,
FG 2,6 für 2,3-mm-Speichen.

Im Vergleich zum ▷ metrischen Gewinde fällt die Steigung von Speichengewinden relativ groß aus, was übrigens auch die Ursache für das häufige selbsttätige Lösen von ▷ Speichennippeln ist. Grund: Es sind größere Toleranzen in der Fertigung möglich ohne nennenswerte Einbußen der Haltbarkeit der Schraubverbindung.

Speichenkopf

Linsenförmige Aufdickung eines Speichenendes zum Gegenhalt der Speiche im ▷ Nabenflansch, der durch Anstauchen des Speichenmaterials hergestellt wird (Abb. 16).

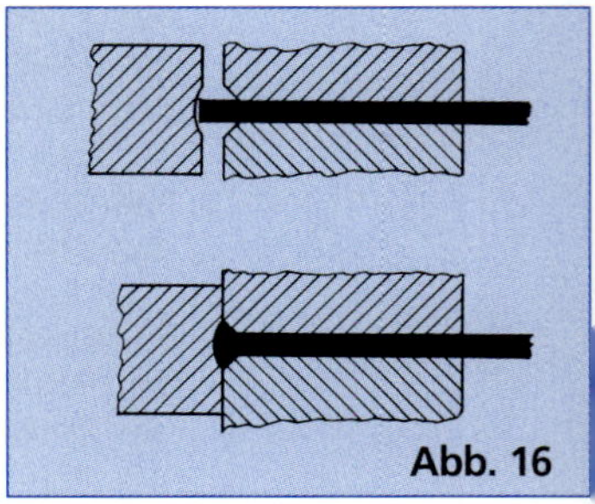

Abb. 16

Speichenlänge

Je nach Felgen- und Nabendurchmesser, Speichenanzahl und ▷ Einspeichart benötigt der Radfahrer unterschiedlich lange Speichen.

Berechnungsmethoden

Die Speichenlänge kann entweder aus Tabellenwerken entnommen oder aber errechnet und außerdem mit Faustformeln auf 1 mm genau ermittelt werden.

Methode DT Swiss

Der Schweizer Speichenhersteller bestimmt den ▷ Felgeninnendurchmesser mit speziellen Meßstäben und mißt den ▷ Teilkreisdurchmesser der Nabe sowie den Abstand von den Nabenflanschen zum Mittelpunkt zwischen den beiden Achsgegenmuttern mit einer Schieblehre.

Die erforderliche Speichenlänge wird dann ausgehend von diesen gemessenen Werten aus Tabellenwerken je nach Speichenanzahl und Kreuzungsart ermittelt.

Methode von Prym

Der deutsche Speichenhersteller geht nach etwa gleichem Meßschema vor, die Bestimmung der Speichenlänge je nach Speichenanzahl und Kreuzungsart erfolgt dann anhand eines speziellen Rechenschiebers (Abb. 17).
Zur Ermittlung der Speichenlänge s. Anhang: Rechnerische Ermittlung der Speichenlänge und Faustformeln.

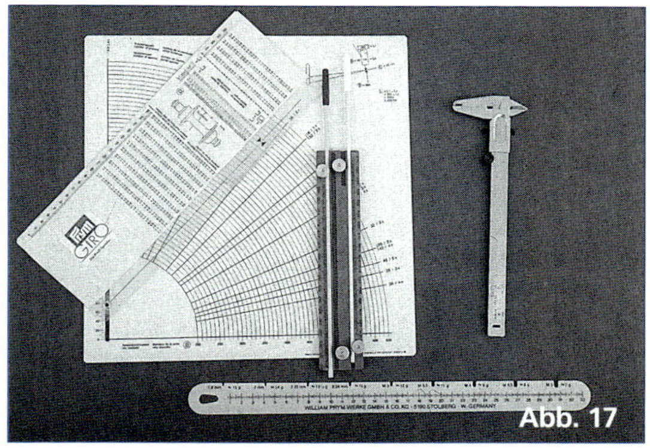
Abb. 17

Speichenloch

Bohrung in der ▷ Nabe zur Aufnahme der ▷ Speichen, i.d.R. 18 je ▷ Flansch.

Speichennippel

▷ Hülsenmutter mit Vierkantfläche zum Fixieren und ▷ Zentrieren der Speichen in der Felge.

Der Nippelkopf ist mit einem 90-Grad-Kegel versehen und liegt damit in der Felge auf. Ein Schlitz (Abb. 18 rechts) ermöglicht die schnelle Handmontage mittels Drill- oder Bohrschrauber. Das eigentliche Zentrieren erfolgt dann über die Vierkantflächen mit einem ▷ Speichenschlüssel.
Speichennippel werden i.A. aus verchromtem oder vernickeltem ▷ Messing hergestellt, daneben sind aber auch Nippel aus ▷ Edelstahl und ▷ Aluminium (ca. 30 Gramm Gewichtseinsparung bei einem 36-Speichen-Laufrad) im Handel. Um Defekten vorzubeugen, sollte man bei letzteren auf gute Materialqualität und einen etwas höheren Nippelkopf achten.

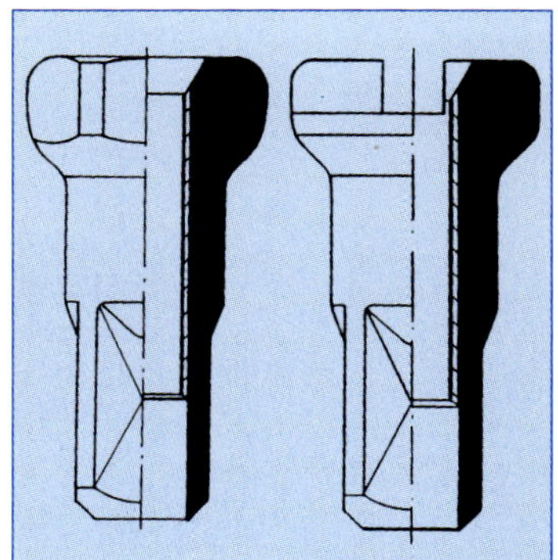
Abb. 18

Sonderausführungen

1. Nippel mit Sechskantfläche auf dem Kopf zum leichteren ▷ Zentrieren durch Zentrierautomaten (Abb. 18 links).
2. Extra lange Nippel für Holz- oder Sonderfelgen.

Speichenrad

Bez. f. d. klassische ▷ Laufrad i.U. zum ▷ Scheibenrad und ▷ Composite Wheel.

Speichenreflektor (-rückstrahler)

▷ Reflektor (Einzelheiten s.d.), der an den Speichen befestigt wird. Laut ▷ StVZO: Paragraph 67.7 1. müssen an einem Fahrrad mindestens zwei um 180° versetzt angebrachte, nach der Seite wirkende gelbe Speichenrückstrahler an den Speichen des Vorderrades und des Hinterrades befestigt sein (Abb. 19).

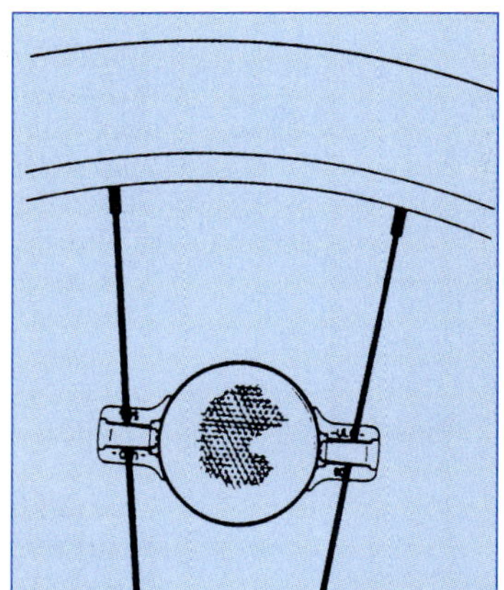
Abb. 19

Speichenschlüssel

Werkzeug, mit dem der ▷ Speichennippel angezogen oder gelöst werden kann (Abb. 20).

In einfachen Ausführungen packt der Speichenschlüssel nur auf zwei Flächen, belastet also nur zwei Nippelecken. Nippelschonender und überdrehsicherer sind Schlüssel, die den Nippel über drei Ecken packen.

Je nach Nippelausführung sind unterschiedliche Größen erforderlich: Übliche Rennradnippel sind etwas dünner als die von Mountainbikes oder solche aus ▷ Edelstahl.
Sonderform: Einige Einspeichautomaten zentrieren die Laufräder von der Felgenseite her mit einer entsprechenden ▷ Nuß über Speichennippel mit 5,5-mm-Sechskantfläche.

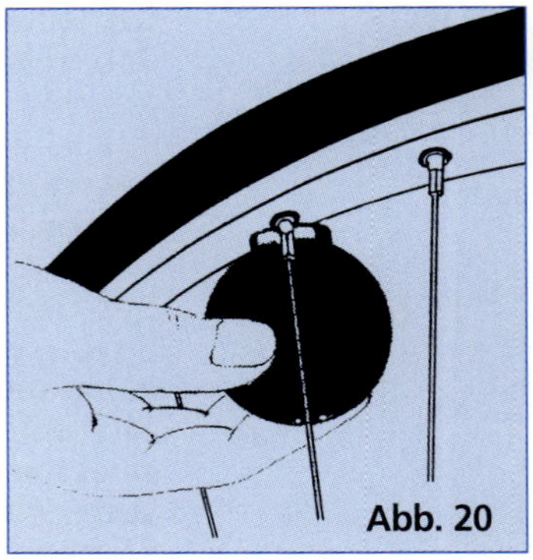
Abb. 20

Speichenschräge

Neigung, mit der Speichen von der Mittelsenkrechten abweichen. Sie steigt mit größerem Abstand der ▷ Nabenflansche, mit zunehmender Flanschhöhe und mit abnehmendem Laufraddurchmesser.

Je schräger die Speichen stehen (je weiter also die Nabenflansche auseinanderliegen), desto höher wird die ▷ Seitensteifigkeit (dicker Pfeil in Abb. 21) der Laufräder und umso mehr nimmt der ▷ Fahrkomfort zu (steil stehende Speichen sind also immer ungünstig).

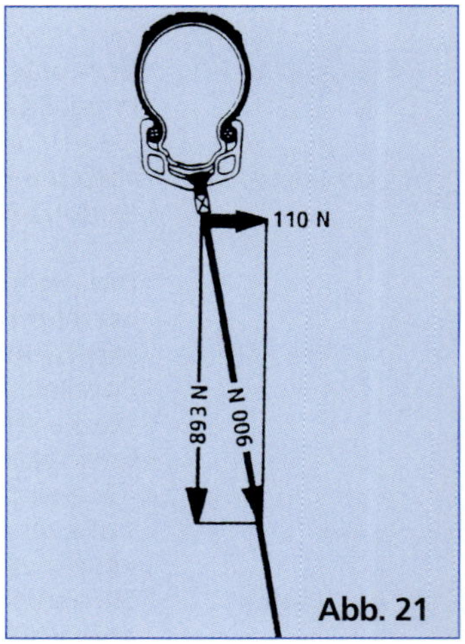

Abb. 21

Asymmetrie

Bei den Vorderrädern liegen die Nabenflansche generell symmetrisch zu ihrem ▷ Einbaumaß. Bei Hinterrädern ist dies nur der Fall, wenn sie mit nur einem ▷ Ritzel ausgestattet sind (also Räder ohne Schaltung oder mit ▷ Nabenschaltung) oder man bei einem Einbaumaß von 135 mm mit einem 5-fach-Zahnkranz begnügt. Ansonsten wird die Symmetrie durch den Platz für den ▷ Zahnkranz gestört. Der rechte ▷ Nabenflansch muß entsprechend zur Achsmitte hinwandern, und die Speichen der rechten Hinterradseite stehen steiler als ihre "Zugpartner" auf der Gegenseite.

Da sich die Felge im Gleichgewicht befindet, muß die Spannung der steilen Seite höher sein als die der weniger steilen Seite.

Folgen

1. Durch die hohe Spannung der steilen Seite wird das Laufrad sehr hart, besitzt aber nur sehr wenig Seitensteifigkeit;
2. durch ihre geringere Spannung neigen die Speichen der Gegenseite dazu, sich zu lockern;
3. bei 28-Zoll-Felgen mit 8-fach-Naben ist es nicht mehr sinnvoll (da zu wenig seitensteif), eine Felge unter 400 g Gewicht einzuspeichen;
4. wegen der hohen Spannung sind bei 7- und 8-fach-Zahnkränzen und 28-Zoll-Laufrädern 2-mm-Speichen zu verwenden;
5. bei einer 8-fach-Nabe reduziert sich die Seitensteifigkeit eines 28-Zoll-Laufrades gegenüber einer 7-fach-Nabe um ca. 25%. Eine Achsverbreiterung von 130 auf 135 mm erhöht hingegen die Seitensteifigkeit um ca. 12%;
6. mit dem ▷ Mittendorf-Ausfallende kann das Hinterrad symmetrischer eingespeicht werden und wird damit seitensteifer. Allerdings ist hierzu, da sich die gesamte Kettenlinie nach rechts verschiebt, eine breitere ▷ Tretlagerachse nötig.

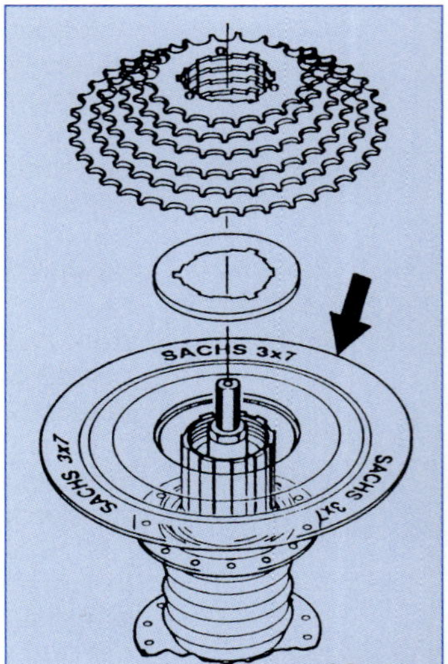

Abb. 22

Speichenschutz

Scheibe aus Kunststoff oder Aluminium, die verhindert, daß sich beim Überschalten des größten ▷ Ritzels (auch bei schlechter ▷ Schaltungseinstellung des ▷ Schaltwerks [▷ "L"-Schraube nicht genügend weit reingedreht]) die Kette zwischen diesem und den Speichen verklemmt (Abb. 22).

Sonderform (Sachs): Das in Abb. 23 Mitte gezeigte große Ritzel, das mit einem Fangkragen für die Kette versehen ist.

Abb. 23

Speichenspannung

Höhe der ▷ Vorspannung der Speichen im zentrierten ▷ Laufrad. Sie kann zwischen 400 N (weiche Einspeichung) und 1100 N (harte Einspeichung) betragen:

weiche Einspeichung

Eine niedrige Speichenspannung bringt viel ▷ Fahrkomfort, mindert nur unwesentlich die ▷ Seitensteifigkeit, hat aber den Nachteil früherer Speichendefekte und leichteren Speichenlockerns (Abb. 24 oben).

harte Einspeichung

Hart eingespeichte Laufräder halten länger, weil sich die Felge im Kontaktbereich mit dem Boden weniger stark abplattet (Abb. 24 unten), woraufhin die Speichen dann einer geringeren "Schwellast" unterliegen. Der gleiche Sachverhalt liegt auch bei der Verwendung von ▷ Tropfenfelgen vor. Außerdem lösen sich bei harter Einspeichung die Speichennippel weniger leicht.
Bei leichten Felgen oder 8-fach-Hinterradnaben kann harte Einspeichung durch seitliche Krafteinwirkung auf das ▷ Laufrad zum Kollaps führen: Die Felge trachtet nach einem weniger spannungsgeladenen Zustand und springt in eine "Kartoffelchipform" um.

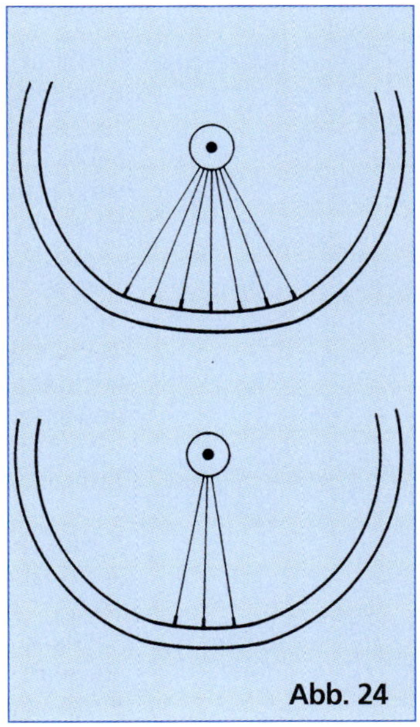

Abb. 24

Speichenverkleidungen

Verkleidung der von den Speichen gebildeten Laufradflanken mit Folien oder Tüchern zur Minderung des ▷ Luftwiderstandes. Ein so drapiertes Laufrad stellt also ein Quasi-Scheibenrad dar (Abb. 25).
Gegenüber früheren Bestimmungen der ▷ UCI, in denen aufgrund des Verbots aerodynamischer Hilfen Speichenverkleidungen verboten waren, sind sie mittlerweile aus Gründen der Chancengleichheit erlaubt: Als Francesco Moser seinen Stundenweltrekord 1984 mit einem ▷ Scheibenrad fuhr, mußte dieser anerkannt werden, weil aufgrund der fehlenden Speichen die Scheiben tragendes Element waren - und die eigentlich beabsichtigte aerodynamische Hilfe nur als "unvermeidlicher Nebeneffekt" gewertet werden mußte.
Speichenverkleidungen haben praktisch den gleichen aerodynamischen Nutzen wie echte Scheibenräder, haben aber den Vorteil eines besseren ▷ Fahrkomforts.

Speichenzahl

Die Anzahl der Speichen eines ▷ Laufrades hat Auswirkungen auf dessen ▷ Seitensteifigkeit, Gewicht und ▷ Luftwiderstand.

Anhand folgender Tabelle (Abb. 26) können sich Rennradfahrer und aktive Mountainbiker daran orientieren, auf wieviele Speichen - abhängig vom Körper- und Felgengewicht - herunter gegangen werden kann. Reise- und Alltagsradler müssen ihre Zuladung mit einrechnen.
Um die Speichenanzahl noch weiter zu reduzieren, sind besonders steife Felgen nötig, s. ▷ Roval- und ▷ Shamal-Laufräder.
Umgekehrt muß die Speichenanzahl bei besonders hoch belasteten Fahrrädern (▷ Tandem), ungewöhnlich hohem Fahrgewicht oder besonders ruppiger Fahrweise auf 40 oder 48 Speichen erhöht werden.

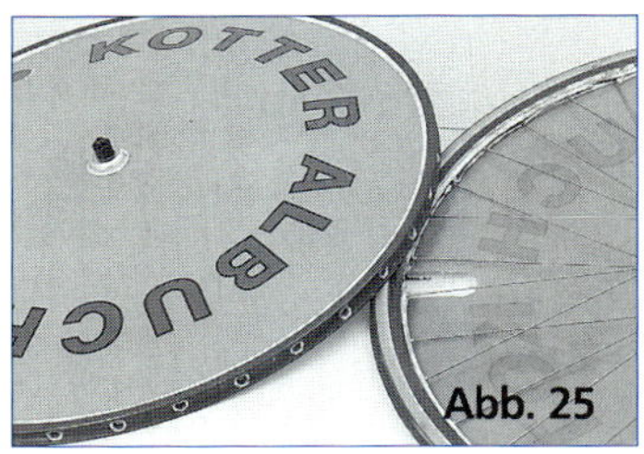

Abb. 25

Abb. 26: Speichenanzahl I für 27- und 28-Zoll-Felgen à 400-450 Gramm Gewicht		
Fahrergewicht	*Vorderrad*	*Hinterrad*
50 kg	24	28
60 kg	24	28
70 kg	28	32
80 kg	32	32
90 kg	32	36
Bahnrad		
bis 65 kg	24	28
über 65 kg	28	32
Reiserad		
Fernreisen mit mehr als 30 kg Gepäck	36	40
Tandem		
zus. bis 140 kg	36	40
zus. über 140 kg	36	48

Sperrklinken

Drehbar und federnd gelagerte Hebel, die Bewegung zwischen zwei Gegenständen nur in einer Richtung erlauben. In der anderen Richtung sperren sie, indem sie in Vertiefungen einrasten (Abb. 27).
Anwendung am Fahrrad: ▷ Freilauf, ▷ Schrittschaltwerk; s.a. ▷ Ratsche.

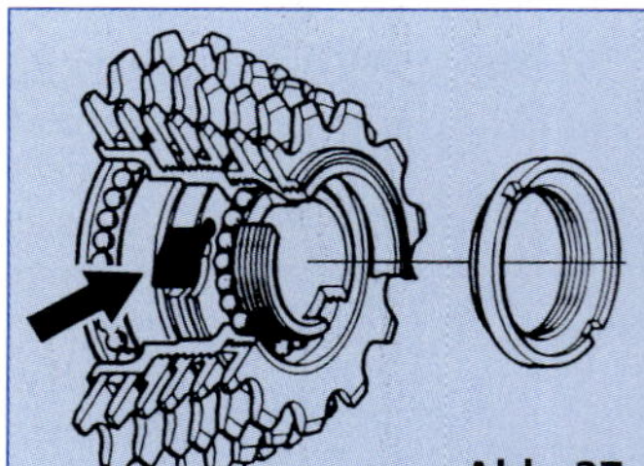
Abb. 27

Spezifisches Gewicht

▷ Gewichtskraft eines Körpers im Verhältnis zu seinem Volumen. Angabe in N/m^3 oder kp/dm^3.
Bei letzterer Angabe stimmt das spezifische Gewicht zahlenmäßig mit der ▷ Dichte überein und wird landläufig auch aufgrund der besseren Anschaulichkeit gern statt dieser angegeben.

Spiel

Toleranz in der Paßgenauigkeit von zwei Teilen. Einzelheiten s.

1. ▷ Lagerspiel;
2. ▷ Toter Gang.

Spikes

▷ Reifen, die auf ihrer Lauffläche in regelmäßigen Abständen nagelartige Metallteile eingebracht haben: Entweder mit dem Profil bündig oder leicht vorstehend (Abb. 28).

Abb. 28

Spikesreifen bieten die einzige Möglichkeit, bei Eis oder festgefahrenem Schnee die für den Antrieb nötige ▷ Traktion durch ▷ Formschluß-Verbindung zwischen Reifen und Untergrund herzustellen.
Verständlicherweise werden diese Fahrradreifen vorzugsweise in Gebieten mit langen, strengen Wintern eingesetzt, z.B. Kanada und Skandinavien, von wo die Reifen auch über Importe (Anfrage ▷ Fahrradversandhäuser) zu beziehen sind (z.B. der "Hakkapelitta" von Nokia, Finnland).

Selbstbau Analog zu den Eis-Speedwayfahrern kann man sich seinen Spike-Reifen auch selbst herstellen:

Dazu drückt man in Abständen von ca. 5 cm wechselseitig ca. 1 cm aus der Reifenmitte "Pappnägel" von innen durch den Reifen und plaziert als Schlauchschutz einen zweiten, möglichst profillosen, schmaleren Reifen (Drahtrand abschneiden), zieht den Kombi auf und setzt ihn unter mindestens 4 bar Luftdruck. Mit einem scharfen Seitenschneider oder per Kneifzange wird dann der Nagelüberstand außen bis auf 1,5 mm abgezwickt.

Spindelbremse Nicht mehr hergestellte ▷ Bremse (s.a.d.) von Weinmann, bei der die ▷ Bremsgummis durch Verdrehen eines mehrgängigen ▷ Bewegungsgewindes an die ▷ Felge gedrückt wurden. Dem Vorteil einer hohen Bremsleistung standen schlechte Dosierbarkeit und hohes Baugewicht entgegen.

Spiral-Feder Andere Bez. f. ▷ Torsionsfeder, da ihre Windungen spiralförmig verlaufen. Anwendung am Fahrrad: Feder der ▷ Schaltschwinge bei Suntour (Abb. 29); als kegelige Spiralfeder ausgeführt: Distanzfeder bei ▷ Schnellspannachse.

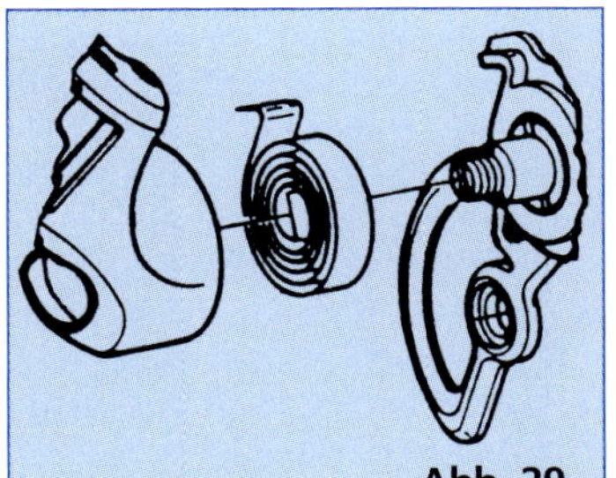

Abb. 29

Spoiler-Rahmen Von der ▷ UCI vormals verbotene aerodynamische Verbesserung an Rahmen für ▷ Rennräder und ▷ Zeitfahrräder (Abb. 30):
Hierbei wird meist das ▷ Sattelrohr unterhalb des ▷ Tretlagers weitergezogen und damit eine günstigere Anströmung des Hinterrades erreicht.

Sportrad ▷ Gebrauchsrad der gehobenen Mittelklasse, heute meist mit ▷ Schaltung ausgestattet, bei ▷ Kettenschaltung meist nur ein ▷ Kettenblatt, dafür kleiner, zierlicher ▷ Kettenschutz.

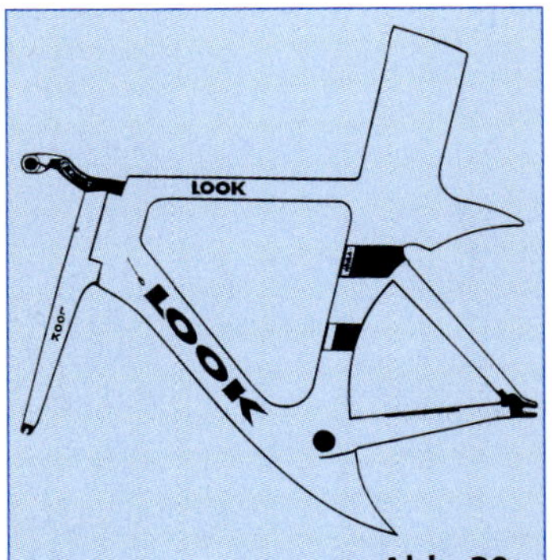

Abb. 30

Spreizkonus Kegelförmig ausgebildete Mutter, die mittels Spannschraube ein geschlitztes Rohrende aufweitet und damit festklemmt.
Anwendung am Fahrrad: Klemmung des ▷ Vorbaus im ▷ Gabelschaftrohr; Klemmung von ▷ Lenkerendschalthebeln und ▷ Drehschaltgriffen (Abb. 31). Vgl. im Gegensatz dazu ▷ Schrägkonus.

Sprint ▷ Bahnwettbewerb (Modus s.d.), bei dem sich zwei oder drei Sprinter "umschleichen" und danach trachten, sich mit einem plötzlichen Antritt abzusetzen (Abb. 32). Die letzten 200 m werden gestoppt, die weltbesten Zeiten liegen bei 10 Sekunden, entsprechend 70-72 km/h. Damit ist Sprint nicht nur die Disziplin mit der höchsten auf dem Normalfahrrad in der Ebene ohne aerodynamischen Hilfen erzielten Geschwindigkeit, sondern auch mit den höchsten Antrittskräften.
Der Sprintwettbewerb erfordert neben Muskelpower ein hohes Maß an taktischem Können und ist bei den Zuschauern wegen der hohen Endgeschwindigkeit sehr beliebt. Kurzfristig werden hier die höchsten im Radsport bekannten Antrittskräfte ausgeübt, vgl. ▷ Leistung; ▷ Antriebsdrehmoment; ▷ Pedalachse.

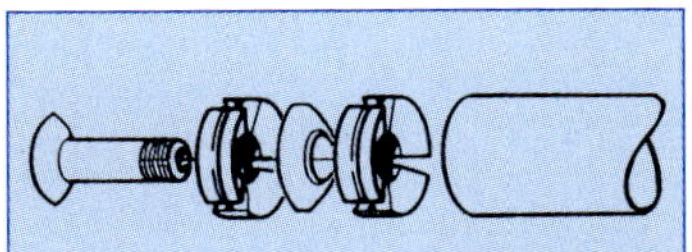

Abb. 31

Taktik Ein Fahrer, der seine Ausdauer stärker einschätzt als die des Gegners, könnte von Beginn an voll fahren. I.d.R. allerdings wird nach mehr oder weniger langsam gefahrener erster Runde versucht, durch verschiedene Manöver in die günstigste Ausgangsposition für den Endkampf zu kommen, welche i.A. die hintere ist: Man hat den Gegner im Auge, kann seinen Antritt parieren oder selbst überraschend antreten und vorbeiziehen. Spektakulärstes Manöver ist der "Stehversuch" des führenden Fahrers: Er bleibt auf der Stelle stehen und zwingt den Gegner so, dies auch zu tun oder aber vorbeizuziehen.

Abb. 32

Seit 1993 sind Stehversuche auf 3 Minuten begrenzt. In die Annalen des Radsports eingegangen ist das "Rennen" zwischen Poulain und Mayer von 1906: Nach sechs Stehversuchen im Entscheidungslauf von je 20 - 45 Minuten spielten die Kampfrichter nicht mehr mit und entschieden auf Remis.

Ende aller taktischen "Mätzchen" ist der Moment, in dem einer der beiden Fahrer den Sprint anzieht. Hier spielt das Überraschungsmoment eine große Rolle, das sich physikalisch letztlich auf die Antrittskraft reduziert.

Sprinter

Radsportler, der ▷ Sprint fährt.

Sprinter entwickeln kurzfristig die höchsten Geschwindigkeiten im Radsport sowie die stärkste Antrittskraft.

Spritzguß

Verfahren zur Herstellung von Kunststoff-Bauteilen aus ▷ Thermoplasten.

Hierbei werden Thermoplastkörner (Granulate) erwärmt und mit hohem Druck in eine Form eingespritzt.

Sprödigkeit

Unerwünschte Eigenschaft einiger Materialien, bei hohen, besonders schlagartigen Belastungen zu brechen. I.d.R. zeigen sich alle grobkörnigen ▷ Gefüge von Metallen als spröde. Vgl. i.G. hierzu ▷ Zähigkeit.
Beide Eigenschaften werden im sog. "Pendel-Kerbschlagversuch" an einer einseitig mit einer Kerbe versehenen Werkstoffprobe geprüft (s. Abb. 33).

Sprühwachs

Pflege- und Korrosionsschutzmittel auf Wachsbasis.

Während andere Wachspflegemittel aus Pumpflaschen oder in Wasser emulgiert verwendet werden können, wird Sprühwachs mit einem Lösungsmittel versehen aus Blechdosen versprüht. Da als Treibmittel heute hierzu Propan oder Preßluft verwendet wird, gibt es allenfalls bei den Lösungsmitteln Umweltbedenken, andererseits besitzt Sprühwachs dadurch eine sehr gute Reinigungswirkung und kann durch gezielte Anwendung sehr sparsam eingesetzt werden.
Einzelheiten zur Anwendung am Fahrrad s. ▷ Fahrradpflege.

Spurtreue

Eigenschaft von Rahmen und Reifen, eine einmal eingeschlagene Fahrspur nicht zu verlassen. Dazu benötigt der Rahmen ein gewisses Maß an ▷ Seiten- und ▷ Verwindungssteifigkeit, der Reifen an ▷ Traktion bzw. ▷ Bodenhaftung.

Spurversetzung

Erscheinung, die bei ▷ Rahmen und ▷ Reifen auftritt, indem sie aus einer einmal eingeschlagenen Spur ausbrechen.

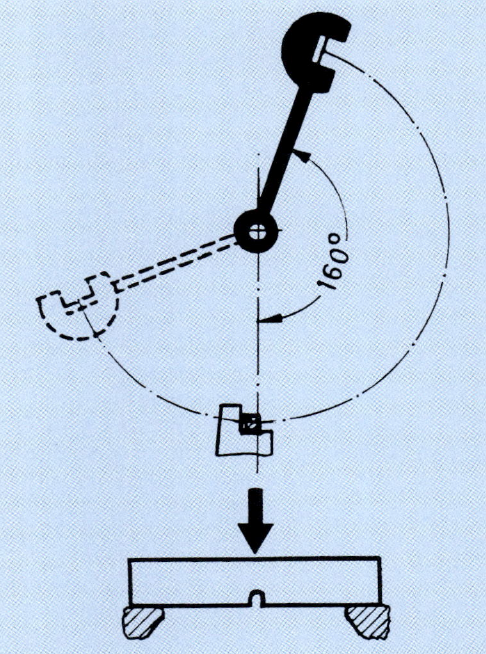

Abb. 33

Rahmen

Bei Rahmen kann dies durch Verwindung (vorwiegend seitliche Biegung von ▷ Ober- und ▷ Unterrohr) bei hohen Antrittskräften oder Lenkkorrekturen bei hohen Fahrgeschwindigkeiten passieren.

Reifen

1. Beim Reifen spricht man von Spurversetzung, wenn er auf seinem Untergrund durch starkes Bremsen "radiert" (ruckartige Spurversetzung).
2. Spurversetzungen treten übrigens auch bei einem Reifendefekt auf: Da sie durch das Flattern des Reifens unregelmäßig nach rechts oder links erfolgen, sind sie bes. am Vorderrad nur sehr schwer auszusteuern und führen häufig zum Sturz. Aus diesem Grunde den besseren und pannensichereren Reifen stets auf dem Vorderrad fahren.

mangelnder Fahrkomfort

Reduziert sehr hoher ▷ Reifendruck, ein sehr hartes Laufrad (▷ Scheibenrad) oder ein zu starrer Rahmen den ▷ Fahrkomfort, so kann es in Kurven bei unebenem Straßenbelag zum kurzzeitigen Abheben der Laufräder kommen, was sich ebenfalls spurversetzend auswirkt.
Letztlich kann auch hohe ▷ Fliehkraft in der Kurve infolge überhöhter Geschwindigkeit zum Verlassen der Spur führen - man fliegt aus der Kurve.

Stabilität

Landläufiger Begriff, der letztlich auf die Haltbarkeit seriös gefertigter Fahrräder bzw. Fahrradteile zielt. Er beinhaltet darüberhinaus verwindungssteife und defektfreie Fahrradkonzeptionen, ist aber nicht unbedingt gleichbedeutend mit hohem Bauteil- bzw. Fahrzeuggewicht.

Beispiele stabiler, aber trotzdem leichter Fahrradkomponenten: verwindungssteife ▷ Hohlkammerfelgen, DD-Speichen (s. ▷ Speichen), Naben mit ▷ Schnellspannachse, Stege am ▷ Hinterbau, durch Stege oder Rippen versteifte ▷ Muffen.

Stadtrad

Teilweise auch ▷ Citybike genanntes, speziell zum Radeln in der Stadt ausgelegtes Fahrrad, das gemäß ▷ StVZO mit Beleuchtung, Schutzblechen sowie einem Gepäckträger ausgestattet ist.

Beim Stadtrad handelt es sich um keinen fest definierten Begriff, doch gelten folgende Merkmale als wünschenswert für ein sinnvolles Stadtrad:
* ergonomisch gestalteter Lenker zum Einnehmen einer bequemen, aufrechten ▷ Sitzposition für gute Rundumsicht;
* gut gefederter Sattel;
* nahezu wartungsfreie ▷ Nabenschaltung mit ▷ Kettenschutz zum Radeln in Normalkleidung;
* mindestens 40 mm breite Reifen, um zum einen nicht in Straßenbahnschienen oder Kanaldeckeln einzuspuren und zum anderen genügend Pufferweg zu besitzen, um an Auf- und Abfahrten von Fahrradwegen oder Bordsteinenkanten ▷ Durchschläge zu vermeiden;
* kräftiger ▷ Gepäckträger für Einkäufe und Kleintransporte;
* ein fest installiertes ▷ Schloß, um bei kurzen Einkaufsstops o.ä. das Rad schnell und einfach sichern zu können, bei höherwertigen Fahrrädern ggf. ein zusätzliches ▷ Bügelschloß für längere, unbeaufsichtigte Abstellungen;
* unauffällige (Diebstahlschutz), aber strapazierfähige und schlagfeste ▷ Lackierung;
* stabiler (evtl. 2-Bein-) ▷ Ständer;
* generell auf Wartungsarmut ausgelegte Ausstattung.

Ständer

Am Fahrrad angebrachte, ausklappbare Vorrichtung, um ein Abstellen des Fahrrades ohne Anlehnen zu ermöglichen (s. aber auch ▷ Montageständer). Ausführungen:

Einbein

Montageort war früher bei einfachen Rädern die ▷ Stegplatte hinter dem ▷ Tretlagergehäuse, bei höherwertigen Rädern mittels Adapter der Zwischenraum zwischen ▷ Tretlagergehäuse und ▷ Tretlagersteg.

Das Ständerbein ist immer nach links ausklappbar, da hier nicht die Kette stört.
Eine Ständerrevolution bewirkte der Maruichi-Ständer, der diagonal oberhalb des linken hinteren Ausfallendes ▷ Sattel- und ▷ Unterstrebe verbindet (Abb. 1). Der Ständer weist während der Fahrt parallel zum Hinterrad nach hinten und wird ebenfalls nach links ausgeklappt. Dieser Anbringungsort hat sich als vorteilhafter erwiesen, besonders bei Gepäckzuladung, da er das Rad dann näher an seinem Schwerpunkt stützt.

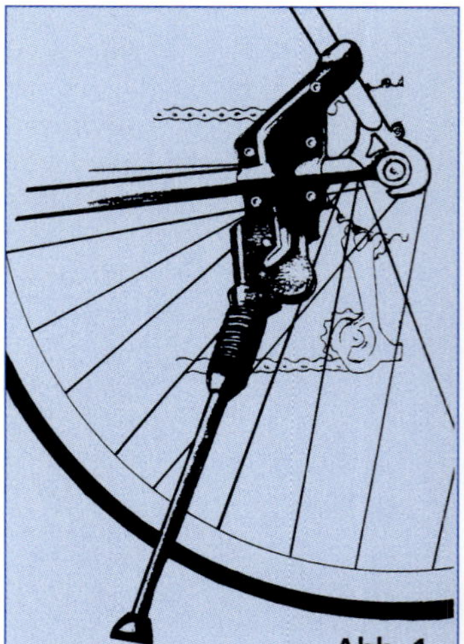
Abb. 1

Zweibein

Zweibeinige Ständer werden immer an der unteren ▷ Stegplatte oder dem Zwischenraum Tretlagergehäuse-Tretlagersteg montiert (Abb. 2).
Sie gelten als sehr stabil, sind aber keinesfalls stabil genug, um ein Rad mit Kind im ▷ Kindersitz damit abzustellen.

Ausführungen aus Rohr oder Vollaluminium sind gewinkelten Blechversionen vorzuziehen.

Interessant ist der "einseitige" Doppelbeinständer von ESGE: Im eingeklappten Zustand liegen beide Beine wie beim Einbeinständer parallel zur linken Unterstrebe und spreizen sich bei Aufstellen zum Zweibeinständer. Dieser an sich sehr cleveren Konzeption mangelt es aber etwas an Dauerbelastbarkeit, was im Übrigen ein genereller Mangel v.a. der preiswerten Ständer ist.

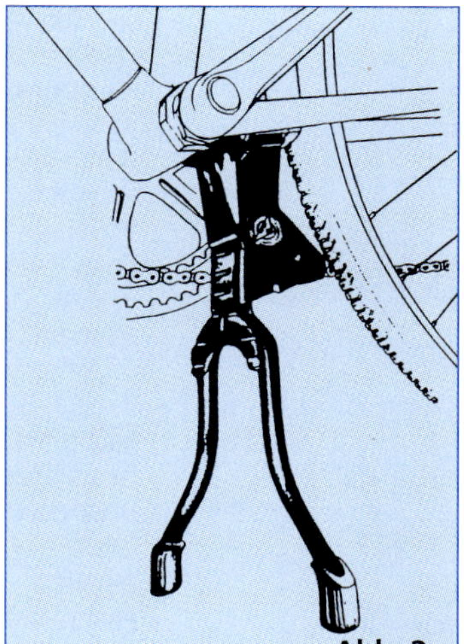

Abb. 2

Stahl

Früher Bezeichnung für die schmiedbaren und härtbaren ▷ Legierungen von ▷ Eisen.
Heute werden alle Eisenerzeugnisse außer Guß- und Roheisen als Stahl bezeichnet.
Stahl ist v.a. gut sowohl kalt als auch warm verformbar, daher die frühere Bez. "schmiedbares Eisen". Die physikalischen Eigenschaften von Stahl richten sich nach den jeweiligen Anteilen der Legierungspartner und werden daher nachfolgend als Bereich angegeben:

Dichte: 7,6 - 7,9 kg/dm³ (s.a. ▷ spezifisches Gewicht);
Schmelzbereich: 1050 - 1400°C;
Zugfestigkeit: 340 - 3000 N/mm²;
Bruchdehnung: 2% - 60%;
Elastizitätsmodul: 175.000 - 225.000 N/mm².

Herstellung

Im Hochofen (Abb. 3) wird durch Einschmelzen von Eisenerz unter Beimengungen von Zuschlagsstoffen Roheisen gewonnen.
Hochwertige Stähle werden im Elektro-Ofen (Abb. 4) erschmolzen, wobei vermehrt Schrott zum Einsatz kommt. Weiterverarbeitung durch "Frischen", wobei die Eisenbegleiter Silizium, ▷ Mangan und Phosphor durch Luftzugabe oxidiert, also verbrannt werden (z.B. Siemens-Martin-, Thomas- oder Bessemer-Verfahren).

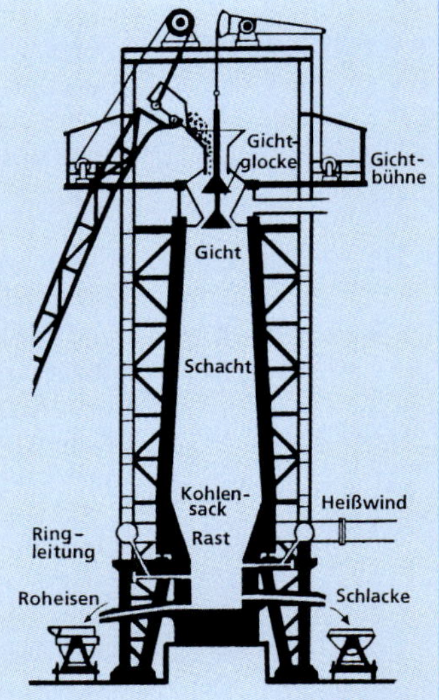

Abb. 3

Der nächste Verarbeitungsschritt ist das Abgießen in "Kokillen". Die so hergestellten Stahlblöcke werden nachfolgend durch Walzen zu Halbzeugen (Bleche, Rohre, Profilstahl) geformt.
Bei Stahlguß erfolgt das Gießen in Formen, womit gleich das gewünschte Bauteil - z.B. ▷ Microfusions-Muffen - hergestellt ist, ggf. aber noch nachbearbeitet werden muß.

Besonders interessant im Hinblick auf den späteren Einsatzbereich des Stahls sind die nachfolgend beschriebenen Prozesse zum ▷ Härten und ▷ Vergüten des Werkstoffs:

Härten

Hierzu wird die Eisen-Kohlenstoff-Legierung (s.u.) über die sog. "Gitterumwandlungs-Temperatur" hinaus erwärmt und anschließend schlagartig abgekühlt.
Für eine deutliche Härtezunahme bei diesem Prozeß ist ein Mindestkohlenstoffgehalt von 0,25% erforderlich. Die nötige Härtetemperatur richtet sich vorwiegend nach dem Legierungsanteil (insbes. dem Kohlenstoffgehalt) und liegt oberhalb von 723-911°C.
Bei diesem Prozeß findet eine Volumenreduzierung des Eisengitters statt. Genauer ausgedrückt: Das kubisch-raumzentrierte ▷ Kristallgitter des Eisens (Abb. 5 links) wird oberhalb von 723°C in ein kubisch-flächenzentriertes Gitter verwandelt (Abb. 5 rechts). Weil

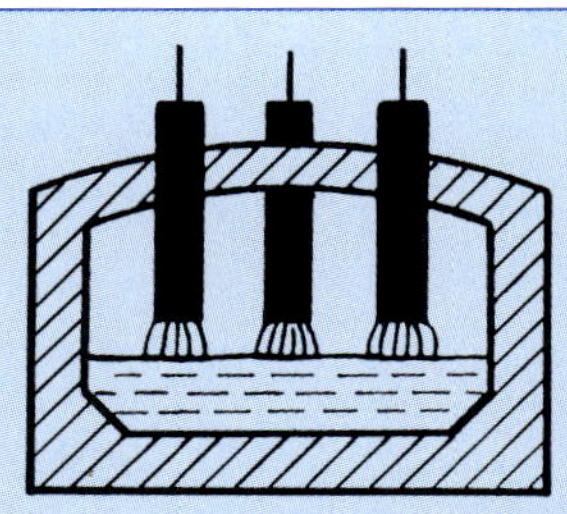

Abb. 4

hierbei die Atome sozusagen "dichter gestapelt" werden, geht dieser Vorgang mit einer Volumenverkleinerung einher. Sinkt die Temperatur wieder langsam ab, so wandelt sich das Gitter wieder in seine Ausgangslage zurück, das Volumen vergrößert sich wieder.

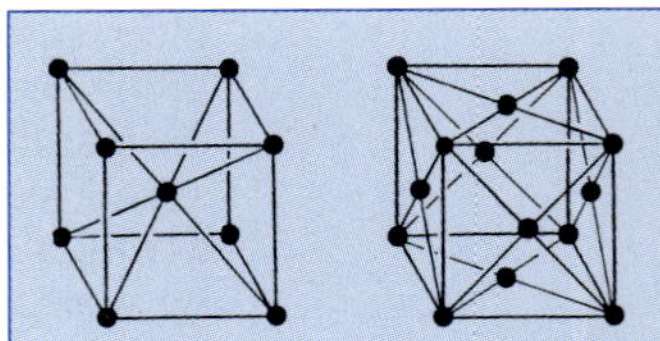

Abb. 5

Abschrecken

Wird die Temperatur jedoch schnell abgesenkt - man spricht dann vom "Abschrecken" - haben die Atome keine Gelegenheit mehr, wieder ihre alten Gitterplätze einzunehmen. Es entsteht eine verspannte, verzerrte Gitterstruktur, der Stahl ist "gehärtet".
Eigenschaften gehärteten Stahls: Hochfest, knallhart, aber auch sehr spröde.

Anlassen

Mit dem sog. ▷ "Anlassen" läßt sich Stahl nun sozusagen entspannen und dadurch die ▷ Sprödigkeit beseitigen. Dazu wird das verspannte Metall erneut auf eine genau definierte Temperatur erwärmt und die eingeklemmten Atome bekommen etwas "Luft", diffundieren also ein Stück in Richtung "kubisch-raumzentriertes Gitter". Der Werkstoff verliert bei Anlaßtemperaturen von 150-200° C nur minimal an Härte und ▷ Zugfestigkeit, gewinnt aber erheblich an ▷ Zähigkeit.
Anlaßtemperaturen von 300-400°C bewirken dann bereits einen deutlichen Abfall an Härte und Festigkeit, aber eine ebenso deutliche Zunahme der ▷ Zähigkeit.

Vergüten

Bei noch höheren Anlaßtemperaturen (500-650°C) spricht man vom "Vergüten" des Stahls, wobei sich die Festigkeit gegenüber dem unvergüteten Zustand in etwa verdoppelt bis verdreifacht, die ▷ Bruchdehnung aber geringfügiger reduziert wird.
Beispiel: Vergüten von 25CroMo4-Rohren: Ausgangs-Zugfestigkeit 450-550 N/mm^2 (durch Ziehen kaltverfestigt), vergütet 830-1200 N/mm^2.
Über die Höhe der Anlaßtemperatur sowie ihre Einwirkzeit lassen sich mit Anlaßprozessen genau definierte Werkstoffeigenschaften erzielen, die exakt auf den späteren Verwendungszweck zugeschnitten werden können.

Einfluß der Legierungspartner

Ein weiteres Register zum Abstimmen der Stahleigenschaften ist das Zulegieren anderer Elemente und Metalle. Nach deren Vorhandensein oder nicht bzw. der Höhe der Anteile kann man Stahl in drei grobe Gruppen einteilen:
1. unlegierter Stahl: unter 1,5% zugesetzte Legierungselemente;
2. niedrig legierter Stahl: höchstens 5% zugesetzte Legierungselemente;
3. hoch legierter Stahl: mehr als 5% zugesetzte Legierungselemente (hierzu zählt auch ▷ Edelstahl).

Kohlenstoff

Obwohl Kohlenstoff (Kürzel: C) nicht zu den Legierungspartnern von Eisen gezählt wird, hat er den größten Einfluß auf die Zugfestigkeit der Eisenlegierung - bereits geringe Beigaben von Kohlenstoff verbessern deutlich die mechanischen Werte des Eisens. In Zahlen:
Die Zugfestigkeit von reinem Eisen (250-280 N/mm^2) steigt je nach Kohlenstoffanteil auf 340-1000 N/mm^2 , der ▷ Schmelzpunkt sinkt von 1530°C (reines Eisen) auf 1145°C (Eisen mit 4,3% Kohlenstoff). Allerdings verringert eine erhöhte Kohlenstoffzugabe die Bruchdehnung und die Schweißbarkeit der Legierung.
Der Legierungspartner Kohlenstoff tritt im Stahl in zwei Konfigurationen auf:
1. als sogenanntes "Mischkristall" - wobei sich Kohlenstoff-Atome in das Kristallgitter des Eisens einmischen;
2. als Fe_3C, einer Molekülverbindung von Eisen und Kohlenstoff, die auch als Eisenkarbid bezeichnet wird.

Diese beiden, z.T. nebeneinander auftretenden Konfigurationen lassen sich durch spezielle Wärmebehandlung innerhalb der Metallstruktur verändern, was sich ebenfalls auf die physikalischen Eigenschaften von Stahl auswirkt.

Außer Kohlenstoff spielen bei der Stahlherstellung noch andere Elemente und Metalle eine Rolle als Legierungspartner von Eisen, wobei sich im Fahrradbau eine Legierung mit geringen Zusätzen von ▷ Chrom und Molybdän durchgesetzt hat - im Velo-Lager liebevoll "Cromolly" genannt, s. Rahmenaufkleber Abb. 6.
Diese Kombination macht den Stahl einerseits dehnbarer und erhöht zugleich seine ▷ Dauerschwingfestigkeit.
Andere Legierungspartner wie z.B. ▷ Nickel oder ▷ Mangan steigern die Zugfestigkeit.

Abb. 6

Im Einzelnen haben die neben Kohlenstoff am häufigsten verwendeten Legierungspartner folgende Auswirkungen auf die Stahleigenschaften:

Chrom (Cr) Erhöht die Zugfestigkeit, verringert aber geringfügig die Bruchdehnung und schützt vor ▷ Wasserstoffversprödung.

Molybdän (Mo) Erhöht die Zugfestigkeit und ▷ Dauerschwingfestigkeit, verhindert Sprödigkeit durch Wärmebehandlungen (▷ Anlaßsprödigkeit), verbessert die Schmiedefähigkeit.

Nickel (Ni) Steigert die Zugfestigkeit, verbessert die Resistenz gegen Kerben (gute ▷ Kerbschlagzähigkeit), vermeidet starkes ▷ Kornwachstum bei Erwärmung.

Mangan (Mn) Erhöht die Zugfestigkeit, verbessert die Resistenz gegen Kerben (gute ▷ Kerbschlagzähigkeit), "beruhigt" den Stahl (▷ Beruhigung), erhöht aber seine ▷ Anlaßsprödigkeit und macht ihn empfindlich gegen Überhitzung (▷ Grobkornbildung).

Vanadium (V) Verhindert ▷ Anlaßsprödigkeit und Anfälligkeit gegen Überhitzung.

Silizium (Si) Erhöht die Zugfestigkeit, reduziert die Bruchdehnung, "beruhigt" den Stahl (▷ Beruhigung).

Aluminium (Al) Führt zur ▷ Beruhigung des Stahls.

Schwefel und *Phosphor,* Kürzel "S" und "P": machen den Stahl kerbempfindlich und gelten als "Verunreinigungen" im Stahl - ihr Anteil ist also möglichst gering zu halten.

Legierungs-Code Die einzelnen Stähle sind mit einem Code bezeichnet, der Auskunft über ihre Zusammensetzung gibt und im folgenden am Beispiel der als Rahmenwerkstoff häufig verwendeten Stahlsorte 25CroMo4 ausgeführt wird:

25CroMo4

* Die erste Zahl gibt den Kohlenstoffgehalt an und zwar um den Faktor 100 vervielfacht: Im Beispiel bedeutet die vorangestellte "25" also einen Kohlenstoffanteil von 0,25%;
* die folgende Buchstabengruppe gibt die Auswirkung jener Legierungspartner an, die die Stahlsorte am meisten prägen. In unserem Beispiel prägt also ▷ Chrom diese Stahlsorte am meisten (erhöht Zugfestigkeit), gefolgt von ▷ Molybdän (erhöht Dauerschwingfestigkeit);
* die abschließende Zahl verrät den Prozentgehalt des am meisten vertretenen Legierungspartners, multipliziert mit dem Faktor 4; "4" in unserem Beispiel bedeutet also einen Chromanteil von 1%.

Anmerkung: Den Stahlherstellern wird ein gewisser Toleranzbereich für die einzelnen Legierungsbestandteile zugebilligt, entsprechend der ▷ DIN-Vorschrift 17200 (Vergütungsstähle).

Für unsere 25CroMo4-Stahlsorte ist folgender Streubereich zulässig:

Kohlenstoffgehalt	0,23 - 0,29%
Chrom	0,9 - 1,2 %
Molybdän	0,15 - 0,3 %
Mangan	0,6 - 0,9 %

(Mangan gilt als preiswerter Stahlverfestiger, erhöht also die Zugfestigkeit der Legierung, prägt sie aber nicht so entscheidend, wie die beiden im Code hervorgehobenen Bestandteile Chrom und Molybdän, obwohl er nominell zu einem höheren Anteil zugesetzt ist als z.B. Molybdän).

34CroMo4 Kohlenstoffgehalt auf 0,34% erhöht (steigert Zugfestigkeit um rund 10%), gleiche Anteile der übrigen Legierungspartner wie 25CroMo4.

"Nivachrom" 34CroMo4-Stahlsorte von ▷ Columbus, der zusätzlich geringe Anteile von Vanadium (0,1%) und Nickel (0,03%) zugesetzt werden. Das macht diese Stahlsorte "lötfreundlicher", da der negative Wärmeeinfluß sowie ein unerwünschtes ▷ Kornwachstum spürbar unterdrückt werden.

Normen Für den Laien nicht überschaubar sind die Normbezeichnungen der Stahlsorten. So wird beispielsweise der 25CroMo4 im sog. DIN-"Stahlschlüssel" mit der Werkstoffnummer "1.7218" benannt. Die ANSI- oder SAE-Bezeichnung lautet hingegen "4130". Letzte ist übrigens bisweilen auf einigen Rahmenaufklebern zu finden.

Stahlfelge

Felge mit meist nur U-förmigem Profil (▷ Tiefbettfelge), die aus Stahlblech gebogen wird (Abb. 7).
Stahlfelgen sind schwer, durch das einfache U-Profil läßt die ▷ Verwindungssteifigkeit zu wünschen übrig und besitzen zudem für ▷ Felgenbremsen ungünstige Bremswerte, v.a. bei ▷ Naßbremsung; s.a. ▷ Felgen.

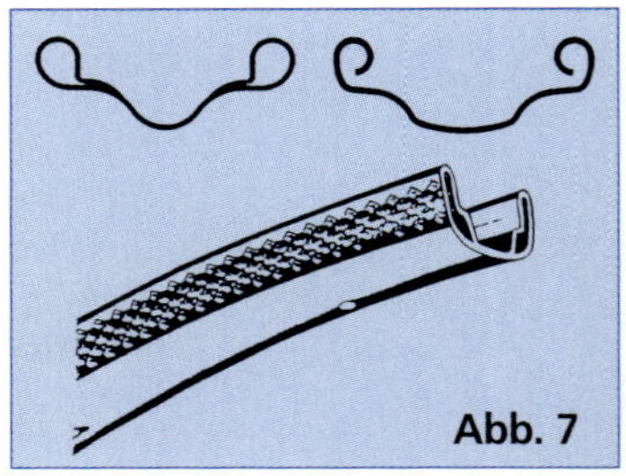

Abb. 7

Stahlgabel

Verbreitetste Art von Fahrradgabeln, die komplett aus ▷ Stahl gefertigt sind und per ▷ Löten oder ▷ Schweißen gefügt werden. Einzelheiten s. ▷ Gabeln, vgl. auch ▷ Aluminium-Gabeln und ▷ Carbon-Gabeln.

Stahlrahmen

s. ▷ Stahlrohrrahmen

Stahlrohre

Im Fahrradbau allgem. verwendete Rohre aus ▷ Stahl, die zu ▷ Rahmen, ▷ Lenkern, ▷ Sattelstützen, ▷ Vorbauten und ▷ Gepäckträgern verbaut werden. Für gehobene Ansprüche haben sich Rohre aus ▷ Chrommolybdänstahl bewährt und gelten als Qualitätsmerkmal des höherwertigen Fahrrades bzw. seines ▷ Zubehörs. Einzelheiten s. ▷ Stahl, s. Anhang Tab. "Rahmenrohre", s. ▷ Rahmenbau.
Stahlrohre sind in vielfältigen Abmessungen, Durchmessern, Wandstärken, z.T. sogar ▷ konifiziert oder gar profiliert erhältlich (Abb. 8).

Abb. 8

Stahlrohrrahmen

Fahrradrahmen aus ▷ Stahlrohr, die vorwiegend per ▷ Löten oder ▷ Schweißen zusammengefügt werden und eine sehr gute Dauerhaltbarkeit besitzen (Abb. 9). Solche aus ▷ Edelstahl werden auch teilweise geklebt.
Da Stahl anfällig für ▷ Korrosion ist, bedürfen diese Rahmen einer sorgfältigen und schlagfesten ▷ Lackierung. Aufgrund ihrer schlanken Bauweise sind Stahlrohrrahmen immer noch beliebt, obwohl Rahmen aus anderen Werkstoffen - Aluminium, Titan, Carbon - deutlich auf dem Vormarsch sind.
Näheres s. ▷ Rahmen, ▷ Rahmenbau.

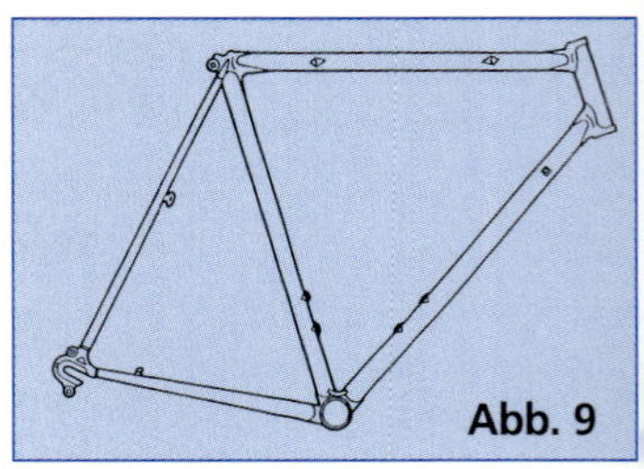

Abb. 9

Standard-Position

Ergonomisch günstige Haltung auf dem Fahrrad, die sich im Radsport bewährt hat. Sie beinhaltet automatisch die sog. "45°-Haltung", was sich auf eine entsprechende Oberkörpervorneigung bezieht (Abb. 10).

Die Standardposition wird durch entsprechende Einstellungen von Sattel/Sattelstütze und Vorbau/Lenker erreicht, s.a. ▷ Sitzposition, dort auch sinnvolle Abweichungen zur individuellen, ergonomischen oder aerodynamischen Optimierung.

Abb. 10

Standlicht

Vorrichtung, die die Fahrradbeleuchtung bei Dynamolichtanlagen auch im Stand aktiviert.
Beim Standlicht wird ein Pufferakku von einer elektronischen Regelvorrichtung zugeschaltet, bei Rücklichtern (B & M) eine Kombination von Kondensator und ▷ Diodenleuchte; Einzelheiten s. ▷ Beleuchtung: Standlicht.

Standmoment

Physikalischer Begriff, der beim Radfahren während des ▷ Bremsvorgangs eine Rolle spielt (Abb. 11).
Das Standmoment berechnet sich nach

$M_S = G \cdot l_S$

M_S = Standmoment in Nm;
G = "Gewichtskraft" des Körpers in N;
l_S = Abstand des Körperschwerpunktes von der sog. Kippkante in m.

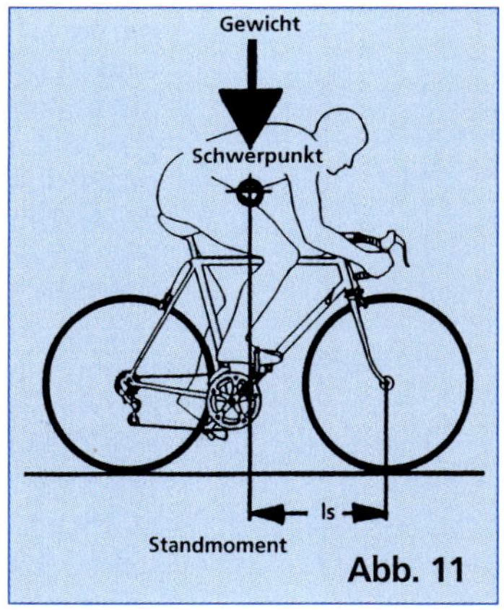

Abb. 11

Starrer Gang

Fahrradantrieb ohne ▷ Freilauf (Abb. 12). Solange das Fahrrad rollt, kann also nicht mit dem Treten ausgesetzt werden, die ▷ Tretkurbeln rotieren ständig mit.

Der starre Gang findet v.a. am ▷ Bahnrad Anwendung sowie am ▷ Kunstfahr- und ▷ Radballrad, außerdem ist er Trainingsmittel beim Einüben des ▷ runden Tritts im Wintertraining auf der Straße. Der starre Gang läßt sich auf alle ▷ Schraubkranz-Naben montieren. Hierzu wird ein ▷ Ritzel mit entsprechendem Gewinde aufgeschraubt und mit einem Gewindering gekontert.
Vorsicht ist in Kurvenschräglage geboten, da das kurveninnere Pedal ja nicht hochgestellt werden kann, so daß die Gefahr eines ▷ Pedalaufsetzers besteht.

Bis zur Erfindung des Freilaufs hatten alle Fahrräder starren Gang, weswegen sie i.d.R. mit Fußauflagen an der Gabel ausgestattet waren, um dort bei Bergabfahrten die Füße abstellen zu können, während die Tretkurbel "wild" rotierte.

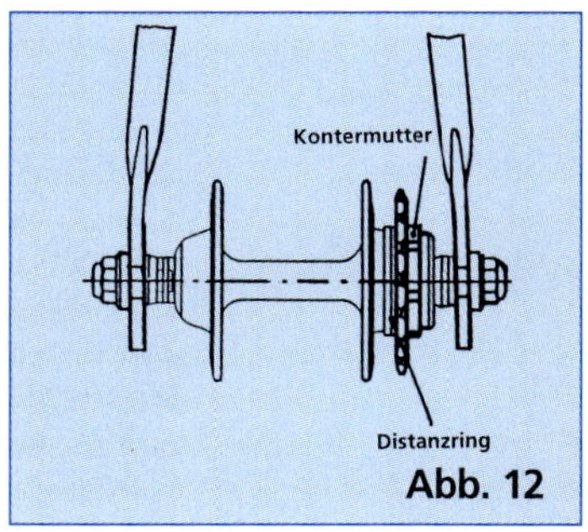

Abb. 12

Staubkappe

Abdeckkappe, um Bauteile und ▷ Lagerungen vor eindringendem Staub, Wasser und Schmutz zu schützen.

In früheren Zeiten ließen Staubkappen für Lagerungen einen etwa 0,5 mm breiten Spalt an Achse bzw. Konus frei, um die Leichtgängigkeit der Lagerung nicht zu beeinträchtigen.
Heute - unter dem Einfluß der Mountainbike-Entwicklung - wird vielfach noch ein mitlaufender oder schleifender Gummiring eingebaut (▷ Lippendichtung), um die Dichtwirkung zu verbessern.
Daneben sind Staubkappen gebräuchlich, die eine Öffnung ganz abschließen, Beispiele: Staubkappe vor ▷ Kurbelvierkant der Tretkurbel, Abschluß des freien Pedalendes.

Steckachse

Im Motorradbereich übliches, im Fahrradbereich seltenes Befestigungsmittel von ▷ Laufrädern: Die Steckachsen reichen durch ▷ Lagerung und ▷ Ausfallenden hindurch und werden am Ende durch herkömmliche Schraubenmuttern oder ▷ Inbusschrauben befestigt (Abb. 13).
Zum Laufradausbau muß die Verschraubung auf einer Seite geöffnet und die Steckachse ganz herausgezogen werden. Damit bietet sie zwar Montagevorteile gegenüber der Laufräderbefestigung per ▷ Vollachse und Sechskantmuttern, nicht aber gegenüber der ▷ Schnellspannachse. Anwendung daher bei Sondernaben:

Abb. 13

Beispiele

1. *Sachs "Galaxie"-Nabe:* Der ▷ Freilaufkörper wird fest ins rechte Ausfallende verschraubt und verbleibt nach dem Entfernen der Steckachse am Rahmen. Damit ergibt sich der Vorteil, daß die Kette weiter auf einem der ▷ Ritzel geführt wird, darüberhinaus wird das Hinterrad im Nabenbereich weniger sperrig und kann leichter verstaut werden.
2. *Weco 3SB-3-Kassettennabe:* Die komplette Nabe wird zunächst mittels Achsmuttern fest im Ausfallende verschraubt. Durch das Herausziehen einer Steckachse kann das Nabenmittelteil herausgenommen werden, es verbleiben zwei vorher am Rahmen verschraubte separate Hohl- Achsstummel, wobei der rechte ebenfalls den Freilaufkörper trägt und damit die Kette geführt hält. Das Radmittelteil ist nun nur noch 73 mm breit und damit noch weniger sperrig und leichter verstaubar als die Sachs-Version.
3. *ältere Hope-Scheibenbremsnabe:* Eine durch Ausfallenden und Nabenlagerung hindurchreichende Steckachse zentriert den ▷ Bremssattel radial und axial. Zum Radausbau oder zum Arbeiten am Bremssattel muß die Steckachse entfernt werden. Vgl. andere ▷ Scheibenbremsen, bei denen der Bremssattel fest an Rahmen oder Gabel verschraubt ist.

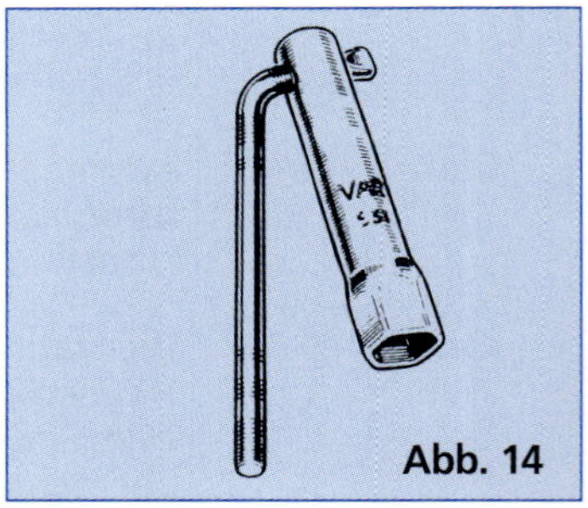
Abb. 14

Steckschlüssel

Rohrartig ausgeführter ▷ Schlüssel mit Innensechskant, der - wie ein ▷ Ringschlüssel - auf Schrauben oder Muttern gesteckt werden kann (Abb. 14).
Steckschlüssel werden meist zum Lösen und Anziehen von schwer zugänglichen Schrauben benutzt, z.B. Schutzblechschrauben. In Sonderanfertigungen mit einem Quergriff versehen, besitzen sie deutliche Arbeitsvorteile gegenüber herkömmlichen Ringschlüsseln. Noch schneller sind kleine Steckschlüssel zu handhaben (bis 10 mm Schlüsselweite), die mit einem schraubenzieherähnlichen Griff versehen sind. Vgl. hierzu auch ▷ Nuß als Sonderform des Steckschlüssels.

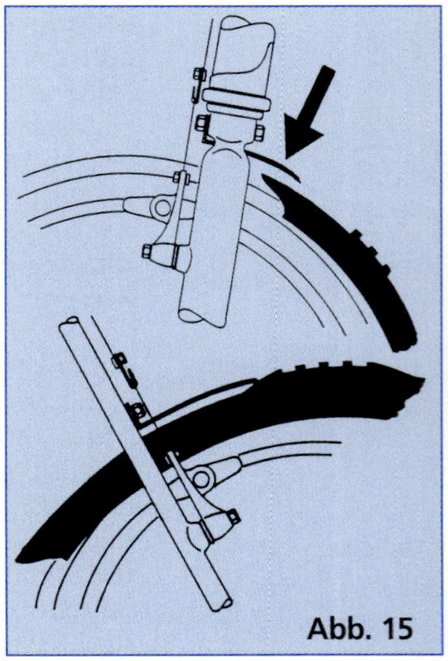
Abb. 15

Steckschutzblech

Strebenlose, meist kürzer ausgeführte, leichte "Bleche" aus Kunststoff, die auf einen Haltewinkel geschoben werden, der an ▷ Gabelkopf oder ▷ Bremssteg angebracht wird (Abb. 15). Einzelheiten s. ▷ Schutzblech.

Steckverbindungen

Verbindungen mechanischer und elektrischer Art, die sich durch einfaches Zusammenstecken herstellen lassen.
Anwendung am Fahrrad: insbes. ▷ Steckschutzbleche, ▷ Batterieleuchten, ▷ Diodenleuchten, Lenkertaschen, ▷ Computer, ▷ Trinkflaschen; außerdem elektrisch: Steckkontakte bei der ▷ Beleuchtung.

Steg

Am Fahrrad: Verbindungsteil zwischen zwei Rohren oder Streben, speziell ▷ Bremssteg und ▷ Tretlagersteg. Außer der Möglichkeit, an diesen Stegen ▷ Komponenten oder ▷ Zubehör zu montieren, dienen sie der besseren ▷ Stabilität, machen den Rahmen also seiten- und verwindungssteifer (Abb. 16).

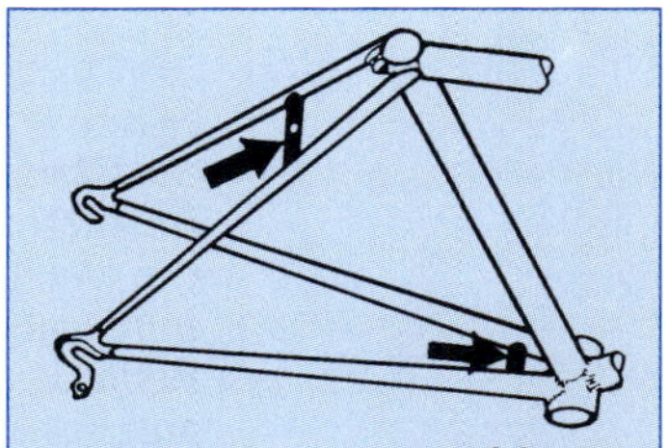

Abb. 16

Stegplatte

Wie ein ▷ Steg fungierendes, aber als ▷ Blech ausgeführtes Verbindungsteil zwischen Rohren oder Streben (Abb. 17).
Am Fahrrad: obere Stegplatte s. ▷ Pletscherplatte, untere Stegplatte dient v.a. zur Fixierung eines ▷ Ständers, aber auch des hinteren ▷ Schutzblechs.

Stehblech

Auf Rohre gelötetes oder geschweißtes ▷ Blech zur Befestigung von Teilen oder zur Versteifung der Verbindungen.

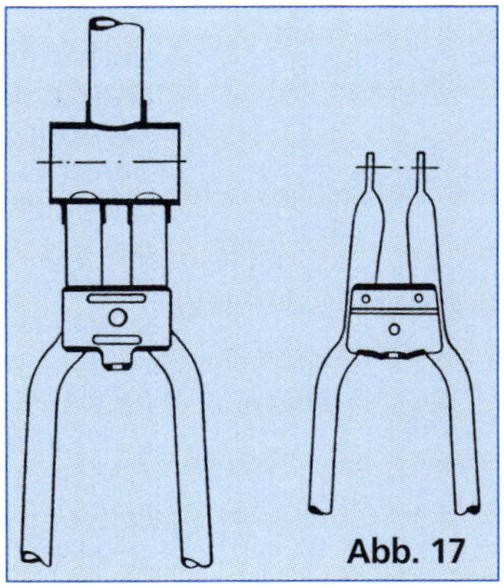

Abb. 17

BMX-Rad

Beim BMX-Rad stellen Stehbleche an den ▷ Gabelbeinen eine Sonderform des ▷ Ausfallendes dar.
Am ▷ Steuerrohr: Innere Versteifung zwischen ▷ Ober- und ▷ Unterrohr, zum Auffangen hoher vertikaler Belastungen beim Auffangen von Sprüngen.

Am ▷ Hinterbau: Analog zu den Gabelbeinen als Ausfallenden dienend, verbinden sie gleichzeitig ▷ Ober- und ▷ Unterstreben.

Rahmenversteifung

Die Verwendung von Stehblechen zur Versteifung herkömmlicher ▷ Rahmen ist umstritten, da sie den Rahmen vertikal noch härter machen, während die ▷ Seitensteifigkeit der Rahmen durch diese Maßnahme nicht gesteigert wird.
Weitere Verwendung von Stehblechen: 1.) ▷ MTB mit hochgelegten ▷ Kettenstreben; 2.) Federbikes (s. ▷ Fahrradfederungen). Hierbei dienen die Stehbleche dazu, außergewöhnliche Diagonalverbindungen zu versteifen bzw. bei Federbikes die Federungsaccessoires am Rahmen zu adaptieren.

Steherrad

▷ Bahnrad für ▷ Steherrennen mit einem 24" Vorderrad und nach hinten gebogener Gabel.

Mit dem kleineren Vorderrad kommt der Steher näher an seinen ▷ Schrittmacher heran, kann also den ▷ Windschatten besser ausnutzen. Die nach hinten gebogene Gabel hat den Sinn, daß sie sich bei Rollenkontakt nicht aufstellt, um die Sturzgefahr zu mindern. Außerdem verbessern sich durch den so gewonnenen größeren ▷ Nachlauf Geradeauslaufeigenschaften und Fahrstabilität.
Eine weitere Besonderheit ist der nach vorne versetzte Sattel, z.T. mit Abstützung auf dem ▷ Oberrohr. Auch diese Maßnahme bringt den Fahrer näher an den Schrittmacher heran und erleichtert ihm die hohen ▷ Trittfrequenzen, die bei dieser Disziplin z.T. weit über 100 Kurbelumdrehungen pro Minute liegen.
Als typische ▷ Übersetzung wird 63/13 gehandelt.

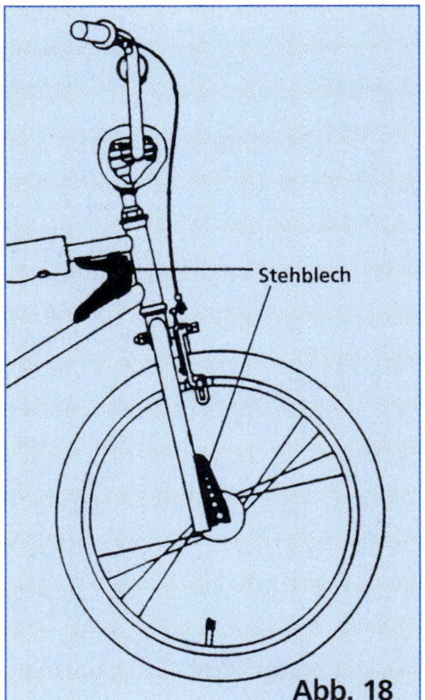

Abb. 18

Steherl-rennen

▷ Bahnwettbewerb (Modus s.d.) hinter Schrittmachern, d.s. Motorräder, deren Fahrer eine annähernd stehende Position einnehmen, um dem nachfolgenden Radfahrer einen möglichst großen Windschatten zu bieten.

Der Name stammt aber nicht von dieser Körperhaltung des Schrittmachers, sondern aus der Frühzeit des Fahrrades, als man Wettrennen zwischen Radlern und Reitern austrug: ein "Stayer" (engl.) war ein Pferd, das hohes Tempo lange durchstehen konnte. Ein Radler, der es ihm nachmachen konnte, wurde wegen seines "Stehvermögens" dann ebenso benannt.
Die Geschwindigkeit liegt bei Steherrennen oberhalb 60 km/h, bei Antritten werden über 80 km/h erreicht.
Die Verständigung zwischen Steher und Schrittmacher erfolgt durch abgesprochene Zurufe, zum besseren Verstehen ist der Helm des Schrittmachers mit nach hinten offenen Ohrenklappen ausgestattet.

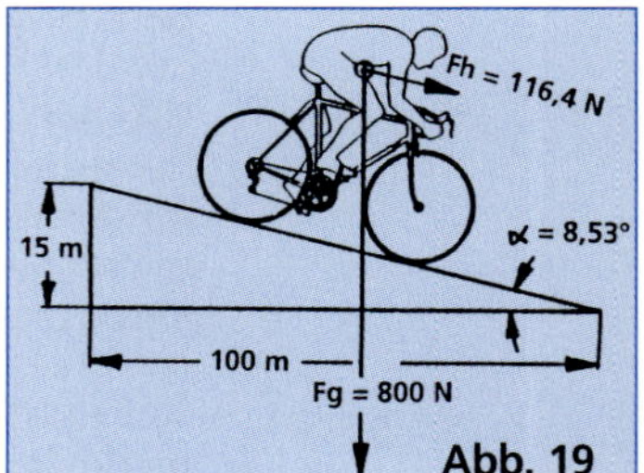

Abb. 19

Steigung

Begriff aus dem Straßenbau, der das Verhältnis der Höhe zur Grundlinie in Prozent angibt. In geometrischen Termini ist dies das Verhältnis der Gegenkathete zur Ankathete, das auch als tanα angegeben wird (Abb. 19).
Achtung: Die Steigung darf nicht mit der zur Berechnung der ▷ Hangabtriebskraft herangezogenen ▷ Neigung verwechselt werden, bei der das Verhältnis Höhenunterschied zur Länge des Neigungsweges angegeben wird (entspricht dem sinα).

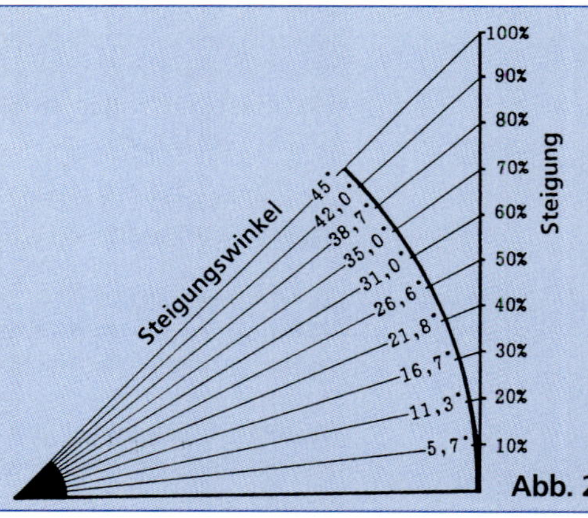

Abb. 20

Beispiel

Eine 15%ige Steigung ist dann gegeben, wenn auf 100 m in der Waagrechten 15 m Höhenunterschied gewonnen wird, was einem tanα von 0,15 und einem Steigungswinkel von 8,53° entspricht. Die dabei zurückgelegte Strecke beträgt dann allerdings 101,12 m. In Abb. 20 sind die Zusammenhänge zwischen der Steigungsangabe in Prozent und dem Steigungswinkel ersichtlich.

Auswirkung

Fährt ein Radler auf einer Steigung, so addiert sich bergauf zum normalen ▷ Fahrwiderstand (mechanischer Verlust + Rollwiderstand + Luftwiderstand) noch die zu überwindende ▷ Hangabtriebskraft, die bergab dann allerdings als zusätzlicher Antrieb - ▷ potentielle Energie - Rad und Fahrer antreibt. Vgl. hierzu ▷ Fahrdynamik: Kräfte an Steigungen und Gefällen.

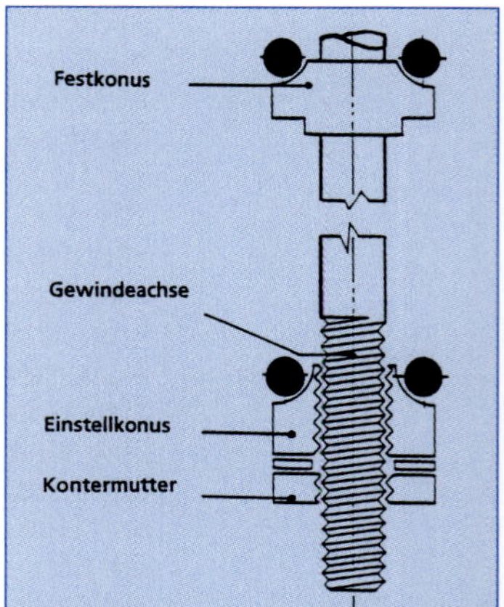

Abb. 21

Stellkonus

Auf einer ▷ Achse aufgeschraubter ▷ Konus, mit dem das ▷ Lagerspiel eingestellt wird (s. ▷ Lagereinstellung); vgl. auch im Gegensatz hierzu ▷ Festkonus; weitere Einzelheiten s. ▷ Konuskugellager (Abb. 21).
In Anlehnung an die klassische Maschinenbaubezeichnung (▷ Festlager / ▷ Loslager) wird der Stellkonus gelegentlich auch als "Loskonus" bezeichnet.

Steuerkopfmuffen

▷ Muffen (Einzelheiten s.d.), die das ▷ Steuerrohr mit ▷ Ober- und ▷ Unterrohr verbinden (Abb. 22).

Steuer(-kopf)-lagerung

Andere Bez. f. ▷ Steuersatz, s.d.

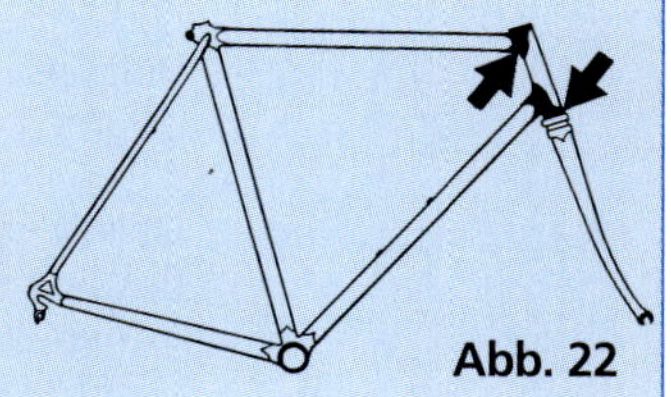

Abb. 22

Steuer(-kopf)-rohr

▷ Ober- und ▷ Unterrohr verbindendes Rahmenteil, das mit seiner Neigung den ▷ Steuerwinkel bestimmt und damit großen Einfluß auf den ▷ Nachlauf und somit das ▷ Fahrverhalten hat. Indirekt beeinflußt das Steuerrohr außerdem die Höhenfixierung des Lenkers, da es i.d.R. mit zunehmender ▷ Rahmenhöhe länger ausgeführt wird. Dies ist mit ein Grund dafür, daß aktive Rennfahrer die Rahmengröße gerne 1-2 cm niedriger als von der Körpergröße her zweckmäßig wählen, um den Lenker tiefer setzen zu können. Normalradler gehen genau den umgekehrten Weg, um etwas aufrechter sitzen zu können (s.a. ▷ Rahmenhöhe: Tabelle).

Rohrverwindung

Entgegen einer weit verbreiteten Annahme wirkt sich ein langes Steuerrohr positiv auf die ▷ Verwindungssteifigkeit eines Rahmens aus:
Bei einer ▷ Torsionsbelastung auf ein kurzes Steuerrohr (z.B. im ▷ Wiegetritt) überwiegt die Torsionsbelastung, während bei einem langen Steuerrohr die seitlichen ▷ Biegebelastungen für Ober- und Unterrohr dominieren. Da hierfür nun die Rohrlänge in der dritten Potenz eingeht, gilt: Nicht ein niedriger, sondern ein kurzer Rahmen verbessert die ▷ Seitensteifigkeit! Außerdem wird mit zunehmender Steuerrohrlänge der ▷ Vorderbau trapezförmiger, was den ▷ Fahrkomfort verbessert.

Durchmesser

Da es bei ▷ Mountainbikes vermehrt zu Gabelschaftbrüchen kam, wurde das ▷ Gabelschaftrohr in ▷ Oversize-Bauweise mit Durchmessern von 28,6 und 31,6 mm ausgeführt, wodurch natürlich auch ein dickeres Steuerrohr notwendig wurde (34 und 37 mm Innendurchmesser); s.a. ▷ Steuersatz.

Steuersatz

Auch als "Steuerlager" benannte, im ▷ Steuerrohr eingebrachte ▷ Lagerung zur drehbaren Aufnahme des ▷ Gabelschaftrohrs (Abb. 23). Sie besteht aus einem unteren und einem oberen Lager.

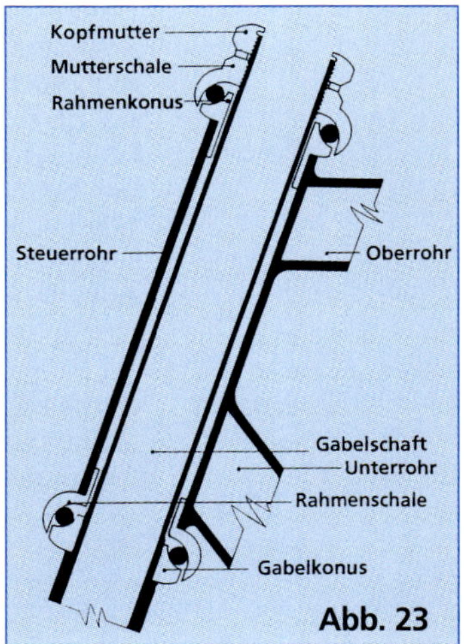

Abb. 23

Kugellager

I.d.R. werden Steuersätze als ▷ Konuskugellager ausgeführt, die über die obere ▷ Gewindeschale eingestellt und mit einer ▷ Kopfmutter gekontert werden.

Steuerlager müssen sehr leichtgängig sein, damit Lenkkorrekturen leicht und schnell ausgeführt werden können. Andererseits werden Steuerlager stark von Fahrbahnstößen belastet, so daß sie relativ schnell "einlaufen". Dabei drücken sich die Kugeln deutlich sichtbar in ▷ Konen und ▷ Lagerschalen ein (sog. "Rattermarken) mit der Folge, daß die Lenkung etwa 15°-weise leicht einrastet. Das ist an sich nicht gefährlich, nur Freihändigfahren ist nicht mehr möglich.
Für den Hobbyschrauber besteht die Möglichkeit, die Kugeln einzeln statt wie üblich in ▷ Kugelkäfigen einzulegen. Auf diese Weise verteilt sich die Belastung auf mehr Kugeln, der Steuersatz hält länger.

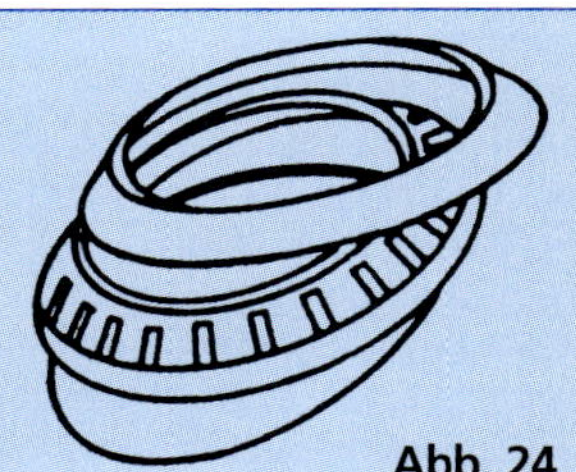

Abb. 24

Nadellager

Noch besser wird die Lastverteilung durch den Einsatz von kegelförmig angeordneten ▷ Nadellagern (Abb. 24). Im Gegensatz zum punktförmigen Kontakt von Kugeln mit Konus und Lagerschale bieten Nadellager eine linienförmige Kontaktierung, verteilen die Kräfte also auf eine größere Fläche und laufen daher nicht ein.
Nachteil der Nadel-Steuerlager: Sie drehen etwas schwergängiger und benötigen eine besonders präzise Einstellung, sonst schlackern oder klemmen sie.

Gut bewährt hat sich eine Kombination beider Lagerungsarten, wie sie die Fa. Specialized entwickelt hat: Das untere, höher belastete Lager ist mit Nadeln ausgeführt, das obere mit Kugeln, wodurch bei deutlich verlängerter Betriebszeit Einstellbarkeit und Leichtgängigkeit verbessert wurden.

Inbus-Einstellung

Da die spielfreie Einstellung der Steuerlager recht aufwendig ist (schwere Spezialschlüssel), zudem sich in der Praxis Steuerlager immer wieder lösen, dürften die geklemmten Gewindeschalen (1991 erstmalig von Mavic im Handel) sehr interessant sein:
Die obere Gewindeschale wird nicht mehr mit einer Kopfmutter gekontert, sondern mittels Gewindesegment und ▷ Inbusschraube auf dem Gabelschaftgewinde verklemmt (Abb. 25). Neben leichterer Einstellbarkeit hat sich diese Bauart auch als besonders lösesicher erwiesen.
Ähnliche Konzeptionen sind mittlerweile auch von anderen Anbietern auf dem Markt.

Abb. 25

Aheadset

Sonderbauweise des Steuersatzes in Verbindung mit dem "Aheadset"-Vorbau (Abb. 26): Hierbei wird ein schaftloser ▷ Vorbau auf einen gewindelosen ▷ Gabelschaft geklemmt. Die obere ▷ "Gewindeschale" besitzt kein Gewinde mehr, sondern wird von einer geschlitzten Kegelhülse geklemmt.

Die Einstellung des Steuersatzes erfolgt bei nur leicht geklemmtem Aheadset über eine im Schaftrohr gegengehaltene ▷ Spannschraube. Neben Fertigungsvorteilen (Gewindeschneiden auf das Gabelschaftrohr entfällt) hat der Aheadset noch Gewichts- und Steifigkeitsvorteile gegenüber dem normalen Vorbau, da der relativ biegeweiche Vorbauschaft entfällt.

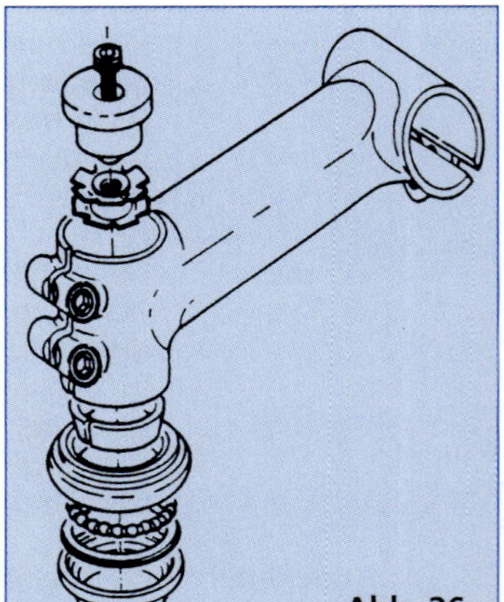

Abb. 26

Oversize

Im Zuge der Mountainbikewelle wurde das Gabelschaftrohr mit dickerem Durchmesser ausgeführt (28,6 und 31,6 mm Durchmesser - ▷ Oversize) wodurch natürlich auch größere Steuersätze notwendig wurden. Diese Oversize-Steuersätze benötigen ein dickeres Steuerrohr, sowie zum Einpassen erforderliche Fräswerkzeuge und größere Schlüsselweiten zum Einstellen und Kontern von Gewindeschale und Kopfmutter.

Lagerpaket

Der leichteren Pflege und Wartung kommen neue Steuersätze von ▷ Shimano (Dura Ace) entgegen, die als gekapselte Einheit ähnlich den ▷ Industriekugellagern verbaut werden. Vorteile: bessere Abdichtung, optimierte Materialpaarung, längere Lebensdauer, leichte Montagevorteile.

Lagersitze

Während der klassische Rennradsteuersatz einen Paßsitz von 30,2 mm aufweist, beträgt er beim MTB 30,0 mm. Die Oversize-Ausführungen besitzen 34,0 und 37,0 mm Durchmesser.
Entsprechend ist der Sitz für den Gabelschaftkonus beim Rennrad 26,4 mm, beim MTB 27,0 mm, in Oversize 30,0 und 33,0 mm.

Steuerung

Andere Bez. f. ▷ Lenkung.

Steuerwinkel

Andere Bez. f. ▷ Lenkwinkel.

STI

Firmeneigener Begriff (**S**himanos **T**otal **I**ntegration) von ▷ Shimano für aufeinander abgestimmte ▷ Komponenten (Bremsen, Schaltanlagen), insbes. kombinierte ▷ Brems/Schalt-Hebel (Abb. 27).

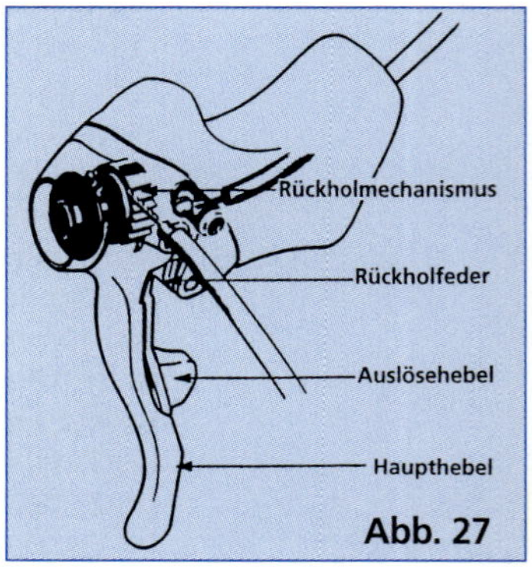

Abb. 27

Diese Maßnahmen verbessern zwar Funktion und Betrieb der reinrassig mit Shimano-Komponenten ausgestatteten Fahrräder, erschweren aber ein Komponentenmix, so daß hier sogar vom ▷ Gruppenzwang gesprochen werden kann.

Stiftschlüssel

Quer in einen maulartigen Schlüssel eingebrachte vorstehende Zapfen ("Stifte"), die für besondere, mit entsprechenden Bohrungen versehene Schrauben verwendet werden (Abb. 28).
Beispiele am Fahrrad: linke (bei ▷ Industriekugellagern bisweilen auch rechte) ▷ Tretlagerschalen; Konterring von ▷ Freilauf/ ▷ Schraubkranz; teilweise ▷ Staubkappe der ▷ Tretkurbel.
In Sonderbauweise ist der Stiftschlüssel auch verstellbar und dann für verschiedene Arbeitsmaße verwendbar.

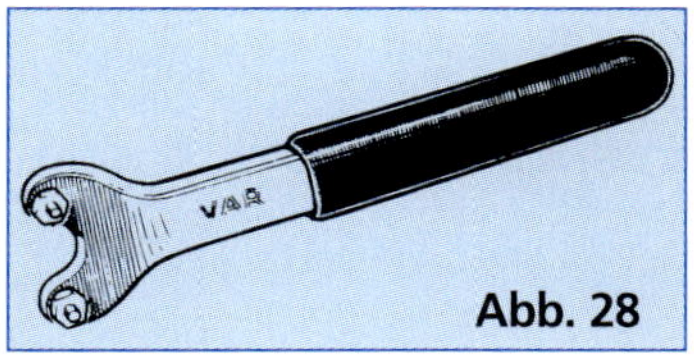

Abb. 28

Stirnfläche

Begriff aus der ▷ Aerodynamik für die größte Querschnittsfläche eines durch die Luft bewegten Körpers.

Mit zunehmender Stirnfläche wächst der ▷ Luftwiderstand linear an. Daher versucht jeder Radfahrer, bei Gegenwind sich möglichst flach auf das Fahrrad zu ducken - seine Stirnfläche also möglichst klein zu halten. Weitere Informationen s. ▷ Aerodynamik: Luftwiderstand.

Stollenprofil

Griffiges ▷ Reifenprofil (s.d.) von ▷ Geländefahrrädern für bessere ▷ Traktion auf weichem Untergrund.

Stoß

1. Aufeinander stoßende Kanten eines Bauteils, im Fahrradbereich Bez. für den ▷ Felgenstoß.
Man spricht aber auch von aneinander "stoßenden" Rohren bei Rahmen in muffenloser Bauweise.
2. Hohe ▷ Beschleunigungskräfte infolge von Fahrbahnunebenheiten, die stoßartig auf Rad und Fahrer einwirken.

Stoßdämpfung

Die von ▷ Fahrradfederungen erzielte Wirkung beim Abmildern von Fahrbahnstößen.

Im heutigen Sprachgebrauch wird mit der Stoßdämpfung aber auch der von ▷ "Stoßdämpfern" erzielte Effekt gemeint, mit dem Resonanz- und Nachschwingerscheinungen gedämpft und somit weitestgehend vermieden werden.
Hierbei wird i.G.z. rein elastischen Federung ein Teil der Stoßkraft durch gezielte ▷ Reibungsverluste in Wärme umgewandelt. Weitere Informationen s. ▷ Dämpfung und ▷ Fahrradfederung, vgl. aber auch ▷ Fahrkomfort.

Stoßdämpfer

Bauteil von ▷ Fahrradfederungen, das i.d.R. als eine Kombination von elastischer Federwirkung und einer Dämpfungseinrichtung ausgeführt wird (Abb. 29).

Zum Erzielen elastischer Federwirkung werden entweder Stahlfedern, ▷ Elastomere oder Luft eingesetzt. Sie bewirken die sog. "Rückstellkraft" der Federung, federn also nach Abklingen der einwirkenden Kraft wieder in ihre Ausgangslage zurück.
Zur Vermeidung von Nachschwing- und Resonanzeffekten besitzen die Stoßdämpfer noch eine Dämpfungseinrichtung, die i.d.R. durch hydraulische Maßnahmen erzielt wird: Beim Einfedern drückt ein Kolben hierbei Öl durch enge Kanäle, wodurch bereits ein geringer Teil der Stoßkraft umgewandelt wird. Beim Rückfedern hingegen muß sich das Öl durch wirklich enge Nadelöhre quetschen, wodurch hier mehr Energie verzehrt und gleichzeitig die Rückfederung leicht verzögert wird. Vgl. auch ▷ Fahrradfederungen.

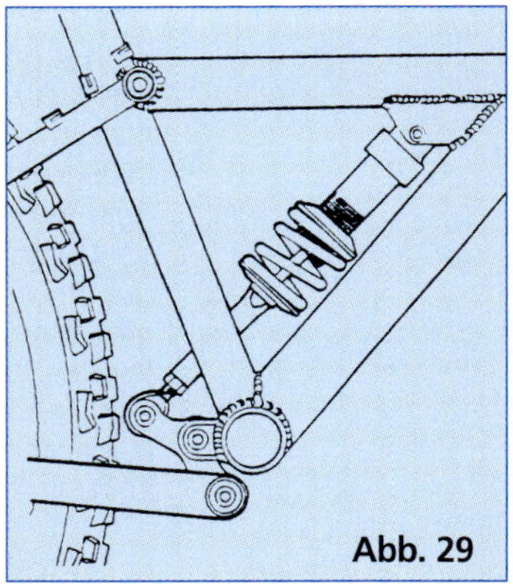

Abb. 29

Straight Fork

Modische Ausbildung einer Mountainbike- oder Rennradgabel ohne Biegung der ▷ Gabelbeine (Abb. 30).
Diese hauptsächlich aus Gründen der Fertigungsrationalität erfolgte Neuerung verschlechtert zwar deutlich die ▷ Fahrdynamik, verhindert in voluminöser Ausführung (▷ Big Fork) aber das sog. ▷ Stuckern. Einzelheiten s. ▷ Gabel.

Abb. 30

Strangpressen

Verfahren, das hauptsächlich zur Herstellung von Aluminiumhalbzeugen eingesetzt wird. Hierbei wird ein meist runder Aluminiumblock auf Lösungstemperatur erwärmt (470-510° C) und mit hohem Druck vor eine sog. "Matritze" gepreßt. Diese hat eine Ausarbeitung, die dem Querschnitt des späteren Halbzeuges entspricht (rund, eckig, winklig etc.), durch die hindurch das Aluminium fließt und Stangen mit dem gewünschten Profil ergibt. Werden hierbei aushärtbare ▷ Legierungen aus Aluminium eingesetzt, so kühlen sie bei dünnen Querschnitten schnell ab, was dem Abschrecken beim Aushärtvorgang entspricht. Bei größeren Querschnitten läßt sich der gleiche Effekt durch gezielte Abkühlung erreichen, z.B. Beströmen mit flüssigem Stickstoff.

Einsatz von Strangpreßteilen beim Fahrrad: Felgenprofile, Befestigungsteile für Gepäckträger, Beleuchtung oder anderen Zubehörteilen sowie Rohlinge von Cantileversockeln und ▷ Klebemuffen.
Zum Fertigstellen der jeweiligen Bauteile erfolgen mit Ablängen, Biegen oder spanabhebender Bearbeitung weitere Arbeitsschritte.

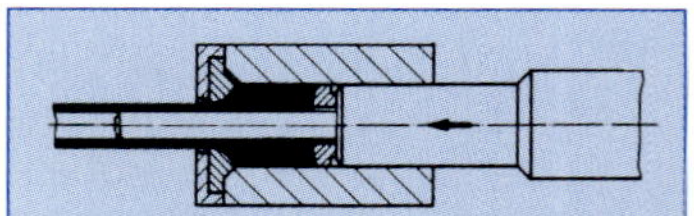
Abb. 31

Straßenrad

Fahrrad, das zum vorwiegenden Betrieb auf asphaltierten Straßen, nicht aber unbedingt für den Stadtverkehr (▷ Stadtrad), ausgelegt und daher mit schmaler Bereifung (unter 35 mm) versehen ist. Die Bandbreite reicht vom ▷ Rennrad bis zum ▷ Normalrad, Einzelheiten s. ▷ Fahrradtypen (Abb. 32).

Abb. 32

Straßenrennen

s. ▷ Straßenwettbewerbe

Straßenwettbewerbe

Radrennen, die i.U. zu ▷ Bahn- und ▷ Geländewettbewerben auf öffentlichen Straßen ausgetragen werden. Diese werden i.d.R. - zumindest im Bereich des Renngeschehens - für den übrigen Verkehr gesperrt. Da dieses zunehmend schwieriger wird, beschränkt sich die Sperrung des Verkehrs auf große Radsportveranstaltungen. Heute werden daher auf der Straße vorwiegend ▷ Kriteriums- und Rundstreckenrennen ausgetragen, bei denen der Kurs für den allgemeinen Verkehr gesperrt ist (Abb. 33).

Nach den "Wettkampfbestimmungen für den Straßenrennsport" des ▷ BDR sind folgende Wettkampfarten zugelassen:

Einzelwettbewerbe

Bei Einzelwettbewerben siegt der Fahrer mit der schnellsten Zeit (oder den meisten Punkten, s.u. "Kriterien").

Abb. 33

Bei Etappenrennen (s.u.) fahren Mannschaften, deren Fahrer z.T. ihre eigene Chance nicht wahren, um den stärksten Fahrer des Teams zu unterstützen. Dies ist bei sog. "Einerwettbewerben" nicht gestattet: Wer sich z.B. zurückfallen läßt, um einen anderen in seinem ▷ Windschatten fahren zu lassen, wird disqualifiziert.

Straßenrennen
Einerwettbewerb von max. 190 km Länge (Amateure) mit Massenstart, der als Fernfahrt mit Start und Ziel an gleichen oder getrennten Orten oder auf Rundkursen ausgetragen werden kann, die eine Mindestlänge von 5 km haben müssen.
Straßenrennen finden i.d.R. auf für den allgemeinen Verkehr nicht gesperrten Straßen statt (daher der Name). Ein Problem sind dabei geschlossene Bahnübergänge, die von den Fahrern nicht überquert werden dürfen. Um Chancengleichheit für unterschiedlich spät eintreffende Fahrer zu wahren, wird das Rennen hinter dem Übergang nach bestimmten Regeln wieder aufgenommen, die die Abstände in etwa wahren sollen.

Rundstreckenrennen
Einerwettbewerb auf einem für den allgemeinen Verkehr gesperrten 800-5.000 m langen Rundkurs. Die Gesamtlänge beträgt max. 120 km.

Kriterium
Als Rundstreckenrennen ausgetragener Einerwettbewerb, der nicht nach Zeit, sondern nach Punkten entschieden wird, die bei "Wertungssprints" zu gewinnen sind. Einzelheiten s. ▷ Kriteriumsrennen.

Zeitfahren
Einerwettbewerb von max. 80 km Länge (Amateure), bei dem nach Einzelstart "gegen die Uhr" gefahren wird. Weitere Informationen s. ▷ Zeitfahren.
Eine Sonderform ist das Bergzeitfahren, das auf überwiegend stark ansteigender Strecke ausgetragen wird, die möglichst mehr als 5 km lang sein soll.

Etappenrennen
Straßenrennen über zwei oder mehr Tage, bei dem auf der Grundlage der gefahrenen Zeiten Gesamtwertungen erstellt werden. Typischerweise ist dies kein Einerwettbewerb, sondern ein Mannschaftsrennen mit Einzelwertung: Die Fahrer dürfen sich beliebig unterstützen, Sieger ist der Fahrer, der nach Addition aller Etappenzeiten die geringste Gesamtfahrzeit aufweist. Daneben wird noch auf der Grundlage der drei besten Fahrer einer Mannschaft eine Mannschaftswertung geführt.
Zur Belebung des Rennens können Sonderwertungen ausgetragen werden wie bester Sprinter, bester Bergfahrer, bester Nachwuchsfahrer usw.

Mannschafts-wettbewerbe Hier wird nur die gemeinsam erbrachte Leistung eines Teams gewertet.

Mannschafts-zeitfahren Zeitfahren (s.o.), bei dem eine bestimmte Anzahl von Fahrern gemeinsam dieselbe Strecke gegen die Uhr durchfährt. Das Team fährt hintereinander, um den ▷ Windschatten optimal auszunutzen, und löst sich gegenseitig in der Führung ab.

Mannschaftsrennen (offene Fahrweise) Wettbewerbe in anderen Disziplinen als dem Zeitfahren, bei denen die Wertung aber für die Mitglieder von Mannschaften und nicht für Einzelfahrer vorgenommen wird. Die Wertung kann dabei für eine vorher zu bestimmende Anzahl von Fahrern entweder nach der Gesamtfahrzeit, einem Platzsystem oder einem Punktsystem erfolgen.

Die bekanntesten Straßenrennen sind die sog. "Klassiker" der Berufsfahrer, Eintagesrennen, die z.T. schon seit über 100 Jahren regelmäßig ausgetragen werden, sowie die großen Etappenrennen "Tour de France", "Giro d'Italia" und "Tour de Suisse".

Streuscheibe Durchsichtige Schutzscheibe vor dem Scheinwerferreflektor, die das Licht in bestimmten Bereichen bündelt, andererseits aber auch definiert streut. Damit läßt sich eine gezieltere Fahrbahnausleuchtung und gegenüber den anderen Verkehrsteilnehmern eine bessere Sichtbarkeit erreichen (Abb. 34).
Probleme kann die Streuscheibe bei nah am Lenker angebrachten Scheinwerfern verursachen, da sich der Fahrer dann selbst durch den Schleier seines Streulichtes blendet; s.a. ▷ Beleuchtung.

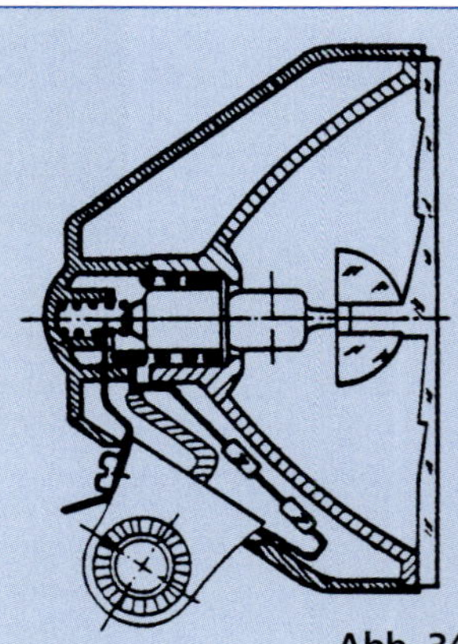

Abb. 34

Strumpf Gewebeschlauch aus ▷ Kohlefasern, der meist als dekorative Decklage bei der Herstellung von ▷ Carbonrohren über die Wickellagen gezogen wird.

Stuckern Resonanzschwingungen der Gabel, die in Folge regelmäßig auftretender Fahrbahnunebenheiten oder durch ungleichmäßige Bremswirkung auftreten können (Abb. 35).
Mit Stuckern haben v.a. Mountainbiker bei schnellen Abfahrten zu tun, wenn die Bremse aktiviert wird oder wenn der Untergrund regelmäßige Unebenheiten aufweist, z.B. Treckerprofil.
Stuckern der Gabel kann nur konstruktiv vermieden werden, ggf. muß also die Gabel ausgetauscht werden. Konstruktive Maßnahmen: Die Gabel muß im Bereich des längsten Hebelarmes, also in der Zone um den ▷ Gabelkopf herum eine höhere ▷ Biegesteifigkeit erhalten, also hier entweder einen größeren Rohrdurchmesser, eine dickere Rohrwandstärke oder aufgelötete ▷ Verstärkungsbleche bekommen.
Eine Verstärkung der unteren ▷ Gabelbeine hingegen bleibt wirkungslos, da hier die Krafteinwirkung auf die Gabelbeine geringer ist (kürzerer Hebelarm).
Unter diesen Gesichtspunkten stellt die Konzeption der ▷ Straight Fork oder ▷ Big Fork nicht gerade ein Optimum dar, gewaltige Querschnitte im Bereich des Gabelkopfes verhindern allerdings nahezu jegliche Elastizität und damit auch das Stuckern.

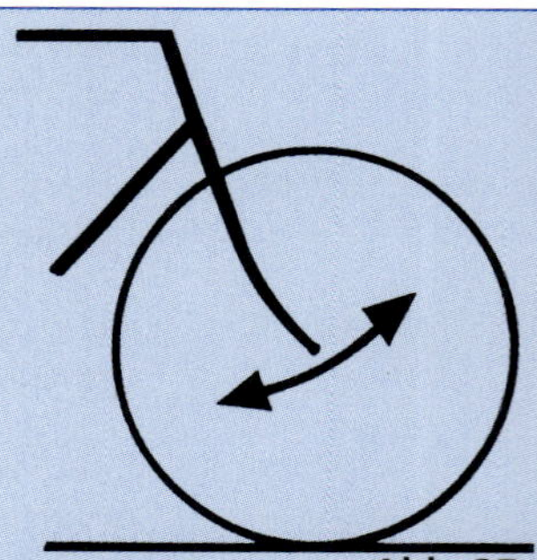

Abb. 35

Stützbreite Techn. Terminus, der den Abstand zwischen den Lagerstellen von ▷ Naben- und Tretlagerungen bezeichnet. Dieser ist v.a. insofern von Bedeutung, als sich mit zunehmender Stützbreite die Gefahr von ▷ Achsverbiegungen reduziert, da sich der Hebelarm zu den Krafteinwirkungspunkten hin verkürzt (Abb. 36).

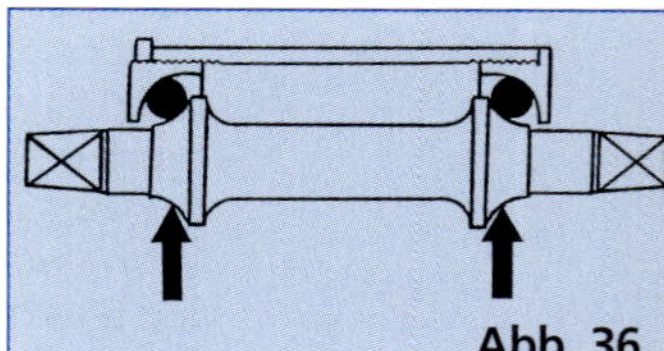

Abb. 36

So besitzen beispielsweise Konustretlagerungen mit ▷ ital. Gewinde (36 x 24 Gänge) neben einem breiteren ▷ Tretlagergehäuse (70 mm statt 68 mm) ebenfalls eine Verbreiterung der Stützbreite der ▷ Tretlagerachse. Das macht sich bereits spürbar am geringeren Ausschlag des Kettenblatts (selteneres Ratschen der Kette an der Umwerfergabel) bemerkbar. Dies ist ein Grund für kräftige Fahrer, beim Rahmenneukauf auf diese Tretlagerabmessung zu achten.

Auch die ▷ Kassettennaben von Suntour und Shimano sowie die Sonderkonzeptionen kleinerer Hersteller auf Basis des ▷ Kassettenkörpers von Shimano weisen eine größere Stützbreite als die übliche Kombination Hinterradnabe mit ▷ Schraubkranz auf. Auch das schützt die Hinterradachse wirkungsvoll vor Verbiegung.

Abb. 37

Stützen And. Bez. f. ▷ Ständer.

Stundenweltrekorde Prestigeträchtigster Fahrradweltrekord, der die in einer Stunde gefahrene Entfernung ermittelt (Abb. 37).

Der erste offizielle Stundenweltrekord wurde übrigens 1893 von Henri Desgrange gefahren, der 10 Jahre später die "Tour de France" ins Leben rief, bis heute das bedeutendste Radrennen der Welt. Die folgende Tabelle (Abb. 38) zeigt alle Stundenweltrekorde bis 1996.

Abb. 38: Stundenweltrekorde bis 1996 (1)

	Distanz 1 Stunde	Datum	Name des Fahrers	Heimatland	Bahn der Rekordfahrt
	35,325 km	11.05.1893	Henri Desgrange	Frankreich	Paris
	38,220 km	31.10.1894	Jules Dubois	Frankreich	Paris
	39,240 km	30.07.1897	Oscar v.d. Eynde	Belgien	Paris
über 40 km	40,781 km	09.07.1899	Willie Hamilton	USA	Denver
	41,110 km	24.08.1905	Lucien Petit-Breton	Frankreich	Paris
	41,520 km	20.06.1907	Marcel Berthet	Frankreich	Paris
	42,360 km	22.08.1912	Oscar Egg	Schweiz	Paris
	42,741 km	07.08.1913	Marcel Berthet	Frankreich	Paris
	43,525 km	21.08.1913	Oscar Egg	Schweiz	Paris
	43,775 km	20.09.1913	Marcel Berthet	Frankreich	Paris
	44,247 km	18.08.1914	Oscar Egg	Schweiz	Paris
	44,588 km	25.08.1933	Jan v. Hout	Niederlande	Roermond
	44,777 km	14.10.1935	Maurice Richard	Frankreich	Saint-Tronden
über 45 km	45,090 km	31.10.1935	Giuseppe Olmo	Italien	Mailand
	45,398 km	11.10.1936	Maurice Richard	Frankreich	Mailand
	45,558 km	29.09.1937	Frans Slaats	Niederlande	Mailand
	45,840 km	03.11.1937	Mauriche Archambaud	Frankreich	Mailand
	45,871 km	07.11.1942	Fausto Coppi	Italien	Mailand

Abb. 38: Stundenweltrekorde bis 1996 (2)					
	Distanz 1 Stunde	Datum	Name des Fahrers	Heimatland	Bahn der Rekordfahrt
über 45 km	46,159 km	29.06.1956	Jacques Anquetil	Frankreich	Mailand
	46,393 km	19.09.1956	Ercole Baldini	Italien	Mailand
	46,923 km	18.09.1957	Roger Rivière	Frankreich	Mailand
	47,346 km	23.09.1958	Roger Rivière	Frankreich	Mailand
	48,093 km	23.10.1967	Ferdinand Bracke	Belgien	Rom
	48,653 km	10.10.1968	Ole Ritter	Dänemark	Mexiko
	49,431 km	25.10.1972	Eddy Merckx	Belgien	Mexiko
über 50 km	50,808 km	19.01.1984	Francesco Moser	Italien	Mexiko
	51,151 km	23.01.1984	Francesco Moser	Italien	Mexiko
	51,596 km	17.07.1993	Graeme Obree	Schottland	Hamar
	52,270 km	23.07.1993	Chris Boardman	England	Bordeaux
	52,713 km	27.04.1994	Graeme Obree	Schottland	Bordeaux
	53,040 km	02.09.1994	Miguel Indurain	Spanien	Bordeaux
	53,832 km	22.10.1994	Tony Rominger	Schweiz	Bordeaux
über 55 km	55,291 km	05.11.1994	Tony Rominger	Schweiz	Bordeaux
	56,375 km	06.09.1996	Chris Boardman	England	Manchester

Da der Radsport ja eine der wenigen Sportarten ist, in der "offizielle" Rekorde nicht mit dem optimierten Gerät erzielt werden dürfen (s. ▷ Fahrrad: optimierte Fahrräder; ▷ UCI-Norm), ist der Vergleich mit inoffiziellen Rekorden interessant, die mit aerodynamisch optimierten ▷ HPV-Fahrrädern erzielt wurden. Hier liegt der mit einem verkleideten ▷ Liegerad aufgestellte Stundenweltrekord z.Zt. bei 78,039 km (Lars Teutenberg (D) am 27.7.1996), der paradoxerweise kaum registriert wird. Zu bedenken ist, daß dieser Rekord von einem Spitzenamateur mit optimiertem Gerät erzielt wurde. Würden sich die stärksten Profis für diese Disziplin interessieren, würde der Stundenweltrekord wohl rasch an die 90-km-Marke vorgeschoben werden.

Sturzfolgen

Offenkundige Sturzfolgen sind jedem Radler mit den entsprechenden Folgen für Mensch und Material von Kindesbeinen an bekannt.
Unberücksichtigt bleiben dabei aber die nicht selten tückischen Spätfolgen für das Material durch die z.T. unkontrolliert hohen Kräfte, die bei einem Sturz auftreten können:
Im Inneren der Bauteile können dabei von außen nicht sichtbare kleinste Anrisse auftreten. Diese wirken als "Bruchkeime" und arbeiten sich nun auch bei Normalbelastung weiter vor. Vom Fahrer unbemerkt, durchtrennt der Riß dann regelrecht die Querschnittsfläche und es kommt zum Bruch. Das Kritische hieran: Der letztliche Bruch kann erst sehr viel später und sogar beim gemütlichen Dahinradeln erfolgen. Umso überraschender trifft es dann den völlig unvorbereiteten Fahrer.
Eine weitere Tücke beim Sturz besteht darin, daß nahezu jeder Radler so, als wolle er den Sturz ungeschehen machen, schnellstmöglich weiterfahren will. Daher bleiben manche, sogar sichtbare Schäden wie Pedal-, Lenker-, Kurbel- oder Rahmenverbiegungen unbemerkt, was dann irgendwann gefährlich werden kann, wenn man sich an die veränderte Situation gewöhnt (Bruchgefahr).

Vorbeugung

Maßnahmen, um sich vor solchen Spätfolgen eines Sturzes zu schützen:
1. Knackgeräusche können von einem bereits fortgeschrittenen Bauteilriß erzeugt werden. Daher auch längere Zeit nach einem Sturz unbedingt den Knackursachen nachgehen, die Ursache lokalisieren (s. ▷ Knacken) und das betreffende Bauteil ggf. austauschen;
2. ausmessen und archivieren des Abstandes Tretlagermitte - Achsmitte Vorderradnabe (Abb. 39); nach einem Sturz Kontrollmessung vornehmen, bei Differenzen sofort Gabelaustausch vornehmen.

3. Nach Sturz: Vom Fachhändler Rahmen, Pedal, Tretkurbeln, Lenker und Vorbau überprüfen lassen, sowie
4. in Selbstkontrolle Felgen, Reifen und Nabenachsen auf Verbiegungen, Beulen oder andere Schäden überprüfen;
5. bei ▷ Leichtteilen (v.a. Kurbeln, Pedale, Lenker, Felgen) nach Sturz prophylaktisch Austausch vornehmen.

Abb. 39

Sturzring

Zusammenfaltbarer, gerippter Kopfschutz, der früher bei Amateurrennen vorgeschrieben war (Abb. 40).

Abb. 40

Der Sturzring bietet zwar einigen Schutz bei Stürzen, kann aber nicht das Durchschlagen von spitzen Gegenständen verhindern, ebensowenig genügend vor dem Aufprall auf eine Bordsteinkante z.B. schützen. Aus diesem Grunde ist mit der Verbesserung der ▷ Helme die Helmpflicht zunächst bei Amateur-, seit 1996 auch bei Profirennen eingeführt worden.

StVO

Abk. f. Straßenverkehrsordnung. Sie regelt das geordnete Miteinander der verschiedenen Verkehrsteilnehmer. Auf Radfahrer sind hierbei die folgenden Vorschriften gemünzt:

§ 2, Absatz 4

Radfahrer müssen einzeln hintereinander fahren; nebeneinander dürfen sie nur fahren, wenn dadurch der Verkehr nicht behindert wird. Sie haben rechte Radwege zu benutzen; linke Radwege dürfen sie nur benutzen, wenn diese für die Gegenrichtung freigegeben sind. Sie haben ferner rechte Seitenstreifen zu benutzen, wenn keine Radwege vorhanden sind und Fußgänger nicht behindert werden.

Absatz 5 Kinder bis zum vollendeten achten Lebensjahr müssen mit Fahrrädern Gehwege benutzen; beim Überqueren einer Fahrbahn müssen sie absteigen. Das gilt nicht, wenn Radwege vorhanden sind. Auf Fußgänger ist besondere Rücksicht zu nehmen.

§ 21, Absatz 3 Auf Fahrrädern dürfen nur Kinder unter 7 Jahren von mindestens 16 Jahre alten Personen mitgenommen werden, wenn für die Kinder besondere Sitze vorhanden sind und durch Radverkleidungen oder gleich wirksame Vorrichtungen dafür gesorgt ist, daß die Füße der Kinder nicht in die Speichen geraten können.

§ 23, Absatz 3 Radfahrer dürfen sich nicht an Fahrzeuge anhängen. Sie dürfen nicht freihändig fahren. Die Füße dürfen sie nur dann von den Pedalen nehmen, wenn der Straßenzustand das erfordert.
Zu den Vorschriften hinsichtlich der technischen Ausstattung von Fahrrädern s. ▷ StVZO.

StVZO Abk. f. Straßenverkehrszulassungsordnung. Diese enthält u.a. die Vorschriften zur technischen Ausstattung von Fahrrädern. Im Folgenden sind Verweise auf in vorliegendem Lexikon enthaltene Stichwörter eingefügt:

§ 64a Fahrräder müssen mit mindestens einer helltönenden ▷ Glocke ausgerüstet sein. Andere Einrichtungen für Schallzeichen dürfen an diesen Fahrzeugen nicht angebracht sein. An Fahrrädern sind auch ▷ Radlaufglocken nicht zulässig.

§ 65 Fahrräder müssen zwei voneinander unabhängige ▷ Bremsen haben.

§ 67, Absatz 1 Fahrräder müssen für den Betrieb des ▷ Scheinwerfers und der ▷ Schlußleuchte mit einer ▷ Lichtmaschine ausgerüstet sein, deren Nennleistung mindestens 3 W und deren Nennspannung 6 V beträgt (Fahrradbeleuchtung). Für den Betrieb von Scheinwerfer und Schlußleuchte darf zusätzlich eine ▷ Batterie mit einer Nennspannung von 6 V verwendet werden (Batterie-Dauerbeleuchtung). Die beiden Betriebsarten dürfen sich gegenseitig nicht beeinflussen.

Absatz 2 An Fahrrädern dürfen nur die vorgeschriebenen und die für zulässig erklärten lichttechnischen Einrichtungen angebracht sein. Als lichttechnische Einrichtungen gelten auch Leuchtstoffe und rückstrahlende Mittel. Die lichttechnischen Einrichtungen müssen vorschriftsmäßig und fest angebracht sowie ständig betriebsfertig sein. Lichttechnische Einrichtungen dürfen nicht verdeckt sein.

Absatz 3 Fahrräder müssen mit einem nach vorn wirkenden Scheinwerfer für weißes Licht ausgrüstet sein. Der Lichtkegel muß mindestens so geneigt sein, daß seine Mitte in 5 m Entfernung vor dem Scheinwerfer nur halb so hoch liegt wie bei seinem Austritt aus dem Scheinwerfer. Der Scheinwerfer muß am Fahrrad so angebracht sein, daß er sich nicht unbeabsichtigt verstellen kann. Fahrräder müssen mit mindestens einem nach vorn wirkenden weißen ▷ Rückstrahler ausgerüstet sein.

Absatz 4 Fahrräder müssen an der Rückseite mit
1. einer Schlußleuchte für rotes Licht, deren niedrigster Punkt der leuchtenden Fläche sich nicht weniger als 250 mm über der Fahrbahn befindet,
2. mindestens einem roten Rückstrahler, dessen höchster Punkt der leuchtenden Fläche sich nicht höher als 600 mm über der Fahrbahn befindet, und
3. einem mit dem Buchstaben "Z" gekennzeichneten roten Großflächen-Rückstrahler
ausgerüstet sein. Die Schlußleuchte sowie einer der Rückstrahler dürfen in einem Gerät vereinigt sein. Beiwagen von Fahrrädern (▷ Fahrradanhänger) müssen mit einem Rückstrahler entsprechend Nummer 2 ausgerüstet sein.

Absatz 5 Fahrräder dürfen an der Rückseite mit einer zusätzlichen, auch im Stand wirkenden Schlußleuchte für rotes Licht ausgerüstet sein. Diese Schlußleuchte muß unabhängig von den übrigen Beleuchtungseinrichtungen einschaltbar sein.

Absatz 6 Fahrradpedalen müssen mit nach vorn und nach hinten wirkenden gelben Rückstrahlern ausgerüstet sein; nach der Seite wirkende gelbe Rückstrahler an den Pedalen sind zulässig.

Absatz 7 Die Längsseiten müssen nach jeder Seite mit
1. mindestens zwei um 180° versetzt angebrachten, nach der Seite wirkenden gelben ▷ Speichenrückstrahlern an den Speichen des Vorderrades und des Hinterrades oder
2. ringförmig zusammenhängenden retroreflektierenden weißen Streifen an den Reifen des Vorderrades und des Hinterrades kenntlich gemacht sein. Zusätzlich zu der Mindestausrüstung mit einer der Absicherungsarten dürfen Sicherungsmittel aus der anderen Absicherungsart angebracht sein. Werden mehr als zwei Speichenrückstrahler an einem Rad angebracht, so sind sie am Radumfang gleichmäßig zu verteilen.

Absatz 8 Zusätzliche nach der Seite wirkende gelbe rückstrahlende Mittel sind zulässig.

Absatz 9 Der Scheinwerfer und die Schlußleuchte nach Absatz 4 dürfen nur zusammen einschaltbar sein. Eine Schaltung, die selbsttätig bei geringer Geschwindigkeit von Lichtmaschinenbetrieb auf Batteriebetrieb umschaltet (Standbeleuchtung), ist zulässig; in diesem Fall darf auch die Schlußleuchte allein leuchten.

Absatz 10 In den Scheinwerfern und Leuchten dürfen nur die nach ihrer Bauart dafür bestimmten Glühlampen verwendet werden.

Absatz 11 Für Rennräder, deren Gewicht nicht mehr als 11 kg beträgt, gilt abweichend folgendes:
1. Für den Betrieb von Scheinwerfern und Schlußleuchten brauchen anstelle der Lichtmaschine nur eine oder mehrere Batterien entsprechend Absatz 1 Satz 2 mitgeführt werden;
2. der Scheinwerfer und die vorgeschriebenen Schlußleuchten brauchen nicht fest am Fahrrad angebracht zu sein; sie sind jedoch mitzuführen und unter den in Paragraph 17 Abs. 1 Straßenverkehrsordnung beschriebenen Verhältnissen (Dämmerung, Dunkelheit oder wenn die Sichtverhältnisse es sonst erfordern) vorschriftsmäßig am Fahrrad anzubringen und zu benutzen;
3. Scheinwerfer und Schlußleuchte brauchen nicht zusammen einschaltbar zu sein;
4. anstelle des Scheinwerfers nach Absatz 1 darf auch ein Scheinwerfer mit niedrigerer Nennspannung als 6 V und anstelle der Schlußleuchte nach Absatz 4 Nr. 1 darf auch eine Schlußleuchte nach Absatz 5 mitgeführt werden.

Absatz 12 Rennräder sind für die Dauer der Teilnahme an Rennen von den Vorschriften der Absätze 1 bis 11 befreit.

Tachometer

Umfassender Begriff f. mechanische Kilometerzähler mit oder ohne Geschwindigkeitsanzeige (Abb. 1).

Bei Radsportlern waren früher die einfachen, an einem ▷ Gabelbein befestigten "Ticker" beliebt. Der Name rührt von dem Geräusch her, mit dem der Zähler bei jeder Radumdrehung um einen Zahn weitergedreht wurde.
Aufwendiger waren die echten, am Lenker befestigten Tachometer, die mit einer biegsamen ▷ Welle per "Schnecke" mit der Nabe verbunden waren.
Heute sind Tachometer am Fahrrad weitgehend von ▷ Computern verdrängt.

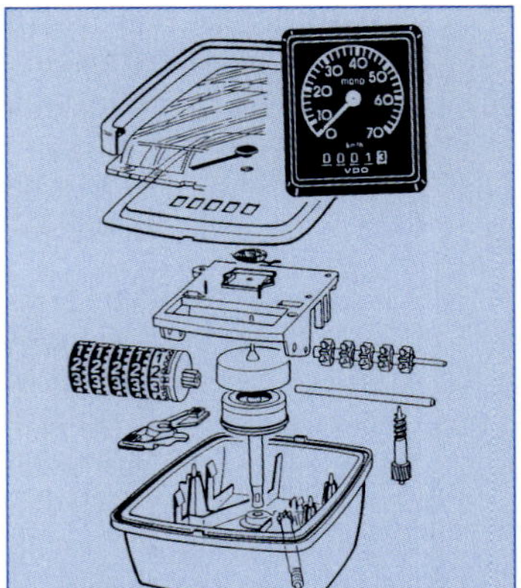

Abb. 1

TA-Kurbelsystem

Universelles Tretkurbelsystem des frz. Herstellers TA. Es ermöglicht Kombinationen von bis zu drei ▷ Kettenblättern, was Zähnezahlen zwischen 26 und 69 (!!!) Zähnen zuläßt (Abb. 2).
Bei diesem System wird das große Kettenblatt per 5-fach-Befestigung auf einen relativ kleinen ▷ Lochkreisdurchmesser an der rechten ▷ Tretkurbel befestigt und dient als Adapter für die Befestigung der anderen Kettenblätter.

Abb. 2

Tandem

Sonderform des Fahrrades, auf dem zwei - oder auch mehr - Radler hintereinander auf zwei Laufrädern fahren (Abb. 3). Als Exot ist daneben das weiter unten beschriebene "Side-by-side"-Tandem bekannt, bei dem die Fahrer nebeneinander sitzen.
Die Bez. leitet sich wahrscheinlich von lat. tantum "gleich groß" her. Mit "Tantum" wurden jedenfalls Anfang des 18. Jahrhunderts in England kleine, einachsige Kutschen bezeichnet, vor die zwei Pferde nicht wie üblich neben-, sondern hintereinander gespannt waren.

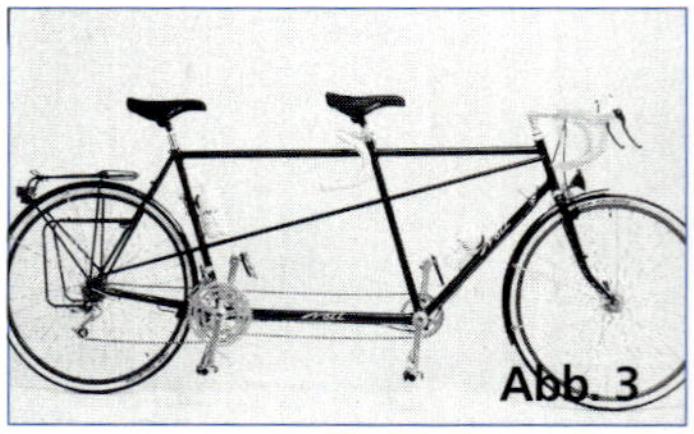

Abb. 3

Das Tandem hat den Vorteil, daß auch ungleich gut trainierte Leute auf einem Tandem harmonieren. Jeder Fahrer tritt so intensiv wie er/sie mag oder kann in die Pedale, wobei die Kräfte "gepoolt" werden, so daß man gemeinsam besser die Berge hochkommt als auf getrennten Fahrrädern. Aufgrund des geringeren Gesamtgewichts sowie des Umstandes, daß der Hintermann sozusagen im idealen ▷ Windschatten fährt, sind mit dem Tandem grundsätzlich höhere Geschwindigkeiten zu erreichen als mit zwei Solofahrrädern.

Eine weitere Möglichkeit bietet das Tandem für den Behindertensport, insbes. für Sehgeschädigte und Leute mit gestörtem Gleichgewichtssinn, die so ihrem Wunsch nach körperlicher Betätigung nachkommen können.

Fahrtechnik

Das Fahren mit dem Doppelsitzer erfordert von beiden Pedaleuren zunächst etwas Übung, da sich beide durch eine Kette verbundene ▷ Tretkurbeln synchron drehen. Also muß beim Treten und ebenso beim Aussetzen der Tretbewegung Gleichklang zwischen beiden Akteuren herrschen. Der Steuermann muß zudem lernen, mit der meist vorhandenen seitlichen Instabilität des Tandems sowie dem durch den langen ▷ Radstand im Vergleich zum Normalrad trägeren ▷ Fahrverhalten des Velos umzugehen, zudem ist auch das Anfahren zu zweit gewöhnungsbedürftig.

Rahmen

Tandems haben einen ▷ Radstand von 160-175 cm gegenüber 98-110 cm beim Solorad und benötigen daher eine besonders verwindungssteife Rahmenkonstruktion: Bei doppelter Rohrlänge verringert sich die seitliche ▷ Biegesteifigkeit um den Faktor acht.

Konstruktive Maßnahmen zur Rahmenversteifung, um schlackerndes Fahrverhalten weitestgehend zu vermeiden:
1. Diagonalstreben: lange (Abb. 4 oben) und kurze (Abb. 4 Mitte) ▷ Marathonform;
2. ▷ Oversize-Rohre (Abb. 4 unten);
3. Radstandverkürzung.

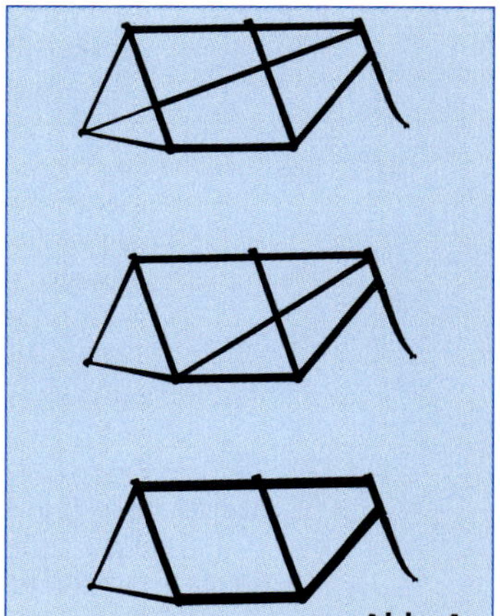
Abb. 4

ad 2.: Oversize-Rahmen steigern die seitliche Steifigkeit drastisch, die vertikale Elastizität hingegen bleibt weitgehend erhalten.
ad 3.: Je kürzer der Radstand, desto wendiger und seitensteifer wird das Tandem, umso mehr Probleme gibt es aber bei großen Fahrern, beide auf dem Tandem unterzubringen.
* Der Abstand zwischen den ▷ Tretlagergehäusen sollte daher nur dann 60 cm unterschreiten, wenn hinten eine kleine Person fährt;
* die ▷ Hinterbaulänge kann möglichst kurz gehalten werden (40 cm oder weniger), was mit gekröpften oder eingedellten ▷ Sattelrohren erreichbar ist;
* die ▷ Fußfreiheit des Vordermanns richtet sich nach der Laufradgröße und ob Schutzbleche montiert sind, was bei 28" großen ▷ Laufrädern u.U. mind. 62 cm erfordert. Bei Verwendung kleinerer Laufräder (26") und ohne Schutzblech kann man die Fußfreiheit aber auf 57 cm verkürzen.

Laufräder Durch das Gewicht und den "Tritt" zweier Leute sowie den verlängerten Radstand werden Tandem-Laufräder erheblich höher belastet als Normallaufräder. Aus diesen Gründen werden Tandems zumindestens im Hinterrad mit 40 oder sogar 48 Speichen ausgestattet und sollten auch über entsprechend steife, sprich voluminöse ▷ Hohlkammerfelgen verfügen. Außerdem wirkt sich eine Verbreiterung der Hinterradachse auf 140 oder sogar 145 mm positiv auf die ▷ Seitensteifigkeit des Laufrades aus, ebenso ein höherer und genügend "fleischig" ausgelegter ▷ Nabenflansch (größere ▷ Speichenschräge). Weiterhin besteht ▷ Durchschlagsgefahr durch das sich addierende Fahrergewicht, was durch erhöhten ▷ Reifendruck oder durch voluminösere Reifen kompensiert werden muß.

Antrieb Damit die ▷ Kettenspannung zwischen den beiden ▷ Tretlagerungen nachstellbar ist, führt man eines der beiden Lager als ▷ Exzenter aus (Abb. 5).
Übrigens werden durch den Gleichklang des Tretens (Abb. 6 oben) auch die ▷ Sperrklinken des ▷ Freilaufs stärker belastet als beim Solorad. Einfachste Möglichkeit, dies zu umgehen: Versetzen der beiden Kurbelpaare um 90 Grad zueinander, so daß die Lastspitzen beider Fahrer im Tritt nicht synchron, sondern versetzt auf den Freilauf wirken (Abb. 6 unten). Achtung: Ein versetzter Tritt bereitet Steuerungsprobleme und will einkoordiniert sein.

Abb. 5

Naben mit mehr oder stärker ausgeführten Sperrklinken sind allerdings sinnvoller.

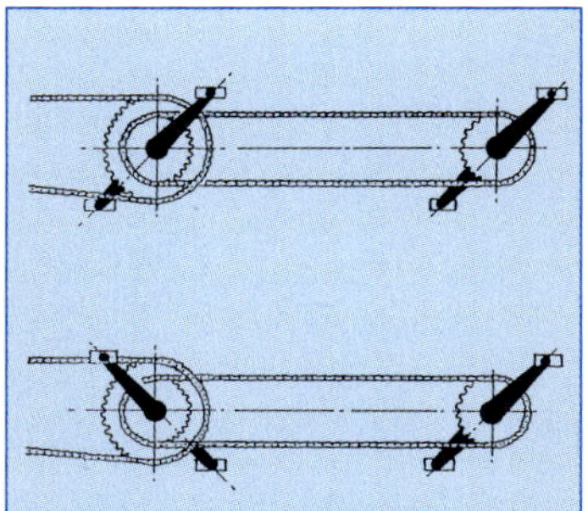
Abb. 6

Bremsen Auch die Bremsen beim Tandem müssen mehr leisten, gilt es doch das Gewicht zweier Menschen abzubremsen. Aus diesem Grund haben Tandems entweder zusätzliche, vom Hintermann bedienbare Bremsen (Abb. 7) und/oder besonders wirksame Bremsen (▷ Cantilever-, ▷ Scheiben-, ▷ Hydraulikbremsen).
Bewährt hat sich eine Kombination von ▷ Felgen- und Scheiben- oder ▷ Trommelbremsen, wodurch wechselseitig verzögert werden kann und sich die Felgen, Bremsscheiben oder Bremstrommeln bei langen Bergabfahrten weniger stark erwärmen.

hinterer Lenker Der hintere Lenker wird mit einem speziellen, an der ▷ Sattelstütze verstellbaren Klemmvorbau angebracht (Abb. 8).

Abb. 7

MTB-Tandem Die Mountainbike-Version des Doppelsitzervelos ist meist in ▷ Oversize-Bauweise ausgeführt und daher i.d.R. seitensteifer und somit leichter fahrbar als das Straßentandem. Mit den dicken Reifen und den kleineren Felgen ist der Geländezweier auch unempfindlicher gegen ▷ Durchschläge und Speichendefekte.

Das Thema Tandem läßt sich in nahezu beliebigen Sonderkonstruktionen variieren.

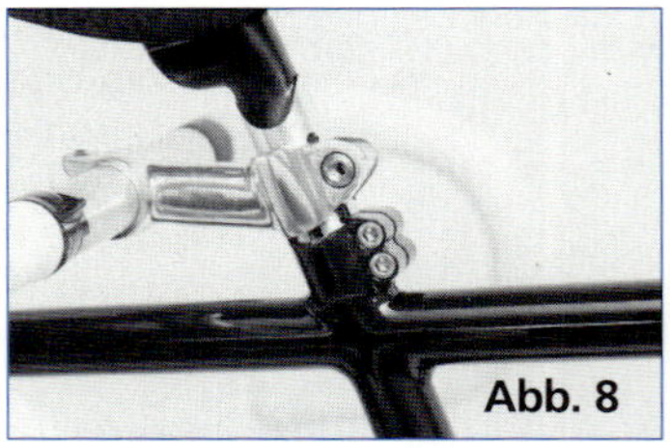
Abb. 8

"Gesellschaftsräder" Dieser Begriff wurde um die Jahrhundertwende aus dem engl. Terminus "Sociable" abgeleitet, der die damals für einige Jahre recht beliebten zweispurigen Nebeneinander-Tandems bezeichnete.

In Abb. 9 ist das einspurige "Side by Side"-Tandem von Dürkopp (1898) gezeigt, wie auch in einer moderneren Version kann hier der normale ▷ Radstand eingehalten werden, mit einem oder mit beiden Lenkern wird das Vorderrad bedient, Sattel und Kurbeln sind seitlich ausgestellt. Entgegen dem ersten Eindruck läßt sich das Fahren mit diesem Exot leichter erlernen als z.B. das Fahren mit einem ▷ Kurzlieger.
Andere Gesellschaftsräder findet man v.a. als beliebte Verleihräder (aber ohne Marktbedeutung) in Erholungsgebieten, bei denen auch mehrspurige bis omnibushafte Tret-Vielsitzer als Sonderanfertigungen anzutreffen sind. Abb. 10 zeigt ein Gesellschaftstandem (um1800).

Abb. 9

Tange

Jap. Rohrhersteller, dessen Rohrqualität der von europäischen Herstellern ebenbürtig ist; s.a. Tabelle ▷ Rahmenrohre (Abb. 11). Darüberhinaus stellt Tange auch ▷ Steuersätze, Gabeln und ▷ Anlötteile her.

Tangentialspeichung

Übliche ▷ Einspeichart mit aus der Senkrechten abgewinkelten Speichen.

Gegenüber der direkten, senkrechten Verbindung von Nabe und Felge (▷ Radialspeichung) verlaufen die Speichen bei Tangentialspeichung im Idealfall im rechten Winkel zwischen Nabe und Felge. Das ist beispielsweise bei der 4-fach-Kreuzung beim 36-Speichen-Laufrad der Fall. Damit ergibt sich (s. Abb. 12) der größtmögliche Hebelarm zur Übertragung von Antriebskräften bzw. den Bremskräften von ▷ Nabenbremsen. Bei 32-, 28- oder gar 24-Speichen-Rädern verliefe bei dieser Einspeichart die Speiche nicht mehr im rechten Winkel, wodurch sich der Hebelarm wieder verkürzte.

Abb. 10

Tangential eingespeichte Laufräder besitzen eine höhere Elastizität als bei Radialspeichungen, da

1. das gekreuzte System in sich elastischer ist;
2. die Laufräder mit geringerer Speichenspannung auskommen, um das Speichenklappern bei Schlaglochdurchfahrten oder ▷ Wiegetritt zu vermeiden;
3. sich die Speichen im Kreuzungspunkt gegeneinander auslenken, also sich gegenseitig in ihrer Resonanzfrequenz stören, wodurch Ermüdungsbrüche weitgehend vermieden werden.

Abb. 11

Taupunkt

Temperaturgrenze, unterhalb der die Luft die in ihr enthaltene Feuchtigkeit in Form von Wassertröpfchen ausscheidet. Klassisches Beispiel: Tautropfen am kalten Bierglas in der warmen Kneipe.
Besonders kritisch kann der Taupunkteffekt auf Dauer für das Innere eines Fahrradrahmens werden, wenn beispielsweise ein Fahrrad häufig aus dem kalten Keller in die wärmere Außenluft geholt wird. Während außen auf dem Rohr die Taubildung schnell wieder abdampft, hat das Rohrinnere nur wenige Abdampfstellen. Die Feuchtigkeit kann u.U. über längere Zeit im Rohr bleiben und den Rahmen korrosiv schädigen. Gleichermaßen kann das abtropfende Kondenswasser aus den Rahmenrohren die Tretlagerung schädigen, weshalb dort immer eine ▷ Schmutzhülse zwischen den Lagerschalen eingebaut sein sollte.

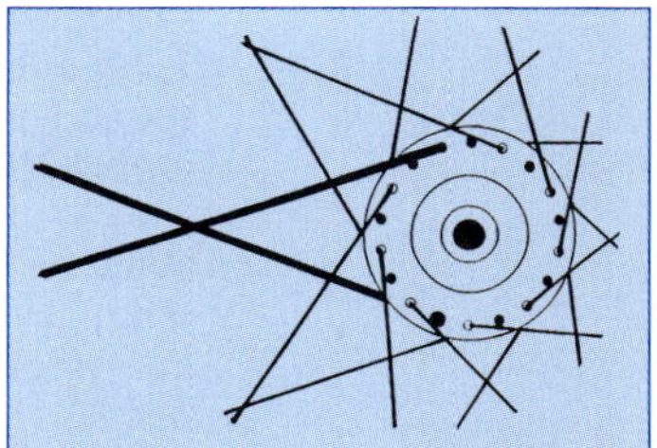
Abb. 12

Teewageneffekt

Effekt, bei dem um einen "versetzten Drehpunkt" schwenkbare Laufrollen (Abb. 13) sich infolge von sog. ▷ Richtkräften parallel zur jeweiligen Fahrrichtung ausrichten. Im Fahrradbereich spielt dieser Effekt v.a. beim ▷ Lenkvorgang eine Rolle.

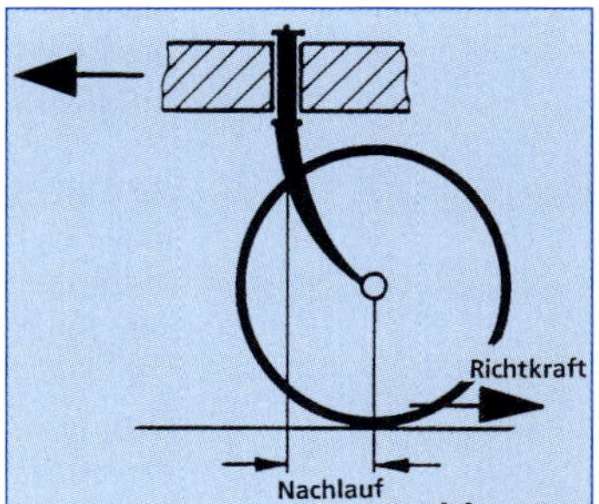

Abb. 13

Teflon

Allgemeinbez. für Tetrafluoräthylen:
Weicher, weißer Kunststoff mit sehr glatter Oberfläche, der ob seiner geringen Gleitreibung häufig für Gleitlagerungen eingesetzt wird (z.B. Beschichtung von Innnen- und Außenzügen).

Teilkreisdurchmesser

Durchmesser, in dem um einen Mittelpunkt herum und symmetrisch zueinander Löcher, Zahnflanken oder Bauteilelemente angeordnet sind (Abb. 14).
Im Fahrradbereich wird der Teilkreisdurchmesser teilweise synonym mit dem ▷ Lochkreisdurchmesser gebraucht.

Telelever-Prinzip

Teleskop-Brückengabel, die per Kugelgelenken oben mit dem ▷ Steuerrohr, unten mit einem sog. "Längslenker" verbunden ist. Einzelheiten s. ▷ Fahrradfederungen: Federgabeln.

Teleskop-Gabel

Meistverbreiteter Federgabeltyp (Abb. 15). Im Allgemeinen in einfacher Ausführung mit ▷ Elastomeren gefedert, in hochwertiger mit Öl/Luft-Dämpfer versehen. Einzelheiten s. ▷ Fahrradfederungen: Federgabeln.

Tellerfedern

▷ Federn in Form von meist in der Mitte durchbohrten Kegelscheiben, die sich durch ▷ Druckkräfte flachdrücken und nach Wegnahme des Drucks wieder in ihre Ausgangslage zurückfedern. Hierzu sind i.d.R. sehr hohe Kräfte nötig, was den Einsatzbereich dieser Federn einschränkt.

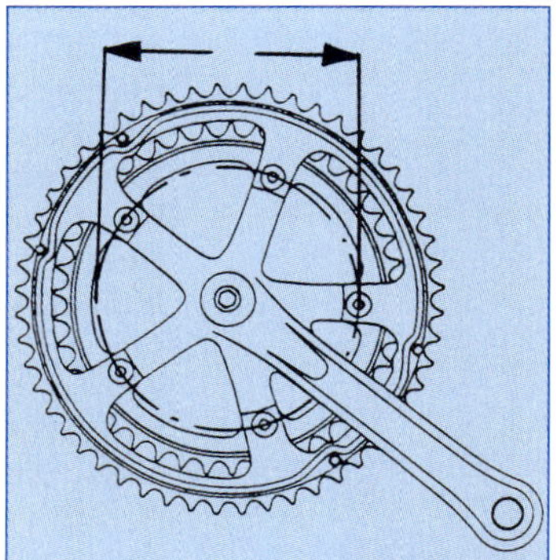
Abb. 14

Durch Stapeln (Aufeinanderlegen mehrerer Tellerfedern; Abb. 16 links) können diese Kräfte weiter erhöht werden, durch gegenläufiges Aneinanderreihen der Tellerfedern (Kegelspitzen gegeneinander; Abb. 16 rechts) läßt sich der Hubweg vergrößern.

Tellerfedern werden teilweise als Schraubensicherung eingesetzt und finden übrigens auch beim ▷ Rohloff-Revolver Verwendung, um bei dem hohen Spindeldruck des Vernietens leicht nachzugeben und so die Kette an der Nietstelle automatisch leichtgängig zu machen. Weiterer Einsatzbereich am Fahrrad: Tellerfedern zum "Ausstellen" der ▷ Tretlagerung (KSS; Abb. 17) durch elastische axiale Vorbelastung, um axiales ▷ Spiel zu vermeiden.

Abb. 15

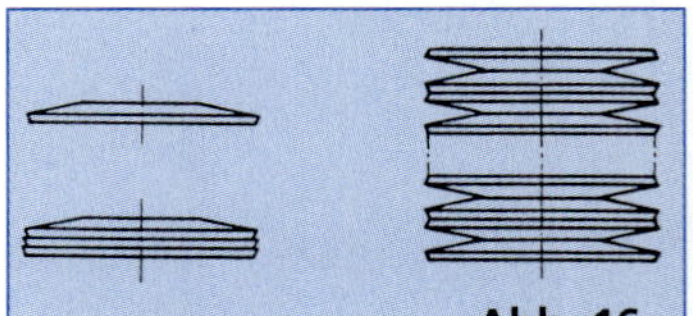
Abb. 16

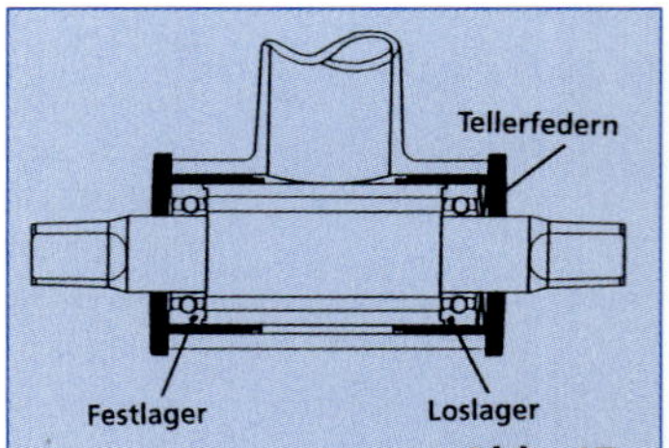

Abb. 17

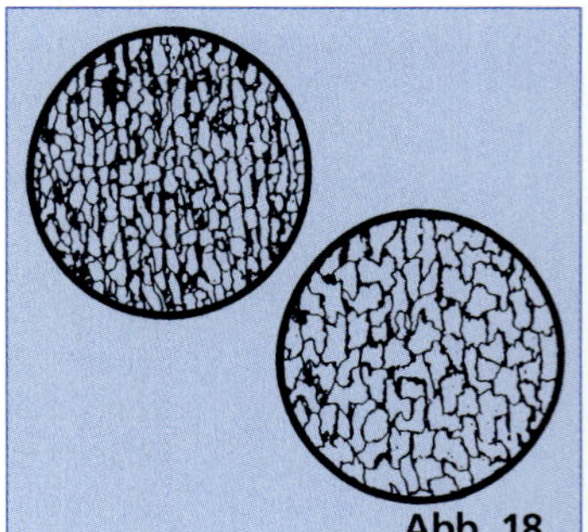
Abb. 18

Tempern

1. Begriff für längere Glühzeiten von sprödem, weißem Gußeisen, wobei bei Temperaturen zwischen 800 und 1000°C der zähe "Temperguß" entsteht.
2. Steigerung der ▷ Festigkeit von ▷ Zwei-Komponenten-Klebern sowie von Festigkeit und Formbeständigkeit von ▷ Faserverbundwerkstoffen durch Wärmebehandlung.

Während das Tempern von Gußteilen am Fahrrad heute nicht mehr angewandt wird, steigt seine Bedeutung bei ▷ Klebetechniken und für die Faserverbundwerkstoffe. Hierbei werden diese auf 80-180°C erwärmt, was ganz entschieden die Formbeständigkeit von ▷ Carbonteilen und -rahmen erhöht.
Besonders wichtig ist diese Prozedur bei Körpern aus ▷ Carbon, die hohen Temperaturen ausgesetzt werden (z.B. Bremswärme auf die Felge von ▷ Scheibenrädern; Sonneneinstrahlung ohne Luftzirkulation, z.B. im geschlossenen Autofonds).

Tests

s. ▷ Fahrradtests

Textur

Zeilenartig ausgerichtetes ▷ Gefüge von Metallhalbzeugen durch ▷ Walzen, ▷ Ziehen oder ▷ Strangpressen (Abb. 18).

Die Textur bewirkt eine Festigkeitssteigerung in Walzrichtung (höhere Belastbarkeit auf ▷ Zug- und ▷ Biegekräfte), gleichzeitig aber auch eine Festigkeitseinbuße für Belastungen, die quer dazu verlaufen. Letzteres hat v.a. Auswirkungen bei Bauteilen, die spanabhebend "aus dem Vollen" gearbeitet werden. Hier kann es bei höheren Belastungen bzw. bei Dauerbelastungen zum Aufplatzen in Faserrichtung kommen. Beispiele: Aus dem Vollen gefräste ▷ Tretkurbeln oder ▷ Aheadsets.
Auch bei gedrehten Teilen, z.B. aus dem Vollen gedrehten Naben, kann es aus gleichem Grund zum Ausreißen der ▷ Flansche kommen.
In all diesen Fällen sind geschmiedete Teile haltbarer.

Übrigens wird das zeilenartige Gefüge beim ▷ Schweißen aufgeschmolzen und erstarrt dann wieder zu einem regellosen Gußgefüge, wodurch die Resistenz gegen Zug- und Biegebelastung deutlich abnimmt.

Thermoplaste

Synthetisch hergestellte ▷ Kunststoffe, die aus langen, nicht miteinander vernetzten Molekülketten bestehen. Infolge von Erwärmung werden sie beim Überschreiten eines Erweichungspunktes weich und zähflüssig und erhärten wieder beim Abkühlen. I.G. hierzu s. ▷ Duroplaste.
Dieser als "Thermoplastizität" bezeichnete Vorgang ist im Prinzip beliebig oft wiederholbar und wird zur Erzeugung von Spritzguß- oder Blasteilen (z.B. Trinkflaschen) genutzt.

Thermoplastische Kunststoffe sind schweißbar (s. ▷ Kunststoffschweißen) und in speziellen Lösungsmitteln lösbar. Durch das Anlösen der Oberflächen lassen sich dann ebenfalls haltbare Verbindungen herstellen. Übrigens bestehen alle synthetischen Fasern für Bekleidungen aus thermoplastischen Kunststoffen.
Bekannte thermoplastische Kunststoffe: PVC, Polyamid, Polystyrol, Teflon, Plexiglas und Polycarbonat.

Thompsonlager

Tretlagerungsvariante des ▷ Glockenlagers, das an preiswerten Fahrrädern verbaut wird. Einzelheiten s. ▷ Tretlagerung: Konus-Tretlager (Abb. 19).

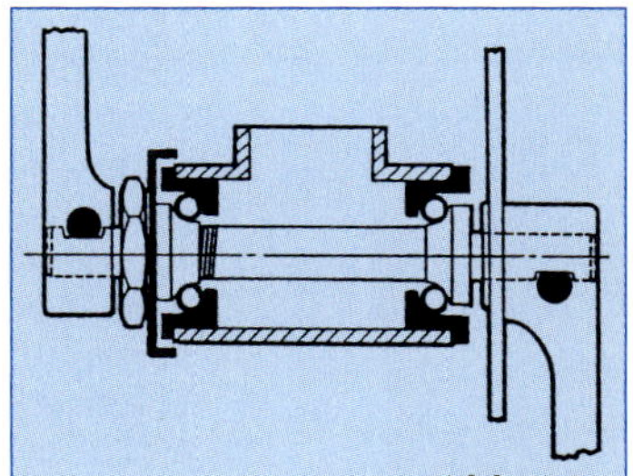

Abb. 19

Tiefbettfelge

Einfache Felgenform mit U-Profil für ▷ Drahtreifen. Abb. 20: Querschnittsvergleich: Rechts Tiefbettfelge, links Hohlkammerfelge. Einzelheiten s. ▷ Felgen: Felgentypen.

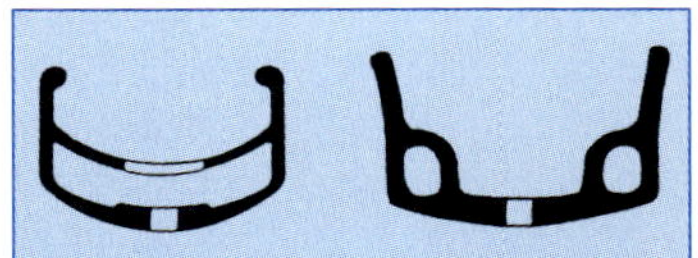

Abb. 20

Tiefenschlag

Andere Bez.f. ▷ Höhenschlag, wenn die Exzentrizität zur Nabe hin weist.

TIG-Welding

Abk. f. **T**ungsten **I**nert**g**as-Welding, der engl. Bezeichnung für ▷ WIG-Schweißen, da Wolfram engl. "Tungsten" heißt und Schweißen "Welding".

Titan

Leichtes, teures, im reinen Zustand gut verformbares Metall.

Beim Fahrrad wird Titan überwiegend in Form von ▷ Legierungen eingesetzt, die dann ▷ Festigkeiten bis über 1000 N/mm² erreichen und daher zur Herstellung von sehr teuren Fahrradrahmen und -komponenten eingesetzt werden (Abb. 21).

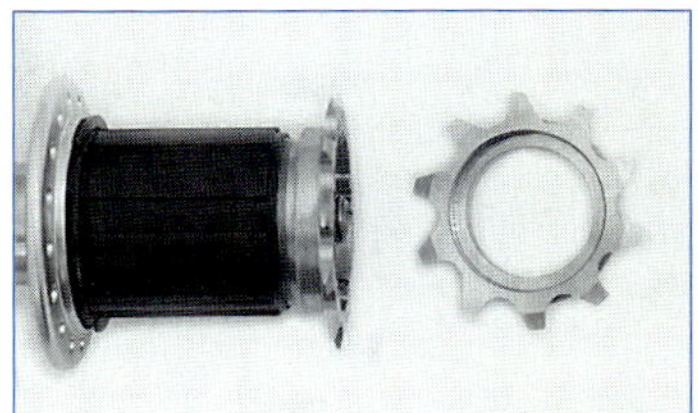

Abb. 21

Dichte: 4,5-4,7 kg/dm³ (s.a. ▷ spezifisches Gewicht) je nach Legierungspartner;
Schmelzpunkt: 1668°C (Reintitan);
Zugfestigkeit: 1. Reintitan: 280 N/mm²;
2. sauerstoffverfestigt: 400- 800 N/mm²;
3. Aluminium/Vanadium-legiert: 800-1100 N/mm².
Bruchdehnung: je nach Sauerstoff und Legierung 7-30%.
Elastizitätsmodul: 120.000 N/mm².

Im reinen Zustand besitzt Titan eine hohe ▷ Duktilität (Verformbarkeit), durch gezielte Sauerstoffzugabe oder durch Legierungszusätze läßt sich jedoch seine ▷ Zugfestigkeit erheblich steigern. Im Fahrradbau finden die schweißbaren Titanlegierungen TiAl4V6 und TiAl2,5V4 Anwendung, deren Zugfestigkeit 900-950 N/mm² erreicht.
Titan überzieht sich an der Luft sofort mit einer dünnen, aber sehr dichten Titanoxydschicht, die das Metall dann aber vor weiterer, korrosiver Lufteinwirkung schützt. Titanrahmen und -teile müssen daher nicht lackiert werden und besitzen eine graubräunlichgelbe Oberfläche. Bei höherer Temperatur diffundieren Sauerstoff und Stickstoff ins Metall und verspröden dieses. Daher muß Titan beim Schweißen mit einem Gasschleier vor Lufteinfluß geschützt werden, besser noch in mit Argon gefüllten Kabinen geschweißt werden.

Titan neigt innerhalb seiner Gefügestruktur zur sog. "Zwillingskristallbildung" (Abb. 22). Diese Kristallstruktur besitzt sog "Gleitebenen" (s. Skizze), die bei Dauerbelastung zur frühzeitigen Materialermüdung führen. Spezielle Legierungszusätze können diese Bildung zwar reduzieren, aber nicht ganz unterbinden. Aus diesem Grunde besitzt Titan nicht ganz die ▷ Dauerschwingfestigkeit von Stahl, und hochbelastete Titanteile müssen daher leicht überdimensioniert werden. Infolge seines im Vergleich zu ▷ Stahl geringeren Elastizitätsmoduls ist das für einige Bauteile (z.B. Titan-Rahmen) ohnehin sinnvoll, um genügend ▷ Seitensteifigkeit zu bekommen.

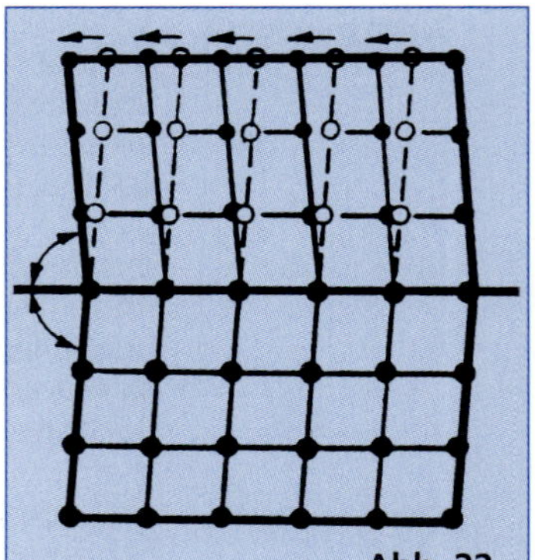
Abb. 22

Der Preis für Titan schwankt je nach Marktlage zwischen 60 und 120 DM pro kg, was aber nur teilweise den hohen Preis von daraus gefertigten Teilen rechtfertigt.
Einsatz am Fahrrad: ▷ Rahmen, ▷ Ritzel, ▷ Achsen, ▷ Schrauben.

Titanal

Markenname (Aluminiumwerke Ranshofen, Österreich) für die z.Zt. hochfesteste Aluminiumlegierung (▷ Zugfestigkeit: 650 N/mm²; ▷ Bruchdehnung: 14%).
Diese ▷ Legierung ist analog zum sog. "Flugzeugaluminium" (AlZnMgCu1,5) konzipiert, wobei die Anteile der Legierungspartner leicht erhöht sind. Weitere minimale Zugaben von Zirkon und Titan bewirken eine sog. "Kornverfeinerung" und erhöhen damit die ▷ Bruchdehnung.

Von dem Titanzusatz rührt der Kraft suggerierende Name, obwohl Titan nur zu 0,25% zugegeben wird. Vgl. auch ▷ Aluminium: Legierungen.
Diese seit Jahren im Skibereich verwendete Legierung wird für Fahrradrahmen seit 1991 eingesetzt. Zur Rohrfertigung werden zunächst Bleche zu einem Rohr geformt und dann per ▷ Hochfrequenz-Schweißen an der Naht verschweißt.
Abb. 23 zeigt ein MTB aus Titanalrohren von Hagan.

Abb. 23

Tomo-Nabe

Nabe, die speziell für die ▷ Radialspeichung konzipiert ist (Abb. 24).

Mit viel "Fleisch" oberhalb der Speichenlöcher ist der Nabenflansch gegen Ausrisse geschützt. Halbrunde Nuten führen die Speichen und ermöglichen so die Übertragung eines gewissen ▷ Antriebsdrehmoments. Weitere Einzelheiten s. ▷ Radialspeichung.

Abb. 24

Torpedo-Freilauf-Nabe

Hinterradnabe mit ▷ Freilauf und ▷ Rücktrittbremse von ▷ Fichtel & Sachs, die seit 1907 fast unverändert gebaut wird und jahrzehntelang Standard an fast jedem deutschen Gebrauchsrad war.

Torsionsbelastung

▷ Belastung, bei der ▷ Torsionskräfte danach trachten, einen Körper zu verdrehen. Einzelheiten s. jeweils dort (Abb. 25).
Torsionsbelastungen wirken vorwiegend in den Randzonen von Körpern, Einzelheiten hierzu s. ▷ Torsionssteifigkeit.

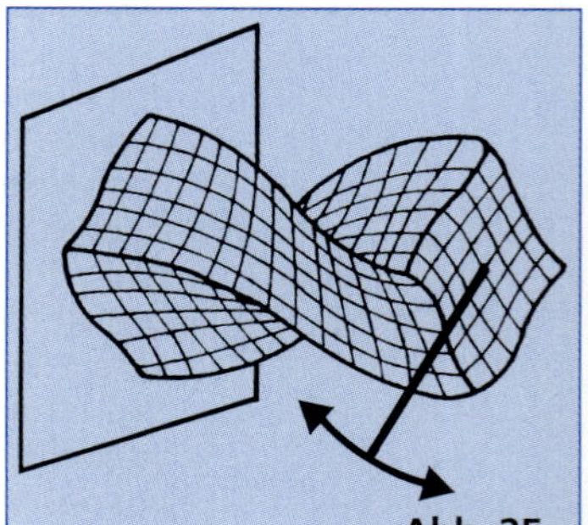
Abb. 25

Torsionsfeder

▷ Feder, die durch Verdrehung gespannt wird und dadurch eine ▷ Torsionskraft speichert und so beispielsweise als ▷ Rückholfeder fungieren kann (Abb. 26).
Anwendung am Fahrrad: Einige ▷ Rasterschalthebel und die ▷ Rückholfeder bei der Superbe-Schaltung von ▷ Suntour.

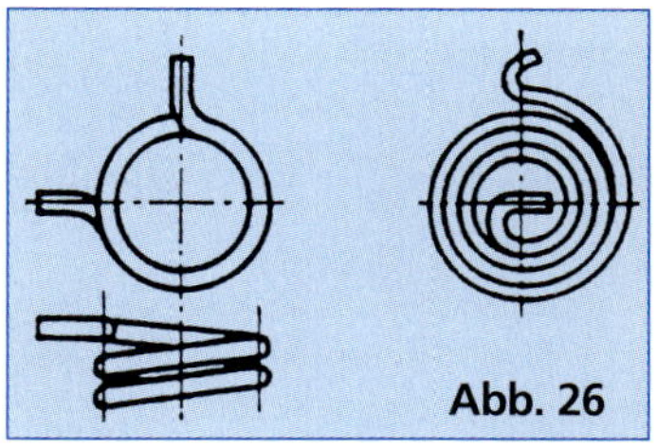

Abb. 26

Torsionskraft

Durch ▷ Drehmoment ausgeübte Kraft auf Bauteile, die diese um ihre Längsachse herum zu verdrehen trachtet (Abb. 27). Je größer das Volumen eines Bauteiles ist, umso besser ist es gegen Torsionskräfte gefeit, weshalb besonders lange, schlanke Stäbe und Rohre in Konstruktionen so gelegt werden müssen, daß sie keine oder nur wenig Torsionskräfte "abbekommen".
Für ▷ Faserverbundbauweise hat es sich bewährt, zur optimalen Aufnahme von Torsionskräften die Fasern unter 45° zur Längsachse des Bauteils zu wickeln. Unter 45° verläuft auch der typische Torsionsbruch, wenn er bei Bauteilen aufgrund von Torsionsbelastung auftritt.
Weitere Einzelheiten s. ▷ Rahmenbelastung; vgl. auch ▷ Torsionsbelastung.

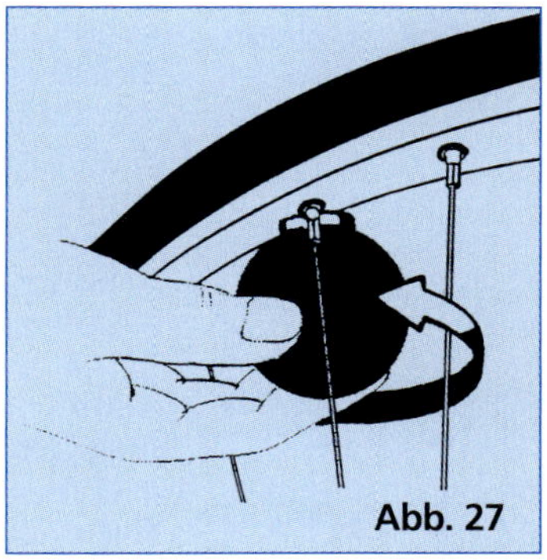

Abb. 27

Torsionssteifigkeit

Im Technikerjargon gebräuchliche Bez. f. den anschaulicheren Begriff ▷ Verdrehsteifigkeit.

Toter Gang

Das "Spiel" zwischen Vorwärts- und Rückwärtsbewegung von Bauteilen bzw. dem Betätigen und Ansprechen von mechanischen Einrichtungen wird häufig als ▷ Gang bzw. "toter Gang" bezeichnet. Er kann in Ungenauigkeiten von Führungen oder ▷ Bewegungsgewinden seine Ursache haben (Abb. 28).
Beispiele: 1.) Toter Gang beim ▷ Rücktritt, der maximal 1/4 Kurbelumdrehung betragen darf; 2.) Ansprechen von Hand betätigter Bremsen, deren Ansprechpunkt in 1/3 bis knapp der Hälfte des Bremshebelweges liegen soll.

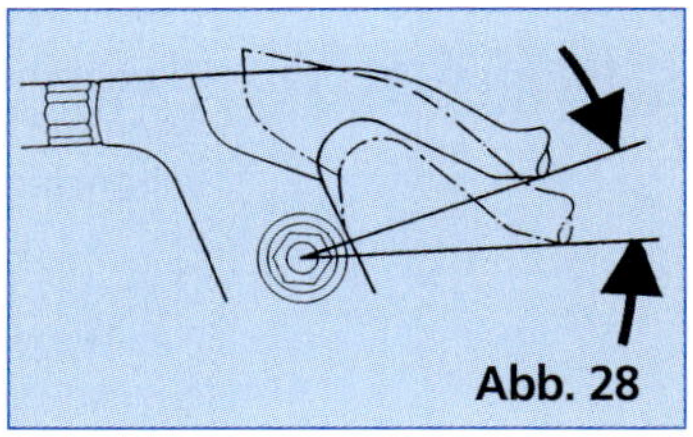

Abb. 28

Totkräfte

Bez. von Kräften bei mechanischen Vorrichtungen, die keine unmittelbare Antriebs- oder Kraftwirkung ausüben, sondern nur die ▷ Lagerungen belasten. Klassisches Beispiel hierzu: Eine beim Trittablauf durch die Kurbellängsachse verlaufende Kraftkomponente (in Abb. 20 mit "T" bezeichnet; nur die tangential zur Tretkurbel gerichtete Komponente der ▷ Pedalkraft bewirkt einen ▷ Vortrieb, "V" in Abb. 29).

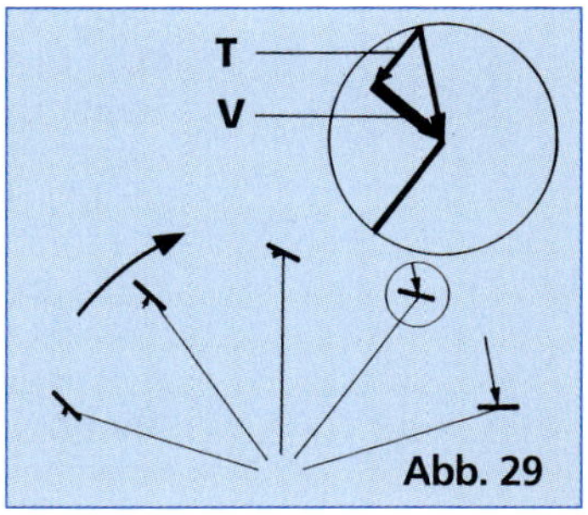

Abb. 29

Totpunkt

Radlerjargon für eine Kurbelstellung (wechselseitig etwa in der "1 Uhr/7 Uhr"-Stellung), bei der nur von geübten Radfahrern Kraft auf das Pedal eingebracht werden kann.
Der Totpunkt sollte durch bewußtes Pedalieren (▷ runder Tritt) möglichst ausgemerzt werden, was bei erfahrenen Radlern automatisch passiert.

Tourenrad

1. ▷ Gebrauchsräder (Abb. 30) der unteren Preisklasse (bis ca. DM 800,-), die heutzutage überwiegend mit Schaltungsanlagen versehen sind.
Merkmale: Flacher ▷ Steuer- und ▷ Sitzwinkel für ruhiges ▷ Fahrverhalten und bequeme, aufrechte ▷ Sitzposition; ▷ Kettenschutz; ▷ Reifen um und über 30 mm Breite.

Abb. 30

Frühere Merkmale: Die nach hinten offenen ▷ Ausfallenden sowie die an der ▷ Sattelmuffe angeschraubten ▷ Sattelstreben sind durch moderne Produktionsmethoden weitgehend überholt.
2. Viele Leute verstehen aber unter dem Begriff eher ein "Rad für Touren", also ein ▷ Reiserad, das im Grunde nur in der mittleren bis gehobenen Preisklasse ab DM 1.300,- seriös gefertigt werden kann.

Touren-Sportrad

Sonderform des ▷ Tourenrades mit sportlich zugeschnittenem ▷ Hinterbau: Konische ▷ Sattelstreben, gestanzte ▷ Ausfallenden.

Träger gleicher Biegespannung (-belastung)

Einseitig eingespannter Träger (Abb. 31), an dessen freiem Ende eine Kraft angreift und dessen Querschnitt zur Einspannstelle hin kontinuierlich zunimmt, so daß alle Querschnitte des Trägers einer gleichen Biegespannung unterliegen.
Der Träger gleicher Biegespannung stellt damit ein Optimum für den ▷ Kraftfluß dar und spart darüber hinaus unnötigen Materialeinsatz.

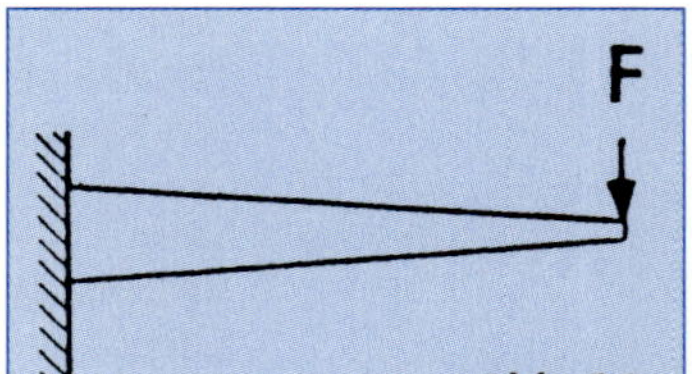

Abb. 31

Klassisches Beispiel im Fahrradbau ist die ▷ Pedalachse, s.a. ▷ Tuning.

Trägheitskraft

Kräfte, die infolge der Trägheit von ▷ Massen auftreten.
Beispiele s. ▷ Beschleunigungskraft und ▷ Fliehkraft.

Tragegurt

Gurte, die das Tragen von Fahrrädern, insbes. ▷ MTBs erleichtern oder kleinere Rahmentaschen in Umhängetaschen konvertieren.

Trainings-Rolle

Mechanische Einrichtung, auf der der Radsportler mit seinem Sportgerät zum Auf- und Abwärmen oder zum Heimtraining frei balancierend "auf der Stelle" fährt (Abb. 32).

Abb. 32

Die klassische Trainingsrolle besteht aus zwei Walzen (Rollen) für das Hinterrad, eine davon ist mit einer dritten Walze für das Vorderrad per Riemenantrieb verbunden. Die ▷ Fliehkraft der ▷ Laufräder stabilisiert hierbei wie im Normalbetrieb die Gleichgewichtslage. Da der Windwiderstand bis auf die Laufräderdrehung entfällt, tritt es sich auf der Trainingsrolle vergleichsweise leicht. Zu Trainingszwecken (z.B. Wintertraining) wird sie daher mittels zusätzlich angetriebener Windturbinen oder Wirbelstrombremsen etwas schwergängiger gemacht.

Zum Fahren auf der Rolle ist ein gewisses Balancegefühl nötig, das sich der Radler aber schnell antrainieren kann. Das Fahrrad kann aber auch mit einem Haltebügel gesichert werden und avanciert dann zum "Hometrainer". Unverzichtbar ist der Haltebügel für die Rollenversion mit nur zwei Walzen.
Der Übergang von der Trainingsrolle zum ▷ Hometrainer ist durch die heutige Angebotsfülle fließend, Einzelheiten s.d.

Traktion

Bez. für die Reibung, die zur Übertragung der ▷ Antriebskraft des Radlers vom Reifen auf die Fahrbahn nötig ist.

Traktion sollte möglichst ohne ▷ Schlupf erfolgen, da sonst unnötiger Kraftverlust sowie Reifenabrieb entstehen.
Auf Asphaltstraßen ist Traktion bei Nässe leicht eingeschränkt (s.a. ▷ Reifen und ▷ Slick), auf Naturtrassen ist sie hingegen sehr stark von Bodenbeschaffenheit und ▷ Reifenprofil abhängig. Vgl. auch ▷ Bremsvorgang: Blockieren der Laufräder.

Transportfahrräder

Besonders stabil gebaute Fahrräder, die speziell zum Transport großer und/oder schwerer Lasten ausgelegt sind (Abb. 33). Näheres s. ▷ Lastenräder.

Abb. 33

Transporttaschen

Z.T. ausgepolsterte Tragetaschen, in denen v.a. schutzblechlose, sportlich genutzte Fahrräder transportiert werden können (Abb. 34). Hierzu ist es i.d.R. nötig, zumindest die ▷ Laufräder auszubauen.
Genutzt werden diese Taschen v.a. bei der Fahrradmitnahme in öffentlichen Verkehrsmitteln, bes. sinnvoll sind sie bei Flugzeugtransport, um das Fahrrad vor Beschädigung zu schützen.

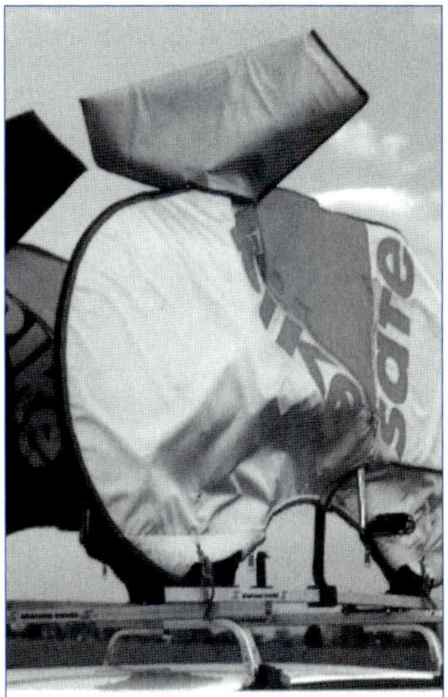

Abb. 34

Trekkingrad

Bez. f. ein Mehrzweck- ▷ Geländerad mit 28 Zoll großen ▷ Laufrädern und einer ▷ Reifenbreite von 35-45 mm (Abb. 35).

Das Trekkingrad ist mit bewährten, defektsicheren und leicht bedienbaren Mountainbike-Komponenten ausgestattet, also 3-faches ▷ Kettenblatt, ▷ Index-Schaltung mit großem ▷ Übersetzungsbereich (oder Sachs 3 x 7) sowie ▷ Cantileverbremsen.

Das Trekkingrad ist schwer einzuordnen, was sich bereits im Prozeß der Namensfindung zeigte: Aus der ersten Bezeichnung "Zwitter" oder "Hybridrad" wurde nach und nach ▷ ATB bzw. "Cross-Rad", bis sich letztendlich die Bez. Trekkingrad durchsetzte.
Das Trekkingrad ist besonders für ältere, aber noch sportliche Radfahrer eine Alternative zum Mountainbike, da diese Radfahrergruppe vorwiegend auf festem Untergrund radelt (Asphalt- und Naturstraßen), nicht aber auf unbefestigten Wegen. Außerdem setzt sich dieser Radlerkreis teilweise bewußt von den Mountainbikern ab, die durch einige Radelrambos ein Negativimage bekommen haben.

Für Reiseradler, die nicht nur asphaltierte Straßen benutzen wollen, ist das Trekkingrad ebenfalls eine Alternative, da es auch in preisgünstigen Versionen sehr defektsicher ist und weil gemäßigte ▷ Rahmengeometrie und bequeme Sitzhaltung die Ansprüche an ein ▷ Reiserad erfüllen (Abb. 36).
Wieder verglichen mit dem Mountainbike fährt sich das Trekkingrad durch die i.d.R. schmaleren Reifen weniger leicht in "tiefem Geläuf" (stärkerer Einspureffekt in weichem Untergrund), z.T. bringt die feinere Profilierung auch Traktionsprobleme. Durch die größeren Laufräder ist aber der Speichendefekt wieder ein Problem, den Mountainbiker schon fast vergessen haben. Versuche, Trekkingräder auf der Basis von 26"-Laufrädern zu bauen, gehen in diese Richtung, zielen aber auch auf kleiner gebaute Rahmen und eignen sich somit besser für klein gewachsene Fahrer, insbes. Frauen.

Abb. 35

Tretinnenlager Andere Bez. für ▷ Tretlagerung.

Tretkurbeln Auch ▷ Kurbelgarnitur oder einfach "Kurbeln" benanntes Hebelpaar, das auf der ▷ Tretlagerachse verkeilt wird. Es wird erst durch die ▷ Pedale zur echten ▷ Kurbel.
In die rechte Tretkurbel ist ein ▷ Kurbelstern integriert, auf den 1-3 ▷ Kettenblätter montiert werden, die per Kette den ▷ Antrieb des Fahrrades bewirken, s.a. ▷ Kurbelantrieb.

Abb. 36

Die Tretkurbeln einfacher Fahrräder sind aus ▷ Stahl, die von höherwertigen sind aus ▷ Aluminium gefertigt. Hierbei ist wiederum zwischen gegossener, gefräster oder geschmiedeter Ausführung zu unterscheiden. Letztere sind bezüglich der Dauerbelastbarkeit die günstigsten Ausführungen. Befestigt werden die Tretkurbeln auf der ▷ Tretlagerachse mittels ▷ Vierkantbefestigung. Die ältere ▷ Keilbefestigung hat sich nicht bewährt (Ausschlagen der Keile) und wird heute kaum noch verbaut.

Längen Als Faustregel für die Kurbellänge gilt: "1/10 der Körpergröße".
Dessen ungeachtet hat sich jedoch die Kurbellänge von 170 mm, im MTB-Bereich 175 mm, als Standard durchgesetzt. Die Erfahrung hat gezeigt, daß der Mensch diesbezüglich recht anpassungsfähig ist, daß aber kleine Fahrer mit zu langen Kurbeln häufiger Kniebeschwerden bekommen (zu starke Abwinklung bei obenstehendem Pedal), während sehr große Fahrer über mangelnde Krafteinwirkung klagen. Aus diesem Grunde ist es auf jeden Fall ratsam, bei Körpergrößen bis 165 cm auf eine kürzere, bei Körpergröße über 185 cm auf eine entsprechend längere Kurbel zurückzugreifen.

Tretkurbelantrieb Am Fahrrad fast ausschließlich angewandte Form des ▷ Antriebs als Variante des ▷ Kurbelantriebs, nähere Information s.d.

Tretkurbelkeil Abgeschrägter, mit einem Gewinde versehener Zylinder zur ▷ Keilbefestigung der ▷ Tretkurbel (Abb. 37).

Tretlager Landläufige Bez. für die ▷ Tretlagerung, bei salopper Formulierung kann auch das ▷ Tretlagergehäuse gemeint sein.

Tretlagerachse Gebräuchliche Bez. für die beide ▷ Tretkurbeln verbindende ▷ Welle der ▷ Tretlagerung.
Zur Definition: Die Tretlagerachse rotiert mit den Kurbeln, ist also genaugenommen keine Achse (feststehend), sondern eine ▷ Welle. Da sich im allgemeinen Sprachgebrauch jedoch die Bezeichnung "-achse" durchgesetzt hat, sollte man es bei dieser Terminologie belassen.

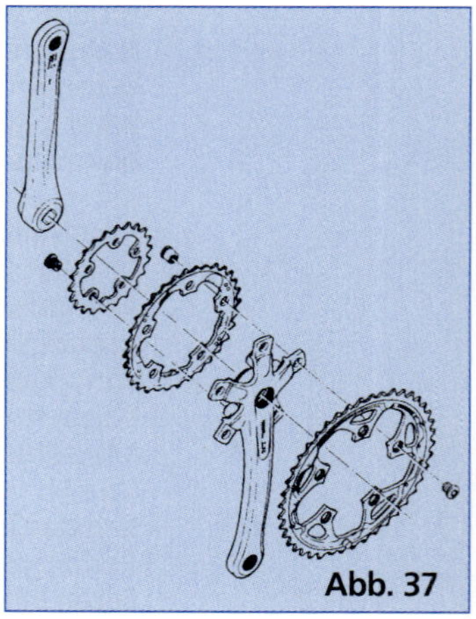
Abb. 37

Die Tretlagerachse wird i.d.R. aus ▷ Stahl gefertigt und besitzt an beiden Enden einen konischen ▷ Vierkant zur Aufnahme der beiden Tretkurbeln. Die Achse der ▷ Thompson-Lagerung war früher für ▷ Keilbefestigung ausgelegt, wird heute aber ebenfalls meist per Vierkant befestigt.

Typen Je nach Lagerungsart kommen folgende Achstypen zur Anwendung:
1. *Konusachse:* Beide ▷ Konen sind gleich auf der Achse eingearbeitet (Abb. 38 oben), vgl. ▷ Konuslager;
2. ein Konus wird per ▷ Linksgewinde auf die linke Achsseite einstellbar gestaltet, der rechte ist als ▷ Festkonus ausgebildet (Abb. 38, 2. von oben), s. ▷ *Glockenlager;* ▷ *Thompsonlager;*
3. Achse für ▷ *Industriekugellager:* statt der Konen ist auf der Achse der Lagersitz für die Industriekugellager aufgebracht (Abb. 38, 2. von unten);

4. Achse für ▷ *Patronenlagerung:* besitzt eine eingekerbte Rille (Abb. 38 unten) für den Kugellauf.

Sonderausführungen: *1.)* Tretlagerachsen aus ▷ Titan: Sie bringen eine Gewichtsersparnis von 80-90 g mit sich, sind aber biegeweicher als Stahlachsen und sollten daher nicht von kräftigen Radlern eingesetzt werden. *2.)* Achsen und Kurbeln aus einem Stück: s. ▷ Fauber-Antrieb für ▷ BMX-Räder (Abb. 39).

Je nach Fahrradtyp und ▷ Kröpfung der Tretkurbeln sind unterschiedliche Achsbreiten üblich, s. Tabelle ▷ Tretlagerung.

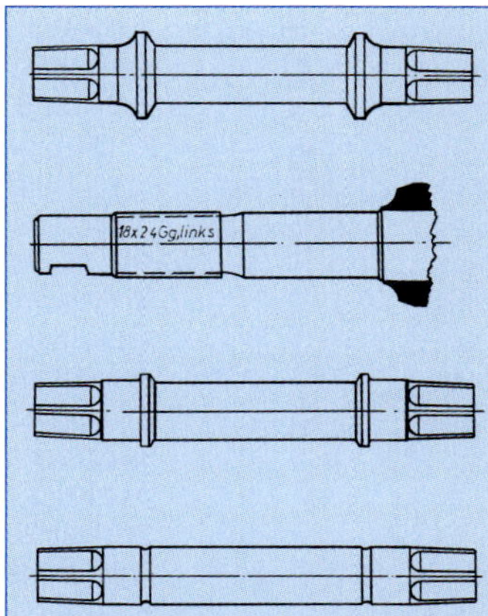

Abb. 38

Belastung

Im Fahrbetrieb ist die Tretlagerachse zwei unterschiedlichen Belastungsarten ausgesetzt:

1. ▷ Biegebelastung (s. ▷ Achsbiegung);

2. ▷ Torsionsbelastung: Diese "Verdrehspannung" wirkt lediglich über eine halbe Kurbelumdrehung - nämlich nur, wenn die linke Kurbel heruntergetreten wird. Dabei wirkt die Kraft (▷ Kraftfluß) vom Vierkant der linken Kurbel über die Tretlagerachse zum Vierkant der rechten Kurbel und über das System Kurbel/Kurbelstern zum ▷ Kettenblatt und kann bei kräftigen Radlern 300 - 500 Nm (Newtonmeter) betragen (s. hierzu auch ▷ Pedalachse). Wird dagegen die rechte Kurbel heruntergetreten, so bleibt die Kraft innerhalb des Systems Kurbel + Kettenblatt, und die Achse wird nicht auf Torsion beansprucht.

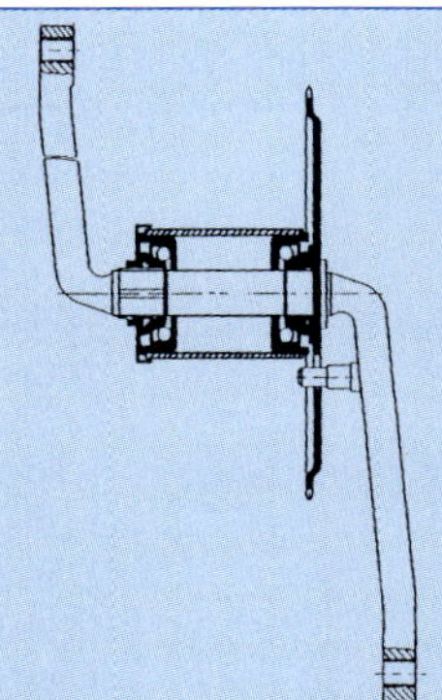

Abb. 39

Materialien

Standardwerkstoff ist auch hier wieder ▷ Stahl, bei dem durch besondere Wärmebehandlung der äußere Mantel (auf dem sich auch die ▷ Kugellaufbahnen befinden) gehärtet ist, wobei die Härte zum Achskern hin abnimmt. Bei hochwertigen Tretlagerungen kommen auch Titanlegierungen (▷ Titan) zum Einsatz (Gewichtsreduzierung bis 70 Gramm).

Titanachsen biegen sich unter gleichen Bedingungen allerdings aufgrund des geringeren ▷ Elastizitätsmoduls ca. doppelt so weit durch wie Stahlachsen. Bei antrittsstarken Fahrern kann es daher zum Schleifen der Kette am ▷ Umwerfer kommen. Konstruktive Maßnahmen hiergegen: große ▷ Stützbreite, Verwendung von doppelreihigen ▷ Kugellagern bzw. paarige Anordnung einreihiger Kugellager, s.a. ▷ Tretlagerung.

Abmessungen

Die Länge der Tretlagerachse beträgt je nach ▷ Kurbelgarnitur 103-136 mm.

Der auf ▷ Biegung belastete Durchmesser schwankt je nach Hersteller und Ausführung zwischen 16,2 mm und 17 mm.

Zur Ausbildung des ▷ Kurbelvierkants s.d.

Tretlagerbereich

Insbes. bei der Beschreibung von ▷ Rahmenbelastungen verwendeter Begriff, der den Bereich um die ▷ Tretlagermuffe mit den angrenzenden Rohrenden meint.

Tretlagergehäuse

In einfacher Ausführung quer zur Fahrradlängsachse liegendes Rohr (Abb. 40), in dem die ▷ Tretlagerung untergebracht ist. I.d.R.

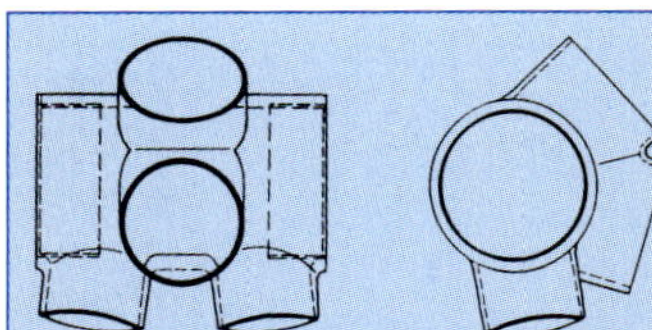

Abb. 40

wird das Tretlagergehäuse gleich als ▷ Tretlagermuffe ausgeführt, Abmessungen und Gewinde s. ▷ Tretlagergewinde, vgl. außerdem ▷ Tretlagerung.

Tretlagergewinde

Spezielles ▷ Fahrradgewinde, das zur Einbringung der ▷ Tretlagerung im ▷ Tretlagergehäuse dient.

International am verbreitetsten ist die Ausführung mit ▷ BSA-Gewinde in der Abmessung von 1,37x24 Zoll (Abb. 41 oben), wobei die rechte ▷ Lagerschale als Schutz gegen ▷ Selbstlösen ▷ Linksgewinde besitzt. Im Einflußbereich des italienischen Radsports sind die Abmessungen 36x24 häufiger anzutreffen (Abb. 41 Mitte). Die rechte Lagerschale weist hierbei ▷ Rechtsgewinde auf.
Im französischen Einzugsbereich für Fahrräder wird hingegen das ▷ metrische Gewinde 35x1 eingesetzt (Abb. 41 unten), wobei die rechte Lagerschale ebenfalls Rechtsgewinde besitzt.
Ganz selten anzutreffen ist das ▷ Schweizer Tretlagergewinde mit gleichfalls 35x1, allerdings Linksgewinde auf der rechten Lagerschale.

Anmerkung: Um dem ▷ Selbstlösen der rechten Lagerschale bei Ausführungen mit Rechtsgewinde wirksam zu begegnen, ist dies besonders fest anzuziehen oder mit ▷ Schraubenkleber zu sichern.

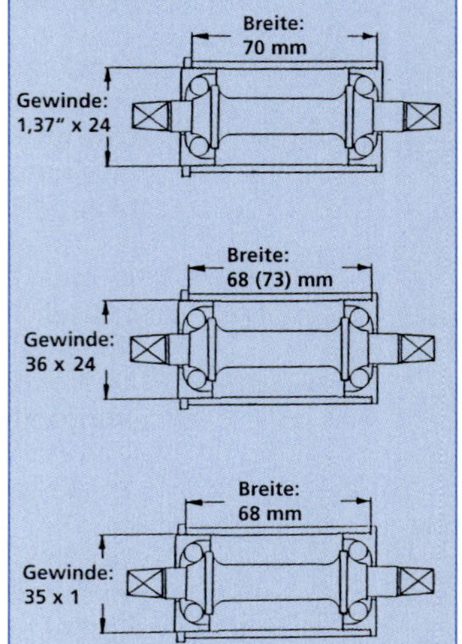

Abb. 41

Tretlagermitte

Mittelachse der ▷ Tretlagerung, die als Meßpunkt für die Bestimmung von ▷ Rahmenhöhe, ▷ Hinterbaulänge und ▷ Fußfreiheit dient.

Tretlagermuffe

▷ Tretlagergehäuse mit ▷ Muffen oder ▷ Klebestutzen für das Fügen von ▷ Unterrohr, ▷ Sattelrohr sowie der beiden ▷ Unterstreben.
Die Ausführung erfolgt je nach Rahmenwerkstoff in Stahlblech, Stahlguß (▷ Microfusionsmuffe), ▷ Aluminium oder ▷ Carbon. Weitere Informationen s. ▷ Muffen.

Tretlagerpatrone

Moderne Ausführung der ▷ Tretlagerung in Form einer Patrone, die insbes. Montagevorteile bringt, Näheres s. ▷ Lagerung; ▷ Patronenlager (Abb. 42).

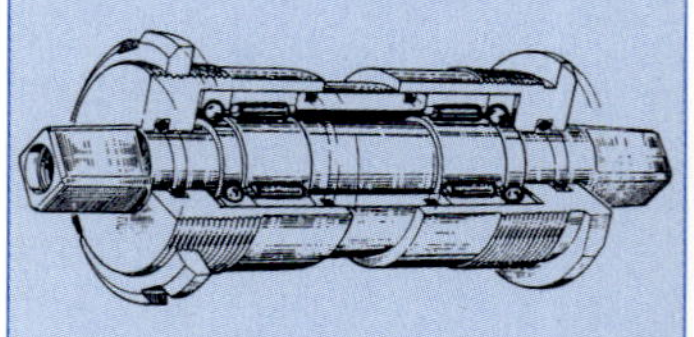

Abb. 42

Tretlagerschale

Ins ▷ Tretlagergehäuse geschraubte ▷ Lagerschalen für die ▷ Tretlagerung.
Bei ital. und frz. ▷ Tretlagergewinden besitzt die rechte Lagerschale jeweils ▷ Rechtsgewinde, ▷ BSA-Gewinde und Schweizer Gewinde dagegen ▷ Linksgewinde zum Schutz gegen ▷ Selbstlösen.

Konuslagerung

Bei klassischen Konus-Tretlagerungen enthalten die Tretlagerschalen zugleich die äußere ▷ Kugellaufbahn (Abb. 43 oben).
Die rechte Lagerschale besitzt eine 36-mm-Schlüsselfläche und wird mit ihrem Bund fest gegen das Tretlagergehäuse geschraubt. Mit der linken Tretlagerschale wird die Tretlagerung spielfrei eingestellt und mit einem Gewindering gekontert. Hier besitzen alle Gewindeausführungen Rechtsgewinde.

Anmerkung: In der Ausführung als ▷ Glocken- und ▷ Thompson-Lager werden die Lagerschalen gewindelos im Tretlagergehäuse verpreßt.

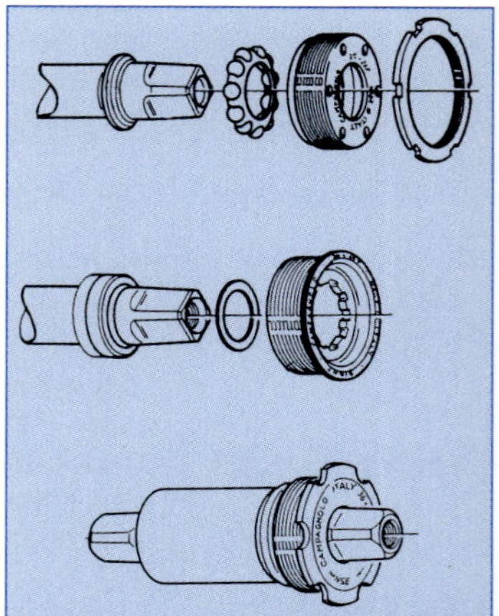

Abb. 43

Industrielager Die Lagerschalen von Tretlagerungen mit ▷ Industriekugellager werden zur besseren Einstellung teilweise auf beiden Seiten mit einem ▷ Gewindering gekontert (Korrektur der ▷ Kettenlinie möglich). Sie besitzen statt der ▷ Kugellaufbahnen einen ▷ Paßsitz zur Aufnahme der Industriekugellager (Abb. 43 Mitte).

Patronenlager Bei den Patronen-Tretlagerungen (s. ▷ Patronenlager) ist die rechte Schale fest mit der Patrone verbunden, während die linke die Patrone im Tretlagergehäuse festklemmt (Abb. 43 unten).
Daneben gibt es noch die Version für einfachere Gebrauchsräder, bei der die Schalen der Patrone ohne Gewinde ausgeführt sind und im Tretlagergehäuse verpreßt werden.

Tretlagersteg

Verbindungsrohr zwischen den ▷ Unterstreben im Abstand von 20-80 mm hinter dem ▷ Tretlagergehäuse (Abb. 44).

Abb. 44

Der Tretlagersteg stabilisiert den Rahmen hinsichtlich seitlich einwirkender Kräfte wie sie v.a. beim ▷ Wiegetritt auftreten. Da an dieser Stelle bei Rennfahrern häufig Rahmenbrüche auftreten, wurden hier früher ▷ Verstärkungsbleche angelötet. Eine andere, besser haltende Methode ist es, den Steg mit größerem Durchmesser (18-20 mm) auszuführen, um die Kräfte in einen größeren Rohrbereich einzuleiten.
Aus Gründen rationeller Rahmenfertigung wird heute der Steg häufig mit in die ▷ Tretlagermuffe integriert oder ganz weggelassen. Unter letzterem leidet die Dauerbelastbarkeit der Rahmen, was sich aber eigentlich nur bei sportlich genutzten Fahrrädern negativ auswirkt (s. ▷ Weichtreten; ▷ Rahmenbruch).

Der Tretlagersteg wird darüber hinaus als Anschraubstelle für Schutzbleche und ▷ Rollendynamo genutzt und bei preiswerten Fahrrädern durch die untere ▷ Stegplatte ersetzt.

Tretlagerung

Ins ▷ Tretlagergehäuse eingebaute ▷ Lagerung für den ▷ Kurbelantrieb eines Fahrrades, landläufig auch als "Tretlager" oder "Innenlager" bezeichnet.

Prinzip Eine kugelgelagerte ▷ Tretlagerachse wird von in das Tretlagergehäuse geschraubten ▷ Lagerschalen zentriert. Die Art der ▷ Kugellagerung ist unterschiedlich, s.u.
Frühere Tretlagerungen wurden ausschließlich als ▷ Konuskugellager ausgeführt. Ab etwa 1975 kamen hier vermehrt ▷ Industriekugellager zum Einsatz; seit 1994 überwiegen hingegen ▷ Patronenlagerungen, da sie in erster Linie Montage-Erleichterungen für den Hersteller bieten.

Konus-Tretlager Die einfache und bewährte Konuslagerung tritt in folgenden Varianten auf:

BSA-Lager Als ▷ BSA-Lager werden Tretlagerungskonzeptionen bezeichnet, bei denen auf der Tretlagerachse gleich zwei ▷ Festkonen ausgebildet sind (Abb. 45).
Die ▷ Lagereinstellung erfolgt über die linke Tretlagerschale und wird mittels ▷ Gewindering gekontert. Zuvor wird die rechte Schale fest bis zum Bundanschlag eingedreht.
Diese Tretlagerungsart wird in drei Baubreiten ausgeführt:
1. Original BSA-Lagerung mit 68 mm breitem Tretlagergehäuse und einer Gewindeabmessung von 1,37 x 24;
2. Sonderbreite für MTBs mit 73 mm;
3. ital. Ausführung mit 70 mm breitem Tretlagergehäuse und der Gewindeabmessung 36 x 24.

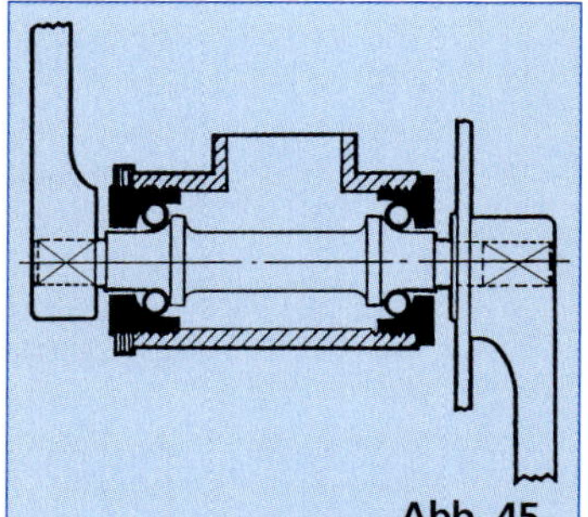
Abb. 45

Ein weiteres Unterscheidungsmerkmal dieser Konzeption ist das ▷ Linksgewinde für die rechte Lagerschale bei der Original-BSA-Ausführung, während die ital. Version ▷ Rechtsgewinde aufweist. Andere Gewindeabmessungen s. ▷ Tretlagergewinde.

Gebräuchlichster Durchmesser von ▷ Lagerkugeln für Tretlagerungen ist 6,35 mm (1/4").

Das BSA-Lager ist in Deutschland der verbreitetste Lagerungstyp. Seinem Vorteil, daß sich die rechte Lagerschale nicht so schnell selbständig lockert, steht der Nachteil einer geringeren ▷ Stützbreite gegenüber (im Vergleich zur ital. Tretlagerung).

Glockenlager

Tretlagerungen mit an der Kurbel befestigten, glockenförmig anmutenden ▷ Staubkappen (Abb. 46 oben), die gewindelos im Tretlagergehäuse verpreßt werden. Die Kugellaufbahn liegt i.U. zum BSA-Lager in Richtung Lagermitte, und die Konen reichen von außen in die Lagerschalen hinein. Auf der rechten Achsseite befindet sich der ▷ Festkonus, die Lagereinstellung erfolgt über den ▷ Stellkonus auf der linken Achsseite per Linksgewinde. Beide Konen werden abschließend von übergestülpten, gerundeten Staubkappen abgedeckt, wobei die rechte Staubkappe als glockenförmige Auswölbung des ▷ Kettenblatts ausgeführt ist - daher der Name.

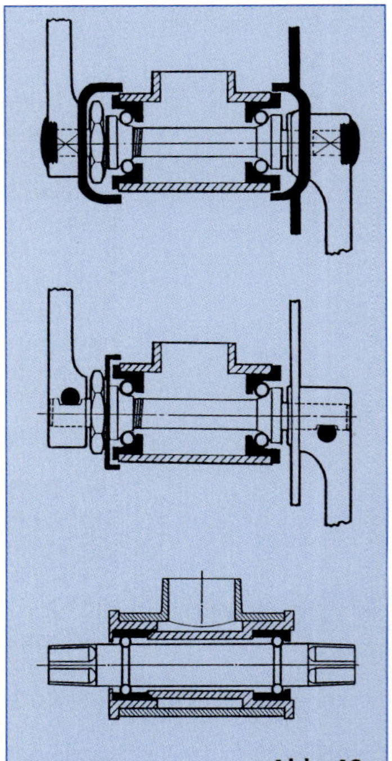

Abb. 46

Zur Aufnahme der Tretkurbeln besaß diese heute nicht mehr gebaute Tretlagerung bereits einen Vierkant.

Thompson-Lager

Abgelöst wurde das Glockenlager durch das rationeller herstellbare Thompson-Lager (Abb. 46 Mitte), das eine grundsätzlich gleiche Konzeption aufweist, sich äußerlich durch die kantigen Staubkappen unterscheidet, v.a. aber durch die ▷ Keilbefestigung der Tretkurbeln.

Eine weitere Rationalisierungsmaßnahme stellte die einkeilige Version des Thompson-Lagers dar, bei der die rechte Tretkurbel mittels Rändelung gleich fest auf der Tretlagerachse verpreßt wurde. Da diese Keilbefestigung aber den Praxisbedingungen selbst von Normalradlern auf Dauer nicht standhielt, wird dieser Tretlagertyp heute nahezu ausschließlich wieder per Vierkant befestigt.
Die Kugeln in Konustretlagerungen besitzen einen Durchmesser von 1/4 Zoll (6,35 mm) und werden i.A. in ▷ Kugelringen eingelegt. Hobbymonteure legen die Kugeln häufig einzeln ein und bekommen so mehr Kugeln in die Lagerschalen, ein Mehraufwand, der mit einer längeren Betriebszeit belohnt wird.
Als Sonderform vgl. die Lagerung beim ▷ Fauber-Antrieb.

Industrielager

Bei prinzipiell gleicher Bauart wie die BSA-Konuslagerung wird auf jeder Achsseite je ein ▷ Industriekugellager per ▷ Paßsitz von Achse und Lagerschale aufgenommen. In der Ausführung mit zwei Industrielagern auf jeder Achsseite bzw. alternativ hierzu einem doppelreihigen Industrielager auf jeder Achsseite sind Tretlagerungen mit Industrielagern besonders biegesteif. Im Unterschied zur BSA-Lagerung sind hier Ausführungen auf dem Markt, bei denen beide Lagerschalen mit einem ▷ Gewindering gekontert werden und so eine geringfügige Korrektur der ▷ Kettenlinie ermöglichen.

Patronenlager

Als Patrone ausgeführte Einheit von Tretlagerachse und ihrer Kugellagerung, d.h., das ▷ Lagerspiel ist bereits vom Werk aus eingestellt, die Patrone muß nur noch ins Tretlagergehäuse verschraubt werden, wodurch sich für die Fahrradhersteller Montagevorteile ergeben (Abb. 46 unten).

Noch günstiger sind diesbezüglich Patronenlagerungen für einfache Gebrauchsräder, die ohne Gewinde einfach im Tretlagergehäuse verpreßt werden.

Probleme Der Normalradler hat selten Probleme mit der Tretlagerung. Vom sportlichen Radler wird sie allerdings so hoch belastet, daß elastische ▷ Achsbiegungen im Bereich um 0,5 mm auftreten. Das mindert nicht nur die Lebensdauer der Lagerung, sondern kann bei kräftigen ▷ Wiegetritten auch zum Schleifen der Kette an der ▷ Umwerfergabel führen, da das ▷ Kettenblatt ja wie ein Verlängerungszeiger der Tretlagerachse wirkt.

Nach wie vor gilt bezüglich ▷ Biegesteifigkeit die Konuskugellagerung als robuster Tretlagerungstyp, der jedoch von Sonderbauweisen des Industriekugellagers (auf jeder Achsseite ein doppelreihiges oder zwei Kugellager) noch übertroffen wird.

Wegen seiner größeren ▷ Stützbreite gilt außerdem die Ausführung der Tretlagerung mit ital. Gewinde (s.o.) als biegesteifer im Vergleich zur Original-BSA-Lagerung (s. ▷ Tretlagermuffe). Aus diesem Grund ist übrigens bei einigen MTBs das Tretlagergehäuse verbreitert worden, benötigt dann aber darauf zugeschnittene Spezialtretlagerungen.

Bei den meisten Patronenlagern ist die Stützbreite reduziert, was bei Sportradlern immer wieder zu den o.g. Problemen führt.

Da die Tretlagerung an schmutzexponierter Stelle angebracht ist (Spritzwasser vom Vorderrad), wurden in den letzten Jahren kontinuierlich die ▷ Dichtungen der Tretlagerungen verbessert. Statt der früher üblichen "Spaltdichtung" werden nun vermehrt auf der Achse oder dem Kugellagerinnenring schleifende oder mitlaufende Dichtungen eingesetzt (Abb. 47).

Faustregel für die Tretlagerwartung: Konus-Tretlagerungen mind. einmal pro Jahr säubern und neu fetten - verschlissene Lagerteile ggf. austauschen. In Industriekugel- oder Patronenlagerbauweise ausgeführte Lagerungen fahren, bis axiales ▷ Spiel auftritt, dann Kugellager bzw. ganze Patrone auswechseln.

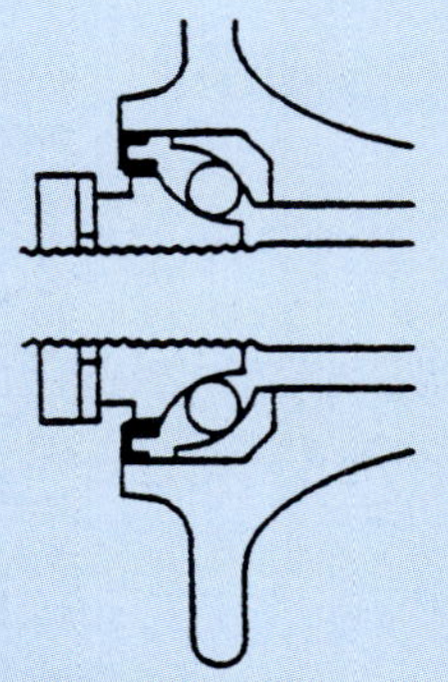

Abb. 47

Abb. 48: Tabelle Tretlagerung

Gewindetyp	*Gewinde*	*Gehäusebreite*	*Achsbreite in mm*		
			Rennrad	Gebrauchsrad	MTB*
BSA**	1,37x24***	68 mm	103-119	113-125	107-132
Italien	36x24	70 mm	103-119	113-125	107-132
Frankreich	35x1	68 mm	107-119	113-125	-
Schweiz**	35x1	68 mm	107-119	113-125	-

* Bei MTBs von einigen US-Firmen beträgt die Gehäusebreite 73 mm;

** Bei BSA- und schweizerischen Gewindeausführungen besitzt die rechte Lagerschale ein Linksgewinde;

*** Die ISO-Gewindeausführung 1,375x24 ist nicht gebräuchlich, stimmt aber mit der älteren Raleigh-Ausführung überein. Zum Vergleich: 1,37" entspricht 34,798 mm, 1,375" entspricht 34,925 mm.

Anmerkung: Der ▷ Vierkant von Achse und Kurbeln wird von ▷ Campagnolo schlanker hergestellt. Bei Kombinationen kann sich daher die ▷ Kettenlinie verschieben. Wird z.B. eine Kurbel von ▷ Shimano auf eine Campa-Achse aufgezogen, so verschiebt sich die Kettenlinie um rund 4 mm nach innen - bei einer alten TA-Kurbel sind es sogar 8 mm. Achten Sie im umgekehrten Fall darauf, daß die Stecklänge mindestens 11 mm beträgt, um eine sichere Verbindung zwischen Achse und Kurbel zu gewährleisten. Übrigens verschieben moderne, gekröpfte Kurbeln die Kettenlinie nach außen und benötigen daher eine schmalere Achse.

Tretlagerwelle

Technisch korrekte, aber jargonfremde Bez. f. ▷ Tretlagerachse.

Tria-Bügel

Andere Bez. f. ▷ Trialenker.

Trial

▷ Geländewettbewerb, bei dem extreme Hindernisse überwunden werden müssen, wobei sich der Fahrer nicht mit dem Fuß auf dem Boden abstützen darf. Es zählen Geschicklichkeit, Gleichgewichtssinn und Steuerkunst und nicht die Fahrgeschwindigkeit.
Typisch für die Trial-Fahrer ist das Balancieren und Wippen auf dem Rad im Stand, um mentalen und physikalischen Anlauf zur Überwindung des nächsten Hindernisses zu nehmen.
Verwendet wird ein spezielles ▷ Trial-Rad.

Trialenker

Von der Fa. ▷ Scott patentierter Lenkeraufsatz, der die abfahrtsläuferartige, aerodynamisch günstige "American Position" auf dem Fahrrad ermöglicht (daher auch "Scott-Lenker" resp. "Aero-Lenker") (Abb. 49) .
Diese im ▷ Triathlon zuerst benutzte Lenkerform hat sich heute bei allen Einzeldisziplinen des ▷ Zeitfahrens durchgesetzt.

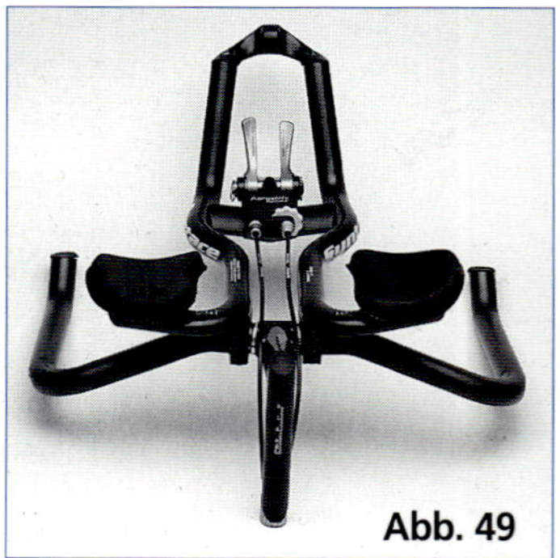

Abb. 49

Auswirkungen

Die auf dem Trialenker einnehmbare Haltung ist nicht ganz so strömungsgünstig wie die mittels ▷ Hochauflieger (vgl. Tabelle ▷ Aerodynamik: Luftwiderstand), gestattet es aber, sich mit den Unterarmen auf dem Lenker abzustützen und so die Rückenmuskulatur zu entlasten. Das macht den Lenker so beliebt, daß er teilweise sogar von Reiseradlern und einigen Mountainbikern eingesetzt wird, die damit auf Asphalt "Kilometer machen".

Der Trialenker erlaubt es dem Radler, sich weit nach vorne zu beugen, so daß der Oberkörper nahezu waagerecht liegt und die Knie nicht mehr den Ellenbogen berühren.
Ungünstig ist bei dieser Fahrhaltung freilich die Lastverteilung des Fahrergewichtes auf die Laufräder: Das Vorderrad wird stärker belastet als das Hinterrad, was einem Fahrrad mit herkömmlicher ▷ Rahmengeometrie ein träges, zum ▷ Untersteuern neigendes Fahrverhalten verleiht.

Tria-Geometrie

Mit einer speziellen ▷ Triathlon-Geometrie
* langer Vorderbau,
* kurzer Hinterbau,
* steiler Sitzwinkel

können diese Nachteile jedoch recht gut ausgeglichen werden (s.a. ▷ Triathlon-Rad).

Der Trialenker darf aufgrund der Lenk- und Sichtnachteile nur in Einzelwettbewerben gefahren werden, im normalen Rennbetrieb mit Fahrerfeldern ist er (Gefahr von Massenstürzen) dagegen verboten.

gewöhnungsbedürftig

Gewöhnungsbedürftig ist das Steuern mit dem Trialenker, da die Hände vorne nahe zusammengenommen den nach oben weisenden Teil des Triaaufsatzes umfassen, während sich die Unterarme auf den ▷ Pads abstützen, die auf den Unterlenker montiert sind. Hieraus ergibt sich eine eigentlich völlig radfahrunübliche, deichselähnliche Lenkkoordination.

Triathleten, die nur den Trialenker fahren, kommen nach einer kurzen Umstellungszeit i.d.R. gut mit dem Lenker zurecht, während reine Rennradler von Umstellungsschwierigkeiten beeinträchtigt sind: In den üblichen Rennen wird der ▷ Rennlenker auf dem normalen Rennrad gefahren, der nach wie vor Vorteile hinsichtlich schneller Reaktion und Rennübersicht bietet.

Steht nun eines der seltenen ▷ Zeitfahren an, müssen sich Rennfahrer, die hierfür aufs Tria-Rad umsatteln wollen, von heute auf morgen in Lenk- und Tretkoordination umstellen. Die ungewohnte Position bringt dann Koordinationsschwierigkeiten mit sich, die sich als Leistungseinbußen auswirken können:

* Schlangenlinienfahren aufgrund ungewohnter Unterarmlenkung,
* Muskelübersäuerung aufgrund der ungewohnten Trittposition.

Aus diesem Grund kann es für den Rennfahrer ratsam sein, analog zu einem Mehrkämpfer beide "Disziplinen" zu trainieren.

Umgreifen Ein weiteres Problem entsteht, wenn zum Bremsen vom Tria-Aufsatz auf einen normalen Rennlenker als Unterlenker umgegriffen wird: Hierzu muß sich der Radler aufrichten, das Vorderrad verliert auf einen Schlag knapp die Hälfte seiner Bodenbelastung - das Velo entwickelt starke Flatterneigung. Daher ist es ratsam, den Trialenker auf einen weit nach vorne weisenden Unterlenker in Hörnchenform zu montieren (▷ Hörnchenlenker).
Anmerkung: Die Schalthebel werden bei Trialenkern auf einen kurzen Quersteg vor den Griffhörnern montiert. Mehr und mehr aber kommen ▷ Drehschalter an den Griffhörnern zum Einsatz, um ohne Umgreifen schalten zu können.

Trial-Rad Spezialrad für ▷ Trial-Wettbewerbe, das in seiner Bauausführung in etwa dem BMX-Rad ähnelt. Es besitzt 20-Zoll-Laufräder, einen niedrigen Rahmen für verbessertes ▷ Handling, ein ▷ hohes Tretlager, um Bodenaufsetzer zu vermeiden, eine 1:1-Übersetzung, um steile, kurze Anstiege zu meistern oder das Vorderrad vom Boden abzuheben sowie einen steilen ▷ Steuerwinkel, damit das Vorderrad bei Lenkkorrekturen weniger schwenkt, sondern mehr auf dem Punkt dreht.
Da die schwierigen Passagen ohnehin im Stehen gefahren werden, wird der Sattel sehr niedrig eingestellt, um das Handling nicht zu stören.

Triathlon Ausdauer-Dreikampf, der aus Schwimmen, Radfahren und Laufen besteht (Abb. 50) und erstmalig 1981 in Hawaii ausgetragen wurde. Die hierbei bewältigten Distanzen:

3,8 km Schwimmen, 180 km Einzelzeitfahren, 42,2 km Laufen (Marathonlauf).

Dieses ist die klassische "Ultra"-Distanz, zu der sich später noch Lang- und Kurztriathlon gesellten, als Extremdisziplinen schließlich noch Doppel- und Dreifach-Triathlon, deren Bedeutung mehr als spektakulär denn als wettkämpferisch wertvoll gilt.

Abb. 50

Reglement Jeder Wettkämpfer ist auf sich allein gestellt, darf also keine äußere Hilfe annehmen, muß also etwaige unterwegs anfallende Defekte selbst beheben oder ausscheiden.
Damit sich kein Wettkämpfer einen Vorteil verschafft, ist das Fahren im ▷ Windschatten von Konkurrenten verboten, daher gleicht das Radfahren einem Einzelzeitfahren.

Radfahren Das Radfahren nimmt zeitlich die längste Dauer in Anspruch und wurde daher zur Kerndisziplin: Ein schwacher Schwimmer, aber starker Radfahrer z.B. kann seinen Rückstand wesentlich leichter aufholen als umgekehrt.

Da durch aerodynamische Maßnahmen das Fahrrad entschieden windschlüpfiger gestaltet werden kann, hat der Triathlon dazu geführt, daß sich die Triathlethen hinsichtlich Radneuerungen oder neu eingesetzten Materialien als sehr innovativ gezeigt haben. Das führte u.a. zum eigenständigen ▷ Triathlonrad, zum ▷ Trialenker und hat die Entwicklung der extremen ▷ Tropfenfelgen und ▷ Composite Wheels forciert.

Triathlon-Geometrie

▷ Rahmengeometrie, die speziell für die ▷ American Position ausgelegt ist (Abb. 51). Hierdurch kehrt der Fahrer die normale ▷ Gewichtsverteilung auf die ▷ Laufräder nahezu um (Vorderrad wird höher als Hinterrad belastet), sie muß daher durch eine entsprechende Rahmengeometrie wieder ausgeglichen werden:
Ausgehend vom klassischen ▷ Rennrad wird der ▷ Vorderbau verlängert, während der ▷ Hinterbau verkürzt wird. Desweiteren wird das ▷ Sattelrohr steiler gestellt, ist also mehr zum Lenker hin orientiert.
Um in der Geometrieauslegung mehr Spielfreiheit zu bekommen, ist die Triathlongeometrie auf 26-Zoll-Laufräder ausgelegt (kürzere ▷ Hinterbaulänge möglich). Die kleineren Laufräder besitzen zudem eine geringere Standfläche und sind so aerodynamisch etwas günstiger.

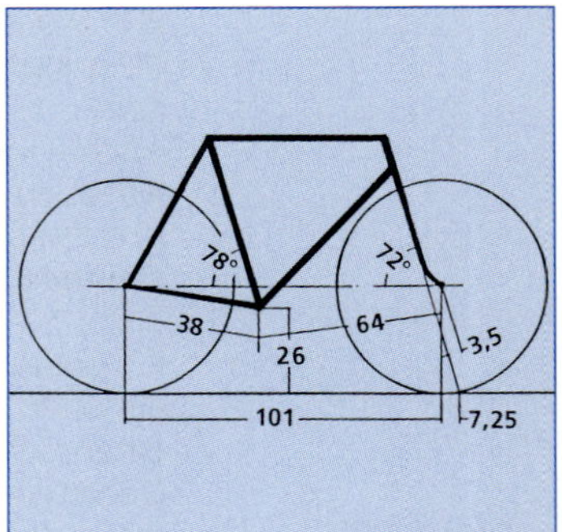

Abb. 51

Da das Rad mit der "Unterarmlenkung" des ▷ Trialenkers nicht so feinfühlig gelenkt werden kann wie mit dem ▷ Rennlenker, ist es weiterhin ratsam, den ▷ Steuerwinkel abzuflachen, um per vergrößertem ▷ Nachlauf eine Verbesserung des ▷ Geradeauslaufes zu erreichen.

Tria(thlon)rad

▷ Zeitfahrrad, das speziell auf die Bedürfnisse der Radfahrstrecke im ▷ Triathlon zugeschnitten ist (Abb. 52). Da der Wettbewerb das Fahren im ▷ Windschatten verbietet, ist das Triathlonrad besonders windschnittig ausgelegt.

Abb. 52

Klassische Merkmale des Triathlonrades sind aus diesem Grunde der ▷ Trialenker zur Einnahme der ▷ American Position, ▷ Composite Wheels, ▷ Shamal-Laufräder oder ▷ Scheibenräder. Trinkflaschen werden häufig hinter dem Lenker montiert, außerdem auch gern besonders strömungsgünstige ▷ Monocoques auf der Basis von 26-Zoll-Laufrädern gefahren. Die kleineren Laufräder bieten eine Reduzierung der ▷ Stirnfläche und bringen daher geringfügige aerodynamische Vorteile. Außerdem ermöglichen sie den kurzen Hinterbau zur Erzielung der ▷ Triathlon-Geometrie.

An Triathlonrädern kommen häufig außergewöhnliche Rahmen- und Komponentenmaterialien wie ▷ Carbon, ▷ Titan und ▷ Aluminium zum Einsatz, um sie für Berganstiege besonders leicht zu gestalten. Weiterhin kommen auch Sonderkonstruktionen zum Einsatz, wie z.B. die ▷ Sattelschwinge.

Tricycle

Engl. Bez. f. ▷ Dreirad.

Trinkflasche

Kunststoff- oder Aluminiumflasche, aus der während der Fahrt per Einhandbedienung getrunken werden kann. Dazu sind die Flaschen mit Spezialverschluß versehen (kann mit den Zähnen geöffnet werden) und werden in einem ▷ Flaschenhalter herausziehbar fixiert (Abb. 53).

Abb. 53

Der übliche Montageort des Flaschenhalters befindet sich am ▷ Unterrohr, für Langstreckenfahrten kann eine zweite Flasche am ▷ Sattelrohr befestigt werden, bei den Triathleten dagegen vorwiegend hinter dem Sattel.

Den "Luxus", sich während der Fahrt mit einem kühlen Naß laben zu können, leisteten sich zunächst nur die Radrennfahrer, um den Flüssigkeitsverlust und verbrauchten Blutzucker ohne Zeitverlust auffrischen zu können. Heute sind Trinkflaschen jedoch auch an allen ▷ Sporträdern, ▷ Mountainbikes, ▷ Trekkingrädern und natürlich auch ▷ Reiserädern üblich.

Geradezu Luxus bieten isolierte Trinkflaschen, damit das kostbare Naß im Sommer kühl und im Winter warm bleibt.
Als Sonderform gibt es für Triathleten einen Schlauch mit Beißverschluß für an dem Lenker angebrachte Trinkflaschen. Damit kann sogar ohne Loslassen des Lenkers getrunken werden. Mit dem gleichen Verschluß ist übrigens auch der sog. "Camelbak" versehen, ein Trinkbeutel, der auf dem Rücken getragen wird und angeblich die Windschnittigkeit verbessert.

Tri-Spokes

Andere Bez. f. ▷ Composite Wheel.

Trittfrequenz

In Umdrehungen pro Minute (U/min) angegebene Drehzahl, mit der die Kurbel "herumgedreht" wird. Die Trittfrequenz kann heute mittels ▷ Computer exakt gemessen und angezeigt werden.
Das Maximum an Leistungsfähigkeit erreicht der Mensch bei etwa 60 Kurbelumdrehungen pro Minute. Das steht allerdings in Widerspruch zu den Trittfrequenzen der Rennradfahrer, die zwischen 90 und 110 U/min liegen. Die Erfahrung der Radsportler hat jedoch gezeigt, daß bei höherer Drehzahl eine bessere Regenerierung der Muskulatur besteht. Geringere Kurbelumdrehungen bei höherem Krafteinsatz führen dagegen zu erheblicher Übersäuerung im Muskel, die weniger schnell abgebaut werden kann. Trotzdem neigen auch Radsportler bei höchstem Leistungseinsatz, ▷ Zeitfahren, Gegenwind oder Bergauffahren dazu, die Kurbelfrequenz zu verringern. Momentan scheint durch den verstärkten Einsatz von 11er ▷ Ritzeln (statt bisher 12 oder 13 Zähne) beim kleinsten Ritzel der Trend bei Radprofis zu "dickeren" Gängen, sprich einer geringeren Trittfrequenz zu gehen. Interessant ist, daß nahezu alle dokumentierten ▷ Stundenweltrekorde mit um die 105 U/min gefahren worden sind (Ausnahme Obree 1993: 85 U/min).

An und für sich müßte die Trittfrequenz individuell gehandhabt werden, da jeder Mensch seine speziellen motorischen und muskulären Eigenheiten besitzt. Es dürfte aus diesem Grunde auf jeden Fall sinnvoller sein, seine eigene optimale Trittfrequenz zu finden, als vorgegebenen "Idealen" nachzueifern.

Trittkraft

Andere Bez.f. ▷ Pedalkraft.

Trommelbremse

Nabenbremse, bei der Bremsbacken gegen ein trommelartigen Bremszylinder gedrückt werden. Näheres s. ▷ Bremsen: Nabenbremsen (Abb. 54).

Trommelbremsnabe

In der ▷ Nabe integrierte Bremse, bei der ▷ Bremsbacken auf einem ▷ Bremsmantel gepreßt werden, Einzelheiten s. ▷ Bremsen: Nabenbremsen.

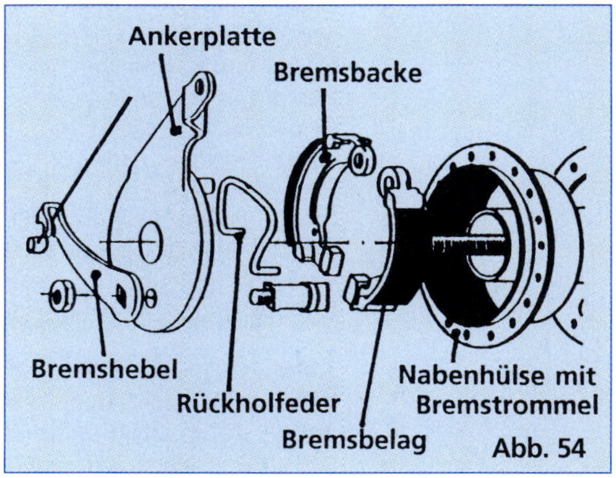

Abb. 54

Tropfenfelge

Version der ▷ Hohlkammerfelge, die in Verbindung mit dem Reifen ein tropfenförmiges Profil bildet und damit ein aerodynamisch günstigeres ▷ Laufrad ergibt (Abb. 55).
Tropfenfelgen sind aufgrund ihres hohen Profils härter als beispielsweise ▷ Kastenfelgen und besitzen daher weniger ▷ Fahrdynamik, bieten aber v.a. schweren Fahrern einen größeren Schutz vor Speichenbrüchen.

extreme Tropfenfelge

Mit extrem langgezogenem Tropfenprofil (aus Aluminium oder Carbon gefertigt) läßt sich der ▷ Luftwiderstand der Laufräder erheblich senken. Näheres s. ▷ Felgen: Felgentypen (Abb. 56).

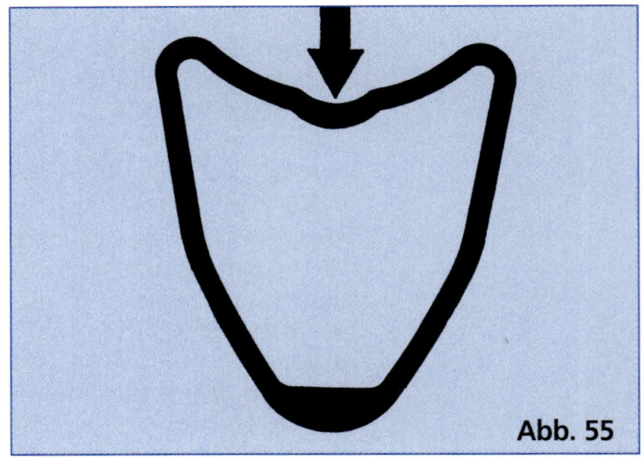

Abb. 55

True Temper

Amerik. Rohrhersteller, der ein breites Spektrum von Rahmenrohren guter Qualität anbietet, s. Tabelle ▷ Rahmenrohre (Abb. 57).

Abb. 56

Tuning

Im eigentlichen Sinne Bez. f.d. optimale Abstimmen von Motorleistung und Fahrwerk im Motorsport. Auf das Fahrrad bezogen: Verbesserung von Funktion und Gewicht von Fahrradteilen und ▷ Komponenten.

Fahrradtuning läßt sich in drei Unterbereiche einteilen:

Funktionelle Verbesserung

Beispiele: Verbesserung der Bremswirkung durch ein flachangestelltes ▷ Seildreieck, s.a. ▷ Bremsen: Cantileverbremsen.
Oder: Ein ▷ Laufrad mit reduzierter Speichenzahl und ▷ extremer Tropfenfelge besitzt einen geringeren ▷ Luftwiderstand, verringert leicht das Laufradgewicht gegenüber dem Standard und verbessert die ▷ Fahrdynamik.

Abb. 57

Gewichtsreduzierung

Unnötige ▷ Masse erfordert bei jeder ▷ Beschleunigung höhere ▷ Kräfte oder wird von gleich großen Kräften nur auf eine geringere Geschwindigkeit gebracht. Gewichtsreduzierungen verbessern außerdem das ▷ Handling eines Zweirades und verringern bergauf die zu überwindende ▷ Hangabtriebskraft.

Optische Aufwertung

Neue Formgebungen und hochpolierte Oberflächen heben überarbeitete Komponenten wohltuend aus der Serien-Uniformität heraus. Bereits eine Veränderung der äußeren Kontur um knapp einen Millimeter kann einen völlig neuen Formenfluß bewirken (Abb. 58).

Tuning wird i.d.R. von handwerklich geschickten Bastlern durch Dünner- und Schlankerfeilen, Schmirgeln und Polieren der Komponenten oder durch geometrisch verkleinerte Nachbauten erreicht. Bei diesen Tätigkeiten sollte man sich aber an das gesicherte Wissen des Maschinenbaues in Sachen Leichtbau halten.

Kraftfluß

Wichtig sind hierbei v.a. ein guter ▷ Kraftfluß und die Vermeidung von ▷ Spannungsspitzen. Wer sich an diese Regeln hält, kann Fahrradbauteile nicht nur leichter, sondern auch bruchsicherer machen. Klassisches Beispiel dazu liefert der ▷ Träger gleicher Biegespannung, dessen Querschnitt kontinuierlich bis zur Einspannstelle zunimmt. Ein Vorbild, das bei Brems- und Schalthebeln, ▷ Tretkurbeln und ▷ Sattelstütze verwirklicht werden kann.
Wer hingegen durch Löcherbohren seine Fahrradteile zu erleichtern gedenkt, sollte beachten, daß hierdurch der Kraftfluß z.T. ganz erheblich gestört und i.A. höchste Bruchgefahr heraufbeschwört wird.

Abb. 58

Alle drei Tuningbereiche lassen neben dem "eigenen Handanlegen" (mit dem natürlich jeder Anspruch auf ▷ Produkthaftung erlischt) auch bereits durch den Kauf sinnvollerer, leichterer oder schönerer Bauteile erreichen. Meist führt eine Kombination von Selbsttuning und Zukauf zum schnellsten und sichersten Erfolg.

Übrigens sind Leichtteile i.d.R. aus hochwertigen Werkstoffen gefertigt und können weiter "abgespeckt" werden als voluminöse Teile aus weniger festem Material.

Twist Ring

Auf dem Lenker angebrachter Schaltring von ▷ Sachs. Ähnlich wie beim ▷ Drehschaltgriff wird die für den Schaltvorgang nötige Schaltzuglänge per Auf- oder Abrollen eingeholt oder freigegeben. Zwei flügelähnliche Fingerauflagen erleichtern die Drehbewegung (Abb. 59).

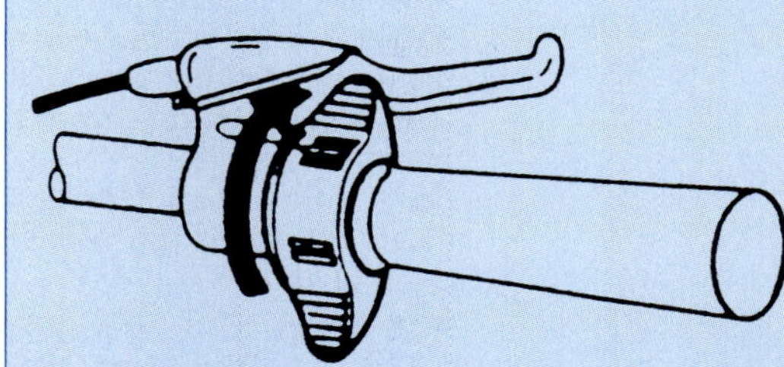

Abb. 59

U-Brake

▷ Felgenbremse von U-förmiger Bauart in Gestalt einer besonders "fleischig" ausgeführten ▷ Mittelzugbremse (Abb. 1).
U-Brakes wurden ursprünglich unter den ▷ Unterstreben hinter dem ▷ Tretlagergehäuse montiert, seltener als Vorderradbremse an der Gabel.
Dieser inzwischen weitgehend wieder von der ▷ Cantileverbremse verdrängte Bremsentyp war in den Jahren 1988/89 derart häufig an ▷ Mountainbikes anzutreffen, daß ein Bike ohne U-Brake fast schon als altmodisch galt.

Bei der schwergewichtigen, aber verwindungssteifen Bremse war v.a. der Montageort nachteilig: Verschmutzungsträchtig, bei Reparatur und Wartung schwer zugänglich, außerdem schliff bei kräftigen ▷ Wiegetritten immer wieder die Felge an der Bremse. Eine Verlegung des Anbringungspunktes an die ▷ Sattelstreben hatte zunächst den Vorteil, daß sich die U-Brake enger an den Rahmen schmiegte als die damaligen weit abstehenden ▷ Cantileverbremsen. Sie war also weniger verletzungsträchtig und bekam keinen Kontakt mit den Radtaschen. Mit dem Aufkommen der modernen ▷ Low Profile-Cantileverbremsen war auch dieser Vorteil obsolet und die U-Brake verschwand wieder vom Markt.

Abb. 1

UCI

"**U**nion **C**ycliste **I**nternationale"; Welt-Radsportverband (gegr. 1900), der die Regeln für offizielle Rennen festlegt inklusive technischer Normen, ▷ Kleidung usw., s. ▷ UCI-Norm.

UCI-Norm

Vorschriften, nach denen Fahrräder gebaut und ausgestattet werden müssen, wenn sie in radsportlichen Wettkämpfen eingesetzt werden sollen, die den Bestimmungen der ▷ UCI unterliegen, s. Abb. 2.

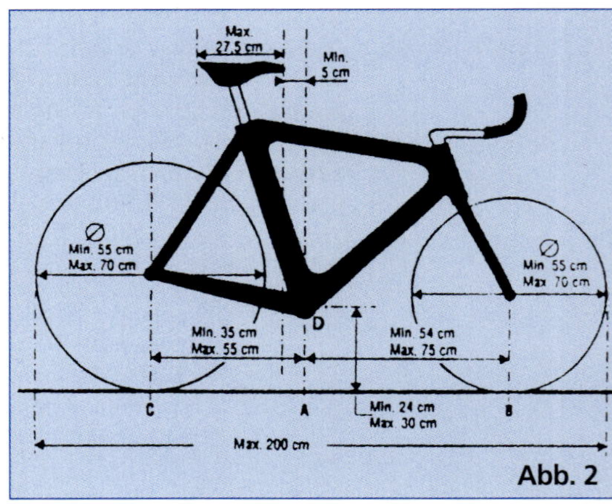

Abb. 2

Mit ihren z.T. harten Bestimmungen, die vorwiegend aus dem Bestreben nach Chancengleichheit resultieren, hemmt die UCI-Norm andererseits den Innovationsdrang von Designern und Erfindern.

V.a. die Reglementierung der Rohrdurchmesser und der Zwang zum Rahmen in Dreiecksform behindert neue Rahmengeometrien, die inbes. durch den Einsatz von ▷ Faserverbundwerkstoffen möglich wären.

Abb. 3

Überlauf-Zahnform

▷ Zahnform, bei der die Kette von einem ▷ Ritzel aufs andere überlaufen kann (Abb. 3), ohne über die Zahnspitzen klettern zu müssen. Neben ▷ Hyperglide von ▷ Shimano bieten heute auch andere große Komponentenhersteller (Abb. 4) Ritzel mit Überlaufzahnformen an:

Abb. 4: Komponentenhersteller von Ritzeln

Hersteller/Bezeichnung	Geräusch*	Verschleiß	Abstufung
Shimano/Hyperglide	gering	schnell**	vorgegeben
Sachs/Powerglide	gering	gering	vorgegeben
Suntour Power Flo	gut hörbar	geringer	vorgegeben
Campagnolo/Exa Drive	gering	gering	vorgegeben

* Geräuschentwicklung beim Schalten unter voller Tretlast
** bei XTR und Dura Ace akzeptabel

Übermaß

Dt. Bez. für ▷ Oversize.

Überschwingen

Terminus der Federungstechnik, der ein Zurückschwingen der Federung über ihre Ausgangslage hinaus beschreibt.

Überschwingen wirkt sich besonders dann störend aus, wenn Fahrbahnstöße kurz hintereinander einwirken und ein Stoß genau auf die überschwingende Federung trifft. Da bei einem ungedämpften Federsystem die betroffenen ▷ Laufräder hierbei nahezu den doppelten ▷ Beschleunigungskräften unterliegen, ist man bestrebt, das Überschwingen mittels entsprechend hoher ▷ Dämpfung zu vermeiden.
Weitere Einzelheiten zur Federung s. ▷ Fahrradfederung.

Übersetzung

Realisierung unterschiedlicher Umdrehungsgeschwindigkeiten zwischen *antreibender* und *angetriebener* ▷ Welle mittels ▷ Getriebe.
Beim Fahrrad wird dies mit einem ▷ Kettenblatt großer und einem ▷ Ritzel kleinerer Zähnezahl erreicht, so daß das Hinterrad als ▷ Antriebsrad des Fahrrades in schnellere Umdrehung versetzt wird.

Die Übersetzung hat in der Fahrradgeschichte eine große Rolle gespielt: Mit dem ursprünglichen ▷ Kurbelantrieb (▷ Tretkurbel an der Vorderradnabe - also unübersetzter ▷ Direktantrieb) konnte nur eine geringere als eigentlich menschenmögliche Geschwindigkeit erzielt werden. Grund: Die Spanne der menschlichen ▷ Trittfrequenz (40-150 Kurbelumdrehungen pro Minute) reichte bei den damaligen kleinen Laufraddurchmessern nicht aus, um sich effektiv voranzubewegen - die Radler traten nahezu ins Leere. Vorläufige Lösung war das ▷ Hochrad, also eine Vergrößerung des antreibenden Vorderrades.
Der Durchbruch kam mit der Entwicklung des ▷ Niederrades. Mittels ▷ Kettenantrieb, Verlegung der Antriebsfunktion aufs Hinterrad und Positionierung der Tretkurbel zwischen den Laufrädern ließ sich zudem noch eine sinnvolle Übersetzung realisieren.

Beispiel einer Niederradübersetzung: Pro Laufradumdrehung legt ein normales 28-Zoll-Laufrad je nach Reifenstärke die Strecke von 2,10-2,16 m zurück. Beim schaltungslosen Standardfahrrad erreicht man mit einem 46er Kettenblatt und einem 18er Ritzel ein ▷ Übersetzungsverhältnis von 1:2,55. Das Hinterrad dreht sich also bei einer Kurbelumdrehung 2,55mal und legt dabei einen Weg von rund 5,50 m pro Kurbelumdrehung zurück. Dieser pro Kurbelumdrehung zurückgelegte Weg wird auch ▷ Entfaltung genannt.
Der Sinn von ▷ Schaltungen ist es nun, dieses Übersetzungsverhältnis während der Fahrt je nach topographischen Verhältnissen oder auch Windbedingungen verändern zu können. Wünschenswert sind

möglichst eng abgestufte ▷ Gänge über einen möglichst weiten ▷ Übersetzungsbereich, siehe die dort angegebene Tabelle.
Weitere wichtige Informationen finden Sie insbesondere unter ▷ Ritzeln; s.a. ▷ Übersetzungsbereich; ▷ Übersetzungsverhältnis.

Übersetzungsbereich

Auch "Gesamtübersetzung" genannte Bandbreite eines Schaltungsgetriebes. Sie gibt den Faktor zwischen der kleinsten und größten ▷ Übersetzung bzw. ▷ Entfaltung an und errechnet sich nach der Formel:

$$Ü_b = \frac{K_g \cdot R_g}{K_k \cdot R_k}$$

Dabei sind:

$Ü_b$ = Übersetzungsbereich
K_g = großes Kettenblatt
K_k = kleines Kettenblatt
R_g = großes Ritzel
R_k = kleines Ritzel

Beispiel Rennradgetriebe: K_g 52; K_k 42; R_g 21; R_k 12.

$$Ü_b = \frac{52 \cdot 21}{42 \cdot 12} = 2{,}17$$

Mit 52/12 wird also ein 2,17mal größerer Weg zurückgelegt als mit 42/21.

Übersetzungskapazität

Andere Bez.f. ▷ Schaltungskapazität, also die Angabe der Zähnezahldifferenz zwischen der kleinsten und größten ▷ Übersetzung einer ▷ Kettenschaltung.

Übersetzungsspektrum

Andere Bez. f. ▷ Schaltungsumfang, eine Angabe des Übersetzungsbereichs in %.

Das Übersetzungsspektrum wird häufig bei der Angabe des Übersetzungsbereiches von ▷ Nabenschaltungen benutzt.

Übersetzungsverhältnis

Verhältnis der Zähnezahlen von ▷ Kettenblatt zu ▷ Ritzel. Es dient neben ▷ Entfaltung und ▷ Zollübersetzung der Beschreibung eines Fahrradgetriebes. Hierbei wird das Übersetzungsverhältnis als Verhältniszahl ausgedrückt, also z.B. 52/13 = 4:1.
In der Praxis wird häufig nur der Quotient beider Zähnezahlen ausgedrückt, also 52/13 = 4 und als ▷ "reine Übersetzung" benannt. Weitere Informationen s. ▷ Ritzeln: Methoden.

Übersteuern

Im Fahrradbereich: Zu weit ausgeführter Lenkeinschlag aufgrund geringer ▷ Lenkkräfte (kurzer ▷ Radstand, steiler ▷ Steuerwinkel, hoher ▷ Reifendruck).
Übersteuern tritt v.a. bei Fahrrädern mit agilem ▷ Fahrverhalten auf, wenn für eine Richtungsänderung der Lenker zu weit eingeschlagen wird, woraufhin überhastet gegengelenkt werden muß, was zu einem flattrigen Fahrverhalten, in Extremlagen zum ▷ Rahmenflattern führen kann.

Ultegra

Abkürzende Bez. für "600 Ultegra", eine ▷ Gruppe für Rennräder von ▷ Shimano im oberen Mittelbereich.

Ultra

Klassische Distanz beim ▷ Triathlon: 3,8 km Schwimmen, 180 km Radfahren, 42,2 km Laufen.

Umschlingungswinkel

Angabe des Kontaktbereiches in Winkelgraden, in denen ein biegsames Bauteil ein anderes umschließt (Abb. 5).

Abb. 5

Am Fahrrad hat der Umschlingungswinkel in zwei Fällen besondere Bedeutung:
1. Als Angabe des Kontaktbereichs zwischen Kette und ▷ Ritzel. Der Umschlingungswinkel ist besonders wichtig bei kleinen Ritzeln, da hier die Kette zum Überspringen neigt. Aus diesem Grunde sollte er bei Ritzeln von 12 Zähnen und weniger in etwa 180 Grad betragen.
2. Als Biegewinkel bei der Verlegung von ▷ Bowdenzügen für Bremsen oder Schaltungen.
Mit zunehmendem Biegewinkel erhöht sich die ▷ Seilreibung, die Betätigung per Bowdenzug wird schwergängiger.

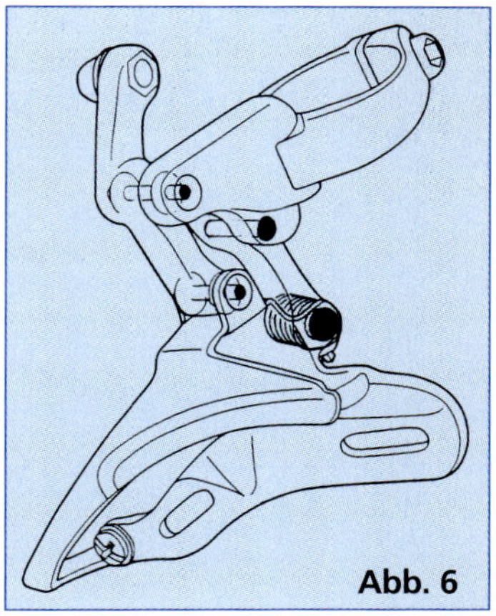

Abb. 6

Umwerfer

Vorderes "Organ" der ▷ Kettenschaltung (Einzelheiten s.d.), das ein Überwechseln der Kette von einem ▷ Kettenblatt auf andere vornimmt (Abb. 6, Details Abb. 7).

Montagehinweise

1. Die Umwerfergabel sollte konzentrisch zum großen Kettenblatt stehen (Unterkante der Gabel soll vorne wie hinten gleiche Abstände zu den Zähnen haben) und in einer Höhe von 2-4 mm über dem großen Kettenblatt fixiert sein.
2. Von oben betrachtet, sollte die äußere Kante der Umwerfergabel parallel zum Kettenblatt stehen. Bei Bestückung mit 7 bzw. 8 ▷ Ritzeln an der Hinterradnabe kann es jedoch sinnvoll sein, das hintere untere Ende 2-3 mm in Richtung ▷ Tretkurbel zu schwenken (wg. Kettenschleifen). Achtung: Es muß mindestens 2 mm "Luft" zwischen dem Kurbelarm und der Umwerferschwinge bestehen, sonst droht Kollisionsgefahr durch elastische Tretlagerachsverbiegung bei starkem Antritt.
3. Probleme kann es bei Rahmen mit ▷ Oversize-Sattelrohr geben: Durch den größeren Rohrdurchmesser rückt der Umwerfer näher Richtung ▷ Tretkurbel, so daß es Probleme beim Ansteuern des kleinen (kleinsten) Kettenblattes geben kann, da die Umwerfergabel sich nicht nahe genug an den Rahmen stellt. Abhilfe: breitere ▷ Tretlagerachse (Vorsicht, damit verschiebt sich die ▷ Kettenlinie) oder Abfeilen des inneren Umwerferanschlags (Kontaktstelle der ▷ L-Schraube).

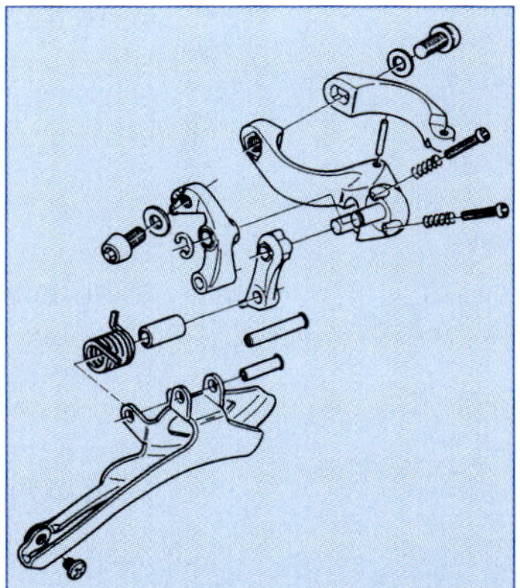

Abb. 7

Abb. 8

Umwerfergabel

Bisweilen auch ▷ Umwerferkäfig genanntes Führungsteil des ▷ Umwerfers, mit dem die Kette von einem Kettenblatt aufs andere geleitet ("geworfen") wird.

Umwerferkäfig

s. ▷ Umwerfergabel

Umwerfermontage

▷ Umwerfer werden je nach Ausführung per ▷ Schelle oder ▷ Anlötteil am ▷ Sattelrohr verschraubt (Abb. 8). Dabei ist folgendes zu beachten:
1. Umwerfer der Höhe nach so ausrichten, daß minimal 1,5 und maximal 4 mm "Luft" zum größten ▷ Kettenblatt besteht (Kontrolle durch Handbetätigung).
2. Umwerfer parallel zu den Kettenblättern ausrichten.

3. Kontrollieren, ob Umwerfer beim Schalten auf das größte Kettenblatt (Handbetätigung) nicht an Kurbel streift.
4. Umwerfer gut festschrauben.
5. Schaltseil anklemmen.
6. Einstellen s. ▷ Schaltungseinstellung.

Achtung:
1. Zwischen Kurbelarm und Umwerfergabel müssen mindestens 2 mm "Luft" bestehen, sonst kann es durch ▷ elastische Verformung von Tretlagerachse und Kurbel bei starkem Antritt zur Kollision beider Teile kommen.
2. Bei Rahmen mit einem Sattelrohrdurchmesser von mehr als 36 mm rückt der Umwerfer näher in Richtung Tretkurbel. Bei enger ▷ Kettenlinie (unter 42 mm) kann es dadurch Probleme beim Ansteuern der Umwerfergabel auf das kleinste Kettenblatt geben. Abhilfe: a) Kettenlinie nach außen setzen (breitere ▷ Tretlagerung), b) Abfeilen der inneren Umwerferanschlages (Kontaktstelle der ▷ L-Schraube).

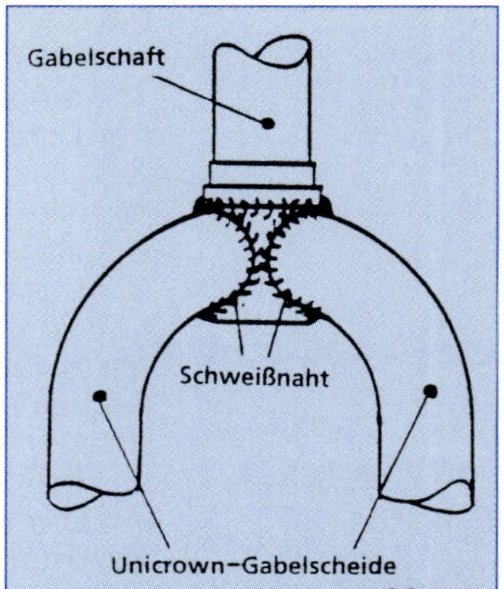

Abb. 9

Unicrown-Gabel Gabel ohne ▷ Gabelkopf (Abb. 9). Die ▷ Gabelbeine werden hierzu im oberen Bereich gebogen und mittels spezieller ▷ Muffe oder muffenlos per Schweißung direkt an das ▷ Gabelschaftrohr fixiert.

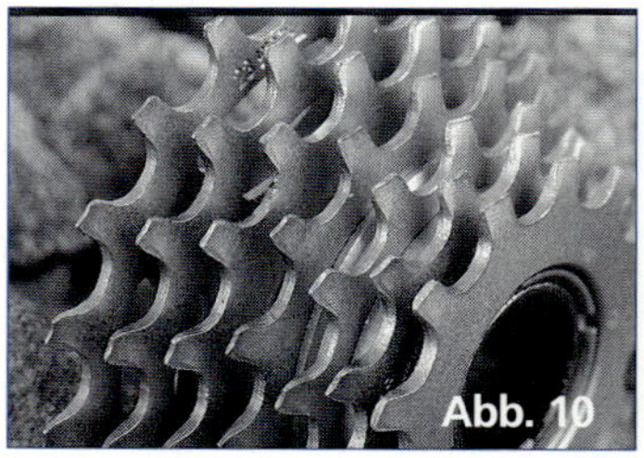
Abb. 10

Unidirektionallage Lage von Fasern in Längsrichtung eines Bauteils bei ▷ Faserverbundbauweise.

Unidirektionallagen verbessern die ▷ Biegesteifigkeit von Bauteilen erheblich, können aber keine ▷ Torsionsbelastungen aufnehmen (dazu wären dann Diagonallagen erforderlich). Einzelheiten s. ▷ Carbon: Herstellungsverfahren.

Uniglide ▷ Zahnform von ▷ Shimano bis 1990, bei der schmal auslaufende und seitlich leicht verdrehte Ritzelzähne die Kletterleistung der Kette verbessern (Abb. 10). Sie wurde von den ▷ Hyperglide-Zähnen abgelöst, s.a. ▷ Zahnformen.

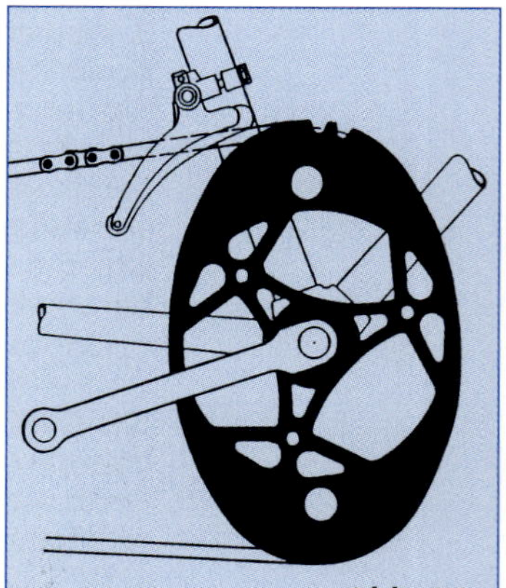
Abb. 11

unrunde Kettenblätter ▷ Kettenblätter, deren Zähne nicht in einem geometrischen Kreis angeordnet sind, sondern zwecks angeblicher Leistungssteigerungen davon abweichen. Einzelheiten s. ▷ Biopace, ▷ Puch-Ei (Abb. 11).

Unterlegscheibe Zwischen ▷ Mutter bzw. Schraubenkopf und dem abzuschraubenden Teil gelegte Metallscheibe, um die Auflagefläche zu vergrößern. Als Sicherung gegen ▷ Selbstlösen von Schraubenverbindungen werden Unterlegscheiben auch als Zahn- oder Sicherungsscheiben verwendet.

Unterlenkerschalthebel Andere Bez. f. ▷ Rapid-fire-Schalthebel.

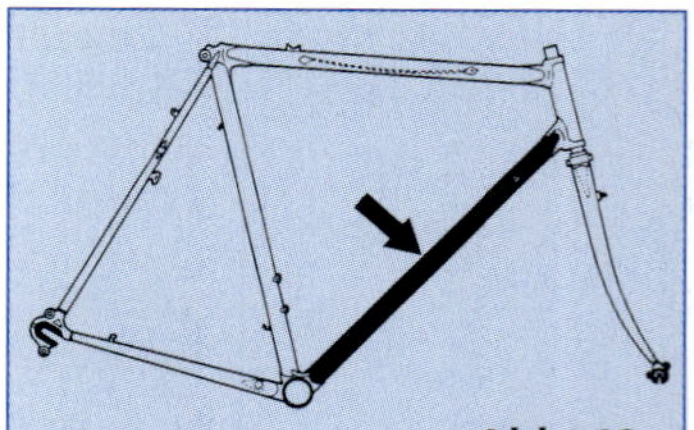
Abb. 12

Unterrohr Rahmenrohr zwischen ▷ Tretlagergehäuse und ▷ Steuerrohr (Abb. 12).

Das Unterrohr unterliegt starker ▷ Biege- und bes. bei kleinen Rahmen hoher ▷ Torsionsbelastung. Es wird aus diesem Grunde immer dicker als die anderen Rahmenrohre ausgeführt und kann bei Rahmengrößen über 56 cm (geringere Torsionsbelastung) auch aus zwei Rohren ausgeführt werden (Sinn: durch weiten Anlegungsabstand am Tretlagergehäuse mehr ▷ Seitensteifigkeit).

Untersetzung

▷ "Übersetzung" für besonders steile Anstiege, bei der das ▷ Übersetzungsverhältnis kleiner als 1:1 ausfällt. Die Tretkurbel macht dann - entgegen dem Normalfall - mehr Umdrehungen als das Hinterrad, so daß also beim 28"-Rad pro Kurbelumdrehung weniger als 2,10 m zurückgelegt wird.

Die meisten ▷ Mountainbikes sind mit zumindest einem untersetzten "Berggang" ausgestattet, sehr empfehlenswert ist eine Untersetzung für den Reiseradler, wenn er mit Gepäck steile Anstiege meistern muß. Näheres s.a. ▷ Ritzeln.

Untersteuern

Im Fahrradbereich: Zu knapp ausgeführter Lenkeinschlag aufgrund hoher ▷ Lenkkräfte (langer ▷ Radstand, flacher ▷ Steuerwinkel, geringer ▷ Reifendruck).
Untersteuern tritt v.a. bei Fahrrädern mit trägem ▷ Fahrverhalten auf, wenn für eine Richtungsänderung der Lenker zu wenig eingeschlagen wird, woraufhin die Lenkung "nachgezogen" werden muß, um nicht die geplante Spurlinie nach außen zu verlassen.

Unterstreben

Bez. f.d. Verbindungsrohre zwischen ▷ Tretlagergehäuse und hinterem ▷ Ausfallende.

Die Unterstreben werden bisweilen auch "Kettenstreben genannt, obwohl dies streng genommen nur für die rechte Strebe zutrifft (Abb. 13).
Diese werden häufig im Durchgangsbereich der ▷ Kettenblätter und Reifen eingedrückt (daher auch als "gesickt" bezeichnet), was aber eine erhebliche Schwächung der Biege- und Torsionsbelastbarkeit ergibt. Sinnvoller ist daher die moderne Bauweise, bei der beide Streben in diesem Bereich ovalisiert sind.
Vgl. auch als Sonderrahmenform die Bauweise mit ▷ hochgelegter Kettenstrebe.

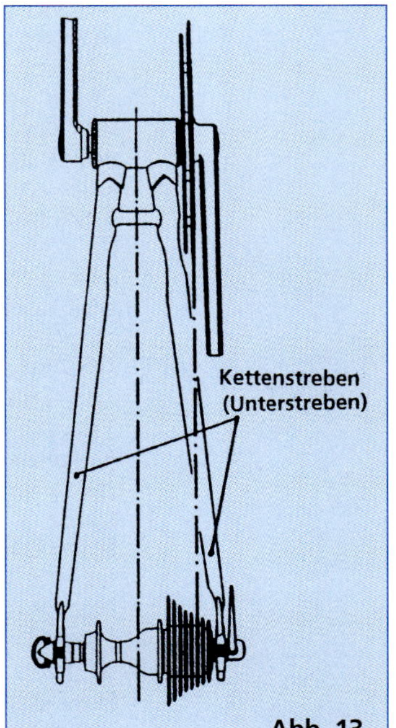

Abb. 13

Unwucht

Umlaufende Kräfte, die bei sich drehenden Körpern entstehen, wenn deren ▷ Massen unsymmetrisch um einen Mittelpunkt herum verteilt sind (Abb. 14).

Im Fahrradbereich machen sich Unwuchten eigentlich nur bei den ▷ Laufrädern bemerkbar. Sie können durch die Zusatzmaßen von ▷ Ventilen oder ▷ Felgenstoß oder durch ▷ Höhen- und/oder ▷ Seitenschlag verursacht werden.
Abhilfemaßnahmen:
1. Da i.d.R. der Felgenstoß schwerer ist als das Ventil, läßt sich die Unwucht durch ein zusätzliches Gewicht (Bleiblättchen) ausgleichen, das mit der Ventilschaftmutter an die Felge geschraubt wird.
2. Höhen- oder Seitenschläge auf weniger als 0,3 mm auszentrieren.

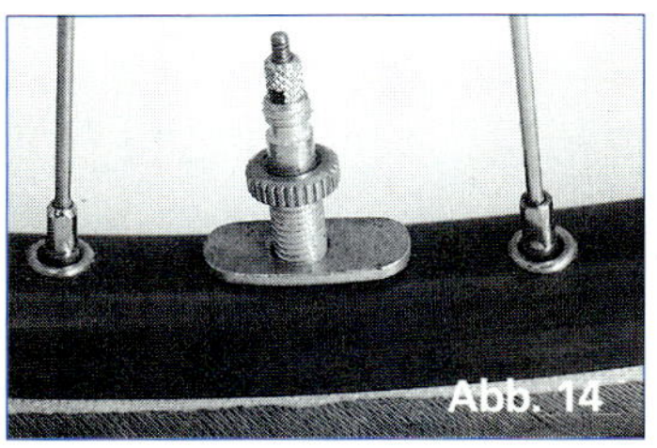
Abb. 14

V2A

Wie ▷ "Nirosta" ist V2A ein Markenname für die nichtrostende Stahlsorte 5 x CuNi 18,9 (Werkstoffnr. 4301). Die landläufige Bez. ▷ Edelstahl ist allerdings nicht korrekt, Einzelheiten s.d.

Vanadium

Hochschmelzendes und zähes Metall mit hoher ▷ Zugfestigkeit, das ▷ Stahl zulegiert wird, um bessere Vergütungseigenschaften zu bekommen, v.a. macht es ihn weniger anfällig gegen hohe ▷ Löttemperaturen.

Schmelzpunkt: 1.900°C
E-modul: 155.000 N/mm^2
Dichte: 6,1 kg/dm^3
Zugfestigkeit: 550-1.100 N/mm^2

Vector

Legendäres ▷ HPV-Fahrrad, ein karosseriertes Liegedreirad, mit dem 1980 ein Amerikaner den ▷ Geschwindigkeitsweltrekord für muskelkraftangetriebene Fahrzeuge auf 94,7 km/h schraubte (Abb. 1).

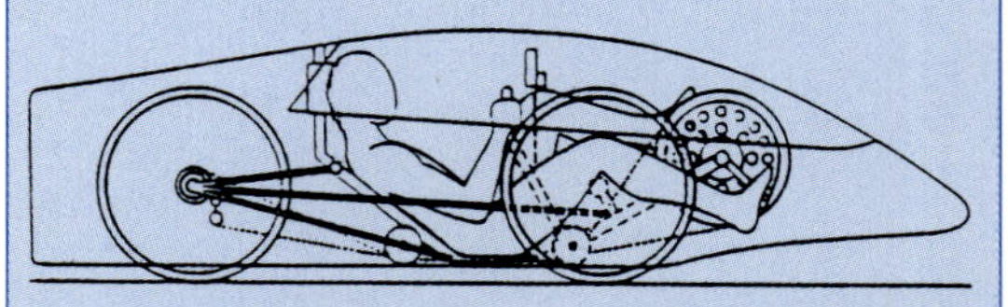

Abb. 1

Der Original-Vector hatte einen ▷ cw-Wert von 0,11, wog ca. 35 kg, besaß vorne zwei 24"-Laufräder und wurde hinten mit einem 27"-Rad angetrieben. Seine Länge betrug durch seine annähernde Tropfenform mehr als dreieinhalb Meter.

Dieser amerikanische Vector wurde unter Leitung des Fahrradhistorikers Wolfgang Gronen verbessert: der cw-Wert konnte unter 0,07 gesenkt werden, die ▷ Stirnfläche wurde verkleinert, das Gewicht auf ca. 20 kg reduziert. Die restlichen Konstruktionsmerkmale wurden beibehalten. Der Geschwindigkeitsweltrekord konnte damit allerdings nicht verbessert werden. Dies geschah dann mit dem ▷ Gold Rush, mit dem 1986 die 100 km/h-"Schallmauer" durchbrochen wurde.

Velo

Abk. f. "Velocipède". Velo ist in der Schweiz die übliche Bezeichnung für Fahrräder jeder Art, bei uns eher Koseform.

Ventil

Allgemein: Vorrichtung zum Steuern strömender Flüssigkeiten und Gase.

Im Fahrradbereich wird das Ventil in diesem Sinne in ▷ Stoßdämpfern von ▷ Fahrradfederungen eingesetzt (Abb. 2). Bekannter dürfte es jedoch als Teil der Bereifung sein, wobei das Ventil die Luft zum Befüllen der ▷ Reifen in den ▷ Schlauch einläßt, das Entweichen der Luft aber verhindert. Durch das Aufschrauben oder Eindrücken des ▷ Ventileinsatzes kann jedoch die Reifenluft gezielt abgelassen werden.

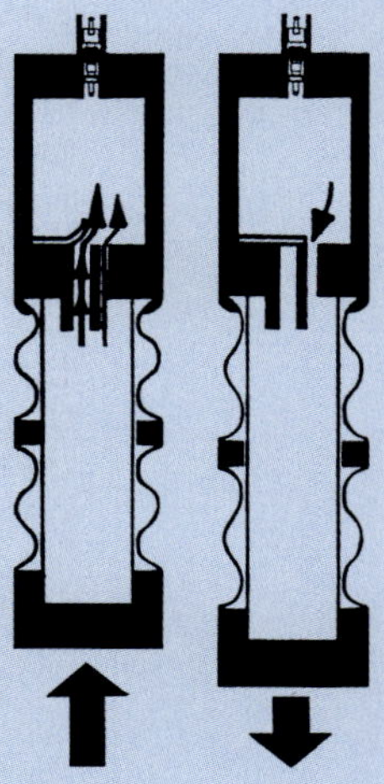

Abb. 2

Das eigentliche, auch ▷ Ventileinsatz genannte Ventil ist in einem ▷ Ventilschaft untergebracht. Dieser wiederum wird durch das ▷ Ventilloch der Felgen gesteckt und teilweise mit einer Mutter gesichert.

Unten stehen Ventilschaft und Ventileinsatz dann in Richtung Nabe aus der Felge heraus, von wo dann auch die Befüllung der Reifen mit der ▷ Luftpumpe erfolgt. Da alle Ventile mehr oder weniger verschmutzungsanfällig sind, ist es ratsam, sie mittels ▷ Ventilkappe vor Schmutz und Staub zu schützen.

Zur Ausführung im Fahrradbereich kommen drei Ventiltypen:

Klassisches Fahrradventil

Dieser nach seinem Erfinder auch "Dunlop-Ventil" genannte Ventiltyp (Abb. 3) besitzt einen Ventilschaft mit 8 bis 8,2 mm Durchmesser, innerhalb dessen der eigentliche Ventileinsatz aufgenommen und mit einer Überwurfmutter gesichert wird. Der Einsatz besitzt in seinem unteren Teil einen zylindrischen Bereich, der mit einer kleinen Luftbohrung versehen ist und nach oben hin in einem Kegel ausläuft. Ein darüber gezogener Ventilschlauch hat dann gleich zwei Aufgaben:
1. Mit dem Kegel die Luft zum Ventilschaft abzudichten;
2. mit seiner Spannkraft einerseits das Entweichen der Luft aus der Luftbohrung zu verhindern, andererseits die Luft aus der Luftpumpe zwischen Schlauch und zylindrischem Bereich passieren zu lassen. Zum gezielten Luftablassen wird das Fahrradventil einfach herausgeschraubt.

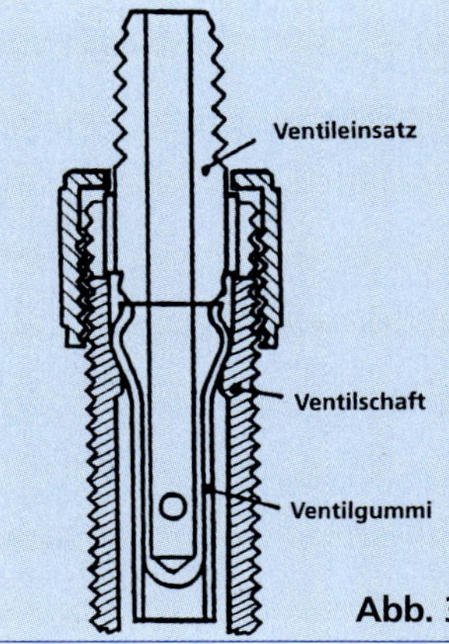

Abb. 3

Der Vorteil dieses Ventiltyps ist seine zuverlässige Dichtwirkung, der Nachteil seine Schwergängigkeit, die besonders für Frauen und Kinder das Luftaufpumpen zum Kraftakt werden läßt. Aus diesem Grunde wird der Ventileinsatz häufig gegen ein sogenanntes Blitzventil ausgetauscht.

Blitzventil

Variante des Ventileinsatzes von Fahrradventilen nach Art eines Rückschlagventils (Abb. 4 links): Ein kleiner Ventilkegel wird von dem Luftdruck auf einen Ventilsitz gepreßt und verhindert so das Zurückströmen der Luft aus dem Reifen.
Vorteil: Sehr leichtgängig.
Nachteil: Bei Eindringen von Verschmutzungen läßt die Dichtwirkung erheblich nach.

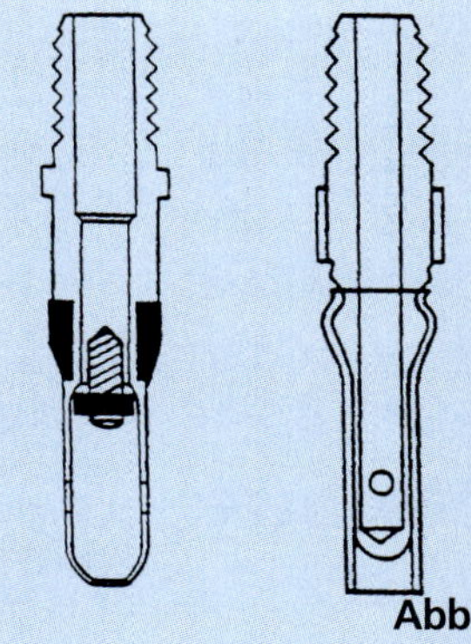
Abb. 4

Rennventil *(Sclaverand-Ventil)*

Wegen seiner Verbreitung in Frankreich auch "französisches Ventil" benannter Ventiltyp nach Bauart eines Rückschlagventiles (Abb. 5).

Durch seine schlanke Bauweise kommt er mit einem Ventilschaftdurchmesser von 6 bis 6,2 mm aus.
Per Gewindestängchen und Rändelmutter kann der Ventilkegel fest auf seinen Ventilsitz gezogen werden. Das Ventil besitzt daher neben guter Leichtgängigkeit auch eine sehr gute Dichtwirkung. Zum gezielten Luftablassen wird die Rändelmutter einige Umdrehungen aufgedreht und das Gewindestängchen eingedrückt.

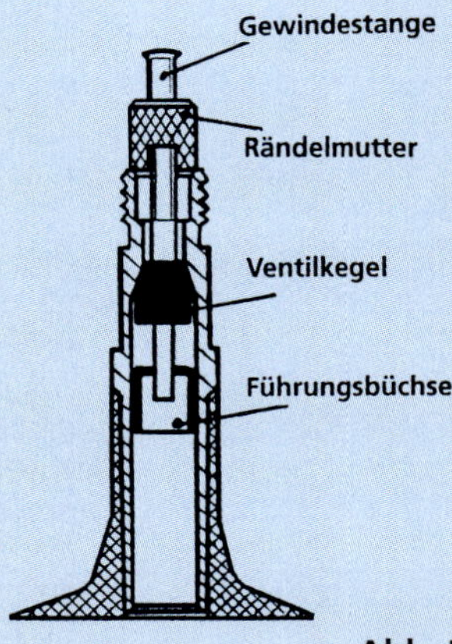

Abb. 5

Schwierig gestaltet sich jedoch für den Ungeübten die Prozedur des Luftaufpumpens, da auch hierzu zunächst die Rändelmutter gelöst werden muß und beim Aufsetzen der Pumpe meist etwas Luft entweicht.
Bei schiefem Aufsetzen der Luftpumpe kann sich zudem das Gewindestängchen verbiegen oder gar abbrechen. Hinzu kommt, daß nicht alle Ventileinsätze herausschraubbar sind. Ventildefekte ziehen dann einen Schlauch- oder (bei Schlauchreifen) sogar einen Reifenwechsel nach sich.
Tip für unterwegs: Durchbohrte Ventilkappe mitführen. So läßt sich auch mit einer normalen Fahrradluftpumpe fürs Dunlopventil Luft nachpumpen, falls eigene Pumpe defekt oder gestohlen.

Autoventil

Dieser auch "Schraderventil" benannte Ventiltyp besitzt einen auch für Autoreifen verwendeten ▷ Ventileinsatz. Bei ihm wird ein Rückschlagventil außer vom Luftdruck auch noch von einer Schraubenfeder verstärkt auf den Ventilsitz gepreßt. Damit besitzt dieses Ventil ebenfalls eine sehr gute Dichtwirkung, ist aber trotzdem anfällig gegen Verschmutzung (Abb. 6).
Sein Ventilschaftdurchmesser beträgt wie beim klassischen Fahrradventil 8 bis 8,2 mm.

Zum gezielten Luftablassen wird entweder der Ventileinsatz ganz herausgedreht oder mit dem Fingernagel bzw. einem spitzen, dünnen Gegenstand die Ventilstange eingedrückt.
Vorteile: Luft läßt sich an jeder Tankstelle auf- oder nachfüllen.
Einsatzbereiche der verschiedenen Ventiltypen: Bei den Gebrauchsrädern ist nach wie vor das Fahrradventil gebräuchlich, während sich beim MTB das Autoventil vermehrt durchsetzt. Für Rennräder wird nach wie vor das Sclaverand-Ventil verbaut, da die schmalen Rennfelgen dann mit einem kleineren Ventilloch auskommen.

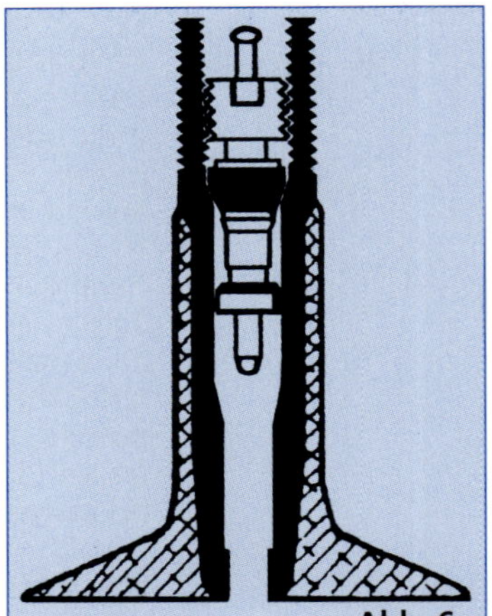

Abb. 6

Ventiladapter

▷ Adapter, die es ermöglichen, auch nicht füreinander ausgelegte ▷ Ventile und Pumpen miteinander zu verbinden.

Ventileinsatz

In den ▷ Ventilschaft gesteckte/verschraubte Ventilvorrichtung (Typen s. ▷ Ventil).

Ventilgummi

Kurzes, dünnes Schlauchstück, das beim klassischen Fahrradventil über den zylindrischen Bund des Ventils geschoben wird und so für die Dichtwirkung sorgt (s. ▷ Ventil: Dunlop-Ventil).

Ventilkappe

Schraubbarer Abschluß eines ▷ Ventils, der dieses vor Verschmutzung schützt.
Tip: Mittels durchbohrter Ventilkappe bei ▷ Sclaverand-Ventilen lassen sich diese Ventiltypen auch mit einer normalen Luftpumpe aufpumpen.

Ventilkegel

Kegeliger Bereich innerhalb von ▷ Ventilen, der die eigentliche Dichtwirkung gewährleistet. Auch Ventilsitz genannt.

Ventilkörper

s. ▷ Ventilschaft

Ventilloch

Loch in der ▷ Felge zum Durchstecken des ▷ Ventilschaftes (Abb. 7).

Ventilschaft

Auch "Ventilkörper" genannter äußerer Teil des ▷ Ventils, der durch das ▷ Ventilloch gesteckt wird und den ▷ Ventileinsatz aufnimmt.

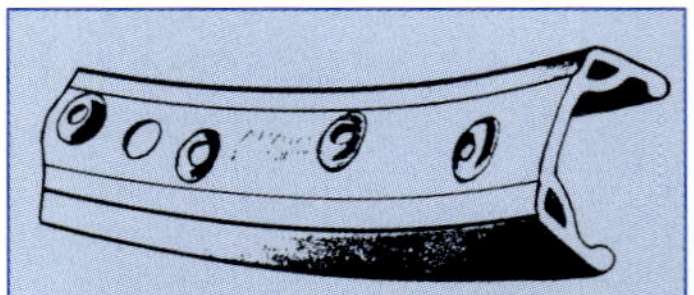

Abb. 7

Verbindungskabel

Beide ▷ Bremsarme von ▷ Mittelzugbremsen (Ausnahme: ▷ Delta-Bremse) verbindendes Seil, das über den ▷ Kabelteiler mit dem zentralen ▷ Bremszug verbunden ist (Abb. 8).

Verbundlaufrad

Andere Bez. f. ▷ Composite Wheel.

Verbund Selbstverwalteter Fahrradbetriebe

Zusammenschluß von Fahrradläden nach Art einer Einkaufsgenossenschaft, die sich dem Verkauf umweltfreundlicher und langlebiger Fahrräder und ihrer Teile verschrieben haben. Geschäftsstelle: Paul-Linke-Ufer 44a, 10999 Berlin; Tel. 030/6121870.

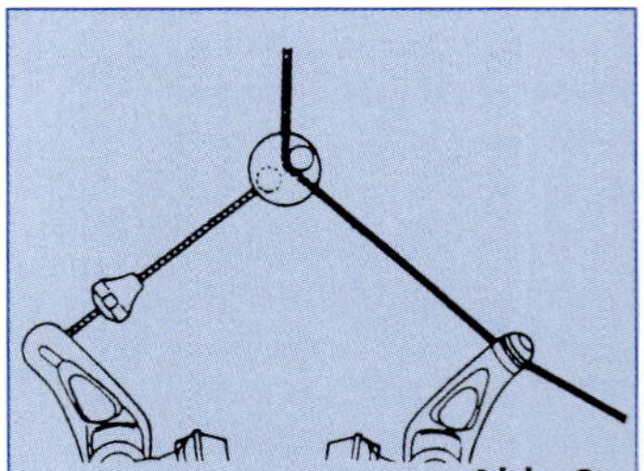

Abb. 8

Verbundwerkstoff

Verbindung unterschiedlicher Materialien zu einem einheitlichen Werkstoff (Abb. 9).
Verbundwerkstoffe werden im Fahrradbereich v.a. als ▷ Faserverbundwerkstoffe angewandt (bes. ▷ Carbon), als ▷ MMC in Form von in ▷ Aluminium oder ▷ Magnesium eingeschmolzenen Keramikfasern.

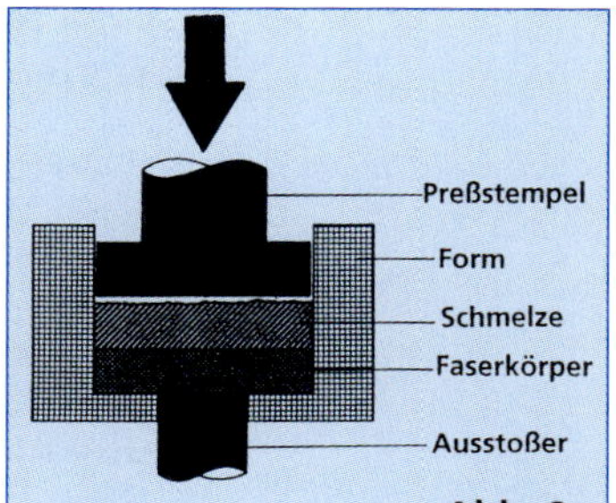

Abb. 9

Verchromung

▷ Galvanisches Verfahren, bei dem in einem sog. "galvanischen Bad" elektrisch leitende (oder elektrisch leitend gemachte) Teile mit einem hauchdünnen Chromüberzug versehen werden (Abb. 10). Zum Verchromen muß die Oberfläche der betreffenden Teile poliert und entfettet sein. Dann werden sie an den Minuspol einer Stromquelle gehängt (Kathode) und in ein Bad getaucht, das aus einer Säure und chromhaltigen Metallsalzen besteht (Abb. 11).
Wird nun in das Bad eine Anode (Pluspol der Stromquelle) gehängt, so scheidet sich das mit den Salzen eingebrachte Metall aus dem Bad an der Oberfläche des Teils ab.
Die erwünschte Schichtdicke kann über Form und Abstand der Anode, die Stromstärke, die Ergiebigkeit des galvanischen Bades sowie die Verweilzeit in dem Bad "eingestellt" werden. Nachdem die verchromten Teile aus dem Bad geholt wurden, müssen sie per Spülung von der Säure befreit und anschließend poliert werden.

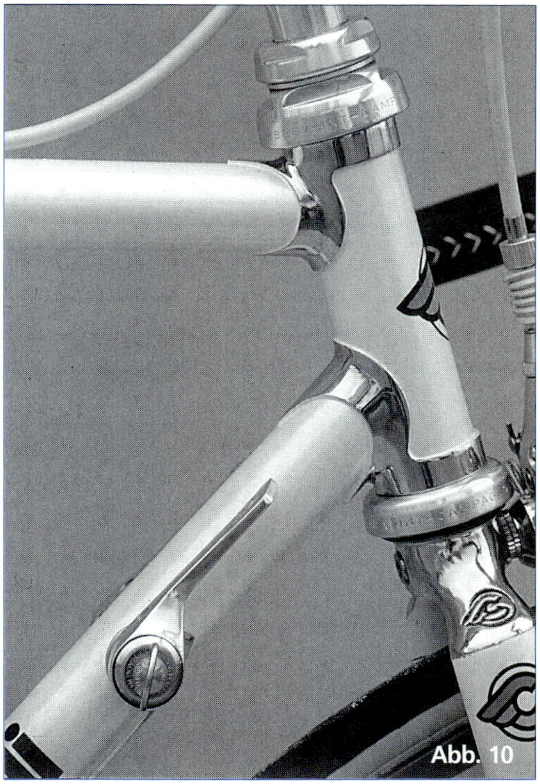
Abb. 10

Glanzverchromung

Um einen besonders starken Glanz zu erreichen, werden die Teile zunächst in einem ähnlichen galvanischen Verfahren verkupfert, dann vernickelt und erhalten erst zum Schluß eine nur 2/1000 mm (2 my) dünne Schicht Chrom.

Hartverchromung

In einem speziellen galvanischen Bad gelingt es mittels Chromsäure und hoher Stromstärke, den Chrom inniger und in festerer Konsistenz auf die Teile zu bringen.
Hartverchromte Teile sind nahezu vollkommen kratzfrei und sehr widerstandsfähig gegen Verschleiß.
Nachteil: Bei den hohen Stromstärken gelangt vermehrt Wasserstoff in das Innere der Teile, was besonders bei Stahl zur sog. ▷ Wasserstoffversprödung führt (Wasserstoff reichert sich im Stahlgefüge an und bildet dort winzige Blasenkammern mit einem sehr hohen Innendruck, der 500 bar und mehr erreichen kann).
Abhilfe: Werden hartverchromte Teile gleich nach dem galvanischen Bad in einem Ofen bei knapp 200 Grad ausgelagert, so "treibt" man den Wasserstoff aus, bevor er Blasen bilden kann.

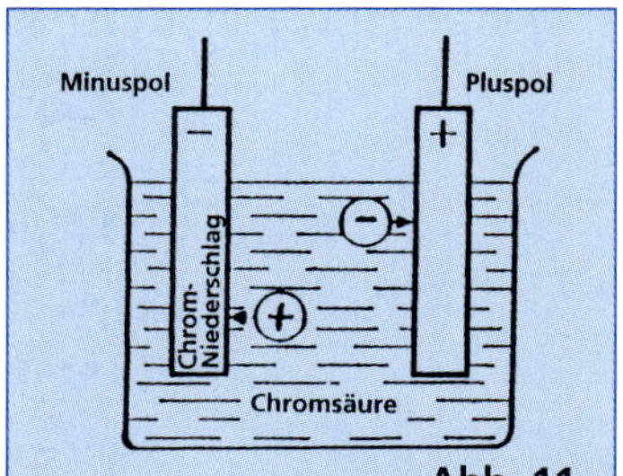

Abb. 11

Verchromte Fahrradteile schützen sehr gut gegen Korrosionseinflüsse und machen ein Fahrrad auch pflegeleichter. So sind nach wie vor verchromte ▷ Hinterbauten oder ▷ Gabeln sehr beliebt, da es hier sonst am leichtesten zu Lackschäden und damit Rostansätzen kommt.

Umweltbelange

Galvanische Bäder verlangen aufwendige Entsorgungsverfahren, um die Umweltbelastung so gering wie möglich zu halten. Das beginnt bereits mit dem Aufbereiten des Spülwassers und endet beim Entsorgen der verbrauchten Bäder. Umweltbewußte Radfahrer verzichten daher bereits weitgehend auf verchromte Teile, Ersatz: Teile aus ▷ Edelstahl (Schrauben, Haltebleche) und ▷ Pulverbeschichtung.

Verdrehsteifigkeit

Dt. Bez. f. ▷ Torsionssteifigkeit. Sie bezeichnet den Widerstand, den Bauteile einer Verdrehung um die Längsachse (▷ Torsion) entgegensetzen. Dieser Widerstand hängt vom sog. Trägheitsmoment ab und steigt mit zunehmendem Durchmesser in der 4. Potenz. Die Verdoppelung eines Rohrdurchmessers steigert also dessen Verdrehsteifigkeit um das sechzehnfache.
So kann beispielsweise eine Speiche auf Zug problemlos mit 2.000-3.000 N belastet werden, aber ohne weiteres mit einem kleinen Speichenschlüssel mit einem ▷ Drehmoment von nur 1,5 N/m abtordiert werden (Abb. 12).

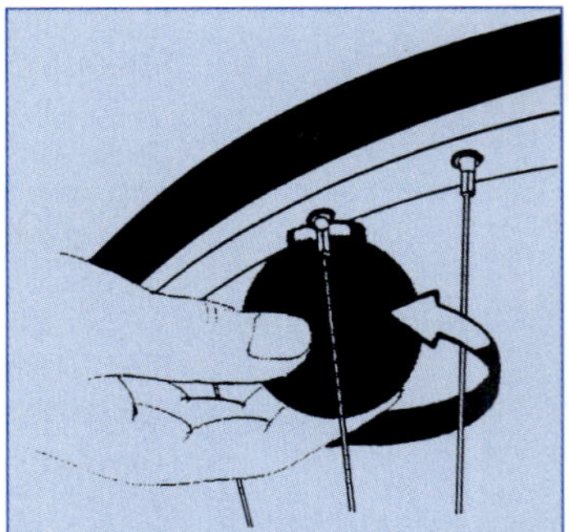

Abb. 12

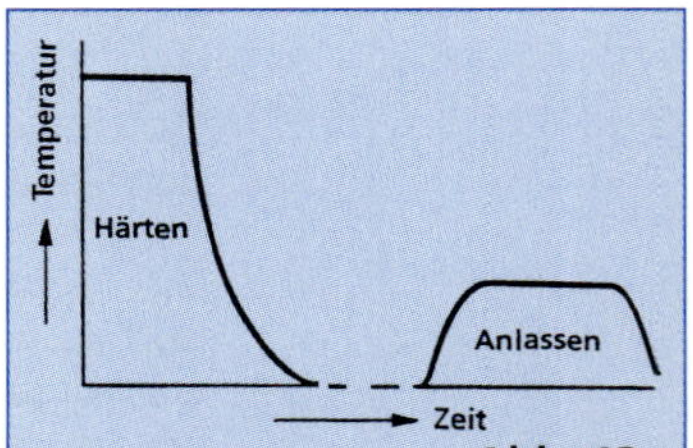

Abb. 13

Ähnlich hohen Belastungen unterliegen auch andere längliche Bauteile am Fahrrad wie ▷ Kurbelarme, ▷ Vorbau und teilweise auch Rahmenrohre.
Kanten oder eingearbeitete Nuten reduzieren drastisch die Haltbarkeit von torsionsbelasteten Bauteilen, vgl. auch ▷ Torsionskraft.

Vergüten

Thermischer Prozess, mit dem die ▷ Zugfestigkeit von Teilen aus ▷ Stahl gesteigert werden kann (Abb. 13). Dazu wird das Stahlteil zunächst gehärtet (s. ▷ Härten) und per nachfolgender Erwärmung "angelassen" (s. ▷ Anlassen); s. ▷ Stahl: Härten und Vergüten, vgl. aber auch im Unterschied hierzu ▷ Kaltverfestigung.

Durch die Vergütung kann die Zugfestigkeit eines Stahlteils um den Faktor 2-3 gesteigert werden, wobei seine ▷ Zähigkeit aber noch hoch genug ist, um ▷ plastische Verformungen ohne Risse oder Brüche zu erleiden.

Hochvergütung

Aus Gründen der Verschleißminderung werden Stahlteile, z.B. ▷ Ritzel hochvergütet: Hierbei handelt es sich um eine landläufige Bez. f. einen Vergütungsvorgang, bei dem ▷ Zugfestigkeiten oberhalb 1.200 N/mm² erreicht werden. Dieser Prozeß arbeitet mit sehr geringen Anlaßtemperaturen und kurzer Einwirkzeit, damit die Härte der Bauteile überwiegt.

Abb. 14

Verkleidung

Abdeckung von Fahrradteilen (Abb. 14), die entweder dem Schutz vor Verschmutzung dienen (▷ Kettenkasten) oder aber der Optimierung der ▷ Windschlüpfigkeit. Beispiele: ▷ Speichenverkleidungen, ▷ Zzipper, Voll- oder Teilverkleidung von ▷ HPV-Fahrrädern.

Verlötung

Bahnfahrer (▷ Bahnwettbewerbe) verlöten gerne die Speichen an den Kreuzungsstellen. Dies hat weniger Steifigkeitsvorteile, sondern vermeidet vorzeitige Speichenbrüche durch ▷ Resonanzen und ist ein Sicherheitsaspekt, da eine gerissene Speiche zur Laufradblockade oder (am Hinterrad) zum Kettenabwurf führen kann. Auf der Straße gelten die gleichen Voraussetzungen, hier hat sich das Verlöten bislang aber nicht durchgesetzt.

Verlustweg

Weg, der vom Erkennen eines Störsignales (Hindernis) bis zum Ansprechen der Bremsen zurückgelegt wird (Abb. 15). Formel:

$S_V = (t_r + t_a) \cdot v_O$

S_V = Verlustweg in m;
t_r = Reaktionszeit in sec.;
t_a = Ansprechzeit der Bremsen in sec.;
v_O = Fahrgeschwindigkeit vor Bremsbeginn in m/sec.

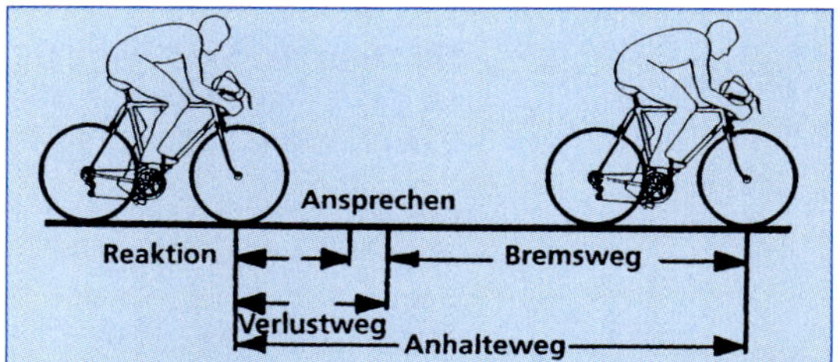

Abb. 15

Die Ansprechzeit der Bremsen hängt vom Bremstyp ab. So spricht beispielsweise eine ▷ Cantilever-Hinterradbremse etwas schneller an als eine dort montierte ▷ Hydraulik-Bremse (Ölsäule muß sich durch den dünnen Leitungsquerschnitt schieben) und entschieden schneller als eine ▷ Rücktrittbremse, zu deren Betätigung ja eigens zurückgetreten werden muß.
Rechenbeispiel s. ▷ Bremsweg.

Vernickeln

Dem ▷ Verchromen ähnliches ▷ galvanisches Verfahren, bei dem eine dünne Nickelschicht auf Fahrradteile aufgebracht wird. Bis in die 30er Jahre gängigster ▷ Korrosionsschutz.
Im Gegensatz zum leicht bläulich schimmernden Chrom haben vernickelte Teile einen leicht gelblichen Glanz.

Verschleiß

Abrieb, der bei aufeinander rollenden oder gleitenden Teilen durch ▷ Reibung entsteht (v.a. ▷ Lagerungen, ▷ Bremsgummis [bzw. ▷ Bremsbeläge], ▷ Reifen).

Lagerverschleiß

Er kann insbes. durch ▷ Korrosion und Verschmutzung drastische Ausmaße annehmen und hat immer eine Zunahme des ▷ Lagerspiels zur Folge. Grund genug, Lagerungen regelmäßig zu reinigen und zu schmieren (entsprechend übrigens auch Ketten) (Abb. 16).

Abb. 16

Reifenverschleiß

Er ist abhängig von der Rauhigkeit des Untergrundes (blockierende, radierende Reifen) sowie dem gefahrenen ▷ Reifendruck und der Fahrweise des Radlers. Durch entsprechende Gummimischung kann der Verschleiß reduziert werden.

Bremsgummiverschleiß

Er ist in erster Linie abhängig von der Oberflächenrauhigkeit der ▷ Bremsfläche (Felgenflanke) bei ▷ Felgenbremsen. Außerdem besteht bei sandigem Untergrund erhöhter Bremsgummiverschleiß, da Sandkörner in die Bremsgummis gelangen und die Felge aufrauhen, wodurch wiederum die Bremsgummis schneller verschleißen.
Keramikfelgen haben durch ihre körnige Oberfläche i.d.R. einen größeren Bremsgummiverschleiß zur Folge. Daneben ist wie beim Reifen die jeweilige Gummimischung mitentscheidend für den Bremsgummiverschleiß.

Bremsbelag-verschleiß
Hier bestehen Abhängigkeiten wiederum von der Rauhigkeit der Bremsfläche sowie der Mischung der Bremsbeläge. Bei sehr langen Bergabfahrten kann auch vermehrter Verschleiß durch Erhitzung auftreten.

Verschleiß-widerstand
Widerstand, den ein Bauteil Verschleißerscheinungen (▷ Verschleiß) entgegensetzt. Er ist von der Werkstoffpaarung aufeinandergleitender oder rollender Bauteile sowie der Anpreßkraft abhängig, mit der die Bauteile aufeinander gepreßt werden.

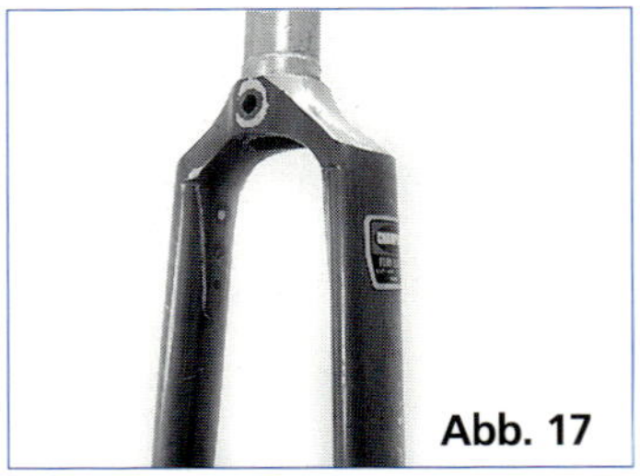
Abb. 17

Verstärkungs-bleche
Bleche, die zur Rohrversteifung im ▷ Rahmenbau eingesetzt werden.
Flach auf das Rohr gelötete Bleche verteilen punktuell einwirkende Kräfte auf einen größeren Rohrbereich oder gleichen Rohrschwächungen aufgrund von Bohrungen wieder aus.

Beispiele:
1. Bleche unter Flaschenhalterösen oder unter dem ▷ Tretlagersteg.
2. Verstärkungsbleche im Übergangsbereich Gabelkopf-Gabelbein verhindern das ▷ Gabelflattern beim Bremsen recht zuverlässig, da sie den Bereich der Gabelbeine verstärken, in dem die größte ▷ Biegebelastung auftritt (Abb. 17).
3. Eine andere Art von Verstärkungsblechen, die senkrecht (hochkant) auf dem Rohr fixiert werden, nennt man ▷ Stehbleche (Abb. 18), Einzelheiten s.d.

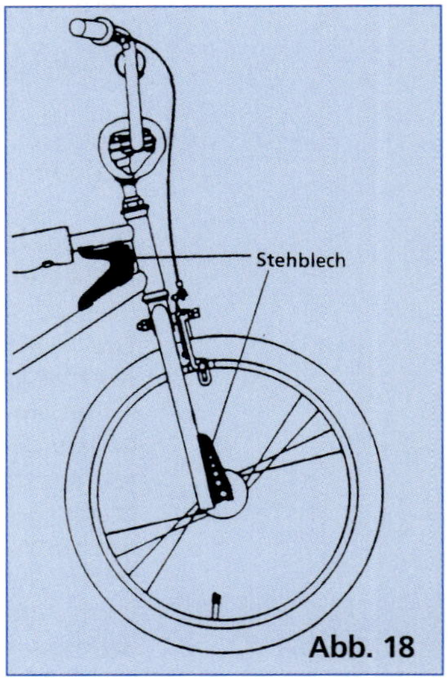

Abb. 18

Vertikalkräfte
Für den Fahrradbereich: ▷ Kräfte, die auf Fahrer, ▷ Rahmen oder Bauteile des Fahrrades senkrecht zur Fahrbahn einwirken, s.a. ▷ Fahrradbelastung (Abb. 19).

Verwindungs-steifigkeit
Widerstand, den ein Rahmen oder Fahrradbauteil Biege- und Torsionskräften entgegensetzt, s.a. ▷ zusammengesetzte Belastung.

Verzögerungs-kraft
Andere, auf die ▷ Massenkräfte bezogene Bez. f. ▷ Bremskraft.

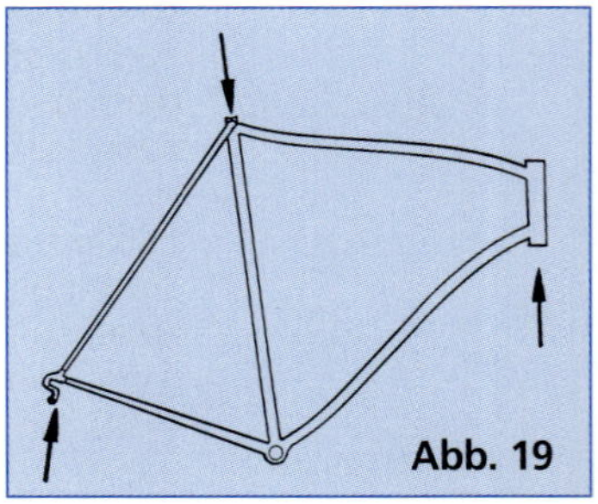
Abb. 19

Vickers-Härte
Maßangabe der ▷ Härte nach Vickers, die als "HV" in kp/mm^2 angegeben wird. Einzelheiten s. ▷ Härte: Meßverfahren.

Vierfach-kreuzung
▷ Einspeichart (Einzelheiten s.d.), bei der jede Speiche vier andere Speichen überkreuzt. Bei üblichen 36-Loch-Felgen kann hiermit ein maximales ▷ Drehmoment zum Antrieb oder Bremsen übertragen werden, da die Speichen genau tangential zum ▷ Nabenflansch verlaufen (Abb. 20).

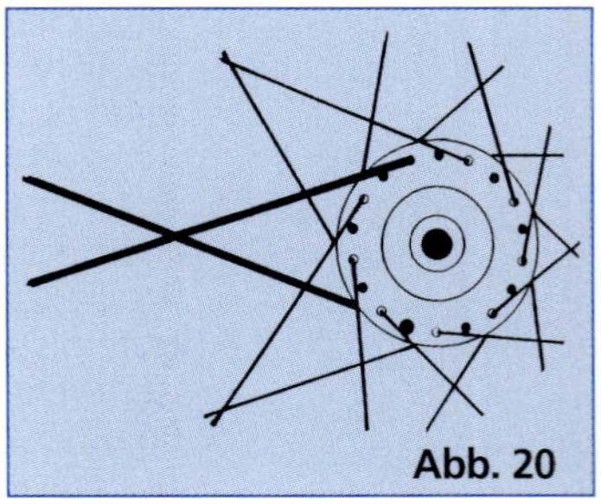
Abb. 20

Vier-Gelenk-Trieb
Mechanische Vorrichtung mit vier Gelenken in Form eines Trapezes oder Parallelogramms, mit dem Bauteile konstruktiv auf erforderte Schwenkbewegungen ausgelegt werden können, wobei die Fluchtrichtung beibehalten wird (Abb. 21).
Beispiele am Fahrrad: ▷ Umwerfergabel, ▷ Schaltschwinge, aber auch ▷ Fahrradfederungen: Viergelenktrieb.

Vierkant
s. ▷ Kurbelvierkant

Vierkantbefestigung

Landläufige Bez. für die Befestigung der ▷ Tretkurbel an der ▷ Tretlagerachse mittels ▷ Kurbelvierkant (weitere Informationen s.d.). Hierbei wird die Kurbel auf einen ▷ konisch dicker werdenden Achsvierkant gepreßt und so eine ▷ Formschlußverbindung zwischen den beiden Bauteilen hergestellt (Abb. 22).

Da die Neigung des Vierkants um 2° liegt, löst sich die Kurbel nicht von selbst vom Vierkant, sondern muß mit einem speziellen ▷ *Abzieher:* Kurbelabzieher "abgezogen" werden.

Gegenüber der ▷ Keilbefestigung hat sich die Vierkantbefestigung als defektsicherer erwiesen, obwohl es auch hier gelegentlich zum Lösen der Kurbel oder zur ▷ Kontaktkorrosion kommt.

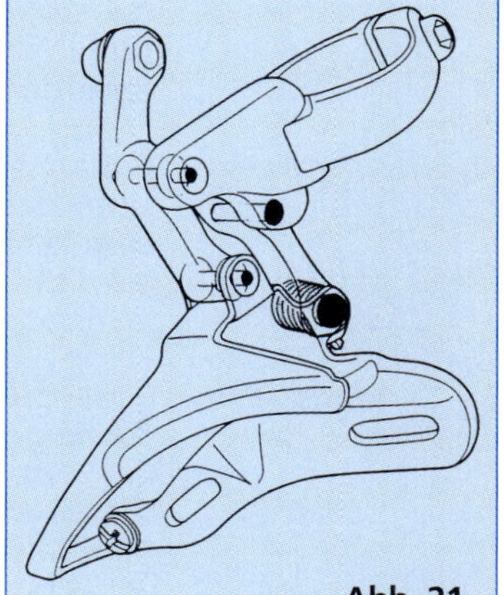

Abb. 21

Viskosität

Grad der Zähflüssigkeit von Flüssigkeiten, infolge von Kraftwirkungen zwischen den Flüssigkeitsmolekülen.

Das Spektrum von Flüssigkeiten reicht von honigähnlicher Dickflüssigkeit bis hin zu Dünnflüssigkeiten, die diejenige von Wasser übersteigen, wie z.B. Alkohol, Benzin. Eine Übersicht zeigt die Viskositätsskala. Von der Viskosität hängt beispielsweise der Widerstand ab, den ▷ Öle in einer ▷ Lagerung oder Federungsdämpfung gegenüber Bewegungen ausüben, aber auch die Schnelligkeit, mit der Schmierstoffe bei Lagerungen "nachkriechen".

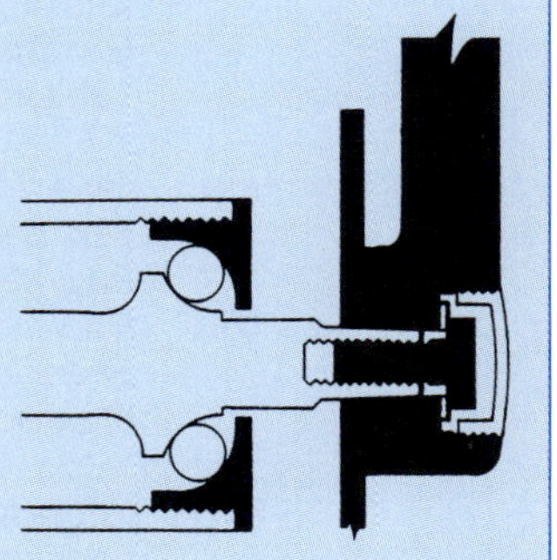

Abb. 22

Vitus

Franz. Hersteller von Stahlrohren und ▷ Aluminium- und ▷ Carbonrahmen; s.a. ▷ Klebetechniken und Anhang Tabelle ▷ Rahmenrohre.

Volksradfahren

Breitensport-Veranstaltung des ▷ BDR, die sich an die ganze Familie wendet. Die meist um die 20 km lange, ausgeschilderte Strecke ist von jedem zu bewältigen, weshalb sich diese Veranstaltung auch besonders für Untrainierte, Kinder und Senioren eignet. Teilnehmen kann jede/r, der/die über ein verkehrssicheres Fahrrad nach ▷ StVZO verfügt.
Weitere Breitensport-Veranstaltungen s. ▷ Radtourenfahren; ▷ Radwandern.

Vollachse

Herkömmliche, massive und daher "volle" ▷ Achse von ▷ Naben (i.G.z. ▷ Hohlachse).

Vorteil

Preisgünstige Laufradbefestigung im ▷ Ausfallende mit ▷ Muttern, daher auch die Verwendung bei preiswerteren Rädern (Abb. 23).

Nachteil

Im Vergleich zur vorgespannten Hohlachse (s. ▷ Vorspannung) selbst in hochwertiger Ausführung geringere Resistenz gegen ▷ Achsverbiegung.

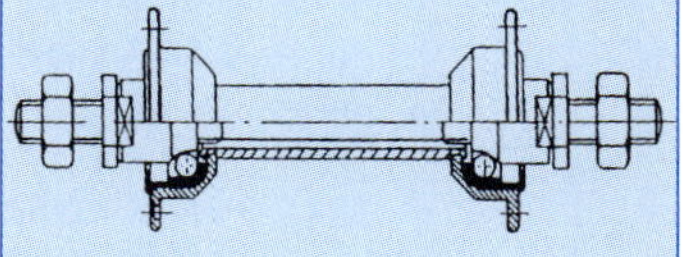

Abb. 23

Die geringere Belastbarkeit der Vollachse wird bei einem statischen Belastungsversuch deutlich: Während die Hohlachsen von Hinterradnaben je nach Vorspannung erst oberhalb von 7000-8000 N erste plastische Verformungen zeigen, tritt bei Vollachsen unter gleichen Prüfbedingungen bleibende Verformung bereits ab 4000-6000 N ein. Bei 7000 N beträgt die plastische Verformung dann übrigens bereits rund 2 mm.

Vorbau Verbindungsteil zwischen ▷ Lenker und ▷ Gabelschaftrohr, mit dem der Lenker in der Höhe und um seine Längsachse verstellbar ist (Abb. 24). Durch unterschiedliche Längenausführungen läßt sich außerdem der Abstand zwischen Lenker und Sattel variieren.

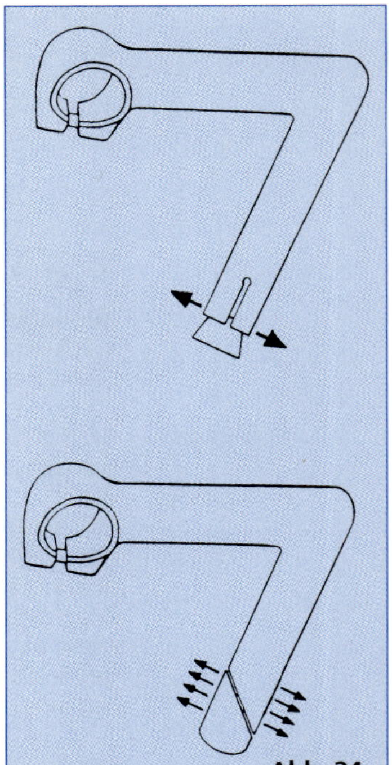

Abb. 24

Belastung Vorbauten unterliegen im Fahrbetrieb einer hohen Belastung, da beim Bremsen und bei Schlaglochrumplern das Körpergewicht auf dem Lenker abgestützt wird. Beim sportlichen Radfahren sorgt auch der ▷ Wiegetritt für hohe Belastung (Gegenhalt am Lenker verursacht ▷ Biege- und ▷ Torsionsbelastungen für den Lenker).

Materialien *1.* Bei preiswerten Rädern Stahl- oder gegossene Aluminiumausführungen.
2. für sportlich genutzte Fahrräder geschmiedetes Aluminium.
3. geschweißte Ausführungen aus Stahl, Aluminium oder Titan, die v.a. fürs ▷ MTB eingesetzt werden.

Fixierung Die Klemmung im ▷ Gabelschaftrohr erfolgt normalerweise über eine ▷ Spannschraube mittels ▷ Spreiz- oder ▷ Schrägkonus (Abb. 24). Bei ▷ Klapp- oder Zerlegefahrrädern wird die Spannschraube häufig mit einem Schnellverschluß, Knebel oder einer großen Griffmutter angezogen. Die Klemmverbindung muß nach ▷ DIN 79 100 einer Verdrehbelastung von 25 Nm standhalten.

Lenkerklemmung Sie erfolgt meist mittels einer Schlitzklemmung. Der Lenker darf sich nach ▷ DIN 79 100 bei einer Belastung von 600 N auf den Bremsgriffen nicht verdrehen.
Daneben hat sich auch noch eine Klemmung per Druckkeil etabliert, die aber einen an dieser Stelle einbeulfesten Lenker verlangt und sich auch wegen Knarr- und Quietschgeräuschen in der Praxis nicht bes. bewährt hat.

teilbar Interessant sind Vorbauten mit teilbarer Lenkerklemmung oder in Klappversion, die einen Ausbau des Lenkers ohne Abwickeln des ▷ Lenkerbandes und ohne Demontage von Brems- und Schaltgriffen ermöglichen. Das hat bes. beim Rennrad seinen Vorteil, wenn vom normalen Rennlenker zum ▷ Trialenker gewechselt wird.

Aheadset Eine interessante Version des Vorbaus ist der ▷ Aheadset (Abb. 25). Sicherlich vordergründig als Rationalisierungsmaßnahme gedacht, ist er dennoch als technische Weiterentwicklung zu sehen: Aheadsets besitzen keinen Vorbauschaft, sondern werden per Segment- oder Schlitzklemmung gleich auf dem Gabelschaftrohr fixiert.

Außergewöhnlich ist auch die Einstellung des Steuersatzes, bei dem über eine im Gabelschaftrohr gegengehaltene ▷ Spannschraube der Steuersatz per geschlitzter Kegelhülse bei nur leicht geklemmtem Aheadset eingestellt wird. Erst anschließend wird der Aheadset fest an den Gabelschaft geklemmt.

Vorteile: Geringes Gewicht, verwindungssteifer als herkömmliche Vorbauten, kein selbständiges Lösen des ▷ Steuersatzes mehr, weitere Informationen s.d.

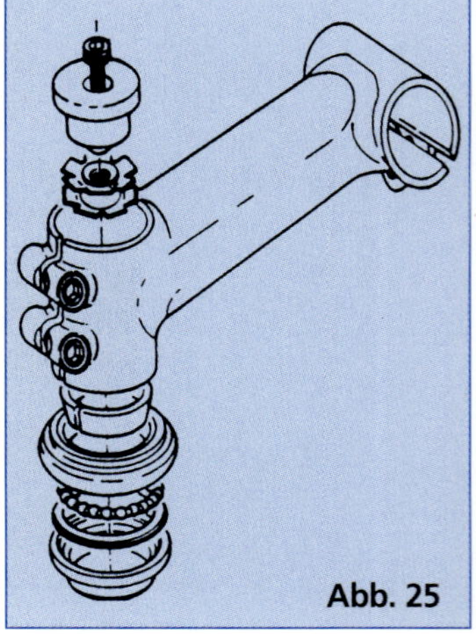

Abb. 25

Sondervorbauten *1.* sog. "Zwei-Finger-Vorbau" (für ▷ BMX-Rad und ältere ▷ Mountainbikes); Abb. 26.

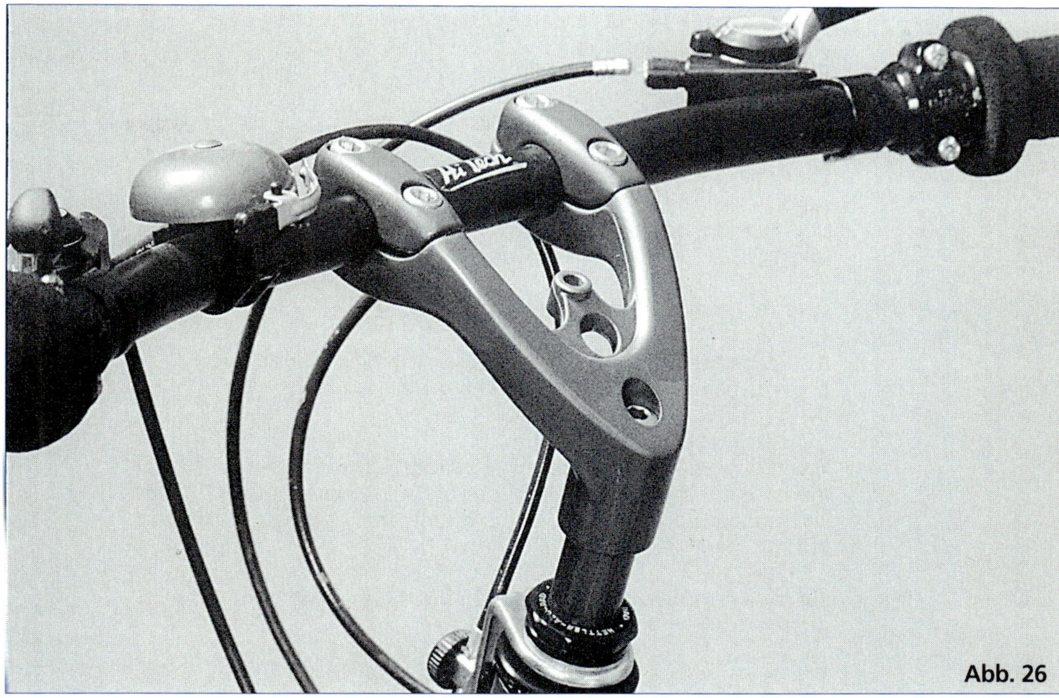

Abb. 26

Abb. 27

2. längenverstellbarer Vorbau (Cinelli; Syntec);
3. schwenkbarer Vorbau (Point);
4. Tandemvorbau für den Hintermann zur Fixierung an der ▷ Sattelstütze (Abb. 27).

Vorbauauge

Auch "Lenkerauge" genannte Klemmvorrichtung des ▷ Vorbaus zur Fixierung des ▷ Lenkers.
Außer einer entsprechend kräftig dimensionierten Klemmschraube ist v.a. die Übereinstimmung der Durchmesser wichtig, s. hierzu die Tabelle ▷ Lenker: Lenkermaße.

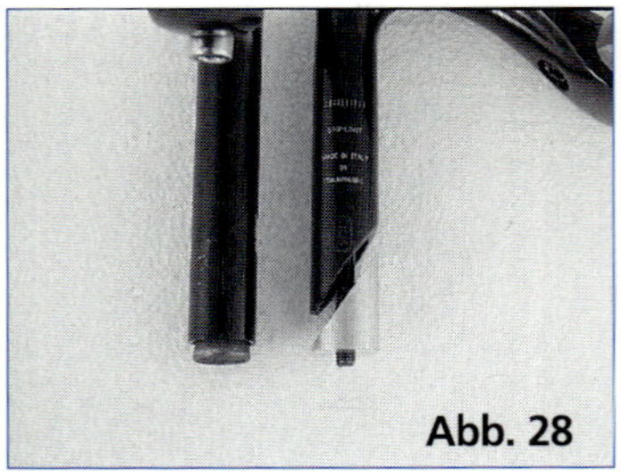

Abb. 28

Vorbauklemmung

Lösbare Klemmvorrichtungen, mit der

a. ▷ Vorbau und ▷ Gabelschaftrohr miteinander fixiert werden;
b. der Lenker im ▷ Vorbauauge fixiert wird.

Gebräuchlich für die Klemmung im Gabelschaftrohr sind der ▷ Spreiz- und der ▷ Schrägkonus (Abb. 28), Einzelheiten s.d. Zunehmend findet aber v.a. im MTB-Bereich die Klemmung nach Typ des ▷ Ahead-Set Verbreitung, die mit Schlitz- oder Segmentklemmung erfolgt.

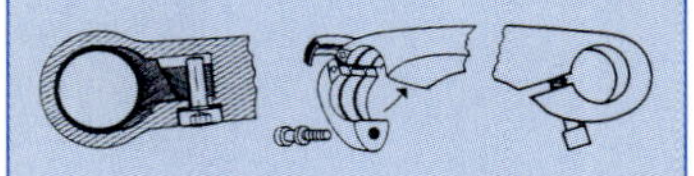

Abb. 29

Für die Lenkerklemmung kommen im Wesentlichen drei Klemmtypen zur Anwendung:

1. Klemmung per geschlitzter ▷ Muffe und Klemmschraube, die nach wie vor die sicherste und lenkerschonendste Klemmung darstellt (Abb. 29 rechts).
2. Klemmung per geteilter Muffe oder Klappversion, die einen Lenkerwechsel ohne Demontage von Brems- und Schaltgriffen sowie Lenkerband/-griffen ermöglicht (Abb. 29 Mitte).
3. Klemmung per Druckkeil (Abb. 29 links), die ein eindellsicheres Lenkermittelteil verlangt und im Fahrbetrieb häufig durch lästige Knarr- oder Quietschgeräusche stört.

Nach der ▷ DIN 79 100 sind für die Vorbauklemmung folgende Verdrehfestigkeiten vorgeschrieben: 25 Nm für die Gabelschaftklemmung, 60 Nm für die Lenkerklemmung.

Abb. 30

Vorbauschaft

Schaft des ▷ Vorbaus, der mit einer Klemmvorrichtung (▷ Spreiz- oder ▷ Schrägkonus) im ▷ Gabelschaftrohr verklemmt wird.

Vorderbau

Der aus ▷ Ober-, ▷ Unter- und ▷ Steuerrohr bestehende vordere Teil des ▷ Rahmens.
In seiner Ausführung ist der Vorderbau entscheidend für die ▷ Seitensteifigkeit eines Fahrrades, Einzelheiten s.d. sowie ▷ Rahmen und ▷ Rahmenbau.

Vorderbaulänge

Abstand zwischen Mitte ▷ Tretlager und Mitte Vorderradnabe (Abb. 30).

Kurze Vorderbauten (unter 58 cm) erhöhen aus Gründen der ▷ Gewichtsverteilung die Vorderradbelastung. Per erhöhter Rei-

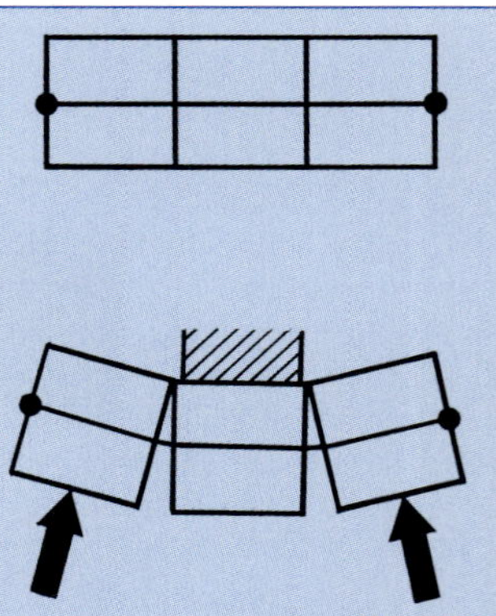

Abb. 31

bung Vorderrad/Fahrbahn sowie Verkürzung der Rohrlängen ist ein kurzer Vorderbau ein konstruktives Mittel gegen ▷ Rahmenflattern. Andererseits schränkt ein kurzer Vorderbau die ▷ Fußfreiheit ein. Bei zu langen Vorderbauten hingegen wird das Vorderrad zu wenig belastet und kann (z.B. ▷ MTB) in Kurven aus der Spur ausbrechen.
Beim ▷ Tria-Rad hingegen ist ein langer Vorderbau in Verbindung mit einem kurzen ▷ Hinterbau ein konstruktives Mittel, um die weit vorgebeugte Haltung bei der ▷ American-Position zu kompensieren; vgl. hierzu auch ▷ Sitzposition: Position und Fahrverhalten.

Vorderrad-federung s. ▷ Federgabeln

Vorderradhalter Andere Bez. f. ▷ Ausfallendensicherung.

Vorspannung Technische Maßnahme, mit der die Belastbarkeit von Bauteilen erhöht werden kann. Wird ein Bauteil einer Kraft ausgesetzt oder von einer Kraft bereits unter Spannung gesetzt, so ist es bei geschickter Auslegung resistenter gegenüber anderen angreifenden Kräften.

Beispiel ▷ Schnellspannachse: Hier wird die Achse in Längsrichtung vorgespannt, also unter Druck gesetzt und kann damit höhere ▷ Biegebelastungen verkraften (Abb. 31). Theoretisch ließe sich durch die Vorspannung sogar eine gebrochene Spannachse halbwegs funktionstüchtig halten, wenn kein Versatz der Bruchstelle auftreten würde.
Weitere Anwendungen am Fahrrad: Vorspannung von ▷ Laufrädern aufgrund gezielter ▷ Speichenspannung, außerdem Vorspannung einer ▷ Feder, um eine höhere Federkraft zu erreichen, s.a. ▷ Rückholfeder.

Vortriebskraft Andere Bez.f. ▷ Antriebskraft.

VSF Abk. f. ▷ **V**erbund **S**elbstverwalteter **F**ahrradbetriebe.

VTT Abk. f. ***V****elo* ***T****out* ***T****errain* "Fahrrad für jedes Gelände", der frz. Name für ▷ Mountainbike, der also analog zu ▷ ATB gebildet ist.

Vulkanisieren Vernetzungsvorgang, durch den Rohgummi (kaugummiartige Konsistenz) mittels Wärmeeinfluß und Vulkanisiermittel (i.d.R. Schwefel) seine elastische Formbeständigkeit erhält. Bedeutung am Fahrrad s. ▷ Gummi und ▷ Reifen.

Durch den Einsatz von sog. Vulkanisations-Beschleunigern (Zinkoxid und Fettsäuren) konnte a) das Vulkanisieren beschleunigt, b) der Einsatz von Schwefel drastisch reduziert und c) ▷ Festigkeit, ▷ Elastizität und Alterungsbeständigkeit von Gummi erheblich verbessert werden.

Wälzlager Oberbegriff für einbaufertige, industriell hergestelle ▷ Kugel- und ▷ Rollenlager (i.G.z. ▷ Gleitlagern) (Abb. 1).

Walken ▷ Reibungsverluste durch Reifenverformung im Bereich des Fahrbahnkontaktes.
Diese kraftzehrenden Verluste werden mit zunehmendem Luftdruck geringer. Darüberhinaus verringern dünne ▷ Karkassenfäden sowie sparsame Gummiauflagen auf den Karkassenfäden die Reibungsverluste weiter.

Walzenantrieb Auch "Rollenantrieb" genannte Art des ▷ Freilaufs bei der ▷ Torpedo-Freilauf-Nabe von ▷ Sachs nach der Bauart des engl. Cheylesmore-Freilaufs (um 1880) (Abb. 2).
Fünf Walzen (Rollen) werden hierbei durch die Drehung des ▷ Ritzels von einer keilförmigen Schräge gegen die Nabenhülse gepreßt und nehmen sie kraftschlüssig mit. Steht das Ritzel, so löst sich diese Verbindung durch die weiterdrehende Nabenhülse von selbst - der Walzenantrieb wirkt als Freilauf.

Walzendynamo Andere Bez. f. ▷ Rollendynamo.

Warmauslagerung Thermische Behandlungsmethode, mit der die ▷ Zugfestigkeit von einigen Aluminiumlegierungen gesteigert wird:
Das Aluminium-Bauteil wird zunächst bei Temperaturen von 470-500 Grad "lösungsgeglüht" (▷ Lösungsglühen) und anschließend in Wasser kalt abgeschreckt. Anschließend erfolgt bei 120-180 Grad die Warmauslagerung, bei der es durch Diffusionsvorgänge zwischen den Legierungspartnern zu einer Erhöhung der Zugfestigkeit kommt.
Weitere Einzelheiten s. ▷ Aluminium: Aushärten; Lösungsglühen, vgl. aber auch ▷ Kaltauslagerung.

Warmschmieden Schmiedevorgang, bei dem das Werkstück erwärmt wird.
Das Warmschmieden wird v.a. bei Metallen eingesetzt, die Verformungen bei Raumtemperatur einen Widerstand entgegensetzen, (▷ Stahl; ▷ Titan) oder bei Werkstücken, die einem sehr hohen Verformungsgrad beim Schmieden unterliegen.
Die Erwärmung (i.d.R. auf Temperaturen um 800°C) reduziert den Widerstand der Metalle gegen Verformung erheblich, s. hierzu auch ▷ Schmieden und vgl. auch ▷ Kaltschmieden.

Wartung Arbeiten, die nötig sind, um ein Fahrrad betriebsbereit zu halten; Einzelheiten s. ▷ Fahrradwartung und ▷ Kettenpflege (Abb. 3).

Wasserstoffversprödung Wasserstoffatome diffundieren (vor allem beim ▷ Verchromen) in das Metallgitter und reduzieren durch sog. Blasenbildung mit hohen Innendrücken (bis 500 bar) die ursprüngliche ▷ Bruchdehnung. Vgl. auch ▷ Verchromen: Hartverchromung.

Watt Physikalische Maßeinheit (Formelzeichen: W) für die ▷ Leistung, Einzelheiten s.d.
Die Bez. erfolgte zu Ehren von James Watt (1736-1819), den Erfinder der Dampfmaschine.

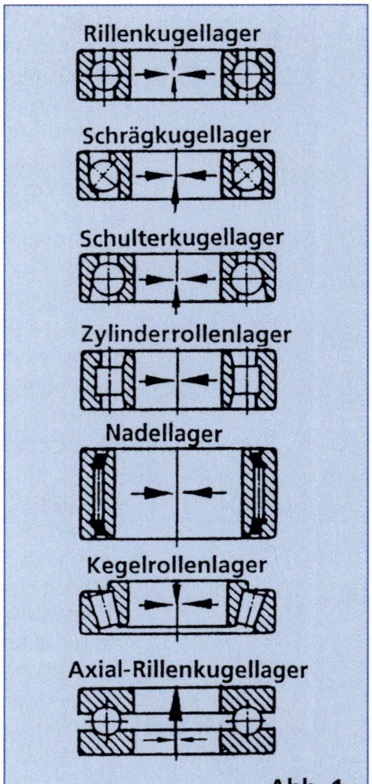

Abb. 1

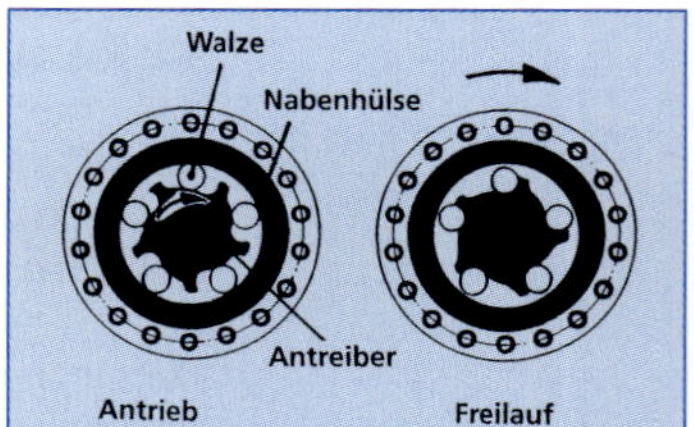

Abb. 2

Abb. 3

Weichlöten

Fügemethode von Metallen (s. ▷ Löten), bei der im Unterschied zum ▷ Hartlöten die ▷ Arbeitstemperatur des ▷ Lotes unterhalb 450°C liegt (Abb. 4).

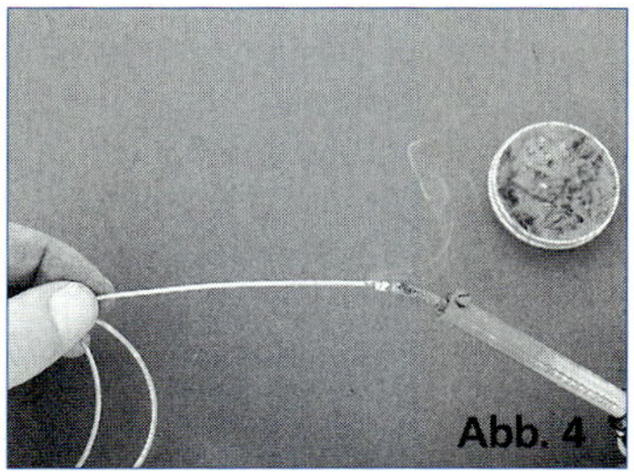
Abb. 4

Weichwerden

Vermeintliches Nachlassen der ▷ Seitensteifigkeit eines ▷ Rahmens nach längerer Betriebsdauer, betroffen ist v.a. der ▷ Tretlagerbereich. Im Zusammenspiel verschiedener ▷ Rahmenbelastungen können die Rahmen bei trittstarken Fahrern je nach Ausführung nach 20.000-50.000 km brechen. Bei Top-Fahrern ist dieser Punkt nach knapp zwei Jahren erreicht, zuvor klagen sie jedoch schon darüber, daß sich der Rahmen "schwammig" anfühlt, also weich wird. Dieser subjektiven Wahrnehmung widerspricht die Physik, die lehrt, daß sowohl Stahl als auch die anderen Metalle ihren Widerstand gegen Verbiegung und Verwindung bis zum Auftreten von Rissen infolge ▷ Materialzerrüttung beibehalten. Theoretisch könnte also am Rahmen gar nichts "weich" werden. Dennoch muß man diese immer wieder subjektiv gemachte Feststellung ernst nehmen. Denkbar wären drei Erklärungen:

Speichenlockern

▷ Speichenbögen und ▷ -nippel haben sich gesetzt und damit etwas an ▷ Vorspannung verloren. Die Laufräder verlieren hierdurch an ▷ Seitensteifigkeit.

Spannungen

Die beim ▷ Löten, ▷ Schweißen oder Richten (s. ▷ Rahmenrichten) der Rahmen entstehenden Material-Spannungen machen das Rahmengefüge durch ungewollte ▷ Vorspannung zunächst steifer. Diese Zusatzspannung wird nun langsam, aber stetig durch die Belastungen intensiven Fahrbetriebs "herausgeknetet", wodurch der Rahmen seine Vorspannung verliert, also weich und damit weniger seitensteif wird.

Risse

Durch Dauerbelastung ist es an Stellen mit ▷ Spannungsspitzen bereits zu ▷ Materialzerrüttung gekommen (Abb. 5). Diese nun bedingt ein Nachlassen der molekularen Bindungskraft, man spricht von "Kohäsionsentfestigung", was zu Mikrorissen im Materialgefüge führt. Breiten sich diese mikroskopisch kleinen Risse nun aus, werden die Belastungen nicht mehr vom gesamten Rohr-Querschnitt aufgenommen (und auch "verdaut"), sondern nur noch von den unbeschädigten Rohrpartien. Dadurch nimmt natürlich die ▷ Steigfigkeit der Rohre ab. Vergleichbar ist dieser Vorgang mit einem Draht, der sich - zigmal hin und her gebogen - kurz vor dem Brechen plötzlich ganz leicht verformen läßt, also "weich" geworden ist.

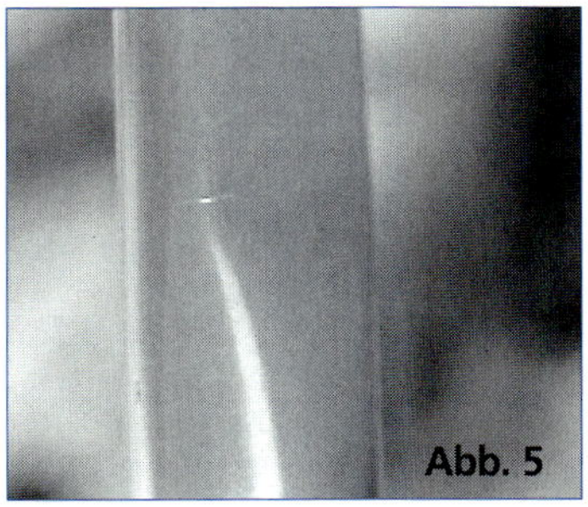
Abb. 5

Welle

Drehbar angeordnete Bauteile zur Übertragung von ▷ Drehmomenten, i.G.z. einer feststehenden ▷ Achse. *Merkspruch:* Die Achse trägt, die Welle überträgt.
Im Fahrradbereich wird diese Definition nicht immer sauber gehandhabt. Bekanntestes Beispiel ist die ▷ Tretlagerachse, die genaugenommen zu den Wellen gezählt werden muß, da sie sich sowohl dreht als auch dabei ein Drehmoment überträgt.

Wellenantrieb

Technische Bez. für den ▷ Kardanantrieb gemäß der technischen Definition einer ▷ Welle.

Wellenspeiche

Speichen, die teilweise oder über ihre gesamte Länge haarnadelähnlich gewellt sind (Abb. 6). Dies fördert den ▷ Fahrkomfort, die Speichen leiden aber etwas an mangelnder ▷ Dauerschwingfestigkeit, weil die Kraft nicht symmetrisch durch die Speichenmitte verläuft, sondern wechselweise auf die Innenseite der Biegung ausweicht.

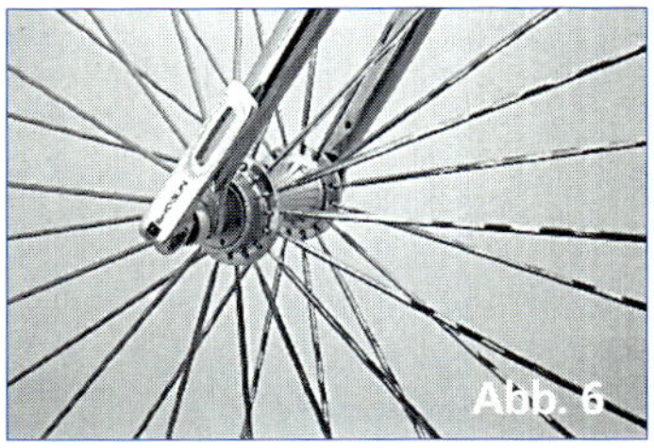
Abb. 6

Wellscheibe

Eine in ihrer Ebene gewellte Scheibe, die eine Federwirkung erzeugt, wenn sie wieder flachgepreßt wird (Abb. 7).
Wellscheiben werden bei ▷ Lagerungen eingesetzt und können ein im Betrieb auftretendes axiales ▷ Spiel ausgleichen. Beispiel am Fahrrad insbes. die ▷ Naben von Phil Wood, Einzelheiten s. ▷ Nabenlager: besondere Lagerungen.

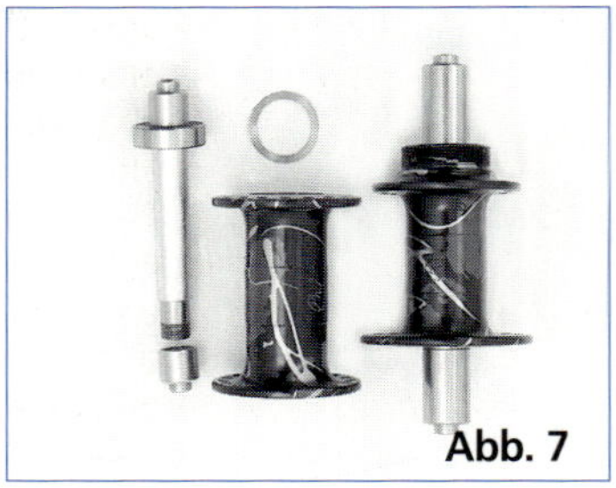
Abb. 7

Wendigkeit

Eigenschaft des Fahrrades, schnellen Fahrtrichtungsänderungen willig nachzukommen bei gleichzeitig guter Kurvengängigkeit. Einzelheiten s. ▷ Fahrverhalten.

Werkstoffe

Oberbegriff für alle technisch genutzten Feststoffe, die sich zur Herstellung von ▷ Werkstücken eignen; s.a. ▷ Rahmenwerkstoffe.

Werkstück

Noch ungeformte Werkstoffteile, aus denen Bauteile gefertigt werden.

Werkzeug

Handgeräte oder Maschinen, die zur Bearbeitung von Werkstoffteilen dienen, sowie handwerklich genutzte Montageinstrumente (Abb. 8).
Bei der Fahrradherstellung und -wartung eingesetzte Werkzeuge:

bearbeitende Werkzeuge: Bohrer, Säge, Feile, ▷ Gewindeschneider sowie Werkzeuge zum ▷ Fräsen und zur Bearbeitung von Lagersitzen (▷ Lagerung).

Montagewerkzeuge: ▷ Schraubenschlüssel, ▷ Schraubenzieher, ▷ Speichenschlüssel, ▷ Stiftschlüssel, Zangen, ▷ Abzieher, ▷ Kettennieter, ▷ Reifenheber.

Sonderwerkzeuge: ▷ Richtwerkzeuge, ▷ Meßwerkzeuge, ▷ Zentrierständer, ▷ Reparaturständer.

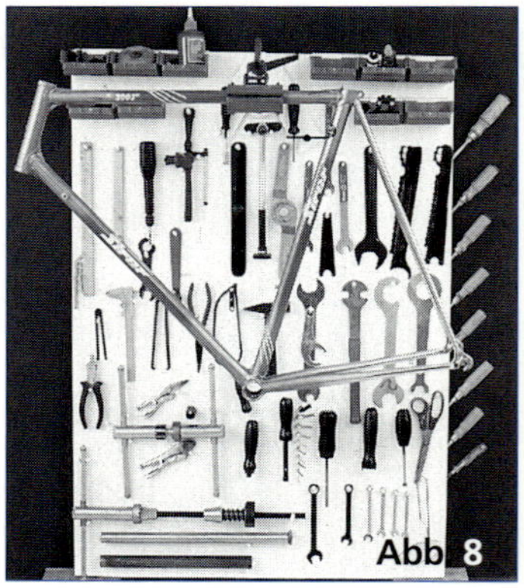
Abb. 8

Wettbewerbe

Die verschiedenen Disziplinen des ▷ Radsports, s.d.

Wheelie

Begriff aus dem Geschicklichkeitsfahren (▷ Trial), bei dem das Vorderrad angehoben wird, also nur auf dem Hinterrad gefahren wird.

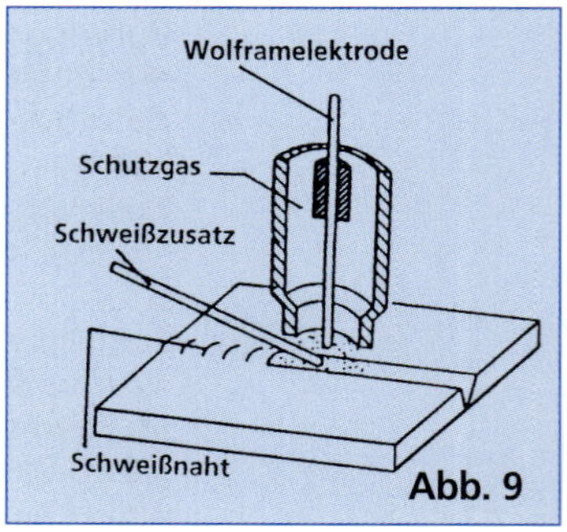

Abb. 9

Widerstandsmoment

Aus den geometrischen Abmessungen von Bauteilen ermittelbare Rechengröße, die deren Widerstandsfähigkeit gegenüber ▷ elastischer Verformung angibt.
Bei einem Rohr z.B. steigt das Widerstandsmoment mit zunehmendem Durchmesser i.d. 3. Potenz, d.h. verdoppelt man den Durchmesser eines Rohres, so verachtfacht sich sein Widerstandsmoment und damit auch seine ▷ Biegesteifigkeit.

WIG-Schweißen

Abk. für **W**olfram-**I**nert**g**as-Schweißen, ein Verfahren, bei dem zwischen dem ▷ Werkstück und einer Wolframnadel ein Lichtbogen gezündet wird, der das Werkstück aufschmilzt - den Zutritt von Luftsauer- oder -stickstoff verhindert die Beduschung mit dem Edelgas Argon (Abb. 9). Näheres s. ▷ Schweißen.

Abb. 10

Windschatten

Hinter einem Strömungshindernis liegender Bereich mit geringerer Windgeschwindigkeit (Abb. 10).
Im Radsport: Ausnutzen eines vorausfahrenden Fahrzeugs als Windbrecher, um mit vermindertem ▷ Fahrwiderstand radeln zu

können (bei dem ab ca. 20 km/h der ▷ Luftwiderstand die anderen Widerstände überwiegt). Diesen Vorteil nutzt ein Radler aus, wenn er dicht hinter einem Konkurrenten oder Mannschaftskameraden fährt. Im günstigsten Fall kann dadurch die aufgewandte ▷ Leistung in etwa halbiert werden. Einzelheiten s. ▷ Aerodynamik.
Beim ▷ Zeitfahren und beim ▷ Triathlon hingegen ist das Windschattenfahren verboten, da es eine Verfälschung der Einzelleistung mit sich bringen würde. Hinter speziellen ▷ Schrittmachern auf Motorrädern (s. ▷ Steherrennen) ist sogar eine Sogwirkung zu erzielen, womit dann kurzzeitig Geschwindigkeiten über 100 km/h möglich sind.
Bahnsprinter hingegen erreichen ohne Windschatten kurzzeitig etwa 70 km/h - auf 200 m Strecke, also gut 10 Sekunden Dauer.
Die höchste je mit dem Fahrrad gefahrene Geschwindigkeit beträgt 245 km/h (John Howard 1988) wurde im Windschatten eines Rennautos mit weit nach hinten gewölbtem Windschirm erzielt. Diese Konstruktion erzeugt eine enorme Sogwirkung, die Howard quasi als Zusatzantrieb nutzte. Zum Vergleich: freier Fall eines Menschen kopfüber ca. 260 km/h, mit ausgebreiteten Armen und Beinen ca. 180 km/h.

Windschlüpfigkeit / -schnittigkeit

Von ihrer Form und ▷ Stirnfläche abhängige Eigenschaft von Körpern, die es ihnen ermöglicht, möglichst leicht und reibungsfrei (schlüpfig) die Luft zu "durchschneiden". Einzelheiten s. ▷ Aerodynamik.

Windwiderstandsbeiwert

Landläufige, aber inkorrekte Bez. f. ▷ Luftwiderstandsbeiwert.

Winkelhebelantrieb

Variante des ▷ Linearantriebs (Abb. 11).

Abb. 11

Wirkungsgrad

Angabe, wieviel Prozent einer eingebrachten ▷ Leistung bei mechanischen Vorrichtungen tatsächlich "greifen", also zielgerecht umgesetzt werden.
So hat beispielsweise die Fahrradkette einen Wirkungsgrad von rund 98%, d.h., nur 2% der eingebrachten Leistung gehen durch ▷ Reibungsverluste verloren. Bei einem Seitendynamo beträgt der Wirkungsgrad (Reibungsverluste durch die Kraftübertragung und durch die Umwandlung von mechanischer in elektrische Energie) rund 30%. Der Wirkungsgrad des Menschen wird übrigens mit 25% angegeben, die Verluste werden ausgeschwitzt, also in Wärme umgewandelt.

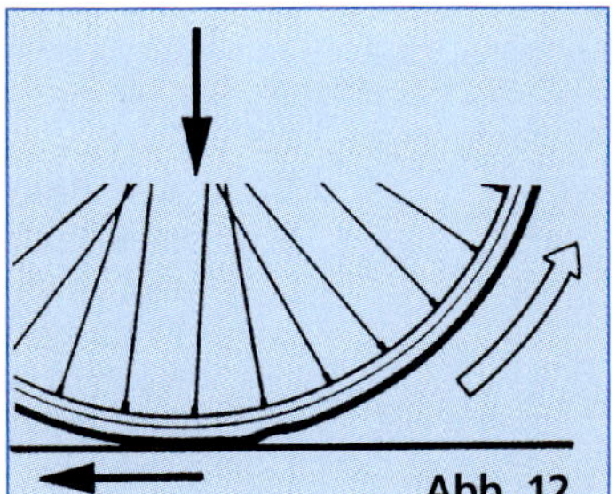
Abb. 12

Wishbone

Engl. Bez. f. ▷ Monostay, also einen gegabelten ▷ Hinterbau.
Das Wort setzt sich aus engl. "Wunsch" und "Knochen" zusammen und bezeichnet das gegabelte Brustbein von Geflügel, das auch bei uns im Volksbrauch einem Ritual diente: Es wurde von zwei Personen in zwei Stücke gezogen, wem das längere Ende zufiel, hatte die magische Erfüllung eines Wunsches frei.

Wulstbildung

Eine Art "Welle im Reifen", die unmittelbar vor dem Kontaktbereich des Reifens mit der Fahrbahn entsteht und zusätzliche Rollreibungsverluste mit sich bringt; s. hierzu auch ▷ Rollwiderstand (Abb. 12).

Wulstreifen

Veraltete, heute nicht mehr hergestellte Reifenbauart, bei der sich statt eines ▷ Reifendrahtes ein ausgeprägter Gummiwulst in einer Spezialfelge abstützt/verhakt (Abb. 13).

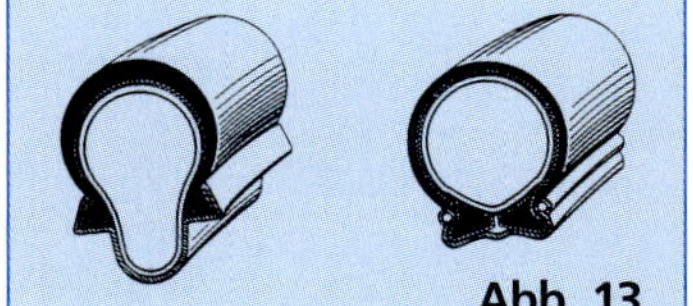
Abb. 13

XC Pro MTB-Nobelgruppe von ▷ Suntour.

XTR MTB-Nobelgruppe von ▷ Shimano.

Zähigkeit Materialeigenschaft, die ▷ plastischer Verformung auch beim Vorhandensein von Kerben ohne Bruch wiedersteht, vgl. auch ▷ Kerbwirkung und ▷ Kerbschlagzähigkeit.

Die Zähigkeit steht in einem gewissen Zusammenhang mit der ▷ Bruchdehnung. Daneben gibt es materialspezifische Eigenschaften: ▷ Aluminium besitzt trotz relativ hoher Bruchdehnung eine Empfindlichkeit gegen Kerbwirkung.

Zahnformen Ausbildung der in die Kette eingreifenden Zähne von ▷ Kettenblatt und ▷ Ritzel. Je nach Zahnform können Führungseigenschaften oder Schaltbarkeit beeinflußt werden.

Kettenblätter Bei ▷ Antrieben mit nur einem Kettenblatt muß dieses besonders gute ▷ Führungseigenschaften besitzen, damit die Kette nicht abspringt.
Einfachstes Mittel hierzu: Höher ausgeführte Zähne (Abb. 1).
Faustregel: Ab 6,5 mm Zahnhöhe bestehen gute, oberhalb 7 mm sogar sehr gute Führungseigenschaften.
Bei Antrieben mit mehreren Kettenblättern führt die ▷ Umwerfergabel die Kette seitlich, was bei richtiger Einstellung ein Abspringen zuverlässig verhindert.
Zwecks besserer Schalteigenschaften werden die Zähne von Mehrfachkettenblättern sogar gekürzt ausgeführt, ihre Höhe beträgt bei modernen - sogar unter Teillast schaltbaren - Kettenblättern nur noch 5,5 - 5,7 mm. Weiterhin wird mit abgeschrägten Zähnen sowie Stütznieten und Fangzähnen (s.a. ▷ Hyperdrive) die Schaltbarkeit weiter verbessert (Abb. 2). Moderne Kettenblätter schalten sich daher nahezu gleich gut wie Ritzel. Vgl. aber auch ▷ Browning-System.

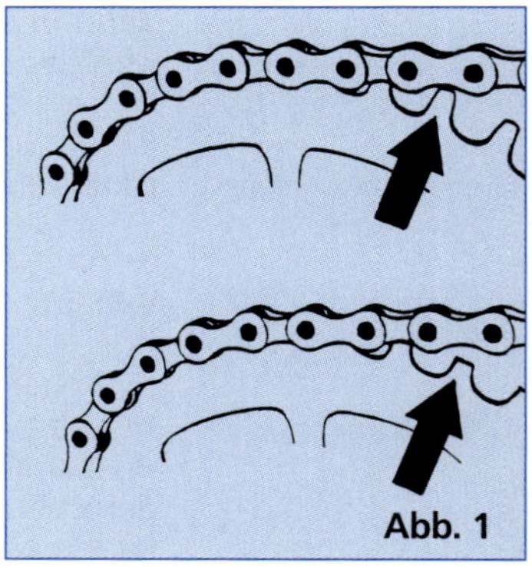
Abb. 1

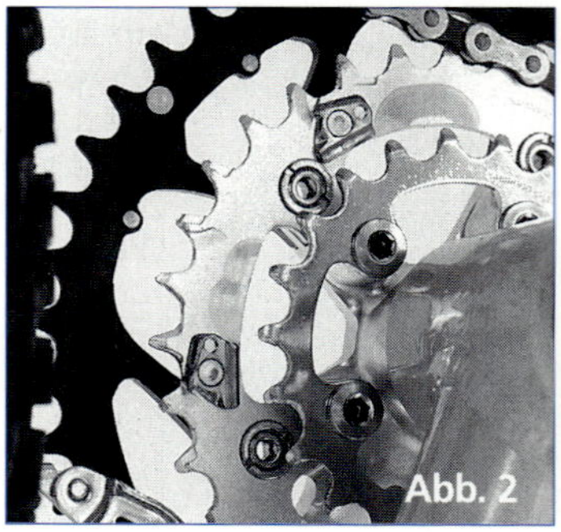
Abb. 2

Ritzel Bei den Ritzeln überläßt man die Führungseigenschaften der Kette und versucht die Schaltbarkeit durch kürzere Zähne oder besondere Zahnformen zu verbessern.
Chronologisch ergab sich dabei folgende Entwicklung:

1. Mittelrille Auf dem Zahnkopf eingebrachte Längsnut packt mit ihrer so geschärften Kante die Kette früher und bewegt sie so zum Klettern aufs nächste Ritzel (Abb. 3 oben rechts).
In der Praxis kommt es dabei jedoch bisweilen zum Einspuren der Kettenlaschen in die Mittelrille, die Zähne greifen nicht, der Radler tritt durch und stürzt u.U.

2. Uniglide ▷ Zahnform von ▷ Shimano, bei der schmal auslaufende und seitlich gedrehte Ritzelzähne die Kletterleistung der Kette verbesserten (Abb. 3 oben links). Sie wurde von 1978-1990 hergestellt und ist mittlerweile von Ritzeln mit Hyperglide-Zähnen abgelöst (s.u.).

3. Haifischform Zahnform, bei der die Auflaufflanke der Zähne für die Kette wie bei anderen Ritzeln geformt ist, der Freiraum zum nächsten Zahn dagegen weiter ausgespart wird (Abb. 3 Mitte). Hierdurch ergibt sich eine nahezu dreieckige und dabei angerundete Zahnform,

Abb. 3

die der Rückenflosse des gefürchteten Meergetiers ähnelt, daher der Name. Diese durchaus sinnvolle Ritzelzahnform wurde von ▷ Shimano 1980 auf den Markt gebracht (Dura Ace, Aero-Ausführung), ist aber mittlerweile von neueren Shimano-Zahnformen ersetzt worden.

4. abgeschrägte Zahnköpfe

Zahnform von Suntour, bei der der Zahnkopf zu den größeren Ritzeln hin abgeschrägt ist (Abb. 3 unten rechts). Dadurch wird die Kette durch die Ritzelkante ähnlich wie bei der Mittelrille zu einem schnelleren Klettervorgang bewegt, kann aber nicht einspuren.

5. Y-Zahnform

Zahnform von ▷ Sachs, bei der das Prinzip der Mittelrille wieder aufgegriffen wird, wobei man jedoch einen Teil der Rille zusammendrückt, was dem Zahnkopf eine Y-förmige Einprägung verleiht (Abb. 3 unten links). Die beiden offenen Beine des Y greifen die Kette sehr gut für den Klettervorgang, der hintere, zusammengedrückte Zahnkopfteil verhindert das Einspuren der Kettenlaschen.

6. Hyperglide

Zahnform von Shimano (seit 1988), die neben einer bis dato unerreichten Leichtigkeit der Gangwechsel auch erstmals serienmäßig das Schalten unter Tretlast ermöglichte. Die Kette läuft dabei beim Schaltvorgang in einer seitlichen "Zick-Zack"-Bewegung Zahn in Zahn eingreifend auf das nächste Ritzel über (Abb.4). Ein Überklettern der Ritzelzähne ist dabei nicht mehr erforderlich, s.a. ▷ Hyperglide-Überlauf.

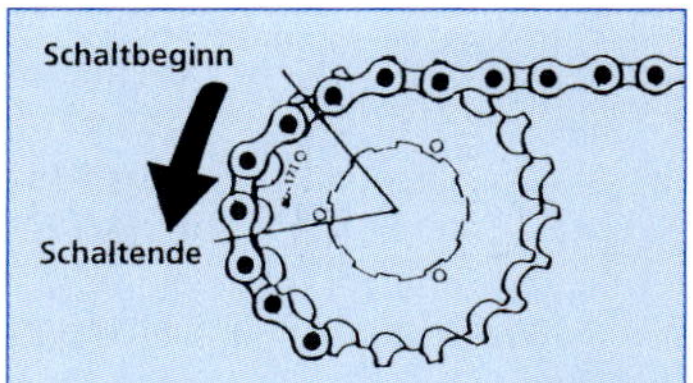

Abb. 4

Erreicht wird dieser Schaltkomfort durch das Zusammenspiel von vier Maßnahmen:
1. niedrige Zahnhöhe, um die Kette beim seitlichen Schwenk weniger durch die Zahnspitzen zu stören. Sie wurde von herkömmlichen 6 mm auf 4 - 4,2 mm gekürzt.
2. größerer Freiraum zwischen den einzelnen Zähnen. Leicht wannenförmig ausgebildete Zahnbetten ermöglichen der Kette ebenfalls einen größeren Freiraum für die seitliche Schwenkbewegung.
3. Die Ritzel sind derart nebeneinander angeordnet, daß die Zähne in einem ganz bestimmten Rhythmus zueinander stehen. Damit kann die Kette an ganz bestimmten Stellen Zahn in Zahn eingreifend von einem Ritzel aufs nächste überlaufen. Dieses ist bei einem Zahn Unterschied von Ritzel zu Ritzel einmal möglich, bei einem 2-Zahn-Unterschied zweimal und entsprechend bei einem 3-Zahn-Unterschied usf.
4. An den Überlaufstellen sind die Zähne seitlich ausgenommen und geschränkt, um die Kette beim Zick-Zack-Überlauf nicht zu behindern. Für die Kette ist bei dieser Zahnform allerdings eine hohe seitliche Beweglichkeit gefordert, s.a. ▷ Kette: Hyperglide-Tauglichkeit.
Die hohe Schaltfreudigkeit bezahlt der Radler freilich mit einem rascheren Ritzelverschleiß und entsprechend höheren Kosten für die Ersatzbeschaffung.
Anmerkung: Die kurze Bauhöhe der Zähne reicht gerade dazu aus, die ▷ Kettenrollen (Halbmesser 3,9 mm) zu stützen. Bei leicht gelängter Kette (▷ Kettenlängung) bzw. leicht verschlissenen Ritzeln, insbes. bei solchen mit geringen Zähnezahlen, kommt es schnell zum Durchratschen der Kette.

7. Sachs "Powerglide"

An die Hyperglide-Zahnform angelehnt, aber mit längeren Zähnen ausgeführt. Dafür wird an den Überlaufstellen ein Zahn ganz ausgelassen oder nur ein "Mäusezähnchen" stehengelassen (Abb. 5). Gegenüber dem Orginal-Hyperglide besitzt diese Zahnform bei sehr guten Schaltqualitäten (auch unter Last) eine längere Lebensdauer.

Abb. 5

8. Campagnolo "Exa Drive"

Ebenfalls an die Hyperglide-Zahnform angelehnt, aber mit geringfügig höheren Zähnen ausgestattet. Daher und durch den Einsatz verschleißfesteren Materials längere Lebensdauer, aber etwas geräuschvollere Schaltakte.

9. Suntour "Power Flo"

Ebenfalls an die Hyperglide-Zahnform angelehnt, aber mit etwas weniger wannenförmig ausgebildeten Zahnbetten. Daher deutlich hörbare Schaltakte, aufgrund einer bes. verschleißfesten Ritzeloberfläche aber geringerer Verschleiß.

Abb. 6: Vergleich zwischen den modernen Überlauf-Zahnformen

Hersteller/Bezeichnung	Geräusch*	Verschleiß
Shimano/Hyperglide	gering	schnell**
Sachs/Powerglide	gering	gering
Suntour/Power Flo	gut hörbar	geringer
Campagnolo/Exa Drive	gering	gering

* Geräuschentwicklung beim Schalten unter voller Tretlast
** bei XTR und Dura Ace akzeptabel

Zahnkranz

Heute: landläufige Bez. sowohl für ▷Schraubkranz als auch ▷Ritzelpaket.
Ursprünglich: nur Bez. f. das Einzelritzel (s. ▷Ritzel) am schaltungslosen bzw. mit ▷Nabenschaltung ausgestatteten Fahrrad.
Je nach Nabenart ist der Zahnkranz in grundsätzlich zwei verschiedenen Systemen ausgeführt:

Schraubkranz

Bei traditioneller Nabenbauart ist der Zahnkranz samt seinem ▷Freilauf auf die Hinterradnabe geschraubt (Abb. 7), weswegen sich für dieses System der Begriff ▷Schraubkranz eingebürgert hat, Einzelheiten s.d.

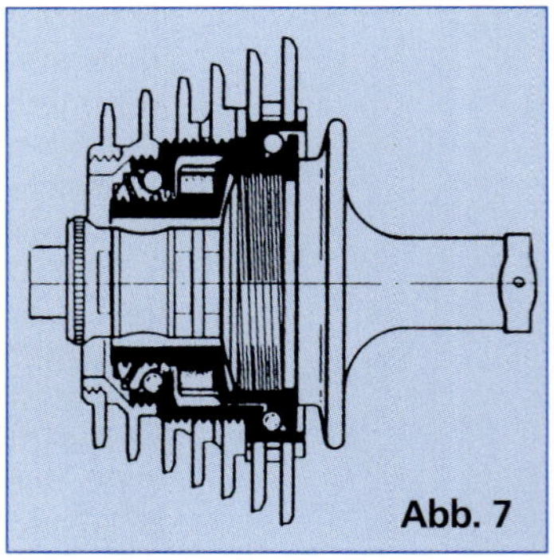

Abb. 7

Kassettensystem *(Ritzelpaket)*

Im Gegensatz hierzu werden bei den heute sich immer mehr verbreitenden ▷Kassettennaben Freilauf und Nabe als Einheit ausgeführt (Abb. 8). Vorteil: Alle Ritzel haben die gleiche Formschlußverzahnung und können, mit Schrauben oder Stiften zu einem Paket (daher auch "Ritzelpaket") verbunden, einfach vom Kassettenkörper abgezogen bzw. aufgeschoben werden. Weitere Informationen s. ▷Ritzelpaket.

Historie

Beim Aufkommen der Kettenschaltung in den 30er Jahren begnügte man sich zunächst mit 3 Ritzeln, später folgten 4- und 5-fach-Pakete, die jahrzehntelang Standard waren. In den 80er Jahren kamen dann 6- und 7-fach-Pakete auf, heute beginnen 8-fach-Pakete Standard zu werden - Dura Ace '96 sowie Campagnolo in den Top-Gruppen bieten sogar 9 Ritzel.

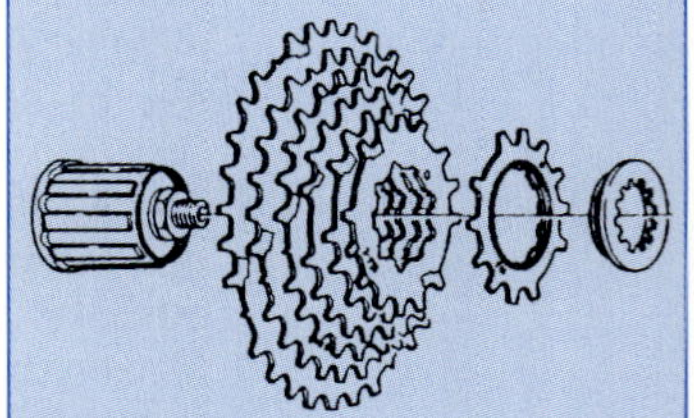

Abb. 8

Speichenschräge

Trotz mit der Zeit schmaler gewordenen Abständen von Ritzel zu Ritzel (s.u.) nahm aber die Breite der Zahnkränze drastisch zu und erreicht heute 35 mm (gegenüber 24 mm bei 5-fach). Damit wuchs die Einbaubreite des Hinterrades von früher 124 mm auf heute 130 mm (Rennrad) bzw. 135 mm (MTB) an, damit das Hinterrad nicht zu asymmetrisch eingespeicht wird; zu diesem Problemkreis s. ▷Speichenschräge; ▷asymmetrische Felge.

Ritzelabstände

Bei den 5-fach Kränzen betrugen die Abstände von Ritzel zu Ritzel je nach Bauart und Fabrikat 6,0 - 6,5 mm, während die dann eingeführten sog. "S-Kränze" mit 6- und 7-fach-Kränzen mit Abständen von um 5,2 mm ausgeführt wurden. Für sie wurde die schmalere "S-Kette" entwickelt, die 7,3 mm statt bis dahin 8,0 mm breit war.

Der Abstand von Ritzel zu Ritzel wurde bei 8-fach-Kränzen noch einmal reduziert und liegt bei ▷ Shimano und ▷ Suntour bei 4,8-5,0 mm, während ▷ Campagnolo und ▷ Sachs 5,0-5,2 mm große Ritzelabstände haben.

Zahnkranzabzieher Werkzeug zur Demontage von ▷ Schraubkränzen. Einzelheiten, Ausführungen und Formen s. ▷ Abzieher (Abb. 9).

Zahnkranzpaket In Anlehnung an die Bez. ▷ Ritzelpaket selten gebrauchter Begriff für die Ritzel von ▷ Schraubkränzen. Einzelheiten s. ▷ Zahnkranz.

Zahnrad Allgemeinbegriff für walzen- oder scheibenförmige Körper, auf deren Umfang zwecks Kraftübertragung zahnartige Erhebungen vorstehen.
Am Fahrrad kommen echte Zahnräder (die ineinander "kämmen") innerhalb der ▷ Nabenschaltung vor. Landläufig werden aber auch ▷ Ritzel und ▷ Kettenblätter wegen ihrer vorstehenden Zähne als Zahnräder aufgefaßt, obwohl es sich bei ihnen um "Ketten(zahn)räder" handelt (Zähne greifen in die Kette ein und nicht ineinander).

Zahnriemen / -antrieb Kraftübertragung mittels im Querschnitt leicht trapezförmigem Riemen aus textilbewehrtem Gummi, der nach innen zu gerundete Nocken aufweist (Abb. 10). Diese greifen in Vertiefungen der beiden Riemenscheiben, die diesen ein zahnradartiges Aussehen verleihen. Um die Formbeständigkeit der Nocken zu steigern, sind diese mittels entsprechender Gewebelagen verstärkt (Abb. 11).
Durch die Nocken ist der Zahnriemen gegenüber dem normalen Keilriemen (von dem er eine Sonderform darstellt) schlupffrei. Dennoch kann es bei hohen ▷ Antriebsmomenten trotz straff gespanntem Riemen zu einem Überspringen der Nocken kommen. Daher ist bei heutigen Zahnriemenantrieben eine Andruckrolle an der hinteren Nockenriemenschiebe serienmäßig (Abb. 12).
Um das seitliche Abspringen des Zahnriemens von den Riemenscheiben zu verhindern, haben diese beidseitig eine sog. "Bordscheibe" ausgebildet. Das sind Führungsschienen, die bis in die Höhe des Zahnriemens reichen und ihn seitlich führen.

Vorteile Diese Antriebsart ist weniger schmutzanfällig und pflegeintensiv als ▷ Kettenantrieb (keine Schmierung); leiseres Betriebsgeräusch; Wirkungsgrad von ca. 98% wie bei Kette.

Nachteile Nur für ▷ Normalradler geeignet, bei den hohen Antriebsmomenten sportlicher Fahrer greifen die Zähne nicht mehr (Überspringen); ohnehin nur für ▷ Gebrauchsfahrräder geeignet, da Schaltungsmöglichkeit nur in Verbindung mit ▷ Nabenschaltung besteht; erschwerte Hinterrad-Demontage; absolut parallele Achsstellungen notwendig (aufwendige Riemennachspanner erforderlich); Sonderform der ▷ Unter- und ▷ Sattelstrebe erforderlich, um den Endlosriemen montieren zu können.
Fazit: Trotz ihrer Vorteile bleibt diese Antriebsart - v.a. wegen der nicht gegebenen sportlichen Einsatzmöglichkeit - dem ▷ Alltags- und ▷ Gebrauchsrad vorbehalten.

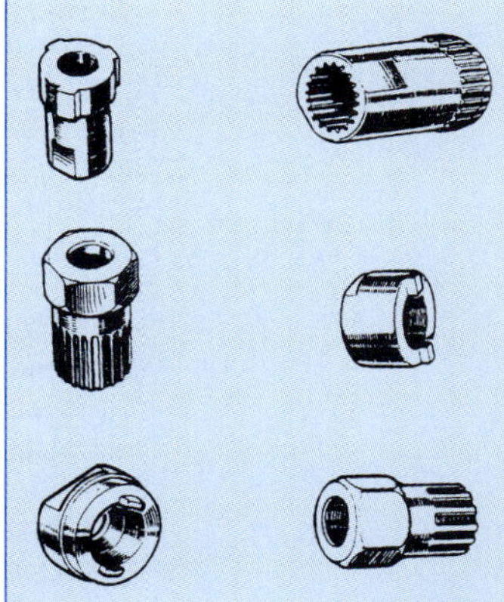

Abb. 9

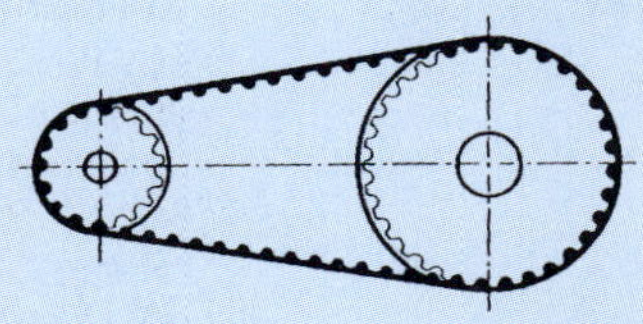

Abb. 10

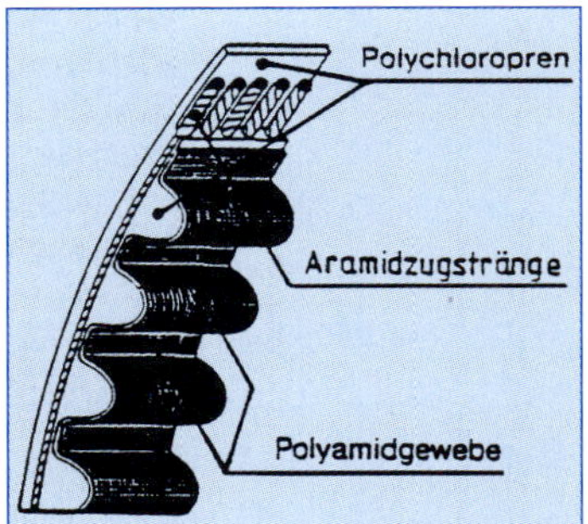

Abb. 11

Abb. 12

Zeitfahren

Oberbegriff für Radsportveranstaltungen, bei denen die Radsportler einzeln oder als Mannschaft in ein, bis mehrminütigem Abstand voneinander starten und alleine eine Strecke in möglichst kurzer Zeit zurücklegen (Abb. 13).
Dieses Fahren "gegen die Uhr" gilt als die härteste Disziplin des Straßenradsports (keine Möglichkeit, im ▷ Windschatten anderer Fahrer Kräfte zu sparen), wird aber auch auf der Bahn ausgetragen.
Sonderform ist das ▷ Bergzeitfahren, bei dem mehr oder weniger ausschließlich bergauf gefahren wird.
In jüngerer Zeit kam als völlig neue Zeitfahr-Disziplin der ▷ Downhill hinzu, ein Abfahrtsrennen auf ▷ Mountainbikes.
Genaugenommen ist auch der Versuch, einen ▷ Stundenweltrekord aufzustellen, ein Zeitfahren, mit der Besonderheit, daß sich nur der Rekordaspirant auf der Bahn befindet.
Weitere Informationen s. ▷ Zeitfahrrad; ▷ Zeitfahrposition; ▷ Downhill-Bike.

Abb. 13

Zeitfahr-Position

V.a. beim ▷ Zeitfahren eingenommene ▷ Sitzposition, die daraufhin ausgerichtet ist, den ▷ Luftwiderstand durch a) eine möglichst geringe ▷ Stirnfläche, b) eine möglichst windschlüpfige Haltung zu erreichen (zu diesem Problemkreis s.a. ▷ Aerodynamik; ▷ cW-Wert).
Beim ▷ Rennrad mit klass. ▷ Rennlenker erreicht man eine minimierte Stirnfläche, indem der ▷ Rennlenker im unteren Bogen gefaßt wird und der Oberkörper so weit abgeduckt wird, daß die Unterarme möglichst parallel zur Straße und in ▷ Radflucht verlaufen.
Beim ▷ Hörnchenlenker ist die Haltung durch die Lenkerform praktisch vorgegeben. Bei vergleichbar minimierter Stirnfläche wirkt sich die bequemere ▷ American Position günstiger auf den cW-Wert aus.
Das momentane Optimum hinsichtlich Stirnfläche und cW-Wert stellt die ▷ Hochauflieger-Haltung (Abb. 14) dar.

Abb. 14

Zeitfahrrad

Rennrad, das speziell für das ▷ Zeitfahren konzipiert ist (Abb. 15).
Für Zeitfahrräder werden v.a. aerodynamische Hilfsmittel verwendet wie ▷ Scheibenräder, ▷ Composite Wheels, ▷ Speichenverkleidung sowie strömungsgünstige ▷ Monocoque-Rahmen, teilweise mit Spoilern (s. ▷ Spoiler-Rahmen) versehen (Abb. 16).
Der ▷ Rahmen von Zeitfahrrädern besitzt i.d.R. ein etwas tiefer gelegtes ▷ Tretlagergehäuse, damit der Radler etwas "tiefer im Rad" sitzt und so dem Wind weniger Angriffsfläche bietet.
I.G.z. gängigen Praxis sollte ein Zeitfahrrad einen etwas längeren ▷ Radstand und größeren ▷ Nachlauf besitzen, um energiezehrende Lenkkorrekturen weitmöglichst zu vermeiden.
Heute ist beim Zeitfahrrad der ▷ Tria-Lenker nahezu obligatorisch, damit eine zugleich bequeme als auch aerodynamisch optimale Position eingenommen werden kann (▷ American Position). Er wird zukünftig aber mehr und mehr vom ▷ Hochauflieger verdrängt werden.

Abb. 15

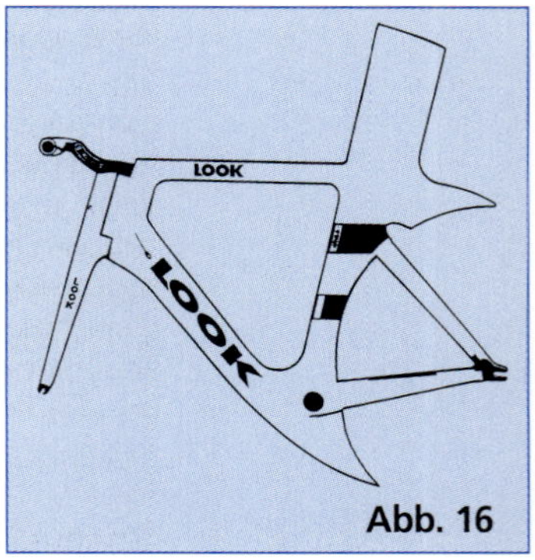

Abb. 16

Zentralfedergabel

▷ Federgabeln, bei denen Feder- und Dämpfungselemente im ▷ Gabelschaftrohr untergebracht sind (Abb. 17). Die Wirkungsweise gleicht derjenigen einer ▷ Teleskopgabel, die Zentralfedergabel

besitzt jedoch i.d.R. einen kürzeren ▷ Einfederungsweg. Dafür ist sie nicht verwindungsanfällig und läßt sich mit normalen ▷ Naben ohne verstärktes Mittelteil einsetzen (kein asymmetrisches Einfedern der Federbeine wie bei einer ▷ Teleskopgabel).
Damit sich die Federungselemente nicht gegenüber dem Gabelschaftrohr verdrehen, wird das Schaftrohr meist sechseckig ausgeführt oder mit einem Führungsgelenk versehen.
Weitere Einzelheiten, s. ▷ Fahrradfederungen: Federungstypen.

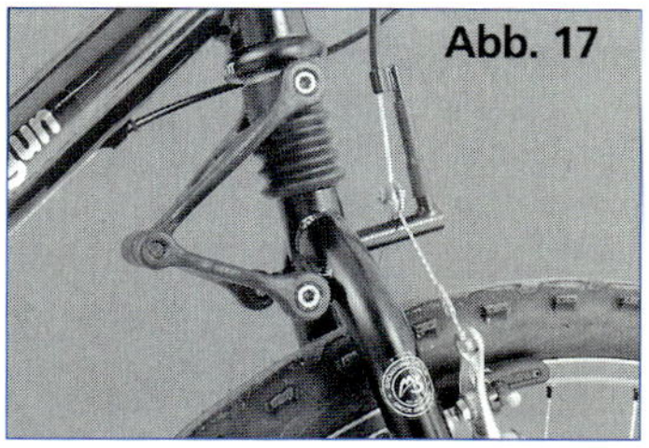
Abb. 17

Zentralseil

Bez. für den ▷ Innenzug bei ▷ Mittelzugbremsen.
Der Begriff resultiert daraus, daß der Innenzug vom ▷ Kabelteiler in zwei schräg ablaufende Diagonalzüge (s. ▷ Seildreieck) aufgeteilt wird.

Zentrieren

Dem ▷ Einspeichen folgender Vorgang, bei dem eine ▷ Felge durch entsprechendes Austarieren der einzelnen Speichen mittig zur ▷ Radflucht sowie zentrisch und schlagfrei ausgerichtet wird. Sonderfall: ▷ Nachzentrieren.
Übrigens wird auch das Hinterrad des mit ▷ Kettenschaltung ausgestatteten Fahrrades mittig zu den Achsgegenmuttern zentriert. Die Asymmetrie des Hinterrades resultiert hier ja daraus, daß der Abstand des rechten ▷ Nabenflansches von der Gegenmutter zwecks Aufnahme des ▷ Zahnkranzes weiter ist als der des linken.
Manuell erfolgt das Zentrieren mittels ▷ Speichenschlüssel, maschinell mittels z.T. computergesteuerten Automaten.
Das Zentrieren an sich ist ein Vorgang, der vom Prinzip her sehr einfach ist, in seiner Ausführung aber Erfahrung und "Gefühl" verlangt.

Prinzip

Wird eine Speiche angezogen, so zieht sie die Felge einmal zum ▷ Nabenflansch hinüber, in der die Speiche eingefädelt ist, zum andern aber auch nabenwärts herunter (Abb. 18). Umgekehrt ist es beim Lockern einer Speiche: Hier wandert die Felge zum gegenüberliegenden Nabenflansch und von der Nabe weg nach außen.

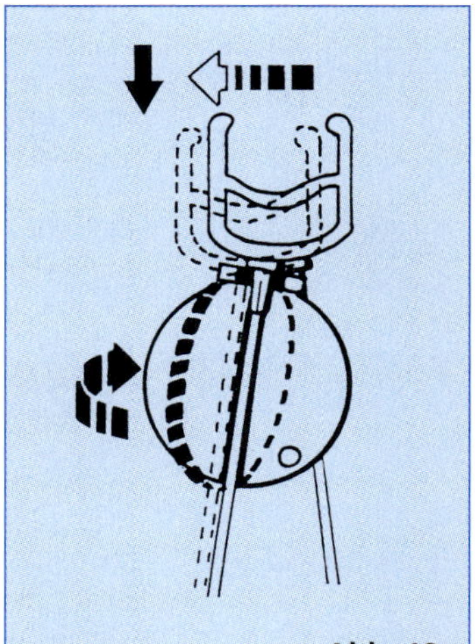
Abb. 18

Anwendung

In der Praxis wird es etwas komplizierter, was am Beispiel des Auszentrieren eines ▷ Seitenschlages deutlich wird:

Auszentrieren Seitenschlag

Hat die Felge beispielsweise einen "Schlag" nach links, so kann dieser durch Anziehen der rechten Speichen wieder ausgeglichen werden.
Problem: Durch Anziehen dieser Speichen beult sich aber gleichzeitig die Felge etwas nach innen (ergäbe also einen ▷ Tiefenschlag). Aus diesen Gründen müssen bei einem linksseitigen Schlag die linken Speichen etwas gelockert und die rechten um den gleichen Betrag angezogen werden. Die Anzahl der Speichen, die angezogen bzw. gelockert werden müssen, richtet sich nach der Ausdehnung des Felgenbereichs, in dem der Schlag auftritt.
Achtung: Lockern sich die Speichen durch den Fahrbetrieb, so daß sich ein Seitenschlag ergibt, so ist dieser i.U. zum beschriebenen Verfahren nur durch Anziehen der Speichen wieder auszutarieren: Speichen können sich nicht von alleine festziehen, aber lockern. Die o.g. Vorgehensweise beim Seitenschlag mit Speichenlockern würde hier automatisch zum Höhenschlag führen; vgl. auch ▷ Nachzentrieren.
Provisorisches Zentrieren kann am Fahrrad unter Zuhilfenahme des Abstandes Bremsgummi-Felge vorgenommen werden, exaktes Zentrieren ist allerdings nur mit einem ▷ Zentrierständer möglich.

Zentrierschlüssel

Andere Bez. f. ▷ Speichenschlüssel.

Zentrierständer

Sonderwerkzeug zum ▷ Zentrieren von Laufrädern (Abb. 19).
In ihm werden die Nabenachsen fest eingespannt und über einstellbare Seiten- und Höhenanschläge die Abweichung vom idealen Rundlauf verdeutlicht.

Abb. 19

Zerlegerad

Fahrradtyp, der zu Transportzwecken in zwei oder mehrere Teile zerlegt werden kann. Da landläufig dieser Typ meist auch unter dem Begriff "Klapprad" subsumiert wird, s. Einzelheiten unter ▷ Klapp-/Zerlegerad.

Ziehen

Fertigungstechnischer Vorgang zum Herstellen von Drähten und Rohren. Diese werden hierbei durch einen "Ziehstein" geführt, wodurch es zu einer Durchmesser-Reduzierung und Längung der Rohre bzw. Drähte kommt (Abb. 20).

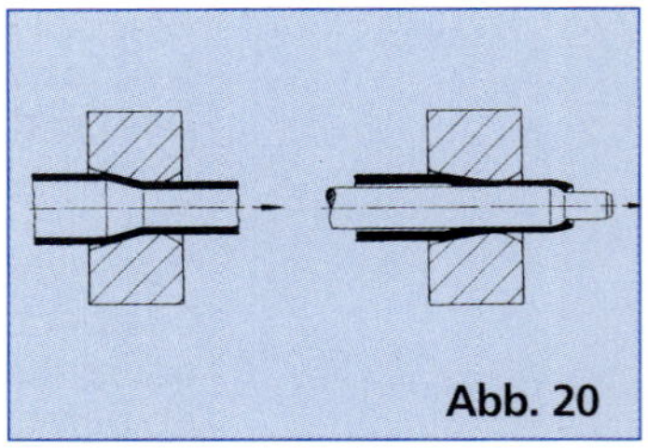
Abb. 20

Zipp-Schwinge

Ausführungsform der ▷ Sattelschwinge, die jedoch weitgehend starr ist. Federung und Dämpfung werden über Elastomere erzielt, die zwischen der Befestigung der Schwinge am Rahmen eingebracht sind. Die Zipp-Sattelschwinge zählt zu den passiven ▷ Fahrradfederungen, da sie nur den Fahrer, nicht aber das Rad abfedert (Abb. 21).

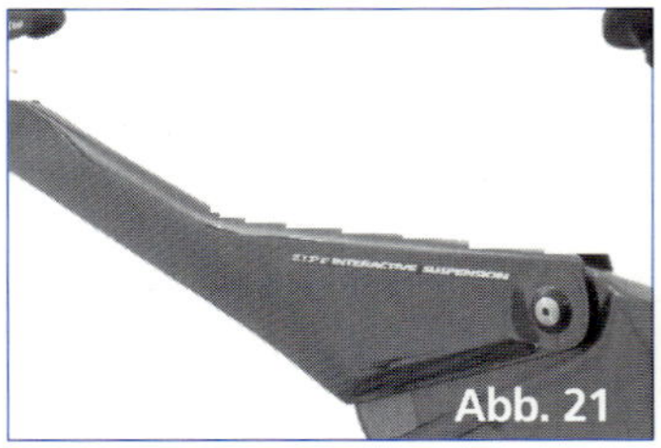
Abb. 21

Zoll

Dt. Bez. für das engl. Längenmaß Inch, das im Fahrradbereich noch weite Verbreitung hat:

1 Zoll (Zeichen: ") = 25,4 mm.

Bekannte Angaben in Zoll: Laufraddurchmesser (daher z.B. "26er Rad" oder "28er Rad"), aber auch Gewinde- und Kettenabmessungen.

Zoll-Gewinde

Bez. für ▷ Fahrradgewinde (Abb. 22 oben), die traditionsgemäß aus der früher tonangebenden engl. Fahrradproduktion überkommen ist, s. ▷ Englische Gewinde und Tabelle ▷ Fahrradgewinde.

Zollübersetzung

Multiplikation des in ▷ Zoll (") angegebenen ▷ Laufraddurchmessers mit der ▷ reinen Übersetzung.
Beispiel für 27"-Laufräder und 52/13-Übersetzung: 4 x 27 = 108 Zoll.

Leistungsanalogie

Die Zollübersetzung wird wegen ihrer anschaulichen Analogie zur Leistung nach wie vor gern von Rennfahrern benutzt: Es ergibt sich nämlich ein zufälliger Zusammenhang zwischen Übersetzung und Leistungsintensität, mit der - bei gleichbleibender ▷ Trittfrequenz - geradelt werden kann:
Rennfahrer bevorzugen die Zollangabe, da beispielsweise die Flachübersetzung 52/14 zufällig 100 Zoll beträgt und sozusagen dem Limit, sprich einem 100prozentigen Leistungseinsatz, gleichkommt. Entsprechend ergibt eine typische Trainingsübersetzung von 42/16 dann 70,8 Zoll oder anders ausgedrückt, es wird mit 70% Krafteinsatz gefahren.
Die Zollangabe stimmt im Radsport also ungefähr mit der Leistungsintensität überein.

Nachteil

Diesem praxisorientierten Vorteil steht ein kleiner Nachteil gegenüber, der die Zollübersetzung für ▷ Normalradler (z.B. fürs ▷ Ritzeln) ungeeignet macht: Ihre Umrechnung in die anschauliche ▷ Entfaltung gestaltet sich reichlich mühsam. Es muß zunächst in Zentimeter umgerechnet, also mit 2,54 (1 Zoll = 2,54 cm) multipliziert, anschließend auch noch mit der Kreiszahl π = 3,14 multipliziert und schließlich noch (zwecks Angabe in Metern) durch 100 geteilt werden.

Hinzu kommt noch eine Ungenauigkeit: Die Gegenrechnung mit der Entfaltung ergibt nämlich einen um 20 cm kleineren Wert. Erklärung: Gegenüber dem "Traditionsdurchmesser" von 27", auf den die Zollübersetzung zurückgeht, ist der Laufraddurchmesser durch die im Laufe der Zeit immer dünner gewordenen Reifen mittlerweile auf reale 26,4" geschrumpft.
Vereinfachung zur zeitgemäßen Umrechnung von Zollangabe in Entfaltung: Zollwert durch 12,85 teilen.

Zubehör

Fahrradteile, die nicht für die Grundfunktionen des Fahrrades konstituierend sind, z.B. Flaschenhalter, Gepäckträger, -taschen etc.

Zugbelastung

▷ Belastung, bei der ▷ Zugkräfte danach trachten, einen Körper zu dehnen, ihn also lang zu ziehen (Abb. 23). Einzelheiten s. jeweils dort.

Zug-Einstellschraube

Oberbegriff für ▷ Einstellschrauben, mit der bei Schaltung und Bremse der Arbeitsbereich des ▷ Innenzuges justiert wird.

Zugfeder

▷ Feder, deren Elastizitätsverhalten auf Zug ausgelegt ist. Andere Bez. sind "Schrauben-" oder "Zylinderfeder" (Abb. 24).
Dies wird i.d.R. durch eine schraubenartige Feder erreicht, deren einzelne "Windungen" im unbelasteten Zustand aufeinanderliegen und auf Zug belastet auseinandergezogen werden, i.G.z. ▷ Druckfeder, deren Windungen auseinander liegen und unter Druckbelasstung aufeinander gedrückt werden. Da die Feder wieder in ihre Ausgangslage zurückstrebt, wirkt sie in beiden Fällen der verformenden Kraft entgegen.
Zugfedern am Fahrrad: In ▷ Rasterschalthebeln, bei manchen ▷ Ständern, in einigen ▷ Bremsgriffen.

Zugfestigkeit

Widerstand, den ein Werkstoff ▷ Zugkräften entgegensetzt, die ihn zu zerreißen trachten, angegeben in N/mm².
Die Zugfestigkeit wird in einem sog. "Zugversuch" ermittelt: Hierzu wird eine meist zylindrische Probe in eine " Zerreißmaschine" eingespannt und so lange zunehmend höheren Zugkräften ausgesetzt, bis sie zerreißt. Die Bruchlast wird anschließend auf eine Querschnittsfläche von 1 mm² zurückgerechnet, um vergleichbare Werte zu bekommen (Abb. 25).
Die Bestimmung der Zugfestigkeit ist deswegen eine interessante mechanische Größe, weil sich aus ihr auch ▷ Druckfestigkeit und ▷ Härte eines Werkstoffes ableiten lassen. Interessant ist außerdem, daß sich aus dem Zugversuch auch die ▷ Bruchdehnung sowie der sog. 0,2-Wert (vgl. ▷ Festigkeit) ableiten lassen.

Zugkettchen

Kettchen zum Gangwechsel von ▷ Nabenschaltungen, das bei Sachs-Naben mit einem Gewinde- und einem Riffelende versehen ist. Das Gewindende wird in die ▷ Hohlachse der Nabenschaltung eingeschraubt, das Riffelende per ▷ Fixierhülse mit dem Schaltzug verbunden.

Bei Naben anderer Hersteller besitzt das Zugkettchen zwei Gewindeenden, wobei das dickere der Einstellung des Schaltzuges dient.

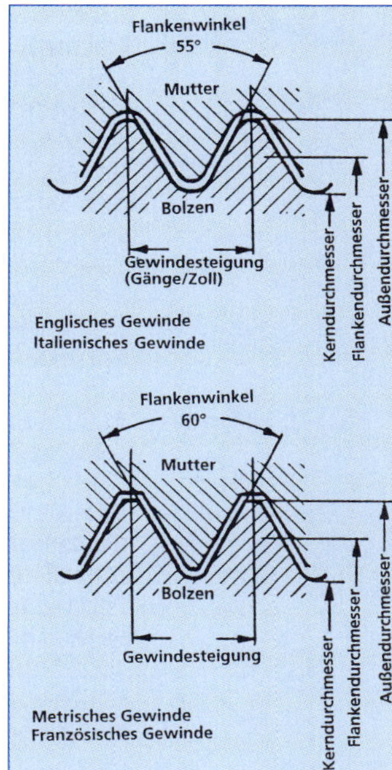

Abb. 22

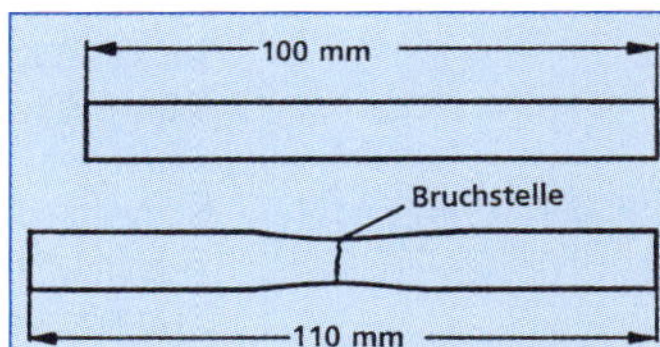

Abb. 23

Abb. 24

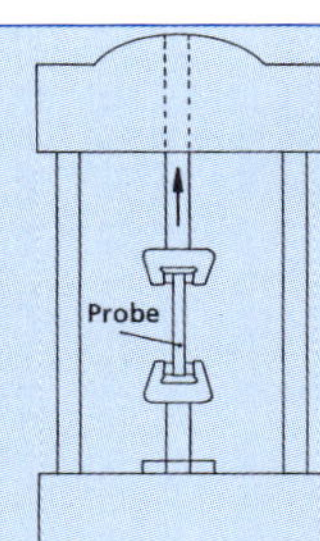

Abb. 25

Zugkräfte

Krafteinwirkung auf einen Körper, die danach trachtet, ihn zu dehnen, also lang zu ziehen. I.G.z. ▷ Druckkräften, bei denen v.a. lange schlanke Stäbe oder Rohre zum "Ausknicken" neigen, können selbst Drähte oder Seile mit hohen Zugkräften belastet werden (Abb. 26).
Der Skizze "Fahrradrahmen" (s. ▷ Fahrradbelastung) läßt sich entnehmen, wo Druck- oder Zugkräfte herrschen. Vgl. aber auch ▷ Torsionskräfte und ▷ zusammengesetzte Belastung.
Der Widerstand, den ein Werkstoff Zugkräften entgegensetzt, ist die ▷ Zugfestigkeit.

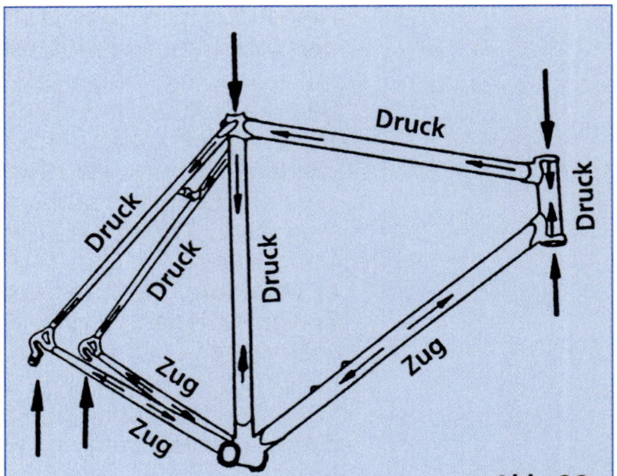

Abb. 26

Zugspannung

In Bauteilen herrschende Spannung infolge der äußeren Einwirkung von ▷ Zugkräften.

Zusammengesetzte Belastung

Beaufschlagung von Bauteilen mit unterschiedlichen, aber gleichzeitig einwirkenden ▷ Kräften, die ein Bauteil mehreren Belastungsarten unterwirft. So wird beispielsweise beim Tritt auf das Pedal die Tretkurbel nach unten sowie zum Tretlager hin auf ▷ Biegung belastet, außerdem durch den seitlich herausragenden Pedalsitz noch auf Verdrehung. Entsprechend unterliegt die Kurbel also einer zusammengesetzten Belastung von ▷ Biegekräften in zwei unterschiedlichen Richtungen sowie einer ▷ Torsionsbelastung (hinzu kommen übrigens noch Kräfte, die das ▷ Pedalauge und ▷ Kurbelvierkant zu sprengen versuchen). Auch andere Bauteile unterliegen natürlich zusammengesetzten Belastungen, s. bes. ▷ Rahmenbelastung.

Zwei-Finger-Bremshebel

Kurz ausgeführter Bremshebel, der mit nur zwei Fingern bedient wird. Um hiermit die gleiche Kraft aufbringen zu können wie bei herkömmlichen Hebeln, ist der Abstand von der Einhängung des Innenzugnippels zum Drehpunkt des Hebels geringer, der Schwenkwinkel, den der Hebel nehmen kann, etwas größer.

Zwei-Hinterrad-Methode

Behelfsmäßige Meß- und Richtmethode, mit der sichergestellt wird, ob das ▷ Schaltungsauge in ▷ Radflucht steht bzw. mit der es ggf. gerichtet werden kann.
Zur Anwendung kommt diese Methode v.a. unterwegs, wenn beispielsweise nach einem Sturz oder Unfall das ▷ Ausfallende verbogen ist. Das zweite Hinterrad muß dann also von einem Kollegen ausgeliehen werden. Diese Methode eignet sich auch für Bastler, um ohne teures Richtwerkzeug ▷ Schaltproblemen nachzuspüren.
Vorgehensweise: Ein zweites Hinterrad wird seitenverkehrt (damit sich die ▷ Zahnkränze nicht stören) in das Gewinde des Schaltungsauges geschraubt und mit einem ▷ Schnellspanner gesichert. Zur Not kann auch das Vorderrad genommen werden, Schnellspanner muß dann sehr fest angezogen werden.
Der Abstand zwischen den beiden Laufrädern muß ringsum gleich sein und kann ggf. mit dem eingeschraubten Hinterrad als Hebel nachgerichtet werden.

Zweikomponentenkleber

Zumeist auf Basis von ▷ Epoxidharzen hergestellter Klebstoff, der aus zwei Komponenten (Härter und Binder) besteht.
Vor der Klebung wird der Kleber in den benötigten Portionen angemischt und sollte dünn auf die beiden zu verklebenden Teile aufgetragen werden, die wiederum zuvor peinlich sauber entfettet worden sein müssen. Je nach Kleberart bindet der Zweikomponentenkleber innerhalb von 5 Minuten bis 2 Stunden ab und bildet dann ein hochfestes, aber elastisches Harz.
Entscheidend ist bei den Zweikomponentenklebern die sog. Verarbeitungszeit, d.i. die Zeit, innerhalb derer der Kleber noch flüssig ist, um die zu verklebenden Teile damit benetzen zu können. Faustregel: Verarbeitungszeit knapp 2/3 der Aushärtzeit.

Anwendung am Fahrrad als Reparaturkleber unterwegs für diverse Aufgaben, handelsüblich z.B. Uhu plus oder Pattex Stabilit, die in unterschiedlichen Verarbeitungs- und Aushärtezeiten erhältlich sind.

Beim Rahmenbau wird ebenfalls Zweikomponentenkleber eingesetzt, der allerdings in seiner Konsistenz und Verarbeitungszeit speziell auf die Erfordernisse und Materialien abgestimmt ist; vgl. auch ▷ Kontaktkleber, ▷ Sekundenkleber; ▷ Klebetechniken.

Zweipunkt-lagerung

Veraltete Bauform von ▷ Kettenschaltungen, bei der die Drehpunkte von ▷ Schaltschwinge und ▷ Kettenführungsrad geometrisch gleich angeordnet sind.
In Verbindung mit der Schaltungsversion nach dem Prinzip des ▷ Schrägparallelogramms besitzt die Zweipunktlagerung zwar eine aktive Schaltunterstützung, die Bauform wurde jedoch zugunsten der ▷ Dreipunktlagerung aufgegeben, da diese eine größere Schaltkapazität aufweist und Ritzel mit größeren Zähnezahlen beschalten kann. Vgl. auch ▷ Schaltschwinge und ▷ Schaltung.

Zzipper

Aerodynamisch ausgeformter Wind- und Wetterschutz, der vor dem Lenker montiert wird.
Der Zzipper wird aus durchsichtigem Kunststoff hergestellt und ermöglicht auch in geduckter Rennfahrerhaltung den Blick durch den Windschirm (Abb. 27). Übrigens kann nur in dieser Position ein spürbarer Nachlaß des ▷ Luftwiderstandes erzielt werden.

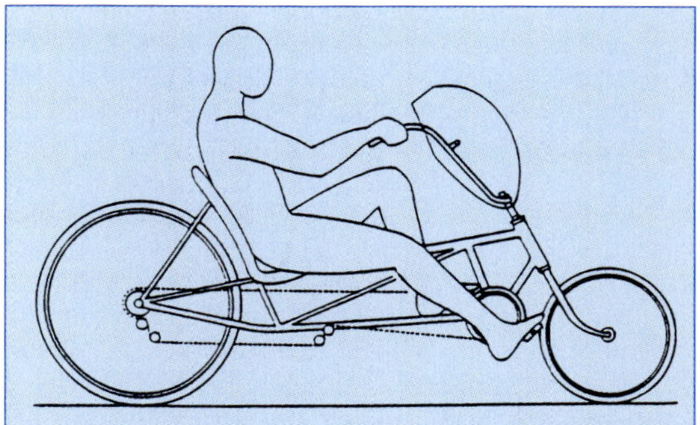

Abb. 27

Z-Diode

Bauart einer ▷ Diode, die elektrischen Strom nur bis zu einer bestimmten Spannungshöhe durchläßt und höhere Stromspannungen sperrt. Sie wird im Fahrradbereich v.a. als Überlastungsschutz für ▷ Scheinwerfer eingesetzt, um den Dynamostrom bei schnellen Abfahrten oder beim Durchbrennen des Rücklichtes zu begrenzen, s.a. ▷ Beleuchtung.

Z-Traktion

Variante des ▷ Kurbelantriebs mit der Besonderheit, daß sich die Kurbellänge während des Tretablaufs verändert.
Da der Radfahrer die meiste Kraft bei waagrechter Kurbelstellung in den Antrieb einbringen kann, verlängert sich bei der Z-Traktion in diesem Bereich die Kurbellänge (wodurch ein höheres ▷ Antriebsmoment eingebracht werden kann). Da vermehrte Krafteinbringung während des Trittablaufs eine kurzzeitige Beschleunigung von Roß und Reiter zur Folge hat, zudem der zurückgelegte "Fußkreis" größer wird, erbringt die Z-Traktion keinen Vorteil gegenüber dem normalen Kurbelantrieb.

Reine Übersetzung

Zähnezahl Kettenblätter \ Zähnezahl Ritzel	11	12	13	14	15	16	17	18	19	20	21	22	23	24	25	26	27	28	29	30	32	34	36
20	1,82	1,67	1,54	1,43	1,33	1,25	1,18	1,11	1,05	1,00	0,95	0,91	0,87	0,83	0,80	0,76	0,74	0,71	0,69	0,67	0,63	0,59	0,56
21	1,90	1,75	1,62	1,50	1,40	1,31	1,24	1,17	1,11	1,05	1,00	0,95	0,91	0,88	0,84	0,81	0,78	0,75	0,72	0,70	0,66	0,62	0,58
22	2,00	1,83	1,69	1,57	1,47	1,38	1,29	1,22	1,16	1,10	1,05	1,00	0,96	0,92	0,88	0,85	0,81	0,79	0,76	7,33	0,69	0,65	0,61
23	2,09	1,92	1,77	1,64	1,53	1,44	1,35	1,28	1,21	1,15	1,10	1,05	1,00	0,96	0,82	0,89	0,85	0,82	0,79	0,77	0,71	0,68	0,64
24	2,18	2,00	1,85	1,71	1,60	1,50	1,41	1,33	1,26	1,20	1,14	1,09	1,04	1,00	0,96	0,92	0,89	0,86	0,83	0,80	0,75	0,71	0,67
25	2,27	2,08	1,92	1,79	1,67	1,56	1,47	1,39	1,32	1,25	1,19	1,14	1,09	1,04	1,00	0,96	0,93	0,89	0,86	0,83	0,78	0,74	0,69
26	2,36	2,17	2,00	1,86	1,73	1,63	1,53	1,44	1,37	1,30	1,24	1,18	1,13	1,08	1,04	1,00	0,96	0,93	0,90	0,87	0,81	0,76	0,72
27	2,45	2,25	2,08	1,93	1,80	1,69	1,59	1,50	1,42	1,35	1,29	1,23	1,17	1,13	1,08	1,04	1,00	0,96	0,93	0,90	0,84	0,79	0,75
28	2,55	2,33	2,15	2,00	1,87	1,75	1,65	1,56	1,47	1,40	1,33	1,27	1,22	1,17	1,12	1,08	1,04	1,00	0,97	0,93	0,88	0,82	0,78
29	2,64	2,42	2,23	2,07	1,93	1,81	1,71	1,61	1,53	1,45	1,38	1,32	1,26	1,21	1,16	1,12	1,07	1,04	1,00	0,97	0,91	0,85	0,81
30	2,73	2,50	2,31	2,14	2,00	1,88	1,76	1,67	1,58	1,50	1,43	1,36	1,30	1,25	1,20	1,15	1,11	1,07	1,03	1,00	0,94	0,88	0,83
31	2,82	2,58	2,38	2,21	2,07	1,94	1,82	1,72	1,63	1,55	1,48	1,41	1,35	1,29	1,24	1,19	1,15	1,11	1,07	1,03	0,97	0,91	0,86
32	2,91	2,67	2,46	2,29	2,13	2,00	1,88	1,78	1,68	1,60	1,52	1,45	1,39	1,33	1,28	1,23	1,19	1,14	1,10	1,07	1,00	0,94	0,89
33	3,00	2,75	2,54	2,36	2,20	2,06	1,88	1,83	1,74	1,65	1,57	1,50	1,43	1,38	1,32	1,27	1,22	1,18	1,14	1,10	1,03	0,97	0,92
34	3,09	2,83	2,62	2,43	2,27	2,13	2,00	1,89	1,79	1,70	1,62	1,55	1,48	1,42	1,36	1,31	1,26	1,21	1,17	1,13	1,06	1,00	0,94
35	3,18	2,92	2,69	2,50	2,33	2,19	2,06	1,94	1,84	1,75	1,67	1,59	1,52	1,46	1,40	1,35	1,30	1,25	1,21	1,17	1,09	1,04	0,97
36	3,27	3,00	2,77	2,57	2,40	2,25	2,12	2,00	1,89	1,80	1,71	1,64	1,57	1,50	1,44	1,38	1,33	1,29	1,24	1,20	1,13	1,06	1,00
37	3,36	3,08	2,85	2,64	2,47	2,31	2,18	2,06	1,95	1,85	1,76	1,68	1,61	1,54	1,48	1,42	1,37	1,32	1,28	1,23	1,16	1,16	1,03
38	3,45	3,17	2,92	2,71	2,53	2,38	2,24	2,11	2,00	1,90	1,81	1,73	1,65	1,58	1,52	1,46	1,41	1,36	1,31	1,27	1,19	1,12	1,06
39	3,55	3,25	3,00	2,79	2,60	2,44	2,29	2,17	2,05	1,95	1,86	1,77	1,70	1,63	1,56	1,50	1,44	1,39	1,34	1,30	1,22	1,15	1,08
40	3,64	3,33	3,08	2,86	2,67	2,50	2,35	2,22	2,11	2,00	1,90	1,82	1,74	1,67	1,60	1,54	1,48	1,42	1,38	1,33	1,25	1,18	1,11
41	3,73	3,42	3,15	2,93	2,73	2,56	2,41	2,28	2,16	2,05	1,95	1,86	1,78	1,71	1,64	1,58	1,52	1,46	1,41	1,37	1,28	1,21	1,14
42	3,82	3,50	3,23	3,00	2,80	2,63	2,47	2,33	2,21	2,10	2,00	1,91	1,83	1,75	1,68	1,62	1,56	1,50	1,45	1,40	1,31	1,24	1,16
43	3,91	3,58	3,31	3,07	2,87	2,69	2,53	2,39	2,26	2,15	2,05	1,95	1,87	1,79	1,72	1,65	1,59	1,54	1,48	1,43	1,34	1,26	1,19
44	4,00	3,67	3,38	3,14	2,93	2,75	2,59	2,44	2,32	2,20	2,10	2,00	1,91	1,83	1,76	1,69	1,63	1,57	1,52	1,47	1,38	1,29	1,22
45	4,09	3,75	3,46	3,21	3,00	2,81	2,65	2,50	2,37	2,25	2,14	2,05	1,96	1,88	1,80	1,73	1,67	1,60	1,55	1,50	1,41	1,32	1,25
46	4,18	3,83	3,54	3,29	3,07	2,88	2,71	2,56	2,42	2,30	2,19	2,09	2,00	1,92	1,84	1,77	1,70	1,64	1,59	1,53	1,44	1,35	1,28
47	4,27	3,92	3,62	3,36	3,13	2,94	2,76	2,61	2,47	2,35	2,24	2,14	2,04	1,96	1,88	1,81	1,74	1,69	1,62	1,57	1,47	1,38	1,31
48	4,26	4,00	3,69	3,43	3,20	3,00	2,82	2,67	2,53	2,40	2,29	2,18	2,09	2,00	1,92	1,85	1,78	1,71	1,66	1,60	1,50	1,41	1,33
49	4,45	4,08	3,77	3,50	3,27	3,06	2,88	2,72	2,59	2,45	2,33	2,23	2,13	2,04	1,96	1,88	1,81	1,75	1,69	1,63	1,53	1,44	1,36
50	4,55	4,17	3,85	3,57	3,33	3,13	2,94	2,78	2,63	2,50	2,38	2,27	2,17	2,08	2,00	1,92	1,85	1,79	1,72	1,67	1,56	1,47	1,39
51	4,64	4,25	3,92	3,64	3,40	3,19	3,00	2,83	2,68	2,55	2,43	2,32	2,21	2,13	2,04	1,96	1,89	1,82	1,76	1,70	1,59	1,50	1,42
52	4,73	4,33	4,00	3,71	3,47	3,25	3,06	2,89	2,74	2,60	2,48	2,36	2,26	2,17	2,08	2,00	1,93	1,86	1,79	1,73	1,63	1,53	1,44
53	4,82	4,42	4,08	3,79	3,53	3,31	3,12	2,94	2,79	2,65	2,52	2,41	2,30	2,21	2,12	2,04	1,96	1,89	1,83	1,77	1,66	1,56	1,47
54	4,91	4,50	4,15	3,86	3,60	3,38	3,18	3,00	2,84	2,70	2,57	2,45	2,35	2,25	2,16	2,08	2,00	1,93	1,86	1,80	1,69	1,59	1,50
55	5,00	4,58	4,23	3,93	3,67	3,44	3,24	3,06	2,89	2,75	2,62	2,50	2,39	2,29	2,20	2,12	2,04	1,96	1,90	1,83	1,72	1,62	1,53
56	5,09	4,67	4,31	4,00	3,73	3,50	3,29	3,11	2,95	2,80	2,67	2,55	2,43	2,33	2,24	2,15	2,07	2,00	1,93	1,87	1,75	1,65	1,56

Zollangabe

Zähnezahl Kettenblätter	11	12	13	14	15	16	17	18	19	20	21	22	23	24	25	26	27	28	29	30	32	34	36
	Zähnezahl Ritzel																						
20	47,8	43,8	40,5	37,6	35,1	32,9	30,9	29,2	27,7	26,3	25,0	23,9	22,9	21,9	21,0	20,2	19,5	18,8	18,1	17,5	16,4	15,5	14,6
21	50,2	46,0	42,5	39,5	36,8	34,5	32,5	30,7	29,1	27,6	26,3	25,1	24,0	23,0	22,1	21,2	20,5	19,7	19,0	18,4	17,3	16,2	15,3
22	52,6	48,2	44,5	41,3	38,6	36,2	34,0	32,1	30,4	28,9	27,6	26,3	25,2	24,1	23,1	22,3	21,4	20,7	20,0	19,3	18,1	17,0	16,1
23	55,0	50,4	46,5	43,2	40,3	37,8	35,6	33,6	31,8	30,2	28,8	27,5	26,3	25,2	24,2	23,3	22,4	21,6	20,9	20,2	18,9	17,8	16,8
24	57,4	52,6	48,6	45,1	42,1	39,5	37,1	35,1	33,2	31,6	30,1	28,7	27,4	26,3	25,2	24,3	23,4	22,5	21,8	21,0	19,7	18,6	17,5
25	59,8	54,8	50,6	47,0	43,8	41,1	38,7	36,5	34,6	32,9	31,3	29,9	28,6	27,4	26,3	25,3	24,4	23,5	22,7	21,9	20,4	19,3	18,3
26	62,2	57,0	52,6	48,8	45,6	42,7	40,2	38,0	36,0	34,2	32,6	31,1	29,7	28,5	27,4	26,3	25,3	24,4	23,6	22,8	21,3	20,1	19,0
27	64,6	59,2	54,6	50,7	47,3	44,4	41,8	39,5	37,4	35,5	33,8	32,3	30,9	29,6	28,4	27,3	26,3	25,4	24,5	23,7	22,2	20,9	19,7
28	66,9	61,4	56,6	52,6	49,1	46,0	43,3	40,9	38,8	36,8	35,1	33,5	32,0	30,7	29,5	28,3	27,3	26,3	25,4	24,5	23,0	21,7	20,5
29	69,3	63,6	58,7	54,5	50,8	47,7	44,9	42,4	40,1	38,1	36,3	34,7	33,2	31,8	30,5	29,3	28,2	27,2	26,3	25,4	23,8	22,4	21,2
30	71,7	65,8	60,7	56,4	52,6	49,3	46,4	43,8	41,5	39,5	37,6	35,9	34,3	32,9	31,6	30,3	29,2	28,2	27,2	26,3	24,7	23,2	21,9
31	74,1	67,9	62,7	58,2	54,4	51,0	48,0	45,3	42,9	40,8	38,8	37,1	35,4	33,9	32,6	31,4	30,2	29,1	28,1	27,2	25,5	24,0	22,6
32	76,5	70,1	64,7	60,1	56,1	52,6	49,5	46,8	44,3	42,1	40,1	38,3	36,6	35,1	33,7	32,4	31,2	30,1	29,0	28,1	26,3	24,8	23,4
33	78,9	72,3	66,8	62,0	57,9	54,2	51,1	48,2	45,7	43,4	41,3	39,5	37,7	36,2	34,7	33,4	32,1	31,0	29,9	28,9	27,1	25,5	24,1
34	81,3	74,5	68,8	63,9	59,6	55,9	52,6	49,7	47,1	44,7	42,6	40,6	38,9	37,3	35,8	34,4	33,1	31,9	30,8	29,8	27,9	26,3	24,8
35	83,7	76,7	70,8	65,8	61,4	57,5	54,1	51,1	48,4	46,0	43,8	41,8	40,2	38,4	36,8	35,4	34,1	32,9	31,7	30,7	28,8	27,1	25,6
36	86,1	78,9	72,8	67,6	63,1	59,2	55,7	52,6	49,8	47,3	45,1	43,0	41,2	39,5	37,9	36,4	35,1	33,8	32,6	31,6	29,6	27,8	26,3
37	88,5	81,1	74,9	69,5	64,9	60,8	57,2	54,1	51,2	48,7	46,3	44,2	42,3	40,5	38,9	37,4	36,0	34,8	33,6	32,4	30,4	28,6	27,0
38	90,9	83,3	76,9	71,4	66,6	62,5	58,8	55,5	52,6	50,0	47,6	45,4	43,5	41,6	40,0	38,4	37,0	35,7	34,5	33,3	31,2	29,4	27,8
39	93,2	85,5	78,9	73,3	68,4	64,1	60,3	57,0	54,0	51,3	48,8	46,6	44,6	42,7	41,0	39,5	38,0	36,6	35,4	34,2	32,1	30,2	28,5
40	95,6	87,7	80,9	75,1	70,1	65,8	61,9	58,4	55,4	52,6	50,1	47,8	45,7	43,8	42,1	40,5	39,0	37,6	36,3	35,1	32,9	30,9	29,2
41	98,0	89,9	82,9	77,0	71,9	67,4	63,4	59,9	56,8	53,9	51,3	49,0	46,9	44,9	43,1	41,5	39,9	38,5	37,2	35,9	33,7	31,7	30,0
42	100	92,1	85,0	78,9	73,6	69,0	65,0	61,4	58,1	55,2	52,6	50,2	48,0	46,0	44,2	42,5	40,9	39,5	38,1	36,8	34,5	32,5	30,7
43	103	94,2	87,0	80,8	75,4	70,7	66,5	62,8	59,5	56,5	53,9	51,4	49,2	47,1	45,2	43,5	41,9	40,4	39,0	37,7	35,3	33,3	31,4
44	105	96,4	89,0	82,7	77,1	72,3	68,1	64,3	60,9	57,9	55,1	52,6	50,3	48,2	46,3	44,5	42,9	41,3	39,9	38,6	36,2	34,0	32,1
45	108	98,6	91,0	84,5	78,9	74,0	69,6	65,8	62,3	59,2	56,4	53,8	51,5	49,3	47,3	45,5	43,8	42,3	40,8	39,5	37,0	34,8	32,9
46	110	101	93,1	86,4	80,7	75,6	71,2	67,2	63,7	60,5	57,6	55,0	52,6	50,4	48,4	46,5	44,8	43,2	41,7	40,3	37,8	35,6	33,6
47	112	103	95,1	88,3	82,4	77,3	72,7	68,7	65,1	61,8	58,9	56,2	53,7	51,5	49,4	47,5	45,8	44,1	42,6	41,2	38,6	36,4	34,3
48	115	105	97,1	90,2	84,2	78,9	74,3	70,1	66,4	63,1	60,1	57,4	54,9	52,6	50,5	48,6	46,8	45,1	43,5	42,1	39,5	37,1	35,1
49	117	107	99,1	92,1	85,9	80,5	75,8	71,6	67,8	64,4	61,4	58,6	56,0	53,7	51,5	49,6	47,7	46,0	44,4	43,0	40,3	37,9	35,8
50	120	110	101	93,4	87,7	82,2	77,4	73,1	69,2	65,8	62,6	59,8	57,2	54,8	52,6	50,6	48,7	47,0	45,3	43,8	41,1	38,7	36,5
51	122	112	103	95,8	89,4	83,8	78,9	74,5	70,6	67,1	63,9	61,0	58,3	55,9	53,7	51,6	49,7	47,9	46,3	44,7	41,9	39,5	37,3
52	124	114	105	97,7	91,2	85,5	80,5	76,0	72,0	68,4	65,1	62,2	59,5	57,0	54,7	52,6	50,7	48,8	47,2	45,6	42,7	40,2	38,0
53	127	116	107	99,6	9,29	87,1	82,0	77,4	73,4	69,7	66,4	63,4	60,6	58,1	55,8	53,6	51,6	49,8	48,1	46,5	43,6	41,0	38,7
54	129	118	109	101	94,7	88,8	83,5	78,9	74,7	71,0	67,6	64,6	61,7	59,2	56,8	54,6	52,6	50,7	49,0	47,3	44,4	41,8	39,5
55	132	121	111	103	96,4	90,4	85,1	80,4	76,1	72,3	68,9	65,8	62,9	60,3	57,9	55,6	53,6	51,7	49,9	48,2	45,2	42,5	40,2
56	134	123	113	105	98,2	92,1	86,6	81,8	77,5	73,6	70,1	66,9	64,0	61,4	58,9	56,6	54,5	52,6	50,8	49,1	46,0	43,3	40,9

Bezogen auf einen nominellen Laufraddurchmesser von 26,3 Zoll (668,02mm) - entspricht einer Reifenbreite bei 27-Zoll-Schlauchreifen oder 28-Zoll-Drahtreifen von 20/22 mm oder MTB-Reifen von rund 50 mm (2 Zoll).

Entfaltung

Zähnezahl Kettenblätter \ Zähnezahl Ritzel	11	12	13	14	15	16	17	18	19	20	21	22	23	24	25	26	27	28	29	30	32	34	36
20	3,82	3,50	3,23	3,00	2,80	2,63	2,47	2,33	2,21	2,10	2,00	1,91	1,83	1,75	1,68	1,62	1,56	1,50	1,45	1,40	1,31	1,24	1,17
21	4,01	3,68	3,39	3,15	2,94	2,76	2,59	2,45	2,32	2,21	2,10	2,00	1,92	1,84	1,76	1,70	1,63	1,58	1,52	1,47	1,38	1,30	1,23
22	4,20	3,85	3,55	3,30	3,08	2,89	2,72	2,57	2,43	2,31	2,20	2,10	2,01	1,93	1,85	1,78	1,71	1,65	1,59	1,54	1,44	1,36	1,28
23	4,39	4,03	3,72	3,45	3,22	3,02	2,84	2,68	2,54	2,42	2,30	2,20	2,10	2,01	1,93	1,86	1,79	1,73	1,67	1,61	1,51	1,42	1,34
24	4,58	4,20	3,88	3,60	3,36	3,15	2,96	2,80	2,65	2,52	2,40	2,29	2,19	2,10	2,02	1,94	1,87	1,80	1,74	1,68	1,58	1,48	1,40
25	4,77	4,38	4,04	3,75	3,50	3,28	3,09	2,92	2,76	2,63	2,50	2,39	2,28	2,19	2,10	2,02	1,94	1,88	1,81	1,75	1,64	1,54	1,46
26	4,96	4,55	4,20	3,90	3,64	3,41	3,21	3,03	2,87	2,73	2,60	2,48	2,37	2,28	2,19	2,10	2,02	1,95	1,88	1,82	1,71	1,61	1,52
27	5,15	4,73	4,36	4,05	3,78	3,54	3,34	3,15	2,98	2,84	2,70	2,58	2,47	2,36	2,27	2,18	2,10	2,03	1,96	1,89	1,77	1,67	1,58
28	5,35	4,90	4,52	4,20	3,92	3,68	3,46	3,27	3,09	2,94	2,80	2,67	2,56	2,45	2,35	2,26	2,18	2,10	2,03	1,96	1,84	1,73	1,63
29	5,54	5,08	4,68	4,35	4,06	3,81	3,58	3,38	3,21	3,05	2,90	2,77	2,65	2,54	2,44	2,34	2,26	2,18	2,10	2,03	1,90	1,79	1,69
30	5,73	5,25	4,85	4,50	4,20	3,94	3,71	3,50	3,32	3,15	3,00	2,86	2,74	2,63	2,52	2,42	2,33	2,25	2,17	2,10	1,97	1,85	1,75
31	5,92	5,43	5,01	4,65	4,34	4,07	3,83	3,62	3,43	3,26	3,10	2,96	2,83	2,71	2,60	2,50	2,41	2,33	2,24	2,17	2,03	1,91	1,81
32	6,11	5,60	5,17	4,80	4,48	4,20	3,95	3,73	3,54	3,36	3,20	3,05	2,92	2,80	2,69	2,58	2,49	2,40	2,32	2,24	2,10	1,98	1,87
33	6,30	5,78	5,33	4,95	4,62	4,33	4,08	3,85	3,65	3,47	3,30	3,15	3,01	2,89	2,77	2,67	2,57	2,48	2,39	2,31	2,17	2,04	1,93
34	6,49	5,95	5,49	5,10	4,76	4,46	4,20	3,97	3,76	3,57	3,40	3,25	3,10	2,98	2,86	2,75	2,64	2,55	2,46	2,38	2,23	2,10	1,98
35	6,68	6,13	5,65	5,25	4,90	4,59	3,32	4,08	3,87	3,68	3,50	3,34	3,20	3,06	2,94	2,83	2,72	2,63	2,53	2,45	2,30	2,16	2,04
36	6,87	6,30	5,82	5,40	5,04	4,73	4,45	4,20	3,98	3,78	3,60	3,44	3,29	3,15	3,02	2,91	2,80	2,70	2,61	2,52	2,36	2,22	2,10
37	7,06	6,48	5,98	5,55	4,86	4,85	4,57	4,32	4,09	3,89	3,70	3,53	3,38	3,24	3,11	2,99	2,88	2,78	2,68	2,59	2,43	2,29	2,16
38	7,25	6,65	6,14	5,70	5,32	4,99	4,69	4,43	4,20	3,99	3,80	3,63	3,47	3,33	3,19	3,07	2,96	2,85	2,75	2,66	2,49	2,35	2,22
39	7,45	6,83	6,30	5,85	5,46	5,12	4,82	4,55	4,31	4,10	3,90	3,72	3,56	3,41	3,28	3,15	3,03	2,93	2,82	2,73	2,56	2,41	2,28
40	7,64	7,00	6,46	6,00	5,60	5,25	4,94	4,67	4,42	4,20	4,00	3,82	3,65	3,50	3,36	3,23	3,11	3,00	2,90	2,80	2,63	2,47	2,33
41	7,83	7,50	6,62	6,15	5,74	5,38	5,06	4,78	4,53	4,31	4,10	3,91	3,74	3,59	3,44	3,31	3,19	3,08	2,97	2,87	2,69	2,53	2,39
42	8,02	7,35	6,78	6,30	5,88	5,51	5,19	4,90	4,64	4,41	4,20	4,01	3,83	3,67	3,52	3,39	3,27	3,15	3,04	2,94	2,76	2,59	2,45
43	8,21	7,53	6,95	6,45	6,02	5,64	5,31	5,02	4,75	5,42	4,30	4,10	3,93	3,76	3,61	3,47	3,34	3,23	3,11	3,01	2,82	2,66	2,51
44	8,40	7,70	7,11	6,60	6,16	5,78	5,44	5,13	4,86	4,62	4,40	4,20	4,02	3,85	3,70	3,55	3,42	3,30	3,19	3,08	2,89	2,72	2,57
45	8,59	7,88	7,27	6,75	6,30	5,91	5,56	5,25	4,97	4,73	4,50	4,30	4,11	3,94	3,78	3,63	3,50	3,38	3,26	3,15	2,95	2,78	2,63
46	8,78	8,05	7,43	6,90	6,44	6,04	5,68	5,37	5,08	4,83	4,60	4,39	4,20	4,03	3,86	3,72	3,58	3,45	3,33	3,22	3,02	2,84	2,68
47	8,97	8,23	7,59	7,05	6,58	6,17	5,81	5,48	5,19	4,94	4,70	4,49	4,29	4,11	3,95	3,80	3,66	3,53	3,40	3,29	3,08	2,90	2,74
48	9,16	8,40	7,75	7,20	6,72	6,30	5,93	5,60	5,31	5,04	4,80	4,58	4,38	4,20	4,03	3,88	3,73	3,60	3,48	3,36	3,15	2,96	2,80
49	9,35	8,58	7,92	7,35	6,86	6,43	6,05	5,72	5,42	5,15	4,90	4,68	4,47	4,29	4,12	3,96	3,81	3,68	3,55	3,43	3,22	3,03	2,86
50	9,55	8,75	8,08	7,50	7,00	6,56	6,18	5,83	5,53	5,25	5,00	4,77	4,57	4,38	4,20	4,04	3,89	3,75	3,62	3,50	3,28	3,09	2,92
51	9,74	8,93	8,24	7,65	7,14	6,69	6,30	5,95	5,64	5,36	5,10	4,87	4,66	4,46	4,28	4,12	3,97	3,83	3,69	3,57	3,35	3,15	2,98
52	9,93	9,10	8,40	7,80	7,28	6,83	6,42	6,07	5,75	5,46	5,20	4,96	4,75	4,55	4,37	4,20	4,04	3,90	3,77	3,64	3,41	3,21	3,03
53	10,1	9,28	8,56	7,95	7,42	6,96	6,55	6,18	5,86	5,57	5,30	5,06	4,84	4,64	4,45	4,28	4,12	3,98	3,84	3,71	3,48	3,27	3,09
54	10,3	9,45	8,72	8,10	7,56	7,09	6,67	6,30	5,97	5,67	5,40	5,15	4,93	4,73	4,54	4,36	4,20	4,05	3,91	3,78	3,54	3,34	3,15
55	10,5	9,63	8,88	8,25	7,70	7,22	6,79	6,42	6,08	5,78	5,50	5,25	5,02	4,81	4,62	4,44	4,28	4,13	3,98	3,85	3,61	3,40	3,21
56	10,7	9,80	9,05	8,40	7,84	7,35	6,92	6,53	6,19	5,88	5,60	5,35	5,11	4,90	4,70	4,52	4,36	4,20	4,06	3,92	3,68	3,46	3,27

Bezogen auf einen nominellen Laufraddurchmesser von 668,45 mm - entspricht einer Reifenbreite bei 27-Zoll-Schlauchreifen oder 28-Zoll-Drahtreifen von 20/22 mm oder MTB-Reifen von rund 50 mm (2 Zoll).

Rahmenrohre I

Hersteller / Rohrsatz		OBERROHR		UNTERROHR		SITZROHR		SATTELSTREBE		KETTENSTREBE		GABELBEIN		Gewicht pro Satz
		D.	Wst.	D.	Wst.	D.	Wst.	D.	Wst.	D.	Wst.	D.	Wst.	
TANGE	Prestige	25,4	0,7/0,4/0,7	28,6	0,7/0,4/0,7	28,6	0,7/0,4/0,7	16 14	0,6 0,6	22,2	0,6	23	0,9	1,99
	Prestige Super Lite	25,4	0,6/0,3/0,6	28,6	0,6/0,3/0,6	28,6	0,7/0,4/0,7	14	0,6	22,2	0,6	24	0,8	1,87
	Prestige MTB	28,6	0,9/0,6/0,9	31,8	0,9/0,6/0,9	28,6	0,9/0,6	16	0,8	22,2	0,8	25,4	1,2	2,76
	Prestige OS-MTB	31,8	1/0,9/0,6 0,9/1	34,9	1/0,9/0,6 0,9/1	31,8	1/0,9/0,6	-	-	-	-	-	-	-
	Tange Nr. 1 (Seamles 0,8/0,5)	25,4	0,8/0,5/0,8	28,6	0,8/0,5/0,6	28,6	0,9/0,6/0,9	16 14	0,8 0,8	22,2	0,8	23 24	1 1	2,20
	Tange Nr. 2 (Seamles 0,9/0,6)	25,4	0,9/0,6/0,9	28,6	0,9/0,6/0,9	28,6	0,9/0,6/0,9	16 14	0,8 0,8	22,2	0,8	23 24	1 1	2,29
	Tange Nr. 3 (Seamles 1,0/0,7)	25,4	1/0,7/1	28,6	1/0,7/1	28,6	0,9/0,6/0,9	16 14	0,8 0,8	22,2	0,8	23 24	1 1	2,36
	Tange Nr. 4 (Seamles SBT)	25,4	0,9/0,7	28,6	0,9/0,7	28,6	0,9/0,7	14	0,8	22,2	0,8	23 24	1 1	2,27
	Tange Nr. S (Seamles PG)	25,4	0,9	28,6	0,9	28,6	0,9	14	0,8	22,2	0,8	23 24	1 1	2,46
	MTB OS Seamles	31,8	0,9/0,6/0,9	34,9	0,9/0,6/0,9	31,8	0,9/0,6	16	0,8	22,2	0,8	28,6	1,2	-
	Tange MTB	28,6	1/0,7/1	31,8	1/0,7/1	28,6	1/0,7/1	16	0,8	22,2	0,8	25,4	1	2,87
	Infinity	25,4	0,9/0,6/0,9	28,6	0,9/0,6/0,9	28,6	0,9/0,6/0,9	16	0,8	22,2	0,8	24	1	
	Infinity MTB	28,6	1/0,7/1	31,8	1/0,7/1	28,6	1/0,7	16	1	22,2	1	25,4	1,1	
COLUMBUS	MAX *	31,7	0,7/0,4/0,7	35	0,8/0,5/0,8	28,6	0,8/0,5	16	0,7	28	0,6	28	0,9/0,6	1,94
	MAX-OR*	31,7	0,8/0,5/0,8	35	0,9/0,6/0,9	28,6	1/0,7	16	0,8	28	0,9/0,6	28	1,2/0,8	
	EL	25,4	0,7/0,4/0,7	28,6	0,8/0,5/0,8	28,6	0,8/0,6	14	0,6	22,2	0,7	24	1,2/0,8	1,78
	El-Oversize	28,6	0,7/0,4/0,7	31,7	0,7/0,4/0,7	28,6	0,8/0,6	16	0,7	22,2	0,7	25,4	1/0,6	
	OR	28,6	0,9/0,6/0,9	31,7	1,1/0,7/1,1	28,6	0,9/0,6	16	0,8	22,2	0,9	25,4	1,3/1	2,28
	Cromor	25,4	0,9/0,6/0,9	28,6	1/0,7/1	28,6	0,9/0,6	14	0,8	22,2	0,9	24	0,9	2,19
	Cromor-Oversize	31,7	0,8/0,5/0,8	35	0,9/0,6/0,9	31,7	0,8/0,6	16	0,8	25,4	1/0,6	28,6	0,8	
	Cromor-OR	25,4	0,9/0,6/0,9	31,7	1,15/0,85	28,6	1/0,7	16	1	22,2	1	25,4	1,1	2,69
	Gora	25,4	0,8	28,6	0,8	28,6	0,8	14	0,9	22,2	0,9	24	1	
	Gora-OR	28,6	0,8	31,7	1	28,6	1	16	1	22,2	1	25,4	1,3	
	SL	25,4	0,9/0,6/0,9	28,6	0,9/0,6/0,9	28,6	0,9/0,6	14	0,7	22,2	0,8	24	0,9	1,93
	SLX[2]	25,4	0,9/0,6/0,9	28,6	0,9/0,6/0,9	28,6	0,9/0,6	14	0,7	22,2	0,8	24	0,9	1,97
	Sp	25,4	1/0,7/1	28,6	1/0,7/1	28,6	1/0,7	14	1	22,2	1	24	1,05	2,30
	Sp-X[2]	25,4	1/0,7/1	28,6	1/0,7/1	28,6	1/0,7	14	1	22,2	1	24	1,05	2,35

Anmerkung: D. = Rohrdurchmesser; Wst. = Rohrwandstärke.
Alle Angaben in Millimeter; Gabelschäfte besitzen oben/unten die Abmessungen: 25,4 x 1,6 /25,4 x 2,3 (2,6)

*Ober- und Unterrohr sind im Steuerrohrbereich längs oval, im Sattelrohr- und Tretlagerbereich quer oval gedrückt; das Sattelrohr verdickt sich zum Tretlager hin auf 31,7 mm Durchmesser.

[1] in kg – [2] Mit inneren Rippen versteift.

Rahmenrohre II

	Hersteller / ROHRSATZ	OBERROHR		UNTERROHR		SITZROHR		SATTELSTREBE		KETTENSTREBE		GABELBEIN		Gewicht pro Satz[1]
		D.	Wst.	D.	Wst.	D.	Wst.	D.	Wst.	D.	Wst.	D.	Wst.	
REYNOLDS	753	25,4	0,7/0,5/0,7	28,6	0,8/0,5/0,8	28,6	0,7/0,5/0,6	14	0,6	22,2	0,6	23	1/0,55	
		26		28	28					22		24		
	700 Classic	25,4	0,9/0,6	28,6	0,9/0,6	28,6	0,9/0,6	14	0,6	22,2	0,6	23	1/0,55	
	653	25,4	0,7/0,5/0,7	28,6	0,8/0,5/0,8	28,6	0,7/0,5/0,7	14	0,6	22,2	0,6	23	1/0,55	
	531 Professional	25,4	0,7/0,55/0,7	28,6	0,9/0,55/0,9	28,6	0,7/0,55	14	0,6	22,2	0,6	23	1/0,55	
		26		28		28				22				
	531 Competition	25,4	0,8/0,5/0,8	28,6	0,9/0,6/0,9	28,6	0,7/0,5/0,7	16	0,5	22,2	0,8	23	1/0,55	
		26		28		28				22				
	531 All Terrain	28,6	0,9/0,6/0,9	31,8	1/0,7/1	28,6	1/0,7/1	16	0,9	22,2	1	25,4	1,2	
	525	25,4	0,9/0,6/0,9	28,6	0,9/0,6/0,9	28,6	0,9/0,6/0,9	14	0,6	22,2	0,8	23	1/0,5	
	501	25,4	0,9/0,6/0,9	28,6	0,9/0,6/,09	28,6	0,9/0,6/0,9	16	0,5	22,2	0,8	23	1/0,7	
		26		28		28		14	0,6		0,9		0,9	
	501 All Terrain	28,6	1/0,7/1	31,7	1	28,6	1/0,7	16	0,9	22,2	1,2	25,4	1,2	
VITUS	999 New	25,4	0,8	28,6	0,8	28,6	0,8	16	1	22,2	1	24	1,2	2,2
		26		28		28		14		22		23		
	999 Alpine	28,6	1,05	31,7	1,05	28,6	1,05	16	1	22,2	1	24	1,5	2,82
	XO	25,4	0,9/0,6/0,9	28,6	0,9/0,6/0,9	28,6	0,9/0,6/0,9	16	1	22,2	0,9	24	1,2	1,99
		26	1/0,7/1	28		28	1/0,7/1	14	1	22		23	1	
	XO-Track	25,4	0,9/0,6/0,9	28,6	0,9/0,6/0,9	28,6	0,9/0,6/0,9	16	1	22,2	1	24	1,2	2,02
		26	1/0,7/1	28	1/0,7/1	28	1/0,7/1	14	1	22		23		
	GTI	25,4	0,9/0,7/0,6	28,6	0,9/0,7/0,6	28,6	0,9/0,7/0,6	14	0,6	22,2	0,8	23	1	1,95
		26	0,7/0,9	28	0,7/0,9	28	0,7/0,9			22				
	Olympic	25,4	0,8	28,6	0,8	28,6	0,8	16	0,6	22,2	0,8	23	1	2,1
		26		28		28		14	0,6	22				
ORIA	DOUBLE BUTTED	25,4	0,85/0,7	28,6	0,9/0,65	28,6	0,85/0,65	14	0,75	22,2	0,75	24	0,95	2,0
	GM 00*	25,4	0,85/0,7	28,6	0,85/0,7	28,6	0,75/0,55	14	0,75	22,2	0,75	24	0,95	1,94
	KK	28,6	0,8/0,75/0,8	31,7	0,8/0,75/ 0,8	28,6	0,65	14	0,7	22,2	0,7	24	0,9	1,88
	SMG 00	28,6	1/0,9	31,7	1/0,9	28,6	0,8/0,7	16	1	22,2	1,2	25,4	1,3	2,72
TRUETEMPER	RGR	25,4	1/0,84/1	28,6	1/0,84/1	28,6	1/0,84/1	14	1/1,3	22,2	1/1,32	24	1/1,34	
	RCX	25,4	0,74/0,53/ 0,74	28,6	0,74/0,53/ 0,74	28,6	0,76/0,66	14	0,61/0,76	22,2	0,61/0,76	24	0,89/ 1,19	
	RC	25,4	0,89/0,64/ 0,8	28,6	0,89/0,64/ 0,89	28,6	0,89/0,69	14	0,61/0,76	22,2	0,61/0,76	24	0,89/ 1,19	
	AT	28,6	1,19/0,89/ 1,19	31,75	1,19/0,89/ 1,19	28,6	1,24/ 1,57	-	-	22,2	1,01/ 1,34	25,4	1,24/ 1,57	
MANNESMANN[2]	25CrMo4	25,4	0,7	28,6	0,8	28,6	0,8	14	0,8	22	0,8	24	1	
	34CrMo4	25,4	0,55	28,6	0,7	28,6	0,8	16	0,6	22,2	0,7	24	0,9	
FALCK[3]	25CrMo4	25,4	0,8	28,6	0,8	28,6	0,8	14	0,8	22,2	0,9	24	0,9	
			1;1,2		0,9;1,2		0,9;1,3	16	1	22	1;1,2			

Anmerkung: D. = Rohrdurchmesser; Wst. = Rohrwandstärke;
Alle Angaben in Millimeter; Gabelschäfte besitzen oben/unten die Abmessungen: 25,4 x 1,6 /25,4 x 2,3 (2,6)

* Hauptrohre genutet

[1] in kg – [2] Ab 500 Meter Lieferlänge auch andere Abmessungen möglich – [3] Rohre geschweißt und kalt nachgezogen

Rohr-Legierungen												
	Hersteller/ Rohrwerkstoff	Kohlenstoff C	Chrom Cr	Molybdän Mo	Mangan Mn	Vanadium V	Nickel Ni	Silizium SI	Phosphor P	Schwefel S	Festigkeit in N/mm²	Bruchdehnung in %
COLUMBUS	25CrMo4	0,25	1,1	0,2	0,7	-	-	0,2	k.A.	k.A.	800	17
	Cycles	0,27	0,27	0,25	1,1	0,1	-	0,2	k.A.	k.A.	900	15
	Nivacrome	0,34	1,1	0,19	0,74	0,1	0,05	0,2	k.A.	k.A.	1100	15
TANGE	25CrMo4	0,33	1,2	0,25	0,85	-	-	0,35	0,03	0,03	911-1235	10
	Mangaloy	0,08	-	-	2,23	-	-	0,03	0,015	0,07	735-950	10
VITUS	CrMoMn	0,19	0,45	0,3	1,43	-	-	0,36	0,015	0,005	850	7
	CrMoMnV	0,19	0,5	0,3	1,49	0,13	-	0,36	0,015	0,005	900	7
M. und O.	25CrMo4	0,22-0,29	0,9-1,2	0,15-0,3	0,5-0,8	-	-	0,15-0,4	0,035	0,035	770	12
	34CrMo4	0,3-0,37	0,9-1,2	0,15-0,3	0,5-0,8	-	-	0,15-0,4	0,035	0,035	870	12
REY.	531	0,23-0,29	-	0,15-0,25	1,25-1,45	-	-	0,15-0,35	0,45	0,45	695-802	10
FAL.	25CrMo4	0,22-0,29	0,9-1,2	0,15-0,3	0,5-0,8	-	-	0,15-0,4	0,035	0,035	770	12

Anmerkung:
M. steht für Mannesmann
O. steht für Oria
REY. steht für Reynolds
FAL. steht für Falck

Rechnerische Ermittlung von Speichenlängen

Vor allem für Radler, die mit einem programmierbaren Taschenrechner oder dem Computer umgehen zu wissen, hat sich die rechnerische Ermittlung der benötigten Speichenlängen bewährt. Sie folgt der Formel:

$$L = \sqrt{r_1^2 + r_2^2 + w^2 - 2r_1 \times r_2 \times \cos\beta} - 1/2\, y$$

Hierbei ist:

- L = gesuchte Speichenlänge in mm
- r_1 = halber Felgeninnendurchmesser in mm (1/2 Di)
- r_2 = halber Lochkreisdurchmesser der Nabe in mm
- w = Abstand Nabenflansch/Felgenmittelachse in mm (w_l = linke Seite; w_r = rechte Seite)
- $\beta = \dfrac{360° \times \text{Kreuzungsart}}{\text{Speichenanzahl pro Flansch}}$
- y = Speichenlochdurchmesser der Nabe in mm

Zu den Maßen r_2; w und y, siehe in der Abb. 1; zum Felgeninnendurchmesser Di, siehe Abb. 2. Diese Maße sind vor der Rechnung zu ermitteln.

Rechenbeispiel der benötigten Speichenlänge für die rechte Hinterradseite, bei Dreifachkreuzung einer 8fach-Niederflanschnabe mit einer 36 Loch Tropfenfelge:

Vorgaben:
$r_1 = 299$ mm
$r_2 = 22$ mm
$w = 18$ mm
$\beta = 360° \times 3/18 = 60°$
$y = 2{,}5$mm

$$L = \sqrt{299 \times 299 + 22 \times 22 + 18 \times 18 - 2 \times 299 \times 22 \times \cos 60°} - 1{,}25$$

$$L = \sqrt{89401 + 484 + 324 - 13156 \times 0{,}5} - 1{,}25$$

$$L = \sqrt{83631} - 1{,}25$$

$$L = 289{,}2 - 1{,}25 = 287{,}95 = 288$$

Um Ihnen die Ermittlung der cos β zu vereinfachen, haben wir die vorkommenden Werte in der folgenden Tabelle aufgeführt:

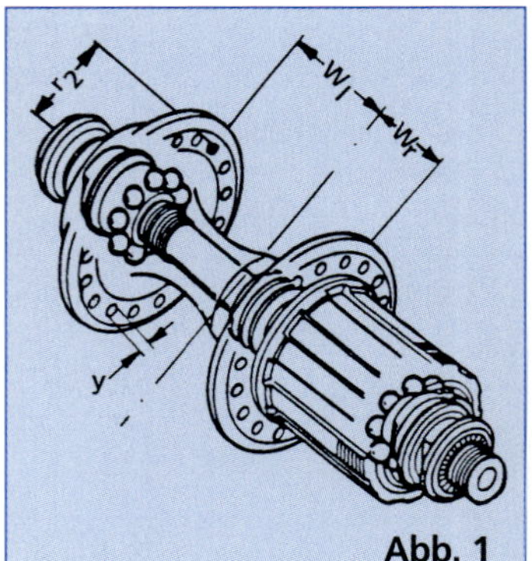

Abb. 1

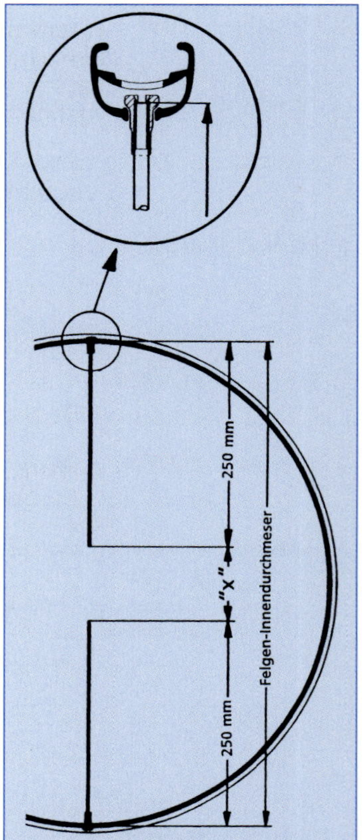

* 2 Speichen durch Kürzen der Kopfseite auf exakt 250 mm ablängen;
* Nippel so weit aufdrehen, bis Speichenende bündig mit Unterkante des Nippel schlitzes abschließt;
* beide Meßspeichen durch zwei gegenüber liegende Felgenlöcher einführen und Abstand "X" zwischen den Speichenenden ausmessen;
* Abstand "X" zu den Längen der Meßspeichen (2 x 250 mm = 500 mm) hinzu zählen, bei kleineren Felgen abziehen.

Abb. 2

Speichen-anzahl	cos β für Kreuzungsart				
	radial	1fach	2fach	3fach	4fach
48	1	0,966	0,866	0,707	0,500
40	1	0,951	0,809	0,587	0,309
36	1	0,940	0,766	0,500	0,174
32	1	0,924	0,707	0,383	0
28	1	0,901	0,623	0,223	*
24	1	0,866	0,500	0	*
20	1	0,809	0,309	*	*
16	1	0,707	0	*	*
12	1	0,500	*	*	*

Keine sinnvolle Kreuzungsart, da die Speichen über 90 Grad hinaus abgewinkelt werden und sich außerdem am Nabenflansch behindern.

Faustformel für Speichenlängen
Einfache, auf etwa +/- 1,5 mm genaue Bestimmungsmethode für Speichenlängen bei Niederflanschnaben, die sich auf den halben Felgeninnendurchmesser (1/2Di = r_1, siehe Abb. 2) bezieht. Bitte die Korrekturwerte der Anmerkung für andere Flanschdurchmesser und der Zahnkranzseite beachten:

Speichen-anzahl	Kreuzungsart		
	2fach	3fach	4fach
36	$r_1 - 14$	$r_1 - 8{,}5$	$r_1 - 2{,}5$
32	$r_1 - 13$	$r_1 - 6$	$r_1 + 1{,}5$
28	$r_1 - 12$	$r_1 - 2{,}5$	*
24	$r_1 - 10{,}5$	$r_1 + 1{,}5$	*
20	$r_1 - 8{,}5$	*	*

"*": keine sinnvolle Kreuzungsart, da die Speichen über 90 Grad hinaus abgewinkelt werden und sich außerdem am Nabenflansch gegenseitig behindern.

Anmerkungen:
1. Die Speichenlängen für die Zahnkranzseite ist bei 7fach Zahnkränzen um 1 mm bei 8- und 9fach-Kränzen um 1,5 mm kürzer.
2. Korrekturwerte für größeren oder kleineren Teilkreisdurchmesser.

Korrekturwerte pro 10 mm größeren oder kleineren Teilkreisdurchmesser gilt:

Speichen-anzahl	Kreuzungsart		
	2fach	3fach	4fach
36	3,6	2,2	0,5
32	3,3	1,6	0,4
28	2,8	0,8	
24	2,1	0,4	
20	1,4		

Korrekturwerte bei größeren Teilkreisdurchmesser von der Speichenlänge abziehen, bei kleinerem Teilkreisdurchmesser entsprechend hinzuaddieren.

Als Richtwert für die Radialeinspeichung gilt:

$L = 1/2Di - r_2 + 2{,}5$

Schlauchreifen-/Felgen-Größen

Reifen-durchm. in Zoll	Reifen-breite in mm	Felgen-durchm. in mm	Felgen-breite in mm	Fahrradtyp
18	28-23	382	18-22	Kinder-Rennräder
20	28-23	432	18-22	Kinder-Rennräder, Saalsport, Sportrollstühle
22	28-23	482	18-22	Kinder-Rennräder, Saalsport
24	28-18	532	18-22	Kinder-Rennräder, Saalsport Vorderrad Tria-/Zeitfahrrad
26*	28-18	582	18-22	Rennrad, Tria-/Zeitfahrrad MTB, Sportrollstühle
27**	32-16	632	16-22	Rennrad, Querfeldeinrad

* Für MTB selten: Reifenbreite um 50 mm, Felgenbreite um 26 mm
* Nach ETRTO 28 Zoll, Felgendurchmesser wurde früher mit 633 mm angegeben

Felgengrößen

Felgennenndurchmesser x Maulweite in mm	Bezeichnung in Zoll	Reifengrößen
203x30,5	12 1/2x2 1/4	62 bis 47-203
305x30,5 u. 305x27	16x2,125	62 bis 47-305
355x27	18x2,125	57 bis 47-355
406x30,5 u. 406x27	20x2,125	62 bis 47-406
507x30,5 u. 507x27	24x2,125	62 bis 47-506
540x20	24x1 3/8	32 bis 44-506
559x30,5 bis 559x13*	26x2,125	62 bis 25-559
571x24 bis 571x13**	26x1 5/8	54 bis 18-570
584x27 bis 584x20	26x1 1/2	57 bis 35-570
590x20	26x1 3/8	47 bis 35-590
622x25 bis 622x13	28x1,75	54 bis 18-622
630x18 bis 630x13***	27x1 1/4	44 bis 18-630
635x24	28x1 5/8	54 bis 41-635

* Im MTB-Bereich eingesetzt
** Im Triathlon-Bereich eingesetzt
*** Im Rennrad-Bereich einiger Länder eingesetzt

Felgenmaulweite und dazugehörige Reifenbreiten

Felgenmaul-weite in mm	zugeh. Reifen-breite in mm
13	18-25
15	23-32
16*	25-37
17	25-37
18*	28-44
19	28-44
20*	35-47
21	35-47
22*	40-50
23	40-50
24*	44-54
25	44-54
27*	47-57
30,5*	62

* Tiefbettfelgen ohne Hacken

Drahtreifen-Größen

Angaben der Reifengröße nach ETRO	in Zoll	Frankreich	Fahrradtyp
62-203	12 1/2x2 1/4	320x57	Kinderroller/Kinder-
47-203	12 1/2x1 3/4		Spielräder
44-288	14x1 5/8	350 A	Kinderroller/-räder
37-288	14x1 3/8		Italien
44-298	14x1 5/8		Kinderroller/-räder
37-298	14x1 3/8		Holland
57-305 bsi	16x2,125		Kinderräder/großer
37-305	16x1 3/8		Kinderroller
44-340	16x1 5/8	400 A	Kinderräder
37-340	16x1 3/8		Frankreich
54-355 bis	18x2,125		Kinderräder
37-355	18x1 3/8	450x45	
32-357	17x1 1/4		Kinderräder England
			Moulton
40-390	18x1 1/2	450 A	Kinderräder Frankreich
37-390	18x1 3/8		
54-406	20x2,125		Klapp-/Zerlegeräder/
44-406	20x1,75	500x45	BMX
40-440 bis	20x1 1/2	500 A	Diverse Räder England
28-440	20x1 1/8		und Frankreich
37-489 bis	22x1 3/8		Kinderräder
32-489	22x1 1/4		
37-490 bis	22x1 3/8	550 A	Kinderäder
28-490	22x1 1/8		Frankreich
54-507 bis	24x2,125		Kinder- und Jugend-
37-507	24x1 3/8	600x45	räder
40-534	24x1 1/2	600 B	Jugendräder Frankr.*
37-540	24x1 3/8	600 A	Jugendräder
32-540	24x1 1/4		Rollstühle
57-559	26x2,125	650x50	MTB
25-559	26x1		
44-571 bis	26x1 5/8	650 C	Diverse Fahrräder
18-571	26x3/4		England/Tria-Räder
40-584	26x1 1/2	650 B	Tourenräder Österreich/
32-584	26x1 1/4		Frankreich
40-590	26x1 1/2	650 A	Touren-/Damenräder
28-590	26x1 1/8		
40-609	27x1 1/2		Diverse Räder Engl.*
47-622 bis	28x1 3/4	700 C	In Deutschl. übliche
18-622	28x3/4		Größe für 28"-Räder
30-630 bis	27x1 1/4		Rennsport England
20-630**	27x3/4		
44-635 bis	28x1 5/8	700 B	Gebrauchsräder
28-635	28x1 1/8		Norddeutschland*
44-642	28x1 5/8	700 A	Gebrauchsräder
37-642	28x1 1/2		Frankreich*

* Auslaufende Reifengrößen
** Der Umstand, daß der 27-Zoll-Reifen auf einer um 8 mm größeren Felge sitzt, als die bei uns üblichen 28-Zoll-Reifen resultiert daraus, daß auf der 28-Zoll-Felge heute dünnere Reifen gefahren werden. Der 28-Zoll-Reifen erreicht erst bei einer Breite von 44,5 mm sein Nennmaß von 28-Zoll (711,2 mm), während der 27-Zoll-Reifen sein Nennmaß (685,8 mm) bereits bei einer Reifenbreite von 27,9 mm erzielt.

Abbildungsnachweis:

H. Bauer: T 10, HUK-Verband: R 161, J. Jahn: A 7, E. Kahlich: D 25, J. Klieber: A 38, H. Koch: St 32, Klimetzki: E 28, Kutzke/Nattefort: L 82, A. Nöll: T 3, M. Prüfer: B 13, Puky: K 72/73/74, C. Reinhard: A 31/32/33; B 10/11/12; D 32/33/34; F 1; H 52; K 49/140; L 58; M 29/57; Q 1; R 1/13/14/22; S 2; St 32/33/37/40; T 32; W 10, Winora: K 89, F & Sachs: E 39
Alle anderen Abb.: H.-C. Smolik.
Bei Skizzen dienten unter anderem als Vorlagen:
Geoff Apps: Fahrradwartung (Moby Dick)
Encyclopedia 94/95
Ulrich Herzog: Fahrradpatente (Moby Dick)
Rob van der Plas: Die Fahrradwerkstatt (BVA)
Winkler/Rauch: Fahrradtechnik (BVA)
Jutta Franke: Illustrierte Fahrradgeschichte (Nicolai)
Rauck/Volke/Paturi: Mit dem Fahrrad durch zwei Jahrhunderte (AT)
Katalogunterlagen der Firmen: Brügelmann; Campagnolo; Grofa; Mavic; Rose; F & Sachs; Shimano; Suntour; VAR.

PLETSCHER
Wir sind Ihr (Umsatz) – Träger
mtb quick-rack
Bärenstark und kinderleicht montiert!
MASTER
Lastenträger mit System für Familie und Reise!
athlete
Das vielseitige Gepäckträger-System von PLETSCHER
Classic
Seit jahrzehnten bewährt der Klassiker!
Vielseitiges technisch ausgereiftes Stützenprogramm
Vertretungen Nord-Deutschland
Sandmann Industrievertretungen
58091 Hagen, Tel. 02337 9 19 05
Gebr. Pletscher AG, Druckgusswerk
CH-8460 Marthalen
Tel. +41 52 305 46 46, Fax +41 52 305 46 40

Technik rund um´s Rad
K-B
BÜCHEL
Speichen
Glocken
Naben
Beleuchtung
Reflektoren
Schlösser
Steuersätze
Griffe
Die Büchel-Gruppe produziert Komponenten für erfolgreiche Fahrrad-Programme.
Pedale
Schutzbleche
Gepäckträger
Ketten
Körbe
Pumpen
Rahmen
Gabeln
Kettenräder
Sättel
Büchel & Co.
Fahrzeugteilefabrik GmbH
Niesiger Str. 115 • D-36039 Fulda/GERMANY
Tel.: 0661/9595-0 • Fax: 0661/59621

corratec®

THE BOW BIKES

Full Suspension RockBow

MTB TeamBow special edition

MTB Free Riding XTR

"...auch für Sie haben wir das richtige Bike!"

Trekking Bike LiteBow

Race Bike Formula Futura

IKO Sportartikel Handels GmbH, Kufsteiner Str. 72,
D- 83064 Raubling, Telefon: 0 80 35/8 70 70
Telefax: 0 80 35/82 08, iko @corratec.de

Das Standardwerk der Fahrradtechnik
BVA
Fritz Winkler
Siegfried Rauch
9. aktualisierte Auflage
FAHRRAD TECHNIK
Instandsetzung
Konstruktion
Fertigung
Rad BÜCHER
SACHS
rund 540 Seiten, über 1.400 Abb.,
Leineneinband mit Schutzumschlag
Preis DM 78,- / öS 608,- / sfr 78,-
erhältlich im Buchhandel oder bei:
BVA · Bielefelder Verlagsanstalt
Ravensbergerstr. 10F
33602 Bielefeld · Tel.: 0521-595540
BVA
Bielefelder Verlagsanstalt
...die Radprofis

CITY-MARATHON:
DIE GUMMILÖSUNG
FÜR DEN PRIVATEN
NAHVERKEHR
OHNE FAHRPLAN - NUR MIT STADTPLAN.
CITY-MARATHON DER SICHERE FAHRRAD-REIFEN MIT HOHEM
FAHRKOMFORT UND EXTRA PANNENSCHUTZ
DANK KEVLAR-MB-BELT.
Für optimale Sicherheit empfehlen wir
die Kombination mit:
SCHWALBE Schlauch und SCHWALBE
Felgenband Super HP.
www.schwalbe.com
bohle
IDEEN BEWEGEN
Schwalbe ist eine Qualitätsmarke des Reifenspezialisten Bohle
Ralf Bohle GmbH • 51580 Reichshof-Wehnrath
SCHWALBE

PUKY
Qualität und
Sicherheit
http://www.puky.de
PUKY GMBH FAHRZEUGFABRIK Fortunastraße 11 · D-42489 Wülfrath · Tel. 0 20 58/773-0 · Fax 0 20 58/773-77

Samstag, 24. Juni 1995

Christo, amerikanisch-bulgarischer Verpackungskünstler, präsentiert in Berlin den **Wrapped Reichstag**. Tausende von Menschen strömen in die neue Hauptstadt, um das verhüllte Abgeordnetenhaus zu bestaunen. Diese Aktion verschlingt über **15.000.000 Mark**.

Hans Schauff, Fahrradkonstrukteur aus Remagen, erfindet an diesem Tag die **Brutalis-Felge**. Tausende von erstaunten Mountainbikern werden mit ihr später in die Berge strömen. Diese Denkaktion verschlingt lediglich **einige graue Zellen** des Erfinders.

Die Düsentriebe aus Remagen sind schon **seit 1932** im Fahrradbau aktiv. Basis der erfolgreichen Arbeit war immer der innovative Geist des Unternehmens.

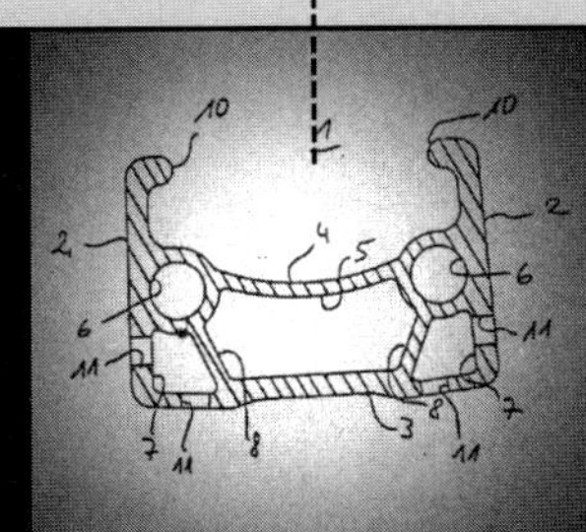

Auch diese Modelle enstammen dem Schauffschen Konstruktionsbüro.

Schauff Fahrradfabrik

P.O. Box 1669

53406 Remagen

Fax ++ 49 - (0) - 26 42 - 33 58

SCHAUFF

FREMANTLE

ULTEGRA